麦读
MyRead

走向上的路　追求正义与智慧

— 《中华人民共和国法律注释书系列》 —

作者简介

丁亮华，江西赣州人，中国人民大学法学学士、法学硕士、法学博士（民商法学），曾任法官十余年，现就职于中央司法体制改革部门。

主要研究趣向为债与合同、强制执行、司法制度。著有《民法判例与问题研究——合同、侵权行为与强制执行》（2012）、《强制执行的规范解释——在实体法与程序法之间》（2011）、《最新民事执行程序解读与运用》（2007）等，在《中国法学》《法学家》《现代法学》《判解研究》《民商法论丛》《私法》等刊物发表法学论文40余篇。

中华人民共和国法律注释书系列

TREATISES ON THE LAWS OF
THE PEOPLE'S REPUBLIC OF CHINA

民事执行程序注释书

[第二版]

丁亮华 编著

CIVIL EXECUTION PROCEDURE TREATISE

中国民主法制出版社
全国百佳图书出版单位

第二版导言

《民事执行程序注释书》出版至今已有三年,其间收到不少朋友和读者的反馈意见,既有嘉许鼓励,也有批评建议,都使我受益良多。自己在翻看时,也觉得有诸多遗憾与不足,并产生当时应该如何如何的念头。特别是随着执行程序规范的不断更新,原有的内容已逐渐显得不敷时需。2021年,全国人民代表大会常务委员会对《民事诉讼法》进行了第四次修正,于是,在麦读君的督促下,我终于下定决心全面修订,并开始着手资料的收集、整理,只是原本以为不过修修补补的小工程,却由于在修订过程中不断产生新的想法,最终完成时才发现,与其说是修订,毋宁说是重新编写。

为方便读者了解,特将此次修订说明如下:

关于"增"。此次修订,主要增加了三部分内容:(1)**条文注释**。考虑执行程序方面的规范性文件种类繁多,不仅时间跨度大、层级复杂,而且规范之间存在关系不清、相互冲突等问题,本次修订对执行程序编中每一条文的相关司法解释、司法文件的重点条文,以及司法答复涉及的重要问题,均以注释的方式进行解释说明,以明其规范意旨和适用要求,特别是对可能存在重复、冲突的内容,明确规范冲突的解决方案,以及条文适用的具体路径。[①] 全书新增注释500余条30余万字。(2)**规范体系**。除了补充近三年出台的执行类规范性文件,本次修订以图表的方式,对

---

① 最高人民法院执行局编著的《最高人民法院执行司法解释条文适用编注》(人民法院出版社2019年版)一书,对此作了较为全面的整理,本书修订过程中作了重点参考。

每一条文涉及的"相关立法""司法解释""司法文件""司法答复""参考文件",进行了分类排列,并缀明具体条文。体系图表置于注释条文之下,以方便读者在阅读使用时检索查找。(3)**判旨撷要**。主要根据"中国裁判文书网"公开发布的最高人民法院执行文书,按照执行程序编各个条文涉及的相关问题进行收集、整理,就最高人民法院的裁判要旨进行撷取,以保证判旨的权威性与典型性。另外,本次修订还将最高人民法院、最高人民检察院发布的执行类指导性案例,按照所属条文予以全文收录,以便读者对照理解。

关于"删"。此次修订,删除了以下内容:(1)**执行案例**。第一版专辟"执行案例"一栏,收集、整理最高人民法院案例 178 个(30 余万字),基本涵盖了执行程序各个方面。通过案例来注释条文,也成为本书区别于类似图书的主要特色之一,并得到了读者的充分肯定,但考虑案例部分篇幅过大,且读者对具体案情未必关注,本次修订对其进行删改:属于个案请示,最高人民法院予以答复的,并入"司法答复"部分,以回归原貌;属于典型问题的,删除案情简介,直接归纳裁判要旨,归入"判旨撷要"部分。(2)**边缘文件**。主要是针对一些关联度不高、典型性不强、规范性不足的文件,考虑实践中援用很少,收入本书意义不大,故予以删除。(3)**失效规定**。近年来,最高人民法院加大了司法解释及规范性文件的清理力度,分批废止了数百个司法解释及司法文件,[①]涉及执行程序的亦为数不少,对这些不再适用的规定,本次修订进行了删除,以避免读者误用。

关于"改"。此次修订,修改内容遍及全书,主要体现为三个方面:(1)**体例调整**。修订后的每个条文由释义、规范、案例三大部分组成。其中,释义部分既有立法机关对条文的权威注释,也有对重要问题的适用提示;规范部分囊括了与本条内容有关的"相关立法""司法解释""司法文件""司法答复""参考文件",并按照重要程度、问题类型进行排列;案

---

① 在本书第一版出版之后,最高人民法院即于 2019 年 7 月颁布《关于废止部分司法解释(第十三批)的决定》(法释〔2019〕11 号),废止了 103 件司法解释及规范性文件;于 2020 年 12 月颁布《关于废止部分司法解释及相关规范性文件的决定》(法释〔2020〕16 号),废止了 116 件司法解释及规范性文件。

例部分包括最高人民法院、最高人民检察院发布的与之相关的指导性案例,以及对最高人民法院相关裁判要旨的撷取整理。(2)**内容更新**。主要是适应法律、司法解释的“立”“改”“废”,对第一版中的规范性文件进行了全面清理与更新,特别是《民法典》颁行后,与之相关的立法、司法解释作了诸多调整,仅执行类司法解释就修改了18件,废止了6件。本次修订根据最新版本一一作了调整,确保援引适用无误。需要说明的是,《民事诉讼法》第四次修正后,相关法律条文的序号发生了变化,而之前已施行的司法解释及规范性文件援引的是修正前的条文序号,本书一一以脚注的形式注明修正后的条文序号;与之相应,“判旨撷要”中援用的法律、司法解释条文,因后续修正发生序号变动的,亦在文中以括号内容予以标注,以便于读者对照查阅。(3)**分类梳理**。主要是在同一条文下,对同一效力层次的规范性文件,以及最高人民法院裁判要旨,按照内容作了分类归集,以方便读者在阅读时统一查找、掌握,并有助于了解最高人民法院对同一问题的把握尺度和认识变迁;与此同时,还对第一版中的个别规范分类作了适当调整,以更符合规范性质及适用要求。

最后仍然需要交代的是,由于受作者学识所限,在逻辑编排、问题提炼、理解注释等方面,难免会有讹误错漏之处,尚请各位读者及同人不吝指正。

丁亮华

2022年3月于北京

第一版导言

一

因为工作需要及研究兴趣的关系，过去的十几年间，我对民事执行领域倾注了相当的热情和精力，日积月累也形成了一些成果，其中，既有专注理论的论文专著，也不乏关切实务的调研报告和案例研析。于是有资深出版人建议，既然有了这么多的研究积累，何不在此基础上对现有的立法、司法解释和规范性文件进行整理和注释，编撰出一部相对完整的执行程序注释书，这样不仅对于执行实务大有裨益，对执行立法而言亦不失意义。

此一理由确实让我无以推脱。作为一名从事执行工作十余年的法官来说，这曾经是我一直以来的期待。犹记那些年，为了解决层出不穷的理论与实务难题，不得不一再在浩繁的文件库和散落的释义书中，埋头寻找资料与答案，费尽心力，劳神众多。直到有一天，在翻阅我国台湾地区学者的著作与文献时，惊喜地发现杨与龄先生在其编著的《强制执行法论》①一书中，每一章节的后面都附有相关立法条文、司法决议和判例要旨，分门别类，按题索骥，十分方便。受此启发，我私下整理了一本"小宝典"，以作已用，后来被同事发现，也曾被多次借去查阅。

实际上，当前市面上关于强制执行的法律汇编不在少数，但多是简单的法规罗列和条文堆砌，缺乏必要的总结梳理和恰当的注释注解。这

① 参见杨与龄编著：《强制执行法论（最新修正）》，中国政法大学出版社2002年版。

里的原因当然是多方面的,多年来人们对强制执行的“歧见”和“忽视”,导致少有人专注其中,而有的编著者因缺乏对执行工作的深入了解和实践体认,也无法洞悉法官、律师的现实需要。更为重要的是,关于民事执行的法律、司法解释非常繁杂、琐碎,且近年来更迭频繁,既有的汇编经常不敷时需。在这个意义上,编撰一本集大全的注释书,也算是填补了这一领域的空白。

二

本书的编写体例,是以《民事诉讼法》执行程序编为基础,依次对每一条文进行注释,内容主要包括三大部分(个别条文或有不同):

一是条文解析。主要包括“立法注释”和“适用要点”,目的是介绍立法背景,解读条文含义,以及提示适用中需要注意的问题。为了保证权威性,“立法注释”主要援引全国人民代表大会常务委员会法制工作委员会编的《中华人民共和国民事诉讼法释义》①,并重点对2007年、2012年两次修正的内容进行解读。② 至于“适用要点”,除了梳理该条文在司法适用中的重点疑难问题,还根据最高人民法院相关庭室编著的司法解释理解与适用丛书,总结提炼了最高司法机关对相关实务问题的见解。

二是相关规定。主要包括与条文内容相关的“司法解释”“司法文件”“请示答复”“参考文件”等,分类标准是文件性质及其效力层次。其中,“司法解释”是最高人民法院以“法释”号颁布实施的具有普遍司法效力的解释性文件,包括“解释”“规定”“批复”等。③ “司法文件”是最高人民法院以“司法解释”之外的形式,对执行工作提出要求或者作出

① 参见全国人民代表大会常务委员会法制工作委员会编:《中华人民共和国民事诉讼法释义(最新修正版)》,法律出版社2012年版。

② 2017年《民事诉讼法》第三次修正只是对人民检察院提起公益诉讼作出规定,不涉及执行程序。

③ 根据2007年《最高人民法院关于司法解释工作的规定》(法发〔2007〕12号),最高人民法院发布的司法解释,包括“解释”“规定”“批复”“决定”四种形式。但是,由于此前对于司法文件名称的不规范,有不少并非司法解释的文件也冠以“规定”“批复”“决定”之名。

安排的规范性文件,如“通知”“意见”“纪要”等。而“请示答复”则是最高人民法院针对地方高级人民法院在执行工作中请示问题的答复意见,它体现了最高司法机关对某一(类)问题的态度或观点,极具针对性和参考价值。至于其他机关颁行的涉及强制执行或者协助执行有关事项的文件,考虑适用效力上的差异,本书将其归为“参考文件”。对于这些规定,不敢说本书已经穷尽所有,但确是通过书籍、网络和其他新媒体,尽量收集了公开渠道能够查找到的有关资料。

三是执行案例。这一部分是本书着墨最多、用力最深的地方。因为,案例查找本身就是一项浩大的工程,甄选、编写和提炼更是颇费心力。为了保证案例的权威可信以及裁判要旨的参考价值,所选案例均为最高人民法院审查处理的案件,体现的也都是最高人民法院的裁判观点。案例主要来源于最高人民法院执行局编著的《执行工作指导》丛书,①以及“中国裁判文书网”公布的最高人民法院执行文书(主要包括“执复”“执监”“执申”“执他”字号)。为了方便读者阅读,每一案例名下均归纳有裁判要旨,并对“案情简介”“裁判要点”进行了结构化整理,以聚焦争议问题以及简明事实脉络。需要说明的是,对于每一条文对应的问题,仅挑选了最为典型的执行案例,类似裁判内容的同类案例则未作收录;对于最高人民法院发布的“指导性案例”,②为尊重其效力,基本予以原文摘录,未作改动。

三

与传统意义上的注释书侧重以理论、学说注解法典不同,本书对民事执行程序所作的注释,更加侧重于立法条文的权威释义、相关规定的

① 作为中国审判指导丛书之一(2006年前称为《强制执行指导与参考》),该丛书主要刊登执行工作政策与精神、司法解释、规范性文件及其解读、执行案例分析等,是最高人民法院指导全国法院执行工作的重要渠道,也是执行人员业务学习的重要工具书。

② 根据《最高人民法院关于案例指导工作的规定》(法发〔2010〕51号),指导性案例是由最高人民法院确定并统一发布,对于全国法院审判、执行工作具有指导作用的案例,对于最高人民法院发布的指导性案例,各级人民法院在审理类似案件时应当参照。截至本书出版前,最高人民法院已经颁布20批106个指导性案例。

归纳梳理以及对司法案例的要旨撷取。在这个意义上,本书似乎更加符合实务工作者的“口味”。但对于理论研究者而言,也可从中发掘出丰富的问题资源,以及翔实的资料供给,特别是对于某一(类)问题的实务观点变迁,更可在规范梳理中循其轨迹,开展制度的“考古”,进行“历史”的研究。

总体而言,本书力争做到“全”“精”“新”。所谓“全”,就是全面收集涉及民事执行的现行法律、法规、司法解释以及其他规范性文件,并按一定的标准进行编排。所谓“精”,就是在立法释义和司法解释的理解与适用中撷取精华,对应问题以作释明。所谓“新”,就是对文件的适用效力进行全面梳理,剔除已经失效的,补充最新发布的。当然,由于受作者学识所限,在逻辑编排、要点提炼、案例编选方面,难免会有讹误错漏之处,尚请各位读者及同人不吝指正。

本书的出版,要感谢“麦读 MyRead”曾健兄的策划与支持,在我们素未谋面之时,他就非常认真地提出了这一创议,他的这种信任使我感受到了压力与责任,之后的编写过程中,他也一再提供帮助和宽延期限,使我能够较为从容地对本书予以完善。另外,还要感谢高杉峻在“高杉LEGAL”中的屡次推荐,正是他主持的这个公众号的影响力和口碑,更使我对自己的这部编著“作品”不敢有丝毫懈怠。

丁亮华

2019 年 2 月于北京

凡　　例

为行文方便和简洁,本书注释和裁判要旨内容涉及的法律文件名称使用简称,如《中华人民共和国民事诉讼法》简称为《民事诉讼法》;涉及的条文序号使用阿拉伯数字,如《民事诉讼法》第244条第2款第1项。对于多次出现的司法解释及规范性文件使用如下简称:

1.《案件审理期限规定》,全称《最高人民法院关于严格执行案件审理期限制度的若干规定》;

2.《变更追加规定》,全称《最高人民法院关于民事执行中变更、追加当事人若干问题的规定》;

3.《财产保全规定》,全称《最高人民法院关于人民法院办理财产保全案件若干问题的规定》;

4.《财产调查规定》,全称《最高人民法院关于民事执行中财产调查若干问题的规定》;

5.《查封扣押冻结规定》,全称《最高人民法院关于人民法院民事执行中查封、扣押、冻结财产的规定》;

6.《迟延履行利息解释》,全称《最高人民法院关于执行程序中计算迟延履行期间的债务利息适用法律若干问题的解释》;

7.《迟延履行利息批复》,全称《最高人民法院关于在执行工作中如何计算迟延履行期间的债务利息等问题的批复》;

8.《处置参考价规定》,全称《最高人民法院关于人民法院确定财产处置参考价若干问题的规定》;

9.《担保法司法解释》,全称《最高人民法院关于适用〈中华人民共

和国担保法〉若干问题的解释》;

10.《登记立案规定》,全称《最高人民法院关于人民法院登记立案若干问题的规定》;

11.《冻结拍卖国有股和社会法人股规定》,全称《最高人民法院关于冻结、拍卖上市公司国有股和社会法人股若干问题的规定》;

12.《非法集资案件意见》,全称《最高人民法院、最高人民检察院、公安部关于办理非法集资刑事案件适用法律若干问题的意见》;

13.《高院统一管理规定》,全称《最高人民法院关于高级人民法院统一管理执行工作若干问题的规定》;

14.《公司法规定(二)》,全称《最高人民法院关于适用〈中华人民共和国公司法〉若干问题的规定(二)》;

15.《公司法规定(三)》,全称《最高人民法院关于适用〈中华人民共和国公司法〉若干问题的规定(三)》;

16.《公证债权文书争议是否受理批复》,全称《最高人民法院关于当事人对具有强制执行效力的公证债权文书的内容有争议提起诉讼人民法院是否受理问题的批复》;

17.《公证债权文书执行规定》,全称《最高人民法院关于公证债权文书执行若干问题的规定》;

18.《公证债权文书执行联合通知》,全称《最高人民法院、司法部关于公证机关赋予强制执行效力的债权文书执行有关问题的联合通知》;

19.《规范近期执行工作通知》,全称《最高人民法院关于进一步规范近期执行工作相关问题的通知》;

20.《规范执行和金融机构协助执行通知》,全称《最高人民法院、中国人民银行关于依法规范人民法院执行和金融机构协助执行的通知》;

21.《国土房产协助执行通知》,全称《最高人民法院、国土资源部、建设部关于依法规范人民法院执行和国土资源房地产管理部门协助执行若干问题的通知》;

22.《海南座谈会纪要》,全称《最高人民法院关于审理涉及金融不良债权转让案件工作座谈会纪要》;

23.《海事法院受案范围规定》,全称《最高人民法院关于海事法院受理案件范围的规定》;

24.《海事诉讼特别程序法解释》，全称《最高人民法院关于适用〈中华人民共和国海事诉讼特别程序法〉若干问题的解释》；

25.《检察公益诉讼案件解释》，全称《最高人民法院、最高人民检察院关于检察公益诉讼案件适用法律若干问题的解释》；

26.《立审执意见》，全称《最高人民法院关于人民法院立案、审判与执行工作协调运行的意见》；

27.《轮候查封批复》，全称《最高人民法院关于查封法院全部处分标的物后轮候查封的效力问题的批复》；

28.《买卖合同解释》，全称《最高人民法院关于审理买卖合同纠纷案件适用法律问题的解释》；

29.《民法典婚姻家庭编解释(一)》，全称《最高人民法院关于适用〈中华人民共和国民法典〉婚姻家庭编的解释(一)》；

30.《民法典物权编解释(一)》，全称《最高人民法院关于适用〈中华人民共和国民法典〉物权编的解释(一)》；

31.《民间借贷案件规定》，全称《最高人民法院关十审理民间借贷案件适用法律若干问题的规定》；

32.《民事送达意见》，全称《最高人民法院关于进一步加强民事送达工作的若干意见》；

33.《民事诉讼法解释》，全称《最高人民法院关于适用〈中华人民共和国民事诉讼法〉的解释》；

34.《民事诉讼法意见》，全称《最高人民法院关于适用〈中华人民共和国民事诉讼法〉若干问题的意见》；

35.《民事调解工作规定》，全称《最高人民法院关于人民法院民事调解工作若干问题的规定》；

36.《拍卖变卖规定》，全称《最高人民法院关于人民法院民事执行中拍卖、变卖财产的规定》；

37.《期货纠纷若干规定(二)》，全称《最高人民法院关于审理期货纠纷案件若干问题的规定(二)》；

38.《期货纠纷若干规定》，全称《最高人民法院关于审理期货纠纷案件若干问题的规定》；

39.《企业改制规定》，全称《最高人民法院关于审理与企业改制相

关的民事纠纷案件若干问题的规定》;

40.《企业破产法规定(二)》,全称《最高人民法院关于适用〈中华人民共和国企业破产法〉若干问题的规定(二)》;

41.《善意文明执行理念意见》,全称《最高人民法院关于在执行工作中进一步强化善意文明执行理念的意见》;

42.《涉公证民事案件规定》,全称《最高人民法院关于审理涉及公证活动相关民事案件的若干规定》;

43.《失信名单规定》,全称《最高人民法院关于公布失信被执行人名单信息的若干规定》;

44.《施工合同纠纷解释(一)》,全称《最高人民法院关于审理建设工程施工合同纠纷案件适用法律问题的解释(一)》;

45.《适用财产刑规定》,全称《最高人民法院关于适用财产刑若干问题的规定》;

46.《诉讼时效规定》,全称《最高人民法院关于审理民事案件适用诉讼时效制度若干问题的规定》;

47.《调解协议司法确认规定》,全称《最高人民法院关于人民调解协议司法确认程序的若干规定》;

48.《推进网络执行查控工作通知》,全称《最高人民法院、中国银行业监督管理委员会关于进一步推进网络执行查控工作的通知》;

49.《网络拍卖变卖衔接通知》,全称《最高人民法院关于认真做好网络司法拍卖与网络司法变卖衔接工作的通知》;

50.《网拍规定》,全称《最高人民法院关于人民法院网络司法拍卖若干问题的规定》;

51.《委托执行规定》,全称《最高人民法院关于委托执行若干问题的规定》;

52.《限制高消费规定》,全称《最高人民法院关于限制被执行人高消费的若干规定》;

53.《刑事财产部分执行规定》,全称《最高人民法院关于刑事裁判涉财产部分执行的若干规定》;

54.《刑事诉讼法解释》,全称《最高人民法院关于适用〈中华人民共和国刑事诉讼法〉的解释》;

55.《行政诉讼法解释》,全称《最高人民法院关于适用〈中华人民共和国行政诉讼法〉的解释》;

56.《学习贯彻网拍规定通知》,全称《最高人民法院关于认真学习贯彻适用〈最高人民法院关于人民法院网络司法拍卖若干问题的规定〉的通知》;

57.《移送破产意见》,全称《最高人民法院关于执行案件移送破产审查若干问题的指导意见》;

58.《异议复议规定》,全称《最高人民法院关于人民法院办理执行异议和复议案件若干问题的规定》;

59.《优先受偿权批复》,全称《最高人民法院关于建设工程价款优先受偿权问题的批复》;

60.《暂缓执行规定》,全称《最高人民法院关于正确适用暂缓执行措施若干问题的规定》;

61.《诈骗案件解释》,全称《最高人民法院、最高人民检察院关于办理诈骗刑事案件具体应用法律若干问题的解释》;

62.《执行案件期限规定》,全称《最高人民法院关于人民法院办理执行案件若干期限的规定》;

63.《执行程序解释》,全称《最高人民法院关于适用〈中华人民共和国民事诉讼法〉执行程序若干问题的解释》;

64.《执行担保规定》,全称《最高人民法院关于执行担保若干问题的规定》;

65.《执行督办规定》,全称《最高人民法院关于执行案件督办工作的规定(试行)》;

66.《执行工作规定》,全称《最高人民法院关于人民法院执行工作若干问题的规定(试行)》;

67.《执行和解规定》,全称《最高人民法院关于执行和解若干问题的规定》;

68.《执行款物管理规定》,全称《最高人民法院关于执行款物管理工作的规定》;

69.《执行立案、结案、统计和考核通知》,全称《最高人民法院关于进一步规范指定执行等执行案件立案、结案、统计和考核工作的通知》;

70.《执行立结案意见》,全称《最高人民法院关于执行案件立案、结案若干问题的意见》;

71.《执行权意见》,全称《最高人民法院关于执行权合理配置和科学运行的若干意见》;

72.《制裁规避执行意见》,全称《最高人民法院关于依法制裁规避执行行为的若干意见》;

73.《终本规定》,全称《最高人民法院关于严格规范终结本次执行程序的规定(试行)》;

74.《终结执行异议期限批复》,全称《最高人民法院关于对人民法院终结执行行为提出执行异议期限问题的批复》;

75.《仲裁法解释》,全称《最高人民法院关于适用〈中华人民共和国仲裁法〉若干问题的解释》;

76.《仲裁司法审查规定》,全称《最高人民法院关于审理仲裁司法审查案件若干问题的规定》;

77.《仲裁执行规定》,全称《最高人民法院关于人民法院办理仲裁裁决执行案件若干问题的规定》;

78.《2009委托评估拍卖变卖规定》,全称《最高人民法院关于人民法院委托评估、拍卖和变卖工作的若干规定》;

79.《2011委托评估拍卖规定》,全称《最高人民法院关于人民法院委托评估、拍卖工作的若干规定》。

目　录

一、一般规定

第二百三十一条　【执行根据和执行管辖】发生法律效力的民事判决、裁定,以及刑事判决、裁定中的财产部分,由第一审人民法院或者与第一审人民法院同级的被执行的财产所在地人民法院执行。

法律规定由人民法院执行的其他法律文书,由被执行人住所地或者被执行的财产所在地人民法院执行。

规范体系	
相关立法	1.《民事诉讼法》第 201—204 条、第 223 条 2.《仲裁法》第 28 条、第 46 条、第 62 条 3.《劳动争议调解仲裁法》第 47 条、第 50—51 条 4.《农村土地承包经营纠纷调解仲裁法》第 26 条、第 42 条、第 49 条 5.《公证法》第 37 条 6.《海事诉讼特别程序法》第 11 条
司法解释	1.《最高人民法院关于适用〈中华人民共和国民事诉讼法〉的解释》(法释〔2015〕5 号;经法释〔2022〕11 号第二次修正)第 460—461 条 2.《最高人民法院关于适用〈中华人民共和国民事诉讼法〉执行程序若干问题的解释》(法释〔2008〕13 号;经法释〔2020〕21 号修正)第 1—4 条 3.《最高人民法院关于人民法院执行工作若干问题的规定(试行)》(法释〔1998〕15 号;经法释〔2020〕21 号修正)第 2—3 条、第 9—15 条 4.《最高人民法院关于适用〈中华人民共和国仲裁法〉若干问题的解释》(法释〔2006〕7 号)第 29 条 5.《最高人民法院关于人民法院办理仲裁裁决执行案件若干问题的规定》(法释〔2018〕5 号)第 2—4 条 6.《最高人民法院关于公证债权文书执行若干问题的规定》(法释〔2018〕18 号)第 1—2 条 7.《最高人民法院关于人民调解协议司法确认程序的若干规定》(法释〔2011〕5 号)第 9 条

(续表)

规范体系		
司法解释		8.《最高人民法院关于适用〈中华人民共和国刑事诉讼法〉的解释》(法释〔2021〕1号)第521条、第527条、第530条、第532条 9.《最高人民法院关于刑事裁判涉财产部分执行的若干规定》(法释〔2014〕13号)第1—2条、第6条 10.《最高人民法院关于适用〈中华人民共和国海事诉讼特别程序法〉若干问题的解释》(法释〔2003〕3号)第13条、第15条 11.《最高人民法院关于海事法院受理案件范围的规定》(法释〔2016〕4号)第106—108条 12.《最高人民法院关于设立国际商事法庭若干问题的规定》(法释〔2018〕11号)第17条 13.《最高人民法院关于诉前财产保全几个问题的批复》(法释〔1998〕29号)第1—2条
司法文件		1.《最高人民法院关于人民法院立案、审判与执行工作协调运行的意见》(法发〔2018〕9号)第11—13条、第15条 2.《最高人民法院关于知识产权法院案件管辖等有关问题的通知》(法〔2014〕338号)第6条 3.《最高人民法院关于执行案件立案、结案若干问题的意见》(法发〔2014〕26号)第18条 4.《最高人民法院关于高级人民法院统一管理执行工作若干问题的规定》(法发〔2000〕3号)第8—9条
司法答复	执行依据	1.《最高人民法院关于向人民法院申请执行没有给付内容的确认判决应裁定不予受理问题的答复》(〔2004〕执他字第5号) 2.《最高人民法院执行工作办公室关于以判决主文或判决理由作为执行依据的请示的复函》(〔2004〕执他字第19号) 3.《最高人民法院关于判决确定继续履行土地使用权转让合同如何执行问题的复函》(〔2009〕执监字第217号) 4.《最高人民法院关于判决内容为“交付岩矿经营权”如何执行问题的复函》(〔2014〕执他字第35号) 5.《最高人民法院执行局关于两份生效判决共同指向一笔特定债务如何执行问题的协调函》(〔2009〕执协字第23-1号)

（续表）

规范体系		
司法答复	执行管辖	1.《最高人民法院执行局关于法院能否以公司证券登记结算地为财产所在地获得管辖权问题的复函》(〔2010〕执监字第 16 号) 2.《最高人民法院执行局关于上海金纬机械制造有限公司与瑞士 RETECH Aktiengesellschaft 公司执行请示一案的答复》(〔2011〕执他字第 20 号) 3.《最高人民法院执行工作办公室关于湖北安陆市政府反映河南焦作中院"错误裁定"、"错误执行"案及河南高院反映焦作中院在执行安陆市政府时遭到暴力抗法案的复函》(〔2002〕执监字第 262 号)

【条文释义】

本条是关于执行根据和执行管辖的规定。2007 年《民事诉讼法》第一次修正时对本条进行了修改。①

执行根据,也称执行文书,是债权人据以申请执行和人民法院据以执行的凭证,即法律规定由人民法院执行的法律文书。根据本条规定,作为执行根据的法律文书有以下几种:(1)人民法院制作的发生法律效力的民事判决书、裁定书和调解书;(2)人民法院依督促程序发布的支付令;(3)发生法律效力而具有财产内容的刑事判决书、裁定书;(4)仲裁机构制作的生效的裁决书;(5)公证机构制作的依法赋予强制执行效力的债权文书。其中,第 2、4、5 项属于本条第 2 款规定的"法律规定由人民法院执行的其他法律文书"。仲裁、公证等机构作出的具有给付内容的法律文书由人民法院统一执行,是稳定社会经济秩序的需要。如果执行权分散行使,势必造成执行混乱,既不利于执行,也有可能损害当事人的合法权益。因此,法律赋予人民法院享有

① 《全国人民代表大会常务委员会关于修改〈中华人民共和国民事诉讼法〉的决定》(2007 年 10 月 28 日第十届全国人民代表大会常务委员会第三十次会议通过)第 10 条规定:"十、第二百零七条改为第二百零一条,第一款修改为:'发生法律效力的民事判决、裁定,以及刑事判决、裁定中的财产部分,由第一审人民法院或者与第一审人民法院同级的被执行的财产所在地人民法院执行。'"

执行权,由其统一执行生效法律文书。

执行管辖,是指生效的法律文书由哪一个法院负责执行。1991 年《民事诉讼法》第 207 条规定:"发生法律效力的民事判决、裁定,以及刑事判决、裁定中的财产部分,由第一审人民法院执行。法律规定由人民法院执行的其他法律文书,由被执行人住所地或者被执行的财产所在地人民法院执行。"2007 年《民事诉讼法》第一次修正时,在第 1 款增加"由……与第一审人民法院同级的被执行的财产所在地人民法院执行"的规定。主要考虑:(1)依照原规定确定管辖,会造成许多案件的管辖法院既非被执行人住所地法院,也非被执行财产所在地法院,执行法院不得不到异地执行,不符合效率和效益原则,也容易造成暴力抗法事件的发生。(2)为了减少异地执行问题,法律规定了委托执行制度,但由于制度设计与种种现实因素,运行效果不够理想。(3)通常情况下,被执行财产所在地法院更方便采取执行措施,更容易掌握被执行人财产的变动情况,也更有利于节约执行成本。从理论上说,给付金钱或交付财产的案件由被执行财产所在地法院执行比较合理。(4)由财产所在地法院管辖是许多国家和地区的立法通例。①

理解与适用本条规定,需要注意把握以下五点:

一、关于法律文书发生法律效力的时点。(1)判决书。一审判决书的生效日期是上诉期间届满之日的次日,判决书不能同时送达双方当事人的,应以后收到判决书的当事人的上诉期届满的次日为判决书的生效日期。二审判决书和最高人民法院的判决书以及依法不准上诉的判决书的生效日期为当事人签收之日,判决书不能同时送达双方当事人的,应以后收到判决书的当事人签收的日期为判决书的生效日期。② (2)裁定书。最高人民法院和第二审人民法院制作的民事裁定,一经送达便产生效力;地方各级人民法院制作的第一审民事裁定,除"不予受理"、"对管辖权有异议的"和"驳回起诉"裁定允许上诉外,其余裁定一经送达便生效;地方各级人民法院制作的有上诉期的民事裁定,在上诉期内当事人不上诉且上诉期届满的次日,为该民事裁定生效之日。(3)调解书。适用简易程序审理的民事案件,双方当事人同意

---

① 参见全国人民代表大会常务委员会法制工作委员会编:《中华人民共和国民事诉讼法释义(最新修正版)》,法律出版社 2012 年版,第 531 页。

② 当事人在二审期间达成诉讼外和解协议后撤回上诉,一方当事人不履行或不完全履行和解协议的,另一方当事人可以向人民法院申请执行一审判决。

该调解协议经双方签名或者捺印生效的，该调解协议自双方签名或者捺印之日起发生法律效力。其他以当事人签收调解书之日为民事调解书的生效日期。如调解书不能同时送达双方当事人的，应以后收到调解书的当事人签收的日期为调解书的生效日期。（4）支付令。债务人应当自收到支付令之日起 15 日内清偿债务。债务人在 15 日内不履行的，债权人可以向人民法院申请执行。

二、关于执行依据不明确时的处理。所谓执行依据明确，包括权利义务主体明确和给付内容明确，两者缺一不可。依据《执行工作规定》第 16 条的规定，如果执行依据不符合明确性要求的，在立案审查阶段即应裁定不予受理。但是对于已经进入执行程序的案件，如果发现执行依据内容不明确，究竟应当如何处理，现行法律和司法解释都没有明确规定。实践中，一些法院并非简单地驳回执行申请，而是先通过召集双方当事人协商或者征求执行依据作出机构的意见等方式确定执行内容；确实无法执行的，才裁定驳回执行申请或裁定终结执行程序。这种做法不仅有利于减少当事人讼累，也有利于更为彻底地解决纠纷，值得参考借鉴。执行依据内容确实无法明确，在执行程序中难以处理的，在案件退出执行程序后，相关当事人亦可通过诉讼程序救济。

三、关于调解书、支付令、民事制裁决定书的执行管辖。（1）就调解书而言，《民事诉讼法》第 241 条规定："人民法院制作的调解书的执行，适用本编的规定。"据此，调解书也应当由第一审人民法院或者与第一审人民法院同级的被执行的财产所在地人民法院执行。（2）就支付令而言，《民事诉讼法解释》第 460 条规定，发生法律效力的支付令，由作出支付令的人民法院或者与其同级的被执行财产所在地的人民法院执行。（3）就民事制裁决定书而言，鉴于其并没有一般意义上的申请执行人，在执行的启动上是由相关审判业务部门移送执行的，故由作出民事制裁决定书的人民法院作为执行管辖法院比较合适。

四、关于"被执行的财产所在地"的确定。（1）被执行的财产为不动产的，该不动产的所在地为被执行的财产所在地。实践中，被执行的不动产已办理登记的，因其登记地与住所地是一致的，故以其所在地为被执行的财产所在地，即以登记地为被执行的财产所在地；被执行人的不动产未办理登记的，应当以该不动产所在地为被执行的财产所在地。（2）被执行的财产为股权或者股份的，该股权或者股份的发行公司住所地为被执行的财产所在地。

(3)被执行的财产为商标权、专利权、著作权等知识产权的,该知识产权权利人的住所地为被执行的财产所在地。(4)被执行的财产为到期债权的,被执行人的住所地为被执行的财产所在地。

五、关于执行程序中发现无管辖权的处理。(1)受理法院发现本院确无管辖权的,应当撤销案件,并告知申请执行人向有管辖权的人民法院申请执行。(2)受理法院已经控制被执行人财产的,经征询申请执行人意见,可以将案件移送有管辖权的人民法院执行,并撤销案件。受移送的人民法院应当受理。(3)受移送的人民法院认为依照规定不属于本院管辖的,应当报请上级人民法院指定管辖,不得再自行移送。(4)无管辖权的人民法院将案件移送有管辖权的人民法院执行的,移送人民法院对被执行的财产采取的查封、扣押、冻结措施,视为受移送人民法院采取的查封、扣押、冻结措施,查封期限届满后受移送人民法院可凭移送人民法院的移送执行函直接办理续行查封、扣押、冻结手续。但移送执行时查封、扣押、冻结措施的有效期不足1个月的,移送法院应当先行办理续行查封、扣押、冻结手续,再行移送。

【相关立法】

1.《中华人民共和国民事诉讼法》(2021年12月24日第十三届全国人民代表大会常务委员会第三十二次会议第四次修正,2022年1月1日)

第二百零一条 经依法设立的调解组织调解达成调解协议,申请司法确认的,由双方当事人自调解协议生效之日起三十日内,共同向下列人民法院提出:

(一)人民法院邀请调解组织开展先行调解的,向作出邀请的人民法院提出;

(二)调解组织自行开展调解的,向当事人住所地、标的物所在地、调解组织所在地的基层人民法院提出;调解协议所涉纠纷应当由中级人民法院管辖的,向相应的中级人民法院提出。

【注释】需要注意的是,"司法确认"是对已生效的调解协议的确认,并不是调解协议生效的必经程序。按照《人民调解法》的规定,当事人达成书面调解协议的,调解协议自各方当事人签名、盖章或者按指印,并由人民调解员签名加盖人民调解委员会印章之日起生效;口头的调解协议自各方当事人达成协议之日起生效。在调解协议达成后,如果双方当事人认为没有进行司法确认的必要,比如调解协议即时履行完毕,或者调解协议的内容不涉及民事给付内容,双方当事人可以不申请司法确认。如果认为有必要申请司法确认,双方当事人应当共同提出申请。一方当事人提出申请,另一方当事人表示同意的,可以视为共同提出申请。

第二百零二条 人民法院受理申请后,经审查,符合法律规定的,裁定调解协议有效,一方当事人拒绝履行或者未全部履行的,对方当事人可以向人民法院申请执行;不符合法律规定的,裁定驳回申请,当事人可以通过调解方式变更原调解协议或者达成新的调解协议,也可以向人民法院提起诉讼。

第二百零三条 申请实现担保物权,由担保物权人以及其他有权请求实现担保物权的人依照民法典等法律,向担保财产所在地或者担保物权登记地基层人民法院提出。

【注释】本条所称“担保物权人”包括抵押权人、质权人和留置权人,“其他有权请求实现担保物权的人”主要指出质人、债务人。现实中可能出现以下情况:一是债务履行期满,债务人未履行债务时,质权人控制着质物,又不马上行使质权,其结果可能是质物价格下跌,甚至发生毁损、灭失等。二是留置权人长期持续占有留置财产而不实现,造成留置财产自然损耗或者贬值。为了避免质权人、留置权人怠于行使权利,侵害出质人、债务人合法权益,《民法典》第 437 条第 1 款规定,出质人可以请求质权人在债务履行期限届满后及时行使质权;质权人不行使的,出质人可以请求人民法院拍卖、变卖质押财产。第 454 条规定,债务人可以请求留置权人在债务履行期限届满后行使留置权;留置权人不行使的,债务人可以请求人民法院拍卖、变卖留置财产。故此,为与实体法的内容衔接,本条规定其他有权请求实现担保物权的人,也可以申请人民法院实现担保物权。

依照本条规定,申请实现担保物权,向担保财产所在地或者担保物权登记地基层人民法院提出。由担保财产所在地法院管辖实现担保物权的案件,便于担保财产的查封、扣押。规定由担保物权登记地基层人民法院管辖,主要考虑有些担保财产是财产权利。比如,以注册商标专用权、专利权、著作权等知识产权中的财产权,以及股权、应收账款等设立权利质权,由担保物权登记地基层人民法院管辖更便于执行。

第二百零四条 人民法院受理申请后,经审查,符合法律规定的,裁定拍卖、变卖担保财产,当事人依据该裁定可以向人民法院申请执行;不符合法律规定的,裁定驳回申请,当事人可以向人民法院提起诉讼。

第二百二十三条 人民法院受理申请后，经审查债权人提供的事实、证据，对债权债务关系明确、合法的，应当在受理之日起十五日内向债务人发出支付令；申请不成立的，裁定予以驳回。

债务人应当自收到支付令之日起十五日内清偿债务，或者向人民法院提出书面异议。

债务人在前款规定的期间不提出异议又不履行支付令的，债权人可以向人民法院申请执行。

2.《中华人民共和国仲裁法》（2017年9月1日第十二届全国人民代表大会常务委员会第二十九次会议第二次修正，2018年1月1日）

第二十八条 一方当事人因另一方当事人的行为或者其他原因，可能使裁决不能执行或者难以执行的，可以申请财产保全。

当事人申请财产保全的，仲裁委员会应当将当事人的申请依照民事诉讼法的有关规定提交人民法院。

申请有错误的，申请人应当赔偿被申请人因财产保全所遭受的损失。

【注释】《仲裁法》、《仲裁法解释》以及《财产保全规定》均未规定仲裁保全案件的级别管辖问题，因此，应适用《执行工作规定》第9条、第10条的规定，区分国内仲裁与涉外仲裁，当事人申请财产保全的，由被申请人住所地或被申请保全的财产所在地的基层人民法院、中级人民法院裁定并执行；当事人申请证据保全的，由证据所在地的基层人民法院、中级人民法院裁定并执行。

第四十六条 在证据可能灭失或者以后难以取得的情况下，当事人可以申请证据保全。当事人申请证据保全的，仲裁委员会应当将当事人的申请提交证据所在地的基层人民法院。

第六十二条 当事人应当履行裁决。一方当事人不履行的，另一方当事人可以依照民事诉讼法的有关规定向人民法院申请执行。受申请的人民法院应当执行。

3.《中华人民共和国劳动争议调解仲裁法》（2007年12月29日第十届全国人民代表大会常务委员会第三十一次会议通过，2008年5月1日）

第四十七条 下列劳动争议，除本法另有规定的外，仲裁裁决为终局裁决，裁决书自作出之日起发生法律效力：

（一）追索劳动报酬、工伤医疗费、经济补偿或者赔偿金，不超过当地月最低工资标准十二个月金额的争议；

（二）因执行国家的劳动标准在工作时间、休息休假、社会保险等方面发生的争议。

第五十条　当事人对本法第四十七条规定以外的其他劳动争议案件的仲裁裁决不服的，可以自收到仲裁裁决书之日起十五日内向人民法院提起诉讼；期满不起诉的，裁决书发生法律效力。

第五十一条　当事人对发生法律效力的调解书、裁决书，应当依照规定的期限履行。一方当事人逾期不履行的，另一方当事人可以依照民事诉讼法的有关规定向人民法院申请执行。受理申请的人民法院应当依法执行。

【注释】对于劳动仲裁裁决的执行，虽然本法没有明确规定其级别管辖法院，但因其并不适用《仲裁法解释》第29条，在确定级别管辖法院上应当参照各地人民法院受理诉讼案件的级别管辖的标准进行确定。

4.《中华人民共和国农村土地承包经营纠纷调解仲裁法》（2009年6月27日第十一届全国人民代表大会常务委员会第九次会议通过，2010年1月1日）

第二十六条　一方当事人因另一方当事人的行为或者其他原因，可能使裁决不能执行或者难以执行的，可以申请财产保全。

当事人申请财产保全的，农村土地承包仲裁委员会应当将当事人的申请提交被申请人住所地或者财产所在地的基层人民法院。

申请有错误的，申请人应当赔偿被申请人因财产保全所遭受的损失。

第四十二条　对权利义务关系明确的纠纷，经当事人申请，仲裁庭可以先行裁定维持现状、恢复农业生产以及停止取土、占地等行为。

一方当事人不履行先行裁定的，另一方当事人可以向人民法院申请执行，但应当提供相应的担保。

第四十九条　当事人对发生法律效力的调解书、裁决书，应当依照规定的期限履行。一方当事人逾期不履行的，另一方当事人可以向被申请人住所地或者财产所在地的基层人民法院申请执行。受理申请的人民法院应当依法执行。

5.《中华人民共和国公证法》（2017年9月1日第十二届全国人民代表大会常务委员会第二十九次会议第二次修正，2018年1月1日）

第三十七条　对经公证的以给付为内容并载明债务人愿意接受强制执

行承诺的债权文书,债务人不履行或者履行不适当的,债权人可以依法向有管辖权的人民法院申请执行。

前款规定的债权文书确有错误的,人民法院裁定不予执行,并将裁定书送达双方当事人和公证机构。

6.《中华人民共和国海事诉讼特别程序法》(1999 年 12 月 25 日第九届全国人民代表大会常务委员会第十三次会议通过,2000 年 7 月 1 日)

第十一条 当事人申请执行海事仲裁裁决,申请承认和执行外国法院判决、裁定以及国外海事仲裁裁决的,向被执行的财产所在地或者被执行人住所地海事法院提出。被执行的财产所在地或者被执行人住所地没有海事法院的,向被执行的财产所在地或者被执行人住所地的中级人民法院提出。

【司法解释】

1.《最高人民法院关于适用〈中华人民共和国民事诉讼法〉的解释》(法释〔2015〕5 号,2015 年 2 月 4 日;经法释〔2022〕11 号第二次修正,2022 年 4 月 10 日)

第四百六十条 发生法律效力的实现担保物权裁定、确认调解协议裁定、支付令,由作出裁定、支付令的人民法院或者与其同级的被执行财产所在地的人民法院执行。

认定财产无主的判决,由作出判决的人民法院将无主财产收归国家或者集体所有。

【注释】本条是关于特别程序和督促程序产生的几类执行依据、执行管辖的规定。(1)2012 年《民事诉讼法》第二次修正,增加规定了确认调解协议和实现担保物权的特别程序。适用特别程序作出的实现担保物权、确认调解协议裁定,一经送达即发生法律效力。与普通程序"除最高人民法院所作的第一审裁判是终审裁判以外,其他任何人民法院所作的一审裁判,当事人不服的可以向上一级人民法院上诉"的规定不同,这两类裁判不存在所谓第一审人民法院的问题。故本条第 1 款明确应由作出裁定的人民法院或者与其同级的被执行财产所在地人民法院执行。(2)认定财产无主的案件,也是适用特别程序的案件,本身由财产所在地的基层人民法院管辖。法院公告期满 1 年以后无人认领的,即应判决认定财产无主,根据不同的情况,将财产收归国有或集体所有。而收归国有或集体所有这一行为,自然应由作出判决的财产所在地人民法院执行。

第四百六十一条　当事人申请人民法院执行的生效法律文书应当具备下列条件:

(一)权利义务主体明确;

(二)给付内容明确。

法律文书确定继续履行合同的,应当明确继续履行的具体内容。

2.《最高人民法院关于适用〈中华人民共和国民事诉讼法〉执行程序若干问题的解释》(法释〔2008〕13 号,2009 年 1 月 1 日;经法释〔2020〕21 号修正,2021 年 1 月 1 日)

第一条　申请执行人向被执行的财产所在地人民法院申请执行的,应当提供该人民法院辖区有可供执行财产的证明材料。

第二条　对两个以上人民法院都有管辖权的执行案件,人民法院在立案前发现其他有管辖权的人民法院已经立案的,不得重复立案。

立案后发现其他有管辖权的人民法院已经立案的,应当撤销案件;已经采取执行措施的,应当将控制的财产交先立案的执行法院处理。

【注释】《执行工作规定》第 16 条第 1 款第 5 项将"属于受申请执行的人民法院管辖"作为受理执行案件的条件,不符合该条件的,应裁定不予受理。对于已经立案的,应当适用本条规定,撤销案件。

第三条　人民法院受理执行申请后,当事人对管辖权有异议的,应当自收到执行通知书之日起十日内提出。

人民法院对当事人提出的异议,应当审查。异议成立的,应当撤销执行案件,并告知当事人向有管辖权的人民法院申请执行;异议不成立的,裁定驳回。当事人对裁定不服的,可以向上一级人民法院申请复议。

管辖权异议审查和复议期间,不停止执行。

【注释】根据《执行立结案意见》(法发〔2014〕26 号)第 18 条第 1 项的规定,被执行人提出管辖异议,经审查异议成立,将案件移送有管辖权的法院或申请执行人撤回申请的,以"销案"方式结案。而本条规定"异议成立的,应当撤销执行案件,并告知当事人向有管辖权的人民法院申请执行"。结合上述规定,管辖权异议成立的处理方式为:案件移送有管辖权的法院并撤销案件,或告知申请执行人撤回执行申请,向有管辖权的人民法院申请执行。

第四条　对人民法院采取财产保全措施的案件，申请执行人向采取保全措施的人民法院以外的其他有管辖权的人民法院申请执行的，采取保全措施的人民法院应当将保全的财产交执行法院处理。

3.《最高人民法院关于人民法院执行工作若干问题的规定(试行)》(法释〔1998〕15号，1998年7月8日；经法释〔2020〕21号修正，2021年1月1日)

一、执行机构及其职责

2. 执行机构负责执行下列生效法律文书：

(1)人民法院民事、行政判决、裁定、调解书，民事制裁决定、支付令，以及刑事附带民事判决、裁定、调解书，刑事裁判涉财产部分；

(2)依法应由人民法院执行的行政处罚决定、行政处理决定；

(3)我国仲裁机构作出的仲裁裁决和调解书，人民法院依据《中华人民共和国仲裁法》有关规定作出的财产保全和证据保全裁定；

(4)公证机关依法赋予强制执行效力的债权文书；

(5)经人民法院裁定承认其效力的外国法院作出的判决、裁定，以及国外仲裁机构作出的仲裁裁决；

(6)法律规定由人民法院执行的其他法律文书。

3. 人民法院在审理民事、行政案件中作出的财产保全和先予执行裁定，一般应当移送执行机构实施。

二、执行管辖

9. 在国内仲裁过程中，当事人申请财产保全，经仲裁机构提交人民法院的，由被申请人住所地或被申请保全的财产所在地的基层人民法院裁定并执行；申请证据保全的，由证据所在地的基层人民法院裁定并执行。

10. 在涉外仲裁过程中，当事人申请财产保全，经仲裁机构提交人民法院的，由被申请人住所地或被申请保全的财产所在地的中级人民法院裁定并执行；申请证据保全的，由证据所在地的中级人民法院裁定并执行。

11. 专利管理机关依法作出的处理决定和处罚决定，由被执行人住所地或财产所在地的省、自治区、直辖市有权受理专利纠纷案件的中级人民法院执行。

12. 国务院各部门、各省、自治区、直辖市人民政府和海关依照法律、法规作出的处理决定和处罚决定，由被执行人住所地或财产所在地的中级人民法院执行。

13. 两个以上人民法院都有管辖权的，当事人可以向其中一个人民法院申请执行；当事人向两个以上人民法院申请执行的，由最先立案的人民法院管辖。

14. 人民法院之间因执行管辖权发生争议的，由双方协商解决；协商不成的，报请双方共同的上级人民法院指定管辖。

15. 基层人民法院和中级人民法院管辖的执行案件，因特殊情况需要由上级人民法院执行的，可以报请上级人民法院执行。

4.《最高人民法院关于适用〈中华人民共和国仲裁法〉若干问题的解释》（法释〔2006〕7 号，2006 年 9 月 8 日）

第二十九条　当事人申请执行仲裁裁决案件，由被执行人住所地或者被执行的财产所在地的中级人民法院管辖。

【注释】就国内仲裁机构所作出的国内仲裁裁决而言，1998 年《执行工作规定》第 10 条规定，仲裁裁决的执行在级别管辖上，参照各地人民法院受理诉讼案件的级别管辖的规定确定。据此，仲裁裁决的执行级别管辖既可能是基层人民法院，也可能是中级人民法院，还可能是高级人民法院。随之裁定不予执行仲裁裁决的法院相应可能是基层人民法院，也可能是中级人民法院或者高级人民法院。而《仲裁法》第 58 条规定，当事人认为具有法定情形申请撤销仲裁裁决的，由仲裁委员会所在地的中级人民法院管辖。为了协调对裁定不予执行和撤销仲裁裁决在级别管辖上的一致性，《仲裁法解释》第 29 条规定，当事人申请执行仲裁裁决的，统一由中级人民法院管辖。

值得一提的是，《仲裁法》第 77 条规定，劳动争议和农业集体经济组织内部的农业承包经营合同纠纷的仲裁另行规定。也就是说，《仲裁法》调整的范围仅为商事仲裁，《仲裁法解释》也是针对商事仲裁而作出的，按照《劳动争议调解仲裁法》或者《农村土地承包经营纠纷调解仲裁法》作出的仲裁裁决，并不适用由中级人民法院作为执行级别管辖法院的规定。《农村土地承包经营纠纷调解仲裁法》第 49 条明确，农村土地承包经营纠纷调解书、裁决书，由被申请人住所地或者财产所在地的基层人民法院执行。劳动仲裁裁决的执行级别管辖，参照各地人民法院受理诉讼案件的级别管辖标准确定。

5.《最高人民法院关于人民法院办理仲裁裁决执行案件若干问题的规定》（法释〔2018〕5 号，2018 年 3 月 1 日）

第二条　当事人对仲裁机构作出的仲裁裁决或者仲裁调解书申请执行

的，由被执行人住所地或者被执行的财产所在地的中级人民法院管辖。

符合下列条件的，经上级人民法院批准，中级人民法院可以参照民事诉讼法第三十八条①的规定指定基层人民法院管辖：

（一）执行标的额符合基层人民法院一审民商事案件级别管辖受理范围；

（二）被执行人住所地或者被执行的财产所在地在被指定的基层人民法院辖区内。

被执行人、案外人对仲裁裁决执行案件申请不予执行的，负责执行的中级人民法院应当另行立案审查处理；执行案件已指定基层人民法院管辖的，应当于收到不予执行申请后三日内移送原执行法院另行立案审查处理。

【注释】根据《仲裁法解释》第29条的规定，当事人申请执行仲裁裁决案件的，由被执行人住所地或者被执行的财产所在地的中级人民法院管辖。考虑司法实践中，多数仲裁裁决执行案件的申请执行标的额较小，且就执行实施程序而言，对仲裁裁决与民商事判决规定不同的级别管辖意义不大，本规定对仲裁裁决执行案件管辖进行了适当调整：一方面，坚持以中级人民法院管辖为原则；另一方面，当执行案件符合基层人民法院一审民商事案件级别管辖受理范围，并经上级人民法院批准后，可以由被执行人住所地或者被执行财产所在地的基层人民法院管辖。

需要注意的是，对不予执行仲裁裁决申请的审查属于对仲裁裁决的司法监督范畴，为统一对仲裁裁决司法监督的审查尺度，本条明确规定，对不予执行申请的审查仍由中级人民法院负责，即使案件已指定基层人民法院管辖，也应移送原执行法院另行立案审查处理。

第三条　仲裁裁决或者仲裁调解书执行内容具有下列情形之一导致无法执行的，人民法院可以裁定驳回执行申请；导致部分无法执行的，可以裁定驳回该部分的执行申请；导致部分无法执行且该部分与其他部分不可分的，可以裁定驳回执行申请。

（一）权利义务主体不明确；

（二）金钱给付具体数额不明确或者计算方法不明确导致无法计算出具体数额；

（三）交付的特定物不明确或者无法确定；

---

① 2021年《民事诉讼法》第四次修正后调整为第39条。

(四)行为履行的标准、对象、范围不明确。

仲裁裁决或者仲裁调解书仅确定继续履行合同,但对继续履行的权利义务,以及履行的方式、期限等具体内容不明确,导致无法执行的,依照前款规定处理。

第四条　对仲裁裁决主文或者仲裁调解书中的文字、计算错误以及仲裁庭已经认定但在裁决主文中遗漏的事项,可以补正或说明的,人民法院应当书面告知仲裁庭补正或说明,或者向仲裁机构调阅仲裁案卷查明。仲裁庭不补正也不说明,且人民法院调阅仲裁案卷后执行内容仍然不明确具体无法执行的,可以裁定驳回执行申请。

6.《最高人民法院关于公证债权文书执行若干问题的规定》(法释〔2018〕18号,2018年10月1日)

第一条　本规定所称公证债权文书,是指根据公证法第三十七条第一款规定经公证赋予强制执行效力的债权文书。

第二条　公证债权文书执行案件,由被执行人住所地或者被执行的财产所在地人民法院管辖。

前款规定案件的级别管辖,参照人民法院受理第一审民商事案件级别管辖的规定确定。

7.《最高人民法院关于人民调解协议司法确认程序的若干规定》(法释〔2011〕5号,2011年3月30日)

第九条　人民法院依法作出确认决定后,一方当事人拒绝履行或者未全部履行的,对方当事人可以向作出确认决定的人民法院申请强制执行。

【注释】需要注意的是:(1)关于确认调解协议的形式,《民事诉讼法》第202条明确为人民法院"裁定"调解协议有效,而非本条规定的"决定"。《民事诉讼法》施行后,以该条规定为准。(2)关于管辖法院。《民事诉讼法解释》第460条明确,确认调解协议裁定由作出裁定的人民法院或者与其同级的被执行财产所在地的人民法院执行。《民事诉讼法解释》施行后,以该条规定为准。

8.《最高人民法院关于适用〈中华人民共和国刑事诉讼法〉的解释》(法释〔2021〕1号,2021年3月1日)

第五百二十一条　刑事裁判涉财产部分的执行,是指发生法律效力的刑事裁判中下列判项的执行：

（一）罚金、没收财产；

（二）追缴、责令退赔违法所得；

（三）处置随案移送的赃款赃物；

（四）没收随案移送的供犯罪所用本人财物；

（五）其他应当由人民法院执行的相关涉财产的判项。

第五百二十七条 被判处财产刑，同时又承担附带民事赔偿责任的被执行人，应当先履行民事赔偿责任。

第五百三十条 被执行财产在外地的，第一审人民法院可以委托财产所在地的同级人民法院执行。

第五百三十二条 刑事裁判涉财产部分、附带民事裁判的执行，刑事诉讼法及有关刑事司法解释没有规定的，参照适用民事执行的有关规定。

9.《最高人民法院关于刑事裁判涉财产部分执行的若干规定》（法释〔2014〕13号，2014年11月6日）

第一条 本规定所称刑事裁判涉财产部分的执行，是指发生法律效力的刑事裁判主文确定的下列事项的执行：

（一）罚金、没收财产；

（二）责令退赔；

（三）处置随案移送的赃款赃物；

（四）没收随案移送的供犯罪所用本人财物；

（五）其他应当由人民法院执行的相关事项。

刑事附带民事裁判的执行，适用民事执行的有关规定。

第二条 刑事裁判涉财产部分，由第一审人民法院执行。第一审人民法院可以委托财产所在地的同级人民法院执行。

【注释】2012年《刑事诉讼法解释》第438条规定："财产刑和附带民事裁判由第一审人民法院负责裁判执行的机构执行。"第442条规定："被执行人或者被执行财产在外地的，可以委托当地人民法院执行。受托法院在执行财产刑后，应当及时将执行的财产上缴国库。"《委托执行规定》也以财产所在地作为委托执行的条件，但未包括被执行人在外地的情形。刑事案件被执行人在外地的，大多是指在外地服刑的情况，执行法院通过被执行人有助于了解其财产状况，但是通常情况下，被执行人被羁押之后，其财产已由家庭成员所控制，财产是否被转移或者隐匿，被执行人本人并不知晓，委托执行与被执行人的服刑地无必然联系。为协调不同司法解释的内容，本条明确"第一审人民法院可以委托财产所在地的同级人民法院执行"。《刑事财产部分执行规定》施行后，以本条为准。

第六条　刑事裁判涉财产部分的裁判内容，应当明确、具体。涉案财物或者被害人人数较多，不宜在判决主文中详细列明的，可以概括叙明并另附清单。

判处没收部分财产的，应当明确没收的具体财物或者金额。

判处追缴或者责令退赔的，应当明确追缴或者退赔的金额或财物的名称、数量等相关情况。

10.《最高人民法院关于适用〈中华人民共和国海事诉讼特别程序法〉若干问题的解释》（法释〔2003〕3 号，2003 年 2 月 1 日）

第十三条　当事人根据海事诉讼特别程序法第十一条的规定申请执行海事仲裁裁决，申请承认和执行国外海事仲裁裁决的，由被执行的财产所在地或者被执行人住所地的海事法院管辖；被执行的财产为船舶的，无论该船舶是否在海事法院管辖区域范围内，均由海事法院管辖。船舶所在地没有海事法院的，由就近的海事法院管辖。

前款所称财产所在地和被执行人住所地是指海事法院行使管辖权的地域。

第十五条　除海事法院及其上级人民法院外，地方人民法院对当事人提出的船舶保全申请应不予受理；地方人民法院为执行生效法律文书需要扣押和拍卖船舶的，应当委托船籍港所在地或者船舶所在地的海事法院执行。

【注释】《最高人民法院民事审判第四庭关于广州海事法院拍卖"新双运机 13"等船舶后价款分配问题的请示的答复》（〔2005〕民四他字第 42 号，2005 年 11 月 24 日）的内容为：

广东省高级人民法院：

你院〔2005〕粤高法民四他字第 18 号"关于广州海事法院拍卖'新双运机 13'等船舶后价款分配问题的请示"报告收悉。经研究，答复如下：

依照我院《关于海事法院受理案件范围的若干问题的规定》，江门市新会区人民法院审理的三件船舶抵押贷款纠纷案件，属于海事法院专门管辖的海事纠纷案件。新会区人民法院违反规定受理海事案件显属不当，应予纠正。鉴于该院已经审结三案,并进入执行程序,对该三案可不进入审判监督程序,但你院应当向该院明确指出其在受理案件程序上的错误。

根据我院《关于适用〈中华人民共和国海事诉讼特别程序法〉若干问题的解释》的规定,地方人民法院为执行生效法律文书对属于被执行人财产的船舶进行扣押、拍卖的,应当委托船籍港所在地或者船舶所在地的海事法院执行,包括对船舶扣押、拍卖以及债权分配,以保护与船舶相关的特殊债权人的利益,新会区人民法院应将三执行案件移送广州海事法院执行。

广州海事法院应当依照《中华人民共和国海事诉讼特别程序法》以及《中华人民共和国海商法》的有关规定,对船舶价款予以清偿。中国银行新会支行作为债权人,可以依据新会区人民法院发生法律效力的判决书确认的债权申请债权登记,参加对船舶价款的清偿。鉴于中国银行新会支行的债权属于船舶抵押权,且已经向新会区人民法院申请强制执行,新会区人民法院也已经委托广州海事法院扣押、拍卖船舶,在中国银行新会支行没有申请债权登记的情况下,可将该行依据新会区人民法院三份判决确认的债权,在船舶价款中依照法定的顺序予以清偿。

11.《最高人民法院关于海事法院受理案件范围的规定》(法释〔2016〕4号,2016年3月1日)

106. 地方人民法院为执行生效法律文书委托扣押、拍卖船舶案件;

107. 申请执行海事法院及其上诉审高级人民法院和最高人民法院就海事纠纷作出的生效法律文书案件;

108. 申请执行与海事纠纷有关的公证债权文书案件。

12.《最高人民法院关于设立国际商事法庭若干问题的规定》(法释〔2018〕11号,2018年7月1日)

第十七条 国际商事法庭作出的发生法律效力的判决、裁定和调解书,当事人可以向国际商事法庭申请执行。

13.《最高人民法院关于诉前财产保全几个问题的批复》(法释〔1998〕29号,1998年12月5日)

湖北省高级人民法院:

你院鄂高法〔1998〕63号《关于采取诉前财产保全几个问题的请示》收

悉。经研究,答复如下:

一、人民法院受理当事人诉前财产保全申请后,应当按照诉前财产保全标的金额并参照《中华人民共和国民事诉讼法》关于级别管辖和专属管辖的规定,决定采取诉前财产保全措施。

二、采取财产保全措施的人民法院受理申请人的起诉后,发现所受理的案件不属于本院管辖的,应当将案件和财产保全申请费一并移送有管辖权的人民法院。

案件移送后,诉前财产保全裁定继续有效。

因执行诉前财产保全裁定而实际支出的费用,应由受诉人民法院在申请费中返还给作出诉前财产保全的人民法院。

【注释】(1)《民事诉讼法》第 104 条明确诉前保全的地域管辖,即诉前保全向被保全财产所在地、被申请人住所地或者对案件有管辖权的人民法院申请。本批复第 1 条系财产保全的级别管辖、专属管辖规定。

(2)《民事诉讼法解释》第 160 条规定了当事人向采取诉前保全措施以外的其他有管辖权的人民法院起诉情形下保全手续移送问题。本批复系采取保全措施法院在受理诉讼后发现不具有管辖权情形下保全手续的主动移送及相关费用的处理。

【司法文件】

1.《最高人民法院关于人民法院立案、审判与执行工作协调运行的意见》(法发〔2018〕9 号,2018 年 5 月 28 日)

11. 法律文书主文应当明确具体:

(1)给付金钱的,应当明确数额。需要计算利息、违约金数额的,应当有明确的计算基数、标准、起止时间等;

(2)交付特定标的物的,应当明确特定物的名称、数量、具体特征等特定信息,以及交付时间、方式等;

(3)确定继承的,应当明确遗产的名称、数量、数额等;

(4)离婚案件分割财产的,应当明确财产名称、数量、数额等;

(5)继续履行合同的,应当明确当事人继续履行合同的内容、方式等;

(6)排除妨碍、恢复原状的,应当明确排除妨碍、恢复原状的标准、时间等;

(7)停止侵害的,应当明确停止侵害行为的具体方式,以及被侵害权利的具体内容或者范围等;

(8)确定子女探视权的,应当明确探视的方式、具体时间和地点,以及交接办法等;

(9)当事人之间互负给付义务的,应当明确履行顺序。

对前款规定中财产数量较多的,可以在法律文书后另附清单。

12. 审判部门在民事调解中,应当审查双方意思的真实性、合法性,注重调解书的可执行性。能即时履行的,应要求当事人即时履行完毕。

13. 刑事裁判涉财产部分的裁判内容,应当明确、具体。涉案财物或者被害人人数较多,不宜在判决主文中详细列明的,可以概括叙明并另附清单。判处没收部分财产的,应当明确没收的具体财物或者金额。判处追缴或者责令退赔的,应当明确追缴或者退赔的金额或财物的名称、数量等有关情况。

15. 执行机构发现本院作出的生效法律文书执行内容不明确的,应书面征询审判部门的意见。审判部门应在15日内作出书面答复或者裁定予以补正。审判部门未及时答复或者不予答复的,执行机构可层报院长督促审判部门答复。

执行内容不明确的生效法律文书是上级法院作出的,执行法院的执行机构应当层报上级法院执行机构,由上级法院执行机构向审判部门征询意见。审判部门应在15日内作出书面答复或者裁定予以补正。上级法院的审判部门未及时答复或者不予答复的,上级法院执行机构层报院长督促审判部门答复。

执行内容不明确的生效法律文书是其他法院作出的,执行法院的执行机构可以向作出生效法律文书的法院执行机构发函,由该法院执行机构向审判部门征询意见。审判部门应在15日内作出书面答复或者裁定予以补正。审判部门未及时答复或者不予答复的,作出生效法律文书的法院执行机构层报院长督促审判部门答复。

【注释】本条是关于判决给付不明确时,应当如何处理的规定。根据《执行工作规定》第16条的规定,给付内容不明确的,人民法院应当不予受理执行案件。但是,如果审判部门通过书面答复或者裁定予以补正的方式,对执行内容进行明确的,可认为符合受理条件。本条分3款明确了本院、上级法院、其他法院作出的判决给付内容不明确的处理方法,应注意结合适用。

2.《最高人民法院关于知识产权法院案件管辖等有关问题的通知》（法〔2014〕338号，2015年1月1日）

六、知识产权法院审理的第一审案件，生效判决、裁定、调解书需要强制执行的，知识产权法院所在地的高级人民法院可指定辖区内其他中级人民法院执行。

【注释】根据中央全面深化改革领导小组审议通过的《关于设立知识产权法院的方案》，北京、上海、广州知识产权法院内部不设执行机构，执行工作由其他法院负责。

3.《最高人民法院关于执行案件立案、结案若干问题的意见》（法发〔2014〕26号，2015年1月1日）

第十八条 执行实施案件立案后，有下列情形之一的，可以以“销案”方式结案：

（一）被执行人提出管辖异议，经审查异议成立，将案件移送有管辖权的法院或申请执行人撤回申请的；

（二）发现其他有管辖权的人民法院已经立案在先的；

（三）受托法院报经高级人民法院同意退回委托的。

4.《最高人民法院关于高级人民法院统一管理执行工作若干问题的规定》（法发〔2000〕3号，2000年1月14日）

八、高级人民法院对本院及下级人民法院的执行案件，认为需要指定执行的，可以裁定指定执行。

高级人民法院对最高人民法院函示指定执行的案件，应当裁定指定执行。

九、高级人民法院对下级人民法院的下列案件可以裁定提级执行：

1. 高级人民法院指令下级人民法院限期执结，逾期未执结需要提级执行的；

2. 下级人民法院报请高级人民法院提级执行，高级人民法院认为应当提级执行的；

3. 疑难、重大和复杂的案件，高级人民法院认为应当提级执行的。

高级人民法院对最高人民法院函示提级执行的案件，应当裁定提级执行。

【司法答复】

(一)执行依据

1.《最高人民法院关于向人民法院申请执行没有给付内容的确认判决应裁定不予受理问题的答复》(〔2004〕执他字第5号,2004年11月22日)

内蒙古自治区高级人民法院:

你院内高法〔2004〕18号请示的《关于内蒙古天富房地产股份有限公司与内蒙古达康医疗保健品总公司、内蒙古自治区医院保健分院执行一案的请示》收悉。经研究,答复如下:

我院(2002)民一终字第23号民事判决书是确认判决,没有给付内容,根据我院《关于人民法院执行工作若干问题的规定(试行)》第18条第1款第(4)项①的规定,本案不符合人民法院受理执行案件的条件,你院应裁定不予受理。

2.《最高人民法院执行工作办公室关于以判决主文或判决理由作为执行依据的请示的复函》(〔2004〕执他字第19号,2004年9月17日)

辽宁省高级人民法院:

你院〔2003〕辽执监字第157号《关于营口市鲅鱼圈区海星建筑工程公司与营口东方外国语专修学校建筑工程欠款纠纷执行一案的疑请报告》收悉,经研究,答复如下:

同意你院审判委员会少数人意见。判决主文是人民法院就当事人的诉讼请求作出的结论,而判决书中的"本院认为"部分,是人民法院就认定的案件事实和判决理由所作的叙述,其本身并不构成判项的内容。人民法院强制执行只能依据生效判决的主文,而"本院认为"部分不能作为执行依据。但在具体处理上,你院可根据本案的实际情况,依法保护各方当事人的合法权益。

【注释】(1)本复函明确了法律文书中的"本院认为"部分不能作为执行依据,法院在执行程序中应当按照法律文书主文所确定的内容执行。故法官

---

① 2020年修正后调整为第16条第1款第3项。

在制作法律文书时应当增强主文的可执行性,《民事诉讼法解释》第 461 条明确规定,生效法律文书应当具备权利义务主体明确和给付内容明确的条件。为此,《立审执意见》(法发〔2018〕9 号)第 11 条明确提出"法律文书主文应当明确具体",并列举了多种情况下对法律文书主文内容的具体要求。

(2)在判决主文表述不明确的情形下执行机构如何处理的问题,《立审执意见》(法发〔2018〕9 号)第 15 条对执行依据不明确的救济途径进行了规定。

(3)关于仲裁裁决或者仲裁调解书执行内容不明确的情况下该如何处理的问题,《仲裁执行规定》第 3 条和第 4 条进行了明确。该规定第 3 条规定,部分执行内容不明确导致无法执行的情况下,人民法院可以驳回执行申请。该规定第 4 条规定了对仲裁裁决主文或仲裁调解书中的文字、计算错误以及仲裁庭已经认定但在裁决主文中遗漏的事项,可以补正或说明的情形下,如何处理的问题。

(4)(2018)最高法执监 208 号执行裁定坚持了这一观点,认为:"本院(2016)最高法行申 3961 号行政裁定书虽然载明在红山区政府未主动解除围封、归还土地的情况下,徐焕民等人可依法申请强制执行,但该部分内容记载于裁定书的裁判理由部分,并未记载于裁定书的主文,裁定书裁判理由部分内容不具有强制执行力。"

3.《最高人民法院关于判决确定继续履行土地使用权转让合同如何执行问题的复函》(〔2009〕执监字第 217 号,2009 年 4 月 29 日)

上海市高级人民法院:

关于上海枫丹丽舍房地产开发有限公司(以下简称枫丹公司)申请执行本院(2006)民一终字第 57 号判决确定的继续履行土地使用权转让合同义务一案,经研究并报审委会讨论,现提出如下意见:

一、你院在本案执行中未采取法律规定的强制执行措施,(2007)沪高执字第 17-3 号裁定终结本次执行程序依据的事实与理由不充分,本案应当由你院继续执行。

二、依据判决,本案中上海华夏文化旅游区开发有限公司(以下简称华夏公司)继续履行合同的具体内容,是使涉案土地达到《中华人民共和国城市房地产管理法》规定的过户条件及办理土地使用权的过户手续。你院应当认真核查涉案土地状况,在确保枫丹公司履行相应合同义务的前提下,对已符合《中华人民共和国城市房地产管理法》规定过户条件的地块，应直接裁定将土地使用权移转给枫丹公司，并通知土地管理部门协助办理过户手续；对于不具备法定过户条件的地块，应当用足法律规定的各种强制执行措施，促使华夏公司履行使土地达到法定过户条件的义务。

三、如果本案确实存在法律上或事实上的障碍而不能执行，应当努力促成执行和解。如和解不成，应当告知当事人可以另行提起诉讼。

【注释1】上海枫丹丽舍房地产开发有限公司（以下简称枫丹公司）与上海华夏文化旅游区开发有限公司（以下简称华夏公司）国有土地使用权转让合同纠纷一案，最高人民法院判决：合同有效，继续履行。

2007年10月，枫丹公司向上海市高级人民法院申请执行。华夏公司接到执行通知后提出，相关土地不具备立项、规划、动拆迁和转让条件，职能部门亦认为涉案地块的转让违反了《城市房地产管理法》的有关规定，合同实际无法履行。上海市高级人民法院遂以本案涉及的合同继续履行及强制转让土地权属存在事实上与法律上的障碍为由，裁定终结本次执行程序。枫丹公司不服，向最高人民法院申请提级执行或指定其他法院执行。①

【注释2】申请执行的法律文书有给付内容且执行标的明确，是人民法院受理执行案件的基本条件之一。若判决主文仅确认合同有效，双方继续履行，则该类判决不具备上述基本条件，客观上会造成执行困难，原则上不宜作为执行依据。但在实践中，为维护生效判决权威，减轻当事人讼累，若该类判决符合一定条件，则可以作为执行依据。这些条件包括：(1)判决认定原告一方已经依据合同履行了主要义务；(2)判决认定被告方未履行主要合同义务；(3)合同对被告应履行义务的约定具体明确。若判决认定合同有效，继续履行，且判决同时符合上述条件，则已经履行合同主要义务的一方依据此判决请求执行的，执行机构应当予以执行。当然，合同的履行可能会因为客观条件的变化而不能继续。继续履行类判决也可能因生效后出现的事由发生这一问题，此时应给予当事人相应救济途径。实践中，若该类判决出现了客观上或法律上足以阻碍强制执行继续的事由而执行法院不能保证合同最终能够得以履行的，则应终结执行程序，并告知当事人另行诉讼主张权利。

---

① 参见黄金龙、葛洪涛：《上海枫丹丽舍房地产开发有限公司申请执行判决确定的继续履行合同义务监督案》，载最高人民法院执行局编：《执行工作指导》2011年第1辑（总第37辑），人民法院出版社2011年版，第60—73页。

4.《最高人民法院关于判决内容为“交付岩矿经营权”如何执行问题的复函》(〔2014〕执他字第 35 号,2014 年 10 月 28 日)

河北省高级人民法院:

你院《关于刘振树与隆化县郭家屯镇人民政府、姜凤春承包合同纠纷执行一案的请示报告》收悉。经研究,答复如下:

一、关于执行依据中具体执行内容的判断。具体执行内容应主要根据执行依据主文进行判断。必要时,应结合执行依据的其他部分,如判决书的说理、当事人诉讼请求等内容综合判断。本案判决的具体内容为“交付岩矿经营权”,该判决能够强制执行。理由如下:第一,本案执行依据的终审判决主文表述为:“……岩矿自××年××月××日起归原告经营”,体现了在规定时间交付经营权的意思;第二,上述终审判决在“本院认为”部分也体现了协议期限届满后,涉案岩矿的经营应恢复到协议前由原告经营状态的意思;第三,当事人的诉讼请求也是要求交还岩矿(包括手续变更)。

二、关于“岩矿经营权”与采矿权证办理的关系。采矿权是一种经行政许可的权利,对于采矿权的执行涉及司法权与行政权的界限。作为本案执行依据的终审判决谨慎地处理了“岩矿经营权”与采矿权证的关系。该判决在“本院认为”部分一方面认定原告享有“岩矿经营权”,另一方面认为采矿权资格的审查、采矿权属的变更都属于行政机关的职权范围。基于这一判断,判决书在主文中确认了岩矿在规定时间归原告经营,同时撤销了一审主文关于“被告协助原告办理过户手续”的内容。忠实遵照执行依据进行执行,是执行程序的基本原则。由于作为本案执行依据的终审判决已经明确区分了“岩矿经营权”与“采矿权证许可”,并将判决的内容限定在前者的范围内,所以执行程序应当严格依判决内容执行。

三、关于“交付岩矿经营权”的具体执行。由于占有是经营的基础,所以,在执行程序中应当移交涉案岩矿的占有;由于执行依据区分了“岩矿经营权”与采矿权证的办理,所以,执行程序中不能要求行政机关办理采矿权过户手续。如果岩矿经营的权利人因采矿权的许可发生了争议,应当通过其他途径进行救济。

请你院根据上述意见,结合案件具体情况,依法妥善处理相关案件。

【注释】刘振树与河北省隆化县郭家屯镇人民政府、姜凤春承包合同纠纷一案,河北省高级人民法院(以下简称河北高院)二审判决:“位于隆化县郭家屯镇干沟门村大北沟的珍珠岩矿自 2010 年 1 月 1 日起归刘振树经营。”

经刘振树申请，河北省承德市中级人民法院（以下简称承德中院）立案执行后，向承德市国土资源局、隆化县国土资源局发出协助执行通知书，要求协助办理珍珠岩矿相关经营手续。承德市国土资源局复函称，河北高院二审判决未明确哪一个珍珠岩矿归刘振树经营；如何理解采矿权证和相关经营手续的关系？如何协助办理相关经营手续？请给予明确的答复。

后承德中院向隆化县国土资源局下达协助执行通知书，要求协助的内容是：将郭家屯镇经委持有的采矿权许可证、姜凤春所属的隆化县宁城珍珠岩矿采矿许可证予以变更，恢复到刘振树原来的经营状态。隆化县国土资源局签收通知书后，并未实际协助执行，只是向申请人出示需要办理采矿权登记的18项资料目录，其中部分材料刘振树无法提供。

河北高院就执行依据中"位于隆化县郭家屯镇干沟门村大北沟的珍珠岩矿自2010年1月1日起归刘振树经营"的内容能否执行、如何执行的问题，请示最高人民法院，并提出如下具体问题：就该类案件，是否有给付内容，是否能够强制执行？如果可以强制执行，如何处理矿山企业的经营权与采矿权证等办理的关系？在行政机关不予办证或不符合办证条件时，法院判决所确认的经营权如何执行、如何实现？①

5.《最高人民法院执行局关于两份生效判决共同指向一笔特定债务如何执行问题的协调函》（〔2009〕执协字第23-1号，2009年12月3日）

四川省高级人民法院、新疆维吾尔自治区高级人民法院：

四川省高级人民法院（以下简称四川高院）报送的《关于请求协调处理四川同昊科技有限公司申请执行新疆正元节能科技有限公司、第三人四川达州钢铁集团有限公司委托合同纠纷一案的报告》和新疆维吾尔自治区高级人民法院（以下简称新疆高院）报送的《关于涉新疆正元节能科技有限公司执行争议的协调意见》均收悉。我院审查期间也曾组织两院进行协调，但未果。经研究，提出以下处理意见：

新疆高院（2008）新民三终字第22号民事判决书认为，在四川达州钢铁集团有限公司（以下简称达钢公司）和新疆正元节能科技有限公司（以下简

① 参见葛洪涛：《"岩矿归原告经营"的判决能否执行以及如何执行的请示与答复》，载最高人民法院执行局编：《执行工作指导》2015年第2辑（总第54辑），国家行政学院出版社2015年版，第126—135页。

称正元公司)的技术服务合同纠纷中,达钢公司应向正元公司支付相应的节能款。而正元公司与四川同昊科技有限公司(以下简称同昊公司)的合同则属于另一法律关系,可另案解决,并不影响该案的处理。四川省达州市通川区人民法院(以下简称通川法院)(2008)通川民初字第 1018 号民事判决正是对正元公司和同昊公司的委托关系作了裁判,同时将达钢公司列为第三人,并认为,依正元公司和同昊公司的委托合同,双方形成委托代理关系,同昊公司应取得上述节能款的收益权,并判令达钢公司直接向同昊公司支付。综上,该笔节能款为两份生效判决共同指向的特定债务,同昊公司应为该笔节能款的最终权利人,达钢公司不应重复该笔付款履行义务。据此,应由通川法院执行该笔节能款。

请你们接此函后,监督执行法院落实我院上述意见。

特此函告。

【注释 1】新疆正元节能科技有限公司(以下简称正元公司)诉四川达州钢铁集团有限公司(以下简称达钢集团)技术服务合同纠纷一案,新疆维吾尔自治区高级人民法院(以下简称新疆高院)作出(2008)新民三终字第 22 号民事判决,判令:(1)达钢集团支付正元公司迟延履行金 12524.02 元;(2)达钢集团一次性支付正元公司剩余 59 个月的节能效益款 3217295 元。

四川同昊科技有限公司(以下简称同昊公司)以委托合同纠纷为由,将正元公司诉至四川省达州市通川区人民法院(以下简称通川区法院),并以达钢集团为第三人。2008 年 11 月 13 日,通川区法院裁定冻结达钢集团除支付正元公司 31.84 万元节能款后的每月节能款,后作出(2008)通川民初字第 1018 号民事判决:(1)确认同昊公司和正元公司系委托代理关系;(2)正元公司在第三人达钢集团处收取节能款 31.84 万元后,达钢集团以后应支付的节能款在 300 万元范围内,其收益权转移归同昊公司所有,并由达钢集团直接向同昊公司支付;(3)如达钢集团应支付的节能款超过 300 万元,超出部分由同昊公司、正元公司各享有 50%的份额。

正元公司诉达钢集团一案进入执行程序后,乌鲁木齐市中级人民法院(以下简称乌鲁木齐中院)于 2009 年 2 月 4 日裁定冻结达钢集团 3411127.28 元存款。同年 4 月 6 日,乌鲁木齐中院前往四川达州扣划冻结款项和执行费用 3411127.28 元。通川区法院受理同昊公司申请执行正元公司、达钢集团委托合同纠纷一案后,于 4 月 20 日裁定将达钢集团 3173073.5 元存款扣划至通川区法院账户。中国农业银行达州市西区支行在双方法院协调未果的情况下,将双方法院执行标的重叠后相差的 247053.78 元支付给乌鲁木齐中院。四川高院和新疆高院对本案执行争议进行协调后,未达成一致意见,遂请求最高人民法院协调处理。

【注释 2】上述协调意见是根据两地法院已经生效的判决作出的,所涉当事人间的权利义务关系均由两份生效判决确定,并未对当事人创设新的权利,规定新的义务,完全在判决判定的给付内容范围之内解决案件的执行问题,不存在以执代审的情形。本案中,两地法院的执行争议源于诉讼程序对当事人纠纷的处理方式,虽然案件的处理涉及对执行依据的解释问题,但通过执行机构对执行依据的审查判断,能够为本案争议问题找到解决的途径。所以,在执行程序中,并非只要涉及执行依据的问题,都要考虑通过再审或诉讼的方式处理,也应当根据执行依据的具体内容和案件的执行情况作出判断。①

(二)执行管辖

1.《最高人民法院执行局关于法院能否以公司证券登记结算地为财产所在地获得管辖权问题的复函》(〔2010〕执监字第 16 号,2010 年 7 月 15 日)

广东省高级人民法院:

关于唐山钢铁集团有限责任公司执行申诉一案,你院《关于深圳中院执行中华乐业有限公司与唐山钢铁集团有限责任公司仲裁裁决一案的情况报告》收悉。经研究,答复如下:

经核查,唐山钢铁集团有限责任公司作为上市公司,其持有的证券在上市交易前存管于中国证券登记结算有限责任公司深圳分公司,深圳市中级人民法院(以下简称深圳中院)以此认定深圳市为被执行人的财产所在地受理了当事人一方的执行申请。本院认为,证券登记结算机构是为证券交易提供集中登记、存管与结算服务的机构,但证券登记结算机构存管的仅是股权凭证,不能将股权凭证所在地视为股权所在地。由于股权与其发行公司具有密切的联系,因此,应当将股权的发行公司住所地认定为该类财产所在地。深

---

① 参见乔宇:《四川、新疆两地法院执行四川达钢公司争议协调案》,载最高人民法院执行局编:《执行工作指导》2010 年第 3 辑(总第 35 辑),人民法院出版社 2010 年版,第 105—110 页。

圳中院将证券登记结算机构所在地认定为上市公司的财产所在地予以立案执行不当。

请你院监督深圳中院依法撤销案件及相关法律文书,并告知申请人依法向有管辖权的人民法院申请执行。同时,鉴于深圳中院对被执行人的股权已采取冻结措施,为防止已冻结财产被转移,请你院监督深圳中院做好已控被执行人财产与新的执行法院的衔接工作,避免申请执行人的权益受到损害。

【注释】股权是股东因出资而取得的、依法定或者公司章程的规定和程序参与事务并在公司中享受财产利益的、具有可转让性的权利。被执行人享有的股权构成被执行人的财产,股权财产价值的实现只能在该股权发行公司获得,股权的发行、转让等行为的效果实质上都是发生在发行公司的住所地。因此,发行公司的住所地与股权具有最密切的联系,故应将股权的发行公司住所地认定为该类财产所在地。股票所代表的财产所在地应当是该股票的发行公司的住所地,而不能是股票的托管地。否则,如将证券登记结算机构所在地视为上市公司的财产所在地,全国执行上市公司股权的案件,深圳或上海中院都将取得管辖权。这也违反了管辖的一般原则。

2.《最高人民法院执行局关于上海金纬机械制造有限公司与瑞士 RETECH Aktiengesellschaft 公司执行请示一案的答复》(〔2011〕执他字第 20 号,2011 年 10 月 10 日)

上海市高级人民法院:

你院(沪高法〔2011〕322 号)《关于上海金纬机械制造有限公司申请执行瑞士 RETECH Aktiengesellschaft 公司案管辖和申请执行期限问题的请示》收悉。经研究,答复如下:

请示的两个法律适用问题,原则均同意你院审判委员会多数人意见。《中华人民共和国民事诉讼法》第二百五十七条①规定:“经中华人民共和国涉外仲裁机构裁决的,当事人不得向人民法院起诉。一方当事人不履行仲裁裁决的,对方当事人可以向被申请人住所地或者财产所在地的中级人民法院申请执行。”我国涉外仲裁机构仲裁裁决确定的义务人,其可供执行的财产在我国领域内的,可以由财产所在地中级人民法院执行。执行管辖权是案涉当事人正当行使民事强制执行请求权的必要条件,上海市第一中级人民法院

① 2021 年《民事诉讼法》第四次修正后调整为第 280 条。

应在确定本案执行管辖后,根据《中华人民共和国民事诉讼法》关于申请执行时效期间的相关规定进行审查,依法执行。

【**注释**】具体案情、裁判结果及裁判理由,详见最高人民法院 2014 年 12 月 18 日发布的指导案例 37 号。

3.《最高人民法院执行工作办公室关于湖北安陆市政府反映河南焦作中院"错误裁定"、"错误执行"案及河南高院反映焦作中院在执行安陆市政府时遭到暴力抗法案的复函》(〔2002〕执监字第 262 号,2002 年 12 月 25 日)

河南省高级人民法院:

关于湖北省安陆市政府向我院反映焦作市中级人民法院执行湖北三鹏化工股份有限公司一案的有关问题,经研究,现提出如下处理意见:

经核查,焦作市中级人民法院立案执行的依据是河南省修武县公证处(2001)修证经字第 18 号"具有强制执行效力的债权文书公证书"。该公证书认定湖北三鹏化工股份有限公司如不能在约定的期限内履行还款义务,申请人丁慈咪有权向申请人所在地人民法院申请强制执行。

本院认为,关于此类执行管辖问题,《中华人民共和国民事诉讼法》第 207 条①第 2 款、最高人民法院《关于适用〈中华人民共和国民事诉讼法〉若干问题的意见》第 256 条②和《关于人民法院执行工作若干问题的规定(试行)》第 10 条③均已有明确规定,即公证机关依法赋予强制执行效力的公证债权文书,由被执行人住所地或被执行人的财产所在地人民法院执行。据此,当事人无权约定执行管辖,公证机关也无权确认当事人约定执行管辖,焦作市中级人民法院更不能依据当事人的约定予以立案执行。请你院监督焦作市中级人民法院依法撤销案件及相关法律文书,并告知申请人依法向有管辖权的人民法院申请执行。

---

① 2021 年《民事诉讼法》第四次修正后调整为第 231 条。

② 《民事诉讼法意见》(已废止)第 256 条规定:"民事诉讼法第二百零一条第二款规定的由人民法院执行的其他法律文书,包括仲裁裁决书、公证债权文书。其他法律文书由被执行人住所地或者被执行人的财产所在地人民法院执行;当事人分别向上述人民法院申请执行的,由最先接受申请的人民法院执行。"

③ 2020 年修正后该条予以删除。

【指导案例】

指导案例 36 号：中投信用担保有限公司与海通证券股份有限公司等证券权益纠纷执行复议案（最高人民法院审判委员会讨论通过，2014 年 12 月 18 日发布）

关键词　民事诉讼　执行复议　到期债权　协助履行

裁判要点

被执行人在收到执行法院执行通知之前，收到另案执行法院要求其向申请执行人的债权人直接清偿已经法院生效法律文书确认的债务的通知，并清偿债务的，执行法院不能将该部分已清偿债务纳入执行范围。

相关法条

《中华人民共和国民事诉讼法》第二百二十四条第一款①

基本案情

中投信用担保有限公司（以下简称中投公司）与海通证券股份有限公司（以下简称海通证券）、海通证券股份有限公司福州广达路证券营业部（以下简称海通证券营业部）证券权益纠纷一案，福建省高级人民法院（以下简称福建高院）于 2009 年 6 月 11 日作出（2009）闽民初字第 3 号民事调解书，已经发生法律效力。中投公司于 2009 年 6 月 25 日向福建高院申请执行。福建高院于同年 7 月 3 日立案执行，并于当月 15 日向被执行人海通证券营业部、海通证券发出（2009）闽执行字第 99 号执行通知书，责令其履行法律文书确定的义务。

被执行人海通证券及海通证券营业部不服福建高院（2009）闽执行字第 99 号执行通知书，向该院提出书面异议。异议称：被执行人已于 2009 年 6 月 12 日根据北京市东城区人民法院（以下简称北京东城法院）的履行到期债务通知书，向中投公司的执行债权人潘鼎履行其对中投公司所负的到期债务 11222761.55 元，该款汇入了北京东城法院账户；上海市第二中级人民法院（以下简称上海二中院）为执行上海中维资产管理有限公司与中投公司纠纷案，向其发出协助执行通知书，并于 2009 年 6 月 22 日扣划了海通证券的银行存款 8777238.45 元。以上共计向中投公司的债权人支付了 2000 万元，故

① 2021 年《民事诉讼法》第四次修正后调整为第 231 条第 1 款。

其与中投公司之间已经不存在未履行(2009)闽民初字第3号民事调解书确定的付款义务的事实,福建高院向其发出的执行通知书应当撤销。为此,福建高院作出(2009)闽执异字第1号裁定书,认定被执行人异议成立,撤销(2009)闽执行字第99号执行通知书。申请执行人中投公司不服,向最高人民法院提出了复议申请。申请执行人的主要理由是:北京东城法院的履行到期债务通知书和上海二中院的协助执行通知书,均违反了最高人民法院给江苏省高级人民法院的〔2000〕执监字第304号关于法院判决的债权不适用《关于适用〈中华人民共和国民事诉讼法〉若干问题的意见》第300条规定(以下简称意见第300条)的复函精神,福建高院的裁定错误。

裁判结果

最高人民法院于2010年4月13日作出(2010)执复字第2号执行裁定,驳回中投信用担保有限公司的复议请求,维持福建高院(2009)闽执异字第1号裁定。

裁判理由

最高人民法院认为:最高人民法院〔2000〕执监字第304号复函是针对个案的答复,不具有普遍效力。随着民事诉讼法关于执行管辖权的调整,该函中基于执行只能由一审法院管辖,认为经法院判决确定的到期债权不适用意见第300条的观点已不再具有合理性。对此问题正确的解释应当是:对经法院判决(或调解书,以下通称判决)确定的债权,也可以由非判决法院按照意见第300条规定的程序执行。因该到期债权已经法院判决确定,故第三人(被执行人的债务人)不能提出债权不存在的异议(否认生效判决的定论)。本案中,北京东城法院和上海二中院正是按照上述精神对福建高院(2009)闽民初字第3号民事调解书确定的债权进行执行的。被执行人海通证券无权对生效调解书确定的债权提出异议,不能对抗上海二中院强制扣划行为,其自动按照北京东城法院的通知要求履行,也是合法的。

被执行人海通证券营业部、海通证券收到有关法院通知的时间及其协助有关法院执行,是在福建高院向其发出执行通知之前。在其协助有关法院执行后,其因(2009)闽民初字第3号民事调解书而对于申请执行人中投公司负有的2000万元债务已经消灭,被执行人有权请求福建高院不得再依据该调解书强制执行。

综上,福建高院(2009)闽执异字第1号裁定书认定事实清楚,适用法律正确。故驳回中投公司的复议请求,维持福建高院(2009)闽执异字第1

号裁定。

【注释】最高人民法院〔2000〕执监字第 304 号复函意见为,《民事诉讼法意见》(已废止)第 300 条规定的到期债权是指未经法院判决的债权,如果把经法院判决的债权视为该条规定的到期债权去执行,就会使当事人的申请执行权、执行和解权和法院的执行管辖权及执行实施权发生冲突。《制裁规避执行意见》(法〔2011〕195 号)第 12 条规定:"依法执行已经生效法律文书确认的被执行人的债权。对于被执行人已经生效法律文书确认的债权,执行法院可以书面通知被执行人在限期内向有管辖权的人民法院申请执行该生效法律文书。限期届满被执行人仍怠于申请执行的,执行法院可以依法强制执行该到期债权。被执行人已经申请执行的,执行法院可以请求执行该债权的人民法院协助扣留相应的执行款物。"根据该意见,对于生效法律文书确定的到期债权,仅当被执行人怠于申请执行时,才可直接强制执行该到期债权。本指导性案例认为,对经法院判决确定的债权,也可以由非判决法院按照《民事诉讼法意见》第 300 条规定的程序执行。因该到期债权已经法院判决确定,故第三人不能提出债权不存在的异议。《民事诉讼法解释》第 499 条第 3 款吸收了本指导性案例的内容,明确规定了"对生效法律文书确定的到期债权,该他人予以否认的,人民法院不予支持"。《民事诉讼法解释》施行后,以该规定为准。

【判旨撷要】

(一)执行依据

1. 王翔与金河民间借贷纠纷执行申诉案[(2015)执申字第 52 号]

要旨:《执行工作规定》第 18 条第 1 款规定了人民法院受理执行案件应当符合的条件,其中第 4 项(2020 年修正为第 16 条第 1 款第 3 项)为"申请执行的法律文书有给付内容,且执行标的和被执行人明确";《民事诉讼法解释》第 463 条(2022 年修正为第 461 条)第 1 款也明确规定,当事人申请人民法院执行的生效法律文书应当权利义务主体明确、给付内容明确。可见,据以向人民法院申请强制执行的生效法律文书必须符合给付内容明确的条件。对于交付特定物的案件,就要求法律文书中应当载明特定物的名称、数量、规格等信息,以使该特定物区别于其他物。本案中,调解书第 5 项载明的是"选矿厂及采挖出的矿石",没有指明该选矿厂及矿石的特定信息,双方当事人对执行依据指向的特定物也存在严重分歧,显属执行依据给付内容不明确。已经受理的执行案件,发现执行依据内容不明确的,执行机构在执行程序中可以结合执行依据文义,审查确定其具体给付内容。执行程序中无法确定给付内容的,则应当提请生效法律文书的作出机构结合案件审理期间查明的情况,对不明确的执行内容予以补正或者进行解释说明。

2. 河北常青实业集团有限公司与祥兴(福建)箱包集团有限公司、华城(黄骅)科教有限公司公司解散纠纷执行申诉案[(2015)执申字第114号]

要旨:如果执行依据存在说服力相当的两种解释,且对当事人权利义务关系影响巨大时,根据审执分离原则,执行机构不宜直接作出判断。此时应该征求原审判组织的意见,由审判组织确认具体的执行内容。如果原审判组织不能确定具体执行内容,则应终结执行程序,由当事人另行诉讼解决争议。本案中,执行法院在执行依据存在说服力相当的两种解释的情况下,未征求原审判组织的意见,直接予以判断,违背了审执分离原则,可能会严重影响当事人的权利,相关法律文书及执行行为应予以撤销。

【注释】最高人民法院(2016)最高法执监334号驳回申诉通知书作了进一步阐释,“关于执行依据给付内容不明确而产生执行争议问题,现行立法及司法解释并无明确规定予以规范处理。人民法院审判案件实行合议制,因作出执行依据的原审判合议庭已对当事人实体法律关系及民事责任进行全面审查,故由原审判合议庭对执行依据给付内容进行解释,具有相应法理依据,也能够减少当事人诉累,平衡保护各方当事人权益”。

3. 卢济政与四川省齐祥食品有限公司土地使用权转让纠纷执行申诉案[(2016)最高法执监446号]

要旨:关于继续履行合同是否可以立案执行的问题,实践中都是结合具体情况来判定,关键是合同确定的当事人双方的权利与义务是否清晰,给付内容、履行标的是否明确。法院执行过程中不需要作更多的审查,例如违约责任确定或其他违法情形的审查,且继续履行合同本身也是违约责任的一种承担方式,只要是合同能够明确双方的权利义务,明确下一步要给付的内容和执行标的,则应当依法执行。

4. 王银铎与洛阳市人民政府房屋征收补偿协议纠纷执行监督案［（2019）最高法执监 70 号］

要旨：执行依据有明确的执行内容是当事人申请执行的基本条件。本案中，执行依据的主文为被告洛阳市人民政府继续履行其与原告签订的洛阳新区拓展区撤村并城拆迁补偿协议。该协议约定了洛阳市人民政府应补偿申请人的各项费用的构成、计算标准以及相关费用的付款方式等。协议虽然涉及洛阳市人民政府应交付申请人安置房的内容，也约定了拆迁补偿费、奖励费冲抵申请人购买安置房款项的内容，但该协议并未列明安置房的位置、面积、价格等履行安置房交付义务的基本内容。因此，本案执行依据关于继续履行的具体内容并不明确，执行法院驳回王银铎的执行申请并无不当。申诉人关于洛阳市人民政府履行交付安置房义务等请求，可以通过另行诉讼等方式主张。

（二）执行管辖

1. 大庆筑安建工集团有限公司、大庆筑安建工集团有限公司曲阜分公司与中煤第六十八工程有限公司施工合同纠纷执行申诉案［（2015）执申字第 42 号］

要旨：《民事诉讼法》第 224 条（2021 年修正为第 231 条）及《仲裁法解释》第 29 条对仲裁案件执行的级别管辖和地域管辖作出明确规定，具有强制约束力。仲裁裁决执行，其确定管辖的连接点只有两个：被执行人住所地和被执行的财产所在地。民事诉讼法属于公法性法律规范，法律没有赋予的权利就属于禁止。虽然《民事诉讼法》没有明文禁止当事人可协商执行管辖法院，但法律对当事人就执行案件管辖权的选择限定于上述两个连接点之间，当事人只能依法选择其中一个有管辖权的法院提出执行申请，不得以任何方式改变法律规定的执行管辖法院。《民事诉讼法》有关应诉管辖的规定适用于诉讼程序，在执行程序中适用没有法律依据、法理依据。因此，当事人通过协议方式选择，或者通过不提管辖异议、放弃管辖异议等默认方式来确定无执行管辖权的法院享有管辖权，均不符合法律的规定。

2. 广东电白二建工程有限公司、广州市坤龙建筑安装工程有限公司与广州市粤垦房地产开发有限公司建设施工合同纠纷执行复议案［（2015）执复字第 27 号］

要旨：依照《执行工作规定》第 9 条（2020 年修正为第 8 条）、《高院统一管理规定》第1条、第8条的规定,高级人民法院可以依职权或依当事人申请,决定对本院或下级法院的执行案件指定执行。指定执行是上一级人民法院出于方便执行、利于执行、防止地方保护主义等目的,结合辖区内工作整体部署而作出的决定,体现了上一级法院对下一级法院的执行监督权。在指定执行中,被指定法院是依据上级法院的指定获得管辖权。而管辖权异议则是在人民法院受理执行申请后,当事人对该法院的管辖权不服提出的异议。因此,当事人对指定执行不服的,不属于管辖权异议的范围,不能依据《执行程序解释》第3条的规定提出管辖权异议。

3. 中融国际信托有限公司与镇雄县大银煤矿有限责任公司、郭泽民、郭亚蒙公证债权文书执行复议案[(2017)最高法执复6号]

要旨:《民事诉讼法》第224条第2款(2021年修正为第231条第2款)、《执行工作规定》第10条(2020年修正已删除)规定是对于赋予强制执行效力的公证债权文书的执行管辖权的明确规定,具有强制约束力,即当事人只能依法选择有管辖权连接点的人民法院即被执行人住所地或者被执行的财产所在地人民法院提出执行申请,不得以任何方式改变法定的执行管辖法院。复议申请人提出的《民事诉讼法》第34条(2021年修正为第35条),是对于当事人协议约定诉讼管辖法院的相关规定,执行管辖不同于诉讼管辖,是排除当事人自行约定向无管辖权法院申请执行的,因此,协议管辖的相关规定并不适用于执行管辖权。

4. 中铁信托有限责任公司与福建省时代华奥动漫有限公司、福建省时代华奥建设发展有限公司等借款纠纷执行复议案[(2017)最高法执复12号、17号]

要旨:根据目前的通行理解,部分财产所在地或者部分被执行人住所地法院,可以取得执行案件全案管辖权。且目前相关司法解释并未对《民事诉讼法》第224条(2021年修正为第231条)规定的被执行人住所地作出限缩性解释,既未限制以保证人的住所地因素行使执行管辖权,也未将被执行的财产所在地限定为主要财产所在地。是否应做此种限缩解释,有待今后司法解释进一步确定。故目前不能绝对排除四川高院对本案的管辖权,该院作为非主要的被执行人住所地和被执行财产所在地法院管辖本案,并不违反执行程序方面的现行法律规定。同时,鉴于管辖权问题确定的是人民法院之间的分工,无论地域管辖如何确定,生效法律文书所确定以及法律规定的当事人的权利义务并不改变,人民法院在执行中都应依法保护申请执行人和被执行人的合法权益。

5. 大申集团有限公司与信达证券股份有限公司公证债权文书执行复议案[(2018)最高法执复 43 号]

要旨:关于股票财产所在地的问题,目前并无法律或司法解释明文规定。因股票所代表的股权财产价值需要通过该股权的发行公司实现,故最高人民法院〔2010〕执监字第 16 号《关于法院能否以公司证券登记结算地为财产所在地获得管辖权问题的复函》认为,股票所代表的股权财产所在地应当是该股票发行公司的住所地。该函虽是个案答复,但在无相反法律解释的情况下,其他案件可以参照该答复的原则和精神处理。上海高院《关于选择财产所在地法院作为执行管辖法院有关问题的解答》中的"非流通股,以非流通股所涉及的法人、其他组织的住所地、主要营业地、主要办事机构所在地为财产所在地"的意见,与本院上述复函意见是一致的。同时,该院并未仅以中毅达股票在中国证券登记结算公司上海分公司进行登记结算而认为财产所在地在上海法院辖区。本案上海高院参照本院复函意见,以发行案涉股票的中毅达公司的住所地上海为被执行股票的财产所在地,并无不当。

第二百三十二条　【对违法的执行行为提出异议】 当事人、利害关系人认为执行行为违反法律规定的，可以向负责执行的人民法院提出书面异议。当事人、利害关系人提出书面异议的，人民法院应当自收到书面异议之日起十五日内审查，理由成立的，裁定撤销或者改正；理由不成立的，裁定驳回。当事人、利害关系人对裁定不服的，可以自裁定送达之日起十日内向上一级人民法院申请复议。

规范体系	
司法解释	1.《最高人民法院关于适用〈中华人民共和国民事诉讼法〉执行程序若干问题的解释》（法释〔2008〕13 号；经法释〔2020〕21 号修正）第 5—9 条 2.《最高人民法院关于人民法院办理执行异议和复议案件若干问题的规定》（法释〔2015〕10 号；经法释〔2020〕21 号修正）第 1—9 条、第 11—21 条、第 23 条、第 32 条 3.《最高人民法院关于执行和解若干问题的规定》（法释〔2018〕3 号；经法释〔2020〕21 号修正）第 12 条、第 17 条、第 19 条 4.《最高人民法院关于网络查询、冻结被执行人存款的规定》（法释〔2013〕20 号）第 6 条 5.《最高人民法院关于人民法院确定财产处置参考价若干问题的规定》（法释〔2018〕15 号）第 22 条 6.《最高人民法院关于人民法院网络司法拍卖若干问题的规定》（法释〔2016〕18 号）第 31 条、第 36 条第 1 款 7.《最高人民法院关于适用〈中华人民共和国刑事诉讼法〉的解释》（法释〔2021〕1 号）第 528 条 8.《最高人民法院关于刑事裁判涉财产部分执行的若干规定》（法释〔2014〕13 号）第 14 条 9.《最高人民法院关于人民法院办理财产保全案件若干问题的规定》（法释〔2016〕22 号；经法释〔2020〕21 号修正）第 26 条 10.《最高人民法院关于对人民法院终结执行行为提出执行异议期限问题的批复》（法释〔2016〕3 号）

（续表）

规范体系	
司法文件	1.《最高人民法院关于执行工作中正确适用修改后民事诉讼法第 202 条、第 204 条规定的通知》（法明传〔2008〕1223 号）第 1 条、第 3 条 2.《最高人民法院办公厅关于切实保障执行当事人及案外人异议权的通知》（法办〔2014〕62 号）第 1—4 条 3.《最高人民法院关于在执行工作中规范执行行为切实保护各方当事人财产权益的通知》（法〔2016〕401 号）第 7 条 4.《最高人民法院关于严格规范终结本次执行程序的规定（试行）》（法〔2016〕373 号）第 7 条 5.《最高人民法院关于执行案件立案、结案若干问题的意见》（法发〔2014〕26 号）第 8—10 条、第 24—25 条 6.《最高人民法院关于执行权合理配置和科学运行的若干意见》（法发〔2011〕15 号）第 4—5 条 7.《最高人民法院关于人民法院办理执行案件若干期限的规定》（法发〔2006〕35 号）第 9—11 条 8.《最高人民法院关于规范人民法院裁判文书相关表述及依法收转当事人诉讼材料的通知》（法〔2015〕57 号）第 2 条
司法答复	1.《最高人民法院关于指定执行后的法院能否对原执行法院的执行行为进行审查的答复》（〔2014〕执他字第 20 号） 2.《最高人民法院关于被执行人在执行程序中能否行使抵销权问题的复函》（〔2014〕执他字第 25 号） 3.《最高人民法院执行工作办公室关于异议人深圳市天华电力投资有限公司申诉案的复函》（〔2000〕执监字第 68-1 号） 4.《最高人民法院执行工作办公室关于异议人深圳市天华电力投资有限公司申诉案的复函》（〔2000〕执监字第 68-2 号）

【条文释义】

本条是关于对违法的执行行为提出异议的规定。系 2007 年《民事诉讼法》第一次修正时增加的内容。①

赋予当事人或者利害关系人在执行程序中对其正当权利保护的救济途径,是保证执行公正、公平的重要内容。但是,1991 年《民事诉讼法》没有规定当事人和利害关系人对违法执行行为的救济途径,也未规定有关部门相应的处理程序。实践中,当事人、利害关系人只能通过申诉、信访等渠道向法院反映问题,法院对这些问题的处理也缺乏明确的可以遵循的依据,从而导致对该类问题的处理往往比较随意,当事人、利害关系人的合法权益难以得到充分保障。为了充分保护当事人、利害关系人的合法权益,规范人民法院的执行行为,保障发生法律效力的判决、裁定及其他法律文书的执行,《民事诉讼法》应当明确赋予当事人、利害关系人对执行行为提出异议的权利,建立执行救济制度。对此,2007 年修改《民事诉讼法》增加了本条关于当事人、利害关系人对违法的执行行为提出异议的规定。②

理解与适用本条规定,需要注意把握以下四点:

一、关于"利害关系人"的范围。本条规定的利害关系人,是当事人以外对人民法院的执行行为程序性事项提出异议的人。根据《异议复议规定》第 5 条的规定,当事人以外的自然人、法人和非法人组织,认为执行行为存在如下情形的,可以作为利害关系人提出异议:(1)人民法院的执行行为违法,妨碍其轮候查封、扣押、冻结的债权受偿的;(2)人民法院的拍卖措施违法,妨碍其参与公平竞价的;(3)人民法院的拍卖、变卖或者以物抵债措施违法,侵

---

① 《全国人民代表大会常务委员会关于修改〈中华人民共和国民事诉讼法〉的决定》(2007 年 10 月 28 日第十届全国人民代表大会常务委员会第三十次会议通过)第 11 条规定:"十一、增加一条,作为第二百零二条:'当事人、利害关系人认为执行行为违反法律规定的,可以向负责执行的人民法院提出书面异议。当事人、利害关系人提出书面异议的,人民法院应当自收到书面异议之日起十五日内审查,理由成立的,裁定撤销或者改正;理由不成立的,裁定驳回。当事人、利害关系人对裁定不服的,可以自裁定送达之日起十日内向上一级人民法院申请复议。'"

② 参见全国人民代表大会常务委员会法制工作委员会编:《中华人民共和国民事诉讼法释义(最新修正版)》,法律出版社 2012 年版,第 532—533 页。

害其对执行标的的优先购买权的;(4)人民法院要求协助执行的事项超出其协助范围或者违反法律规定的;(5)其他合法权益受到人民法院违法执行行为侵害的。需要注意的是,这里的“其他合法权益”应指程序性权益和不能排除执行的实体权益,如果是主张能够排除执行的实体权益,则其身份是案外人。例如,某仓储公司提出,人民法院要求协助执行的财产属于其所有。由于其异议主张的是执行标的所有权,目的是排除对该财产的执行,应依照案外人异议程序提出。如果其仅仅提出被执行人在其处没有财产,则并非阻止执行,仍属于利害关系人。

二、关于“执行行为”的范围。执行行为是执行法院在执行过程中作出的能够发生一定法律效果的行为,涵盖的范围非常广泛。根据《异议复议规定》第 7 条第 1 款的规定,可以提出异议的执行行为主要有三类:一是查封、扣押、冻结等各类执行措施,实践中往往以裁定等相关法律文书作为载体,也是异议指向最多的对象。二是执行的期间、顺序等应当遵守的法定程序。这种程序,不仅包括《民事诉讼法》及有关司法解释规定的程序,也应当包括其他法律和司法解释中有关执行程序的规定;不仅包括程序法中有关执行程序的规定,也包括实体法中有关执行程序的规定。三是人民法院在执行过程中作出的侵害当事人、利害关系人合法权益的其他行为。需要注意的是,这里的执行行为一般应当是指针对人民法院作出的积极行为,但也不排除特殊情况下对消极执行行为的异议,如轮候查封债权人要求在先查封法院尽快处置查封财产。此外,并非对人民法院在执行中作出的所有行为均可提出异议。对人民法院的内部管理行为,如更换承办人、延长执行期限等,不能提出异议。对上级人民法院的监督行为,如指定执行、提级执行也不能提出异议。

三、关于执行异议竞合的处理。当事人以外的人同时提出案外人异议和执行行为异议的,称之为“异议竞合”。执行行为异议与案外人实体异议之所以存在区分的必要,在于实践中多数案外人并无区分这两类异议的专业知识,异议的请求往往都是要求纠正“违法的执行行为”,而《民事诉讼法》对不同性质的异议又规定了完全不同的救济程序。《异议复议规定》第 8 条根据异议的基础权利是不是实体权利、其目的是不是要阻止执行而分为两种不同的情形:一是案外人提出两类异议,所依据的基础权利都是实体权利,提出异议的目的也都是请求人民法院停止对特定标的物的执行,但其形式上既对执行标的,又对执行行为提出异议。此时,只要对其实体异议进行审查,执行行为异议就没有审查的必要,这就是实体异议吸收程序异议。二是当事人以外的人既以实体权利为基础提出案外人异议，又提出与实体权利无关的执行行为异议，异议的目的分别是阻止对特定标的物的执行和纠正违法的执行，实际上是同一个异议主体分别作为案外人和利害关系人提出了两类不同性质的异议。此时，应当分别适用不同的审查程序，分别作出裁定。①

四、关于执行异议与执行监督的关系。对违法执行行为提出异议进而申请复议，是当事人、利害关系人享有的一项法定权利。而执行监督作为法院内部的一种监督纠错制度，其具体程序更多是在法院内部运行，法院处理后一般只向有关法院下发内部函文，在特殊情况下才制作正式的裁定或决定。因此，尽管二者都可能会达到纠正执行错误的实际效果，但纠错的途径、启动程序、审查处理程序、法律文书、法律效力等并不相同，可以作为两种不同的纠错机制同时存在。在出现违法执行的情况下，即使当事人、利害关系人未提出异议，或者对裁定不服时未向上一级人民法院申请复议，如果上级人民法院发现执行法院存在违法执行问题的，也应当依法进行监督；如果当事人、利害关系人已经提出了异议或正在申请复议，在救济程序正常进行的情况下，上级法院一般无须再就同一问题重复进行监督，但作为一项监督权力，上级法院认为必要时可以随时行使。此外，作为一项法定权利，当事人、利害关系人对违法行为有异议的，只能向执行法院提出，对裁定不服申请复议的，只能向上一级人民法院申请。但当事人、利害关系人通过申诉途径反映违法执行问题的，则不受上述限制；可以进行执行监督的法院也不限于执行法院的上一级法院，上级法院对辖区内任何法院的执行工作都可以依法进行监督。

【司法解释】

1.《最高人民法院关于适用〈中华人民共和国民事诉讼法〉执行程序若干问题的解释》（法释〔2008〕13号，2009年1月1日；经法释〔2020〕21号修正，2021年1月1日）

第五条 执行过程中，当事人、利害关系人认为执行法院的执行行为违反法律规定的，可以依照民事诉讼法第二百二十五条②的规定提出异议。

---

① 参见刘贵祥、范向阳：《〈关于人民法院办理执行异议和复议案件若干问题的规定〉的理解与适用》，载《人民司法·应用》2015年第11期。

② 2021年《民事诉讼法》第四次修正后调整为第232条。

执行法院审查处理执行异议,应当自收到书面异议之日起十五日内作出裁定。

【注释】《异议复议规定》第 6 条第 1 款对《民事诉讼法》第 232 条规定的"执行过程中"作出了进一步解释,即异议应当在执行程序终结之前提出,但对终结执行措施提出异议的除外。《异议复议规定》施行后,以该条为准。

第六条　当事人、利害关系人依照民事诉讼法第二百二十五条规定申请复议的,应当采取书面形式。

第七条　当事人、利害关系人申请复议的书面材料,可以通过执行法院转交,也可以直接向执行法院的上一级人民法院提交。

执行法院收到复议申请后,应当在五日内将复议所需的案卷材料报送上一级人民法院;上一级人民法院收到复议申请后,应当通知执行法院在五日内报送复议所需的案卷材料。

第八条　当事人、利害关系人依照民事诉讼法第二百二十五条规定申请复议的,上一级人民法院应当自收到复议申请之日起三十日内审查完毕,并作出裁定。有特殊情况需要延长的,经本院院长批准,可以延长,延长的期限不得超过三十日。

第九条　执行异议审查和复议期间,不停止执行。

被执行人、利害关系人提供充分、有效的担保请求停止相应处分措施的,人民法院可以准许;申请执行人提供充分、有效的担保请求继续执行的,应当继续执行。

【注释】例外的情形是,《网拍规定》第 36 条第 1 款规定:"当事人、利害关系人认为网络司法拍卖行为违法侵害其合法权益的,可以提出执行异议。异议、复议期间,人民法院可以决定暂缓或者裁定中止拍卖。"

2.《最高人民法院关于人民法院办理执行异议和复议案件若干问题的规定》(法释〔2015〕10 号,2015 年 5 月 5 日;经法释〔2020〕21 号修正,2021 年 1 月 1 日)

第一条　异议人提出执行异议或者复议申请人申请复议,应当向人民法院提交申请书。申请书应当载明具体的异议或者复议请求、事实、理由等内容,并附下列材料:

(一)异议人或者复议申请人的身份证明;

(二)相关证据材料;

（三）送达地址和联系方式。

第二条 执行异议符合民事诉讼法第二百二十五条①或者第二百二十七条②规定条件的，人民法院应当在三日内立案，并在立案后三日内通知异议人和相关当事人。不符合受理条件的，裁定不予受理；立案后发现不符合受理条件的，裁定驳回申请。

执行异议申请材料不齐备的，人民法院应当一次性告知异议人在三日内补足，逾期未补足的，不予受理。

异议人对不予受理或者驳回申请裁定不服的，可以自裁定送达之日起十日内向上一级人民法院申请复议。上一级人民法院审查后认为符合受理条件的，应当裁定撤销原裁定，指令执行法院立案或者对执行异议进行审查。

第三条 执行法院收到执行异议后三日内既不立案又不作出不予受理裁定，或者受理后无正当理由超过法定期限不作出异议裁定的，异议人可以向上一级人民法院提出异议。上一级人民法院审查后认为理由成立的，应当指令执行法院在三日内立案或者在十五日内作出异议裁定。

第四条 执行案件被指定执行、提级执行、委托执行后，当事人、利害关系人对原执行法院的执行行为提出异议的，由提出异议时负责该案件执行的人民法院审查处理；受指定或者受委托的人民法院是原执行法院的下级人民法院的，仍由原执行法院审查处理。

执行案件被指定执行、提级执行、委托执行后，案外人对原执行法院的执行标的提出异议的，参照前款规定处理。

【注释】对于执行案件被指定执行、提级执行、委托执行后，当事人、利害关系人如果对原执行法院的执行行为提出异议的，由哪一个法院审查的问题，本条区分为两种情况进行处理：(1)现执行法院与原执行法院不存在上下级关系的，由现执行法院直接审查。这主要是考虑，执行审查权是执行权内部分权的结果，执行权移转后，附着在执行权之上的执行审查权应当一并移转于执行法院。(2)现执行法院是原执行法院的下级法院的，如果由现执行法院直接审查，尤其是在异议成立需要撤销的情形，会造成下级法院直接撤销上级法院裁定，而复议法院或者监督法院可能又是原执行法院的情形，为此应当仍由原执行法院自行审查。

---

① 2021年《民事诉讼法》第四次修正后调整为第232条。

② 2021年《民事诉讼法》第四次修正后调整为第234条。

需要注意的是:(1)《仲裁执行规定》第 2 条第 3 款规定,中级人民法院将仲裁裁决执行案件指定到下级人民法院后,对不予执行仲裁裁决案件的审查仍由中级人民法院进行。《仲裁执行规定》施行后,不予执行仲裁裁决案件管辖,以该条为准。(2)《公证债权文书执行规定》第 13 条第 2 款规定,公证债权文书执行案件被指定执行、提级执行、委托执行后,被执行人申请不予执行的,由提出申请时负责该案件执行的人民法院审查。《公证债权文书执行规定》施行后,不予执行公证债权文书案件管辖,以该条为准。

对于案外人异议,虽不涉及对原执行法院执行行为的审查,但仍有两个问题需要解决:一是原执行法院对执行标的终结执行之后又移转管辖的,案外人应向哪一个法院提出异议。二是如果执行标的系原执行法院采取控制性措施后移交现执行法院,一旦案外人异议成立需要解除原执行法院的执行措施时,应当由哪一个法院解除。对此,本条第 2 款确定,参照执行行为异议审查的精神处理。①

第五条　有下列情形之一的,当事人以外的自然人、法人和非法人组织,可以作为利害关系人提出执行行为异议:

(一)认为人民法院的执行行为违法,妨碍其轮候查封、扣押、冻结的债权受偿的;

(二)认为人民法院的拍卖措施违法,妨碍其参与公平竞价的;

(三)认为人民法院的拍卖、变卖或者以物抵债措施违法,侵害其对执行标的的优先购买权的;

(四)认为人民法院要求协助执行的事项超出其协助范围或者违反法律规定的;

(五)认为其他合法权益受到人民法院违法执行行为侵害的。

第六条　当事人、利害关系人依照民事诉讼法第二百二十五条规定提出异议的,应当在执行程序终结之前提出,但对终结执行措施提出异议的除外。

案外人依照民事诉讼法第二百二十七条规定提出异议的,应当在异议指向的执行标的执行终结之前提出;执行标的由当事人受让的,应当在执行程序终结之前提出。

【注释】《民事诉讼法》第 232 条未限定当事人、利害关系人提出异议的

---

① 参见刘贵祥、范向阳:《〈关于人民法院办理执行异议和复议案件若干问题的规定〉的理解与适用》,载《人民司法·应用》2015 年第 11 期。

期限，第234条虽限定案外人提出异议应在执行过程中，却未明确执行过程中的具体时间点，因此在理论上，异议人可以随时提出异议，但如此理解势必对执行效率造成严重影响。本条根据执行行为异议和案外人异议的不同特点，规定了不同的异议期限。

对于执行行为异议而言，应在执行程序终结之前提出。这主要是因为，异议人提出执行行为异议的目的，是纠正违法的执行行为，而执行程序终结之后需要纠正的对象已经不存在，异议已无实益。但终结执行本身作为一种特殊的执行措施，对当事人和利害关系人的权利会产生重大影响，所以对其仍可提出异议。

关于案外人提出异议的期限，理论上存在“特定标的物执行终结之前”和“执行程序终结之前”两种不同的观点。前者是指拍卖、变卖成交裁定和以物抵债裁定生效，执行标的物权属移转于受让人或者交付申请执行人之前。后者是指申请执行债权受偿后，执行程序完全终结之前。本条区分不同情况作了两种不同的限定：

(1)执行标的物由当事人以外的第三人受让的，受让人通过司法拍卖程序已经取得了执行标的的所有权时，应当维护司法拍卖的公信力，案外人提出阻止执行的实体权利异议的，应当在执行标的执行程序终结之前。这里所指的“执行标的执行程序终结之前”，是指人民法院处分执行标的所需履行的法定手续全部完成之前。例如，对于不动产和有登记的动产或者其他财产权，是指协助办理过户登记的通知书送达之前；对于动产或者银行存款类财产，是指交付或者拨付申请执行人之前。

(2)当执行标的由申请执行人或者被执行人受让的，其因错误执行案外人财产所获得的利益理所应当予以返还，不存在信赖利益保护的问题，只要执行程序尚未结束，案外人提出异议的期限就不应届至，案外人提出异议的时间应在执行程序终结之前。①

需要注意的是，终结本次执行程序，不属于本条规定的“终结执行措施”，不受《终结执行异议期限批复》规定的60日的限制。

第七条 当事人、利害关系人认为执行过程中或者执行保全、先予执行裁定过程中的下列行为违法提出异议的，人民法院应当依照民事诉讼法第二

① 参见刘贵祥、范向阳：《〈关于人民法院办理执行异议和复议案件若干问题的规定〉的理解与适用》，载《人民司法·应用》2015年第11期。

百二十五条规定进行审查：

（一）查封、扣押、冻结、拍卖、变卖、以物抵债、暂缓执行、中止执行、终结执行等执行措施；

（二）执行的期间、顺序等应当遵守的法定程序；

（三）人民法院作出的侵害当事人、利害关系人合法权益的其他行为。

被执行人以债权消灭、丧失强制执行效力等执行依据生效之后的实体事由提出排除执行异议的，人民法院应当参照民事诉讼法第二百二十五条规定进行审查。

除本规定第十九条规定的情形外，被执行人以执行依据生效之前的实体事由提出排除执行异议的，人民法院应当告知其依法申请再审或者通过其他程序解决。

【注释】被执行人对申请执行债权主张履行、和解、抵销等消灭债的实体事由的，在大多数大陆法系国家和地区，是通过提起债务人异议之诉的方式进行救济，我国大陆尚无此类诉讼，《民事诉讼法》也未规定对此类异议依照何种程序救济和审查，但相关类型的异议在实践中却大量存在。为此，本条第 2 款、第 3 款区分债务人实体异议事由发生于执行依据生效前后，设置了不同的处理程序：(1)对于执行依据生效之后发生的异议事由，由于债务人实体异议针对的是申请执行的债权，是执行依据既判力基准时之后新发生的事由，应当在执行程序中参照执行行为异议程序进行审查。(2)对于执行依据生效之前发生的实体事由，由于涉及执行依据错误与否，执行程序无权判断，应当通过再审、仲裁撤销和其他废弃执行依据执行力的程序解决。至于当事人主张抵销的，无论发生在执行依据生效之前还是之后，均不受既判力基准时的限制，任何时间均可提出。

第八条　案外人基于实体权利既对执行标的提出排除执行异议又作为利害关系人提出执行行为异议的，人民法院应当依照民事诉讼法第二百二十七条规定进行审查。

案外人既基于实体权利对执行标的提出排除执行异议又作为利害关系人提出与实体权利无关的执行行为异议的，人民法院应当分别依照民事诉讼法第二百二十七条和第二百二十五条规定进行审查。

第九条　被限制出境的人认为对其限制出境错误的，可以自收到限制出境决定之日起十日内向上一级人民法院申请复议。上一级人民法院应当自收到复议申请之日起十五日内作出决定。复议期间，不停止原决定的执行。

【注释】本规定第16条第3款规定:“人民法院作出其他裁定和决定时,法律、司法解释规定了相关权利人申请复议的权利和期限的,应当进行告知。”因此,限制出境决定书应告知被限制出境人可在收到限制出境决定书之日起10日内向上一级人民法院申请复议。

第十一条 人民法院审查执行异议或者复议案件,应当依法组成合议庭。

指令重新审查的执行异议案件,应当另行组成合议庭。

办理执行实施案件的人员不得参与相关执行异议和复议案件的审查。

第十二条 人民法院对执行异议和复议案件实行书面审查。案情复杂、争议较大的,应当进行听证。

第十三条 执行异议、复议案件审查期间,异议人、复议申请人申请撤回异议、复议申请的,是否准许由人民法院裁定。

第十四条 异议人或者复议申请人经合法传唤,无正当理由拒不参加听证,或者未经法庭许可中途退出听证,致使人民法院无法查清相关事实的,由其自行承担不利后果。

第十五条 当事人、利害关系人对同一执行行为有多个异议事由,但未在异议审查过程中一并提出,撤回异议或者被裁定驳回异议后,再次就该执行行为提出异议的,人民法院不予受理。

案外人撤回异议或者被裁定驳回异议后,再次就同一执行标的提出异议的,人民法院不予受理。

第十六条 人民法院依照民事诉讼法第二百二十五条规定作出裁定时,应当告知相关权利人申请复议的权利和期限。

人民法院依照民事诉讼法第二百二十七条规定作出裁定时,应当告知相关权利人提起执行异议之诉的权利和期限。

人民法院作出其他裁定和决定时,法律、司法解释规定了相关权利人申请复议的权利和期限的,应当进行告知。

【注释】法律、司法解释对相关权利人申请复议的权利和期限作出明确规定的主要有:

(1)《民事诉讼法解释》第185条规定,被罚款、拘留的人不服罚款、拘留决定申请复议的,应当自收到决定书之日起3日内提出。上级人民法院应当在收到复议申请后5日内作出决定,并将复议结果通知下级人民法院和当事人。

(2)《执行程序解释》第 3 条第 2 款规定,当事人对驳回管辖权异议裁定不服的,可以向上一级人民法院申请复议。

(3)《异议复议规定》第 9 条规定,被限制出境的人认为对其限制出境错误的,可以自收到限制出境决定之日起 10 日内向上一级人民法院申请复议。上一级人民法院应当自收到复议申请之日起 15 日内作出决定。

(4)《变更追加规定》第 30 条规定,被申请人、申请人或其他执行当事人对执行法院作出的变更、追加裁定或驳回申请裁定不服的,可以自裁定书送达之日起 10 日内向上一级人民法院申请复议,但依据该规定第 32 条的规定应当提起诉讼的除外。

(5)《失信名单规定》第 12 条规定,公民、法人或其他组织对驳回纠正申请的决定不服,可以自决定书送达之日起 10 日内向上一级人民法院申请复议。上一级人民法院应当自收到复议申请之日起 15 日内作出决定。

(6)《仲裁执行规定》第 5 条规定,申请执行人对人民法院依照本规定第 3 条、第 4 条作出的驳回执行申请裁定不服的,可以自裁定送达之日起 10 日内向上一级人民法院申请复议。第 22 条第 3 款规定,人民法院基于案外人申请裁定不予执行仲裁裁决或者仲裁调解书,当事人不服的,可以自裁定送达之日起 10 日内向上一级人民法院申请复议;人民法院裁定驳回或者不予受理案外人提出的不予执行仲裁裁决、仲裁调解书申请,案外人不服的,可以自裁定送达之日起 10 日内向上一级人民法院申请复议。

(7)《公证债权文书执行规定》第 7 条第 1 款规定,债权人对不予受理、驳回执行申请裁定不服的,可以自裁定送达之日起 10 日内向上一级人民法院申请复议。第 21 条规定,当事人不服驳回不予执行申请裁定的,可以自裁定送达之日起 10 日内向上一级人民法院申请复议。

第十七条 人民法院对执行行为异议,应当按照下列情形,分别处理:

(一)异议不成立的,裁定驳回异议;

(二)异议成立的,裁定撤销相关执行行为;

(三)异议部分成立的,裁定变更相关执行行为;

(四)异议成立或者部分成立,但执行行为无撤销、变更内容的,裁定异议成立或者相应部分异议成立。

【注释】本条与《执行立结案意见》(法发〔2014〕26 号)第 24 条第 1 款第 2—5 项均规定了执行行为异议案件的结案处理方式。《异议复议规定》施行后,以本规范为准。《执行立结案意见》第 24 条第 1 款第 1 项“准予撤回异议或申请,即异议人撤回异议或申请的”及第6项“移送其他人民法院管辖,即管辖权异议成立的”两种情形,应制作裁定书结案,即继续适用《执行立结案意见》。

第十八条 执行过程中,第三人因书面承诺自愿代被执行人偿还债务而被追加为被执行人后,无正当理由反悔并提出异议的,人民法院不予支持。

【注释】第三人加入债权人与债务人之间既存的债权债务关系,与债务人共同偿还债务,民法上称之为“债务加入”。在执行程序中,第三人向人民法院承诺替被执行人偿还债务且自愿接受强制执行,人民法院可对之予以执行。第三人无正当理由反悔的,不予支持。这主要是因为,第三人如果向人民法院表达了自愿接受强制执行的意思表示,对其执行属于当事人处分权的范围。之后,其无正当理由反悔并提出异议,违反了“禁止反言”的原则,不应支持。第三人表达自愿接受强制执行的意思表示必须是书面的,且必须向人民法院作出。如果仅仅是向当事人作出类似承诺,则只能由当事人和第三人自主履行。

需要注意的是,根据《变更追加规定》第24条、第30条的规定,第三人因书面承诺自愿代被执行人偿还债务而被追加为被执行人后,应当直接向上一级人民法院申请复议,无须再提出异议。《变更追加规定》施行后,以该规定为准。

第十九条 当事人互负到期债务,被执行人请求抵销,请求抵销的债务符合下列情形的,除依照法律规定或者按照债务性质不得抵销的以外,人民法院应予支持:

(一)已经生效法律文书确定或者经申请执行人认可;

(二)与被执行人所负债务的标的物种类、品质相同。

【注释】《最高人民法院关于执行程序中当事人能否行使抵销权问题的复函》(〔2014〕执他字第25号)认为:“抵销权是《合同法》规定的当事人的实体权利,被执行人在执行程序中可以行使。执行法院应当依照《合同法》的相关规定,对于抵销权行使的条件是否具备等进行合法性审查。对于被执行人受让债权后主张抵销的,执行法院还应当审查被执行人受让债权的合法性,防止损害对方当事人、第三人的合法权益或者社会公共利益。当事人对于审查结果不服的,可以依照《民事诉讼法》第二百二十五条的规定进行救济。”本条对执行中抵销的条件作了细化规定,实践中应结合适用。

第二十条 金钱债权执行中,符合下列情形之一,被执行人以执行标的系本人及所扶养家属维持生活必需的居住房屋为由提出异议的，人民法院不予支持：

（一）对被执行人有扶养义务的人名下有其他能够维持生活必需的居住房屋的；

（二）执行依据生效后，被执行人为逃避债务转让其名下其他房屋的；

（三）申请执行人按照当地廉租住房保障面积标准为被执行人及所扶养家属提供居住房屋，或者同意参照当地房屋租赁市场平均租金标准从该房屋的变价款中扣除五至八年租金的。

执行依据确定被执行人交付居住的房屋，自执行通知送达之日起，已经给予三个月的宽限期，被执行人以该房屋系本人及所扶养家属维持生活的必需品为由提出异议的，人民法院不予支持。

【注释】本条规定了在满足相应条件下，即视为能够保障被执行人及其所扶养家属基本生活所必需，可以对被执行人的居住房屋予以拍卖、变卖、抵偿债务。故认定房屋是否属于基本生活所需，应适用本规定。

本条是对2004年《查封扣押冻结规定》第7条（2020年修正为第5条）的衔接规定，并区分金钱债权和交付房屋的执行两种情况，对被执行人及其抚养家属维持生活所必需的房屋规定了有条件执行的具体情形。实践中，有的债务人出卖自己的房屋，生效法律文书确定被执行人依据合同约定交付居住房屋，但在执行时其又以“仅有一套房屋”为由作为抗辩。此种情形，出卖唯一一套住房是债务人自由处分其财产的结果，其对该房屋被执行应当有充分的风险预估，如果不允许执行，无异于变相鼓励失信行为。执行依据本已为被执行人限定一定的履行期，之所以还要给予3个月的宽限期，主要是给执行法院留出做工作的时间，避免被执行人对强制执行过于抵触，但是其超过执行依据确定履行期履行的，应当依法支付迟延履行金。

第二十一条　当事人、利害关系人提出异议请求撤销拍卖，符合下列情形之一的，人民法院应予支持：

（一）竞买人之间、竞买人与拍卖机构之间恶意串通，损害当事人或者其他竞买人利益的；

（二）买受人不具备法律规定的竞买资格的；

（三）违法限制竞买人参加竞买或者对不同的竞买人规定不同竞买条件的；

（四）未按照法律、司法解释的规定对拍卖标的物进行公告的；

（五）其他严重违反拍卖程序且损害当事人或者竞买人利益的情形。

当事人、利害关系人请求撤销变卖的，参照前款规定处理。

【注释】需要注意的是，《网拍规定》（法释〔2016〕18号）对网络司法拍卖行为进行专门规范，因此，涉及网络司法拍卖、变卖的撤销以及撤销后救济问题，适用《网拍规定》第31—33条规定，涉及非网络司法拍卖的，适用本条规定。

第二十三条 上一级人民法院对不服异议裁定的复议申请审查后，应当按照下列情形，分别处理：

（一）异议裁定认定事实清楚，适用法律正确，结果应予维持的，裁定驳回复议申请，维持异议裁定；

（二）异议裁定认定事实错误，或者适用法律错误，结果应予纠正的，裁定撤销或者变更异议裁定；

（三）异议裁定认定基本事实不清、证据不足的，裁定撤销异议裁定，发回作出裁定的人民法院重新审查，或者查清事实后作出相应裁定；

（四）异议裁定遗漏异议请求或者存在其他严重违反法定程序的情形，裁定撤销异议裁定，发回作出裁定的人民法院重新审查；

（五）异议裁定对应当适用民事诉讼法第二百二十七条规定审查处理的异议，错误适用民事诉讼法第二百二十五条规定审查处理的，裁定撤销异议裁定，发回作出裁定的人民法院重新作出裁定。

除依照本条第一款第三、四、五项发回重新审查或者重新作出裁定的情形外，裁定撤销或者变更异议裁定且执行行为可撤销、变更的，应当同时撤销或者变更该裁定维持的执行行为。

人民法院对发回重新审查的案件作出裁定后，当事人、利害关系人申请复议的，上一级人民法院复议后不得再次发回重新审查。

【注释】本条第1款吸收了《执行立结案意见》第25条第1款第2—5项内容，都规定了执行复议案件的处理方式。本条第2款新增了“裁定撤销或者变更异议裁定且执行行为可撤销、变更的，应当同时撤销或者变更该裁定维持的执行行为”的规定。《异议复议规定》施行后，适用本条规定。《执行立结案意见》第25条第1款第1项继续适用。

第三十二条 本规定施行后尚未审查终结的执行异议和复议案件，适用本规定。本规定施行前已经审查终结的执行异议和复议案件，人民法院依法提起执行监督程序的，不适用本规定。

3.《最高人民法院关于执行和解若干问题的规定》(法释〔2018〕3 号,2018 年 3 月 1 日;经法释〔2020〕21 号修正,2021 年 1 月 1 日)

第十二条　当事人、利害关系人认为恢复执行或者不予恢复执行违反法律规定的,可以依照民事诉讼法第二百二十五条①规定提出异议。

第十七条　恢复执行后,执行和解协议已经履行部分应当依法扣除。当事人、利害关系人认为人民法院的扣除行为违反法律规定的,可以依照民事诉讼法第二百二十五条规定提出异议。

【注释】本条在《民事诉讼法解释》第 465 条规定"和解协议已履行的部分应当扣除"的基础上,进一步明确了对扣除行为可以按照《民事诉讼法》第 232 条提出异议。

第十九条　执行过程中,被执行人根据当事人自行达成但未提交人民法院的和解协议,或者一方当事人提交人民法院但其他当事人不予认可的和解协议,依照民事诉讼法第二百二十五条规定提出异议的,人民法院按照下列情形,分别处理:

(一)和解协议履行完毕的,裁定终结原生效法律文书的执行;

(二)和解协议约定的履行期限尚未届至或者履行条件尚未成就的,裁定中止执行,但符合民法典第五百七十八条②规定情形的除外;

(三)被执行人一方正在按照和解协议约定履行义务的,裁定中止执行;

(四)被执行人不履行和解协议的,裁定驳回异议;

(五)和解协议不成立、未生效或者无效的,裁定驳回异议。

【注释】本条与《异议复议规定》第 7 条第 2 款规定精神一致。《执行和解规定》施行后,当事人根据执行依据生效之后自行达成但未提交法院的和解协议提出异议的,适用本规定。

4.《最高人民法院关于网络查询、冻结被执行人存款的规定》(法释〔2013〕20 号,2013 年 9 月 2 日)

第六条　金融机构认为人民法院通过网络执行查控系统采取的查控措施违反相关法律、行政法规规定的,应当向人民法院书面提出异议。人民法

---

① 2021 年《民事诉讼法》第四次修正后调整为第 232 条。

② 《民法典》第 578 条规定:"当事人一方明确表示或者以自己的行为表明不履行合同义务的,对方可以在履行期限届满前请求其承担违约责任。"

院应当在15日内审查完毕并书面回复。

5.《最高人民法院关于人民法院确定财产处置参考价若干问题的规定》(法释〔2018〕15号,2018年9月1日)

第二十二条 当事人、利害关系人认为网络询价报告或者评估报告具有下列情形之一的,可以在收到报告后五日内提出书面异议:

(一)财产基本信息错误;

(二)超出财产范围或者遗漏财产;

(三)评估机构或者评估人员不具备相应评估资质;

(四)评估程序严重违法。

对当事人、利害关系人依据前款规定提出的书面异议,人民法院应当参照民事诉讼法第二百二十五条①的规定处理。

6.《最高人民法院关于人民法院网络司法拍卖若干问题的规定》(法释〔2016〕18号,2017年1月1日)

第三十一条 当事人、利害关系人提出异议请求撤销网络司法拍卖,符合下列情形之一的,人民法院应当支持:

(一)由于拍卖财产的文字说明、视频或者照片展示以及瑕疵说明严重失实,致使买受人产生重大误解,购买目的无法实现的,但拍卖时的技术水平不能发现或者已经就相关瑕疵以及责任承担予以公示说明的除外;

(二)由于系统故障、病毒入侵、黑客攻击、数据错误等原因致使拍卖结果错误,严重损害当事人或者其他竞买人利益的;

(三)竞买人之间,竞买人与网络司法拍卖服务提供者之间恶意串通,损害当事人或者其他竞买人利益的;

(四)买受人不具备法律、行政法规和司法解释规定的竞买资格的;

(五)违法限制竞买人参加竞买或者对享有同等权利的竞买人规定不同竞买条件的;

(六)其他严重违反网络司法拍卖程序且损害当事人或者竞买人利益的情形。

【注释】《异议复议规定》第21条规定了当事人、利害关系人提出异议准

---

① 2021年《民事诉讼法》第四次修正后调整为第232条。

予撤销拍卖、变卖的情形，其情形本条均予涵盖，并在第 1 项中增加了拍卖标的严重失实，致使买受人产生重大误解，购买目的无法实现的情形，系对《异议复议规定》第 21 条第 1 款第 4 项"未按照法律、司法解释的规定对拍卖标的物进行公告的"情形的细化；本条在第 2 项中新增由于系统故障、病毒入侵、黑客攻击、数据错误等原因致使拍卖结果错误，严重损害当事人或者其他竞买人利益的情形。《网拍规定》施行后，进行网络拍卖的，以本条为准；进行传统拍卖的，适用《异议复议规定》第 21 条。

第三十六条第一款　当事人、利害关系人认为网络司法拍卖行为违法侵害其合法权益的，可以提出执行异议。异议、复议期间，人民法院可以决定暂缓或者裁定中止拍卖。

【注释】《执行程序解释》第 9 条第 1 款规定："执行异议审查和复议期间，不停止执行。"本款规定对当事人、利害关系人提出的关于司法拍卖的执行异议，可以暂缓或中止拍卖。《网拍规定》施行后，以本条为准。

7.《最高人民法院关于适用〈中华人民共和国刑事诉讼法〉的解释》（法释〔2021〕1 号，2021 年 3 月 1 日）

第五百二十八条　执行刑事裁判涉财产部分、附带民事裁判过程中，当事人、利害关系人认为执行行为违反法律规定，或者案外人对被执行标的书面提出异议的，人民法院应当参照民事诉讼法的有关规定处理。

8.《最高人民法院关于刑事裁判涉财产部分执行的若干规定》（法释〔2014〕13 号，2014 年 11 月 6 日）

第十四条　执行过程中，当事人、利害关系人认为执行行为违反法律规定，或者案外人对执行标的主张足以阻止执行的实体权利，向执行法院提出书面异议的，执行法院应当依照民事诉讼法第二百二十五条①的规定处理。

人民法院审查案外人异议、复议，应当公开听证。

【注释】在民事执行中，如果案外人对执行标的提出异议的，应当适用《民事诉讼法》第 234 条的规定，但异议之诉必须有申请执行人作为原告或者被告参加诉讼，由于大多数刑事财产执行案件无申请执行人，且缺乏相应的诉讼当事人，因此，本条第 1 款对刑事裁判涉财产部分执行案件中的案外

① 2021 年《民事诉讼法》第四次修正后调整为第 232 条。

人异议，适用《民事诉讼法》第232条的规定，采取了不同于民事执行案件的处理程序。

9.《最高人民法院关于人民法院办理财产保全案件若干问题的规定》（法释〔2016〕22号，2016年12月1日；经法释〔2020〕21号修正，2021年1月1日）

第二十六条 申请保全人、被保全人、利害关系人认为保全裁定实施过程中的执行行为违反法律规定提出书面异议的，人民法院应当依照民事诉讼法第二百二十五条①规定审查处理。

【注释】《异议复议规定》第7条对当事人、利害关系人认为执行过程中或者执行保全、先予执行裁定过程中违法可以提出异议的执行行为作了列举。该规定施行后，应结合适用。

10.《最高人民法院关于对人民法院终结执行行为提出执行异议期限问题的批复》（法释〔2016〕3号，2016年2月15日）

湖北省高级人民法院：

你院《关于咸宁市广泰置业有限公司与咸宁市枫丹置业有限公司房地产开发经营合同纠纷案的请示》（鄂高法〔2015〕295号）收悉。经研究，批复如下：

当事人、利害关系人依照民事诉讼法第二百二十五条②规定对终结执行行为提出异议的，应当自收到终结执行法律文书之日起六十日内提出；未收到法律文书的，应当自知道或者应当知道人民法院终结执行之日起六十日内提出。批复发布前终结执行的，自批复发布之日起六十日内提出。超出该期限提出执行异议的，人民法院不予受理。

【注释】（1）《异议复议规定》第6条第1款规定："当事人、利害关系人依照民事诉讼法第二百二十五条规定提出异议的，应当在执行程序终结之前提出，但对终结执行措施提出异议的除外。"该条对终结执行措施提出异议的具体期限未予规定。本批复明确了该问题，即应当自收到终结执行法律文书之日起60日内提出；未收到法律文书的，应当自知道或者应当知道人民法院终结执行之日起60日内提出。应当注意的是，此处可以提出异议的"终结执

① 2021年《民事诉讼法》第四次修正后调整为第232条。

② 2021年《民事诉讼法》第四次修正后调整为第232条。

行措施”，包括执行完毕、终结执行、销案，不包括终结本次执行程序。

(2)《终本规定》第 7 条规定：“当事人、利害关系人认为终结本次执行程序违反法律规定的，可以提出执行异议。人民法院应当依照民事诉讼法第二百二十五条的规定进行审查。”本批复规定的终结执行行为，包括执行完毕、终结执行、销案，不包括终结本次执行程序。对终结本次执行程序提出异议，应当适用《终本规定》第 7 条，不受 60 日的限制。

【司法文件】

1.《最高人民法院关于执行工作中正确适用修改后民事诉讼法第 202 条①、第 204 条规定的通知》(法明传〔2008〕1223 号，2008 年 11 月 28 日)

一、当事人、利害关系人根据民事诉讼法第 202 条的规定，提出异议或申请复议，只适用于发生在 2008 年 4 月 1 日后作出的执行行为；对于 2008 年 4 月 1 日前发生的执行行为，当事人、利害关系人可以依法提起申诉，按监督案件处理。

三、当事人、利害关系人认为执行法院的执行行为违法的，应当先提出异议，对执行法院作出的异议裁定不服的才能申请复议。执行法院不得在作出执行行为的裁定书中直接赋予当事人申请复议的权利。

2.《最高人民法院办公厅关于切实保障执行当事人及案外人异议权的通知》(法办〔2014〕62 号，2014 年 5 月 9 日)

各省、自治区、直辖市高级人民法院，解放军军事法院，新疆维吾尔自治区高级人民法院生产建设兵团分院：

2007 年民事诉讼法修正案实施之后，各级人民法院在执行案件压力大、任务重的情况下，办理了大量的执行异议和复议案件，有效维护了执行当事人及案外人的合法权益。但是，我院在处理人民群众来信来访的过程中，也发现在个别地方法院，仍然不同程度地存在忽视甚至漠视执行当事人及案外人异议权的一些问题：有的法院对执行当事人及案外人提出的异议不受理、不立案；有的法院受理异议后，无正当理由不按照法定的异议期限作出异议裁定；有的法院违背法定程序，对异议裁定一裁终局，剥夺异议当事人通过执

① 2021 年《民事诉讼法》第四次修正后调整为第 232 条。

行复议和异议之诉再行救济的权利。

出现上述问题,既有执行案件数量大幅增加、执行机构人手不够、法律规定不够完善等客观方面的原因,也有个别执行人员司法为民意识不强、素质不高等主观方面的原因。执行当事人及案外人异议权行使渠道不畅,将使当事人对执行程序的公正性存在疑问,对强制执行产生抵触情绪,在一定程度上加剧"执行难";另一方面,也会使部分群众对人民法院的执行工作产生负面评价,降低司法公信力。因此,必须采取切实有力的措施加以解决。现就有关事项通知如下:

一、高度重视执行当事人异议权的保障。执行异议制度是2007年民事诉讼法修正案所建立的一项救济制度,它对于规范执行程序,维护执行当事人及案外人的合法权利和利益,防止执行权滥用和"执行乱"具有重要意义。各级人民法院要认真组织学习领会民事诉讼法的规定,纠正"提异议就会妨碍执行"的错误认识,克服"怕麻烦"的思想,真正把法律赋予执行当事人及案外人的这项救济权利在司法实践中落到实处。同时,还要注意把政治素质高、业务素质强、作风扎实的法官充实到执行异议审查机构中来,为执行当事人及案外人的异议审查提供人员保障。

二、严格依法受理和审查执行异议。对于符合法律规定条件的执行异议和复议、异议之诉案件,各级人民法院必须及时受理并办理正式立案手续,受理后必须及时审查、及时作出异议、复议裁定或者异议之诉判决。依法应当再审、另诉或者通过其他程序解决的,应当及时向异议当事人进行释明,引导当事人申请再审、另诉或者通过其他程序解决。上级人民法院应当恪尽监督职责,对于执行当事人及案外人反映下级人民法院存在拒不受理异议或者受理异议后久拖不决的,应当责令下级人民法院依法及时受理和审查异议,必要时,可以指定异地人民法院受理和审查执行异议。

三、提高执行异议案件审查的质量。对于受理的执行异议案件,一要注意正确区分不同性质的异议,严守法定程序,确保认定事实清楚,适用法律正确,处理得当;二要注意提高法律文书质量,做到格式规范,逻辑清晰,说理透彻,依据充分;三要注意公开透明,该听证的要及时组织公开听证,确保当事人的知情权和程序参与权。

四、开展专项检查和抽查活动。各高级人民法院要结合最高人民法院安排的各项专项活动,对辖区内各级人民法院保障执行当事人及案外人异议权的情况进行检查,对检查中发现的问题应当及时提出意见、建议并报告我院。

我院将结合群众来信来访适时进行抽查。本通知下发之后,对于人民群众反映相关法院存在前述问题的案例,我院一经查实,将在全国法院范围内予以通报批评;情节严重的,要依法依纪严肃处理。

3.《最高人民法院关于在执行工作中规范执行行为切实保护各方当事人财产权益的通知》(法〔2016〕401 号,2016 年 11 月 22 日)

七、要严格落实执行异议制度。切实推进立案登记制在执行领域的贯彻落实,当事人、案外人对执行财产权属等提出异议的,要做到有案必立、有诉必理,保障当事人的救济权利。对于执行领域中已经发现的社会反映强烈的产权申诉案件,应及时依法审查,确属执行错误的,要坚持有错必纠的原则及时予以纠正。

4.《最高人民法院关于严格规范终结本次执行程序的规定(试行)》(法〔2016〕373 号,2016 年 12 月 1 日)

第七条　当事人、利害关系人认为终结本次执行程序违反法律规定的,可以提出执行异议。人民法院应当依照民事诉讼法第二百二十五条①的规定进行审查。

5.《最高人民法院关于执行案件立案、结案若干问题的意见》(法发〔2014〕26 号,2015 年 1 月 1 日)

第八条　执行审查类案件按下列规则确定类型代字和案件编号:

(一)执行异议案件类型代字为"执异字",按照立案时间的先后顺序确定案件编号,单独进行排序;

(二)执行复议案件类型代字为"执复字",按照立案时间的先后顺序确定案件编号,单独进行排序;

……

第九条　下列案件,人民法院应当按照执行异议案件予以立案:

(一)当事人、利害关系人认为人民法院的执行行为违反法律规定,提出书面异议的;

(二)执行过程中,案外人对执行标的提出书面异议的;

① 2021 年《民事诉讼法》第四次修正后调整为第 232 条。

（三）人民法院受理执行申请后，当事人对管辖权提出异议的；

（四）申请执行人申请追加、变更被执行人的；

（五）被执行人以债权消灭、超过申请执行期间或者其他阻止执行的实体事由提出阻止执行的；

（六）被执行人对仲裁裁决或者公证机关赋予强制执行效力的公证债权文书申请不予执行的；

（七）其他依法可以申请执行异议的。

第十条 下列案件，人民法院应当按照执行复议案件予以立案：

（一）当事人、利害关系人不服人民法院针对本意见第九条第（一）项、第（三）项、第（五）项作出的裁定，向上一级人民法院申请复议的；

（二）除因夫妻共同债务、出资人未依法出资、股权转让引起的追加和对一人公司股东的追加外，当事人、利害关系人不服人民法院针对本意见第九条第（四）项作出的裁定，向上一级人民法院申请复议的；

（三）当事人不服人民法院针对本意见第九条第（六）项作出的不予执行公证债权文书、驳回不予执行公证债权文书申请、不予执行仲裁裁决、驳回不予执行仲裁裁决申请的裁定，向上一级人民法院申请复议的；

（四）其他依法可以申请复议的。

【注释】需要注意：(1) 本条第 2 项规定的立案事由中，依据《变更追加规定》第 30 条、第 32 条的规定，当事人对变更、追加裁定或驳回申请裁定原则上均可申请复议，但第 14 条第 2 款、第 17—21 条除外，即未依法出资、抽逃出资、股权转让、清算责任引起的追加和一人公司的追加，应向执行法院提起执行异议之诉。《变更追加规定》施行后，以该规定第 30 条、第 32 条规定为准。

(2) 本条第 3 项规定的四项立案事由，仅“驳回不予执行公证债权文书申请”仍适用复议程序，应立执行复议案件审查。其余三项事由根据《仲裁执行规定》第 22 条、《公证债权文书执行规定》第 20 条之规定均不得复议。

第二十四条 执行异议案件的结案方式包括：

（一）准予撤回异议或申请，即异议人撤回异议或申请的；

（二）驳回异议或申请，即异议不成立或者案外人虽然对执行标的享有实体权利但不能阻止执行的；

（三）撤销相关执行行为、中止对执行标的的执行、不予执行、追加变更当事人，即异议成立的；

（四）部分撤销并变更执行行为、部分不予执行、部分追加变更当事人，即异议部分成立的；

（五）不能撤销、变更执行行为，即异议成立或部分成立，但不能撤销、变更执行行为的；

（六）移送其他人民法院管辖，即管辖权异议成立的。

执行异议案件应当制作裁定书，并送达当事人。法律、司法解释规定对执行异议案件可以口头裁定的，应当记入笔录。

【注释】本条第 1 款第 6 项“移送其他人民法院管辖，即管辖权异议成立的”情形，应制作裁定书结案。《异议复议规定》施行后，本条继续适用。

第二十五条　执行复议案件的结案方式包括：

（一）准许撤回申请，即申请复议人撤回复议申请的；

（二）驳回复议申请，维持异议裁定，即异议裁定认定事实清楚，适用法律正确，复议理由不成立的；

（三）撤销或变更异议裁定，即异议裁定认定事实错误或者适用法律错误，复议理由成立的；

（四）查清事实后作出裁定，即异议裁定认定事实不清，证据不足的；

（五）撤销异议裁定，发回重新审查，即异议裁定遗漏异议请求或者异议裁定错误对案外人异议适用执行行为异议审查程序的。

人民法院对重新审查的案件作出裁定后，当事人申请复议的，上级人民法院不得再次发回重新审查。

执行复议案件应当制作裁定书，并送达当事人。法律、司法解释规定对执行复议案件可以口头裁定的，应当记入笔录。

6.《最高人民法院关于执行权合理配置和科学运行的若干意见》（法发〔2011〕15 号，2011 年 10 月 19 日）

4. 执行审查权的范围主要是审查和处理执行异议、复议、申诉以及决定执行管辖权的移转等审查事项。执行审查权由法官行使。

5. 执行实施事项的处理应当采取审批制，执行审查事项的处理应当采取合议制。

7.《最高人民法院关于人民法院办理执行案件若干期限的规定》（法发〔2006〕35 号，2007 年 1 月 1 日）

第九条　对执行异议的审查，承办人应当在收到异议材料及执行案卷后

15 日内提出审查处理意见。

第十条 对执行异议的审查需进行听证的,合议庭应当在决定听证后10 日内组织异议人、申请执行人、被执行人及其他利害关系人进行听证。

承办人应当在听证结束后 5 日内提出审查处理意见。

第十一条 对执行异议的审查,人民法院一般应当在 1 个月内办理完毕。

需延长期限的,承办人应当在期限届满前 3 日内提出申请。

【注释】《民事诉讼法》第 232 条、第 234 条,《执行程序解释》第 5 条均规定了异议审查期间为 15 天。上述规定施行后,以上述规定为准。

8.《最高人民法院关于规范人民法院裁判文书相关表述及依法收转当事人诉讼材料的通知》(法〔2015〕57 号,2015 年 3 月 6 日)

二、人民法院做出的可以向上一级法院申请复议的决定书、裁定书中涉及"申请复议"的内容统一表述为:"如不服本决定(裁定),可以在收到决定书(裁定书)之日起××日内(依据法律、司法解释规定的期限),通过本院向××××人民法院申请复议,也可以直接向××××人民法院申请复议"。

【司法答复】

1.《最高人民法院关于指定执行后的法院能否对原执行法院的执行行为进行审查的答复》(〔2014〕执他字第 20 号,2014 年 6 月 13 日)

山东省高级人民法院:

你院《关于指定后的法院能否对原执行法院的执行行为进行审查的请示》(〔2013〕鲁执监字第 170 号)收悉。经研究,答复如下:

根据《中华人民共和国民事诉讼法》第二百二十五条①之规定,当事人、利害关系人认为执行行为违反法律规定,应当向负责执行的人民法院提出书面异议。指定执行后,原执行法院的执行管辖权因指定执行而转移到被指定的执行法院,执行异议申请应当向当前负责执行的人民法院提出,并由当前执行法院受理审查。

但考虑上下级人民法院之间审判执行业务的监督指导职责,当争议的执

---

① 2021 年《民事诉讼法》第四次修正后调整为第 232 条。

行行为系当前执行法院的直接上级人民法院作出的情况下，执行异议应当向原执行法院提出，并由其受理审查。本案当前执行法院是五莲县人民法院，作出变更裁定的栖霞县人民法院的上级法院是烟台市中级人民法院，不是五莲县人民法院的直接上级法院，所以，五莲县人民法院、日照市中级人民法院可以受理当事人所提异议与复议申请，并进行审查。

特此函复。

【注释】《异议复议规定》第 4 条吸收了本答复意见，并区分情形作了规定："执行案件被指定执行、提级执行、委托执行后，当事人、利害关系人对原执行法院的执行行为提出异议的，由提出异议时负责该案件执行的人民法院审查处理；受指定或者受委托的人民法院是原执行法院的下级人民法院的，仍由原执行法院审查处理。执行案件被指定执行、提级执行、委托执行后，案外人对原执行法院的执行标的提出异议的，参照前款规定处理。"《异议复议规定》施行后，以该条为准。

2.《最高人民法院关于被执行人在执行程序中能否行使抵销权问题的复函》（〔2014〕执他字第 25 号，2014 年 10 月 9 日）

山东省高级人民法院：

你院《关于在贸易中心与华港公司借贷纠纷执行一案中被执行人能否行使抵销权问题的请示报告》（〔2014〕鲁执三他字第 1 号）收悉。经研究，答复如下：

原则同意你院第二种意见。抵销权是《合同法》①规定的当事人的实体权利，被执行人在执行程序中可以行使。执行法院应当依照《合同法》的相关规定，对于抵销权行使的条件是否具备等进行合法性审查。对于被执行人受让债权后主张抵销的，执行法院还应当审查被执行人受让债权的合法性，防止损害对方当事人、第三人的合法权益或者社会公共利益。当事人对于审查结果不服的，可以依照《民事诉讼法》第二百二十五条②的规定进行救济。

对请示所涉案件而言，应结合具体案情，严格审查抵销权行使的条件，依法保护各方当事人的权利。

【注释】《异议复议规定》第 19 条吸收了本复函精神，并对执行中抵销的

① 已被 2021 年 1 月 1 日起施行的《民法典》所废止。

② 2021 年《民事诉讼法》第四次修正后调整为第 232 条。

条件作了细化规定:"当事人互负到期债务,被执行人请求抵销,请求抵销的债务符合下列情形的,除依照法律规定或者按照债务性质不得抵销的以外,人民法院应予支持:(一)已经生效法律文书确定或者经申请执行人认可;(二)与被执行人所负债务的标的物种类、品质相同。"

3.《最高人民法院执行工作办公室关于异议人深圳市天华电力投资有限公司申诉案的复函》(〔2000〕执监字第68-1号,2000年12月27日)

湖南省高级人民法院:

你院湘高法函〔2000〕38号关于《湖南有色金属企业财务公司、湖南有色金属财务公司深圳证券业务部与东莞赛格花园股份有限公司、深圳市尊荣集团有限公司、惠州市大亚湾运通企业集团公司还款及担保协议纠纷一案的情况报告》收悉,经研究,答复如下:

1. 深圳市天华电力投资有限公司(以下简称天华公司)系经工商部门核准登记,并具有独立法人资格的企业。你院在执行你院(1998)湘法经一初字第15号民事调解书时,于1999年9月6日以(1999)湘高法执字第03-4号民事裁定书追加天华公司为被执行人,由其承担深圳市尊荣集团有限公司(以下简称尊荣集团公司)人民币4亿元的债务,并查封了天华公司持有的上市公司陕西精密合金股份有限公司国有法人股7415万股没有法律依据,该裁定错误,应依法予以撤销,并解除对该股权的冻结。

2. 尊荣集团公司在投资开办深圳市尊荣电力投资公司即现在的天华公司时,虽然协议约定以人民币1.8亿元作为投资,但此后该公司又将其拥有的60%股权转让给珠海天华集团公司、20%股权转让给欧亚集团(陕西)有限公司。至此,尊荣集团公司在天华公司中仅占有10%的股权。你院应重新裁定执行尊荣集团公司在天华公司中10%的股权。

3. 尊荣集团公司将其在天华公司中的60%股权转让给珠海天华集团公司,20%转让给欧亚集团(陕西)有限公司后,两受让人并未按照约定支付对价款,双方对此均予以承认。你院在执行时,可以对珠海天华集团公司、欧亚集团(陕西)有限公司应该支付的股权转让款按执行到期债权的有关规定执行。

【注释】湖南有色金属企业财务公司(以下简称有色公司)、湖南有色金属企业财务公司深圳证券营业部(以下简称证券营业部)与东莞赛格花园股份有限公司(以下简称赛格公司)、深圳市尊荣集团有限公司(以下简称尊荣集团)、惠州市大亚湾运通企业集团公司(以下简称运通公司)还款及担保协议纠纷一案,湖南省高级人民法院(以下简称湖南高院)作出民事调解书,确认尊荣集团与赛格公司欠有色公司和证券营业部本金人民币41094.7873万元,同时约定了对上述款项的还款时间。调解书生效后,因赛格公司、尊荣集团未履行还款义务,有色公司向湖南高院申请强制执行。

湖南高院在执行中查明:1997年1月,尊荣集团、惠州石化、惠州能源各出资人民币18000万元、1000万元、1000万元,成立深圳市尊荣电力投资有限公司,与尊荣集团同址办公,由尊荣集团直接进行经营管理。同年11月11日,该公司变更为深圳市尊能电力投资有限公司,1998年8月8日,又变更为深圳市天华电力投资有限公司(以下简称天华公司),同年8月18日,尊荣集团分别与珠海天华集团公司(以下简称天华集团)、欧亚集团(陕西)有限公司(以下简称欧亚集团)签订股权转让协议,将其持有的天华公司80%的股权,分别以人民币12000万元、4000万元转让给上述两公司,且约定受让方应在协议生效后180天内付清款项,但上述款项至今未付。湖南高院于1999年9月6日裁定追加天华公司为被执行人,由其承担尊荣集团4亿元的债务。与此同时,查封了天华公司持有的上市公司精密股份的国有法人股7415万股。

天华公司提出执行异议,认为该裁定错误,损害了其作为案外人和其他股东的合法权益。该异议被湖南高院驳回后,天华公司请求最高人民法院监督纠正。①

4.《最高人民法院执行工作办公室关于异议人深圳市天华电力投资有限公司申诉案的复函》(〔2000〕执监字第68-2号,2002年8月21日)

湖南省高级人民法院:

你院〔2001〕湘高法执函字第29号《关于请求准许我院尽快执行被执行人深圳市尊荣集团有限公司为逃避债务而非法转移到深圳市天华电力投资有限公司的紧急报告》收悉,经研究,答复如下:

1. 你院报告中称,深圳市天华电力投资有限公司(以下简称天华公司)

① 参见董志强:《案外人深圳市天华电力投资有限公司执行申诉案》,载最高人民法院执行工作办公室编:《强制执行指导与参考》2003年第1辑(总第5辑),法律出版社2003年版,第224—236页。

是深圳市尊荣集团有限公司(以下简称尊荣集团公司)为转移资产、逃避债务而非法分立的企业,执行天华公司的财产实际上就是执行尊荣公司的财产。对此,本院认为,企业法人的设立是否合法,应依据企业法人设立的有关法律规定并通过诉讼程序加以解决。在执行阶段,执行机构直接认定企业法人资格无效,无法律依据。你院在执行阶段以尊荣公司逃避债务为由,直接执行天华电力公司财产的行为错误,应立即解除对天华电力公司持有的陕西精密合金股份有限公司国有法人股 7415 万股的冻结措施。

2. 你院报告中称,尊荣公司将其持有的原深圳市尊能电力投资有限公司股权的 80%予以转让,但受让方至今未按合同支付对价,转让方也从未收到该项股权的转让款,具有明显的欺诈性质。本院认为,该股权转让经过了公证并经深圳市工商行政管理局核准,转让行为在形式上已经完成。至于转让股权的对价款是否支付的问题,是一种新的债权债务关系,应通过实体审判程序予以解决。你院在执行程序中由执行机构认定当事人之间股权转让行为无效的做法缺乏法律依据,应予纠正。

3. 你院报告中称,在你院以到期债权名义执行珠海天华集团公司和欧亚集团(陕西)公司时,两公司均提出了执行异议,致使你院无法继续执行。本院认为,既然两公司提出了异议,按照《最高人民法院关于人民法院执行工作若干问题的规定(试行)》第 63 条①的规定就不得再对第三人强制执行,应告知债权人可以依法通过代位诉讼予以解决。

综上所述,我们认为本院执监字第 68-1 号函文正确,应遵照执行。请你院抓紧予以落实。

【指导案例】

1. 指导案例 118 号:东北电气发展股份有限公司与国家开发银行股份有限公司、沈阳高压开关有限责任公司等执行复议案(最高人民法院审判委员会讨论通过,2019 年 12 月 24 日发布)

关键词 执行 执行复议 撤销权 强制执行

裁判要点

1. 债权人撤销权诉讼的生效判决撤销了债务人与受让人的财产转让合

① 2020 年修正后调整为第 47 条。

同,并判令受让人向债务人返还财产,受让人未履行返还义务的,债权人可以债务人、受让人为被执行人申请强制执行。

2. 受让人未通知债权人,自行向债务人返还财产,债务人将返还的财产立即转移,致使债权人丧失申请法院采取查封、冻结等措施的机会,撤销权诉讼目的无法实现的,不能认定生效判决已经得到有效履行。债权人申请对受让人执行生效判决确定的财产返还义务的,人民法院应予支持。

相关法条

《中华人民共和国民事诉讼法》第 225 条①

基本案情

国家开发银行股份有限公司(以下简称国开行)与沈阳高压开关有限责任公司(以下简称沈阳高开)、东北电气发展股份有限公司(以下简称东北电气)、沈阳变压器有限责任公司、东北建筑安装工程总公司、新东北电气(沈阳)高压开关有限公司(现已更名为沈阳兆利高压电器设备有限公司,以下简称新东北高开)、新东北电气(沈阳)高压隔离开关有限公司(原沈阳新泰高压电气有限公司,以下简称新东北隔离)、沈阳北富机械制造有限公司(原沈阳诚泰能源动力有限公司,以下简称北富机械)、沈阳东利物流有限公司(原沈阳新泰仓储物流有限公司,以下简称东利物流)借款合同、撤销权纠纷一案,经北京市高级人民法院(以下简称北京高院)一审、最高人民法院二审,最高人民法院于 2008 年 9 月 5 日作出(2008)民二终字第 23 号民事判决,最终判决结果为:一、沈阳高开偿还国开行借款本金人民币 15000 万元及利息、罚息等,沈阳变压器有限责任公司对债务中的 14000 万元及利息、罚息承担连带保证责任,东北建筑安装工程总公司对债务中的 1000 万元及利息、罚息承担连带保证责任。二、撤销东北电气以其对外享有的 7666 万元对外债权及利息与沈阳高开持有的在北富机械 95%的股权和在东利物流 95%的股权进行股权置换的合同;东北电气与沈阳高开相互返还股权和债权,如不能相互返还,东北电气在 24711. 65 万元范围内赔偿沈阳高开的损失,沈阳高开在 7666 万元范围内赔偿东北电气的损失。三、撤销沈阳高开以其在新东北隔离 74. 4%的股权与东北电气持有的在沈阳添升通讯设备有限公司(以下简称沈阳添升)98. 5%的股权进行置换的合同。双方相互返还股权,如果不能相互返还,东北电气应在 13000 万元扣除 2787. 88 万元的范围内赔偿沈

① 2021 年《民事诉讼法》第四次修正后调整为第 232 条。

阳高开的损失。依据上述判决内容,东北电气需要向沈阳高开返还下列三项股权:在北富机械的95%股权、在东利物流的95%股权、在新东北隔离的74.4%股权,如不能返还,扣除沈阳高开应返还东北电气的债权和股权,东北电气需要向沈阳高开支付的款项总额为27000万余元。判决生效后,经国开行申请,北京高院立案执行,并于2009年3月24日,向东北电气送达了执行通知,责令其履行法律文书确定的义务。

2009年4月16日,被执行人东北电气向北京高院提交了《关于履行最高人民法院(2008)民二终字第23号民事判决的情况说明》(以下简称说明一),表明该公司已通过支付股权对价款的方式履行完毕生效判决确定的义务。北京高院经调查认定,根据中信银行沈阳分行铁西支行的有关票据记载,2007年12月20日,东北电气支付的17046万元分为5800万元、5746万元、5500万元,通过转账付给沈阳高开;当日,沈阳高开向辽宁新泰电气设备经销有限公司(沈阳添升98.5%股权的实际持有人,以下简称辽宁新泰),辽宁新泰向新东北高开,新东北高开向新东北隔离,新东北隔离向东北电气通过转账支付了5800万元、5746万元、5500万元。故北京高院对东北电气已经支付完毕款项的说法未予认可。此后,北京高院裁定终结本次执行程序。

2013年7月1日,国开行向北京高院申请执行东北电气因不能返还股权而按照判决应履行的赔偿义务,请求控制东北电气相关财产,并为此提供保证。2013年7月12日,北京高院向工商管理机关发出协助执行通知书,冻结了东北电气持有的沈阳高东加干燥设备有限公司67.887%的股权及沈阳凯毅电气有限公司10%(10万元)的股权。

对此,东北电气于2013年7月18日向北京高院提出执行异议,理由是:一、北京高院在查封财产前未作出裁定;二、履行判决义务的主体为沈阳高开与东北电气,国开行无申请强制执行的主体资格;三、东北电气已经按本案生效判决之规定履行完毕向沈阳高开返还股权的义务,不应当再向国开行支付17000万元。同年9月2日,东北电气向北京高院出具《关于最高人民法院(2008)民二终字第23号判决书履行情况的说明》(以下简称说明二),具体说明本案终审判决生效后的履行情况:1. 关于在北富机械95%股权和东利物流95%股权返还的判项。2008年9月18日,东北电气、沈阳高开、新东北高开(当时北富机械95%股权的实际持有人)、沈阳恒宇机械设备有限公司(当时东利物流95%股权的实际持有人,以下简称恒宇机械)签订四方协议,约定由新东北高开、恒宇机械代东北电气向沈阳高开分别返还北富机械

95%股权和东利物流 95%股权。2. 关于新东北隔离 74.4%的股权返还的判项。东北电气与沈阳高开、阜新封闭母线有限责任公司(当时新东北隔离 74.4%股权的实际持有人,以下简称阜新母线)、辽宁新泰于 2008 年 9 月 18 日签订四方协议,约定由阜新母线代替东北电气向沈阳高开返还新东北隔离 74.4%的股权。2008 年 9 月 22 日,各方按照上述协议交割了股权,并完成了股权变更工商登记。相关协议中约定,股权代返还后,东北电气对代返还的三个公司承担对应义务。

2008 年 9 月 23 日,沈阳高开将新东北隔离的股权、北富机械的股权、东利物流的股权转让给沈阳德佳经贸有限公司,并在工商管理机关办理完毕变更登记手续。

裁判结果

北京市高级人民法院审查后,于 2016 年 12 月 30 日作出(2015)高执异字第 52 号执行裁定,驳回了东北电气发展股份有限公司的异议。东北电气发展股份有限公司不服,向最高人民法院申请复议。最高人民法院于 2017 年 8 月 31 日作出(2017)最高法执复 27 号执行裁定,驳回东北电气发展股份有限公司的复议请求,维持北京市高级人民法院(2015)高执异字第 52 号执行裁定。

裁判理由

最高人民法院认为:

一、关于国开行是否具备申请执行人的主体资格问题

经查,北京高院 2016 年 12 月 20 日的谈话笔录中显示,东北电气的委托代理人雷爱民明确表示放弃执行程序违法、国开行不具备主体资格两个异议请求。从雷爱民的委托代理权限看,其权限为:代为申请执行异议、应诉、答辩,代为承认、放弃、变更执行异议请求,代为接收法律文书。因此,雷爱民在异议审查程序中所作的意思表示,依法由委托人东北电气承担。故,东北电气在异议审查中放弃了关于国开行不具备申请执行人的主体资格的主张,在复议审查程序再次提出该项主张,本院依法可不予审查。即使东北电气未放弃该主张,国开行申请执行的主体资格也无疑问。本案诉讼案由是借款合同、撤销权纠纷,法院经审理,判决支持了国开行的请求,判令东北电气偿还借款,并撤销了东北电气与沈阳高开股权置换的行为,判令东北电气和沈阳高开之间相互返还股权,东北电气如不能返还股权,则承担相应的赔偿责任。相互返还这一判决结果不是基于东北电气与沈阳高开双方之间的争议,而是

基于国开行的诉讼请求。东北电气向沈阳高开返还股权，不仅是对沈阳高开的义务，而且实质上主要是对胜诉债权人国开行的义务。故国开行完全有权利向人民法院申请强制有关义务人履行该判决确定的义务。

二、关于东北电气是否履行了判决确定的义务问题

（一）不能认可本案返还行为的正当性

法律设置债权人撤销权制度的目的，在于纠正债务人损害债权的不当处分财产行为，恢复债务人责任财产以向债权人清偿债务。东北电气返还股权、恢复沈阳高开的偿债能力的目的，是为了向国开行偿还其债务。只有在通知胜诉债权人，以使其有机会申请法院采取冻结措施，从而能够以返还的财产实现债权的情况下，完成财产返还行为，才是符合本案诉讼目的的履行行为。任何使国开行诉讼目的落空的所谓返还行为，都是严重背离该判决实质要求的行为。因此，认定东北电气所主张的履行是否构成符合判决要求的履行，都应以该判决的目的为基本指引。尽管在本案诉讼期间及判决生效后，东北电气与沈阳高开之间确实有运作股权返还的行为，但其事前不向人民法院和债权人作出任何通知，且股权变更登记到沈阳高开名下的次日即被转移给其他公司，在此情况下，该种行为实质上应认定为规避判决义务的行为。

（二）不能确定东北电气协调各方履行无偿返还义务的真实性

东北电气主张因为案涉股权已实际分别转由新东北高开、恒宇机械、阜新母线等三家公司持有，无法由东北电气直接从自己名下返还给沈阳高开，故由东北电气协调新东北高开、恒宇机械、阜新母线等三家公司将案涉股权无偿返还给沈阳高开。如其所主张的该事实成立，则也可以视为其履行了判决确定的返还义务。但依据本案证据不能认定该事实。

1. 东北电气的证据前后矛盾，不能作合理解释。本案在执行过程中，东北电气向北京高院提交过两次说明，即2009年4月16日提交的说明一和2013年9月2日提交的说明二。其中，说明一显示，东北电气与沈阳高开于2007年12月18日签订协议，鉴于双方无法按判决要求相互返还股权和债权，约定东北电气向沈阳高开支付股权转让对价款，东北电气已于2007年12月20日（二审期间）向沈阳高开支付了17046万元，并以2007年12月18日东北电气与沈阳高开签订的《协议书》、2007年12月20日中信银行沈阳分行铁西支行的三张银行进账单作为证据。说明二则称，2008年9月18日，东北电气与沈阳高开、新东北高开、恒宇机械签订四方协议，约定由新东北高开、恒宇机

械代东北电气向沈阳高开返还了北富机械 95%股权、东利物流 95%股权；同日，东北电气与沈阳高开、阜新母线、辽宁新泰亦签订四方协议，约定由阜新母线代东北电气向沈阳高开返还新东北隔离 74.4%的股权；2008 年 9 月 22 日，各方按照上述协议交割了股权，并完成了股权变更工商登记。

对于其所称的履行究竟是返还上述股权还是以现金赔偿，东北电气的前后两个说明自相矛盾。第一，说明一表明，东北电气在二审期间已履行了支付股权对价款义务，而对于该支付行为，经过北京高院调查，该款项经封闭循环，又返回到东北电气，属虚假给付。第二，在执行程序中，东北电气 2009 年 4 月 16 日提交说明一时，案涉股权的交割已经完成，但东北电气并未提及 2008 年 9 月 18 日东北电气与沈阳高开、新东北高开、恒宇机械签订的四方协议。第三，既然 2007 年 12 月 20 日东北电气与沈阳高开已就股权对价款进行了交付，那么 2008 年 9 月 22 日又通过四方协议，将案涉股权返还给沈阳高开，明显不符合常理。第四，东北电气的《重大诉讼公告》于 2008 年 9 月 26 日发布，其中提到接受本院判决结果，但并未提到其已经于 9 月 22 日履行了判决，且称其收到诉讼代理律师转交的本案判决书的日期是 9 月 24 日，现在又坚持其在 9 月 22 日履行了判决，难以自圆其说。由此只能判断其在执行过程中所谓履行最高法院判决的说法，可能是对过去不同时期已经发生了的某种与涉案股权相关的转让行为，自行解释为是对本案判决的履行行为。故对四方协议的真实性及东北电气的不同阶段的解释的可信度高度存疑。

2. 经东北电气协调无偿返还涉案股权的事实不能认定。工商管理机关有关登记备案的材料载明，2008 年 9 月 22 日，恒宇机械持有的东利物流的股权、新东北高开持有的北富机械的股权、阜新母线持有的新东北隔离的股权已过户至沈阳高开名下。但登记资料显示，沈阳高开与新东北高开、沈阳高开与恒宇机械、沈阳高开与阜新母线签订的《股权转让协议书》中约定有沈阳高开应分别向三公司支付相应的股权转让对价款。东北电气称，《股权转让协议书》系按照工商管理部门的要求而制作，实际上没有也无须支付股权转让对价款。对此，东北电气不能提供充分的证据予以证明，北京高院到沈阳市有关工商管理部门调查，亦未发现足以证明提交《股权转让协议书》确系为了满足工商备案登记要求的证据。且北京高院经查询案涉股权变更登记的工商登记档案，其中除了有《股权转让协议书》，还有主管部门同意股权转让的批复、相关公司同意转让、受让或接收股权的股东会决议、董事会决议等材料,这些材料均未提及作为本案执行依据的生效判决以及两份四方协议。在四方协议本身存在重大疑问的情况下,人民法院判断相关事实应当以经工商备案的资料为准,认定本案相关股权转让和变更登记是以备案的相关协议为基础的,即案涉股权于 2008 年 9 月 22 日登记到沈阳高开名下,属于沈阳高开依据转让协议有偿取得,与四方协议无关。沈阳高开自取得案涉股权至今是否实际上未支付对价,以及东北电气在异议复议过程中所提出的恒宇机械已经注销的事实,新东北高开、阜新母线关于放弃向沈阳高开要求支付股权对价的承诺等,并不具有最终意义,因其不能排除新东北高开、恒宇机械、阜新母线的债权人依据经工商登记备案的有偿《股权转让协议》,向沈阳高开主张权利,故不能改变《股权转让协议》的有偿性质。因此,依据现有证据无法认定案涉股权曾经变更登记到沈阳高开名下系经东北电气协调履行四方协议的结果,无法认定系东北电气履行了生效判决确定的返还股权义务。

2. 指导案例 123 号:于红岩与锡林郭勒盟隆兴矿业有限责任公司执行监督案(最高人民法院审判委员会讨论通过,2019 年 12 月 24 日发布)

关键词 执行 执行监督 采矿权转让 协助执行 行政审批

裁判要点

生效判决认定采矿权转让合同依法成立但尚未生效,判令转让方按照合同约定办理采矿权转让手续,并非对采矿权归属的确定,执行法院依此向相关主管机关发出协助办理采矿权转让手续通知书,只具有启动主管机关审批采矿权转让手续的作用,采矿权能否转让应由相关主管机关依法决定。申请执行人请求变更采矿权受让人的,也应由相关主管机关依法判断。

相关法条

《中华人民共和国民事诉讼法》第 204 条①

《探矿权采矿权转让管理办法》第 10 条

基本案情

2008 年 8 月 1 日,锡林郭勒盟隆兴矿业有限责任公司(以下简称隆兴矿业)作为甲方与乙方于红岩签订《矿权转让合同》,约定隆兴矿业将阿巴嘎旗巴彦图嘎三队李瑛萤石矿的采矿权有偿转让给于红岩。于红岩依约支付了采矿权转让费 150 万元,并在接收采矿区后对矿区进行了初步设计并进行了

① 2021 年《民事诉讼法》第四次修正后调整为第 211 条。

采矿工作。而隆兴矿业未按照《矿权转让合同》的约定，为于红岩办理矿权转让手续。2012 年 10 月，双方当事人发生纠纷诉至内蒙古自治区锡林郭勒盟中级人民法院（以下简称锡盟中院）。锡盟中院认为，隆兴矿业与于红岩签订的《矿权转让合同》，系双方当事人真实意思表示，该合同已经依法成立，但根据相关法律规定，该合同系行政机关履行行政审批手续后生效的合同，对于矿权受让人的资格审查，属行政机关的审批权力，非法院职权范围，故隆兴矿业主张于红岩不符合法律规定的采矿权人的申请条件，请求法院确认《矿权转让合同》无效并给付违约金的诉讼请求，该院不予支持。对于于红岩反诉请求判令隆兴矿业继续履行办理采矿权转让的各种批准手续的请求，因双方在《矿权转让合同》中明确约定，矿权转让手续由隆兴矿业负责办理，故该院予以支持。对于于红岩主张由隆兴矿业承担给付违约金的请求，因《矿权转让合同》虽然依法成立，但处于待审批尚未生效的状态，而违约责任以合同有效成立为前提，故不予支持。锡盟中院作出民事判决，主要内容为隆兴矿业于判决生效后十五日内，按照《矿权转让合同》的约定为于红岩办理矿权转让手续。

隆兴矿业不服提起上诉。内蒙古自治区高级人民法院（以下简称内蒙高院）认为，《矿权转让合同》系隆兴矿业与于红岩的真实意思表示，该合同自双方签字盖章时成立。根据《中华人民共和国合同法》第四十四条规定，依法成立的合同，自成立时生效。法律、行政法规规定应当办理批准、登记等手续生效的，依照其规定。《探矿权采矿权转让管理办法》第十条规定，申请转让探矿权、采矿权的，审批管理机关应当自收到转让申请之日起 40 日内，作出准予转让或者不准转让的决定，并通知转让人和受让人；批准转让的，转让合同自批准之日起生效；不准转让的，审批管理机关应当说明理由。《最高人民法院关于适用〈中华人民共和国合同法〉若干问题的解释（一）》第九条第一款规定，依照合同法第四十四条第二款的规定，法律、行政法规规定合同应当办理批准手续，或者办理批准、登记手续才生效，在一审法庭辩论终结前当事人仍未办理登记手续的，或者仍未办理批准、登记等手续的，人民法院应当认定该合同未生效。双方签订的《矿权转让合同》尚未办理批准、登记手续，故《矿权转让合同》依法成立，但未生效，该合同的效力属效力待定。于红岩是否符合采矿权受让人条件，《矿权转让合同》能否经相关部门批准，并非法院审理范围。原审法院认定《矿权转让合同》成立，隆兴矿业应按照合同继续履行办理矿权转让手续并无不当。如《矿权转让合同》审批管理机关不予批准，双方当事人可依据合同法的相关规定另行主张权利。内蒙高院作出民事判决，维持原判。

锡盟中院根据于红岩的申请，立案执行，向被执行人隆兴矿业发出执行通知，要求其自动履行生效法律文书确定的义务。因隆兴矿业未自动履行，故向锡林郭勒盟国土资源局发出协助执行通知书，请其根据生效判决的内容，协助为本案申请执行人于红岩按照《矿权转让合同》的约定办理矿权过户转让手续。锡林郭勒盟国土资源局答复称，隆兴矿业与于红岩签订《矿权转让合同》后，未向其提交转让申请，且该合同是一个企业法人与自然人之间签订的矿权转让合同。依据法律、行政法规及地方法规的规定，对锡盟中院要求其协助执行的内容，按实际情况属协助不能，无法完成该协助通知书中的内容。

于红岩于2014年5月19日成立自然人独资的锡林郭勒盟辉澜萤石销售有限公司，并向锡盟中院申请将申请执行人变更为该公司。

裁判结果

内蒙古自治区锡林郭勒盟中级人民法院于2016年12月14日作出(2014)锡中法执字第11号执行裁定，驳回于红岩申请将申请执行人变更为锡林郭勒盟辉澜萤石销售有限公司的请求。于红岩不服，向内蒙古自治区高级人民法院申请复议。内蒙古自治区高级人民法院于2017年3月15日作出(2017)内执复4号执行裁定，裁定驳回于红岩的复议申请。于红岩不服内蒙古自治区高级人民法院复议裁定，向最高人民法院申诉。最高人民法院于2017年12月26日作出(2017)最高法执监136号执行裁定书，驳回于红岩的申诉请求。

裁判理由

最高人民法院认为，本案执行依据的判项为隆兴矿业按照《矿权转让合同》的约定为于红岩办理矿权转让手续。根据现行法律法规的规定，申请转让探矿权、采矿权的，须经审批管理机关审批，其批准转让的，转让合同自批准之日起生效。本案中，一、二审法院均认为对于矿权受让人的资格审查，属审批管理机关的审批权力，于红岩是否符合采矿权受让人条件、《矿权转让合同》能否经相关部门批准，并非法院审理范围，因该合同尚未经审批管理机关批准，因此认定该合同依法成立，但尚未生效。二审判决也认定，如审批管理机关对该合同不予批准，双方当事人对于合同的法律后果、权利义务，可另循救济途径主张权利。鉴于转让合同因未经批准而未生效的，不影响合同中关于履行报批义务的条款的效力，结合判决理由部分，本案生效判决所称的隆兴矿业按照《矿权转让合同》的约定为于红岩办理矿权转让手续,并非对矿业权权属的认定,而首先应是指履行促成合同生效的合同报批义务,合同经过审批管理机关批准后,才涉及办理矿权转让过户登记。因此,锡盟中院向锡林郭勒盟国土资源局发出协助办理矿权转让手续的通知,只是相当于完成了隆兴矿业向审批管理机关申请办理矿权转让手续的行为,启动了行政机关审批的程序,且在当前阶段,只能理解为要求锡林郭勒盟国土资源局依法履行转让合同审批的职能。

矿业权因涉及行政机关的审批和许可问题,不同于一般的民事权利,未经审批的矿权转让合同的权利承受问题,与普通的民事裁判中的权利承受及债权转让问题有较大差别,通过执行程序中的申请执行主体变更的方式,并不能最终解决。本案于红岩主张以其所成立的锡林郭勒盟辉澜萤石销售有限公司名义办理矿业权转让手续问题,本质上仍属于矿业权受让人主体资格是否符合法定条件的行政审批范围,应由审批管理机关根据矿权管理的相关规定作出判断。于红岩认为,其在履行生效判决确定的权利义务过程中,成立锡林郭勒盟辉澜萤石销售有限公司,是在按照行政机关的行政管理性规定完善办理矿权转让的相关手续,并非将《矿权转让合同》的权利向第三方转让,亦未损害国家利益和任何当事人的利益,其申请将采矿权转让手续办至锡林郭勒盟辉澜萤石销售有限公司名下,完全符合《中华人民共和国矿产资源法》《矿业权出让转让管理暂行规定》《矿产资源开采登记管理办法》,及内蒙古自治区国土资源厅《关于规范探矿权采矿权管理有关问题的补充通知》等行政机关在自然人签署矿权转让合同情况下办理矿权转让手续的行政管理规定,此观点应向相关审批管理机关主张。锡盟中院和内蒙高院裁定驳回于红岩变更主体的申请,符合本案生效判决就矿业权转让合同审批问题所表达的意见,亦不违反执行程序的相关法律和司法解释的规定。

【判旨撷要】

(一)异议范围

1. 党宏文与裴学文、张小军等民间借贷纠纷执行申诉案[(2015)执监字第 134 号]

要旨:根据《异议复议规定》第 7 条第 1 款的规定,法律只赋予当事人、利害关系人对执行法院作出的违反法律和有关司法解释规定的具体执行行为，以及执行的期间、顺序等执行机构应当遵守的法定程序等提出异议进而申请复议的权利。因此，并非对人民法院在执行中作出的所有行为均可提出异议。上级法院依职权对下级法院之间产生的执行争议作出协调处理决定，裁定指定执行、提级执行和针对异议裁定作出复议裁定等监督行为，以及人民法院作出的更换承办人员、延长执行期限等内部管理行为，均非执行法院在执行过程中作出的具体执行行为，不属于法律规定的执行异议或者复议案件的受理范围。

2. 中国银行股份有限公司济南分行与济南中银实业有限公司、烟台银信投资管理有限公司欠款纠纷执行复议案[(2015)执复字第31号]

要旨：《民事诉讼法》第225条(2021年修正为第232条)规定的执行行为异议，主要针对两类执行行为：一是查封、扣押、冻结、拍卖、变卖、以物抵债、暂缓执行、中止执行、终结执行等执行措施；二是执行的期间、顺序等应当遵守的法定程序。执行法院作出的其他侵害当事人、利害关系人合法权益的行为，也属于违法执行行为的范畴。但是，并非对人民法院在执行中作出的所有行为均可以提出异议。执行监督与执行异议是两个不同的概念，是作为两种不同的纠错机制同时存在的。执行监督行为并不属于《民事诉讼法》第225条所规定的执行行为，当事人、利害关系人如对执行监督行为不服，不应再行通过提出执行异议的方式予以救济，否则将导致程序的循环往复。当然，当事人、利害关系人如对执行监督行为不服，仍可依据《执行工作规定》第129条、第130条(2020年修正为第71条、第72条)的规定，另行通过执行监督程序予以解决。

3. 利害关系人鄂州良龙商贸公司就中国农业发展银行鄂州市分行诉湖北鄂州广源米业有限责任公司、湖北宝刚实业投资有限公司借款合同纠纷执行申诉案[(2016)最高法执监429号]

要旨：依据《异议复议规定》第7条第1款的规定，可以依照《民事诉讼法》第225条(2021年修正为第232条)规定提出异议的"执行行为"，主要是指查封、扣押、冻结等各类执行措施，执行的期间、顺序等应当遵守的法定程序，以及人民法院在执行过程中作出的侵害当事人、利害关系人合法权益的其他行为。提级执行作为上级法院对下级法院执行案件的管理行为，不是具体执行措施,也不涉及具体执行行为应当遵守的法定程序,不属于《民事诉讼法》第 225 条规定的可以提出异议的范围,当事人、利害关系人对提级执行不服的,不能依据《民事诉讼法》第 225 条的规定提出异议。

4. 中国建筑一局(集团)有限公司与恒银投资有限公司、北京恒银房地产开发有限公司等借款合同纠纷执行复议案[(2016)最高法执复 31 号]

要旨:根据审执分离原则,人民法院在执行程序中应当按照执行依据确定的内容执行,而不能以执代审,在执行程序中直接对执行依据是否存在错误进行审查。《民事诉讼法》第 225 条(2021 年修正为第 232 条)明确将异议范围限于违法的执行行为,执行依据本身的对错问题不属于执行行为,当然也不应属于执行行为异议审查的范围。

5. 厦门卓信成投资有限责任公司就中国银行天津北辰支行与河北省南宫市物资局驻津物资总公司、河北省南宫市物资总公司借款合同纠纷执行复议案[(2016)最高法执复 32 号]

要旨:执行法院裁定终结执行时,复议申请人尚未受让本案债权,该终结执行裁定与复议申请人并无法律上的利害关系。被执行人暂无财产可供执行而终结执行后,申请执行人发现被执行人有可供执行财产的,可以再次申请执行。复议申请人申请恢复执行以及变更申请执行人的请求,涉及执行实施程序是否启动的问题,应通过执行实施程序审查处理,该执行申请不属于《民事诉讼法》第 225 条(2021 年修正为第 232 条)规定的执行行为异议、复议程序处理范围。

6. 中国民生银行股份有限公司三亚分行与宁波银行股份有限公司北京分行、第三人苏州银行股份有限公司合同纠纷执行复议案[(2017)最高法执复 58 号]

要旨:《民事诉讼法》第 225 条(2021 年修正为第 232 条)规定,“当事人、利害关系人认为执行行为违反法律规定的,可以向负责执行的人民法院提出书面异议”。该条规定的“执行行为”并未限定为执行法院在执行程序中的积极作为。《异议复议规定》第 7 条进一步规定,当事人、利害关系人对“人民法院作出的侵害当事人、利害关系人合法权益的其他行为”提出异议的,人民法院应当依照《民事诉讼法》第 225 条规定进行审查。本案中,执行法院海南高院在收到被执行人宁波银行北京分行应付的4亿元执行款后,以“谈话笔录”的形式明确告知申请执行人民生银行三亚分行,该执行款由于有关公安机关请求协助冻结而不能向其发放。民生银行三亚分行认为海南高院在收到执行款后不予及时发放的不作为行为,侵害了其合法权益,并提出执行异议,符合前述法律和司法解释规定精神,海南高院以民生银行三亚分行系针对执行法院的不作为提出异议,不能依照《民事诉讼法》第225条规定的执行异议、复议程序进行审查的认定不妥,应予纠正。

7. 吴红阳与吕辉、三亚旭诚房地产开发有限公司民间借贷纠纷执行申诉案[(2019)最高法执监374号]

要旨:《异议复议规定》第7条第1款规定:“当事人、利害关系人认为执行过程中或者执行保全、先予执行裁定过程中的下列行为违法提出异议的,人民法院应当依照民事诉讼法第二百二十五条(2021年修正为第232条)规定进行审查:(一)查封、扣押、冻结、拍卖、变卖、以物抵债、暂缓执行、中止执行、终结执行等执行措施;(二)执行的期间、顺序等应当遵守的法定程序;(三)人民法院作出的侵害当事人、利害关系人合法权益的其他行为。”洛阳中院在以物抵债裁定作出后,又撤销该以物抵债裁定,并中止案件执行,尽管这些行为是以本院院长发现的执行监督方式处理的,但实际上是作出了新的执行行为,故当事人可以通过异议和复议程序救济其权利。在洛阳中院对本案相关异议请求作出审查并裁定后,河南高院以洛阳中院撤销以物抵债裁定系监督行为而非执行行为,不应通过异议、复议程序审查为由,驳回吴红阳异议申请系适用法律错误。

8. 洛阳市经贸开发区农村信用合作联社与吕振玲等金融借款合同纠纷执行申诉案[(2020)最高法执监501号]

要旨:根据《民事诉讼法》第225条(2021年修正为第232条)的规定,人民法院在执行异议和复议审查过程中,审查的对象为执行法院的执行行为是否违反法律规定。根据《执行工作规定》第18条(2020年修正为第16条)第1款第1项等相关法律及司法解释的规定,据以执行的法律文书已经发生法律效力,是人民法院受理执行案件并实施执行行为的前提条件。据以执行的法律文书是否已经发生法律效力,直接决定案件能否进入执行程序、采取相关执行行为是否具有合法性,不应排除于异议、复议审查范围之外。就本案而言,在执行过程中,吕振玲明确主张本案据以执行的洛阳中院 46 号判决未发生法律效力,异议审查法院首先应对 46 号判决生效与否依法作出审查判断。洛阳中院和河南高院直接以 46 号判决生效与否不属于本案执行异议和复议审查范围为由,不予审查,存有不当。

(二)异议管辖

1. 吐鲁番市农村信用合作联社与上海丰鼎企业发展有限公司、吐鲁番正杰生态农业有限公司等金融借款合同纠纷执行复议案[(2016)最高法执复 53 号]

要旨:《异议复议规定》第 4 条第 1 款的规定,是关于执行案件被指定执行、提级执行或委托执行后,对原执行法院的执行行为提出异议的,由哪个法院审查处理的规定。本案虽然发生了案件由新疆高院指定吐鲁番中院管辖的情形,但丰鼎公司执行异议针对的执行行为是由被指定执行的吐鲁番中院作出,而非原执行法院新疆高院作出,故并不符合《异议复议规定》第 4 条第 1 款规定的适用情形。新疆高院执行裁定已经向丰鼎公司释明就相关执行异议可向吐鲁番中院提出,丰鼎公司具有法定的救济途径以保障其程序权利。

2. 利害关系人中材供应链管理有限公司、中国中材东方国际贸易有限公司不服福建省高级人民法院指定执行和保全查封申请复议案[(2017)最高法执复 11 号]

要旨:指定执行是上一级人民法院统一管理辖区内执行工作的方式,是出于方便执行、利于执行等目的,结合辖区内工作整体部署情况而作出的决定。依据《异议复议规定》第 7 条第 1 款的规定,可以依照《民事诉讼法》第 225 条(2021 年修正为第 232 条)规定提出异议的“执行行为”,主要是指查封、扣押、冻结等各类执行措施,执行的期间、顺序等应当遵守的法定程序,以及人民法院在执行过程中作出的侵害当事人、利害关系人合法权益的其他行为。而指定执行作为上级法院对本辖区内案件统一管理的行为,不是具体执行措施,也不涉及具体执行行为应遵守的法定程序等问题,因此不属于该条规定的可提出异议的执行行为的范围。当事人和利害关系人对指定执行不服的,不能依据《民事诉讼法》第 225 条的规定提出异议。

《异议复议规定》第4条规定的由上级原执行法院受理案外人异议，主要考虑的是查封、扣押、冻结等措施是由上级法院在执行实施阶段采取的情形。对于上级原执行法院依据审判部门作出的标的指向明确的保全裁定实施查封的情况下，案件指定执行后，案外人提出的异议是否必须由原执行法院审查，并不能认为给予了绝对限制，应可根据案件具体情况决定。

3. 哈尔滨金赛尔投资咨询有限公司与佳木斯市手套厂、佳木斯市向阳第三建筑工程公司金融借款合同纠纷执行申诉案［（2019）最高法执监17号］

要旨：对于案件指定执行前当事人向原执行法院提起的异议，尚未审查完毕的，指定执行后，是由原执行法院继续审查还是由受指定的法院审查处理，这种情况法律和司法解释并无明确规定，但可以认为在作出指定执行裁定的法院没有相反指引的情况下，就当事人所提异议的审查权已随指定执行而转移至受指定法院。本案中异议人的请求已经向受指定法院提出异议并经其上级法院复议。异议人的执行异议权已得到相应保障，再由其他法院重新审查，缺乏程序正当性。

（三）异议期限

1. 中国人民解放军63983部队与海南长江旅业有限公司工程承包合同欠款纠纷执行申诉案［（2017）最高法执监45号］

要旨：《民事诉讼法》第225条（2021年修正为第232条）为当事人、利害关系人提出执行异议的基本依据，而对于当事人、利害关系人依照《民事诉讼法》第225条提出执行异议的具体期限，相关司法解释区分了两种情况。一是按照《异议复议规定》第6条第1款的规定，对于一般执行行为提出异议的，应当在执行程序终结之前提出；二是按照《终结执行异议期限批复》的规定，对终结执行行为提出异议的，应当自收到终结执行法律文书之日起60日内提出；未收到法律文书的，应当自知道或者应当知道人民法院终结执行之日起60日内提出。而对终结执行的法律文书，司法解释虽未做具体界定，但一般将宣告执行结案的法律文书理解为终结执行法律文书。按照《执行立结案意见》第15条第2款的要求，执行完毕应当制作结案通知书并发送当事人（双方当事人书面认可执行完毕或口头认可执行完毕并记入笔录的除外）。该结案通知书应属于终结执行法律文书。相应地，通常将在结案通知书之前所发出的以物抵债裁定书理解为一般执行行为,对该以物抵债裁定提出的异议应在执行终结前提出。对于本案中执行法院在发出以物抵债裁定书的同时发出结案通知书,当事人对以物抵债裁定书提出异议的,其异议期限如何确定及程序应如何处理的问题,实务中尚无统一认识。执行法院已经就申诉人的异议进行了实质审查,复议法院通过执行监督程序处理,也须就异议所涉及的问题进行实质审查,此与通过复议程序进行审查,在对当事人的合法权益提供保护方面并无实质差别。

2. 武汉中生建工集团有限公司、武汉中生建工集团有限公司阳新分公司与湖北园晟置业有限公司建设工程施工合同纠纷执行保全复议案[(2018)最高法执复 34 号]

要旨:本案的保全存在两个裁定,一个是保全裁定,另一个是具体实施保全的裁定。《民事诉讼法》第 108 条(2021 年修正为第 111 条)、《民事诉讼法解释》第 171 条、《财产保全规定》第 25 条规定的救济程序,是针对保全裁定的规定,而非具体实施保全行为的规定。根据《财产保全规定》第 26 条的规定,具体实施保全的行为适用《民事诉讼法》第 225 条(2021 年修正为第 232 条)救济。本案针对的是超标的查封问题,是对人民法院保全执行行为的异议,依照《异议复议规定》第 6 条的规定,该异议在执行程序终结之前都可以提出。

3. 利害关系人山东东营胜利农村合作银行就孙承强与东营市天丽纺织有限责任公司、李玉亮等民间借贷纠纷执行申诉案[(2018)最高法执监 43 号]

要旨:根据《异议复议规定》第 6 条的规定,当事人、利害关系人依照《民事诉讼法》第 225 条(2021 年修正为第 232 条)提出执行异议的,应当在执行程序终结前提出,但对终结执行措施提出异议的除外。本案申请执行人自愿以拍卖标的物流拍价格抵付全部债务,参照《拍卖变卖规定》第 29 条(2020 年修正为第 26 条)规定,执行法院作出以物抵债裁定并送达相关当事人及协助执行人之后,涉案土地使用权即发生权属转移,本案申请执行人债权全部得到受偿,执行程序终结。胜利银行主张,其异议的指向始终是终结执行的行为,也就是以物抵债的执行行为侵害其合法权益,因本案的特殊性在于,以物抵债裁定的作出及送达后,申请执行人的全部债权得到了满足,即宣告执行程序终结,此时以物抵债的执行行为和执行程序终结合为一体,如因程序完毕即不允许胜利银行对以物抵债裁定提出异议，相当于胜利银行完全不可能在执行程序终结前对执行行为提出异议，因此，将胜利银行对以物抵债裁定行为提出的异议同时涵盖对执行程序终结本身提出异议，对于利害关系人较为公允，从而使其程序权利得到保障。因此，本案中胜利银行有权对以物抵债裁定和执行程序终结同时提出执行异议。

4. 韩胜强与营口旅社有限责任公司、孙艳华借款合同纠纷执行申诉案［（2019）最高法执监488号］

要旨：按照《异议复议规定》第6条关于“当事人、利害关系人依照民事诉讼法第二百二十五条（2021年修正为第232条）规定提出异议的，应当在执行程序终结之前提出，但对终结执行措施提出异议的除外”的规定，案外人只要在执行程序终结前提出就应当对其异议进行审查，执行标的物已执行完毕不能等同于执行程序终结。本案中，营口中院异议裁定及辽宁高院复议裁定对该案执行程序是否终结，终结的时间等重要事实未予审查，在韩胜强对以物抵债裁定提出异议后，仅以标的物已经交付给该案申请执行人抵偿债务，执行标的物已执行完毕为由认定申诉人的异议请求不符合执行异议案件的受理条件，存在事实不清、对法条理解不当的问题。

（四）程序适用

1. 利害关系人广东粤运交通股份有限公司不服河北省高级人民法院执行唐山市开平区兴业轧制厂、唐山兴业工贸集团鼎新钢铁有限公司机器设备申请复议案［（2014）执复字第11号］

要旨：案外人主张对案涉标的依法享有抵押权，其目的并非阻止执行标的的转让和交付，而是对执行标的转让后的价款优先受偿，故不符合案外人异议的情形，执行法院可以参照《民事诉讼法》第225条（2021年修正为第232条）的规定，对该案外人的异议进行审查处理。

2. 中国农业银行武威武南支行与武威市赛诺农业有限公司、韩慧借款合同纠纷执行申诉案［（2015）执申字第87号］

要旨：债权人对债务人的财产设定抵押权，是为了在债务人不能履行债务时，债权人得以就抵押财产优先受偿，其目的是保障债权的实现。但抵押权的设立并不意味着债务人仅在抵押财产范围内对债权人负清偿义务，债务人的全部财产除依据法律、司法解释的规定应当豁免执行之外，都应当是清偿债务的责任财产。申请执行人既可以申请执行已抵押财产，也有权申请执行被执行人的未抵押财产。本案中，执行法院对被执行人名下的其他可供执行的包括土地、厂房在内的财产采取执行措施，不但完全符合法律规定，而且是为保障申请执行人实现其合法权利应尽的职责。因此，被执行人认为申请执行人在对特定财产设定抵押后即丧失了对被执行人名下其他财产申请执行的权利、执行法院只能在设定抵押的财产范围内进行执行的主张，没有法律依据。

3. 王嘉庸与陈春蕊、云南金福地房地产开发经营有限公司、云南海运房地产开发经营有限公司等民间借贷纠纷执行复议案［(2015)执复字第12号］

要旨：关于对诉讼保全措施的异议、复议能否自动转为执行中对执行行为的异议、复议问题。首先，依照《民事诉讼法》第100条（2021年修正为第103条）的规定，诉讼保全是人民法院在民事案件判决前，为保证判决得以顺利执行而对当事人的财产采取的保全措施。《民事诉讼法解释》第168条亦明确规定保全裁定未经人民法院依法撤销或者解除，进入执行程序后，自动转为执行中的查封、扣押、冻结措施。因此，诉讼保全措施实质上即为执行强制措施。其次，对诉讼保全措施的异议和复议，实质上亦属于执行程序的异议和复议。诉讼程序中，对保全措施提出的异议和复议的审查与诉讼审理相重合，判决生效并进入执行程序后，尚未审查终结的财产保全异议或者复议应当自动转为执行程序中对执行行为的异议或者复议。因此，进入执行程序后，本案诉讼保全的异议、复议实质上已经转为执行中的异议和复议。

4. 山西祁县宇通碳素有限公司与青海鑫恒铝业有限公司、青海黄河有色金属有限公司买卖合同纠纷执行复议案［(2015)执复字第14号］

要旨：根据《民事诉讼法》第225条（2021年修正为第232条）的规定，当事人及利害关系人认为执行法院的执行行为违反法律规定的，可以提出执行异议，对执行法院作出的异议裁定不服的，可以向上一级人民法院申请复议。其审查的客体是执行法院的执行行为是否违法。本案立案后，执行法院根据民事调解书第1项内容采取了执行措施，其执行行为符合法律规定。其后申请执行人和被执行人在履约过程中对违约责任的构成和承担问题产生了分歧，对如何履行民事调解书主张不一，双方当事人对于彼此实体权利义务关系产生争议，继而由于这一争议导致案件无法继续执行，并不存在执行法院的执行行为违反法律规定，损害当事人合法权益的情形，故申请执行人的异议及复议请求不属于执行异议及复议案件的审查范围。执行程序不同于审判程序，其本身的性质和功能决定了对于当事人超出执行依据的实体权利诉求在执行程序中无法得到实现，当事人可以通过另行诉讼以实现其权利救济。

5. 邢继承与山西郡宇房地产开发有限公司财产保全执行复议案［（2016）最高法执复43号］

要旨：从保全裁定和根据保全裁定所作出的协助执行通知书的关系来看，执行实践中，保全裁定一般由法院审判机构作出，由执行机构根据保全裁定负责其具体实施。此时，保全裁定相当于执行依据，而执行机构依据保全裁定作出的协助执行通知书则是具体的执行行为。据此，针对执行机构实施的执行行为，申请保全人、被保全人、利害关系人认为保全裁定实施过程中的执行行为违反法律规定提出书面异议的，人民法院应当依照《民事诉讼法》第225条（2021年修正为第232条）的规定审查处理。

6. 师先锋、王玉芳与邓先友、石河子市天宇建筑安装工程有限公司借款合同纠纷执行申诉案［（2016）最高法执监234号］

要旨：次债务人收到履行到期债务通知后，未在法定期限内提出异议，并不发生承认债务存在的实体法效力。因此，次债务人在法定期限之后，又提出到期债务不存在的异议，人民法院应当对该债务是否存在进行实质审查。次债务人提出该到期债务不存在，认为人民法院直接执行违反法律规定，侵犯其合法权益，对该异议人民法院应当参照《民事诉讼法》第225条（2021年修正为第232条）之规定进行审查。

7. 海南金海安物业发展有限责任公司与深圳市建筑装饰（集团）有限公司建设工程施工合同纠纷执行申诉案［（2017）最高法执监341号］

要旨：执行法院按照《民事诉讼法》第225条（2021年修正为第232条）规定进行执行行为异议审查，审查内容是法院作出的执行行为是否违反法律规定，并非针对审判程序中形成的执行依据本身是否存在错误进行评价，不属于《最高人民法院关于审判人员严格执行回避制度的若干规定》(已废止)第 3 条规定的“其他程序的审判”。

8. 石勇与连云港顺天木业有限公司、连云港巨龙花园房地产开发有限公司民间借贷纠纷执行申诉案[(2018)最高法执监 69 号]

要旨:在被执行人承担连带责任的情形下,执行法院针对被执行人其中之一采取执行措施的,该执行行为效力及于全体被执行人;其他被执行人认为该执行行为违反法律规定的,有权依法向执行法院提起执行异议。

9. 齐齐哈尔市龙发建筑安装工程处与范庆峰、范庆功工程款结算纠纷执行申诉案[(2018)最高法执监 613 号]

要旨:根据《异议复议规定》第 11 条第 2 款的规定,指令重新审查的执行异议案件,应当另行组成合议庭。本案对变更、追加被执行人申请的审查程序,应当比照上述异议程序的有关规定进行。在上级法院发回异议法院重新审查后,异议法院未另行组成合议庭,在仅变更一名合议庭成员的情况下作出裁定,程序不当。

10. 王思奎与蔡晓桔、孙润恒民间借贷纠纷执行申诉案[(2018)最高法执监 712 号]

要旨:根据《异议复议规定》第 2 条第 3 款的规定,执行程序中,异议人对以不符合受理条件为由驳回异议申请的裁定不服的,可以通过向上一级人民法院申请复议的方式进行救济。上一级人民法院应当通过法定程序进行审查并作出相应裁定,其中,经审查认为执行异议符合受理条件的,应当裁定撤销原驳回申请裁定,并指令执行法院按照异议程序对执行异议进行审查。在此程序规则下,执行异议经过执行异议程序审查后,各方当事人如对审查结论不服可以进一步申请复议,以充分保障执行程序中当事人的程序救济权利。本案复议法院作出的复议裁定为终审裁定,客观上使本案有关当事人丧失了对执行异议审查结论依法申请复议的程序救济权利,与《异议复议规定》第 2 条第 3 款的规定不符,属适用法律错误,应予纠正。

11. 连云港市新明珠大酒店有限公司与连云港市晶都房地产开发有限公司、连云港市嘉怡国际酒店管理有限公司、褚敬租赁合同纠纷执行申诉案［(2019)最高法执监 226 号］

要旨:根据《异议复议规定》第 15 条第 1 款的规定,对于利害关系人针对同一执行行为,以同一事实或理由再次提出执行异议,或明知有多个异议事实或理由仅提出一个事实或理由,后又补充其他异议事由的,人民法院不予受理。本案利害关系人在连云港中院受理被执行人晶都公司破产清算之前,曾提出过执行异议申请,但其当时依据的事实和提出的理由与此次不同,在上次执行异议案件结案后,出现了新的事实情况,即被执行人晶都公司的破产申请被人民法院受理,利害关系人以此为由提出的执行异议不属于《异议复议规定》第 15 条第 1 款规定的情形。

12. 利害关系人湖北武当山农村商业银行股份有限公司就中国农业银行股份有限公司武当山旅游经济特区支行与湖北武当太极湖投资集团有限公司等金融借款合同纠纷执行复议案［(2020)最高法执复 3 号］

要旨:在执行过程中,当事人有对人民法院的执行行为提出异议的权利,相关当事人有参与异议程序并选择进行或者不进行答辩的权利。根据《异议复议规定》第 2 条第 1 款的规定,人民法院受理执行异议案件后,首先应当在 3 日内将执行异议案件立案的事实通知异议人和相关当事人,使相关当事人了解执行异议的内容,从而做参与异议程序的相应准备,以充分保障其辩论权利的行使。就本案而言,经查阅原审在卷材料,未发现执行法院在异议案件立案后及时通知农行武当山支行和相关当事人的记载,该行为导致农行武当山支行无从知悉本案执行异议程序的开始和进行,进而导致其无法参与执行异议程序并对武当山农商行提出的执行异议作出抗辩。执行法院的异议审查,严重违反法定程序。

第二百三十三条 【变更执行法院】人民法院自收到申请执行书之日起超过六个月未执行的,申请执行人可以向上一级人民法院申请执行。上一级人民法院经审查,可以责令原人民法院在一定期限内执行,也可以决定由本院执行或者指令其他人民法院执行。

规范体系	
司法解释	1.《最高人民法院关于适用〈中华人民共和国民事诉讼法〉执行程序若干问题的解释》(法释〔2008〕13号;经法释〔2020〕21号修正)第10—13条 2.《最高人民法院关于人民法院执行工作若干问题的规定(试行)》(法释〔1998〕15号;经法释〔2020〕21号修正)第63条、第71条、第74条、第78条 3.《最高人民法院关于严格执行案件审理期限制度的若干规定》(法释〔2000〕29号)第5条、第9条 4.《最高人民法院关于刑事裁判涉财产部分执行的若干规定》(法释〔2014〕13号)第3条
司法文件	1.《最高人民法院关于执行案件督办工作的规定(试行)》(法发〔2006〕11号)第2—9条 2.《最高人民法院关于高级人民法院统一管理执行工作若干问题的规定》(法发〔2000〕3号)第8—9条 3.《最高人民法院关于人民法院办理执行案件若干期限的规定》(法发〔2006〕35号)第1条、第13条 4.《最高人民法院关于执行案件立案、结案若干问题的意见》(法发〔2014〕26号)第8条、第11条、第17条、第26条

【条文释义】

本条是关于变更执行法院的规定，系 2007 年《民事诉讼法》第一次修正时增加的内容。①

有的执行案件，被执行人有可供执行的财产，但人民法院却因地方保护主义等客观因素的制约，无正当理由拖延执行或者消极执行。例如，一些地方领导法治观念淡薄，为追求政绩和经济发展指标，以影响地方经济发展、影响社会稳定为由，通过搞行政性无偿划拨企业资产或者破产还债、对企业挂牌保护等手段干扰执行工作，甚至要求人民法院执行需要提前报党政领导干部审批同意，或者直接发文件、批条子要求人民法院对某些企业不得强制执行。一些协助执行人担心影响其与被执行人的业务关系或者情感关系，经常找各种借口进行推脱、阻挠，导致无法执行。

针对有的执行案件受到地方保护主义、部门利益的影响，长期得不到执行等情况，近年来，许多人民法院尝试将这种案件，变更由上级法院提级执行或者指定给其他法院执行。实践证明，这种做法能够有效克服地方保护主义的干扰，解决部分消极执行问题。但是，由于《民事诉讼法》对提级执行或者指定执行没有规定，实践中提级执行或指定执行主要是依靠上级法院的监督而实施。上级法院因受各种主客观因素的制约，对很多案件难以及时提级或指定执行，加之提级和指定执行缺乏法定条件和程序，实践中也存在随意性大、程序不规范等问题，因此，有必要赋予申请执行人向上级人民法院申请由其他人民法院执行的权利，并对提级执行和指令执行作出规范。故 2007 年《民事诉讼法》第一次修正时增加了本条规定。

本条规定明确了以下几个方面内容：(1) 明确赋予申请执行人变更执行法院的权利。(2) 明确规定了申请提级和指令执行的条件，即自执行程序开始后，人民法院收到申请执行书之日起 6 个月未执行的。(3) 明确了申请人向哪一级人民法院申请变更执行法院，即本条规定的“申请执行人可以向上

---

① 《全国人民代表大会常务委员会关于修改〈中华人民共和国民事诉讼法〉的决定》(2007 年 10 月 28 日第十届全国人民代表大会常务委员会第三十次会议通过) 第 12 条规定：“十二、增加一条，作为第二百零三条：‘人民法院自收到申请执行书之日起超过六个月未执行的，申请执行人可以向上一级人民法院申请执行。上一级人民法院经审查，可以责令原人民法院在一定期限内执行，也可以决定由本院执行或者指令其他人民法院执行。’”

一级人民法院申请执行”。(4)明确规定了上级人民法院对当事人的申请应当进行审查,并作出相应的处理,可以责令原人民法院在一定期限内执行,也可以决定由本院执行或者指令其他人民法院执行。需要注意的是,本条规定的“人民法院自收到申请执行书之日起超过六个月未执行的”,主要指的是被执行人有可供执行的财产,人民法院拖延执行、怠于执行的情形。如果经人民法院查证被执行人根本就没有可供执行的财产,在这种情形下申请变更执行法院的意义就不大。①

理解与适用本条规定,需要注意把握以下两点:

一、关于本条与《民事诉讼法》第 232 条的协调。本条针对消极执行问题赋予了申请执行人相应的救济途径,也就是说,在法院消极执行的情况下,申请执行人有申请更换执行法院的权利;而《民事诉讼法》第 232 条规定了当事人、利害关系人认为执行行为违反法律规定时的异议和复议制度。消极执行显然属于违反法律规定的执行行为,在法院消极执行的情况下,申请执行人有权依照《民事诉讼法》第 232 条的规定向执行法院提出异议。那么,在案件存在消极执行的情况下,如何协调本条与第 232 条的适用?考虑这两种救济所针对的情形并不完全相同,救济途径也不一样,在出现法定事由的情况下,当事人既可以任选其一,也可以分别通过两种不同的救济途径维护自己的合法权益。人民法院既不能以申请执行人已提出异议为由限制其申请更换执行法院的权利,也不能以其已经申请更换执行法院为由限制其就消极执行向执行法院提出异议的权利。

二、关于本条与《执行工作规定》第 74 条的协调。《执行工作规定》第 74 条规定,上级法院可以通过执行监督制度督促下级法院限期执行、提级执行或者指令执行。《民事诉讼法》修改增加了向上一级人民法院申请执行这一制度后,督促执行和变更执行法院既可以通过执行监督制度实施,也可以基于申请执行人的申请而实施。这两条规定在本质上究竟有何不同,在具体适用过程中应如何把握和协调?考虑这两条规定是两种不同的纠错途径,因此可以并行不悖。在执行法院出现消极执行的情况下,即使申请执行人未向上一级人民法院申请执行,如果上级法院发现执行法院存在消极执行问题的,也应当依法进行监督;如果申请执行人已经向上一级法院申请执行的,在该

① 参见全国人民代表大会常务委员会法制工作委员会编:《中华人民共和国民事诉讼法释义(最新修正版)》,法律出版社 2012 年版,第 533—535 页。

救济程序正常进行的情况下,上级法院一般无须再就同一问题重复进行监督,但作为一项监督权力,上级法院认为必要时可以随时行使。此外,值得注意的是,申请执行人申请更换执行法院只能向执行法院的上一级人民法院提出申请,而有权进行执行监督的法院却不限于执行法院的上一级法院,上级法院对辖区内任何法院的执行案件都可以依法进行监督。[①]

【司法解释】

1.《最高人民法院关于适用〈中华人民共和国民事诉讼法〉执行程序若干问题的解释》(法释〔2008〕13 号,2009 年 1 月 1 日;经法释〔2020〕21 号修正,2021 年 1 月 1 日)

第十条 依照民事诉讼法第二百二十六条[②]的规定,有下列情形之一的,上一级人民法院可以根据申请执行人的申请,责令执行法院限期执行或者变更执行法院:

(一)债权人申请执行时被执行人有可供执行的财产,执行法院自收到申请执行书之日起超过六个月对该财产未执行完结的;

(二)执行过程中发现被执行人可供执行的财产,执行法院自发现财产之日起超过六个月对该财产未执行完结的;

(三)对法律文书确定的行为义务的执行,执行法院自收到申请执行书之日起超过六个月未依法采取相应执行措施的;

(四)其他有条件执行超过六个月未执行的。

第十一条 上一级人民法院依照民事诉讼法第二百二十六条规定责令执行法院限期执行的,应当向其发出督促执行令,并将有关情况书面通知申请执行人。

上一级人民法院决定由本院执行或者指令本辖区其他人民法院执行的,应当作出裁定,送达当事人并通知有关人民法院。

【注释】2006 年《执行督办规定》(法发〔2006〕11 号)第 3 条规定,上级法院对符合督办条件的案件应当制作督办函。本条第 1 款将督促程序的文书

① 参见最高人民法院民事诉讼法修改研究小组编著:《〈中华人民共和国民事诉讼法〉修改的理解与适用》,人民法院出版社 2007 年版,第 138—139 页。

② 2021 年《民事诉讼法》第四次修正后调整为第 233 条。

明确为“督促执行令”，以使程序更加规范，并保障申请执行人的程序知情权。

第十二条　上一级人民法院责令执行法院限期执行，执行法院在指定期间内无正当理由仍未执行完结的，上一级人民法院应当裁定由本院执行或者指令本辖区其他人民法院执行。

第十三条　民事诉讼法第二百二十六条规定的六个月期间，不应当计算执行中的公告期间、鉴定评估期间、管辖争议处理期间、执行争议协调期间、暂缓执行期间以及中止执行期间。

【注释】本条关于不计入执行期限的期间规定，与《案件审理期限规定》（法释〔2000〕29号）第9条、《执行案件期限规定》（法发〔2006〕35号）第13条基本一致，应注意结合适用。

2.《最高人民法院关于人民法院执行工作若干问题的规定（试行）》（法释〔1998〕15号，1998年7月8日；经法释〔2020〕21号修正，2021年1月1日）

63. 人民法院执行生效法律文书，一般应当在立案之日起六个月内执行结案，但中止执行的期间应当扣除。确有特殊情况需要延长的，由本院院长批准。

71. 上级人民法院依法监督下级人民法院的执行工作。最高人民法院依法监督地方各级人民法院和专门法院的执行工作。

74. 上级法院发现下级法院的执行案件（包括受委托执行的案件）在规定的期限内未能执行结案的，应当作出裁定、决定、通知而不制作的，或应当依法实施具体执行行为而不实施的，应当督促下级法院限期执行，及时作出有关裁定等法律文书，或采取相应措施。

对下级法院长期未能执结的案件，确有必要的，上级法院可以决定由本院执行或与下级法院共同执行，也可以指定本辖区其他法院执行。

【注释】与《民事诉讼法》第233条、《执行程序解释》第10—13条从当事人申请的角度规定上级法院的执行监督不同，本条侧重于依职权启动的执行监督。

78. 下级法院不按照上级法院的裁定、决定或通知执行，造成严重后果的，按照有关规定追究有关主管人员和直接责任人员的责任。

3.《最高人民法院关于严格执行案件审理期限制度的若干规定》(法释〔2000〕29号,2000年9月28日)

第五条 执行案件应当在立案之日起六个月内执结,非诉执行案件应当在立案之日起三个月内执结;有特殊情况需要延长的,经本院院长批准,可以延长三个月,还需延长的,层报高级人民法院备案。

委托执行的案件,委托的人民法院应当在立案后一个月内办理完委托执行手续,受委托的人民法院应当在收到委托函件后三十日内执行完毕。未执行完毕,应当在期限届满后十五日内将执行情况函告委托人民法院。

刑事案件没收财产刑应当即时执行。

刑事案件罚金刑,应当在判决、裁定发生法律效力后三个月内执行完毕,至迟不超过六个月。

【注释】需要注意,《刑事财产部分执行规定》(法释〔2014〕13号)第3条规定,人民法院办理刑事裁判涉财产部分执行案件的期限为6个月。法释〔2014〕13号规定施行后,应以该条为准。

第九条 下列期间不计入审理、执行期限:

……

(八)民事、行政、执行案件由有关专业机构进行审计、评估、资产清理的期间;

(九)中止诉讼(审理)或执行至恢复诉讼(审理)或执行的期间;

(十)当事人达成执行和解或者提供执行担保后,执行法院决定暂缓执行的期间;

(十一)上级人民法院通知暂缓执行的期间;

(十二)执行中拍卖、变卖被查封、扣押财产的期间。

4.《最高人民法院关于刑事裁判涉财产部分执行的若干规定》(法释〔2014〕13号,2014年11月6日)

第三条 人民法院办理刑事裁判涉财产部分执行案件的期限为六个月。有特殊情况需要延长的,经本院院长批准,可以延长。

【注释】《案件审理期限规定》(法释〔2000〕29号)第5条第3款、第4款规定,刑事案件没收财产刑应当即时执行。刑事案件罚金刑,应当在判决、裁定发生法律效力后3个月内执行完毕,至迟不超过6个月。《执行案件期限规定》(法发〔2006〕35号)第1条第1款规定:"被执行人有财产可供执行的案件,一般应当在立案之日起6个月内执结;非诉执行案件一般应当在立案之日起3个月内执结。”第14条规定:“法律或司法解释对办理期限有明确规定的,按照法律或司法解释规定执行。”为解决上述规定存在的矛盾和冲突,考虑刑事财产执行的复杂性,参照民事执行期限的规定,本条明确了6个月的合理期限。本规定施行后,应以此为准。

【司法文件】

1.《最高人民法院关于执行案件督办工作的规定(试行)》(法发〔2006〕11号,2006年5月18日)

第二条 当事人反映下级法院有消极执行或者案件长期不能执结,上级法院认为情况属实的,应当督促下级法院及时采取执行措施,或者在指定期限内办结。

第三条 上级法院应当在受理反映下级法院执行问题的申诉后十日内,对符合督办条件的案件制作督办函,并附相关材料函转下级法院。遇有特殊情况,上级法院可要求下级法院立即进行汇报,或派员实地进行督办。

下级法院在接到上级法院的督办函后,应指定专人办理。

【注释】《执行程序解释》第11条第1款将本条中的“督办函”改为“督促执行令”,并明确将有关情况书面通知申请执行人。这样督促程序以令状式文书作出更加规范,并保障申请执行人的程序知情权。《执行程序解释》施行后,以该解释第11条为准,同时与本条规定第2款结合适用。

第四条 下级法院应当在上级法院指定的期限内,将案件办理情况或者处理意见向督办法院作出书面报告。

第五条 对于上级法院督办的执行案件,被督办法院应当按照上一级法院的要求,及时制作案件督办函,并附案件相关材料函转至执行法院。被督办法院负责在上一级法院限定的期限届满前,将督办案件办理情况书面报告上一级法院,并附相关材料。

第六条 下级法院逾期未报告工作情况或案件处理结果的,上级法院根据情况可以进行催报,也可以直接调卷审查,指定其他法院办理,或者提级执行。

【注释】《执行程序解释》第12条与本条均规定了督促执行令未落实情形下上级法院如何处理的问题。但《执行程序解释》第12条比本条规定更为严格，本条规定“可以”催报、调卷、指定执行或提级执行，《执行程序解释》第 12 条直接明确“应当”直接裁定由本院执行或者指令本辖区其他人民法院执行。《执行程序解释》施行后，以该解释第 12 条为准。

第七条 上级法院收到下级法院的书面报告后，认为下级法院的处理意见不当的，应当提出书面意见函告下级法院。下级法院应当按照上级法院的意见办理。

第八条 下级法院认为上级法院的处理意见错误，可以按照有关规定提请上级法院复议。

对下级法院提请复议的案件，上级法院应当另行组成合议庭进行审查。经审查认为原处理意见错误的，应当纠正；认为原处理意见正确的，应当拟函督促下级法院按照原处理意见办理。

第九条 对于上级法院督办的执行案件，下级法院无正当理由逾期未报告工作情况或案件处理结果，或者拒不落实、消极落实上级法院的处理意见，经上级法院催办后仍未纠正的，上级法院可以在辖区内予以通报，并依据有关规定追究相关法院或者责任人的责任。

【注释】与《执行工作规定》第 78 条相比，本条对下级法院不按照上级法院的裁定、决定或者通知执行的情形作了列举，并增加了“辖区内通报”的追责方式。

2.《最高人民法院关于高级人民法院统一管理执行工作若干问题的规定》（法发〔2000〕3 号，2000 年 1 月 14 日）

八、高级人民法院对本院及下级人民法院的执行案件，认为需要指定执行的，可以裁定指定执行。

高级人民法院对最高人民法院函示指定执行的案件，应当裁定指定执行。

九、高级人民法院对下级人民法院的下列案件可以裁定提级执行：

1. 高级人民法院指令下级人民法院限期执结，逾期未执结需要提级执行的；

2. 下级人民法院报请高级人民法院提级执行，高级人民法院认为应当提级执行的；

3. 疑难、重大和复杂的案件，高级人民法院认为应当提级执行的。

高级人民法院对最高人民法院函示提级执行的案件，应当裁定提级执行。

3.《最高人民法院关于人民法院办理执行案件若干期限的规定》(法发〔2006〕35 号,2007 年 1 月 1 日)

第一条　被执行人有财产可供执行的案件,一般应当在立案之日起 6 个月内执结;非诉执行案件一般应当在立案之日起 3 个月内执结。

有特殊情况须延长执行期限的,应当报请本院院长或副院长批准。

申请延长执行期限的,应当在期限届满前 5 日内提出。

第十三条　下列期间不计入办案期限:

1. 公告送达执行法律文书的期间;
2. 暂缓执行的期间;
3. 中止执行的期间;
4. 就法律适用问题向上级法院请示的期间;
5. 与其他法院发生执行争议报请共同的上级法院协调处理的期间。

4.《最高人民法院关于执行案件立案、结案若干问题的意见》(法发〔2014〕26 号,2015 年 1 月 1 日)

第八条　执行审查类案件按下列规则确定类型代字和案件编号:

……

(三)执行监督案件类型代字为“执监字”,按照立案时间的先后顺序确定案件编号,单独进行排序;

……

第十一条　上级人民法院对下级人民法院,最高人民法院对地方各级人民法院依法进行监督的案件,应当按照执行监督案件予以立案。

第十七条　有下列情形之一的,可以以“终结执行”方式结案:

……

(十)案件被上级人民法院裁定提级执行的;

(十一)案件被上级人民法院裁定指定由其他法院执行的;

……

前款除第(十)项、第(十一)项、第(十二)项规定的情形外,终结执行的,应当制作裁定书,送达当事人。

第二十六条　执行监督案件的结案方式包括:

(一)准许撤回申请,即当事人撤回监督申请的;

(二)驳回申请,即监督申请不成立的;

(三)限期改正,即监督申请成立,指定执行法院在一定期限内改正的;

(四)撤销并改正,即监督申请成立,撤销执行法院的裁定直接改正的;

(五)提级执行,即监督申请成立,上级人民法院决定提级自行执行的;

(六)指定执行,即监督申请成立,上级人民法院决定指定其他法院执行的;

(七)其他,即其他可以报结的情形。

【判旨撮要】

1. 淄博东源实业总公司与山东圣发置业有限公司合作建房合同纠纷执行申诉案[(2015)执申字第50号]

要旨:《民事诉讼法》第225条(2021年修正为第232条)与第226条(2021年修正为第233条)赋予了执行当事人不同的救济途径,其中,第225条是对于执行行为异议程序的规定,其异议事由主要包括具体执行措施和执行过程中应当遵守的具体法定程序。即当事人、利害关系人认为执行法院采取的具体执行措施或程序违反法律规定,并对其合法权益造成侵害的,可以依照第225条规定提起执行异议。而第226条是对于督促执行程序的规定,执行法院在法定期限内未执行的,申请执行人可申请上一级法院督促执行,督促事由是执行法院消极执行、怠于执行。本案中,东源公司对于执行法院具体执行措施或程序并未提出异议,而是认为执行法院消极执行,请求执行法院尽快采取相应的执行措施,将本案执行完毕。从其主张来看,应适用督促执行程序予以救济。

从救济方式来看,执行法院依照《民事诉讼法》第225条启动执行异议审查程序后,认定具体执行措施或程序违反法律规定的,应采取裁定撤销或更正的方式进行纠错。上一级法院依照《民事诉讼法》第226条启动督促执行程序,认定执行法院存在消极执行、怠于执行的情形,可采取限期执行、提级执行或指令执行的方式进行监督。本案中,东源公司的诉求是尽快执行,并无撤销或更正的具体对象,通过上一级法院督促执行才是正当的救济途径。

2. 金松桃与唐竹亭、潘群利民间借贷纠纷执行督促案[(2013)执监字第187-1号]

要旨:长沙市中级人民法院受理执行本案后,虽对被执行人采取了查封财产、限制高消费、纳入失信被执行人名单等一系列执行措施,但至今未能依法执结。鉴于高安法院在高安市城东汽车服务有限责任公司申请执行唐竹亭、潘群利一案中,首先查封了被执行人唐竹亭的上述房产,长沙中院采取的查封系轮候查封。为保护债权人的合法权益,防止案件久拖不执,同时便于首封法院依法统一处置已查封财产,本案应当移交高安法院一并处理。

第二百三十四条 【案外人异议】 执行过程中，案外人对执行标的提出书面异议的，人民法院应当自收到书面异议之日起十五日内审查，理由成立的，裁定中止对该标的的执行；理由不成立的，裁定驳回。案外人、当事人对裁定不服，认为原判决、裁定错误的，依照审判监督程序办理；与原判决、裁定无关的，可以自裁定送达之日起十五日内向人民法院提起诉讼。

规范体系	
司法解释	1.《最高人民法院关于适用〈中华人民共和国民事诉讼法〉的解释》(法释〔2015〕5号；经法释〔2022〕11号第二次修正)第301—314条、第420—422条、第462—463条、第477条、第493条、第499条 2.《最高人民法院关于适用〈中华人民共和国民事诉讼法〉执行程序若干问题的解释》(法释〔2008〕13号；经法释〔2020〕21号修正)第14—16条 3.《最高人民法院关于人民法院办理执行异议和复议案件若干问题的规定》(法释〔2015〕10号；经法释〔2020〕21号修正)第1—4条、第6条、第8条、第24—32条 4.《最高人民法院关于人民法院网络司法拍卖若干问题的规定》(法释〔2016〕18号)第36条第2款 5.《最高人民法院关于人民法院民事调解工作若干问题的规定》(法释〔2004〕12号；经法释〔2020〕21号修正)第16条 6.《最高人民法院关于刑事裁判涉财产部分执行的若干规定》(法释〔2014〕13号)第15条 7.《最高人民法院关于人民法院办理财产保全案件若干问题的规定》(法释〔2016〕22号；经法释〔2020〕21号修正)第27条

（续表）

<table>
<tr><th colspan="3">规范体系</th></tr>
<tr><td>司法文件</td><td colspan="2">1.《最高人民法院关于执行工作中正确适用修改后民事诉讼法第 202 条、第 204 条规定的通知》(法明传〔2008〕1223 号)第 2 条
2.《最高人民法院关于依法制裁规避执行行为的若干意见》(法〔2011〕195 号)第 9—11 条
3.《最高人民法院关于人民法院立案、审判与执行工作协调运行的意见》(法发〔2018〕9 号)第 8 条、第 21 条</td></tr>
<tr><td rowspan="2">司法答复</td><td>程序适用</td><td>1.《最高人民法院关于深圳市装饰工程工业总公司与深圳市金光企业股份有限公司、原审第三人沈阳军区驻深圳办事处房屋产权案的复函》(1994 年 8 月 31 日)
2.《最高人民法院关于处理案外人异议被驳回后又提起“异议之诉”问题的函》(〔1998〕经他字第 1 号)
3.《最高人民法院关于东方资产管理公司西安办事处与西安市雁塔区农村信用合作联社开发区分社执行异议一案的复函》(〔2010〕执监字第 88 号)
4.《最高人民法院关于对执行异议之诉案件如何收取案件受理费的请示的答复》(〔2014〕民立他字第 29 号)</td></tr>
<tr><td>标的物所有权</td><td>1.《最高人民法院执行工作办公室关于案外人李福胜异议一案的复函》(〔2000〕执监字第 226-1 号)
2.《最高人民法院执行工作办公室关于抵押人未经抵押权人同意将抵押物投资入股后抵押权人与公司债权人对该物谁享有优先受偿权问题的复函》(〔2003〕执他字第 19 号)
3.《最高人民法院对工商银行福建省厦门市分行对陕西省高级人民法院执行厦门宏都大饭店异议案的复函》(〔2003〕执监字第 99 号)
4.《最高人民法院关于广东、江西两地法院执行东莞市虎门镇解放路 55 号粤信花艺海滨花园房产争议案答复函》(〔2009〕执协字第 3-1 号)</td></tr>
</table>

(续表)

规范体系		
司法答复	建设工程价款优先权	1.《最高人民法院就处置济南彩石山庄房屋买卖合同纠纷案请示的答复》(〔2014〕执他字第23、24号) 2.《最高人民法院关于康永贤等13人执行异议请示案的复函》(〔2005〕执他字第16号) 3.《最高人民法院关于公路建设单位对公路收费权是否享有建设工程价款优先受偿权以及建设工程价款优先权是否优先于质权的请示的答复》(〔2005〕执他字第31号) 4.《最高人民法院关于建设工程款优先受偿权适用法律的复函》(〔2007〕执他字第11号) 5.《最高人民法院关于合同法实施之前的工程款债权与有抵押的债权在执行中如何确定受偿顺序问题的答复》(〔2002〕执他字第21号)

【条文释义】

本条是关于案外人异议的规定。2007年《民事诉讼法》第一次修正时对本条进行了修改。①

执行程序强调效率,执行机构在实施执行时遵循所谓形式化原则,对标的物进行查封、扣押、冻结时,仅根据其外观判断权属,这就难免会出现将案外人的财产作为被执行人财产予以查封、扣押、冻结,以及其他侵害案外人实体权益的情况。有侵害就应当有相应的救济,1991年《民事诉讼法》第208条规定:"执行过程中,案外人对执行标的提出异议的,执行员应当按照法定

① 《全国人民代表大会常务委员会关于修改〈中华人民共和国民事诉讼法〉的决定》(2007年10月28日第十届全国人民代表大会常务委员会第三十次会议通过)第13条规定:"十三、第二百零八条改为第二百零四条,修改为:'执行过程中,案外人对执行标的提出书面异议的,人民法院应当自收到书面异议之日起十五日内审查,理由成立的,裁定中止对该标的的执行;理由不成立的,裁定驳回。案外人、当事人对裁定不服,认为原判决、裁定错误的,依照审判监督程序办理;与原判决、裁定无关的,可以自裁定送达之日起十五日内向人民法院提起诉讼。'"

程序进行审查。理由不成立的，予以驳回；理由成立的，由院长批准中止执行。如果发现判决、裁定确有错误，按照审判监督程序处理。”学者普遍认为，案外人对执行标的提出异议的，实际上是一种实体争议，应通过诉讼程序予以解决。该条规定案外人异议仅由执行员负责审查，既不符合“审执分立”的原则，也不利于为当事人和案外人提供充分的程序保障。2007 年《民事诉讼法》第一次修正时，参照大陆法系国家和地区的立法例，规定了案外人异议之诉制度。

对于我国的案外人异议制度具体应如何设计，也存在较大分歧。有的主张案外人对执行标的有异议的，应直接提起诉讼，执行机构不作任何审查；有的主张案外人异议涉及的问题繁简不一，而审判程序又较为复杂，一律通过诉讼解决将会严重影响执行效率，因此有必要通过执行机构的审查解决一部分问题；还有的主张应在区分不同异议请求的基础上规定不同的处理途径等。考虑当事人、利害关系人权利救济与执行程序本身的效率和效益的平衡，本条修改大致采纳了上述第二种观点的思路，即案外人对执行标的提出异议的，先由执行法院进行初步审查并作出相应的处理；案外人、当事人对执行法院初步审查作出的裁定不服的，可以再区分不同情况通过审判监督程序或提起诉讼寻求救济。①

理解与适用本条规定，需要把握以下三点：

一、关于本条与《民事诉讼法》第 232 条的区分。本条规定的是基于对执行标的主张实体权利而提出异议或者诉讼，属于实体上的执行救济；而《民事诉讼法》第 232 条规定的是对违反法律规定的执行行为提出异议，属于程序上的执行救济。二者区别在于：(1) 目的不同。对执行行为提出异议的目的在于将违反法律规定的执行行为予以更正或者撤销，以维护执行当事人或利害关系人程序上的利益；案外人异议和异议之诉的目的则在于排除对特定标的的执行，以维护当事人或利害关系人的实体权益。(2) 事由不同。对执行行为提出异议的事由系针对执行程序本身存在的违法问题；案外人异议和异议之诉的事由系案外人主张对特定标的有所有权或其他足以排除强制执行的实体权利。(3) 当事人不同。对执行行为的异议可以由申请执行人、被执行人或其他利害关系人提起；案外人异议和异议之诉只能由案外人

① 参见江必新主编：《执行规范理解与适用——最新民事诉讼法与民诉法解释保全、执行条文关联解读》，中国法制出版社 2015 年版，第 118 页。

提起。(4)审查处理机构不同。对执行行为提出的异议涉及的是程序问题，由执行法院的执行机构审查处理；案外人异议和异议之诉涉及实体争议，执行机构只能作初步审查，最终需要由审判机构进行实体审理。(5)裁判的程序和形式不同。对执行行为提出异议后，在审查处理时不一定要进行言辞辩论，执行机构可以直接作出裁定；案外人异议之诉则应依照通常诉讼程序进行审理，除不予受理、驳回起诉、对管辖有异议等事项使用裁定外，其他事项的处理应当作出判决。①

二、关于案外人异议提出的期限。本条将案外人提出异议的期间限定为“执行过程中”，但实践中对“执行过程中”存在不同理解。《民事诉讼法解释》第462条明确规定，案外人应当在争议的“执行标的执行程序终结前”提出案外人异议。(1)该条将“执行过程中”明确解释为“对特定标的物的执行程序终结之前”，以与“整个执行程序终结前”相区分。(2)该条中的“执行标的执行程序终结”不仅意味着权属发生转移，而且要求变价款已经分配完毕。(3)《异议复议规定》第6条第2款又区分了“当事人受让该争议标的”与“其他人受让该执行标的”两种情形，后者适用“执行标的执行程序终结”的截止时间，而前者则将截止期限放宽至执行程序终结前。

三、关于案外人异议的审查标准。《异议复议规定》确立了“以形式审查为原则，以实质审查为例外”的案外人异议审查规则。内容包括：对已登记的不动产，按照不动产登记簿判断权属；未登记的建筑物、构筑物及其附属设施，按照土地使用权登记簿、建设工程规划许可、施工许可等相关证据判断；对已登记的机动车、船舶、航空器等特定动产，按照相关管理部门的登记判断；未登记的动产，按照实际占有情况判断；对银行存款和存管在金融机构的有价证券，按照金融机构和登记结算机构登记的账户名称判断；有价证券由具备合法经营资质的托管机构名义持有的，按照该机构登记的实际投资人账户名称判断；股权按照工商行政管理机关的登记和企业信用信息公示系统公示的信息判断；有登记的其他财产和权利，例如专利权、商标权，按照登记机构的登记判断。案外人异议形式审查原则的确立，体现了物权公示原则和权利外观主义的理念。同时，为了减少形式审查原则的弊端对执行程序的负面影响，《异议复议规定》在诸条文中也确立了形式审查原则的例外，在法律、

① 参见江必新主编：《新民事诉讼法执行程序讲座》，法律出版社2012年版，第103—104页。

司法解释另有规定的情况下，允许执行法院对案外人异议进行有限的实质审查。①

【司法解释】

1.《最高人民法院关于适用〈中华人民共和国民事诉讼法〉的解释》（法释〔2015〕5 号，2015 年 2 月 4 日；经法释〔2022〕11 号第二次修正，2022 年 4 月10 日）

第三百零一条　第三人提起撤销之诉后，未中止生效判决、裁定、调解书执行的，执行法院对第三人依照民事诉讼法第二百三十四条规定提出的执行异议，应予审查。第三人不服驳回执行异议裁定，申请对原判决、裁定、调解书再审的，人民法院不予受理。

案外人对人民法院驳回其执行异议裁定不服，认为原判决、裁定、调解书内容错误损害其合法权益的，应当根据民事诉讼法第二百三十四条规定申请再审，提起第三人撤销之诉的，人民法院不予受理。

第三百零二条　根据民事诉讼法第二百三十四条规定，案外人、当事人对执行异议裁定不服，自裁定送达之日起十五日内向人民法院提起执行异议之诉的，由执行法院管辖。

【注释】根据民事诉讼法相关规定，生效裁判执行案件的管辖法院既可以是第一审人民法院，也可以是与第一审人民法院同级的被执行的财产所在地人民法院；对于人民法院执行的生效裁判以外的法律文书，执行案件的管辖法院可以是被执行人住所地法院，也可以是被执行的财产所在地法院。因此，执行案件的管辖法院可能有多个，但是申请执行人一旦向某一法院申请执行后，就由该法院负责案件的执行，由该法院的执行机关对案外人的执行异议作出裁定，对执行异议裁定不服的，案外人或者申请执行人也只能向该执行法院提起执行异议之诉，而不能向其他对执行案件有管辖权的人民法院起诉。此外，对于委托执行的，由于执行法院指的是实际执行的法院，故案外人或者申请执行人提起执行异议之诉的，应当向受托法院提起。

---

① 参见赵晋山、葛洪涛、乔宇：《民事诉讼法执行程序司法解释若干问题的理解与适用》，载《人民司法·应用》2016 年第 16 期。

第三百零三条 案外人提起执行异议之诉，除符合民事诉讼法第一百二十二条规定外，还应当具备下列条件：

（一）案外人的执行异议申请已经被人民法院裁定驳回；

（二）有明确的排除对执行标的执行的诉讼请求，且诉讼请求与原判决、裁定无关；

（三）自执行异议裁定送达之日起十五日内提起。

人民法院应当在收到起诉状之日起十五日内决定是否立案。

【注释】为了及时解决与执行标的相关的争议，同时平衡案外人与申请执行人之间的权益，法律规定了案外人提起执行异议之诉的期限，案外人应在驳回执行异议裁定送达之日起15日内提起执行异议之诉。如果案外人超过期限向执行法院提起执行异议之诉的，执行法院应裁定不予受理，此时案外人只能通过提起返还不当得利、损害赔偿之诉等途径寻求救济。

人民法院应当保障当事人所享有的依照法律规定起诉的权利，因此对于经审查符合案外人提起执行异议之诉条件的，人民法院应当在收到起诉状之日起15日内立案并通知当事人，不符合条件的也应当在15日内裁定不予受理，已经受理的裁定驳回起诉。对于不予受理和驳回起诉的裁定，当事人可以上诉。

第三百零四条 申请执行人提起执行异议之诉，除符合民事诉讼法第一百二十二条规定外，还应当具备下列条件：

（一）依案外人执行异议申请，人民法院裁定中止执行；

（二）有明确的对执行标的继续执行的诉讼请求，且诉讼请求与原判决、裁定无关；

（三）自执行异议裁定送达之日起十五日内提起。

人民法院应当在收到起诉状之日起十五日内决定是否立案。

【注释】关于"诉讼请求与原判决、裁定无关"的理解。实践中，如果人民法院作出中止执行裁定是建立在案外人认为原判决、裁定错误的基础上，此时，如果申请执行人还提出许可执行的诉讼请求，则其执行的对象仍为原判决、裁定确定的特定物。可见，其提出的诉讼请求与原判决、裁定是有关的。因此，其不符合《民事诉讼法》第234条提起执行异议之诉的条件。申请执行人应以原生效判决、裁定错误为由，通过申请再审进行救济。

第三百零五条 案外人提起执行异议之诉的，以申请执行人为被告。被执行人反对案外人异议的，被执行人为共同被告；被执行人不反对案外人异议的,可以列被执行人为第三人。

第三百零六条　申请执行人提起执行异议之诉的,以案外人为被告。被执行人反对申请执行人主张的,以案外人和被执行人为共同被告;被执行人不反对申请执行人主张的,可以列被执行人为第三人。

第三百零七条　申请执行人对中止执行裁定未提起执行异议之诉,被执行人提起执行异议之诉的,人民法院告知其另行起诉。

【注释】根据本解释第 314 条的规定,申请执行人在法律规定的期间内未提起执行异议之诉的,人民法院应当自起诉期限届满之日起 7 日内解除对该执行标的采取的执行措施,此时,被执行人再提起执行异议之诉意义已不大。故为了协调好申请执行人与被执行人在执行异议之诉上的关系,本条作了另行起诉的规定。

第三百零八条　人民法院审理执行异议之诉案件,适用普通程序。

第三百零九条　案外人或者申请执行人提起执行异议之诉的,案外人应当就其对执行标的享有足以排除强制执行的民事权益承担举证证明责任。

第三百一十条　对案外人提起的执行异议之诉,人民法院经审理,按照下列情形分别处理:

(一)案外人就执行标的享有足以排除强制执行的民事权益的,判决不得执行该执行标的;

(二)案外人就执行标的不享有足以排除强制执行的民事权益的,判决驳回诉讼请求。

案外人同时提出确认其权利的诉讼请求的,人民法院可以在判决中一并作出裁判。

【注释】根据传统大陆法的理论,执行异议之诉一般只解决能否阻止执行的问题,不审查真实的权属,就权属争议可另诉解决。但是,权属问题是认定能否阻却执行的前提,诉讼如果不将当事人之间实体法律关系和阻止执行的问题一并解决,既浪费司法资源,造成案外人讼累,难以避免判决的冲突,也不符合普通民众的法律观念。根据我国的国情和一次性解决纠纷的理念以及尊重案外人的诉讼请求之原则,我国的执行异议之诉将"真实权属"与"能否阻止执行"两项内容都纳入了审查范围。不过,毕竟案外人执行异议之诉的直接目的在于解决执行问题,对于权属的判断需要受限于当事人的诉讼请求,如果案外人提出了确认权利的诉讼请求,则一并对权利的归属作出判决,以赋予其既判力,当事人也不必另行起诉解决关于该

执行标的的权属纠纷。因此,人民法院审理案外人异议之诉,可以作出以下四种判决:

第一,案外人只提出排除对标的的强制执行的诉讼请求的,如果人民法院认定其具有足以排除强制性执行的理由的,人民法院应判决不得执行该执行标的。

第二,案外人同时提出确认标的权利和排除对标的强制执行的诉讼请求的,如果人民法院认定案外人请求成立的,人民法院应判决该权利属于案外人和判决不得执行该执行标的。

第三,案外人只提出排除对标的的强制执行的诉讼请求的,如果人民法院认定其不具有足以排除强制性执行的理由的,判决驳回案外人的诉讼请求。

第四,案外人同时提出确认标的权利和排除对标的的强制执行的诉讼请求的,如果人民法院认定没有理由的,人民法院应判决驳回案外人全部的诉讼请求。①

第三百一十一条 对申请执行人提起的执行异议之诉,人民法院经审理,按照下列情形分别处理:

(一)案外人就执行标的不享有足以排除强制执行的民事权益的,判决准许执行该执行标的;

(二)案外人就执行标的享有足以排除强制执行的民事权益的,判决驳回诉讼请求。

第三百一十二条 对案外人执行异议之诉,人民法院判决不得对执行标的执行的,执行异议裁定失效。

对申请执行人执行异议之诉,人民法院判决准许对该执行标的执行的,执行异议裁定失效,执行法院可以根据申请执行人的申请或者依职权恢复执行。

第三百一十三条 案外人执行异议之诉审理期间,人民法院不得对执行标的进行处分。申请执行人请求人民法院继续执行并提供相应担保的,人民法院可以准许。

被执行人与案外人恶意串通,通过执行异议、执行异议之诉妨害执行的,

---

① 参见江必新主编:《执行规范理解与适用——最新民事诉讼法与民诉法解释保全、执行条文关联解读》,中国法制出版社2015年版,第152页。

人民法院应当依照民事诉讼法第一百一十六条①规定处理。申请执行人因此受到损害的,可以提起诉讼要求被执行人、案外人赔偿。

【注释】关于案外人异议之诉对执行程序的影响,《执行程序解释》原本规定:案外人异议之诉期间原则上不停止执行。该原则符合执行程序法理,也有域外立法例支持,但在实践中运行效果不好。执行法院基于如下担心,一般不会在案外人异议之诉期间继续推进执行程序:一是怕损害到真实权利人的权利。如果案外人异议之诉期间,执行法院继续处分该物,则可能导致真实权利人彻底丧失物权。二是担心错误处分他人财产后的国家赔偿与当事人上访、申诉。由于"案外人异议之诉期间原则上不停止执行"的实践效果不佳,本条将该规则修改为:"案外人执行异议之诉审理期间,人民法院不得对执行标的进行处分。"

第三百一十四条 人民法院对执行标的裁定中止执行后,申请执行人在法律规定的期间内未提起执行异议之诉的,人民法院应当自起诉期限届满之日起七日内解除对该执行标的采取的执行措施。

第四百二十条 必须共同进行诉讼的当事人因不能归责于本人或者其诉讼代理人的事由未参加诉讼的,可以根据民事诉讼法第二百零七条第八项规定,自知道或者应当知道之日起六个月内申请再审,但符合本解释第四百二十一条规定情形的除外。

人民法院因前款规定的当事人申请而裁定再审,按照第一审程序再审的,应当追加其为当事人,作出新的判决、裁定;按照第二审程序再审,经调解不能达成协议的,应当撤销原判决、裁定,发回重审,重审时应追加其为当事人。

第四百二十一条 根据民事诉讼法第二百三十四条规定,案外人对驳回其执行异议的裁定不服,认为原判决、裁定、调解书内容错误损害其民事权益的,可以自执行异议裁定送达之日起六个月内,向作出原判决、裁定、调解书的人民法院申请再审。

第四百二十二条 根据民事诉讼法第二百三十四条规定,人民法院裁定再审后,案外人属于必要的共同诉讼当事人的,依照本解释第四百二十条第二款规定处理。

---

① 2021年《民事诉讼法》第116条规定:"被执行人与他人恶意串通,通过诉讼、仲裁、调解等方式逃避履行法律文书确定的义务的,人民法院应当根据情节轻重予以罚款、拘留;构成犯罪的,依法追究刑事责任。"

案外人不是必要的共同诉讼当事人的，人民法院仅审理原判决、裁定、调解书对其民事权益造成损害的内容。经审理，再审请求成立的，撤销或者改变原判决、裁定、调解书；再审请求不成立的，维持原判决、裁定、调解书。

【注释】本条第1款中的案外人，实际上是属于原审中应当参加诉讼的共同诉讼人，对其救济按照当事人救济的方式予以规定，所以应当参照本解释第420条的规定予以处理。如果本次再审是按第一审程序进行的，那么应当追加案外人为当事人，在追加为当事人之后，继续进行审理并作出新的裁判。如果本次再审是按第二审程序进行的，先行调解，经调解达成协议的，以调解方式结案，调解不成的，则应裁定撤销原有的所有裁判，将案件发回原一审法院重审。原一审法院重审时，应当追加案外人为当事人，查清事实后依法作出新的裁判。

第四百六十二条 根据民事诉讼法第二百三十四条规定，案外人对执行标的提出异议的，应当在该执行标的执行程序终结前提出。

【注释】本条规定是对《民事诉讼法》第234条“执行过程中”的解释，《异议复议规定》第6条第2款进一步明确了“应当在异议指向的执行标的执行终结之前提出；执行标的由当事人受让的，应当在执行程序终结之前提出”。《异议复议规定》施行后，以该规定为准。

实践中需要注意的是，在通过司法拍卖处分财产的情况下，拍卖成交裁定送达买受人后，因执行标的所有权已转移给买受人，案外人一般不可对该执行标的再提出异议和异议之诉，但若相关价款尚未分配，案外人可对该价款提出异议和异议之诉。

第四百六十三条 案外人对执行标的提出的异议，经审查，按照下列情形分别处理：

（一）案外人对执行标的不享有足以排除强制执行的权益的，裁定驳回其异议；

（二）案外人对执行标的享有足以排除强制执行的权益的，裁定中止执行。

驳回案外人执行异议裁定送达案外人之日起十五日内，人民法院不得对执行标的进行处分。

【注释】本条第2款目的在于衔接“案外人异议”与“案外人异议之诉”程序之间的空当，确保“案外人异议之诉期间不得对执行标的进行处分”规则的实现。这里之所以只规定驳回案外人异议一种情形，主要考虑在支持了案外人异议的情况下，执行程序是当然中止的，此时只需等待申请执行人提起许可执行之诉（或者审判监督程序）。如果申请执行人在 15 日之内不提起诉讼，即解除执行措施。

第四百七十七条　在执行中，被执行人通过仲裁程序将人民法院查封、扣押、冻结的财产确权或者分割给案外人的，不影响人民法院执行程序的进行。

案外人不服的，可以根据民事诉讼法第二百三十四条规定提出异议。

第四百九十三条　他人持有法律文书指定交付的财物或者票证，人民法院依照民事诉讼法第二百五十六条第二款、第三款规定发出协助执行通知后，拒不转交的，可以强制执行，并可依照民事诉讼法第一百一十七条、第一百一十八条规定处理。

他人持有期间财物或者票证毁损、灭失的，参照本解释第四百九十二条规定处理。

他人主张合法持有财物或者票证的，可以根据民事诉讼法第二百三十四条规定提出执行异议。

第四百九十九条　人民法院执行被执行人对他人的到期债权，可以作出冻结债权的裁定，并通知该他人向申请执行人履行。

该他人对到期债权有异议，申请执行人请求对异议部分强制执行的，人民法院不予支持。利害关系人对到期债权有异议的，人民法院应当按照民事诉讼法第二百三十四条规定处理。

对生效法律文书确定的到期债权，该他人予以否认的，人民法院不予支持。

【注释】本条第 2 款所称"利害关系人"，并非《民事诉讼法》第 232 条中的"利害关系人"，而是《民事诉讼法》第 234 条中的"案外人"。在概念的选择上，《民事诉讼法解释》起草时就有人主张使用"案外人"或者"该他人之外的案外人"的表述，以与《民事诉讼法》第 234 条保持一致，并避免与《民事诉讼法》第 232 条的混淆。但是考虑对第三人债权执行中，"第三人"本身就是原执行程序的案外人，为了避免与"第三人"混淆，此处最终使用了"利害关系人"的称谓。①

---

①　参见最高人民法院修改后民事诉讼法贯彻实施工作领导小组编著：《最高人民法院民事诉讼法司法解释理解与适用（下）》，人民法院出版社 2015 年版，第 1328—1329 页。

关于第三人的救济，本条沿袭了《执行工作规定》第47条、第48条规定，应注意结合适用。此外，如果第三人超出指定期间提出异议，可按《最高人民法院执行工作办公室关于到期债权执行中第三人超过法定期限提出异议等问题如何处理的请示的答复》(〔2005〕执他字第19号)意见处理，即“并不发生承认债务存在的实体法效力。第三人在法院开始强制执行后仍有异议的，应当得到司法救济”。关于救济的方式，考虑我国尚无第三人异议之诉的法律制度，应参照《民事诉讼法》第232条的规定进行审查。

2.《最高人民法院关于适用〈中华人民共和国民事诉讼法〉执行程序若干问题的解释》(法释〔2008〕13号，2009年1月1日；经法释〔2020〕21号修正，2021年1月1日)

第十四条 案外人对执行标的主张所有权或者有其他足以阻止执行标的转让、交付的实体权利的，可以依照民事诉讼法第二百二十七条[①]的规定，向执行法院提出异议。

第十五条 案外人异议审查期间，人民法院不得对执行标的进行处分。

案外人向人民法院提供充分、有效的担保请求解除对异议标的的查封、扣押、冻结的，人民法院可以准许；申请执行人提供充分、有效的担保请求继续执行的，应当继续执行。

因案外人提供担保解除查封、扣押、冻结有错误，致使该标的无法执行的，人民法院可以直接执行担保财产；申请执行人提供担保请求继续执行有错误，给对方造成损失的，应当予以赔偿。

【注释】《民事诉讼法解释》第463条对本条第1款作了补充规定，人民法院在驳回案外人执行异议裁定送达案外人之日起15日内，不得对执行标的进行处分。

第十六条 案外人执行异议之诉审理期间，人民法院不得对执行标的进行处分。申请执行人请求人民法院继续执行并提供相应担保的，人民法院可以准许。

案外人请求解除查封、扣押、冻结或者申请执行人请求继续执行有错误，给对方造成损失的，应当予以赔偿。

---

① 2021年《民事诉讼法》第四次修正后调整为第234条。

【注释】本条第 1 款与《民事诉讼法解释》第 313 条第 1 款相同。《民事诉讼法解释》第 313 条第 2 款规定:“被执行人与案外人恶意串通,通过执行异议、执行异议之诉妨害执行的,人民法院应当依照民事诉讼法第一百一十六条规定处理。申请执行人因此受到损害的,可以提起诉讼要求被执行人、案外人赔偿。”《民事诉讼法解释》施行后,以该规定为准。

3.《最高人民法院关于人民法院办理执行异议和复议案件若干问题的规定》(法释〔2015〕10 号,2015 年 5 月 5 日;经法释〔2020〕21 号修正,2021 年 1 月 1 日)

第一条　异议人提出执行异议或者复议申请人申请复议,应当向人民法院提交申请书。申请书应当载明具体的异议或者复议请求、事实、理由等内容,并附下列材料:

(一)异议人或者复议申请人的身份证明;

(二)相关证据材料;

(三)送达地址和联系方式。

第二条　执行异议符合民事诉讼法第二百二十五条①或者第二百二十七条②规定条件的,人民法院应当在三日内立案,并在立案后三日内通知异议人和相关当事人。不符合受理条件的,裁定不予受理;立案后发现不符合受理条件的,裁定驳回申请。

执行异议申请材料不齐备的,人民法院应当一次性告知异议人在三日内补足,逾期未补足的,不予受理。

异议人对不予受理或者驳回申请裁定不服的,可以自裁定送达之日起十日内向上一级人民法院申请复议。上一级人民法院审查后认为符合受理条件的,应当裁定撤销原裁定,指令执行法院立案或者对执行异议进行审查。

第三条　执行法院收到执行异议后三日内既不立案又不作出不予受理裁定,或者受理后无正当理由超过法定期限不作出异议裁定的,异议人可以向上一级人民法院提出异议。上一级人民法院审查后认为理由成立的,应当指令执行法院在三日内立案或者在十五日内作出异议裁定。

---

① 2021 年《民事诉讼法》第四次修正后调整为第 232 条。

② 2021 年《民事诉讼法》第四次修正后调整为第 234 条。

第四条 执行案件被指定执行、提级执行、委托执行后，当事人、利害关系人对原执行法院的执行行为提出异议的，由提出异议时负责该案件执行的人民法院审查处理；受指定或者受委托的人民法院是原执行法院的下级人民法院的，仍由原执行法院审查处理。

执行案件被指定执行、提级执行、委托执行后，案外人对原执行法院的执行标的提出异议的，参照前款规定处理。

【注释】(1)依据《仲裁执行规定》第2条第3款规定，被执行人、案外人对仲裁裁决执行案件申请不执行的，负责执行的中级人民法院应当另行立案审查处理；执行案件已指定基层人民法院管辖的，应当于收到不予执行申请后3日内移送原执行法院另行立案审查处理。该条规定了中级人民法院将仲裁裁决执行案件指定到下级人民法院后，对不予执行仲裁裁决案件的审查仍由中级人民法院进行。《仲裁执行规定》施行后不予执行仲裁裁决案件的管辖，以该条为准。

(2)依据《公证债权文书执行规定》第13条第2款规定，公证债权文书执行案件被指定执行、提级执行、委托执行后，被执行人申请不予执行的，仍由提出申请时负责该案件执行的人民法院审查。《公证债权文书执行规定》施行后，不予执行公证债权文书案件的管辖，以该条为准。

第六条 当事人、利害关系人依照民事诉讼法第二百二十五条规定提出异议的，应当在执行程序终结之前提出，但对终结执行措施提出异议的除外。

案外人依照民事诉讼法第二百二十七条规定提出异议的，应当在异议指向的执行标的执行终结之前提出；执行标的由当事人受让的，应当在执行程序终结之前提出。

【注释】本条第2款后段中“执行标的由当事人受让的，(执行异议)应当在执行程序终结之前提出”的情形，应当理解为生效法律文书确定的债权实现后执行程序完全终结[参见(2018)最高法民申1300号民事判决书]。

第八条 案外人基于实体权利既对执行标的提出排除执行异议又作为利害关系人提出执行行为异议的，人民法院应当依照民事诉讼法第二百二十七条规定进行审查。

案外人既基于实体权利对执行标的提出排除执行异议又作为利害关系人提出与实体权利无关的执行行为异议的，人民法院应当分别依照民事诉讼法第二百二十七条和第二百二十五条规定进行审查。

第二十四条　对案外人提出的排除执行异议，人民法院应当审查下列内容：

（一）案外人是否系权利人；

（二）该权利的合法性与真实性；

（三）该权利能否排除执行。

第二十五条　对案外人的异议，人民法院应当按照下列标准判断其是否系权利人：

（一）已登记的不动产，按照不动产登记簿判断；未登记的建筑物、构筑物及其附属设施，按照土地使用权登记簿、建设工程规划许可、施工许可等相关证据判断；

（二）已登记的机动车、船舶、航空器等特定动产，按照相关管理部门的登记判断；未登记的特定动产和其他动产，按照实际占有情况判断；

（三）银行存款和存管在金融机构的有价证券，按照金融机构和登记结算机构登记的账户名称判断；有价证券由具备合法经营资质的托管机构名义持有的，按照该机构登记的实际出资人账户名称判断；

（四）股权按照工商行政管理机关的登记和企业信用信息公示系统公示的信息判断；

（五）其他财产和权利，有登记的，按照登记机构的登记判断；无登记的，按照合同等证明财产权属或者权利人的证据判断。

案外人依据另案生效法律文书提出排除执行异议，该法律文书认定的执行标的权利人与依照前款规定得出的判断不一致的，依照本规定第二十六条规定处理。

【注释】本条规定的是案外人异议审查的形式主义原则。需要注意的是：(1)对于汽车、船舶、航空器等有登记的特定动产，应根据登记进行判断。这和物权法关于特定动产物权变动的标准有一定差异。因为，对执行程序而言，汽车、船舶、航空器作为高度移动的物，如果以占有作为判断标准，占有情况的瞬息变化，将成为执行机构难以承受之重。当然，如果特定动产没有登记或者是其他不需要登记的动产，才退而求其次，根据实际占有情况进行判断。(2)案外人异议审查标准并非对案外人的权利进行最终确权，而是为适应案外人异议的形式审查要求而采取的技术判断标准，案外人异议是否成立最终还要靠执行异议之诉判断。

第二十六条 金钱债权执行中,案外人依据执行标的被查封、扣押、冻结前作出的另案生效法律文书提出排除执行异议,人民法院应当按照下列情形,分别处理:

(一)该法律文书系就案外人与被执行人之间的权属纠纷以及租赁、借用、保管等不以转移财产权属为目的的合同纠纷,判决、裁决执行标的归属于案外人或者向其返还执行标的且其权利能够排除执行的,应予支持;

(二)该法律文书系就案外人与被执行人之间除前项所列合同之外的债权纠纷,判决、裁决执行标的归属于案外人或者向其交付、返还执行标的的,不予支持;

(三)该法律文书系案外人受让执行标的的拍卖、变卖成交裁定或者以物抵债裁定且其权利能够排除执行的,应予支持。

金钱债权执行中,案外人依据执行标的被查封、扣押、冻结后作出的另案生效法律文书提出排除执行异议的,人民法院不予支持。

非金钱债权执行中,案外人依据另案生效法律文书提出排除执行异议,该法律文书对执行标的权属作出不同认定的,人民法院应当告知案外人依法申请再审或者通过其他程序解决。

申请执行人或者案外人不服人民法院依照本条第一、二款规定作出的裁定,可以依照民事诉讼法第二百二十七条规定提起执行异议之诉。

【注释】(1)本条是案外人依据另案生效法律文书对执行标的提出异议的审查标准的统一规定。

(2)《民事诉讼法解释》第477条规定:“在执行中,被执行人通过仲裁程序将人民法院查封、扣押、冻结的财产确权或者分割给案外人的,不影响人民法院执行程序的进行。案外人不服的,可以根据民事诉讼法第二百三十四条规定提出异议。”两者内容并不冲突。实践中对于案外人提出的异议,应适用本条第2款审查。

第二十七条 申请执行人对执行标的依法享有对抗案外人的担保物权等优先受偿权,人民法院对案外人提出的排除执行异议不予支持,但法律、司法解释另有规定的除外。

【注释】《优先受偿权批复》(法释〔2002〕16号,2021年1月1日废止)规定:“一、人民法院在审理房地产纠纷案件和办理执行案件中,应当依照《中华人民共和国合同法》第二百八十六条的规定,认定建筑工程的承包人的优先受偿权优于抵押权和其他债权。二、消费者交付购买商品房的全部或者大部分款项后,承包人就该商品房享有的工程价款优先受偿权不得对抗买受人。”该批复中对买受人权利的保护,即属于本条规定的“法律、司法解释另有规定的除外”。

《民法典》施行后,法释〔2002〕16号批复被废止,相关规定被同步颁布实施的《施工合同纠纷解释(一)》(法释〔2020〕25号)吸收。该解释第36条规定:“承包人根据民法典第八百零七条规定享有的建设工程价款优先受偿权优于抵押权和其他债权。”第37条规定:“装饰装修工程具备折价或者拍卖条件,装饰装修工程的承包人请求工程价款就该装饰装修工程折价或者拍卖的价款优先受偿的,人民法院应予支持。”至于法释〔2002〕16号批复第2项确立的商品房消费者的优先权,因在本规定第28条、第29条已作规定,该解释未再予以纳入。

综上,实践中应结合本规定第28条、第29条予以适用。

第二十八条　金钱债权执行中,买受人对登记在被执行人名下的不动产提出异议,符合下列情形且其权利能够排除执行的,人民法院应予支持:

(一)在人民法院查封之前已签订合法有效的书面买卖合同;

(二)在人民法院查封之前已合法占有该不动产;

(三)已支付全部价款,或者已按照合同约定支付部分价款且将剩余价款按照人民法院的要求交付执行;

(四)非因买受人自身原因未办理过户登记。

【注释】本条与《查封扣押冻结规定》第15条相关,是关于无过错不动产买受人物权期待权排除执行的条件的规定。对一般买受人物权期待权保护的要件,本条和《查封扣押冻结规定》第15条相比有所区别:

(1)受让人与被执行人签订合法有效的书面转让合同。要求必须有书面合同,是基于《城市房地产管理法》第41条“房地产转让,应当签订书面转让合同,合同中应当载明土地使用权取得的方式”的规定。同时,也为执行机构甄别真实的买受人提供证据。

(2)在价款交付上,和《查封扣押冻结规定》第17条要求全部交付价款不同,买受人按照约定支付部分价款并且在人民法院指定的期限内将剩余价款交付执行的,也纳入保护范围。主要是实践中不动产买卖合同多是分期付款,案外人虽仅支付部分款项,但系按照合同约定的进度支付,如其将剩余价款按照人民法院指定的期限交付执行,不影响债权受偿,自然没有拒绝保护的道理。

(3)买受人在查封前占有不动产。买受人物权期待权之所以要保护，就是因为买受人已经为取得物权履行了一定义务并以一定的方式对外进行了公示，尽管这种公示的方式较之法定的登记公示方式在效力上较弱。同时，要求在查封前已经占有不动产，也是为了减少被执行人与第三人恶意串通的可能性。关于"在人民法院查封之前已合法占有该不动产"，最高人民法院在沈阳市于洪区北陵街道包道村村民委员会、李斌申请执行人执行异议之诉案[(2019)最高法民申2261号]中明确，应以实际控制为标准，购房人是否实际入住则不是房屋占有的必要条件。仅要求买受人"合法占有"，并未以必须实际入住或使用为占有的唯一必须要件。

(4)没有登记的原因，主观上要求是属于案外人意志以外的客观障碍，否则应判断为其有过错。

第二十九条 金钱债权执行中，买受人对登记在被执行的房地产开发企业名下的商品房提出异议，符合下列情形且其权利能够排除执行的，人民法院应予支持：

(一)在人民法院查封之前已签订合法有效的书面买卖合同；

(二)所购商品房系用于居住且买受人名下无其他用于居住的房屋；

(三)已支付的价款超过合同约定总价款的百分之五十。

【注释】本条对特殊买受人(消费者)物权期待权的保护，除了和一般买受人物权期待权保护一样要求合法有效的书面合同之外，还要求另外三个条件：(1)保护的对象必须是消费者，即从经营者处购买商品或者接受服务的人。本条限定为从房地产开发企业处购买商品房的买受人。普通民事主体之间的二手房买卖，不属于保护的范围。(2)依据《消费者权益保护法》第2条的规定，消费者是为生活消费需要购买商品或者接受服务的人，因此，消费者一定是自然人，法人或者其他组织不在保护之列。本条限定案外人所购商品房系用于居住，也就是说保护的是买受人的生存权。至于买受人买房的真实目的是否用于居住，实践中形成了以房屋的性质是居住用房还是经营用房来区分是不是消费者所谓的"客观标准"。为了降低判断的难度，本条明确要求"买受人名下无其他用于居住的房屋"。这里的"无其他用于居住的房屋"，一般是指买受人在被执行房屋所在地长期居住，而其名下在同一地方无其他能够用于居住的房屋。(3)必须交付了50%以上的购房款。《优先受偿权批复》(法释〔2002〕16号，2021年1月1日废止)将交付价款规定为"大部分"，自然产生了"大部分"的具体标准问题，本条从有利于消费者的原则出发,将大部分价款的标准确定为超过 50%即可。至于交付期限,最高人民法院在霍炎蓓、黄石市聚德典当有限责任公司再审案[(2020)最高法民申 1243 号]中明确,应限定在涉案房屋查封前。

第三十条　金钱债权执行中,对被查封的办理了受让物权预告登记的不动产,受让人提出停止处分异议的,人民法院应予支持;符合物权登记条件,受让人提出排除执行异议的,应予支持。

第三十一条　承租人请求在租赁期内阻止向受让人移交占有被执行的不动产,在人民法院查封之前已签订合法有效的书面租赁合同并占有使用该不动产的,人民法院应予支持。

承租人与被执行人恶意串通,以明显不合理的低价承租被执行的不动产或者伪造交付租金证据的,对其提出的阻止移交占有的请求,人民法院不予支持。

【注释】本条仅规定了不动产租赁权的保护,《拍卖变卖规定》第 28 条适用于所有财产,该条第 2 款规定,拍卖财产上原有的租赁权及其他用益物权,不因拍卖而消灭,但该权利继续存在于拍卖财产上,对在先的担保物权或者其他优先受偿权的实现有影响的,人民法院应当将其除去后进行拍卖。对于不动产租赁权的保护,应注意结合上述规定适用;对于其他财产租赁权的保护,应适用《拍卖变卖规定》第 28 条第 2 款。

第三十二条　本规定施行后尚未审查终结的执行异议和复议案件,适用本规定。本规定施行前已经审查终结的执行异议和复议案件,人民法院依法提起执行监督程序的,不适用本规定。

4.《最高人民法院关于人民法院网络司法拍卖若干问题的规定》(法释〔2016〕18 号,2017 年 1 月 1 日)

第三十六条第二款　案外人对网络司法拍卖的标的提出异议的,人民法院应当依据《中华人民共和国民事诉讼法》第二百二十七条①及相关司法解释的规定处理,并决定暂缓或者裁定中止拍卖。

【注释】《执行程序解释》第 15 条第 1 款规定:"案外人异议审查期间,人民法院不得对执行标的进行处分。"本条第 2 款规定,对案外人异议,人民法院应当在审查和诉讼期间暂缓或中止拍卖。应注意结合适用。

---

① 2021 年《民事诉讼法》第四次修正后调整为第 234 条。

5.《最高人民法院关于人民法院民事调解工作若干问题的规定》(法释〔2004〕12号,2004年11月1日;经法释〔2020〕20号修正,2021年1月1日)

第十六条 调解书约定给付特定标的物的,调解协议达成前该物上已经存在的第三人的物权和优先权不受影响。第三人在执行过程中对执行标的物提出异议的,应当按照民事诉讼法第二百二十七条①规定处理。

6.《最高人民法院关于刑事裁判涉财产部分执行的若干规定》(法释〔2014〕13号,2014年11月6日)

第十五条 执行过程中,案外人或被害人认为刑事裁判中对涉案财物是否属于赃款赃物认定错误或者应予认定而未认定,向执行法院提出书面异议,可以通过裁定补正的,执行机构应当将异议材料移送刑事审判部门处理;无法通过裁定补正的,应当告知异议人通过审判监督程序处理。

【注释】对于生效刑事裁判内容的审查,参照《民事诉讼法》第234条规定的对原生效裁判所确定的执行标的提出异议的处理程序,人民法院执行机构应当告知异议申请人通过审判监督程序解决。但是在异议仅涉及某项涉案财物的处置是否妥当的情况下,一概启动再审程序,则过于耗费司法资源。执行机构经初步审查,可根据不同情况采取以下处理方式:(1)异议不成立的,裁定驳回申请,案件继续执行。(2)可以通过裁定补正的,将异议材料移送刑事审判部门处理。刑事审判部门视案件情况采取裁定驳回、裁定补正或提请院长决定启动审判监督程序予以处理。(3)无法通过裁定补正的,应当告知异议人通过审判监督程序处理。被害人或案外人异议,涉及执行财产的权属争议,存在刑事裁判认定事实错误的可能性,参照民事执行案外人异议审查的相关规定,在异议审查期间,执行机构应暂缓对涉案财产的处置。

7.《最高人民法院关于人民法院办理财产保全案件若干问题的规定》(法释〔2016〕22号,2016年12月1日;经法释〔2020〕21号修正,2021年1月1日)

第二十七条 人民法院对诉讼争议标的以外的财产进行保全,案外人对保全裁定或者保全裁定实施过程中的执行行为不服,基于实体权利对被保全财产提出书面异议的,人民法院应当依照民事诉讼法第二百二十七条②规定

① 2021年《民事诉讼法》第四次修正后调整为第234条。
② 2021年《民事诉讼法》第四次修正后调整为第234条。

审查处理并作出裁定。案外人、申请保全人对该裁定不服的,可以自裁定送达之日起十五日内向人民法院提起执行异议之诉。

人民法院裁定案外人异议成立后,申请保全人在法律规定的期间内未提起执行异议之诉的,人民法院应当自起诉期限届满之日起七日内对该被保全财产解除保全。

【注释】《执行权意见》(法发〔2011〕15 号)第 17 条第 2 款、第 3 款规定:"当事人、案外人、利害关系人对财产保全、先予执行的实施行为提出异议的,由执行局根据异议事项的性质按照民事诉讼法第二百零二条或者第二百零四条①的规定进行审查。当事人、案外人的异议既指向财产保全、先予执行的裁定,又指向实施行为的,一并由作出裁定的立案机构或者审判机构分别按照民事诉讼法第九十九条和第二百零二条或者第二百零四条的规定审查。"《立审执意见》(法发〔2018〕9 号)第 21 条规定:"保全财产不是诉讼争议标的物,案外人基于实体权利对保全裁定或者执行行为不服提出异议的,由负责审查案外人异议的部门根据民事诉讼法第二百二十七条的规定审查该异议。"实践中,保全裁定系由立案或审判机构作出,并直接确定了保全的具体财产,是否属于"既指向财产保全、先予执行的裁定,又指向实施行为",以及由执行机构审查其他部门作出的裁定是否合适存在一定争议。而《民事诉讼法》第 234 条关于"认定原裁定错误的,依照审判监督程序办理",也容易让人理解为,"对保全裁定的异议也通过审判监督程序解决"。为澄清上述误解,正确适用本条规定,《立审执意见》第 21 条特别明确,案外人基于实体权利提出异议,即便保全标的是由保全裁定确定,也应由负责审查案外人异议的部门审查。《立审执意见》施行后,以该条为准。

【司法文件】

1.《最高人民法院关于执行工作中正确适用修改后民事诉讼法第 202 条、第 204 条②规定的通知》(法明传〔2008〕1223 号,2008 年 11 月 28 日)

二、案外人对执行标的提出异议的,执行法院应当审查并作出裁定。按民事诉讼法第 204 条的规定,案外人不服此裁定只能提起诉讼或者按审判监

① 2021 年《民事诉讼法》第四次修正后调整为第 232 条或者第 234 条。

② 2021 年《民事诉讼法》第四次修正后调整为第 234 条。

督程序办理。执行法院在针对异议作出的裁定书中赋予案外人、当事人申请复议的权利,无法律依据。

2.《最高人民法院关于依法制裁规避执行行为的若干意见》(法〔2011〕195号,2011年5月27日)

三、依法防止恶意诉讼,保障民事审判和执行活动有序进行

9. 严格执行关于案外人异议之诉的管辖规定。在执行阶段,案外人对人民法院已经查封、扣押、冻结的财产提起异议之诉的,应当依照《中华人民共和国民事诉讼法》第二百零四条①和《最高人民法院关于适用民事诉讼法执行程序若干问题的解释》第十八条②的规定,由执行法院受理。

案外人违反上述管辖规定,向执行法院之外的其他法院起诉,其他法院已经受理尚未作出裁判的,应当中止审理或者撤销案件,并告知案外人向作出查封、扣押、冻结裁定的执行法院起诉。

10. 加强对破产案件的监督。执行法院发现被执行人有虚假破产情形的,应当及时向受理破产案件的人民法院提出。申请执行人认为被执行人利用破产逃债的,可以向受理破产案件的人民法院或者其上级人民法院提出异议,受理异议的法院应当依法进行监督。

11. 对于当事人恶意诉讼取得的生效裁判应当依法再审。案外人违反上述管辖规定,向执行法院之外的其他法院起诉,并取得生效裁判文书将已被执行法院查封、扣押、冻结的财产确权或者分割给案外人,或者第三人与被执行人虚构事实取得人民法院生效裁判文书申请参与分配,执行法院认为该生效裁判文书系恶意串通规避执行损害执行债权人利益的,可以向作出该裁判文书的人民法院或者其上级人民法院提出书面建议,有关法院应当依照《中华人民共和国民事诉讼法》和有关司法解释的规定决定再审。

3.《最高人民法院关于人民法院立案、审判与执行工作协调运行的意见》(法发〔2018〕9号,2018年5月28日)

8. 审判部门在审理确权诉讼时,应当查询所要确权的财产权属状况。

---

① 2021年《民事诉讼法》第四次修正后调整为第234条。

② 《执行程序解释》第18条(2020年修正予以删除)规定:"案外人依照民事诉讼法第二百零四条规定提起诉讼的,由执行法院管辖。"

需要确权的财产已经被人民法院查封、扣押、冻结的，应当裁定驳回起诉，并告知当事人可以依照民事诉讼法第二百二十七条①的规定主张权利。

21. 保全财产不是诉讼争议标的物，案外人基于实体权利对保全裁定或者执行行为不服提出异议的，由负责审查案外人异议的部门根据民事诉讼法第二百二十七条的规定审查该异议。

【司法答复】

（一）程序适用

1.《最高人民法院关于深圳市装饰工程工业总公司与深圳市金光企业股份有限公司、原审第三人沈阳军区驻深圳办事处房屋产权案的复函》
（1994 年 8 月 31 日）

广东省高级人民法院：

你院〔1993〕粤民终字第 52 号《关于审理上诉人深圳市装饰工程工业总公司与被上诉人深圳市金光企业股份有限公司、原审第三人沈阳军区驻深圳办事处房屋产权纠纷一案的请示》收悉。我院对此案曾有过明确意见。

经再次研究认为：在宁夏回族自治区高级人民法院审理的辽宁省国际信托投资公司和辽宁省对外经济发展公司诉深圳金光公司合作经营羊绒纠纷案件中，深圳装饰公司不是该案法律关系的当事人。在该案审理过程中，装饰公司也未申请参加诉讼或主张权利。宁夏回族自治区高级人民法院作出一审判决生效后，在执行过程中装饰公司主张被执行房产的产权，对此，在程序上应按照民事诉讼法第二百零八条②以及我院关于适用民事诉讼法若干

① 2021 年《民事诉讼法》第四次修正后调整为第 234 条。

② 《民事诉讼法》（1991 年）第 208 条规定：“执行过程中，案外人对执行标的提出异议的，执行员应当按照法定程序进行审查。理由不成立的，予以驳回；理由成立的，由院长批准中止执行。如果发现判决、裁定确有错误，按照审判监督程序处理。”

问题的意见第 257 条①、第 258 条②的规定，作为执行中的案外人提出异议来处理，而不应把已经作为生效判决执行标的的房屋产权又作为另一案件法律关系的标的。

因此，深圳市中级人民法院一审裁定驳回装饰公司的起诉是正确的，你院对本案应从程序上作出处理，维持一审裁定。请你院依照民事诉讼法有关审限等问题的规定，尽快审结此案，并将处理结果报告我院。

2.《最高人民法院关于处理案外人异议被驳回后又提起"异议之诉"问题的函》(〔1998〕经他字第 1 号，1998 年 1 月 4 日)

天津市高级人民法院：

香港旭展有限公司向本院反映：天津市第二中级人民法院在执行该公司与山西省海外贸易公司购销生铁纠纷仲裁案时，驳回了案外人山西省粮油总公司、天津金良科工贸实业公司对财产保全裁定的异议，5 个月后又受理了该案外人与所持异议主张相同的诉讼请求，此案现正由你院审理。对此，该公司认为：天津市第二中级人民法院停止执行和受理案外人诉讼，在程序上违法，损害了该公司的合法权益，请求本院对此案予以审查并纠正错误。

本院经审查认为：天津市第二中级人民法院在执行生效仲裁裁决过程中，已依法驳回了案外人对该院财产保全裁定的异议，此后再受理此"异议之诉"并作出(1997)二中经一初字第 74 号民事判决，没有法律依据；且该院在其制作的法律文书仍发生法律效力的情况下，又用普通程序予以审理，与法相悖。为此，特通知你院：

一、依法撤销天津市第二中级人民法院(1997)二中经一初字第 74 号民事判决，驳回起诉。

二、监督天津市第二中级人民法院依法执行本案仲裁裁决书，妥善处理相关事宜，将执行结果报告本院。

---

① 《民事诉讼法意见》(已废止)第 257 条规定："民事诉讼法第二百零八条规定的中止执行，应当限于案外人依该条规定提出异议部分的财产范围。对被执行人的其他财产，不应中止执行。异议理由不成立的，通知驳回。"

② 《民事诉讼法意见》(已废止)第 258 条规定："执行员在执行本院的判决、裁定和调解书时，发现确有错误的，应当提出书面意见，报请院长审查处理。在执行上级人民法院的判决、裁定和调解书时，发现确有错误的，可提出书面意见，经院长批准，函请上级人民法院审查处理。"

3.《最高人民法院关于东方资产管理公司西安办事处与西安市雁塔区农村信用合作联社开发区分社执行异议一案的复函》(〔2010〕执监字第 88 号,2010 年 6 月 10 日)

陕西省高级人民法院:

东方资产管理公司西安办事处(以下简称东方公司)因与西安市雁塔区农村信用合作联社开发区分社(以下简称雁塔信用社)执行异议一案,不服你院(2010)陕执复字第 2、3、4、5、13、14 号执行裁定到我院申诉,经调卷审查,现对该案提出如下处理意见:

一、本案中雁塔信用社对西安市中级人民法院(以下简称西安中院)查封的涉案不动产主张所有权,按照《最高人民法院关于适用〈中华人民共和国民事诉讼法〉执行程序若干问题的解释》第十五条①的规定,只要案外人所提异议指向的对象是执行标的物,且异议所依据的基础权利是所有权或者其他足以阻止执行标的物转让、交付的实体权利的,就构成实体异议。执行法院应当按照民事诉讼法第二百零四条②的规定进行审查。执行当事人或者案外人对审查结果不服的,只能提起许可执行之诉或者案外人异议之诉进行救济,而不能向上一级人民法院提起复议。至于案外人所主张的实体权利是否确定,则属于证据审查和认定的问题。你院及西安中院错误将雁塔信用社的实体异议作为程序异议并按照民事诉讼法第二百零二条③的规定进行审查,属于适用法律错误。请你院尽快撤销你院及西安中院的相关裁定,发回西安中院重新审查。

……

三、请你院责成西安中院立即对争议的涉案不动产重新采取查封措施,根据异议审查结果并视当事人是否提起诉讼依法决定最终是否解除查封。

以上意见,请遵照执行。

【注释 1】西安市中级人民法院(以下简称西安中院)在审理东方资产管理公司西安办事处(以下简称西安办事处)诉陕西省现代农业发展中心、陕西佳伟纺织印染有限公司、陕西伟捷制衣印染有限公司、陕西伟达(集团)有限公司等借款担保合同纠纷 15 案过程中,于 2007 年 7 月 11 日保全查封了

① 2020 年修正为第 14 条。

② 2021 年《民事诉讼法》第四次修正后调整为第 234 条。

③ 2021 年《民事诉讼法》第四次修正后调整为第 232 条。

登记在陕西省现代农业发展中心名下的620057平方米国有土地使用权及地面附着物。同年12月12日,西安中院作出民事调解书,确认上述被告共应偿付西安办事处本息人民币20716万余元。

后因被告仅支付了首批款项3000万元后即不再支付剩余约定款项,西安办事处申请西安中院强制执行。执行中,案外人西安市雁塔区农村信用合作联社开发区分社(以下简称雁塔信用社)以上述土地使用权属其所有为由提出异议。西安中院审查认为,2006年4月19日西安市雁塔区人民法院(以下简称雁塔区法院)已将上述土地使用权裁定抵偿给雁塔信用社,该抵债裁定明确上述土地的使用权及地面附着物归雁塔信用社,雁塔信用社自裁定书送达之日起就已对土地及房产享有权利。据此裁定:异议理由成立,解除对上述土地及地面附着物的查封,如对此不服,可向陕西省高级人民法院(以下简称陕西高院)申请复议。

西安办事处向陕西高院提起复议。陕西高院审查认为,西安中院查封行为在雁塔区法院以物抵债裁定生效之后,该宗土地使用权及地面附着物归雁塔信用社所有,雁塔信用社自裁定书送达之日就已对土地及地面附着物享有权利,具有排他性,裁定驳回西安办事处的复议请求。西安办事处不服,向最高人民法院申诉。①

【注释2】本复函意见被《异议复议规定》第23条第1款第5项吸收,即"异议裁定对应当适用民事诉讼法第二百二十七条②规定审查处理的异议,错误适用民事诉讼法第二百二十五条③规定审查处理的,裁定撤销异议裁定,发回作出裁定的人民法院重新作出裁定"。

4.《最高人民法院关于对执行异议之诉案件如何收取案件受理费的请示的答复》(〔2014〕民立他字第29号,2014年7月25日)

安徽省高级人民法院:

你院报请的《关于对执行异议之诉案件如何收取案件受理费的请示》收悉。经研究,答复如下:

---

① 参见范向阳:《程序异议与实体异议的区分——东方资产管理公司西安办事处与西安市雁塔区农村信用合作联社开发区分社执行异议案》,载最高人民法院执行局编:《执行工作指导》2010年第4辑(总第36辑),人民法院出版社2011年版,第120—129页。

② 2021年《民事诉讼法》第四次修正后调整为第234条。

③ 2021年《民事诉讼法》第四次修正后调整为第232条。

同意你院报请的第二种意见。执行异议之诉是人民法院对执行过程中当事人之间的实体法律关系争议适用审判程序予以裁决的一种实体裁判制度。此类案件当事人的请求涉及财产权益的,属于财产案件,应当按照财产案件标准计收案件受理费。

(二)标的物所有权

1.《最高人民法院执行工作办公室关于案外人李福胜异议一案的复函》
(〔2000〕执监字第 226-1 号,2001 年 11 月 26 日)

新疆维吾尔自治区高级人民法院:

关于案外人李福胜异议一案,本院现已审查完毕,经研究,提出处理意见如下:

你院在执行本院(1997)经终字第 147 号民事判决时,于 1999 年 6 月 25 日追加刘晓军为被执行人,而刘晓军将其所购买的长安花园 A-20-G 房屋通过深圳市长城房地产发展公司(以下简称长城公司)转让给李福胜,时间是在 1998 年 7 月。同年 10 月 15 日,深圳市人民政府向李福胜核发了房地产证。你院以刘晓军与李福胜恶意串通,逃避债务为由,强制执行李福胜名下的房产,证据并不充分。而李福胜向本院提供了如下证据:1. 刘晓军同意将其购买的长安花园 A-20-G 号房屋转让给李福胜。2. 李福胜支付购房尾款 60987 元给长城公司,刘晓军先前支付的房款 723172 元,李福胜以现金和存折支付给刘晓军;1998 年 7 月 16 日,李福胜从存折上取款 53 万元,同一天,刘晓军储蓄开户存款 53 万元。3. 刘晓军 2000 年 6 月 8 日出具证明:1998 年 7 月 16 日将上述房屋转让给李福胜,并收受 63 万元的转让费。4. 长城公司于 1998 年 7 月 22 日为李福胜开具的购买上述房屋的转让(销售)房地产收入发票,金额为 784159.00 元。5. 长城公司与李福胜签订的上述房屋买卖合同(13443 号)。6. 1998 年 10 月 15 日,深圳市政府为李福胜核发的房地产证。这些证据足以证明李福胜对该房屋拥有所有权,本院予以认可。故你院强制执行李福胜名下的房屋是错误的,应当依法纠正。如申请执行人对李福胜名下的房屋权属有异议,认为刘晓军与李福胜之间转让房屋的行为侵犯其合法权益,可通过诉讼程序解决。

你院应将纠正执行错误的情况报告我院。

2.《最高人民法院执行工作办公室关于抵押人未经抵押权人同意将抵押物投资入股后抵押权人与公司债权人对该物谁享有优先受偿权问题的复函》（〔2003〕执他字第 19 号，2004 年 2 月 20 日）

天津市高级人民法院：

你院〔2002〕津高执监字第 013 号《关于天津市华农进出口公司案外人异议案件的请示报告》收悉，经研究，答复如下：

同意你院报告的第一种意见。中国银行天津市分行与天津市友谊毛纺厂于 1991 年 11 月 6 日签订抵押合同并办理了公证，且经你院（1996）高经初字第 89 号民事调解书确认，中国银行天津市分行对天津市友谊毛纺厂用于抵押的厂房、机器、设备等抵押物继续享有抵押权。故中国银行天津市分行应享有对抵押物的优先受偿权。

【注释 1】中国银行天津市分行（以下简称中行天津分行）与天津市友谊毛纺厂（以下简称友谊毛纺厂）于 1988 年 10 月 28 日签订借款合同，友谊毛纺厂向中行天津分行借款 289.3 万美元，借款期限为 3 年。借款到期后，友谊毛纺厂未能归还借款。1991 年 11 月 6 日，双方又签订抵押合同，约定：为保证借款合同的履行，友谊毛纺厂以其设备、厂房和办公楼共计 5792 平方米作为抵押。同日办理了公证。1992 年 3 月 6 日，友谊毛纺厂又以上述厂房、办公楼 3865.98 平方米及其全部设备与香港永康贸易有限公司（以下简称香港永康公司）合作成立永康（天津）纺织有限公司（以下简称天津永康公司），并在工商部门办理了企业法人登记。根据双方合作合同的约定，友谊毛纺厂以上述厂房、设备等作价 371.75 万美元，香港永康公司以生产设备配件、辅助设备配件和现汇 185.87 万美元作为投资，合作企业形式为有限责任公司，公司注册资本为 5562 万美元。

天津永康公司在经营中，欠付天津市华农进出口公司（以下简称华农公司）货款及相关费用。华农公司于 1996 年 8 月 8 日起诉至天津市第一中级人民法院，要求天津永康公司给付货款及损失 420673271 元。经两级法院审理，天津市高级人民法院于 1998 年 1 月 19 日作出（1997）高经终字第 15 号民事判决书，确认天津永康公司给付华农公司 394160.90 元。

1996 年 8 月 14 日，中行天津分行向天津市高级人民法院起诉，要求友谊毛纺厂、天津永康公司偿还欠款，并请求判令友谊毛纺厂将抵押给该行的厂房、设备作为对合资企业出资的行为无效。天津市高级人民法院在审理过程中，对友谊毛纺厂抵押给中行天津分行并已投入天津永康公司的厂房、设备进行了诉讼保全。经天津市高级人民法院主持调解，当事人自愿达成

(1996)高经初字第89号民事调解书，确认：友谊毛纺厂欠中行天津分行借款本息313207065美元；天津永康公司将友谊毛纺厂擅自出资的抵押物退还给友谊毛纺厂，并由中行天津分行对此抵押物继续享有抵押权。

上述两份法律文书生效后，权利人华农公司、中行天津分行分别向天津市第一中级人民法院和天津市高级人民法院申请执行。法院在执行中查明，天津永康公司已于2000年12月4日被工商行政管理部门吊销营业执照。天津永康公司除上述厂房、设备、办公楼外无其他可供执行的财产。因(1996)高经初字第89号民事调解书确定将上述抵押物退还给友谊毛纺厂，并由中行天津分行享有抵押权，故天津市高级人民法院对抵押物进行了评估，评估价为691.04万元，拟进行拍卖。

华农公司对此提出异议称，在天津永康公司外债未了的情况下，将合作时友谊毛纺厂投入的财产退回，违反了有关债务清偿原则，要求从天津永康公司的财产中优先受偿。中行天津分行认为，其作为友谊毛纺厂的债权人和抵押权人，有权对抵押物优先受偿。①

【注释2】本复函明确，抵押人未经抵押权人同意将抵押物作为出资，不影响已设置抵押的效力，抵押权人仍享有对抵押物的优先受偿权。需要注意的是，关于抵押人未经抵押权人同意对抵押物进行处分的效力，法律和司法解释精神有个演变的过程。《担保法》第49条规定，抵押期间抵押人转让抵押物应当通知抵押权人，否则转让行为无效；《物权法》第191条亦规定，抵押期间转让抵押物须经抵押权人同意。其立法目的是确保抵押权人的利益不受侵害。但《担保法司法解释》第67条和《物权法》第191条也规定，未经通知或者未经抵押权人同意转让抵押物的，如受让方代为清偿债务消灭抵押权的，转让有效。即受让人通过行使涤除权涤除转让标的物上的抵押权负担的，转让行为有效。需注意的是，《民法典》实施后，应适用其与最新司法解释的相关规定。

3.《最高人民法院对工商银行福建省厦门市分行对陕西省高级人民法院执行厦门宏都大饭店异议案的复函》(〔2003〕执监字第99号，2004年2月27日)

陕西省高级人民法院：

你院〔2000〕陕执经字第04号《关于宝鸡市怡高工贸有限公司申请执行

---

① 参见于泓：《抵押人未经抵押权人同意将抵押物投资入股后抵押权人与公司债权人对该物谁享有优先受偿权问题请示案》，载江必新、贺荣主编：《最高人民法院执行案例精选》，中国法制出版社2014年版，第541—547页。

厦门宏都大饭店债务纠纷一案有关情况的报告》收悉。经研究,答复如下:

中国工商银行厦门市分行(以下简称厦门工行)与厦门普益房地产有限公司(以下简称普益公司)、厦门宏都大饭店(以下简称宏都饭店)系列借款担保纠纷案,厦门市中级人民法院作出(2000)厦经初字第81至90号、384号民事判决,均确认:普益公司对其开发的普利花园项目包括宏都饭店使用的该项目B幢大楼享有所有权;厦门工行对该项目大部分房产包括你院查封的宏都饭店房产享有抵押权。你院对此也无异议。这即否定了你院的查封效力,因为你院查封的房产并非被执行人宏都饭店的房产,宏都饭店并不享有其正在使用且被你院查封的房产的所有权。

你院查封宏都饭店房产以及驳回厦门工行异议的有关民事裁定书违反了有关法律和司法解释的规定,应依法予以撤销;你院应对查封的房产予以解封,交由厦门市中级人民法院依法执行。

【注释】工商银行福建省厦门市分行(以下简称厦门工行)因与厦门普益房地产有限公司(以下简称厦门普益)、厦门宏都大饭店(以下简称宏都饭店)、香港普益投资有限公司等单位借款抵押担保纠纷系列案,向厦门市中级人民法院提起诉讼。厦门中院经审理,于2000年3月先后作出(2000)厦经初字第81至90号、384号民事判决,判决三公司等单位共应归还厦门工行贷款10600万元、美元492万元。判决同时确认,厦门工行对厦门普益开发的普益花园A、B两幢各33层大楼中的大部分房产(包括香港普益投资有限公司享有的A幢31—32层)享有抵押权,可以抵押物折价或者以拍卖、变卖抵押物的价款优先受偿。判决生效后,三单位没有主动履行债务。厦门工行向厦门中院申请强制执行。此前,在1999年11月17日,因另案,厦门中院查封了宏都饭店的房产。

陕西省怡高工贸公司(以下简称怡高公司)与宏都饭店债务纠纷一案,经陕西省高级人民法院一审,于1999年12月12日作出(1999)陕经一初字第32号民事判决书,判决宏都饭店偿还怡高公司借款13440万元。陕西高院于1999年1月16日保全查封了宏都饭店所有房产。判决生效后,2000年1月28日,陕西高院在《福建日报》刊登公告,要求对宏都饭店主张权利者,务必于公告后10日内向该院提出。厦门工行于2000年2月5日向陕西高院主张享有的债权和抵押权。陕西高院以厦门工行超过规定的举证期间、证据不足为由,驳回了该行请求。

4.《最高人民法院关于广东、江西两地法院执行东莞市虎门镇解放路 55 号粤信花艺海滨花园房产争议案答复函》(〔2009〕执协字第 3-1 号)

江西省高级人民法院：

你院赣高法执〔2009〕9 号《关于江西省鹰潭市中级人民法院与广东省东莞市中级人民法院执行争议案的协调处理意见》收悉。经研究,答复如下：

一、江西省鹰潭市中级人民法院(以下简称鹰潭市中院)2008 年 2 月 4 日再次拍卖争议房产时,广东省东莞市中级人民法院(以下简称东莞市中院)已经就争议房产的所有权问题于 2007 年 8 月 28 日作出了确权判决,判令争议房产的所有权归属案外人刘超群所有。鹰潭市中院在明知争议房产已经确权归属刘超群的情况下,不应再次拍卖争议房产。

二、关于蔡建伟欠鹰潭市大江实业有限公司(以下简称大江公司)530 万元欠款问题。经审查,一是该笔欠款与争议房产的购房款无关。东莞市中院的相关判决已经查明争议房产的购房款系刘超群直接向开发商东莞粤信花艺海滨花园开发有限公司通过银行转账方式支付,与蔡建伟的欠款没有直接法律关系。二是鹰潭市中院认为蔡建伟欠大江公司的 530 万元系因其代理关系产生的,该认定并未被相关判决确认。蔡建伟和梁青受刘超群委托以受托人名义购买房屋,以及 530 万元系蔡建伟购房过程中发生的费用等事实,虽已被两地法院相关判决认定,但蔡建伟给付大江公司补偿款,是否也受刘超群委托,并无相关证据。故鹰潭市中院裁定蔡建伟欠大江公司的欠款由刘超群承担缺乏事实和法律依据。

综上,据两地法院的生效判决和现有证据,鹰潭市中院的执行错误,请你院依法监督该院对已执行的争议房产执行回转,或将拍卖款项返还给刘超群。

特此函复。

【注释 1】刘超群与蔡建伟、梁青财产所有权纠纷一案,广东省东莞市中级人民法院(以下简称东莞中院)于 2007 年 8 月 28 日作出民事判决:(1)刘超群与蔡建伟、梁青签订的《协议书》合法有效;(2)确认位于东莞市虎门镇解放路 55 号粤信花艺海滨花园,登记权利人为蔡建伟、梁青的 2—6 层商铺的所有权以及地下车库的权益归属刘超群;(3)蔡建伟、梁青于判决生效之日起 30 日内协助刘超群办理涉案房产的过户手续。2007 年 10 月 9 日,东莞中院立案执行。执行中查明,上述涉案商铺登记在蔡建伟、梁青名下,已经被江西省鹰潭市中级人民法院(以下简称鹰潭中院)在审理鹰潭市大江实业有限公司(以下简称大江公司)诉蔡建伟债务纠纷一案中保全查封。东莞中院于2007年10月19日对涉案商铺进行轮候查封,并同时向鹰潭中院去函要求协调,未果。

大江公司与蔡建伟债务纠纷一案,鹰潭中院于2005年9月15日保全查封了登记在蔡建伟、梁青名下的上述房产,2006年5月30日作出一审判决,判令蔡建伟偿还大江公司欠款530万元人民币。蔡建伟不服,提出上诉。2006年12月8日,江西省高级人民法院二审维持鹰潭中院的判决。2007年1月15日,大江公司向鹰潭中院申请执行。2007年9月5日,鹰潭中院对争议房产进行第一次拍卖,但因故流拍。2007年10月25日,鹰潭中院裁定追加刘超群为被执行人。主要理由是:(1)东莞中院2007年8月28日判决将蔡建伟名下争议房产确认归刘超群所有,现该判决已经发生法律效力;(2)蔡建伟欠大江公司人民币530万元系因其代理购买争议房产产生的,基于此产生的权利义务应由刘超群承受。刘超群提出异议,被鹰潭中院驳回。2008年2月4日,鹰潭中院再次对争议房产进行拍卖。大江公司和江西省鹰潭市融都事业发展有限公司以735万元的价格竞得。同年3月,该院下达了过户裁定。广东、江西两地高级法院协调未果,报请最高人民法院协调。①

【注释2】本案处理意见作出于2009年,与之后最高人民法院下发的有关司法解释和司法文件的规定不甚相符。

2011年《制裁规避执行意见》(法〔2011〕195号)第9条、第11条规定,在执行阶段,案外人对人民法院已经查封、扣押、冻结的财产提起异议之诉的,应当由执行法院受理。案外人违反上述管辖规定,向执行法院之外的其他法院起诉,并取得生效裁判文书将已被执行法院查封、扣押、冻结的财产确权或者分割给案外人,或者第三人与被执行人虚构事实取得人民法院生效裁判文书申请参与分配,执行法院认为该生效裁判文书系恶意串通规避执行、损害执行债权人利益的,可以向作出该裁判文书的人民法院或者其上级人民法院提出书面建议,有关法院应当依照《民事诉讼法》和有关司法解释的规定决定再审。

2011年《执行权意见》(法发〔2011〕15号)第26条规定,审判机构在审理确权诉讼时,应当查询所要确权的财产权属状况,发现已经被执行局查封、

---

① 参见董志强:《关于广东、江西两地法院执行东莞市虎门镇解放路55号粤信花艺海滨花园房产争议案》,载最高人民法院执行局编:《执行工作指导》2009年第3辑(总第31辑),人民法院出版社2010年版,第63—70页。

扣押、冻结的，应当中止审理；当事人诉请确权的财产被执行局处置的，应当撤销确权案件；在执行局查封、扣押、冻结后确权的，应当撤销确权判决或者调解书。

2015年《民事诉讼法解释》第479条（2022年修正为第477条）规定，在执行中，被执行人通过仲裁程序将人民法院查封、扣押、冻结的财产确权或者分割给案外人的，不影响人民法院执行程序的进行。案外人不服的，可以根据《民事诉讼法》第227条（2022年修正为第234条）规定提出异议。

综上规定，标的物在执行中被法院查封、扣押或冻结后，针对其权属发生的争议，应当通过案外人异议之诉予以解决。理由在于：其一，案外人异议之诉的目的，在于阻却对标的物的强制执行，但案外人据以起诉之基础，仍是其对标的物享有实体权利，在案外人异议之诉中一并解决标的物权属及其能否继续执行问题，可以避免分开处理产生不必要的冲突。其二，案外人以执行债务人为被告在其他法院另行提起确权之诉，由于执行债权人并非该案当事人，也无法参加诉讼，极易出现案外人与债务人恶意串通，对执行标的物权属达成一致获得胜诉判决以对抗执行的情形。

（三）建设工程价款优先权

1.《最高人民法院就处置济南彩石山庄房屋买卖合同纠纷案请示的答复》（〔2014〕执他字第23、24号，2014年7月18日）

山东省高级人民法院：

你院在办理有关案件中，就“开发商未建成房产时购房者的购房款能否优先于建筑工程价款和土地使用权抵押债权受偿问题”形成两种意见。多数人认为交付全部或者大部分款项的购房者享有的购房款返还请求权优先于承包人的建设工程价款优先权和抵押权人的抵押权。少数人认为债权应当平等保护，购房者享有的购房款请求权不应优先于其他一般债权。因该问题涉及《最高人民法院关于建设工程价款优先受偿权问题的批复》（法释〔2002〕16号，以下简称《批复》）的理解和适用，你院向我院提交〔2014〕鲁执三他字第9号、第10号两个报告进行请示。因两个报告请示的系同一法律问题，经研究，一并答复如下：

一、《批复》第一条规定：人民法院在审理房地产纠纷案件和办理执行案件中，应当依照《中华人民共和国合同法》第二百八十六条①的规定，认定建筑工程的承包人的优先受偿权优于抵押权和其他债权。第二条规定：消费者交付购买商品房的全部或者大部分款项后，承包人就该商品房享有的工程价款优先受偿权不得对抗买受人。上述两个条文明确规定了房屋买受人的权利优先于建筑工程承包人的优先受偿权与抵押权人的抵押权，体现了优先保护处于相对弱势地位的房屋买受人的精神。

二、基于《批复》保护处于弱势地位的房屋买受人的精神，对于《批复》第二条“承包人的工程价款优先受偿权不得对抗买受人”的规定，应当理解为既不得对抗买受人在房屋建成情况下的房屋交付请求权，也不得对抗买受人在房屋未建成等情况下的购房款返还请求权。

三、综合考虑《批复》的立法目的、相关制度的衔接、各方主体的利益平衡等多种因素，我院认为你院审判委员会的多数人意见更符合《批复》的精神，处理结果更为妥当。我院原则同意你院审判委员会的多数人意见。

四、请你院依照《批复》的规定与精神，以你院审判委员会的多数人意见为基础，结合具体案情依法妥善处理相关案件。同时注意以下几个问题：

1. 对于房屋买受人主张的违约金是否优先保护问题，你院应当在兼顾建筑工程承包人、抵押权人等各方当事人合法权益的基础上妥善处理，避免相关主体之间的利益失衡。

2. 与执行程序相比，破产程序能更好地清理债权债务。在破产程序中，《批复》关于优先保护商品房买受人权利的规定也应予以适用，请你院考虑可否引导相关案件通过破产程序处理。

3. 如相关案件债务人不能进入破产程序，在房屋买受人的购房款返还请求权未经生效法律文书确认的情况下，根据现行法律规定，应通过参与分配程序实现其优先受偿。在参与分配程序中，应注意确保对各方当事人依法进行程序性救济。

你院请示问题涉及相关案件中大量房屋买受人的利益保护，关系社会稳定的大局，山东省委、省政府一直予以密切关注。你院要紧紧依靠山东省委的领导，积极争取山东省政府的支持，坚持司法为民，严格把握法律规定与政策精神，针对可能出现的问题制定相应预案，依法妥善处理相关案件，切实防止出现社会性群体事件，依法保护各方当事人的合法权益。

---

① 《民法典》施行后，相关内容规定在第807条。

【注释】《优先受偿权批复》(法释〔2002〕16 号,2002 年 6 月 27 日起施行,2021 年 1 月 1 日废止)内容为:

上海市高级人民法院:

你院沪高法〔2001〕14 号《关于合同法第 286 条理解与适用问题的请示》收悉。经研究,答复如下:

一、人民法院在审理房地产纠纷案件和办理执行案件中,应当依照《中华人民共和国合同法》第二百八十六条的规定,认定建筑工程的承包人的优先受偿权优于抵押权和其他债权。

二、消费者交付购买商品房的全部或者大部分款项后,承包人就该商品房享有的工程价款优先受偿权不得对抗买受人。

三、建筑工程价款包括承包人为建设工程应当支付的工作人员报酬、材料款等实际支出的费用,不包括承包人因发包人违约所造成的损失。

四、建设工程承包人行使优先权的期限为六个月,自建设工程竣工之日或者建设工程合同约定的竣工之日起计算。

五、本批复第一条至第三条自公布之日起施行,第四条自公布之日起六个月后施行。

2.《最高人民法院关于康永贤等 13 人执行异议请示案的复函》(〔2005〕执他字第 16 号,2005 年 12 月 25 日)

广东省高级人民法院:

你院〔2004〕粤高法执督字第 384 号《关于康永贤等 13 人执行异议请示案》收悉,经研究,现答复如下:

《最高人民法院关于建设工程价款优先受偿权问题的批复》(法释〔2002〕16 号)第二条关于已交付购买商品房的全部或者大部分款项的消费者权利应优先保护的规定,是为了保护个人消费者的居住权而设置的,即购房应是直接用于满足其生活居住需要,而不是用于经营,不应作扩大解释。

【注释】该复函精神已被《异议复议规定》(法释〔2015〕10 号)所采纳。《异议复议规定》第 29 条明确要求,买受人所购买房屋系用于居住需要,且无其他用于居住房屋。与此同理,购买商铺、写字楼等业主也不能适用法释〔2002〕16 号批复第 2 条加以保护。

3.《最高人民法院关于公路建设单位对公路收费权是否享有建设工程价款优先受偿权以及建设工程价款优先权是否优先于质权的请示的答复》
（〔2005〕执他字第31号，2006年6月14日）

江西省高级人民法院：

你院《关于公路建设单位对公路收费权是否享有建设工程价款优先受偿权以及建设工程价款优先权是否优先于质权的请示》收悉。经研究，答复如下：

原则同意你院审委会多数人的意见。《合同法》第二百八十六条①规定的建设工程的折价或者拍卖虽原则上指工程所有权的转让，但对收费公路这类特殊工程的可转让的经营权，也应适用。因此，申请执行人作为公路施工单位，有权通过对被执行人享有的公路工程经营权的执行优先受偿。车辆通行收费权是公路经营权中的主要内容，执行中可以转让收费权或者直接从所收费中提取款项。施工单位的优先受偿权应及于该收费权，可以从提取的款项中优先受偿。根据《担保法》及最高人民法院有关司法解释的精神，工程款优先受偿权应优先于异议人就公路收费设定的质押权。

【注释】最高人民法院作出上述答复，主要基于两方面的认识：一是道路建设工程的承包人同样享有建设工程价款优先受偿权；二是《合同法》第286条（《民法典》第807条）规定的建设工程的折价或者拍卖，原则上指工程所有权的转让，但公路工程属于国家基础设施，转让其所有权显然是不可能的。如果仅以工程所有权的转让作为施工单位享有优先权的条件，对施工单位而言无疑是权益的损害。因此，作为市场化运作的经营性收费公路，公路收费权作为一种可转让的经营权，也应该属于《合同法》第286条（《民法典》第807条）规定的建设工程折价或拍卖的范围，这样才能更好地维护施工单位的合法权益。

4.《最高人民法院关于建设工程款优先受偿权适用法律的复函》
（〔2007〕执他字第11号，2008年2月29日）

广东省高级人民法院：

你院〔2007〕粤高法执督字第45号关于对人民法院调解书中未写明建设

---

① 即《民法典》第807条规定："发包人未按照约定支付价款的，承包人可以催告发包人在合理期限内支付价款。发包人逾期不支付的，除根据建设工程的性质不宜折价、拍卖外，承包人可以与发包人协议将该工程折价，也可以请求人民法院将该工程依法拍卖。建设工程的价款就该工程折价或者拍卖的价款优先受偿。"

工程款有优先受偿权应如何适用法律问题的请示收悉。经研究,答复如下:

建设工程款优先受偿权是一种法定优先权,无需当事人另外予以明示。《最高人民法院关于建设工程价款优先受偿权的批复》第四条明确规定,建设工程承包人行使优先权的期限为六个月。依据该条规定,建设工程承包人行使优先权的期限为六个月,且为不变期间,不存在中止、中断、延长的情形。①

【注释】《优先受偿权批复》(法释〔2002〕16号)已于2021年1月1日废止,相关规定被同步颁布实施的《施工合同纠纷解释(一)》(法释〔2020〕25号)吸收。其中关于建设工程承包人行使优先权的期限,《施工合同纠纷解释(一)》第41条明确为:"最长不得超过十八个月,自发包人应当给付建设工程价款之日起算。"

5.《最高人民法院关于合同法实施之前的工程款债权与有抵押的债权在执行中如何确定受偿顺序问题的答复》(〔2002〕执他字第21号,2003年8月28日)

福建省高级人民法院:

你院闽高法〔2002〕265号《关于执行中国建设银行厦门市分行诉远华集团有限公司、厦门东盛建设发展公司借款合同纠纷一案中涉及几个相关法律、政策问题的请示》收悉。经研究,答复如下:

关于该案执行中所涉及的工程款优先权问题,根据法律不溯及既往的原则和物权法定原则,如果作为执行标的的建设工程竣工或者停工于《中华人民共和国合同法》实施之前,则工程承包人从该建设工程价款中受偿的权利不得对抗已经在该工程上设定的抵押权。

【注释】中国建设银行厦门市分行诉远华集团有限公司、厦门东盛建设发展公司借款合同纠纷,福建省高级人民法院于2001年8月作出判决:远华集团返还贷款4800余万元;原告对东盛公司提供抵押的90套东卉花园商品房享有优先受偿权。在对抵押物执行中,湖北省第五建筑工程公司、中国华西企业公司厦门分公司作为该工程的施工单位,要求从东卉花园执行所得款中优先受偿建筑工程价款,分别是1200余万元和600余万元。该两笔债务

① 因此,适用该复函的前提是,承包人须提供证据证明其已在6个月的期限内主张行使过建设工程价款优先受偿权。

均经厦门市中级人民法院判决确认并立案执行。两个案件建设工程合同均签订于 1997 年 9 月，竣工时间均在新合同法实施之前。福建省高级人民法院就执行中如何处理合同法实施之前的工程款债权和以所执行的房产为抵押物的债权之间的受偿顺序问题，向最高人民法院请示。①

【指导案例】

1. 指导案例 156 号：王岩岩诉徐意君、北京市金陛房地产发展有限责任公司案外人执行异议之诉案（最高人民法院审判委员会讨论通过，2021 年 2 月 19 日发布）

关键词　民事　案外人执行异议之诉　排除强制执行　选择适用

裁判要点

《最高人民法院关于人民法院办理执行异议和复议案件若干问题的规定》第二十八条规定了不动产买受人排除金钱债权执行的权利，第二十九条规定了消费者购房人排除金钱债权执行的权利。案外人对登记在被执行的房地产开发企业名下的商品房请求排除强制执行的，可以选择适用第二十八条或者第二十九条规定；案外人主张适用第二十八条规定的，人民法院应予审查。

相关法条

《最高人民法院关于人民法院办理执行异议和复议案件若干问题的规定》第 28 条、第 29 条

基本案情

2007 年，徐意君因商品房委托代理销售合同纠纷一案将北京市金陛房地产发展有限责任公司（以下简称金陛公司）诉至北京市第二中级人民法院（以下简称北京二中院）。北京二中院经审理判决解除徐意君与金陛公司所签《协议书》，金陛公司返还徐意君预付款、资金占用费、违约金、利息等。判决后双方未提起上诉，该判决已生效。后因金陛公司未主动履行判决，徐意君于 2009 年向北京二中院申请执行。北京二中院裁定查封了涉案房屋。

---

① 参见黄金龙：《关于合同法实施之前的工程款债权与有抵押的债权在执行中的受偿顺序问题的请示与答复》，载最高人民法院执行工作办公室编：《强制执行指导与参考》2003 年第 3 辑（总第 7 辑），法律出版社 2003 年版，第 195—202 页。

涉案房屋被查封后,王岩岩以与金陛公司签订合法有效《商品房买卖合同》,支付了全部购房款,已合法占有房屋且非因自己原因未办理过户手续等理由向北京二中院提出执行异议,请求依法中止对该房屋的执行。北京二中院驳回了王岩岩的异议请求。王岩岩不服该裁定,向北京二中院提起案外人执行异议之诉。王岩岩再审请求称,仅需符合《最高人民法院关于人民法院办理执行异议和复议案件若干问题的规定》(以下简称《异议复议规定》)第二十八条或第二十九条中任一条款的规定,法院即应支持其执行异议。二审判决错误适用了第二十九条进行裁判,而没有适用第二十八条,存在法律适用错误。

裁判结果

北京市第二中级人民法院于 2015 年 6 月 19 日作出(2015)二中民初字第 00461 号判决:停止对北京市朝阳区儒林苑×楼×单元×房屋的执行程序。徐意君不服一审判决,向北京市高级人民法院提起上诉。北京市高级人民法院于 2015 年 12 月 30 日作出(2015)高民终字第 3762 号民事判决:一、撤销北京市第二中级人民法院(2015)二中民初字第 00461 号民事判决;二、驳回王岩岩之诉讼请求。王岩岩不服二审判决,向最高人民法院申请再审。最高人民法院于 2016 年 4 月 29 日作出(2016)最高法民申 254 号裁定:指令北京市高级人民法院再审本案。

裁判理由

最高人民法院认为,《异议复议规定》第二十八条适用于金钱债权执行中,买受人对登记在被执行人名下的不动产提出异议的情形。而第二十九条则适用于金钱债权执行中,买受人对登记在被执行的房地产开发企业名下的商品房提出异议的情形。上述两条文虽然适用于不同的情形,但是如果被执行人为房地产开发企业,且被执行的不动产为登记于其名下的商品房,同时符合了"登记在被执行人名下的不动产"与"登记在被执行的房地产开发企业名下的商品房"两种情形,则《异议复议规定》第二十八条与第二十九条适用上产生竞合。案外人对登记在被执行的房地产开发企业名下的商品房请求排除强制执行的,可以选择适用第二十八条或者第二十九条规定;案外人主张适用第二十八条规定的,人民法院应予审查。本案一审判决经审理认为王岩岩符合《异议复议规定》第二十八条规定的情形,具有能够排除执行的权利,而二审判决则认为现有证据难以确定王岩岩符合《异议复议规定》第二十九条的规定,没有审查其是否符合《异议复议规定》第二十八条规定的情形,就直接驳回了王岩岩的诉讼请求,适用法律确有错误。

关于王岩岩是否支付了购房款的问题。王岩岩主张其已经支付了全部购房款,并提交了金陛公司开具的付款收据、《商品房买卖合同》、证人证言及部分取款记录等予以佐证,金陛公司对王岩岩付款之事予以认可。上述证据是否足以证明王岩岩已经支付了购房款,应当在再审审理过程中,根据审理情况查明相关事实后予以认定。

2. 指导案例 155 号:中国建设银行股份有限公司怀化市分行诉中国华融资产管理股份有限公司湖南省分公司等案外人执行异议之诉案(最高人民法院审判委员会讨论通过,2021 年 2 月 19 日发布)

关键词 民事 案外人执行异议之诉 与原判决、裁定无关 抵押权

裁判要点

在抵押权强制执行中,案外人以其在抵押登记之前购买了抵押房产,享有优先于抵押权的权利为由提起执行异议之诉,主张依据《最高人民法院关于人民法院办理执行异议和复议案件若干问题的规定》排除强制执行,但不否认抵押权人对抵押房产的优先受偿权的,属于民事诉讼法第二百二十七条①规定的"与原判决、裁定无关"的情形,人民法院应予依法受理。

相关法条

《中华人民共和国民事诉讼法》第 227 条

基本案情

中国华融资产管理股份有限公司湖南省分公司(以下简称华融湖南分公司)与怀化英泰建设投资有限公司(以下简称英泰公司)、东星建设工程集团有限公司(以下简称东星公司)、湖南辰溪华中水泥有限公司(以下简称华中水泥公司)、谢某某、陈某某合同纠纷一案,湖南省高级人民法院(以下简称湖南高院)于 2014 年 12 月 12 日作出(2014)湘高法民二初字第 32 号民事判决(以下简称第 32 号判决),判决解除华融湖南分公司与英泰公司签订的《债务重组协议》,由英泰公司向华融湖南分公司偿还债务 9800 万元及重组收益、违约金和律师代理费,东星公司、华中水泥公司、谢某某、陈某某承担连带清偿责任。未按期履行清偿义务的,华融湖南分公司有权以英泰公司已办理抵押登记的房产 3194.52 平方米、2709.09 平方米及相应土地使用权作为

① 2021 年《民事诉讼法》第四次修正后调整为第 234 条。

抵押物折价或者以拍卖、变卖该抵押物所得价款优先受偿。双方均未上诉，该判决生效。英泰公司未按期履行第 32 号判决所确定的清偿义务，华融湖南分公司向湖南高院申请强制执行。湖南高院执行立案后，作出拍卖公告拟拍卖第 32 号判决所确定华融湖南分公司享有优先受偿权的案涉房产。

中国建设银行股份有限公司怀化市分行（以下简称建行怀化分行）以其已签订房屋买卖合同且支付购房款为由向湖南高院提出执行异议。该院于 2017 年 12 月 12 日作出（2017）湘执异 75 号执行裁定书，驳回建行怀化分行的异议请求。建行怀化分行遂提起案外人执行异议之诉，请求不得执行案涉房产，确认华融湖南分公司对案涉房产的优先受偿权不得对抗建行怀化分行。

裁判结果

湖南省高级人民法院于 2018 年 9 月 10 日作出（2018）湘民初 10 号民事裁定：驳回中国建设银行股份有限公司怀化市分行的起诉。中国建设银行股份有限公司怀化市分行不服上述裁定，向最高人民法院提起上诉。最高人民法院于 2019 年 9 月 23 日作出（2019）最高法民终 603 号裁定：一、撤销湖南省高级人民法院（2018）湘民初 10 号民事裁定；二、本案指令湖南省高级人民法院审理。

裁判理由

最高人民法院认为，民事诉讼法第二百二十七条规定："执行过程中，案外人对执行标的提出书面异议的，人民法院应当自收到书面异议之日起十五日内审查，理由成立的，裁定中止对该标的的执行；理由不成立的，裁定驳回。案外人、当事人对裁定不服，认为原判决、裁定错误的，依照审判监督程序办理；与原判决、裁定无关的，可以自裁定送达之日起十五日内向人民法院提起诉讼。"《最高人民法院关于适用〈中华人民共和国民事诉讼法〉的解释》（以下简称《民事诉讼法解释》）第三百零五条①进一步规定："案外人提起执行异议之诉，除符合民事诉讼法第一百一十九条②规定外，还应当具备下列条件：（一）案外人的执行异议申请已经被人民法院裁定驳回；（二）有明确的排除对执行标的执行的诉讼请求，且诉讼请求与原判决、裁定无关；（三）自执行异议裁定送达之日起十五日内提起。人民法院应当在收到起诉状之日起十五日内决定是否立案。"可见，《民事诉讼法解释》第三百零五条明确，案外

① 2022 年《民事诉讼法解释》第二次修正后调整为第 303 条。

② 2022 年《民事诉讼法解释》第二次修正后调整为第 122 条。

人提起执行异议之诉，应当符合“诉讼请求与原判决、裁定无关”这一条件。因此，民事诉讼法第二百二十七条规定的“与原判决、裁定无关”应为“诉讼请求”与原判决、裁定无关。

华融湖南分公司申请强制执行所依据的原判决即第32号判决的主文内容是判决英泰公司向华融湖南分公司偿还债务9800万元及重组收益、违约金和律师代理费，华融湖南分公司有权以案涉房产作为抵押物折价或者以拍卖、变卖该抵押物所得价款优先受偿。本案中，建行怀化分行一审诉讼请求是排除对案涉房产的强制执行，确认华融湖南分公司对案涉房产的优先受偿权不得对抗建行怀化分行，起诉理由是其签订购房合同、支付购房款及占有案涉房产在办理抵押之前，进而主张排除对案涉房产的强制执行。建行怀化分行在本案中并未否定华融湖南分公司对案涉房产享有的抵押权，也未请求纠正第32号判决，实际上其诉请解决的是基于房屋买卖对案涉房产享有的权益与华融湖南分公司对案涉房产所享有的抵押权之间的权利顺位问题，这属于“与原判决、裁定无关”的情形，是执行异议之诉案件审理的内容，应予立案审理。

3. 指导案例154号：王四光诉中天建设集团有限公司、白山和丰置业有限公司案外人执行异议之诉案（最高人民法院审判委员会讨论通过，2021年2月19日发布）

关键词 民事 案外人执行异议之诉 与原判决、裁定无关 建设工程价款优先受偿权

裁判要点

在建设工程价款强制执行过程中，房屋买受人对强制执行的房屋提起案外人执行异议之诉，请求确认其对案涉房屋享有可以排除强制执行的民事权益，但不否定原生效判决确认的债权人所享有的建设工程价款优先受偿权的，属于民事诉讼法第二百二十七条①规定的“与原判决、裁定无关”的情形，人民法院应予依法受理。

相关法条

《中华人民共和国民事诉讼法》第227条

---

① 2021年《民事诉讼法》第四次修正后调整为第234条。

基本案情

2016 年 10 月 29 日，吉林省高级人民法院就中天建设集团公司（以下简称中天公司）起诉白山和丰置业有限公司（以下简称和丰公司）建设工程施工合同纠纷一案作出（2016）吉民初 19 号民事判决：和丰公司支付中天公司工程款 42746020 元及利息，设备转让款 23 万元，中天公司可就春江花园 B1、B2、B3、B4 栋及 B 区 16、17、24 栋折价、拍卖款优先受偿。判决生效后，中天公司向吉林省高级人民法院申请执行上述判决，该院裁定由吉林省白山市中级人民法院执行。2017 年 11 月 10 日，吉林省白山市中级人民法院依中天公司申请作出（2017）吉 06 执 82 号（之五）执行裁定，查封春江花园 B1、B2、B3、B4 栋的 11××-××号商铺。

王四光向吉林省白山市中级人民法院提出执行异议，吉林省白山市中级人民法院于 2017 年 11 月 24 日作出（2017）吉 06 执异 87 号执行裁定，驳回王四光的异议请求。此后，王四光以其在查封上述房屋之前已经签订书面买卖合同并占有使用该房屋为由，向吉林省白山市中级人民法院提起案外人执行异议之诉，请求法院判令：依法解除查封，停止执行王四光购买的白山市浑江区春江花园 B1、B2、B3、B4 栋的 11××-××号商铺。

2013 年 11 月 26 日，和丰公司（出卖人）与王四光（买受人）签订《商品房买卖合同》，约定：出卖人以出让方式取得位于吉林省白山市星泰桥北的土地使用权，出卖人经批准在上述地块上建设商品房春江花园；买受人购买的商品房为预售商品房……买受人按其他方式按期付款，其他方式为买受人已付清总房款的 50%以上，剩余房款 10 日内通过办理银行按揭贷款的方式付清；出卖人应当在 2014 年 12 月 31 日前按合同约定将商品房交付买受人；商品房预售的，自该合同生效之日起 30 天内，由出卖人向产权处申请登记备案。

2014 年 2 月 17 日，贷款人（抵押权人）招商银行股份有限公司、借款人王四光、抵押人王四光、保证人和丰公司共同签订《个人购房借款及担保合同》，合同约定抵押人愿意以其从售房人处购买的该合同约定的房产的全部权益抵押给贷款人，作为偿还该合同项下贷款本息及其他一切相关费用的担保。2013 年 11 月 26 日，和丰公司向王四光出具购房收据。白山市不动产登记中心出具的不动产档案查询证明显示：抵押人王四光以不动产权证号为白山房权证白 BQ 字第××××××号，建筑面积 5339.04 平方米的房产为招商银行股份有限公司通化分行设立预购商品房抵押权预告。2013 年 8 月 23 日，涉案商铺在产权部门取得商品房预售许可证,并办理了商品房预售许可登记。2018 年 12 月 26 日,吉林省电力有限公司白山供电公司出具历月电费明细,显示春江花园 B1-4 号门市 2017 年 1 月至 2018 年 2 月用电情况。

白山市房屋产权管理中心出具的《查询证明》载明:“经查询,白山和丰置业有限公司 B-1、2、3、4#楼在 2013 年 8 月 23 日已办理商品房预售许可登记。没有办理房屋产权初始登记,因开发单位未到房屋产权管理中心申请办理。”

裁判结果

吉林省白山市中级人民法院于 2018 年 4 月 18 日作出(2018)吉 06 民初 12 号民事判决:一、不得执行白山市浑江区春江花园 B1、B2、B3、B4 栋11××-××号商铺;二、驳回王四光其他诉讼请求。中天建设集团公司不服一审判决向吉林省高级人民法院提起上诉。吉林省高级人民法院于 2018 年 9 月 4 日作出(2018)吉民终 420 号民事裁定:一、撤销吉林省白山市中级人民法院(2018)吉 06 民初 12 号民事判决;二、驳回王四光的起诉。王四光对裁定不服,向最高人民法院申请再审。最高人民法院于 2019 年 3 月 28 日作出(2019)最高法民再 39 号民事裁定:一、撤销吉林省高级人民法院(2018)吉民终 420 号民事裁定;二、指令吉林省高级人民法院对本案进行审理。

裁判理由

最高人民法院认为,根据王四光在再审中的主张,本案再审审理的重点是王四光提起的执行异议之诉是否属于民事诉讼法第二百二十七条规定的案外人的执行异议“与原判决、裁定无关”的情形。

根据民事诉讼法第二百二十七条规定的文义,该条法律规定的案外人的执行异议“与原判决、裁定无关”是指案外人提出的执行异议不含有其认为原判决、裁定错误的主张。案外人主张排除建设工程价款优先受偿权的执行与否定建设工程价款优先受偿权权利本身并非同一概念。前者是案外人在承认或至少不否认对方权利的前提下,对两种权利的执行顺位进行比较,主张其根据有关法律和司法解释的规定享有的民事权益可以排除他人建设工程价款优先受偿权的执行;后者是从根本上否定建设工程价款优先受偿权权利本身,主张诉争建设工程价款优先受偿权不存在。简而言之,当事人主张其权益在特定标的的执行上优于对方的权益,不能等同于否定对方权益的存在;当事人主张其权益会影响生效裁判的执行,也不能等同于其认为生效裁判错误。根据王四光提起案外人执行异议之诉的请求和具体理由,并没有否定原生效判决确认的中天公司所享有的建设工程价款优先受偿权，王四光提起案外执行异议之诉意在请求法院确认其对案涉房屋享有可以排除强制执行的民事权益；如果一、二审法院支持王四光关于执行异议的主张也并不动摇生效判决关于中天公司享有建设工程价款优先受偿权的认定，仅可能影响该生效判决的具体执行。王四光的执行异议并不包含其认为已生效的（2016）吉民初 19 号民事判决存在错误的主张，属于民事诉讼法第二百二十七条规定的案外人的执行异议"与原判决、裁定无关"的情形。二审法院认定王四光作为案外人对执行标的物主张排除执行的异议实质上是对上述生效判决的异议，应当依照审判监督程序办理，据此裁定驳回王四光的起诉，属于适用法律错误，再审法院予以纠正。鉴于二审法院并未作出实体判决，根据具体案情，再审法院裁定撤销二审裁定，指令二审法院继续审理本案。

【判旨撮要】

（一）程序适用

1. 案外人云南齐宝酒店不服云南省高级人民法院执行云南农业信息中心房屋提出异议案［（2008）执复字第 2 号］

要旨：本案中，齐宝酒店对执行标的物上享有租赁权的主张一旦被确认，按照《拍卖变卖规定》第 31 条（2020 年修正为第 28 条）的规定，该租赁权负担应当由买受人承受，最终将导致执行法院无法将所拍卖房产向买受人交付占有。齐宝酒店所提起的异议从性质上应为实体异议。因此，齐宝酒店对执行法院驳回其实体权利异议的裁定不服，根据《民事诉讼法》第 204 条（2021 年修正为第 234 条）之规定应当向执行法院提起异议之诉，或者按审判监督程序处理，而不能向最高人民法院提起复议。云南高院执行裁定错误将齐宝酒店的实体异议视为程序异议，并根据《民事诉讼法》第 202 条（2021 年修正为第 232 条）之规定赋予其向最高人民法院提起复议的权利，属于适用法律错误。

2. 西部信托公司与陕西宏华房地产开发公司、中国航空器材进出口总公司西北公司、陕西省交通职工技协服务部借款担保纠纷执行复议案［（2013）执复字第 11 号］

要旨：案外人基于对执行标的物主张实体权利而提出异议，以排除对该执行标的物之强制执行的，属于案外人异议，不管该案外人主张实体权利的依据是否涉及其他法院的相关生效法律文书，均应当适用《民事诉讼法》第227条（2021年修正为第234条）规定处理，以保护案外人和当事人通过诉讼途径寻求实体救济的合法权利。

3. 香港信诺投资有限公司与山东省畜产进出口公司借款合同纠纷执行复议案［（2013）执复字第13号］

要旨：案外人提出案涉房产为其享有，属于对执行标的权属的主张，系实体权利方面的异议，应依《民事诉讼法》第227条（2021年修正为第234条）规定审查处理。案外人同时主张解除查封后，执行法院在无证据情况下又进行预查封不当，虽系针对执行程序问题提出异议，但该异议就实质而言，还是基于对案涉房产享有所有权的实体权利而来。即本案中，案外人所提两项异议均直接或间接地针对同一执行标的的权属问题，具有密切联系，分别适用不同的审查程序徒增当事人诉累。故案外人所提该程序异议亦应适用前述《民事诉讼法》第227条程序进行审查。被执行人因认为执行行为违反法律规定而提异议，本可按《民事诉讼法》第225条（2021年修正为第232条）规定程序审查，但本案被执行人所提异议实质是同意案外人对执行标的享有所有权的主张，如对被执行人与案外人内容相同的异议分别适用不同程序进行审查，造成救济途径迥异，侵害了当事人程序利益，况且在案外人已提出异议主张实体权利的情况下，被执行人所提异议不具有实益，故对被执行人所提异议不应单独审查，而应在对案外人所提异议进行审查的过程中一并解决。

4. 深圳市百富隆投资发展有限公司与佛山市南海区南联电业有限公司欠款纠纷执行申诉案［（2014）执申字第243号］

要旨：本案中，在执行法院查封、拍卖登记在案外人名下土地使用权的情况下，案外人作为登记权利人，本可以提出执行异议寻求救济，但由于案外人未提出异议，导致其债权人的债权有不能实现之虞。此时，案外人的债权人以法院执行登记在案外人名下土地使用权侵害其债权为由提出异议，实际上是为保全自己的债权而代案外人提出异议，异议的主体虽然是案外人的债权人，但异议事由系基于对涉案土地使用权主张实体权利，异议的根本目的在于排除对涉案土地使用权的执行。因此，该异议本质上是一种实体性异议，只有参照《民事诉讼法》第227条（2021年修正为第234条）的规定进行审查处理,才能为各方当事人提供充分的程序保障,确保最终通过异议之诉对涉案土地使用权的权属和能否执行问题作出裁判。相反,对案外人的债权人提出的异议,如果依据《民事诉讼法》第 225 条(2021 年修正为第 232 条)的规定审查,因异议审查程序和复议程序中均应坚持形式审查为主的原则,无法对涉案土地使用权的真实权属和能否执行的问题从实体上作出裁判,也就无法从根本上解决本案中的实质争议。

5. 中信银行股份有限公司石家庄分行与中国兵器装备集团公司、保定天威集团有限公司金融借款合同纠纷执行复议案[(2015)执复字第 46 号]

要旨:案外人在保全程序或执行程序中基于实体权利提出排除执行异议,性质上均属于《民事诉讼法》第 227 条(2021 年修正为第 234 条)所规定之案外人异议,由执行机构进行审查,适用法律与审查程序完全一致。本案中,案外人于保全程序中所提"土地使用权归其所有,请求解除查封"的异议请求,与该公司于执行程序中所提异议请求完全一致,均属于对执行财产主张实体权利以排除执行,其他案件当事人亦完全一致,前后两次异议申请争议标的完全重合。因此,在保全法院已审理并驳回保变公司案外人异议后,执行法院不能再次审查该公司异议申请。

6. 中国证券登记结算有限责任公司上海分公司因兰州铁路局与上海唯亚实业投资有限公司黄辉泽等人合同诈骗刑事追赃案申请执行监督案[(2015)执申字第 126 号]

要旨:刑事裁判涉财产部分执行中,案外人主张对刑事裁判认定的赃款赃物善意取得,进而排除刑事追缴的,实质上属于对执行依据即刑事判决的相关判项提出异议,不属于执行程序应当审查的范围,应通过刑事审判部门补充裁定或案外人审判监督程序予以最终解决争议。

7. 河南源泰建筑有限公司与泽州县房地产综合开发总公司、高平市弘基房地产开发有限责任公司建筑工程施工合同纠纷执行申诉案[(2016)最高法执监 363 号]

要旨:根据执行异议的性质,执行异议有案外人异议和当事人、利害关系人异议之分。案外人异议是案外人认为人民法院的执行行为侵害了其实体权利,是基于对执行标的的实体权利主张阻止执行的异议,如对标的物主张所有权、排他性占有、使用权等足以阻止标的物转让、支付的权利,如该主张不能在执行中得到支持,案外人有提起诉讼解决争议的权利;当事人、利害关系人异议是因人民法院的执行行为违反程序性规定,侵害了执行案件当事人、利害关系人的合法权益,而提出的请求纠正执行行为错误的异议,该异议并不能阻止执行标的物,而可以对执行行为的后果主张损害赔偿的权利,如对错误的查封、拍卖、变卖,以及拘留、罚款等强制措施所造成的损害请求纠正或赔偿,如该主张在执行法院不能得到支持,可以向上一级人民法院申请复议。特别情况下,利害关系人提出的异议,可能不仅包含了对执行行为的异议,也包含了对标的物实体权利的异议,从而产生异议请求权的竞合,这种情况下,对标的物实体权利的异议将吸收对执行行为的异议,利害关系人的多个异议请求,在救济上按照案外人异议的程序一并解决争议。

8. 西藏信托有限公司与盘锦龙驿房地产开发有限责任公司金融借款合同纠纷执行复议案[(2017)最高法执复44号]

要旨:提出行为异议的前提是认为执行行为违反法律规定。而本案被执行人龙驿公司所提异议为662套房屋属于购房人所有,系对执行标的归属所提异议,目的在于排除对执行标的的执行,不符合《民事诉讼法》第225条(2021年修正为第232条)规定的行为异议的适用条件。龙驿公司所主张的已经销售给他人的931套房屋,已经有269套房屋因买受人提出案外人异议而解除了查封,案外人的权利有相应的救济途径。龙驿公司以法院执行的财产并非其所有为由根据《民事诉讼法》第225条提出行为异议,于法无据,不应支持。

9. 第三人中国农业发展银行咸阳市分行就陕西秦文融资担保有限公司与中国信达资产管理股份有限公司陕西分公司保证合同纠纷执行复议案[(2017)最高法执复66号]

要旨:《财产保全规定》第27条第1款规定,人民法院对诉讼争议标的以外的财产进行保全,案外人对保全裁定或者保全裁定实施过程中的执行行为不服,基于实体权利对被保全财产提出书面异议的,人民法院应当依照《民事诉讼法》第227条(2021年修正为第234条)规定审查处理并作出裁定。案外人、申请保全人对该裁定不服的,可以自裁定送达之日起15日内向人民法院提起执行异议之诉。从该规定看,如果被保全财产非诉讼争议标的的,在以下两种情况下,人民法院应当按照《民事诉讼法》第 227 条规定审查处理案外人提出的异议。一是保全裁定直接明确了需要保全的特定财产,案外人基于实体权利对被保全财产提出书面异议;二是保全裁定未直接明确需要保全的特定财产,在保全裁定实施过程中人民法院对特定财产采取了保全措施,案外人基于实体权利对被保全财产提出书面异议。可见,只要案外人基于实体权利对被保全财产提出书面异议,人民法院就需要按照《民事诉讼法》第 227 条规定审查处理,而无须区别对特定财产采取的保全措施是基于保全裁定实施过程中作出的查封、扣押、冻结裁定、协助执行通知还是保全裁定本身。

(二)案外人异议情形

1. 中信银行股份有限公司西安分行与陕西省石化产业集团有限公司、山煤国际能源集团晋城有限公司金融借款合同纠纷执行复议案[(2017)最高法执复 32 号、39 号]

要旨:与一般动产质押不同,由于金钱本身的特殊性,金钱质押的实现不需要经过拍卖、变卖等强制变价程序,一旦认定质权成立,案涉账户确属保证金账户,异议人对账户内的相应款项享有优先受偿权,则执行法院就不能对该账户相应款项执行。也就是说,有关保证金的异议如果成立,其在事实上就产生了足以排除对执行标的采取相应执行措施的效力。因此,主张对保证金享有优先受偿权的异议,实际上应当归属于主张对执行标的排除执行的实体权利,应当适用《民事诉讼法》第 227 条(2021 年修正为第 234 条)所规定的案外人异议审查程序处理。

2. 刘鸿财与兰光标股权转让纠纷执行申诉案[(2018)最高法执监 125 号]

要旨:抵销权作为合同法规定的一项实体权利,债务人可通过行使抵销权免除自己的债务,实现自己的债权。但抵销权的行使,不得损害第三人的合法权益。为此,我国企业破产法在承认抵销权的同时,又对用来抵销的主动债权进行了限制,特别是规定了债务人的债务人在破产申请受理后取得他人对债务人的债权,或者已知债务人有不能清偿到期债务或者破产申请的事实而对债务人取得债权的,不允许抵销。该制度的主要目的在于防止债务人资不抵债时,债务人的债务人通过新取得债权来主张抵销,使自己的新取得债权得到优先清偿、使自己的债务得以免除,而损害其他债权人利益。同样,在我国目前没有自然人破产法的司法现状下,在执行程序中,出现个人债务人不能清偿到期债务的情况时,为防止损害第三人特别是个人债务人的其他债权人的合法权益,抵销权的行使亦应受到一定限制。执行程序中,人民法院在对债权抵销进行审查时,除要求符合《异议复议规定》第19条之规定外,还应审查用于抵销的主动债权取得情况,是否损害第三人利益。

3. 福建福州农村商业银行股份有限公司华林支行与何勇生、肖莉等金融借款合同纠纷执行申诉案[(2016)最高法执监397号]

要旨:根据《异议复议规定》第31条第1款规定,在执行法院实际移交占有被执行人的不动产,或虽未实际移交但法院采取的执行措施有此种现实风险时,如涤除租赁权对财产进行评估、拍卖等,符合条件的承租人可以提出异议,阻止执行法院在租赁期内向受让人移交占有被执行的不动产,以保护其正常使用、收益租赁物的权利。但对不动产采取查封措施,本身不涉及移交该不动产,也未产生将来移交的现实风险,无论是否附着有在先的租赁权,均不能阻止执行法院对其采取查控措施。

4. 李建俊、赵文萍与郑旭合、临汾市尚霖投资有限公司、王荣华借款合同纠纷执行申诉案[(2017)最高法执监335号]

要旨:案外人于案件执行过程中对涉案房产主张租赁权,本质是阻却房产的交付,属案外人针对执行标的提出的异议,执行法院应对此进行立案审查,并作出裁定;当事人如对审查结果不服可提起案外人异议之诉,通过异议之诉程序解决涉案房产租赁权相关争议。

5. 案外人梅强、姚勇、那青就何健与云南泽珲房地产有限公司、朱文东民间借贷纠纷执行异议申诉案[(2018)最高法执监434号]

要旨:人民法院对执行标的物进行司法拍卖,系通过司法行为对执行标的物强制变价并用所得价款清偿被执行人所欠债务,其既包括对执行标的物权属的强制转让,也包括对执行标的物的强制交付。依据相关法律规定,案外人对执行标的主张所有权或者有其他足以阻止执行标的转让、交付的实体权利的,可以向执行法院提出案外人异议。在本案执行过程中,执行法院在案涉房屋张贴公告,限期要求房屋使用人向该院书面申报房屋租赁或其他使用情况,逾期未申报的,该院将在公开拍卖后予以强制交付。三名案外人在期限内向法院提交租赁协议,实质上是主张以租赁关系排除人民法院在租赁期内对案涉房屋的强制交付。鉴于本案申请执行人和三名案外人就是否存在租赁关系存在重大争议,执行法院宜将三名案外人的主张纳入案外人异议程序立案审查,并作出裁定,相关当事人如对裁定不服的,应通过执行异议之诉解决。执行法院未将三名案外人所提异议进行立案审查,直接作出带租拍卖裁定,并通过执行异议、复议程序解决租赁关系能否排除执行问题,适用程序错误。

6. 浙江稠州商业银行股份有限公司与城市名人酒店管理(中国)股份有限公司、浙江饭店有限责任公司金融借款合同纠纷执行复议案[(2019)最高法执复 29 号]

要旨:本案被执行人城市名人公司对同案的另一被执行人浙江饭店名下房地产主张享有租赁权利,产生被执行人与案外人身份的竞合,在此情形下,应当明确其权利的救济途径。就本案来说,城市名人公司作为负有连带清偿责任的被执行人,其主张的相关权利可以在执行后通过另行诉讼等向浙江饭店主张权利的方式予以救济。

7. 乌鲁木齐淄华投资管理咨询有限公司就潍坊新立克(集团)有限公司破产管理人与尹军、王铎、周同巨、季晓芳刑事赔偿纠纷执行申诉案[(2017)最高法执监 166 号]

要旨:对于经刑事裁判所认定为属于刑事被告人的且已经扣押在案的财产,在执行中案外人提出异议的,并不能适用民事诉讼法规定的案外人异议审查和处理程序,而只能通过刑事审判监督程序处理。只有对非经生效刑事裁判确定的涉案财产,即人民法院在执行过程中自行确定的被执行人财产提出异议的,才涉及按照《民事诉讼法》第 227 条(2021 年修正为第 234 条)的规定进行审查的问题。对此,《刑事财产部分执行规定》第 15 条明确规定:“执行过程中,案外人或被害人认为刑事裁判中对涉案财物是否属于赃款赃物认定错误或者应予认定而未认定,向执行法院提出书面异议,可以通过裁定补正的,执行机构应当将异议材料移送刑事审判部门处理;无法通过裁定补正的,应当告知异议人通过审判监督程序处理。”故本案对淄华公司提出的异议,依法应通过审判监督程序审查。此外,对于与我国刑事裁判相矛盾的境外仲裁裁决,并不存在优先执行境外仲裁裁决的法律规则。该等境外仲裁裁决及其承认裁定,亦并不具有否定生效刑事裁判的效力。

8. 利害关系人林道巧就朱慧珺等人刑事裁判财产部分执行申诉案
[(2019)最高法执监468号]

要旨:从程序角度看,《刑事财产部分执行规定》第14条第2款明确规定,人民法院审查案外人异议、复议,应当公开听证。这一规定明显不同于普通民事执行案件,虽与《异议复议规定》不一致,但根据特别规定优先适用的法理,本案是对刑事案件执行中的财产提出案外人异议,应优先适用《刑事财产部分执行规定》。在民事执行中,如果案外人对执行标的提出异议的,应当适用《民事诉讼法》第227条(2021年修正为第234条)的规定,先由执行机构审查并作出裁定,申请执行人或案外人对裁定不服的,可以向执行法院提起债权人异议之诉或者案外人异议之诉。因此,异议之诉必须有申请执行人作为原告或者被告参加诉讼。由于大多数刑事涉财执行案件无申请执行人,如果进入异议之诉,也缺乏相应的诉讼当事人。而对该问题适用《民事诉讼法》第225条(2021年修正为第232条)的规定,一律通过异议、复议程序审查处理,程序简便、统一。鉴于此,《刑事财产部分执行规定》对刑事裁判涉财产部分执行案件中的案外人异议,设计了不同于民事执行案件的处理程序,是在现行法律框架之下,相对较为合理的选择。由于没有异议之诉救济渠道,同时鉴于案外人异议涉及较为复杂的事实,关系当事人重大实体权利,为确保程序公正,为各方当事人提供充分的程序保障,要求人民法院审查处理案外人异议、复议,应当公开听证。对于没有听证的案件,属于重大程序违法,应发回重新审查。

第二百三十五条　【执行机构与执行程序】执行工作由执行员进行。

采取强制执行措施时，执行员应当出示证件。执行完毕后，应当将执行情况制作笔录，由在场的有关人员签名或者盖章。

人民法院根据需要可以设立执行机构。

规范体系		
司法解释		1.《最高人民法院关于适用〈中华人民共和国民事诉讼法〉的解释》(法释〔2015〕5 号;经法释〔2022〕11 号第二次修正)第 43—44 条、第 49 条 2.《最高人民法院关于人民法院执行工作若干问题的规定(试行)》(法释〔1998〕15 号;经法释〔2020〕21 号修正)第 1 条、第 4—8 条
司法文件	执行机构与执行权行使	1.《最高人民法院关于执行权合理配置和科学运行的若干意见》(法发〔2011〕15 号)第 1—33 条 2.《最高人民法院关于进一步完善执行权制约机制加强执行监督的意见》(法〔2021〕322 号)第 5—11 条 3.《最高人民法院关于进一步加强和规范执行工作的若干意见》(法发〔2009〕43 号)第 3 条 4.《最高人民法院关于高级人民法院统一管理执行工作若干问题的规定》(法发〔2000〕3 号)第 1—7 条、第 10—15 条 5.《最高人民法院关于进一步规范跨省、自治区、直辖市执行案件协调工作的通知》(法发〔2006〕285 号)第 1—8 条 6.《最高人民法院关于加强中级人民法院协同执行基层人民法院执行实施案件的通知》(法〔2017〕158 号)第 1—11 条 7.《最高人民法院关于进一步加强新形势下人民法庭工作的若干意见》(法发〔2014〕21 号)第 11 条

(续表)

规范体系		
司法文件	执行程序要求	1.《最高人民法院关于人民法院执行公开的若干规定》(法发〔2006〕35号)第1—19条 2.《最高人民法院关于人民法院执行流程公开的若干意见》(法发〔2014〕18号)第1—23条 3.《最高人民法院关于远程视频办理执行案件若干问题的规定》(法〔2016〕143号)第1—12条

【条文释义】

本条是关于执行机构、执行程序的规定。2007年《民事诉讼法》第一次修正时对本条进行了修改。①

执行机构,是指行使执行权,负责执行工作的机构,是完成执行工作的重要保障。随着市场经济的发展,执行工作任务越来越重,“执行难”的问题越来越突出,需要完善执行机构,加强执行工作。1991年《民事诉讼法》第209条规定,“基层人民法院、中级人民法院根据需要,可以设立执行机构”。这一规定不能满足日益增多的执行案件的需要:一是高级人民法院、最高人民法院作为一审的民事案件,根据《民事诉讼法》的规定应当由其执行,如果不建立执行机构就失去了执行工作的组织保障。二是下级人民法院的执行工作也需要上级人民法院建立相应的机构予以指导、监督和协调。基层人民法院和中级人民法院设立了执行庭,但最高人民法院和高级人民法院设立执行机构缺乏法律上的依据。2007年《民事诉讼法》第一次修正时,对1991年《民事诉讼法》第209条第3款作了两处修改:一是将“基层人民法院、中级人民法院根据需要,可以设立执行机构”,修改为“人民法院根据需要可以设立执行机构”。如此修改,既是出于执行实践的需要,也是对目前全国法院执行机

① 《全国人民代表大会常务委员会关于修改〈中华人民共和国民事诉讼法〉的决定》(2007年10月28日第十届全国人民代表大会常务委员会第三十次会议通过)第14条规定:“十四、第二百零九条改为第二百零五条,第三款修改为:‘人民法院根据需要可以设立执行机构。’”

构设置现状的确认。二是删除了"执行机构的职责由最高人民法院规定"。

执行人员采取执行措施时,应当出示证明其身份的证件,如工作证、人民法院的证明信等。执行完毕后,应当将执行情况制作笔录,如执行标的物的种类、数量、质量,执行中有谁在场,执行标的物有无毁损等。执行笔录应当由在场的被执行人、单位的法定代表人或者被执行人住所地基层组织的代表等有关人员签名、盖章。①

【司法解释】

1.《最高人民法院关于适用〈中华人民共和国民事诉讼法〉的解释》(法释〔2015〕5 号,2015 年 2 月 4 日;经法释〔2022〕11 号第二次修正,2022 年 4 月10 日)

第四十三条　审判人员有下列情形之一的,应当自行回避,当事人有权申请其回避:

(一)是本案当事人或者当事人近亲属的;

(二)本人或者其近亲属与本案有利害关系的;

(三)担任过本案的证人、鉴定人、辩护人、诉讼代理人、翻译人员的;

(四)是本案诉讼代理人近亲属的;

(五)本人或者其近亲属持有本案非上市公司当事人的股份或者股权的;

(六)与本案当事人或者诉讼代理人有其他利害关系,可能影响公正审理的。

第四十四条　审判人员有下列情形之一的,当事人有权申请其回避:

(一)接受本案当事人及其受托人宴请,或者参加由其支付费用的活动的;

(二)索取、接受本案当事人及其受托人财物或者其他利益的;

(三)违反规定会见本案当事人、诉讼代理人的;

(四)为本案当事人推荐、介绍诉讼代理人,或者为律师、其他人员介绍代理本案的;

---

①　参见全国人民代表大会常务委员会法制工作委员会编:《中华人民共和国民事诉讼法释义(最新修正版)》,法律出版社 2012 年版,第 539 页。

(五)向本案当事人及其受托人借用款物的;

(六)有其他不正当行为,可能影响公正审理的。

第四十九条 书记员和执行员适用审判人员回避的有关规定。

2.《最高人民法院关于人民法院执行工作若干问题的规定(试行)》(法释〔1998〕15号,1998年7月8日;经法释〔2020〕21号修正,2021年1月1日)

一、执行机构及其职责

1. 人民法院根据需要,依据有关法律的规定,设立执行机构,专门负责执行工作。

4. 人民法庭审结的案件,由人民法庭负责执行。其中复杂、疑难或被执行人不在本法院辖区的案件,由执行机构负责执行。

5. 执行程序中重大事项的办理,应由三名以上执行员讨论,并报经院长批准。

6. 执行机构应配备必要的交通工具、通讯设备、音像设备和警械用具等,以保障及时有效地履行职责。

7. 执行人员执行公务时,应向有关人员出示工作证件,并按规定着装。必要时应由司法警察参加。

8. 上级人民法院执行机构负责本院对下级人民法院执行工作的监督、指导和协调。

【司法文件】

(一)执行机构与执行权行使

1.《最高人民法院关于执行权合理配置和科学运行的若干意见》(法发〔2011〕15号,2011年10月19日)

一、关于执行权分权和高效运行机制

1. 执行权是人民法院依法采取各类执行措施以及对执行异议、复议、申诉等事项进行审查的权力,包括执行实施权和执行审查权。

2. 地方人民法院执行局应当按照分权运行机制设立和其他业务庭平行的执行实施和执行审查部门,分别行使执行实施权和执行审查权。

3. 执行实施权的范围主要是财产调查、控制、处分、交付和分配以及罚款、拘留措施等实施事项。执行实施权由执行员或者法官行使。

4. 执行审查权的范围主要是审查和处理执行异议、复议、申诉以及决定执行管辖权的转移等审查事项。执行审查权由法官行使。

5. 执行实施事项的处理应当采取审批制,执行审查事项的处理应当采取合议制。

【注释】本条将执行程序中的事项分执行实施事项和执行审查事项,并规定了不同的处理方式。法律、司法解释关于执行中合议事项的规定有:(1)《民事诉讼法》第 244 条规定,被执行人申请不予执行仲裁裁决的,应组成合议庭审查。(2)《仲裁法》第 63 条规定:"被申请人提出证据证明裁决有民事诉讼法第二百一十三条第二款①规定的情形之一的,经人民法院组成合议庭审查核实,裁定不予执行。"(3)《仲裁执行规定》第 11 条第 1 款规定,"人民法院对不予执行仲裁决案件应当组成合议庭围绕被执行人申请的事由、案外人的申请进行审查"。(4)《仲裁司法审查规定》第 11 条规定:"人民法院审查仲裁司法审查案件,应当组成合议庭并询问当事人。"(5)《民事诉讼法解释》第 517 条规定,经过财产调查未发现可供执行的财产,执行法院组成合议庭审查核实并经院长批准后,可以裁定终结本次执行程序。(6)《变更追加规定》第 28 条规定,申请人申请变更、追加执行当事人,除事实清楚、权利义务关系明确、争议不大的案件外,执行法院应当组成合议庭审查并公开听证;第 31 条规定,上一级人民法院对复议申请应当组成合议庭审查。(7)《异议复议规定》第 11 条规定:"人民法院审查执行异议或者复议案件,应当依法组成合议庭。"(8)《暂缓执行规定》第 11 条规定:"人民法院对暂缓执行的案件,应当组成合议庭对是否暂缓执行进行审查……"(9)《执行督办规定》第 8 条规定,下级法院认为上级法院的处理意见错误,可以按照有关规定提请上级法院复议,上级法院应当另行组成合议庭进行审查。(10)《移送破产意见》(法发〔2017〕2 号)第 5 条规定,"承办人认为执行案件符合移送破产审查条件的,应提出审查意见,经合议庭评议同意后,由执行法院院长签署移送决定"。(11)《网拍规定》第 27 条规定:"起拍价及其降价幅度、竞价增价幅度、保证金数额和优先购买权人竞买资格及其顺序等事项,应当由人民法院依法组成合议庭评议确定。"(12)《执行款物管理规定》第 11 条第 2 款规定:"执行款应当发放给申请执行人,确需发放给申请执行人以外的单

---

① 2021 年《民事诉讼法》第四次修正后调整为第 244 条第 2 款。

位或个人的,应当组成合议庭进行审查,但依法应当退还给交款人的除外。”需要合议的,应当由法官组成合议庭审查。

6. 人民法院可以将执行实施程序分为财产查控、财产处置、款物发放等不同阶段并明确时限要求,由不同执行人员集中办理,互相监督,分权制衡,提高执行工作质量和效率。执行局的综合管理部门应当对分段执行实行节点控制和流程管理。

7. 执行中因情况紧急必须及时采取执行措施的,执行人员经执行指挥中心指令,可依法采取查封、扣押、冻结等财产保全和其他控制性措施,事后两个工作日内应当及时补办审批手续。

8. 人民法院在执行局内建立执行信访审查处理机制,以有效解决消极执行和不规范执行问题。执行申诉审查部门可以参与涉执行信访案件的接访工作,并应当采取排名通报、挂牌督办等措施促进涉执行信访案件的及时处理。

9. 继续推进全国法院执行案件信息管理系统建设,积极参与社会信用体系建设。执行信息部门应当发挥职能优势,采取多种措施扩大查询范围,实现执行案件所有信息在法院系统内的共享,推进执行案件信息与其他部门信用信息的共享,并通过信用惩戒手段促使债务人自动履行义务。

二、关于执行局与立案、审判等机构之间的分工协作

10. 执行权由人民法院的执行局行使;人民法庭可根据执行局授权执行自审案件,但应接受执行局的管理和业务指导。

11. 办理执行实施、执行异议、执行复议、执行监督、执行协调、执行请示等执行案件和案外人执行异议之诉、申请执行人执行异议之诉、执行分配方案异议之诉、代位析产之诉等涉执行的诉讼案件,由立案机构进行立案审查,并纳入审判和执行案件统一管理体系。

人民法庭经授权执行自审案件,可由其自行办理立案登记手续,并纳入执行案件的统一管理。

12. 案外人执行异议之诉、申请执行人执行异议之诉、执行分配方案异议之诉、代位析产之诉等涉执行的诉讼,由人民法院的审判机构按照民事诉讼程序审理。逐步促进涉执行诉讼审判的专业化,具备条件的人民法院可以设立专门审判机构,对涉执行的诉讼案件集中审理。

案外人、当事人认为据以执行的判决、裁定错误的,由作出生效判决、裁定的原审人民法院或其上级人民法院按照审判监督程序审理。

13. 行政非诉案件、行政诉讼案件的执行申请，由立案机构登记后转行政审判机构进行合法性审查；裁定准予强制执行的，再由立案机构办理执行立案登记后移交执行局执行。

【注释】本条与《行政诉讼法解释》第 160 条规定精神基本一致。

14. 强制清算的实施由执行局负责，强制清算中的实体争议由民事审判机构负责审理。

15. 诉前、申请执行前的财产保全申请由立案机构进行审查并作出裁定；裁定保全的，移交执行局执行。

16. 诉中财产保全、先予执行的申请由相关审判机构审查并作出裁定；裁定财产保全或者先予执行的，移交执行局执行。

【注释】《财产保全规定》第 2 条针对保全案件增加了“一般”的表述，即财产保全“一般应当移送执行机构实施”。《财产保全规定》施行后，以该条为准。

17. 当事人、案外人对财产保全、先予执行的裁定不服申请复议的，由作出裁定的立案机构或者审判机构按照民事诉讼法第九十九条①的规定进行审查。

当事人、案外人、利害关系人对财产保全、先予执行的实施行为提出异议的，由执行局根据异议事项的性质按照民事诉讼法第二百零二条或者第二百零四条②的规定进行审查。

当事人、案外人的异议既指向财产保全、先予执行的裁定，又指向实施行为的，一并由作出裁定的立案机构或者审判机构分别按照民事诉讼法第九十九条和第二百零二条或者第二百零四条的规定审查。

【注释】《财产保全规定》第 27 条规定，“人民法院对诉讼争议标的以外的财产进行保全，案外人对保全裁定或者保全裁定实施过程中的执行行为不服，基于实体权利对被保全财产提出书面异议的，人民法院应当依照民事诉讼法第二百二十七条③规定审查处理并作出裁定”。《立审执意见》(法发〔2018〕9 号)第 21 条规定：“保全财产不是诉讼争议标的物，案外人基于实体权利对保全裁定或者执行行为不服提出异议的，由负责审查案外人异议的部

---

① 2021 年《民事诉讼法》第四次修正后调整为第 111 条。

② 2021 年《民事诉讼法》第四次修正后调整为第 232 条或者第 234 条。

③ 2021 年《民事诉讼法》第四次修正后调整为第 234 条。

门根据民事诉讼法第二百二十七条的规定审查该异议。”实践中，保全裁定系由立案或审判机构作出，并直接确定了保全的具体财产，是否属于“既指向财产保全、先予执行的裁定，又指向实施行为”，以及由执行机构审查其他部门作出的裁定是否合适存在一定争议。而《民事诉讼法》第234条关于“认定原裁定错误的，依照审判监督程序办理”也容易让人理解为，“对保全裁定的异议也通过审判监督程序解决”。为澄清上述误解，《立审执意见》第21条特别明确，案外人基于实体权利提出异议，即便保全标的是由保全裁定确定，也应由负责审查案外人异议的部门审查。《立审执意见》施行后，以该条为准。

18. 具有执行内容的财产刑和非刑罚制裁措施的执行由执行局负责。

19. 境外法院、仲裁机构作出的生效法律文书的执行申请，由审判机构负责审查；依法裁定准予执行或者发出执行令的，移交执行局执行。

20. 不同法院因执行程序，执行与破产、强制清算、审判等程序之间对执行标的产生争议，经自行协调无法达成一致意见的，由争议法院的共同上级法院执行局中的协调指导部门处理。

21. 执行过程中依法需要变更、追加执行主体的，由执行局按照法定程序办理；应当通过另诉或者提起再审追加、变更的，由审判机构按照法定程序办理。

22. 委托评估、拍卖、变卖由司法辅助部门负责，对评估、拍卖、变卖所提异议由执行局审查。

23. 被执行人对国内仲裁裁决提出不予执行抗辩的，由执行局审查。

24. 立案、审判机构在办理民商事和附带民事诉讼案件时，应当根据案件实际，就追加诉讼当事人、申请诉前、诉中和申请执行前的财产保全等内容向当事人作必要的释明和告知。

25. 立案、审判机构在办理民商事和附带民事诉讼案件时，除依法缺席判决等无法准确查明当事人身份和地址的情形外，应当在有关法律文书中载明当事人的身份证号码，在卷宗中载明送达地址。

26. 审判机构在审理确权诉讼时，应当查询所要确权的财产权属状况，发现已经被执行局查封、扣押、冻结的，应当中止审理；当事人诉请确权的财产被执行局处置的，应当撤销确权案件；在执行局查封、扣押、冻结后确权的，应当撤销确权判决或者调解书。

【注释】《立审执意见》第8条规定：“审判部门在审理确权诉讼时，应当查询所要确权的财产权属状况。需要确权的财产已经被人民法院查封、扣押、冻结的，应当裁定驳回起诉，并告知当事人可以依照民事诉讼法第二百二十七条的规定主张权利。”根据该意见，审判机构在审理确权诉讼时，发现标的被法院查封的，应当驳回起诉，不再是中止审理。《立审执意见》施行后，以该条为准。

27. 对符合法定移送执行条件的法律文书，审判机构应当在法律文书生效后及时移送执行局执行。

【注释】《执行工作规定》第 17 条第 2 款规定："发生法律效力的具有给付赡养费、扶养费、抚育费内容的法律文书、民事制裁决定书，以及刑事附带民事判决、裁定、调解书，由审判庭移送执行机构执行。"此外，移送执行的案件还包括刑事裁判涉财产部分执行案件、保全案件、公益诉讼案件。

三、关于执行工作的统一管理

28. 中级以上人民法院对辖区人民法院的执行工作实行统一管理。下级人民法院拒不服从上级人民法院统一管理的，依照有关规定追究下级人民法院有关责任人的责任。

29. 上级人民法院可以根据本辖区的执行工作情况，组织集中执行和专项执行活动。

30. 对下级人民法院违法、错误的执行裁定、执行行为，上级人民法院有权指令下级人民法院自行纠正或者通过裁定、决定予以纠正。

31. 上级人民法院在组织集中执行、专项执行或其他重大执行活动中，可以统一指挥和调度下级人民法院的执行人员、司法警察和执行装备。

32. 上级人民法院根据执行工作需要，可以商政府有关部门编制辖区内人民法院的执行装备标准和业务经费计划。

33. 上级人民法院有权对下级人民法院的执行工作进行考核，考核结果向下级人民法院通报。

2.《最高人民法院关于进一步完善执行权制约机制加强执行监督的意见》（法〔2021〕322 号，2021 年 12 月 6 日）

5. 深化审判权与执行权分离。有效发挥审判、破产、国家赔偿程序对执行权的制约作用。执行中的重大实体争议问题，严格按照民事诉讼法及司法解释的规定，通过相应诉讼程序解决，避免违规以执代审。执行中发现企业法人不能清偿到期债务，并且资产不足以清偿全部债务或者明显缺乏清偿能力的，应当暂缓财产分配，及时询问申请执行人、被执行人是否申请或者同意将案件移送破产审查，避免影响各债权人的公平受偿权；对于无财产可供执行的终本案件，要及时启动执转破程序，清理僵尸企业，有序消化终本案件存量。人民法院收到移送破产审查决定书面通知的，应依法中止执行，坚决杜绝在破产案件受理后不配合解除相应保全措施、搞地方保护等现象。执行错误的，依法及时启动国家赔偿程序，完善执行错误案件国家赔偿制度机制，有效及时挽回因执行错误给当事人造成的损失，维护当事人的合法权益。

6. 深化执行裁决权与执行实施权分离。具备条件的人民法院可单独设立执行裁判庭，负责办理执行异议、复议、执行异议之诉案件，以及消极执行督办案件以外的执行监督案件。不具备条件的人民法院，执行异议、复议、消极执行督办案件以外的执行监督案件由执行机构专门合议庭负责审查，执行异议之诉案件由相关审判庭负责审理。充分发挥执行裁决权对执行实施权的制衡和约束作用。

7. 健全事务集约、繁简分流的执行权运行机制。首次执行案件应在立案后或者完成集中查控后，根据查控结果，以有无足额财产可供执行、有无财产需要处置、能否一次性有效执行等为标准，实施繁简分流，实现简案快执、难案攻坚。简易执行案件由快执团队办理，普通案件由以法官为主导的团队办理。做好简易执行案件与普通案件的衔接，简易执行案件无法在既定期限内执结的，应转为普通案件办理。通过对繁简案件分类考核、精准管理，有效避免繁简案件混杂引发的选择性执行问题。

8. 确立专人监督管理制度。建立流程节点自动预警和专人监管的双重管理机制。设专人履行专项监管职责，对案件承办团队是否及时查控财产、发放执行案款、终本案件是否合规等关键节点进行日常核查，及时提示办案人员采取相应措施纠正违规行为，对未采取相应纠正措施的，及时向有关负责同志报告。各级人民法院要对专人监督管理制度制定相应的实施办法。

9. 严格落实合议制度。依照法律和司法解释规定应当合议的事项，必须由合议庭讨论决定，不得搞变通，使合议流于形式。健全专业法官会议制度和审判委员会制度，完善合议庭评议、专业法官会议与审判委员会讨论的工作衔接机制。

10. 制定完善执行权力和责任清单。各级人民法院要根据法律规定和司法责任制要求，制定符合新的执行权运行模式的权力和责任清单，完善“四类案件”管理机制，并嵌入执行案件流程管理系统，实现对履职行为的提醒、留痕、倒查和监督，压实院长、执行局长监管职责，严格落实“谁审批、谁负责”要求。

11. 深化执行公开。进一步优化执行信息化公开平台，将执行当事人、终本案件、限制消费、失信惩戒、财产处置、执行裁判文书等信息向社会全面公开，对依法应当公开的执行流程节点、案件进展状态通过手机短信、微信、诉讼服务热线、手机 APP 等及时向案件当事人推送，实现执行案件办理过程全公开、节点全告知、程序全对接、文书全上网，保障当事人和社会公众的知情权、参与权和监督权，让执行权在阳光下运行。广泛开展“正在执行”全媒体直播等活动，凝聚全社会了解执行、理解执行、支持执行的共识。有效解决暗箱操作、权力寻租顽疾。

3.《最高人民法院关于进一步加强和规范执行工作的若干意见》（法发〔2009〕43 号，2009 年 7 月 17 日）

三、继续推进执行改革

（一）优化执行职权配置。一是进一步完善高级人民法院执行机构统一管理、统一协调的执行工作管理机制，中级人民法院（直辖市除外）对所辖地区执行工作实行统一管理、统一协调。进一步推进“管案、管事、管人”相结合的管理模式。二是实行案件执行重心下移，最高人民法院和高级人民法院作为执行工作统一管理、统一协调的机构，原则上不执行具体案件，案件主要由中级人民法院和基层人民法院执行，也可以指定专门法院执行某些特定案件，以排除不当干预。三是科学界定执行审查权和执行实施权，并分别由不同的内设机构或者人员行使。将财产调查、控制、处分及交付和分配、采取罚款、拘留强制措施等事项交由实施机构办理，对各类执行异议、复议、案外人异议及变更执行法院的申请等事项交由审查机构办理。四是实行科学的执行案件流程管理，打破一个人负责到底的传统执行模式，积极探索建立分段集约执行的工作机制。指定专人负责统一调查、控制和处分被执行财产，以提高执行效率。要实施以节点控制为特征的流程管理制度，充分发挥合议庭和审判长（执行长）联席会议在审查、评议并提出执行方案方面的作用。

（二）统一执行机构设置。各级人民法院统一设立执行局，并统一执行局内设机构及职能。高级人民法院设立复议监督、协调指导、申诉审查以及综合管理机构，中级人民法院和基层人民法院设执行实施、执行审查、申诉审查和综合管理机构。复议监督机构负责执行案件的监督，并办理异议复议、申请变更执行法院和执行监督案件；协调指导机构负责跨辖区委托执行案件和异地执行案件的协调和管理，办理执行请示案件以及负责与同级政府有关部门的协调；申诉审查机构负责执行申诉信访案件的审查和督办等事项；综合管理机构负责辖区执行工作的管理部署、巡视督查、评估考核、起草规范性文件、调研统计等各类综合性事项。

（三）合理确定执行机构与其他部门的职责分工。要理顺执行机构与法院其他相关部门的职责分工，推进执行工作专业化和执行队伍职业化建设。实行严格的归口管理，明确行政非诉案件和行政诉讼案件的执行，财产保全、先予执行、财产刑等统一由执行机构负责实施。加强和规范司法警察参与执行工作。基层人民法院审判监督庭和高、中级人民法院的质效管理部门承担执行工作质量监督、瑕疵案件责任分析等职能。

4.《最高人民法院关于高级人民法院统一管理执行工作若干问题的规定》（法发〔2000〕3号，2000年1月14日）

一、高级人民法院在最高人民法院的监督和指导下，对本辖区执行工作的整体部署、执行案件的监督和协调、执行力量的调度以及执行装备的使用等，实行统一管理。

地方各级人民法院办理执行案件，应当依照法律规定分级负责。

二、高级人民法院应当根据法律、法规、司法解释和最高人民法院的有关规定，结合本辖区的实际情况制定统一管理执行工作的具体规章制度，确定一定时期内执行工作的目标和重点，组织本辖区内的各级人民法院实施。

三、高级人民法院应当根据最高人民法院的统一部署或本地区的具体情况适时组织集中执行和专项执行活动。

四、高级人民法院在组织集中执行、专项执行或其他重大执行活动中，可以统一调度、使用下级人民法院的执行力量，包括执行人员、司法警察、执行装备等。

五、高级人民法院有权对下级人民法院的违法、错误的执行裁定、执行行为函告下级法院自行纠正或直接下达裁定、决定予以纠正。

六、高级人民法院负责协调处理本辖区内跨中级人民法院辖区的法院与法院之间的执行争议案件。对跨高级人民法院辖区的法院与法院之间的执行争议案件，由争议双方所在地的两地高级人民法院协商处理；协商不成的，按有关规定报请最高人民法院协调处理。

七、对跨高级人民法院辖区的法院与公安、检察等机关之间的执行争议案件，由执行法院所在地的高级人民法院与有关公安、检察等机关所在地的高级人民法院商有关机关协调解决，必要时可报请最高人民法院协调处理。

十、高级人民法院应监督本辖区内各级人民法院按有关规定精神配备合格的执行人员，并根据最高人民法院要求和本辖区的具体情况，制定培训计划，确定培训目标，采取切实有效措施予以落实。

十一、中级人民法院、基层人民法院和专门人民法院执行机构的主要负责人在按干部管理制度和法定程序规定办理任免手续前应征得上一级人民法院的同意。

上级人民法院认为下级人民法院执行机构的主要负责人不称职的，可以建议有关部门予以调整、调离或者免职。

十二、高级人民法院应根据执行工作需要，商财政、计划等有关部门编制本辖区内各级人民法院关于交通工具、通讯设备、警械器具、摄录器材等执行装备和业务经费的计划，确定执行装备的标准和数量，并由本辖区内各级人民法院协同当地政府予以落实。

十三、下级人民法院不执行上级人民法院对执行工作和案件处理作出的决定，上级人民法院应通报批评；情节严重的，可以建议有关部门对有关责任人员予以纪律处分。

十四、中级人民法院、基层人民法院和专门人民法院对执行工作的管理职责由高级人民法院规定。

十五、本规定自颁布之日起执行。

5.《最高人民法院关于进一步规范跨省、自治区、直辖市执行案件协调工作的通知》（法发〔2006〕285 号，2006 年 9 月 30 日）

一、跨省执行争议案件需要报请最高人民法院协调处理的，应当在上报前，经过争议各方高级人民法院执行局（庭）负责人之间面对面协商；对重大疑难案件，必要时，应当经过院领导出面协商。

协商应当形成书面记录或者纪要，并经双方签字。

二、相关高级人民法院应当对本辖区法院执行争议案件的事实负责。对于下级法院上报协调的案件，高级人民法院应当对案件事实进行核查，必要时应当采取听证方式进行。

三、高级人民法院报请最高人民法院协调的执行争议案件，必须经过执行局(庭)组织研究,形成处理意见,对下级法院报送的意见不得简单地照抄照转。

四、相关高级人民法院在相互协商跨省执行争议案件过程中,发现本辖区法院的执行行为存在错误的,应当依法纠正。

五、相关高级人民法院之间对处理执行争议的法律适用问题不能达成一致意见的,应当各自经审委会讨论后形成倾向性意见。

六、请求最高人民法院协调跨省执行争议案件的报告,应当经高级人民法院主管院领导审核签发,一式五份。报告应当附相关法律文书和高级人民法院之间的协调记录或纪要,必要时应附案卷。

七、跨省执行争议案件,一方法院提出协商处理请求后,除采取必要的控制财产措施外,未经争议各方法院或者最高人民法院同意,任何一方法院不得处分争议财产。

八、跨省执行争议案件经最高人民法院协调达成一致处理意见的,形成协调纪要。相关高级人民法院应当负责协调意见的落实;协调不成的,由最高人民法院作出处理意见。必要时,最高人民法院可以作出决定或者裁定,并直接向有关部门发出协助执行通知书。

6.《最高人民法院关于加强中级人民法院协同执行基层人民法院执行实施案件的通知》(法〔2017〕158号,2017年7月1日)

中级人民法院在执行工作中具有承上启下的作用,是实现执行工作统一管理、统一指挥、统一协调的关键环节。执行指挥中心在执行工作中处于枢纽地位,对统筹执行力量、强化系统管理、提升执行质效、破解执行难题具有重要意义。为充分发挥中级人民法院执行指挥中心的功能优势,推动解决重大、疑难、复杂案件执行,根据有关规定,就加强中级人民法院对辖区法院执行实施案件的协同执行工作通知如下:

一、中级人民法院要发挥协调和统筹优势,统一调度使用辖区法院执行力量,协同、帮助基层人民法院对重大、疑难、复杂或长期未结案件实施强制执行。

二、基层人民法院难以执行的下列执行实施案件,可报请中级人民法院协同执行:

(一)长期未结案件;

(二)受到严重非法干预的案件;

（三）有重大影响，社会高度关注的案件；

（四）受暴力、威胁或其他方法妨碍、抗拒执行的案件；

（五）多个法院立案受理的系列、关联案件；

（六）被执行人主要财产在其他法院辖区的案件；

（七）其他重大、疑难、复杂案件。

上级人民法院在督办、信访、巡查等工作中发现下级法院立案执行的执行实施案件存在上述情形的，可以指定或决定实施协同执行。

三、实施协同执行的，中级人民法院应作出《协同执行决定书》，决定书同时送交执行法院和参与协同执行的相关法院。执行法院报请的案件不符合协同执行条件的，中级人民法院应告知其自行执行。

四、协同执行由执行指挥中心具体负责，中级人民法院执行指挥中心应指定专人负责协同执行，与执行法院共同商定执行实施方案，及时组织实施强制执行。

协同执行案件不移送、不提级，办案主体仍是执行法院，仍由执行法院以本院名义对外出具法律文书。参与协同执行的其他法院执行干警可以凭《协同执行决定书》和公务证件开展具体执行工作。

五、中级人民法院应统筹考虑辖区法院执行案件数量、执行力量等因素，均衡开展协同执行，优先协助案多人少矛盾更加突出的辖区法院。应按照就近、便利原则开展协同执行，统筹使用辖区法院执行力量，最大限度节约执行成本，防止频繁、大跨度调用执行力量对辖区法院正常办案造成影响。

六、中级人民法院每年应办理一定数量的协同执行案件，办案数量和质效纳入执行考核范围，具体办案数量由高级人民法院根据辖区各中级人民法院实际情况确定。

七、上级人民法院要加强对协同执行工作的监督、管理和考核，每半年将协同执行工作开展情况予以通报。人民法院执行指挥中心要建立协同执行案件管理模块，加强对协同执行案件的信息化管理。

八、协同执行工作方案中，应明确中级人民法院、执行法院和参与协同执行的相关法院具体职责。各法院应分工负责、密切配合，存在消极执行、乱执行等不规范执行的，追究相应责任。

九、高级人民法院应就协同执行案件具体条件，职责分工，辖区各中级人民法院办理协同执行案件数量，协同执行的监督、指导、考核等制定实施细则并报最高人民法院备案。

十、高级人民法院可参照本通知要求，就辖区中基层法院需要协同执行的执行实施案件开展协同执行。

十一、本通知自2017年7月1日起实施，实施过程有何问题和建议，及时层报最高人民法院。

7.《最高人民法院关于进一步加强新形势下人民法庭工作的若干意见》（法发〔2014〕21号，2014年12月4日）

11. 改进执行工作。对执行工作难度较大、基层人民法院执行不影响当事人合法权益及时实现，以及人员装备难以保障执行工作顺利开展的人民法庭审结案件，原则上由基层人民法院负责执行。对可以当庭执结以及由人民法庭执行更加方便诉讼群众的案件，应当由人民法庭负责执行。有条件的地方，可以探索由所在基层人民法院派驻执行组等方式构建直接执行机制，最大限度地方便群众诉讼，提高执行效率。

（二）执行程序要求

1.《最高人民法院关于人民法院执行公开的若干规定》（法发〔2006〕35号，2007年1月1日）

第一条 本规定所称的执行公开，是指人民法院将案件执行过程和执行程序予以公开。

第二条 人民法院应当通过通知、公告或者法院网络、新闻媒体等方式，依法公开案件执行各个环节和有关信息，但涉及国家秘密、商业秘密等法律禁止公开的信息除外。

第三条 人民法院应当向社会公开执行案件的立案标准和启动程序。

人民法院对当事人的强制执行申请立案受理后，应当及时将立案的有关情况、当事人在执行程序中的权利和义务以及可能存在的执行风险书面告知当事人；不予立案的，应当制作裁定书送达申请人，裁定书应当载明不予立案的法律依据和理由。

第四条 人民法院应当向社会公开执行费用的收费标准和根据，公开执行费减、缓、免交的基本条件和程序。

第五条 人民法院受理执行案件后，应当及时将案件承办人或合议庭成员及联系方式告知双方当事人。

第六条 人民法院在执行过程中,申请执行人要求了解案件执行进展情况的,执行人员应当如实告知。

第七条 人民法院对申请执行人提供的财产线索进行调查后,应当及时将调查结果告知申请执行人;对依职权调查的被执行人财产状况和被执行人申报的财产状况,应当主动告知申请执行人。

第八条 人民法院采取查封、扣押、冻结、划拨等执行措施的,应当依法制作裁定书送达被执行人,并在实施执行措施后将有关情况及时告知双方当事人,或者以方便当事人查询的方式予以公开。

第九条 人民法院采取拘留、罚款、拘传等强制措施的,应当依法向被采取强制措施的人出示有关手续,并说明对其采取强制措施的理由和法律依据。采取强制措施后,应当将情况告知其他当事人。

采取拘留或罚款措施的,应当在决定书中告知被拘留或者被罚款的人享有向上级人民法院申请复议的权利。

第十条 人民法院拟委托评估、拍卖或者变卖被执行人财产的,应当及时告知双方当事人及其他利害关系人,并严格按照《中华人民共和国民事诉讼法》和最高人民法院《关于人民法院民事执行中拍卖、变卖财产的规定》等有关规定,采取公开的方式选定评估机构和拍卖机构,并依法公开进行拍卖、变卖。

评估结束后,人民法院应当及时向双方当事人及其他利害关系人送达评估报告;拍卖、变卖结束后,应当及时将结果告知双方当事人及其他利害关系人。

第十一条 人民法院在办理参与分配的执行案件时,应当将被执行人财产的处理方案、分配原则和分配方案以及相关法律规定告知申请参与分配的债权人。必要时,应当组织各方当事人举行听证会。

第十二条 人民法院对案外人异议、不予执行的申请以及变更、追加被执行主体等重大执行事项,一般应当公开听证进行审查;案情简单,事实清楚,没有必要听证的,人民法院可以直接审查。审查结果应当依法制作裁定书送达各方当事人。

第十三条 人民法院依职权对案件中止执行的,应当制作裁定书并送达当事人。裁定书应当说明中止执行的理由,并明确援引相应的法律依据。

对已经中止执行的案件,人民法院应当告知当事人中止执行案件的管理制度、申请恢复执行或者人民法院依职权恢复执行的条件和程序。

第十四条 人民法院依职权对据以执行的生效法律文书终结执行的,应当公开听证,但申请执行人没有异议的除外。

终结执行应当制作裁定书并送达双方当事人。裁定书应当充分说明终结执行的理由,并明确援引相应的法律依据。

第十五条 人民法院未能按照最高人民法院《关于人民法院办理执行案件若干期限的规定》中规定的期限完成执行行为的,应当及时向申请执行人说明原因。

第十六条 人民法院对执行过程中形成的各种法律文书和相关材料,除涉及国家秘密、商业秘密等不宜公开的文书材料外,其他一般都应当予以公开。

当事人及其委托代理人申请查阅执行卷宗的,经人民法院许可,可以按照有关规定查阅、抄录、复制执行卷宗正卷中的有关材料。

第十七条 对违反本规定不公开或不及时公开案件执行信息的,视情节轻重,依有关规定追究相应的责任。

第十八条 各高级人民法院在实施本规定过程中,可以根据实际需要制定实施细则。

第十九条 本规定自2007年1月1日起施行。

2.《最高人民法院关于人民法院执行流程公开的若干意见》(法发〔2014〕18号,2014年9月3日)

一、总体要求

第一条 人民法院执行流程信息以公开为原则、不公开为例外。对依法应当公开、可以公开的执行流程及其相关信息,一律予以公开,实现执行案件办理过程全公开、节点全告知、程序全对接、文书全上网,为当事人和社会公众提供全方位、多元化、实时性的执行公开服务,全面推进阳光执行。

第二条 人民法院执行流程公开工作,以各级人民法院互联网门户网站(政务网)为基础平台和主要公开渠道,辅以手机短信、电话语音系统、电子公告屏和触摸屏、手机应用客户端、法院微博、法院微信公众号等其他平台或渠道,将执行案件流程节点信息、案件进展状态及有关材料向案件当事人及委托代理人公开,将与法院执行工作有关的执行服务信息、执行公告信息等公共信息向社会公众公开。

各级人民法院应当在本院门户网站(政务网)下设的审判流程信息公开

网上建立查询执行流程信息的功能模块。最高人民法院在政务网上建立“中国执行信息公开网”，开设“中国审判流程信息公开网”的入口，提供查询执行案件流程信息的功能以及全国各级人民法院执行流程信息公开平台的链接。各级人民法院应当建立电话语音系统，在立案大厅或信访接待等场所设立电子触摸屏，供案件当事人和委托代理人以及社会公众查阅有关执行公开事项。具备条件的法院，应当建立电子公告屏、在执行指挥系统建设中增加 12368 智能短信服务平台、法院微博以及法院微信公众号等公开渠道。

二、公开的渠道和内容

第三条　下列执行案件信息应当向当事人及委托代理人公开：

（一）当事人名称、案号、案由、立案日期等立案信息；

（二）执行法官以及书记员的姓名和办公电话；

（三）采取执行措施信息，包括被执行人财产查询、查封、冻结、扣划、扣押等信息；

（四）采取强制措施信息，包括司法拘留、罚款、拘传、搜查以及限制出境、限制高消费、纳入失信被执行人名单库等信息；

（五）执行财产处置信息，包括委托评估、拍卖、变卖、以物抵债等信息；

（六）债权分配和执行款收付信息，包括债权分配方案、债权分配方案异议、债权分配方案修改、执行款进入法院执行专用账户、执行款划付等信息；

（七）暂缓执行、中止执行、委托执行、指定执行、提级执行等信息；

（八）执行和解协议信息；

（九）执行实施案件结案信息，包括执行结案日期、执行标的到位情况、结案方式、终结本次执行程序征求申请执行人意见等信息；

（十）执行异议、执行复议、案外人异议、执行主体变更和追加等案件的立案时间、案件承办法官和合议庭其他组成人员以及书记员的姓名和办公电话、执行裁决、结案时间等信息；

（十一）执行申诉信访、执行督促、执行监督等案件的立案时间、案件承办法官和合议庭其他组成人员以及书记员的姓名和办公电话、案件处理意见、结案时间等信息；

（十二）执行听证、询问的时间、地点等信息；

（十三）案件的执行期限或审查期限，以及执行期限或审查期限扣除、延长等变更情况；

（十四）执行案件受理通知书、执行通知书、财产申报通知书、询问通知、听证通知、传票和询问笔录、调查取证笔录、执行听证笔录等材料；

（十五）执行裁定书、决定书等裁判文书；

（十六）执行裁判文书开始送达时间、完成送达时间、送达方式等送达信息；

（十七）执行裁判文书在执行法院执行流程信息公开模块、中国执行信息公开网及中国裁判文书网公布的情况，包括公布时间、查询方式等；

（十八）有关法律或司法解释要求公布的其他执行流程信息。

第四条 具备条件的法院，询问当事人、执行听证和开展重大执行活动时应当进行录音录像。询问、听证和执行活动结束后，该录音录像应当向当事人及委托代理人公开。当事人及委托代理人申请查阅录音录像的，执行法院经核对身份信息后，及时提供查阅。

第五条 各级人民法院通过网上办案，自动生成执行案件电子卷宗。电子卷宗正卷应当向当事人及委托代理人公开。当事人及委托代理人申请查阅电子卷宗的，执行法院经核对身份信息后，及时提供查阅。

第六条 对于执行裁定书、决定书以外的程序性执行文书，各级法院通过执行流程信息公开模块，向当事人及诉讼代理人提供电子送达服务。当事人及委托代理人同意人民法院采用电子方式送达执行文书的，应当在立案时提交签名或者盖章的确认书。

第七条 各级人民法院通过互联网门户网站（政务网）向社会公众公开本院下列信息：

（一）法院地址、交通图示、联系方式、管辖范围、下辖法院、内设部门及其职能、投诉渠道等机构信息；

（二）审判委员会组成人员、审判执行人员的姓名、职务等人员信息；

（三）执行流程、执行裁判文书和执行信息的公开范围和查询方法等执行公开指南信息；

（四）执行立案条件、执行流程、申请执行书等执行文书样式、收费标准、执行费缓减免交的条件和程序、申请强制执行风险提示等执行指南信息；

（五）听证公告、悬赏公告、拍卖公告；

（六）评估、拍卖及其他社会中介入选机构名册等名册信息。

（七）司法解释、指导性案例、执行业务文件等。

三、公开的流程

第八条 除执行请示、执行协调案件外，各级人民法院受理的各类执行案件,应当及时向案件当事人及委托代理人预留的手机号码,自动推送短信,提示案件流程进展情况,提醒案件当事人及委托代理人及时接受电子送达的执行文书。

立案部门、执行机构在向案件当事人及其委托代理人送达案件受理通知书、执行通知书时,应当告知案件流程进展查询、接受电子送达执行文书的方法,并做好宣传、咨询服务等工作。

在执行过程中,追加或变更当事人、委托代理人的,由执行机构在送达相关法律文书时告知前述事项。

第九条 在执行案件办理过程中,案件当事人及委托代理人可凭有效证件号码或组织机构代码、手机号码以及执行法院提供的查询码、密码,通过执行流程信息公开模块、电话语音系统、电子公告屏和触摸屏、手机应用客户端、法院微博、法院微信公众号等多种载体,查询、下载有关执行流程信息、材料等。

第十条 执行流程信息公开模块应具备双向互动功能。案件当事人及委托代理人登录执行流程信息公开模块后,可向案件承办人留言。留言内容应于次日自动导入网上办案平台,案件承办人可通过网上办案平台对留言进行回复。

第十一条 同意采用电子方式送达执行文书的当事人及委托代理人,可以通过执行流程信息公开模块签收执行法院以电子方式送达的各类执行文书。

当事人及委托代理人下载或者查阅以电子方式送达的执行文书时,自动生成送达回证,记录受送达人下载文书的名称、下载时间、IP 地址等。自动生成的送达回证归入电子卷宗。

执行机构书记员负责跟踪受送达人接受电子送达的情况,提醒、指导受送达人及时下载、查阅电子送达的执行文书。提醒短信发出后三日内受送达人未下载或者查阅电子送达的执行文书的,应当通过电子邮件、传真、邮寄等方式及时送达。

四、职责分工

第十二条 具备网上办案条件的法院,应当严格按照网上办案的相关要求,在网上办案系统中流转、审批执行案件,制作各类文书、笔录和报告,及时、准确、完整地扫描、录入案件材料和案件信息。

执行案件因特殊情形未能严格实行网上办案的,案件信息录入工作应当与实际操作同步完成。

因具有特殊情形不能及时录入信息的，应当详细说明原因，报执行机构负责人和分管院领导审批。

第十三条 案件承办人认为具体案件不宜按照本意见第三条、第四条和第五条公开全部或部分流程信息及材料的，应当填写《执行流程信息不予公开审批表》，详细说明原因，经执行机构负责人审核后，呈报分管院领导审批。

第十四条 各级人民法院网上办案系统生成的执行流程数据和执行过程中生成的其他流程信息，应当存储在网上办案系统数据库中，作为执行信息公开的基础数据，通过数据摆渡的方式同步到互联网上的执行信息公开模块，并及时、全面、准确将执行案件流程数据录入全国法院执行案件信息管理系统数据库。

执行法院网上办案系统形成的执行裁判文书，通过数据摆渡的方式导出至执行法院互联网门户网站（政务网）下设的裁判文书公开网，并提供与中国裁判文书网和中国执行信息公开网链接的端口。

第十五条 案件承办人认为具体案件不宜按照本意见第二条和第三条公开全部或部分流程信息及材料的，应当填写《执行流程信息不予公开审批表》，详细说明原因，经执行机构负责人审核后，呈报分管院领导审批。

第十六条 已在执行流程信息公开平台上发布的信息，因故需要变更的，案件承办人应当呈报执行机构领导审批后，及时更正网上办案平台中的相关信息，并通知当事人及网管人员，由网管人员及时更新执行流程信息公开平台上的相关信息。

第十七条 各级人民法院立案部门、执行机构是执行流程信息公开平台具体执行案件进度信息公开工作的责任部门，负责确保案件信息的准确性、完整性和录入、公开的及时性。

第十八条 各级人民法院司法行政装备管理部门应当为执行信息公开工作提供物质保障。

信息技术部门负责网站建设、运行维护、技术支持，督促技术部门每日定时将网上办案平台中的有关信息数据，包括领导已经签发的各类执行文书等，导出至执行流程信息公开平台，并通过执行流程信息公开平台将收集的有关信息，包括自动生成的送达回证等，导入网上办案平台，实现网上办案平台与执行流程信息公开平台的数据安全传输和对接。

第十九条 审判管理部门负责组织实施执行流程公开工作，监管执行流程信息公开平台,适时组织检查,汇总工作信息,向院领导报告工作情况,编发通报,进行督促、督办等。

发现案件信息不完整、滞后公开或存在错误的,审判管理部门应当督促相关部门补正,并协调、指导信息技术部门及时做好信息更新等工作。

第二十条　向公众公开信息的发布和更新,由各级法院确定具体负责部门。

五、责任与考评

第二十一条　因过失导致公开的执行流程信息出现重大错漏,造成严重后果的,依据相关规定追究有关人员的责任。

第二十二条　执行流程信息公开工作纳入司法公开工作绩效考评范围,考评办法另行制定。

六、附则

第二十三条　本意见自下发之日起执行。

3.《最高人民法院关于远程视频办理执行案件若干问题的规定》(法〔2016〕143 号,2016 年 5 月 1 日)

第一条　人民法院执行机构办理执行案件中的下列事项可以采用远程视频方式进行:

(一)询问当事人;

(二)听证;

(三)组织当事人质证;

(四)进行法律释明;

(五)人民法院认为可以采用远程视频方式进行的其他事项。

案件当事人申请会见案件承办人员的,承办人员可以采用远程视频方式会见。

人民法院采用远程视频方式组织听证或组织当事人对提交的证据进行质证的,需经双方当事人同意。

第二条　人民法院决定以远程视频方式办理执行案件的,应当通过人民法院执行指挥系统进行。人民法院执行指挥室应当配备打印、扫描、传真设备和投影设备。

第三条　远程视频的发起端为办理案件的人民法院执行指挥室,对端地点一般为执行法院执行指挥室。案件当事人及其代理人与执行法院不在同一地的，对端地点也可以是当事人及其代理人所在地的中级、基层人民法院执行指挥室。

对端人民法院应当至少有一名执行机构工作人员参与远程视频。

第四条 需要鉴定机构、评估机构的相关人员参加远程视频的，鉴定机构、评估机构的相关人员可以就近选择发起端人民法院或对端人民法院参加视频。

第五条 人民法院决定通过远程视频方式办理执行案件的，应当将确定的视频连接时间、对端人民法院执行指挥室所在地点、参加视频的人员等信息，提前通知案件当事人及其代理人。

第六条 发起端人民法院应当提前将约定的视频连接时间告知对端人民法院执行机构，对端人民法院执行机构接到通知后应当予以配合。发起端人民法院和对端人民法院应当在视频连接的前一日完成设备调试工作，并对视频连接提供全程技术保障。发起端人民法院或对端人民法院执行指挥室因其他活动需调整视频连接时间的，发起端人民法院应当及时调整视频连接时间。

第七条 参加远程视频的相关人员身份核实、执行指挥室远程视频的现场秩序等分别由所在端人民法院执行机构工作人员负责。

参加视频连接的各端人民法院工作人员均应着法官服，佩戴小法徽。

第八条 视频连接过程中，当事人及其代理人出示证据材料的，由所在端人民法院执行机构工作人员核对、复印后交由当事人及其代理人签名，并将签名后的复印件通过机要寄至发起端人民法院承办案件的合议庭。

第九条 发起端人民法院负责对视频全程的各端视频画面进行不间断同步录音、录像，录音、录像的起止时间、有无间断等情况应当记入笔录。录音、录像内容应当存入案件电子卷宗。

第十条 远程视频结束后，发起端人民法院应当当场将笔录的电子文本通过人民法院专网发送至对端人民法院，对端人民法院执行机构在场工作人员下载打印后由案件当事人及其代理人等核对、签名。

案件当事人及其代理人等对笔录修改较多或有重要修改的，对端人民法院执行机构在场工作人员应当告知发起端人民法院办案人员。案件当事人及其代理人等核对、签名完毕后，对端人民法院执行机构在场工作人员应当当场将笔录扫描后发送至发起端人民法院或传真至发起端人民法院核对，并尽快将案件当事人及其代理人签名后的笔录原件通过机要寄至发起端人民法院承办案件的合议庭。远程视频笔录应当存入案件卷宗。

人民法院对已结案件的当事人及其代理人远程视频进行法律释明的,可以不制作笔录。

第十一条　人民法院之间对执行案件进行协调,上级法院对下级法院的执行案件进行督办等,可以根据需要采用远程视频方式进行。

第十二条　本规定自 2016 年 5 月 1 日起施行。

【判旨撷要】

师先锋、王玉芳与邓先友借款合同纠纷执行申诉案[(2016)最高法执监 234 号]

要旨:关于只有一名法官进行送达的问题。我国《民事诉讼法》对送达制度进行了专节规定,但并未要求送达人必须具有法官身份或对送达人数有限制。只要符合法律规定的送达方式,达到法律规定的送达目的,有充分证据证明受送达人知晓受送达的法律文书,就应当认定送达完成,产生送达的法律效力。

关于本案送达《第三人履行到期债务通知书》时没有附送达回证的问题。《民事诉讼法》第 84 条(2021 年修正为第 87 条)规定:"送达诉讼文书必须有送达回证,由受送达人在送达回证上记明收到日期,签名或者盖章。受送达人在送达回证上的签收日期为送达日期。"送达回证是受送达人接受送达后签署给送达人的回执,以证明其收到送达的法律文书。我国现有法律法规中并未要求送达回证必须印有"送达回证"字样或必须符合某种格式要求,能够表明受送达人收到所送达法律文书的书面回执,都属于送达回证。本案中,《第三人履行到期债务通知书》系制式通知书,分送达联与存根联,次债务人在存根联签字表明其已收到该通知书,即属于在送达回证上签收,符合《民事诉讼法》关于在送达回证上签收的规定。

关于送达人员未随身携带笔录纸的问题。书面记录符合相关要件即为执行笔录,现有法律法规对执行笔录的实质要件与形式要件均作了明确规定,但并未要求使用特殊纸张进行记录或记录纸张上必须印有"笔录纸"字样。而现有法律法规中也未要求送达人员送达时应当随身携带所谓"笔录纸"。

第二百三十六条 【委托执行】被执行人或者被执行的财产在外地的，可以委托当地人民法院代为执行。受委托人民法院收到委托函件后，必须在十五日内开始执行，不得拒绝。执行完毕后，应当将执行结果及时函复委托人民法院；在三十日内如果还未执行完毕，也应当将执行情况函告委托人民法院。

受委托人民法院自收到委托函件之日起十五日内不执行的，委托人民法院可以请求受委托人民法院的上级人民法院指令受委托人民法院执行。

规范体系	
司法解释	1.《最高人民法院关于委托执行若干问题的规定》(法释〔2011〕11号；经法释〔2020〕21号修正)第1—15条 2.《最高人民法院关于适用〈中华人民共和国海事诉讼特别程序法〉若干问题的解释》(法释〔2003〕3号)第15条
司法文件	1.《最高人民法院关于严格规范执行事项委托工作的管理办法(试行)》(法发〔2017〕27号)第1—14条 2.《最高人民法院关于进一步规范指定执行等执行案件立案、结案、统计和考核工作的通知》(法明传〔2018〕335号)第1条、第3条
司法答复	《最高人民法院执行工作办公室关于能否委托军事法院执行的复函》(法经〔1997〕132号)

【条文释义】

本条是关于委托执行的规定。

我国的人民法院是按行政区划设置的，执行工作一般是在本辖区内进行。但有时被执行人、被执行的财产在外地，负责执行的法院不便执行，为了节省人力、物力和时间，更好地完成执行任务，可以委托当地人民法院代为执行。委托当地人民法院代为执行应当发出委托执行的函件，说明执行事项的具体内容，并附执行依据。近些年，某些地方的人民法院为了保护本地方的经济利益，对外地人民法院的委托采取不协助、不理睬的态度，造成委托执行难。为此，本条不仅对受托后的执行期间作了规定，而且规定受委托的法院不得拒绝委托，还规定不论是否执行，都要函复委托的人民法院。对于在法定期间不执行的，委托的人民法院还可以通过受委托法院的上级法院指令执行的办法使判决得以执行。①

理解和适用本条规定，需要注意把握以下三点：

一、关于委托执行的适用条件。本条规定是委托执行的基本法律依据。鉴于实践中委托执行容易造成“甩包袱”现象，2011 年《委托执行规定》修正了委托执行的原则：执行法院经调查发现被执行人在本辖区内已无财产可供执行，且在其他省、自治区、直辖市内有可供执行财产的，应当将案件委托异地的同级人民法院执行。根据该规定，委托执行的适用条件如下：一是执行法院经过财产调查程序；二是被执行人在本辖区内已无财产可供执行；三是被执行人在其他省、自治区、直辖市内有可供执行财产。这三个条件应当同时具备，缺一不可。执行法院确需赴异地执行案件的，应当经其所在辖区高级人民法院批准。

二、关于委托执行的办理程序。根据《委托执行规定》的规定，委托执行案件的办理程序如下：(1)委托法院提出委托。①委托执行应向执行标的物所在地或者执行行为实施地的同级人民法院提出；②委托应当向委托法院所属高级法院备案；③提供法律规定的材料；④移交已经控制的财产。(2)受托法院的审查处理。①符合条件的，及时予以立案；②手续不全的，要求委托法院补办；③不符合条件的，报高级法院批准后退回。(3)法律效果。受托法院接受委托后，取得对委托执行案件的管辖权，原则上不得再次进行委托，在发现需要异地执行时，可以异地执行。委托法院在收到受托法院立案通知书后可作销案处理。

三、关于委托执行与当事人管辖选择权的关系。2007 年《民事诉讼法》第一次修正时，对于法院生效法律文书的执行管辖问题，在保留一审法院的

① 参见全国人民代表大会常务委员会法制工作委员会编：《中华人民共和国民事诉讼法释义（最新修正版）》，法律出版社 2012 年版，第 540 页。

管辖权之外,增加规定了一个管辖的连接点:被执行财产所在地。根据管辖的一般理论,在有多个管辖法院时,当事人可以自由选择管辖法院。当存在异地财产,当事人却向辖区内没有财产的一审法院申请执行时,就产生了委托执行制度与当事人管辖选择权的冲突与协调问题。实际上,2007 年《民事诉讼法》第一次修正增加财产所在地为管辖的连接点,与委托执行制度的目的一样,都是促使执行案件的管辖权向财产所在地法院转移。委托执行制度作为一种强行性的法律规定,应当优先得到贯彻。在不违背委托执行制度的情况下,应注意保障当事人对管辖的自由选择权。比如,在案件委托后,当事人撤销执行申请并向另一财产所在地法院申请执行,如果符合申请执行的条件,且并没有超过申请执行的时效期间,该法院即应受理。①

【司法解释】

1.《最高人民法院关于委托执行若干问题的规定》(法释〔2011〕11 号,2011 年 5 月 16 日;经法释〔2020〕21 号修正,2021 年 1 月 1 日)

第一条 执行法院经调查发现被执行人在本辖区内已无财产可供执行,且在其他省、自治区、直辖市内有可供执行财产的,可以将案件委托异地的同级人民法院执行。

执行法院确需赴异地执行案件的,应当经其所在辖区高级人民法院批准。

【注释】《执行立案、结案、统计和考核通知》(法明传〔2018〕335 号)第 1 条规定:"需要委托异地法院执行的,原则上要通过事项委托方式办理,不提倡将全案委托执行,确需全案委托执行的,委托法院和受托法院要严格按照有关司法解释的规定层报各自所在的高级人民法院备案。各高级人民法院要加强对下辖法院全案委托执行和受托执行工作的管理。"实践中应结合适用。

第二条 案件委托执行后,受托法院应当依法立案,委托法院应当在收到受托法院的立案通知书后作销案处理。

委托异地法院协助查询、冻结、查封、调查或者送达法律文书等有关事项

---

① 参见江必新主编:《执行规范理解与适用——最新民事诉讼法与民诉法解释保全、执行条文关联解读》,中国法制出版社 2015 年版,第 294—295 页。

的，受托法院不作为委托执行案件立案办理，但应当积极予以协助。

【注释】在实践中，人民法院之间往往存在大量的事项委托，事项委托根据实际需要而行使，不以满足《委托执行规定》中委托执行的条件为前提，因此，应将其与案件委托明确区别开来。对仅涉及委托异地法院协助查询、冻结、查封、调查或者送达法律文书等事项的，受托法院不作为委托执行案件立案办理，但具有协助义务。①

第三条　委托执行应当以执行标的物所在地或者执行行为实施地的同级人民法院为受托执行法院。有两处以上财产在异地的，可以委托主要财产所在地的人民法院执行。

被执行人是现役军人或者军事单位的，可以委托对其有管辖权的军事法院执行。

执行标的物是船舶的，可以委托有管辖权的海事法院执行。

第四条　委托执行案件应当由委托法院直接向受托法院办理委托手续，并层报各自所在的高级人民法院备案。

事项委托应当通过人民法院执行指挥中心综合管理平台办理委托事项的相关手续。

第五条　案件委托执行时，委托法院应当提供下列材料：

（一）委托执行函；

（二）申请执行书和委托执行案件审批表；

（三）据以执行的生效法律文书副本；

（四）有关案件情况的材料或者说明，包括本辖区无财产的调查材料、财产保全情况、被执行人财产状况、生效法律文书的履行情况等；

（五）申请执行人地址、联系电话；

（六）被执行人身份证件或者营业执照复印件、地址、联系电话；

（七）委托法院执行员和联系电话；

（八）其他必要的案件材料等。

第六条　委托执行时，委托法院应当将已经查封、扣押、冻结的被执行人的异地财产，一并移交受托法院处理，并在委托执行函中说明。

委托执行后，委托法院对被执行人财产已经采取查封、扣押、冻结等措施

① 参见张小林、刘涛：《〈关于委托执行若干问题的规定〉的理解与适用》，载《人民司法·应用》2011年第13期。

的，视为受托法院的查封、扣押、冻结措施。受托法院需要继续查封、扣押、冻结，持委托执行函和立案通知书办理相关手续。续封续冻时，仍为原委托法院的查封冻结顺序。

查封、扣押、冻结等措施的有效期限在移交受托法院时不足1个月的，委托法院应当先行续封或者续冻，再移交受托法院。

第七条 受托法院收到委托执行函后，应当在7日内予以立案，并及时将立案通知书通过委托法院送达申请执行人，同时将指定的承办人、联系电话等书面告知委托法院。

委托法院收到上述通知书后，应当在7日内书面通知申请执行人案件已经委托执行，并告知申请执行人可以直接与受托法院联系执行相关事宜。

第八条 受托法院如发现委托执行的手续、材料不全，可以要求委托法院补办。委托法院应当在30日内完成补办事项，在上述期限内未完成的，应当作出书面说明。委托法院既不补办又不说明原因的，视为撤回委托，受托法院可以将委托材料退回委托法院。

第九条 受托法院退回委托的，应当层报所在辖区高级人民法院审批。高级人民法院同意退回后，受托法院应当在15日内将有关委托手续和案卷材料退回委托法院，并作出书面说明。

委托执行案件退回后，受托法院已立案的，应当作销案处理。委托法院在案件退回原因消除之后可以再行委托。确因委托不当被退回的，委托法院应当决定撤销委托并恢复案件执行，报所在的高级人民法院备案。

第十条 委托法院在案件委托执行后又发现有可供执行财产的，应当及时告知受托法院。受托法院发现被执行人在受托法院辖区外另有可供执行财产的，可以直接异地执行，一般不再行委托执行。根据情况确需再行委托的，应当按照委托执行案件的程序办理，并通知案件当事人。

第十一条 受托法院未能在6个月内将受托案件执结的，申请执行人有权请求受托法院的上一级人民法院提级执行或者指定执行，上一级人民法院应当立案审查，发现受托法院无正当理由不予执行的，应当限期执行或者作出裁定提级执行或者指定执行。

第十二条 异地执行时，可以根据案件具体情况，请求当地法院协助执行，当地法院应当积极配合，保证执行人员的人身安全和执行装备、执行标的物不受侵害。

第十三条 高级人民法院应当对辖区内委托执行和异地执行工作实行

统一管理和协调,履行以下职责:

(一)统一管理跨省、自治区、直辖市辖区的委托和受托执行案件;

(二)指导、检查、监督本辖区内的受托案件的执行情况;

(三)协调本辖区内跨省、自治区、直辖市辖区的委托和受托执行争议案件;

(四)承办需异地执行的有关案件的审批事项;

(五)对下级法院报送的有关委托和受托执行案件中的相关问题提出指导性处理意见;

(六)办理其他涉及委托执行工作的事项。

第十四条 本规定所称的异地是指本省、自治区、直辖市以外的区域。各省、自治区、直辖市内的委托执行,由各高级人民法院参照本规定,结合实际情况,制定具体办法。

第十五条 本规定施行之后,其他有关委托执行的司法解释不再适用。

2.《最高人民法院关于适用〈中华人民共和国海事诉讼特别程序法〉若干问题的解释》(法释〔2003〕3号,2003年2月1日)

第十五条 除海事法院及其上级人民法院外,地方人民法院对当事人提出的船舶保全申请应不予受理;地方人民法院为执行生效法律文书需要扣押和拍卖船舶的,应当委托船籍港所在地或者船舶所在地的海事法院执行。

【注释】《最高人民法院民事审判第四庭关于广州海事法院拍卖"新双运机13"等船舶后价款分配问题的请示的答复》(〔2005〕民四他字第42号,2005年11月24日)的内容为:

广东省高级人民法院:

你院〔2005〕粤高法民四他字第18号"关于广州海事法院拍卖'新双运机13'等船舶后价款分配问题的请示"报告收悉。经研究,答复如下:

依照我院《关于海事法院受理案件范围的若干问题的规定》,江门市新会区人民法院审理的三件船舶抵押贷款纠纷案件,属于海事法院专门管辖的海事纠纷案件。新会区人民法院违反规定受理海事案件显属不当,应予纠正。鉴于该院已经审结三案,并进入执行程序,对该三案可不进入审判监督程序,但你院应当向该院明确指出其在受理案件程序上的错误。

根据我院《关于适用〈中华人民共和国海事诉讼特别程序法〉若干问题的解释》的规定,地方人民法院为执行生效法律文书对属于被执行人财产的船舶进行扣押、拍卖的,应当委托船籍港所在地或者船舶所在地的海事法院执行,包括对船舶扣押、拍卖以及债权分配,以保护与船舶相关的特殊债权人的利益,新会区人民法院应将三执行案件移送广州海事法院执行。

广州海事法院应当依照《中华人民共和国海事诉讼特别程序法》以及《中华人民共和国海商法》的有关规定,对船舶价款予以清偿。中国银行新会支行作为债权人,可以依据新会区人民法院发生法律效力的判决书确认的债权申请债权登记,参加对船舶价款的清偿。鉴于中国银行新会支行的债权属于船舶抵押权,且已经向新会区人民法院申请强制执行,新会区人民法院也已经委托广州海事法院扣押、拍卖船舶,在中国银行新会支行没有申请债权登记的情况下,可将该行依据新会区人民法院三份判决确认的债权,在船舶价款中依照法定的顺序予以清偿。

【司法文件】

1.《最高人民法院关于严格规范执行事项委托工作的管理办法(试行)》(法发〔2017〕27号,2017年9月26日)

第一条 人民法院在执行案件过程中遇有下列事项需赴异地办理的,可以委托相关异地法院代为办理。

(一)冻结、续冻、解冻、扣划银行存款、理财产品;

(二)公示冻结、续冻、解冻股权及其他投资权益;

(三)查封、续封、解封、过户不动产和需要登记的动产;

(四)调查被执行人财产情况;

(五)其他人民法院执行事项委托系统中列明的事项。

第二条 委托调查被执行人财产情况的,委托法院应当在委托函中明确具体调查内容、具体协助执行单位并附对应的协助执行通知书。调查内容应当为总对总查控系统尚不支持的财产类型及范围。

第三条 委托法院进行事项委托一律通过执行办案系统发起和办理,不再通过线下邮寄材料方式进行。受托法院收到线下邮寄材料的,联系委托法院线上补充提交事项委托后再予办理。

第四条 委托法院发起事项委托应当由承办人在办案系统事项委托模块中录入委托法院名称、受托法院名称、案号、委托事项、办理期限、承办人姓名、联系方式,并附相关法律文书。经审批后,该事项委托将推送至人民法院执行事项委托系统,委托法院执行指挥中心核查文书并加盖电子签章后推送给受托法院。

第五条　受托法院一般应当为委托事项办理地点的基层人民法院,受托同级人民法院更有利于事项委托办理的除外。

第六条　办理期限应当根据具体事项进行合理估算,一般应不少于十天,不超过二十天,需要紧急办理的,推送事项委托后,通过执行指挥中心联系受托法院,受托法院应当于 24 小时内办理完毕。

第七条　相关法律文书应当包括执行裁定书、协助执行通知书、委托执行函、送达回证(或回执),并附执行公务证件扫描件,委托扣划已冻结款项的,应当提供执行依据扫描件并加盖委托法院电子签章。

第八条　受托法院通过人民法院执行事项委托系统收到事项委托后,应当尽快核实材料并签收办理。

第九条　委托办理的事项超出本办法第一条所列范围且受托法院无法办理的,受托法院与委托法院沟通后可予以退回。

第十条　委托法院提供的法律文书不符合要求或缺少必要文书,受托法院无法办理的,应及时与委托法院沟通告知应当补充的材料。未经沟通,受托法院不得直接退回该委托。委托法院应于三日内通过系统补充材料,补充材料后仍无法办理的,受托法院可说明原因后退回。

第十一条　受托法院应当及时签收并办理事项委托,完成后及时将办理情况及送达回证、回执或其他材料通过系统反馈委托法院,委托法院应当及时确认办结。

第十二条　执行事项委托不作为委托执行案件立案办理,事项委托由受托法院根据本地的实际按一定比例折合为执行实施案件计入执行人员工作量并纳入考核范围。

第十三条　委托法院可在人民法院执行事项委托系统中对已经办结的事项委托进行评价,或向受托法院的上级法院进行投诉并说明具体投诉原因,被投诉的受托法院可通过事项委托系统说明情况。评价、投诉信息将作为考核事项委托工作的一项指标。

第十四条　各高级、中级人民法院应当认真履行督促职责,通过执行指挥管理平台就辖区法院未及时签收并办理、未及时确认办结情况进行督办。最高人民法院、高级人民法院定期对辖区法院事项委托办理情况进行统计、通报。

2.《最高人民法院关于进一步规范指定执行等执行案件立案、结案、统计和考核工作的通知》(法明传〔2018〕335 号,2018 年 6 月 1 日)

一、需要委托异地法院执行的,原则上要通过事项委托方式办理,不提倡将全案委托执行,确需全案委托执行的,委托法院和受托法院要严格按照有关司法解释的规定层报各自所在的高级人民法院备案。各高级人民法院要加强对下辖法院全案委托执行和受托执行工作的管理。

【注释】与该条要求保持一致,《委托执行规定》2020 年修正时,将该规定第 1 条中"应当将案件委托异地的同级人民法院执行"修改为"可以将案件委托异地的同级人民法院执行"。

三、首次执行案件因指定执行、提级执行、委托执行(全案)结案的,以"销案"方式结案,不纳入司法统计;接受指定执行、提级执行、委托执行(全案)而立执行案件的,立"执"字案号,作为首次执行案件纳入司法统计,其中申请执行标的金额为前案未实际执行到位的金额。销案、不予执行、驳回申请结案的,其中申请执行标的金额和已实际执行到位金额不予计算。

【司法答复】

《最高人民法院执行工作办公室关于能否委托军事法院执行的复函》
(法经〔1997〕132 号,1997 年 5 月 9 日)
海南省高级人民法院:

你院给我办的《关于海南赛特实业总公司诉海南琼山钟诚房地产开发公司房屋买卖纠纷一案委托执行的请示报告》收悉。经研究,答复如下:

《中华人民共和国民事诉讼法》第二百一十条①规定的可以委托代为执行的当地人民法院,一般是指按照行政区划设置的地方人民法院。凡需要委托执行的,除特殊情况适合由专门法院执行的以外,应当委托地方人民法院代为执行。鉴于军事法院受理试办的经济纠纷案件仅限于双方当事人都是军队内部单位的案件,对涉及地方的经济纠纷案件不能行使审判权和执行权。因此,你院请示的案件不宜委托军事法院执行。

---

① 2021 年《民事诉讼法》第四次修正后调整为第 236 条。

第二百三十七条 【执行和解】 在执行中，双方当事人自行和解达成协议的，执行员应当将协议内容记入笔录，由双方当事人签名或者盖章。

申请执行人因受欺诈、胁迫与被执行人达成和解协议，或者当事人不履行和解协议的，人民法院可以根据当事人的申请，恢复对原生效法律文书的执行。

规范体系	
司法解释	1.《最高人民法院关于适用〈中华人民共和国民事诉讼法〉的解释》(法释〔2015〕5 号;经法释〔2022〕11 号第二次修正)第 464—466 条 2.《最高人民法院关于执行和解若干问题的规定》(法释〔2018〕3 号;经法释〔2020〕21 号修正)第 1—20 条
司法文件	1.《最高人民法院关于在执行工作中进一步强化善意文明执行理念的意见》(法发〔2019〕35 号)第 13 条 2.《最高人民法院关于进一步规范近期执行工作相关问题的通知》(法〔2018〕141 号)第 3 条 3.《最高人民法院关于在执行工作中规范执行行为切实保护各方当事人财产权益的通知》(法〔2016〕401 号)第 8 条 4.《最高人民法院关于执行案件立案、结案若干问题的意见》(法发〔2014〕26 号)第 15 条 5.《最高人民法院关于进一步发挥诉讼调解在构建社会主义和谐社会中积极作用的若干意见》(法发〔2007〕9 号)第 18—19 条 6.《最高人民法院关于依法妥善办理涉新冠肺炎疫情执行案件若干问题的指导意见》(法发〔2020〕16 号)第 6 条

(续表)

规范体系	
司法答复	1.《最高人民法院关于当事人在执行中达成和解协议且已履行完毕的不应恢复执行的函》(经他〔1995〕2号) 2.《最高人民法院关于深圳市华旅汽车运输公司出租车牌照持有人对深圳市中级人民法院执行异议案的复函》(〔2001〕执监字第232号) 3.《最高人民法院执行工作办公室关于在执行中当事人双方达成执行和解协议后申请执行人反悔能否恢复原判决执行的请示的答复》(〔2001〕执他字第24号) 4.《最高人民法院执行工作办公室关于申请执行前当事人达成新的"协议"如何认定其效力问题的复函》(〔2003〕执他字第4号) 5.《最高人民法院关于生效法律文书未确定履行期限能否依当事人约定的履行期限受理执行的复函》(〔2004〕执他字第23号) 6.《最高人民法院执行工作办公室关于当事人对迟延履行和解协议的争议应当另诉解决的复函》(〔2005〕执监字第24-1号) 7.《最高人民法院执行工作办公室关于武汉市奥迪音响有限公司与武汉置兴公司货款纠纷执行一案的请示的答复》(〔2005〕执他字第7号)

【条文释义】

本条是关于执行和解的规定。2012年《民事诉讼法》第二次修正时对本条进行了修改。①

执行程序中的和解,是指当事人经自主协商,就生效法律文书确定的权利义务内容达成协议,以和解协议的履行替代原生效法律文书的执行。其理

① 《全国人民代表大会常务委员会关于修改〈中华人民共和国民事诉讼法〉的决定》(2012年8月31日第十一届全国人民代表大会常务委员会第二十八次会议通过)第52条规定:"五十二、将第二百零七条改为第二百三十条,第二款修改为:'申请执行人因受欺诈、胁迫与被执行人达成和解协议,或者当事人不履行和解协议的,人民法院可以根据当事人的申请,恢复对原生效法律文书的执行。'"

论基础在于当事人的意思自治,是民事诉讼法所规定的处分原则在执行程序中的具体体现。通过和解,当事人双方对生效法律文书所确定的给付内容、数额、方式以及期限等加以变更,使之更加符合当事人的实际情况,既有利于权利人的权利得以及时实现,又有利于增进当事人之间的理解。对于法院来说,亦可节约执行所需的大量的人力、物力和财力。

执行和解制度最早确立于 1982 年《民事诉讼法(试行)》第 181 条,1991 年《民事诉讼法》肯定了这一制度,其中第 211 条规定:"在执行中,双方当事人自行和解达成协议的,执行员应当将协议内容记入笔录,由双方当事人签名或者盖章。一方当事人不履行和解协议的,人民法院可以根据对方当事人的申请,恢复对原生效法律文书的执行。"此后,最高人民法院出台的系列司法解释,对执行和解的相关问题进一步进行了规范。

2012 年《民事诉讼法》第二次修正时,根据司法实务部门反映,实践中有的申请执行人是因受欺诈、胁迫而与被执行人达成和解协议。例如,被执行人故意隐匿财产,制造出欠缺还债能力的假象,或者虚构执行标的物之价值,骗取申请执行人与其签订和解协议。如果依照本条原有规定,申请执行人受欺诈、胁迫达成和解协议后,如果要恢复对原生效法律文书的执行,自己不能向法院提出申请,要由对方当事人即被执行人提出申请,不利于对申请执行人的权益予以救济。为此,本次修改增加规定申请执行人因受欺诈、胁迫与被执行人达成和解协议,也可以申请法院恢复对原生效法律文书的执行,并将"一方当事人""对方当事人"均修改为"当事人"。①

在我国现行法律框架下,执行和解的法律效果主要表现为:第一,执行和解可变更当事人之间的实体权利义务关系。执行中的和解是权利人对其权利的自由处分,是当事人对原生效法律文书确定权利义务关系的约定变更。该和解协议履行完毕,其约定变更的内容在实体上生效,原生效法律文书的内容被视为全部实现,当事人之间的权利义务关系归于消灭。如果该和解协议不履行或未履行完毕,则其对原生效法律文书内容的变更不产生效力,当事人之间的权利义务关系仍未消灭。第二,执行和解本身并不直接发生程序上的效力,也就是说,和解协议达成后,非经当事人申请,执行程序并不当然暂缓、中止或终结。第三,执行和解导致原生效法律文书的申请执行时效中

---

① 参见全国人民代表大会常务委员会法制工作委员会编:《中华人民共和国民事诉讼法释义(最新修正版)》,法律出版社 2012 年版,第 543 页。

断。当事人申请恢复执行原法律文书的期限,从执行和解协议约定的最后履行期限的最后一日起重新计算。

理解和适用本条规定,需要注意把握以下四点:

一、关于和解协议达成过程中法院的参与。基于本条关于当事人自行达成和解协议的规定,一般认为,执行法院不应过多参与当事人和解协议的达成。但是,一方面,由于和解协议的履行能够终结执行案件,出于减轻案件压力的考虑,执行人员会倾向于促成和解协议的达成。另一方面,由于和解协议对于执行程序的实质性影响,加上本条规定申请执行人因受欺诈或胁迫情况下达成的和解协议,可以随时申请恢复原生效法律文书的执行,为了避免执行程序的拖延与司法资源的无谓浪费,客观上也需要执行法院对和解协议进行必要的审查。对此应注意以下几点:(1)执行人员对和解协议的促成应注意尊重当事人的意愿,不能搞强制性的和解。但是对于法院提出方案,双方当事人均予以同意的,不应视为强制性和解。(2)对于和解协议的审查,应限于形式性的审查,主要审查双方当事人达成和解协议是否出于自愿,是否存在欺诈或胁迫的情形,协议的内容是否违反了法律的强制性规定,是否危害了第三人的权益等。(3)为了保护当事人的权益,避免当事人误会,节约司法资源,执行人员应将和解协议的法律效力予以释明。

二、关于已采取强制执行措施的处理。和解协议达成后、履行完毕前,执行法院对已采取的查封、扣押、冻结等强制执行措施应当如何处理?在现行法律制度下,执行和解本身并不直接发生程序上的效力,和解协议达成后,执行程序并不当然暂缓、中止或终结,因此,基于强制执行程序的不停止原则,除申请执行人同意解除强制执行措施,或者和解协议履行完毕当事人申请终结执行外,即便是在当事人申请暂缓、中止执行的情形下,法院亦不应解除已采取的强制执行措施。如此做法,不仅有利于促进当事人积极履行和解协议,也为将来恢复执行原生效法律文书提供了可能。当然,依《查封扣押冻结规定》关于查封期限及续行查封的有关规定,查封措施期限届满,当事人不申请续行查封的,法院可不继续查封,执行措施自然解除。

三、关于和解协议是否实际履行的审查认定。本条关于执行和解协议与恢复强制执行之间关系的规定,将和解协议是否得到实际履行作为是否恢复强制执行的前提。和解协议已经实际履行的,视为原判决已经得到实际履行。和解协议未履行的,则可申请恢复执行。鉴于现行《民事诉讼法》尚未规定债务人异议之诉,也没有认可债权人在任何情况下都可以申请恢复执行，因此，如果债权人主张和解协议没有得到履行，或者债务人提出和解协议已经履行完毕的抗辩，应在执行程序中直接予以处理。根据这一设计，在程序上也必将赋予执行法院对和解协议是否得到实际履行进行审查的权力。因此，债务是否因执行和解协议的履行而消灭，执行法院应在实际开始执行前予以查明。需要注意的是，鉴于本条只将恢复执行与和解协议是否履行联系起来，故在执行程序中应只对是否履行进行审查判断，而不对协议其他问题——如和解协议是否无效、其履行是否超过了约定的期限、是否侵害了案外人的合法权益等——进行审查，判定这些问题，最好通过另行起诉解决。①

四、关于和解协议的可诉性问题。关于执行和解协议的性质、执行和解协议是否具有可诉性一直存在争议。有的认为和解协议是民事合同的一种，理应具有可诉性；有的认为应赋予和解协议以执行力，否定其可诉性；也有的在承认和解协议的民事合同性质的基础上，认为其是一种实践性合同，或者是一种附生效条件的合同，只有在当事人完全、适当地履行了和解协议后，才能产生协议预期的法律效力。司法实务中，最高人民法院虽然对有关个案的答复，已经开始明确和解协议的可诉性，但是就适用范围而言，明确具有可诉性的和解协议仅限于特定情形，如在超过了申请执行期限达成还款协议，或因达成还款协议而超过申请执行期限等情形。② 从目前实践中的情况看，重新起诉只是在不能得到民事诉讼法规定的强制执行途径的有效救济的情况下，当事人可以选择的补充做法。③

【司法解释】

1.《最高人民法院关于适用〈中华人民共和国民事诉讼法〉的解释》（法释〔2015〕5 号，2015 年 2 月 4 日；经法释〔2022〕11 号第二次修正，2022 年

---

① 参见黄金龙：《不履行执行中的和解协议的救济途径——另行起诉与恢复执行原生效法律文书》，载最高人民法院执行工作办公室编：《强制执行指导与参考》2005 年第 2 辑（总第 14 辑），法律出版社 2006 年版，第 127—128 页。

② 参见《最高人民法院执行工作办公室关于如何处理因当事人达成和解协议致使逾期申请执行问题的复函》（〔1999〕执他字第 10 号，1999 年 4 月 21 日）。

③ 参见卫彦明、张根大、黄金龙：《执行和解协议不履行时当事人的救济途径分析》，载最高人民法院执行局编：《执行工作指导》2011 年第 3 辑（总第 39 辑），人民法院出版社 2011 年版，第 74—75 页。

4月10日)

第四百六十四条 申请执行人与被执行人达成和解协议后请求中止执行或者撤回执行申请的,人民法院可以裁定中止执行或者终结执行。

【注释】依据本条规定,申请执行人在达成和解协议后,需要提出中止申请,法院才可以裁定中止执行,《执行和解规定》第2条未要求申请执行人另行提交中止执行申请,只要构成执行和解,法院即可依职权裁定中止执行。《执行和解规定》施行后,以该条为准。但本条关于撤回执行申请,执行法院可以裁定终结执行的规定,继续适用。

第四百六十五条 一方当事人不履行或者不完全履行在执行中双方自愿达成的和解协议,对方当事人申请执行原生效法律文书的,人民法院应当恢复执行,但和解协议已履行的部分应当扣除。和解协议已经履行完毕的,人民法院不予恢复执行。

第四百六十六条 申请恢复执行原生效法律文书,适用民事诉讼法第二百四十六条申请执行期间的规定。申请执行期间因达成执行中的和解协议而中断,其期间自和解协议约定履行期限的最后一日起重新计算。

【注释】因申请执行时申请执行期间已发生中断,故《执行和解规定》第10条删除了本条中"申请执行期间因达成执行中的和解协议而中断"的表述,以避免歧义,但仍然保留"申请恢复执行期间自和解协议约定履行期限的最后一日起计算"的规定。《执行和解规定》施行后,适用该条规定。

2.《最高人民法院关于执行和解若干问题的规定》(法释〔2018〕3号,2018年3月1日;经法释〔2020〕21号修正,2021年1月1日)

第一条 当事人可以自愿协商达成和解协议,依法变更生效法律文书确定的权利义务主体、履行标的、期限、地点和方式等内容。

和解协议一般采用书面形式。

【注释】根据《民事诉讼法》第237条第1款的规定,当事人自行达成和解协议,执行员将协议内容记入笔录,由双方签名或盖章的,成立执行和解。但法律、司法解释对于当事人私下达成的和解协议是否构成执行和解、产生何种法律效果没有明确规定,导致这一问题在司法实践中存在较大分歧,不同案件的认定结果可能截然相反。为统一司法尺度,本规定明确了执行和解与执行外和解的区分标准,并分别规定了不同的法律效果。

具体而言,执行和解与执行外和解的区别在于,当事人是否有使和解协议直接对执行程序产生影响的意图。即便是当事人私下达成的和解协议,只要共同向人民法院提交或者一方提交另一方认可,就构成执行和解,人民法院可以据此中止执行。反之,如果双方没有将私下达成的和解协议提交给人民法院的意思,那么和解协议仅产生实体法效果,被执行人依据该协议要求中止执行的,需要另行提起执行异议。

第二条　和解协议达成后,有下列情形之一的,人民法院可以裁定中止执行:

(一)各方当事人共同向人民法院提交书面和解协议的;

(二)一方当事人向人民法院提交书面和解协议,其他当事人予以认可的;

(三)当事人达成口头和解协议,执行人员将和解协议内容记入笔录,由各方当事人签名或者盖章的。

【注释】《民事诉讼法解释》第 464 条规定,申请执行人与被执行人达成和解协议后请求中止执行,人民法院可以裁定中止执行。本条未再要求当事人申请中止执行,只要构成执行和解,执行法院就可依职权裁定中止执行。《执行和解规定》施行后,应以本条为准。但《民事诉讼法解释》第 464 条中有关撤回执行申请,执行法院可以裁定终结执行的规定,继续适用。

第三条　中止执行后,申请执行人申请解除查封、扣押、冻结的,人民法院可以准许。

【注释】需要注意的是,本条规定与《查封扣押冻结规定》第 28 条规定的适用情形及法律后果不完全相同。如果仅有申请执行人同意解除控制措施,应当适用本条规定,人民法院可以准许;如果被执行人提供担保且申请执行人同意解除查封的,则适用《查封扣押冻结规定》第 28 条第 1 款第 5 项,人民法院应当解除查封、扣押、冻结。

第四条　委托代理人代为执行和解,应当有委托人的特别授权。

第五条　当事人协商一致,可以变更执行和解协议,并向人民法院提交变更后的协议,或者由执行人员将变更后的内容记入笔录,并由各方当事人签名或者盖章。

第六条　当事人达成以物抵债执行和解协议的,人民法院不得依据该协议作出以物抵债裁定。

【注释】在起草《民事诉讼法解释》时,有观点认为,双方当事人协商以物抵债是一种私法行为,属于执行和解的一种形式,为了与执行和解制度保持一致,同时防止当事人恶意串通危害第三人的权利或者通过执行裁定来规避行政审查,执行法院不应出具裁定书,因此建议在《民事诉讼法解释》第489条明确规定"人民法院不予出具以物抵债执行裁定书",但因讨论中存在较大争议,第489条未采纳这一方案,而是增加了"限制条件"。《执行和解规定》起草过程中,对该问题再次进行了充分研究和讨论,最终明确规定人民法院不得依据执行和解协议作出以物抵债裁定。《执行和解规定》施行后,应以此条为准。

第七条 执行和解协议履行过程中,符合民法典第五百七十条①规定情形的,债务人可以依法向有关机构申请提存;执行和解协议约定给付金钱的,债务人也可以向执行法院申请提存。

第八条 执行和解协议履行完毕的,人民法院作执行结案处理。

第九条 被执行人一方不履行执行和解协议的,申请执行人可以申请恢复执行原生效法律文书,也可以就履行执行和解协议向执行法院提起诉讼。

【注释】根据《民事诉讼法》第237条第2款规定,达成和解协议后,被执行人不履行义务的,申请执行人可以要求恢复执行。但对申请执行人能否起诉被执行人,要求其履行执行和解协议约定的义务,法律规定并不明确。

从结果看,"债务人不履行执行和解协议,债权人只能申请恢复执行"的做法,实际上否定了当事人之间的合意,缺乏对债权人和债务人预期利益的保护。尤其当执行和解协议对债权人更有利时,被执行人可以通过不履行执行和解协议获益,也与诚实信用原则相悖。为此,本条规定赋予了申请执行人选择权,即在被执行人不履行执行和解协议时,申请执行人既可以申请恢复执行,也可以就履行执行和解协议提起诉讼。

第十条 申请恢复执行原生效法律文书,适用民事诉讼法第二百三十九条②申请执行期间的规定。

当事人不履行执行和解协议的,申请恢复执行期间自执行和解协议约定履行期间的最后一日起计算。

---

① 《民法典》第570条规定:"有下列情形之一,难以履行债务的,债务人可以将标的物提存:(一)债权人无正当理由拒绝受领;(二)债权人下落不明;(三)债权人死亡未确定继承人、遗产管理人,或者丧失民事行为能力未确定监护人;(四)法律规定的其他情形。标的物不适于提存或者提存费用过高的,债务人依法可以拍卖或者变卖标的物,提存所得的价款。"

② 2021年《民事诉讼法》第四次修正后调整为第246条。

【注释】与《民事诉讼法解释》第 466 条规定相比，本条删除了“申请执行期间因达成执行中的和解协议而中断”的规定，主要是因为申请执行时申请执行期间已发生中断，但“申请恢复执行期间自和解协议约定履行期限的最后一日起计算”的规定并未改变。

第十一条　申请执行人以被执行人一方不履行执行和解协议为由申请恢复执行，人民法院经审查，理由成立的，裁定恢复执行；有下列情形之一的，裁定不予恢复执行：

（一）执行和解协议履行完毕后申请恢复执行的；

（二）执行和解协议约定的履行期限尚未届至或者履行条件尚未成就的，但符合民法典第五百七十八条①规定情形的除外；

（三）被执行人一方正在按照执行和解协议约定履行义务的；

（四）其他不符合恢复执行条件的情形。

【注释】根据《民事诉讼法》第 237 条第 2 款的规定，申请执行人受欺诈、胁迫与被执行人达成执行和解协议，或者当事人不履行和解协议的，人民法院可以依申请执行人的申请恢复执行。但对于申请执行人能否随时反悔、“不履行”的具体内涵、“受欺诈和胁迫”由谁认定等问题，不同法院把握的标准并不一致。

为澄清实践中的误解，本条明确了恢复执行的条件。首先，契约严守和诚实信用原则应当适用于双方当事人，任何一方都不应无故违反和解协议，如果被执行人正在依照和解协议的约定履行义务，或者执行和解协议约定的履行期限尚未届至、履行条件尚未成就，申请执行人就不能要求恢复执行。其次，如果债务人已经履行完毕和解协议确定的义务，即便存在迟延履行或者瑕疵履行的情况，申请执行人也不能要求恢复执行。迟延履行或瑕疵履行给申请执行人造成损害的，申请执行人可以另行提起诉讼，主张赔偿损失。最后，出于审执分离的考虑，当事人、利害关系人主张和解协议无效或可撤销的，应当通过诉讼程序认定，再向法院申请恢复执行。

第十二条　当事人、利害关系人认为恢复执行或者不予恢复执行违反法律规定的，可以依照民事诉讼法第二百二十五条②规定提出异议。

---

①　《民法典》第 578 条规定：“当事人一方明确表示或者以自己的行为表明不履行合同义务的，对方可以在履行期限届满前请求其承担违约责任。”

②　2021 年《民事诉讼法》第四次修正后调整为第 232 条。

第十三条 恢复执行后，对申请执行人就履行执行和解协议提起的诉讼，人民法院不予受理。

第十四条 申请执行人就履行执行和解协议提起诉讼，执行法院受理后，可以裁定终结原生效法律文书的执行。执行中的查封、扣押、冻结措施，自动转为诉讼中的保全措施。

【注释】依据《执行立结案意见》第6条第5项规定，依照《民事诉讼法》第264条的规定而终结执行的案件，申请执行的条件具备时，申请执行人申请恢复执行的，人民法院应当按照恢复执行案件予以立案。据此，因申请执行人就履行执行和解协议提起诉讼而终结执行的，符合条件时可恢复执行。

第十五条 执行和解协议履行完毕，申请执行人因被执行人迟延履行、瑕疵履行遭受损害的，可以向执行法院另行提起诉讼。

第十六条 当事人、利害关系人认为执行和解协议无效或者应予撤销的，可以向执行法院提起诉讼。执行和解协议被确认无效或者撤销后，申请执行人可以据此申请恢复执行。

被执行人以执行和解协议无效或者应予撤销为由提起诉讼的，不影响申请执行人申请恢复执行。

第十七条 恢复执行后，执行和解协议已经履行部分应当依法扣除。当事人、利害关系人认为人民法院的扣除行为违反法律规定的，可以依照民事诉讼法第二百二十五条规定提出异议。

第十八条 执行和解协议中约定担保条款，且担保人向人民法院承诺在被执行人不履行执行和解协议时自愿接受直接强制执行的，恢复执行原生效法律文书后，人民法院可以依申请执行人申请及担保条款的约定，直接裁定执行担保财产或者保证人的财产。

【注释】本条与《执行担保规定》第1条、《变更追加规定》第24条都是规定向人民法院书面承诺。《执行担保规定》第1条规定："本规定所称执行担保，是指担保人依照民事诉讼法第二百三十一条①规定，为担保被执行人履行生效法律文书确定的全部或者部分义务，向人民法院提供的担保。"《变更追加规定》第24条规定："执行过程中，第三人向执行法院书面承诺自愿代被执行人履行生效法律文书确定的债务，申请执行人申请变更、追加该第三

① 2021年《民事诉讼法》第四次修正后调整为第238条。

人为被执行人,在承诺范围内承担责任的,人民法院应予支持。"实践中应注意三者的区别:

一是责任承担事由不同。执行和解中担保和执行担保都有担保的意思表示,前者是履行和解协议的担保,在因不履行执行和解协议而恢复原生效法律文书执行时,担保人承担担保责任;后者是对被执行人履行生效法律文书确定的全部或者部分义务提供担保,暂缓执行期限届满后被执行人仍不履行义务,或者暂缓执行期间担保人有转移、隐藏、变卖、毁损担保财产等行为的,担保人承担保证责任。《变更追加规定》第24条中的承诺代履行系债的加入,其承担责任无须担保事由的出现。

二是承担责任方式不同。执行和解中担保、执行担保都是直接裁定执行担保财产或者保证人的财产,不得将担保人变更、追加为被执行人,代履行第三人需通过变更、追加为被执行人承担责任。

第十九条　执行过程中,被执行人根据当事人自行达成但未提交人民法院的和解协议,或者一方当事人提交人民法院但其他当事人不予认可的和解协议,依照民事诉讼法第二百二十五条规定提出异议的,人民法院按照下列情形,分别处理:

(一)和解协议履行完毕的,裁定终结原生效法律文书的执行;

(二)和解协议约定的履行期限尚未届至或者履行条件尚未成就的,裁定中止执行,但符合民法典第五百七十八条①规定情形的除外;

(三)被执行人一方正在按照和解协议约定履行义务的,裁定中止执行;

(四)被执行人不履行和解协议的,裁定驳回异议;

(五)和解协议不成立、未生效或者无效的,裁定驳回异议。

【注释】本条适用于符合本规定第1条,但不符合第2条即"执行外"和解的情形。

第二十条　本规定自2018年3月1日起施行。

本规定施行前本院公布的司法解释与本规定不一致的,以本规定为准。

---

① 《民法典》第578条规定:"当事人一方明确表示或者以自己的行为表明不履行合同义务的,对方可以在履行期限届满前请求其承担违约责任。"

【司法文件】

1.《最高人民法院关于在执行工作中进一步强化善意文明执行理念的意见》(法发〔2019〕35号,2019年12月16日)

四、充分用好执行和解及破产重整等制度

13. 依法用好执行和解和破产重整等相关制度。要在依法采取执行措施的同时,妥善把握执行时机、讲究执行策略、注意执行方法。对资金链暂时断裂,但仍有发展潜力、存在救治可能的企业,可以通过和解分期履行、兼并重组、引入第三方资金等方式盘活企业资产。要加大破产保护理念宣传,通过强化释明等方式引导执行债权人或被执行人同意依法将案件转入破产程序。对具有营运价值的企业通过破产重整、破产和解解决债务危机,充分发挥破产制度的拯救功能,帮助企业走出困境,平衡债权人、债务人、出资人、员工等利害关系人的利益,通过市场实现资源配置优化和社会整体价值最大化。

2.《最高人民法院关于进一步规范近期执行工作相关问题的通知》(法〔2018〕141号,2018年5月28日)

三、关于和解长期履行案件的报结问题

当事人达成执行和解协议,需要长期履行的,可以以终结执行方式(选择"和解长期履行"情形)报结。执行案件流程系统须进行相应改造,在终结执行内增加"和解长期履行"作为终结执行的一种情形;同时,对该种情形终结执行的案件在报结时可以不作必须解除强制执行措施的要求。因被执行人不履行和解协议申请执行人申请恢复执行原生效法律文书的,以恢复执行方式立案。对接使用最高人民法院执行案件流程信息管理系统的执行法院,由各高级人民法院负责改造系统;直接使用最高人民法院执行案件流程信息管理系统的执行法院,由我院负责改造系统并进行远程升级。

3.《最高人民法院关于在执行工作中规范执行行为切实保护各方当事人财产权益的通知》(法〔2016〕401号,2016年11月22日)

八、依法用好执行和解制度。依法推进执行中债务重组及和解,对符合条件的,可以引导各方当事人积极达成重组、和解协议,采取分期偿债、收入抵债等方式，既保障被执行人利益，又兼顾被执行人利益。

4.《最高人民法院关于执行案件立案、结案若干问题的意见》（法发〔2014〕26 号，2015 年 1 月 1 日）

第十五条　生效法律文书确定的执行内容，经被执行人自动履行、人民法院强制执行，已全部执行完毕，或者是当事人达成执行和解协议，且执行和解协议履行完毕，可以以“执行完毕”方式结案。

执行完毕应当制作结案通知书并发送当事人。双方当事人书面认可执行完毕或口头认可执行完毕并记入笔录的，无需制作结案通知书。

执行和解协议应当附卷，没有签订书面执行和解协议的，应当将口头和解协议的内容作成笔录，经当事人签字后附卷。

5.《最高人民法院关于进一步发挥诉讼调解在构建社会主义和谐社会中积极作用的若干意见》（法发〔2007〕9 号，2007 年 3 月 1 日）

18. 民事执行案件按照执行依据的全部内容进行强制执行确有困难的，经双方当事人同意，人民法院可以组织当事人进行和解。经和解达成协议的，按照民事诉讼法相关规定处理。

19. 当事人申诉、申请再审的案件，在审查立案或者听证过程中，双方当事人同意调解的，人民法院可以调解，达成一致意见的，可以按照执行和解处理，终结审查程序。当事人自行达成和解协议的，人民法院审查确认后，可以按照执行和解处理。

6.《最高人民法院关于依法妥善办理涉新冠肺炎疫情执行案件若干问题的指导意见》（法发〔2020〕16 号，2020 年 5 月 13 日）

六、强化应用执行和解制度。被执行人受疫情影响导致生产生活困难，无法及时履行生效法律文书确定义务的，人民法院要积极引导当事人协商和解，为被执行人缓解债务压力、恢复正常生产生活创造便利条件。当事人在疫情发生前已经达成和解，确因疫情或者疫情防控措施直接导致无法按照和解协议约定期限履行，申请执行人据此申请恢复执行原生效法律文书的，人民法院不予支持，但当事人另有约定的除外；和解协议已经履行不能或者因迟延履行导致和解协议目的不能实现的，应当及时恢复执行。

【司法答复】

1.《最高人民法院关于当事人在执行中达成和解协议且已履行完毕的不应恢复执行的函》(经他〔1995〕2 号,1995 年 2 月 5 日)

广东省高级人民法院:

关于广州市国营新合企业公司(以下简称“新合公司”)与深圳市蛇口区对外经济发展公司(以下简称“蛇口外经公司”)购销电冰箱合同纠纷一案的执行问题,本院经济庭曾于 1994 年 1 月 6 日要求你院查处,并报结果,但至今未收到你院有关处理情况的报告。新合公司清算组又多次向我院要求纠正广州市东山区法院的错误执行做法。

经审查当事人提供的材料,我院认为:新合公司与蛇口外经公司于 1989 年 12 月 8 日达成的以空调器抵债的和解协议已经履行完毕。蛇口外经公司提出空调器质量不合格证据不足,否认和解协议已履行完毕缺乏依据,广州市东山区法院不应恢复执行(1989)东法经字第 231 号民事判决,请你院通知广州市东山区法院终结执行。蛇口外经公司对空调器质量的异议,可由广州中院对该公司向天河区法院起诉的空调器质量纠纷一案通过审判监督程序处理。

【注释】《执行和解规定》吸收了本函的意见,其第 15 条规定:“执行和解协议履行完毕,申请执行人因被执行人迟延履行、瑕疵履行遭受损害的,可以向执行法院另行提起诉讼。”

2.《最高人民法院关于深圳市华旅汽车运输公司出租车牌照持有人对深圳市中级人民法院执行异议案的复函》(〔2001〕执监字第 232 号,2001 年 10 月 30 日)

广东省高级人民法院:

你院〔2001〕粤高法执监字第 188 号《关于深圳中院执行华旅汽车运输公司一案的复查报告》收悉。经研究,同意你院的复查意见,现具体答复如下:

……

二、《最高人民法院关于人民法院执行工作若干问题的规定(试行)》第

86 条第 1 款①规定:“在执行中,双方当事人可以自愿达成和解协议,变更生效法律文书确定的履行义务主体、标的物及其数额、履行期限和履行方式。”依据本规定,执行和解协议的有效要件之一是双方当事人出于自愿并就协议内容的意思表示一致。而本案的各申请执行人于 2001 年 4 月 29 日、5 月 9 日(拍卖前一日)两次向执行法院明确表示不同意和解并要求执行法院依法对查封标的物进行拍卖,表明本案申请执行人与被执行人之间并没有达成有效的执行和解协议。申诉人(牌照持有人)要求按所谓的和解协议执行,没有事实根据,不予支持。

……

3.《最高人民法院执行工作办公室关于在执行中当事人双方达成执行和解协议后申请执行人反悔能否恢复原判决执行的请示的答复》(〔2001〕执他字第 24 号,2003 年 11 月 18 日)

湖南省高级人民法院:

你院湘高法函〔2001〕187 号《关于在执行中当事人双方达成执行和解协议后,申请执行人反悔,能否恢复原判决执行的请示》收悉,经研究,答复如下:

同意你院第二种意见。根据《中华人民共和国民事诉讼法》第二百一十一条第二款②和最高人民法院《关于适用〈中华人民共和国民事诉讼法〉若干问题的意见》第 266 条③的规定,执行和解协议达成后,在一方当事人反悔的情况下,人民法院恢复对原生效法律文书执行的前提条件是,对方当事人的申请。因为,执行中的和解协议是双方当事人在法院主持下自愿达成的,该和解协议是双方当事人对自身权利义务的处分,体现了民法中的契约自由和意思自治的原则。一旦达成和解协议并履行,即变更了原生效法律文书的内容。虽然现行法律和司法解释规定了双方当事人都有反悔的权利,但恢复执行原生效法律文书并不是必然的,而是要有“对方当事人”的申请,否则不能

---

① 该条已删除,相关内容被《执行和解规定》(法释〔2018〕3 号)第 1 条第 1 款替代。

② 1991 年《民事诉讼法》第 211 条第 2 款规定:“一方当事人不履行和解协议的,人民法院可以根据对方当事人的申请,恢复对原生效法律文书的执行。”

③ 《民事诉讼法意见》(已废止)第 266 条规定:“一方当事人不履行或者不完全履行在执行中双方自愿达成的和解协议,对方当事人申请执行原生效法律文书的,人民法院应当恢复执行,但和解协议已履行的部分应当扣除。和解协议已经履行完毕的,人民法院不予恢复执行。”

恢复执行。本案中,因“对方”为被执行人,在其履行执行和解协议,并不申请执行原生效法律文书的情况下,不得恢复执行原判决。

【注释】本答复是根据1991年《民事诉讼法》第211条第2款规定作出的,与2012年修改后的《民事诉讼法》规定精神有所不符。实践中,有的申请执行人是因受欺诈、胁迫而与被执行人达成和解协议。例如,被执行人故意隐匿财产,制造出欠缺还债能力的假象,或者虚构执行标的物之价值,骗取申请执行人与其签订和解协议。如果依照1991年《民事诉讼法》原有规定,“一方当事人不履行和解协议的,人民法院可以根据对方当事人的申请,恢复对原生效法律文书的执行”,申请执行人受欺诈、胁迫达成和解协议后,要恢复对原生效法律文书的执行,自己不能向法院提出申请,要由对方当事人即被执行人提出申请,显然不利于对申请执行人的权益予以救济。为此,2012年《民事诉讼法》修正时,增加规定申请执行人因受欺诈、胁迫与被执行人达成和解协议,也可以申请法院恢复对原生效法律文书的执行,取消了须经“对方当事人”申请的限制。

4.《最高人民法院执行工作办公室关于申请执行前当事人达成新的“协议”如何认定其效力问题的复函》(〔2003〕执他字第4号,2003年12月1日)

山东省高级人民法院:

你院《关于在人民法院判决、裁定、调解结案后,至申请执行前,当事人之间又达成新的“协议”,如何认定其效力的请示》收悉。经研究,答复如下:

当事人之间在执行前达成的和解协议,具有民事合同的效力。但协议本身并不当然影响债权人申请强制执行的权利。债权人在法定的申请执行期限内申请执行的,人民法院应当受理。

但你院请示的案件中,负有担保责任的被执行人提出,因债权人远东国际贸易有限公司与主债务人等四方达成和解协议(以下简称四方协议),并且在其向人民法院申请解除保全查封时,明确表示调解书中确定的债务已经全部履行完毕,因此本案不能强制执行。鉴于我国目前尚无债务人异议之诉制度,执行法院应当在实际开始执行前对此予以审查核实。如果四方协议确实已经履行了,则说明原调解书确定的债务已经消灭,不能再以该调解书为依据强制执行;否则可以强制执行。

审查中应注意:债权人自己向法院所作的关于债务已经履行完毕的明确表示,应视为债务得到履行的确定性证据。此后其主张债务没有履行,必须提供充分的相反证据证明。同时,因按照四方协议,抵债的股票直接转让给最终债权人中融国际投资有限公司,因此关于该协议是否得到履行,应从该公司取得相关证明。

【注释】山东远东国际贸易公司(以下简称远东国际)与青岛鸿荣金海湾房地产有限公司(以下简称金海湾公司)、汕头经济特区新业发展有限公司(以下简称汕头新业)代理纠纷一案,青岛市中级人民法院(以下简称青岛中院)经调解,各方当事人于 1999 年 8 月 18 日达成协议:第三人汕头新业偿还远东国际 1080 万元,金海湾公司承担连带责任。汕头新业偿还远东国际的款项暂存至法院后,按原、被告及第三人自行达成的协议,由远东国际向法院申请解除对金海湾公司 13 栋别墅的保全查封。

1999 年 9 月 21 日,远东国际、汕头新业、汕头经济特区金达实业总公司(以下简称金达公司)、中融国际投资有限公司(以下简称中融国际)达成"四方协议":金达公司以其持有的汕头宏业股份有限公司的股票代汕头新业清偿所欠远东国际的债务。同时中融国际同意远东国际以前述股票清偿其欠中融国际债务。上述股票转让后,远东国际与汕头新业之间的债权债务即告清偿完毕,双方债务纠纷就此了结。同时,远东国际对中融国际的欠款数额做相应递减,剩余欠款另行清偿。

1999 年 9 月 24 日,远东国际与汕头新业又达成一份协议:汕头新业已向远东国际偿还了调解书确定的欠款,双方在本案中的债权债务就此清偿完毕;本协议生效后双方不得再就此案提出其他任何请求。1999 年 11 月 30 日,远东国际向青岛中院申请解除对金海湾公司 13 栋别墅的查封,理由是汕头新业于 1999 年 9 月 24 日已全部履行完毕。青岛中院据此解除查封。

后远东国际以协议没有落实为由,于 2000 年 2 月 16 日向青岛中院申请强制执行。青岛中院执行中查明:汕头新业持有的股票已于 1998 年 11 月 27 日质押给了民生银行广州分行,同时附有当事人提供的深圳证交所关于其可冻结股票数为零的证明。而汕头新业、广澳集团、金达公司均无财产可供执行,因此只能执行担保人金海湾公司。双方当事人就此申诉。

《执行和解规定》第 19 条吸收了本复函意见。《执行和解规定》施行后,应以该条规定为准。

5.《最高人民法院关于生效法律文书未确定履行期限能否依当事人约定的履行期限受理执行的复函》(〔2004〕执他字第 23 号,2005 年 6 月 29 日)

山西省高级人民法院:

你院《生效法律文书未确定履行期限能否依当事人约定的履行期限受理执行的请示》收悉,经研究,答复如下:

一、关于法律文书生效后,当事人在自动履行期间内达成和解协议,申请执行期限是否可以延长的问题,现行法律及司法解释没有明确规定。

二、从本案的实际情况看,当事人是在一审法院审判法官的主持下多次达成和解协议,这是造成债权人未能在法律文书生效后及时向人民法院申请强制执行的主要原因。为充分保护债权人的合法权益,本案可参照最高人民法院《关于适用〈中华人民共和国民事诉讼法〉若干问题的意见》第 267 条①规定的精神,作为个案的特殊情况妥善处理。

【注释】本复函涉及的是执行前和解的效力问题。执行前和解与执行中的和解在性质上是相同的,都是判决生效后,当事人对判决确定的债权债务关系的自行处分。执行前的和解是否得到履行,与执行中的和解是否得到履行,应当赋予相同的法律效果。因此,执行前的和解应当比照执行中的和解来处理。法律文书生效后,当事人在自动履行期间内达成和解协议的,为充分保护债权人的合法权益,可参照《民事诉讼法解释》第 466 条规定,申请执行期间因达成和解协议而中断,其期间自和解协议约定履行期限的最后一日起重新计算。

6.《最高人民法院执行工作办公室关于当事人对迟延履行和解协议的争议应当另诉解决的复函》(〔2005〕执监字第 24-1 号,2005 年 6 月 24 日)

四川省高级人民法院:

关于云南江川龙翔实业有限责任公司(下称龙翔公司)申请执行四川省烟草公司资阳分公司简阳卷烟营销管理中心(下称烟草公司)债务纠纷一案,你院以〔2004〕川执请字第 1 号答复资阳市中级人民法院,认为龙翔公司申请恢复执行并无不当。烟草公司不服你院的答复,向我院提出申诉。

我院经调卷审查认为,根据我国民事诉讼法和我院司法解释的有关规

---

① 《民事诉讼法意见》(已废止)第 267 条规定:"申请恢复执行原法律文书,适用民事诉讼法第二百一十九条申请执行期限的规定。申请执行期限因达成执行中的和解协议而中止,其期限自和解协议所定履行期限的最后一日起连续计算。"

定,执行和解协议已履行完毕的人民法院不予恢复执行。本案执行和解协议的履行尽管存在瑕疵,但和解协议确已履行完毕,人民法院应不予恢复执行。至于当事人对延迟履行和解协议的争议,不属执行程序处理,应由当事人另诉解决。请你院按此意见妥善处理该案。

【注释】云南江川龙翔实业有限责任公司(以下简称龙翔公司)申请执行四川省烟草公司资阳分公司简阳卷烟营销管理中心(以下简称卷烟中心)债务纠纷一案,双方当事人达成和解协议:(1)卷烟中心在2002年5月20日支付龙翔公司30万元;2002年8月15日前支付30万元;2002年11月15日前支付30万元;2003年2月15日前支付30万元;2003年5月15日前支付30万元;2003年7月15日前支付20万元。(2)卷烟中心2003年7月15日前付清170万元,龙翔公司放弃本金余额20万元及全部资金利息、诉讼费用和执行费用。(3)如卷烟中心在2003年7月15日前未能按第一、二条协议内容付清170万元,龙翔公司保留追偿本金余额20万元及全部资金利息、诉讼费用和执行费用的权利。

在和解协议履行过程中,前五期共计150万元基本上如约支付。最后一笔20万元于2003年9月19日交付给法院,比约定的7月15日晚了两个多月,法院于2003年10月13日转付给龙翔公司,龙翔公司出具了收款证明。次日,龙翔公司以卷烟中心未按协议完全履行义务,最后一笔款项超期两个月支付为由,申请法院恢复执行原生效法律文书。

四川省高级人民法院经研究认为,尽管申请人接受了被执行人支付的最后一笔款项,但该笔款项的支付时间确已超过了双方在和解协议中约定的最后一次履行时间,故申请人申请恢复执行并无不当,遂决定按违约比例在原放弃的本息部分承担责任。烟草公司不服,申诉至最高人民法院,请求纠正四川高院的答复。①

7.《最高人民法院执行工作办公室关于武汉市奥迪音响有限公司与武汉置兴公司货款纠纷执行一案的请示的答复》(〔2005〕执他字第7号,2005年5月26日)

湖北省高级人民法院:

你院鄂高法〔2005〕6号《关于武汉市奥迪音响有限公司与武汉置兴公司

① 参见刘立新:《简阳烟草公司执行异议案》,载最高人民法院执行工作办公室编:《强制执行指导与参考》2005年第1辑(总第13辑),法律出版社2005年版,第43—45页。

货款纠纷执行一案的请示》收悉。经研究,答复如下:

一、在执行阶段,武汉市奥迪音响有限公司(下称奥迪公司)与武汉置兴公司(下称置兴公司)、王建军自愿达成的和解协议,只要不违反法律规定,人民法院应予支持。武昌区人民法院裁定将置兴公司位于江汉路46号使用面积为120平方米的房屋使用权收益抵付奥迪公司货款,并无不当。

二、武昌区人民法院将该房屋使用权年限裁定为长期是错误的。奥迪公司取得的使用期限,在双方未作特别约定的情况下,应在置兴公司原有使用权期限内,以债务全部清偿为限。武昌区法院该项裁定内容应依法撤销。

三、奥迪公司取得房屋承租使用权应包括承租使用经营权及收益权。奥迪公司合法取得了房屋承租使用权,依法就享有对该房屋的占有、使用、收益权利。

四、鉴于本案存在上述第二项所述的错误,执行法院应在保证本案申请执行人的权益得到实现的前提下,依法妥善处理。

【注释】需要注意,本答复意见与2018年《执行和解规定》规定精神有所不符。《执行和解规定》第6条明确,当事人达成以物抵债执行和解协议的,人民法院不得依据该协议作出以物抵债裁定。《执行和解规定》施行后,应以该条规定为准。

【指导案例】

1. 指导案例2号:吴梅诉四川省眉山西城纸业有限公司买卖合同纠纷案(最高人民法院审判委员会讨论通过,2011年12月20日发布)

关键词 民事诉讼 执行 和解 撤回上诉 不履行和解协议 申请执行一审判决

裁判要点

民事案件二审期间,双方当事人达成和解协议,人民法院准许撤回上诉的,该和解协议未经人民法院依法制作调解书,属于诉讼外达成的协议。一方当事人不履行和解协议,另一方当事人申请执行一审判决的,人民法院应予支持。

相关法条

《中华人民共和国民事诉讼法》第二百零七条第二款①

---

① 2021年《民事诉讼法》第四次修正后调整为第237条第2款。

基本案情

原告吴梅系四川省眉山市东坡区吴梅收旧站业主,从事废品收购业务。约自 2004 年开始,吴梅出售废书给被告四川省眉山西城纸业有限公司(简称西城纸业公司)。2009 年 4 月 14 日双方通过结算,西城纸业公司向吴梅出具欠条载明:今欠到吴梅废书款壹佰玖拾柒万元整(¥1970000.00)。同年 6 月 11 日,双方又对后期货款进行了结算,西城纸业公司向吴梅出具欠条载明:今欠到吴梅废书款伍拾肆万捌仟元整(¥548000.00)。因经多次催收上述货款无果,吴梅向眉山市东坡区人民法院起诉,请求法院判令西城纸业公司支付货款 251.8 万元及利息。被告西城纸业公司对欠吴梅货款 251.8 万元没有异议。

一审法院经审理后判决:被告西城纸业公司在判决生效之日起十日内给付原告吴梅货款 251.8 万元及违约利息。宣判后,西城纸业公司向眉山市中级人民法院提起上诉。二审审理期间,西城纸业公司于 2009 年 10 月 15 日与吴梅签订了一份还款协议,商定西城纸业公司的还款计划,吴梅则放弃了支付利息的请求。同年 10 月 20 日,西城纸业公司以自愿与对方达成和解协议为由申请撤回上诉。眉山市中级人民法院裁定准予撤诉后,因西城纸业公司未完全履行和解协议,吴梅向一审法院申请执行一审判决。眉山市东坡区人民法院对吴梅申请执行一审判决予以支持。西城纸业公司向眉山市中级人民法院申请执行监督,主张不予执行原一审判决。

裁判结果

眉山市中级人民法院于 2010 年 7 月 7 日作出(2010)眉执督字第 4 号复函认为:根据吴梅的申请,一审法院受理执行已生效法律文书并无不当,应当继续执行。

裁判理由

法院认为:西城纸业公司对于撤诉的法律后果应当明知,即一旦法院裁定准予其撤回上诉,眉山市东坡区人民法院的一审判决即为生效判决,具有强制执行的效力。虽然二审期间双方在自愿基础上达成的和解协议对相关权利义务作出约定,西城纸业公司因该协议的签订而放弃行使上诉权,吴梅则放弃了利息,但是该和解协议属于双方当事人诉讼外达成的协议,未经人民法院依法确认制作调解书,不具有强制执行力。西城纸业公司未按和解协议履行还款义务,违背了双方约定和诚实信用原则,故对其以双方达成和解协议为由,主张不予执行原生效判决的请求不予支持。

2. 指导案例 119 号：安徽省滁州市建筑安装工程有限公司与湖北追日电气股份有限公司执行复议案（最高人民法院审判委员会讨论通过，2019 年 12 月 24 日发布）

关键词 执行 执行复议 执行外和解 执行异议 审查依据

裁判要点

执行程序开始前，双方当事人自行达成和解协议并履行，一方当事人申请强制执行原生效法律文书的，人民法院应予受理。被执行人以已履行和解协议为由提出执行异议的，可以参照《最高人民法院关于执行和解若干问题的规定》第十九条的规定审查处理。

相关法条

《中华人民共和国民事诉讼法》第 225 条①

基本案情

安徽省滁州市建筑安装工程有限公司（以下简称滁州建安公司）与湖北追日电气股份有限公司（以下简称追日电气公司）建设工程施工合同纠纷一案，青海省高级人民法院（以下简称青海高院）于 2016 年 4 月 18 日作出（2015）青民一初字第 36 号民事判决，主要内容为：一、追日电气公司于本判决生效后十日内给付滁州建安公司工程款 1405.02533 万元及相应利息；二、追日电气公司于本判决生效后十日内给付滁州建安公司律师代理费 24 万元。此外，还对案件受理费、鉴定费、保全费的承担作出了判定。后追日电气公司不服，向最高人民法院提起上诉。

二审期间，追日电气公司与滁州建安公司于 2016 年 9 月 27 日签订了《和解协议书》，约定："1. 追日电气公司在青海高院一审判决书范围内承担总金额 463.3 万元，其中 1）合同内本金 413 万元；2）受理费 11.4 万元；3）鉴定费 14.9 万元；4）律师费 24 万元。……3. 滁州建安公司同意在本协议签订后七个工作日内申请青海高院解除对追日电气公司全部银行账户的查封，解冻后三日内由追日电气公司支付上述约定的 463.3 万元，至此追日电气公司与滁州建安公司所有账务结清，双方至此不再有任何经济纠纷"。和解协议签订后，追日电气公司依约向最高人民法院申请撤回上诉，滁州建安公司也依约向青海高院申请解除了对追日电气公司的保全措施。追日电气公司于 2016 年 10 月 28 日向滁州建安青海分公司支付了 412.880667 万元，滁州

① 2021 年《民事诉讼法》第四次修正后调整为第 232 条。

建安青海分公司开具了一张 413 万元的收据。2016 年 10 月 24 日,滁州建安青海分公司出具了一份《情况说明》,要求追日电气公司将诉讼费、鉴定费、律师费共计 50.3 万元支付至程一男名下。后为开具发票,追日电气公司与程一男、王兴刚、何寿倒签了一份标的额为 50 万元的工程施工合同,追日电气公司于 2016 年 11 月 23 日向王兴刚支付 40 万元、2017 年 7 月 18 日向王兴刚支付了 10 万元,青海省共和县国家税务局代开了一张 50 万元的发票。

后滁州建安公司于 2017 年 12 月 25 日向青海高院申请强制执行。青海高院于 2018 年 1 月 4 日作出(2017)青执 108 号执行裁定:查封、扣押、冻结被执行人追日电气公司所有的人民币 1000 万元或相应价值的财产。实际冻结了追日电气公司 3 个银行账户内的存款共计 126.605118 万元,并向追日电气公司送达了(2017)青执 108 号执行通知书及(2017)青执 108 号执行裁定。

追日电气公司不服青海高院上述执行裁定,向该院提出书面异议。异议称:双方于 2016 年 9 月 27 日协商签订《和解协议书》,现追日电气公司已完全履行了上述协议约定的全部义务。现滁州建安公司以协议的签字人王兴刚没有代理权而否定《和解协议书》的效力,提出强制执行申请的理由明显不能成立,并违反诚实信用原则,青海高院作出的执行裁定应当撤销。为此,青海高院作出(2017)青执异 18 号执行裁定,撤销该院(2017)青执 108 号执行裁定。申请执行人滁州建安公司不服,向最高人民法院提出了复议申请。主要理由是:案涉《和解协议书》的签字人为“王兴刚”,其无权代理滁州建安公司签订该协议,该协议应为无效;追日电气公司亦未按《和解协议书》履行付款义务;追日电气公司提出的《和解协议书》亦不是在执行阶段达成的,若其认为《和解协议书》有效,一审判决不应再履行,应申请再审或另案起诉处理。

裁判结果

青海省高级人民法院于 2018 年 5 月 24 日作出(2017)青执异 18 号执行裁定,撤销该院(2017)青执 108 号执行裁定。安徽省滁州市建筑安装工程有限公司不服,向最高人民法院申请复议。最高人民法院于 2019 年 3 月 7 日作出(2018)最高法执复 88 号执行裁定,驳回安徽省滁州市建筑安装工程有限公司的复议请求,维持青海省高级人民法院(2017)青执异 18 号执行裁定。

裁判理由

最高人民法院认为：

一、关于案涉《和解协议书》的性质

案涉《和解协议书》系当事人在执行程序开始前自行达成的和解协议，属于执行外和解。与执行和解协议相比，执行外和解协议不能自动对人民法院的强制执行产生影响，当事人仍然有权向人民法院申请强制执行。追日电气公司以当事人自行达成的《和解协议书》已履行完毕为由提出执行异议的，人民法院可以参照《最高人民法院关于执行和解若干问题的规定》第十九条的规定对和解协议的效力及履行情况进行审查，进而确定是否终结执行。

二、关于案涉《和解协议书》的效力

虽然滁州建安公司主张代表其在案涉《和解协议书》上签字的王兴刚未经其授权，其亦未在《和解协议书》上加盖公章，《和解协议书》对其不发生效力，但是《和解协议书》签订后，滁州建安公司根据约定向青海高院申请解除了对追日电气公司财产的保全查封，并就《和解协议书》项下款项的支付及开具收据发票等事宜与追日电气公司进行多次协商，接收《和解协议书》项下款项、开具收据、发票，故滁州建安公司以实际履行行为表明其对王兴刚的代理权及《和解协议书》的效力是完全认可的，《和解协议书》有效。

三、关于案涉《和解协议书》是否已履行完毕

追日电气公司依据《和解协议书》的约定以及滁州建安公司的要求，分别向滁州建安公司和王兴刚等支付了412.880667万元、50万元款项，虽然与《和解协议书》约定的463.3万元尚差4000余元，但是滁州建安公司予以接受并为追日电气公司分别开具了413万元的收据及50万元的发票，根据《最高人民法院关于贯彻执行〈中华人民共和国民法通则〉若干问题的意见（试行）》[①]第66条的规定，结合滁州建安公司在接受付款后较长时间未对付款金额提出异议的事实，可以认定双方以行为对《和解协议书》约定的付款金额进行了变更，构成合同的默示变更，故案涉《和解协议书》约定的付款义务已经履行完毕。关于付款期限问题，根据《最高人民法院关于执行和解若干问题的规定》第十五条的规定，若滁州建安公司认为追日电气公司延期付款对其造成损害，可另行提起诉讼解决，而不能仅以此为由申请执行一审判决。

① 此意见现已废止。

3. 指导案例 124 号:中国防卫科技学院与联合资源教育发展(燕郊)有限公司执行监督案(最高人民法院审判委员会讨论通过,2019 年 12 月 24 日发布)

关键词　执行　执行监督　和解协议　执行原生效法律文书

裁判要点

申请执行人与被执行人对执行和解协议的内容产生争议,客观上已无法继续履行的,可以执行原生效法律文书。对执行和解协议中原执行依据未涉及的内容,以及履行过程中产生的争议,当事人可以通过其他救济程序解决。

相关法条

《中华人民共和国民事诉讼法》第 204 条①

基本案情

联合资源教育发展(燕郊)有限公司(以下简称联合资源公司)与中国防卫科技学院(以下简称中防院)合作办学合同纠纷案,经北京仲裁委员会审理,于 2004 年 7 月 29 日作出(2004)京仲裁字第 0492 号裁决书(以下简称 0492 号裁决书),裁决:一、终止本案合同;二、被申请人(中防院)停止其燕郊校园内的一切施工活动;三、被申请人(中防院)撤出燕郊校园;四、驳回申请人(联合资源公司)其他仲裁请求和被申请人(中防院)仲裁反请求;五、本案仲裁费 363364.91 元,由申请人(联合资源公司)承担 50%,以上裁决第二、三项被申请人(中防院)的义务,应于本裁决书送达之日起 30 日内履行完毕。

联合资源公司依据 0492 号裁决书申请执行,三河市人民法院立案执行。2005 年 12 月 8 日双方签订《联合资源教育发展(燕郊)有限公司申请执行中国防卫科技学院撤出校园和解执行协议》(以下简称《协议》)。《协议》序言部分载明:"为履行裁决,在法院主持下经过调解,双方同意按下述方案执行。本执行方案由人民法院监督执行,本方案分三个步骤完成。"具体内容如下:一、评估阶段:(一)资产的评估。联合资源公司资产部分:1. 双方同意在人民法院主持下对联合资源公司资产进行评估。2. 评估的内容包括联合资源公司所建房产、道路及设施等投入的整体评估,土地所有权的评估。3. 评估由双方共同选定评估单位,评估价作为双方交易的基本参考价。中防院部分:1. 双方同意在人民法院主持下对中防院投入联合资源公司校园中的资产进行评估。2. 评估的内容包括,(1)双方《合作办学合同》执行期间联合资源公司同意中防院投资的固定资产;(2)双方《合作办学合同》执行

① 2021 年《民事诉讼法》第四次修正后调整为第 211 条。

期间联合资源公司未同意中防院投资的固定资产;(3)双方《合作办学合同》裁定终止后中防院投资的固定资产。具体情况由中防院和联合资源公司共同向人民法院提供相关证据。(二)校园占用费由双方共同商定。(三)关于教学楼施工,鉴于在北京仲裁委员会仲裁时教学楼基础土方工作已完成,如不进行施工和填平,将会影响周边建筑及学生安全,同时为有利于中防院的招生,联合资源公司同意中防院继续施工。(四)违约损失费用评估。1. 鉴于中防卫技术服务中心1000万元的实际支付人是中防院,同时校园的实际使用人也是中防院,为此联合资源公司依据过去各方达成的意向协议,同意该1000万元在方案履行过程中进行考虑。2. 由中防卫技术服务中心违约给联合资源公司造成的实际损失,应由中防卫技术服务中心承担。3. 该部分费用双方协商解决,解决不成双方同意在法院主持下进行执行听证会,法院依听证结果进行裁决。二、交割阶段:1. 联合资源公司同意在双方达成一致的情况下,转让其所有的房产和土地使用权,中防院收购上述财产。2. 在中防院不同意收购联合资源公司资产情况下,联合资源公司收购中防院资产。3. 当1、2均无法实现时,双方同意由人民法院委托拍卖。4. 拍卖方案如下:A. 起拍价,按评估后全部资产价格总和为起拍价。B. 如出现流拍,则下次拍卖起拍价下浮15%,但流拍不超过两次。C. 如拍卖价高于首次起拍价,则按下列顺序清偿,首先清偿联合资源公司同意中防院投资的固定资产和联合资源公司原资产,不足清偿则按比例清偿。当不足以清偿时联合资源公司同意将教学楼所占土地部分(含周边土地部分)出让给中防院,其资产由中防院独立享有。拍卖过程中双方均有购买权。

上述协议签订后,执行法院委托华信资产评估公司对联合资源公司位于燕郊开发区地块及地面附属物进行价值评估,评估报告送达当事人后联合资源公司对评估报告提出异议,此后在执行法院的主持下,双方多次磋商,一直未能就如何履行上述和解协议达成一致。双方当事人分别对本案在执行过程中所达成的和解协议的效力问题,向执行法院提出书面意见。

裁判结果

三河市人民法院于2016年5月30日作出(2005)三执字第445号执行裁定:一、申请执行人联合资源教育发展(燕郊)有限公司与被执行人中国防卫科技学院于2005年12月8日达成的和解协议有效。二、申请执行人联合资源教育发展(燕郊)有限公司与被执行人中国防卫科技学院在校园内的资产应按双方于2005年12月8日达成的和解协议约定的方式处置。联合资源教育发展(燕郊)有限公司不服,向廊坊市中级人民法院申请复议。廊坊市中级人民法院于 2016 年 7 月 22 日作出(2016)冀 10 执复 46 号执行裁定:撤销(2005)三执字第 445 号执行裁定。三河市人民法院于 2016 年 8 月 26 日作出(2005)三执字第 445 号之一执行裁定:一、申请执行人联合资源教育发展(燕郊)有限公司与被执行人中国防卫科技学院于 2005 年 12 月 8 日达成的和解协议有效。二、申请执行人联合资源教育发展(燕郊)有限公司与被执行人中国防卫科技学院在校园内的资产应按双方于 2005 年 12 月 8 日达成的和解协议约定的方式处置。联合资源教育发展(燕郊)有限公司不服,向河北省高级人民法院提起执行申诉。河北省高级人民法院于 2017 年 3 月 21 日作出(2017)冀执监 130 号执行裁定:一、撤销三河市人民法院作出的(2005)三执字第 445 号执行裁定书、(2005)三执字第 445 号之一执行裁定书及河北省廊坊市中级人民法院作出的(2016)冀 10 执复 46 号执行裁定书。二、继续执行北京仲裁委员会作出的(2004)京仲裁字第 0492 号裁决书中的第三、五项内容(即被申请人中国防卫科技学院撤出燕郊校园、被申请人中国防卫科技学院应向申请人联合资源教育发展(燕郊)有限公司支付代其垫付的仲裁费用 173407.45 元)。三、驳回申诉人联合资源教育发展(燕郊)有限公司的其他申诉请求。中国防卫科技学院不服,向最高人民法院申诉。最高人民法院于 2018 年 10 月 18 日作出(2017)最高法执监 344 号执行裁定:一、维持河北省高级人民法院(2017)冀执监 130 号执行裁定第一、三项。二、变更河北省高级人民法院(2017)冀执监 130 号执行裁定第二项为继续执行北京仲裁委员会作出的(2004)京仲裁字第 0492 号裁决书中的第三项内容,即“被申请人中国防卫科技学院撤出燕郊校园”。三、驳回中国防卫科技学院的其他申诉请求。

裁判理由

最高人民法院认为:

第一,本案和解执行协议并不构成民法理论上的债的更改。所谓债的更改,即设定新债务以代替旧债务,并使旧债务归于消灭的民事法律行为。构成债的更改,应当以当事人之间有明确的以新债务的成立完全取代并消灭旧债务的意思表示。但在本案中,中防院与联合资源公司并未约定《协议》成立后 0492 号裁决书中的裁决内容即告消灭,而是明确约定双方当事人达成执行和解的目的,是为了履行 0492 号裁决书。该种约定实质上只是以成立新债务作为履行旧债务的手段,新债务未得到履行的,旧债务并不消灭。因此,本案和解协议并不构成债的更改。而按照一般执行和解与原执行依据之间关系的处理原则,只有通过和解协议的完全履行,才能使得原生效法律文书确定的债权债务关系得以消灭,执行程序得以终结。若和解协议约定的权利义务得不到履行,则原生效法律文书确定的债权仍然不能消灭。申请执行人仍然得以申请继续执行原生效法律文书。从本案的和解执行协议履行情况来看,该协议中关于资产处置部分的约定,由于未能得以完全履行,故其并未使原生效法律文书确定的债权债务关系得以消灭,即中防院撤出燕郊校园这一裁决内容仍需执行。中防院主张和解执行协议中的资产处置方案是对0492号裁决书中撤出校园一项的有效更改的申诉理由理据不足,不能成立。

第二,涉案和解协议的部分内容缺乏最终确定性,导致无法确定该协议的给付内容及违约责任承担,客观上已无法继续履行。在执行程序中,双方当事人达成的执行和解,具有合同的性质。由于合同是当事人享有权利承担义务的依据,这就要求权利义务的具体给付内容必须是确定的。本案和解执行协议约定了0492号裁决书未涵盖的双方资产处置的内容,同时,协议未约定双方如不能缔结特定的某一买卖法律关系,则应由何方承担违约责任之内容。整体来看,涉案和解协议客观上已经不能履行。中防院将该和解协议理解为有强制执行效力的协议,并认为法院在执行中应当按照和解协议的约定落实,属于对法律的误解。

鉴于本案和解协议在实际履行中陷入僵局,双方各执己见,一直不能达成关于资产收购的一致意见,导致本案长达十几年不能执行完毕。如以存在和解协议约定为由无限期僵持下去,本案继续长期不能了结,将严重损害生效裁判文书债权人的合法权益,人民法院无理由无限期等待双方自行落实和解协议,而不采取强制执行措施。

第三,从整个案件进展情况看,双方实际上均未严格按照和解协议约定履行,执行法院也一直是在按照0492号裁决书的裁决推进案件执行。一方面,从2006年资产评估开始,联合资源公司即提出异议,要求继续执行,此后虽协商在一定价格基础上由中防院收购资产,但双方均未实际履行。并不存在中防院所述其一直严格遵守和解协议,联合资源公司不断违约的情况。此外双方还提出了政府置换地块安置方案等,上述这些内容,实际上均已超出原和解协议约定的内容,改变了原和解协议约定的内容和条件。不能得出和解执行协议一直在被严格履行的结论。另一方面,执行法院在执行过程中,自2006年双方在履行涉案和解协议发生分歧时,一直是以0492号裁决书为基础,采取各项执行措施,包括多次协调、组织双方调解、说服教育、现场调查、责令中防院保管财产、限期迁出等,上级法院亦持续督办此案,要求尽快执行。在执行程序中,执行法院组织双方当事人进行协商、促成双方落实和解协议等,只是实务中的一种工作方式,本质上仍属于对生效裁判的执行,不能被理解为对和解协议的强制执行。中防院认为执行法院的上述执行行为不属于执行 0492 号裁决书的申诉理由,没有法律依据且与事实不符。

此外,关于本案属于继续执行还是恢复执行的问题。从程序上看,本案执行过程中,执行法院并未下发中止裁定,中止过对 0492 号裁决书的执行;从案件实际进程上看,根据前述分析和梳理,自双方对和解执行协议履行产生争议后,执行法院实际上也一直没有停止过对 0492 号裁决书的执行。因此,本案并不存在对此前已经中止执行的裁决书恢复执行的问题,而是对执行依据的继续执行,故中防院认为本案属于恢复执行而不是继续执行的申诉理由理据不足,河北省高级人民法院(2017)冀执监 130 号裁定认定本案争议焦点是对 0492 号裁决书是否继续执行,与本案事实相符,并无不当。

第四,和解执行协议中约定的原执行依据未涉及的内容,以及履行过程中产生争议的部分,相关当事人可以通过另行诉讼等其他程序解决。从履行执行依据内容出发,本案明确执行内容即为中防院撤出燕郊校园,而不在本案执行依据所包含的争议及纠纷,双方当事人可通过另行诉讼等其他法律途径解决。

4. 指导案例 126 号:江苏天宇建设集团有限公司与无锡时代盛业房地产开发有限公司执行监督案(最高人民法院审判委员会讨论通过,2019 年 12 月 24 日发布)

关键词　执行　执行监督　和解协议　迟延履行　履行完毕

裁判要点

在履行和解协议的过程中,申请执行人因被执行人迟延履行申请恢复执行的同时,又继续接受并积极配合被执行人的后续履行,直至和解协议全部履行完毕的,属于民事诉讼法及相关司法解释规定的和解协议已经履行完毕不再恢复执行原生效法律文书的情形。

相关法条

《中华人民共和国民事诉讼法》第 204 条①

① 2021 年《民事诉讼法》第四次修正后调整为第 211 条。

基本案情

江苏天宇建设集团有限公司(以下简称天宇公司)与无锡时代盛业房地产开发有限公司(以下简称时代公司)建设工程施工合同纠纷一案,江苏省无锡市中级人民法院(以下简称无锡中院)于2015年3月3日作出(2014)锡民初字第00103号民事判决,时代公司应于本判决发生法律效力之日起五日内支付天宇公司工程款14454411.83元以及相应的违约金。时代公司不服,提起上诉,江苏省高级人民法院(以下简称江苏高院)二审维持原判。因时代公司未履行义务,天宇公司向无锡中院申请强制执行。

在执行过程中,天宇公司与时代公司于2015年12月1日签订《执行和解协议》,约定:一、时代公司同意以其名下三套房产(云港佳园53-106、107、108商铺,非本案涉及房产)就本案所涉金额抵全部债权;二、时代公司在15个工作日内,协助天宇公司将抵债房产办理到天宇公司名下或该公司指定人员名下,并将三套商铺的租赁合同关系的出租人变更为天宇公司名下或该公司指定人员名下;三、本案目前涉案拍卖房产中止15个工作日拍卖(已经成交的除外)。待上述事项履行完毕后,涉案房产将不再拍卖,如未按上述协议处理完毕,申请人可以重新申请拍卖;四、如果上述协议履行完毕,本案目前执行阶段执行已到位的财产,返还时代公司指定账户;五、本协议履行完毕后,双方再无其他经济纠葛。

和解协议签订后,2015年12月21日(和解协议约定的最后一个工作日),时代公司分别与天宇公司签订两份商品房买卖合同,与李思奇签订一份商品房买卖合同,并完成三套房产的网签手续。2015年12月25日,天宇公司向时代公司出具两份转账证明,载明:兹有本公司购买硕放云港佳园53-108、53-106、53-107商铺,购房款冲抵本公司在空港一号承建工程中所欠工程余款,金额以法院最终裁决为准。2015年12月30日,时代公司、天宇公司在无锡中院主持下,就和解协议履行情况及查封房产解封问题进行沟通。无锡中院同意对查封的39套房产中的30套予以解封,并于2016年1月5日向无锡市不动产登记中心新区分中心送达协助解除通知书,解除了对时代公司30套房产的查封。因上述三套商铺此前已由时代公司于2014年6月出租给江苏银行股份有限公司无锡分行(以下简称江苏银行)。2016年1月,时代公司(甲方)、天宇公司(乙方)、李思奇(丙方)签订了一份《补充协议》,明确自该补充协议签订之日起时代公司完全退出原《房屋租赁合同》,天宇公司与李思奇应依照原《房屋租赁合同》中约定的条款,直接向江苏银行主张租金。同时三方确认,2015 年 12 月 31 日前房屋租金已付清,租金收款单位为时代公司。2016 年 1 月 26 日,时代公司向江苏银行发函告知。租赁关系变更后,天宇公司和李思奇已实际收取自 2016 年 1 月 1 日起的租金。2016 年 1 月 14 日,天宇公司弓奎林接收三套商铺初始登记证和土地分割证。2016 年 2 月 25 日,时代公司就上述三套商铺向天宇公司、李思奇开具共计三张《销售不动产统一发票(电子)》,三张发票金额总计 11999999 元。发票开具后,天宇公司以时代公司违约为由拒收,时代公司遂邮寄至无锡中院,请求无锡中院转交。无锡中院于 2016 年 4 月 1 日将发票转交给天宇公司,天宇公司接受。2016 年 11 月,天宇公司、李思奇办理了三套商铺的所有权登记手续,李思奇又将其名下的商铺转让给案外人罗某明、陈某。经查,登记在天宇公司名下的两套商铺于 2016 年 12 月 2 日被甘肃省兰州市七里河区人民法院查封,并被该院其他案件轮候查封。

2016 年 1 月 27 日及 2016 年 3 月 1 日,天宇公司两次向无锡中院提交书面申请,以时代公司违反和解协议,未办妥房产证及租赁合同变更事宜为由,请求恢复本案执行,对时代公司名下已被查封的 9 套房产进行拍卖,扣减三张发票载明的 11999999 元之后,继续清偿生效判决确定的债权数额。2016 年 4 月 1 日,无锡中院通知天宇公司、时代公司:时代公司未能按照双方和解协议履行,由于之前查封的财产中已经解封 30 套,故对于剩余 9 套房产继续进行拍卖,对于和解协议中三套房产价值按照双方合同及发票确定金额,可直接按照已经执行到位金额认定,从应当执行总金额中扣除。同日即 2016 年 4 月 1 日,无锡中院在淘宝网上发布拍卖公告,对查封的被执行人的 9 套房产进行拍卖。时代公司向无锡中院提出异议,请求撤销对时代公司财产的拍卖,按照双方和解协议确认本执行案件执行完毕。

裁判结果

江苏省无锡市中级人民法院于 2016 年 7 月 27 日作出(2016)苏 02 执异 26 号执行裁定:驳回无锡时代盛业房地产开发有限公司的异议申请。无锡时代盛业房地产开发有限公司不服,向江苏省高级人民法院申请复议。江苏省高级人民法院于 2017 年 9 月 4 日作出(2016)苏执复 160 号执行裁定:一、撤销江苏省无锡市中级人民法院(2016)苏 02 执异 26 号执行裁定。二、撤销江苏省无锡市中级人民法院于 2016 年 4 月 1 日作出的对剩余 9 套房产继续拍卖且按合同及发票确定金额扣减执行标的的通知。三、撤销江苏省无锡市中级人民法院于 2016 年 4 月 1 日发布的对被执行人无锡时代盛业房地产开发有限公司所有的云港佳园 39-1203、21-1203、11-202、17-102、17-202、36-1402、36-1403、36-1404、37-1401 室九套房产的拍卖。江苏天宇建设集团有限公司不服江苏省高级人民法院复议裁定,向最高人民法院提出申诉。最高人民法院于 2018 年 12 月 29 日作出(2018)最高法执监 34 号执行裁定:驳回申诉人江苏天宇建设集团有限公司的申诉。

裁判理由

最高人民法院认为,根据《最高人民法院关于适用〈中华人民共和国民事诉讼法〉的解释》第四百六十七条①的规定,一方当事人不履行或者不完全履行在执行中双方自愿达成的和解协议,对方当事人申请执行原生效法律文书的,人民法院应当恢复执行,但和解协议已履行的部分应当扣除。和解协议已经履行完毕的,人民法院不予恢复执行。本案中,按照和解协议,时代公司违反了关于协助办理抵债房产转移登记等义务的时间约定。天宇公司在时代公司完成全部协助义务之前曾先后两次向人民法院申请恢复执行。但综合而言,本案仍宜认定和解协议已经履行完毕,不应恢复执行。

主要理由如下:

第一,和解协议签订于 2015 年 12 月 1 日,约定 15 个工作日即完成抵债房产的所有权转移登记并将三套商铺租赁合同关系中的出租人变更为天宇公司或其指定人,这本身具有一定的难度,天宇公司应该有所预知。第二,在约定期限的最后一日即 2015 年 12 月 21 日,时代公司分别与天宇公司及其指定人李思奇签订商品房买卖合同并完成三套抵债房产的网签手续。从实际效果看,天宇公司取得该抵债房产已经有了较充分的保障。而且时代公司又于 2016 年 1 月与天宇公司及其指定人李思奇签订《补充协议》,就抵债房产变更租赁合同关系及时代公司退出租赁合同关系作出约定;并于 2016 年 1 月 26 日向江苏银行发函,告知租赁标的出售的事实并函请江苏银行尽快与新的买受人办理出租人变更手续。租赁关系变更后,天宇公司和李思奇已实际收取自 2016 年 1 月 1 日起的租金。同时,2016 年 1 月 14 日,时代公司交付了三套商铺的初始登记证和土地分割证。由此可见,在较短时间内时代公司又先后履行了变更抵债房产租赁关系、转移抵债房产收益权、交付初始登记证和土地分割证等义务,即时代公司一直在积极地履行义务。第三,对于时代公司上述一系列积极履行义务的行为,天宇公司在明知该履行已经超过约定期限的情况

① 2022 年《民事诉讼法解释》第二次修正后调整为第 465 条。

下仍一一予以接受，并且还积极配合时代公司向人民法院申请解封已被查封的财产。天宇公司的上述行为已充分反映其认可超期履行，并在继续履行和解协议上与时代公司形成较强的信赖关系，在没有新的明确约定的情况下，应当允许时代公司在合理期限内完成全部义务的履行。第四，在时代公司履行完一系列主要义务，并于 1 月 26 日函告抵债房产的承租方该房产产权变更情况，使得天宇公司及其指定人能实际取得租金收益后，天宇公司在 1 月 27 日即首次提出恢复执行，并在时代公司开出发票后拒收，有违诚信。第五，天宇公司并没有提供充分的证据证明本案中的迟延履行行为会导致签订和解协议的目的落空，严重损害其利益。相反从天宇公司积极接受履行且未及时申请恢复执行的情况看，迟延履行并未导致和解协议签订的目的落空。第六，在时代公司因天宇公司拒收发票而将发票邮寄法院请予转交时，其全部协助义务即应认为已履行完毕，此时法院尚未实际恢复执行，此后再恢复执行亦不适当。综上，本案宜认定和解协议已经履行完毕，不予恢复执行。

【判旨撷要】

1. 宝通电力集团有限公司与河南盛润创业投资管理有限公司返还财产纠纷执行申诉案［(2011)执监字第 74 号］

要旨：现有规定不承认和解协议具有强制执行力，对于债务人迟延履行协议约定义务的行为，法院无权像执行生效判决书、调解书一样，在执行程序中直接要求债务人承担迟延履行利息或迟延履行金，只能审查决定是否恢复原判决的执行。对于和解协议合法有效且已经履行完毕的，则不予恢复执行，当事人可通过其他途径寻求救济。本案中，被执行人未按和解协议约定期限履行付款义务，是因不可抗力所致，但被执行人通过其他途径履行了全部付款义务，应视为和解协议履行完毕，应作执行结案处理。

2. 成功、王飞与惠州市惠阳区南凯实业有限公司借款纠纷执行申诉案［(2013)执监字第 49 号］

要旨：执行程序中的和解协议分为两种：一种是在法院主持下达成；另一种是由当事人私下达成。这两种协议除了是否由法院主持不同外，本质上都是以协议的形式处分自己的民事权利义务。《执行工作规定》第 87 条(2020 年修正已删除)规定："当事人之间达成的和解协议合法有效并已履行完毕的，人民法院作执行结案处理。"可见，履行完毕的和解协议是债消灭的原因之一,并能够产生终结执行程序的公法效力。依照该条规定,执行机构在判断一个和解协议是否能够产生终结执行程序的效力时,必须要对其是否具备法律规定的要件进行审查,即:(1)是否由执行当事人达成;(2)是否合法有效;(3)是否已经履行完毕。如果不管是不是当事人之间签订,是不是合法有效等实体问题,只考虑是否履行完毕这一要件,将会得出非当事人之间达成的和解协议、违法的和解协议也能产生终结执行效力的错误结论。执行程序中的和解协议仍然是平等民事主体之间达成的民事合同,因此,和解协议的效力应受合同法等法律关于合同效力规范的调整。夫妻一方擅自以另一方名义签订的和解协议,因未得到权利人追认,不能产生阻却执行原生效法律文书的效力。

3. 谢立群与谢利琼民间借贷纠纷执行申诉案[(2015)执申字第30号]

要旨:执行和解协议是当事人之间根据生效法律文书确定的权利义务自愿达成的相互妥协的协议,该协议虽在当事人之间具有法律约束力,但不具有强制执行力,不是人民法院据以强制执行的依据。本案中,执行法院在申请执行人提出恢复执行原生效判决的请求后,作出恢复执行通知书,要求"被执行人在3月20日之前把执行和解协议内容全部履行完毕,逾期将对其及其妻赖新芳自愿提供担保的财产采取委托评估拍卖措施,得款用于清偿债务,请其予以配合"的做法,不符合法律规定。谢立群虽将执行和解协议约定的480万元款项付清,但已经超过执行和解协议约定的偿付时间,且申请执行人已提出申请,要求恢复原生效判决的执行。据此,本案不属于执行和解协议已履行完毕,不予恢复原生效判决执行的情形。根据《民事诉讼法解释》第467条(2022年修正为第465条)规定,执行机构有权对执行和解协议是否属于法律规定的"不履行或者不完全履行"的情况进行审查认定。本案中,双方当事人对执行和解协议的履行不涉及与本案无关的其他实体权益的争议,没有提起另行诉讼的依据。

4. 宁化县永龙房地产开发有限公司、张河淦与王少杰、郑祖苏、何明秀欠款纠纷执行申诉案[(2015)执监字第38号]

要旨:当事人通过以物抵债形式履行生效法律文书确定债务的,仅达成抵债协议尚不足以消灭原债权债务关系,只有抵债物交付受领后才能消灭原有债权债务关系。债务人未按约定完成抵债物交付变更所有权的,债权人有权申请执行原生效法律文书确定的内容。本案中,被执行人提出已通过以房抵债全部履行了生效调解书所确定的义务，主张申请执行债权已消灭的，执行法院应对和解协议是否已履行完毕问题进行审查。在我国尚不存在债务人异议之诉程序情况下，执行法院适用《民事诉讼法》第 202 条（2021 年修正为第 232 条）规定进行审查并无不当。

5. 黄福勇与山东盛宇建设集团有限公司民间借贷纠纷执行申诉案［（2015）执监字第 36 号］

要旨：被执行人在和解协议约定的期限内积极履行还款义务，并完成相关手续，虽然晚于和解协议约定的还款期限，但这一迟延并非被执行人的本意和过错，且债权人领取了全部款项的，表明和解协议已经履行完毕，原判决不应恢复执行。

6. 云南东方柏丰投资有限责任公司与昆明市市政基础设施综合开发建设（集团）股份有限公司金融借款合同纠纷执行复议案［（2015）执复字第 30 号］

要旨：市政开发集团与东方柏丰公司签订的以物抵债协议，是双方当事人自行达成的和解协议，其实质是以新债清偿旧债，即由债权人与债务人协商一致，由债务人负担新的债务以履行原有的债务，如新债务完成履行，则旧债务随之消灭；如新债务并未得到履行，则旧债务并未消灭，债权人仍可申请恢复执行。市政开发集团在与东方柏丰公司达成的新债清偿协议生效后，其应当依约履行合同义务，否则即应当承担旧债不能消灭的法律后果。而此种合同责任，应当是严格责任，即除不可抗力外，对债务人未履行义务的主观状态、违约原因等在所不问，只要债务人未履行合同，即发生相应的违约责任法律后果。

7. 王清珍与赵建忠、闫树清买卖合同纠纷执行申诉案［（2015）执申字第 129 号］

要旨：本案执行和解协议达成后，申请执行人并未向法院申请中止执行程序，执行法院亦未作出中止执行原执行依据的裁定，故本案在此意义上非属中止执行案件，不存在需要申请恢复执行情形，亦不存在超过申请执行时效问题。另申请执行人死亡后，本案需要等待其继承人继承权利，执行法院应当裁定中止执行。虽然执行法院在本案符合《民事诉讼法》第 256 条（2021 年修正为第 263 条）规定的中止情形后未作出中止执行裁定，但该案实质上应认定自原申请人死亡后已中止执行，王清珍以原申请执行人权利继承人身份向执行法院申请恢复执行时,应当认定中止情形消失,本案应恢复执行。异议裁定和复议裁定以超过申请执行时效为由,撤销执行法院之前作出的恢复执行裁定不妥。且本案恢复执行时,执行法院应当查明本案是否还有其他合法继承人,一并裁定变更申请执行人。

8. 李福泉与甘小年民间借贷纠纷执行申诉案[(2016)最高法执监162号]

要旨:执行和解协议只对部分债权予以处置的,在无相反证据的情况下,视为申请执行人未放弃剩余债权。如果无证据证明执行和解中存在欺诈、胁迫以及不依法履行和解协议的情形,不应任意恢复对原生效法律文书的执行。但对于和解协议未涉及的债权,法院仍有权强制执行。

9. 任德果与包头市鑫地房地产开发有限公司借款纠纷执行申诉案[(2016)最高法执监415号]

要旨:申诉人任德果没有提供证据证明其与鑫地公司于2013年8月16日《协议书》的订立过程中,存在欺诈、胁迫、重大误解等,导致其意思表示不真实、处分权利行为无效或可撤销的情形,故案涉《协议书》应在当事人双方间具有约束力。我国执行和解制度中,和解协议对于执行程序是否进行也具有一定的程序约束力。约定权利人放弃强制执行权的和解协议是否具有这种程序约束力,目前尚缺乏明确的法律规范指引。鉴于双方在《协议书》中明确涉案债权与鑫地公司无关,任德果的债权通过对戴志刚提起的刑事程序追索,鑫地公司予以积极配合,且鑫地公司也根据《协议书》放弃了上诉权,故内蒙古高院认定任德果违背《协议书》的约定申请对鑫地公司继续执行,有违诚实信用原则,裁定驳回任德果申请继续执行鑫地公司的请求,并无明显不当,应予维持。

10. 包头市日昇小额贷款有限责任公司与明拓集团有限公司、内蒙古华业特钢股份有限公司、史绍斐借款合同纠纷执行申诉案[(2017)最高法执监33号]

要旨:当事人在执行程序外达成的和解协议,也是通过合意解决生效裁判执行问题的方式,其内容是对原生效法律文书债权实现与债务履行作出的新安排,与执行程序中的和解协议并无本质不同。故此类和解协议的存在虽不能当然影响当事人依据原生效法律文书提出执行申请,但在执行法院确定执行内容以及是否采取实质执行措施的最终意义上,应与执行程序中达成的和解协议具有相同的法律效果,即根据和解协议的履行情况决定是否按照原生效裁判执行。当前法律、司法解释中,并无直接依当事人和解协议中约定恢复执行的内容,对和解协议是否履行完毕及是否恢复(或按照)原生效裁判执行予以审查的规定。执行法院有权按照执行法律规定,审查判断债务人是否不履行或者不完全履行、和解协议是否履行完毕及是否按照原生效裁判执行。处理和解协议履行与恢复原裁判执行的关系,应坚持公平与诚实信用原则,结合案情全面综合考虑,既应鼓励当事人积极按照和解协议履行,也要制裁以和解协议拖延或规避执行的行为。

11. 中交运泽浚航有限公司与青岛国际商品交易所有限公司股权转让纠纷执行申诉案[(2017)最高法执监 199 号]

要旨:依照《民事诉讼法解释》第 467 条(2022 年修正为第 465 条)规定,被执行人不履行执行和解协议的,申请人可申请恢复执行原生效法律文书。但是如果申请执行人自己不履行执行和解协议的,无权自行申请恢复强制执行。本案中的和解协议虽然签订于仲裁裁决作出后申请执行前,不属于执行和解协议,但对当事人同样具有拘束力。案件进入执行程序后,人民法院应当参照上述司法解释规定的精神,对被执行人方是否存在不履行和解协议的情况进行审查,并根据审查结果决定执行程序如何进行。本案中,中交运泽公司在异议和申请复议时提出了其不存在违约行为,青岛商品交易所无权申请执行仲裁裁决。对此,执行法院与复议法院未予以审查,确有不当。

12. 浙江海洋大学资产经营有限责任公司、浙江银坊商贸发展有限公司、乐利平与浙江东海岸实业有限公司等金融借款合同纠纷执行监督案[(2017)最高法执监 273 号]

要旨:执行当事人达成和解唯一的条件是自行和解,而将协议内容记入笔录,由双方当事人签名、盖章,或者将和解协议副本附卷等,是法律、司法解释对执行人员在和解协议成立后的工作要求。因此,当事人自愿达成的和解协议,如无法定无效情形,不应以未提交执行法院为由否定其法律效力以及执行程序上的效力。浙江高院以当事人未将执行和解协议提交执行法院为由,作出关于案涉《和解协议》不属法律意义上的执行和解且未产生执行程序上效力的认定,缺乏事实和法律依据,应予纠正。此外,现行法律、司法解释并未规定执行当事人申请执行监督的期限,因此,乐利平关于东海岸实业公司申请执行监督超过期限的主张,没有法律依据,不予支持。

【注释】需要注意,关于和解协议是否需提交执行法院,最高人民法院曾有不同见解，在广东瑞安房地产开发有限公司与平安银行股份有限公司广州黄埔大道支行借款纠纷执行申诉案中，(2016)最高法执监445号认为："本案中，瑞安公司主张已与平安银行达成和解协议并履行完毕，但双方未按上述规定向执行法院提交书面和解协议副本附卷，也未请求执行法院的执行人员将和解协议的内容记入笔录并盖章，因此，双方当事人私下达成的和解协议，并不符合执行和解协议的形式要件。"

13. 杜安安与杨海平、鄂托克旗棋盘井新胜煤矿确认合同效力纠纷执行申诉案[(2018)最高法执监89号]

要旨：执行和解协议是在执行程序中，双方当事人经过协商自愿达成的变更生效法律文书确定的履行义务主体、标的物及其数额、履行期限和履行方式等内容，并通过自愿履行来终结强制执行程序的协议。虽然执行和解协议是双方当事人在执行程序中的真实意思表示，但该协议是否履行、如何履行等完全取决于各方当事人，其与生效的法律文书具有本质的区别。当事人自行达成的协议，不属于法定执行依据范畴，不具有强制执行效力。依照《民事诉讼法》第230条第2款(2021年修正为第237条第2款)、《民事诉讼法解释》第467条(2022年修正为第465条)的规定，申请执行人因受欺诈、胁迫与被执行人达成和解协议，或者一方当事人不履行或者不完全履行执行和解协议，对方当事人申请执行原生效法律文书的，人民法院就应当恢复执行。在有多个被执行人情况下，只要有其中一个被执行人不履行执行和解协议致使和解协议目的不能实现的，就可以恢复执行原生效法律文书。但是，如果各被执行人的责任是独立的、可分的，在部分被执行人按照执行和解协议履行义务后，因为其他被执行人未履行或未完全履行义务而恢复对原生效法律文书执行时，应视为其已经按照和解协议履行完毕，不应再恢复对其采取执行措施。

14. 陕西瑞艾特传动设备有限公司与宁夏天地西北煤机有限公司买卖合同纠纷执行申诉案[(2018)最高法执监119号]

要旨：《执行和解规定》第11条规定，申请执行人以被执行人一方不履行执行和解协议为由申请恢复执行，如查明"执行和解协议约定的履行条件尚未成就的"，裁定不予恢复执行。本案中，由于申请执行人瑞艾特公司未向被执行人西北煤机公司提供和解协议中明确的增值税发票，未完全履行执行和解协议，被执行人西北煤机公司在扣除相应税款及贴现率之后，已履行了绝大部分付款义务。本案执行和解协议内容是双方互负给付义务,西北煤机公司未履行相应款项的给付义务,系因瑞艾特公司未履行出具增值税发票的义务,属于履行条件尚未成就,依照前述司法解释规定精神,不能视为西北煤机公司不履行和解协议,故本案不宜恢复执行。

15. 福州榕商投资有限公司与福州国际民航广场有限公司、阿波罗(福州)大酒店有限公司民间借贷纠纷执行申诉案[(2018)最高法执监 612 号]

要旨:执行和解协议与执行外和解协议的主要区分在于:执行外和解协议并未共同提交给执行法院,对执行程序没有影响;而执行和解协议系双方共同提交执行法院,共同请求暂停强制执行程序、由双方依照和解协议自行履行,执行法院正是基于对双方这种共同意思表示的尊重,而中止强制执行程序。本案中,在争议期间,虽然没有直接证据证明双方曾经向执行法院共同提交过书面《和解协议》,但执行法院因双方达成和解协议而事实上中止了原判决的执行,《和解协议》双方自行私下沟通、安排还款、收款事宜,均未要求执行法院继续强制执行,对执行法院中止执行均未否认。《和解协议》达成后,已经被执行法院知悉,并导致了原判决事实上的中止执行。因此,《和解协议》属于执行和解协议,而不是执行外和解协议。

判断被执行人的还款行为是对《和解协议》的履行还是对原判决的履行,关键要判断被执行人还款时,原判决的执行程序是否处于中止执行状态,要判断被执行人的还款行为与《和解协议》是否相符。因执行案件处于事实上的中止执行状态,被执行人未经执行法院,而是私下与申请执行人联系并直接向申请执行人还款 1500 万元,与《和解协议》约定被执行人应还款的本金数额完全一致,其还款行为应该是对《和解协议》的履行。

当事人达成执行和解后,是否应当恢复执行,关键要判断申请执行人在申请恢复执行的时候,和解协议是否履行完毕。本案中,如前所述,被执行人支付完毕了《和解协议》约定的本金 1500 万元,虽然部分款项支付时间晚于《和解协议》约定的时间,但早于申请执行人申请恢复执行的时间。因此,执行法院认为《和解协议》已履行完毕,对榕商公司恢复执行的申请不予支持并无不当。申诉人主张被执行人迟延履行并认为因被执行人迟延履行遭受损害的,可以另行提起诉讼。

第二百三十八条 【执行担保】在执行中,被执行人向人民法院提供担保,并经申请执行人同意的,人民法院可以决定暂缓执行及暂缓执行的期限。被执行人逾期仍不履行的,人民法院有权执行被执行人的担保财产或者担保人的财产。

规范体系	
司法解释	1.《最高人民法院关于适用〈中华人民共和国民事诉讼法〉的解释》(法释〔2015〕5 号;经法释〔2022〕11 号第二次修正)第 467—469 条 2.《最高人民法院关于执行担保若干问题的规定》(法释〔2018〕4 号;经法释〔2020〕21 号修正)第 1—16 条 3.《最高人民法院关于人民法院执行工作若干问题的规定(试行)》(法释〔1998〕15 号;经法释〔2020〕21 号修正)第 54 条 4.《最高人民法院关于执行和解若干问题的规定》(法释〔2018〕3 号;经法释〔2020〕21 号修正)第 18 条
司法答复	1.《最高人民法院执行工作办公室关于执行担保问题的函》(法经〔1996〕423 号) 2.《最高人民法院执行工作办公室关于案外人提供书面担保是否应该解除强制措施的请示的复函》(〔2001〕执监字第 208-1 号)

【条文释义】

本条是关于执行担保的规定。

执行担保,是指执行开始后,被执行人向人民法院提供某种履行义务的保证,经申请执行人同意后,暂缓执行程序的进行。执行担保既可以是保证人以其信誉担保,也可以是担保人或者被执行人以实物担保。例如,执行开始后,被执行人提出由某公司作为自己履行义务的保证人。又如,执行开始后,被执行人以自己的房屋做抵押,保证在一定期间履行义务。

被执行人向人民法院提供担保,并经申请执行人同意的,人民法院可以决定暂缓执行和暂缓执行的期限。但是,如果超过了暂缓执行的期限,被执行人仍不履行义务，人民法院不必经过权利人申请，而直接依职权执行被执行人的担保财产或者担保人的财产。① 需注意的是，被执行人提供担保后，能否暂缓执行，取决于申请执行人是否同意。有时申请执行人因保证人信誉不好，或者提供的财物为滞销产品，或者自己急需资金等原因，可能不接受执行担保，对此，执行工作就不应当停止。

理解和适用本条规定，需要注意把握以下三点：

一、关于执行担保与民事担保的区别。就法律性质而言，民事担保是民商事主体为设立合同等法律关系，通过协议或者依据法定理由创设的一种法律制度，其目的是保全债权，维护信用，属于私法的范畴；而执行担保是民事执行程序中，为停止或加快执行进程，由当事人或案外人向法院提供的担保，具有公权与私权行使的双重属性。正因如此，在被执行人或担保人违反担保义务，在暂缓执行期间对担保的财产有转移、隐藏、变卖、毁损等行为的，人民法院可以恢复强制执行，以保证执行程序的顺利进行。

二、执行担保暂缓执行必须经申请执行人同意。执行担保的目的在于让被执行人克服暂时的困难，从而实现双方当事人的利益。当事人是自己利益的最佳判断者，从自身利益出发，申请执行人能较好地判断被执行人是在克服暂时的困难还是拖延时间，是对法院判断的辅助，有利于实现制度的目的。因此本条规定，人民法院根据执行担保作出暂缓执行的决定，必须取得申请执行人的同意。

三、关于执行担保的种类。被执行人提供的担保，既可以是物的担保，也可以是人的担保。在物的担保中，既可以是自己提供的物的担保，也可以是案外人提供的物的担保。无论物的担保由谁提供，均应当按照《民法典》的规定移交质物或办理登记手续。而人的担保只能是案外人提供的保证，即保证人经申请执行人同意，执行法院认可，当被执行人不按期履行生效法律文书确定的债务时，由其代为清偿的行为。这种由案外人提供保证的执行担保，必须是承担连带保证责任。如果是提供一般保证责任，被执行人逾期仍不履行时只能先执行被执行人，不能直接执行保证人，显然不符合执行担保

① 参见全国人民代表大会常务委员会法制工作委员会编：《中华人民共和国民事诉讼法释义（最新修正版）》，法律出版社2012年版，第544—545页。

的基本精神。①

【司法解释】

1.《最高人民法院关于适用〈中华人民共和国民事诉讼法〉的解释》(法释〔2015〕5 号,2015 年 2 月 4 日;经法释〔2022〕11 号第二次修正,2022 年 4 月10 日)

第四百六十七条　人民法院依照民事诉讼法第二百三十八条规定决定暂缓执行的,如果担保是有期限的,暂缓执行的期限应当与担保期限一致,但最长不得超过一年。被执行人或者担保人对担保的财产在暂缓执行期间有转移、隐藏、变卖、毁损等行为的,人民法院可以恢复强制执行。

【注释】《执行担保规定》第 10 条、第 12 条规定,暂缓执行的期限与担保书约定一致,不得超过 1 年,担保期间应自暂缓执行期限届满之日起计算。《执行担保规定》施行后,暂缓执行的期限和担保期间适用该 2 条规定。

第四百六十八条　根据民事诉讼法第二百三十八条规定向人民法院提供执行担保的,可以由被执行人或者他人提供财产担保,也可以由他人提供保证。担保人应当具有代为履行或者代为承担赔偿责任的能力。

他人提供执行保证的,应当向执行法院出具保证书,并将保证书副本送交申请执行人。被执行人或者他人提供财产担保的,应当参照民法典的有关规定办理相应手续。

【注释】需要注意,《执行担保规定》第 2 条、第 3 条、第 7 条对本条规定内容进行了修正。(1)《执行担保规定》第 2 条删除了本条第 1 款中“担保人应当具有代为履行或者代为承担赔偿责任的能力”的内容,即是否具有代为履行的能力等并非执行担保的成立要件;(2)《执行担保规定》第 3 条将本条中的保证书扩大到担保书,即执行担保可包含物保和人保,并向法院统一出具担保书;(3)《执行担保规定》第 7 条明确了未参照《民法典》等办理相应公示手续的,申请执行人对担保物不享有优先受偿权。《执行担保规定》实施后,以该 3 条规定为准。

第四百六十九条　被执行人在人民法院决定暂缓执行的期限届满后仍

① 参见江必新主编:《执行规范理解与适用——最新民事诉讼法与民诉法解释保全、执行条文关联解读》,中国法制出版社 2015 年版,第 192—195 页。

不履行义务的,人民法院可以直接执行担保财产,或者裁定执行担保人的财产,但执行担保人的财产以担保人应当履行义务部分的财产为限。

【注释】《执行担保规定》第 11 条对执行担保实现条件作了进一步明确,并规定不得将担保人变更、追加为被执行人,实践中应结合适用。

2.《最高人民法院关于执行担保若干问题的规定》(法释〔2018〕4 号,2018 年 3 月 1 日;经法释〔2020〕21 号修正,2021 年 1 月 1 日)

第一条　本规定所称执行担保,是指担保人依照民事诉讼法第二百三十一条①规定,为担保被执行人履行生效法律文书确定的全部或者部分义务,向人民法院提供的担保。

【注释】根据《民事诉讼法》第 238 条的规定,在执行中,被执行人向人民法院提供担保,并经申请执行人同意的,人民法院可以决定暂缓执行及暂缓执行的期限。但该条并未明确担保的事项到底是什么。司法实践中,不少执行实务工作者对担保事项的理解较为宽松,即只要涉及执行程序的担保,如为解除保全措施提供的担保、第三人撤销之诉中第三人为中止执行提供的担保,都属于执行担保。事实上,上述担保虽然都和执行程序有关,但与《民事诉讼法》第 238 条的规定尚有区别,在概念上不宜混淆。一方面,上述规定中提供担保的主体各不相同,担保事项也差异较大,很难涵盖在同一制度之下;另一方面,执行担保的法律效果是不经诉讼程序,直接要求相应主体承担责任,这种对当事人程序保障的限制,应当有法律的明确规定。为澄清上述误解,本条规定将执行担保明确限定在《民事诉讼法》第 238 条,即为被执行人履行生效法律文书确定义务提供的担保。

根据本条对执行担保所作的界定,《民事诉讼法解释》第 297 条、第 313 条,《执行程序解释》第 9 条第 2 款、第 15 条第 2 款、第 25 条,《仲裁执行规定》第 7 条,《执行工作规定》第 54 条等执行程序或诉讼程序的担保均非执行担保。

第二条　执行担保可以由被执行人提供财产担保,也可以由他人提供财产担保或者保证。

【注释】需要注意的是,本条虽基本沿袭了《民事诉讼法解释》第 468 条

---

① 2021 年《民事诉讼法》第四次修正后调整为第 238 条。

第 1 款之表述，但删除了该款后段关于“担保人应当具有代为履行或者代为承担赔偿责任的能力”的规定，即未要求法院主动审查担保人的能力，只要申请执行人同意即可。《执行担保规定》施行后，应以本条为准。

第三条 被执行人或者他人提供执行担保的，应当向人民法院提交担保书，并将担保书副本送交申请执行人。

第四条 担保书中应当载明担保人的基本信息、暂缓执行期限、担保期间、被担保的债权种类及数额、担保范围、担保方式、被执行人于暂缓执行期限届满后仍不履行时担保人自愿接受直接强制执行的承诺等内容。

提供财产担保的，担保书中还应当载明担保财产的名称、数量、质量、状况、所在地、所有权或者使用权归属等内容。

第五条 公司为被执行人提供执行担保的，应当提交符合公司法第十六条规定的公司章程、董事会或者股东会、股东大会决议。

第六条 被执行人或者他人提供执行担保，申请执行人同意的，应当向人民法院出具书面同意意见，也可以由执行人员将其同意的内容记入笔录，并由申请执行人签名或者盖章。

第七条 被执行人或者他人提供财产担保，可以依照民法典规定办理登记等担保物权公示手续；已经办理公示手续的，申请执行人可以依法主张优先受偿权。

申请执行人申请人民法院查封、扣押、冻结担保财产的，人民法院应当准许，但担保书另有约定的除外。

【注释】本条沿袭了《民事诉讼法解释》第 468 条第 2 款之规定，但将“应当”办理登记等担保物权公示手续，修改为“可以”。本条规范主要是解决实践中申请执行人对没有办理登记等担保物权公示手续的担保财产是否享有优先受偿权的问题。执行担保的成立以申请执行人的同意为前提，而优先受偿权只能以担保的财产办理登记等担保物权公示手续为前提。《执行担保规定》施行后，应以本条为准。

第八条 人民法院决定暂缓执行的，可以暂缓全部执行措施的实施，但担保书另有约定的除外。

第九条 担保书内容与事实不符，且对申请执行人合法权益产生实质影响的，人民法院可以依申请执行人的申请恢复执行。

第十条 暂缓执行的期限应当与担保书约定一致，但最长不得超过一年。

【注释】需要注意的是，关于暂缓执行期限的规定，本条规定应当与担保书约定一致，而《民事诉讼法解释》第 467 条规定应当与担保期限一致。《执行担保规定》施行后，应以本条为准。

第十一条　暂缓执行期限届满后被执行人仍不履行义务，或者暂缓执行期间担保人有转移、隐藏、变卖、毁损担保财产等行为的，人民法院可以依申请执行人的申请恢复执行，并直接裁定执行担保财产或者保证人的财产，不得将担保人变更、追加为被执行人。

执行担保财产或者保证人的财产，以担保人应当履行义务部分的财产为限。被执行人有便于执行的现金、银行存款的，应当优先执行该现金、银行存款。

第十二条　担保期间自暂缓执行期限届满之日起计算。

担保书中没有记载担保期间或者记载不明的，担保期间为一年。

第十三条　担保期间届满后，申请执行人申请执行担保财产或者保证人财产的，人民法院不予支持。他人提供财产担保的，人民法院可以依其申请解除对担保财产的查封、扣押、冻结。

【注释】本规定第 12—13 条确立了执行担保期间这一全新制度，主要出于以下考虑：一方面，《民事诉讼法解释》第 467 条曾经规定过担保期限，但因其内涵与担保法的保证期间明显不同，实践中常常引发误解；另一方面，任何权利的行使都不能没有约束，如果申请执行人长期不主张权利，既会对担保人的生产生活产生不利影响，还存在利用执行担保使担保人财产被长期查封，进而规避担保人的债权人求偿的可能。为此，本规定明确，申请执行人应当在担保期间内对担保人主张权利，否则担保人的担保责任将得以免除。

第十四条　担保人承担担保责任后，提起诉讼向被执行人追偿的，人民法院应予受理。

第十五条　被执行人申请变更、解除全部或者部分执行措施，并担保履行生效法律文书确定义务的，参照适用本规定。

第十六条　本规定自 2018 年 3 月 1 日起施行。

本规定施行前成立的执行担保，不适用本规定。

本规定施行前本院公布的司法解释与本规定不一致的，以本规定为准。

3.《最高人民法院关于人民法院执行工作若干问题的规定(试行)》(法释〔1998〕15 号,1998 年 7 月 8 日;经法释〔2020〕21 号修正,2021 年 1 月 1 日)

八、执行担保

54. 人民法院在审理案件期间,保证人为被执行人提供保证,人民法院据此未对被执行人的财产采取保全措施或解除保全措施的,案件审结后如果被执行人无财产可供执行或其财产不足清偿债务时,即使生效法律文书中未确定保证人承担责任,人民法院有权裁定执行保证人在保证责任范围内的财产。

【注释】《执行担保规定》第 1 条规定了执行担保的概念,即担保人依照《民事诉讼法》第 238 条规定,为担保被执行人履行生效法律文书确定的全部或者部分义务,向人民法院提供的担保,以此区别于担保法中的担保。该规定第 15 条规定:"被执行人申请变更、解除全部或者部分执行措施,并担保履行生效法律文书确定义务的,参照适用本规定。"据此,本条中的担保非执行担保,但可参照适用《执行担保规定》。

4.《最高人民法院关于执行和解若干问题的规定》(法释〔2018〕3 号,2018 年 3 月 1 日;经法释〔2020〕21 号修正,2021 年 1 月 1 日)

第十八条 执行和解协议中约定担保条款,且担保人向人民法院承诺在被执行人不履行执行和解协议时自愿接受直接强制执行的,恢复执行原生效法律文书后,人民法院可以依申请执行人申请及担保条款的约定,直接裁定执行担保财产或者保证人的财产。

【注释】为担保被执行人履行执行和解协议约定的义务,申请执行人常常会要求被执行人提供担保。此类担保条款是否构成《民事诉讼法》第 238 条的执行担保,执行法院能否依据该条款直接执行担保财产或者保证人的财产,实践中争议很大。

为解决该问题,本条特别规定了执行和解协议中担保条款的效力,即如果担保人向人民法院承诺被执行人不履行和解协议时自愿接受强制执行,恢复执行原生效法律文书后,人民法院可以依申请执行人的申请及担保条款的约定,直接执行担保财产或保证人的财产,不需要申请执行人另行提起诉讼。当然,如果申请执行人选择就履行和解协议提起诉讼,担保条款依然有效,申请执行人可以在诉讼中主张担保人承担责任。

【司法答复】

1.《最高人民法院执行工作办公室关于执行担保问题的函》(法经〔1996〕423 号,1996 年 12 月 11 日)

山东省高级人民法院:

北京大中商贸公司致函我院,反映烟台经济技术开发区法院违法办案的情况。信中称:北京大中商贸公司已提供一辆本田轿车和朝集建[95]字第 087628、087631、087632 三栋别墅作为抵押,承担担保责任。但烟台经济技术开发区法院不执行这些担保财产,而继续对本公司其他财产采取执行措施,侵犯了其合法权益。

经审查,我们认为,北京大中商贸公司反映的情况基本属实。其所提供的担保合法有效,且超出担保债务价值。在此情况下,烟台经济技术开发区法院应执行担保财产,而不应再对被执行人和担保人的其他财产采取执行措施。

2.《最高人民法院执行工作办公室关于案外人提供书面担保是否应该解除强制措施的请示的复函》(〔2001〕执监字第 208-1 号,2003 年 1 月 2 日)

广东省高级人民法院:

你院〔2000〕粤高法执督字第 217 号《关于对赖移生拖欠李红光借款纠纷执行一案审查的情况报告》收悉。经研究答复如下:

你院制作《关于解除冻结广交会支行有关存款的通知》的法律依据是最高人民法院《关于人民法院执行工作若干问题的规定(试行)》(以下简称《执行规定》)第七十四条①规定,但是,适用该条款必须同时具备两个前提条件,一是对案外人提出的异议一时难以确定是否成立,二是案外人已提供确实有效的担保。你院下达该通知的时间是 2001 年 5 月 25 日,而对案外人深圳发展银行广州分行广交会支行(以下简称广交会支行)提出的异议,韶关市中级人民法院(以下简称韶关中院)已于 2000 年 12 月 19 日以(2000)韶执

---

① 《执行工作规定》(1998 年)第 74 条(已删除)规定:"对案外人提出的异议一时难以确定是否成立,案外人已提供确实有效的担保的,可以解除查封、扣押措施。申请执行人提供确实有效的担保的,可以继续执行。因提供担保而解除查封扣押或继续执行有错误,给对方造成损失的,应裁定以担保的财产予以赔偿。"

字第178-1号裁定予以驳回。因此,不存在案外人的异议一时难以确定是否成立的问题。根据《执行规定》第一百三十条①的规定,你院有权对韶关中院的执行行为进行监督。但是,对广交会支行以对执行法院所冻结的款项享有质押权为由提出的案外人异议,在韶关中院已以裁定予以驳回后,你院不能直接处理案外人异议,只能审查韶关中院的裁定。你院用通知解除该裁定冻结的款项是错误的。

广交会支行是以对广东省韶生实业有限公司注册资金账户中的570万元享有质押权为由提出的案外人异议并提供相应担保,你院指令韶关中院将该账户上的990万元全部予以解冻不妥。另外,广交会支行向你院提交的《关于暂缓执行的担保函》表示:"若因暂缓执行申请错误导致有关当事人的损失,我行愿意承担相应的责任。"《执行规定》第七十四条规定,案外人或申请执行人应提供的确实有效的担保,既包括财产担保,也包括人保。因此,广交会支行在本案中应依法承担担保责任。

综上,你院于2001年5月25日作出的(2000)粤高法执督字第217-1号《关于解除冻结广交会支行有关存款的通知》适用法律不当,立即予以纠正;维持韶关中院(2000)韶执字第178-1号裁定,由广交会支行承担本案的担保责任。

请你院接此函后,尽快落实并将结果报告本院。

【注释1】韶关市中级人民法院(以下简称韶关中院)在执行李红光与赖移生借款合同纠纷一案中,以(2000)韶执字第178号民事裁定书认定:工商部门出具证明证实,被执行人赖移生拟筹建的广东韶生实业有限公司(以下简称韶生公司)尚未取得营业执照;根据《公司法》的有关规定,该公司未成立,在该公司注册资金账户上的990万元应属赖移生个人财产,故裁定划拨上述990万元。依据该裁定,韶关中院向前述款项的开户行深圳发展银行广州市分行广交会支行(以下简称广交会支行)发出协助执行通知书。

接到韶关中院协助执行通知书后,广交会支行向广东省高级人民法院(以下简称广东高院)提出执行异议,认为被执行主体不明确,且该行对被冻结的990万元中的570万元享有质权,请求暂缓执行并提交《担保函》。该函称:"我行在协助冻结存款时发现,韶关中院将不属于被执行人所有的我行享有质权的资金冻结,由于我行与其他当事人之间就所冻结资金的所有权存

---

① 2020年修正后调整为第72条。

在争议,我行已向贵院申请暂缓执行。同时我行愿意提供担保。若因暂缓执行申请错误导致有关当事人的损失,我行愿意承担相应的责任。”广东高院以(2000)粤高法执字第 217 号函告韶关中院,认为广交会支行提供了担保,根据《执行工作规定》第 74 条的规定,要求韶关中院解除对 570 万元的冻结。

2000 年 12 月 19 日,韶关中院以(2000)韶执字第 178-1 号民事裁定驳回广交会支行的异议。理由是:本案中,赖移生拟将该 990 万元用于开办韶生公司的事实清楚,广交会支行此前与广州凯撒铝业有限公司的 570 万元质押款问题与本案无关;广交会支行提供的担保仅是书面担保,不符合《执行工作规定》第 74 条关于暂缓执行规定的条件。广交会支行向广东高院申请复议。广东高院于 2001 年 5 月 25 日作出(2000)粤高法执督字第 217-1 号《关于解除冻结广交会支行有关存款的通知》,再次指令韶关中院解除对韶生公司账户上的 990 万元的冻结。李红光就此向最高人民法院申诉。

【注释 2】实践中,案外人和申请执行人均可能提供担保,一般而言,谁提供了确实有效的担保,执行法院就作出有利于谁的处理:案外人提供担保的,即可解除执行措施;申请执行人提供担保的,就应继续执行。如果二者同时提供了确实有效的担保,则应考虑四个方面的因素:一要从提高执行效率、使案件得以尽快执行的角度出发,向申请执行人这一方适度倾斜;二要考虑案外人异议成立的可能性有多大,需要对案外人异议的理由及提供的证据进行初步审查,尽量避免今后出现执行回转的难题;三要考虑提供担保的确实可靠性,使得在解除强制措施或继续执行行为错误时,担保人有承担担保责任的能力;四要考虑物保优于人保的问题,对提供实际财物作担保的,要优先考虑。①

【指导案例】

指导案例 120 号:青海金泰融资担保有限公司与上海金桥工程建设发展有限公司、青海三工置业有限公司执行复议案(最高人民法院审判委员会讨论通过,2019 年 12 月 24 日发布)

关键词　执行　执行复议　一般保证　严重不方便执行

---

① 参见黄年:《案外人提供书面担保是否应该解除强制措施》,载最高人民法院执行工作办公室编:《强制执行指导与参考》2004 年第 4 辑(总第 12 辑),法律出版社 2005 年版,第 89—94 页。

裁判要点

在案件审理期间保证人为被执行人提供保证，承诺在被执行人无财产可供执行或者财产不足清偿债务时承担保证责任的，执行法院对保证人应当适用一般保证的执行规则。在被执行人虽有财产但严重不方便执行时，可以执行保证人在保证责任范围内的财产。

相关法条

《中华人民共和国民事诉讼法》第225条①

《中华人民共和国担保法》第17条第1款、第2款②

基本案情

青海省高级人民法院（以下简称青海高院）在审理上海金桥工程建设发展有限公司（以下简称金桥公司）与青海海西家禾酒店管理有限公司（后更名为青海三工置业有限公司，以下简称家禾公司）建设工程施工合同纠纷一案期间，依金桥公司申请采取财产保全措施，冻结家禾公司账户存款1500万元（账户实有存款余额23万余元），并查封该公司32438.8平方米土地使用权。之后，家禾公司以需要办理银行贷款为由，申请对账户予以解封，并由担保人宋万玲以银行存款1500万元提供担保。青海高院冻结宋万玲存款1500万元后，解除对家禾公司账户的冻结措施。2014年5月22日，青海金泰融资担保有限公司（以下简称金泰公司）向青海高院提供担保书，承诺家禾公司无力承担责任时，愿承担家禾公司应承担的责任，担保最高限额1500万元，并申请解除对宋万玲担保存款的冻结措施。青海高院据此解除对宋万玲1500万元担保存款的冻结措施。案件进入执行程序后，经青海高院调查，被执行人青海三工置业有限公司（原青海海西家禾酒店管理有限公司）除已经抵押的土地使用权及在建工程外（在建工程价值4亿余元），无其他可供执行财产。保全阶段冻结的账户，因提供担保解除冻结后，进出款8900余万元。执行中，青海高院作出执行裁定，要求金泰公司在三日内清偿金桥公司债务1500万元，并扣划担保人金泰公司银行存款820万元。金泰公司对此提出异议称，被执行人青海三工置业有限公司尚有在建工程及相应的土地使用权，请求返还已扣划的资金。

---

① 2021年《民事诉讼法》第四次修正后调整为第232条。

② 《民法典》施行后，相关内容规定在第687条。

裁判结果

青海省高级人民法院于 2017 年 5 月 11 日作出(2017)青执异 12 号执行裁定:驳回青海金泰融资担保有限公司的异议。青海金泰融资担保有限公司不服,向最高人民法院提出复议申请。最高人民法院于 2017 年 12 月 21 日作出(2017)最高法执复 38 号执行裁定:驳回青海金泰融资担保有限公司的复议申请,维持青海省高级人民法院(2017)青执异 12 号执行裁定。

裁判理由

最高人民法院认为,《最高人民法院关于人民法院执行工作若干问题的规定(试行)》第 85 条①规定:“人民法院在审理案件期间,保证人为被执行人提供保证,人民法院据此未对被执行人的财产采取保全措施或解除保全措施的,案件审结后如果被执行人无财产可供执行或其财产不足清偿债务时,即使生效法律文书中未确定保证人承担责任,人民法院有权裁定执行保证人在保证责任范围内的财产。”上述规定中的保证责任及金泰公司所做承诺,类似于担保法规定的一般保证责任。《中华人民共和国担保法》第十七条第一款及第二款规定:“当事人在保证合同中约定,债务人不能履行债务时,由保证人承担保证责任的,为一般保证。一般保证的保证人在主合同纠纷未经审判或者仲裁,并就债务人财产依法强制执行仍不能履行债务前,对债权人可以拒绝承担保证责任。”《最高人民法院关于适用〈中华人民共和国担保法〉若干问题的解释》第一百三十一条规定:“本解释所称‘不能清偿’指对债务人的存款、现金、有价证券、成品、半成品、原材料、交通工具等可以执行的动产和其他方便执行的财产执行完毕后,债务仍未能得到清偿的状态。”依据上述规定,在一般保证情形,并非只有在债务人没有任何财产可供执行的情形下,才可以要求一般保证人承担责任,即债务人虽有财产,但其财产严重不方便执行时,可以执行一般保证人的财产。参照上述规定精神,由于青海三工置业有限公司仅有在建工程及相应的土地使用权可供执行,既不经济也不方便,在这种情况下,人民法院可以直接执行金泰公司的财产。

---

① 2020 年修正后调整为第 54 条。

【判旨撷要】

1. 李发强与平顶山营养保健盐厂借款纠纷执行申诉案[(2014)执监字第89号]

要旨:执行程序中,第三人为被执行人提供担保,应当向人民法院提出,并经人民法院审查认可。李发强申请追加被执行人时所提交的还款协议,系当事人私下达成,并非在人民法院主持下签订,亦未经过人民法院审查认可,故而不产生执行担保效力。由于该还款协议不产生执行担保效力,无论曹长生签名字样是否伪造,平顶山中院均不能依该还款协议裁定追加曹长生为被执行人。李发强如请求曹长生依还款协议承担担保责任,可以另行起诉,通过审判程序审查处理。

2. 孟杰飞与南通盈丰房地产投资发展有限公司、上海欣成投资(集团)有限公司等合作开发房地产合同纠纷执行复议案[(2015)执复字第48号]

要旨:根据《民事诉讼法》第231条(2021年修正为第238条)及《民事诉讼法解释》第470条、第471条(2022年修正为第468条、第469条)规定,执行担保应当具备以下要件:一是担保人要向执行法院而不是向对方当事人提供担保;二是该执行担保不但要取得申请执行人的同意,还应得到执行法院的批准;三是如提供财产担保,还应参照有关规定办理相应手续。从和解协议中的相关条款来看,结合此后的实际履行情况,可以认定欣成公司提供的担保符合执行担保的构成要件。首先,各方当事人约定将该协议向执行法院提交,其中约定有附条件的担保条款,即向执行法院明确,当约定的保证责任事由出现时,欣成公司须在约定的担保范围内承担担保责任。同时该协议还明确约定,如发生保证责任事由,欣成公司放弃抗辩权,孟杰飞可直接追加各担保人为被执行人。由此,欣成公司是以自己的财产向执行法院而不是对方当事人提供担保。其次,执行法院已将该和解协议入卷,且已根据该和解协议及孟杰飞的申请,解除了被执行人名下部分房产的查封,实质上已暂缓执行被执行人名下财产。故欣成公司提供的担保不仅取得申请执行人的同意,也已经得到执行法院的批准。

3. 中国对外经济贸易信托有限公司与美锦能源集团有限公司、山西离柳焦煤集团有限公司、山西离柳鑫瑞煤业有限公司等公证债权文书执行复议案［（2016）最高法执复 34 号］

要旨：根据《物权法》第 176 条①的规定："被担保的债权既有物的担保又有人的担保的，债务人不履行到期债务或者发生当事人约定的实现担保物权的情形，债权人应当按照约定实现债权；没有约定或者约定不明确，债务人自己提供物的担保的，债权人应当先就该物的担保实现债权；第三人提供物的担保的，债权人可以就物的担保实现债权，也可以要求保证人承担保证责任。提供担保的第三人承担担保责任后，有权向债务人追偿。"本案鑫瑞公司以采矿权提供担保，美锦集团提供保证担保，在第三人提供物的担保和第三人提供连带保证的情况下，法律没有规定执行的先后顺序，申请执行人外贸信托公司要求美锦集团承担保证责任符合法律规定。

4. 案外人甘肃腾陇矿业有限公司就百腾矿业科技有限公司、严俊生与吴小芷等股权转让纠纷执行申诉案［（2016）最高法执监 244 号］

要旨：根据执行和解协议第 2 条约定，被执行人未按协议第 1 条第 1、2 项内容履行义务的，担保人甘肃腾陇矿业有限公司对被执行人债务负连带清偿义务，对法院强制执行不得提出异议。该条内容系对被执行人未按约履行执行和解协议由担保人承担连带清偿责任的约定，且担保人明确表示接受法院强制执行，符合执行担保的构成要件，担保范围系执行依据确定的被执行人未履行部分债务，而非执行和解协议约定的被执行人未履行部分债务。因被执行人未按协议约定时间履行第 2 项义务，甘肃腾陇矿业有限公司作为执行担保人，应对被执行人尚未履行的民事调解书确定义务承担清偿责任，法院可以对甘肃腾陇矿业有限公司财产在其应承担的执行担保责任范围内强制执行。

5. 海南（重庆）经济开发总公司与海南深琼实业开发公司建设项目合同转让纠纷执行申诉案［（2017）最高法执监 137 号］

要旨：本案《偿债协议书》《担保书》中，还约定了第三人自愿承担债务和提供担保的内容。对于其中的担保内容是否构成执行担保，应当按照执行担

---

① 《民法典》施行后，相关内容规定在第 392 条。

保的有关法律条文进行审查。执行担保强调的是向人民法院提供担保，而不仅仅是担保人向申请执行人提供担保。本案中，《偿债协议书》《担保书》的签订均是各方之间自行签订，并没有向执行法院提供担保，不符合法律及司法解释规定的“向人民法院提供担保”这一执行担保成立的前提条件，故不能认定成立执行担保。因此担保人是否承担担保责任，则只能按照一般民事担保关系认定处理。对于其中的自愿承担债务的条款，也应当按照民法原理认定是否应当承担法律责任。而此种认定处理属于审判上的权力，上述协议是否构成民事债务加入和民事担保法律关系及产生相应实体法上的后果，适合且应当通过审判程序解决，而不适合在执行程序中直接认定处理。

6. 中国能源建设集团西北电力建设甘肃工程有限公司与青海凯峰农业科技股份有限公司、互助凯峰新能源有限公司建设工程施工合同纠纷执行复议案［(2019)最高法执复 134 号］

要旨：根据《执行担保规定》第 1 条、第 3 条、第 4 条、第 5 条规定，执行中的担保是担保人向人民法院提供的担保，形式要件上，应当符合“向人民法院提交担保书”的形式要件，且担保书中应当包含“担保人自愿接受直接强制执行的承诺”的内容，公司提供担保的还应当提交公司章程、董事会或者股东会、股东大会决议等材料。本案中，未有相关证据证明，互助投资公司向人民法院提交了《保证担保合同》等材料并作出被执行人在执行期限届满后仍不履行时其自愿接受直接强制执行的承诺，故不能认定本案构成执行担保。而且，根据《执行担保规定》第 11 条规定的“暂缓执行期限届满后被执行人仍不履行义务，或者暂缓执行期间担保人有转移、隐藏、变卖、毁损担保财产等行为的，人民法院可以依申请执行人的申请恢复执行，并直接裁定执行担保财产或者保证人的财产，不得将担保人变更、追加为被执行人”的规定，即使构成执行担保也不得将担保人变更、追加为被执行人，仅能执行担保财产或者保证人的财产。

第二百三十九条　【被执行人死亡或终止的执行】作为被执行人的公民死亡的，以其遗产偿还债务。作为被执行人的法人或者其他组织终止的，由其权利义务承受人履行义务。

<table>
<tr><th colspan="3">规范体系</th></tr>
<tr><td>司法解释</td><td colspan="2">1.《最高人民法院关于适用〈中华人民共和国民事诉讼法〉的解释》(法释〔2015〕5号；经法释〔2022〕11号第二次修正)第470—473条
2.《最高人民法院关于民事执行中变更、追加当事人若干问题的规定》(法释〔2016〕21号；经法释〔2020〕21号修正)第1条、第10—35条
3.《最高人民法院关于审理涉及会计师事务所在审计业务活动中民事侵权赔偿案件的若干规定》(法释〔2007〕12号)第10条、第12条</td></tr>
<tr><td>司法文件</td><td colspan="2">1.《最高人民法院、中国人民银行关于依法规范人民法院执行和金融机构协助执行的通知》(法发〔2000〕21号)第8条
2.《最高人民法院关于金融机构为企业出具不实或者虚假验资报告资金证明如何承担民事责任问题的通知》(法〔2002〕21号)第1—5条
3.《最高人民法院关于采取民事强制措施不得逐级变更由行为人的上级机构承担责任的通知》(法〔2004〕127号)
4.《最高人民法院关于人民法院立案、审判与执行工作协调运行的意见》(法发〔2018〕9号)第3条
5.《最高人民法院关于依法制裁规避执行行为的若干意见》(法〔2011〕195号)第20条</td></tr>
<tr><td>司法答复</td><td>一般规定</td><td>1.《最高人民法院执行工作办公室关于执行仲裁案件中发现被执行人撤销的应由执行机构变更义务承担人的答复》(〔2000〕执他字第32号)
2.《最高人民法院执行工作办公室关于在执行程序中能否将被执行人享有到期债权的第三人的开办单位裁定追加为被执行主体的答复》(〔2004〕执他字第28号)</td></tr>
</table>

(续表)

规范体系		
司法答复	一般规定	3.《最高人民法院执行工作办公室关于能否以接受财产为由追加被执行人问题的复函》(〔2007〕执他字第6号) 4.《最高人民法院对〈关于非诉执行案件中作为被执行人的法人终止,人民法院是否可以直接裁定变更被执行人的请示〉的答复》(法行〔2000〕16号)
	直接执行	1.《最高人民法院关于企业法人无力偿还债务时可否执行其分支机构财产问题的复函》[法(经)函〔1991〕38号] 2.《最高人民法院执行工作办公室关于追加村民委员会为被执行人后可以执行各村民小组的财产等有关问题的答复》(〔2000〕执他字第28号) 3.《最高人民法院关于执行程序中被执行人无偿转让抵押财产人民法院应如何处理的请示的答复》(〔2006〕执他字第13号)
	上级单位	1.《最高人民法院经济审判庭关于被执行主体虽未倒闭但又另外承包且无偿还能力可否由按承包合同偿还原债务的主管单位作为被执行主体问题的电话答复》(1988年9月17日) 2.《最高人民法院关于中国人民保险公司营口市支公司的债务可否由中国人民保险公司承担的函》(〔1996〕经他字第21号) 3.《最高人民法院关于国防科工委司令部管理局对深圳市中级人民法院执行深圳南丰工贸公司提出异议案的复函》(〔1998〕执他字第15号) 4.《最高人民法院执行工作办公室关于中国少年先锋队江苏省工作委员会是否具备独立法人资格问题的复函》(〔2002〕执他字第5号) 5.《最高人民法院执行工作办公室关于被执行企业产权转让其上级主管部门应否承担责任问题的复函》(〔2002〕执他字第26号) 6.《最高人民法院执行工作办公室关于河北省工商联、河北省总商会申诉案的复函》(〔2003〕执他字第3号) 7.《最高人民法院关于机关法人作为被执行人的执行程序中变更问题的复函》(法函〔2005〕65号)

（续表）

规范体系		
司法答复	出资不实	1.《最高人民法院关于开办单位欠付企业的注册资金应用以承担企业债务的函》(经他〔1993〕22号) 2.《最高人民法院关于开办单位对企业注册资金不实承担责任范围问题的复函》(经他〔1997〕30号) 3.《最高人民法院执行工作办公室关于执行程序中可否以注册资金未达法定数额为由裁定企业不具备法人资格问题的函》(〔1997〕法经字第389号) 4.《最高人民法院执行工作办公室关于在执行程序中不可以企业注册资金不实为由而否认其法人资格等问题的答复》(〔2001〕执他字第12号) 5.《最高人民法院执行工作办公室关于公司转让股权能否以抽逃资金为由追加其为被执行人问题的复函》(〔2002〕执他字第2号) 6.《最高人民法院执行工作办公室关于股东因公司设立后的增资瑕疵应否对公司债权人承担责任问题的复函》(〔2003〕执他字第33号) 7.《最高人民法院关于西钢集团执行申诉一案的复函》(〔2005〕执他字第32号) 8.《最高人民法院执行工作办公室关于能否追加被执行人开办单位的开办单位为被执行人问题的复函》(〔2006〕执他字第7号)
	债务承担	1.《最高人民法院执行工作办公室关于以承受债务为由追加被执行主体问题的复函》(〔2003〕执监字第146-1号) 2.《最高人民法院执行工作办公室关于以承继关系确定债务承担责任问题的复函》(〔2004〕执他字第15号) 3.《最高人民法院执行工作办公室关于贵阳特殊钢有限责任公司申请执行重庆望江制造总厂一案的请示的答复》(〔2004〕执他字第30号) 4.《最高人民法院执行工作办公室关于原县级贵港市升格为地级贵港市后如何追加原县级贵港市人民政府因开办单位注册资金不实责任问题的答复》(〔2003〕执他字第18号)

(续表)

<table>
<tr><th colspan="3">规范体系</th></tr>
<tr><td>司法答复</td><td>债务承担</td><td>5.《最高人民法院关于人民法院在执行程序中能否将已参加过诉讼、但生效裁判未判决其承担实体义务的当事人追加或变更为被执行人的问题的答复》(〔2007〕执他字第5号)</td></tr>
<tr><td>参考文件</td><td colspan="2">《劳动和社会保障部办公厅关于劳动争议仲裁委员会作出仲裁裁决后不再变更被执行主体的复函》(劳社厅函〔2003〕260号)</td></tr>
</table>

【条文释义】

本条是关于被执行人死亡或者终止时执行的规定。

在执行程序中,有时出现作为被执行人的公民死亡,作为被执行人的法人或者其他组织终止的情况,为了使权利人的合法权益不因这些情况的出现而得不到保护,本条规定"作为被执行人的公民死亡的,以其遗产偿还债务。作为被执行人的法人或者其他组织终止的,由其权利义务承受人履行义务"。也就是说,作为被执行人的公民死亡后,不论其遗产是否有人继承,也不论继承人是否承认被执行人生前的债务,人民法院均可以从其遗产中划出被执行人应当履行义务的债款。此种执行,仅限于遗产。如果被执行人的遗产不足以偿还全部债务,执行程序即告终结,所余债务也不再由继承人偿还。作为被执行人的法人被解散、被依法撤销、被依法宣告破产,或者因其他原因终止后,只要有承受其权利义务的法人或者其他组织的,该法人或者其他组织就应当偿还终止的法人或者其他组织的全部债务;不偿还的,人民法院可以强制执行。①

执行程序中变更、追加被执行人,涉及第三人实体权利义务的承受与负

① 参见全国人民代表大会常务委员会法制工作委员会编:《中华人民共和国民事诉讼法释义(最新修正版)》,法律出版社2012年版,第545页。

担,必须坚持法定原则。执行机构裁定变更、追加被执行人,除了实体法的依据之外,还要符合《民事诉讼法》及相关司法解释对变更、追加被执行人的程序要求。即使依照实体法规定,第三人应对涉案债务承担责任,但这一结论仅是执行机构在执行程序中的判断,执行权对该问题的处理也应受权力边界的限制,不能超越生效法律文书执行力扩张的范围和法律、司法解释的明确规定,在法定情形之外变更、追加被执行人。现行法律、司法解释关于变更、追加被执行人的规定仅限于几类情形,属于变更、追加被执行人的程序限制,执行机构应当遵循变更、追加被执行人的法定事由处理此类问题。申请执行人在法定情形之外向第三人主张权利的,应通过其他途径解决。

【司法解释】

1.《最高人民法院关于适用〈中华人民共和国民事诉讼法〉的解释》(法释〔2015〕5 号,2015 年 2 月 4 日;经法释〔2022〕11 号第二次修正,2022 年 4 月10 日)

第四百七十条　依照民事诉讼法第二百三十九条规定,执行中作为被执行人的法人或者其他组织分立、合并的,人民法院可以裁定变更后的法人或者其他组织为被执行人;被注销的,如果依照有关实体法的规定有权利义务承受人的,可以裁定该权利义务承受人为被执行人。

【注释】本条关于法人等分立、合并时如何变更、追加被执行人的规定,与《变更追加规定》第 11 条、第 12 条基本一致,但《变更追加规定》第 12 条增加了"被执行人在分立前与申请执行人就债务清偿达成的书面协议另有约定的除外"的规定,《变更追加规定》实施后,以该 2 条规定为准。

第四百七十一条　其他组织在执行中不能履行法律文书确定的义务的,人民法院可以裁定执行对该其他组织依法承担义务的法人或者公民个人的财产。

【注释】这里所称的"其他组织",是指合法成立、有一定的组织机构和财产,但又不具备法人资格的组织,主要包括三类:一是依法登记领取营业执照但不具备法人资格的个人独资企业、合伙企业、乡镇企业、街道企业及中外合作经营企业、外资企业;二是商业银行、政策性银行和非银行金融机构等法人经依法设立并领取营业执照的分支机构;三是社会团体经依法成立的分支机构、代表机构。

需要注意,《变更追加规定》第13—16条分别规定了个人独资企业、合伙企业、法人分支机构和其他组织不能清偿生效法律文书确定的债务时,法院可依申请裁定变更、追加投资人、合伙人、该法人等为被执行人。该4条既明确了可变更、追加的主体范围,也明确了应通过变更、追加程序而非直接裁定执行。《变更追加规定》实施后,以该4条规定为准。

第四百七十二条 在执行中,作为被执行人的法人或者其他组织名称变更的,人民法院可以裁定变更后的法人或者其他组织为被执行人。

【注释】需要注意,本条与《变更追加规定》第27条规定不同。《变更追加规定》第27条规定,人民法院可以直接将变更后的主体作为当事人,无须作出裁定,在相关法律文书中将执行当事人变更前的姓名或名称予以注明即可。《变更追加规定》实施后,以该条规定为准。

第四百七十三条 作为被执行人的公民死亡,其遗产继承人没有放弃继承的,人民法院可以裁定变更被执行人,由该继承人在遗产的范围内偿还债务。继承人放弃继承的,人民法院可以直接执行被执行人的遗产。

【注释】(1)《变更追加规定》第10条在本条基础上增加了遗产管理人、受遗赠人和"其他因该公民死亡或被宣告死亡取得遗产的主体",可被变更、追加为被执行人,更加周延。《变更追加规定》实施后,以该规定为准。

(2)《最高人民法院关于空难死亡赔偿金能否作为遗产处理的复函》(〔2004〕民一他字第26号,2005年3月22日)明确:"空难死亡赔偿金是基于死者死亡对死者近亲属所支付的赔偿。获得空难死亡赔偿金的权利人是死者近亲属,而非死者。故空难死亡赔偿金不宜认定为遗产。"

2.《最高人民法院关于民事执行中变更、追加当事人若干问题的规定》(法释〔2016〕21号,2016年12月1日;经法释〔2020〕21号修正,2021年1月1日)

第一条 执行过程中,申请执行人或其继承人、权利承受人可以向人民法院申请变更、追加当事人。申请符合法定条件的,人民法院应予支持。

【注释】本条确定了变更、追加执行当事人的法定原则,即变更、追加执行当事人必须以法律或司法解释中规定的情形为依据,既不能依据其他规范性文件变更、追加,也不能直接依据实体法变更、追加。《制裁规避执行意见》(法〔2011〕195号)第20条规定,"依法变更追加被执行主体或者告知申请执行人另行起诉。有充分证据证明被执行人通过离婚析产、不依法清算、改制重组、关联交易、财产混同等方式恶意转移财产规避执行的，执行法院可以通过依法变更追加被执行人或者告知申请执行人通过诉讼程序追回被转移的财产”，虽然也强调“依法”，但其列举情形已被本司法解释替代或明确，故不得再以该条规定变更追加执行当事人。

第十条　作为被执行人的自然人死亡或被宣告死亡，申请执行人申请变更、追加该自然人的遗产管理人、继承人、受遗赠人或其他因该自然人死亡或被宣告死亡取得遗产的主体为被执行人，在遗产范围内承担责任的，人民法院应予支持。

作为被执行人的自然人被宣告失踪，申请执行人申请变更该自然人的财产代管人为被执行人，在代管的财产范围内承担责任的，人民法院应予支持。

第十一条　作为被执行人的法人或非法人组织因合并而终止，申请执行人申请变更合并后存续或新设的法人、非法人组织为被执行人的，人民法院应予支持。

第十二条　作为被执行人的法人或非法人组织分立，申请执行人申请变更、追加分立后新设的法人或非法人组织为被执行人，对生效法律文书确定的债务承担连带责任的，人民法院应予支持。但被执行人在分立前与申请执行人就债务清偿达成的书面协议另有约定的除外。

【注释】关于被执行人分立后的变更、追加问题，1998 年《执行工作规定》第 79 条区分了两种情形：(1) 按法定程序分立的，存续企业按分立协议确定的比例承担债务；(2) 不按法定程序分立的，存续企业按分得资产的比例承担责任。理由是，企业资产是企业债务的一般担保，企业资产分割的，企业债务亦应随之作相应分割，故在企业分立时，应由存续企业按照比例承担责任。但是，企业资产作为企业债务的一般担保，其分割并不影响对外债务的承担，除债权人认可的外，分立企业不得以其内部财产分割协议对抗债权人，而应当对原企业的债务承担连带责任。只有这样，债权人利益才得以维护。本条修正了这一规定，明确分立后新设的法人或非法人组织，应当对执行债务承担连带责任，但债务人与债权人就债务清偿问题，在分立前另有约定的除外。

第十三条　作为被执行人的个人独资企业，不能清偿生效法律文书确定的债务，申请执行人申请变更、追加其出资人为被执行人的，人民法院应予支持。个人独资企业出资人作为被执行人的，人民法院可以直接执行该个人独资企业的财产。

个体工商户的字号为被执行人的，人民法院可以直接执行该字号经营者的财产。

【注释】本条第2款明确了个体工商户作为被执行人时，可直接执行经营者的财产。虽然《民事诉讼法解释》规定个体工商户有字号的，以营业执照上登记的字号为当事人，但实际上承受权利义务的仍是自然人，个体工商户并未形成新的权利主体，故可直接执行经营者的财产。此外，《立审执意见》第3条规定，“在执行案件立案时，有字号的个体工商户为被执行人的，立案部门应当将生效法律文书注明的该字号个体工商户经营者一并列为被执行人”，是本条在立案阶段的具体规定，可结合适用。

第十四条 作为被执行人的合伙企业，不能清偿生效法律文书确定的债务，申请执行人申请变更、追加普通合伙人为被执行人的，人民法院应予支持。

作为被执行人的有限合伙企业，财产不足以清偿生效法律文书确定的债务，申请执行人申请变更、追加未按期足额缴纳出资的有限合伙人为被执行人，在未足额缴纳出资的范围内承担责任的，人民法院应予支持。

【注释】本条区分普通合伙与有限合伙，分别规定了不同的变更、追加规则。同时，考虑实践中合伙型联营企业可以参照适用普通合伙企业的规定，故未对合伙型联营企业单独作出规定。

第十五条 作为被执行人的法人分支机构，不能清偿生效法律文书确定的债务，申请执行人申请变更、追加该法人为被执行人的，人民法院应予支持。法人直接管理的责任财产仍不能清偿债务的，人民法院可以直接执行该法人其他分支机构的财产。

作为被执行人的法人，直接管理的责任财产不能清偿生效法律文书确定债务的，人民法院可以直接执行该法人分支机构的财产。

【注释】《规范执行和金融机构协助执行通知》（法发〔2000〕21号）第8条规定：“金融机构的分支机构作为被执行人的，执行法院应当向其发出限期履行通知书，期限为十五日；逾期未自动履行的，依法予以强制执行；对被执行人未能提供可供执行财产的，应当依法裁定逐级变更其上级机构为被执行人，直至其总行、总公司。每次变更前，均应当给予被变更主体十五日的自动履行期限；逾期未自动履行的，依法予以强制执行。”该条作为变更、追加银行等金融机构的上级机构及总行为被执行人的特殊性规定，在执行金融机构分支机构时,仍应适用。

第十六条　个人独资企业、合伙企业、法人分支机构以外的非法人组织作为被执行人,不能清偿生效法律文书确定的债务,申请执行人申请变更、追加依法对该非法人组织的债务承担责任的主体为被执行人的,人民法院应予支持。

【注释】《最高人民法院关于城市街道办事处是否应当独立承担民事责任的批复》(法释〔1997〕1号,2021年1月1日废止)明确:"街道办事处开办的企业具有法人资格的,街道办事处只在收取管理费范围内承担民事责任;其开办的企业不具有法人资格的,应先由企业承担相应的民事责任,不足部分由街道办事处在企业注册资金范围内独立承担。街道办事处财产不足以承担时,不能由设立该街道办事处的市或区人民政府承担民事责任。街道办事处进行自身民事活动产生纠纷的,应当独自承担民事责任。"该批复废止后,应注意以下两点:(1)街道办事处开办的企业不具有法人资格的,判断街道办事处是否承担责任,应当适用本条进行审查。(2)街道办事处开办的企业具有法人资格的,判断街道办事处是否承担责任,应当适用本规定第17条、第18条、第22条、第23条、第24条进行审查。

第十七条　作为被执行人的营利法人,财产不足以清偿生效法律文书确定的债务,申请执行人申请变更、追加未缴纳或未足额缴纳出资的股东、出资人或依公司法规定对该出资承担连带责任的发起人为被执行人,在尚未缴纳出资的范围内依法承担责任的,人民法院应予支持。

【注释】《最高人民法院关于企业开办的其他企业被撤销或者歇业后民事责任承担问题的批复》(法复〔1994〕4号,2021年1月1日废止)第1项规定:"企业开办的其他企业被撤销、歇业或者依照《中华人民共和国企业法人登记管理条例》第二十二条规定视同歇业后,其民事责任承担问题应根据下列不同情况分别处理:1. 企业开办的其他企业领取了企业法人营业执照并在实际上具备企业法人条件的,根据《中华人民共和国民法通则》第四十八条的规定,应当以其经营管理或者所有的财产独立承担民事责任。2. 企业开办的其他企业已经领取了企业法人营业执照,其实际投入的自有资金虽与注册资金不符,但达到了《中华人民共和国企业法人登记管理条例施行细则》第十五条第(七)项或其他有关法规规定的数额,并且具备了企业法人其他条件的,应当认定其具备法人资格,以其财产独立承担民事责任。但如果该企业被撤销或者歇业后,其财产不足以清偿债务的,开办企业应在该企业实际投入的自有资金与注册资金差额范围内承担民事责任。3. 企业开办的其他企业虽然领取了企业法人营业执照，但实际没有投入自有资金，或者投入的自有资金达不到《中华人民共和国企业法人登记管理条例施行细则》第十五条第(七)项或其他有关法规规定的数额，或者不具备企业法人其他条件的，应当认定其不具备法人资格，其民事责任由开办该企业的企业法人承担。"本条吸收了该批复意见，适用中以本规定为准。

第十八条 作为被执行人的营利法人，财产不足以清偿生效法律文书确定的债务，申请执行人申请变更、追加抽逃出资的股东、出资人为被执行人，在抽逃出资的范围内承担责任的，人民法院应予支持。

第十九条 作为被执行人的公司，财产不足以清偿生效法律文书确定的债务，其股东未依法履行出资义务即转让股权，申请执行人申请变更、追加该原股东或依公司法规定对该出资承担连带责任的发起人为被执行人，在未依法出资的范围内承担责任的，人民法院应予支持。

【注释】根据《公司法规定(三)》(法释〔2011〕3号)第18条第1款的规定，本条明确了股权转让后股东或发起人被追加为被执行人的条件和后果等，但考虑对受让人主观状态的判断比较复杂，不宜由执行机构审查，故未规定恶意的受让人可被追加为被执行人。

第二十条 作为被执行人的一人有限责任公司，财产不足以清偿生效法律文书确定的债务，股东不能证明公司财产独立于自己的财产，申请执行人申请变更、追加该股东为被执行人，对公司债务承担连带责任的，人民法院应予支持。

【注释】本条内容与《制裁规避执行意见》(法〔2011〕195号)第20条相关，是对该条中财产混同恶意转移财产规避执行情形下人民法院如何处理的规定。根据本条规定，只有在一人公司的情况下，才能以财产混同为由在执行程序中追加股东为被执行人，据此，排除了其他公司在执行程序中直接以财产混同为由追加被执行人的情形。

第二十一条 作为被执行人的公司，未经清算即办理注销登记，导致公司无法进行清算，申请执行人申请变更、追加有限责任公司的股东、股份有限公司的董事和控股股东为被执行人，对公司债务承担连带清偿责任的，人民法院应予支持。

【注释】本条沿袭了《公司法规定(二)》(法释〔2008〕6号)第20条第1款规定，并进一步明确公司未经清算即办理注销登记，导致无法进行清算的，执行程序中允许通过变更、追加被执行人方式让相关责任人承担责任。

第二十二条　作为被执行人的法人或非法人组织，被注销或出现被吊销营业执照、被撤销、被责令关闭、歇业等解散事由后，其股东、出资人或主管部门无偿接受其财产，致使该被执行人无遗留财产或遗留财产不足以清偿债务，申请执行人申请变更、追加该股东、出资人或主管部门为被执行人，在接受的财产范围内承担责任的，人民法院应予支持。

第二十三条　作为被执行人的法人或非法人组织，未经依法清算即办理注销登记，在登记机关办理注销登记时，第三人书面承诺对被执行人的债务承担清偿责任，申请执行人申请变更、追加该第三人为被执行人，在承诺范围内承担清偿责任的，人民法院应予支持。

【注释】作为被执行人的法人或者非法人组织被注销的，应依法成立清算组织对被执行人的债权债务进行清算。在办理注销登记时，根据工商行政管理部门的要求，通常须在工商登记材料中载明债权债务的处理情况。实践中，有些被执行人的出资人或主管部门为达到注销的目的，或者为满足工商行政管理部门办理注销登记的要求，在工商登记材料中或以其他形式，明确表示承继被执行人的债权，负担被执行人的义务。这种情况涉及出资人或主管部门的债务履行承诺问题。如果出资人或主管部门的债务履行承诺成立，除以被执行人的财产偿还债务外，作出履行承诺的出资人或主管部门还要以自身财产对债务承担清偿责任。这种责任和清算义务人的清算责任是不同性质的民事责任。清算义务人的清算责任是处理被执行人的债权债务，实现被执行人的债权，以被执行人的自有资产偿还债务，并分配剩余财产。如果相关主体只是表示对被执行人的债权债务进行处理，则不足以认为其承诺对被执行人的债务承担清偿责任，不能将清算义务人直接认定为被执行人债务的承继人。如果清算义务人未尽清算义务给债权人造成损害的，债权人可以根据《公司法》及其司法解释等相关规定，请求清算义务人承担赔偿责任。①

第二十四条　执行过程中，第三人向执行法院书面承诺自愿代被执行人履行生效法律文书确定的债务，申请执行人申请变更、追加该第三人为被执行人，在承诺范围内承担责任的，人民法院应予支持。

【注释】《异议复议规定》第 18 条规定："执行过程中，第三人因书面承诺

---

①　参见江必新主编：《执行规范理解与适用——最新民事诉讼法与民诉法解释保全、执行条文关联解读》，中国法制出版社 2015 年版，第 202—203 页。

自愿代被执行人偿还债务而被追加为被执行人后,无正当理由反悔并提出异议的,人民法院不予支持。"结合本规定第30条规定,第三人因书面承诺自愿代被执行人偿还债务而被追加为被执行人后,应当直接向上一级法院复议,无须再提出异议。《变更追加规定》施行后,以此为准。

第二十五条 作为被执行人的法人或非法人组织,财产依行政命令被无偿调拨、划转给第三人,致使该被执行人财产不足以清偿生效法律文书确定的债务,申请执行人申请变更、追加该第三人为被执行人,在接受的财产范围内承担责任的,人民法院应予支持。

【注释】《企业改制规定》(法释〔2003〕1号)第3条规定,政府主管部门在对企业国有资产进行行政性调整、划转过程中发生的纠纷,当事人向人民法院提起民事诉讼的,人民法院不予受理。本条规定解决了债权人无法通过民事程序寻求救济的问题,即通过变更、追加接受财产第三人为被执行人,并明确了变更、追加条件、责任范围等。《变更追加规定》施行后,以本规定为准。

第二十六条 被申请人在应承担责任范围内已承担相应责任的,人民法院不得责令其重复承担责任。

【注释】根据本条规定,继承遗产、未缴纳或未足额缴纳出资、抽逃出资、特定情形下无偿接受财产、第三人承诺等情形下,被申请人承担的均为有限责任。

第二十七条 执行当事人的姓名或名称发生变更的,人民法院可以直接将姓名或名称变更后的主体作为执行当事人,并在法律文书中注明变更前的姓名或名称。

【注释】本条改变了《民事诉讼法解释》第472条关于作为被执行人的法人或其他组织名称变更需裁定变更被执行人的规定。《变更追加规定》施行后,以本规定为准。

第二十八条 申请人申请变更、追加执行当事人,应当向执行法院提交书面申请及相关证据材料。

除事实清楚、权利义务关系明确、争议不大的案件外,执行法院应当组成合议庭审查并公开听证。经审查,理由成立的,裁定变更、追加;理由不成立的,裁定驳回。

执行法院应当自收到书面申请之日起六十日内作出裁定。有特殊情况需要延长的,由本院院长批准。

【注释】(1)关于听证程序。依据《异议复议规定》第 12 条规定,执行行为异议案件,以书面审查为原则,听证审查为例外。变更、追加程序的审查内容均涉及实体问题,以组成合议庭并公开听证审查为原则,但事实清楚、权利义务关系明确、争议不大的案件,可采取书面审查。《变更追加规定》施行后,以本规定为准。(2)关于作出裁定期限。根据《民事诉讼法》第 232 条、《执行程序解释》第 5 条规定,执行行为异议为收到书面异议之日起 15 日内作出裁定,本条规定为收到书面申请之日起 60 日内,并明确规定延期批准程序。《变更追加规定》施行后,以本规定为准。

第二十九条　执行法院审查变更、追加被执行人申请期间,申请人申请对被申请人的财产采取查封、扣押、冻结措施的,执行法院应当参照民事诉讼法第一百条①的规定办理。

申请执行人在申请变更、追加第三人前,向执行法院申请查封、扣押、冻结该第三人财产的,执行法院应当参照民事诉讼法第一百零一条②的规定办理。

第三十条　被申请人、申请人或其他执行当事人对执行法院作出的变更、追加裁定或驳回申请裁定不服的,可以自裁定书送达之日起十日内向上一级人民法院申请复议,但依据本规定第三十二条的规定应当提起诉讼的除外。

第三十一条　上一级人民法院对复议申请应当组成合议庭审查,并自收到申请之日起六十日内作出复议裁定。有特殊情况需要延长的,由本院院长批准。

被裁定变更、追加的被申请人申请复议的,复议期间,人民法院不得对其争议范围内的财产进行处分。申请人请求人民法院继续执行并提供相应担保的,人民法院可以准许。

第三十二条　被申请人或申请人对执行法院依据本规定第十四条第二款、第十七条至第二十一条规定作出的变更、追加裁定或驳回申请裁定不服的,可以自裁定书送达之日起十五日内,向执行法院提起执行异议之诉。

被申请人提起执行异议之诉的,以申请人为被告。申请人提起执行异议之诉的,以被申请人为被告。

---

① 2021 年《民事诉讼法》第四次修正后调整为第 103 条。

② 2021 年《民事诉讼法》第四次修正后调整为第 104 条。

【注释】根据此前的司法解释,对于变更、追加裁定不服的被申请人,可以向上一级法院提起复议。但能否提起诉讼、提起的诉讼属于什么性质、由谁作为当事人、法院应当审查哪些内容,均未明确规定。通说认为,变更、追加当事人的情形各不相同,有些情形较为复杂,又涉及实体问题,如果仅仅通过执行中的复议程序进行救济,在程序保障上缺乏正当性。因此,有必要区分繁简,规定不同的救济途径:对于相对简单的情形,可以通过复议程序救济;而对于相对复杂特别是涉及重大实体问题的变更、追加,则应当赋予当事人提起诉讼的权利。据此,本条明确,在有限合伙人未依法足额缴纳、股东未缴纳出资、抽逃出资、瑕疵股权转让、一人公司财产混同等情形下,当事人对执行法院作出的裁定不服的,可以提起执行异议之诉。

这里的异议之诉包括两种:一种是被变更、追加的被申请人提起的异议之诉。这种诉讼在理论上称为"债务人不适格异议之诉",其性质和基本构造与《民事诉讼法》第234条规定的案外人异议之诉有一定的相似性。主要功能是排除变更、追加裁定对被变更、追加主体的效力。在程序方面,应由执行法院专属管辖。原告是被变更、追加的一方,被告则是申请变更、追加的一方。另一种是申请人提起的异议之诉,这种诉讼在理论上称为"债权人许可执行之诉",功能与"债务人不适格异议之诉"正好相反,是在变更、追加申请被执行法院驳回后,为申请人提供的救济途径。

第三十三条 被申请人提起的执行异议之诉,人民法院经审理,按照下列情形分别处理:

(一)理由成立的,判决不得变更、追加被申请人为被执行人或者判决变更责任范围;

(二)理由不成立的,判决驳回诉讼请求。

诉讼期间,人民法院不得对被申请人争议范围内的财产进行处分。申请人请求人民法院继续执行并提供相应担保的,人民法院可以准许。

第三十四条 申请人提起的执行异议之诉,人民法院经审理,按照下列情形分别处理:

(一)理由成立的,判决变更、追加被申请人为被执行人并承担相应责任或者判决变更责任范围;

(二)理由不成立的,判决驳回诉讼请求。

第三十五条 本规定自2016年12月1日起施行。

本规定施行后,本院以前公布的司法解释与本规定不一致的,以本规定为准。

3.《最高人民法院关于审理涉及会计师事务所在审计业务活动中民事侵权赔偿案件的若干规定》(法释〔2007〕12 号,2007 年 6 月 15 日)

第十条　人民法院根据本规定第六条确定会计师事务所承担与其过失程度相应的赔偿责任时,应按照下列情形处理:

(一)应先由被审计单位赔偿利害关系人的损失。被审计单位的出资人虚假出资、不实出资或者抽逃出资,事后未补足,且依法强制执行被审计单位财产后仍不足以赔偿损失的,出资人应在虚假出资、不实出资或者抽逃出资数额范围内向利害关系人承担补充赔偿责任。

(二)对被审计单位、出资人的财产依法强制执行后仍不足以赔偿损失的,由会计师事务所在其不实审计金额范围内承担相应的赔偿责任。

(三)会计师事务所对一个或者多个利害关系人承担的赔偿责任应以不实审计金额为限。

第十二条　本规定所涉会计师事务所侵权赔偿纠纷未经审判,人民法院不得将会计师事务所追加为被执行人。

【司法文件】

1.《最高人民法院、中国人民银行关于依法规范人民法院执行和金融机构协助执行的通知》(法发〔2000〕21 号,2000 年 9 月 4 日)

八、金融机构的分支机构作为被执行人的,执行法院应当向其发出限期履行通知书,期限为十五日;逾期未自动履行的,依法予以强制执行;对被执行人未能提供可供执行财产的,应当依法裁定逐级变更其上级机构为被执行人,直至其总行、总公司。每次变更前,均应当给予被变更主体十五日的自动履行期限;逾期未自动履行的,依法予以强制执行。

2.《最高人民法院关于金融机构为企业出具不实或者虚假验资报告资金证明如何承担民事责任问题的通知》(法〔2002〕21 号,2002 年 2 月 9 日)

一、出资人未出资或者未足额出资,但金融机构为企业提供不实、虚假的验资报告或者资金证明,相关当事人使用该报告或者证明,与该企业进行经济往来而受到损失的,应当由该企业承担民事责任。对于该企业财产不足以清偿债务的，由出资人在出资不实或者虚假资金额范围内承担责任。

二、对前项所述情况，企业、出资人的财产依法强制执行后仍不能清偿债务的，由金融机构在验资不实部分或者虚假资金证明金额范围内，根据过错大小承担责任，此种民事责任不属于担保责任。

三、未经审理，不得将金融机构追加为被执行人。

【注释】现行法律及《变更追加规定》未明确此情形可以直接追加金融机构为被执行人。本条明确未经审理不得将金融机构追加为被执行人，符合《变更追加规定》第1条的法定原则和有限原则。《变更追加规定》施行后，应注意结合适用。

四、企业登记时出资人未足额出资但后来补足的，或者债权人索赔所依据的合同无效的，免除验资金融机构的赔偿责任。

五、注册会计师事务所不实或虚假验资民事责任案件的审理和执行中出现类似问题的，参照本通知办理。

【注释】1996年最高人民法院对四川省高级人民法院《关于金融机构为行政机关批准开办的公司提供注册资金验资报告不实应当承担责任问题的批复》（法复〔1996〕3号，已废止）认为："金融机构根据行政机关出具的注册资金证明，为该行政机关批准开办的公司出具不实的验资报告，公司因资不抵债无力偿还债务，给债权人造成损失的，金融机构除应退出收取的验资手续费外，还应当在该注册资金范围内承担与其过错相应的民事责任；金融机构按照验资程序进行审查核实，公司注册登记后又抽逃资金的，金融机构不承担退出验资手续费和赔偿损失的责任。"

3.《最高人民法院关于采取民事强制措施不得逐级变更由行为人的上级机构承担责任的通知》（法〔2004〕127号，2004年7月9日）

近一个时期，一些地方法院在执行银行和非银行金融机构（以下简称金融机构）作为被执行人或者协助执行人的案件中，在依法对该金融机构采取民事强制措施，作出罚款或者司法拘留决定后，又逐级对其上级金融机构直至总行、总公司采取民事强制措施，再次作出罚款或者司法拘留决定，造成不良影响。为纠正这一错误，特通知如下：

一、人民法院在执行程序中，对作为协助执行人的金融机构采取民事强制措施，应当严格依法决定，不得逐级变更由其上级金融机构负责。依据我院与中国人民银行于2000年9月4日会签下发的法发〔2000〕21号即《关于依法规范人民法院执行和金融机构协助执行的通知》第八条的规定，执行金融机构时逐级变更其上级金融机构为被执行人须具备五个条件：其一，该金融机构须为被执行人，其债务已由生效法律文书确认；其二，该金融机构收到执行法院对其限期十五日内履行偿债义务的通知；其三，该金融机构逾期未能自动履行偿债义务，并经过执行法院的强制执行；其四，该金融机构未能向执行法院提供其可供执行的财产；其五，该金融机构的上级金融机构对其负有民事连带清偿责任。金融机构作为协助执行人因其妨害执行行为而被采取民事强制措施，不同于金融机构为被执行人的情况，因此，司法处罚责任应由其自行承担；逐级变更由其上级金融机构承担此责任，属适用法律错误。

二、在执行程序中，经依法逐级变更由上级金融机构为被执行人的，如该上级金融机构在履行此项偿债义务时有妨害执行行为，可以对该上级金融机构采取民事强制措施。但人民法院应当严格按照前述通知第八条的规定，及时向该上级金融机构发出允许其于十五日内自动履行偿债义务的通知，在其自动履行的期限内，不得对其采取民事强制措施。

三、采取民事强制措施应当坚持过错责任原则。金融机构的行为基于其主观上的故意并构成妨害执行的，才可以对其采取民事强制措施；其中构成犯罪的，也可以通过法定程序追究其刑事责任。这种民事强制措施和刑事惩罚手段只适用于有故意过错的金融机构行为人，以充分体现国家法律对违法行为的惩罚性。

四、金融机构对执行法院的民事强制措施即罚款和司法拘留的决定书不服的，可以依据《民事诉讼法》第 105 条①的规定，向上一级法院申请复议；当事人向执行法院提出复议申请的，执行法院应当立即报送上一级法院，不得扣押或者延误转交；上一级法院受理复议申请后，应当及时审查处理；执行法院在上一级法院审查复议申请期间，可以继续执行处罚决定，但经上一级法院决定撤销处罚决定的，执行法院应当立即照办。

以上通知，希望各级人民法院认真贯彻执行。执行过程中有什么情况和问题，应当及时层报我院执行工作办公室。

---

① 2021 年《民事诉讼法》第四次修正后调整为第 119 条。

4.《最高人民法院关于人民法院立案、审判与执行工作协调运行的意见》(法发〔2018〕9 号,2018 年 5 月 28 日)

3. 在执行案件立案时,有字号的个体工商户为被执行人的,立案部门应当将生效法律文书注明的该字号个体工商户经营者一并列为被执行人。

5.《最高人民法院关于依法制裁规避执行行为的若干意见》(法〔2011〕195 号,2011 年 5 月 27 日)

20. 依法变更追加被执行主体或者告知申请执行人另行起诉。有充分证据证明被执行人通过离婚析产、不依法清算、改制重组、关联交易、财产混同等方式恶意转移财产规避执行的,执行法院可以通过依法变更追加被执行人或者告知申请执行人通过诉讼程序追回被转移的财产。

【司法答复】

(一)一般规定

1.《最高人民法院执行工作办公室关于执行仲裁案件中发现被执行人撤销的应由执行机构变更义务承担人的答复》(〔2000〕执他字第 32 号,2000 年 12 月 25 日)

天津市高级人民法院:

你院〔1999〕津高法执请字第 33 号《关于执行仲裁机构裁决书、调解书过程中发现被执行人撤销,应由执行机构还是原仲裁机构变更义务承担人的请示报告》收悉。经研究,答复如下:

根据我院 1998 年 7 月 18 日颁布施行的《关于人民法院执行工作若干问题的规定(试行)》第 83 条①的规定,所有生效法律文书,凡是在执行程序中发生的需要变更或者追加被执行主体的,均由执行法院的执行机构裁定。该《规定》第 137 条第 2 款②还明确规定,此前作出的司法解释与本规定有抵触的,以本规定为准。请照此办理。

---

① 《执行工作规定》(1998 年)第 83 条(已删除)规定:"依照民事诉讼法第二百一十三条、最高人民法院关于适用民事诉讼法若干问题的意见第 271 条至第 274 条及本规定裁定变更或追加被执行主体的,由执行法院的执行机构办理。"

② 2020 年修正后调整为第 79 条第 2 款。

2.《最高人民法院执行工作办公室关于在执行程序中能否将被执行人享有到期债权的第三人的开办单位裁定追加为被执行主体的答复》(〔2004〕执他字第28号,2005年1月25日)

湖北省高级人民法院:

你院鄂高法〔2004〕470号《关于在执行程序中能否将被执行人享有到期债权的第三人的开办单位裁定追加为被执行主体的请示》一案收悉。经研究,答复如下:

同意你院第二种意见。我们认为,人民法院在执行程序中不得裁定追加被执行人享有到期债权的第三人的开办单位,因该第三人的法律地位不同于被执行人,其本身不是案件的当事人,裁定追加第三人的开办单位于法无据。且本案中,黄石市中级人民法院于2003年8月18日裁定追加第三人长岭黄河集体有限公司时,该公司已根据陕西省人民政府的决定实施资产分离,分离后原长岭黄河集团有限公司更名为陕西长岭集体有限公司,故黄石市中级人民法院裁定追加长岭黄河集体有限公司缺乏事实依据。因此,上述裁定依法应予纠正。

【注释】黄石东贝电器股份有限公司(以下简称东贝公司)申请执行陕西宝鸡长岭冰箱有限公司、长岭(集团)股份有限公司(以下简称长岭股份)买卖合同给付货款纠纷一案,黄石市中级人民法院(以下简称黄石中院)查明长岭股份对第三人长岭黄河集团有限公司(以下简称长河集团)享有107438666.82元的到期债权,遂于2003年8月1日向长河集团送达了履行到期债务通知。长河集团在指定的期限内既没有提出异议,又没有按通知的要求履行义务,黄石中院于2004年2月6日裁定将长岭股份在长河集团中的到期债权2360万元予以强制执行。

执行过程中,黄石中院核查长河集团的工商注册登记档案:1996年8月2日,陕西省人民政府作出合并长岭机器厂、黄河机器制造厂组建长河集团的决定,将长岭机器厂、长岭股份等四个企业的国家股,授权长河集团持有,长河集团作为国有资产的投资主体行使出资者权利。长河集团为国有独资企业。同年11月12日,陕西省国有资产管理局授权长河集团作为国有资产投资和运营机构,统一经营长河集团本部和所属企业的国有资产,包括对长岭股份持有的法人股119026400股。长河集团为长岭股份的控股公司。同年11月14日,陕西省工商局批准成立长河集团,注册资金4.64亿元,其中包括作为长河集团注册资本在长岭股份的法人股119026400股。但在中国证券登记结算有限责任公司深圳分公司的股东姓名为陕西省国资局，未过户给长河集团。2004 年 3 月 8 日，黄石中院依东贝公司申请，裁定追加陕西省国资局为本案被执行人。后查明陕西省国资局与陕西省财政厅合并，遂于 2004 年 4 月 16 日裁定变更陕西省财政厅为本案被执行人，并扣划陕西省财政厅在金融机构的存款。陕西省财政厅不服，提出异议。①

3.《最高人民法院执行工作办公室关于能否以接受财产为由追加被执行人问题的复函》（〔2007〕执他字第 6 号，2008 年 6 月 27 日）

海南省高级人民法院：

你院《关于信达公司政策性托管银泰公司应如何承担相应法律责任的请示》收悉。经研究，答复如下：

鉴于本案中中国信达资产管理公司是否接受了海南银泰置业有限责任公司的财产，是基于托管、清理接受（代为管理、处置）的财产，还是非法侵占海南银泰置业有限责任公司法人财产等事实，仅凭执行听证程序，不利于保护当事人的合法权益，故海南中级人民法院在执行程序中直接追加中国信达资产管理公司为被执行人不当。可以告知海南明海投资公司、海南日森置业公司，如果认为中国信达资产管理公司在托管期间损害了其合法权益，可以通过诉讼程序解决。

【注释】对于申请执行人在执行程序中要求资产管理公司为其托管的金融机构开办企业承担责任的申请，执行法院可从以下几个方面把握：一是是否有充足且清晰的证据证明资产管理公司系无偿接收、占有被托管企业的财产，在财产处置中获得了财产利益。二是有关文件或协议中资产管理公司是否有债权债务承继的明确意思表示。三是是否符合在执行程序中直接认定责任承担的法律规定。四是在不符合上述三个条件的情形下，要通过诉讼程序解决。执行程序更重于形式审查，如果形式上明显不符合有关条件可以直接予以驳回；如果明显符合有关法律规定的情形则应依法予以认定；如果似应承担责任但法律依据不很明确的情况，通过诉讼程序解决更妥。

---

① 参见张小林：《在执行程序中能否将被执行人享有到期债权的第三人的开办单位裁定追加为被执行主体的请示案》，载最高人民法院执行工作办公室编：《强制执行指导与参考》2004 年第 3 辑（总第 11 辑），法律出版社 2005 年版，第 140—144 页。

4.《最高人民法院对〈关于非诉执行案件中作为被执行人的法人终止，人民法院是否可以直接裁定变更被执行人的请示〉的答复》(法行〔2000〕16号,2000 年 5 月 29 日)

山东省高级人民法院:

你院鲁高法函〔1999〕62 号《关于非诉执行案件中作为被执行人的法人终止,人民法院是否可以直接裁定变更被执行人的请示》收悉。经研究,答复如下:

人民法院在办理行政机关申请人民法院强制执行其具体行政行为的案件过程中,作为被执行人的法人出现分立、合并、兼并、合营等情况,原具体行政行为仍应执行的,人民法院应当通知申请机关变更被执行人。对变更后的被执行人,人民法院应当依法进行审查。

(二)直接执行

1.《最高人民法院关于企业法人无力偿还债务时可否执行其分支机构财产问题的复函》[法(经)函〔1991〕38 号,1991 年 4 月 2 日]

辽宁省高级人民法院:

你院〔1990〕经执字第 20 号"关于企业法人无力偿还债务时,可否执行其分支机构财产的请示报告"收悉。经研究,答复如下:

据来文看,本案被执行人本溪化工塑料总厂(下称"总厂")的管理体制、经营方式,在案件执行期间与案件审理期间相比,尽管发生了很大变化,但总厂与其分支机构的关系及各自的性质并未改变,总厂的经营活动仍由其分支机构的经营行为具体体现,分支机构经营管理的财产仍是总厂经营管理的财产或者属总厂所有的财产,仍为总厂对外承担民事责任的物质基础。因此,在总厂经济体制改革后,不应视其为无偿付能力。鉴于本案的具体情况,对总厂的债务,同意你院的意见,二审法院可以裁定由总厂的分支机构负责偿还。

2.《最高人民法院执行工作办公室关于追加村民委员会为被执行人后可以执行各村民小组的财产等有关问题的答复》(〔2000〕执他字第 28 号,2000 年 12 月 21 日)

山东省高级人民法院:

你院〔1999〕鲁高法执字第 127 号《关于山东省济南第一纺织厂与四川

省成都市成华区联合毛麻纤维厂购销棉纱欠款纠纷一案执行情况的请示报告》收悉。经研究,答复如下:

根据你院的报告,被执行人成都市成华区联合毛麻纤维厂的开办单位成都市成华区联合村村委会应投入的52.5万元注册资金未能到位,故其应在注册资金不实的范围内承担责任;而村民小组不具备法人地位,各村民小组的财产是村委会法人的财产,因此,应追加村委会为被执行人后,可执行各村民小组的财产。

但是,根据成都市成华区联合村村民委员会的反映,此案所涉的注册资金已经到位;又根据该村的村民小组反映,被冻结的款项有应发给五保户的生活、医疗费用。

本院认为:在适用法律上同意你院的意见,投资者在注册资金不实的范围内承担责任,各村民小组不是独立法人,其财产可作为村委会的财产予以执行;在认定事实上因你院的报告情况与被执行人反映的情况不符,请你院监督执行法院认真核查后,根据实际情况依法妥善处理(五保户的生活费、医疗费不应执行)。

【注释】本答复内容与《变更追加规定》第15条相关。该条第2款规定:"作为被执行人的法人,直接管理的责任财产不能清偿生效法律文书确定债务的,人民法院可以直接执行该法人分支机构的财产。"《变更追加规定》施行后,适用该规定。

3.《最高人民法院关于执行程序中被执行人无偿转让抵押财产人民法院应如何处理的请示的答复》(〔2006〕执他字第13号,2006年10月27日)

山东省高级人民法院:

你院《关于执行程序中被执行人无偿转让抵押财产人民法院应如何处理的请示》收悉。经研究,答复如下:

作为执行标的物的抵押财产在执行程序中被转让的,如果抵押财产已经依法办理了抵押登记,则不论转让行为是有偿还是无偿,也不论是否通知了抵押权人,只要抵押权人没有放弃抵押权,人民法院均可以直接对该抵押物进行执行。因此,你院可以直接对被执行人已经设定抵押的财产采取执行措施,必要时,可以将抵押财产的现登记名义人列为被执行人。

【注释1】中信实业银行济南分行(以下简称中信济南分行)与济南铭峰纺织有限公司(以下简称铭峰公司)、济南青山置业有限公司(以下简称青山公司)抵押贷款纠纷一案,山东省高级人民法院判决:铭峰公司偿还中信济南分行借款本金 270 万美元及利息 18 万余美元、借款本金 3000 万美元及利息 162 万余美元;青山公司对 270 万美元的借款本息在其抵押的财产范围内承担担保责任。

执行过程中,铭峰公司的开办单位铭山集团有限公司以铭峰公司的财产多于注册资本为由,将铭峰公司已经抵押的价值 3679.28 万美元设备作为出资成立了铭山毛纺公司(以下简称铭山公司)。铭峰公司与铭山公司进行了资产交接。

后铭峰公司、青山公司、铭山公司又联名向长清区土地矿产管理局递交了土地使用权变更申请,将铭峰公司、青山公司名下的四块已经抵押给中信济南分行的土地无偿变更到铭山公司名下,并承诺该土地的变更所带来的法律责任由三公司承担,同日长清区国土资源局为其办理了过户手续。上述情况,被执行人未告知抵押权人中信济南分行。中信济南分行以第三人铭山公司无偿受让已经抵押的被执行人财产为由,申请追加其为被执行人。①

【注释 2】将抵押财产的受让人追加为被执行人的具体条件如下:(1)债权人对于诉讼标的物的实体权利已经过原执行依据确定;(2)受让行为发生在执行程序中,如果发生在诉讼程序中,则应当通过诉讼程序解决;(3)不扩大原执行依据确定的执行范围,也就是受让人只能在受让财产的范围内对债权人承担给付责任。

(三)上级单位

1.《最高人民法院经济审判庭关于被执行主体虽未倒闭但又另外承包且无偿还能力可否由按承包合同偿还原债务的主管单位作为被执行主体问题的电话答复》(1988 年 9 月 17 日)

江苏省高级人民法院:

你院〔88〕经复字第 19 号“关于被执行主体虽未倒闭,但又另外承包,且无偿还能力,可否由按承包合同偿还原债务的主管单位作为被执行主体的请

① 参见范向阳:《能否在执行程序中直接追加无偿受让抵押物的受让人为被执行人的请示案》,载最高人民法院执行工作办公室编:《执行工作指导》2006 年第 3 辑(总第 19 辑),人民法院出版社 2006 年版,第 119—124 页。

示报告”收悉。经研究答复如下：

冶金部十七冶企业公司（简称“企业公司”）于1988年将其申报成立的长久建材商店（简称“建材商店”）发包给谭大志，并在承包合同中约定：“1987年度商店的报废、积压商品及债权债务由企业公司负责处理。”但是，建材商店的承包并不改变其性质及债权债务关系，承包合同的约定，也不应视为该商店1985年欠江苏省溧阳县劳动服务公司的债务转移由企业公司承担。因此，如果建材商店实际具有法人资格，参照民法通则第四十八条规定，本案在执行程序中，无须变更被执行主体，而仍应由建材商店承担债务。如果建材商店不具有法人资格，参照本院法（研）复〔1987〕33号批复①，在执行程序中，可裁定企业公司承担连带责任，成为被执行人之一。

2.《最高人民法院关于中国人民保险公司营口市支公司的债务可否由中国人民保险公司承担的函》（〔1996〕经他字第21号，1996年8月19日）

辽宁省高级人民法院：

你院1996年6月18日《关于中国人民保险公司分支机构没有履行能力能否执行中国人民保险公司问题的请示》一文收悉。经研究答复如下：

中国人民保险公司营口市支公司不能履行你院（1995）辽民初字第47号民事调解书确定的义务，又无财产可供执行，即其已不能单独承担民事责任。依据我国《保险法》第七十九条第二款②关于“保险公司分支机构不具有法人资格，其民事责任由保险公司承担”的规定，你院可在执行程序中裁定变更中国人民保险公司为该案的被执行主体，即同意你院的请示意见。

3.《最高人民法院关于国防科工委司令部管理局对深圳市中级人民法院执行深圳南丰工贸公司提出异议案的复函》（〔1998〕执他字第15号，1998年11月12日）

广东省高级人民法院：

你院〔1997〕粤高法执监字第47号关于海南电子集团公司申请执行深圳南丰工贸公司财产一案的报告收悉，经研究，答复如下：

---

① 《最高人民法院关于行政单位或企业单位开办的企业倒闭后债务由谁承担的批复》［法（研）复〔1987〕33号，1987年8月29日］已废止，自2002年5月29日起不再适用。

② 《保险法》（2015年）第74条第2款。

一、根据你院及深圳市中级人民法院的报告，在该案审理期间，被执行人深圳南丰工贸公司以服从命令，无条件将其物业转为军产为由致函深圳市规划国土局，将已被深圳市中级人民法院查封的位于深圳市园岭新村91栋208、406、506号房产，熙龙大厦6楼F、G、H座房产，11栋E、D座房产，房地产大厦17楼C座房产过户到其上级主管部门国防科工委机关生产办公室（现为管理局）名下。同时，被执行人深圳市南丰工贸公司在清理整顿军产中已被撤销。根据本院《关于人民法院执行工作若干问题的规定（试行）》第81条①规定，上级主管部门应在其接受的财产范围内承担责任。又鉴于该财产是上级主管部门接收的财产，因此，深圳市中级人民法院裁定拍卖该房产以执行该案的生效判决，其效力应予维持。

二、该案诉讼中深圳市中级人民法院对该争议财产的房产依法作出了财产保全裁定予以查封，但被执行人在该案诉讼期间将该查封的财产转移给其上级主管部门，对此应适用我院《关于适用〈中华人民共和国民事诉讼法〉若干问题的意见》第109条②的规定，而不能适用与我院司法解释相抵触的《深圳经济特区房地产登记条例》第21条的规定，国防科工委司令部管理局的异议理由不能成立。

三、请你院通知深圳市中级人民法院，恢复办理该财产拍卖后的过户登记手续，依法执结此案。

【注释】海南电子集团公司（以下简称海南电子集团）与深圳南丰工贸公司（以下简称南丰工贸公司）购销合同纠纷一案，深圳市中级人民法院（以下简称深圳中院）在一审期间，于1994年6月15日保全查封了南丰工贸公司所有的园岭新村91栋208、406、506房，熙龙大厦6楼F、G、H座，11栋E、D座，房地产大厦17楼C座等房产。1995年12月23日，广东省高级人民法院作出终审判决，判令南丰工贸公司偿还海南电子集团人民币10371817.57万元及利息。

---

① 《执行工作规定》（1998年）第81条（已删除）规定："被执行人被撤销、注销或歇业后，上级主管部门或开办单位无偿接受被执行人的财产，致使被执行人无遗留财产清偿债务或遗留财产不足清偿的，可以裁定由上级主管部门或开办单位在所接受的财产范围内承担责任。"

② 《民事诉讼法意见》（已废止）第109条规定："诉讼中的财产保全裁定的效力一般应维持到生效的法律文书执行时止。在诉讼过程中，需要解除保全措施的，人民法院应及时作出裁定，解除保全措施。"

1996年3月,海南电子集团向深圳中院申请执行。深圳中院在执行中发现,上述房产分别于1995年5月15日、12月23日分两批过户到南丰工贸公司的上级主管部门国防科工委司令部管理局(以下简称管理局)名下。对此,深圳中院以(1996)深中法执字第6-116号民事裁定书裁定该房屋产权过户登记无效。管理局以案外人身份向深圳中院提出异议,深圳中院驳回了管理局的异议,并委托拍卖行将上述房产予以拍卖。国防科工委认为,深圳中院强行拍卖案外人财产,侵害其利益,请求最高人民法院监督处理。①

4.《最高人民法院执行工作办公室关于中国少年先锋队江苏省工作委员会是否具备独立法人资格问题的复函》(〔2002〕执他字第5号,2002年3月22日)

江苏省高级人民法院:

你院苏高法〔1999〕38号《关于中国少年先锋队江苏省工作委员会是否具备独立法人资格的请示》收悉。经研究,答复如下:

原则上同意你院的倾向性意见。中国少年先锋队江苏省工作委员会没有独立的财产和经费来源,编制也在共青团江苏委员会,其自身并不具有独立承担民事责任的能力,不具备法人资格。

【注释】中国少年先锋队工作委员会(以下简称少工委)作为民间团体,虽有中国特色,但不能改变其只可能成为法律意义上的社团法人,因为它不是机关法人,也不可能成为企业法人。少工委没有按照民政部的有关规定办理社团法人登记,自然不能成为具有独立民事责任能力的社团法人。

事实上,少工委不具有独立性。独立的法人要有独立的财产和独立的组织,但少工委不但与团省委合署办公,其工作人员编制也均在团省委,办公用房也是省行政事务管理局拨给团省委使用的房产。至于经费来源,省财政厅并没有将其作为一级预算机构,其经费由省委办公厅分配给团省委,团省委自行决定如何给少工委经费。而少工委历史上曾经以自己的名义为举行会议的需要筹措会议经费,并不能表明其有独立的财产,因此不具备独立的民事责任能力。

---

① 参见张根大、黄文艺:《国防科工委司令部管理局对深圳市中级人民法院执行深圳南丰工贸公司提出异议案》,载最高人民法院执行工作办公室编:《强制执行指导与参考》2002年第1辑(总第1辑),法律出版社2002年版,第223—239页。

5.《最高人民法院执行工作办公室关于被执行企业产权转让其上级主管部门应否承担责任问题的复函》(〔2002〕执他字第 26 号,2003 年 6 月 2 日)

湖北省高级人民法院:

你院《关于请求迅速排除深圳市地方保护主义对开发区法院执行案件违法阻挠的紧急报告》及开发区法院《关于申请执行人中国农业银行武汉市江城支行与被执行人深圳经济协作发展公司(以下简称经协公司)信用证担保纠纷一案被执行人开办人未依法履行出资义务的补充报告》均已收悉。经审查,提出如下处理意见:

一、深圳市国有资产管理办公室(以下简称国资办)作为国有资产管理部门,批准、授权将原企业性质为全民所有制的经协公司有偿转让,并不违反法律规定。经协公司已经深圳市工商行政管理部门办理了变更登记,其法人更名为深圳市国泰联合广场投资有限公司(以下简称国泰公司),即其法人的主体资格并未终止。你院及开发区法院认定经协公司被撤销,没有事实依据。开发区法院(2002)武开法执字第 95-3 号民事裁定书以国资办授权转让经协公司为由,适用《民事诉讼法》第 213 条①的规定,裁定国资办承担责任没有法律依据,属适用法律错误,应予纠正。

二、关于国资办应否承担经协公司注册资金不实的责任,请你院注意以下问题:1. 经协公司的注册资金是否不实? 2. 经协公司的权利义务承受人的注册资金是否到位? 3. 如经协公司的注册资金不实的情况属实,谁应承担此注册资金不实的责任?

请你院认真研究,依法自行妥善处理。

【注释】中国农业银行武汉市江城支行与深圳经济协作发展公司(以下简称深圳经协公司)信用证担保纠纷一案,武汉市经济技术开发区人民法院(以下简称开发区法院)在执行中查明:深圳经协公司系深圳市政府经济协作办公室(以下简称深圳经协办)于 1989 年 5 月 11 日登记注册的全民所有制下属企业。1999 年 3 月 5 日,深圳市国有资产管理办公室(以下简称深圳国资办)授权深圳经协办将深圳经协公司转让。同年 4 月 6 日,深圳经协公司与海南 3 家公司签订《产权转让合同》,将深圳国资办在深圳经协公司拥有的 100%股权转让给海南 3 家公司所有。双方在深圳市产权交易所办理了转让手续,深圳国资办收取了转让款。6 月 22 日,深圳经协公司变更登记为

---

① 2021 年《民事诉讼法》第四次修正后调整为第 239 条。

深圳市国泰联合广场投资有限公司(以下简称国泰投资公司),企业性质由全民所有制变更为有限责任公司。2001年8月31日,深圳经协公司被深圳市政府撤销。

基于上述事实,开发区法院裁定深圳经协公司的债务由国泰投资公司负责清偿。但国泰投资公司已无可供执行的财产,故开发区法院以深圳经协公司100%股权被深圳国资办有偿转让为由,裁定债务由深圳国资办负责清偿,并裁定冻结深圳国资办转让深圳经协公司产权所得收入3800万元人民币。深圳国资办对此向最高人民法院提出申诉,主要理由为:其不是本案当事人,只是依法律授权对国有资产行使行政监管职能的政府管理机构。批准、授权国有资产转让的行为,与国有经营主体在资产经营中形成的债务无必然因果关系。其授权深圳经协办转让深圳经协公司100%股权,是公司的股权转让行为,深圳经协公司的被执行主体仍然存在,只不过是名称及股东发生变化,其权利义务承受人应为国泰投资公司。

本案属于以出售企业形式将全民所有制企业改制为有限责任公司。深圳国资办、深圳经协办作为深圳经协公司的主管部门,代表国家拥有对深圳经协公司的全部控制权,深圳经协公司的产权转让符合市场经济等价有偿的原则,是国有企业在面向市场经济过程中出现的改制方法之一,即将原国有企业的国有产权的责权利关系以法人产权的形式体现出来,明确了出资者与法人之间在财产权上的权责关系。转让使投资主体和企业性质发生了变化,但并不必然影响原企业的法人资格,深圳国资办收取的是转让深圳经协公司应得的对价,不能以无偿接受为由裁定深圳国资办承担深圳经协公司的债务。①

6.《最高人民法院执行工作办公室关于河北省工商联、河北省总商会申诉案的复函》(〔2003〕执他字第3号,2003年6月6日)

天津市高级人民法院:

你院《关于对被执行人河北省工商联(又称河北省总商会)欠款案执行情况的报告》收悉。经研究,答复如下:

---

① 参见于泓:《关于被执行企业产权转让其上级主管部门应否承担责任的请示与答复》,载最高人民法院执行工作办公室编:《强制执行指导与参考》2003年第3辑(总第7辑),法律出版社2003年版,第218—226页。

一、各级工商联是党领导下的具有统战性质的人民团体。其与挂靠企业脱钩时，是按照中央文件的要求执行的。因此人民法院在执行与其脱钩企业的案件时，也应比照适用最高人民法院法释〔2001〕8 号《关于审理军队、武警部队、政法机关移交、撤销企业和与党政机关脱钩企业相关纠纷案件若干问题的规定》。根据该司法解释第十五条、第十六条的规定，开办单位应当承担民事责任的，人民法院不得对开办单位的国库款、财政经费账户、办公用房、车辆等其他办公必需品采取查封、扣押、冻结、拍卖、变卖等执行措施。开办单位只能用其财政资金以外的自有资金清偿债务。如果开办单位没有财政资金以外自有资金的，应当依法裁定终结执行。请你院监督南开区人民法院在执行河北省工商联时，严格按照上述规定执行。

二、河北省工商联和河北省总商会是两个独立的法人单位。河北省工商联是党委领导下的具有统战性质的人民团体，列入省编委编制序列，为财政预算拨款单位。而河北省总商会是在省民政厅单独注册的社团法人，经费由会员的会费构成。南开区人民法院将河北省工商联与河北省总商会视为同一个单位，将河北省总商会列为被执行人并扣划其银行存款是错误的，你院应监督该院立即纠正。

你院将督办结果报告我院。

【注释】天津市南开区人民法院（以下简称南开区法院）在执行天津泰伦特化学有限公司与河北省工商业联合会（以下简称河北省工商联）购销合同欠款纠纷一案中，以河北省工商联与河北省总商会是“两块牌子一个单位”，均应履行判决确定的义务为由，追加河北省总商会为被执行人，扣划河北省总商会银行存款 23.8 万元。

河北省总商会提出异议，认为河北省工商联与河北省总商会是两个性质完全不同的独立法人单位，河北省工商联是全额拨款的人民团体；河北省总商会是在民政部门登记注册的社会团体。两单位性质不同，职能不同，资金来源也不同，南开区法院将河北省总商会追加为被执行人，并扣划其银行存款是错误的。①

---

①　参见刘涛：《人民法院在执行与工商联脱钩企业的案件时是否适用最高人民法院法释〔2001〕8 号文的请示与答复》，载最高人民法院执行工作办公室编：《强制执行指导与参考》2003 年第 2 辑（总第 6 辑），法律出版社 2003 年版，第 271—278 页。

7.《最高人民法院关于机关法人作为被执行人的执行程序中变更问题的复函》(法函〔2005〕65号,2005年8月3日)

青海省高级人民法院;

你院2005年3月22日的请示收函。经研究,答复如下:

鉴于在执行过程中,被执行人在机构改革中被撤销,其上级主管部门无偿接受了被执行人的财产,致使被执行人无遗留财产清偿债务,按照《最高人民法院关于适用〈中华人民共和国民事诉讼法〉若干问题的意见》(法发〔92〕22号)第271条①和《最高人民法院关于人民法院执行工作若干问题的规定(试行)》(法释〔1998〕15号)第81条②的规定,可以裁定变更本案的被执行人主体为被执行人的上级主管部门,由其在所接受财产价值的范围内承担民事责任。

【注释】《变更追加规定》第22条吸收了本复函内容,同时扩大了适用范围:一是被执行人为法人或非法人组织;二是情形上包括被注销或出现被吊销营业执照、被撤销、被责令关闭、歇业等解散事由后,其股东、出资人或主管部门无偿接受其财产,致使被执行人无遗留财产或遗留财产不足以清偿债务;三是被申请主体为股东、出资人或主管部门。《变更追加规定》施行后,以该规定第22条为准。

(四)出资不实

1.《最高人民法院关于开办单位欠付企业的注册资金应用以承担企业债务的函》(经他〔1993〕22号,1993年11月13日)

浙江省高级人民法院:

你院浙高法执字〔1993〕16号关于乐清县二轻供销公司诉煤炭部华盛水

---

① 《民事诉讼法意见》(已废止)第271条规定:"依照民事诉讼法第二百零九条的规定,执行中作为被执行人的法人或者其他组织分立、合并的,其权利义务由变更后的法人或者其他组织承受;被撤销的,如果依有关实体法的规定有权利义务承受人的,可以裁定该权利义务承受人为被执行人。"

② 《执行工作规定》(1998年)第81条(已删除)规定:"被执行人被撤销、注销或歇业后,上级主管部门或开办单位无偿接受被执行人的财产,致使被执行人无遗留财产清偿债务或遗留财产不足清偿的,可以裁定由上级主管部门或开办单位在所接受的财产范围内承担责任。"

文地质勘察工程公司(以下简称"华盛公司")购销合同纠纷一案的执行问题的报告收悉。现答复如下:

《中华人民共和国民法通则》第四十八条①规定的国家授予企业法人经营管理并用以承担责任的财产,既包括国家已授予企业且已由企业经营管理的财产,也包括国家在开办企业时应当投入而一直欠付企业的资金。在企业现有财产不足清偿债务的情况下,开办单位欠付的注册资金应用以偿还企业债务。因此,你院在执行中查明华盛公司的注册资金如确实未投足,在华盛公司不能清偿债务的情况下,可以裁定其开办单位中国煤田地质总局水文局对注册资金不实部分承担责任。河北省邯郸市两级人民法院必须依法协助浙江省有关人民法院执行。

2.《最高人民法院关于开办单位对企业注册资金不实承担责任范围问题的复函》(经他〔1997〕30 号,1997 年 12 月 1 日)

北京市高级人民法院、江苏省高级人民法院:

关于北京市第二中级人民法院和江苏省张家港市人民法院重复执行国家计委产业经济与技术经济研究所(下称计委所)对下属企业债务承担注册资金 30 万元的责任一事,我院于 1997 年 2 月 24 日以法经〔1997〕14 号函,要求你们两院对有关案件进行复查并暂缓执行。最近,计委所又向我院反映:北京市宣武区法院在执行北京建化金属材料公司诉北京万兴技术经济开发咨询公司(以下简称万兴公司)购销合同纠纷一案的生效判决中,也裁定由计委所承担注册资金 30 万元不实的责任。

根据投资者对其开办的法人企业债务承担有限责任的原则,计委所对万兴公司的全部债务承担责任应以其未投入的注册资金 30 万元为限,各有关债权人应在此范围内按其债权数额所占比例受偿。现请你们两院互相通报前次案件复查核实情况,由北京市高级人民法院主持,处理万兴公司的各债权人受偿分配及执行事宜。

---

① 《民法通则》(已废止)第 48 条规定:"全民所有制企业法人以国家授予它经营管理的财产承担民事责任。集体所有制企业法人以企业所有的财产承担民事责任。中外合资经营企业法人、中外合作经营企业法人和外资企业法人以企业所有的财产承担民事责任,法律另有规定的除外。"

3.《最高人民法院执行工作办公室关于执行程序中可否以注册资金未达法定数额为由裁定企业不具备法人资格问题的函》(〔1997〕法经字第389号,1997年12月16日)

江苏省高级人民法院:

黑龙江省五常市邮电局对你院(1996)苏法执字第43-12号民事裁定书不服,向我院申诉称:该局于1993年2月组建了五常市邮电实业开发公司(以下简称邮电公司),注册资金20万元,工商局核发了企业法人营业执照。1995年6月,邮电公司因与他人进行购销活动产生纠纷诉至你院。你院经审理于1996年1月10日作出(1995)苏经初字第50号民事判决书。你院在执行此判决时,以邮电公司的注册资金未达到《中华人民共和国企业法人登记管理条例施行细则》第十五条第七项规定的数额为由,于1997年6月26日裁定邮电公司不具备法人资格,其应承担的向债权人返还定金200万元、赔偿损失400万元的义务,由其开办单位五常市邮电局承担。该局认为邮电公司具有法人资格,应独立承担民事责任,请求撤销你院(1996)苏法执字第43-12号民事裁定书。

我院认为,你院在执行生效判决过程中,以被执行人注册资金未达到《中华人民共和国企业法人登记管理条例施行细则》第十五条第七项规定的数额为由,裁定变更被执行主体的做法无法律依据。现将有关材料随函转去,请你院认真核查,如情况属实,应纠正错误,撤销你院(1996)苏法执字第43-12号裁定书,并将结果报告我院。

【注释】本复函内容与《变更追加规定》第17条相关。该条规定:“作为被执行人的营利法人,财产不足以清偿生效法律文书确定的债务,申请执行人申请变更、追加未缴纳或未足额缴纳出资的股东、出资人或依公司法规定对该出资承担连带责任的发起人为被执行人,在尚未缴纳出资的范围内依法承担责任的,人民法院应予支持。”《变更追加规定》施行后,以该条为准。

4.《最高人民法院执行工作办公室关于在执行程序中不可以企业注册资金不实为由而否认其法人资格等问题的答复》(〔2001〕执他字第12号,2001年6月28日)

江西省高级人民法院:

你院〔2001〕赣高法执指字第8号请示报告收悉。经研究,答复如下:

人民法院在执行程序中,对企业法人资格的问题,应当以工商局行政管理机关所作的企业登记为准,不可以企业注册资金不实为由而否认其法人资格。如果能够认定被执行人注册资金不实,其开办单位江西农业大学印刷厂应当在注册资金不实的范围内承担责任;如果江西农业大学印刷厂注册资金不实,其开办单位江西农业大学应在注册资金不实的范围内承担责任。

5.《最高人民法院执行工作办公室关于公司转让股权能否以抽逃资金为由追加其为被执行人问题的复函》(〔2002〕执他字第 2 号,2003 年 7 月 30 日)

广西壮族自治区高级人民法院:

你院桂高法〔2001〕294 号《关于股份有限公司转让其正在被执行的独资开办的企业能否追加该股份有限公司为被执行人的请示》收悉,经研究,答复如下:

一、中国四川国际合作股份有限公司(以下简称四川公司)转让北海中川国际房地产开发公司(以下简称北海公司)的股权,收取受让人支付的对价款不属抽逃北海公司的注册资金,即不能以抽逃资金为由追加四川公司为广西城乡房地产开发北海公司申请执行北海公司一案的被执行人。

二、四川公司转让北海公司股权的行为,是依据《公司法》的规定合法转让的行为。因该转让既不改变北海公司的独立法人地位;也未造成北海公司资产的减少;且四川公司转让北海公司而获益的 1000 万元,是四川公司通过转让股权获得的对价款,该对价款也不是四川公司在北海公司获得的投资权益或投资收益;至于四川公司与北海公司的并表财务报告等,并不表明四川公司对北海公司的债权债务有继受关系或者属法人格滥用行为。因此,北海市中级人民法院追加四川公司为被执行人没有事实依据和法律依据。

【注释】根据该复函意见,单纯的转让股权获得对价款,既不改变被执行人的独立法人地位,也未造成被执行人资产的减少,不能追加为被执行人。如果股东未依法履行出资义务即转让股权,根据《变更追加规定》第 19 条规定,可以变更、追加该原股东或依公司法规定对该出资承担连带责任的发起人为被执行人,在未依法出资的范围内承担责任。

6.《最高人民法院执行工作办公室关于股东因公司设立后的增资瑕疵应否对公司债权人承担责任问题的复函》(〔2003〕执他字第 33 号,2003 年 12 月 11 日)

江苏省高级人民法院:

你院〔2002〕苏执监字第 171 号《关于南通开发区富马物资公司申请执

行深圳龙岗电影城实业有限公司一案的请示报告》收悉,经研究,答复如下:

我们认为,公司增加注册资金是扩张经营规模、增强责任能力的行为,原股东约定按照原出资比例承担增资责任,与公司设立时的初始出资是没有区别的。公司股东若有增资瑕疵,应承担与公司设立时的出资瑕疵相同的责任。但是,公司设立后增资与公司设立时出资的不同之处在于,股东履行交付资产的时间不同。正因为这种时间上的差异,导致交易人(公司债权人)对于公司责任能力的预期是不同的。股东按照其承诺履行出资或增资的义务是相对于社会的一种法定的资本充实义务,股东出资或增资的责任应与公司债权人基于公司的注册资金对其责任能力产生的判断相对应。本案中,南通开发区富马物资公司(以下简称富马公司)与深圳龙岗电影城实业有限公司(以下简称龙岗电影城)的交易发生在龙岗电影城变更注册资金之前,富马公司对于龙岗电影城责任能力的判断应以其当时的注册资金500万元为依据,而龙岗电影城能否偿还富马公司的债务与此后龙岗电影城股东深圳长城(惠华)实业企业集团(以下简称惠华集团)增加注册资金是否到位并无直接的因果关系。惠华集团的增资瑕疵行为仅对龙岗电影城增资注册之后的交易人(公司债权人)承担相应的责任,富马公司在龙岗电影城增资前与之交易所产生的债权,不能要求此后增资行为瑕疵的惠华集团承担责任。

【注释】南通开发区富马物资公司(以下简称富马公司)与深圳龙岗电影城实业有限公司(以下简称龙岗影城)借款合同纠纷一案,法院判决龙岗影城应返还富马公司欠款1500万元。执行中查明,龙岗影城成立时注册资金为500万元,深圳长城(惠华)实业企业集团(以下简称惠华集团)及布吉镇下李朗经济发展公司(以下简称李朗公司)分别占94.3%和5.7%的股权。后龙岗影城就受让的30万平方米土地使用权进行价格评估,为15015.5万元。遂向工商行政管理部门申请变更登记,注册资金从500万元增加到15500万元。增资部分仍由两开办单位按原持股比例出资。但龙岗影城仅实际取得土地使用权40503.9平方米,且两开办单位均未另行投入资金。

南通市中级人民法院根据富马公司的申请,以惠华集团作为投资人对龙岗影城增加的注册资金不实为由,裁定追加惠华集团为被执行人,由其在增资不实的人民币14616.5万元范围内承担民事责任。惠华集团就此提出异议称,龙岗影城变更注册资金是其自行申请、经工商行政管理部门审查认为实有资金超过原注册资金的情况下进行的,并不是投资人的增资行为,投资人对此没有另行投入资金的义务。两投资人对于开办龙岗影城的注册资金已经到位,不应承担增资不实责任。江苏省高级人民法院就此请示至最高人民法院。①

需注意的是,《变更追加规定》第17条、第18条均未对增资瑕疵情况下承担责任的范围作出特别规定,因此,《变更追加规定》施行后,对增资瑕疵问题不再作区别对待,一律以该规定为准。

7.《最高人民法院关于西钢集团执行申诉一案的复函》(〔2005〕执他字第32号,2006年9月12日)

江西省高级人民法院:

你院赣高法报〔2006〕3号、4号、20号报告收悉。经研究并征求我院有关庭室意见,现答复如下:

由于赣州市章贡区农村信用合作联合社(以下简称赣州农信社)、赣州市商业银行(以下简称赣州商行)与昆仑证券有限责任公司(以下简称昆仑证券)的债权债务关系发生在西宁特殊钢铁(集团)有限公司(以下简称西钢集团)和青海省企业技术创新投资管理有限公司(以下简称青海创投)对昆仑证券增资扩股之前,因此赣州市中级人民法院(以下简称赣州中院)直接追加西钢集团和青海创投为被执行人不符合法律规定,应予纠正。

此外,在我院〔2005〕497号明传通知对涉昆仑证券案件实行"三暂缓"的情况下,如果只对赣州农信社和赣州商行与西钢集团和青海创投案强制执行,将损害其他债权人的合法权益,故赣州中院执行西钢集团和青海创投违反了我院上述明传通知精神。

请你院监督纠正赣州中院的执行错误,并将处理结果于10月底前报告我院。

【注释1】江西省赣州市中级人民法院在执行江西省赣州市章贡区农村信用合作社联合社(以下简称赣州农信社)与昆仑证券有限责任公司(以下简称昆仑证券)资金委托管理合同纠纷案、赣州市商业银行(以下简称赣州商行)与昆仑证券国债合同纠纷案中查明,西宁特殊钢铁(集团)有限公司(以下简称西钢集团)和青海企业技术创新投资管理有限责任公司(以下简称青海创

① 参见于泓:《南通开发区富马石化物资公司申请执行案》,载最高人民法院执行工作办公室编:《强制执行指导与参考》2003年第4辑(总第8辑),法律出版社2004年版,第221—231页。

投)作为昆仑证券的股东,应分别认缴注册资金1.2亿元。2003年3月20日,深圳四通投资发展有限公司(以下简称四通公司)通过其账户电汇给西钢集团8000万元,同日西钢集团将该款项划入昆仑证券账户内,作为西钢集团在昆仑证券的投资款。3月21日,青海创投划入昆仑证券8000万元。3月24日,青海创投和西钢集团又分别划入昆仑证券4000万元作为投资。3月21日、24日,昆仑证券将上述2.4亿元分别转成半年期定期存款,通过存单质押的方式办理银行承兑汇票,并由收款人深圳万科扬声器制造有限公司办理贴现后,将其中1.2亿元转给了青海创投、4000万元转给了西钢集团。

赣州中院认为,昆仑证券在收到西钢集团4000万元和青海创投1.2亿元所谓投资款的当天,就通过关联公司将其转回西钢集团和青海创投,四通公司转给西钢集团作为其投资款的8000万元也通过关联公司于当日就转回四通公司,据此,以西钢集团和青海创投抽逃对昆仑证券的注册资金为由,裁定追加两公司为被执行人,各自在抽逃的1.2亿元注册资金范围内对赣州农信社和赣州商行承担责任。西钢集团就此提出申诉。

【注释2】最高人民法院作出上述意见主要依据在于,西钢集团、昆仑证券与赣州农信社、赣州商行之间的国债回购合同分别在1999年至2001年期间签订,其国债回购的民事法律行为实际发生在2000年至2002年间,而西钢集团、青海创投对昆仑证券进行增资扩股的民事法律行为发生在2003年。因此,存在增资扩股的股东在抽逃注册资金时是否对企业增资扩股前发生的债务承担责任的问题。

对增资扩股不实的责任从某种意义上可以理解为投资人对企业法人的合同之债的责任,其没有按照投资协议将应给的投资资金给付到位,是没有尽到其履约义务,所以仍应继续承担出资责任;投资人抽逃注册资金的行为从法律上可以视为非法侵占企业法人财产的行为,实际上也未尽到投资协议约定的给付义务,投资人应将该财产“归还”给其投资的企业法人。因此,投资人未尽到投资给付义务,应继续承担相应责任。

从我国对公司注册资金的制度设计上看,注册资金的基本功能包含两个方面:对企业自身来讲,注册资金是法人进行民事活动的基础和源泉;对企业民事交易活动的对象而言,注册资金是对企业法人行为能力和资信的担保和证明。因此,不实或抽逃的那部分注册资金在一定层面上具有对债权人承担物保的功用，应参照物保功能承担责任，这也许就是《执行工作规定》第 80 条①允许直接追加投资人对债权人承担责任的法律内涵。由于这种责任的直接追及性，在执行程序中对注册资金不实或抽逃注册资金的追究应予以严格限制。发生在民事交易行为之后的增资行为对先前的民事交易活动并无影响，亦即对该民事交易行为没有起到担保的作用，故其不应按照《执行工作规定》第 80 条的规定直接承担责任。但其仍应对企业法人的全部债务承担责任，对增资扩股后发生的债权可参照《执行工作规定》第 80 条的规定承担责任。②

8.《最高人民法院执行工作办公室关于能否追加被执行人开办单位的开办单位为被执行人问题的复函》（〔2006〕执他字第 7 号，2006 年 2 月 6 日）

新疆维吾尔自治区高级人民法院：

你院〔2004〕新执监字第 227 号《关于能否两次适用〈关于人民法院执行工作若干问题的规定（试行）〉第八十条追加开办单位的开办单位为被执行人的请示》收悉。经研究，答复如下：

同意你院第二种意见。我院《关于人民法院执行工作若干问题的规定（试行）》（下称《执行规定》）第八十条③明确规定："被执行人无财产清偿债务，如果其开办单位对其开办时投入的注册资金不实或抽逃注册资金，可以裁定变更或追加其开办单位为被执行人，在注册资金不实或抽逃注册资金的范围内，对申请执行人承担责任。"按照上述规定，人民法院只能追加被执行人的开办单位在其开办时投入的注册资金不实或抽逃注册资金时对申请执行人承担相应的责任，并无其他弹性规定。因此，追加被执行人开办单位的开办单位为被执行人无法律依据，对《执行规定》第八十条不能作扩大适用。

【注释】本复函与《变更追加规定》第 17 条、第 18 条相关，上述规定吸收了《执行工作规定》第 80 条的相关规定。本复函在《执行工作规定》第 80 条

① 《执行工作规定》（1998 年）第 80 条（已删除）规定："被执行人无财产清偿债务，如果其开办单位对其开办时投入的注册资金不实或抽逃注册资金，可以裁定变更或追加其开办单位为被执行人，在注册资金不实或抽逃注册资金的范围内，对申请执行人承担责任。"

② 参见黄年：《股东增资扩股不实或抽逃增资扩股资金如何承担责任》，载江必新、贺荣主编：《最高人民法院执行案例精选》，中国法制出版社 2014 年版，第 123—132 页。

③ 2020 年修正后予以删除。

基础上作出的“不得追加被执行人开办单位的开办单位为被执行人”的意见,针对《变更追加规定》第17条、第18条继续适用。

(五)债务承担

1.《最高人民法院执行工作办公室关于以承受债务为由追加被执行主体问题的复函》(〔2003〕执监字第146-1号,2004年3月8日)

山西省高级人民法院:

你院〔2003〕晋执函字第34号《关于追加福建省上杭鸿阳矿山工程有限公司为被执行主体的情况报告》收悉。经研究,现答复如下:

原则同意你院意见。根据你院报告,本案中,福建省上杭鸿阳矿山工程有限公司(以下简称鸿阳公司)已根据三方协议承受了你院调解书确定的债务,债权人已接受其履行并无异议,该公司已经取得了原债务人的地位,因其没有完全履行而追加其为被执行人,是可以成立的。即使按照鸿阳公司提出的“被执行人享有对鸿阳公司的到期债权,鸿阳公司是第三人”的说法,因其在执行过程中已认可并已经履行了部分债务,故不能再提出异议。

请你院根据上述精神答复鸿阳公司,并妥善执行该案。

【注释】公安部管理干部学院山西分院劳动服务公司(以下简称劳服公司)诉山西省地质矿产局二一七地质队(以下简称217地质队)、山东黄金建设工程公司(以下简称黄金公司)联营合同纠纷一案,山西省高级人民法院作出民事调解书,确定:(1)217地质队同意偿付劳服公司经济损失400万元;黄金公司承担连带责任(由黄金公司直接支付)。(2)调解书生效后三日内支付100万元,剩余部分从2001年1月初至3月底分期付清。(3)217地质队与黄金公司同意将同灵金矿折价1300万元转让给第三方。

山西高院在执行中查明,调解书生效的当天,217地质队、黄金公司与福建省上杭鸿阳矿山工程有限公司(以下简称鸿阳公司)三方签订协议,约定鸿阳公司同意按照调解书的内容,承担217地质队和黄金公司本应向劳服公司支付的400万元债务,并直接支付给劳服公司(已支付100万元)。另查明该协议签订后不久,鸿阳公司已全部接管经营同灵金矿至今。

山西高院认为,鸿阳公司是本案债务承受人,且已实际接管同灵金矿,依照权利义务对等的原则,裁定追加鸿阳公司为本案被执行人,并通知其按期履行义务。鸿阳公司提出异议,认为调解书中所列当事人并无鸿阳公司,鸿阳公司显然不是该调解书中的义务履行人，即使该案中的被执行人享有对鸿阳公司的到期债权，那么鸿阳公司也是第三人。根据《执行工作规定》第 63 条的规定，山西高院裁定追加鸿阳公司为被执行人和强制鸿阳公司履行义务没有法律依据，请求撤销该裁定。①

《变更追加规定》第 24 条规定："执行过程中，第三人向执行法院书面承诺自愿代被执行人履行生效法律文书确定的债务，申请执行人申请变更、追加该第三人为被执行人，在承诺范围内承担责任的，人民法院应予支持。"《变更追加规定》施行后，适用该规定。

2.《最高人民法院执行工作办公室关于以承继关系确定债务承担责任问题的复函》（〔2004〕执他字第 15 号，2004 年 7 月 8 日）

山东省高级人民法院：

你院《关于临沂市罗庄区人民政府应否对罗庄街道办事处的债务承担责任问题的请示》收悉。经研究，答复如下：

同意你院审判委员会少数人意见，根据山东省人民政府鲁政函民字〔2000〕36 号批复："以原罗庄镇的行政区域设立罗庄街道办事处。办事处机关驻原罗庄镇人民政府驻地。"鉴于罗庄街道办事处设立的区域及机关驻地与原罗庄镇政府完全一致，且罗庄区人民政府在《关于设立罗庄、傅庄、盛庄、汤庄街道办事处的请示》报告中亦明确表示，新设立的街道办事处"财政体制执行原财政体制，原镇政府的债权债务由设立后的相应办事处承担"，我们认为，新设立的街道办事处与原镇政府在行政区域和财产上具有承继关系，此案可参照我院法释〔1997〕1 号批复的精神，由新设立的街道办事处承担原镇政府的债务。

【注释】《最高人民法院关于城市街道办事处是否应当独立承担民事责任的批复》（法释〔1997〕1 号，2021 年 1 月 1 日废止）的内容为：

四川省高级人民法院：

你院《关于城市街道办事处能否独立承担民事责任的请示》（川高法〔1996〕117 号）收悉。经研究，答复如下：

街道办事处开办的企业具有法人资格的，街道办事处只在收取管理费范

① 参见刘立新：《福建省上杭鸿阳矿山工程有限公司执行异议监督案》，载江必新、贺荣主编：《最高人民法院执行案例精选》，中国法制出版社 2014 年版，第 94—97 页。

围内承担民事责任；其开办的企业不具有法人资格的，应先由企业承担相应的民事责任，不足部分由街道办事处在企业注册资金范围内独立承担。街道办事处财产不足以承担时，不能由设立该街道办事处的市或区人民政府承担民事责任。街道办事处进行自身民事活动产生纠纷的，应当独自承担民事责任。

3.《最高人民法院执行工作办公室关于贵阳特殊钢有限责任公司申请执行重庆望江制造总厂一案的请示的答复》（〔2004〕执他字第30号，2005年1月7日）

重庆市高级人民法院：

你院《关于贵阳特殊钢有限责任公司申请执行重庆望江制造总厂一案的请示报告》收悉。经研究，答复如下：

同意你院审判委员会第一种意见，即重庆望江制造总厂改制时其债务问题没有征得债权人贵阳特殊钢有限责任公司的意见，故根据我院《关于审理与企业改制相关的民事纠纷案件若干问题的规定》第十二条①的规定，重庆市第一中级人民法院追加重庆望江工业有限公司为被执行人并无不当。鉴于本案涉及军工企业改制问题，在具体执行时可责成执行法院依法慎重处理。

4.《最高人民法院执行工作办公室关于原县级贵港市升格为地级贵港市后如何追加原县级贵港市人民政府因开办单位注册资金不实责任问题的答复》（〔2003〕执他字第18号，2003年7月4日）

广西壮族自治区高级人民法院：

你院《关于原县级贵港市升格为地级贵港市后如何追加原县级贵港市人民政府因开办单位注册资金不实责任问题的请示报告》收悉。经研究，答复如下：

同意你院审判委员会的第一种意见。根据国务院国函〔1995〕96号函的批复，现地级贵港市政府是在原县级贵港市政府的基础上升格而来，应是原县级贵港市政府的权利义务继受主体。原县级贵港市政府作为被执行人贵

---

① 《企业改制规定》第12条规定："债权人向分立后的企业主张债权，企业分立时对原企业的债务承担有约定，并经债权人认可的，按照当事人的约定处理；企业分立时对原企业债务承担没有约定或者约定不明，或者虽然有约定但债权人不予认可的，分立后的企业应当承担连带责任。"

港市经济技术开发区总公司的开办单位,对其开办时投入的注册资金不实,根据我院《关于人民法院执行工作若干问题的规定(试行)》第 80 条①之规定,应在注册资金不实的范围内对申请执行人承担责任。因原县级贵港市政府已升格为现地级贵港市政府,故应由现地级贵港市政府承担原县级贵港市政府作为开办单位应承担的责任。如现地级贵港市政府对此提出异议应负相应的举证责任,并由你院依法进行审查处理。

【注释】《最高人民法院关于企业主管单位变更后,新主管单位应否在原主管部门出资不实的范围内对被主管企业的债务承担民事责任的复函》(〔2008〕民二他字第 2 号,2008 年 5 月 15 日)的内容为:

辽宁省高级人民法院:

你院〔2006〕辽民二终字 130 号请示报告收悉。关于大连保税区投资开发总公司(以下简称开发公司)应否在大连保税区发展建设总公司(以下简称发展建设公司)原主办单位注册资金不实的范围内对发展建设公司的 2400 万元及其利息的债务承担补充民事责任的问题,经研究,答复如下:

根据你院请示报告反映的案件事实,我们原则上同意你院审判委员会少数意见,即开发公司应当在发展建设公司原主办单位注册资金不实的范围内对发展建设公司的 2400 万元及其利息的债务承担补充民事责任。但应指出的是,本案开发公司与保税区管委会签订协议约定,发展建设公司变更主管部门后,其变更前后的一切债权债务均由开发公司承担,其中的"债权债务",应当理解为原主办单位保税区管委会对发展建设公司所负的责任,而非发展建设公司自身的债权债务。该约定并不构成债务的加入,也不构成对发展建设公司债权债务的承继。该约定仅表明,开发公司在成为发展建设公司的主办单位后,原主办单位对发展建设公司的责任、义务将无条件地转给开发公司,其中包括原主办单位注资不足的责任。

以上意见,仅供参考。

① 《执行工作规定》(1998 年)第 80 条(已删除)规定:"被执行人无财产清偿债务,如果其开办单位对其开办时投入的注册资金不实或抽逃注册资金,可以裁定变更或追加其开办单位为被执行人,在注册资金不实或抽逃注册资金的范围内,对申请执行人承担责任。"

5.《最高人民法院关于人民法院在执行程序中能否将已参加过诉讼、但生效裁判未判决其承担实体义务的当事人追加或变更为被执行人的问题的答复》(〔2007〕执他字第5号,2007年6月20日)

青海省高级人民法院:

你院〔2006〕青执他字第1号《关于青海省储备物资管理局二五一处与中国建设银行李家峡支行、原建行李家峡支行劳动服务公司、原李家峡加油站借欠油料款纠纷一案的请示报告》收悉。经研究,答复如下:

对已参加诉讼、但生效裁判未判决其承担实体义务的当事人,人民法院在执行程序中如需追加或变更该当事人为被执行人,除非追加或变更该当事人为被执行人的事实和理由,已在诉讼过程中经审判部门审查并予以否定,否则,并不受生效裁判未判决该当事人承担实体义务的限制。根据现行法律和司法解释,人民法院有权依据相关法律的规定,直接在执行程序中作出追加或变更该当事人为被执行人的裁定。

基于以上答复意见,请你院自行依法妥善处理本案。

【注释】根据本答复,对已参加诉讼、但生效裁判未判决其承担实体义务的当事人,除非追加或变更该当事人为被执行人的事实和理由,已在诉讼过程中经审判部门审查并予以否定,否则仍可在执行程序中适用《变更追加规定》作出追加或变更该当事人为被执行人的裁定。

【参考文件】

《劳动和社会保障部办公厅关于劳动争议仲裁委员会作出仲裁裁决后不再变更被执行主体的复函》(劳社厅函〔2003〕260号,2003年5月6日)

浙江省劳动和社会保障厅:

你厅《关于仲裁裁决生效后能否变更主体的请示》(浙劳社仲〔2003〕66号)收悉。现答复如下:

《关于人民法院执行工作若干问题的规定(试行)》(法释〔1998〕15号)规定,依照《民事诉讼法》第二百一十三条、《最高人民法院关于适用民事诉讼法若干问题的意见》第271条至274条及本规定裁定变更或追加被执行主体的,由执行法院的执行机构办理。① 据此,对于劳动仲裁裁决执行过程中

① 《执行工作规定》(1998年)第83条的规定,2020年修正后予以删除。

发生主体消亡情形的,由人民法院根据有关规定进行处理。劳动争议仲裁裁决一经作出并生效后,仲裁程序即结束,劳动争议仲裁委员会作出仲裁裁决后不再变更被执行主体。

【判旨撷要】

1. 宝鸡市财政局不服湖北省高级人民法院裁定追加其为被执行人申请复议案[(2009)执复字第 13 号]

要旨:人民法院在执行程序中裁定被执行人的开办单位承担注册资金不实的责任,应以作出裁定时开办单位对被执行人的出资是否到位为依据。开办单位在开办时未足额投入注册资金,开办后以其他方式补足了注册资金的,应为法律所允许。宝鸡市财政局代宝鸡证券偿还证券回购债务及兑付国债,属于地方政府履行行政管理职能的行为,不产生补足注册资金的法律后果。宝鸡市财政局关于不应重复承担责任的理由不能成立。

2. 福建糖业股份有限公司、福建省南平市保温安装总公司与漳州东区热电站承揽合同纠纷执行申诉案[(2014)执监字第 30-1 号]

要旨:根据《制裁规避执行意见》第 14 条第 2 款规定,被执行人放弃债权、无偿转让财产或者以明显不合理的低价转让财产,对申请执行人造成损害的,执行法院可以告知申请执行人依照《合同法》第 74 条①的规定向有管辖权的人民法院提起撤销权诉讼。本案中,被执行人转让财产,申请执行人如果认为该转让行为对其债权造成损害,可以依照《合同法》相关规定向有管辖权的人民法院提起撤销权诉讼,通过诉讼明确被执行人转移财产的协议以及申诉人占有案涉财产的行为是否合法有效,进而明确能否继续执行案涉财产。执行程序上,对上述财产转让协议及占有行为无权作出裁定,依法应当通过诉讼解决。执行法院直接以财产无偿转让为由,在执行中追加福建糖业公司为被执行人错误,应予纠正。

---

① 《民法典》施行后,相关内容规定在第 538—540 条。

3. 云南经达投资有限公司与黄万、余文彬、唐增福买卖合同纠纷执行申诉案[(2014)执监字第 106 号]

要旨:夫妻一方为被执行人的案件,债务发生在夫妻关系存续期间,但执行依据未明确债务为夫妻双方共同债务还是一方个人债务的,目前法律和司法解释并未明确规定可以在执行程序中直接审查认定该债务属于夫妻共同债务,并进而对执行依据确定的债务人的配偶财产予以执行。对于事实比较复杂,配偶另一方争议较大,难以对债务性质作出简单推定的,应通过审判程序审查确定。这类案件中执行法院对配偶所提异议进行审查并作出裁定的,鉴于仅通过执行异议、复议程序进行审查,对异议人的程序权利保障不够充分,故以不通过复议程序对是否属于夫妻共同债务作出最终判断为宜,而应当参照《民事诉讼法》第 227 条(2021 年修正为第 234 条)的规定,由配偶另一方提起诉讼进行救济。

4. 人保投资控股有限公司河北资产管理部与深圳东方实业有限公司、沧州金融市场借款担保合同纠纷执行申诉案[(2014)执监字第 230 号]

要旨:民事审判程序中的撤诉和执行程序中的追加被执行人属于两种不同的法律程序,依据的事实和适用的法律均不相同。撤诉属于审判程序中当事人享有的权利,只要不违反法律的强制性规定,不损害社会公共利益及他人利益即应准许。原告对被告撤诉之后,只要符合法定条件还可以再次起诉。如果判决中没有明确免除该被告的义务,原告对该被告的撤诉行为不影响该被告在符合法定条件的情况下继续承担法定义务。追加被执行人则是在执行程序中让案外人承担实体上的义务,如果符合法律或司法解释规定的追加被执行人的条件,即可追加案外人为被执行人,与该案外人是否在审判程序中被申请撤诉并无直接关系。总之,原告撤诉和被追加为被执行人不具有法律上的因果关系,不能因为原告曾经对某一被告撤诉就得出该被告不能被追加为被执行人的结论。

5. 兰州长城电工股份有限公司与李继春、甘肃财富投资咨询有限公司借款合同纠纷执行复议案[(2014)执复字第 12 号]

要旨:《民事诉讼法》第 13 条第 2 款规定:“当事人有权在法律规定的范围内处分自己的民事权利和诉讼权利。”李继春向执行法院承诺,愿以其个人财产偿还财富公司的债务,该承诺不违反法律规定,应视为李继春对其民事权利的自主处分,表明其自愿接受人民法院的强制执行,执行法院据此追加其为被执行人,并无不妥。关于追加的程序,执行法院依申请执行人申请或依职权追加被执行人的,可在查清事实后依照相关法律规定直接裁定追加,虽然执行法院向被追加人先行送达追加申请更为妥当,但是否送达追加申请不属于法律规定的程序,被追加人不服的,可以依法向执行法院提出执行异议,未送达追加申请并不影响被追加人异议权的行使。

6. 深圳长城燃料物资有限公司、青龙满族自治县燕山矿业有限公司、青龙满族自治县矿源矿业有限公司不服唐山市中级人民法院裁定追加其为被执行人提请申诉案[(2015)执申字第 90 号]

要旨:执行程序中追加案外人为被执行人有严格的法定条件限制,无论本案情形是否属财产混同或者法人人格混同,均不是追加被执行人的法定事由。债权人如认为被执行人与其他公司存在财产混同、法人人格混同的情形,可以另案提起诉讼,请求否定相关公司法人人格并承担原本由被执行人承担的债务。

【注释】实践中,很多当事人和法院以《制裁规避执行意见》(法〔2011〕195 号)第 20 条规定为依据来追加被执行人。比如,在蔡福英与萧渊、繁荣(厦门)房产投资有限公司、肖海民间借贷纠纷执行一案中,福建省高级人民法院认为,根据《制裁规避执行意见》第 20 条规定,有充分证据证明被执行人通过关联交易、财产混同等方式恶意转移财产规避执行的,执行法院可以通过依法追加被执行人追回被转移财产。后经申请复议,最高人民法院(2012)执复字第 30 号民事裁定书认为,执行程序中追加被执行主体,应当符合《民事诉讼法》第 209 条(2021 年修正为第 239 条)及相关司法解释规定的情形;《制裁规避执行意见》第 20 条是指被执行人恶意转移财产规避执行的,执行法院可以依法变更追加被执行人,并未增设执行程序中直接裁定变更被执行人的法定情形;福建高院援引《制裁规避执行意见》第 20 条裁定追加第三人为被执行人,适用法律程序不当。

7. 上海瑞新恒捷投资有限公司与保定市满城振兴化工厂、王宝军货款合同纠纷执行申诉案[(2015)执申字第 111 号]

要旨:执行程序中追加被执行人,意味着直接通过执行程序确定由生效法律文书列明的被执行人以外的人承担实体责任,对各方当事人的实体和程序权利将产生极大影响。因此,追加被执行人必须遵循法定主义原则,即应当限于法律和司法解释明确规定的追加范围,既不能超出法定情形进行追加,也不能直接引用有关实体裁判规则进行追加。从现行法律和司法解释的规定看,并无关于在执行程序中可以追加被执行人的配偶或原配偶为共同被执行人的规定,申请执行人瑞新公司根据《婚姻法》及其司法解释等实体裁判规则,以王宝军前妻吴金霞应当承担其二人婚姻关系存续期间之共同债务为由,请求追加吴金霞为被执行人,甘肃高院因现行法律或司法解释并未明确规定而裁定不予追加,并无不当。但是,驳回瑞新公司的追加请求,并非对王宝军所负债务是否属于夫妻共同债务或者吴金霞是否应承担该项债务进行认定,瑞新公司仍可以通过其他法定程序进行救济。

8. 北京城乡建设集团有限责任公司与北京华源京都房地产开发有限公司、北京华源亚太新型复合材料有限公司股权转让合同纠纷执行申诉案[(2016)最高法执监 67 号]

要旨:法律及司法解释对执行程序中追加第三人为被执行人的情形有明确规定。《制裁规避执行意见》是为最大限度实现债权,依法制裁规避执行行为,指导执行工作的规范性文件,相关规定的精神在执行工作中应当参照适用。《制裁规避执行意见》第 20 条规定,有充分证据证明被执行人通过离婚析产、不依法清算、改制重组、关联交易、财产混同等方式恶意转移财产规避执行的,执行法院可以通过依法变更追加被执行人或者告知申请执行人通过诉讼程序追回被转移的财产。根据该规定的精神,在执行中应依法采取多种措施,有效防范恶意规避执行的行为,但通过执行程序中直接追加被执行人应当满足两个要件:一是申请执行人有充分证据证明被执行人存在恶意转移财产规避执行的行为,二是执行法院应当依法变更追加被执行人。

9. 北京华嘉企划有限公司、北京莱太花卉有限公司与北京华嘉经纬管理软件开发有限公司不当得利纠纷执行申诉案[(2016)最高法执监 210 号]

要旨:2013 年修订的《公司法》将注册资本实缴登记制改为认缴登记制,但公司资本制度的改革并未改变资本真实原则,认缴资本制亦未改变股东的出资义务。《公司法》第 35 条明确规定:"公司成立后,股东不得抽逃出资。"股东抽逃出资不仅侵害公司和其他股东的利益,而且损害公司债权人的利益,损害因信赖公司资信与其交易的投资人的利益,破坏交易安全。股东在公司成立后将注册资金转出且未返还的,构成抽逃出资,执行中可追加该股东为被执行人,在抽逃出资的范围内对申请执行人承担责任。

10. 重庆市京海药业有限公司与青海庆华矿冶煤化集团有限公司运输合同纠纷执行复议案[(2016)最高法执复 64 号]

要旨:根据相关法律和司法解释的规定,债权人可以选择在执行程序中申请追加出资不实的股东为被执行人追究其出资不实的责任,也可以选择通过诉讼程序追究股东出资不实的责任。本案中,京海公司选择在执行程序中申请追加霍庆华、庆华能源公司为本案的被执行人,要求其在虚假出资范围内承担运输款及逾期付款利息合计 2000 万元的责任,该申请是否符合法律规定,能否成立,执行法院应根据《执行工作规定》第 80 条(2020 年修正已删除)的规定对被执行人是否无财产清偿债务、追加的对象是否为股东、是否存在出资不实的事实、要求股东承担的责任是否在差额范围内等问题进行审查,以判断是否符合追加出资不实股东作为被执行人的要件。

11. 周飞与陶明、江苏天迈投资有限公司、第三人重庆首创环境治理有限公司股权及权益转让纠纷执行复议案[(2017)最高法执复 60 号]

要旨:《执行工作规定》第 53 条、第 54 条(2020 年修正为第 38 条、第 39 条)系关于人民法院如何执行被执行人在其独资开办的法人企业或者在有限责任公司、其他法人企业中的股权或投资权益的规定,与人民法院能否追加被执行人并无关联。换言之,即使符合上述规定中的条件,人民法院亦应是直接执行被执行人在相关有限责任公司、企业法人中所有的股权、投资权益,而不能径行追加有关有限责任公司、企业法人为被执行人。本案中,无论被执行人陶明是否是天迈投资公司的实际控制人,抑或天迈投资公司是否是陶明独资开办的法人企业,人民法院均不能依据《执行工作规定》第 53 条、第 54 条的规定追加天迈投资公司为被执行人。至于是否可直接执行复议申请人周飞所称的陶明在天迈投资公司的股权、投资权益,应由江苏高院在鑫坦公司提起的案外人异议程序及相关法律程序中审查处理。

12. 黄大银与四川亿人(集团)有限公司、梁忠才、四川省信托投资公司借款合同纠纷执行申诉案[(2017)最高法执监 78 号]

要旨:《执行工作规定》第 80 条(2020 年修正已删除)规定,被执行人无财产清偿债务，如果其开办单位对其开办时投入的注册资金不实或抽逃注册资金，可以裁定变更或追加其开办单位为被执行人，在注册资金不实或抽逃注册资金范围内，对申请执行人承担责任。依据该条规定，公司股东承担出资不实责任的范围应当包括本金及利息。此外，《公司法规定（三）》第 13 条第 2 款规定，公司债权人请求未履行或者未全面履行出资义务的股东在未出资本息范围内对公司债务不能清偿的部分承担补充赔偿责任的，人民法院应予支持。该司法解释明确规定股东承担责任的范围包括利息。参照该规定精神，四川信托被追加为被执行人后，其承担的出资不实责任亦应当包括本金和利息。

13. 孙良芬与绥芬河市澳普尔科技投资有限公司、绥芬河市澳普尔房地产开发有限公司、第三人中信信托有限责任公司民间借贷纠纷执行申诉案［（2017）最高法执监 106 号］

要旨：按照《执行工作规定》第 80 条（2020 年修正已删除）以及《变更追加规定》第 17 条的规定，公司财产不足以清偿生效法律文书确定的债务，如果股东未缴纳或未足额缴纳出资，可以追加股东为被执行人，在尚未缴纳出资的范围内依法承担责任。本案中，综合被执行人澳普尔投资公司企业法人营业执照副本、工商登记档案及其与第三人中信信托公司之间的股权转让合同，第三人中信信托公司并非设立澳普尔投资公司的发起股东，而是通过股权转让方式继受成为澳普尔投资公司股东。第三人中信信托公司受让澳普尔投资公司股权后，澳普尔投资公司注册资本仍为 1 亿元，第三人并不具有继续缴纳出资义务。因此，第三人并不属于上述司法解释所规定未缴纳或未足额缴纳出资的股东，不应追加其为被执行人。

14. 临沂矿业集团有限责任公司不服山东省高级人民法院在执行中国工商银行股份有限公司济宁开发区支行与山东里彦发电有限公司、山东里能集团有限公司借款合同纠纷一案中追加其为被执行人申请复议案［（2018）最高法执复 72 号］

要旨：《变更追加规定》第 25 条明确规定："作为被执行人的法人或非法人组织，财产依行政命令被无偿调拨、划转给第三人，致使该被执行人财产不足以清偿生效法律文书确定的债务，申请执行人申请变更、追加该第三人为被执行人，在接受的财产范围内承担责任的，人民法院应予支持。"本案根据山东省人民政府的相关会议纪要、里能集团与临沂矿业集团签订的里彦矿业和鲁西矿业移交接管划转协议,以及临沂矿业集团实际接管里彦矿业和鲁西矿业的情形,可以认定里能集团下属的里彦矿业、鲁西矿业被无偿调拨划转给临沂矿业集团的事实。此种情形属于上述司法解释规定的追加被执行人的情形。对该划转与接管的事实各方并无实质争议,相关工商登记虽未变更,也并不影响按照事实状态进行认定。但按照上述司法解释的规定,仍需审查追加被执行人的另一要件,即该项划转是否致使被执行人里能集团的财产不足以清偿生效法律文书确定的债务。

15. 中国京安有限公司与三亚长凯实业发展有限公司、林华俊股权转让纠纷执行申诉案[(2018)最高法执监 411 号]

要旨:本案中,长丰海洋公司于 1996 年 11 月 15 日将长凯公司的注册资金转入被执行人长凯公司账户,已经代林华俊履行了出资义务,注册资金已经到位。同日,该注册资金又由被执行人转回给长丰海洋公司账户,应当视为林华俊将该注册资金又抽回。关于《执行工作规定》第 82 条(2020 年修正已删除)“已经在注册资金范围内或接受财产范围内向其他债权人承担了全部责任的”的认定,也就是免责情形的认定,应当考虑两个方面因素。第一,要求实质上已经承担。“已经”“承担了全部责任”,主要是指已经发生的客观事实,而不应是尚未发生的事实。第二,对“已经承担责任”时间点的判断,应以追加裁定生效时间为判断标准。判断追加裁定合法与否,应该以该裁定生效之前发生的事实为依据。因此,不能以追加裁定生效之后发生的承担责任事实,来否定在该事实发生之前作出的追加裁定的合法性。追加裁定送达生效之后,被追加的股东应当自觉履行追加裁定所确定的义务,若其以追加裁定之后向其他债权人的履行行为作为“已经承担责任”、从而主张免责抗辩事由的,一般不宜予以支持。股东在追加裁定之后向其他债权人代为履行义务的,不足以否定追加裁定的合法性。

第二百四十条　【执行回转】执行完毕后,据以执行的判决、裁定和其他法律文书确有错误,被人民法院撤销的,对已被执行的财产,人民法院应当作出裁定,责令取得财产的人返还;拒不返还的,强制执行。

规范体系	
司法解释	1.《最高人民法院关于适用〈中华人民共和国民事诉讼法〉的解释》(法释〔2015〕5 号;经法释〔2022〕11 号第二次修正)第 474 条 2.《最高人民法院关于人民法院执行工作若干问题的规定(试行)》(法释〔1998〕15 号;经法释〔2020〕21 号修正)第 65—66 条 3.《最高人民法院关于执行程序中计算迟延履行期间的债务利息适用法律若干问题的解释》(法释〔2014〕8 号)第 6 条 4.《最高人民法院关于适用〈中华人民共和国刑事诉讼法〉的解释》(法释〔2021〕1 号)第 531 条 5.《最高人民法院关于审理涉执行司法赔偿案件适用法律若干问题的解释》(法释〔2022〕3 号)第 1—20 条 6.《最高人民法院关于人民法院执行〈中华人民共和国国家赔偿法〉几个问题的解释》(法发〔1996〕15 号)第 2 条
司法答复	1.《最高人民法院经济庭关于广东省台山县大成公司与中国人民解放军 53514 部队招待所购销合同纠纷案件执行回转问题的函》(法经〔1993〕24 号) 2.《最高人民法院关于对第三人通过法院变卖程序取得的财产能否执行回转及相关法律问题的复函》(〔2001〕执他字第 22 号) 3.《最高人民法院执行工作办公室关于石油工业出版社申请执行回转一案的复函》(〔2002〕执监字第 103-1 号) 4.《最高人民法院关于执行回转案件的申请执行人在被执行人破产案件中能否得到优先受偿保护的请示的答复》(〔2005〕执他字第 27 号) 5.《最高人民法院执行工作办公室关于财产已被第三人合法取得,执行回转时应由原申请执行人折价抵偿的复函》(〔2007〕执他字第 2 号) 6.《最高人民法院关于不能恢复对涉案房地产的占有时能否折价抵偿问题的复函》(〔2013〕执监字第 37 号)

【条文释义】

本条是关于执行回转的规定。

执行回转,是指执行完毕后,由于出现某种特殊原因,将已经执行完毕的标的,一部分或全部回复至原有状态。发生执行回转的原因主要有:(1)人民法院作出的先予执行裁定,在执行完毕后,被生效的判决否定。先予执行是一种临时性的应急决定,并非法院的最终决定,因此,如果判决否定了先予执行裁定赋予一方当事人的权利,获得权利的当事人就应将其所得返还给对方。(2)人民法院制作的判决书、裁定书、调解书已执行完毕,依审判监督程序再审后,被本院或者上级法院依法撤销。比如,原判决确认甲乙争执的房屋归甲所有,后来人民法院根据乙提供的新证据对案件再审,将房屋改判为乙所有,甲就应当把房屋退还给乙。(3)其他机关制作的法律文书,依法由人民法院执行完毕,但又被制作机关撤销的。例如,仲裁机构撤销其制作的仲裁裁决,公证机关撤销其制作的具有强制执行力的债权文书。

实行执行回转,应当符合以下条件:(1)必须是人民法院按照执行程序将生效法律文书执行完毕,如果法律文书尚未执行,不发生执行回转。(2)必须是据以执行的法律文书被依法撤销,法律文书未经法定程序撤销,即使认为执行错误,也不能实行执行回转。符合执行回转条件的,人民法院应当作出裁定,责令取得财产的人返还财产,拒不返还的,强制执行。①

理解与适用本条规定,需要注意把握以下两点:

一、关于执行回转程序的启动。《执行工作规定》第 65 条规定,据以执行的法律文书被人民法院或其他有关机关撤销或变更的,原执行机构应当依当事人申请或依职权,按照新的生效法律文书,作出执行回转的裁定。具体而言:(1)人民法院作出的法律文书被撤销或者变更的,人民法院可以根据当事人的申请或依职权主动进行执行回转,以纠正因法律文书错误而导致的执行工作失误,保障当事人合法权益。(2)其他机构制作的法律文书被撤销或变更的,原则上由当事人向人民法院提出申请,人民法院一般不主动回转。《民事诉讼法解释》第 474 条规定,法律规定由人民法院执行的其他法律文

① 参见全国人民代表大会常务委员会法制工作委员会编:《中华人民共和国民事诉讼法释义(最新修正版)》,法律出版社 2012 年版,第 546 页。

书执行完毕后，该法律文书被有关机关依法撤销的，经当事人申请，适用《民事诉讼法》执行回转的规定。

二、关于责令返还财产的对象。《执行工作规定》第65条将返还财产的对象界定为原申请执行人，不包括其他合法取得财产的人。也就是说，第三人如果是从原申请执行人处通过合法的方式受让财产，该法律关系应受法律保护，执行回转不得将受让财产的第三人作为返还财产的对象。因为，在涉案财产已经被申请执行人通过执行行为合法取得的情况下，申请执行人作为所有权人，自然享有对该财产进行占有、使用、收益、处分的权利，案外第三人与申请执行人进行交易，属于合法的财产交易行为，在依法取得涉案财产的所有权后，其作为合法所有权人应当得到保护。如果第三人因为原执行行为被撤销，就要被剥夺其依法取得的财产，那么任何人都不敢再购买经过法院执行程序处置的财产，最终将严重危害交易安全。而且，让交易第三人承担无法预料的交易风险，从制度设计上也是不公平的。

【司法解释】

1.《最高人民法院关于适用〈中华人民共和国民事诉讼法〉的解释》（法释〔2015〕5号，2015年2月4日；经法释〔2022〕11号第二次修正，2022年4月10日）

第四百七十四条 法律规定由人民法院执行的其他法律文书执行完毕后，该法律文书被有关机关或者组织依法撤销的，经当事人申请，适用民事诉讼法第二百四十条规定。

【注释】本条所称的“其他法律文书”是指《执行工作规定》第2条明确的除法院裁判之外，其他所有类型的执行依据。根据本条规定，这些文书被有权机关撤销后，当事人可以向人民法院申请执行回转。执行回转适用强制执行的有关程序规定。

2.《最高人民法院关于人民法院执行工作若干问题的规定（试行）》（法释〔1998〕15号，1998年7月8日；经法释〔2020〕21号修正，2021年1月1日）

65. 在执行中或执行完毕后，据以执行的法律文书被人民法院或其他有关机关撤销或变更的,原执行机构应当依照民事诉讼法第二百三十三条①的规定,依当事人申请或依职权,按照新的生效法律文书,作出执行回转的裁定,责令原申请执行人返还已取得的财产及其孳息。拒不返还的,强制执行。

执行回转应重新立案,适用执行程序的有关规定。

66. 执行回转时,已执行的标的物系特定物的,应当退还原物。不能退还原物的,经双方当事人同意,可以折价抵偿。

……

【注释】当特定物无法执行回转时,适用“折价抵偿”程序的前提,是执行回转的申请人已经取得特定物的所有权或者相关财产权利,且该物或者财产权利的价值在执行程序中能够确定。如果需要回转的内容不能以货币折算对价,则需向当事人释明,其享有另行提起诉讼要求赔偿的权利。《民事诉讼法解释》第492条对折价赔偿的方式作出了规定,实践中应结合适用。

3.《最高人民法院关于执行程序中计算迟延履行期间的债务利息适用法律若干问题的解释》(法释〔2014〕8号,2014年8月1日)

第六条 执行回转程序中,原申请执行人迟延履行金钱给付义务的,应当按照本解释的规定承担加倍部分债务利息。

4.《最高人民法院关于适用〈中华人民共和国刑事诉讼法〉的解释》(法释〔2021〕1号,2021年3月1日)

第五百三十一条 刑事裁判涉财产部分、附带民事裁判全部或者部分被撤销的,已经执行的财产应当全部或者部分返还被执行人;无法返还的,应当依法赔偿。

5.《最高人民法院关于审理涉执行司法赔偿案件适用法律若干问题的解释》(法释〔2022〕3号,2022年3月1日)

第一条 人民法院在执行判决、裁定及其他生效法律文书过程中,错误采取财产调查、控制、处置、交付、分配等执行措施或者罚款、拘留等强制措施,侵犯公民、法人和其他组织合法权益并造成损害,受害人依照国家赔偿法第三十八条规定申请赔偿的,适用本解释。

---

① 2021年《民事诉讼法》第四次修正后调整为第240条。

第二条 公民、法人和其他组织认为有下列错误执行行为造成损害申请赔偿的，人民法院应当依法受理：

（一）执行未生效法律文书，或者明显超出生效法律文书确定的数额和范围执行的；

（二）发现被执行人有可供执行的财产，但故意拖延执行、不执行，或者应当依法恢复执行而不恢复的；

（三）违法执行案外人财产，或者违法将案件执行款物交付给其他当事人、案外人的；

（四）对抵押、质押、留置、保留所有权等财产采取执行措施，未依法保护上述权利人优先受偿权等合法权益的；

（五）对其他人民法院已经依法采取保全或者执行措施的财产违法执行的；

（六）对执行中查封、扣押、冻结的财产故意不履行或者怠于履行监管职责的；

（七）对不宜长期保存或者易贬值的财产采取执行措施，未及时处理或者违法处理的；

（八）违法拍卖、变卖、以物抵债，或者依法应当评估而未评估，依法应当拍卖而未拍卖的；

（九）违法撤销拍卖、变卖或者以物抵债的；

（十）违法采取纳入失信被执行人名单、限制消费、限制出境等措施的；

（十一）因违法或者过错采取执行措施或者强制措施的其他行为。

第三条 原债权人转让债权的，其基于债权申请国家赔偿的权利随之转移，但根据债权性质、当事人约定或者法律规定不得转让的除外。

第四条 人民法院将查封、扣押、冻结等事项委托其他人民法院执行的，公民、法人和其他组织认为错误执行行为造成损害申请赔偿的，委托法院为赔偿义务机关。

第五条 公民、法人和其他组织申请错误执行赔偿，应当在执行程序终结后提出，终结前提出的不予受理。但有下列情形之一，且无法在相关诉讼或者执行程序中予以补救的除外：

（一）罚款、拘留等强制措施已被依法撤销，或者实施过程中造成人身损害的；

（二）被执行的财产经诉讼程序依法确认不属于被执行人，或者人民法院生效法律文书已确认执行行为违法的；

（三）自立案执行之日起超过五年，且已裁定终结本次执行程序，被执行人已无可供执行财产的；

（四）在执行程序终结前可以申请赔偿的其他情形。

赔偿请求人依据前款规定，在执行程序终结后申请赔偿的，该执行程序期间不计入赔偿请求时效。

第六条　公民、法人和其他组织在执行异议、复议或者执行监督程序审查期间，就相关执行措施或者强制措施申请赔偿的，人民法院不予受理，已经受理的予以驳回，并告知其在上述程序终结后可以依照本解释第五条的规定依法提出赔偿申请。

公民、法人和其他组织在执行程序中未就相关执行措施、强制措施提出异议、申请复议或者申请执行监督，不影响其依法申请赔偿的权利。

第七条　经执行异议、复议或者执行监督程序作出的生效法律文书，对执行行为是否合法已有认定的，该生效法律文书可以作为人民法院赔偿委员会认定执行行为合法性的根据。

赔偿请求人对执行行为的合法性提出相反主张，且提供相应证据予以证明的，人民法院赔偿委员会应当对执行行为进行合法性审查并作出认定。

第八条　根据当时有效的执行依据或者依法认定的基本事实作出的执行行为，不因下列情形而认定为错误执行：

（一）采取执行措施或者强制措施后，据以执行的判决、裁定及其他生效法律文书被撤销或者变更的；

（二）被执行人足以对抗执行的实体事由，系在执行措施完成后发生或者被依法确认的；

（三）案外人对执行标的享有足以排除执行的实体权利，系在执行措施完成后经法定程序确认的；

（四）人民法院作出准予执行行政行为的裁定并实施后，该行政行为被依法变更、撤销、确认违法或者确认无效的；

（五）根据财产登记采取执行措施后，该登记被依法确认错误的；

（六）执行依据或者基本事实嗣后改变的其他情形。

第九条　赔偿请求人应当对其主张的损害负举证责任。但因人民法院未列清单、列举不详等过错致使赔偿请求人无法就损害举证的，应当由人民法院对上述事实承担举证责任。

双方主张损害的价值无法认定的，应当由负有举证责任的一方申请鉴定。负有举证责任的一方拒绝申请鉴定的，由其承担不利的法律后果；无法鉴定的，人民法院赔偿委员会应当结合双方的主张和在案证据，运用逻辑推理、日常生活经验等进行判断。

第十条 被执行人因财产权被侵犯依照本解释第五条第一款规定申请赔偿，其债务尚未清偿的，获得的赔偿金应当首先用于清偿其债务。

第十一条 因错误执行取得不当利益且无法返还的，人民法院承担赔偿责任后，可以依据赔偿决定向取得不当利益的人追偿。

因错误执行致使生效法律文书无法执行，申请执行人获得国家赔偿后申请继续执行的，不予支持。人民法院承担赔偿责任后，可以依据赔偿决定向被执行人追偿。

第十二条 在执行过程中，因保管人或者第三人的行为侵犯公民、法人和其他组织合法权益并造成损害的，应当由保管人或者第三人承担责任。但人民法院未尽监管职责的，应当在其能够防止或者制止损害发生、扩大的范围内承担相应的赔偿责任，并可以依据赔偿决定向保管人或者第三人追偿。

第十三条 属于下列情形之一的，人民法院不承担赔偿责任：

（一）申请执行人提供财产线索错误的；

（二）执行措施系根据依法提供的担保而采取或者解除的；

（三）人民法院工作人员实施与行使职权无关的个人行为的；

（四）评估或者拍卖机构实施违法行为造成损害的；

（五）因不可抗力、正当防卫或者紧急避险造成损害的；

（六）依法不应由人民法院承担赔偿责任的其他情形。

前款情形中，人民法院有错误执行行为的，应当根据其在损害发生过程和结果中所起的作用承担相应的赔偿责任。

第十四条 错误执行造成公民、法人和其他组织利息、租金等实际损失的，适用国家赔偿法第三十六条第八项的规定予以赔偿。

第十五条 侵犯公民、法人和其他组织的财产权，按照错误执行行为发生时的市场价格不足以弥补受害人损失或者该价格无法确定的，可以采用下列方式计算损失：

（一）按照错误执行行为发生时的市场价格计算财产损失并支付利息，利息计算期间从错误执行行为实施之日起至赔偿决定作出之日止；

（二）错误执行行为发生时的市场价格无法确定，或者因时间跨度长、市场价格波动大等因素按照错误执行行为发生时的市场价格计算显失公平的，可以参照赔偿决定作出时同类财产市场价格计算；

（三）其他合理方式。

第十六条　错误执行造成受害人停产停业的，下列损失属于停产停业期间必要的经常性费用开支：

（一）必要留守职工工资；

（二）必须缴纳的税款、社会保险费；

（三）应当缴纳的水电费、保管费、仓储费、承包费；

（四）合理的房屋场地租金、设备租金、设备折旧费；

（五）维系停产停业期间运营所需的其他基本开支。

错误执行生产设备、用于营运的运输工具，致使受害人丧失唯一生活来源的，按照其实际损失予以赔偿。

第十七条　错误执行侵犯债权的，赔偿范围一般应当以债权标的额为限。债权受让人申请赔偿的，赔偿范围以其受让债权时支付的对价为限。

第十八条　违法采取保全措施的案件进入执行程序后，公民、法人和其他组织申请赔偿的，应当作为错误执行案件予以立案审查。

第十九条　审理违法采取妨害诉讼的强制措施、保全、先予执行赔偿案件，可以参照适用本解释。

第二十条　本解释自 2022 年 3 月 1 日起施行。施行前本院公布的司法解释与本解释不一致的，以本解释为准。

6.《最高人民法院关于人民法院执行〈中华人民共和国国家赔偿法〉几个问题的解释》（法发〔1996〕15 号，1996 年 5 月 6 日）

二、依照赔偿法第三十一条的规定，人民法院在民事诉讼、行政诉讼过程中，违法采取对妨害诉讼的强制措施、保全措施或者对判决、裁定及其他生效法律文书执行错误，造成损害，具有以下情形之一的，适用刑事赔偿程序予以赔偿：

（一）错误实施司法拘留、罚款的；

（二）实施赔偿法第十五条第（四）项、第（五）项规定行为的；

（三）实施赔偿法第十六条第（一）项规定行为的。

人民法院审理的民事、经济、行政案件发生错判并已执行，依法应当执行回转的，或者当事人申请财产保全、先予执行，申请有错误造成财产损失依法应由申请人赔偿的,国家不承担赔偿责任。

【司法答复】

1.《最高人民法院经济庭关于广东省台山县大成公司与中国人民解放军53514部队招待所购销合同纠纷案件执行回转问题的函》(法经〔1993〕24号,1993年2月22日)

广东省高级人民法院:

你院粤高法〔1993〕1号请示收悉。经研究,答复如下:

台山市人民法院对台山县大成公司与中国人民解放军53514部队招待所购销摩托车合同纠纷一案的判决执行完毕后,发现原判决确有错误,被依法撤销。根据《民事诉讼法》第二百一十四条①之规定,大成公司理应将其依据错误判决所取得的财产返还。但在此期间该公司已将其所取得的财产大部分偿还了银行贷款,且已无财产可供执行回转。台山市法院以(1992)台法监督裁字第2号民事裁定让中国农业银行台山市支行将1987年10月已收回大成公司的逾期贷款50万余元返还,缺乏法律依据。鉴于大成公司与银行之间的借贷还贷行为属于另一个法律关系,银行依据借贷合同向大成公司收回贷款不属不当得利,故不能据此对银行强制执行。

又:台山县机械厂展销门市部与台山县大成公司究竟有无债权债务转移、转贷关系?为什么他们之间会有移交物资清单?大成公司究竟是不是合格的原告?台山市人民法院(1987)台法经字第32号民事判决是否确有错误?本案与广州中院审理的开平潭江贸易中心诉53514部队购销摩托车合同纠纷是什么关系?请你院再予以审查。

2.《最高人民法院关于对第三人通过法院变卖程序取得的财产能否执行回转及相关法律问题的复函》(〔2001〕执他字第22号,2003年8月5日)

山东省高级人民法院:

你院鲁高法函〔2001〕65号《关于对第三人通过法院变卖程序取得的财产能否执行回转及相关法律问题的请示》收悉。经研究,答复如下:

青岛市中级人民法院在执行中,裁定将案外人青岛美达实业股份公司的

---

① 2021年《民事诉讼法》第四次修正后调整为第240条。

土地使用权变卖给青岛洁丽日化有限公司,侵犯了青岛美达实业股份有限公司的合法权益,是错误的。人民法院在执行中依法采取拍卖、变卖措施,是基于国家公权力的行为,具有公信力,买受人通过法院的拍卖、变卖程序取得财产的行为,不同于一般的民间交易行为,对其受让所获得的权益应当予以保护。根据本案的具体情况,买受人已经取得的土地使用权不宜再执行回转。你院可据此尽力促成案外人青岛美达实业股份有限公司与买受人青岛洁丽日化有限公司和解,妥善处理本案。

3.《最高人民法院执行工作办公室关于石油工业出版社申请执行回转一案的复函》(〔2002〕执监字第 103-1 号,2002 年 9 月 12 日)

湖南省高级人民法院:

你院〔2002〕湘高法执函字第 16 号《关于石油工业出版社申请执行回转一案有关问题的请示报告》收悉。经研究,答复如下:

同意你院对本案的第一种处理意见,即不应将深圳凯利集团公司(以下简称凯利公司)列为本执行回转案的被执行人。理由如下:

一、按照《民事诉讼法》第 214 条①和《关于人民法院执行工作若干问题的规定(试行)》第 109 条②规定,"原申请执行人",是指原执行案件中的申请执行人,才能作为执行回转案中的被执行人。在本案中,原申请执行人是湖南利达国际贸易长沙物资公司(以下简称利达公司),凯利公司并非该案的当事人,故将凯利公司列为执行回转案中的被执行人没有事实和法律依据。

二、凯利公司取得的 248 万元,是在利达公司对其欠债的情况下,依据长沙市中级人民法院(1997)长中经初字第 124 号民事调解书,通过执行程序取得的,而且不论利达公司与北京城市合作银行和平里支行、石油工业出版社纠纷案是否按撤诉处理,均不能否定凯利公司对利达公司的债权。

三、利达公司在长沙市中级人民法院(1997)长中经初字第 124 号民事调解书中,明确表示其将用从石油工业出版社执行回的款项清偿其对凯利公司的债务。

四、利达公司与凯利公司的债权债务关系同石油工业出版社与利达公司

① 2021 年《民事诉讼法》第四次修正后调整为第 240 条。

② 2020 年修正后调整为第 65 条。

的债权债务关系是两种不同的法律关系，不能混淆，单独处理前者的债权债务并无不妥。

【注释】湖南利达国际贸易长沙物资公司(以下简称利达公司)诉北京城市合作银行和平里支行(以下简称和平里支行)、石油工业出版社财产侵权纠纷一案，长沙市中级人民法院(以下简称长沙中院)作出二审判决，判令石油工业出版社、和平里支行给付利达公司本金 150 万元及利息，并承担连带责任。后利达公司向长沙市岳麓区人民法院(以下简称岳麓区法院)申请强制执行，执行标的额为 264 万元。岳麓区法院扣划石油工业出版社存款 250 万元、和平里支行存款 10 万元。

该院依深圳凯利集团公司(以下简称凯利公司)的请求，根据长沙中院(1997)长中经初字第 124 号民事调解书(内容为：利达公司归还凯利公司本金及利息共计 450 万元，分三期偿付，并约定第一期即 1997 年 12 月 31 日前归还本息共 200 万元；利达公司同意其诉和平里支行、石油工业出版社侵权纠纷一案所收回的本息先付给凯利公司，不足部分由利达公司补足)，将 248 万元直接转付给凯利公司，10 万元直接转付给蓝光公司，2 万元付给利达公司。

1999 年 10 月 21 日，湖南省高级人民法院(以下简称湖南高院)再审撤销了利达公司诉和平里支行、石油工业出版社财产侵权纠纷案一、二审及再审判决。石油工业出版社申请执行回转。在执行回转过程中，法院裁定将利达公司与凯利公司共同列为被执行人，责令利达公司及凯利公司分别返还石油工业出版社 2 万元和 248 万元，并于 9 月 21 日扣划凯利公司 30 多万元。凯利公司就此提出异议，认为其与石油工业出版社之间并无任何法律关系，该执行回转案不应将其列为被执行人。湖南高院请示至最高人民法院。①

4.《最高人民法院关于执行回转案件的申请执行人在被执行人破产案件中能否得到优先受偿保护的请示的答复》(〔2005〕执他字第 27 号，2006 年 12 月 14 日)

天津市高级人民法院：

你院《关于执行回转案件的申请执行人在被执行人破产案件中能否得

① 参见裴莹硕：《石油工业出版社申请执行回转案》，载最高人民法院执行工作办公室编：《强制执行指导与参考》2003 年第 1 辑(总第 5 辑)，法律出版社 2003 年版，第 209—215 页。

到优先受偿保护的请示》收悉。经研究,答复如下:

人民法院因原错误判决被撤销而进行执行回转,申请执行人在被执行人破产案件中能否得到优先受偿保护的问题,目前我国法律尚无明确规定。我们认为,因原错误判决而被执行的财产,并非因当事人的自主交易而转移。为此,不应当将当事人请求执行回转的权利作为普通债权对待。在执行回转案件被执行人破产的情况下,可以比照取回权制度,对执行回转案件申请执行人的权利予以优先保护,认定应当执行回转部分的财产数额,不属于破产财产。因此,审理破产案件的法院应当将该部分财产交由执行法院继续执行。

【注释】应当执行回转的财产,是一种特殊的财产,有必要区别于破产债务人的一般财产。这种财产是通过法院错误判决而强制执行的,是因公权错误干预而使其暂时处于非真正权利人掌控之下的一种特殊的财产,不以原债务人(现债权人)的自由意志为转移,与当事人之间通过自主交易行为而转移资金,有本质不同。如不将该财产区别于破产财产,则执行回转债权人因错误司法判决而被强制执行的财产,将作为其他债权人分配的基础,对回转债权人严重不公。

认定应当执行回转的财产不属于破产财产,解释上具有一定的可行性。从取回权的角度看,破产取回权中涉及的财产一般都是有物的形态或者来源于有体物(如因原物毁损灭失而形成的代偿性取回权),但也承认以金钱形态存在的取回权,如信托财产、股民保证金等。理论上说,破产债务人持有这类财产构成一种推定的信托占有,其实质上的权利应属于执行回转债权人。如此比照,可将应当执行回转的财产(即使是金钱)认定为不属于破产财产,申请执行回转的权利人有取回权。①

5.《最高人民法院执行工作办公室关于财产已被第三人合法取得,执行回转时应由原申请执行人折价抵偿的复函》(〔2007〕执他字第 2 号,2007 年 9 月 10 日)

辽宁省高级人民法院:

你院《关于申请执行人中国工商银行铁岭市清河支行西丰分理处与被

① 参见黄金龙:《关于执行回转的债权在破产程序中能否优先受偿问题请示案》,载江必新、贺荣主编:《最高人民法院执行案例精选》,中国法制出版社 2014 年版,第 601—603 页。

执行人西丰县百货公司第三商店借款合同纠纷一案的请示报告》收悉。经研究,答复如下:

依据我院《关于人民法院执行工作若干问题的规定(试行)》第一百零九条、第一百一十条①的规定,如果涉案执行财产已经被第三人合法取得,执行回转时应当由原申请执行人折价抵偿。至于涉案执行财产的原所有人是否申请国家赔偿,可告知其自行按照国家有关法律规定办理。

【注释1】辽宁省铁岭县人民法院(以下简称铁岭县法院)在执行中国工商银行铁岭市清河支行西丰分理处(以下简称西丰分理处)与西丰县百货第三商店(以下简称第三商店)借款合同纠纷一案中,以案外人西丰县百货公司第一商店(以下简称第一商店)无偿接收第三商店固定资产为由,作出(2002)铁执字第254号民事裁定,追加第一商店为被执行人,并将第一商店所有的二层门市房抵债给西丰分理处。西丰分理处到房产管理部门办理了房屋过户手续。

第一商店向铁岭市中级人民法院(以下简称铁岭中院)提出异议。铁岭中院认为,铁岭县法院追加第一商店为被执行人的理由与事实不符,裁定:(1)撤销铁岭县法院(2002)铁执字第254号民事裁定;(2)将已执行给西丰分理处的二层门市房交还第一商店。在该裁定作出前,西丰分理处将本案执行标的物以40万元价款出卖给案外人赵恒春,并办理了产权转移过户手续。撤销裁定作出后,西丰县房产局根据铁岭中院裁定和协助执行通知书,将赵恒春取得的房产证声明作废。该房产由第一商店实际占有。②

【注释2】该案处理意见有效协调了《民事诉讼法》和《执行工作规定》有关执行回转对象的矛盾。《民事诉讼法》第240条规定:"执行完毕后,据以执行的判决、裁定和其他法律文书确有错误,被人民法院撤销的,对已被执行的财产,人民法院应当作出裁定,责令取得财产的人返还;拒不返还的,强制执行。"从文义上理解,即使案外第三人是合法有偿取得该财产,亦负有返还责任。而《执行工作规定》第65条第1款规定:"在执行中或执行完毕后,据以执行的法律文书被人民法院或其他有关机关撤销或变更的,原执行机构应

① 2020年修正后调整为第65条、第66条。

② 参见范向阳:《原执行裁定被撤销后能否对第三人从债权人处买受的财产进行回转的请示案》,载最高人民法院执行工作办公室编:《执行工作指导》2007年第3辑(总第23辑),人民法院出版社2008年版,第53—56页。

当依照民事诉讼法第二百三十三条①的规定,依当事人申请或依职权,按照新的生效法律文书,作出执行回转的裁定,责令原申请执行人返还已取得的财产及其孳息。拒不返还的,强制执行。"根据该条规定,返还财产的义务主体是原执行案件的申请执行人。

实际上,执行回转之根本目的在于将被执行人的权利恢复到原状,但执行回转也不能无限回溯,也要保护善意第三人之信赖利益,维护正常市场交易秩序。因此,将返还主体限定在原申请执行人有其合理性。被执行财产的原所有人因无法取回财产而遭受损失的,除向申请执行人主张以外,符合国家赔偿条件的,还可依相关规定申请国家赔偿。

6.《最高人民法院关于不能恢复对涉案房地产的占有时能否折价抵偿问题的复函》(〔2013〕执监字第37号,2013年8月8日)

甘肃省高级人民法院:

你院〔2012〕甘执复字第07号《关于祁某某申请执行回转中国农业银行张掖市分行一案的请示报告》收悉。现就有关问题答复如下:

一、关于应否适用执行回转程序

依照本院《关于人民法院执行工作若干问题的规定(试行)》第109条②的规定,适用执行回转程序的条件为:一是原执行依据中关于给付内容的主文被依法撤销或者变更,二是原执行依据确定的给付内容执行完毕。从你院报告情况看,本院再审判决撤销了原执行依据你院(2007)甘民一终字第268号民事判决的全部主文,即原执行依据主文第二项关于祁某某向中国农业银行张掖市分行(以下简称张掖农行)返还财产的给付内容也被撤销。同时,再审判决仍然认定祁某某与张掖农行之间的《抵债资产处置合同》为有效合同,而依据合同,将涉案房地产交付祁某某占有是张掖农行的义务之一。因此,张掖市中级人民法院(以下简称张掖中院)应当裁定执行回转。至于实际上能否回转,则是另外一个问题。

二、关于执行回转的内容

执行回转的实质是将原执行的结果恢复到执行前的状态,因此,执行回转的内容应当根据原执行的内容进行判断。就本案而言,祁某某丧失涉案房

---

① 2021年《民事诉讼法》第四次修正后调整为第240条。

② 2020年修正后调整为第65条。

产所有权并非法院的执行所造成，而是在进入强制执行程序前，由于相关行政机关的行政行为所致，所以，执行回转不是恢复祁某某对涉案房产的所有权。同样，由于祁某某一直没有取得涉案土地使用权，也不存在恢复其土地使用权的问题。但是祁某某基于与张掖农行之间的合同合法占有涉案房地产，而张掖中院在执行程序中剥夺了其占有，因此可执行回转的内容应该是恢复其对涉案房地产的占有。

三、关于不能恢复对涉案房地产的占有时能否折价抵偿

依照本院《关于人民法院执行工作若干问题的规定（试行）》第110条①的规定，当特定物无法执行回转时，适用“折价抵偿”程序的前提，是执行回转的申请人已经取得特定物的所有权或者相关财产权利，且该物或者财产权利的价值在执行程序中能够确定。如果需要回转的内容不能以货币折算对价，则只能寻求其他程序解决。本案中，由于在张掖中院执行之前，相关行政机关已经撤销了祁某某对涉案房产的所有权登记，也由于其一直没有取得涉案土地使用权，从而使其对涉案房地产的占有处于对物支配的事实状态，而占有的事实状态无法折算为具体的财产对价，因此，不能适用折价抵偿程序。本案如果无法恢复占有，应当终结执行回转程序。同时，此案中申请执行人的合法权益应当得到保护和救济，请你院监督张掖中院务必做好该案的审、执协调配合工作，向祁某某释明其享有另行提起民事诉讼和行政诉讼要求赔偿的权利。如祁某某另案提起诉讼，应当做到及时立案、审理和执行，避免久拖不决。另将张掖农行的申诉材料一并转你院依法妥处。

【注释】2003年9月26日，中国农业银行张掖分行（以下简称张掖农行）与祁某某签订《资产抵债处置合同》，约定将位于张掖市甘州区青年西街71号的“回凤楼”土地使用权及房产处置给祁某某，总价款82万元。其后，张掖农行将房产交付祁某某使用，祁某某则付清了全部价款。同年12月，祁某某通过张掖市房屋管理局将房产过户到己方名下，但未办理土地使用权过户登记手续。

2004年11月，张掖市政府以招标方式将包含案涉土地在内的土地使用权出让给张掖市三峰房地产开发公司（以下简称三峰公司）。2006年3月13日，张掖市房产管理局以案涉房产办理房产登记时存在虚报、瞒报为由，撤销登记并注销了祁某某的房产证。2006年3月24日，张掖市国土资源局向张

① 2020年修正后调整为第66条。

掖农行发出《行政处罚通知书》,以该行非法转让国有划拨土地为由作出处罚。11 月 14 日,三峰公司就案涉土地办理了国有土地使用权证。

2006 年,张掖农行以国土部门认定其非法处置国有划拨土地为由提起诉讼,要求确认该行与祁某某之间的《资产抵债处置合同》无效,祁某某返还房产。2007 年 7 月 21 日,张掖市中级人民法院(以下简称张掖中院)作出一审判决:(1)原、被告签订的《资产抵债处置合同》无效;(2)被告祁某某于判决生效后返还"回凤楼"房产。祁某某上诉后,甘肃省高级人民法院(以下简称甘肃高院)于 2008 年 1 月 14 日作出二审判决:维持原判第一项,变更第二项为"被告祁某某于判决生效后十日内返还'回凤楼'房产"。二审判决生效后,张掖农行申请强制执行,张掖中院于 2008 年 7 月 15 日将"回凤楼"房产强制交付给张掖农行,随即被行政机关拆除。

后因祁某某申请再审,最高人民法院于 2009 年 12 月 7 日作出再审判决,认为本案应当区分债权关系和物权关系,不能以物权关系不能变动来否定债权关系的合法效力。据此,确认祁某某与张掖农行签订的《资产抵债处置合同》合法有效,撤销张掖中院和甘肃高院的判决。再审判决生效后,祁某某申请执行回转"回凤楼"房地产。甘肃高院就该案如何理解最高人民法院判决,应否执行回转?执行回转是基于物权回转还是债权回转?关于"回凤楼"回转折价抵偿价值评估等问题,请示至最高人民法院。

【指导案例】

指导案例 43 号:国泰君安证券股份有限公司海口滨海大道(天福酒店)证券营业部申请错误执行赔偿案(最高人民法院审判委员会讨论通过,2014 年 12 月 25 日发布)

关键词　国家赔偿　司法赔偿　错误执行　执行回转

裁判要点

1. 赔偿请求人以人民法院具有《中华人民共和国国家赔偿法》第三十八条规定的违法侵权情形为由申请国家赔偿的,人民法院应就赔偿请求人诉称的司法行为是否违法,以及是否应当承担国家赔偿责任一并予以审查。

2. 人民法院审理执行异议案件,因原执行行为所依据的当事人执行和解协议侵犯案外人合法权益,对原执行行为裁定予以撤销,并将被执行财产回复至执行之前状态的,该撤销裁定及执行回转行为不属于《中华人民共和国国家赔偿法》第三十八条规定的执行错误。

相关法条

《中华人民共和国国家赔偿法》第三十八条

基本案情

赔偿请求人国泰君安证券股份有限公司海口滨海大道(天福酒店)证券营业部(以下简称国泰海口营业部)申请称:海南省高级人民法院(以下简称海南高院)在未依法对原生效判决以及该院(1999)琼高法执字第9-10、9-11、9-12、9-13号裁定(以下分别简称9-10、9-11、9-12、9-13号裁定)进行再审的情况下,作出(1999)琼高法执字第9-16号裁定(以下简称9-16号裁定),并据此执行回转,撤销原9-11、9-12、9-13号裁定,造成国泰海口营业部已合法取得的房产丧失,应予确认违法,并予以国家赔偿。

海南高院答辩称:该院9-16号裁定仅是纠正此前执行裁定的错误,并未改变原执行依据,无须经过审判监督程序。该院9-16号裁定及其执行回转行为,系在审查案外人执行异议成立的基础上,使争议房产回复至执行案件开始时的产权状态,该行为与国泰海口营业部经判决确定的债权,及其尚不明确的损失主张之间没有因果关系。国泰海口营业部赔偿请求不能成立,应予驳回。

法院经审理查明:1998年9月21日,海南高院就国泰海口营业部诉海南国际租赁有限公司(以下简称海南租赁公司)证券回购纠纷一案作出(1998)琼经初字第8号民事判决,判决海南租赁公司向国泰海口营业部支付证券回购款本金3620万元和该款截止到1997年11月30日的利息16362296元;海南租赁公司向国泰海口营业部支付证券回购款本金3620万元的利息,计息方法为:从1997年12月1日起至付清之日止按年息18%计付。

1998年12月,国泰海口营业部申请海南高院执行该判决。海南高院受理后,向海南租赁公司发出执行通知书并查明该公司无财产可供执行。海南租赁公司提出其对第三人海南中标物业发展有限公司(以下简称中标公司)享有到期债权。中标公司对此亦予以认可,并表示愿意以景瑞大厦部分房产直接抵偿给国泰海口营业部,以偿还其欠海南租赁公司的部分债务。海南高院遂于2000年6月13日作出9-10号裁定,查封景瑞大厦的部分房产,并于当日予以公告。同年6月29日,国泰海口营业部、海南租赁公司和中标公司共同签订《执行和解书》,约定海南租赁公司、中标公司以中标公司所有的景瑞大厦部分房产抵偿国泰海口营业部的债务。据此,海南高院于6月30日作出 9-11 号裁定,对和解协议予以认可。

在办理过户手续过程中,案外人海南发展银行清算组(以下简称海发行清算组)和海南创仁房地产有限公司(以下简称创仁公司)以海南高院 9-11 号裁定抵债的房产属其所有,该裁定损害其合法权益为由提出执行异议。海南高院审查后分别作出 9-12 号、9-13 号裁定,驳回异议。2002 年 3 月 14 日,国泰海口营业部依照 9-11 号裁定将上述抵债房产的产权办理变更登记至自己名下,并缴纳相关税费。海发行清算组、创仁公司申诉后,海南高院经再次审查认为:9-11 号裁定将原金通城市信用社(后并入海南发展银行)向中标公司购买并已支付大部分价款的房产当作中标公司房产抵债给国泰海口营业部,损害了海发行清算组的利益,确属不当,海发行清算组的异议理由成立,创仁公司异议主张应通过诉讼程序解决。据此海南高院于 2003 年 7 月 31 日作出 9-16 号裁定,裁定撤销 9-11 号、9-12 号、9-13 号裁定,将原裁定抵债房产回转过户至执行前状态。

2004 年 12 月 18 日,海口市中级人民法院(以下简称海口中院)对以海发行清算组为原告、中标公司为被告、创仁公司为第三人的房屋确权纠纷一案作出(2003)海中法民再字第 37 号民事判决,确认原抵债房产分属创仁公司和海发行清算组所有。该判决已发生法律效力。2005 年 6 月,国泰海口营业部向海口市地方税务局申请退税,海口市地方税务局将契税退还国泰海口营业部。2006 年 8 月 4 日,海南高院作出 9-18 号民事裁定,以海南租赁公司已被裁定破产还债,海南租赁公司清算组请求终结执行的理由成立为由,裁定终结(1998)琼经初字第 8 号民事判决的执行。

(1998)琼经初字第 8 号民事判决所涉债权,至 2004 年 7 月经协议转让给国泰君安投资管理股份有限公司(以下简称国泰投资公司)。2005 年 11 月 29 日,海南租赁公司向海口中院申请破产清算。破产案件审理中,国泰投资公司向海南租赁公司管理人申报了包含(1998)琼经初字第 8 号民事判决确定债权在内的相关债权。2009 年 3 月 31 日,海口中院作出(2005)海中法破字第 4-350 号民事裁定,裁定终结破产清算程序,国泰投资公司债权未获得清偿。

2010 年 12 月 27 日,国泰海口营业部以海南高院 9-16 号裁定及其行为违法,并应予返还 9-11 号裁定抵债房产或赔偿相关损失为由向该院申请国家赔偿。2011 年 7 月 4 日,海南高院作出(2011)琼法赔字第 1 号赔偿决定,决定对国泰海口营业部的赔偿申请不予赔偿。国泰海口营业部对该决定不服,向最高人民法院赔偿委员会申请作出赔偿决定。

裁判结果

最高人民法院赔偿委员会于2012年3月23日作出(2011)法委赔字第3号国家赔偿决定:维持海南省高级人民法院(2011)琼法赔字第1号赔偿决定。

裁判理由

最高人民法院认为:被执行人海南租赁公司没有清偿债务能力,因其对第三人中标公司享有到期债权,中标公司对此未提出异议并认可履行债务,中标公司隐瞒其与案外人已签订售房合同并收取大部分房款的事实,与国泰海口营业部及海南租赁公司三方达成《执行和解书》。海南高院据此作出9-11号裁定。但上述执行和解协议侵犯了案外人的合法权益,国泰海口营业部据此取得的争议房产产权不应受到法律保护。海南高院9-16号裁定系在执行程序中对案外人提出的执行异议审查成立的基础上,对原9-11号裁定予以撤销,将已被执行的争议房产回复至执行前状态。该裁定及其执行回转行为不违反法律规定,且经生效的海口中院(2003)海中法民再字第37号民事判决所认定的内容予以印证,其实体处理并无不当。国泰海口营业部债权未得以实现的实质在于海南租赁公司没有清偿债务的能力,国泰海口营业部及其债权受让人虽经破产债权申报,仍无法获得清偿,该债权未能实现与海南高院9-16号裁定及其执行行为之间无法律上的因果联系。因此,海南高院9-16号裁定及其执行回转行为,不属于《中华人民共和国国家赔偿法》及相关司法解释规定的执行错误情形。

【判旨撷要】

1. 长安银行股份有限公司咸阳分行与咸阳市渭城区乡镇企业供销公司、咸阳市渭城区经委物资供应公司、咸阳市金源物资总公司借款担保合同纠纷执行申诉案[(2010)执监字第185号]

要旨:在再审判决确定之前,标的财产已因另案被其他法院查封的,如果债务人的义务为一般金钱偿付义务,法院不得对该标的财产进行执行回转。

2. 云南江东房地产集团有限公司与云南贡山华龙电力开发有限公司借款合同纠纷执行复议案[(2011)执复字第15号]

要旨:根据再审判决,民事调解书虽然依照审判监督程序被撤销,但双方当事人的债权债务关系并未改变,生效判决确认原被执行人仍应负清偿责任的,不属于《民事诉讼法》第 233 条(2021 年修正为第 240 条)规定的"据以执行的判决、裁定和其他法律文书确有错误"的情形,不存在执行回转的条件。

因原生效调解书进行再审,本案执行程序中止,但中止执行并不意味着原已采取的查封等执行措施必须解除,执行法院对已查封财产采取的续封措施,并不是新的执行行为,只是维持原查封效力的行为,故续封行为并不侵害华龙公司的合法权益。

3. 南通市房建置业有限公司与南通森大蒂房屋建设开发有限公司合资合作开发房地产合同纠纷执行申诉案[(2016)最高法执监 404 号]

要旨:《执行工作规定》第 109 条(2020 年修正为第 65 条)规定明确了执行回转裁定应当严格按照新的生效法律文书的内容制作。因为新的生效法律文书可能完全否定原法律文书,也可能部分推翻原法律文书,维持原来的部分内容。因此,执行回转的财产范围应限制在被新的法律文书撤销或推翻的内容,并不一定对所有已执行的财产一律执行回转。具体而言,一是执行回转可能不仅仅是将当事人的财物恢复到执行行为实施前的状态,还可能要补偿当事人因原判错误及其执行所造成的损失,而补偿的数额只有在终审裁判时确定。二是执行回转应当重新立案,适用执行程序的有关规定。三是实施执行回转并非简单地返还已取得的财产及孳息,还需要对返还财产及孳息的数额予以明确。

《民事诉讼法解释》第 476 条(2022 年修正为第 474 条)与《执行工作规定》第 109 条规定,均为现行有效的司法解释。前者适用于解决执行完毕后,非诉法律文书被有关机关或者组织撤销,在作出法律文书的机关或者组织没有后续法定救济程序,且当事人可以放弃救济程序的情况下,当事人可以直接申请人民法院执行回转的情况。后者适用于执行回转的一般情况,既包括非诉法律文书被撤销的执行回转,也包括诉讼法律文书被撤销的执行回转。仅就后者而言,属于非诉法律文书被撤销的,应当适用《民事诉讼法解释》第 476 条规定;属于诉讼法律文书被撤销的,因人民法院依职权作出再审的裁定,非经人民法院准许,当事人不得放弃该救济程序,执行回转应当等待后续法定救济程序作出新的生效法律文书后进行。

4. 赵文明、三河市福星艺术发展有限公司与三河市忠诚压力容器制造有限公司借款合同纠纷执行申诉案[(2019)最高法执监172号]

要旨:本案中,据以执行的法律文书被人民法院撤销,理应依当事人的申请或依职权作出执行回转裁定或对拍卖行为进行纠正,责令申请执行人返还已取得的财产及其孳息。虽然本案申请执行人系通过人民法院的司法拍卖竞得设备公司的土地使用权及地上附着物,理应维护竞买人的权益。但考虑其系本案申请执行人的特殊地位,且涉案土地使用权及地上附着物被拍卖后,只是办理了产权过户手续,取得了财产所有权,但并未实际占有该财产,故法院撤销拍卖及拍卖成交裁定,要求其返还取得土地使用权,并无不当。

第二百四十一条　【调解书执行】人民法院制作的调解书的执行，适用本编的规定。

规范体系	
相关立法	1.《民事诉讼法》第 100 条 2.《人民调解法》第 33 条
司法解释	1.《最高人民法院关于人民法院民事调解工作若干问题的规定》(法释〔2004〕12 号;经法释〔2020〕20 号修正)第 15—16 条 2.《最高人民法院关于人民调解协议司法确认程序的若干规定》(法释〔2011〕5 号)第 9 条
司法文件	1.《最高人民法院关于人民法院立案、审判与执行工作协调运行的意见》(法发〔2018〕9 号)第 12 条 2.《最高人民法院关于进一步发挥诉讼调解在构建社会主义和谐社会中积极作用的若干意见》(法发〔2007〕9 号)第 16 条、第 20 条
司法答复	1.《最高人民法院执行工作办公室关于深圳金安集团公司和深圳市鹏金安实业发展有限公司执行申诉案的复函》(〔2001〕执监字第 188 号) 2.《最高人民法院执行工作办公室关于以上市公司社会法人股抵债的民事调解书如何执行问题的复函》(〔2006〕执他字第 20 号)

【条文释义】

本条是关于调解书执行的规定。

调解书是在人民法院的主持下达成调解协议后制作的法律文书，一经送达双方当事人签收后，就具有与判决书同等的法律效力，因此，一方当事人不履行调解书确定的法律义务时，人民法院可以依照执行程序编的有关规定执行。①

【相关立法】

1.《中华人民共和国民事诉讼法》(2021年12月24日第十三届全国人民代表大会常务委员会第三十二次会议第四次修正,2022年1月1日)

第一百条 调解达成协议，人民法院应当制作调解书。调解书应当写明诉讼请求、案件的事实和调解结果。

调解书由审判人员、书记员署名，加盖人民法院印章，送达双方当事人。

调解书经双方当事人签收后，即具有法律效力。

2.《中华人民共和国人民调解法》(2010年8月28日第十一届全国人民代表大会常务委员会第十六次会议通过,2011年1月1日)

第三十三条 经人民调解委员会调解达成调解协议后，双方当事人认为有必要的，可以自调解协议生效之日起三十日内共同向人民法院申请司法确认，人民法院应当及时对调解协议进行审查，依法确认调解协议的效力。

人民法院依法确认调解协议有效，一方当事人拒绝履行或者未全部履行的，对方当事人可以向人民法院申请强制执行。

人民法院依法确认调解协议无效的，当事人可以通过人民调解方式变更原调解协议或者达成新的调解协议，也可以向人民法院提起诉讼。

【司法解释】

1.《最高人民法院关于人民法院民事调解工作若干问题的规定》(法释〔2004〕12号,2004年11月1日;经法释〔2020〕20号修正,2021年1月1日)

第十五条 调解书确定的担保条款条件或者承担民事责任的条件成就时，当事人申请执行的，人民法院应当依法执行。

不履行调解协议的当事人按照前款规定承担了调解书确定的民事责任

① 参见全国人民代表大会常务委员会法制工作委员会编:《中华人民共和国民事诉讼法释义(最新修正版)》,法律出版社2012年版,第547页。

后，对方当事人又要求其承担民事诉讼法第二百五十三条①规定的迟延履行责任的，人民法院不予支持。

第十六条　调解书约定给付特定标的物的，调解协议达成前该物上已经存在的第三人的物权和优先权不受影响。第三人在执行过程中对执行标的物提出异议的，应当按照民事诉讼法第二百二十七条②规定处理。

2.《最高人民法院关于人民调解协议司法确认程序的若干规定》（法释〔2011〕5 号，2011 年 3 月 30 日）

第九条　人民法院依法作出确认决定后，一方当事人拒绝履行或者未全部履行的，对方当事人可以向作出确认决定的人民法院申请强制执行。

【注释】需要注意：(1)关于确认调解协议的形式，《民事诉讼法》第 202 条明确为人民法院裁定调解协议有效，而非本条规定的“决定”。《民事诉讼法》施行后，以该条规定为准。(2)关于管辖法院。《民事诉讼法解释》第 460 条明确确认调解协议裁定由作出裁定的人民法院或者与其同级的被执行财产所在地的人民法院执行。《民事诉讼法解释》施行后，以该条规定为准。

【司法文件】

1.《最高人民法院关于人民法院立案、审判与执行工作协调运行的意见》（法发〔2018〕9 号，2018 年 5 月 28 日）

12. 审判部门在民事调解中，应当审查双方意思的真实性、合法性，注重调解书的可执行性。能即时履行的，应要求当事人即时履行完毕。

2.《最高人民法院关于进一步发挥诉讼调解在构建社会主义和谐社会中积极作用的若干意见》（法发〔2007〕9 号，2007 年 3 月 1 日）

16.《最高人民法院关于民事调解工作若干问题的规定》第 13 条规定的当事人、审判人员、书记员签名或者盖章后发生法律效力的调解协议，当事人未申请制作调解书，一方当事人不履行调解协议的，另一方持生效的调解协议申请强制执行的，人民法院应当受理。

---

① 2021 年《民事诉讼法》第四次修正后调整为第 260 条。
② 2021 年《民事诉讼法》第四次修正后调整为第 234 条。

再审案件经调解达成的调解协议并经当事人、法官、书记员签名或者盖章后生效的，当事人不申请制作调解书的，人民法院应当裁定终结再审程序。

20. 各高级人民法院可以根据法律以及司法解释的规定统一诉讼调解法律文书的格式，制作当事人答辩期满前调解同意书、继续调解申请书、委托调解书、诉讼费用决定书、调解书等诉讼调解文书模本。调解书的内容可以简化，简要记明案由和当事人诉讼请求，可以不写案件事实、审理过程和证据情况等。应当区分当事人签收生效的调解书和根据当事人签名或者盖章已经生效的调解协议制作的强制执行依据的调解书的格式。

【司法答复】

1.《最高人民法院执行工作办公室关于深圳金安集团公司和深圳市鹏金安实业发展有限公司执行申诉案的复函》（〔2001〕执监字第188号，2001年11月23日）

广东省高级人民法院：

关于深圳金安集团公司（以下简称金安公司）、深圳市鹏金安实业发展有限公司（以下简称鹏金安公司）申诉一案，本院现已审查完毕，经研究，提出处理意见如下：

一、关于金安公司是否全面履行你院（1999）粤高法审监民再字第7、8号民事调解书所确定的义务问题

经查金安公司向本院提供的证据材料，虽能证明其曾向深圳市龙岗区国土局申报过要求转让相关土地给广东建邦集团有限公司（以下简称建邦集团），但国土局已以“资金不落实”、“与龙东村非农建设用地有冲突，不同意选址”为由，退回金安公司有关办文资料。因土地转让存有瑕疵，建邦公司的权利无法实现，所以不能认定金安公司已全面履行了民事调解书所确定的义务。

二、关于本案的执行依据问题

根据《最高人民法院关于适用〈中华人民共和国民事诉讼法〉若干问题的意见》第201条①的规定，你院（1999）粤高法审监民再字第7、8号民事调

① 《民事诉讼法意见》（已废止）第201条规定：“按审判监督程序决定再审或提审的案件，由再审或提审的人民法院在作出新的判决、裁定中确定是否撤销、改变或者维持原判决、裁定；达成调解协议的，调解书送达后，原判决、裁定即视为撤销。”

解书发生法律效力后,原生效判决即(1997)深中法房初字第75号民事判决和(1998)粤法民终字第28号民事判决即已被撤销,故你院据两份判决作出(2001)粤高法执指字第5号民事裁定,指令广州铁路运输中级法院执行原判决错误,而应依法执行(1999)粤高法审监民再字第7、8号民事调解书所确定的金安公司应承担的债务。

三、关于执行深圳市金来顺饮食有限公司、深圳市京来顺饮食有限公司和深圳市东来顺饮食有限公司的问题

请你院监督执行法院进一步核实此三公司的注册资本投入和鹏金安公司受让深圳市金来顺饮食有限公司和深圳市京来顺饮食有限公司各90%股权的情况,如三公司确系金安公司全部或部分投资,现有其他股东全部或部分为名义股东,可依据《最高人民法院关于人民法院执行工作若干问题的规定(试行)》第53条、第54条①的规定,执行金安公司在三公司享有的投资权益。但不应在执行程序中直接裁定否定三公司的法人资格。

【注释】广东建邦集团有限公司(以下简称建邦公司)与深圳金安集团公司(以下简称金安公司)合作开发房地产合同纠纷及房屋买卖合同纠纷两案,深圳市中级人民法院(以下简称深圳中院)和广东省高级人民法院(以下简称广东高院)分别作出(1997)深中法房初字第75号民事判决和(1998)粤法民终字第28号民事判决。该两案判决生效后,建邦公司向深圳中院申请强制执行。金安公司向广东高院申请再审。在广东高院的主持下,双方当事人经协商,就判决书确定的内容达成和解协议,广东高院于1999年9月28日作出(1999)粤高法审监民再字第7、8号民事调解书,内容为:(1)金安公司将其位于深圳市龙岗区布吉镇南岭村黄金坑的8725.7平方米住宅用地及其在该地上建造的住宅楼抵还给建邦公司;(2)金安公司同意将其位于龙岗区沙背坜村的别墅用地约21000平方米的全部权益及9000平方米商住用地抵偿给建邦公司;(3)金安公司同意将奔驰560型小轿车1台退还给建邦公司;(4)金安公司负责协助建邦公司办理上述一、二项所指土地的转名手续及支付转名费用;(5)金安公司在本调解书发出后的3个月内履行完其在本调解协议约定应承担的义务的,建邦公司不再对上述两案的其他经济责任提出请求。若金安公司超过上述时间未依约履行上述各项义务,则应继续履行(1998)粤法民终字第28号民事判决及(1997)深中法房初字第75号民事判

① 2020年修正后调整为第38条、第39条。

决等。

建邦公司依上述调解书第五项的规定，于 2000 年 5 月 18 日向深圳中院申请恢复执行，深圳中院 2000 年 7 月 11 日恢复对(1998)粤法民终字第 28 号民事判决及(1997)深中法房初字第 75 号民事判决的执行。广东高院 2001 年 5 月 14 日裁定将两案指定给广州铁路运输中级人民法院执行。后金安公司和鹏金安公司向最高人民法院反映：金安公司已全部履行了广东高院(1999)粤高法审监民再字第 7、8 号民事调解书规定的义务，而建邦公司不仅不按调解书规定履行自己的义务，反而向法院申请恢复原判决的执行。广州铁路运输中院在执行金安公司的过程中，错误地查扣了鹏金安公司公章、账册等大量财物，并查封了鹏金安公司下属深圳市金来顺饮食有限公司、深圳市京来顺饮食有限公司下属酒楼的银行账号，两公司请求最高人民法院监督纠正。①

2.《最高人民法院执行工作办公室关于以上市公司社会法人股抵债的民事调解书如何执行问题的复函》(〔2006〕执他字第 20 号，2006 年 11 月 13 日)

广东省高级人民法院：

广州银达担保投资经营有限公司取得广州科源中小企业投资经营有限公司拥有的鲁北化工 100 万股、澳柯玛 100 万股、江泉实业 42 万股股份(以下简称涉案股权)，是基于广州中院(2004)穗中法民二初字第 457 号民事调解书。该民事调解书的法律效力与人民法院的民事判决书相同。该涉案股权的过户，是广州中院(2004)穗中法民二初字第 457 号民事调解书确定的内容。广州中院对涉案股权的执行，不同于法院执行程序中对上市公司国有股和社会法人股的变现，鉴于本案中广州中院对涉案股权办理过户手续，不具有我院法释〔2001〕28 号②司法解释规定的情形，因此，不适用该司法解释，上海证券交易所的理解有误。请你院向上海证券交易所做好解释工作，以便涉案股权得到及时执行。

---

① 参见刘涛：《深圳金安集团公司和深圳市鹏金安实业发展有限公司执行申诉案》，载最高人民法院执行工作办公室编：《强制执行指导与参考》2002 年第 3 辑(总第 3 辑)，法律出版社 2003 年版，第 220—231 页。

② 即《最高人民法院关于冻结、拍卖上市公司国有股和社会法人股若干问题的规定》。

【指导案例】

指导案例 117 号:中建三局第一建设工程有限责任公司与澳中财富(合肥)投资置业有限公司、安徽文峰置业有限公司执行复议案(最高人民法院审判委员会讨论通过,2019 年 12 月 24 日发布)

关键词　执行　执行复议　商业承兑汇票　实际履行

裁判要点

根据民事调解书和调解笔录,第三人以债务承担方式加入债权债务关系的,执行法院可以在该第三人债务承担范围内对其强制执行。债务人用商业承兑汇票来履行执行依据确定的债务,虽然开具并向债权人交付了商业承兑汇票,但因汇票付款账户资金不足、被冻结等不能兑付的,不能认定实际履行了债务,债权人可以请求对债务人继续强制执行。

相关法条

《中华人民共和国民事诉讼法》第 225 条①

基本案情

中建三局第一建设工程有限责任公司(以下简称中建三局一公司)与澳中财富(合肥)投资置业有限公司(以下简称澳中公司)建设工程施工合同纠纷一案,经安徽省高级人民法院(以下简称安徽高院)调解结案,安徽高院作出的民事调解书,确认各方权利义务。调解协议中确认的调解协议第一条第 6 款第 2 项、第 3 项约定本协议签订后为偿还澳中公司欠付中建三局一公司的工程款,向中建三局一公司交付付款人为安徽文峰置业有限公司(以下简称文峰公司)、收款人为中建三局一公司(或收款人为澳中公司并背书给中建三局一公司),金额总计为人民币 6000 万元的商业承兑汇票。同日,安徽高院组织中建三局一公司、澳中公司、文峰公司调解的笔录载明,文峰公司明确表示自己作为债务承担者加入调解协议,并表示知晓相关的义务及后果。之后,文峰公司分两次向中建三局一公司交付了金额总计为人民币陆千万元的商业承兑汇票,但该汇票因文峰公司相关账户余额不足、被冻结而无法兑现,也即中建三局一公司实际未能收到 6000 万元工程款。

中建三局一公司以澳中公司、文峰公司未履行调解书确定的义务为由,

---

① 2021 年《民事诉讼法》第四次修正后调整为第 232 条。

向安徽高院申请强制执行。案件进入执行程序后,执行法院冻结了文峰公司的银行账户。文峰公司不服,向安徽高院提出异议称,文峰公司不是本案被执行人,其已经出具了商业承兑汇票;另外,即使其应该对商业承兑汇票承担代付款责任,也应先执行债务人澳中公司,而不能直接冻结文峰公司的账户。

裁判结果

安徽省高级人民法院于2017年9月12日作出(2017)皖执异1号执行裁定:一、变更安徽省高级人民法院(2015)皖执字第00036号执行案件被执行人为澳中财富(合肥)投资置业有限公司。二、变更合肥高新技术产业开发区人民法院(2016)皖0191执10号执行裁定被执行人为澳中财富(合肥)投资置业有限公司。中建三局第一建设工程有限责任公司不服,向最高人民法院申请复议。最高人民法院于2017年12月28日作出(2017)最高法执复68号执行裁定:撤销安徽省高级人民法院(2017)皖执异1号执行裁定。

裁判理由

最高人民法院认为,涉及票据的法律关系,一般包括原因关系(系当事人间授受票据的原因)、资金关系(系指当事人间在资金供给或资金补偿方面的关系)、票据预约关系(系当事人间有了原因关系之后,在发出票据之前,就票据种类、金额、到期日、付款地等票据内容及票据授受行为订立的合同)和票据关系(系当事人间基于票据行为而直接发生的债权债务关系)。其中,原因关系、资金关系、票据预约关系属于票据的基础关系,是一般民法上的法律关系。在分析具体案件时,要具体区分原因关系和票据关系。

本案中,调解书作出于2015年6月9日,其确认的调解协议第一条第6款第2项约定:本协议签订后7个工作日内向中建三局一公司交付付款人为文峰公司、收款人为中建三局一公司(或收款人为澳中公司并背书给中建三局一公司)、金额为人民币叁仟万元整、到期日不迟于2015年9月25日的商业承兑汇票;第3项约定:于本协议签订后7个工作日内向中建三局一公司交付付款人为文峰公司、收款人为中建三局一公司(或收款人为澳中公司并背书给中建三局一公司)、金额为人民币叁仟万元整、到期日不迟于2015年12月25日的商业承兑汇票。同日,安徽高院组织中建三局一公司、澳中公司、文峰公司调解的笔录载明:承办法官询问文峰公司"你方作为债务承担者,对于加入本案和解协议的义务及后果是否知晓?"文峰公司代理人邵红卫答:"我方知晓。"承办法官询问中建三局一公司"你方对于安徽文峰置业有限公司加入本案和解协议承担债务是否同意?"中建三局一公司代理人付琦答:“我方同意。”综合上述情况,可以看出,三方当事人在签订调解协议时,有关文峰公司出具汇票的意思表示不仅对文峰公司出票及当事人之间授受票据等问题作出了票据预约关系范畴的约定,也对文峰公司加入中建三局一公司与澳中公司债务关系、与澳中公司一起向中建三局一公司承担债务问题作出了原因关系范畴的约定。因此,根据调解协议,文峰公司在票据预约关系层面有出票和交付票据的义务,在原因关系层面有就 6000 万元的债务承担向中建三局一公司清偿的义务。文峰公司如期开具真实、足额、合法的商业承兑汇票,仅是履行了其票据预约关系层面的义务,而对于其债务承担义务,因其票据付款账户余额不足、被冻结而不能兑付案涉汇票,其并未实际履行,中建三局一公司申请法院对文峰公司强制执行,并无不当。

【判旨撮要】

1. 伊宁市华强新型建材有限责任公司与李正伯买卖合同纠纷执行申诉案[(2014)执监字第 80 号]

要旨:依法生效的调解书不仅是对当事人在自愿、合法基础上达成的权利义务协议内容的确定,而且也是具有强制执行效力的法律文书。根据《执行工作规定》第 18 条(2020 年修正为第 16 条)的规定,申请执行的法律文书应当有给付内容,且执行标的和被执行人明确。故对于可采取强制执行措施的生效法律文书所确定的内容必须具有给付性,如果一方当事人不按照确定的给付内容履行,另一方当事人可以就该确定的给付内容向人民法院申请强制执行。因此,人民法院在受理执行案件时,首先应对申请人的债权请求权是否存在予以审查,即有权对调解书等法律文书是否具有可执行性进行审查,主要包括审查法律文书是否已经生效、义务人是否在法律文书确定的期限内履行义务、法律文书确定的强制执行条件是否明确等。本案调解书中所确定的基于双方违约责任而导致的给付义务,取决于未来发生的事实,即当事人双方在履行生效调解书过程中是否违约以及违约程度等,属于与案件审结后新发生事实相结合而形成的新的实体权利义务争议,并非简单的事实判断,在执行程序中直接予以认定,缺乏程序的正当性和必要的程序保障。为能够更加有效地保障各方当事人的合法权益,应允许当事人通过另行提起诉讼的方式予以解决。

2. 香港捷时洋行、新加坡陆丰控股私人有限公司与成都新成国际经济发展有限公司、四川通瑞实业有限公司股权转让纠纷执行复议案[(2015)执复字第1号]

要旨:依照《执行工作规定》第18条(2020年修正为第16条)的规定,申请执行人可以是生效法律文书确定的权利人或其继承人、权利承受人。本案中,作为执行依据的民事调解书是围绕原告捷时洋行、陆丰公司与被告通瑞公司,第三人新成公司之间的权利义务作出的。捷时洋行、陆丰公司是该调解书确定的权利人,该调解书第5条约定新成公司将股权转让给捷时洋行指定的杰成公司,杰成公司虽是股权的实际受让人,但并未否定捷时洋行、陆丰公司作为该调解书确定的权利人的地位。因此,捷时洋行、陆丰公司当然具备申请执行的主体资格,有权就该调解书第5条的约定向人民法院申请执行,要求新成公司按照约定将股权转让给杰成公司。

3. 湖南瑞翔新材料股份有限公司与深圳市比克电池有限公司买卖合同纠纷执行申诉案[(2016)最高法执监382号]

要旨:根据法律规定,发生法律效力的调解书,当事人必须履行。一方拒绝履行的,对方当事人可以向人民法院申请执行。根据《民事诉讼法解释》第463条(2022年修正为第461条)第1款规定精神,人民法院在受理执行案件时,首先应对给付内容是否明确予以审查,有权对调解书等法律文书是否具有可执行性进行审查,包括审查法律文书确定的履行条件是否明确、是否成就等。如果有关执行内容不够明确,但相关事实比较清楚,当事人争议不大的,人民法院可以结合生效法律文书全文文义,通过调阅卷宗等方式,审查确定具体给付内容并予以执行。如果相关执行内容不够明确,并且案件事实复杂、争议较大,需要结合生效法律文书作出后新发生的事实来确定执行内容的,人民法院在执行程序中直接审查确定执行内容,不利于保障当事人的程序权利,宜由当事人通过另行提起诉讼等方式予以明确。

4. 兰州市安宁区农村信用合作联社与兰州高科建设开发有限公司、旬阳县鼎咸房地产开发有限公司金融借款纠纷执行复议案[(2016)最高法执复4号]

要旨:民事调解书是在人民法院主持下对当事人意思表示的确认,是具有既判力的生效法律文书,其虽体现了当事人意思表示一致的特点,但其亦是经过人民法院审判机构审查确认而作出的，故当双方当事人对调解书的主文理解不一致时，人民法院有权对相关内容进行释明。人民法院执行机构参考审判机构所作出的释明，对执行依据中确认的内容进行理解，进而实施相应的执行行为，其本质仍然是对生效法律文书即民事调解书的执行，并不是否定执行依据。

5. 程望罗与余星华、李俊华、重庆泰峰房地产开发有限公司借款合同纠纷执行申诉案［（2017）最高法执监 79 号］

要旨：民事调解书是人民法院在审理民事案件中，根据自愿和合法原则，在查清事实、分清是非的基础上，通过调解促使当事人达成协议而制作的法律文书。调解书虽然是在双方协议的基础上达成，但整个调解过程由审判员或合议庭主持完成，且最终由法院对协议内容进行审查确认，并加盖法院印章。因此，民事调解书的形式、效力均与双方私下自行达成的协议有明显区别。当民事调解书的个别条款意思表达不明确或理解产生分歧时，由审判组织结合调解的过程对该条文进行解释不但是正当的也是必要的。需要说明的是，审判庭是人民法院审理案件的组织机构，合议庭是为审理具体特定案件而组成的临时审判组织，对合议庭审理的案件以审判机构的名义出具说明或进行解释并无不妥。具体到执行程序中，为避免陷入机械执行，执行机构有权结合执行依据的文义，在综合把握执行依据全文，统筹考量双方权利义务关系的基础上对执行依据作出一定限度的解释，在最终结果上不应实质加重任何一方义务负担或限制其权利行使。如果执行机构仍无法作出合理解释，可提请生效法律文书的作出机构结合案件审理期间查明的情况，对不明确、有分歧的执行内容予以补正或者进行解释说明。在执行程序中双方当事人对执行依据个别条款理解存在分歧在所难免，执行机构应本着减少当事人诉累、提高执行效率、衡平当事人利益原则并结合案情，综合考量各方因素，尽最大可能作出合理解释，而不应在执行依据相关条款出现理解分歧的情形下，一律采取简单驳回当事人执行申请的方式予以处理。

第二百四十二条 【对民事执行活动进行法律监督】人民检察院有权对民事执行活动实行法律监督。

规范体系	
司法解释	1.《人民检察院民事诉讼监督规则》(高检发释字〔2021〕1 号)第 19 条、第 28 条、第 30 条、第 35 条、第 37 条、第 52 条、第 62 条、第 64 条、第 104—110 条、第 112 条、第 119 条 2.《最高人民法院关于如何处理人民检察院提出的暂缓执行建议问题的批复》(法释〔2000〕16 号) 3.《最高人民法院关于人民法院发现本院作出的诉前保全裁定和在执行程序中作出的裁定确有错误以及人民检察院对人民法院作出的诉前保全裁定提出抗诉人民法院应当如何处理的批复》(法释〔1998〕17 号) 4.《最高人民法院关于对执行程序中的裁定的抗诉不予受理的批复》(法复〔1995〕5 号)
司法文件	1.《最高人民法院、最高人民检察院关于民事执行活动法律监督若干问题的规定》(法发〔2016〕30 号)第 1—22 条 2.《最高人民检察院关于贯彻执行〈中华人民共和国民事诉讼法〉若干问题的通知》(高检发民字〔2013〕1 号)第 1—9 条 3.《最高人民法院、最高人民检察院关于建立全国执行与法律监督工作平台进一步完善协作配合工作机制的意见》(法发〔2020〕23 号)第 1—12 条

【条文释义】

本条是关于对民事执行活动进行法律监督的规定,系 2012 年《民事诉讼法》第二次修正时增加的内容。①

对民事诉讼进行法律监督，是国家法律赋予检察机关的重要职能。1991年《民事诉讼法》第 14 条规定，人民检察院有权对民事审判活动实行法律监督。对于该规定中的“民事审判活动”是否包括“民事执行活动”长期以来一直存在不同意见。在 2007 年《民事诉讼法》第一次修正时，这一问题即成为争议的焦点，立法机关基于审慎的态度，未将执行检察监督入法。

鉴于加强检察机关对民事执行的法律监督，有利于及时发现和纠正民事执行中的违法行为，防止、减少民事执行中的职务犯罪，促进“执行难”“执行乱”问题的解决，中央司法体制改革文件明确提出，要明确对民事执行工作实施法律监督的范围和程序。2011 年 3 月，最高人民法院、最高人民检察院共同发布了《关于在部分地方开展民事执行活动法律监督试点工作的通知》，明确规定在 12 个省区试行执行检察监督。对民事执行的监督已经被提到了现实的层面。为此，2012 年《民事诉讼法》第二次修正时，专门增加本条规定“人民检察院有权对民事执行活动实行法律监督”，同时将本法第 14 条修改为“人民检察院有权对民事诉讼实行法律监督”，为人民检察院对执行活动实行法律监督提供了明确的法律依据。

本条仅就检察机关对民事执行活动实行法律监督作了原则性规定，并未对监督的范围、程序、形式、效力等问题作出具体规定。主要考虑是这些问题涉及检察机关可以对哪些执行活动进行监督。有的执行活动是法院以执行裁定的方式作出的，有的是在执行实施中作出的，有的涉及执行人员的违法违纪行为，有的是执行人员能力不足所致，有的还涉及地方保护主义和行政干预等，情况比较复杂，性质也不完全相同。监督程序涉及检察机关可以采取哪些手段进行监督，是事中监督还是事后监督，由哪一级检察机关提出监督。监督方式是采用检察建议还是采用其他方式。监督效力涉及监督意见应当产生何种法律后果，法院如何对待检察机关提出的监督意见，监督错误的是否承担法律责任等，对这些较为具体的问题，各方意见还不完全一致，还

---

① 《全国人民代表大会常务委员会关于修改〈中华人民共和国民事诉讼法〉的决定》（2012 年 8 月 31 日第十一届全国人民代表大会常务委员会第二十八次会议通过）第 53 条规定：“五十三、增加一条，作为第二百三十五条：‘人民检察院有权对民事执行活动实行法律监督。’”

需要进一步实践和探索。①

【司法解释】

1.《人民检察院民事诉讼监督规则》(高检发释字〔2021〕1号,2021年8月1日)

第十九条 有下列情形之一的,当事人可以向人民检察院申请监督:

(一)已经发生法律效力的民事判决、裁定、调解书符合《中华人民共和国民事诉讼法》第二百零九条第一款②规定的;

(二)认为民事审判程序中审判人员存在违法行为的;

(三)认为民事执行活动存在违法情形的。

第二十八条 当事人认为民事审判程序或者执行活动存在违法情形,向人民检察院申请监督,有下列情形之一的,人民检察院不予受理:

(一)法律规定可以提出异议、申请复议或者提起诉讼,当事人没有提出异议、申请复议或者提起诉讼的,但有正当理由的除外;

(二)当事人提出异议、申请复议或者提起诉讼后,人民法院已经受理并正在审查处理的,但超过法定期限未作出处理的除外;

(三)其他不应受理的情形。

当事人对审判、执行人员违法行为申请监督的,不受前款规定的限制。

第三十条 当事人认为民事审判程序中审判人员存在违法行为或者民事执行活动存在违法情形,向人民检察院申请监督的,由审理、执行案件的人民法院所在地同级人民检察院负责控告申诉检察的部门受理。

当事人不服上级人民法院作出的复议裁定、决定等,提出监督申请的,由上级人民法院所在地同级人民检察院受理。人民检察院受理后,可以根据需要依照本规则有关规定将案件交由原审理、执行案件的人民法院所在地同级人民检察院办理。

第三十五条 当事人以外的自然人、法人和非法人组织认为人民法院民事审判程序中审判人员存在违法行为或者民事执行活动存在违法情形等,可

---

① 参见全国人民代表大会常务委员会法制工作委员会编:《中华人民共和国民事诉讼法释义(最新修正版)》,法律出版社2012年版,第547—548页。

② 2021年《民事诉讼法》第四次修正后调整为第216条第1款。

以向同级人民检察院控告。控告由人民检察院负责控告申诉检察的部门受理。

负责控告申诉检察的部门对收到的控告,应当依据《人民检察院信访工作规定》等办理。

第三十七条　人民检察院在履行职责中发现民事案件有下列情形之一的,应当依职权启动监督程序:

(一)损害国家利益或者社会公共利益的;

(二)审判、执行人员有贪污受贿,徇私舞弊,枉法裁判等违法行为的;

(三)当事人存在虚假诉讼等妨害司法秩序行为的;

(四)人民法院作出的已经发生法律效力的民事公益诉讼判决、裁定、调解书确有错误,审判程序中审判人员存在违法行为,或者执行活动存在违法情形的;

(五)依照有关规定需要人民检察院跟进监督的;

(六)具有重大社会影响等确有必要进行监督的情形。

人民检察院对民事案件依职权启动监督程序,不受当事人是否申请再审的限制。

第五十二条　人民检察院受理当事人申请对人民法院已经发生法律效力的民事判决、裁定、调解书监督的案件,应当在三个月内审查终结并作出决定,但调卷、鉴定、评估、审计、专家咨询等期间不计入审查期限。

对民事审判程序中审判人员违法行为监督案件和对民事执行活动监督案件的审查期限,参照前款规定执行。

第六十二条　人民检察院因履行法律监督职责的需要,有下列情形之一的,可以向当事人或者案外人调查核实有关情况:

(一)民事判决、裁定、调解书可能存在法律规定需要监督的情形,仅通过阅卷及审查现有材料难以认定的;

(二)民事审判程序中审判人员可能存在违法行为的;

(三)民事执行活动可能存在违法情形的;

(四)其他需要调查核实的情形。

第六十四条　有下列情形之一的,人民检察院可以向银行业金融机构查询、调取、复制相关证据材料:

(一)可能损害国家利益、社会公共利益的;

(二)审判、执行人员可能存在违法行为的;

（三）涉及《中华人民共和国民事诉讼法》第五十五条①规定诉讼的；

（四）当事人有伪造证据、恶意串通损害他人合法权益可能的。

人民检察院可以依照有关规定指派具备相应资格的检察技术人员对民事诉讼监督案件中的鉴定意见等技术性证据进行专门审查，并出具审查意见。

第一百零四条 人民检察院对人民法院执行生效民事判决、裁定、调解书、支付令、仲裁裁决以及公证债权文书等法律文书的活动实行法律监督。

第一百零五条 人民检察院认为人民法院在执行活动中可能存在怠于履行职责情形的，可以依照有关规定向人民法院发出《说明案件执行情况通知书》，要求说明案件的执行情况及理由。

第一百零六条 人民检察院发现人民法院在执行活动中有下列情形之一的，应当向同级人民法院提出检察建议：

（一）决定是否受理、执行管辖权的移转以及审查和处理执行异议、复议、申诉等执行审查活动存在违法、错误情形的；

（二）实施财产调查、控制、处分、交付和分配以及罚款、拘留、信用惩戒措施等执行实施活动存在违法、错误情形的；

（三）存在消极执行、拖延执行等情形的；

（四）其他执行违法、错误情形。

第一百零七条 人民检察院依照本规则第三十条第二款规定受理后交办的案件，下级人民检察院经审查认为人民法院作出的执行复议裁定、决定等存在违法、错误情形的，应当提请上级人民检察院监督；认为人民法院作出的执行复议裁定、决定等正确的，应当作出不支持监督申请的决定。

第一百零八条 人民检察院对执行活动提出检察建议的，应当经检察长或者检察委员会决定，制作《检察建议书》，在决定之日起十五日内将《检察建议书》连同案件卷宗移送同级人民法院，并制作决定提出检察建议的《通知书》，发送当事人。

第一百零九条 人民检察院认为当事人申请监督的人民法院执行活动不存在违法情形的，应当作出不支持监督申请的决定，并在决定之日起十五日内制作《不支持监督申请决定书》，发送申请人。

第一百一十条 人民检察院发现同级人民法院执行活动中执行人员存

① 2021年《民事诉讼法》第四次修正后调整为第58条。

在违法行为的,参照本规则第六章有关规定执行。

第一百一十二条　负责案件管理的部门发现本院办案活动有下列情形之一的,应当及时提出纠正意见:

(一)法律文书制作、使用不符合法律和有关规定的;

(二)违反办案期限有关规定的;

(三)侵害当事人、诉讼代理人诉讼权利的;

(四)未依法对民事审判活动以及执行活动中的违法行为履行法律监督职责的;

(五)其他应当提出纠正意见的情形。

情节轻微的,可以口头提示;情节较重的,应当发送《案件流程监控通知书》,提示办案部门及时查明情况并予以纠正;情节严重的,应当同时向检察长报告。

办案部门收到《案件流程监控通知书》后,应当在十日内将核查情况书面回复负责案件管理的部门。

第一百一十九条　人民检察院发现人民法院审查和处理当事人申请执行、撤销仲裁裁决或者申请执行公证债权文书存在违法、错误情形的,参照本规则第六章、第七章有关规定执行。

2.《最高人民法院关于如何处理人民检察院提出的暂缓执行建议问题的批复》(法释〔2000〕16 号,2000 年 7 月 15 日)

广东省高级人民法院:

你院粤高法民〔1998〕186 号《关于检察机关对法院生效民事判决建议暂缓执行是否采纳的请示》收悉。经研究,答复如下:

根据《中华人民共和国民事诉讼法》的规定,人民检察院对人民法院生效民事判决提出暂缓执行的建议没有法律依据。

【注释】《暂缓执行规定》(法发〔2002〕16 号)第 1 条规定:“执行程序开始后,人民法院因法定事由,可以决定对某一项或者某几项执行措施在规定的期限内暂缓实施。执行程序开始后,除法定事由外,人民法院不得决定暂缓执行。”人民检察院对人民法院生效民事判决提出的暂缓执行的建议,不属暂缓执行的法定事由。《暂缓执行规定》施行后,应结合适用。

3.《最高人民法院关于人民法院发现本院作出的诉前保全裁定和在执行程序中作出的裁定确有错误以及人民检察院对人民法院作出的诉前保全裁定提出抗诉人民法院应当如何处理的批复》(法释〔1998〕17号,1998年8月5日)

山东省高级人民法院:

你院鲁高法函〔1998〕57号《关于人民法院在执行程序中作出的裁定如发现确有错误应按何种程序纠正的请示》和鲁高法函〔1998〕58号《关于人民法院发现本院作出的诉前保全裁定确有错误或者人民检察院对人民法院作出的诉前保全提出抗诉人民法院应如何处理的请示》收悉。经研究,答复如下:

一、人民法院院长对本院已经发生法律效力的诉前保全裁定和在执行程序中作出的裁定,发现确有错误,认为需要撤销的,应当提交审判委员会讨论决定后,裁定撤销原裁定。

二、人民检察院对人民法院作出的诉前保全裁定提出抗诉,没有法律依据,人民法院应当通知其不予受理。

4.《最高人民法院关于对执行程序中的裁定的抗诉不予受理的批复》

(法复〔1995〕5号,1995年8月10日)

广东省高级人民法院:

你院粤高法〔1995〕37号《关于人民法院在执行程序中作出的裁定检察院是否有权抗诉的请示》收悉。经研究,答复如下:

根据《中华人民共和国民事诉讼法》的有关规定,人民法院为了保证已发生法律效力的判决、裁定或者其他法律文书的执行而在执行程序中作出的裁定,不属于抗诉的范围。因此,人民检察院针对人民法院在执行程序中作出的查封财产裁定提出抗诉,于法无据,人民法院不予受理。

【注释】根据《最高人民法院、最高人民检察院关于民事执行活动法律监督若干问题的规定》(法发〔2016〕30号)第11条、《最高人民检察院关于贯彻执行〈中华人民共和国民事诉讼法〉若干问题的通知》(高检发民字〔2013〕1号)第7条规定,检察机关对民事审判程序进行法律监督,可以采取检察建议或抗诉的方式,对民事执行活动进行法律监督,仅能采取检察建议的方式,不包括抗诉。

【司法文件】

1.《最高人民法院、最高人民检察院关于民事执行活动法律监督若干问题的规定》(法发〔2016〕30 号,2017 年 1 月 1 日)

第一条　人民检察院依法对民事执行活动实行法律监督。人民法院依法接受人民检察院的法律监督。

第二条　人民检察院办理民事执行监督案件,应当以事实为依据,以法律为准绳,坚持公开、公平、公正和诚实信用原则,尊重和保障当事人的诉讼权利,监督和支持人民法院依法行使执行权。

第三条　人民检察院对人民法院执行生效民事判决、裁定、调解书、支付令、仲裁裁决以及公证债权文书等法律文书的活动实施法律监督。

第四条　对民事执行活动的监督案件,由执行法院所在地同级人民检察院管辖。

上级人民检察院认为确有必要的,可以办理下级人民检察院管辖的民事执行监督案件。下级人民检察院对有管辖权的民事执行监督案件,认为需要上级人民检察院办理的,可以报请上级人民检察院办理。

第五条　当事人、利害关系人、案外人认为人民法院的民事执行活动存在违法情形向人民检察院申请监督,应当提交监督申请书、身份证明、相关法律文书及证据材料。提交证据材料的,应当附证据清单。

申请监督材料不齐备的,人民检察院应当要求申请人限期补齐,并明确告知应补齐的全部材料。申请人逾期未补齐的,视为撤回监督申请。

第六条　当事人、利害关系人、案外人认为民事执行活动存在违法情形,向人民检察院申请监督,法律规定可以提出异议、复议或者提起诉讼,当事人、利害关系人、案外人没有提出异议、申请复议或者提起诉讼的,人民检察院不予受理,但有正当理由的除外。

当事人、利害关系人、案外人已经向人民法院提出执行异议或者申请复议,人民法院审查异议、复议期间,当事人、利害关系人、案外人又向人民检察院申请监督的,人民检察院不予受理,但申请对人民法院的异议、复议程序进行监督的除外。

【注释】根据本条规定,当事人、利害关系人、案外人申请执行检察监督前,应当穷尽异议、复议救济程序,但申请对人民法院的异议、复议程序进行监督的除外。

第七条 具有下列情形之一的民事执行案件,人民检察院应当依职权进行监督:

(一)损害国家利益或者社会公共利益的;

(二)执行人员在执行该案时有贪污受贿、徇私舞弊、枉法执行等违法行为、司法机关已经立案的;

(三)造成重大社会影响的;

(四)需要跟进监督的。

【注释】关于执行人员有贪污受贿、徇私舞弊、枉法执行等违法行为的,虽然法律对此有明确规定,但检察机关以此为由依职权启动对民事执行案件的监督程序,确实需要把握一定的标准。首先,应将范围界定为"执行该案时",如执行人员在执行案件中出现了贪污受贿等行为,检察机关有权依职权启动对该执行案件的审查,但不宜将该人员所办理的所有执行案件一并审查。其次,对于执行人员的贪污受贿等违法行为,应该有一定的判断标准。《民事诉讼法解释》第392条对《民事诉讼法》第207条第13项规定的"审判人员审理该案件时有贪污受贿,徇私舞弊,枉法裁判行为"解释为"是指已经由生效刑事法律文书或者纪律处分决定所确认的行为"。但该解释不适用于执行人员的违法行为,因执行人员的违法行为对于执行案件的影响一旦形成,会对当事人的利益造成现实的影响,如果需要等到违法行为最终确认后再启动对民事执行案件的监督程序,往往时过境迁,难以及时有效纠正违法情形。①

第八条 人民检察院因办理监督案件的需要,依照有关规定可以调阅人民法院的执行卷宗,人民法院应当予以配合。

通过拷贝电子卷、查阅、复制、摘录等方式能够满足办案需要的,不调阅卷宗。

人民检察院调阅人民法院卷宗,由人民法院办公室(厅)负责办理,并在五日内提供,因特殊情况不能按时提供的,应当向人民检察院说明理由,并在情况消除后及时提供。

人民法院正在办理或者已结案尚未归档的案件,人民检察院办理民事执行监督案件时可以直接到办理部门查阅、复制、拷贝、摘录案件材料,不调阅

---

① 参见郑新俭:《最高人民法院、最高人民检察院〈关于民事执行活动法律监督若干问题的规定〉的理解与适用》,载《人民检察》2017年第2期。

卷宗。

第九条　人民检察院因履行法律监督职责的需要，可以向当事人或者案外人调查核实有关情况。

第十条　人民检察院认为人民法院在民事执行活动中可能存在怠于履行职责情形的，可以向人民法院书面了解相关情况，人民法院应当说明案件的执行情况及理由，并在十五日内书面回复人民检察院。

第十一条　人民检察院向人民法院提出民事执行监督检察建议，应当经检察长批准或者检察委员会决定，制作检察建议书，在决定之日起十五日内将检察建议书连同案件卷宗移送同级人民法院。

检察建议书应当载明检察机关查明的事实、监督理由、依据以及建议内容等。

【注释】根据《最高人民法院关于对执行程序中的裁定的抗诉不予受理的批复》（法复〔1995〕5 号）和《最高人民检察院关于贯彻执行〈中华人民共和国民事诉讼法〉若干问题的通知》（高检发民字〔2013〕1 号）第 7 条规定，检察机关对民事审判程序进行法律监督，可以采取检察建议或抗诉的方式，对民事执行活动进行法律监督，仅能采取检察建议的方式，不能采取抗诉的方式。

第十二条　人民检察院提出的民事执行监督检察建议，统一由同级人民法院立案受理。

第十三条　人民法院收到人民检察院的检察建议书后，应当在三个月内将审查处理情况以回复意见函的形式回复人民检察院，并附裁定、决定等相关法律文书。有特殊情况需要延长的，经本院院长批准，可以延长一个月。

回复意见函应当载明人民法院查明的事实、回复意见和理由并加盖院章。不采纳检察建议的，应当说明理由。

第十四条　人民法院收到检察建议后逾期未回复或者处理结果不当的，提出检察建议的人民检察院可以依职权提请上一级人民检察院向其同级人民法院提出检察建议。上一级人民检察院认为应当跟进监督的，应当向其同级人民法院提出检察建议。人民法院应当在三个月内提出审查处理意见并以回复意见函的形式回复人民检察院，认为人民检察院的意见正确的，应当监督下级人民法院及时纠正。

第十五条　当事人在人民检察院审查案件过程中达成和解协议且不违反法律规定的，人民检察院应当告知其将和解协议送交人民法院，由人民法院依照民事诉讼法第二百三十条①的规定进行处理。

第十六条 当事人、利害关系人、案外人申请监督的案件，人民检察院认为人民法院民事执行活动不存在违法情形的，应当作出不支持监督申请的决定，在决定之日起十五日内制作不支持监督申请决定书，发送申请人，并做好释法说理工作。

人民检察院办理依职权监督的案件，认为人民法院民事执行活动不存在违法情形的，应当作出终结审查决定。

第十七条 人民法院认为检察监督行为违反法律规定的，可以向人民检察院提出书面建议。人民检察院应当在收到书面建议后三个月内作出处理并将处理情况书面回复人民法院；人民法院对于人民检察院的回复有异议的，可以通过上一级人民法院向上一级人民检察院提出。上一级人民检察院认为人民法院建议正确的，应当要求下级人民检察院及时纠正。

第十八条 有关国家机关不依法履行生效法律文书确定的执行义务或者协助执行义务的，人民检察院可以向相关国家机关提出检察建议。

第十九条 人民检察院民事检察部门在办案中发现被执行人涉嫌构成拒不执行判决、裁定罪且公安机关不予立案侦查的，应当移送侦查监督部门处理。

第二十条 人民法院、人民检察院应当建立完善沟通联系机制，密切配合，互相支持，促进民事执行法律监督工作依法有序稳妥开展。

第二十一条 人民检察院对人民法院行政执行活动实施法律监督，行政诉讼法及有关司法解释没有规定的，参照本规定执行。

第二十二条 本规定自2017年1月1日起施行。

2.《最高人民检察院关于贯彻执行〈中华人民共和国民事诉讼法〉若干问题的通知》（高检发民字〔2013〕1号，2013年1月9日）

一、人民检察院对于2012年12月31日前受理但尚未审查终结的案件，应当在2013年3月31日前审查终结。

二、当事人在2013年1月1日后向人民检察院申请监督的，人民检察院应当依照修改后民事诉讼法第二百零八条、第二百零九条②的规定进行审

① 2021年《民事诉讼法》第四次修正后调整为第237条。

② 2021年《民事诉讼法》第四次修正后调整为第215条、第216条。

查，符合上述规定的，应当受理。当事人未向人民法院申请再审，直接向人民检察院申请监督的，人民检察院应当依照第二百零九条第一款的规定不予受理。

三、当事人申请对民事审判程序中审判人员违法行为、民事执行活动进行监督，法律规定当事人可以提出异议、申请复议、提起诉讼，当事人没有按照法律规定行使权利或者人民法院正在处理的，人民检察院不予受理。

四、当事人向人民检察院申请监督，由作出生效判决、裁定、调解书或者正在审理、执行案件的人民法院的同级人民检察院控告检察部门受理。人民检察院受理监督申请时，应当要求当事人提交申请书、相关法律文书、身份证明和相关证据材料。

人民检察院控告检察部门在接收材料后应进行审查，并作出是否受理的决定。符合受理条件的，控告检察部门应当在决定受理之日起三日内向申请人、被申请人送达《受理通知书》。

下级人民检察院向上级人民检察院提请抗诉的，由上级人民检察院案件管理部门受理。

五、人民检察院自 2013 年 1 月 1 日起受理的案件，应当在受理之日起三个月内进行审查，作出提出检察建议、抗诉的决定，或者作出不支持监督申请的决定。

六、人民检察院在受理后经审查，认为申请监督的理由和依据不能成立的，应当作出不支持监督申请的决定并制作决定书送达案件当事人。

七、人民检察院经审查决定提出检察建议或者抗诉，应当制作检察建议书或者抗诉书发送同级人民法院，并将提出检察建议或者抗诉的决定通知案件当事人。

提出再审检察建议应当经本院检察委员会决定，并报上一级人民检察院备案。

人民检察院经审查决定不提出检察建议或者抗诉的，应当制作不支持监督申请的决定书送达案件当事人。

八、人民检察院提请抗诉，应当制作提请抗诉报告书连同案件卷宗报送上一级人民检察院，并将提请抗诉的决定通知案件当事人。

人民检察院经审查决定不提请抗诉的，应当制作不支持监督申请的决定书并送达案件当事人。

九、人民检察院已经作出检察监督决定或者人民法院基于检察监督作出判决、裁定、决定的，当事人再次申请监督，人民检察院不予受理。

人民检察院提出检察建议或者抗诉后，人民法院对检察建议未予采纳或者作出的再审判决、裁定确有错误的，人民检察院可以依据修改后民事诉讼法第二百零八条的规定，依职权进行监督。

本通知自印发之日起执行。各级人民检察院在执行本通知过程中遇到的问题，请及时层报最高人民检察院。

3.《最高人民法院、最高人民检察院关于建立全国执行与法律监督工作平台进一步完善协作配合工作机制的意见》（法发〔2020〕23号）

一、最高人民法院、最高人民检察院各自建立监督工作系统并进行对接，搭建全国执行与法律监督工作平台（以下简称工作平台）。工作平台建成后，检察监督意见及人民法院回复意见的提出、案件信息的传输等均通过工作平台操作和流转，有关统计分析数据从工作平台提取。工作平台信息需要从其他系统导入的，应当同步更新。

工作平台的建设分阶段开展。工作平台建成前，最高人民法院和最高人民检察院每月通过一定方式集中交换全国检察监督意见的相关信息。

二、人民检察院实施法律监督，应当突出重点，着重对损害国家利益或者社会公共利益、严重损害当事人合法权益、造成重大社会影响等违法执行行为进行监督。

三、人民检察院认为人民法院执行活动不存在违法情形的，应当将不支持监督申请的决定或者终结审查决定通过工作平台推送给人民法院。

四、人民检察院提出检察监督意见应当由检察官办案组或者检察官办理，经检察长批准或者检察委员会决定，制作检察监督意见法律文书，以人民检察院的名义提出。检察监督意见法律文书应当通过工作平台推送给人民法院。

五、检察监督意见法律文书应当包含文号、执行法院、执行案号、执行当事人、案由、案件事实、证据材料、监督理由、违法类型、法律依据、建议内容等。针对人民法院异议、复议程序进行监督的，应当注明异议、复议案件办理法院。经过检察委员会讨论的，应当注明。一份检察监督意见法律文书一般只应针对一个执行案号，包括执行实施案件案号或者执行审查案件案号，就多个案件的共性问题提出检察监督意见的，可以分别列明案号。

六、有关人民法院收到针对具体案件的检察监督意见法律文书后，应在三十日内依程序立"执监字"案件办理。被监督的执行行为或者执行裁定的承办人、合议庭成员应当回避。

七、人民法院办理检察监督意见应由独任法官或者合议庭审查，以人民法院名义回复意见。由检察委员会讨论决定后提出的检察监督意见，人民法院作出答复前原则上应当经审判委员会讨论决定。

八、人民法院办理人民检察院提出检察监督意见的执行监督案件，实行书面审查。案情复杂、争议较大的，应当进行听证，并在听证三日前通知同级人民检察院、当事人、利害关系人、案外人。同级人民检察院应当派员参加听证。人民检察院因履行法律监督职责调查核实的情况，应当向人民法院提交并予以说明，由当事人、利害关系人、案外人进行质证。

书面审查的案件，人民法院可以将检察监督意见法律文书送达当事人、利害关系人、案外人，通知当事人、利害关系人、案外人可以在限定期限内提出书面意见。

人民法院在办理人民检察院提出检察监督意见的执行监督案件过程中，可以参照《最高人民法院关于人民法院办理执行异议和复议案件若干问题的规定》等有关程序规则。

九、人民法院对检察监督意见，可以按照下列情形，分别处理：

（一）采纳或者部分采纳检察监督意见的，裁定撤销、变更相关执行行为或者有关异议、复议裁定，但执行行为无撤销、变更内容，或者异议、复议裁定认定事实、适用法律虽有瑕疵，但结果正确的，裁定维持有关执行行为或者有关异议、复议裁定；

（二）不予采纳检察监督意见的，裁定维持相关执行行为或者有关异议、复议裁定；

（三）对涉嫌消极执行行为提出的检察监督意见，以及针对共性问题等提出改进工作的检察监督意见，以回复意见函的形式回复人民检察院。

十、人民法院应当依照有关规定依法及时将回复意见函、裁定书等法律文书回复人民检察院，必要时可附相关证据材料。有特殊情况需要延长的，应当与人民检察院协商，经本院院长批准，可以延长不超过一个月。

十一、人民法院的回复意见函、裁定书应当包含回函或者裁定书文号、执行法院、执行案号、执行当事人、案由、检察监督意见法律文书文号、检察监督意见主要内容、案件事实及证据材料、是否违法、违法类型、采纳情况、理由、如何纠正等。采纳情况分为全部采纳、部分采纳和不予采纳。

人民法院的回复意见函、裁定书应当通过工作平台回复人民检察院。

十二、上级法院、检察院应当对检察监督意见的提出和办理情况加强管理和督促，适时开展质量评查和综合分析。人民法院要将检察监督意见的办理情况纳入绩效考核，作为加强执行工作日常管理的重要抓手，要将检察监督意见作为发现干警违法违纪线索的重要来源，及时整治问题，净化执行队伍。

【指导案例】

1. 江苏某银行申请执行监督案(检例第108号)

【关键词】

执行案件案外人　保证责任　执行行为异议　程序指引错误　执行监督

【要旨】

质权人为实现约定债权申请执行法院解除对质物的冻结措施，向法院承诺对申请解除冻结错误造成的损失承担责任，该承诺不是对出质人债务的保证，人民法院不应裁定执行其财产。对人民法院错误裁定执行其财产的行为不服提出的异议是对执行行为的异议，对该异议裁定不服的救济途径为复议程序而非执行异议之诉。

【基本案情】

2014年7月9日，某银行与某公司签订《最高额银行承兑汇票承兑合同》，约定承兑最高限额不超过1000万元。同日，毛某芹与某银行签订《质押合同》，约定毛某芹以其名下某银行开具的2张存单共计1000万元对前述承兑合同项下借款提供质押担保，约定若主债权到期(包括提前到期)债务人未予清偿的，某银行有权实现质权；质押期限为2014年7月9日至2015年1月9日。当日，毛某芹向某银行交付上述质押存单2张并签订《权利质押清单》。某银行依约向某公司开具2张共计1000万元的承兑汇票并承兑付款，但某公司未能在票据到期日将应付票据款交存某银行。

2014年11月10日，江苏省扬中市人民法院在审理某小额贷款公司诉借款人杨某娥、连带保证人毛某芹民间借贷纠纷案中，根据某小额贷款公司的诉讼保全申请，冻结了毛某芹已质押给某银行的500万元的存单。

2015年1月7日，某银行以涉案存单到期为由向扬中市人民法院提出解除冻结的书面申请,未获批准。同年 4 月 28 日,某银行根据法院要求,出具《承诺》一份,载明:"现我单位申请解除对该质押存单的冻结,若申请解除冻结的行为存在错误导致损失的,我单位提供反担保,对上述存单的申请解除冻结行为承担责任。"次日,法院解除冻结。

2015 年 6 月 8 日,扬中市人民法院对某小额贷款公司诉杨某娥、毛某芹等人的民间借贷纠纷案作出判决,判令杨某娥偿还某小额贷款公司借款 200 万元本息,毛某芹等人共同承担连带还款责任。同年 12 月 29 日,某小额贷款公司申请强制执行。扬中市人民法院作出(2015)扬执字第 1614 号裁定,以某银行出具的《承诺》系自愿为毛某芹提供保证,故依据《最高人民法院关于人民法院执行工作若干问题的规定(试行)》(以下简称《执行工作若干规定》)第 85 条规定,裁定某银行在保证责任范围内对某小额贷款公司承担清偿责任。

某银行不服,向扬中市人民法院提出执行异议,认为其因行使质权需要,申请对涉案存单解除冻结并无过错,法院要求其承担保证责任无事实依据。扬中市人民法院于 2016 年 3 月 7 日作出(2016)苏 1182 执异 5 号裁定,认为某银行自愿为毛某芹提供保证,法院裁定执行其财产符合法律规定,遂裁定驳回异议,并告之如不服可在 15 日内向法院提起诉讼。

某银行遂根据法院指引,提起执行异议之诉,请求:确认某银行对涉案存单享有质权,其出具的《承诺》不构成保证;撤销扬中市人民法院追加其为被执行人的裁定及驳回异议裁定。2016 年 7 月 28 日,扬中市人民法院认为该案应当依照审判监督程序处理,裁定驳回起诉。某银行不服提起上诉。镇江市中级人民法院认为某银行可通过普通确权诉讼另行主张质权,驳回上诉。

2016 年底,某银行按照镇江市中级人民法院的指引,以毛某芹为被告、某小额贷款公司为第三人,向扬中市人民法院提起质押合同诉讼。2017 年 11 月 14 日,该院作出(2016)苏 1182 民初 4094 号判决,确认某银行对涉案存单享有质权,其提供的《承诺》不构成对毛某芹债务的担保。某小额贷款公司不服提起上诉。2018 年 5 月 24 日,镇江市中级人民法院二审判决驳回上诉,维持原判。

【检察机关履职情况】

线索来源　2017 年 3 月初,某银行向扬中市人民检察院申请执行监督,主张其对毛某芹涉案存单享有质权,《承诺》不构成担保,扬中市人民法院据此追加其为被执行人违法。

调查核实　扬中市人民检察院受理某银行的监督申请后，查明以下事实：一是对涉案合同进行了审查，确认某银行对涉案存单享有质权。因某公司未能在票据到期日将应付票据款 1000 万元交存某银行，某银行有权根据《质押合同》约定对毛某芹质押的 1000 万元存单行使优先受偿权。二是本案执行期间，执行法院同时执行的另案，即毛某芹与王某龙民间借贷纠纷案的审判及执行情况。该案一审中，法院依王某龙申请冻结了毛某芹在某银行的 12 张存单共计 6400 万元，某银行同样以其对 12 张存单享有质权为由申请法院解除冻结，并向法院出具书面承诺，内容与本案《承诺》基本一致。法院解除对上述存单的冻结后，王某龙不服，先后提出执行异议和执行异议之诉，法院一审、二审、再审均认为某银行对该 12 张存单享有质权，依法享有优先受偿权，对王某龙提出的诉求未予支持。

监督意见　2017 年 3 月 14 日，扬中市人民检察院向扬中市人民法院发出检察建议书，指出某银行出具的《承诺》不构成担保法意义上的保证，法院裁定由其承担还款责任，缺乏事实依据和法律依据。法院对某银行提出的异议予以驳回且引导其提起执行异议之诉，在执行异议之诉被驳回后又告之其依照审判监督程序处理，导致某银行饱受诉累，建议法院依法纠正错误执行行为。

2017 年 7 月 28 日，扬中市人民法院回函以某银行提起质权确认之诉为由，未采纳检察建议。扬中市人民检察院对该案持续跟进监督，发现在质押合同纠纷案件审理期间，法院根据某小额贷款公司的申请已强行划扣某银行 260 万元。在质押合同纠纷一案判决确认某银行对涉案存单享有质权，《承诺》不构成对毛某芹债务的担保后，法院亦未将划转的 260 万元执行回转。扬中市人民检察院遂于 2018 年 8 月 1 日，再次向扬中市人民法院发出检察建议，指出：某银行与毛某芹、某小额贷款公司质押合同纠纷一案已全部审理完毕，原复函中提出的“某银行正在提起质权确认之诉”的情形已不复存在，建议法院依法纠错并进行执行回转。

监督结果　2019 年 1 月 25 日，扬中市人民法院向扬中市人民检察院复函称，该院作出的(2015)扬执字第 1614 号裁定确有错误，应予纠正，对检察建议予以采纳。该院已于 2018 年 9 月 6 日裁定执行回转，某小额贷款公司已将 260 万元执行款返还某银行。

【指导意义】

(一)质权人为申请解除对质物的冻结，向法院承诺对申请解除冻结错误造成的损失承担责任，不是对出质人债务的保证，法院裁定执行其财产错误。《执行工作若干规定》第 85 条规定，人民法院在审理案件期间，保证人为被执行人提供保证，人民法院据此解除保全措施的，案件审结后如果被执行人无财产可供执行或其财产不足清偿债务时，人民法院有权裁定执行保证人在保证责任范围内的财产。执行程序中将案外人认定为保证人，意味着直接使得生效法律文书列明的被执行人以外的人承担实体责任，对当事人权利义务将产生无法律依据的不当影响，因此关于保证责任的认定应严格遵循有关法律规定，根据当事人真实意思表示慎重审查认定。本案中，某银行作为案外人，只有在向法院明确其愿意为被执行人毛某芹的债务提供保证时，法院才可裁定执行某银行在保证责任范围内的财产。某银行出具的《承诺》虽然有“反担保”一词，但反担保是指债务人为保证人提供的担保，某银行与毛某芹并非债务人与保证人的关系，某银行也未作出为毛某芹的债务提供担保的意思表示，因此不构成反担保。《承诺》是某银行应法院要求出具，内容是愿对其申请解除冻结错误可能导致的损失承担责任，并非为毛某芹对某小额贷款公司的担保债务提供保证，因此不属于《执行工作若干规定》第 85 条规定的“保证人为被执行人提供保证”的情形，人民法院据此裁定执行某银行的财产错误。

（二）执行程序中应正确区分对执行行为的异议与对执行标的的异议，准确适用不同的法律救济途径。《中华人民共和国民事诉讼法》第二百二十五条及第二百二十七条对执行行为异议和执行标的异议规定了不同的救济途径，当事人、利害关系人对执行行为异议裁定不服的，可向上级人民法院申请复议，对执行标的异议裁定不服的，可提起执行异议之诉。本案中，某银行是对法院认定《承诺》系对毛某芹担保的债务提供保证，并据此裁定执行其财产的行为不服，属于对执行行为提出的异议，而非对执行标的提出的异议，对该异议裁定不服的救济途径为复议程序，人民法院引导其提起执行异议之诉，程序指引有误。在某银行提起执行异议之诉后，人民法院认为该案应当依照审判监督程序处理，驳回起诉亦属适用法律错误。根据《最高人民法院关于适用〈中华人民共和国民事诉讼法〉的解释》第三百一十二条①规定，人民法院应当对某银行就涉案存单是否享有足以排除强制执行的民事权益进行审理，并对其提出的确权诉讼请求一并作出裁判，而不应指引其另行提起普通确权诉讼主张质权。

① 2022 年《民事诉讼法解释》第二次修正后调整为第 310 条。

（三）对已经设立质权的标的物，人民法院可以采取财产保全措施，但不影响质权人的优先受偿权。根据《最高人民法院关于适用〈中华人民共和国民事诉讼法〉的解释》第一百五十七条的规定，人民法院对抵押物、质押物、留置物可以采取财产保全措施，但不影响抵押权人、质权人、留置权人的优先受偿权。某银行作为涉案存单的质权人，有权请求法院解除冻结，法院在某银行提供有关证据证明其对涉案存单享有质权的情况下，应解除对涉案存单的冻结。此时申请诉讼保全的权利人若有异议，可以向法院提出，若在执行异议程序中仍不能解决双方争议，则可提起执行异议之诉。本案法院在解除对涉案存单冻结后，诉讼保全申请人某小额贷款公司并未提出异议的情况下，裁定执行该存单财产并指引某银行提起执行异议之诉及质权确权之诉，事实上混淆了本案争议焦点，适用法律及程序指引均存在错误。

人民检察院在依法履行民事执行法律监督职责时，经调查核实，发现人民法院执行活动存在上述违反法律规定情形的，应当依法提出检察建议。对于人民法院已错误划扣的财产应当建议法院进行执行回转。

【相关规定】

《最高人民法院关于人民法院执行工作若干问题的规定（试行）》第85条①

《中华人民共和国民事诉讼法》第二百二十五条、第二百二十七条、第二百三十五条②

《最高人民法院关于适用〈中华人民共和国民事诉讼法〉的解释》第三百一十二条

《中华人民共和国担保法》第四条③

2. 湖北某房地产公司申请执行监督案（检例第109号）

【关键词】

鉴定材料　评估结果明显失实　评估异议　执行人员违法　执行监督

【要旨】

对于民事执行监督中当事人有证据证明执行标的物评估结果失实问题，人

① 2020年修正后调整为第54条。

② 2021年《民事诉讼法》第四次修正后调整为第232条、第234条、第242条。

③ 《民法典》施行后，相关内容规定在第387条第2款、第689条。

民检察院应当依法受理并围绕影响评估结果的关键性因素进行调查核实；经过调查核实查明违法情形属实的，人民检察院应当依法监督纠正；对于发现的执行人员和相关人员违纪、违法犯罪线索应当及时移送有关单位或部门处理。

【基本案情】

2004 年 9 月，某银行与某娱乐公司、某房地产公司因借款合同纠纷，向武汉仲裁委员会申请仲裁。武汉仲裁委员会裁决某娱乐公司向某银行偿还贷款本息共计 3590.45 万元，某银行对担保人某房地产公司抵押的财产优先受偿。裁决生效后，某银行于 2004 年 11 月向湖北省武汉市中级人民法院申请强制执行，后因某银行以当时拍卖变现抵押物会对该行造成较大损失为由，向武汉市中级人民法院申请暂缓拍卖，该院于 2005 年 10 月裁定终结本次执行程序，并向申请执行人发放债权凭证。2013 年 1 月，某银行申请恢复执行，武汉市中级人民法院于 2013 年 2 月作出（2004）武执字第 428 号执行裁定，对某房地产公司唯一资产——位于武汉市硚口区某地块 1.3 万余平方米的土地进行为期两年的查封，并于 2015 年 1 月作出（2004）武执字第 00428-1 号执行裁定，对上述土地续查封一年。上述两份执行裁定均未向某房地产公司和某银行送达。2014 年 7 月，武汉市中级人民法院委托评估机构对上述土地使用权价值进行评估，评估价为 5778.57 万元。某房地产公司对上述评估结果不服，提出执行异议，武汉市中级人民法院未对评估过程中是否存在程序违法进行审查，亦未交评估机构对异议内容进行复核。

2015 年 2 月 25 日，涉案土地公开拍卖，某置业公司经两轮竞价，以 5798.57 万元的价格竞买成交。2016 年 6 月，武汉市土地交易中心为竞买人办理变更使用权人登记时，为确定税费对涉案土地再次委托评估，确定总地价为 21300.7 万元。后武汉市土地交易中心与某置业公司签订《国有建设用地使用权成交确认书》。

【检察机关履职情况】

线索来源　2018 年 3 月，某房地产公司认为本案执行行为违反法律规定，向湖北省武汉市人民检察院申请监督，主要理由是执行程序中涉案土地的容积率明显有误，土地价值严重低估。武汉市人民检察院依法受理。

调查核实　武汉市人民检察院通过调查核实查明以下事实：一是武汉市国土资源和规划局保存的原始地籍资料显示，涉案土地出让时容积率为 4.16。二是武汉市中级人民法院执行人员曾于委托评估前调取该地籍资料并入卷，但委托评估时未向评估机构提供。三是本案土地价格评估时，评估

人员未查实涉案土地容积率,自行依据周边情况设定容积率为 2.0。四是某房地产公司及本案其他债权人曾于 2014 年 9 月和 2015 年 2 月提出执行异议,法院未予处理。五是竞买后,某置业公司变更权属登记时,武汉市国土资源和规划局硚口分局经核算确定涉案土地的容积率为 4.61,并依此办理权属变更登记公示;为确定土地交易税费,武汉市土地交易中心委托三家评估机构分别进行价值评估,其中估价为 21300.7 万元的结果居中,该交易中心按 21300.7 万元的总地价确定交易税费。六是某置业公司后已在涉案土地上开发"盛世公馆"项目并销售,建设用地规划许可证载明用地面积 13214.19 平方米,建设规模 60969.75 平方米,据此计算容积率为 4.61。

监督意见　武汉市人民检察院认为武汉市中级人民法院在本案执行程序中存在下列违法情形:第一,在已调取地籍资料的情况下,未将地籍资料移交给评估公司,未对委托评估资料的完整性负责,致使涉案土地评估价格 5778.57 万元明显低于实际市场价格;第二,未依法对某房地产公司提出的执行异议进行审查并作出处理;第三,未依法送达法律文书。2018 年 4 月 13 日,武汉市人民检察院向武汉市中级人民法院发出检察建议书,建议依法纠正错误执行行为;采取有效措施,统筹解决执行纠错及某房地产公司破产问题,维护某房地产公司及其债权人的合法权益;对执行人员的失职行为按照《人民法院工作人员处分条例》的规定予以处理。另,本案在启动监督程序后,对发现的职务犯罪线索已移送有关部门。

监督结果　武汉市中级人民法院收到检察建议书后,于 2018 年 6 月 6 日立案审查;2018 年 11 月 8 日,该院复函武汉市人民检察院,确认执行人员委托鉴定时未依法移交调取的鉴定资料,未能保证鉴定资料的充分性、完整性,导致评估价格明显低于市场价格、评估结果失实,损害被执行人合法权益,且存在其他程序违法问题;2018 年 12 月 29 日,该院作出(2018)鄂 01 执监 9 号执行裁定,撤销该院对案涉地块土地使用权的网络司法拍卖;2019 年 1 月 14 日,武汉市中级人民法院再次复函武汉市人民检察院,确认竞买人之间存在恶意串通的行为,严重扰乱司法拍卖秩序。

就本案造成的财产损害,某房地产公司以某置业公司为被告,提起财产损害赔偿之诉,武汉市中级人民法院已作出二审判决,判令某置业公司赔偿某房地产公司财产损失 11760.09 万元及相应利息;就该判决的履行,双方已达成具体的履行协议。

另,对本案移送的犯罪线索,有关部门已分别对某置业公司法定代表人翟某、某评估公司法定代表人贾某、估价师黄某 4 人立案。经湖北省武汉市洪山区人民检察院依法提起公诉,洪山区人民法院经审理认定翟某以威胁手段,强迫他人退出拍卖,导致翟某所控制的公司拍得土地使用权的价格远低于实际价值,以翟某犯强迫交易罪,判处有期徒刑二年,缓刑二年,并处罚金二万元,判决现已生效。贾某、黄某被武汉市中级人民法院二审以提供虚假证明文件罪分别判处有期徒刑一年零三个月、一年零六个月,并处罚金。

【指导意义】

(一)对于可能存在的执行标的物评估结果失实的问题,人民检察院应着重围绕影响评估结果的关键性因素进行调查核实。执行标的物评估结果失实,特别是评估结果明显低于市场价格损害财产权利人利益,是执行监督中当事人反映比较集中的一类问题,尤以土地、房产和重大设备价值评估为多发领域。评估结果失实是检察机关依法履职的线索来源,人民检察院应据此重点审查是否存在违法情形导致评估结果失实,查明违法情形属实的,应当依法监督。土地作为执行标的物时,其市场价格与土地容积率、地段、周边配套等因素密切相关,人民检察院调查核实违法情形时应当重点围绕决定土地价格的密切相关因素进行。以土地容积率为例,可以查实地块出让时确定的容积率、执行人员对容积率的查明掌握情况、评估鉴定机构确定容积率的方法、权属变更登记公示时的容积率和确定土地交易税费时的容积率,遇有容积率的确定存在前后明显差异的情形,应重点查实确定容积率的方法、途径和变化因素等。

(二)查实执行活动存在违法情形的,应当予以监督纠正,对于相关人员可能存在的违纪违法和犯罪线索,应当按规定移送有关部门处理。人民检察院开展执行监督工作,对确有错误的执行案件,应当建议人民法院依法纠正;发现执行人员违纪违法的,应建议人民法院予以处理;发现涉嫌犯罪的,应当将案件线索依法移送有关单位或部门。办理涉及评估鉴定的执行监督案件时,应当注意查明人民法院委托评估鉴定是否向评估鉴定机构提供了真实、完整、充分的评估鉴定材料,是否将已掌握的相关情况全部告知评估鉴定机构,从中发现委托评估鉴定过程中是否存在违法行为。

【相关规定】

《中华人民共和国拍卖法》第三十七条

《司法鉴定程序通则》第十三条

3. 黑龙江何某申请执行监督案(检例第 110 号)

【关键词】

夫妻共同债务认定　执行依据　违法追加被执行人　程序违法　跟进监督

【要旨】

执行程序应当按照生效判决等确定的执行依据进行,变更、追加被执行人应当遵循法定原则和程序,不得在法律和司法解释规定之外或者未经依法改判的情况下变更、追加被执行人。对于执行程序中违法变更、追加被执行人的,人民检察院应当依法监督。

【基本案情】

张某与何某系夫妻关系。2009 年至 2010 年,张某因销售燃煤急需资金,向魏某借款共计 35 万元,到期未偿还。魏某以张某为被告向黑龙江省铁力市人民法院提起诉讼。2012 年 2 月 27 日,铁力市人民法院作出(2011)铁民初字第 833 号民事判决,判令“被告张某于本判决发生法律效力后十五日内偿还原告魏某本金 35 万元”。张某不服一审判决,上诉至伊春市中级人民法院,二审驳回上诉、维持原判。2012 年 8 月 6 日,魏某向铁力市人民法院申请执行。2014 年 1 月 22 日,张某与何某协议离婚。

2015 年 7 月 30 日,铁力市人民法院作出(2012)铁执字 167-2 号执行裁定,以借款系夫妻共同债务为由,裁定追加何某为被执行人,并冻结何某工资。

何某向铁力市人民法院提出书面异议。2015 年 12 月 28 日,铁力市人民法院作出(2015)铁执异字第 16 号执行裁定,认为婚姻关系存续期间,夫妻一方以个人名义所负债务,除债权人与债务人明确约定为个人债务或夫妻约定婚姻关系存续期间财产归各自所有外,都应视为夫妻共同债务,裁定驳回何某的异议。何某不服该裁定,向黑龙江伊春市中级人民法院申请复议。2016 年 4 月 11 日,伊春市中级人民法院作出(2016)黑 07 执复 2 号执行裁定,驳回何某的复议申请。

【检察机关履职情况】

线索来源　2017 年 5 月 31 日,何某向黑龙江铁力市人民检察院申请执行监督,认为铁力市人民法院在执行程序中追加被执行人违法。铁力市人民检察院依法受理。

监督意见　2017 年 6 月 28 日,铁力市人民检察院向铁力市人民法院发出检察建议书,认为铁力市人民法院裁定追加何某为被执行人缺乏法律依据,建议纠正。7 月 26 日,铁力市人民法院复函,认为追加何某为被执行人适用法律准确,程序合法,且上级法院已作出执行异议复议裁定,故不予采纳检察建议。铁力市人民检察院提请伊春市人民检察院跟进监督。11 月 8 日,伊春市人民检察院向伊春市中级人民法院发出检察建议书,认为生效判决并未确认案涉款项为夫妻共同债务,执行环节不应直接改变执行依据,在未经法院改判的情况下不应直接将判决确认的个人债务推定为夫妻共同债务;追加何某为被执行人,既影响判决的既判力,又剥夺何某诉讼权利,使得何某未经审判程序即需承担义务,建议纠正。

监督结果　2018 年 3 月 22 日,伊春市中级人民法院作出(2018)黑 07 民监 1 号回复函,认为铁力市人民法院不应追加何某为被执行人,经该院审判委员会讨论决定,采纳伊春市人民检察院的检察建议。4 月 16 日,伊春市中级人民法院作出(2018)黑 07 执监 3 号执行裁定,撤销铁力市人民法院(2012)铁执字 167-2 号执行裁定。后铁力市人民法院解除对何某工资账户的冻结。

【指导意义】

(一)违法追加被执行人,人民检察院应当依法监督。审判和执行程序分工不同,当事人实体权利义务应由审判程序予以确定,执行程序通常不应直接确定当事人实体权利义务,只能依照执行依据予以执行。变更、追加被执行人应当遵循法定原则,对于法律或司法解释规定情形之外的,不能变更、追加,否则实质上剥夺了当事人的诉讼权利,属于程序违法。“未经审判程序,不得要求未举债的夫妻一方承担民事责任”的具体规定虽然是 2017 年 2 月最高人民法院在《关于依法妥善审理涉及夫妻债务案件有关问题的通知》中才明确表述的,但是,人民法院在执行程序中追加被执行人的基本原则、程序一直是确定的,这一规定只是对确定夫妻共同债务既有规则的重申。人民检察院发现执行程序中人民法院违法追加被执行人的,应当依法进行监督。

(二)办理可能涉及夫妻共同债务的案件,既要注重保护债权人的合法权利,又要注重保护未共同举债的夫妻另一方的合法权利。涉夫妻共同债务案件事关交易安全、社会诚信和家庭稳定,办理此类案件过程中,既要注意到可能存在夫妻双方恶意串通损害债权人利益的情形,也要注意到可能存在夫妻一方与债权人恶意串通损害配偶利益的情形,特别是要防止简单化地将夫妻关系存续期间发生的债务都认定为夫妻共同债务。如严格按照《民法典》

第一千零六十四条的规定认定是否属于夫妻共同债务，同时要严守法定程序，保障当事人诉讼权利。如有证据证明可能存在夫妻双方恶意串通损害债权人利益的，应经由审判程序认定夫妻共同债务，而非在执行程序中直接追加夫妻另一方为被执行人。

（三）人民检察院认为人民法院对检察建议处理结果错误，可以提请上级院跟进监督。检察建议是人民检察院履行法律监督职能的重要方式。发现人民法院对人民检察院提出的检察建议未在规定的期限内作出处理并书面回复，以及对检察建议的处理结果错误的，应当按照有关规定进行监督，或者提请上级院监督。

【相关规定】

《人民检察院民事诉讼监督规则（试行）》第一百一十七条①

① 已被2021年8月1日施行的《人民检察院民事诉讼监督规则》废止，相关内容规定在第124条。

二、执行的申请和移送

第二百四十三条　【申请执行与移送执行】发生法律效力的民事判决、裁定，当事人必须履行。一方拒绝履行的，对方当事人可以向人民法院申请执行，也可以由审判员移送执行员执行。

调解书和其他应当由人民法院执行的法律文书，当事人必须履行。一方拒绝履行的，对方当事人可以向人民法院申请执行。

<table>
<tr><th colspan="3">规范体系</th></tr>
<tr><td>相关立法</td><td colspan="2">1.《民事诉讼法》第 203—204 条、第 244 条第 1 款、第 245 条第 1 款、第 246 条、第 287—290 条
2.《仲裁法》第 62 条
3.《劳动争议调解仲裁法》第 51 条
4.《农村土地承包经营纠纷调解仲裁法》第 42 条、第 49 条
5.《公证法》第 37 条
6.《工会法》第 44 条</td></tr>
<tr><td>司法解释</td><td>一般规定</td><td>1.《最高人民法院关于适用〈中华人民共和国民事诉讼法〉的解释》（法释〔2015〕5 号；经法释〔2022〕11 号第二次修正）第 506—510 条、第 541—542 条、第 544—546 条
2.《最高人民法院关于适用〈中华人民共和国民事诉讼法〉执行程序若干问题的解释》（法释〔2008〕13 号；经法释〔2020〕21 号修正）第 17—18 条
3.《最高人民法院关于人民法院执行工作若干问题的规定（试行）》（法释〔1998〕15 号；经法释〔2020〕21 号修正）第 16—18 条、第 20—21 条、第 55—56 条
4.《最高人民法院关于民事执行中变更、追加当事人若干问题的规定》（法释〔2016〕21 号；经法释〔2020〕21 号修正）第 1—9 条
5.《最高人民法院关于审理涉及农村土地承包经营纠纷调解仲裁案件适用法律若干问题的解释》（法释〔2014〕1 号；经法释〔2020〕17 号修正）第 9—10 条</td></tr>
</table>

(续表)

规范体系		
司法解释	一般规定	6.《最高人民法院关于人民法院审理事业单位人事争议案件若干问题的规定》(法释〔2003〕13 号)第 2 条 7.《最高人民法院关于适用〈中华人民共和国民法典〉有关担保制度的解释》(法释〔2020〕28 号)第 28 条 8.《最高人民法院关于民事诉讼委托代理人在执行程序中的代理权限问题的批复》(法复〔1997〕1 号)
	特殊类型	1.《最高人民法院关于人民法院办理财产保全案件若干问题的规定》(法释〔2016〕22 号;经法释〔2020〕21 号修正)第 1—4 条、第 25 条、第 28—29 条 2.《最高人民法院关于刑事裁判涉财产部分执行的若干规定》(法释〔2014〕13 号)第 7 条 3.《最高人民法院关于审理海洋自然资源与生态环境损害赔偿纠纷案件若干问题的规定》(法释〔2017〕23 号)第 10 条 4.《最高人民法院关于审理环境民事公益诉讼案件适用法律若干问题的解释》(法释〔2015〕1 号;经法释〔2020〕20 号修正)第 32 条 5.《最高人民法院、最高人民检察院关于检察公益诉讼案件适用法律若干问题的解释》(法释〔2018〕6 号)第 12 条 6.《最高人民法院关于办理申请人民法院强制执行国有土地上房屋征收补偿决定案件若干问题的规定》(法释〔2012〕4 号)第 1—11 条 7.《最高人民法院关于违法的建筑物、构筑物、设施等强制拆除问题的批复》(法释〔2013〕5 号) 8.《最高人民法院关于对林业行政机关依法作出具体行政行为申请人民法院强制执行问题的复函》(法函〔1993〕91 号)

（续表）

规范体系		
司法解释	涉港澳台	1.《最高人民法院关于内地与香港特别行政区法院相互认可和执行婚姻家庭民事案件判决的安排》（法释〔2022〕4 号）第 1—22 条 2.《最高人民法院、香港特别行政区政府关于内地与香港特别行政区法院相互认可和执行民商事案件判决的安排》（2019 年 1 月 18 日签署）第 1—31 条 3.《最高人民法院关于内地与澳门特别行政区相互认可和执行民商事判决的安排》（法释〔2006〕2 号）第 1—24 条 4.《最高人民法院关于认可和执行台湾地区法院民事判决的规定》（法释〔2015〕13 号）第 1—23 条
司法文件		1.《最高人民法院关于执行案件立案、结案若干问题的意见》（法发〔2014〕26 号）第 2 条、第 7 条、第 18 条、第 20 条 2.《最高人民法院关于人民法院立案、审判与执行工作协调运行的意见》（法发〔2018〕9 号）第 1—2 条、第 4 条 3.《最高人民法院关于执行权合理配置和科学运行的若干意见》（法发〔2011〕15 号）第 13 条、第 15—16 条、第 19 条、第 27 条 4.《最高人民法院关于依法制裁规避执行行为的若干意见》（法〔2011〕195 号）第 6—8 条 5.《最高人民法院关于适用〈诉讼费用交纳办法〉的通知》（法发〔2007〕16 号）第 1—6 条 6.《最高人民法院关于执行案件移送破产审查若干问题的指导意见》（法发〔2017〕2 号）第 1—21 条 7.《最高人民法院办公厅关于刑事裁判涉财产部分执行可否收取诉讼费意见的复函》（法办函〔2017〕19 号） 8.《最高人民法院关于金融资产管理公司收购、处置银行不良资产有关问题的补充通知》（法〔2005〕62 号）第 3 条 9.《最高人民法院关于审理涉及金融不良债权转让案件工作座谈会纪要》（法发〔2009〕19 号）第 10 条

(续表)

<table>
<tr><th colspan="3">规范体系</th></tr>
<tr><td rowspan="2">司法答复</td><td>申请执行主体</td><td>1.《最高人民法院执行工作办公室关于执行程序中被撤销登记的公司也有权继续申请强制执行的答复》(〔2002〕执监字第81-1号)
2.《最高人民法院执行工作办公室关于权利人被吊销营业执照后诉讼主体资格和申请执行主体资格有关问题的答复》(〔2003〕执他字第16号)
3.《最高人民法院关于判决确定的金融不良债权多次转让人民法院能否裁定变更申请执行主体请示的答复》(〔2009〕执他字第1号)
4.《最高人民法院关于百事达(美国)企业有限公司申请执行中美合资安徽饭店有限公司清算委员会侵权纠纷一案的请示报告的答复》(〔2010〕执他字第5号)
5.《最高人民法院关于中国工商银行运城市分行广场分理处与中国建设银行太原市分行承兑汇票纠纷执行争议案的复函》(〔2001〕执监字第26号)</td></tr>
<tr><td>申请执行追偿权</td><td>1.《最高人民法院经济审判庭关于生效判决的连带责任人代偿债务后应以何种诉讼程序向债务人追偿问题的复函》(法经〔1992〕121号)
2.《最高人民法院关于判决中已确定承担连带责任的一方向其他连带责任人追偿数额的可直接执行问题的复函》(经他〔1996〕4号)
3.《最高人民法院执行工作办公室关于对最高人民法院(2003)民二终字第111号民事判决立案执行中有关法律适用问题的请示的答复》(〔2005〕执他字第13-1号)
4.《最高人民法院关于判决主文已判明追偿权的是否须另行诉讼问题的答复》(〔2009〕执他字第4号)</td></tr>
</table>

（续表）

规范体系		
司法答复	申请执行人事争议仲裁裁决	1.《最高人民法院执行工作办公室关于人事争议仲裁委员会的裁决书能否继续执行问题的答复》(〔2003〕执他字第 25 号) 2.《最高人民法院执行工作办公室关于人事部门人事争议仲裁委员会作出的裁决能否由人民法院强制执行问题的批复》(〔2002〕执他字第 8 号)
	申请参与分配	1.《最高人民法院关于如何确定生效法律文书确定的抵押权优先受偿范围的请示答复》(〔2013〕执他字第 26 号) 2.《最高人民法院关于〈最高人民法院关于人民法院执行工作若干问题的规定(试行)〉第 88 条、第 90 条如何理解适用等问题的请示答复》 3.《最高人民法院执行工作办公室关于天津市第二中级人民法院与天津海事法院执行同一被执行人财产发生争议可否参照最高人民法院执行工作规定第 90 条处理的请示的答复》(〔2003〕执他字第 17 号) 4.《最高人民法院执行工作办公室关于广西北海市中级人民法院与太原市尖草坪区人民法院因工程款能否优先执行争议协调案的复函》(〔2003〕执协字第 6 号)

【条文释义】

本条是关于申请执行与移送执行的规定。

申请执行，是指根据生效法律文书，享有权利的一方当事人在对方拒绝履行义务的情况下，向人民法院提出申请，请求人民法院强制执行。申请执行应当具备以下几个条件：(1)必须是义务人在法律文书确定的履行期间届满仍没有履行义务。(2)必须在本法规定的申请执行期间提出申请，超过法定期间提出申请的，人民法院不予执行。(3)申请执行一般应采用书面形式，递交申请执行书。申请执行书应当说明申请执行的事项和理由，提出证据，并应当尽量提供被申请人的经济状况及可供执行的财产状况。(4)申请执行必须提交执行根据。根据本条规定，当事人可据以申请执行的，既包括发生法律效力的民事判决、裁定，也包括调解书和其他应当由人民法院执行的法律文书。

移送执行，是指人民法院审判人员审结案件后，将生效的判决书、裁定书移交给执行员执行。司法实践中，执行程序一般由当事人提出申请开始，但在某些特殊情形下，如追索国家财产案件的判决，追索赡养费、抚育费、扶养费案件的判决，人民法院往往不经当事人申请而直接移送执行。移送执行是人民法院的职权行为，哪些案件需要移送执行，法律没有明文规定，审判人员可以根据案件的具体情况决定是否移送执行。凡审判人员没有移送执行的案件，就意味着执行开始需要当事人申请。根据本条规定，由审判员移送执行的只能是发生法律效力的民事判决、裁定，调解书和其他生效法律文书不存在移送执行。①

【相关立法】

1.《中华人民共和国民事诉讼法》（2021 年 12 月 24 日第十三届全国人民代表大会常务委员会第三十二次会议第四次修正，2022 年 1 月 1 日）

第二百零三条　申请实现担保物权，由担保物权人以及其他有权请求实现担保物权的人依照民法典等法律，向担保财产所在地或者担保物权登记地基层人民法院提出。

第二百零四条　人民法院受理申请后，经审查，符合法律规定的，裁定拍卖、变卖担保财产，当事人依据该裁定可以向人民法院申请执行；不符合法律规定的，裁定驳回申请，当事人可以向人民法院提起诉讼。

【注释】不符合法律规定的情况，如双方对债务是否履行存在争议，对抵押合同的有关条款或者抵押权的效力问题存在争议等。这些问题实际上是实现担保物权的前提条件尚不具备，如果双方对此类事情发生争议，就谈不上实现担保物权的问题。人民法院受理申请后，经审查，不符合法律规定的，裁定驳回申请，当事人可以向人民法院提起诉讼。

第二百四十四条第一款　对依法设立的仲裁机构的裁决，一方当事人不

① 参见全国人民代表大会常务委员会法制工作委员会编：《中华人民共和国民事诉讼法释义（最新修正版）》，法律出版社 2012 年版，第 550—551 页。

履行的，对方当事人可以向有管辖权的人民法院申请执行。受申请的人民法院应当执行。

第二百四十五条第一款　对公证机关依法赋予强制执行效力的债权文书，一方当事人不履行的，对方当事人可以向有管辖权的人民法院申请执行，受申请的人民法院应当执行。

第二百四十六条　申请执行的期间为二年。申请执行时效的中止、中断，适用法律有关诉讼时效中止、中断的规定。

前款规定的期间，从法律文书规定履行期间的最后一日起计算；法律文书规定分期履行的，从最后一期履行期限届满之日起计算；法律文书未规定履行期间的，从法律文书生效之日起计算。

第二百八十七条　人民法院作出的发生法律效力的判决、裁定，如果被执行人或者其财产不在中华人民共和国领域内，当事人请求执行的，可以由当事人直接向有管辖权的外国法院申请承认和执行，也可以由人民法院依照中华人民共和国缔结或者参加的国际条约的规定，或者按照互惠原则，请求外国法院承认和执行。

中华人民共和国涉外仲裁机构作出的发生法律效力的仲裁裁决，当事人请求执行的，如果被执行人或者其财产不在中华人民共和国领域内，应当由当事人直接向有管辖权的外国法院申请承认和执行。

【注释】在我国人民法院的判决、裁定请求外国法院承认和执行的提出程序上，民事诉讼法借鉴世界上多数国家所采用的方式，考虑我国与有关国家司法协助协定中的相关内容，明确规定当事人可以直接向外国法院申请承认和执行，这种方式简化了程序，方便当事人，同时也有助于我国法院的判决、裁定能够在外国得到及时的承认与执行。另外，对我国涉外仲裁机构作出的发生法律效力的仲裁裁决，当事人请求执行的，如果被执行人或者其财产不在我国领域内，则应当由当事人直接向有管辖权的外国法院申请承认和执行。这一途径，是我国参加的《承认与执行外国仲裁裁决公约》(《1958 年纽约公约》)以及我国签订的双边司法协助条约中所确定的。对于我国涉外仲裁机构的裁决，不必再经过我国人民法院请求外国法院承认和执行。

第二百八十八条　外国法院作出的发生法律效力的判决、裁定，需要中华人民共和国人民法院承认和执行的，可以由当事人直接向中华人民共和国有管辖权的中级人民法院申请承认和执行，也可以由外国法院依照该国与中华人民共和国缔结或者参加的国际条约的规定，或者按照互惠原则，请求人民法院承认和执行。

第二百八十九条 人民法院对申请或者请求承认和执行的外国法院作出的发生法律效力的判决、裁定,依照中华人民共和国缔结或者参加的国际条约,或者按照互惠原则进行审查后,认为不违反中华人民共和国法律的基本原则或者国家主权、安全、社会公共利益的,裁定承认其效力,需要执行的,发出执行令,依照本法的有关规定执行。违反中华人民共和国法律的基本原则或者国家主权、安全、社会公共利益的,不予承认和执行。

第二百九十条 国外仲裁机构的裁决,需要中华人民共和国人民法院承认和执行的,应当由当事人直接向被执行人住所地或者其财产所在地的中级人民法院申请,人民法院应当依照中华人民共和国缔结或者参加的国际条约,或者按照互惠原则办理。

【注释】在具体的承认和执行程序上,《最高人民法院关于执行我国加入的〈承认及执行外国仲裁裁决公约〉的通知》第 3 条规定:"根据《1958 年纽约公约》第四条的规定,申请我国法院承认和执行在另一缔约国领土内作出的仲裁裁决,是由仲裁裁决的一方当事人提出的。对于当事人的申请应由我国下列地点的中级人民法院受理:1. 被执行人为自然人的,为其户籍所在地或者居所地;2. 被执行人为法人的,为其主要办事机构所在地;3. 被执行人在我国无住所、居所或者主要办事机构,但有财产在我国境内的,为其财产所在地。"第 4 条规定:"我国有管辖权的人民法院接到一方当事人的申请后,应对申请承认及执行的仲裁裁决进行审查,如果认为不具有《1958 年纽约公约》第五条第一、二项所列的情形,应当裁定承认其效力,并且依照民事诉讼法(试行)规定的程序执行;如果认定具有第五条第二项所列的情形之一的,或者根据被执行人提供的证据证明具有第五条第一项所列的情形之一的,应当裁定驳回申请,拒绝承认及执行。"

2.《中华人民共和国仲裁法》(2017 年 9 月 1 日第十二届全国人民代表大会常务委员会第二十九次会议第二次修正,2018 年 1 月 1 日)

第六十二条 当事人应当履行裁决。一方当事人不履行的,另一方当事人可以依照民事诉讼法的有关规定向人民法院申请执行。受申请的人民法院应当执行。

3.《中华人民共和国劳动争议调解仲裁法》(2007 年 12 月 29 日第十届全国人民代表大会常务委员会第三十一次会议通过,2008 年 5 月 1 日)

第五十一条　当事人对发生法律效力的调解书、裁决书,应当依照规定的期限履行。一方当事人逾期不履行的,另一方当事人可以依照民事诉讼法的有关规定向人民法院申请执行。受理申请的人民法院应当依法执行。

4.《中华人民共和国农村土地承包经营纠纷调解仲裁法》(2009 年 6 月 27 日第十一届全国人民代表大会常务委员会第九次会议通过,2010 年 1 月 1 日)

第四十二条　对权利义务关系明确的纠纷,经当事人申请,仲裁庭可以先行裁定维持现状、恢复农业生产以及停止取土、占地等行为。

一方当事人不履行先行裁定的,另一方当事人可以向人民法院申请执行,但应当提供相应的担保。

第四十九条　当事人对发生法律效力的调解书、裁决书,应当依照规定的期限履行。一方当事人逾期不履行的,另一方当事人可以向被申请人住所地或者财产所在地的基层人民法院申请执行。受理申请的人民法院应当依法执行。

5.《中华人民共和国公证法》(2017 年 9 月 1 日第十二届全国人民代表大会常务委员会第二十九次会议第二次修正,2018 年 1 月 1 日)

第三十七条　对经公证的以给付为内容并载明债务人愿意接受强制执行承诺的债权文书,债务人不履行或者履行不适当的,债权人可以依法向有管辖权的人民法院申请执行。

前款规定的债权文书确有错误的,人民法院裁定不予执行,并将裁定书送达双方当事人和公证机构。

6.《中华人民共和国工会法》(2021 年 12 月 24 日第十三届全国人民代表大会常务委员会第三十二次会议第三次修正,2022 年 1 月 1 日)

第四十四条　企业、事业单位无正当理由拖延或者拒不拨缴工会经费,基层工会或者上级工会可以向当地人民法院申请支付令;拒不执行支付令的,工会可以依法申请人民法院强制执行。

【司法解释】

(一)一般规定

1.**《最高人民法院关于适用〈中华人民共和国民事诉讼法〉的解释》**(法释〔2015〕5号,2015年2月4日;经法释〔2022〕11号第二次修正,2022年4月10日)

第五百零六条 被执行人为公民或者其他组织,在执行程序开始后,被执行人的其他已经取得执行依据的债权人发现被执行人的财产不能清偿所有债权的,可以向人民法院申请参与分配。

对人民法院查封、扣押、冻结的财产有优先权、担保物权的债权人,可以直接申请参与分配,主张优先受偿权。

【注释】本条是关于参与分配制度的一般性规定。

1992年《民事诉讼法意见》(已废止)第297条原规定,被执行人的"已经起诉的债权人",也可以向人民法院申请参与分配。此后1998年《执行工作规定》第90条缩小了参与分配的债权人范围,就一般债权而言,将其限定为"已经取得金钱债权执行依据的其他债权人",从而排除了已经起诉的债权人申请参与分配的资格。本条沿用了《执行工作规定》之限制。

根据本条规定,对人民法院查封、扣押、冻结的财产有优先权、担保物权的债权人,无须以取得执行依据为条件,可以直接申请参与分配,主张优先受偿权。允许享有优先受偿权但未取得执行依据的人参加到参与分配程序中来,其理由在于:优先受偿权资格或者是来源于查封前的担保物权,或者是基于法律的特殊规定,应予以优先保护。就源于查封前抵押权的债权人而言,对于抵押权的强制执行程序要求其必须提前行使抵押权,这本身就不利于抵押权人,如果再要求其事先必须取得执行依据,则完全破坏了抵押权制度的目的。

根据现行法律和司法解释的规定,优先权主要包括:(1)《民法典》第807条规定的"建设工程价款优先权";(2)《民用航空法》第18条、第19条规定的"民用航空器优先权";(3)《海商法》第21条、第22条规定的"船舶优先权";(4)《税收征收管理法》第45条规定的"税收优先权";(5)《民办教育促进法》第59条规定的"应退受教育者学杂费用优先权";(6)《查封扣押冻结规定》第 16 条、第 17 条规定的“基于保留所有权或未移转登记而产生的剩余价款优先受偿权”。

第五百零七条　申请参与分配，申请人应当提交申请书。申请书应当写明参与分配和被执行人不能清偿所有债权的事实、理由，并附有执行依据。

参与分配申请应当在执行程序开始后，被执行人的财产执行终结前提出。

第五百零八条　参与分配执行中，执行所得价款扣除执行费用，并清偿应当优先受偿的债权后，对于普通债权，原则上按照其占全部申请参与分配债权数额的比例受偿。清偿后的剩余债务，被执行人应当继续清偿。债权人发现被执行人有其他财产的，可以随时请求人民法院执行。

第五百零九条　多个债权人对执行财产申请参与分配的，执行法院应当制作财产分配方案，并送达各债权人和被执行人。债权人或者被执行人对分配方案有异议的，应当自收到分配方案之日起十五日内向执行法院提出书面异议。

【注释】本条移植了《执行程序解释》第 17 条规定的部分内容，对参与分配情形下的分配方案制作作了规定。《执行程序解释》中规定的“多个债权人对同一被执行人申请执行”情形下的分配方案制作问题，继续适用。尤其是涉及未经生效法律文书确认的优先债权的分配问题，应当制作分配方案，被执行人、其他债权人有异议的，可以通过分配方案异议、分配方案异议之诉程序予以救济。

通常认为，当事人针对分配方案中所列的债权数额及其利息的计算方法、计算结果有异议，或者对分配方案涉及的无执行依据的债权是否存在及其数额多少、无执行依据的担保物权或者其他优先权是否成立及有效分配的顺序是否合法等异议，属于参与分配方案异议，应在法定期限内向主持分配的法院提出。执行法院相关部门予以审查，审查范围仅限于形式审查，并将当事人的异议告知其他当事人。本解释对分配方案异议采用“异议——异议之诉”的处理模式，主要考虑通过诉讼的方式解决当事人之间的异议，更符合参与分配方案纠纷的性质。

第五百一十条　债权人或者被执行人对分配方案提出书面异议的，执行法院应当通知未提出异议的债权人、被执行人。

未提出异议的债权人、被执行人自收到通知之日起十五日内未提出反对意见的，执行法院依异议人的意见对分配方案审查修正后进行分配；提出反对意见的,应当通知异议人。异议人可以自收到通知之日起十五日内,以提出反对意见的债权人、被执行人为被告,向执行法院提起诉讼;异议人逾期未提起诉讼的,执行法院按照原分配方案进行分配。

诉讼期间进行分配的,执行法院应当提存与争议债权数额相应的款项。

【注释】(1)此处分配方案,既包括“多个债权人对执行财产申请参与分配”的情形,也包括“多个债权人对同一被执行人申请执行”的情形。

(2)根据本条第2款规定,提起执行分配方案异议之诉具有前置程序,即:债权人向执行法院提出书面异议,执行法院将该异议通知其他债权人、被执行人;其他债权人、被执行人在法定期限内对异议提出反对意见的,法院通知异议人,异议人才能提起执行分配方案异议之诉。

第五百四十一条　申请人向人民法院申请承认和执行外国法院作出的发生法律效力的判决、裁定,应当提交申请书,并附外国法院作出的发生法律效力的判决、裁定正本或者经证明无误的副本以及中文译本。外国法院判决、裁定为缺席判决、裁定的,申请人应当同时提交该外国法院已经合法传唤的证明文件,但判决、裁定已经对此予以明确说明的除外。

中华人民共和国缔结或者参加的国际条约对提交文件有规定的,按照规定办理。

第五百四十二条　当事人向中华人民共和国有管辖权的中级人民法院申请承认和执行外国法院作出的发生法律效力的判决、裁定的,如果该法院所在国与中华人民共和国没有缔结或者共同参加国际条约,也没有互惠关系的,裁定驳回申请,但当事人向人民法院申请承认外国法院作出的发生法律效力的离婚判决的除外。

承认和执行申请被裁定驳回的,当事人可以向人民法院起诉。

第五百四十四条　对外国法院作出的发生法律效力的判决、裁定或者外国仲裁裁决,需要中华人民共和国法院执行的,当事人应当先向人民法院申请承认。人民法院经审查,裁定承认后,再根据民事诉讼法第三编的规定予以执行。

当事人仅申请承认而未同时申请执行的,人民法院仅对应否承认进行审查并作出裁定。

第五百四十五条　当事人申请承认和执行外国法院作出的发生法律效力的判决、裁定或者外国仲裁裁决的期间,适用民事诉讼法第二百四十六条的规定。

当事人仅申请承认而未同时申请执行的,申请执行的期间自人民法院对承认申请作出的裁定生效之日起重新计算。

第五百四十六条　承认和执行外国法院作出的发生法律效力的判决、裁定或者外国仲裁裁决的案件,人民法院应当组成合议庭进行审查。

人民法院应当将申请书送达被申请人。被申请人可以陈述意见。

人民法院经审查作出的裁定,一经送达即发生法律效力。

2.《最高人民法院关于适用〈中华人民共和国民事诉讼法〉执行程序若干问题的解释》(法释〔2008〕13 号,2009 年 1 月 1 日;经法释〔2020〕21 号修正,2021 年 1 月 1 日)

第十七条　多个债权人对同一被执行人申请执行或者对执行财产申请参与分配的,执行法院应当制作财产分配方案,并送达各债权人和被执行人。债权人或者被执行人对分配方案有异议的,应当自收到分配方案之日起十五日内向执行法院提出书面异议。

【注释】《民事诉讼法解释》第 509 条移植了本条规定的部分内容,对参与分配情形下的分配方案制作作了规定。本条规定中"多个债权人对同一被执行人申请执行"情形下的分配方案制作问题,继续适用。尤其是涉及未经生效法律文书确认的优先债权的分配问题,应当制作分配方案,被执行人、其他债权人有异议的,可以通过分配方案异议、分配方案异议之诉程序予以救济。

第十八条　债权人或者被执行人对分配方案提出书面异议的,执行法院应当通知未提出异议的债权人或被执行人。

未提出异议的债权人、被执行人收到通知之日起十五日内未提出反对意见的,执行法院依异议人的意见对分配方案审查修正后进行分配;提出反对意见的,应当通知异议人。异议人可以自收到通知之日起十五日内,以提出反对意见的债权人、被执行人为被告,向执行法院提起诉讼;异议人逾期未提起诉讼的,执行法院依原分配方案进行分配。

诉讼期间进行分配的,执行法院应当将与争议债权数额相应的款项予以提存。

【注释】本条与《民事诉讼法解释》第 510 条一致。

3.《最高人民法院关于人民法院执行工作若干问题的规定(试行)》(法释〔1998〕15 号,1998 年 7 月 8 日;经法释〔2020〕21 号修正,2021 年 1 月1 日)

三、执行的申请和移送

16. 人民法院受理执行案件应当符合下列条件:

(1)申请或移送执行的法律文书已经生效;

(2)申请执行人是生效法律文书确定的权利人或其继承人、权利承受人;

(3)申请执行的法律文书有给付内容,且执行标的和被执行人明确;

(4)义务人在生效法律文书确定的期限内未履行义务;

(5)属于受申请执行的人民法院管辖。

人民法院对符合上述条件的申请,应当在七日内予以立案;不符合上述条件之一的,应当在七日内裁定不予受理。

17. 生效法律文书的执行,一般应当由当事人依法提出申请。

发生法律效力的具有给付赡养费、扶养费、抚育费内容的法律文书、民事制裁决定书,以及刑事附带民事判决、裁定、调解书,由审判庭移送执行机构执行。

【注释】本条第 2 款内容是关于移送执行的规定。

(1)除本款列举的情形之外,移送执行的案件还包括刑事裁判涉财产部分执行案件(《刑事财产部分执行规定》第 7 条)、保全案件(《财产保全规定》第 2 条;《执行权意见》第 15 条、第 16 条)、公益诉讼案件(《检察公益诉讼案件解释》第 12 条)。

(2)关于移送执行的立案程序,《执行权意见》(法发〔2011〕15 号)第 27 条规定:"对符合法定移送执行条件的法律文书,审判机构应当在法律文书生效后及时移送执行局执行。"《执行立结案意见》(法发〔2014〕26 号)第 2 条规定:"执行案件统一由人民法院立案机构进行审查立案,人民法庭经授权执行自审案件的,可以自行审查立案,法律、司法解释规定可以移送执行的,相关审判机构可以移送立案机构办理立案登记手续。立案机构立案后,应当依照法律、司法解释的规定向申请人发出执行案件受理通知书。"

18. 申请执行,应向人民法院提交下列文件和证件:

(1)申请执行书。申请执行书中应当写明申请执行的理由、事项、执行标的,以及申请执行人所了解的被执行人的财产状况。

申请执行人书写申请执行书确有困难的,可以口头提出申请。人民法院接待人员对口头申请应当制作笔录,由申请执行人签字或盖章。

外国一方当事人申请执行的,应当提交中文申请执行书。当事人所在国与我国缔结或共同参加的司法协助条约有特别规定的,按照条约规定办理。

(2)生效法律文书副本。

(3)申请执行人的身份证明。自然人个人申请的,应当出示居民身份证;法人申请的,应当提交法人营业执照副本和法定代表人身份证明;非法人组织申请的,应当提交营业执照副本和主要负责人身份证明。

(4)继承人或权利承受人申请执行的,应当提交继承或承受权利证明文件。

(5)其他应当提交的文件或证件。

【注释】《民事送达意见》(法发〔2017〕19 号)第 5 条规定:"人民法院应当在登记立案时要求当事人确认送达地址。当事人拒绝确认送达地址的,依照《最高人民法院关于登记立案若干问题的规定》第七条的规定处理。"《登记立案规定》(法释〔2015〕8 号)第 7 条第 1 款和第 3 款规定:"当事人提交的诉状和材料不符合要求的,人民法院应当一次性书面告知在指定期限内补正。""当事人在指定期限内没有补正的,退回诉状并记录在册;坚持起诉、自诉的,裁定或者决定不予受理、不予立案。"法发〔2017〕19 号意见施行后,立案部门应当在登记立案时要求当事人确认送达地址。当事人拒绝确认送达地址的,退回材料,并记录在册;坚持提出申请的,裁定不予受理。

20. 申请执行人可以委托代理人代为申请执行。委托代理的,应当向人民法院提交经委托人签字或盖章的授权委托书,写明代理人的姓名或者名称、代理事项、权限和期限。

委托代理人代为放弃、变更民事权利,或代为进行执行和解,或代为收取执行款项的,应当有委托人的特别授权。

21. 执行申请费的收取按照《诉讼费用交纳办法》办理。

【注释】《最高人民法院关于适用〈诉讼费用交纳办法〉的通知》(法发〔2007〕16 号)第 4 条规定:"《办法》第二十条规定,执行申请费和破产申请费不由申请人预交,执行申请费执行后交纳,破产申请费清算后交纳。自 2007 年 4 月 1 日起,执行申请费由人民法院在执行生效法律文书确定的内容之外直接向被执行人收取,破产申请费由人民法院在破产清算后,从破产财产中优先拨付。"依据《诉讼费用交纳办法》(国务院令第 481 号)第 10 条规定,当事人依法向人民法院申请执行人民法院发生法律效力的判决、裁定、调解书,仲裁机构依法作出的裁决和调解书,公证机构依法赋予强制执行效力的债权文书;申请承认和执行外国法院判决、裁定和国外仲裁机构裁决应当交纳申请费。依据第38条第1款规定,上述申请费由被执行人负担。第38条第2款规定:“执行中当事人达成和解协议的,申请费的负担由双方当事人协商解决;协商不成的,由人民法院决定。”《民事诉讼法解释》第205条规定:“拍卖、变卖担保财产的裁定作出后,人民法院强制执行的,按照执行金额收取执行申请费。”上述规定应结合适用。

九、多个债权人对一个债务人申请执行和参与分配

55. 多份生效法律文书确定金钱给付内容的多个债权人分别对同一被执行人申请执行,各债权人对执行标的物均无担保物权的,按照执行法院采取执行措施的先后顺序受偿。

多个债权人的债权种类不同的,基于所有权和担保物权而享有的债权,优先于金钱债权受偿。有多个担保物权的,按照各担保物权成立的先后顺序清偿。

一份生效法律文书确定金钱给付内容的多个债权人对同一被执行人申请执行,执行的财产不足清偿全部债务的,各债权人对执行标的物均无担保物权的,按照各债权比例受偿。

56. 对参与被执行人财产的具体分配,应当由首先查封、扣押或冻结的法院主持进行。

首先查封、扣押、冻结的法院所采取的执行措施如系为执行财产保全裁定,具体分配应当在该院案件审理终结后进行。

4.《最高人民法院关于民事执行中变更、追加当事人若干问题的规定》(法释〔2016〕21号,2016年12月1日;经法释〔2020〕21号修正,2021年1月1日)

第一条 执行过程中,申请执行人或其继承人、权利承受人可以向人民法院申请变更、追加当事人。申请符合法定条件的,人民法院应予支持。

第二条 作为申请执行人的自然人死亡或被宣告死亡,该自然人的遗产管理人、继承人、受遗赠人或其他因该自然人死亡或被宣告死亡依法承受生效法律文书确定权利的主体,申请变更、追加其为申请执行人的,人民法院应予支持。

作为申请执行人的自然人被宣告失踪,该自然人的财产代管人申请变更、追加其为申请执行人的,人民法院应予支持。

第三条　作为申请执行人的自然人离婚时,生效法律文书确定的权利全部或部分分割给其配偶,该配偶申请变更、追加其为申请执行人的,人民法院应予支持。

【注释】《民法典婚姻家庭编解释(一)》(法释〔2020〕22 号)第 69 条第 2 款规定,当事人依照《民法典》第 1076 条签订的离婚协议中关于财产以及债务处理的条款,对男女双方具有法律约束力。

第四条　作为申请执行人的法人或非法人组织终止,因该法人或非法人组织终止依法承受生效法律文书确定权利的主体,申请变更、追加其为申请执行人的,人民法院应予支持。

第五条　作为申请执行人的法人或非法人组织因合并而终止,合并后存续或新设的法人、非法人组织申请变更其为申请执行人的,人民法院应予支持。

第六条　作为申请执行人的法人或非法人组织分立,依分立协议约定承受生效法律文书确定权利的新设法人或非法人组织,申请变更、追加其为申请执行人的,人民法院应予支持。

第七条　作为申请执行人的法人或非法人组织清算或破产时,生效法律文书确定的权利依法分配给第三人,该第三人申请变更、追加其为申请执行人的,人民法院应予支持。

第八条　作为申请执行人的机关法人被撤销,继续履行其职能的主体申请变更、追加其为申请执行人的,人民法院应予支持,但生效法律文书确定的权利依法应由其他主体承受的除外;没有继续履行其职能的主体,且生效法律文书确定权利的承受主体不明确,作出撤销决定的主体申请变更、追加其为申请执行人的,人民法院应予支持。

第九条　申请执行人将生效法律文书确定的债权依法转让给第三人,且书面认可第三人取得该债权,该第三人申请变更、追加其为申请执行人的,人民法院应予支持。

5.《最高人民法院关于审理涉及农村土地承包经营纠纷调解仲裁案件适用法律若干问题的解释》(法释〔2014〕1 号,2014 年 1 月 24 日;经法释〔2020〕17 号修正,2021 年 1 月 1 日)

第九条　农村土地承包仲裁委员会作出先行裁定后,一方当事人依法向被执行人住所地或者被执行的财产所在地基层人民法院申请执行的,人民法院应予受理和执行。

申请执行先行裁定的,应当提供以下材料:

(一)申请执行书;

(二)农村土地承包仲裁委员会作出的先行裁定书;

(三)申请执行人的身份证明;

(四)申请执行人提供的担保情况;

(五)其他应当提交的文件或证件。

第十条 当事人根据农村土地承包经营纠纷调解仲裁法第四十九条规定,向人民法院申请执行调解书、裁决书,符合《最高人民法院关于人民法院执行工作若干问题的规定(试行)》第十六条规定条件的,人民法院应予受理和执行。

6.《最高人民法院关于人民法院审理事业单位人事争议案件若干问题的规定》(法释〔2003〕13号,2003年9月5日)

第二条 当事人对依照国家有关规定设立的人事争议仲裁机构所作的人事争议仲裁裁决不服,自收到仲裁裁决之日起十五日内向人民法院提起诉讼的,人民法院应当依法受理。一方当事人在法定期间内不起诉又不履行仲裁裁决,另一方当事人向人民法院申请执行的,人民法院应当依法执行。

7.《最高人民法院关于适用〈中华人民共和国民法典〉有关担保制度的解释》(法释〔2020〕28号,2021年1月1日)

第二十八条 一般保证中,债权人依据生效法律文书对债务人的财产依法申请强制执行,保证债务诉讼时效的起算时间按照下列规则确定:

(一)人民法院作出终结本次执行程序裁定,或者依照民事诉讼法第二百五十七条①第三项、第五项的规定作出终结执行裁定的,自裁定送达债权人之日起开始计算;

(二)人民法院自收到申请执行书之日起一年内未作出前项裁定的,自人民法院收到申请执行书满一年之日起开始计算,但是保证人有证据证明债务人仍有财产可供执行的除外。

一般保证的债权人在保证期间届满前对债务人提起诉讼或者申请仲裁,

---

① 2021年《民事诉讼法》第四次修正后调整为第264条。

债权人举证证明存在民法典第六百八十七条第二款①但书规定情形的,保证债务的诉讼时效自债权人知道或者应当知道该情形之日起开始计算。

8.《最高人民法院关于民事诉讼委托代理人在执行程序中的代理权限问题的批复》(法复〔1997〕1 号,1997 年 1 月 23 日)

陕西省高级人民法院:

你院陕高法〔1996〕78 号《关于诉讼委托代理人的代理权限是否包括执行程序的请示》收悉,经研究,答复如下:

根据民事诉讼法的规定,当事人在民事诉讼中有权委托代理人。当事人委托代理人时,应当依法向人民法院提交记明委托事项和代理人具体代理权限的授权委托书。如果当事人在授权委托书中没有写明代理人在执行程序中有代理权及具体的代理事项,则代理人在执行程序中没有代理权,不能代理当事人直接领取或者处分标的物。

【注释】关于执行程序中的代理,《执行工作规定》第 20 条有明确规定:"申请执行人可以委托代理人代为申请执行。委托代理的,应当向人民法院提交经委托人签字或盖章的授权委托书,写明代理人的姓名或者名称、代理事项、权限和期限。委托代理人代为放弃、变更民事权利,或代为进行执行和解,或代为收取执行款项的,应当有委托人的特别授权。"

(二)特殊类型

1.《最高人民法院关于人民法院办理财产保全案件若干问题的规定》(法释〔2016〕22 号,2016 年 12 月 1 日;经法释〔2020〕21 号修正,2021 年 1 月 1 日)

第一条　当事人、利害关系人申请财产保全,应当向人民法院提交申请书,并提供相关证据材料。

---

① 《民法典》第 687 条第 2 款规定:"一般保证的保证人在主合同纠纷未经审判或者仲裁,并就债务人财产依法强制执行仍不能履行债务前,有权拒绝向债权人承担保证责任,但是有下列情形之一的除外:(一)债务人下落不明,且无财产可供执行;(二)人民法院已经受理债务人破产案件;(三)债权人有证据证明债务人的财产不足以履行全部债务或者丧失履行债务能力;(四)保证人书面表示放弃本款规定的权利。"

申请书应当载明下列事项：

（一）申请保全人与被保全人的身份、送达地址、联系方式；

（二）请求事项和所根据的事实与理由；

（三）请求保全数额或者争议标的；

（四）明确的被保全财产信息或者具体的被保全财产线索；

（五）为财产保全提供担保的财产信息或资信证明，或者不需要提供担保的理由；

（六）其他需要载明的事项。

法律文书生效后，进入执行程序前，债权人申请财产保全的，应当写明生效法律文书的制作机关、文号和主要内容，并附生效法律文书副本。

第二条 人民法院进行财产保全，由立案、审判机构作出裁定，一般应当移送执行机构实施。

第三条 仲裁过程中，当事人申请财产保全的，应当通过仲裁机构向人民法院提交申请书及仲裁案件受理通知书等相关材料。人民法院裁定采取保全措施或者裁定驳回申请的，应当将裁定书送达当事人，并通知仲裁机构。

第四条 人民法院接受财产保全申请后，应当在五日内作出裁定；需要提供担保的，应当在提供担保后五日内作出裁定；裁定采取保全措施的，应当在五日内开始执行。对情况紧急的，必须在四十八小时内作出裁定；裁定采取保全措施的，应当立即开始执行。

第二十五条 申请保全人、被保全人对保全裁定或者驳回申请裁定不服的，可以自裁定书送达之日起五日内向作出裁定的人民法院申请复议一次。人民法院应当自收到复议申请后十日内审查。

对保全裁定不服申请复议的，人民法院经审查，理由成立的，裁定撤销或变更；理由不成立的，裁定驳回。

对驳回申请裁定不服申请复议的，人民法院经审查，理由成立的，裁定撤销，并采取保全措施；理由不成立的，裁定驳回。

第二十八条 海事诉讼中，海事请求人申请海事请求保全，适用《中华人民共和国海事诉讼特别程序法》及相关司法解释。

第二十九条 本规定自2016年12月1日起施行。

本规定施行前公布的司法解释与本规定不一致的，以本规定为准。

2.《最高人民法院关于刑事裁判涉财产部分执行的若干规定》(法释〔2014〕13 号,2014 年 11 月 6 日)

第七条　由人民法院执行机构负责执行的刑事裁判涉财产部分,刑事审判部门应当及时移送立案部门审查立案。

移送立案应当提交生效裁判文书及其附件和其他相关材料,并填写《移送执行表》。《移送执行表》应当载明以下内容:

(一)被执行人、被害人的基本信息;

(二)已查明的财产状况或者财产线索;

(三)随案移送的财产和已经处置财产的情况;

(四)查封、扣押、冻结财产的情况;

(五)移送执行的时间;

(六)其他需要说明的情况。

人民法院立案部门经审查,认为属于移送范围且移送材料齐全的,应当在七日内立案,并移送执行机构。

【注释】(1)关于罚金刑的移送执行期限,《刑法》第 53 条规定:"罚金在判决指定的期限内一次或者分期缴纳。期满不缴纳的,强制缴纳……"《适用财产刑规定》第 5 条规定:"……'判决指定的期限'应为从判决发生法律效力第二日起最长不超过三个月。"《刑事诉讼法解释》第 523 条第 1 款、第 2 款规定:"罚金在判决规定的期限内一次或者分期缴纳。期满无故不缴纳或者未足额缴纳的,人民法院应当强制缴纳。经强制缴纳仍不能全部缴纳的,在任何时候,包括主刑执行完毕后,发现被执行人有可供执行的财产的,应当追缴。行政机关对被告人就同一事实已经处以罚款的,人民法院判处罚金时应当折抵,扣除行政处罚已执行的部分。"刑事裁判生效后,通常判决指定罚金的履行期限并未届满,此时强制执行的条件尚未成就,对被执行人强制缴纳无执行依据,刑事审判部门应当在刑事裁判指定的履行期限届满后移送执行。

(2)对于判处没收财产的,《刑事诉讼法解释》第 525 条规定:"……判决生效后,应当立即执行。"

(3)依据《立审执意见》第 4 条规定,立案部门在对刑事裁判涉财产部分移送执行立案审查时,重点审《移送执行表》载明的内容。《移送执行表》信息存在缺漏的,应要求刑事审判部门及时补充完整。

3.《最高人民法院关于审理海洋自然资源与生态环境损害赔偿纠纷案件若干问题的规定》(法释〔2017〕23 号,2018 年 1 月 15 日)

第十条　人民法院判决责任者赔偿海洋自然资源与生态环境损失的,可以一并写明依法行使海洋环境监督管理权的机关受领赔款后向国库账户交纳。

发生法律效力的裁判需要采取强制执行措施的,应当移送执行。

4.《最高人民法院关于审理环境民事公益诉讼案件适用法律若干问题的解释》(法释〔2015〕1 号,2015 年 1 月 7 日;经法释〔2020〕20 号修正,2021 年 1 月 1 日)

第三十二条　发生法律效力的环境民事公益诉讼案件的裁判,需要采取强制执行措施的,应当移送执行。

5.《最高人民法院、最高人民检察院关于检察公益诉讼案件适用法律若干问题的解释》(法释〔2018〕6 号,2018 年 3 月 2 日)

第十二条　人民检察院提起公益诉讼案件判决、裁定发生法律效力,被告不履行的,人民法院应当移送执行。

6.《最高人民法院关于办理申请人民法院强制执行国有土地上房屋征收补偿决定案件若干问题的规定》(法释〔2012〕4 号,2012 年 4 月 10 日)

第一条　申请人民法院强制执行征收补偿决定案件,由房屋所在地基层人民法院管辖,高级人民法院可以根据本地实际情况决定管辖法院。

第二条　申请机关向人民法院申请强制执行,除提供《条例》第二十八条[①]规定的强制执行申请书及附具材料外,还应当提供下列材料:

(一)征收补偿决定及相关证据和所依据的规范性文件;

(二)征收补偿决定送达凭证、催告情况及房屋被征收人、直接利害关系人的意见;

(三)社会稳定风险评估材料;

---

① 《国有土地上房屋征收与补偿条例》第 28 条规定:“被征收人在法定期限内不申请行政复议或者不提起行政诉讼,在补偿决定规定的期限内又不搬迁的,由作出房屋征收决定的市、县级人民政府依法申请人民法院强制执行。强制执行申请书应当附具补偿金额和专户存储账号、产权调换房屋和周转用房的地点和面积等材料。”

（四）申请强制执行的房屋状况；

（五）被执行人的姓名或者名称、住址及与强制执行相关的财产状况等具体情况；

（六）法律、行政法规规定应当提交的其他材料。

强制执行申请书应当由申请机关负责人签名，加盖申请机关印章，并注明日期。

强制执行的申请应当自被执行人的法定起诉期限届满之日起三个月内提出；逾期申请的，除有正当理由外，人民法院不予受理。

第三条　人民法院认为强制执行的申请符合形式要件且材料齐全的，应当在接到申请后五日内立案受理，并通知申请机关；不符合形式要件或者材料不全的应当限期补正，并在最终补正的材料提供后五日内立案受理；不符合形式要件或者逾期无正当理由不补正材料的，裁定不予受理。

申请机关对不予受理的裁定有异议的，可以自收到裁定之日起十五日内向上一级人民法院申请复议，上一级人民法院应当自收到复议申请之日起十五日内作出裁定。

第四条　人民法院应当自立案之日起三十日内作出是否准予执行的裁定；有特殊情况需要延长审查期限的，由高级人民法院批准。

第五条　人民法院在审查期间，可以根据需要调取相关证据、询问当事人、组织听证或者进行现场调查。

第六条　征收补偿决定存在下列情形之一的，人民法院应当裁定不准予执行：

（一）明显缺乏事实根据；

（二）明显缺乏法律、法规依据；

（三）明显不符合公平补偿原则，严重损害被执行人合法权益，或者使被执行人基本生活、生产经营条件没有保障；

（四）明显违反行政目的，严重损害公共利益；

（五）严重违反法定程序或者正当程序；

（六）超越职权；

（七）法律、法规、规章等规定的其他不宜强制执行的情形。

人民法院裁定不准予执行的，应当说明理由，并在五日内将裁定送达申请机关。

第七条　申请机关对不准予执行的裁定有异议的，可以自收到裁定之日起十五日内向上一级人民法院申请复议，上一级人民法院应当自收到复议申请之日起三十日内作出裁定。

第八条 人民法院裁定准予执行的，应当在五日内将裁定送达申请机关和被执行人，并可以根据实际情况建议申请机关依法采取必要措施，保障征收与补偿活动顺利实施。

第九条 人民法院裁定准予执行的，一般由作出征收补偿决定的市、县级人民政府组织实施，也可以由人民法院执行。

第十条 《条例》施行前已依法取得房屋拆迁许可证的项目，人民法院裁定准予执行房屋拆迁裁决的，参照本规定第九条精神办理。

第十一条 最高人民法院以前所作的司法解释与本规定不一致的，按本规定执行。

7.《最高人民法院关于违法的建筑物、构筑物、设施等强制拆除问题的批复》（法释〔2013〕5号，2013年4月3日）

北京市高级人民法院：

根据行政强制法和城乡规划法有关规定精神，对涉及违反城乡规划法的违法建筑物、构筑物、设施等的强制拆除，法律已经授予行政机关强制执行权，人民法院不受理行政机关提出的非诉行政执行申请。

【注释】《行政强制法》第34条规定了具有行政强制执行权的行政机关可以强制执行，第53条明确了没有行政强制执行权的行政机关可以申请人民法院强制执行。对于违法的建筑物、构筑物、设施等，《行政强制法》规定了行政机关可以依法强制拆除，《城乡规划法》第64条、第65条、第68条也已经授权人民政府采取有关强制执行权。故在法律已经授予行政机关强制执行权的情况下，人民法院不受理行政机关提出的非诉行政执行申请。

8.《最高人民法院关于对林业行政机关依法作出具体行政行为申请人民法院强制执行问题的复函》（法函〔1993〕91号；经法释〔2020〕21号修正，2021年1月1日）

林业部：

你部林函策字〔1993〕308号函收悉，经研究，同意你部所提意见，即：林业主管部门依法作出的具体行政行为，自然人、法人或者非法人组织在法定期限内既不起诉又不履行的，林业主管部门依据行政诉讼法第九十七条的规定可以申请人民法院强制执行,人民法院应予受理。

【注释】《林业部关于行政机关依法做出具体行政行为申请人民法院强制执行的函》(林函策字〔1993〕308 号)的内容为:

最高人民法院:

最近,一些地方林业主管部门向我部反映,林业主管部门根据《森林法》第六条、第三十四条、第三十条等规定,作出依法交纳育林基金、责令赔偿损失、责令补种树木等具体行政行为时,当事人在规定的期限内既不起诉又不履行,林业主管部门向人民法院申请强制执行时,一些法院不予受理,影响《森林法》贯彻执行。

我部认为,根据《行政诉讼法》等有关规定,公民、法人或者其他组织对林业主管部门依法作出的具体行政行为,在法定期限内不提起诉讼又不履行的,林业主管部门可以申请人民法院强制执行;对林业主管部门依法申请强制执行的,人民法院应予以受理。

以上意见当否,请复。

(三)涉港澳台

1.《最高人民法院关于内地与香港特别行政区法院相互认可和执行婚姻家庭民事案件判决的安排》(法释〔2022〕4 号,2022 年 2 月 15 日)

根据《中华人民共和国香港特别行政区基本法》第九十五条的规定,最高人民法院与香港特别行政区政府经协商,现就婚姻家庭民事案件判决的认可和执行问题作出如下安排。

第一条　当事人向香港特别行政区法院申请认可和执行内地人民法院就婚姻家庭民事案件作出的生效判决,或者向内地人民法院申请认可和执行香港特别行政区法院就婚姻家庭民事案件作出的生效判决的,适用本安排。

当事人向香港特别行政区法院申请认可内地民政部门所发的离婚证,或者向内地人民法院申请认可依据《婚姻制度改革条例》(香港法例第 178 章)第 V 部、第 VA 部规定解除婚姻的协议书、备忘录的,参照适用本安排。

第二条　本安排所称生效判决:

(一)在内地,是指第二审判决,依法不准上诉或者超过法定期限没有上诉的第一审判决,以及依照审判监督程序作出的上述判决;

(二)在香港特别行政区,是指终审法院、高等法院上诉法庭及原讼法庭和区域法院作出的已经发生法律效力的判决，包括依据香港法律可以在生效后作出更改的命令。

前款所称判决，在内地包括判决、裁定、调解书，在香港特别行政区包括判决、命令、判令、讼费评定证明书、定额讼费证明书，但不包括双方依据其法律承认的其他国家和地区法院作出的判决。

第三条 本安排所称婚姻家庭民事案件：

（一）在内地是指：

1. 婚内夫妻财产分割纠纷案件；
2. 离婚纠纷案件；
3. 离婚后财产纠纷案件；
4. 婚姻无效纠纷案件；
5. 撤销婚姻纠纷案件；
6. 夫妻财产约定纠纷案件；
7. 同居关系子女抚养纠纷案件；
8. 亲子关系确认纠纷案件；
9. 抚养纠纷案件；
10. 扶养纠纷案件（限于夫妻之间扶养纠纷）；
11. 确认收养关系纠纷案件；
12. 监护权纠纷案件（限于未成年子女监护权纠纷）；
13. 探望权纠纷案件；
14. 申请人身安全保护令案件。

（二）在香港特别行政区是指：

1. 依据香港法例第 179 章《婚姻诉讼条例》第 III 部作出的离婚绝对判令；

2. 依据香港法例第 179 章《婚姻诉讼条例》第 IV 部作出的婚姻无效绝对判令；

3. 依据香港法例第 192 章《婚姻法律程序与财产条例》作出的在讼案待决期间提供赡养费令；

4. 依据香港法例第 13 章《未成年人监护条例》、第 16 章《分居令及赡养令条例》、第 192 章《婚姻法律程序与财产条例》第 II 部、第 IIA 部作出的赡养令；

5. 依据香港法例第 13 章《未成年人监护条例》、第 192 章《婚姻法律程序与财产条例》第 II 部、第 IIA 部作出的财产转让及出售财产令；

6. 依据香港法例第 182 章《已婚者地位条例》作出的有关财产的命令；

7. 依据香港法例第 192 章《婚姻法律程序与财产条例》在双方在生时作出的修改赡养协议的命令；

8. 依据香港法例第 290 章《领养条例》作出的领养令；

9. 依据香港法例第 179 章《婚姻诉讼条例》、第 429 章《父母与子女条例》作出的父母身份、婚生地位或者确立婚生地位的宣告；

10. 依据香港法例第 13 章《未成年人监护条例》、第 16 章《分居令及赡养令条例》、第 192 章《婚姻法律程序与财产条例》作出的管养令；

11. 就受香港法院监护的未成年子女作出的管养令；

12. 依据香港法例第 189 章《家庭及同居关系暴力条例》作出的禁制骚扰令、驱逐令、重返令或者更改、暂停执行就未成年子女的管养令、探视令。

第四条　申请认可和执行本安排规定的判决：

（一）在内地向申请人住所地、经常居住地或者被申请人住所地、经常居住地、财产所在地的中级人民法院提出；

（二）在香港特别行政区向区域法院提出。

申请人应当向符合前款第一项规定的其中一个人民法院提出申请。向两个以上有管辖权的人民法院提出申请的，由最先立案的人民法院管辖。

第五条　申请认可和执行本安排第一条第一款规定的判决的，应当提交下列材料：

（一）申请书；

（二）经作出生效判决的法院盖章的判决副本；

（三）作出生效判决的法院出具的证明书，证明该判决属于本安排规定的婚姻家庭民事案件生效判决；

（四）判决为缺席判决的，应当提交法院已经合法传唤当事人的证明文件，但判决已经对此予以明确说明或者缺席方提出申请的除外；

（五）经公证的身份证件复印件。

申请认可本安排第一条第二款规定的离婚证或者协议书、备忘录的，应当提交下列材料：

（一）申请书；

（二）经公证的离婚证复印件，或者经公证的协议书、备忘录复印件；

（三）经公证的身份证件复印件。

向内地人民法院提交的文件没有中文文本的，应当提交准确的中文译本。

第六条 申请书应当载明下列事项：

(一)当事人的基本情况，包括姓名、住所、身份证件信息、通讯方式等；

(二)请求事项和理由，申请执行的，还需提供被申请人的财产状况和财产所在地；

(三)判决是否已在其他法院申请执行和执行情况。

第七条 申请认可和执行判决的期间、程序和方式，应当依据被请求方法律的规定。

第八条 法院应当尽快审查认可和执行的请求，并作出裁定或者命令。

第九条 申请认可和执行的判决，被申请人提供证据证明有下列情形之一的，法院审查核实后，不予认可和执行：

(一)根据原审法院地法律，被申请人未经合法传唤，或者虽经合法传唤但未获得合理的陈述、辩论机会的；

(二)判决是以欺诈方法取得的；

(三)被请求方法院受理相关诉讼后，请求方法院又受理就同一争议提起的诉讼并作出判决的；

(四)被请求方法院已经就同一争议作出判决，或者已经认可和执行其他国家和地区法院就同一争议所作出的判决的。

内地人民法院认为认可和执行香港特别行政区法院判决明显违反内地法律的基本原则或者社会公共利益，香港特别行政区法院认为认可和执行内地人民法院判决明显违反香港特别行政区法律的基本原则或者公共政策的，不予认可和执行。

申请认可和执行的判决涉及未成年子女的，在根据前款规定审查决定是否认可和执行时，应当充分考虑未成年子女的最佳利益。

第十条 被请求方法院不能对判决的全部判项予以认可和执行时，可以认可和执行其中的部分判项。

第十一条 对于香港特别行政区法院作出的判决，一方当事人已经提出上诉，内地人民法院审查核实后，可以中止认可和执行程序。经上诉，维持全部或者部分原判决的，恢复认可和执行程序；完全改变原判决的，终止认可和执行程序。

内地人民法院就已经作出的判决裁定再审的，香港特别行政区法院审查核实后，可以中止认可和执行程序。经再审，维持全部或者部分原判决的，恢复认可和执行程序;完全改变原判决的,终止认可和执行程序。

第十二条　在本安排下,内地人民法院作出的有关财产归一方所有的判项,在香港特别行政区将被视为命令一方向另一方转让该财产。

第十三条　被申请人在内地和香港特别行政区均有可供执行财产的,申请人可以分别向两地法院申请执行。

两地法院执行财产的总额不得超过判决确定的数额。应对方法院要求,两地法院应当相互提供本院执行判决的情况。

第十四条　内地与香港特别行政区法院相互认可和执行的财产给付范围,包括判决确定的给付财产和相应的利息、迟延履行金、诉讼费,不包括税收、罚款。

前款所称诉讼费,在香港特别行政区是指讼费评定证明书、定额讼费证明书核定或者命令支付的费用。

第十五条　被请求方法院就认可和执行的申请作出裁定或者命令后,当事人不服的,在内地可以于裁定送达之日起十日内向上一级人民法院申请复议,在香港特别行政区可以依据其法律规定提出上诉。

第十六条　在审理婚姻家庭民事案件期间,当事人申请认可和执行另一地法院就同一争议作出的判决的,应当受理。受理后,有关诉讼应当中止,待就认可和执行的申请作出裁定或者命令后,再视情终止或者恢复诉讼。

第十七条　审查认可和执行判决申请期间,当事人就同一争议提起诉讼的,不予受理;已经受理的,驳回起诉。

判决获得认可和执行后,当事人又就同一争议提起诉讼的,不予受理。

判决未获认可和执行的,申请人不得再次申请认可和执行,但可以就同一争议向被请求方法院提起诉讼。

第十八条　被请求方法院在受理认可和执行判决的申请之前或者之后,可以依据其法律规定采取保全或者强制措施。

第十九条　申请认可和执行判决的,应当依据被请求方有关诉讼收费的法律和规定交纳费用。

第二十条　内地与香港特别行政区法院自本安排生效之日起作出的判决,适用本安排。

第二十一条　本安排在执行过程中遇有问题或者需要修改的,由最高人民法院和香港特别行政区政府协商解决。

第二十二条　本安排自 2022 年 2 月 15 日起施行。

2.《最高人民法院、香港特别行政区政府关于内地与香港特别行政区法院相互认可和执行民商事案件判决的安排》(2019 年 1 月 18 日签署)

根据《中华人民共和国香港特别行政区基本法》第九十五条的规定，最高人民法院与香港特别行政区政府经协商，现就民商事案件判决的相互认可和执行问题作出如下安排：

第一条 内地与香港特别行政区法院民商事案件生效判决的相互认可和执行，适用本安排。

刑事案件中有关民事赔偿的生效判决的相互认可和执行，亦适用本安排。

第二条 本安排所称“民商事案件”是指依据内地和香港特别行政区法律均属于民商事性质的案件，不包括香港特别行政区法院审理的司法复核案件以及其他因行使行政权力直接引发的案件。

第三条 本安排暂不适用于就下列民商事案件作出的判决：

(一)内地人民法院审理的赡养、兄弟姐妹之间扶养、解除收养关系、成年人监护权、离婚后损害责任、同居关系析产案件，香港特别行政区法院审理的应否裁判分居的案件；

(二)继承案件、遗产管理或者分配的案件；

(三)内地人民法院审理的有关发明专利、实用新型专利侵权的案件，香港特别行政区法院审理的有关标准专利(包括原授专利)、短期专利侵权的案件，内地与香港特别行政区法院审理的有关确认标准必要专利许可费率的案件，以及有关本安排第五条未规定的知识产权案件；

(四)海洋环境污染、海事索赔责任限制、共同海损、紧急拖航和救助、船舶优先权、海上旅客运输案件；

(五)破产(清盘)案件；

(六)确定选民资格、宣告自然人失踪或者死亡、认定自然人限制或者无民事行为能力的案件；

(七)确认仲裁协议效力、撤销仲裁裁决案件；

(八)认可和执行其他国家和地区判决、仲裁裁决的案件。

第四条 本安排所称“判决”，在内地包括判决、裁定、调解书、支付令，不包括保全裁定；在香港特别行政区包括判决、命令、判令、讼费评定证明书，不包括禁诉令、临时济助命令。

本安排所称“生效判决”：

（一）在内地，是指第二审判决，依法不准上诉或者超过法定期限没有上诉的第一审判决，以及依照审判监督程序作出的上述判决；

（二）在香港特别行政区，是指终审法院、高等法院上诉法庭及原讼法庭、区域法院以及劳资审裁处、土地审裁处、小额钱债审裁处、竞争事务审裁处作出的已经发生法律效力的判决。

第五条　本安排所称"知识产权"是指《与贸易有关的知识产权协定》第一条第二款规定的知识产权，以及《中华人民共和国民法总则》第一百二十三条第二款第七项①、香港《植物品种保护条例》规定的权利人就植物新品种享有的知识产权。

第六条　本安排所称"住所地"，当事人为自然人的，是指户籍所在地或者永久性居民身份所在地、经常居住地；当事人为法人或者其他组织的，是指注册地或者登记地、主要办事机构所在地、主要营业地、主要管理地。

第七条　申请认可和执行本安排规定的判决：

（一）在内地，向申请人住所地或者被申请人住所地、财产所在地的中级人民法院提出；

（二）在香港特别行政区，向高等法院提出。

申请人应当向符合前款第一项规定的其中一个人民法院提出申请。向两个以上有管辖权的人民法院提出申请的，由最先立案的人民法院管辖。

第八条　申请认可和执行本安排规定的判决，应当提交下列材料：

（一）申请书；

（二）经作出生效判决的法院盖章的判决副本；

（三）作出生效判决的法院出具的证明书，证明该判决属于生效判决，判决有执行内容的，还应当证明在原审法院地可以执行；

（四）判决为缺席判决的，应当提交已经合法传唤当事人的证明文件，但判决已经对此予以明确说明或者缺席方提出认可和执行申请的除外；

（五）身份证明材料：

1. 申请人为自然人的，应当提交身份证件复印件；

2. 申请人为法人或者其他组织的，应当提交注册登记证书的复印件以及法定代表人或者主要负责人的身份证件复印件。

上述身份证明材料，在被请求方境外形成的，应当依据被请求方法律规

---

① 《民法典》施行后，相关内容规定在第 123 条第 2 款第 7 项。

定办理证明手续。

向内地人民法院提交的文件没有中文文本的,应当提交准确的中文译本。

第九条 申请书应当载明下列事项:

(一)当事人的基本情况:当事人为自然人的,包括姓名、住所、身份证件信息、通讯方式等;当事人为法人或者其他组织的,包括名称、住所及其法定代表人或者主要负责人的姓名、职务、住所、身份证件信息、通讯方式等;

(二)请求事项和理由;申请执行的,还需提供被申请人的财产状况和财产所在地;

(三)判决是否已在其他法院申请执行以及执行情况。

第十条 申请认可和执行判决的期间、程序和方式,应当依据被请求方法律的规定。

第十一条 符合下列情形之一,且依据被请求方法律有关诉讼不属于被请求方法院专属管辖的,被请求方法院应当认定原审法院具有管辖权:

(一)原审法院受理案件时,被告住所地在该方境内;

(二)原审法院受理案件时,被告在该方境内设有代表机构、分支机构、办事处、营业所等不属于独立法人的机构,且诉讼请求是基于该机构的活动;

(三)因合同纠纷提起的诉讼,合同履行地在该方境内;

(四)因侵权行为提起的诉讼,侵权行为实施地在该方境内;

(五)合同纠纷或者其他财产权益纠纷的当事人以书面形式约定由原审法院地管辖,但各方当事人住所地均在被请求方境内的,原审法院地应系合同履行地、合同签订地、标的物所在地等与争议有实际联系地;

(六)当事人未对原审法院提出管辖权异议并应诉答辩,但各方当事人住所地均在被请求方境内的,原审法院地应系合同履行地、合同签订地、标的物所在地等与争议有实际联系地。

前款所称"书面形式"是指合同书、信件和数据电文(包括电报、电传、传真、电子数据交换和电子邮件)等可以有形地表现所载内容的形式。

知识产权侵权纠纷案件以及内地人民法院审理的《中华人民共和国反不正当竞争法》第六条规定的不正当竞争纠纷民事案件、香港特别行政区法院审理的假冒纠纷案件,侵权、不正当竞争、假冒行为实施地在原审法院地境内,且涉案知识产权权利、权益在该方境内依法应予保护的,才应当认定原审法院具有管辖权。

除第一款、第三款规定外,被请求方法院认为原审法院对于有关诉讼的管辖符合被请求方法律规定的,可以认定原审法院具有管辖权。

第十二条　申请认可和执行的判决,被申请人提供证据证明有下列情形之一的,被请求方法院审查核实后,应当不予认可和执行:

(一)原审法院对有关诉讼的管辖不符合本安排第十一条规定的;

(二)依据原审法院地法律,被申请人未经合法传唤,或者虽经合法传唤但未获得合理的陈述、辩论机会的;

(三)判决是以欺诈方法取得的;

(四)被请求方法院受理相关诉讼后,原审法院又受理就同一争议提起的诉讼并作出判决的;

(五)被请求方法院已经就同一争议作出判决,或者已经认可其他国家和地区就同一争议作出的判决的;

(六)被请求方已经就同一争议作出仲裁裁决,或者已经认可其他国家和地区就同一争议作出的仲裁裁决的。

内地人民法院认为认可和执行香港特别行政区法院判决明显违反内地法律的基本原则或者社会公共利益,香港特别行政区法院认为认可和执行内地人民法院判决明显违反香港特别行政区法律的基本原则或者公共政策的,应当不予认可和执行。

第十三条　申请认可和执行的判决,被申请人提供证据证明在原审法院进行的诉讼违反了当事人就同一争议订立的有效仲裁协议或者管辖协议的,被请求方法院审查核实后,可以不予认可和执行。

第十四条　被请求方法院不能仅因判决的先决问题不属于本安排适用范围,而拒绝认可和执行该判决。

第十五条　对于原审法院就知识产权有效性、是否成立或者存在作出的判项,不予认可和执行,但基于该判项作出的有关责任承担的判项符合本安排规定的,应当认可和执行。

第十六条　相互认可和执行的判决内容包括金钱判项、非金钱判项。

判决包括惩罚性赔偿的,不予认可和执行惩罚性赔偿部分,但本安排第十七条规定的除外。

第十七条　知识产权侵权纠纷案件以及内地人民法院审理的《中华人民共和国反不正当竞争法》第六条规定的不正当竞争纠纷民事案件、香港特别行政区法院审理的假冒纠纷案件,内地与香港特别行政区法院相互认可和执行判决的,限于根据原审法院地发生的侵权行为所确定的金钱判项,包括惩罚性赔偿部分。

有关商业秘密侵权纠纷案件判决的相互认可和执行,包括金钱判项(含惩罚性赔偿)、非金钱判项。

第十八条 内地与香港特别行政区法院相互认可和执行的财产给付范围,包括判决确定的给付财产和相应的利息、诉讼费、迟延履行金、迟延履行利息,不包括税收、罚款。

前款所称"诉讼费",在香港特别行政区是指讼费评定证明书核定或者命令支付的费用。

第十九条 被请求方法院不能认可和执行判决全部判项的,可以认可和执行其中的部分判项。

第二十条 对于香港特别行政区法院作出的判决,一方当事人已经提出上诉,内地人民法院审查核实后,中止认可和执行程序。经上诉,维持全部或者部分原判决的,恢复认可和执行程序;完全改变原判决的,终止认可和执行程序。

内地人民法院就已经作出的判决裁定再审的,香港特别行政区法院审查核实后,中止认可和执行程序。经再审,维持全部或者部分原判决的,恢复认可和执行程序;完全改变原判决的,终止认可和执行程序。

第二十一条 被申请人在内地和香港特别行政区均有可供执行财产的,申请人可以分别向两地法院申请执行。

应对方法院要求,两地法院应当相互提供本方执行判决的情况。

两地法院执行财产的总额不得超过判决确定的数额。

第二十二条 在审理民商事案件期间,当事人申请认可和执行另一地法院就同一争议作出的判决的,应当受理。受理后,有关诉讼应当中止,待就认可和执行的申请作出裁定或者命令后,再视情终止或者恢复诉讼。

第二十三条 审查认可和执行判决申请期间,当事人就同一争议提起诉讼的,不予受理;已经受理的,驳回起诉。

判决全部获得认可和执行后,当事人又就同一争议提起诉讼的,不予受理。

判决未获得或者未全部获得认可和执行的,申请人不得再次申请认可和执行,但可以就同一争议向被请求方法院提起诉讼。

第二十四条 申请认可和执行判决的,被请求方法院在受理申请之前或者之后,可以依据被请求方法律规定采取保全或者强制措施。

第二十五条 法院应当尽快审查认可和执行的申请,并作出裁定或者命令。

第二十六条 被请求方法院就认可和执行的申请作出裁定或者命令后,当事人不服的,在内地可以于裁定送达之日起十日内向上一级人民法院申请复议,在香港特别行政区可以依据其法律规定提出上诉。

第二十七条 申请认可和执行判决的,应当依据被请求方有关诉讼收费的法律和规定交纳费用。

第二十八条 本安排签署后,最高人民法院和香港特别行政区政府经协商,可以就第三条所列案件判决的认可和执行以及第四条所涉保全、临时济助的协助问题签署补充文件。

本安排在执行过程中遇有问题或者需要修改的,由最高人民法院和香港特别行政区政府协商解决。

第二十九条 本安排在最高人民法院发布司法解释和香港特别行政区完成有关程序后,由双方公布生效日期。

内地与香港特别行政区法院自本安排生效之日起作出的判决,适用本安排。

第三十条 本安排生效之日,《关于内地与香港特别行政区法院相互认可和执行当事人协议管辖的民商事案件判决的安排》同时废止。

本安排生效前,当事人已签署《关于内地与香港特别行政区法院相互认可和执行当事人协议管辖的民商事案件判决的安排》所称"书面管辖协议"的,仍适用该安排。

第三十一条 本安排生效后,《关于内地与香港特别行政区法院相互认可和执行婚姻家庭民事案件判决的安排》继续施行。

本安排于二零一九年一月十八日在北京签署,一式两份。

3.《最高人民法院关于内地与澳门特别行政区相互认可和执行民商事判决的安排》(法释〔2006〕2号,2006年4月1日)

第一条 内地与澳门特别行政区民商事案件(在内地包括劳动争议案件,在澳门特别行政区包括劳动民事案件)判决的相互认可和执行,适用本安排。

本安排亦适用于刑事案件中有关民事损害赔偿的判决、裁定。

本安排不适用于行政案件。

第二条 本安排所称"判决",在内地包括:判决、裁定、决定、调解书、支付令;在澳门特别行政区包括:裁判、判决、确认和解的裁定、法官的决定或者批示。

本安排所称"被请求方",指内地或者澳门特别行政区双方中,受理认可和执行判决申请的一方。

【注释】在澳门,"法官的批示"相当于内地的裁定。"批示"可以分为单纯事务性的批示和行使自由裁量权的批示。前者处理诉讼程序的正常推进问题,而不解决实体问题。后者可以涉及实体问题。《澳门民事诉讼法典》第574条规定,涉及案件实体问题的批示具有确定判决的强制力;第679条规定,法院或法官的批示如果要求履行一定债务,则在执行力方面等同于判决。批示的形式可以是法官在诉讼文件上的手写批示,也可以是专门打印的批示,或者是经法官签字的有关口头批示的记录。

第三条 一方法院作出的具有给付内容的生效判决,当事人可以向对方有管辖权的法院申请认可和执行。

没有给付内容,或者不需要执行,但需要通过司法程序予以认可的判决,当事人可以向对方法院单独申请认可,也可以直接以该判决作为证据在对方法院的诉讼程序中使用。

第四条 内地有权受理认可和执行判决申请的法院为被申请人住所地、经常居住地或者财产所在地的中级人民法院。两个或者两个以上中级人民法院均有管辖权的,申请人应当选择向其中一个中级人民法院提出申请。

澳门特别行政区有权受理认可判决申请的法院为中级法院,有权执行的法院为初级法院。

第五条 被申请人在内地和澳门特别行政区均有可供执行财产的,申请人可以向一地法院提出执行申请。

申请人向一地法院提出执行申请的同时,可以向另一地法院申请查封、扣押或者冻结被执行人的财产。待一地法院执行完毕后,可以根据该地法院出具的执行情况证明,就不足部分向另一地法院申请采取处分财产的执行措施。

两地法院执行财产的总额,不得超过依据判决和法律规定所确定的数额。

第六条 请求认可和执行判决的申请书,应当载明下列事项:

（一）申请人或者被申请人为自然人的，应当载明其姓名及住所；为法人或者其他组织的，应当载明其名称及住所，以及其法定代表人或者主要负责人的姓名、职务和住所；

（二）请求认可和执行的判决的案号和判决日期；

（三）请求认可和执行判决的理由、标的，以及该判决在判决作出地法院的执行情况。

第七条　申请书应当附生效判决书副本，或者经作出生效判决的法院盖章的证明书，同时应当附作出生效判决的法院或者有权限机构出具的证明下列事项的相关文件：

（一）传唤属依法作出，但判决书已经证明的除外；

（二）无诉讼行为能力人依法得到代理，但判决书已经证明的除外；

（三）根据判决作出地的法律，判决已经送达当事人，并已生效；

（四）申请人为法人的，应当提供法人营业执照副本或者法人登记证明书；

（五）判决作出地法院发出的执行情况证明。

如被请求方法院认为已充分了解有关事项时，可以免除提交相关文件。

被请求方法院对当事人提供的判决书的真实性有疑问时，可以请求作出生效判决的法院予以确认。

第八条　申请书应当用中文制作。所附司法文书及其相关文件未用中文制作的，应当提供中文译本。其中法院判决书未用中文制作的，应当提供由法院出具的中文译本。

第九条　法院收到申请人请求认可和执行判决的申请后，应当将申请书送达被申请人。

被申请人有权提出答辩。

第十条　被请求方法院应当尽快审查认可和执行的请求，并作出裁定。

第十一条　被请求方法院经审查核实存在下列情形之一的，裁定不予认可：

（一）根据被请求方的法律，判决所确认的事项属被请求方法院专属管辖；

（二）在被请求方法院已存在相同诉讼，该诉讼先于待认可判决的诉讼提起，且被请求方法院具有管辖权；

（三）被请求方法院已认可或者执行被请求方法院以外的法院或仲裁机

构就相同诉讼作出的判决或仲裁裁决;

（四）根据判决作出地的法律规定,败诉的当事人未得到合法传唤,或者无诉讼行为能力人未依法得到代理;

（五）根据判决作出地的法律规定,申请认可和执行的判决尚未发生法律效力,或者因再审被裁定中止执行;

（六）在内地认可和执行判决将违反内地法律的基本原则或者社会公共利益;在澳门特别行政区认可和执行判决将违反澳门特别行政区法律的基本原则或者公共秩序。

第十二条 法院就认可和执行判决的请求作出裁定后,应当及时送达。

当事人对认可与否的裁定不服的,在内地可以向上一级人民法院提请复议,在澳门特别行政区可以根据其法律规定提起上诉;对执行中作出的裁定不服的,可以根据被请求方法律的规定,向上级法院寻求救济。

【注释】对认可与否的裁定向上级法院寻求救济的问题,鉴于民事诉讼法对可以上诉的裁定作有限制,故本条参照破产法司法解释的做法,设计了向上级法院提请复议的制度,对当事人的诉讼权利提供了制度上的保障。对于执行中作出的裁定,本条只是提到按照被请求方的法律向上级法院寻求救济。在澳门地区法律中是通过上诉解决的。但因为内地法律上的执行程序不是按照诉讼模式设计的,而且与认可与否的裁定相比,执行中的裁定对当事人的权利影响相对较小,故没有明确创设复议途径。

第十三条 经裁定予以认可的判决,与被请求方法院的判决具有同等效力。判决有给付内容的,当事人可以向该方有管辖权的法院申请执行。

第十四条 被请求方法院不能对判决所确认的所有请求予以认可和执行时,可以认可和执行其中的部分请求。

第十五条 法院受理认可和执行判决的申请之前或者之后,可以按照被请求方法律关于财产保全的规定,根据申请人的申请,对被申请人的财产采取保全措施。

第十六条 在被请求方法院受理认可和执行判决的申请期间,或者判决已获认可和执行,当事人再行提起相同诉讼的,被请求方法院不予受理。

第十七条 对于根据本安排第十一条（一）、（四）、（六）项不予认可的判决,申请人不得再行提起认可和执行的申请。但根据被请求方的法律,被请求方法院有管辖权的,当事人可以就相同案件事实向当地法院另行提起诉讼。

本安排第十一条（五）项所指的判决,在不予认可的情形消除后,申请人可以再行提起认可和执行的申请。

第十八条　为适用本安排，由一方有权限公共机构（包括公证员）作成或者公证的文书正本、副本及译本，免除任何认证手续而可以在对方使用。

第十九条　申请人依据本安排申请认可和执行判决，应当根据被请求方法律规定，交纳诉讼费用、执行费用。

申请人在生效判决作出地获准缓交、减交、免交诉讼费用的，在被请求方法院申请认可和执行判决时，应当享有同等待遇。

第二十条　对民商事判决的认可和执行，除本安排有规定的以外，适用被请求方的法律规定。

第二十一条　本安排生效前提出的认可和执行请求，不适用本安排。

两地法院自 1999 年 12 月 20 日以后至本安排生效前作出的判决，当事人未向对方法院申请认可和执行，或者对方法院拒绝受理的，仍可以于本安排生效后提出申请。

澳门特别行政区法院在上述期间内作出的判决，当事人向内地人民法院申请认可和执行的期限，自本安排生效之日起重新计算。

第二十二条　本安排在执行过程中遇有问题或者需要修改，应当由最高人民法院与澳门特别行政区协商解决。

第二十三条　为执行本安排，最高人民法院和澳门特别行政区终审法院应当相互提供相关法律资料。

最高人民法院和澳门特别行政区终审法院每年相互通报执行本安排的情况。

第二十四条　本安排自 2006 年 4 月 1 日起生效。

4.《最高人民法院关于认可和执行台湾地区法院民事判决的规定》（法释〔2015〕13 号，2015 年 7 月 1 日）

第一条　台湾地区法院民事判决的当事人可以根据本规定，作为申请人向人民法院申请认可和执行台湾地区有关法院民事判决。

第二条　本规定所称台湾地区法院民事判决，包括台湾地区法院作出的生效民事判决、裁定、和解笔录、调解笔录、支付命令等。

申请认可台湾地区法院在刑事案件中作出的有关民事损害赔偿的生效判决、裁定、和解笔录的，适用本规定。

申请认可由台湾地区乡镇市调解委员会等出具并经台湾地区法院核定，

与台湾地区法院生效民事判决具有同等效力的调解文书的,参照适用本规定。

第三条 申请人同时提出认可和执行台湾地区法院民事判决申请的,人民法院先按照认可程序进行审查,裁定认可后,由人民法院执行机构执行。

申请人直接申请执行的,人民法院应当告知其一并提交认可申请;坚持不申请认可的,裁定驳回其申请。

第四条 申请认可台湾地区法院民事判决的案件,由申请人住所地、经常居住地或者被申请人住所地、经常居住地、财产所在地中级人民法院或者专门人民法院受理。

申请人向两个以上有管辖权的人民法院申请认可的,由最先立案的人民法院管辖。

申请人向被申请人财产所在地人民法院申请认可的,应当提供财产存在的相关证据。

第五条 对申请认可台湾地区法院民事判决的案件,人民法院应当组成合议庭进行审查。

第六条 申请人委托他人代理申请认可台湾地区法院民事判决的,应当向人民法院提交由委托人签名或者盖章的授权委托书。

台湾地区、香港特别行政区、澳门特别行政区或者外国当事人签名或者盖章的授权委托书应当履行相关的公证、认证或者其他证明手续,但授权委托书在人民法院法官的见证下签署或者经中国大陆公证机关公证证明是在中国大陆签署的除外。

第七条 申请人申请认可台湾地区法院民事判决,应当提交申请书,并附有台湾地区有关法院民事判决文书和民事判决确定证明书的正本或者经证明无误的副本。台湾地区法院民事判决为缺席判决的,申请人应当同时提交台湾地区法院已经合法传唤当事人的证明文件,但判决已经对此予以明确说明的除外。

申请书应当记明以下事项:

(一)申请人和被申请人姓名、性别、年龄、职业、身份证件号码、住址(申请人或者被申请人为法人或者其他组织的,应当记明法人或者其他组织的名称、地址、法定代表人或者主要负责人姓名、职务)和通讯方式;

(二)请求和理由;

(三)申请认可的判决的执行情况;

(四)其他需要说明的情况。

第八条　对于符合本规定第四条和第七条规定条件的申请，人民法院应当在收到申请后七日内立案，并通知申请人和被申请人，同时将申请书送达被申请人；不符合本规定第四条和第七条规定条件的，应当在七日内裁定不予受理，同时说明不予受理的理由；申请人对裁定不服的，可以提起上诉。

第九条　申请人申请认可台湾地区法院民事判决，应当提供相关证明文件，以证明该判决真实并且已经生效。

申请人可以申请人民法院通过海峡两岸调查取证司法互助途径查明台湾地区法院民事判决的真实性和是否生效以及当事人得到合法传唤的证明文件；人民法院认为必要时，也可以就有关事项依职权通过海峡两岸司法互助途径向台湾地区请求调查取证。

第十条　人民法院受理认可台湾地区法院民事判决的申请之前或者之后，可以按照民事诉讼法及相关司法解释的规定，根据申请人的申请，裁定采取保全措施。

第十一条　人民法院受理认可台湾地区法院民事判决的申请后，当事人就同一争议起诉的，不予受理。

一方当事人向人民法院起诉后，另一方当事人向人民法院申请认可的，对于认可的申请不予受理。

第十二条　案件虽经台湾地区有关法院判决，但当事人未申请认可，而是就同一争议向人民法院起诉的，应予受理。

第十三条　人民法院受理认可台湾地区法院民事判决的申请后，作出裁定前，申请人请求撤回申请的，可以裁定准许。

第十四条　人民法院受理认可台湾地区法院民事判决的申请后，应当在立案之日起六个月内审结。有特殊情况需要延长的，报请上一级人民法院批准。

通过海峡两岸司法互助途径送达文书和调查取证的期间，不计入审查期限。

第十五条　台湾地区法院民事判决具有下列情形之一的，裁定不予认可：

（一）申请认可的民事判决，是在被申请人缺席又未经合法传唤或者在被申请人无诉讼行为能力又未得到适当代理的情况下作出的；

（二）案件系人民法院专属管辖的；

（三）案件双方当事人订有有效仲裁协议，且无放弃仲裁管辖情形的；

（四）案件系人民法院已作出判决或者中国大陆的仲裁庭已作出仲裁裁决的；

（五）香港特别行政区、澳门特别行政区或者外国的法院已就同一争议作出判决且已为人民法院所认可或者承认的；

（六）台湾地区、香港特别行政区、澳门特别行政区或者外国的仲裁庭已就同一争议作出仲裁裁决且已为人民法院所认可或者承认的。

认可该民事判决将违反一个中国原则等国家法律的基本原则或者损害社会公共利益的，人民法院应当裁定不予认可。

第十六条 人民法院经审查能够确认台湾地区法院民事判决真实并且已经生效，而且不具有本规定第十五条所列情形的，裁定认可其效力；不能确认该民事判决的真实性或者已经生效的，裁定驳回申请人的申请。

裁定驳回申请的案件，申请人再次申请并符合受理条件的，人民法院应予受理。

第十七条 经人民法院裁定认可的台湾地区法院民事判决，与人民法院作出的生效判决具有同等效力。

第十八条 人民法院依据本规定第十五条和第十六条作出的裁定，一经送达即发生法律效力。

当事人对上述裁定不服的，可以自裁定送达之日起十日内向上一级人民法院申请复议。

第十九条 对人民法院裁定不予认可的台湾地区法院民事判决，申请人再次提出申请的，人民法院不予受理，但申请人可以就同一争议向人民法院起诉。

第二十条 申请人申请认可和执行台湾地区法院民事判决的期间，适用民事诉讼法第二百三十九条①的规定，但申请认可台湾地区法院有关身份关系的判决除外。

申请人仅申请认可而未同时申请执行的，申请执行的期间自人民法院对认可申请作出的裁定生效之日起重新计算。

第二十一条 人民法院在办理申请认可和执行台湾地区法院民事判决案件中作出的法律文书，应当依法送达案件当事人。

第二十二条 申请认可和执行台湾地区法院民事判决，应当参照《诉讼

① 2021年《民事诉讼法》第四次修正后调整为第246条。

费用交纳办法》的规定,交纳相关费用。

第二十三条　本规定自 2015 年 7 月 1 日起施行。《最高人民法院关于人民法院认可台湾地区有关法院民事判决的规定》(法释〔1998〕11 号)、《最高人民法院关于当事人持台湾地区有关法院民事调解书或者有关机构出具或确认的调解协议书向人民法院申请认可人民法院应否受理的批复》(法释〔1999〕10 号)、《最高人民法院关于当事人持台湾地区有关法院支付命令向人民法院申请认可人民法院应否受理的批复》(法释〔2001〕13 号)和《最高人民法院关于人民法院认可台湾地区有关法院民事判决的补充规定》(法释〔2009〕4 号)同时废止。

【司法文件】

1.《最高人民法院关于执行案件立案、结案若干问题的意见》(法发〔2014〕26 号,2015 年 1 月 1 日)

第二条　执行案件统一由人民法院立案机构进行审查立案,人民法庭经授权执行自审案件的,可以自行审查立案,法律、司法解释规定可以移送执行的,相关审判机构可以移送立案机构办理立案登记手续。

立案机构立案后,应当依照法律、司法解释的规定向申请人发出执行案件受理通知书。

第七条　除下列情形外,人民法院不得人为拆分执行实施案件:

(一)生效法律文书确定的给付内容为分期履行的,各期债务履行期间届满,被执行人未自动履行,申请执行人可分期申请执行,也可以对几期或全部到期债权一并申请执行;

(二)生效法律文书确定有多个债务人各自单独承担明确的债务的,申请执行人可以对每个债务人分别申请执行,也可以对几个或全部债务人一并申请执行;

(三)生效法律文书确定有多个债权人各自享有明确的债权的(包括按份共有),每个债权人可以分别申请执行;

(四)申请执行赡养费、扶养费、抚养费的案件,涉及金钱给付内容的,人民法院应当根据申请执行时已发生的债权数额进行审查立案,执行过程中新发生的债权应当另行申请执行;涉及人身权内容的,人民法院应当根据申请执行时义务人未履行义务的事实进行审查立案,执行过程中义务人延续消极行为的,应当依据申请执行人的申请一并执行。

第十八条 执行实施案件立案后,有下列情形之一的,可以以“销案”方式结案:

(一)被执行人提出管辖异议,经审查异议成立,将案件移送有管辖权的法院或申请执行人撤回申请的;

(二)发现其他有管辖权的人民法院已经立案在先的;

(三)受托法院报经高级人民法院同意退回委托的。

第二十条 执行实施案件立案后,经审查发现不符合《最高人民法院关于人民法院执行工作若干问题的规定(试行)》第 18 条①规定的受理条件,裁定驳回申请的,以“驳回申请”方式结案。

2.《最高人民法院关于人民法院立案、审判与执行工作协调运行的意见》(法发〔2018〕9 号,2018 年 5 月 28 日)

1. 立案部门在收取起诉材料时,应当发放诉讼风险提示书,告知当事人诉讼风险,就申请财产保全作必要的说明,告知当事人申请财产保全的具体流程、担保方式及风险承担等信息,引导当事人及时向人民法院申请保全。

立案部门在收取申请执行材料时,应发放执行风险提示书,告知申请执行人向人民法院提供财产线索的义务,以及无财产可供执行导致执行不能的风险。

2. 立案部门在立案时与执行机构共享信息,做好以下信息的采集工作:

(1)立案时间;

(2)当事人姓名、性别、民族、出生日期、身份证件号码;

(3)当事人名称、法定代表人或者主要负责人、统一社会信用代码或者组织机构代码;

(4)送达地址;

(5)保全信息;

(6)当事人电话及其他联系方式;

(7)其他应当采集的信息。

立案部门在立案时应充分采集原告或者申请执行人的前款信息,提示原告或者申请执行人尽可能提供被告或者被执行人的前款信息。

---

① 2020 年修正后调整为第 16 条。

4. 立案部门在对刑事裁判涉财产部分移送执行立案审查时，重点审查《移送执行表》载明的以下内容：

（1）被执行人、被害人的基本信息；

（2）已查明的财产状况或者财产线索；

（3）随案移送的财产和已经处置财产的情况；

（4）查封、扣押、冻结财产的情况；

（5）移送执行的时间；

（6）其他需要说明的情况。

《移送执行表》信息存在缺漏的，应要求刑事审判部门及时补充完整。

3.《最高人民法院关于执行权合理配置和科学运行的若干意见》（法发〔2011〕15 号，2011 年 10 月 19 日）

13. 行政非诉案件、行政诉讼案件的执行申请，由立案机构登记后转行政审判机构进行合法性审查；裁定准予强制执行的，再由立案机构办理执行立案登记后移交执行局执行。

15. 诉前、申请执行前的财产保全申请由立案机构进行审查并作出裁定；裁定保全的，移交执行局执行。

16. 诉中财产保全、先予执行的申请由相关审判机构审查并作出裁定；裁定财产保全或者先予执行的，移交执行局执行。

19. 境外法院、仲裁机构作出的生效法律文书的执行申请，由审判机构负责审查；依法裁定准予执行或者发出执行令的，移交执行局执行。

27. 对符合法定移送执行条件的法律文书，审判机构应当在法律文书生效后及时移送执行局执行。

4.《最高人民法院关于依法制裁规避执行行为的若干意见》（法〔2011〕195 号，2011 年 5 月 27 日）

二、强化财产保全措施，加大对保全财产和担保财产的执行力度

6. 加大对当事人的风险提示。各地法院在立案和审判阶段，要通过法律释明向当事人提示诉讼和执行风险，强化当事人的风险防范意识，引导债权人及时申请财产保全，有效防止债务人在执行程序开始前转移财产。

7. 加大财产保全力度。各地法院要加强立案、审判和执行环节在财产保全方面的协调配合，加大依法进行财产保全的力度，强化审判与执行在财

产保全方面的衔接,降低债务人或者被执行人隐匿、转移财产的风险。

8. 对保全财产和担保财产及时采取执行措施。进入执行程序后,各地法院要加大对保全财产和担保财产的执行力度,对当事人、担保人或者第三人提出的异议要及时进行审查,审查期间应当依法对相应财产采取控制性措施,驳回异议后应当加大对相应财产的执行力度。

5.《最高人民法院关于适用〈诉讼费用交纳办法〉的通知》(法发〔2007〕16号,2007年4月20日)

《诉讼费用交纳办法》(以下简称《办法》)自2007年4月1日起施行,最高人民法院颁布的《人民法院诉讼收费办法》和《〈人民法院诉讼收费办法〉补充规定》同时不再适用。为了贯彻落实《办法》,规范诉讼费用的交纳和管理,现就有关事项通知如下:

一、关于《办法》实施后的收费衔接

2007年4月1日以后人民法院受理的诉讼案件和执行案件,适用《办法》的规定。

2007年4月1日以前人民法院受理的诉讼案件和执行案件,不适用《办法》的规定。

对2007年4月1日以前已经作出生效裁判的案件依法再审的,适用《办法》的规定。人民法院对再审案件依法改判的,原审诉讼费用的负担按照原审时诉讼费用负担的原则和标准重新予以确定。

二、关于当事人未按照规定交纳案件受理费或者申请费的后果

当事人逾期不按照《办法》第二十条规定交纳案件受理费或者申请费并且没有提出司法救助申请,或者申请司法救助未获批准,在人民法院指定期限内仍未交纳案件受理费或者申请费的,由人民法院依法按照当事人自动撤诉或者撤回申请处理。

三、关于诉讼费用的负担

《办法》第二十九条规定,诉讼费用由败诉方负担,胜诉方自愿承担的除外。对原告胜诉的案件,诉讼费用由被告负担,人民法院应当将预收的诉讼费用退还原告,再由人民法院直接向被告收取,但原告自愿承担或者同意被告直接向其支付的除外。

当事人拒不交纳诉讼费用的,人民法院应当依法强制执行。

四、关于执行申请费和破产申请费的收取

《办法》第二十条规定,执行申请费和破产申请费不由申请人预交,执行申请费执行后交纳,破产申请费清算后交纳。自 2007 年 4 月 1 日起,执行申请费由人民法院在执行生效法律文书确定的内容之外直接向被执行人收取,破产申请费由人民法院在破产清算后,从破产财产中优先拨付。

五、关于司法救助的申请和批准程序

《办法》对司法救助的原则、形式、程序等作出了规定,但对司法救助的申请和批准程序未作规定。为规范人民法院司法救助的操作程序,最高人民法院将于近期对《关于对经济确有困难的当事人提供司法救助的规定》进行修订,及时向全国法院颁布施行。

六、关于各省、自治区、直辖市案件受理费和申请费的具体交纳标准

《办法》授权各省、自治区、直辖市人民政府可以结合本地实际情况,在第十三条第(二)、(三)、(六)项和第十四条第(一)项规定的幅度范围内制定各地案件受理费和申请费的具体交纳标准。各高级人民法院要商同级人民政府,及时就上述条款制定本省、自治区、直辖市案件受理费和申请费的具体交纳标准,并尽快下发辖区法院执行。

【注释】《诉讼费用交纳办法》(国务院令第 481 号,2007 年 4 月 1 日)的相关规定内容为:

第十条　当事人依法向人民法院申请下列事项,应当交纳申请费:

(一)申请执行人民法院发生法律效力的判决、裁定、调解书,仲裁机构依法作出的裁决和调解书,公证机构依法赋予强制执行效力的债权文书;

(二)申请保全措施;

(三)申请支付令;

(四)申请公示催告;

(五)申请撤销仲裁裁决或者认定仲裁协议效力;

(六)申请破产;

(七)申请海事强制令、共同海损理算、设立海事赔偿责任限制基金、海事债权登记、船舶优先权催告;

(八)申请承认和执行外国法院判决、裁定和国外仲裁机构裁决。

第十四条　申请费分别按照下列标准交纳:

(一)依法向人民法院申请执行人民法院发生法律效力的判决、裁定、调解书,仲裁机构依法作出的裁决和调解书,公证机关依法赋予强制执行效力的债权文书,申请承认和执行外国法院判决、裁定以及国外仲裁机构裁决的,按照下列标准交纳：

1. 没有执行金额或者价额的，每件交纳50元至500元。

2. 执行金额或者价额不超过1万元的，每件交纳50元；超过1万元至50万元的部分，按照1.5%交纳；超过50万元至500万元的部分，按照1%交纳；超过500万元至1000万元的部分，按照0.5%交纳；超过1000万元的部分，按照0.1%交纳。

3. 符合民事诉讼法第五十五条第四款①规定，未参加登记的权利人向人民法院提起诉讼的，按照本项规定的标准交纳申请费，不再交纳案件受理费。

（二）申请保全措施的，根据实际保全的财产数额按照下列标准交纳：

财产数额不超过1000元或者不涉及财产数额的，每件交纳30元；超过1000元至10万元的部分，按照1%交纳；超过10万元的部分，按照0.5%交纳。但是，当事人申请保全措施交纳的费用最多不超过5000元。

（三）依法申请支付令的，比照财产案件受理费标准的1/3交纳。

（四）依法申请公示催告的，每件交纳100元。

（五）申请撤销仲裁裁决或者认定仲裁协议效力的，每件交纳400元。

（六）破产案件依据破产财产总额计算，按照财产案件受理费标准减半交纳，但是，最高不超过30万元。

（七）海事案件的申请费按照下列标准交纳：

1. 申请设立海事赔偿责任限制基金的，每件交纳1000元至1万元；

2. 申请海事强制令的，每件交纳1000元至5000元；

3. 申请船舶优先权催告的，每件交纳1000元至5000元；

4. 申请海事债权登记的，每件交纳1000元；

5. 申请共同海损理算的，每件交纳1000元。

第二十条 案件受理费由原告、有独立请求权的第三人、上诉人预交。被告提起反诉，依照本办法规定需要交纳案件受理费的，由被告预交。追索劳动报酬的案件可以不预交案件受理费。

申请费由申请人预交。但是，本办法第十条第（一）项、第（六）项规定的申请费不由申请人预交，执行申请费执行后交纳，破产申请费清算后交纳。

本办法第十一条规定的费用，待实际发生后交纳。

第二十六条 中止诉讼、中止执行的案件，已交纳的案件受理费、申请费

① 2021年《民事诉讼法》第四次修正后调整为第57条第4款。

不予退还。中止诉讼、中止执行的原因消除,恢复诉讼、执行的,不再交纳案件受理费、申请费。

第三十八条　本办法第十条第(一)项、第(八)项规定的申请费由被执行人负担。

执行中当事人达成和解协议的,申请费的负担由双方当事人协商解决;协商不成的,由人民法院决定。

本办法第十条第(二)项规定的申请费由申请人负担,申请人提起诉讼的,可以将该申请费列入诉讼请求。

本办法第十条第(五)项规定的申请费,由人民法院依照本办法第二十九条规定决定申请费的负担。

6.《最高人民法院关于执行案件移送破产审查若干问题的指导意见》(法发〔2017〕2 号,2017 年 1 月 20 日)

一、执行案件移送破产审查的工作原则、条件与管辖

1. 执行案件移送破产审查工作,涉及执行程序与破产程序之间的转换衔接,不同法院之间,同一法院内部执行部门、立案部门、破产审判部门之间,应坚持依法有序、协调配合、高效便捷的工作原则,防止推诿扯皮,影响司法效率,损害当事人合法权益。

2. 执行案件移送破产审查,应同时符合下列条件:

(1)被执行人为企业法人;

(2)被执行人或者有关被执行人的任何一个执行案件的申请执行人书面同意将执行案件移送破产审查;

(3)被执行人不能清偿到期债务,并且资产不足以清偿全部债务或者明显缺乏清偿能力。

3. 执行案件移送破产审查,由被执行人住所地人民法院管辖。在级别管辖上,为适应破产审判专业化建设的要求,合理分配审判任务,实行以中级人民法院管辖为原则、基层人民法院管辖为例外的管辖制度。中级人民法院经高级人民法院批准,也可以将案件交由具备审理条件的基层人民法院审理。

二、执行法院的征询、决定程序

4. 执行法院在执行程序中应加强对执行案件移送破产审查有关事宜的告知和征询工作。执行法院采取财产调查措施后,发现作为被执行人的企业法人符合破产法第二条规定的,应当及时询问申请执行人、被执行人是否同

意将案件移送破产审查。申请执行人、被执行人均不同意移送且无人申请破产的，执行法院应当按照《最高人民法院关于适用〈中华人民共和国民事诉讼法〉的解释》第五百一十六条①的规定处理，企业法人的其他已经取得执行依据的债权人申请参与分配的，人民法院不予支持。

5. 执行部门应严格遵守执行案件移送破产审查的内部决定程序。承办人认为执行案件符合移送破产审查条件的，应提出审查意见，经合议庭评议同意后，由执行法院院长签署移送决定。

6. 为减少异地法院之间移送的随意性，基层人民法院拟将执行案件移送异地中级人民法院进行破产审查的，在作出移送决定前，应先报请其所在地中级人民法院执行部门审核同意。

7. 执行法院作出移送决定后，应当于五日内送达申请执行人和被执行人。申请执行人或被执行人对决定有异议的，可以在受移送法院破产审查期间提出，由受移送法院一并处理。

8. 执行法院作出移送决定后，应当书面通知所有已知执行法院，执行法院均应中止对被执行人的执行程序。但是，对被执行人的季节性商品、鲜活、易腐烂变质以及其他不宜长期保存的物品，执行法院应当及时变价处置，处置的价款不作分配。受移送法院裁定受理破产案件的，执行法院应当在收到裁定书之日起七日内，将该价款移交受理破产案件的法院。

案件符合终结本次执行程序条件的，执行法院可以同时裁定终结本次执行程序。

9. 确保对被执行人财产的查封、扣押、冻结措施的连续性，执行法院决定移送后、受移送法院裁定受理破产案件之前，对被执行人的查封、扣押、冻结措施不解除。查封、扣押、冻结期限在破产审查期间届满的，申请执行人可以向执行法院申请延长期限，由执行法院负责办理。

三、移送材料及受移送法院的接收义务

10. 执行法院作出移送决定后，应当向受移送法院移送下列材料：

（1）执行案件移送破产审查决定书；

（2）申请执行人或被执行人同意移送的书面材料；

（3）执行法院采取财产调查措施查明的被执行人的财产状况，已查封、扣押、冻结财产清单及相关材料；

① 2022 年《民事诉讼法解释》第二次修正后调整为第 514 条。

(4)执行法院已分配财产清单及相关材料;

(5)被执行人债务清单;

(6)其他应当移送的材料。

11. 移送的材料不完备或内容错误,影响受移送法院认定破产原因是否具备的,受移送法院可以要求执行法院补齐、补正,执行法院应于十日内补齐、补正。该期间不计入受移送法院破产审查的期间。

受移送法院需要查阅执行程序中的其他案件材料,或者依法委托执行法院办理财产处置等事项的,执行法院应予协助配合。

12. 执行法院移送破产审查的材料,由受移送法院立案部门负责接收。受移送法院不得以材料不完备等为由拒绝接收。立案部门经审核认为移送材料完备的,应以"破申"作为案件类型代字编制案号登记立案,并及时将案件移送破产审判部门进行破产审查。破产审判部门在审查过程中发现本院对案件不具有管辖权的,应当按照《中华人民共和国民事诉讼法》第三十六条①的规定处理。

四、受移送法院破产审查与受理

13. 受移送法院的破产审判部门应当自收到移送的材料之日起三十日内作出是否受理的裁定。受移送法院作出裁定后,应当在五日内送达申请执行人、被执行人,并送交执行法院。

14. 申请执行人申请或同意移送破产审查的,裁定书中以该申请执行人为申请人,被执行人为被申请人;被执行人申请或同意移送破产审查的,裁定书中以该被执行人为申请人;申请执行人、被执行人均同意移送破产审查的,双方均为申请人。

15. 受移送法院裁定受理破产案件的,在此前的执行程序中产生的评估费、公告费、保管费等执行费用,可以参照破产费用的规定,从债务人财产中随时清偿。

16. 执行法院收到受移送法院受理裁定后,应当于七日内将已经扣划到账的银行存款、实际扣押的动产、有价证券等被执行人财产移交给受理破产

① 该条规定:"人民法院发现受理的案件不属于本院管辖的,应当移送有管辖权的人民法院,受移送的人民法院应当受理。受移送的人民法院认为受移送的案件依照规定不属于本院管辖的,应当报请上级人民法院指定管辖,不得再自行移送。"2021 年《民事诉讼法》第四次修正后调整为第 37 条。

案件的法院或管理人。

17. 执行法院收到受移送法院受理裁定时,已通过拍卖程序处置且成交裁定已送达买受人的拍卖财产,通过以物抵债偿还债务且抵债裁定已送达债权人的抵债财产,已完成转账、汇款、现金交付的执行款,因财产所有权已经发生变动,不属于被执行人的财产,不再移交。

五、受移送法院不予受理或驳回申请的处理

18. 受移送法院作出不予受理或驳回申请裁定的,应当在裁定生效后七日内将接收的材料、被执行人的财产退回执行法院,执行法院应当恢复对被执行人的执行。

19. 受移送法院作出不予受理或驳回申请的裁定后,人民法院不得重复启动执行案件移送破产审查程序。申请执行人或被执行人以有新证据足以证明被执行人已经具备了破产原因为由,再次要求将执行案件移送破产审查的,人民法院不予支持。但是,申请执行人或被执行人可以直接向具有管辖权的法院提出破产申请。

20. 受移送法院裁定宣告被执行人破产或裁定终止和解程序、重整程序的,应当自裁定作出之日起五日内送交执行法院,执行法院应当裁定终结对被执行人的执行。

六、执行案件移送破产审查的监督

21. 受移送法院拒绝接收移送的材料,或者收到移送的材料后不按规定的期限作出是否受理裁定的,执行法院可函请受移送法院的上一级法院进行监督。上一级法院收到函件后应当指令受移送法院在十日内接收材料或作出是否受理的裁定。

受移送法院收到上级法院的通知后,十日内仍不接收材料或不作出是否受理裁定的,上一级法院可以径行对移送破产审查的案件行使管辖权。上一级法院裁定受理破产案件的,可以指令受移送法院审理。

7.《最高人民法院办公厅关于刑事裁判涉财产部分执行可否收取诉讼费意见的复函》(法办函〔2017〕19 号,2017 年 1 月 11 日)

发展改革委办公厅:

你厅《关于商请明确人民法院可否收取刑事案件涉财产执行诉讼费有关问题的函》收悉。经研究,我院认为,刑事裁判涉财产部分执行不同于民事执行,人民法院办理刑事裁判涉财产部分执行案件,不应收取诉讼费。

8.《最高人民法院关于金融资产管理公司收购、处置银行不良资产有关问题的补充通知》(法〔2005〕62 号,2005 年 5 月 30 日)

三、金融资产管理公司转让、处置已经涉及诉讼、执行或者破产等程序的不良债权时,人民法院应当根据债权转让协议和转让人或者受让人的申请,裁定变更诉讼或者执行主体。

9.《最高人民法院关于审理涉及金融不良债权转让案件工作座谈会纪要》(法发〔2009〕19 号,2009 年 3 月 30 日)

十、关于诉讼或执行主体的变更

会议认为,金融资产管理公司转让已经涉及诉讼、执行或者破产等程序的不良债权的,人民法院应当根据债权转让合同以及受让人或者转让人的申请,裁定变更诉讼主体或者执行主体。在不良债权转让合同被认定无效后,金融资产管理公司请求变更受让人为金融资产管理公司以通过诉讼继续追索国有企业债务人的,人民法院应予支持。人民法院裁判金融不良债权转让合同无效后当事人履行相互返还义务时,应从不良债权最终受让人开始逐一与前手相互返还,直至完成第一受让人与金融资产管理公司的相互返还。后手受让人直接对金融资产管理公司主张不良债权转让合同无效并请求赔偿的,人民法院不予支持。

【司法答复】

(一)申请执行主体

1.《最高人民法院执行工作办公室关于执行程序中被撤销登记的公司也有权继续申请强制执行的答复》(〔2002〕执监字第 81-1 号,2003 年 6 月 5 日)

北京市高级人民法院:

你院《关于恢复执行北京正合坊企划有限公司诉北京万通股份有限公司、北京星辰投资咨询公司房产中介合同的报告》收悉。经研究,答复如下:

一、本案诉讼程序中,北京正合坊企划有限公司具备民事主体资格,我院(1997)民终字第 135 号民事判决并无不当,应予执行。在执行程序中,虽然北京正合坊企划有限公司被工商部门撤销设立登记,但不影响其在此前所进行的正常交易活动,更不能以此否定二审判决的效力。故对北京万通实业股份有限公司和北京星辰投资咨询公司申诉的北京正合坊企划有限公司自始不具备法人资格的理由不予支持。

二、北京正合坊企划有限公司被撤销设立登记,即丧失了作为市场主体进行经营活动的权利,也失去了对本案的判决申请执行的主体资格。但是,公司法人人格并不因被工商行政管理机关吊销营业执照当然终止,其法人资格必须经清算后才可终止。因此,根据《公司法》第一百九十一条①的规定,本案应当对北京正合坊企划有限公司进行清算,由原股东组成的清算组作为其法人机关代表行使权利。

2.《最高人民法院执行工作办公室关于权利人被吊销营业执照后诉讼主体资格和申请执行主体资格有关问题的答复》(〔2003〕执他字第16号,2004年4月8日)

天津市高级人民法院:

你院《关于迈柯恒公司和旭帝公司与南开建行存款纠纷两案有关执行问题的请示》收悉。经研究,答复如下:

一、关于天津开发区迈柯恒工贸有限公司(以下简称迈柯恒公司)和天津市旭帝商贸有限公司(以下简称旭帝公司)主体资格问题,我院认为,迈柯恒公司和旭帝公司提交给二审法院和一审法院的企业法人营业执照及法定代表人身份证明书在企业名称、地址、法定代表人、企业类型、注册资金上均是一致的,其在二审诉讼期间未作其他说明。并且在二审诉讼期间,上诉人中国建设银行天津市南开支行对迈柯恒公司和旭帝公司的主体资格问题也未提出异议。故我院(2001)民二终字第126号和(2001)民二终字第127号判决书确认的诉讼主体与参加一审诉讼的主体是一致的。

二、关于迈柯恒公司作为权利人被吊销营业执照后,最高人民法院仍以原名称作出判决的问题,我院认为,企业被吊销营业执照,在未经依法清算并办理注销登记前其法人资格并不当然终止,仍可以自己的名义参加诉讼。故我院二审仍以迈柯恒公司的名称作出判决并无不可。

三、关于迈柯恒公司是否具备申请执行人资格的问题,我院认为,被吊销

---

① 《公司法》(1999年)第191条规定:"公司依照前条第(一)项、第(二)项规定解散的,应当在十五日内成立清算组,有限责任公司的清算组由股东组成,股份有限公司的清算组由股东大会确定其人选……"

营业执照的迈柯恒公司在审判程序中是诉讼主体，也可以作为执行程序中的申请人。如果该公司成立了清算组（包括公司股东组成的清算组），由清算组代表迈柯恒公司申请执行。

3.《最高人民法院关于判决确定的金融不良债权多次转让人民法院能否裁定变更申请执行主体请示的答复》（〔2009〕执他字第 1 号，2009 年 6 月 16 日）

湖北省高级人民法院：

你院鄂高法〔2009〕21 号请示收悉。经研究，答复如下：

《最高人民法院关于人民法院执行工作若干问题的规定（试行）》已经对申请执行人的资格以明确。其中第 18 条第 1 款①规定："人民法院受理执行案件应当符合下列条件：……（2）申请执行人是生效法律文书确定的权利人或继承人、权利承受人。"该条中的"权利承受人"，包含通过债权转让的方式承受债权的人。依法从金融资产管理公司受让债权的受让人将债权再行转让给其他普通受让人的，执行法院可以依据上述规定，依债权转让协议以及受让人或者转让人的申请，裁定变更申请执行主体。

《最高人民法院关于金融资产管理公司收购、处置银行不良资产有关问题的补充通知》第三条，虽只就金融资产管理公司转让金融不良债权环节可以变更申请执行主体作了专门规定，但并未排除普通受让人再行转让给其他普通受让人时变更申请执行主体。此种情况下裁定变更申请执行主体，也符合该通知及其他相关文件中关于支持金融不良债权处置工作的司法政策，但对普通受让人不能适用诉讼费减半收取和公告通知债务人等专门适用于金融资产管理公司处置不良债权的特殊政策规定。

【注释】本答复与《变更追加规定》第 9 条相关。该条规定一方面明确允许债权受让人申请变更自己为申请执行人，另一方面又要求债权必须是依法转让以及申请执行人书面认可该第三人取得该债权。但该条规定只适用于普通债权转让情形下的变更、追加，关于金融不良债权，仍应适用《最高人民法院关于金融资产管理公司收购、处置银行不良资产有关问题的补充通知》（法〔2005〕62 号）第 3 条关于"金融资产管理公司转让、处置已经涉及诉讼、执行或者破产等程序的不良债权时，人民法院应当根据债权转让协议和转让

① 2020 年修正后调整为第 16 条第 1 款。

人或者受让人的申请,裁定变更诉讼或者执行主体”的规定,参照适用其精神。

4.《最高人民法院关于百事达(美国)企业有限公司申请执行中美合资安徽饭店有限公司清算委员会侵权纠纷一案的请示报告的答复》(〔2010〕执他字第5号,2010年4月23日)

安徽省高级人民法院:

你院〔2009〕皖执字第00002号《关于百事达(美国)企业有限公司申请执行中美合资安徽饭店有限公司清算委员会侵权纠纷一案的请示报告》收悉。经研究,我院认为:

执行程序亦属于广义的诉讼程序的范畴,因此,《民事诉讼法》第二百四十条①在执行程序中亦应予以适用。本案中,百事达(美国)企业有限公司在案件进入执行程序后,另外委托信永中和会计师事务所有限责任公司对中美合资安徽饭店有限公司就有关公司清算的财务会计进行特别审计,如果该授权委托书是从中华人民共和国领域外寄交或者托交的,应当在所在国公证机关证明,并经中华人民共和国驻该国使领馆认证,或者履行中华人民共和国与该所在国订立的有关条约中规定的证明手续后,才具有效力。

【注释】百事达(美国)企业有限公司(以下简称百事达公司)与中美合资安徽饭店有限公司清算委员会(以下简称清算委员会)侵权纠纷一案,最高人民法院作出二审判决,判令清算委员会于判决生效后15日内允许百事达公司查阅与特别清算有关的合资公司会计账簿、财务会计报告。

2009年8月20日,安徽省高级人民法院(以下简称安徽高院)受理执行本案。同年9月17日,百事达公司书面告知安徽高院,其委托信永中和会计师事务所有限责任公司对中美合资安徽饭店有限公司就有关公司清算的财务会计进行特别审计。清算委员会提出,百事达公司可以委托他人查阅公司账簿,但委托手续应依法由美国公证部门公证,并经我国驻美国使领馆认证。百事达公司则认为,《民事诉讼法》(2007年)第240条之规定,是对涉外案件中律

---

① 《民事诉讼法》(2007年)第240条规定:“在中华人民共和国领域内没有住所的外国人、无国籍人、外国企业和组织委托中华人民共和国律师或者其他人代理诉讼,从中华人民共和国领域外寄交或者托交的授权委托书,应当经所在国公证机关证明,并经中华人民共和国驻该国使领馆认证,或者履行中华人民共和国与该所在国订立的有关条约中规定的证明手续后,才具有效力。”2021年《民事诉讼法》第四次修正后调整为第271条。

师等参加诉讼才须走的认证和公证程序，该公司已按要求办理了手续，不应针对执行程序的看账行为作此要求。安徽高院就此请示至最高人民法院。①

5.《最高人民法院关于中国工商银行运城市分行广场分理处与中国建设银行太原市分行承兑汇票纠纷执行争议案的复函》（〔2001〕执监字第 26 号，2002 年 11 月 19 日）

山西省高级人民法院：

你院〔2001〕晋法执字第 54 号《关于申请人中国工商银行运城分行广场办事处解州分理处与被执行人中国建设银行太原市分行承兑汇票纠纷一案执行情况的报告》收悉，经研究，答复如下：

1. 你院（1998）晋经监字第 2 号再审判决为本案最终执行依据，该判决明确判定了中国建设银行太原市分行（以下简称建行太原分行）、中国工商银行运城分行广场办事处解州分理处（现为中国工商银行运城分行城建办事处解州分理处，以下简称工行运城分行）、山西宏宝贸易公司（以下简称宏宝公司）、山西省朔州市物贸中心（以下简称朔州物贸）、山西金丰实业有限公司（以下简称金丰公司）具有返还义务的法律责任，且各方当事人的权利义务明确，各债权人可据以单独申请执行。

2. 依据《民事诉讼法》第二百零七条、二百一十六条、二百一十九条②和《最高人民法院关于人民法院执行工作若干问题的规定（试行）》第十九条③之规定，你院（1998）晋经监字第 2 号再审判决生效后，债权人未向法院申请执行的，法院不应依职权进行执行。本案只有朔州物贸、工行运城分行向太原市中级人民法院申请执行，且朔州物贸申请执行宏宝公司后，在太原市中级人民法院主持下，双方已于 2000 年 11 月达成执行和解协议并已履行完毕。工行运城分行申请执行建行太原分行后，因后者申诉而至今尚未执行。其他债权人均未申请执行，且已过法定申请执行期限，放弃申请执行的后果只能由其自行承担。建行太原分行未在法定期限内向法院申请强制执行，不能因其债权未予实现而拒绝履行其应向工行运城分行返还款项的义务。

---

① 参见李海军：《民事诉讼法第二百四十条在执行程序中的适用》，载最高人民法院执行局编：《执行工作指导》2010 年第 2 辑（总第 34 辑），人民法院出版社 2010 年版，第 101—104 页。

② 2021 年《民事诉讼法》第四次修正后调整为第 231 条、第 243 条、第 246 条。

③ 2020 年修正后调整为第 17 条。

3. 你院(1997)晋经终字第102号二审判决生效后,金丰公司于1997年12月14日向太原市中级人民法院申请执行,该院于同年12月22日立案后将冻结在建行太原分行账户上贴现款486.4597万元全部执行给金丰公司。二审判决执行完毕后,你院又以(1998)晋经终字第2号再审判决撤销了你院二审判决。本案由于判决的错误而造成执行的错误,根据《民事诉讼法》第二百一十四条①和《最高人民法院关于人民法院执行工作若干问题的规定(试行)》第一百零九条②之规定,应依职权对金丰公司依据二审判决获得的款项执行回转,并返还建行太原分行,以维护其合法权益。

4. 请你院按上述意见函复本案有关的执行当事人。

【注释】山西宏宝贸易公司(以下简称宏宝公司)诉山西省朔州市物贸中心(以下简称朔州物贸)、第三人山西运城地区解州铝厂(以下简称解州铝厂)、山西金丰实业有限公司(以下简称金丰公司)、中国工商银行运城市分行广场分理处(以下简称运城工行)、中国建设银行太原市分行(以下简称太原建行)承兑汇票纠纷一案,山西省高级人民法院(以下简称山西高院)作出(1998)晋经监字第2号再审判决,判令:(1)原、被告及第三人之间为08894177号500万元银行承兑汇票所签订的借款协议、供货协议、供货合同、工矿产品购销合同、协议书及银行承兑协议、银行贴现协议等合同及此张汇票签发、取得、转让、承兑贴现等行为无效。太原建行退还运城工行500万元票款,并由运城工行返还解州铝厂。(2)宏宝公司返还给朔州物贸人民币500万元。(3)朔州物贸返还第三人金丰公司人民币34.9万元和10辆SXG1142G货车。(4)金丰公司返还给第三人太原建行赊贴现款486.4597万元,所得利息收缴国库。(5)太原建行办理177号银行承兑贴现款中所收贴现利息13.5403万元,由其退出抵顶赊贴现款500万元的本金。(6)原告宏宝公司和第三人的其他经济损失由其各自承担。(7)驳回被告的反诉请求。

再审判决生效后,朔州物贸于1999年4月15日申请执行宏宝公司,因宏宝公司既无主体资格又无财产可供执行,原、被告双方于2000年11月3日达成执行和解,宏宝公司上级主管部门在100万元注册资金不实范围内承担返还责任(其中以交换机1套,计算机16台,100型奥迪、普通型与2000型桑塔纳车各1辆抵顶60万元,付现金40万元)。双方于同年11月8日履行

① 2021年《民事诉讼法》第四次修正后调整为第240条。

② 2020年修正后调整为第65条。

完毕，此案已执结。

第三人金丰公司按判决应返还建行太原支行贴现款 486.4597 万元，但判决生效后，太原建行也未申请执行金丰公司。主要理由为：(1) 此案应按照票据流通顺序全案通盘执行，不能一案多头执行将互相返还的义务变为连带清偿责任，即不管金丰公司是否将 486 万余元票款退回，单独执行该行这一环节，实质上把该行应转交金丰公司返还的 486 万余元贴现款的义务变成代金丰公司偿还此笔款的连带清偿责任，而本案再审判决没有改判该行承担连带责任的内容。(2) 金丰公司 486 万余元贴现款是太原市中级人民法院（以下简称太原中院）根据山西高院二审判决执行给金丰公司的，且已经作结案处理。山西高院再审判决又让金丰公司返还此款，金丰公司能否返还，该行不应承担责任，故太原建行既不申请执行金丰公司又拒绝履行给运城工行付款的义务。

第三人运城工行在再审判决生效后，即于 1998 年 12 月 28 日向太原中院申请执行，该院于 1999 年 1 月 4 日立案执行。运城工行和解州铝厂认为太原建行要求全案通盘执行是错误的，本案应分段执行，因再审判决的本意是各当事人之间互相返还，各自承担各自的责任，并不存在连带清偿责任的问题。太原建行不在法定期限内申请强制执行，不能因其债权不能实现而不履行其应履行的义务。且再审判决认定太原建行承担违法过错责任有事实依据，即该行与金丰公司串通，强行承兑，且在贴现到期后 5 次提示承兑，才使票据变成了票款，转入金丰公司账户，造成不应有的后果，给该公司造成严重经济损失，故坚决要求执行太原建行。①

（二）申请执行追偿权

1.《最高人民法院经济审判庭关于生效判决的连带责任人代偿债务后应以何种诉讼程序向债务人追偿问题的复函》（法经〔1992〕121 号，1992 年 7 月 29 日）

吉林省高级人民法院：

你院经济审判庭吉高法经请字〔1992〕11 号《关于在执行生效判决时，连

---

① 参见王桂芳、刘涛：《中国工商银行运城市分行广场分理处与中国建设银行太原市分行承兑汇票纠纷执行争议案》，载最高人民法院执行工作办公室编：《强制执行指导与参考》2002 年第 4 辑（总第 4 辑），法律出版社 2003 年版，第 224—233 页。

带责任人代偿债务后,应依何种诉讼程序向债务人追偿问题的请示》收悉。经研究,答复如下:

根据生效的法律文书,连带责任人代主债务人偿还了债务,或者连带责任人对外承担的责任超过了自己应承担的份额的,可以向原审人民法院请求行使追偿权。原审人民法院应当裁定主债务人或其他连带责任人偿还。此裁定不允许上诉,但可复议一次。如果生效法律文书中,对各连带责任人应承担的份额没有确定的,连带责任人对外偿还债务后向其他连带责任人行使追偿权的,应当向人民法院另行起诉。

2.《最高人民法院关于判决中已确定承担连带责任的一方向其他连带责任人追偿数额的可直接执行问题的复函》(经他〔1996〕4号,1996年3月20日)

陕西省高级人民法院:

你院陕高法〔1995〕93号请示收悉。经研究,答复如下:

基本同意你院报告中的第二种意见。我院法经〔1992〕121号复函所指的追偿程序,针对的是判决后连带责任人依照判决代主债务人偿还了债务或承担的连带责任超过自己应承担的份额的情况。而你院请示案件所涉及的生效判决所确认的中国机电设备西北公司应承担的连带责任已在判决前履行完毕,判决主文中已判定该公司向其他连带责任人追偿的数额,判决内容是明确的,可执行的。据此,你院可根据生效判决和该公司的申请立案执行,不必再作裁定。

3.《最高人民法院执行工作办公室关于对最高人民法院(2003)民二终字第111号民事判决立案执行中有关法律适用问题的请示的答复》(〔2005〕执他字第13-1号,2005年8月9日)

四川省高级人民法院:

你院〔2004〕川执字第1号《关于对最高人民法院(2003)民二终字第111号民事判决立案执行中有关法律适用问题的请示》收悉。经研究,答复如下:

一、经征询我院民二庭,因四川通信服务公司承担保证责任后是否有权向债务人追偿与本院审理的借款担保合同纠纷系不同的法律关系,所以最高人民法院(2003)民二终字第111号民事判决没有明确保证人四川通信服务公司的追偿权。

二、对已进入执行程序的案件，经审查后认定不符合《最高人民法院关于人民法院执行工作若干问题的规定（试行）》第 18 条①规定的立案条件的，人民法院应当裁定驳回执行申请。至于由执行机构还是立案机构来制作裁定书，可由受理案件的人民法院自行决定。

4.《最高人民法院关于判决主文已判明追偿权的是否须另行诉讼问题的答复》（〔2009〕执他字第 4 号，2009 年 5 月 8 日）

四川省高级人民法院：

你院〔2008〕川执监字第 34 号《关于成都达义物业有限责任公司申请执行西藏华西药业集团有限责任公司借款合同纠纷一案的请示》收悉。经研究，答复如下：

原则同意你院倾向性意见中无须另行诉讼的意见。即对人民法院的生效判决书已经确定担保人承担担保责任后，可向主债务人行使追偿权的案件，担保人无须另行诉讼，可以直接向人民法院申请执行。但行使追偿权的范围应当限定在抵押担保责任范围内。

【注释】关于判决书主文已经判明连带责任保证人承担连带责任超过自己应承担的份额时，可以向其他连带责任保证人追偿的案件，是否可以不经诉讼直接行使追偿权的问题，《最高人民法院经济审判庭关于生效判决的连带责任人代偿债务后应以何种诉讼程序向债务人追偿问题的复函》（法经〔1992〕121 号）已经明确可以，但例外的情况是，如果生效法律文书中对各连带责任人应承担的份额没有确定，连带责任人对外偿还债务后向其他连带责任人行使追偿权的，应当向人民法院另行起诉。

（三）申请执行人事争议仲裁裁决

1.《最高人民法院执行工作办公室关于人事争议仲裁委员会的裁决书能否继续执行问题的答复》（〔2003〕执他字第 25 号，2003 年 9 月 28 日）

河南省高级人民法院：

你院〔2003〕豫法执请 1 号《关于河南省人事争议仲裁委员会豫人裁决

① 2020 年修正后调整为第 16 条。

字(2001)第2号裁决书能否继续执行的请示》收悉,经研究答复如下:

我院《关于人民法院审理事业单位人事争议案件若干问题的规定》已于2003年9月5日起施行,本案可按照该规定办理。如郑州工业高等专科学校不服河南省人事争议仲裁委员会豫人裁定字(2001)第1号裁定书向法院起诉,人民法院应当受理;如其既不起诉又不履行仲裁裁决,另一方当事人向人民法院申请执行的,人民法院应当依法执行。

2.《最高人民法院执行工作办公室关于人事部门人事争议仲裁委员会作出的裁决能否由人民法院强制执行问题的批复》(〔2002〕执他字第8号,2002年6月20日)

河北省高级人民法院:

你院〔2002〕冀法执请字第1号报告收悉。经研究,答复如下:

人事争议仲裁委员会是人事部门根据《人事争议处理暂行规定》①设立的仲裁机构,该《暂行规定》虽未明确规定一方当事人逾期不履行仲裁裁决的,另一方当事人可以申请人民法院强制执行,但是,我国现行的人事争议仲裁制度与劳动争议仲裁制度的性质相同,两仲裁裁决应具有同等效力。基于支持、规范人事仲裁制度发展的需要,在目前法律没有明文规定的情况下,一方当事人逾期不履行人事争议仲裁裁决,另一方当事人向人民法院申请强制执行的,人民法院可以比照劳动争议仲裁裁决执行的有关规定予以受理。

(四)申请参与分配

1.**《最高人民法院关于如何确定生效法律文书确定的抵押权优先受偿范围的请示答复》**(〔2013〕执他字第26号,2013年11月27日)

山东省高级人民法院:

你院《关于如何确定生效法律文书确定的抵押权优先受偿范围的请示》(〔2013〕鲁执三他字第7号)收悉。经研究,答复如下:

在参与分配程序中,抵押权的实现并不以生效法律文书的确认为前提。《最高人民法院关于人民法院执行工作若干问题的规定(试行)》第93条规

① 已被2007年施行的《人事争议处理规定》废止。

定,对人民法院查封、扣押或冻结的财产有优先权、担保物权的债权人,可以申请参加参与分配程序,主张优先受偿权。第 94 条规定,参与分配案件中可供执行的财产,在对享有优先权、担保权的债权人依照法律规定的顺序优先受偿后,按照各个案件债权额的比例进行分配。① 依照上述规定,在参与分配程序中,债权人只要在实体上享有抵押权,即可主张债权的优先受偿。如果其他债权人、被执行人对于抵押权及其担保债权的范围存在异议,可以根据《最高人民法院关于适用〈中华人民共和国民事诉讼法〉执行程序若干问题的解释》第二十五条、第二十六条②的规定,通过分配方案异议、分配方案异议之诉程序予以救济。

请你院按照此法律规定规范处理,向当事人释明相关程序救济措施,保障各方当事人的合法权益。

2.《最高人民法院关于〈最高人民法院关于人民法院执行工作若干问题的规定(试行)〉第 88 条③、第 90 条④如何理解适用等问题的请示答复》

山东省高级人民法院:

你院《关于〈最高人民法院关于人民法院执行工作若干问题的规定(试行)〉第 88 条、第 90 条如何理解适用等问题的请示》收悉,经研究,答复如下:

原则同意你院对本案的处理意见。参与分配程序中,执行法院应按照债权比例进行财产分配。关于税款执行的问题,请你院根据《中华人民共和国税收征收管理法》相关条文,查明案情,依法执行。根据《最高人民法院关于适用〈中华人民共和国民事诉讼法〉执行程序若干问题的解释》,本案新债权人不能进入参与分配异议之诉中,其如对财产分配方案有异议,可依正常的诉讼程序解决。根据《最高人民法院关于人民法院执行工作若干问题的规定(试行)》第 90 条的规定,本案新债权人申请对被执行的财产参与分配,由执行法院依法审查处理。

---

① 2020 年修正时删除了该两条。

② 2020 年修正后调整为第 17 条、第 18 条。

③ 2020 年修正后调整为第 55 条。

④ 2020 年修正时删除了该条。

3.《最高人民法院执行工作办公室关于天津市第二中级人民法院与天津海事法院执行同一被执行人财产发生争议可否参照最高人民法院执行工作规定第90条①处理的请示的答复》（〔2003〕执他字第17号，2003年11月8日）

天津市高级人民法院：

你院津高法〔2003〕101号《关于我市第二中级人民法院与天津海事法院执行同一被执行人财产发生争议可否参照最高人民法院执行工作规定第90条处理的请示》收悉。经研究，答复如下：

根据你院请示报告反映的情况，在此争议案中，天津市第二中级人民法院采取执行措施在先，因此，根据最高人民法院《关于人民法院执行工作若干问题的规定（试行）》第88条②第1款的规定，应由天津市第二中级人民法院的执行案件申请人樊忠成先予受偿。鉴于被执行人香港松星贸易公司不属"公民或其他组织"，天津海事法院执行案件申请人天津天马拆船工程有限公司不可依据最高人民法院《关于人民法院执行工作若干问题的规定（试行）》第90条的规定申请参与分配。但在执行中，两案债权人若与被执行人达成和解协议，应当准许。

4.《最高人民法院执行工作办公室关于广西北海市中级人民法院与太原市尖草坪区人民法院因工程款能否优先执行争议协调案的复函》（〔2003〕执协字第6号，2003年9月24日）

广西壮族自治区高级人民法院、山西省高级人民法院：

广西高院〔2001〕桂法执协字第16-2号《关于请求最高法院对北海市中级人民法院与山西省太原市尖草坪区人民法院执行争议进行协调的报告》和山西高院〔2003〕晋法执函字第12号《关于与广西高院就我省尖草坪区法院与北海市中院执行案件问题进行协调的情况报告》均收悉。经研究，现答复如下：

一、北海市中级人民法院（1996）北民初字第95号民事判决作出时，《中华人民共和国合同法》（以下简称《合同法》）尚未颁布。根据法不溯及既往的原则，北海市中院判决的相关案件只能适用当时的《中华人民共和国经济合同法》和《建筑安装工程承包合同条例》的有关规定，而不能适用《合同法》第286条的规定。

---

① 2020年修正时删除了该条。

② 2020年修正后调整为第55条。

二、鉴于太原市尖草坪区法院先于北海市中院对华新实业集团坐落于北海市华新苑、华馨小区商品住宅楼四栋及 70 亩土地和两套涉案住宅采取了诉讼保全措施，如果华新实业集团确已歇业，其财产又不足清偿全部债务，根据我院《关于人民法院执行工作若干问题的规定（试行）》第 91 条①、第 92 条、第 96 条②的规定，北海市中院执行案件的债权人可以在太原市尖草坪区法院执行财产时申请参与分配。

【指导案例】

指导案例 34 号：李晓玲、李鹏裕申请执行厦门海洋实业（集团）股份有限公司、厦门海洋实业总公司执行复议案（最高人民法院审判委员会讨论通过，2014 年 12 月 18 日发布）

关键词　民事诉讼　执行复议　权利承受人　申请执行

裁判要点

生效法律文书确定的权利人在进入执行程序前合法转让债权的，债权受让人即权利承受人可以作为申请执行人直接申请执行，无需执行法院作出变更申请执行人的裁定。

相关法条

《中华人民共和国民事诉讼法》第二百三十六条第一款③

基本案情

原告投资 2234 中国第一号基金公司（Investments 2234 China Fund Ⅰ B. V.，以下简称 2234 公司）与被告厦门海洋实业（集团）股份有限公司（以下简称海洋股份公司）、厦门海洋实业总公司（以下简称海洋实业公司）借款合同纠纷一案，2012 年 1 月 11 日由最高人民法院作出终审判决，判令：海洋实业公司应于判决生效之日起偿还 2234 公司借款本金 2274 万元及相应利息；2234 公司对蜂巢山路 3 号的土地使用权享有抵押权。在该判决作出之前的 2011 年 6 月 8 日，2234 公司将其对于海洋股份公司和海洋实业公司的 2274 万元本金债权转让给李晓玲、李鹏裕，并签订《债权转让协议》。2012 年 4 月

---

① 2020 年修正后调整为第 56 条。

② 2020 年修正时删除了该两条。

③ 2021 年《民事诉讼法》第四次修正后调整为第 243 条第 1 款。

19日,李晓玲、李鹏裕依据上述判决和《债权转让协议》向福建省高级人民法院(以下简称福建高院)申请执行。4月24日,福建高院向海洋股份公司、海洋实业公司发出(2012)闽执行字第8号执行通知。海洋股份公司不服该执行通知,以执行通知中直接变更执行主体缺乏法律依据,申请执行人李鹏裕系公务员,其受让不良债权行为无效,由此债权转让合同无效为主要理由,向福建高院提出执行异议。福建高院在异议审查中查明:李鹏裕系国家公务员,其本人称,在债权转让中,未实际出资,并已于2011年9月退出受让的债权份额。

福建高院认为:一、关于债权转让合同效力问题。根据《最高人民法院关于审理涉及金融不良债权转让案件工作座谈会纪要》(以下简称《纪要》)第六条关于金融资产管理公司转让不良债权存在"受让人为国家公务员、金融监管机构工作人员"的情形无效和《中华人民共和国公务员法》第五十三条第十四项明确禁止国家公务员从事或者参与营利性活动等相关规定,作为债权受让人之一的李鹏裕为国家公务员,其本人购买债权受身份适格的限制。李鹏裕称已退出所受让债权的份额,该院受理的执行案件未做审查仍将李鹏裕列为申请执行人显属不当。二、关于执行通知中直接变更申请执行主体的问题。最高人民法院〔2009〕执他字第1号《关于判决确定的金融不良债权多次转让人民法院能否裁定变更申请执行主体请示的答复》(以下简称1号答复)认为:"《最高人民法院关于人民法院执行工作若干问题的规定(试行)》(以下简称《执行规定》),已经对申请执行人的资格予以明确。其中第18条①第1款规定:'人民法院受理执行案件应当符合下列条件:……(2)申请执行人是生效法律文书确定的权利人或其继承人、权利承受人。'该条中的'权利承受人',包含通过债权转让的方式承受债权的人。依法从金融资产管理公司受让债权的受让人将债权再行转让给其他普通受让人的,执行法院可以依据上述规定,依债权转让协议以及受让人或者转让人的申请,裁定变更申请执行主体"。据此,该院在执行通知中直接将本案受让人作为申请执行主体,未作出裁定变更,程序不当,遂于2012年8月6日作出(2012)闽执异字第1号执行裁定,撤销(2012)闽执行字第8号执行通知。

李晓玲不服,向最高人民法院申请复议,其主要理由如下:一、李鹏裕的公务员身份不影响其作为债权受让主体的适格性。二、申请执行前,两申请

① 2020年修正后调整为第16条。

人已同 2234 公司完成债权转让，并通知了债务人（即被执行人），是合法的债权人；根据《执行规定》有关规定，申请人只要提交生效法律文书、承受权利的证明等，即具备申请执行人资格，这一资格在立案阶段已予审查，并向申请人送达了案件受理通知书；1 号答复适用于执行程序中依受让人申请变更的情形，而本案申请人并非在执行过程中申请变更执行主体，因此不需要裁定变更申请执行主体。

裁判结果

最高人民法院于 2012 年 12 月 11 日作出（2012）执复字第 26 号执行裁定：撤销福建高院（2012）闽执异字第 1 号执行裁定书，由福建高院向两被执行人重新发出执行通知书。

裁判理由

最高人民法院认为：本案申请复议中争议焦点问题是，生效法律文书确定的权利人在进入执行程序前合法转让债权的，债权受让人即权利承受人可否作为申请执行人直接申请执行，是否需要裁定变更申请执行主体，以及执行中如何处理债权转让合同效力争议问题。

一、关于是否需要裁定变更申请执行主体的问题。变更申请执行主体是在根据原申请执行人的申请已经开始了的执行程序中，变更新的权利人为申请执行人。根据《执行规定》第 18 条、第 20 条①的规定，权利承受人有权以自己的名义申请执行，只要向人民法院提交承受权利的证明文件，证明自己是生效法律文书确定的权利承受人的，即符合受理执行案件的条件。这种情况不属于严格意义上的变更申请执行主体，但二者的法律基础相同，故也可以理解为广义上的申请执行主体变更，即通过立案阶段解决主体变更问题。1 号答复的意见是，《执行规定》第 18 条可以作为变更申请执行主体的法律依据，并且认为债权受让人可以视为该条规定中的权利承受人。本案中，生效判决确定的原权利人 2234 公司在执行开始之前已经转让债权，并未作为申请执行人参加执行程序，而是权利受让人李晓玲、李鹏裕依据《执行规定》第 18 条的规定直接申请执行。因其申请已经法院立案受理，受理的方式不是通过裁定而是发出受理通知，债权受让人已经成为申请执行人，故并不需要执行法院再作出变更主体的裁定，然后发出执行通知，而应当直接发出执行通知。实践中有的法院在这种情况下先以原权利人作为申请执行人，待执

① 2020 年修正后调整为第 18 条。

行开始后再作出变更主体裁定,因其只是增加了工作量,而并无实质性影响,故并不被认为程序上存在问题。但不能由此反过来认为没有作出变更主体裁定是程序错误。

二、关于债权转让合同效力争议问题,原则上应当通过另行提起诉讼解决,执行程序不是审查判断和解决该问题的适当程序。被执行人主张转让合同无效所援引的《纪要》第五条也规定:在受让人向债务人主张债权的诉讼中,债务人提出不良债权转让合同无效抗辩的,人民法院应告知其向同一人民法院另行提起不良债权转让合同无效的诉讼;债务人不另行起诉的,人民法院对其抗辩不予支持。关于李鹏裕的申请执行人资格问题。因本案在异议审查中查明,李鹏裕明确表示其已经退出债权受让,不再参与本案执行,故后续执行中应不再将李鹏裕列为申请执行人。但如果没有其他因素,该事实不影响另一债权受让人李晓玲的受让和申请执行资格。李晓玲要求继续执行的,福建高院应以李晓玲为申请执行人继续执行。

【判旨撷要】

(一)申请执行

1. 东风汽车贸易公司、内蒙古汽车修造厂与内蒙古环成汽车技术有限公司侵权纠纷执行复议案[(2016)最高法执复28号]

要旨:根据《公司法》第150条、第152条规定,公司的董事、监事、高级管理人员侵害了公司权益,而公司怠于追究其责任时,符合法定条件的股东可以自己的名义代表公司提起诉讼。在股东代表诉讼中,股东个人的利益并没有直接受到损害,只是由于公司的利益受到损害而间接受损,因此,股东代表诉讼是股东为了公司的利益而以股东的名义直接提起的诉讼,相应地,胜诉后的利益归于公司。本案生效民事判决正是参照《公司法》中关于股东代表诉讼的规定,认定东风公司、汽修厂具备提起诉讼的主体资格,并依其主张判令涉案《土地使用权转让协议书》和《房屋买卖合同书》无效。同样,当股东代表诉讼进入执行程序后,股东代表出于继续维护公司利益的目的,向人民法院申请执行生效法律文书,符合股东代表诉讼这一制度设计的内在逻辑。此时公司未经申请执行股东认可与被执行人达成和解协议,内容为抵销股东代表诉讼效果的,不能对抗股东代表诉讼的判决。

2. 天津市天海集团有限公司与天津天海投资发展股份有限公司债务纠纷执行复议案［（2016）最高法执复 67 号］

要旨：调解书第 6 项规定了双方当事人互负权利义务，但没有规定履行的先后顺序。天海投资公司主张天海集团在调解书确定的期限内未履行腾空房屋的义务，据此向天津高院申请恢复执行，符合《执行工作规定》第 18 条（2020 年修正为第 16 条）受理执行案件的法定条件。天海集团主张同时履行抗辩权，并不构成天津高院驳回执行申请、撤销案件的法定理由，天海集团可以在执行程序中针对具体执行行为提出关于执行顺序的异议，也可以根据案涉民事调解书第 6 项提出对于天海投资公司履行义务的执行申请。

3. 赵世俊与红寺堡开发区盛达建材有限公司、邱铁军合伙协议纠纷执行申诉案［（2016）最高法执监 83 号］

要旨：申请执行是当事人实现生效法律文书确定的实体权利的司法程序，给申请执行赋予一个期限，目的在于督促当事人及时行使权利，实现自己的实体权利。当事人未在法定期限内申请执行，即丧失请求人民法院强制执行的权利。但这并不导致当事人实体权利的消灭，其请求在对方当事人申请强制执行时抵销对方当事人所欠其种类、品质相同的债务，并不为法律所禁止。另案民事判决生效后，邱铁军未在法定期限内申请执行，但其债权是客观存在且经生效判决确认的。邱铁军虽不能申请法院强制执行，但不影响其主张债务抵销的权利。由于邱铁军与赵世俊互负到期金钱债务，邱铁军请求抵销债务，符合民事活动应当遵循公平、诚实信用的原则及现行法律关于抵销的一般规定。

4. 辽宁金百机械设备制造有限公司与鞍钢机械开发冶金修造厂承揽合同纠纷执行申诉案［（2018）最高法执监 240 号］

要旨：根据《最高人民法院经济审判庭关于生效判决的连带责任人代偿债务后应以何种诉讼程序向债务人追偿问题的复函》（法经〔1992〕121 号）（以下简称 1992 年复函）的意见，如果原审法院在判决中载明了各个连带责任人承担责任的先后或份额，那么已经承担超额责任的连带责任人可以直接向原审法院请求行使追偿权，由原审法院直接作出裁定要求主债务人或其他连带责任人对申请人偿还超额履行的部分；在原审法院没有对各连带责任人之间的责任先后和份额作出确定的情况下，连带责任人则要通过提起新的诉讼的方式来实现自己的追偿权。《最高人民法院关于判决中已确定承担连带责任的一方向其他连带责任人追偿数额的可直接执行问题的复函》(经他〔1996〕4 号)(以下简称 1996 年复函)对 1992 年复函进行了补充,明确了判决主文中已判定连带责任人向其他连带责任人追偿的数额,可根据生效判决和连带责任人的申请立案执行,不必再作裁定。本案执行依据虽然判令金百公司对鞍钢修造厂的债务承担连带责任,但并无金百公司承担责任后可以对鞍钢修造厂进行追偿以及追偿数额的判项。因此,金百公司主张依原判决直接行使追偿权,与 1996 年复函和 1992 年复函精神不符。

5. 大宗集团有限公司、宗锡晋与淮北圣火矿业有限公司、淮北圣火房地产开发有限责任公司、涡阳圣火房地产开发有限公司股权转让纠纷执行复议案[(2018)最高法执复 62 号]

要旨:根据生效民事调解书的内容,圣火矿业等三公司的履行标的有两个,即“分期履行 2.9 亿元股权转让款”或者“2019 年 9 月 30 日前给付 6.6 亿元股权转让款”;而案涉民事调解书并没有确认债权人大宗集团、宗锡晋可以选择案涉债务履行内容。因此,圣火矿业等三公司基于其与债权人形成的合意以及案涉民事调解书的内容,可以选择案涉债务的履行方式。2017 年 6 月 15 日,圣火矿业等三公司没有按照案涉民事调解书中“2017 年 6 月 15 日之前给付 0.9 亿元”的内容履行,即已选择案涉民事调解书中“2019 年 9 月 30 日前给付 6.6 亿元股权转让款”的内容履行;而且 2019 年 9 月 30 日前,均为圣火矿业等三公司给付 6.6 亿元股权转让款的债务履行期间。换言之,圣火矿业等三公司有权选择在 2019 年 9 月 30 日前的任何一天履行,均是符合本案执行依据内容的。《执行工作规定》第 18 条第 1 款第 5 项(2020 年修正为第 16 条第 1 款第 4 项)规定,义务人在生效法律文书确定的期限内未履行义务是人民法院受理执行案件的法律条件之一。因案涉债务履行期限尚未届至,无法确定债务人是否在期限内履行生效法律文书确定的义务,执行法院立案执行本案,不符合执行案件立案受理的法律规定,亦有损圣火矿业等三公司经生效法律文书确认的期限利益,应予纠正。

6. 利害关系人胡晓彪就王强与涂德喜、湖北天鹰房地产开发有限公司、湖北荆龙电缆有限公司股权转让合同纠纷执行申诉案[(2019)最高法执监 59 号]

要旨:《执行工作规定》关于多个普通债权人对同一被执行企业法人申请执行,是《民事诉讼法解释》施行前适用的制度。依照当时的规定,对于被执行人为企业法人,其财产不足以清偿全部债务,原则上应当按照执行法院采取查封措施的先后顺序受偿,但在被执行企业符合《执行工作规定》第 96 条(2020 年修正已删除)规定的情形时,也可以参照被执行人为公民或其他组织的参与分配制度对普通债权按比例清偿。《民事诉讼法解释》对此问题作了新的规定,明确对于未进入破产程序的企业法人应按照查封先后顺序对普通债权进行清偿,这实质上修改了《执行工作规定》第 96 条的规定,排除了参与分配制度对企业法人的参照适用。对于被执行人为企业法人的执行案件债权人而言,要么其在执行程序中按照查封先后顺序受偿债权,要么其通过破产程序按比例受偿债权。所以,本案无论天鹰公司是否符合"歇业"的情形,均不应适用《执行工作规定》第 96 条的规定。

从相关法律规定来看,执行转破产程序的主要目的是,对于符合破产条件的案件,由执行法院告知并征询申请执行人或被执行人意见,在申请执行人或被执行人同意后,将案件移送破产法院进行处理,以推动解决企业破产启动难的问题。对于申请执行人自行申请破产被驳回后,执行法院是否还需要再次移送,目前并无明确法律规定。考虑执行法院在执行转破产程序中主要行使移送职责,最终能否立案受理、能否进行破产清算的决定权在破产法院,从这个意义上来看,申请执行人自行申请破产与执行法院移送破产,在实质意义上并无差别。本案执行过程中,债权人申请对天鹰公司进行破产清算但被驳回,故法院对普通债权按照查封先后顺序清偿,并不违背《民事诉讼法解释》第 516 条(2022 年修正为第 514 条)规定精神。

(二)变更申请执行人

1. 齐鲁投资管理有限公司、济南中银实业有限公司不服山东省高级人民法院裁定变更申请执行人申请复议案[(2009)执复字第 1 号]

要旨:《最高人民法院关于金融资产管理公司收购、处置银行不良资产有关问题的补充通知》第 3 条明确规定:"金融资产管理公司转让、处置已经涉及诉讼、执行或者破产等程序的不良债权时,人民法院应当根据债权转让协议和转让人或者受让人的申请,裁定变更诉讼或者执行主体。"本案债权转让在中诚信托公司受让债权阶段,并未提出变更执行申请人的申请,故执行法院无须作出变更执行主体裁定。在债权连续转让的情况下,只要债权转让的过程是明确的、连续的,则执行法院直接裁定变更最后受让人为申请人,亦符合最高人民法院上述补充通知的精神。同时,现行法律和司法解释并未要求执行中作出的裁定必须经过开庭质证,执行法院有权经审查当事人各方提供的材料,直接作出裁定。

2. 阜新盛金投资管理有限公司与沈阳加州阳光花园房屋开发有限公司、沈阳克莱斯特国际置业第一有限公司企业借贷纠纷执行复议案[(2016)最高法执复 48 号]

要旨:《合同法》第 80 条第 1 款①规定:"债权人转让权利的,应当通知债务人。未经通知,该转让对债务人不发生效力。"对于债权转让通知的形式,法律未作明确规定,债权人可自主选择通知形式,但应保证能够让债务人及时、准确地获知债权转让的事实。本案中,债权人在《沈阳晚报》上刊登债权转让公告,从结果来看,债务人已实际知悉了债权转让的事实,客观上达到了通知义务的效果。在此情况下,不应以债权人对通知义务不适当履行为由否定债权转让和申请执行人变更的法律效力。如债务人认为债权人的不适当履行损害了其合法权益,可依法通过其他途径救济。

《执行工作规定》第 18 条(2020 年修正为第 16 条)第 1 款规定:"人民法院受理执行案件应当符合下列条件:……(2)申请执行人是生效法律文书确定的权利人或其继承人、权利承受人……"该条中的权利人应为生效法律文书所确定,而权利承受人应当包含通过债权转让的方式从权利人处取得债权的人。据此,生效法律文书确定的权利人的权利承受人,提交承受权利的证明文件,可以直接申请执行。关于进入执行程序后,权利承受人申请变更其为申请执行人的,法律并无明确规定。一般来说,应由权利承受人提交承受权利的证明文件,执行法院对该证明文件作形式审查后,可以裁定变更申请执行人。

3. 德州农村商业银行股份有限公司与德州宏银被服纺织有限公司、德州宏银生物技术有限公司等公证债权文书执行申诉案[(2017)最高法执监 67 号]

要旨:依据《执行工作规定》第 18 条(2020 年修正为第 16 条)第 1 款第 2 项规定,如果债权人确实将案涉债权转让给了第三人,执行法院应当依法变更申请执行人。但在执行法院尚未变更申请执行人之前,原申请执行人的当事人地位并未发生改变,仍应赋予其申请续行查封相关财产的权利,以便在

① 《民法典》施行后,相关内容规定在第 546 条第 1 款。

当事人依法变更后确保程序有效衔接，更充分地保护相关主体的实体权利。因此，德州农商银行申请续行查封案涉财产应予支持。

4. 冯喜财与阜新市索坤商贸有限公司、冯亚芹民间借贷执行纠纷执行申诉案［(2017)最高法执监 334 号］

要旨：《执行工作规定》第 18 条(2020 年修正为第 16 条)第 1 款规定："人民法院受理执行案件应当符合下列条件：……(2)申请执行人是生效法律文书确定的权利人或其继承人、权利承受人……"所谓权利承受人，是指法人、其他组织注销后，承继法人、其他组织权利的该法人或其他组织的股东、出资人、合伙人、个人投资人或其他权利承受人。法人、其他组织注销后，其主体资格即告消灭，不能再作为申请执行人，此时，为充分保护其权利承受人的合法权益，应允许其权利承受人为申请执行人。本案中，个人独资企业鑫发煤矿系生效法律文书的权利人，而冯喜财系鑫发煤矿的个人投资人，鑫发煤矿注销后，该煤矿相关的权利义务应当由冯喜财个人承继，冯喜财符合申请执行人的相关条件，可以作为申请执行人申请执行。

5. 中材供应链管理有限公司与上海浩轩国际贸易有限公司、上海超佳投资管理有限公司、苏州隆湖置业有限公司等买卖合同纠纷执行申诉案［(2017)最高法执监 435 号］

要旨：在本案执行过程中，中材供应链公司与案外人签订协议转让生效判决确定的债权，但协议双方均没有向执行法院提交该协议及申请变更申请执行人。中材供应链公司始终是本案申请执行人。此种情况下债权转让协议之是否生效、履行的条件是否成就、是否依协议履行等，只是债权转让双方间的民事合同法律关系问题，对执行程序无直接影响。执行法院根据中材供应链公司的申请，对已冻结的被执行人上海超佳公司持有的苏州隆湖公司 49%的股权予以评估、拍卖，符合法律规定。

6. 上海睿银盛嘉资产管理有限公司与山东赛赛集团有限公司、三亚赛德商贸旅业有限公司等金融借款合同纠纷执行复议案［(2018)最高法执复 82 号］

要旨：根据《执行工作规定》第 18 条(2020 年修正为第 16 条)规定，申请执行人是生效法律文书确定的权利人或其继承人、权利承受人的，符合人民法院受理执行案件的条件之一。从本案查明的事实来看，山东高院生效民事判决确定的权利人东城公司将债权转让给浩成公司，以及此后浩成公司将债权转让给新启云企业、新启云企业又将债权转让给睿银公司，均通过报纸公告的方式对债权转让事宜进行了通知，且东城公司、浩成公司、新启云企业在执行程序中又分别向执行法院作出了债权转让确认说明，由此可以证明睿银公司即为本案生效法律文书确定的权利人东城公司的权利承受人。故睿银公司向山东高院申请强制执行，该院作出执行通知书要求被执行人向睿银公司履行生效法律文书确定的义务，符合法律规定。

7. 谢孟初就重庆市黔江区先登小额贷款有限公司与郭胜彦、张绍治借款合同纠纷执行申诉案[（2019）最高法执监340号]

要旨：因生效法律文书确定的债权发生转让而变更申请执行人的，须具备两个前提条件：一是申请执行人已将生效法律文书确定的债权依法予以转让；二是申请执行人在执行程序中书面认可受让人取得该债权。关于第一个条件，根据《合同法》第80条①规定，是否通知债务人，并不是决定债权转让本身是否有效的因素，未经通知债务人，不能成为否定债权在债权人和受让人之间发生转让的理由。关于第二个条件，之所以在债权已合法转让的情况下，再要求申请执行人向执行法院作出第三人取得债权的书面认可，原因在于债权转让是当事人之间的民事法律行为，未经过生效法律文书确认，通过申请执行人向执行法院作出该书面认可，表明其对债权转让的行为及结果已经没有实体争议，避免执行程序变更申请执行人陷入不必要的实体争议之中。

（三）申请参与分配

1. 陈旭龙与刘忠信民间借贷纠纷执行申诉案[（2016）最高法执监155号]

要旨：根据《合同法》第99条②的规定，当事人互负到期债务，该债务的标的物种类、品质相同的，任何一方可以将自己的债务与对方的债务抵销，但依照法律规定或者按照合同性质不得抵销的除外。而针对被执行人有多个债权人的情形，执行程序则规定了参与分配制度，需根据债权人的债权性质及被执行人的财产状况等具体情况确定参与分配的比例和数额。如果债务人通过受

---

① 《民法典》施行后，相关内容规定在第546条。
② 《民法典》施行后，相关内容规定在第568条。

让,取得了对债权人的债权,但该债权人作为被执行人,有其他多个债权人向其主张权利,那么债务人受让的债权在执行程序中能否实现以及能够实现多少,要按照相关法律规定在执行程序中确定,不能直接将其债务抵销。刘忠信所受让对陈旭龙的债权,如果与其对陈旭龙的债务相抵销,意味着优先于其他债权人进行了受偿,将可能损害陈旭龙其他债权人的合法利益。因此,刘忠信所受让对陈旭龙的债权,应当在陈旭龙为被执行人的执行案件中以参与分配的方式实现,而不能在本案中简单以抵销的方式变相获得优先受偿权。

2. 案外人李郭崇就贺醒民与张治国、胡蓉民间借贷纠纷执行申诉案[(2017)最高法执监 325 号]

要旨:根据《民事诉讼法解释》第 508 条(2022 年修正为第 506 条)和第 509 条(2022 年修正为第 507 条)第 2 款的规定,其他债权人参与分配的条件为:(1)被执行人为公民或者其他组织;(2)执行程序开始后,被执行人的财产执行终结前;(3)被执行人的财产不能清偿所有债权。根据《民事诉讼法解释》第 509 条第 1 款的规定,申请人申请参与分配,只需提交申请书,写明参与分配和被执行人不能清偿所有债权的相关事实、理由,并附有执行依据,并未要求由申请人承担被执行人不能清偿所有债权的证明责任。而且从实际情况来看,由申请人承担严格的证明责任并不现实。实践中,只要申请人一方提供相关材料,符合一定要件后就应予以认可,至于被执行人的财产是否满足不能清偿所有债权的条件,应由执行法院来审查,并且执行法院对此也应从宽把握。只要确定现有财产已经不能清偿所有债权的,就应同意申请人参与分配。关于申请人应向哪个法院提出参与分配申请的问题。虽然《执行工作规定》第 92 条(2020 年修正已删除)规定应当向其原申请执行法院提交参与分配申请书,但之后修正的《民事诉讼法》和司法解释对此均并未提出明确要求,而且即便法律规定申请人应当向原申请执行法院提交申请书,法院也不能以此为由驳回当事人的申请,毕竟向哪个法院提出申请只是具体操作的问题,不能以此剥夺申请人的实体权利。

3. 利害关系人中国银行股份有限公司重庆市分行就海南保发实业贸易公司与重庆金岗房地产开发有限公司等投资款纠纷执行复议案[(2019)最高法执复 14 号]

要旨:参与分配有广义和狭义两种概念,广义的参与分配,是指不管被执行人是否为企业法人,只要涉及多个债权人对其财产申请分配的,执行法院均应按《执行程序解释》第25条(2020年修正为第17条)的规定启动分配程序;而狭义的参与分配,则特指被执行人为公民或者其他组织时,在其财产不能清偿所有债权的情况下,按债权比例公平清偿的分配方式。《民事诉讼法解释》第508条(2022年修正为第506条)的规定针对的正是狭义参与分配,但不能据此否定《执行程序解释》第25条规定的广义参与分配程序之适用,只是根据《民事诉讼法》司法解释的相关规定,被执行人为企业法人的,不得对其采取按债权比例清偿的狭义参与分配程序。

4. 阜新盛金投资管理有限公司与沈阳新拓置业发展有限公司、方德弟金融借款合同纠纷执行复议案[(2019)最高法执复97号]

要旨:《民事诉讼法解释》第508条至第512条(2022年修正为第506条至第510条)关于"参与分配"的规定,并未限制人民法院在被执行人为企业法人的案件中适用执行分配程序。存在多名申请执行人及执行债权人申请分配可供执行财产时,执行法院在处置案涉财产前制作分配方案,更有利于平等保护各方当事人及执行债权人的合法权益。对于分配方案,当事人可以依法提出异议。

5. 利害关系人杨清维就雷运昌、陈安容与陈超、张晓玲股权转让纠纷执行监督案[(2020)最高法执监105号]

要旨:按照目前参与分配的规定,被执行人在没有其他财产的情况下,同意按比例受偿的制度设计,实际上是具有破产的功能;案涉不动产裁定过户发生所有权的转移,但并不意味着执行程序终结,变成价款后下一步清偿分配,也是执行的一个阶段;分配的目的就是从价款中受偿,不能说不动产所有权转移,执行就终结了,只要执行价款还在,执行程序就不能终结,即在被执行人财产未分配处置完毕之前,债权人可以申请参与分配。就本案来看,根据查明的事实,执行法院因案涉14套商业用房拍卖成交,于2018年7月3日裁定过户,此种情形属于将不动产变为金钱,还是属于被执行人财产,只是财产形式发生了转化,并不是财产处理完毕。杨清维于2018年11月23日提出参与分配申请时,不动产变现的金钱还在执行法院账户,还未执行终结,其提出的参与分配申请应当得到支持。参与分配的具体数额由执行法院根据生效法律文书的内容依法确定,当事人对分配方案确定的具体数额不服,可以通过分配方案异议及分配方案异议之诉解决。

第二百四十四条　【仲裁裁决执行】对依法设立的仲裁机构的裁决，一方当事人不履行的，对方当事人可以向有管辖权的人民法院申请执行。受申请的人民法院应当执行。

被申请人提出证据证明仲裁裁决有下列情形之一的，经人民法院组成合议庭审查核实，裁定不予执行：

（一）当事人在合同中没有订有仲裁条款或者事后没有达成书面仲裁协议的；

（二）裁决的事项不属于仲裁协议的范围或者仲裁机构无权仲裁的；

（三）仲裁庭的组成或者仲裁的程序违反法定程序的；

（四）裁决所根据的证据是伪造的；

（五）对方当事人向仲裁机构隐瞒了足以影响公正裁决的证据的；

（六）仲裁员在仲裁该案时有贪污受贿，徇私舞弊，枉法裁决行为的。

人民法院认定执行该裁决违背社会公共利益的，裁定不予执行。

裁定书应当送达双方当事人和仲裁机构。

仲裁裁决被人民法院裁定不予执行的，当事人可以根据双方达成的书面仲裁协议重新申请仲裁，也可以向人民法院起诉。

规范体系	
相关立法	1.《民事诉讼法》第 280—282 条 2.《仲裁法》第 62—64 条、第 71—72 条 3.《劳动争议调解仲裁法》第 44 条、第 51 条 4.《农村土地承包经营纠纷调解仲裁法》第 42 条、第 49 条

(续表)

规范体系		
司法解释	一般规定	1.《最高人民法院关于适用〈中华人民共和国民事诉讼法〉的解释》(法释〔2015〕5号;经法释〔2022〕11号第二次修正)第475—477条、第479条、第538—539条、第543条 2.《最高人民法院关于人民法院执行工作若干问题的规定(试行)》(法释〔1998〕15号;经法释〔2020〕21号修正)第19条、第73条 3.《最高人民法院关于人民法院办理仲裁裁决执行案件若干问题的规定》(法释〔2018〕5号)第1—24条 4.《最高人民法院关于适用〈中华人民共和国仲裁法〉若干问题的解释》(法释〔2006〕7号)第25—30条 5.《最高人民法院关于审理仲裁司法审查案件若干问题的规定》(法释〔2017〕22号)第1条、第4条、第6—12条、第16—22条 6.《最高人民法院关于仲裁司法审查案件报核问题的有关规定》(法释〔2017〕21号;经法释〔2021〕21号修正)第1—9条 7.《最高人民法院关于仲裁机构"先予仲裁"裁决或者调解书立案、执行等法律适用问题的批复》(法释〔2018〕10号) 8.《最高人民法院关于审理劳动争议案件适用法律问题的解释(一)》(法释〔2020〕26号)第10条、第23—25条 9.《最高人民法院关于审理涉及农村土地承包经营纠纷调解仲裁案件适用法律若干问题的解释》(法释〔2014〕1号;经法释〔2020〕17号修正)第9—10条 10.《最高人民法院关于修改后的民事诉讼法施行时未结案件适用法律若干问题的规定》(法释〔2012〕23号)第7条 11.《最高人民法院关于未被续聘的仲裁员在原参加审理的案件裁决书上签名人民法院应当执行该仲裁裁决书的批复》(法释〔1998〕21号) 12.《最高人民法院关于对上海市高级人民法院等就涉及中国国际经济贸易仲裁委员会及其原分会等仲裁机构所作仲裁裁决司法审查案件请示问题的批复》(法释〔2015〕15号)

（续表）

<table>
<tr><th colspan="3">规范体系</th></tr>
<tr><td rowspan="6">司法解释</td><td rowspan="6">涉港澳台仲裁</td><td>1.《最高人民法院关于内地与香港特别行政区相互执行仲裁裁决的安排》（法释〔2000〕3 号）第 1—11 条</td></tr>
<tr><td>2.《最高人民法院关于内地与香港特别行政区相互执行仲裁裁决的补充安排》（法释〔2020〕13 号）第 1—5 条</td></tr>
<tr><td>3.《最高人民法院关于内地与香港特别行政区法院就仲裁程序相互协助保全的安排》（法释〔2019〕14 号）第 1—11 条</td></tr>
<tr><td>4.《最高人民法院关于内地与澳门特别行政区相互认可和执行仲裁裁决的安排》（法释〔2007〕17 号）第 1—16 条</td></tr>
<tr><td>5.《最高人民法院关于内地与澳门特别行政区就仲裁程序相互协助保全的安排》（法释〔2022〕7 号）第 1—12 条</td></tr>
<tr><td>6.《最高人民法院关于认可和执行台湾地区仲裁裁决的规定》（法释〔2015〕14 号）第 1—22 条</td></tr>
<tr><td>司法文件</td><td colspan="2">1.《最高人民法院关于人民法院处理与涉外仲裁及外国仲裁事项有关问题的通知》（法发〔1995〕18 号）第 2 条
2.《最高人民法院关于实施〈中华人民共和国仲裁法〉几个问题的通知》（法发〔1997〕4 号）第 1—3 条
3.《最高人民法院关于审理和执行涉外民商事案件应当注意的几个问题的通知》（法〔2000〕51 号）第 3 条
4.《最高人民法院关于香港仲裁裁决在内地执行的有关问题的通知》（法〔2009〕415 号）
5.《最高人民法院关于申请执行“先予仲裁”裁决案件报核问题的通知》（法明传〔2018〕369 号）
6.《最高人民法院关于执行案件立案、结案若干问题的意见》（法发〔2014〕26 号）第 10 条、第 12—13 条、第 19 条</td></tr>
<tr><td>司法答复</td><td colspan="2">1.《最高人民法院关于劳动争议仲裁委员会的复议仲裁决定书可否作为执行依据问题的批复》（法复〔1996〕10 号）
2.《最高人民法院关于北京市第一中级人民法院不予执行美国制作公司和汤姆·胡莱特公司诉中国妇女旅行社演出合同纠纷仲裁裁决请示的批复》（经他〔1997〕35 号）
3.《最高人民法院关于仲裁协议无效是否可以裁定不予执行的处理意见》（〔1999〕执监字第 174-1 号）</td></tr>
</table>

(续表)

规范体系	
司法答复	4.《最高人民法院关于深圳市广夏文化实业总公司、宁夏伊斯兰国际信托投资公司、深圳兴庆电子公司与密苏尔有限公司仲裁裁决不予执行案的复函》(〔2000〕执监字第96-2号) 5.《最高人民法院关于海南美虹集团公司申请对仲裁裁决不予执行案的复函》(〔2001〕执他字第7号) 6.《最高人民法院关于上海市第一中级人民法院驳回上海久事大厦置业有限公司、上海久茂对外贸易公司不予执行仲裁裁决申请案的复函》(〔2001〕执他字第15号) 7.《最高人民法院执行工作办公室关于确定外资企业清算的裁决执行问题的复函》(〔2002〕执他字第11号) 8.《最高人民法院执行工作办公室关于澳门大明集团有限公司与广州市东建实业总公司合作开发房地产纠纷仲裁裁决执行案的复函》(〔2003〕执他字第9号) 9.《最高人民法院执行工作办公室关于广东省高级人民法院请示的交通银行汕头分行与汕头经济特区龙湖乐园发展有限公司申请不予执行仲裁裁决案的复函》(〔2003〕执他字第10号) 10.《最高人民法院关于对中国国际经济贸易仲裁委员会(2002)贸仲裁字第0112号仲裁裁决不予执行的请示的复函》(〔2003〕民四他字第26号) 11.《最高人民法院执行工作办公室关于执行监督程序中裁定不予执行仲裁裁决几个问题请示案的复函》(〔2004〕执他字第13号) 12.《最高人民法院关于已经查封的财产又被仲裁裁决确权给案外人的情况如何处理问题的复函》(〔2007〕执他字第9号) 13.《最高人民法院执行局关于仲裁裁决部分裁项适用法律确有错误如何裁定不予执行问题的复函》(〔2010〕执监字第117号) 14.《最高人民法院关于对甘肃省高级人民法院就姜传舜申请执行甘肃敬业农业科技有限公司服务合同纠纷一案请示的复函》(〔2015〕民四他字第12号)

【条文释义】

本条是关于仲裁裁决执行的规定。2012 年《民事诉讼法》第二次修正时对本条进行了修改。①

仲裁,是指双方当事人之间的纠纷由第三者居中解决。依法设立的仲裁机构作出的裁决,自作出之日起即发生法律效力,对各方当事人都有约束力和强制执行力。当事人应当在裁决规定的期限内自动履行仲裁裁决所确定的义务。如果一方当事人拒不履行仲裁裁决,对方当事人可以向有管辖权的人民法院申请强制执行。由于仲裁庭在仲裁过程中可能存在违反法定程序、损害当事人利益的情形,为保障相关当事人权利及时得到救济,防止执行不当仲裁裁决给当事人利益造成损失,本条规定了仲裁裁决的不予执行制度。

1991 年《民事诉讼法》第 217 条第 2 款对不予执行仲裁裁决的事项规定得较为全面,既包括实体方面的事项,也包括程序方面的事项。具体包括六个方面的内容:(1)当事人在合同中没有订有仲裁条款或者事后没有达成书面仲裁协议的;(2)裁决的事项不属于仲裁协议的范围或者仲裁机构无权仲裁的;(3)仲裁庭的组成或者仲裁的程序违反法定程序的;(4)认定事实的主要证据不足的;(5)适用法律确有错误的;(6)仲裁员在仲裁该案时有贪污受贿,徇私舞弊,枉法裁决行为的。其中,第 1、2、3 项主要属于程序方面的审查事项,第 4、5 项涉及对仲裁裁决的实体审查,第 6 项则属于对仲裁员违法犯罪行为的监督。

对此,理论界与实务界普遍认为有必要进行修改,主要理由是:(1)该条规定的审查标准过于严格,特别是实体审查标准的规定,不仅违背仲裁制度本身的特点和规律,而且也影响了仲裁功能和优势的有效发挥。(2)该条规定的审查标准与多数国家仲裁立法中普遍以程序审查为主的做法不符,与国际上对仲裁越来越宽松和支持的基本趋势不符,不利于我国仲裁事业的发展,不利于我国的仲裁制度与国际接轨。(3)该条规定将国内仲裁的审查标

---

① 《全国人民代表大会常务委员会关于修改〈中华人民共和国民事诉讼法〉的决定》(2012 年 8 月 31 日第十一届全国人民代表大会常务委员会第二十八次会议通过)第 54 条规定:"五十四、将第二百一十三条改为第二百三十七条,第二款第四项、第五项修改为:'(四)裁决所根据的证据是伪造的;(五)对方当事人向仲裁机构隐瞒了足以影响公正裁决的证据的。'"

准与涉外仲裁的审查标准区别对待，在仲裁制度日益完善和国际化的背景下，已丧失了合理性，有必要在《民事诉讼法》中确立仲裁裁决不予执行的统一审查标准。(4)与《仲裁法》第58条规定的撤销仲裁裁决的审查标准相比，不予执行仲裁裁决的审查标准更为严格，不仅在制度设计上缺乏合理性、可操作性，而且实践中容易被当事人滥用。

综合各方面的意见，修改后的《民事诉讼法》将不予执行仲裁裁决情形的第4项"认定事实的主要证据不足"修改为"裁决所根据的证据是伪造的"，第5项"适用法律确有错误的"修改为"对方当事人向仲裁机构隐瞒了足以影响公正裁决的证据的"。这在一定程度上降低了不予执行仲裁裁决的审查标准，统一了不予执行仲裁裁决和撤销仲裁裁决的审查标准。

根据修改后的本条第2款规定，如果人民法院认定执行仲裁裁决违背社会公共利益，或者被申请人提出证据证明仲裁裁决有下列情形之一，经人民法院组成合议庭审查核实，裁定不予执行：(1)当事人在合同中没有订有仲裁条款或者事后没有达成书面仲裁协议的。仲裁以当事人双方自愿为前提，当事人没有选择仲裁，违背仲裁的基本原则。(2)裁决的事项不属于仲裁协议的范围或者仲裁机构无权仲裁的。仲裁机构裁决的事项要受到双方当事人协议的限制，即将哪些纠纷交付仲裁要由当事人决定，仲裁机构不能超出当事人协议范围增加仲裁事项。(3)仲裁庭的组成或者仲裁的程序违反法定程序的。仲裁庭是仲裁的法定主体，其组成如果违反法定程序，势必会影响仲裁的公正。仲裁程序是仲裁公正的保证，如果仲裁程序违法，对仲裁裁决的结果也会造成影响。(4)裁决所根据的证据是伪造的。证据是仲裁庭认定事实、确定双方当事人的责任并作出裁决的根据。如果当事人提供了伪造的证据，势必会影响仲裁庭对案件事实作出正确判断，仲裁裁决的正确性就要打问号，使一方当事人的合法权益受到损害，也就不能允许强制执行。(5)对方当事人向仲裁机构隐瞒了足以影响公正裁决的证据的。所谓足以影响公正裁决的证据，是指直接关系仲裁裁决的最后结论的证据，通常与仲裁案件所涉及的争议焦点或关键事实密切相关。(6)仲裁员在仲裁该案时有贪污受贿，徇私舞弊，枉法裁决行为的。上述行为是仲裁过程中的违法行为，严重影响仲裁裁决的公正性。

经合议庭审查核实，不予执行仲裁裁决的，人民法院应当作出裁定书，并送达双方当事人和仲裁机构。仲裁裁决被人民法院裁定不予执行的，当事人既可以根据双方达成的书面仲裁协议重新申请仲裁,也可以向人民法院起诉。①

理解与适用本条规定,需要注意把握以下两点:

一、关于不服不予执行仲裁裁决的救济。对不予执行仲裁裁决的审查处理结果,当事人能否依照《民事诉讼法》第 232 条的规定提出异议、申请复议,理论上存在争议,实践中做法不一。《民事诉讼法解释》第 476 条规定,对于不予执行仲裁裁决的裁定,当事人提出执行异议或者复议的,人民法院不予受理,当事人可以另行诉讼或仲裁。这一做法,保持了与撤销仲裁裁决后当事人救济途径的统一。但对于法院裁定驳回不予执行仲裁裁决申请后当事人如何救济的问题,《民事诉讼法解释》未作规定。后最高人民法院在〔2015〕执他字第 24 号复函中明确,参照《民事诉讼法解释》第 476 条的规定,对当事人提出该类执行异议或者复议不予受理。

二、关于处分保全财产的另案仲裁裁决对执行程序的影响。实践中,通过虚假仲裁转移查封、扣押、冻结财产的现象屡见不鲜,但如何处理这一问题却面临无法可依的困境。仲裁中没有第三人制度,申请执行人无法进入他人之间的仲裁;仲裁裁决缺乏自我纠错机制,无法自行纠正虚假仲裁的裁决;撤销仲裁裁决与不予执行仲裁裁决需要当事人的申请,申请执行人不是仲裁的当事人,无法启动这两种程序;由于虚假仲裁主要侵犯的是申请执行人的私权,法院难以认定为侵犯了社会公共利益而主动以职权予以撤销。为解决这一问题,《民事诉讼法解释》第 477 条规定,仲裁裁决将执行查封、扣押、冻结的财产确权或分割给案外人的,不影响执行程序的进行。案外人不服的,可通过案外人异议与案外人执行异议之诉进行救济。主要考虑的是:仲裁解决的是双方当事人之间的争议,当争议标的物被查封、扣押、冻结后,争议主体变成了三方。此时,没有申请执行人的同意,仲裁机构对争议标的仲裁就失去了当事人合意的基础,其仲裁裁决也就不能当然产生阻却执行的效力。另外,执行程序中也不能当然否定仲裁裁决的效力,案外人取得另案仲裁裁决后,如果要排除执行,可以根据《民事诉讼法》第 234 条的规定提出案外人异议和执行异议之诉,以便于通过审判程序最终判断仲裁裁决结果能否排除对

① 参见全国人民代表大会常务委员会法制工作委员会编:《中华人民共和国民事诉讼法释义(最新修正版)》,法律出版社 2012 年版,第 552—559 页。

该标的的执行。①

【相关立法】

1.**《中华人民共和国民事诉讼法》**(2021 年 12 月 24 日第十三届全国人民代表大会常务委员会第三十二次会议第四次修正,2022 年 1 月 1 日)

第二百八十条 经中华人民共和国涉外仲裁机构裁决的,当事人不得向人民法院起诉。一方当事人不履行仲裁裁决的,对方当事人可以向被申请人住所地或者财产所在地的中级人民法院申请执行。

第二百八十一条 对中华人民共和国涉外仲裁机构作出的裁决,被申请人提出证据证明仲裁裁决有下列情形之一的,经人民法院组成合议庭审查核实,裁定不予执行:

(一)当事人在合同中没有订有仲裁条款或者事后没有达成书面仲裁协议的;

(二)被申请人没有得到指定仲裁员或者进行仲裁程序的通知,或者由于其他不属于被申请人负责的原因未能陈述意见的;

(三)仲裁庭的组成或者仲裁的程序与仲裁规则不符的;

(四)裁决的事项不属于仲裁协议的范围或者仲裁机构无权仲裁的。

人民法院认定执行该裁决违背社会公共利益的,裁定不予执行。

第二百八十二条 仲裁裁决被人民法院裁定不予执行的,当事人可以根据双方达成的书面仲裁协议重新申请仲裁,也可以向人民法院起诉。

2.**《中华人民共和国仲裁法》**(2017 年 9 月 1 日第十二届全国人民代表大会常务委员会第二十九次会议第二次修正,2018 年 1 月 1 日)

第六十二条 当事人应当履行裁决。一方当事人不履行的,另一方当事人可以依照民事诉讼法的有关规定向人民法院申请执行。受申请的人民法院应当执行。

第六十三条 被申请人提出证据证明裁决有民事诉讼法第二百一十三

---

① 参见赵晋山、葛洪涛、乔宇:《民事诉讼法执行程序司法解释若干问题的理解与适用》,载《人民司法 · 应用》2016 年第 16 期。

条①第二款规定的情形之一的，经人民法院组成合议庭审查核实，裁定不予执行。

第六十四条　一方当事人申请执行裁决，另一方当事人申请撤销裁决的，人民法院应当裁定中止执行。

人民法院裁定撤销裁决的，应当裁定终结执行。撤销裁决的申请被裁定驳回的，人民法院应当裁定恢复执行。

第七十一条　被申请人提出证据证明涉外仲裁裁决有民事诉讼法第二百五十八条②第一款规定的情形之一的，经人民法院组成合议庭审查核实，裁定不予执行。

第七十二条　涉外仲裁委员会作出的发生法律效力的仲裁裁决，当事人请求执行的，如果被执行人或者其财产不在中华人民共和国领域内，应当由当事人直接向有管辖权的外国法院申请承认和执行。

3.《中华人民共和国劳动争议调解仲裁法》（2007 年 12 月 29 日第十届全国人民代表大会常务委员会第三十一次会议通过，2008 年 5 月 1 日）

第四十四条　仲裁庭对追索劳动报酬、工伤医疗费、经济补偿或者赔偿金的案件，根据当事人的申请，可以裁决先予执行，移送人民法院执行。

仲裁庭裁决先予执行的，应当符合下列条件：

（一）当事人之间权利义务关系明确；

（二）不先予执行将严重影响申请人的生活。

劳动者申请先予执行的，可以不提供担保。

第五十一条　当事人对发生法律效力的调解书、裁决书，应当依照规定的期限履行。一方当事人逾期不履行的，另一方当事人可以依照民事诉讼法的有关规定向人民法院申请执行。受理申请的人民法院应当依法执行。

4.《中华人民共和国农村土地承包经营纠纷调解仲裁法》（2009 年 6 月 27 日第十一届全国人民代表大会常务委员会第九次会议通过，2010 年 1 月 1 日）

第四十二条　对权利义务关系明确的纠纷，经当事人申请，仲裁庭可以

---

① 2021 年《民事诉讼法》第四次修正后调整为第 244 条。

② 2021 年《民事诉讼法》第四次修正后调整为第 281 条。

先行裁定维持现状、恢复农业生产以及停止取土、占地等行为。

一方当事人不履行先行裁定的，另一方当事人可以向人民法院申请执行，但应当提供相应的担保。

第四十九条 当事人对发生法律效力的调解书、裁决书，应当依照规定的期限履行。一方当事人逾期不履行的，另一方当事人可以向被申请人住所地或者财产所在地的基层人民法院申请执行。受理申请的人民法院应当依法执行。

【司法解释】

（一）一般规定

1.《最高人民法院关于适用〈中华人民共和国民事诉讼法〉的解释》（法释〔2015〕5号，2015年2月4日；经法释〔2022〕11号第二次修正，2022年4月10日）

第四百七十五条 仲裁机构裁决的事项，部分有民事诉讼法第二百四十四条第二款、第三款规定情形的，人民法院应当裁定对该部分不予执行。

应当不予执行部分与其他部分不可分的，人民法院应当裁定不予执行仲裁裁决。

【注释】本条明确了部分错误仲裁裁决的处理原则。即在裁决事项可分的前提下，基于公平原则考虑，应当仅对错误的裁项裁定不予执行，而对正确的部分予以执行。适用本条时，应当注意正确判断仲裁事项是否具备可分性。所谓可分性，是指将无效部分分离出来，还能使一项可以想象为有效的行为继续存在，而且这项行为也不得与当事人的愿望相违背。易言之，仲裁裁决部分不予执行不影响其他部分的效力，去掉错误部分后还能构成一个独立的仲裁裁决，且这一继续存在的裁决不会成为一个新的裁决。

需要强调的是，辨别裁项可分性时不能脱离当事人的意思表示，如果将存在应当不予执行情形的部分分割出去，尽管其他部分还能构成一个独立的仲裁裁决，却违背了当事人行为之初的意思，则该仲裁裁决就不具有可分性，应当裁定该仲裁裁决全案不予执行。

第四百七十六条 依照民事诉讼法第二百四十四条第二款、第三款规定,人民法院裁定不予执行仲裁裁决后,当事人对该裁定提出执行异议或者复议的,人民法院不予受理。当事人可以就该民事纠纷重新达成书面仲裁协议申请仲裁,也可以向人民法院起诉。

【注释】仲裁裁决被人民法院裁定不予执行后,丧失强制执行力,从而间接否定了该仲裁裁决的法律效力。不予执行仲裁裁决本质上属于对执行依据的监督程序,并非对执行程序中的执行行为提出异议。因此,结合法律规定精神和司法实践经验,不应当将不予执行仲裁裁决的裁定作为执行行为纳入执行异议和复议程序的范围之内。仲裁作为一种方便快捷的纠纷解决方式,一裁终局是其基本特征之一,当事人自愿选择了仲裁程序,享受制度优势的同时也不可避免地要承受仲裁制度本身的固有缺陷。当事人提出不予执行的抗辩,法院裁定驳回,审查中已经对仲裁裁决进行了司法监督,无须再提供救济途径。因此,对驳回不予执行仲裁裁决申请的,当事人也无权提出执行异议或复议。但法院启动执行监督程序不受限制。

第四百七十七条 在执行中,被执行人通过仲裁程序将人民法院查封、扣押、冻结的财产确权或者分割给案外人的,不影响人民法院执行程序的进行。

案外人不服的,可以根据民事诉讼法第二百三十四条规定提出异议。

【注释】在执行过程中,存在被执行人与案外人恶意串通,通过另行诉讼和仲裁的方式,对人民法院已采取控制措施的财产予以确权,以此达到规避人民法院执行的目的。该种情形也使案外人异议之诉制度有被架空的危险,不利于法律秩序的正常运行。《制裁规避执行意见》第 9 条、第 11 条对案外人违反管辖规定,向执行法院之外的其他法院提起确权诉讼的情况进行了限制,通过人民法院内部协调机制确保在被执行人利用诉讼确权程序逃避执行时,人民法院有权进行审查。然而,该意见无法解决恶意仲裁的问题,仍有不少被执行人利用仲裁制度以及其一裁终局的效率优势,以确权仲裁裁决规避执行,损害申请执行人利益。对此种情况下的执行案件申请人而言,现行法律制度下的救济途径较为匮乏,其仅能依据仲裁裁决违背社会公共利益的条款向人民法院提出申请,但效果并不直接,且必然影响自身案件的执行进展。这是困扰仲裁与执行理论和实践领域已久的问题之一。本条就是针对这一问题而规定的。考虑执行竞合的复杂性,此条设置了适用条件的限制,并对仲裁当事人设置了救济途径。

第四百七十九条 当事人请求不予执行仲裁裁决或者公证债权文书的，应当在执行终结前向执行法院提出。

【注释】本条明确了当事人的不予执行申请应当在执行程序中提出。在执行程序开始前，当事人可以通过撤销仲裁裁决的方式进行救济。在申请人未申请执行的情况下，任何一方当事人均不得提出不予执行的申请。在执行终结前，当事人未向执行法院提出不予执行仲裁裁决或者公证债权文书请求，即丧失了申请不予执行的权利。这里的执行终结指执行程序全部终结，不包括终结本次执行程序。申请不予执行的期限是法定期限，当事人必须遵守。

对期限作出规定，是为了促使当事人尽快主张权利，及早稳定权利义务关系。申请不予执行，可以认为是相关当事人对自身权利进行救济的合法途径，如对于行使权利不作任何限制，有违权利设置的本意。申请不予执行是对于执行依据效力进行否定的途径，从保护权利人权利和维护司法的公信力和确定性角度出发，也应当限定在执行程序终结之前，以此尽早排除不确定因素，使具有法律效力的法律文书真正具有确定的执行力，使已经采取的执行措施真正具有确定的法律强制力，有效解决当事人之间的纠纷，稳定民商事法律关系。

第五百三十八条 申请人向人民法院申请执行中华人民共和国涉外仲裁机构的裁决，应当提出书面申请，并附裁决书正本。如申请人为外国当事人，其申请书应当用中文文本提出。

第五百三十九条 人民法院强制执行涉外仲裁机构的仲裁裁决时，被执行人以有民事诉讼法第二百八十一条第一款规定的情形为由提出抗辩的，人民法院应当对被执行人的抗辩进行审查，并根据审查结果裁定执行或者不予执行。

第五百四十三条 对临时仲裁庭在中华人民共和国领域外作出的仲裁裁决，一方当事人向人民法院申请承认和执行的，人民法院应当依照民事诉讼法第二百九十条规定处理。

2.《最高人民法院关于人民法院执行工作若干问题的规定(试行)》(法释〔1998〕15号，1998年7月8日；经法释〔2020〕21号修正，2021年1月1日)

19. 申请执行仲裁机构的仲裁裁决，应当向人民法院提交有仲裁条款的合同书或仲裁协议书。

申请执行国外仲裁机构的仲裁裁决的,应当提交经我国驻外使领馆认证或我国公证机关公证的仲裁裁决书中文本。

73. 上级法院发现下级法院执行的非诉讼生效法律文书有不予执行事由,应当依法作出不予执行裁定而不制作的,可以责令下级法院在指定时限内作出裁定,必要时可直接裁定不予执行。

3.《最高人民法院关于人民法院办理仲裁裁决执行案件若干问题的规定》(法释〔2018〕5 号,2018 年 3 月 1 日)

第一条　本规定所称的仲裁裁决执行案件,是指当事人申请人民法院执行仲裁机构依据仲裁法作出的仲裁裁决或者仲裁调解书的案件。

【注释】由于《仲裁法》调整的是商事仲裁,本规定的适用范围实质上限定于商事仲裁裁决的执行案件。劳动争议仲裁受《劳动争议调解仲裁法》调整,农村土地承包经营纠纷仲裁受《农村土地承包经营纠纷调解仲裁法》调整,以上两类仲裁裁决的执行案件不适用本规定。外国仲裁裁决的承认和执行适用《民事诉讼法》第 290 条规定,港澳台地区仲裁裁决的认可和执行则适用相关司法解释的规定,亦不适用本规定。

第二条　当事人对仲裁机构作出的仲裁裁决或者仲裁调解书申请执行的,由被执行人住所地或者被执行的财产所在地的中级人民法院管辖。

符合下列条件的,经上级人民法院批准,中级人民法院可以参照民事诉讼法第三十八条①的规定指定基层人民法院管辖:

(一)执行标的额符合基层人民法院一审民商事案件级别管辖受理范围;

(二)被执行人住所地或者被执行的财产所在地在被指定的基层人民法院辖区内。

被执行人、案外人对仲裁裁决执行案件申请不予执行的,负责执行的中级人民法院应当另行立案审查处理;执行案件已指定基层人民法院管辖的,应当于收到不予执行申请后三日内移送原执行法院另行立案审查处理。

【注释】(1)根据《仲裁法解释》第 29 条的规定,当事人申请执行仲裁裁

① 2021 年《民事诉讼法》第四次修正后调整为第 39 条。

决案件，由被执行人住所地或者被执行的财产所在地的中级人民法院管辖。考虑司法实践中，多数仲裁裁决执行案件的申请执行标的较小，且就执行实施程序而言，对仲裁裁决与民商事判决规定不同的级别管辖意义不大，本规定对仲裁裁决执行案件管辖进行了适当调整：一方面，坚持以中级人民法院管辖为原则；另一方面，当执行案件符合基层法院一审民商事案件级别管辖受理范围，并经上级人民法院批准后，可以由被执行人住所地或者被执行财产所在地的基层人民法院管辖。

(2)需要注意的是，对不予执行仲裁裁决申请的审查属于对仲裁裁决的司法监督范畴，为统一对仲裁裁决司法监督的审查尺度，本条明确规定，对不予执行申请的审查仍由中级人民法院负责，即使案件已指定基层法院管辖的，也应移送原执行法院另行立案审查处理。这充分体现了人民法院对仲裁裁决不予执行的审慎态度。

(3)本条第3款规范内容与《仲裁法》第63条、《执行立结案意见》第9条相关，关于对被执行人申请不予执行仲裁裁决的审查，《仲裁执行规定》施行后，以本条为准；关于申请不予执行仲裁裁决案件的立案方式，适用《执行立结案意见》第9条的规定。

第三条 仲裁裁决或者仲裁调解书执行内容具有下列情形之一导致无法执行的，人民法院可以裁定驳回执行申请；导致部分无法执行的，可以裁定驳回该部分的执行申请；导致部分无法执行且该部分与其他部分不可分的，可以裁定驳回执行申请。

(一)权利义务主体不明确；

(二)金钱给付具体数额不明确或者计算方法不明确导致无法计算出具体数额；

(三)交付的特定物不明确或者无法确定；

(四)行为履行的标准、对象、范围不明确。

仲裁裁决或者仲裁调解书仅确定继续履行合同，但对继续履行的权利义务，以及履行的方式、期限等具体内容不明确，导致无法执行的，依照前款规定处理。

【注释】《最高人民法院关于仲裁机构"先予仲裁"裁决或者调解书立案、执行等法律适用问题的批复》(法释〔2018〕10号)规定，"网络借贷合同当事人在纠纷发生前签订的和解或者调解协议作出仲裁裁决、仲裁调解书的"，裁定驳回执行申请,是对《仲裁执行规定》第 3 条规定的驳回执行申请情形的补充。

第四条　对仲裁裁决主文或者仲裁调解书中的文字、计算错误以及仲裁庭已经认定但在裁决主文中遗漏的事项,可以补正或说明的,人民法院应当书面告知仲裁庭补正或说明,或者向仲裁机构调阅仲裁案卷查明。仲裁庭不补正也不说明,且人民法院调阅仲裁案卷后执行内容仍然不明确具体无法执行的,可以裁定驳回执行申请。

第五条　申请执行人对人民法院依照本规定第三条、第四条作出的驳回执行申请裁定不服的,可以自裁定送达之日起十日内向上一级人民法院申请复议。

第六条　仲裁裁决或者仲裁调解书确定交付的特定物确已毁损或者灭失的,依照《最高人民法院关于适用〈中华人民共和国民事诉讼法〉的解释》第四百九十四条①的规定处理。

第七条　被执行人申请撤销仲裁裁决并已由人民法院受理的,或者被执行人、案外人对仲裁裁决执行案件提出不予执行申请并提供适当担保的,执行法院应当裁定中止执行。中止执行期间,人民法院应当停止处分性措施,但申请执行人提供充分、有效的担保请求继续执行的除外;执行标的查封、扣押、冻结期限届满前,人民法院可以根据当事人申请或者依职权办理续行查封、扣押、冻结手续。

申请撤销仲裁裁决、不予执行仲裁裁决案件司法审查期间,当事人、案外人申请对已查封、扣押、冻结之外的财产采取保全措施的,负责审查的人民法院参照民事诉讼法第一百条②的规定处理。司法审查后仍需继续执行的,保全措施自动转为执行中的查封、扣押、冻结措施;采取保全措施的人民法院与执行法院不一致的,应当将保全手续移送执行法院,保全裁定视为执行法院作出的裁定。

【注释】本条第 2 款参照诉前保全制度,明确仲裁裁决司法审查期间,当事人、利害关系人可以对未控制的财产申请保全,负责审查的人民法院应当依法处理,并规定了保全措施与执行措施的衔接。

第八条　被执行人向人民法院申请不予执行仲裁裁决的,应当在执行通

---

① 2022 年《民事诉讼法解释》第二次修正后调整为第 492 条。

② 2021 年《民事诉讼法》第四次修正后调整为第 103 条。

知书送达之日起十五日内提出书面申请;有民事诉讼法第二百三十七条[①]第二款第四、六项规定情形且执行程序尚未终结的,应当自知道或者应当知道有关事实或者案件之日起十五日内提出书面申请。

本条前款规定期限届满前,被执行人已向有管辖权的人民法院申请撤销仲裁裁决且已被受理的,自人民法院驳回撤销仲裁裁决申请的裁判文书生效之日起重新计算期限。

【注释】本条修正了《民事诉讼法解释》第479条关于申请不予执行的期限(应当在执行终结前向执行法院提出),《仲裁执行规定》施行后,以本条为准。

第九条 案外人向人民法院申请不予执行仲裁裁决或者仲裁调解书的,应当提交申请书以及证明其请求成立的证据材料,并符合下列条件:

(一)有证据证明仲裁案件当事人恶意申请仲裁或者虚假仲裁,损害其合法权益;

(二)案外人主张的合法权益所涉及的执行标的尚未执行终结;

(三)自知道或者应当知道人民法院对该标的采取执行措施之日起三十日内提出。

【注释】实践中,个别当事人恶意仲裁、虚假仲裁,不仅损害了案外人的合法权益,更损害了仲裁与司法的社会公信力。但法律、司法解释对于案外人能否申请不予执行仲裁裁决缺乏规定。本条对申请不予执行的主体范围予以适当拓展,明确赋予了案外人申请不予执行的权利。简言之,案外人有证据证明仲裁案件当事人恶意仲裁或者虚假仲裁损害其合法权益的,可以向人民法院申请不予执行仲裁裁决或者仲裁调解书,人民法院将严格审查,确认其主张是否成立。而对于案外人申请不予执行的审查结果,同时赋予当事人、案外人进一步救济的权利,以充分保障其权益。

第十条 被执行人申请不予执行仲裁裁决,对同一仲裁裁决的多个不予执行事由应当一并提出。不予执行仲裁裁决申请被裁定驳回后,再次提出申请的,人民法院不予审查,但有新证据证明存在民事诉讼法第二百三十七条第二款第四、六项规定情形的除外。

第十一条 人民法院对不予执行仲裁裁决案件应当组成合议庭围绕被执行人申请的事由、案外人的申请进行审查;对被执行人没有申请的事由不予审查,但仲裁裁决可能违背社会公共利益的除外。

---

① 2021年《民事诉讼法》第四次修正后调整为第244条。

被执行人、案外人对仲裁裁决执行案件申请不予执行的，人民法院应当进行询问；被执行人在询问终结前提出其他不予执行事由的，应当一并审查。人民法院审查时，认为必要的，可以要求仲裁庭作出说明，或者向仲裁机构调阅仲裁案卷。

【注释】本条第2款关于询问程序的规定，与《仲裁司法审查规定》（法释〔2017〕22号）第11条内容一致。关于对被执行人在询问终结前提出的不予执行事由应当一并审查的规定，参考了《最高人民法院关于民事审判监督程序严格依法适用指令再审和发回重审若干问题的规定》（法释〔2015〕7号）第7条关于在再审庭审辩论终结前对方当事人也提出再审请求的，应当一并审理和裁判的规定，立法意图相同。

第十二条　人民法院对不予执行仲裁裁决案件的审查，应当在立案之日起两个月内审查完毕并作出裁定；有特殊情况需要延长的，经本院院长批准，可以延长一个月。

第十三条　下列情形经人民法院审查属实的，应当认定为民事诉讼法第二百三十七条第二款第二项规定的"裁决的事项不属于仲裁协议的范围或者仲裁机构无权仲裁的"情形：

（一）裁决的事项超出仲裁协议约定的范围；

（二）裁决的事项属于依照法律规定或者当事人选择的仲裁规则规定的不可仲裁事项；

（三）裁决内容超出当事人仲裁请求的范围；

（四）作出裁决的仲裁机构非仲裁协议所约定。

第十四条　违反仲裁法规定的仲裁程序、当事人选择的仲裁规则或者当事人对仲裁程序的特别约定，可能影响案件公正裁决，经人民法院审查属实的，应当认定为民事诉讼法第二百三十七条第二款第三项规定的"仲裁庭的组成或者仲裁的程序违反法定程序的"情形。

当事人主张未按照仲裁法或仲裁规则规定的方式送达法律文书导致其未能参与仲裁，或者仲裁员根据仲裁法或仲裁规则的规定应当回避而未回避，可能影响公正裁决，经审查属实的，人民法院应当支持；仲裁庭按照仲裁法或仲裁规则以及当事人约定的方式送达仲裁法律文书，当事人主张不符合民事诉讼法有关送达规定的，人民法院不予支持。

适用的仲裁程序或仲裁规则经特别提示，当事人知道或者应当知道法定仲裁程序或选择的仲裁规则未被遵守，但仍然参加或继续参加仲裁程序且未提出异议,在仲裁裁决作出之后以违反法定程序为由申请不予执行仲裁裁决的,人民法院不予支持。

【注释】本条规定是对《民事诉讼法》第 244 条第 2 款的细化,与《仲裁法》第 58 条、《仲裁法解释》第 20 条、《最高人民法院关于未被续聘的仲裁员在原参加审理的案件裁决书上签名人民法院应当执行该仲裁裁决书的批复》(法释〔1998〕21 号)内容相关。对于仲裁程序违反法定程序的认定标准不一致的,《仲裁执行规定》施行后,以本条为准。

第十五条　符合下列条件的,人民法院应当认定为民事诉讼法第二百三十七条第二款第四项规定的"裁决所根据的证据是伪造的"情形:

(一)该证据已被仲裁裁决采信;

(二)该证据属于认定案件基本事实的主要证据;

(三)该证据经查明确属通过捏造、变造、提供虚假证明等非法方式形成或者获取,违反证据的客观性、关联性、合法性要求。

第十六条　符合下列条件的,人民法院应当认定为民事诉讼法第二百三十七条第二款第五项规定的"对方当事人向仲裁机构隐瞒了足以影响公正裁决的证据的"情形:

(一)该证据属于认定案件基本事实的主要证据;

(二)该证据仅为对方当事人掌握,但未向仲裁庭提交;

(三)仲裁过程中知悉存在该证据,且要求对方当事人出示或者请求仲裁庭责令其提交,但对方当事人无正当理由未予出示或者提交。

当事人一方在仲裁过程中隐瞒己方掌握的证据,仲裁裁决作出后以己方所隐瞒的证据足以影响公正裁决为由申请不予执行仲裁裁决的,人民法院不予支持。

第十七条　被执行人申请不予执行仲裁调解书或者根据当事人之间的和解协议、调解协议作出的仲裁裁决,人民法院不予支持,但该仲裁调解书或者仲裁裁决违背社会公共利益的除外。

【注释】因《仲裁法》第 49 条、第 50 条、第 51 条规定了仲裁庭可根据当事人达成和解协议、调解协议制作仲裁裁决书,调解书与裁决书具有同等法律效力,故本条增加了被执行人对"根据当事人之间的和解协议、调解协议作出的仲裁裁决"申请不予执行的,人民法院不予执行的规定。

第十八条　案外人根据本规定第九条申请不予执行仲裁裁决或者仲裁调解书,符合下列条件的,人民法院应当支持:

（一）案外人系权利或者利益的主体；

（二）案外人主张的权利或者利益合法、真实；

（三）仲裁案件当事人之间存在虚构法律关系，捏造案件事实的情形；

（四）仲裁裁决主文或者仲裁调解书处理当事人民事权利义务的结果部分或者全部错误，损害案外人合法权益。

第十九条　被执行人、案外人对仲裁裁决执行案件逾期申请不予执行的，人民法院应当裁定不予受理；已经受理的，应当裁定驳回不予执行申请。

被执行人、案外人对仲裁裁决执行案件申请不予执行，经审查理由成立的，人民法院应当裁定不予执行；理由不成立的，应当裁定驳回不予执行申请。

【注释】被执行人、案外人对仲裁裁决执行案件申请不予执行，经审查理由成立，拟不予执行仲裁裁决或调解书的，应当首先按照《最高人民法院关于仲裁司法审查案件报核问题的有关规定》向本辖区所属高级人民法院或最高人民法院报核，待高级人民法院或最高人民法院审核后，方可依审核意见作出裁定。

第二十条　当事人向人民法院申请撤销仲裁裁决被驳回后，又在执行程序中以相同事由提出不予执行申请的，人民法院不予支持；当事人向人民法院申请不予执行被驳回后，又以相同事由申请撤销仲裁裁决的，人民法院不予支持。

在不予执行仲裁裁决案件审查期间，当事人向有管辖权的人民法院提出撤销仲裁裁决申请并被受理的，人民法院应当裁定中止对不予执行申请的审查；仲裁裁决被撤销或者决定重新仲裁的，人民法院应当裁定终结执行，并终结对不予执行申请的审查；撤销仲裁裁决申请被驳回或者申请执行人撤回撤销仲裁裁决申请的，人民法院应当恢复对不予执行申请的审查；被执行人撤回撤销仲裁裁决申请的，人民法院应当裁定终结对不予执行申请的审查，但案外人申请不予执行仲裁裁决的除外。

【注释】本条第 1 款是对《仲裁法解释》第 26 条关于“当事人向人民法院申请撤销仲裁裁决被驳回后，又在执行程序中以相同理由提出不予执行抗辩的，人民法院不予支持”规定的进一步完善，对司法实践中存在的“当事人向人民法院申请不予执行被驳回后，又以相同事由申请撤销仲裁裁决的”情形进行了明确。本条第 2 款进一步简化撤销仲裁裁决、不予执行仲裁裁决两套司法审查程序的衔接。

第二十一条　人民法院裁定驳回撤销仲裁裁决申请或者驳回不予执行

仲裁裁决、仲裁调解书申请的,执行法院应当恢复执行。

人民法院裁定撤销仲裁裁决或者基于被执行人申请裁定不予执行仲裁裁决,原被执行人申请执行回转或者解除强制执行措施的,人民法院应当支持。原申请执行人对已履行或者被人民法院强制执行的款物申请保全的,人民法院应当依法准许;原申请执行人在人民法院采取保全措施之日起三十日内,未根据双方达成的书面仲裁协议重新申请仲裁或者向人民法院起诉的,人民法院应当裁定解除保全。

人民法院基于案外人申请裁定不予执行仲裁裁决或者仲裁调解书,案外人申请执行回转或者解除强制执行措施的,人民法院应当支持。

【注释】本条第2款关于仲裁裁决被撤销或者被裁定不予执行后,原申请执行人可以申请保全的规定,参照了《民事诉讼法》第104条规定的内容。原申请执行人可以对已履行或者被人民法院强制执行的款物申请保全,但必须在人民法院采取保全措施后30日内,根据重新达成书面仲裁协议并申请仲裁或者向人民法院起诉,否则解除保全。规定30日的期限,目的是督促当事人及时行使自己的救济权利。

第二十二条 人民法院裁定不予执行仲裁裁决、驳回或者不予受理不予执行仲裁裁决申请后,当事人对该裁定提出执行异议或者申请复议的,人民法院不予受理。

人民法院裁定不予执行仲裁裁决的,当事人可以根据双方达成的书面仲裁协议重新申请仲裁,也可以向人民法院起诉。

人民法院基于案外人申请裁定不予执行仲裁裁决或者仲裁调解书,当事人不服的,可以自裁定送达之日起十日内向上一级人民法院申请复议;人民法院裁定驳回或者不予受理案外人提出的不予执行仲裁裁决、仲裁调解书申请,案外人不服的,可以自裁定送达之日起十日内向上一级人民法院申请复议。

【注释】(1)《民事诉讼法解释》第476条原来仅规定了人民法院裁定不予执行仲裁裁决后,当事人不能再提出执行异议请求或者复议申请进行救济。对于驳回不予执行仲裁裁决申请后,当事人是否可以通过异议或者复议程序进行救济,《最高人民法院关于当事人因对不予执行仲裁裁决的裁定不服而申请再审人民法院不予受理的批复》(法复〔1996〕8号,2021年1月1日废止)作出了否定答复:“人民法院对仲裁裁决依法裁定不予执行,当事人不服而申请再审的,没有法律依据,人民法院不予受理。”本条规定将这一司法实践予以固定。

(2)本条第 3 款为案外人申请不予执行的情形,单独设置复议救济程序的主要考虑是:对于被执行人申请不予执行仲裁裁决,《民事诉讼法解释》第 476 条已经为当事人提供了法定救济途径,而案外人申请不予执行制度为本司法解释首次设立,在此种情况下,当事人、案外人对审查结果没有其他救济途径可以遵循,有必要为其提供正常的司法救济程序,而增设上级法院的复议审查也有利于确保该项制度严格规范适用。

第二十三条　本规定第八条、第九条关于对仲裁裁决执行案件申请不予执行的期限自本规定施行之日起重新计算。

第二十四条　本规定自 2018 年 3 月 1 日起施行,本院以前发布的司法解释与本规定不一致的,以本规定为准。

本规定施行前已经执行终结的执行案件,不适用本规定;本规定施行后尚未执行终结的执行案件,适用本规定。

4.《最高人民法院关于适用〈中华人民共和国仲裁法〉若干问题的解释》
(法释〔2006〕7 号,2006 年 9 月 8 日)

第二十五条　人民法院受理当事人撤销仲裁裁决的申请后,另一方当事人申请执行同一仲裁裁决的,受理执行申请的人民法院应当在受理后裁定中止执行。

第二十六条　当事人向人民法院申请撤销仲裁裁决被驳回后,又在执行程序中以相同理由提出不予执行抗辩的,人民法院不予支持。

【注释】本条规定已被《仲裁执行规定》第 20 条作进一步完善,《仲裁执行规定》施行后,适用该规定。

第二十七条　当事人在仲裁程序中未对仲裁协议的效力提出异议,在仲裁裁决作出后以仲裁协议无效为由主张撤销仲裁裁决或者提出不予执行抗辩的,人民法院不予支持。

当事人在仲裁程序中对仲裁协议的效力提出异议,在仲裁裁决作出后又以此为由主张撤销仲裁裁决或者提出不予执行抗辩,经审查符合仲裁法第五十八条或者民事诉讼法第二百一十三条①、第二百五十八条②规定的,人民法院应予支持。

---

① 2021 年《民事诉讼法》第四次修正后调整为第 244 条。
② 2021 年《民事诉讼法》第四次修正后调整为第 281 条。

第二十八条 当事人请求不予执行仲裁调解书或者根据当事人之间的和解协议作出的仲裁裁决书的,人民法院不予支持。

【注释】本条规定已被《仲裁执行规定》第17条作进一步完善,《仲裁执行规定》施行后,适用该规定。

第二十九条 当事人申请执行仲裁裁决案件,由被执行人住所地或者被执行的财产所在地的中级人民法院管辖。

【注释】《仲裁执行规定》第2条对仲裁裁决执行案件管辖作了进一步明确,与之不一致的,以该规定为准。此外,《民事诉讼法》第279条,《执行工作规定》第9条、第10条均规定了仲裁裁决过程中,当事人申请保全的案件的管辖法院,上述规定继续适用。

第三十条 根据审理撤销、执行仲裁裁决案件的实际需要,人民法院可以要求仲裁机构作出说明或者向相关仲裁机构调阅仲裁案卷。

人民法院在办理涉及仲裁的案件过程中作出的裁定,可以送相关的仲裁机构。

5.《最高人民法院关于审理仲裁司法审查案件若干问题的规定》(法释〔2017〕22号,2018年1月1日)

第一条 本规定所称仲裁司法审查案件,包括下列案件:

(一)申请确认仲裁协议效力案件;

(二)申请执行我国内地仲裁机构的仲裁裁决案件;

(三)申请撤销我国内地仲裁机构的仲裁裁决案件;

(四)申请认可和执行香港特别行政区、澳门特别行政区、台湾地区仲裁裁决案件;

(五)申请承认和执行外国仲裁裁决案件;

(六)其他仲裁司法审查案件。

第四条 申请人向两个以上有管辖权的人民法院提出申请的,由最先立案的人民法院管辖。

第六条 申请人向人民法院申请执行或者撤销我国内地仲裁机构的仲裁裁决、申请承认和执行外国仲裁裁决的,应当提交申请书及裁决书正本或者经证明无误的副本。

申请书应当载明下列事项:

(一)申请人或者被申请人为自然人的,应当载明其姓名、性别、出生日

期、国籍及住所;为法人或者其他组织的,应当载明其名称、住所以及法定代表人或者代表人的姓名和职务;

(二)裁决书的主要内容及生效日期;

(三)具体的请求和理由。

当事人提交的外文申请书、裁决书及其他文件,应当附有中文译本。

第七条　申请人提交的文件不符合第五条、第六条的规定,经人民法院释明后提交的文件仍然不符合规定的,裁定不予受理。

申请人向对案件不具有管辖权的人民法院提出申请,人民法院应当告知其向有管辖权的人民法院提出申请,申请人仍不变更申请的,裁定不予受理。

申请人对不予受理的裁定不服的,可以提起上诉。

第八条　人民法院立案后发现不符合受理条件的,裁定驳回申请。

前款规定的裁定驳回申请的案件,申请人再次申请并符合受理条件的,人民法院应予受理。

当事人对驳回申请的裁定不服的,可以提起上诉。

第九条　对于申请人的申请,人民法院应当在七日内审查决定是否受理。

人民法院受理仲裁司法审查案件后,应当在五日内向申请人和被申请人发出通知书,告知其受理情况及相关的权利义务。

第十条　人民法院受理仲裁司法审查案件后,被申请人对管辖权有异议的,应当自收到人民法院通知之日起十五日内提出。人民法院对被申请人提出的异议,应当审查并作出裁定。当事人对裁定不服的,可以提起上诉。

在中华人民共和国领域内没有住所的被申请人对人民法院的管辖权有异议的,应当自收到人民法院通知之日起三十日内提出。

第十一条　人民法院审查仲裁司法审查案件,应当组成合议庭并询问当事人。

第十二条　仲裁协议或者仲裁裁决具有《最高人民法院关于适用〈中华人民共和国涉外民事关系法律适用法〉若干问题的解释(一)》第一条规定情形的,为涉外仲裁协议或者涉外仲裁裁决。

第十六条　人民法院适用《承认及执行外国仲裁裁决公约》审查当事人申请承认和执行外国仲裁裁决案件时,被申请人以仲裁协议无效为由提出抗辩的,人民法院应当依照该公约第五条第一款(甲)项的规定,确定确认仲裁协议效力应当适用的法律。

第十七条 人民法院对申请执行我国内地仲裁机构作出的非涉外仲裁裁决案件的审查，适用《中华人民共和国民事诉讼法》第二百三十七条①的规定。

人民法院对申请执行我国内地仲裁机构作出的涉外仲裁裁决案件的审查，适用《中华人民共和国民事诉讼法》第二百七十四条②的规定。

第十八条 《中华人民共和国仲裁法》第五十八条第一款第六项和《中华人民共和国民事诉讼法》第二百三十七条第二款第六项规定的仲裁员在仲裁该案时有索贿受贿，徇私舞弊，枉法裁决行为，是指已经由生效刑事法律文书或者纪律处分决定所确认的行为。

第十九条 人民法院受理仲裁司法审查案件后，作出裁定前，申请人请求撤回申请的，裁定准许。

第二十条 人民法院在仲裁司法审查案件中作出的裁定，除不予受理、驳回申请、管辖权异议的裁定外，一经送达即发生法律效力。当事人申请复议、提出上诉或者申请再审的，人民法院不予受理，但法律和司法解释另有规定的除外。

第二十一条 人民法院受理的申请确认涉及香港特别行政区、澳门特别行政区、台湾地区仲裁协议效力的案件，申请执行或者撤销我国内地仲裁机构作出的涉及香港特别行政区、澳门特别行政区、台湾地区仲裁裁决的案件，参照适用涉外仲裁司法审查案件的规定审查。

第二十二条 本规定自2018年1月1日起施行，本院以前发布的司法解释与本规定不一致的，以本规定为准。

6.《最高人民法院关于仲裁司法审查案件报核问题的有关规定》（法释〔2017〕21号，2018年1月1日；经法释〔2021〕21号修正，2022年1月1日）

第一条 本规定所称仲裁司法审查案件，包括下列案件：

（一）申请确认仲裁协议效力案件；

（二）申请撤销我国内地仲裁机构的仲裁裁决案件；

（三）申请执行我国内地仲裁机构的仲裁裁决案件；

（四）申请认可和执行香港特别行政区、澳门特别行政区、台湾地区仲裁

① 2021年《民事诉讼法》第四次修正后调整为第244条。

② 2021年《民事诉讼法》第四次修正后调整为第281条。

裁决案件；

（五）申请承认和执行外国仲裁裁决案件；

（六）其他仲裁司法审查案件。

第二条　各中级人民法院或者专门人民法院办理涉外涉港澳台仲裁司法审查案件，经审查拟认定仲裁协议无效，不予执行或者撤销我国内地仲裁机构的仲裁裁决，不予认可和执行香港特别行政区、澳门特别行政区、台湾地区仲裁裁决，不予承认和执行外国仲裁裁决，应当向本辖区所属高级人民法院报核；高级人民法院经审查拟同意的，应当向最高人民法院报核。待最高人民法院审核后，方可依最高人民法院的审核意见作出裁定。

各中级人民法院或者专门人民法院办理非涉外涉港澳台仲裁司法审查案件，经审查拟认定仲裁协议无效，不予执行或者撤销我国内地仲裁机构的仲裁裁决，应当向本辖区所属高级人民法院报核；待高级人民法院审核后，方可依高级人民法院的审核意见作出裁定。

第三条　本规定第二条第二款规定的非涉外涉港澳台仲裁司法审查案件，高级人民法院经审查，拟同意中级人民法院或者专门人民法院以违背社会公共利益为由不予执行或者撤销我国内地仲裁机构的仲裁裁决的，应当向最高人民法院报核，待最高人民法院审核后，方可依最高人民法院的审核意见作出裁定。

第四条　依据本规定第二条第二款由高级人民法院审核的案件，高级人民法院应当在作出审核意见之日起十五日内向最高人民法院报备。

第五条　下级人民法院报请上级人民法院审核的案件，应当将书面报告和案件卷宗材料一并上报。书面报告应当写明审查意见及具体理由。

第六条　上级人民法院收到下级人民法院的报核申请后，认为案件相关事实不清的，可以询问当事人或者退回下级人民法院补充查明事实后再报。

第七条　上级人民法院应当以复函的形式将审核意见答复下级人民法院。

第八条　在民事诉讼案件中，对于人民法院因涉及仲裁协议效力而作出的不予受理、驳回起诉、管辖权异议的裁定，当事人不服提起上诉，第二审人民法院经审查拟认定仲裁协议不成立、无效、失效、内容不明确无法执行的，须按照本规定第二条的规定逐级报核，待上级人民法院审核后，方可依上级人民法院的审核意见作出裁定。

第九条　本规定自 2018 年 1 月 1 日起施行，本院以前发布的司法解释与本规定不一致的,以本规定为准。

7.《最高人民法院关于仲裁机构“先予仲裁”裁决或者调解书立案、执行等法律适用问题的批复》(法释〔2018〕10号,2018年6月12日)

广东省高级人民法院:

你院《关于“先予仲裁”裁决应否立案执行的请示》(粤高法〔2018〕99号)收悉。经研究,批复如下:

当事人申请人民法院执行仲裁机构根据仲裁法作出的仲裁裁决或者调解书,人民法院经审查,符合民事诉讼法、仲裁法相关规定的,应当依法及时受理,立案执行。但是,根据仲裁法第二条的规定,仲裁机构可以仲裁的是当事人间已经发生的合同纠纷和其他财产权益纠纷。因此,网络借贷合同当事人申请执行仲裁机构在纠纷发生前作出的仲裁裁决或者调解书的,人民法院应当裁定不予受理;已经受理的,裁定驳回执行申请。

你院请示中提出的下列情形,应当认定为民事诉讼法第二百三十七条①第二款第三项规定的“仲裁庭的组成或者仲裁的程序违反法定程序”的情形:

一、仲裁机构未依照仲裁法规定的程序审理纠纷或者主持调解,径行根据网络借贷合同当事人在纠纷发生前签订的和解或者调解协议作出仲裁裁决、仲裁调解书的;

二、仲裁机构在仲裁过程中未保障当事人申请仲裁员回避、提供证据、答辩等仲裁法规定的基本程序权利的。

前款规定情形中,网络借贷合同当事人以约定弃权条款为由,主张仲裁程序未违反法定程序的,人民法院不予支持。

人民法院办理其他合同纠纷、财产权益纠纷仲裁裁决或者调解书执行案件,适用本批复。

【注释】(1)本批复规定的“网络借贷合同当事人在纠纷发生前签订的和解或者调解协议作出仲裁裁决、仲裁调解书的”,裁定驳回执行申请,是对《仲裁执行规定》第3条规定的驳回执行申请情形的补充。

(2)本批复规定的“未依照仲裁法规定的程序审理纠纷或者主持调解”,或者“在仲裁过程中未保障当事人申请仲裁员回避、提供证据、答辩等仲裁

---

① 2021年《民事诉讼法》第四次修正后调整为第244条。

法规定的基本程序权利的”情形，适用《民事诉讼法》第 244 条第 2 款第 3 项，并结合《仲裁执行规定》第 14 条，裁定不予执行。

8.《最高人民法院关于审理劳动争议案件适用法律问题的解释（一）》（法释〔2020〕26 号，2021 年 1 月 1 日）

第十条　当事人不服劳动争议仲裁机构作出的预先支付劳动者劳动报酬、工伤医疗费、经济补偿或者赔偿金的裁决，依法提起诉讼的，人民法院不予受理。

用人单位不履行上述裁决中的给付义务，劳动者依法申请强制执行的，人民法院应予受理。

第二十三条　中级人民法院审理用人单位申请撤销终局裁决的案件，应当组成合议庭开庭审理。经过阅卷、调查和询问当事人，对没有新的事实、证据或者理由，合议庭认为不需要开庭审理的，可以不开庭审理。

中级人民法院可以组织双方当事人调解。达成调解协议的，可以制作调解书。一方当事人逾期不履行调解协议的，另一方可以申请人民法院强制执行。

第二十四条　当事人申请人民法院执行劳动争议仲裁机构作出的发生法律效力的裁决书、调解书，被申请人提出证据证明劳动争议仲裁裁决书、调解书有下列情形之一，并经审查核实的，人民法院可以根据民事诉讼法第二百三十七条①规定，裁定不予执行：

（一）裁决的事项不属于劳动争议仲裁范围，或者劳动争议仲裁机构无权仲裁的；

（二）适用法律、法规确有错误的；

（三）违反法定程序的；

（四）裁决所根据的证据是伪造的；

（五）对方当事人隐瞒了足以影响公正裁决的证据的；

（六）仲裁员在仲裁该案时有索贿受贿、徇私舞弊、枉法裁决行为的；

（七）人民法院认定执行该劳动争议仲裁裁决违背社会公共利益的。

人民法院在不予执行的裁定书中，应当告知当事人在收到裁定书之次日起三十日内，可以就该劳动争议事项向人民法院提起诉讼。

① 2021 年《民事诉讼法》第四次修正后调整为第 244 条。

第二十五条 劳动争议仲裁机构作出终局裁决,劳动者向人民法院申请执行,用人单位向劳动争议仲裁机构所在地的中级人民法院申请撤销的,人民法院应当裁定中止执行。

用人单位撤回撤销终局裁决申请或者其申请被驳回的,人民法院应当裁定恢复执行。仲裁裁决被撤销的,人民法院应当裁定终结执行。

用人单位向人民法院申请撤销仲裁裁决被驳回后,又在执行程序中以相同理由提出不予执行抗辩的,人民法院不予支持。

9.《最高人民法院关于审理涉及农村土地承包经营纠纷调解仲裁案件适用法律若干问题的解释》(法释〔2014〕1 号,2014 年 1 月 24 日;经法释〔2020〕17 号修正,2021 年 1 月 1 日)

第九条 农村土地承包仲裁委员会作出先行裁定后,一方当事人依法向被执行人住所地或者被执行的财产所在地基层人民法院申请执行的,人民法院应予受理和执行。

申请执行先行裁定的,应当提供以下材料:

(一)申请执行书;

(二)农村土地承包仲裁委员会作出的先行裁定书;

(三)申请执行人的身份证明;

(四)申请执行人提供的担保情况;

(五)其他应当提交的文件或证件。

第十条 当事人根据农村土地承包经营纠纷调解仲裁法第四十九条规定,向人民法院申请执行调解书、裁决书,符合《最高人民法院关于人民法院执行工作若干问题的规定(试行)》第十六条规定条件的,人民法院应予受理和执行。

10.《最高人民法院关于修改后的民事诉讼法施行时未结案件适用法律若干问题的规定》(法释〔2012〕23 号,2013 年 1 月 1 日)

第七条 人民法院对 2013 年 1 月 1 日前已经受理、2013 年 1 月 1 日尚未审查完毕的申请不予执行仲裁裁决的案件,适用修改前的民事诉讼法。

11.《最高人民法院关于未被续聘的仲裁员在原参加审理的案件裁决书上签名人民法院应当执行该仲裁裁决书的批复》（法释〔1998〕21 号，1998 年 9 月 5 日）

广东省高级人民法院：

你院〔1996〕粤高法执函字第 5 号《关于未被续聘的仲裁员继续参加审理并作出裁决的案件，人民法院应否立案执行的请示》收悉。经研究，答复如下：

在中国国际经济贸易仲裁委员会深圳分会对深圳东鹏实业有限公司与中国化工建设深圳公司合资经营合同纠纷案件仲裁过程中，陈野被当事人指定为该案的仲裁员时具有合法的仲裁员身份，并参与了开庭审理工作。之后，新的仲裁员名册中没有陈野的名字，说明仲裁机构不再聘任陈野为仲裁员，但这只能约束仲裁机构以后审理的案件，不影响陈野在此前已合法成立的仲裁庭中的案件审理工作。其在该仲裁庭所作的（94）深国仲结字第 47 号裁决书上签字有效。深圳市中级人民法院应当根据当事人的申请对该仲裁裁决书予以执行。

【注释】（1）对于仲裁程序违反法定程序的认定标准，《仲裁执行规定》施行后，以该规定第 14 条为准。

（2）本批复涉及仲裁员资格及其在仲裁裁决书上签字效力的认定问题，该类情形的审查处理适用本批复。

12.《最高人民法院关于对上海市高级人民法院等就涉及中国国际经济贸易仲裁委员会及其原分会等仲裁机构所作仲裁裁决司法审查案件请示问题的批复》（法释〔2015〕15 号，2015 年 7 月 17 日）

上海市高级人民法院、江苏省高级人民法院、广东省高级人民法院：

因中国国际经济贸易仲裁委员会（以下简称中国贸仲）于 2012 年 5 月 1 日起施行修订后的仲裁规则以及原中国国际经济贸易仲裁委员会华南分会（现已更名为华南国际经济贸易仲裁委员会，同时使用深圳国际仲裁院的名称，以下简称华南贸仲）、原中国国际经济贸易仲裁委员会上海分会（现已更名为上海国际经济贸易仲裁委员会，同时使用上海国际仲裁中心的名称，以下简称上海贸仲）变更名称并施行新的仲裁规则，致使部分当事人对相关仲裁协议的效力以及上述各仲裁机构受理仲裁案件的权限、仲裁的管辖、仲裁的执行等问题产生争议，向人民法院请求确认仲裁协议效力、申请撤销或者不予执行相关仲裁裁决，引发诸多仲裁司法审查案件。上海市高级人民法院、江苏省高级人民法院、广东省高级人民法院就有关问题向我院请示。

为依法保护仲裁当事人合法权益，充分尊重当事人意思自治，考虑中国贸仲和华南贸仲、上海贸仲的历史关系，从支持和维护仲裁事业健康发展，促进建立多元纠纷解决机制出发，经研究，对有关问题答复如下：

一、当事人在华南贸仲更名为华南国际经济贸易仲裁委员会、上海贸仲更名为上海国际经济贸易仲裁委员会之前签订仲裁协议约定将争议提交"中国国际经济贸易仲裁委员会华南分会"或者"中国国际经济贸易仲裁委员会上海分会"仲裁的，华南贸仲或者上海贸仲对案件享有管辖权。当事人以华南贸仲或者上海贸仲无权仲裁为由请求人民法院确认仲裁协议无效、申请撤销或者不予执行仲裁裁决的，人民法院不予支持。

当事人在华南贸仲更名为华南国际经济贸易仲裁委员会、上海贸仲更名为上海国际经济贸易仲裁委员会之后(含更名之日)本批复施行之前签订仲裁协议约定将争议提交"中国国际经济贸易仲裁委员会华南分会"或者"中国国际经济贸易仲裁委员会上海分会"仲裁的，中国贸仲对案件享有管辖权。但申请人向华南贸仲或者上海贸仲申请仲裁，被申请人对华南贸仲或者上海贸仲的管辖权没有提出异议的，当事人在仲裁裁决作出后以华南贸仲或者上海贸仲无权仲裁为由申请撤销或者不予执行仲裁裁决的，人民法院不予支持。

当事人在本批复施行之后(含施行起始之日)签订仲裁协议约定将争议提交"中国国际经济贸易仲裁委员会华南分会"或者"中国国际经济贸易仲裁委员会上海分会"仲裁的，中国贸仲对案件享有管辖权。

二、仲裁案件的申请人向仲裁机构申请仲裁的同时请求仲裁机构对案件的管辖权作出决定，仲裁机构作出确认仲裁协议有效、其对案件享有管辖权的决定后，被申请人在仲裁庭首次开庭前向人民法院提起申请确认仲裁协议效力之诉的，人民法院应予受理并作出裁定。申请人或者仲裁机构根据《最高人民法院关于确认仲裁协议效力几个问题的批复》(法释〔1998〕27 号)第三条①或者《最高人民法院关于适用〈中华人民共和国仲裁法〉若干问题的解释》(法释〔2006〕7 号)第十三条第二款的规定主张人民法院对被申请人的

---

① 《最高人民法院关于确认仲裁协议效力几个问题的批复》(法释〔1998〕27 号)第 3 条规定："当事人对仲裁协议的效力有异议，一方当事人申请仲裁机构确认仲裁协议效力，另一方当事人请求人民法院确认仲裁协议无效，如果仲裁机构先于人民法院接受申请并已作出决定，人民法院不予受理；如果仲裁机构接受申请后尚未作出决定，人民法院应予受理，同时通知仲裁机构终止仲裁。"

起诉应当不予受理的，人民法院不予支持。

三、本批复施行之前，中国贸仲或者华南贸仲、上海贸仲已经受理的根据本批复第一条规定不应由其受理的案件，当事人在仲裁裁决作出后以仲裁机构无权仲裁为由申请撤销或者不予执行仲裁裁决的，人民法院不予支持。

四、本批复施行之前，中国贸仲或者华南贸仲、上海贸仲受理了同一仲裁案件，当事人在仲裁庭首次开庭前向人民法院申请确认仲裁协议效力的，人民法院应当根据本批复第一条的规定进行审理并作出裁定。

本批复施行之前，中国贸仲或者华南贸仲、上海贸仲受理了同一仲裁案件，当事人并未在仲裁庭首次开庭前向人民法院申请确认仲裁协议效力的，先受理的仲裁机构对案件享有管辖权。

（二）涉港澳台仲裁

1.《最高人民法院关于内地与香港特别行政区相互执行仲裁裁决的安排》（法释〔2000〕3 号，2000 年 2 月 1 日）

根据《中华人民共和国香港特别行政区基本法》第九十五条的规定，经最高人民法院与香港特别行政区（以下简称香港特区）政府协商，香港特区法院同意执行内地仲裁机构（名单由国务院法制办公室经国务院港澳事务办公室提供）依据《中华人民共和国仲裁法》所作出的裁决，内地人民法院同意执行在香港特区按香港特区《仲裁条例》所作出的裁决。现就内地与香港特区相互执行仲裁裁决的有关事宜作出如下安排：

【注释】根据《最高人民法院关于内地与香港特别行政区相互执行仲裁裁决的补充安排》（法释〔2020〕13 号）第 2 条规定，本序言修改为："根据《中华人民共和国香港特别行政区基本法》第九十五条的规定，经最高人民法院与香港特别行政区（以下简称香港特区）政府协商，现就仲裁裁决的相互执行问题作出如下安排："

一、在内地或者香港特区作出的仲裁裁决，一方当事人不履行仲裁裁决的，另一方当事人可以向被申请人住所地或者财产所在地的有关法院申请执行。

【注释】根据《最高人民法院关于内地与香港特别行政区相互执行仲裁裁决的补充安排》（法释〔2020〕13 号）第 2 条规定，本条修改为："一、内地人民法院执行按香港特区《仲裁条例》作出的仲裁裁决，香港特区法院执行按

《中华人民共和国仲裁法》作出的仲裁裁决,适用本安排。”

二、上条所述的有关法院,在内地指被申请人住所地或者财产所在地的中级人民法院,在香港特区指香港特区高等法院。

被申请人住所地或者财产所在地在内地不同的中级人民法院辖区内的,申请人可以选择其中一个人民法院申请执行裁决,不得分别向两个或者两个以上人民法院提出申请。

被申请人的住所地或者财产所在地,既在内地又在香港特区的,申请人不得同时分别向两地有关法院提出申请。只有一地法院执行不足以偿还其债务时,才可就不足部分向另一地法院申请执行。两地法院先后执行仲裁裁决的总额,不得超过裁决数额。

【注释】根据《最高人民法院关于内地与香港特别行政区相互执行仲裁裁决的补充安排》(法释〔2020〕13号)第3条规定,本条第3款修改为:“被申请人在内地和香港特区均有住所地或者可供执行财产的,申请人可以分别向两地法院申请执行。应对方法院要求,两地法院应当相互提供本方执行仲裁裁决的情况。两地法院执行财产的总额,不得超过裁决确定的数额。”

三、申请人向有关法院申请执行在内地或者香港特区作出的仲裁裁决的,应当提交以下文书:

(一)执行申请书;

(二)仲裁裁决书;

(三)仲裁协议。

四、执行申请书的内容应当载明下列事项:

(一)申请人为自然人的情况下,该人的姓名、地址;申请人为法人或者其他组织的情况下,该法人或其他组织的名称、地址及法定代表人姓名;

(二)被申请人为自然人的情况下,该人的姓名、地址;被申请人为法人或者其他组织的情况下,该法人或其他组织的名称、地址及法定代表人姓名;

(三)申请人为法人或者其他组织的,应当提交企业注册登记的副本。申请人是外国籍法人或者其他组织的,应当提交相应的公证和认证材料;

(四)申请执行的理由与请求的内容,被申请人的财产所在地及财产状况。

执行申请书应当以中文文本提出,裁决书或者仲裁协议没有中文文本的,申请人应当提交正式证明的中文译本。

五、申请人向有关法院申请执行内地或者香港特区仲裁裁决的期限依据执行地法律有关时限的规定。

六、有关法院接到申请人申请后,应当按执行地法律程序处理及执行。

【注释】根据《最高人民法院关于内地与香港特别行政区相互执行仲裁裁决的补充安排》(法释〔2020〕13 号)第 4 条规定,本条增加一款作为第 2 款:"有关法院在受理执行仲裁裁决申请之前或者之后,可以依申请并按照执行地法律规定采取保全或者强制措施。"

七、在内地或者香港特区申请执行的仲裁裁决,被申请人接到通知后,提出证据证明有下列情形之一的,经审查核实,有关法院可裁定不予执行:

(一)仲裁协议当事人依对其适用的法律属于某种无行为能力的情形;或者该项仲裁协议依约定的准据法无效;或者未指明以何种法律为准时,依仲裁裁决地的法律是无效的;

(二)被申请人未接到指派仲裁员的适当通知,或者因他故未能陈述意见的;

(三)裁决所处理的争议不是交付仲裁的标的或者不在仲裁协议条款之内,或者裁决载有关于交付仲裁范围以外事项的决定的;但交付仲裁事项的决定可与未交付仲裁的事项划分时,裁决中关于交付仲裁事项的决定部分应当予以执行;

(四)仲裁庭的组成或者仲裁庭程序与当事人之间的协议不符,或者在有关当事人没有这种协议时与仲裁地的法律不符的;

(五)裁决对当事人尚无约束力,或者业经仲裁地的法院或者按仲裁地的法律撤销或者停止执行的。

有关法院认定依执行地法律,争议事项不能以仲裁解决的,则可不予执行该裁决。

内地法院认定在内地执行该仲裁裁决违反内地社会公共利益,或者香港特区法院决定在香港特区执行该仲裁裁决违反香港特区的公共政策,则可不予执行该裁决。

八、申请人向有关法院申请执行在内地或者香港特区作出的仲裁裁决,应当根据执行地法院有关诉讼收费的办法交纳执行费用。

九、1997 年 7 月 1 日以后申请执行在内地或者香港特区作出的仲裁裁决按本安排执行。

十、对 1997 年 7 月 1 日至本安排生效之日的裁决申请问题,双方同意:

1997 年 7 月 1 日至本安排生效之日因故未能向内地或者香港特区法院

申请执行，申请人为法人或者其他组织的，可以在本安排生效后六个月内提出；如申请人为自然人的，可以在本安排生效后一年内提出。

对于内地或香港特区法院在 1997 年 7 月 1 日至本安排生效之日拒绝受理或者拒绝执行仲裁裁决的案件，应允许当事人重新申请。

十一、本安排在执行过程中遇有问题和修改，应当通过最高人民法院和香港特区政府协商解决。

2.《最高人民法院关于内地与香港特别行政区相互执行仲裁裁决的补充安排》（法释〔2020〕13 号，第一条、第四条自 2020 年 11 月 27 日起施行，第二条、第三条自 2021 年 5 月 19 日起施行）

依据《最高人民法院关于内地与香港特别行政区相互执行仲裁裁决的安排》（以下简称《安排》）第十一条的规定，最高人民法院与香港特别行政区政府经协商，作出如下补充安排：

一、《安排》所指执行内地或者香港特别行政区仲裁裁决的程序，应解释为包括认可和执行内地或者香港特别行政区仲裁裁决的程序。

二、将《安排》序言及第一条修改为："根据《中华人民共和国香港特别行政区基本法》第九十五条的规定，经最高人民法院与香港特别行政区（以下简称香港特区）政府协商，现就仲裁裁决的相互执行问题作出如下安排：

"一、内地人民法院执行按香港特区《仲裁条例》作出的仲裁裁决，香港特区法院执行按《中华人民共和国仲裁法》作出的仲裁裁决，适用本安排。"

三、将《安排》第二条第三款修改为："被申请人在内地和香港特区均有住所地或者可供执行财产的，申请人可以分别向两地法院申请执行。应对方法院要求，两地法院应当相互提供本方执行仲裁裁决的情况。两地法院执行财产的总额，不得超过裁决确定的数额。"

四、在《安排》第六条中增加一款作为第二款："有关法院在受理执行仲裁裁决申请之前或者之后，可以依申请并按照执行地法律规定采取保全或者强制措施。"

五、本补充安排第一条、第四条自 2020 年 11 月 27 日起施行，第二条、第三条在香港特别行政区完成有关程序后，由最高人民法院公布施行日期。①

① 最高人民法院 2021 年 5 月 18 日发布公告，本司法解释第 2 条、第 3 条自 2021 年 5 月 19 日施行。

3.《最高人民法院关于内地与香港特别行政区法院就仲裁程序相互协助保全的安排》(法释〔2019〕14 号,2019 年 10 月 1 日)

根据《中华人民共和国香港特别行政区基本法》第九十五条的规定,最高人民法院与香港特别行政区政府经协商,现就内地与香港特别行政区法院关于仲裁程序相互协助保全作出如下安排:

第一条　本安排所称"保全",在内地包括财产保全、证据保全、行为保全;在香港特别行政区包括强制令以及其他临时措施,以在争议得以裁决之前维持现状或者恢复原状、采取行动防止目前或者即将对仲裁程序发生的危害或者损害,或者不采取可能造成这种危害或者损害的行动、保全资产或者保全对解决争议可能具有相关性和重要性的证据。

第二条　本安排所称"香港仲裁程序",应当以香港特别行政区为仲裁地,并且由以下机构或者常设办事处管理:

(一)在香港特别行政区设立或者总部设于香港特别行政区,并以香港特别行政区为主要管理地的仲裁机构;

(二)中华人民共和国加入的政府间国际组织在香港特别行政区设立的争议解决机构或者常设办事处;

(三)其他仲裁机构在香港特别行政区设立的争议解决机构或者常设办事处,且该争议解决机构或者常设办事处满足香港特别行政区政府订立的有关仲裁案件宗数以及标的金额等标准。

以上机构或者常设办事处的名单由香港特别行政区政府向最高人民法院提供,并经双方确认。

第三条　香港仲裁程序的当事人,在仲裁裁决作出前,可以参照《中华人民共和国民事诉讼法》《中华人民共和国仲裁法》以及相关司法解释的规定,向被申请人住所地、财产所在地或者证据所在地的内地中级人民法院申请保全。被申请人住所地、财产所在地或者证据所在地在不同人民法院辖区的,应当选择向其中一个人民法院提出申请,不得分别向两个或者两个以上人民法院提出申请。

当事人在有关机构或者常设办事处受理仲裁申请后提出保全申请的,应当由该机构或者常设办事处转递其申请。

在有关机构或者常设办事处受理仲裁申请前提出保全申请,内地人民法院采取保全措施后三十日内未收到有关机构或者常设办事处提交的已受理仲裁案件的证明函件的,内地人民法院应当解除保全。

第四条　向内地人民法院申请保全的,应当提交下列材料:

(一)保全申请书;

(二)仲裁协议;

(三)身份证明材料:申请人为自然人的,应当提交身份证件复印件;申请人为法人或者非法人组织的,应当提交注册登记证书的复印件以及法定代表人或者负责人的身份证件复印件;

(四)在有关机构或者常设办事处受理仲裁案件后申请保全的,应当提交包含主要仲裁请求和所根据的事实与理由的仲裁申请文件以及相关证据材料、该机构或者常设办事处出具的已受理有关仲裁案件的证明函件;

(五)内地人民法院要求的其他材料。

身份证明材料系在内地以外形成的,应当依据内地相关法律规定办理证明手续。

向内地人民法院提交的文件没有中文文本的,应当提交准确的中文译本。

第五条　保全申请书应当载明下列事项:

(一)当事人的基本情况:当事人为自然人的,包括姓名、住所、身份证件信息、通讯方式等;当事人为法人或者非法人组织的,包括法人或者非法人组织的名称、住所以及法定代表人或者主要负责人的姓名、职务、住所、身份证件信息、通讯方式等;

(二)请求事项,包括申请保全财产的数额、申请行为保全的内容和期限等;

(三)请求所依据的事实、理由和相关证据,包括关于情况紧急,如不立即保全将会使申请人合法权益受到难以弥补的损害或者将使仲裁裁决难以执行的说明等;

(四)申请保全的财产、证据的明确信息或者具体线索;

(五)用于提供担保的内地财产信息或者资信证明;

(六)是否已在其他法院、有关机构或者常设办事处提出本安排所规定的申请和申请情况;

(七)其他需要载明的事项。

第六条　内地仲裁机构管理的仲裁程序的当事人,在仲裁裁决作出前,可以依据香港特别行政区《仲裁条例》《高等法院条例》,向香港特别行政区高等法院申请保全。

第七条　向香港特别行政区法院申请保全的,应当依据香港特别行政区相关法律规定,提交申请、支持申请的誓章、附同的证物、论点纲要以及法庭命令的草拟本,并应当载明下列事项:

(一)当事人的基本情况:当事人为自然人的,包括姓名、地址;当事人为法人或者非法人组织的,包括法人或者非法人组织的名称、地址以及法定代表人或者主要负责人的姓名、职务、通讯方式等;

(二)申请的事项和理由;

(三)申请标的所在地以及情况;

(四)被申请人就申请作出或者可能作出的回应以及说法;

(五)可能会导致法庭不批准所寻求的保全,或者不在单方面申请的情况下批准该保全的事实;

(六)申请人向香港特别行政区法院作出的承诺;

(七)其他需要载明的事项。

第八条　被请求方法院应当尽快审查当事人的保全申请。内地人民法院可以要求申请人提供担保等,香港特别行政区法院可以要求申请人作出承诺、就费用提供保证等。

经审查,当事人的保全申请符合被请求方法律规定的,被请求方法院应当作出保全裁定或者命令等。

第九条　当事人对被请求方法院的裁定或者命令等不服的,按被请求方相关法律规定处理。

第十条　当事人申请保全的,应当依据被请求方有关诉讼收费的法律和规定交纳费用。

第十一条　本安排不减损内地和香港特别行政区的仲裁机构、仲裁庭、当事人依据对方法律享有的权利。

4.《最高人民法院关于内地与澳门特别行政区相互认可和执行仲裁裁决的安排》(法释〔2007〕17 号,2008 年 1 月 1 日)

第一条　内地人民法院认可和执行澳门特别行政区仲裁机构及仲裁员按照澳门特别行政区仲裁法规在澳门作出的民商事仲裁裁决,澳门特别行政区法院认可和执行内地仲裁机构依据《中华人民共和国仲裁法》在内地作出的民商事仲裁裁决,适用本安排。

本安排没有规定的,适用认可和执行地的程序法律规定。

第二条 在内地或者澳门特别行政区作出的仲裁裁决，一方当事人不履行的，另一方当事人可以向被申请人住所地、经常居住地或者财产所在地的有关法院申请认可和执行。

内地有权受理认可和执行仲裁裁决申请的法院为中级人民法院。两个或者两个以上中级人民法院均有管辖权的，当事人应当选择向其中一个中级人民法院提出申请。

澳门特别行政区有权受理认可仲裁裁决申请的法院为中级法院，有权执行的法院为初级法院。

第三条 被申请人的住所地、经常居住地或者财产所在地分别在内地和澳门特别行政区的，申请人可以向一地法院提出认可和执行申请，也可以分别向两地法院提出申请。

当事人分别向两地法院提出申请的，两地法院都应当依法进行审查。予以认可的，采取查封、扣押或者冻结被执行人财产等执行措施。仲裁地法院应当先进行执行清偿；另一地法院在收到仲裁地法院关于经执行债权未获清偿情况的证明后，可以对申请人未获清偿的部分进行执行清偿。两地法院执行财产的总额，不得超过依据裁决和法律规定所确定的数额。

第四条 申请人向有关法院申请认可和执行仲裁裁决的，应当提交以下文件或者经公证的副本：

（一）申请书；

（二）申请人身份证明；

（三）仲裁协议；

（四）仲裁裁决书或者仲裁调解书。

上述文件没有中文文本的，申请人应当提交经正式证明的中文译本。

第五条 申请书应当包括下列内容：

（一）申请人或者被申请人为自然人的，应当载明其姓名及住所；为法人或者其他组织的，应当载明其名称及住所，以及其法定代表人或者主要负责人的姓名、职务和住所；申请人是外国籍法人或者其他组织的，应当提交相应的公证和认证材料；

（二）请求认可和执行的仲裁裁决书或者仲裁调解书的案号或识别资料和生效日期；

（三）申请认可和执行仲裁裁决的理由及具体请求，以及被申请人财产所在地、财产状况及该仲裁裁决的执行情况。

第六条　申请人向有关法院申请认可和执行内地或者澳门特别行政区仲裁裁决的期限,依据认可和执行地的法律确定。

第七条　对申请认可和执行的仲裁裁决,被申请人提出证据证明有下列情形之一的,经审查核实,有关法院可以裁定不予认可:

(一)仲裁协议一方当事人依对其适用的法律在订立仲裁协议时属于无行为能力的;或者依当事人约定的准据法,或当事人没有约定适用的准据法而依仲裁地法律,该仲裁协议无效的;

(二)被申请人未接到选任仲裁员或者进行仲裁程序的适当通知,或者因他故未能陈述意见的;

(三)裁决所处理的争议不是提交仲裁的争议,或者不在仲裁协议范围之内;或者裁决载有超出当事人提交仲裁范围的事项的决定,但裁决中超出提交仲裁范围的事项的决定与提交仲裁事项的决定可以分开的,裁决中关于提交仲裁事项的决定部分可以予以认可;

(四)仲裁庭的组成或者仲裁程序违反了当事人的约定,或者在当事人没有约定时与仲裁地的法律不符的;

(五)裁决对当事人尚无约束力,或者业经仲裁地的法院撤销或者拒绝执行的。

有关法院认定,依执行地法律,争议事项不能以仲裁解决的,不予认可和执行该裁决。

内地法院认定在内地认可和执行该仲裁裁决违反内地法律的基本原则或者社会公共利益,澳门特别行政区法院认定在澳门特别行政区认可和执行该仲裁裁决违反澳门特别行政区法律的基本原则或者公共秩序,不予认可和执行该裁决。

第八条　申请人依据本安排申请认可和执行仲裁裁决的,应当根据执行地法律的规定,交纳诉讼费用。

第九条　一方当事人向一地法院申请执行仲裁裁决,另一方当事人向另一地法院申请撤销该仲裁裁决,被执行人申请中止执行且提供充分担保的,执行法院应当中止执行。

根据经认可的撤销仲裁裁决的判决、裁定,执行法院应当终结执行程序;撤销仲裁裁决申请被驳回的,执行法院应当恢复执行。

当事人申请中止执行的,应当向执行法院提供其他法院已经受理申请撤销仲裁裁决案件的法律文书。

第十条 受理申请的法院应当尽快审查认可和执行的请求,并作出裁定。

第十一条 法院在受理认可和执行仲裁裁决申请之前或者之后,可以依当事人的申请,按照法院地法律规定,对被申请人的财产采取保全措施。

第十二条 由一方有权限公共机构(包括公证员)作成的文书正本或者经公证的文书副本及译本,在适用本安排时,可以免除认证手续在对方使用。

第十三条 本安排实施前,当事人提出的认可和执行仲裁裁决的请求,不适用本安排。

自1999年12月20日至本安排实施前,澳门特别行政区仲裁机构及仲裁员作出的仲裁裁决,当事人向内地申请认可和执行的期限,自本安排实施之日起算。

第十四条 为执行本安排,最高人民法院和澳门特别行政区终审法院应当相互提供相关法律资料。

最高人民法院和澳门特别行政区终审法院每年相互通报执行本安排的情况。

第十五条 本安排在执行过程中遇有问题或者需要修改的,由最高人民法院和澳门特别行政区协商解决。

第十六条 本安排自2008年1月1日起实施。

5.《最高人民法院关于内地与澳门特别行政区就仲裁程序相互协助保全的安排》(法释〔2022〕7号,2022年3月25日)

根据《中华人民共和国澳门特别行政区基本法》第九十三条的规定,经最高人民法院与澳门特别行政区协商,现就内地与澳门特别行政区关于仲裁程序相互协助保全作出如下安排。

第一条 本安排所称"保全",在内地包括财产保全、证据保全、行为保全;在澳门特别行政区包括为确保受威胁的权利得以实现而采取的保存或者预行措施。

第二条 按照澳门特别行政区仲裁法规向澳门特别行政区仲裁机构提起民商事仲裁程序的当事人,在仲裁裁决作出前,可以参照《中华人民共和国民事诉讼法》《中华人民共和国仲裁法》以及相关司法解释的规定,向被申请人住所地、财产所在地或者证据所在地的内地中级人民法院申请保全。被申请人住所地、财产所在地或者证据所在地在不同人民法院辖区的,应当选择向其中一个人民法院提出申请,不得分别向两个或者两个以上人民法院提出申请。

在仲裁机构受理仲裁案件前申请保全,内地人民法院采取保全措施后三十日内未收到仲裁机构已受理仲裁案件的证明函件的,内地人民法院应当解除保全。

第三条　向内地人民法院申请保全的,应当提交下列材料:

(一)保全申请书;

(二)仲裁协议;

(三)身份证明材料:申请人为自然人的,应当提交身份证件复印件;申请人为法人或者非法人组织的,应当提交注册登记证书的复印件以及法定代表人或者负责人的身份证件复印件;

(四)在仲裁机构受理仲裁案件后申请保全的,应当提交包含主要仲裁请求和所根据的事实与理由的仲裁申请文件以及相关证据材料、仲裁机构出具的已受理有关仲裁案件的证明函件;

(五)内地人民法院要求的其他材料。

身份证明材料系在内地以外形成的,应当依据内地相关法律规定办理证明手续。

向内地人民法院提交的文件没有中文文本的,应当提交中文译本。

第四条　向内地人民法院提交的保全申请书应当载明下列事项:

(一)当事人的基本情况:当事人为自然人的,包括姓名、住所、身份证件信息、通讯方式等;当事人为法人或者非法人组织的,包括法人或者非法人组织的名称、住所以及法定代表人或者主要负责人的姓名、职务、住所、身份证件信息、通讯方式等;

(二)请求事项,包括申请保全财产的数额、申请行为保全的内容和期限等;

(三)请求所依据的事实、理由和相关证据,包括关于情况紧急,如不立即保全将会使申请人合法权益受到难以弥补的损害或者将使仲裁裁决难以执行的说明等;

(四)申请保全的财产、证据的明确信息或者具体线索;

(五)用于提供担保的内地财产信息或者资信证明;

(六)是否已提出其他保全申请以及保全情况;

(七)其他需要载明的事项。

第五条 依据《中华人民共和国仲裁法》向内地仲裁机构提起民商事仲裁程序的当事人，在仲裁裁决作出前，可以根据澳门特别行政区法律规定，向澳门特别行政区初级法院申请保全。

在仲裁机构受理仲裁案件前申请保全的，申请人应当在澳门特别行政区法律规定的期间内，采取开展仲裁程序的必要措施，否则该保全措施失效。申请人应当将已作出必要措施及作出日期的证明送交澳门特别行政区法院。

第六条 向澳门特别行政区法院申请保全的，须附同下列资料：

（一）仲裁协议；

（二）申请人或者被申请人为自然人的，应当载明其姓名以及住所；为法人或者非法人组织的，应当载明其名称、住所以及法定代表人或者主要负责人的姓名、职务和住所；

（三）请求的详细资料，尤其包括请求所依据的事实和法律理由、申请标的的情况、财产的详细资料、须保全的金额、申请行为保全的详细内容和期限以及附同相关证据，证明权利受威胁以及解释恐防受侵害的理由；

（四）在仲裁机构受理仲裁案件后申请保全的，应当提交该仲裁机构出具的已受理有关仲裁案件的证明；

（五）是否已提出其他保全申请以及保全情况；

（六）法院要求的其他资料。

如向法院提交的文件并非使用澳门特别行政区的其中一种正式语文，则申请人应当提交其中一种正式语文的译本。

第七条 被请求方法院应当尽快审查当事人的保全申请，可以按照被请求方法律规定要求申请人提供担保。

经审查，当事人的保全申请符合被请求方法律规定的，被请求方法院应当作出保全裁定。

第八条 当事人对被请求方法院的裁定不服的，按被请求方相关法律规定处理。

第九条 当事人申请保全的，应当根据被请求方法律的规定交纳费用。

第十条 本安排不减损内地和澳门特别行政区的仲裁机构、仲裁庭、仲裁员、当事人依据对方法律享有的权利。

第十一条 本安排在执行过程中遇有问题或者需要修改的，由最高人民法院和澳门特别行政区协商解决。

第十二条 本安排自2022年3月25日起施行。

6.《最高人民法院关于认可和执行台湾地区仲裁裁决的规定》(法释〔2015〕14 号,2015 年 7 月 1 日)

第一条　台湾地区仲裁裁决的当事人可以根据本规定,作为申请人向人民法院申请认可和执行台湾地区仲裁裁决。

第二条　本规定所称台湾地区仲裁裁决是指,有关常设仲裁机构及临时仲裁庭在台湾地区按照台湾地区仲裁规定就有关民商事争议作出的仲裁裁决,包括仲裁判断、仲裁和解和仲裁调解。

第三条　申请人同时提出认可和执行台湾地区仲裁裁决申请的,人民法院先按照认可程序进行审查,裁定认可后,由人民法院执行机构执行。

申请人直接申请执行的,人民法院应当告知其一并提交认可申请;坚持不申请认可的,裁定驳回其申请。

第四条　申请认可台湾地区仲裁裁决的案件,由申请人住所地、经常居住地或者被申请人住所地、经常居住地、财产所在地中级人民法院或者专门人民法院受理。

申请人向两个以上有管辖权的人民法院申请认可的,由最先立案的人民法院管辖。

申请人向被申请人财产所在地人民法院申请认可的,应当提供财产存在的相关证据。

第五条　对申请认可台湾地区仲裁裁决的案件,人民法院应当组成合议庭进行审查。

第六条　申请人委托他人代理申请认可台湾地区仲裁裁决的,应当向人民法院提交由委托人签名或者盖章的授权委托书。

台湾地区、香港特别行政区、澳门特别行政区或者外国当事人签名或者盖章的授权委托书应当履行相关的公证、认证或者其他证明手续,但授权委托书在人民法院法官的见证下签署或者经中国大陆公证机关公证证明是在中国大陆签署的除外。

第七条　申请人申请认可台湾地区仲裁裁决,应当提交以下文件或者经证明无误的副本:

(一)申请书;

(二)仲裁协议;

(三)仲裁判断书、仲裁和解书或者仲裁调解书。

申请书应当记明以下事项:

(一)申请人和被申请人姓名、性别、年龄、职业、身份证件号码、住址(申请人或者被申请人为法人或者其他组织的,应当记明法人或者其他组织的名称、地址、法定代表人或者主要负责人姓名、职务)和通讯方式;

(二)申请认可的仲裁判断书、仲裁和解书或者仲裁调解书的案号或者识别资料和生效日期;

(三)请求和理由;

(四)被申请人财产所在地、财产状况及申请认可的仲裁裁决的执行情况;

(五)其他需要说明的情况。

第八条 对于符合本规定第四条和第七条规定条件的申请,人民法院应当在收到申请后七日内立案,并通知申请人和被申请人,同时将申请书送达被申请人;不符合本规定第四条和第七条规定条件的,应当在七日内裁定不予受理,同时说明不予受理的理由;申请人对裁定不服的,可以提起上诉。

第九条 申请人申请认可台湾地区仲裁裁决,应当提供相关证明文件,以证明该仲裁裁决的真实性。

申请人可以申请人民法院通过海峡两岸调查取证司法互助途径查明台湾地区仲裁裁决的真实性;人民法院认为必要时,也可以就有关事项依职权通过海峡两岸司法互助途径向台湾地区请求调查取证。

第十条 人民法院受理认可台湾地区仲裁裁决的申请之前或者之后,可以按照民事诉讼法及相关司法解释的规定,根据申请人的申请,裁定采取保全措施。

第十一条 人民法院受理认可台湾地区仲裁裁决的申请后,当事人就同一争议起诉的,不予受理。

当事人未申请认可,而是就同一争议向人民法院起诉的,亦不予受理,但仲裁协议无效的除外。

第十二条 人民法院受理认可台湾地区仲裁裁决的申请后,作出裁定前,申请人请求撤回申请的,可以裁定准许。

第十三条 人民法院应当尽快审查认可台湾地区仲裁裁决的申请,决定予以认可的,应当在立案之日起两个月内作出裁定;决定不予认可或者驳回申请的,应当在作出决定前按有关规定自立案之日起两个月内上报最高人民法院。

通过海峡两岸司法互助途径送达文书和调查取证的期间,不计入审查期限。

第十四条　对申请认可和执行的仲裁裁决,被申请人提出证据证明有下列情形之一的,经审查核实,人民法院裁定不予认可:

(一)仲裁协议一方当事人依对其适用的法律在订立仲裁协议时属于无行为能力的;或者依当事人约定的准据法,或当事人没有约定适用的准据法而依台湾地区仲裁规定,该仲裁协议无效的;或者当事人之间没有达成书面仲裁协议的,但申请认可台湾地区仲裁调解的除外;

(二)被申请人未接到选任仲裁员或进行仲裁程序的适当通知,或者由于其他不可归责于被申请人的原因而未能陈述意见的;

(三)裁决所处理的争议不是提交仲裁的争议,或者不在仲裁协议范围之内;或者裁决载有超出当事人提交仲裁范围的事项的决定,但裁决中超出提交仲裁范围的事项的决定与提交仲裁事项的决定可以分开的,裁决中关于提交仲裁事项的决定部分可以予以认可;

(四)仲裁庭的组成或者仲裁程序违反当事人的约定,或者在当事人没有约定时与台湾地区仲裁规定不符的;

(五)裁决对当事人尚无约束力,或者业经台湾地区法院撤销或者驳回执行申请的。

依据国家法律,该争议事项不能以仲裁解决的,或者认可该仲裁裁决将违反一个中国原则等国家法律的基本原则或损害社会公共利益的,人民法院应当裁定不予认可。

第十五条　人民法院经审查能够确认台湾地区仲裁裁决真实,而且不具有本规定第十四条所列情形的,裁定认可其效力;不能确认该仲裁裁决真实性的,裁定驳回申请。

裁定驳回申请的案件,申请人再次申请并符合受理条件的,人民法院应予受理。

第十六条　人民法院依据本规定第十四条和第十五条作出的裁定,一经送达即发生法律效力。

第十七条　一方当事人向人民法院申请认可或者执行台湾地区仲裁裁决,另一方当事人向台湾地区法院起诉撤销该仲裁裁决,被申请人申请中止认可或者执行并且提供充分担保的,人民法院应当中止认可或者执行程序。

申请中止认可或者执行的,应当向人民法院提供台湾地区法院已经受理撤销仲裁裁决案件的法律文书。

台湾地区法院撤销该仲裁裁决的，人民法院应当裁定不予认可或者裁定终结执行；台湾地区法院驳回撤销仲裁裁决请求的，人民法院应当恢复认可或者执行程序。

第十八条 对人民法院裁定不予认可的台湾地区仲裁裁决，申请人再次提出申请的，人民法院不予受理。但当事人可以根据双方重新达成的仲裁协议申请仲裁，也可以就同一争议向人民法院起诉。

第十九条 申请人申请认可和执行台湾地区仲裁裁决的期间，适用民事诉讼法第二百三十九条①的规定。

申请人仅申请认可而未同时申请执行的，申请执行的期间自人民法院对认可申请作出的裁定生效之日起重新计算。

第二十条 人民法院在办理申请认可和执行台湾地区仲裁裁决案件中所作出的法律文书，应当依法送达案件当事人。

第二十一条 申请认可和执行台湾地区仲裁裁决，应当参照《诉讼费用交纳办法》的规定，交纳相关费用。

第二十二条 本规定自2015年7月1日起施行。

本规定施行前，根据《最高人民法院关于人民法院认可台湾地区有关法院民事判决的规定》（法释〔1998〕11号），人民法院已经受理但尚未审结的申请认可和执行台湾地区仲裁裁决的案件，适用本规定。

【司法文件】

1.《最高人民法院关于人民法院处理与涉外仲裁及外国仲裁事项有关问题的通知》（法发〔1995〕18号，1995年8月28日）

二、凡一方当事人向人民法院申请执行我国涉外仲裁机构裁决，或者向人民法院申请承认和执行外国仲裁机构的裁决，如果人民法院认为我国涉外仲裁机构裁决具有民事诉讼法第二百五十八条②情形之一的，或者申请承认和执行的外国仲裁裁决不符合我国参加的国际公约的规定或者不符合互惠原则的，在裁定不予执行或者拒绝承认和执行之前，必须报请本辖区所属高级人民法院进行审查；如果高级人民法院同意不予执行或者拒绝承认和执

---

① 2021年《民事诉讼法》第四次修正后调整为第246条。

② 2021年《民事诉讼法》第四次修正后调整为第281条。

行,应将其审查意见报最高人民法院。待最高人民法院答复后,方可裁定不予执行或者拒绝承认和执行。

【注释】已废止的《最高人民法院关于承认和执行外国仲裁裁决收费及审查期限问题的规定》(法释〔1998〕28 号)第 4 条规定:“当事人依照纽约公约第四条规定的条件申请承认和执行外国仲裁裁决,受理申请的人民法院决定予以承认和执行的,应在受理申请之日起两个月内作出裁定,如无特殊情况,应在裁定后六个月内执行完毕;决定不予承认和执行的,须按最高人民法院法发〔1995〕18 号《关于人民法院处理与涉外仲裁及外国仲裁事项有关问题的通知》的有关规定,在受理申请之日起两个月内上报最高人民法院。”

2.《最高人民法院关于实施〈中华人民共和国仲裁法〉几个问题的通知》(法发〔1997〕4 号,1997 年 3 月 26 日)

一、《仲裁法》施行前当事人依法订立的仲裁协议继续有效,有关当事人向人民法院起诉的,人民法院不予受理,应当告知其向依照《仲裁法》组建的仲裁机构申请仲裁。

当事人双方书面协议放弃仲裁后,一方向人民法院起诉的,人民法院应当依法受理。

二、在仲裁过程中,当事人申请财产保全的,一般案件由被申请人住所地或者财产所在地的基层人民法院作出裁定;属涉外仲裁案件的,依据《中华人民共和国民事诉讼法》第二百五十六条①的规定,由被申请人住所地或者财产所在地的中级人民法院作出裁定。有关人民法院对仲裁机构提交的财产保全申请应当认真进行审查,符合法律规定的,即应依法作出财产保全的裁定;如认为不符合法律规定的,应依法裁定驳回申请。

三、对依照《仲裁法》组建的仲裁机构所作出的涉外仲裁裁决,当事人申请执行的,人民法院应当依法受理。

3.《最高人民法院关于审理和执行涉外民商事案件应当注意的几个问题的通知》(法〔2000〕51 号,2000 年 4 月 17 日)

三、严格遵守涉外民商事案件生效法律文书的执行规定,切实维护国家司法权威。各级人民法院在强化执行工作过程中,应从维护国家司法形象和

① 2021 年《民事诉讼法》第四次修正后调整为第 279 条。

法制尊严的高度认识涉外执行工作的重要性，进一步加强涉外案件的执行，要注意执行方法，提高执行效率，注重执行效果。对涉外仲裁裁决和国外仲裁裁决的审查与执行，要严格按照有关国际公约和《中华人民共和国民事诉讼法》、《最高人民法院关于适用〈中华人民共和国民事诉讼法〉若干问题的意见》、《最高人民法院关于人民法院执行工作若干问题的规定（试行）》中有关涉外执行的规定和最高人民法院（法）经发〔1987〕5 号通知、法发〔1995〕18 号通知、法释〔1998〕28 号规定及法〔1998〕40 号通知办理。各级人民法院凡拟适用《中华人民共和国民事诉讼法》第二百五十八条①和有关国际公约规定，不予执行涉外仲裁裁决、撤销涉外仲裁裁决或拒绝承认和执行外国仲裁机构的裁决的，均应按规定逐级呈报最高人民法院审查，在最高人民法院答复前，不得制发裁定。

4.《最高人民法院关于香港仲裁裁决在内地执行的有关问题的通知》（法〔2009〕415 号，2009 年 12 月 30 日）

近期，有关人民法院或者当事人向我院反映，在香港特别行政区作出的临时仲裁裁决、国际商会仲裁院在香港作出的仲裁裁决，当事人可否依据《关于内地与香港特别行政区相互执行仲裁裁决的安排》（以下简称《安排》）在内地申请执行。为了确保人民法院在办理该类案件中正确适用《安排》，统一执法尺度，现就有关问题通知如下：

当事人向人民法院申请执行在香港特别行政区作出的临时仲裁裁决、国际商会仲裁院等国外仲裁机构在香港特别行政区作出的仲裁裁决的，人民法院应当按照《安排》的规定进行审查。不存在《安排》第七条规定的情形的，该仲裁裁决可以在内地得到执行。

5.《最高人民法院关于申请执行“先予仲裁”裁决案件报核问题的通知》（法明传〔2018〕369 号，2018 年 6 月 11 日）

为进一步规范仲裁司法审查案件的报核问题，现就申请执行“先予仲裁”裁决案件报核问题通知如下：

最高人民法院于 2018 年 6 月 11 日发布了法释〔2018〕10 号《关于仲裁机构“先予仲裁”裁决或者调解书立案、执行等法律适用问题的批复》，对于

① 2021 年《民事诉讼法》第四次修正后调整为第 281 条。

当事人申请人民法院执行仲裁机构“先予仲裁”裁决或者调解书立案、执行等法律适用问题作出明确规定。鉴于人民法院受理的此类案件数量较大，最高人民法院《关于仲裁机构“先予仲裁”裁决或者调解书立案、执行等法律适用问题的批复》已经针对下级人民法院的请示明确了此类案件的审查尺度，同意了裁判标准，因此各中级人民法院对受理的当事人申请执行“先予仲裁”裁决的案件，如审查认为根据该批复应不予执行仲裁裁决的，无需再根据《最高人民法院关于仲裁司法审查案件报核问题的有关规定》逐件向上级人民法院报核。

6.《最高人民法院关于执行案件立案、结案若干问题的意见》（法发〔2014〕26 号，2015 年 1 月 1 日）

第十条　下列案件，人民法院应当按照执行复议案件予以立案：

……

（三）当事人不服人民法院针对本意见第九条第（六）项作出的不予执行公证债权文书、驳回不予执行公证债权文书申请、不予执行仲裁裁决、驳回不予执行仲裁裁决申请的裁定，向上一级人民法院申请复议的；

……

【注释】根据《民事诉讼法》第 244 条第 5 款、《民事诉讼法解释》第 478 条第 3 款的规定，人民法院裁定对仲裁裁决、公证债权文书不予执行的，当事人有重新达成书面仲裁协议申请仲裁或提起诉讼等救济途径，无须赋予当事人申请复议权。故此条规定当事人不服人民法院作出的不予执行公证债权文书、驳回不予执行公证债权文书申请、不予执行仲裁裁决、驳回不予执行仲裁裁决申请的裁定，可向上一级人民法院申请复议，似与上述规定精神不符。

第十二条　下列案件，人民法院应当按照执行请示案件予以立案：

（一）当事人向人民法院申请执行内地仲裁机构作出的涉港澳仲裁裁决或者香港特别行政区、澳门特别行政区仲裁机构作出的仲裁裁决或者临时仲裁庭在香港特别行政区、澳门特别行政区作出的仲裁裁决，人民法院经审查认为裁决存在依法不予执行的情形，在作出裁定前，报请所属高级人民法院进行审查的，以及高级人民法院同意不予执行，报请最高人民法院的；

……

第十三条　下列案件，人民法院应当按照执行协调案件予以立案：

……

（三）当事人对内地仲裁机构作出的涉港澳仲裁裁决分别向不同人民法院申请撤销及执行，受理执行申请的人民法院对受理撤销申请的人民法院作出的决定撤销或者不予撤销的裁定存在异议，亦不能直接作出与该裁定相矛盾的执行或者不予执行的裁定，报请共同上级人民法院解决的；

（四）当事人对内地仲裁机构作出的涉港澳仲裁裁决向人民法院申请执行且人民法院已经作出应予执行的裁定后，一方当事人向人民法院申请撤销该裁决，受理撤销申请的人民法院认为裁决应予撤销且该人民法院与受理执行申请的人民法院非同一人民法院时，报请共同上级人民法院解决的；

……

第十九条 执行实施案件立案后，被执行人对仲裁裁决或公证债权文书提出不予执行申请，经人民法院审查，裁定不予执行的，以"不予执行"方式结案。

【司法答复】

1.《最高人民法院关于劳动争议仲裁委员会的复议仲裁决定书可否作为执行依据问题的批复》（法复〔1996〕10号，1996年7月21日）

河南省高级人民法院：

你院〔1995〕豫法执请字第1号《关于郑劳仲复裁字（1991）第1号复议仲裁决定书能否作为执行依据的请示》收悉。经研究，答复如下：

仲裁一裁终局制度，是指仲裁决定一经作出即发生法律效力，当事人没有提请再次裁决的权利，但这并不排除原仲裁机构发现自己作出的裁决有错误进行重新裁决的情况。劳动争议仲裁委员会发现自己作出的仲裁决定书有错误而进行重新仲裁，符合实事求是的原则，不违背一裁终局制度，不应视为违反法定程序。因此对李双凤申请执行郑州市劳动争议仲裁委员会郑劳仲复裁字（1991）第1号复议仲裁决定书一案，应予立案执行。如被执行人提出申辩称该复议仲裁决定书有其他应不予执行的情形，应按照民事诉讼法第二百一十七条①的规定，认真审查，慎重处理。

① 2021年《民事诉讼法》第四次修正后调整为第244条。

2.《最高人民法院关于北京市第一中级人民法院不予执行美国制作公司和汤姆·胡莱特公司诉中国妇女旅行社演出合同纠纷仲裁裁决请示的批复》(经他〔1997〕35号,1997年12月26日)

北京市高级人民法院:

你院京高法〔1996〕239号《关于同意北京市第一中级人民法院不予执行美国制作公司、汤姆·胡莱特公司诉中国妇女旅行社演出合同仲裁裁决请示的请示》收悉。经本院审判委员会讨论决定,现答复如下:

1992年8月28日美国制作公司和汤姆·胡莱特公司因雇佣美国演员来华演出签订"合同与演出协议"。该"合同与演出协议"第2条B款中明确规定:"演员们应尽全力遵守中国的规章制度和政策并圆满达到演出的娱乐效果。"同年9月9日该两公司又签订"合同附件"。该"合同附件"第7条第2款中规定:"中国有权审查和批准演员演出的各项细节。"美国两公司依据上述合同与协议于1992年12月23日与中国妇女旅行社签订了来华演出的"合同与协议"。约定美国南方派乐队自1993年1月25日到同年2月28日在华演出20至23场。但是,在演出活动中,美方演员违背合同协议约定,不按报经我国文化部审批的演出内容进行演出,演出了不适合我国国情的"重金属歌曲",违背了我国的社会公共利益,造成了很坏的影响,被我文化部决定停演。由此可见,停演及演出收入减少,是由演出方严重违约造成的。中国国际经济贸易仲裁委员会(94)贸仲字第0015号裁决书无视上述基本事实,是完全错误的。人民法院如果执行该裁决,就会损害我国的社会公共利益。依照《中华人民共和国民事诉讼法》第二百六十条①第二款的规定,同意你院对该仲裁裁决不予执行的意见。

3.《最高人民法院关于仲裁协议无效是否可以裁定不予执行的处理意见》(〔1999〕执监字第174-1号,2002年6月20日)

广东省高级人民法院:

你院〔1999〕粤高法执监字第65-2号"关于中国农业银行杭州市延安路支行申请执行杭州市经济合同仲裁委员会杭裁字(1996)第80号裁决书一案"的报告收悉,经研究,答复如下:

申请人中国农业银行浙江省信托投资公司(现为中国农业银行杭州市

① 2021年《民事诉讼法》第四次修正后调整为第281条。

延安路支行,以下简称农业银行)与被申请人深圳政华实业公司(以下简称政华公司)、招商银行深圳福田支行(以下简称招商银行)合作投资担保合同纠纷一案,杭州市经济合同仲裁委员会于 1996 年 10 月 25 日作出杭裁字(1996)第 80 号裁决书裁决:政华公司在裁决生效后十日内归还农业银行借款及利息人民币 617 万余元,招商银行承担连带偿付责任。在执行该仲裁裁决过程中,被执行人招商银行向深圳市中级人民法院申请不予执行该仲裁裁决。深圳市中级人民法院认为:由于当事人只约定了仲裁地点,未约定仲裁机构,且双方当事人事后又未达成补充协议,故仲裁协议无效,杭州市经济合同仲裁委员会无权对本案进行仲裁。因此,以(1997)深中法执字第 10-15 号民事裁定书裁定不予执行。

本院认为:本案的仲裁协议只约定仲裁地点而没有约定具体的仲裁机构,应当认定无效,但仲裁协议无效并不等于没有仲裁协议。仲裁协议无效的法律后果是不排除人民法院的管辖权,当事人可以选择由法院管辖而排除仲裁管辖,当事人未向法院起诉而选择仲裁应诉的,应视为当事人对仲裁庭管辖权的认可。招商银行在仲裁裁决前未向人民法院起诉,而参加仲裁应诉,应视为其对仲裁庭关于管辖权争议的裁决的认可。本案仲裁庭在裁决驳回管辖权异议后作出的仲裁裁决,在程序上符合仲裁法和民诉法的规定,没有不予执行的法定理由。执行法院不应再对该仲裁协议的效力进行审查。执行法院也不能将“仲裁协议无效”视为“没有仲裁协议”而裁定不予执行。因此,深圳市中级人民法院裁定不予执行错误,本案仲裁裁决应当恢复执行。

请你院监督执行法院按上述意见办理,在两个月内执结此案并报告本院。

【注释】中国农业银行杭州市延安路支行(以下简称延安路农行)与深圳政华实业公司(以下简称政华公司)签订《合作投资协议》,约定:延安路农行投资给政华公司人民币 1600 万元,3 个月后返还本金及投资红利 1840 万元;如有争议且协商不成,由协议签订地仲裁机构仲裁。招商银行深圳福田支行(以下简称招行福田支行)出具《担保函》承诺:愿在到期后 3 天内无条件为政华公司支付给延安路农行一切款项。

后因政华公司未返还部分款项,1996 年延安路农行向协议签订地的杭州市经济合同仲裁委员会申请仲裁。在仲裁程序中,政华公司与招行福田支行都向仲裁庭提出管辖异议:仲裁条款只约定杭州市仲裁机构仲裁,而杭州市有两个仲裁机构,因此,仲裁条款没有明确选择具体的仲裁机构仲裁,根据

《仲裁法》第 18 条的规定，该仲裁协议应认定为无效，杭州市经济合同仲裁委员会无管辖权。该异议被驳回后，政华公司与招行福田支行均出庭应诉，而不是选择向人民法院起诉，但在应诉中仍坚持认为该仲裁委无管辖权。经审理，杭州市经济合同仲裁委员会于 1996 年 10 月 25 日作出仲裁裁决：政华公司在裁决生效后 10 日内归还延安路农行借款及利息人民币 617 万余元，招行福田支行承担连带偿付责任。

在执行中，招行福田支行以杭州市经济合同仲裁委员会无权对此案进行仲裁，该仲裁协议无效，且《担保函》中没有仲裁条款为由，向深圳市中级人民法院（以下简称深圳中院）申请不予执行该仲裁裁决。深圳中院认为：由于当事人只约定了仲裁地点，未约定仲裁机构，且双方当事人事后又未达成补充协议，故仲裁协议无效，杭州市经济合同仲裁委员会无权对本案进行仲裁，遂裁定不予执行仲裁裁决。农行延安路支行请求最高人民法院督促执行。①

4.《最高人民法院关于深圳市广夏文化实业总公司、宁夏伊斯兰国际信托投资公司、深圳兴庆电子公司与密苏尔有限公司仲裁裁决不予执行案的复函》（〔2000〕执监字第 96-2 号，2002 年 4 月 20 日）

广东省高级人民法院：

深圳市广夏文化实业总公司（以下简称广夏公司）、宁夏伊斯兰国际信托公司（以下简称宁夏公司）、深圳兴庆电子公司与密苏尔有限公司（以下简称密苏尔公司）合资纠纷一案，中国国际经济贸易仲裁委员会于 1996 年 7 月 30 日作出（96）贸仲裁字第 0271 号裁决书。裁决：三申请人于裁决作出之日起 60 日内向被申请人密苏尔公司支付 160 万美元，逾期不付按年息 8%计付利息；驳回双方的其他仲裁请求；本案仲裁费 20950 元由三申请人承担，反请求费及实际费用计 145800 元由被申请人密苏尔公司承担。同年 9 月 9 日，申请人三个公司以该仲裁裁决在程序和实体上存在错误为由向北京市第二中级人民法院申请撤销此裁决书。1997 年 7 月 29 日，该院以本案中存在申请人三个公司由于其他不属于三个公司负责的原因未能陈述意见的情形，裁定本案中止撤销程序，通知中国国际经济贸易仲裁委员会对本案重新作出裁

① 参见葛行军、张根大：《中国农业银行杭州市延安路支行申请执行仲裁裁决案——仲裁协议无效是否可以裁定不予执行问题分析》，载最高人民法院执行工作办公室编：《强制执行指导与参考》2002 年第 2 辑（总第 2 辑），法律出版社 2002 年版，第 185—194 页。

决。1998年6月30日,该仲裁委重新作出裁决:维持(96)贸仲裁字第0271号裁决书的结果;本裁决构成原裁决的一部分。裁决生效后,密苏尔公司向深圳市中级人民法院申请执行;三个公司不服,则分别向北京市第二中级人民法院和深圳市中级人民法院申请,请求不予执行并撤销中国国际贸易仲裁委员会作出的裁决,被两地法院裁定驳回。深圳市中级人民法院遂裁定查封了三个公司的有关财产。三个公司则向我院提出申诉。

本院经审查认为:(96)贸仲裁字第0271号裁决书原文第26页称“仲裁庭认为,申请人通过不正当的手段获取了不符事实的验资报告,并据此向政府有关部门提出变更股东的要求。政府有关部门作出的上述行政决定乃是申请人侵权行为的结果,绝不是孤立的行政行为,申请人不能以行政机关行政行为为理由摆脱其应承担的侵权责任”。该文字表述违反了《民事诉讼法》和《仲裁法》关于仲裁庭仲裁范围和管辖权限的有关规定,主要有以下两个错误:

一、该仲裁裁决的事项超越了仲裁范围。(96)贸仲裁字第0271号裁决书认定了密苏尔公司对合资公司履行了出资义务,实际上否定了深圳市工商行政管理局关于密苏尔公司未按照合营合同规定的期限、金额出资,构成违约的结论;同时也违反了深圳市人民政府关于取消密苏尔公司股东资格的决定。合资公司如果认为股东出资没有到位,可以依据合资公司的章程等有关规定向有关行政管理部门申请更换或取消其股东资格,行政机关经审查后,可以依法作出行政决定。对行政机关依法作出的行政决定的合法性,仲裁庭无权进行裁决。依据《民事诉讼法》第二百六十条①第一款第(四)项之规定,该仲裁庭裁决的事项超越了仲裁范围,系无权仲裁。

二、仲裁裁决内容违反了仲裁规则。《中国国际经济贸易仲裁委员会仲裁规则》第二条规定“中国国际经济贸易仲裁委员会以仲裁的方式,独立、公正地解决产生于国际或涉外的契约性或非契约性的经济贸易等争议”。由此可知,仲裁庭仲裁的案件仅限于契约或非契约性的民商事纠纷案件,对于涉及侵权性质的纠纷案件则无权进行仲裁。本案的仲裁庭在裁决中认定政府等有关部门作出的具体行政行为是申请人三个公司侵权行为的结果,即认定合资公司按照政府等有关部门的批准进行股东更换,是一种侵权行为。因此,裁决申请人三个公司承担因侵权而产生的责任。仲裁庭的上述裁决明显

① 2021年《民事诉讼法》第四次修正后调整为第281条。

违反了《中国国际经济贸易仲裁委员会仲裁规则》关于裁决案件受理范围的有关规定。

综上所述，申请人三个公司以中国国际经济贸易仲裁委员会(96)贸仲裁字第 0271 号裁决书存在程序错误，向北京市第二中级人民法院和深圳市中级人民法院请求予以撤销和申请不予执行该裁决的异议理由成立，两中院裁定驳回三个公司的申请错误。深圳市中级人民法院应撤销该院作出的(1998)深中法经二初字第 97 号裁定书，同时裁定对中国国际经济贸易仲裁委员会(96)贸仲裁字第 0271 号裁决不予执行，并函复当事人。

请你院收到此函后，立即监督深圳市中级人民法院照此意见执行并报告落实情况。

5.《最高人民法院关于海南美虹集团公司申请对仲裁裁决不予执行案的复函》(〔2001〕执他字第 7 号，2001 年 3 月 6 日)

海南省高级人民法院：

你院〔1999〕琼高法协执字第 25 号《关于海南美虹集团公司申请对仲裁裁决不予执行有关问题的请示报告》收悉。经研究，答复如下：

海南美虹物业集团公司(以下简称美虹公司)与海南中机物业经营管理公司(以下简称中机公司)之间虽然没有直接的仲裁协议，但海口交易美食城(以下简称美食城)与美虹公司签订的《转让经营合同》中明确约定《房产租用合同》对美虹公司继续有效，中机公司虽然未在《转让经营合同》上签字或盖章予以认可，但事后就该房产欠交租金问题与美虹公司签订了《抵押协议书》。根据《民法通则》第 91 条①的规定，应认为美食城在《房产租用合同》中的权利义务已概括转让给了美虹公司，《房产租用合同》中的仲裁条款对美虹公司应有拘束力。仲裁条款的约定虽然不够明确，但当时的有关法律对仲裁协议并无特殊要求。仲裁机构受理本案时，仲裁法尚未生效，不应适用《仲裁法》第 18 条的规定否定该仲裁条款的效力。而且，中机公司申请仲裁后，美虹公司未对仲裁协议的效力问题提出异议，并应诉答辩，仲裁裁决作出后，不应再以仲裁协议无效为由裁定不予执行。仲裁机构的仲裁裁决中并

---

① 《民法通则》(已废止)第 91 条规定："合同一方将合同的权利、义务全部或者部分转让给第三人的，应当取得合同另一方的同意，并不得牟利。依照法律规定应当由国家批准的合同，需经原批准机关批准。但是，法律另有规定或者原合同另有约定的除外。"

未涉及抵押物的执行问题,《抵押协议书》是否有效不应影响该案的执行。

此外,从案件材料看,美虹公司称曾于1995年12月仲裁裁决下发后向执行法院申请撤销仲裁裁决,但执行法院未予审理;并称本案在评估、拍卖过程中亦存在问题。如当事人反映的问题属实,你院应督促执行法院依法予以纠正。

【注释】1992年2月,海南中机物业经营管理公司(以下简称中机公司)与恒兴香港有限公司(以下简称恒兴公司)签订了《房产租用合同》,将其所有的西麦克大厦第三层出租给恒兴公司使用,租用期自1992年7月至2000年7月。1994年6月,海口交易美食城(以下简称美食城)与海南美虹集团公司(以下简称美虹集团)签订了《转让经营合同》,将西麦克大厦第三层转让给美虹集团,转让期限自1994年7月至2000年7月。双方在合同中约定:"在合同有效期内,甲方(美食城)与经营场所的产权所有者(中机公司)签订的合同对乙方(美虹集团)继续有效,不得提前终止合同,否则应赔偿乙方由此所造成的一切损失。"该合同签订时中机公司未盖章或签字予以认可。美虹集团受让后将美食城更名为"美虹大酒店"。1995年1月,因美虹集团拖欠租金、水电费88万元,中机公司与美虹集团签订了抵押协议,美虹集团将两套公寓房抵押给中机公司,抵押协议中没有仲裁条款,双方也未办理他项权利登记。

1995年5月,中机公司以美虹集团未履行抵押协议为由申请仲裁,并要求美虹集团给付水电费、租金共计250万元。海南省经济合同仲裁委员会于1995年12月作出仲裁裁决:(1)解除申请人与被申请人之间的房屋租赁关系;(2)被申请人将酒店装修拆除;(3)给付房租、水电费等费用共计250万余元。裁决生效后,中机公司提出执行申请,美虹集团则以双方未达成仲裁协议,仲裁委无权仲裁为由,向海南省高级人民法院(以下简称海南高院)申请不予执行仲裁裁决。

海南高院倾向认为:(1)申请人与被申请人之间未达成仲裁协议,在双方唯一文字体现的《抵押协议书》中没有仲裁条款。(2)如果说《房产租用合同》中的仲裁条款可以随《转让经营合同》而转让,其仲裁条款约定也不明确。仲裁委审理此案时,《仲裁法》已经生效,应告知当事人补充协议,达不成补充协议则仲裁协议无效。(3)关于《抵押协议书》,由于没有办理抵押物登记,应认定为无效。且仲裁委于1995年10月30日(《担保法》已生效)的裁定书未适用《担保法》而认定被申请人与申请人"抵押关系"成立是错误的。根据《民事诉讼法》第 217 条[①]的规定,可裁定不予执行。遂向最高人民法院请示。[②]

6.《最高人民法院关于上海市第一中级人民法院驳回上海久事大厦置业有限公司、上海久茂对外贸易公司不予执行仲裁裁决申请案的复函》
(〔2001〕执他字第 15 号,2001 年 11 月 20 日)

上海市高级人民法院:

你院沪高法〔2001〕224 号《关于对上海市第一中级人民法院驳回上海久事大厦置业有限公司、上海久茂对外贸易公司不予执行仲裁裁决申请案件的请示报告》收悉。经研究,答复如下:

根据《中华人民共和国仲裁法》第六十五条的规定,涉外仲裁是指对涉外经济贸易、运输和海事中发生的纠纷的仲裁。本案所涉及的合同是涉外合同,是因外国公司破产而使涉外合同的履行发生纠纷,故该纠纷应当属于"涉外经济贸易"中发生的纠纷。本案仲裁的对象、事实及结果均直接涉及外国公司及其权利义务,应属于涉外仲裁案件。因此,本案应依据《中华人民共和国民事诉讼法》第二百六十条[③]和《中华人民共和国仲裁法》第七十一条的规定,只对程序性问题进行审查,而不应适用《中华人民共和国民事诉讼法》第二百一十七条[④]的规定对证据和事实认定问题进行审查。

关于上海美特幕墙有限公司提供的外文证据材料中未附中文译本是否违反法定程序的问题,我们认为,虽然《上海仲裁委员会仲裁规则(暂行)》中对外文材料附中文译本有明确要求,但该要求是仲裁庭可以根据实际需要决定的事项。至于当事人是否需要将证据材料的英文翻译成中文,应当由当事人自行决定。当事人在仲裁过程中没有提出需要中文译本,其事后对申请人提出的证据材料进行了逐项整理和辨别,说明当事人自己有能力识别理解外文资料,且本案中只是部分证据材料未附中文译本。我们认为,不能据此认定为本案的仲裁违反法定程序。

---

① 2021 年《民事诉讼法》第四次修正后调整为第 244 条。

② 参见金山:《海南美虹集团公司申请不予执行仲裁裁决案》,载最高人民法院执行工作办公室编:《强制执行指导与参考》2002 年第 1 辑(总第 1 辑),法律出版社 2002 年版,第 323—329 页。

③ 2021 年《民事诉讼法》第四次修正后调整为第 281 条。

④ 2021 年《民事诉讼法》第四次修正后调整为第 244 条。

综上，我们认为，对上海久事大厦置业有限公司、上海久茂对外贸易公司不予执行仲裁裁决的申请，应依法予以驳回。

【注释】1997年10月，上海美特幕墙有限公司（以下简称美特公司）、比利时高乐文集团（以下简称高乐文集团）与上海久事大厦置业有限公司（以下简称久事公司）、上海久茂对外贸易公司（以下简称久茂公司）签订工程承包合同，约定美特公司为久事公司、久茂公司定作安装久事大厦幕墙。美特公司为总承包方，高乐文集团为分包方。后因合同无法履行，经上海仲裁委员会仲裁，裁决久事公司、久茂公司赔偿美特公司损失1500万元。

美特公司向上海市第一中级人民法院（以下简称上海一中院）申请执行后，久事公司、久茂公司以仲裁违反法定程序为由，提出不予执行请求：(1)被申请人在庭审中反复请求仲裁庭对美特公司提出的赔偿目录进行审计，被仲裁庭拒绝；该赔偿目录也未经双方质证。(2)仲裁委仲裁规则中规定：提供外文资料，应当附有中文译本。但美特公司提供的赔偿目录中，大量的外文资料没有中文译本，致使申请人无法得知该外文资料的真实内容，亦无从对上述证据材料进行辨认，实质上被剥夺了质证权。

上海一中院经审查，决定驳回不予执行请求，并向上海市高级人民法院（以下简称上海高院）报告。上海高院经审查后认为，此案应适用《民事诉讼法》第217条审查；上海仲裁规则中明确要求提供外文材料，必须附有中文译本，美特公司提出的赔偿损失的外文材料没有附中文译本，仲裁庭据此作出了裁决，是违反法定程序的，倾向于裁定不予执行，遂向最高人民法院请示。①

7.《最高人民法院执行工作办公室关于确定外资企业清算的裁决执行问题的复函》（〔2002〕执他字第11号，2003年10月10日）

广东省高级人民法院：

你院〔2001〕粤高法执监字第288号《关于是否受理澳大利亚庄臣有限公司依仲裁裁决申请执行广州金城房地产股份有限公司一案的请示报告》收悉。经研究，答复如下：

一、根据你院报告反映的情况，未发现本案仲裁裁决存在民事诉讼法第二

---

①　参见黄金龙：《上海久事大厦置业有限公司、上海久茂对外贸易公司申请不予执行仲裁裁决案》，载最高人民法院执行工作办公室编：《强制执行指导与参考》2002年第1辑（总第1辑），法律出版社2002年版，第314—322页。

百六十条①规定的不予执行事由。

二、本案仲裁裁决主文(裁决项)要求进行的清算属于给付内容。只是根据现行司法解释和行政法规的规定,人民法院不主管对合营企业的清算,当事人不能自行清算的,由企业审批机关组织特别清算。因裁决主文明确指引清算以理由部分[仲裁庭的意见(三)]确定的原则进行,因此,本案裁决主文应当与理由联系起来理解,理由部分所述内容应当理解为构成裁决主文的一部分,其中关于清算后按比例分配资产的要求,也是给付内容,但具体给付数额需要根据清算结果确定。

三、本案中企业审批机关组织了特别清算。对于清算结果的依法确认问题,同意你院关于仲裁委秘书处无权代表仲裁庭对清算结果进行确认的意见,同时本案中仲裁委秘书处实际上并未真正确认清算结果。但清算委员会的清算报告经过审批机关确认后,在利害关系人没有明确异议的情况下,应当视为是确定的、有效的。该清算的结果使裁决中按比例分配资产的内容在具体分配数额方面得以明确。

四、为了维护生效裁判文书的权威性,维护清算的法律秩序和经济秩序,人民法院应当在适当的条件下,以强制力保障根据法院判决或者仲裁裁决所作的清算的依法进行和清算结果的实现。对本案中已经因清算结果而进一步明确的按比例分配资产的裁决内容,应当予以执行。

五、执行中应当注意,如果利害关系人对清算结果依法提出了异议,并启动了相应的行政或司法程序,执行法院对其争议的财产或其相应的数额应当暂时不予处理。

【注释】1992 年 11 月,澳大利亚庄臣有限公司(以下简称庄臣公司)与广州金城房地产股份有限公司(以下简称金城公司)在广州签订合作经营合同,拟设立广州金丰房地产有限公司(以下简称合作公司)开发经营房地产。在合同履行过程中,因出资问题发生争议,庄臣公司于 1996 年 11 月向中国国际经

① 《民事诉讼法》(1991 年)第 260 条规定:"对中华人民共和国涉外仲裁机构作出的裁决,被申请人提出证据证明仲裁裁决有下列情形之一的,经人民法院组成合议庭审查核实,裁定不予执行:(一)当事人在合同中没有订有仲裁条款或者事后没有达成书面仲裁协议的;(二)被申请人没有得到指定仲裁员或者进行仲裁程序的通知,或者由于其他不属于被申请人负责的原因未能陈述意见的;(三)仲裁庭的组成或者仲裁的程序与仲裁规则不符的;(四)裁决的事项不属于仲裁协议的范围或者仲裁机构无权仲裁的。人民法院认定执行该裁决违背社会公共利益的,裁定不予执行。"2021 年《民事诉讼法》第四次修正后调整为第 281 条。

济贸易仲裁委员会深圳分会提请仲裁。深圳分会于1999年7月作出裁决:终止合作合同,合作公司应按照[仲裁庭的意见(三)]中确定的清算原则依法进行清算。

[仲裁庭的意见(三)]的主要内容为:支持庄臣公司关于解除合作合同的请求。合作合同终止后,合作公司应依法进行清算。鉴于金城公司单方控制合作公司的情况,以及申请人仅投入首期注册资本1080万元,仲裁庭认为,应以申请人申请仲裁的日期1996年11月30日为时间界限,经清算后,此日期前合作公司的一切收益包括已建和在建的楼宇,在依法纳税后如有剩余资产,申请人应按其实际出资比例分得该资产45%,而合作公司的一切亏损和债务均由金城公司承担。此日期后,合作公司的收益和亏损与庄臣公司无关。

裁决生效后,庄臣公司向广州市中级人民法院(以下简称广州中院)申请执行。广州中院根据《最高人民法院关于审理中外合资经营合同纠纷案件如何清算合资企业问题的批复》,裁定对仲裁裁决中有关清算的内容不予执行。后庄臣公司向广州市外经贸委申请进行特别清算。2000年3月,该委批准进行特别清算,并委托广州金桥律师事务所组织成立清算委员会。同年11月,清算委员会出具《第一阶段(即1996年11月30日前)清算报告》。报告在关于清算财产的处理意见部分指出:庄臣公司应分得45%的剩余财产的数额为14116202.98元(已扣除应纳税款160余万元);此阶段的一切债务根据裁决书应由金城公司承担,有关的诉讼或仲裁不影响清算财产的处理。报告对债权人申报的债权基本均未确认,但指出债权人可以申请复议,复议后可以向法院起诉。如果起诉,则清算前委员会不对争议的财产进行分配。广州市外经贸委对上述清算报告予以确认。

庄臣公司根据清算结果,于2001年1月2日申请执行,要求落实清算方案中其应分得的款项。广州中院立案后查封了金城公司的财产。金城公司于同年4月提出异议,请求中止执行,并向广州中院和广东省高级人民法院(以下简称广东高院)申请对裁决不予执行。理由主要是:(1)仲裁裁决没有给付内容,不符合执行立案条件。(2)仲裁机构无权指令法院进行清算,法院执行案外人清算没有法律依据。广东高院就此请示最高人民法院。①

---

① 参见黄金龙:《澳大利亚庄臣有限公司申请执行仲裁裁决案》,载最高人民法院执行工作办公室编:《强制执行指导与参考》2003年第3辑(总第8辑),法律出版社2004年版,第208—220页。

需注意的是,本复函的情况是当事人先申请仲裁要求裁决被申请人履行清算义务,而且涉及针对外资企业的特别清算。如申请人针对内资企业直接提出强制清算申请,根据《最高人民法院关于审理公司强制清算案件工作座谈会纪要》(法发〔2009〕52 号)的规定,应当由负责审理企业破产案件的审判庭审理,按照强制清算程序进行。

8.《最高人民法院执行工作办公室关于澳门大明集团有限公司与广州市东建实业总公司合作开发房地产纠纷仲裁裁决执行案的复函》(〔2003〕执他字第 9 号,2003 年 8 月 5 日)

广东省高级人民法院:

你院〔2002〕粤高法执监字第 119 号《关于澳门大明集团有限公司与广州市东建实业总公司合作开发房地产纠纷仲裁执行一案的请示》收悉。经研究,答复如下:

本案双方当事人在合同中有关合作合同的争议提交中国国际经济贸易仲裁委员会仲裁的约定,应当理解为双方选择的仲裁机构为中国国际经济贸易仲裁委员会,仲裁地点为北京。因此,根据澳门大明集团有限公司(简称澳门大明公司)的申请,中国国际经济贸易仲裁委员会有权对该案在北京进行仲裁。至于此前广州市东建实业总公司(简称广州东建公司)将其争议的事项提交中国国际经济贸易仲裁委员会深圳分会在深圳进行仲裁,鉴于双方当事人对仲裁事项无异议,且深圳分会也是中国国际经济贸易仲裁委员会的分支机构,其仲裁在程序上并不违法,即可维持其管辖权的效力,但并不影响在北京进行的仲裁。

因两个仲裁的申请人不同,请求裁决的内容和范围不同,且当事人对同一事项的法律权利不同,因此中国国际经济贸易仲裁委员会受理澳门大明公司的仲裁请求并不违反"一事不再理"的原则。同样,中国国际经济贸易仲裁委员会裁决支持澳门大明公司提出的解除两份协议书和合作合同的请求,与深圳分会裁决驳回广州东建公司提出的解除两份协议书的请求,因当事人各自基于解除协议的理由不同,并不矛盾,不会产生执行冲突。

因此,本案不存在《民事诉讼法》第二百六十条①规定的不予执行的事由,应当对中国国际经济贸易仲裁委员会在北京作出的裁决予以执行。

① 2021 年《民事诉讼法》第四次修正后调整为第 281 条。

【注释】1992 年 5 月 21 日，澳门大明集团有限公司(以下简称大明公司)与广州市东建实业总公司(以下简称东建公司)签订合作合同，约定由双方共同成立广州大明房地产开发经营有限公司负责开发经营东晓新村一、三号组团地段商品楼宇，因执行合作合同所发生的或与合作合同有关的一切争议提交中国国际经济贸易仲裁委员会(以下简称中国贸仲)仲裁。

1998 年 1 月，东建公司因合作争议向中国国际经济贸易仲裁委员会深圳分会(以下简称深圳分会)申请仲裁，深圳分会受理了该争议。同年 11 月 24 日，大明公司就与东建公司的合作合同争议向中国贸仲申请仲裁，东建公司提出深圳分会受案在先，中国贸仲没有管辖权。中国贸仲以两案的申请主体不同、请求内容不同为由，认为东建公司的管辖权异议不能成立，仲裁程序继续进行。

1999 年 9 月 8 日，深圳分会就东建公司的请求作出裁决，主要内容是：(1)驳回申请人提出的解除 1993 年 3 月 6 日签订的《关于购入东晓路东晓新村一、三组团 43%面积的协议书》和 1995 年 7 月 4 日签订的《关于东晓新村一、三、五组团补充协议书》的请求；(2)驳回申请人提出的由被申请人赔偿经济损失 52646331.56 元人民币的请求；(3)被申请人应通过合作公司办理申请人委派的董事长及董事的变更手续等。

2000 年 6 月 9 日，中国贸仲就大明公司的请求作出第 0194 号裁决书，内容包括：(1)终止申请人和被申请人于 1992 年 5 月 21 日签订的《合作经营广州大明房地产开发有限公司合同》；(2)解除申请人和被申请人签订的《关于购入东晓路东晓新村一、三组团 43%面积的协议书》和《关于购入东晓路东晓新村一、三、五组团补充协议书》；(3)被申请人应向申请人支付未能提供全部合作条件的违约金 699547.65 美元……

后大明公司依据中国贸仲第 0194 号裁决书，向广州市中级人民法院(以下简称广州中院)申请强制执行。东建公司则提出不予执行仲裁裁决申请，主要理由为：中国贸仲在深圳分会已经受理了双方当事人的合作经营争议后，又重复受案，中国贸仲对该案无管辖权。广州中院就此请示广东省高级人民法院(以下简称广东高院)。广东高院多数意见认为，东建公司申请在深圳分会仲裁，大明公司未提出异议，深圳分会也作出了仲裁裁决，应当认为是双方选择了深圳分会为仲裁机构。此后，大明公司再向中国贸仲提出仲裁申请，违反了一事不再理的原则。而且，两仲裁裁决的内容互相矛盾。因此，对中国贸仲的裁决不予执行。为此,广东高院向最高人民法院请示。①

9.《最高人民法院执行工作办公室关于广东省高级人民法院请示的交通银行汕头分行与汕头经济特区龙湖乐园发展有限公司申请不予执行仲裁裁决案的复函》(〔2003〕执他字第10号,2003年7月30日)

广东省高级人民法院:

你院〔2003〕粤高法47号"关于交通银行汕头分行与汕头经济特区龙湖乐园发展有限公司申请不予执行仲裁裁决一案的请示"收悉。经研究,现答复如下:

我国《合同法》第114条第2款②规定:"约定的违约金低于造成的损失的,当事人可以请求人民法院或者仲裁机构予以增加;约定的违约金过分高于造成的损失的,当事人可以请求人民法院或者仲裁机构予以适当减少。"违约金由双方当事人自由约定,只要不违反法律规定和不损害第三人合法权益,国家一般不予干涉。国家认为双方当事人约定的违约金过高或者过低的,可以予以调整,但必须是基于一方当事人的请求。在本案中,交通银行汕头分行作为仲裁案件的被申请人和向汕头市中级人民法院申请不予执行仲裁裁决的申请人,始终未就违约金提出异议。依据我国《民法通则》第112条③规定,当事人可以在合同中约定赔偿额的计算方法,本仲裁庭对本案违约金的计算和确认的数额并无不当。因此,本仲裁案的裁决不存在《民事诉讼法》第217条第2款第(5)项④规定的适用法律确有错误的情形,人民法院应予执行。

10.《最高人民法院关于对中国国际经济贸易仲裁委员会(2002)贸仲裁字第0112号仲裁裁决不予执行的请示的复函》(〔2003〕民四他字第26号,2004年2月24日)

重庆市高级人民法院:

你院〔2003〕渝高法执示字第22号《关于对中国国际经济贸易仲裁委员

---

① 参见刘立新:《澳门大明集团有限公司与广州市东建实业总公司合作开发房地产纠纷仲裁裁决执行请示案》,载最高人民法院执行工作办公室编:《强制执行指导与参考》2003年第3辑(总第7辑),法律出版社2003年版,第237—243页。

② 《民法典》施行后,相关内容规定在第585条。

③ 《民法典》施行后,相关内容规定在第585条。

④ 《民事诉讼法》(1991年)第217条第2款第5项规定"适用法律确有错误的"。

会(2002)贸仲裁字第0112号仲裁裁决不予执行的报告》收悉。经研究,答复如下:

根据你院请示报告所述事实,本案各方当事人均为在我国注册成立的法人,且争议事项也不具有涉外因素,因此虽然本案仲裁裁决是由中国国际经济贸易仲裁委员会作出,但该裁决在性质上应属于国内裁决,而非涉外仲裁裁决,不适用《最高人民法院关于人民法院处理与涉外仲裁及外国仲裁事项有关问题的通知》的规定。本案可由你院自行决定是否予以执行。

11.《最高人民法院执行工作办公室关于执行监督程序中裁定不予执行仲裁裁决几个问题请示案的复函》(〔2004〕执他字第13号,2004年12月24日)

广东省高级人民法院:

你院《关于执行监督程序中裁定不予执行仲裁裁决几个问题的请示》收悉。经研究,答复如下:

一、关于审判部门裁定驳回当事人撤销仲裁裁决的申请后,执行部门能否再裁定不予执行的问题。本院正在起草适用《中华人民共和国仲裁法》司法解释,其中涉及此问题已有意见,请你院待该司法解释生效后,按有关规定办理。

【注释】关于撤销仲裁裁决、不予执行程序的衔接问题,《仲裁法解释》第26条明确,当事人向人民法院申请撤销仲裁裁决被驳回后,又在执行程序中以相同理由提出不予执行抗辩的,人民法院不予支持。《仲裁执行规定》第20条进一步明确,申请撤销仲裁裁决、申请不予执行两者只能选一。即当事人向人民法院申请撤销仲裁裁决被驳回后,又在执行程序中以相同事由提出不予执行申请的,人民法院不予支持;当事人向人民法院申请不予执行被驳回后,又以相同事由申请撤销仲裁裁决的,人民法院不予支持。《仲裁执行规定》施行后,以该规定第20条为准。

二、关于当事人未向审判部门提出撤销仲裁裁决的申请而在执行阶段申请不予执行的,是否由执行部门审查并依法作出裁定的问题。《中华人民共和国民事诉讼法》第二百一十七条①规定,“被申请人提出证据证明仲裁裁决有下列情形之一的,经人民法院组成合议庭审查核实,裁定不予执行……”据此,只要是人民法院的审判人员组成的合议庭都符合法律规定。各法院可按照法院内部各部门之间业务分工的规定办理。

① 2021年《民事诉讼法》第四次修正后调整为第244条。

【注释】(1)关于审查机构问题,《执行权意见》第 23 条明确,被执行人对国内仲裁裁决提出不予执行抗辩的,由执行局审查。

(2)关于审查程序,《执行立结案意见》(法发〔2014〕26 号)第 9 条第 6 项规定,依照执行异议案件立案审查。《仲裁执行规定》第 11 条明确了合议审查制、询问、仲裁庭作说明或调卷等程序。

三、关于上级法院执行部门是否有权监督下级法院作出的不予执行仲裁裁决裁定,是否适用法复〔1996〕8 号批复的问题。本院《关于人民法院执行工作若干问题的规定(试行)》(以下简称《执行规定》)第一百三十条①第一款规定:"上级法院发现下级法院在执行中作出的裁定、决定、通知或具体执行行为不当或有错误的,应当及时指令下级法院纠正,并可以通知有关法院暂缓执行。"该条规定赋予了上级法院对下级法院在执行中作出的不当或错误裁定的监督权。上级法院的执行部门代表人民法院行使职权,有权依据《执行规定》第一百三十条监督纠正下级法院作出的不予执行仲裁裁决的裁定。而最高人民法院法复〔1996〕8 号批复是针对当事人申请再审而言的,并不影响上级法院对下级法院执行工作的监督权。

【注释】广东省第一建筑工程公司深圳公司(以下简称广东一建)与深圳顺通车辆检测服务有限公司(以下简称顺通公司)建筑合同纠纷一案,深圳仲裁委员会作出仲裁裁决:顺通公司向广东一建支付工程款 452408734 元、技术措施费 225000 元、违约金 250 万元、水电安装费 275000 元。顺通公司向深圳市中级人民法院(以下简称深圳中院)申请不予执行。深圳中院审查认为,深圳仲裁委员会明知已建工程造价的结论存在重大争议,未依法另行指定其他机构重新核定,而以存在争议的结算书为依据认定顺通公司所欠工程款的数额,认定事实的主要证据显然不足,裁定不予执行仲裁裁决。

广东一建不服,请求广东省高级人民法院(以下简称广东高院)监督。广东高院认为,深圳中院以"证据不足"为由裁定不予执行不当,通知其自行纠正错误裁定。深圳中院收到通知后提出:根据《民事诉讼法》第 177 条②和《执行工作规定》第 133 条③规定,已经发生法律效力的民事裁定出现错误应按照审判监督程序处理。而《最高人民法院关于当事人因对不予执行仲裁

① 2020 年修正后调整为第 72 条。
② 2021 年《民事诉讼法》第四次修正后调整为第 205 条。
③ 2020 年修正后调整为第 75 条。

裁决的裁定不服而申请再审人民法院不予受理的批复》(法复〔1996〕8 号，2021 年 1 月 1 日废止)规定："人民法院对仲裁裁决依法裁定不予执行，当事人不服而申请再审的，没有法律依据，人民法院不予受理。"因此，由于不予执行仲裁裁决的不能进行再审，且法律也规定了相应的救济途径，当事人可以通过重新仲裁或起诉维护自己的权利，不能再以监督的程序撤销不予执行仲裁裁决的裁定。

广东高院认为，此案涉及对"法复〔1996〕8 号"批复和《执行工作规定》第 130 条第 1 款规定的理解和适用问题，遂请示至最高人民法院。①

12.《最高人民法院关于已经查封的财产又被仲裁裁决确权给案外人的情况如何处理问题的复函》(〔2007〕执他字第 9 号，2009 年 4 月 16 日)

新疆维吾尔自治区高级人民法院：

你院《关于新疆建工集团建设工程有限责任公司与新疆宝亨房地产开发有限公司一案中有关问题的请示》收悉。经研究，现对有关法律问题答复如下：

在人民法院已经查封的财产又被仲裁裁决确权给案外人的情况下，执行法院可以依照《民事诉讼法》第二百一十七条②第三款的规定对仲裁裁决进行审查。如果认定当事人恶意串通进行仲裁裁决损害其他债权人利益，妨害执行秩序，执行法院应当依法将该裁决视为有违背社会公共利益的情形而裁定不予执行。同时，还应将此种行为视为妨碍人民法院执行的行为，依法予以制裁。

【注释】新疆建工集团建设工程有限责任公司(以下简称建工集团)与新疆宝亨房地产开发有限公司(以下简称宝亨公司)建设工程施工合同纠纷一案，新疆维吾尔自治区高级人民法院(以下简称新疆高院)在一审期间，根据建工集团的申请，于 2003 年 8 月 27 日裁定保全查封了宝亨公司位于乌鲁木齐市解放南路 196 号的宝亨大厦 3—10 层办公用房(面积为 10235 平方米)。后最高人民法院于 2005 年 10 月 20 日作出终审判决，判令宝亨公司给付建工集团工程欠款 1915 万元及利息。

---

① 参见刘涛：《关于对不予执行裁定如何进行执行监督问题请示案》，载最高人民法院执行工作办公室编：《强制执行指导与参考》2004 年第 3 辑(总第 11 辑)，法律出版社 2005 年版，第 45—52 页。

② 2021 年《民事诉讼法》第四次修正后调整为第 244 条。

案件进入执行程序后,新疆高院对宝亨大厦进行拍卖时,宝亨公司的控股股东新疆宝亨物产集团(以下简称宝亨集团)持乌鲁木齐仲裁委员会于 2006 年 6 月 16 日作出的仲裁裁决书向执行法院提出异议,主张该标的物的所有权。该裁决书确认:宝亨公司与宝亨集团商定以代建方式开发建设宝亨大厦,宝亨大厦建成后,宝亨公司一直未按约定办理相关的土地证和房产证,裁决结果:“宝亨大厦三层(含三层)至二十九层产权为宝亨集团所有;宝亨公司在三个月内为宝亨集团办理房产证、土地证等相关手续。”

新疆高院多数意见认为,该案诉讼过程中,宝亨大厦虽没有房产证,但登记部门的所有相关登记资料均显示宝亨大厦登记在宝亨公司的名下,新疆高院据此对宝亨大厦的保全查封合法有效。两年零十个月之后,乌鲁木齐仲裁委员会裁决宝亨大厦 3—29 层产权为宝亨集团所有,鉴于宝亨集团为宝亨公司的控股公司,且宝亨公司此前从未向新疆高院告知代建事宜,故乌鲁木齐仲裁委员会裁决不能对抗该院保全查封。鉴于本案被执行人涉嫌与案外人恶意串通,规避法律,且带有普遍性,新疆高院书面请示至最高人民法院。①

《民事诉讼法》第 244 条第 3 款赋予人民法院在仲裁当事人没有提起请求的情况下,可依职权对违背社会公共利益的仲裁裁决直接裁定不予执行。仲裁程序的特点决定了债权人不能够介入被执行人与案外人之间的仲裁程序,且债权人无法通过再审、申请撤销和不予执行仲裁裁决程序来对自身权益进行救济,因此,有必要将恶意串通损害债权人利益的仲裁裁决也纳入“违背社会公共利益”的范围,由人民法院依职权裁定不予确认,以防止被执行人逃避执行。为此,《仲裁执行规定》第 9 条、第 18 条明确,案外人在提供证据证明存在恶意或者虚假仲裁,且损害其合法权益的情形下,有权申请不予执行。

13.《最高人民法院执行局关于仲裁裁决部分裁项适用法律确有错误如何裁定不予执行问题的复函》(〔2010〕执监字第 117 号,2010 年 11 月 29 日)

广东省高级人民法院:

拓盈实业(深圳)有限公司反映深圳市中级人民法院(以下简称深圳中院)违法执行仲裁裁决、福建省第五建筑公司深圳分公司要求督促执行两

① 参见范向阳:《关于人民法院能否在执行程序中依职权对确认执行标的权属的仲裁裁决效力进行审查的请示案》,载最高人民法院执行局编:《执行工作指导》2009 年第 2 辑(总第 30 辑),人民法院出版社 2009 年版,第 128—134 页。

案,本院经调卷审查,现提出如下处理意见:

关于仲裁裁决部分裁项适用法律确有错误的如何裁定不予执行的问题,本院认为,应当综合裁决的具体情况和公平原则考虑,如果仲裁裁决的裁项可分,参照《最高人民法院关于适用〈中华人民共和国民事诉讼法〉若干问题的意见》第277条①的规定,只应当对适用法律确有错误的部分裁定不予执行,对适用法律正确的部分则应予执行。你院(2006)粤高法执督字第216号函文和(2009)粤高法执监字第72号函文,在仅认定涉案仲裁裁决关于违约金部分的裁项适用法律错误的情况下,要求深圳中院对涉案仲裁裁决裁定全部不予执行不当,应予纠正。深圳中院(2010)深中法执再字第2号民事裁定正确,应予维持。

以上意见,请遵照执行。

【注释】需要注意,2012年《民事诉讼法》第二次修正时,删除了不予执行仲裁裁决中"适用法律确有错误的"情形,故该复函不再适用。

14.《最高人民法院关于对甘肃省高级人民法院就姜传舜申请执行甘肃敬业农业科技有限公司服务合同纠纷一案请示的复函》(〔2015〕民四他字第12号,2015年8月31日)

甘肃省高级人民法院:

你院〔2014〕甘执请字第04号《关于姜传舜申请执行甘肃敬业农业科技有限公司服务合同纠纷一案的报告》收悉。经研究,答复如下:

本案系中国国际经济贸易仲裁委员会(以下简称中国贸仲)及其原分会因对仲裁规则的修改适用、案件的管辖等问题产生争议而引发的国内仲裁司法审查案件。对案涉仲裁裁决是否应予执行问题,应当根据《中华人民共和国民事诉讼法》第二百三十七条②及本院法释〔2015〕15号《最高人民法院关于对上海市高级人民法院等就涉及中国国际经济贸易仲裁委员会及其原分会等仲裁机构所作仲裁裁决司法审查案件请示问题的批复》(以下简称《批复》)等相关规定审查。

根据你院请示报告所述事实,本案当事人签订仲裁协议的时间为2012

---

① 《民事诉讼法意见》(已废止)第277条规定:"仲裁机构裁决的事项部分属于仲裁协议的范围,部分超过仲裁协议范围的,对超过部分,人民法院应当裁定不予执行。"

② 2021年《民事诉讼法》第四次修正后调整为第244条。

年 3 月 31 日,协议约定的仲裁机构为中国国际经济贸易仲裁委员会上海分会,系在中国国际经济贸易仲裁委员会上海分会更名为上海国际经济贸易仲裁委员会(以下简称上海贸仲)的时间之前。依照《批复》第一条确定的原则,上海贸仲本对案件享有管辖权。但由于当事人在《批复》施行前向中国贸仲申请仲裁,中国贸仲受理并作出裁决,该种情形应适用《批复》第三条之规定:"本批复施行之前,中国贸仲或者华南贸仲、上海贸仲已经受理的根据本批复第一条规定不应由其受理的案件,当事人在仲裁裁决作出后以仲裁机构无权仲裁为由申请撤销或者不予执行仲裁裁决的,人民法院不予支持。"且从你院请示报告所述事实看,本案亦不存在人民法院曾经受理了当事人申请确认仲裁协议效力之诉并作出裁定确定案件应由上海贸仲管辖或者两家仲裁机构均受理了同一案件的情况。因此,根据上述规定,不应以中国贸仲无权仲裁为由不予执行案涉仲裁裁决。

【指导案例】

指导案例 37 号:上海金纬机械制造有限公司与瑞士瑞泰克公司仲裁裁决执行复议案(最高人民法院审判委员会讨论通过,2014 年 12 月 18 日发布)

关键词　民事诉讼　执行复议　涉外仲裁裁决　执行管辖　申请执行期间起算

裁判要点

当事人向我国法院申请执行发生法律效力的涉外仲裁裁决,发现被申请执行人或者其财产在我国领域内的,我国法院即对该案具有执行管辖权。当事人申请法院强制执行的时效期间,应当自发现被申请执行人或者其财产在我国领域内之日起算。

相关法条

《中华人民共和国民事诉讼法》第二百三十九条、第二百七十三条①

基本案情

上海金纬机械制造有限公司(以下简称金纬公司)与瑞士瑞泰克公司(RETECH Aktiengesellschaft,以下简称瑞泰克公司)买卖合同纠纷一案,由中国国际经济贸易仲裁委员会于 2006 年 9 月 18 日作出仲裁裁决。2007 年 8

① 2021 年《民事诉讼法》第四次修正后调整为第 246 条、第 280 条。

月 27 日,金纬公司向瑞士联邦兰茨堡(Lenzburg)法院(以下简称兰茨堡法院)申请承认和执行该仲裁裁决,并提交了由中国中央翻译社翻译、经上海市外事办公室及瑞士驻上海总领事认证的仲裁裁决书翻译件。同年 10 月 25 日,兰茨堡法院以金纬公司所提交的仲裁裁决书翻译件不能满足《承认及执行外国仲裁裁决公约》(以下简称《纽约公约》)第四条第二点关于"译文由公设或宣誓之翻译员或外交或领事人员认证"的规定为由,驳回金纬公司申请。其后,金纬公司又先后两次向兰茨堡法院递交了分别由瑞士当地翻译机构翻译的仲裁裁决书译件和由上海上外翻译公司翻译、上海市外事办公室、瑞士驻上海总领事认证的仲裁裁决书翻译件以申请执行,仍被该法院分别于 2009 年 3 月 17 日和 2010 年 8 月 31 日,以仲裁裁决书翻译文件没有严格意义上符合《纽约公约》第四条第二点的规定为由,驳回申请。

2008 年 7 月 30 日,金纬公司发现瑞泰克公司有一批机器设备正在上海市浦东新区展览,遂于当日向上海市第一中级人民法院(以下简称上海一中院)申请执行。上海一中院于同日立案执行并查封、扣押了瑞泰克公司参展机器设备。瑞泰克公司遂以金纬公司申请执行已超过《中华人民共和国民事诉讼法》(以下简称《民事诉讼法》)规定的期限为由提出异议,要求上海一中院不受理该案,并解除查封,停止执行。

裁判结果

上海市第一中级人民法院于 2008 年 11 月 17 日作出(2008)沪一中执字第 640-1 民事裁定,驳回瑞泰克公司的异议。裁定送达后,瑞泰克公司向上海市高级人民法院申请执行复议。2011 年 12 月 20 日,上海市高级人民法院作出(2009)沪高执复议字第 2 号执行裁定,驳回复议申请。

裁判理由

法院生效裁判认为:本案争议焦点是我国法院对该案是否具有管辖权以及申请执行期间应当从何时开始起算。

一、关于我国法院的执行管辖权问题

根据《民事诉讼法》的规定,我国涉外仲裁机构作出的仲裁裁决,如果被执行人或者其财产不在中华人民共和国领域内的,应当由当事人直接向有管辖权的外国法院申请承认和执行。鉴于本案所涉仲裁裁决生效时,被执行人瑞泰克公司及其财产均不在我国领域内,因此,人民法院在该仲裁裁决生效当时,对裁决的执行没有管辖权。

2008 年 7 月 30 日,金纬公司发现被执行人瑞泰克公司有财产正在上海市参展。此时,被申请执行人瑞泰克公司有财产在中华人民共和国领域内的事实,使我国法院产生了对本案的执行管辖权。申请执行人依据《民事诉讼法》“一方当事人不履行仲裁裁决的,对方当事人可以向被申请人住所地或者财产所在地的中级人民法院申请执行”的规定,基于被执行人不履行仲裁裁决义务的事实,行使民事强制执行请求权,向上海一中院申请执行。这符合我国《民事诉讼法》有关人民法院管辖涉外仲裁裁决执行案件所应当具备的要求,上海一中院对该执行申请有管辖权。

考虑《纽约公约》规定的原则是,只要仲裁裁决符合公约规定的基本条件,就允许在任何缔约国得到承认和执行。《纽约公约》的目的在于便利仲裁裁决在各缔约国得到顺利执行,因此并不禁止当事人向多个公约成员国申请相关仲裁裁决的承认与执行。被执行人一方可以通过举证已经履行了仲裁裁决义务进行抗辩,向执行地法院提交已经清偿债务数额的证据,这样即可防止被执行人被强制重复履行或者超标的履行的问题。因此,人民法院对该案行使执行管辖权,符合《纽约公约》规定的精神,也不会造成被执行人重复履行生效仲裁裁决义务的问题。

二、关于本案申请执行期间起算问题

依照《民事诉讼法》(2007 年修正)第二百一十五条的规定,“申请执行的期间为二年。”“前款规定的期间,从法律文书规定履行期间的最后一日起计算;法律文书规定分期履行的,从规定的每次履行期间的最后一日起计算;法律文书未规定履行期间的,从法律文书生效之日起计算。”鉴于我国法律有关申请执行期间起算,是针对生效法律文书作出时,被执行人或者其财产在我国领域内的一般情况作出的规定;而本案的具体情况是,仲裁裁决生效当时,我国法院对该案并没有执行管辖权,当事人依法向外国法院申请承认和执行该裁决而未能得到执行,不存在怠于行使申请执行权的问题;被执行人一直拒绝履行裁决所确定的法律义务;申请执行人在发现被执行人有财产在我国领域内之后,即向人民法院申请执行。考虑这类情况下,外国被执行人或者其财产何时会再次进入我国领域内,具有较大的不确定性,因此,应当合理确定申请执行期间起算点,才能公平保护申请执行人的合法权益。

鉴于债权人取得有给付内容的生效法律文书后,如债务人未履行生效文书所确定的义务,债权人即可申请法院行使强制执行权,实现其实体法上的请求权,此项权利即为民事强制执行请求权。民事强制执行请求权的存在依赖于实体权利,取得依赖于执行根据,行使依赖于执行管辖权。执行管辖权是民事强制执行请求权的基础和前提。在司法实践中,人民法院的执行管辖权与当事人的民事强制执行请求权不能是抽象或不确定的,而应是具体且可操作的。义务人瑞泰克公司未履行裁决所确定的义务时,权利人金纬公司即拥有了民事强制执行请求权,但是,根据《民事诉讼法》的规定,对于涉外仲裁机构作出的仲裁申请执行,如果被执行人或者其财产不在中华人民共和国领域内,应当由当事人直接向有管辖权的外国法院申请承认和执行。此时,因被执行人或者其财产不在我国领域内,我国法院对该案没有执行管辖权,申请执行人金纬公司并非其主观上不愿或怠于行使权利,而是由于客观上纠纷本身没有产生人民法院执行管辖连接点,导致其无法向人民法院申请执行。人民法院在受理强制执行申请后,应当审查申请是否在法律规定的时效期间内提出。具有执行管辖权是人民法院审查申请执行人相关申请的必要前提,因此应当自执行管辖确定之日,即发现被执行人可供执行财产之日,开始计算申请执行人的申请执行期限。

【判旨撷要】

1. 内蒙古自治区五原县宏珠环保热电有限责任公司与北京城建远东建设投资集团有限公司建设工程施工合同纠纷执行申诉案[(2010)执监字第137号]

要旨:城建公司与宏珠公司在《建设工程施工合同》中虽有将纠纷提交仲裁的意思,但其中的仲裁条款对仲裁机构的约定表述为"工程当地仲裁委员会",而"工程当地"的五原县及巴彦淖尔市并没有设立仲裁委员会,内蒙古自治区则设立有多个仲裁委员会。该仲裁条款对仲裁机构的约定并不明确。根据《仲裁法》第18条及《仲裁法解释》第5条的规定,双方当事人未就仲裁机构达成补充协议的,该仲裁条款无效。宏珠公司自始至终都在对赤峰仲裁委的管辖提出异议,其既没有选定仲裁员也没有提交答辩状,虽然其参加了赤峰市仲裁委的审理过程,并对案件的实体问题发表了意见,但其首先仍声明不认可该仲裁委的管辖权,故不能视为其接受了赤峰仲裁委的管辖。

2. 张宝升与徐福庭、天津市恒增房地产开发有限公司抵押借款合同纠纷执行申诉案[(2016)最高法执监443号]

要旨:依据法律规定,人民法院执行机构对仲裁裁决及仲裁调解书进行司法监督的权限不同。对仲裁裁决,在存在《民事诉讼法》第 237 条(2021 年修正为第 244 条)第 2 款规定的 6 种情形及法院认为违背社会公共利益的情况下,人民法院可裁定不予执行。但对仲裁调解书,《仲裁法解释》第 28 条有明确规定,即"当事人请求不予执行仲裁调解书或者根据当事人之间的和解协议作出的仲裁裁决书的,人民法院不予支持"。

3. 案外人刘芳申请不予执行张宝升与天津市恒增房地产开发有限公司、徐福庭仲裁调解书申诉案[(2020)最高法执监 10 号]

要旨:本案案外人刘芳系基于对徐福庭、恒增公司的债权申请不予执行本案仲裁调解书。该债权能否得到清偿与徐福庭、恒增公司的清偿能力相关联。张宝升与徐福庭、恒增公司之间虚假仲裁的结果将导致徐福庭、恒增公司清偿能力明显降低,影响到刘芳债权的实现。刘芳的合法债权不应排除于《仲裁执行规定》第 9 条规定的"合法权益"之外。

第二百四十五条 【执行公证债权文书】对公证机关依法赋予强制执行效力的债权文书,一方当事人不履行的,对方当事人可以向有管辖权的人民法院申请执行,受申请的人民法院应当执行。

公证债权文书确有错误的,人民法院裁定不予执行,并将裁定书送达双方当事人和公证机关。

规范体系	
相关立法	《公证法》第 37 条
司法解释	1.《最高人民法院关于适用〈中华人民共和国民事诉讼法〉的解释》(法释〔2015〕5 号;经法释〔2022〕11 号第二次修正)第 478—479 条 2.《最高人民法院关于人民法院执行工作若干问题的规定(试行)》(法释〔1998〕15 号;经法释〔2020〕21 号修正)第 73 条 3.《最高人民法院关于公证债权文书执行若干问题的规定》(法释〔2018〕18 号)第 1—25 条 4.《最高人民法院关于审理涉及公证活动相关民事案件的若干规定》(法释〔2014〕6 号;经法释〔2020〕20 号修正)第 3 条 5.《最高人民法院关于人民法院办理执行异议和复议案件若干问题的规定》(法释〔2015〕10 号;经法释〔2020〕21 号修正)第 10 条、第 22 条 6.《最高人民法院关于适用〈中华人民共和国民法典〉有关担保制度的解释》(法释〔2020〕28 号)第 27 条
司法文件	1.《最高人民法院、司法部关于公证机关赋予强制执行效力的债权文书执行有关问题的联合通知》(司发通〔2000〕107 号)第 1—9 条 2.《最高人民法院、司法部、中国银监会关于充分发挥公证书的强制执行效力服务银行金融债权风险防控的通知》(司发通〔2017〕76 号)第 1—11 条

（续表）

规范体系	
司法文件	3.《最高人民法院关于执行案件立案、结案若干问题的意见》（法发〔2014〕26 号）第 10 条、第 19 条 4.《最高人民法院关于防范和制裁虚假诉讼的指导意见》（法发〔2016〕13 号）第 8 条
司法答复	1.《最高人民法院执行工作办公室关于不合法的“强制执行公证书”不能作为执行依据问题的函》（法经〔1996〕427 号） 2.《最高人民法院执行工作办公室关于中国银行海南省分行质押股权异议案的复函》（〔2000〕执监字第 126 号） 3.《最高人民法院关于赋予强制执行效力的公证债权文书申请执行期限如何起算问题的函》（〔2006〕执监字第 56-1 号） 4.《最高人民法院关于赋予强制执行效力的公证债权文书在签发执行证书时当事人应否到场问题的请示的答复》（〔2006〕执他字第 1 号） 5.《最高人民法院关于公证机关赋予强制执行效力的包含担保协议的公证债权文书能否强制执行问题的复函》（〔2014〕执他字第 36 号）
参考文件	1.《司法部办公厅关于被公证机关依法赋予强制执行效力的债权文书可诉性问题的函》（司办函〔2005〕153 号）第 1—2 条 2.《公证程序规则》（司法部令第 145 号）第 39 条、第 55 条 3.《中国公证协会办理具有强制执行效力债权文书公证及出具执行证书的指导意见》第 1—18 条

【条文释义】

本条是关于执行公证债权文书的规定。

民事法律关系的当事人可以请求公证机构对借款、借用财物等债权文书进行公证，经公证的债权文书具有强制执行的法律效力。对经公证的以给付为内容并载明债务人愿意接受强制执行承诺的债权文书，债务人不履行或者履行不适当的，债权人可以依法向有管辖权的人民法院申请执行。但是，公证机构的工作有可能出现失误，比如某甲对其所请求公证的债权文书并不享有权利，但公证机关却证明甲是债权人。人民法院在收到执行公证债权文书的申请后，如果有证据证明公证文书确有错误的，应当作出裁定，不予执行公证债权文书，同时，应当将此裁定送达双方当事人和公证机关。①

理解与适用本条规定，需要注意把握以下三点：

一、关于公证债权文书"确有错误"的情形。导致公证债权文书不予执行的错误，既包括程序错误，也包括实体错误，还包括违背社会公共利益的情形。其中，程序方面的错误包括公证债权文书属于不得赋予强制执行效力的债权文书，公证债权文书未载明被执行人不履行义务或者不完全履行义务时同意接受强制执行，被执行人一方未亲自或者未委托代理人到场公证等严重违反法律规定的公证程序的情形；实体方面的错误包括公证债权文书的内容与事实不符或者违反法律强制性规定。根据《民事诉讼法解释》第 479 条的规定，当事人请求不予执行公证债权文书的，应当在执行终结前向执行法院提出。人民法院认定执行该公证债权文书违背社会公共利益的，可以依职权裁定不予执行。如果公证债权文书部分存在错误，人民法院可以裁定对该部分不予执行；如果应当不予执行部分与其他部分不可分的，应当裁定不予执行公证债权文书。

二、关于公证债权文书被裁定不予执行后的救济。《民事诉讼法解释》第 478 条第 3 款规定，公证债权文书被裁定不予执行后，当事人、公证事项的利害关系人可以就债权争议提起诉讼。据此，起诉以公证债权文书被裁定不予执行为前提。对于这一问题，最高人民法院的意见是一脉相承的。2008 年《公证债权文书争议是否受理批复》(已废止)指出，经公证的以给付为内容并载明债务人愿意接受强制执行承诺的债权文书依法具有强制执行效力；债权人或者债务人对该债权文书的内容有争议直接向人民法院提起民事诉讼的，人民法院不予受理；但公证债权文书确有错误，人民法院裁定不予执行的，当事人、公证事项的利害关系人可以就争议内容向人民法院提起民事诉讼。2014 年《涉公证民事案件规定》延续了这一立场，该司法解释第 3 条规定，当事人、公证事项的利害关系人对公证书所公证的民事权利义务有争议

① 参见全国人民代表大会常务委员会法制工作委员会编：《中华人民共和国民事诉讼法释义(最新修正版)》，法律出版社 2012 年版，第 559—560 页。

的,可以依照《公证法》第 40 条规定就该争议向人民法院提起民事诉讼。当事人、公证事项的利害关系人对具有强制执行效力的公证债权文书的民事权利义务有争议直接向人民法院提起民事诉讼的,人民法院依法不予受理。但是,公证债权文书被人民法院裁定不予执行的除外。需要说明的是,当事人不服执行法院驳回不予执行公证债权文书申请裁定的,也需要相应的救济途径。《异议复议规定》第 10 条规定,相关当事人可以自收到裁定之日起 10 日内向上一级人民法院申请复议。

三、关于债权文书与生效判决执行冲突的处理。执行实践中,可能存在公证债权文书与人民法院生效裁判冲突的情形,对此,应根据冲突的不同起因采取不同的解决方式,不能简单地以人民法院的裁判效力高于公证债权文书来加以解决。(1)执行公证债权文书交付特定物与人民法院判决给付指向的同一特定标的物引起的冲突。这种因物权归属引起的冲突,根据一物一权原理,在同一物上不能同时成立两个所有权。两份法律文书中必有一个是错误的。鉴于物权归属纷争终将通过诉讼解决,法院生效判决应认定为有效,而公证债权文书应不予执行。(2)因执行不同债权,在采取执行措施时指向同一物而引起的冲突。债权具有不确定性,在债务人不能以金钱给付满足债权人的债权时,可以执行债务人的其他财产。当申请人持有的公证债权文书和判决书均合法有效时,对同一标的物的执行,应按照执行法院采取执行措施的先后顺序受偿,不存在法院判决优先的问题。①

【相关立法】

《中华人民共和国公证法》(2017 年 9 月 1 日第十二届全国人民代表大会常务委员会第二十九次会议第二次修正,2018 年 1 月 1 日)

第三十七条　对经公证的以给付为内容并载明债务人愿意接受强制执行承诺的债权文书,债务人不履行或者履行不适当的,债权人可以依法向有管辖权的人民法院申请执行。

前款规定的债权文书确有错误的,人民法院裁定不予执行,并将裁定书送达双方当事人和公证机构。

① 参见赵晋山、葛洪涛、乔宇:《民事诉讼法执行程序司法解释若干问题的理解与适用》,载《人民司法·应用》2016 年第 16 期。

【司法解释】

1.《最高人民法院关于适用〈中华人民共和国民事诉讼法〉的解释》(法释〔2015〕5号,2015年2月4日;经法释〔2022〕11号第二次修正,2022年4月10日)

第四百七十八条 有下列情形之一的,可以认定为民事诉讼法第二百四十五条第二款规定的公证债权文书确有错误:

(一)公证债权文书属于不得赋予强制执行效力的债权文书的;

(二)被执行人一方未亲自或者未委托代理人到场公证等严重违反法律规定的公证程序的;

(三)公证债权文书的内容与事实不符或者违反法律强制性规定的;

(四)公证债权文书未载明被执行人不履行义务或者不完全履行义务时同意接受强制执行的。

人民法院认定执行该公证债权文书违背社会公共利益的,裁定不予执行。

公证债权文书被裁定不予执行后,当事人、公证事项的利害关系人可以就债权争议提起诉讼。

第四百七十九条 当事人请求不予执行仲裁裁决或者公证债权文书的,应当在执行终结前向执行法院提出。

【注释】人民法院根据社会公共利益原则裁定不予执行仲裁裁决或者公证债权文书的,不同于当事人提出的抗辩主张,是法院依职权对执行依据进行审查,因此不受本条规定的期限限制。

2.《最高人民法院关于人民法院执行工作若干问题的规定(试行)》(法释〔1998〕15号,1998年7月8日;经法释〔2020〕21号修正,2021年1月1日)

十三、执行监督

73. 上级法院发现下级法院执行的非诉讼生效法律文书有不予执行事由,应当依法作出不予执行裁定而不制作的,可以责令下级法院在指定时限内作出裁定,必要时可直接裁定不予执行。

3.《最高人民法院关于公证债权文书执行若干问题的规定》(法释〔2018〕18 号,2018 年 10 月 1 日)

第一条　本规定所称公证债权文书,是指根据公证法第三十七条第一款规定经公证赋予强制执行效力的债权文书。

【注释】本条将公证债权文书执行案件的执行依据,限定为经公证赋予强制执行效力的债权文书(《公证法》第 37 条第 1 款),不含其他经公证证明的债权文书;结合本规定第 3 条、第 4 条、第 9 条、第 10 条,作为执行依据的是公证债权文书本身,不包括执行证书。

第二条　公证债权文书执行案件,由被执行人住所地或者被执行的财产所在地人民法院管辖。

前款规定案件的级别管辖,参照人民法院受理第一审民商事案件级别管辖的规定确定。

第三条　债权人申请执行公证债权文书,除应当提交作为执行依据的公证债权文书等申请执行所需的材料外,还应当提交证明履行情况等内容的执行证书。

【注释】本条强调公证债权文书执行案件的执行依据仅为公证债权文书而不包括执行证书,执行证书作为证明履行情况的证据,属于《执行工作规定》第 18 条规定的申请执行时"其他应当提交的文件或证件"。这主要是考虑执行实践中,执行证书在核实债务履行情况方面起到了一定作用,故要求债权人在申请执行时一并提交。未提交的,根据本规定第 5 条,人民法院应当裁定不予受理或驳回执行申请。

第四条　债权人申请执行的公证债权文书应当包括公证证词、被证明的债权文书等内容。权利义务主体、给付内容应当在公证证词中列明。

第五条　债权人申请执行公证债权文书,有下列情形之一的,人民法院应当裁定不予受理;已经受理的,裁定驳回执行申请:

(一)债权文书属于不得经公证赋予强制执行效力的文书;

(二)公证债权文书未载明债务人接受强制执行的承诺;

(三)公证证词载明的权利义务主体或者给付内容不明确;

(四)债权人未提交执行证书;

(五)其他不符合受理条件的情形。

【注释】需要注意,债权文书属于不得经公证赋予强制执行效力的文书以及公证债权文书未载明债务人接受强制执行的承诺两种类型,不得通过不予执行程序救济，人民法院应在受理环节予以审查。关于"属于不得经公证赋予强制执行效力的文书"，目前仍可根据《公证债权文书执行联合通知》第2条进行判断。对该条兜底条款"符合赋予强制执行效力条件的其他债权文书"的理解，应结合《公证法》第37条确定，即"以给付为内容"即可，而不限于《公证债权文书执行联合通知》第1条规定的"给付货币、物品和有价证券"。

第六条 公证债权文书赋予强制执行效力的范围同时包含主债务和担保债务的，人民法院应当依法予以执行；仅包含主债务的，对担保债务部分的执行申请不予受理；仅包含担保债务的，对主债务部分的执行申请不予受理。

【注释】本条规定与《异议复议规定》第22条第1款内容基本相同，仅在表述上作了调整。

第七条 债权人对不予受理、驳回执行申请裁定不服的，可以自裁定送达之日起十日内向上一级人民法院申请复议。

申请复议期满未申请复议，或者复议申请被驳回的，当事人可以就公证债权文书涉及的民事权利义务争议向人民法院提起诉讼。

【注释】根据《涉公证民事案件规定》第3条第2款，债权人可以提起诉讼的情形被限制在法院裁定不予执行。本条第2款明确，在执行申请已经确定性地被不予受理或驳回后，当事人可以就实体权利向人民法院提起诉讼。

第八条 公证机构决定不予出具执行证书的，当事人可以就公证债权文书涉及的民事权利义务争议直接向人民法院提起诉讼。

【注释】公证机构不予出具执行证书，则债权人申请执行不符合受理条件，公证债权文书无法进入执行程序，故当事人可以就公证债权文书涉及的民事权利义务争议直接向人民法院提起诉讼。

第九条 申请执行公证债权文书的期间自公证债权文书确定的履行期间的最后一日起计算；分期履行的，自公证债权文书确定的每次履行期间的最后一日起计算。

债权人向公证机构申请出具执行证书的，申请执行时效自债权人提出申请之日起中断。

【注释】根据《民事诉讼法》第246条第1款，申请执行时效的中止、中断适用诉讼时效的规定。债权人向公证机构申请出具执行证书，可以视为《民法典》第195条规定的"与提起诉讼或者申请仲裁具有同等效力的其他情形"。

第十条 人民法院在执行实施中，根据公证债权文书并结合申请执行人的申请依法确定给付内容。

第十一条　因民间借贷形成的公证债权文书，文书中载明的利率超过人民法院依照法律、司法解释规定应予支持的上限的，对超过的利息部分不纳入执行范围；载明的利率未超过人民法院依照法律、司法解释规定应予支持的上限，被执行人主张实际超过的，可以依照本规定第二十二条第一款规定提起诉讼。

第十二条　有下列情形之一的，被执行人可以依照民事诉讼法第二百三十八条①第二款规定申请不予执行公证债权文书：

（一）被执行人未到场且未委托代理人到场办理公证的；

（二）无民事行为能力人或者限制民事行为能力人没有监护人代为办理公证的；

（三）公证员为本人、近亲属办理公证，或者办理与本人、近亲属有利害关系的公证的；

（四）公证员办理该项公证有贪污受贿、徇私舞弊行为，已经由生效刑事法律文书等确认的；

（五）其他严重违反法定公证程序的情形。

被执行人以公证债权文书的内容与事实不符或者违反法律强制性规定等实体事由申请不予执行的，人民法院应当告知其依照本规定第二十二条第一款规定提起诉讼。

【注释】本条是对《民事诉讼法》第 245 条第 2 款规定的公证债权文书确有错误的细化规定。与《民事诉讼法解释》第 478 条不同的是，本条将被执行人可以申请不予执行的情形限制为程序性事项，实体争议则通过诉讼进行救济。《公证债权文书执行规定》施行后，以本条为准。

第十三条　被执行人申请不予执行公证债权文书，应当在执行通知书送达之日起十五日内向执行法院提出书面申请，并提交相关证据材料；有本规定第十二条第一款第三项、第四项规定情形且执行程序尚未终结的，应当自知道或者应当知道有关事实之日起十五日内提出。

公证债权文书执行案件被指定执行、提级执行、委托执行后，被执行人申请不予执行的，由提出申请时负责该案件执行的人民法院审查。

【注释】（1）《民事诉讼法解释》第 479 条规定，当事人请求不予执行公证债权文书的，应当在执行终结前提出。本条第 1 款对申请不予执行的时间作出了进一步的限制。《公证债权文书执行规定》施行后，以本条为准。

---

① 2021 年《民事诉讼法》第四次修正后调整为第 245 条。

(2)特别需要注意,本条第2款关于不予执行案件审查法院的规定,与《异议复议规定》第4条关于异议审查法院规定不同,公证债权文书不予执行案件始终由提出不予执行申请时的执行法院审查。

第十四条 被执行人认为公证债权文书存在本规定第十二条第一款规定的多个不予执行事由的,应当在不予执行案件审查期间一并提出。

不予执行申请被裁定驳回后,同一被执行人再次提出申请的,人民法院不予受理。但有证据证明不予执行事由在不予执行申请被裁定驳回后知道的,可以在执行程序终结前提出。

第十五条 人民法院审查不予执行公证债权文书案件,案情复杂、争议较大的,应当进行听证。必要时可以向公证机构调阅公证案卷,要求公证机构作出书面说明,或者通知公证员到庭说明情况。

第十六条 人民法院审查不予执行公证债权文书案件,应当在受理之日起六十日内审查完毕并作出裁定;有特殊情况需要延长的,经本院院长批准,可以延长三十日。

第十七条 人民法院审查不予执行公证债权文书案件期间,不停止执行。

被执行人提供充分、有效的担保,请求停止相应处分措施的,人民法院可以准许;申请执行人提供充分、有效的担保,请求继续执行的,应当继续执行。

【注释】需要注意,关于不予执行审查期间,人民法院应否停止执行,本规定与《仲裁执行规定》存在区别。根据《仲裁执行规定》第7条,被执行人提供充分、有效的担保,执行法院应当中止执行。

第十八条 被执行人依照本规定第十二条第一款规定申请不予执行,人民法院经审查认为理由成立的,裁定不予执行;理由不成立的,裁定驳回不予执行申请。

公证债权文书部分内容具有本规定第十二条第一款规定情形的,人民法院应当裁定对该部分不予执行;应当不予执行部分与其他部分不可分的,裁定对该公证债权文书不予执行。

【注释】《民事诉讼法解释》第475条规定了仲裁裁决的部分不予执行,但对公证债权文书能否部分不予执行未予明确。为此,本条第2款对公证债权文书部分不予执行的情形予以规定。

第十九条 人民法院认定执行公证债权文书违背公序良俗的,裁定不予执行。

【注释】本条与《民事诉讼法解释》第 478 条第 2 款内容相同，仅在表述上有所差别。《民事诉讼法解释》第 478 条第 2 款规定的是“违背社会公共利益”，而本条与《民法典》保持一致，使用了“公序良俗”的表述。与其他不予执行事由不同，对于执行公证债权文书是否违背公序良俗，人民法院应当依职权审查。

第二十条　公证债权文书被裁定不予执行的，当事人可以就该公证债权文书涉及的民事权利义务争议向人民法院提起诉讼；公证债权文书被裁定部分不予执行的，当事人可以就该部分争议提起诉讼。

当事人对不予执行裁定提出执行异议或者申请复议的，人民法院不予受理。

【注释】本条吸收了《公证债权文书争议是否受理批复》（法释〔2008〕17号，已废止）精神。该批复内容为：“根据《中华人民共和国民事诉讼法》第二百一十四条①和《中华人民共和国公证法》第三十七条的规定，经公证的以给付为内容并载明债务人愿意接受强制执行承诺的债权文书依法具有强制执行效力。债权人或者债务人对该债权文书的内容有争议直接向人民法院提起民事诉讼的，人民法院不予受理。但公证债权文书确有错误，人民法院裁定不予执行的，当事人、公证事项的利害关系人可以就争议内容向人民法院提起民事诉讼。”

第二十一条　当事人不服驳回不予执行申请裁定的，可以自裁定送达之日起十日内向上一级人民法院申请复议。上一级人民法院应当自收到复议申请之日起三十日内审查。经审查，理由成立的，裁定撤销原裁定，不予执行该公证债权文书；理由不成立的，裁定驳回复议申请。复议期间，不停止执行。

【注释】结合本规定第 20 条，司法解释对不予执行裁定和驳回不予执行申请裁定赋予了不同的救济途径。前者不能复议，后者可以复议，均体现了有限救济原则。

第二十二条　有下列情形之一的，债务人可以在执行程序终结前，以债权人为被告，向执行法院提起诉讼，请求不予执行公证债权文书：

（一）公证债权文书载明的民事权利义务关系与事实不符；

（二）经公证的债权文书具有法律规定的无效、可撤销等情形；

---

①　2021 年《民事诉讼法》第四次修正后调整为第 245 条。

（三）公证债权文书载明的债权因清偿、提存、抵销、免除等原因全部或者部分消灭。

债务人提起诉讼，不影响人民法院对公证债权文书的执行。债务人提供充分、有效的担保，请求停止相应处分措施的，人民法院可以准许；债权人提供充分、有效的担保，请求继续执行的，应当继续执行。

【注释】本条规定与《民事诉讼法解释》第 478 条第 1 款第 3 项、《涉公证民事案件规定》（法释〔2014〕6 号）第 3 条第 2 款相关，《公证债权文书执行规定》施行后，以本条为准。被执行人如认为公证债权文书的内容与事实不符或者违反法律强制性规定的，不再通过向执行机构申请不予执行进行救济，可以依照本条规定直接向执行法院提起债务人异议之诉。

第二十三条　对债务人依照本规定第二十二条第一款规定提起的诉讼，人民法院经审理认为理由成立的，判决不予执行或者部分不予执行；理由不成立的，判决驳回诉讼请求。

当事人同时就公证债权文书涉及的民事权利义务争议提出诉讼请求的，人民法院可以在判决中一并作出裁判。

第二十四条　有下列情形之一的，债权人、利害关系人可以就公证债权文书涉及的民事权利义务争议直接向有管辖权的人民法院提起诉讼：

（一）公证债权文书载明的民事权利义务关系与事实不符；

（二）经公证的债权文书具有法律规定的无效、可撤销等情形。

债权人提起诉讼，诉讼案件受理后又申请执行公证债权文书的，人民法院不予受理。进入执行程序后债权人又提起诉讼的，诉讼案件受理后，人民法院可以裁定终结公证债权文书的执行；债权人请求继续执行其未提出争议部分的，人民法院可以准许。

利害关系人提起诉讼，不影响人民法院对公证债权文书的执行。利害关系人提供充分、有效的担保，请求停止相应处分措施的，人民法院可以准许；债权人提供充分、有效的担保，请求继续执行的，应当继续执行。

【注释】债权人、利害关系人如认为公证债权文书载明的民事权利义务关系与事实不符或者经公证的债权文书具有法律规定的无效、可撤销等情形的，可以依照本条规定直接向有管辖权的法院提起诉讼，不再受《涉公证民事案件规定》（法释〔2014〕6 号）第 3 条第 2 款规定的限制。

第二十五条　本规定自 2018 年 10 月 1 日起施行。

本规定施行前最高人民法院公布的司法解释与本规定不一致的，以本规定为准。

4.《最高人民法院关于审理涉及公证活动相关民事案件的若干规定》(法释〔2014〕6 号,2014 年 6 月 6 日;经法释〔2020〕20 号修正,2021 年 1 月 1 日)

第三条　当事人、公证事项的利害关系人对公证书所公证的民事权利义务有争议的,可以依照公证法第四十条规定就该争议向人民法院提起民事诉讼。

当事人、公证事项的利害关系人对具有强制执行效力的公证债权文书的民事权利义务有争议直接向人民法院提起民事诉讼的,人民法院依法不予受理。但是,公证债权文书被人民法院裁定不予执行的除外。

【注释】《公证债权文书执行规定》第 7 条、第 8 条、第 20 条、第 22 条、第 24 条对当事人、利害关系人提起诉讼的情形作出了专门规定。《公证债权文书执行规定》施行后,以上述规定为准。

5.《最高人民法院关于人民法院办理执行异议和复议案件若干问题的规定》(法释〔2015〕10 号,2015 年 5 月 5 日;经法释〔2020〕21 号修正,2021 年 1 月 1 日)

第十条　当事人不服驳回不予执行公证债权文书申请的裁定的,可以自收到裁定之日起十日内向上一级人民法院申请复议。上一级人民法院应当自收到复议申请之日起三十日内审查,理由成立的,裁定撤销原裁定,不予执行该公证债权文书;理由不成立的,裁定驳回复议申请。复议期间,不停止执行。

【注释】《民事诉讼法》第 157 条第 2 款将人民法院作出的不予执行公证债权文书等裁定列为不得上诉的范围,当事人不服的只能另诉解决。但是,对于驳回不予执行公证债权文书申请的裁定,如果当事人不服时如何救济,现行法律则没有规定。实践中,主要有三种做法:一是按照执行行为异议程序,可以提出异议和复议;二是可以直接向上一级人民法院提起复议;三是一律不得提出异议,也不能直接提起复议,但可以通过执行监督程序解决。

考虑对于不予执行的裁定,法律不允许上诉,而且,由于最高人民法院的相关司法解释已经规定了当事人可以另诉,不应赋予其复议程序。而对于驳回不予执行申请的裁定,由于公证债权文书作出程序没有开庭、言词辩论等程序保障,对其监督应当严格。人民法院对公证债权文书的审查既有程序问题,也有实体问题,在作出驳回不予执行申请的裁定后,应当允许当事人向上一级人民法院再行救济,即允许其复议。

第二十二条 公证债权文书对主债务和担保债务同时赋予强制执行效力的,人民法院应予执行;仅对主债务赋予强制执行效力未涉及担保债务的,对担保债务的执行申请不予受理;仅对担保债务赋予强制执行效力未涉及主债务的,对主债务的执行申请不予受理。

人民法院受理担保债务的执行申请后,被执行人仅以担保合同不属于赋予强制执行效力的公证债权文书范围为由申请不予执行的,不予支持。

6.《最高人民法院关于适用〈中华人民共和国民法典〉有关担保制度的解释》(法释〔2020〕28号,2021年1月1日)

第二十七条 一般保证的债权人取得对债务人赋予强制执行效力的公证债权文书后,在保证期间内向人民法院申请强制执行,保证人以债权人未在保证期间内对债务人提起诉讼或者申请仲裁为由主张不承担保证责任的,人民法院不予支持。

【司法文件】

1.《最高人民法院、司法部关于公证机关赋予强制执行效力的债权文书执行有关问题的联合通知》(司发通〔2000〕107号,2000年9月1日)

一、公证机关赋予强制执行效力的债权文书应当具备以下条件:

(一)债权文书具有给付货币、物品、有价证券的内容;

(二)债权债务关系明确,债权人和债务人对债权文书有关给付内容无疑义;

(三)债权文书中载明债务人不履行义务或不完全履行义务时,债务人愿意接受依法强制执行的承诺。

【注释】本条内容与《公证法》第37条规定不一致,应以《公证法》第37条为准,即可以赋予强制执行效力的债权文书范围,不限于以“给付货币、物品、有价证券”为内容。

二、公证机关赋予强制执行效力的债权文书的范围:

(一)借款合同、借用合同、无财产担保的租赁合同;

(二)赊欠货物的债权文书;

（三）各种借据、欠单；

（四）还款（物）协议；

（五）以给付赡养费、扶养费、抚育费、学费、赔（补）偿金为内容的协议；

（六）符合赋予强制执行效力条件的其他债权文书。

三、公证机关在办理符合赋予强制执行的条件和范围的合同、协议、借据、欠单等债权文书公证时，应当依法赋予该债权文书具有强制执行效力。

未经公证的符合本通知第二条规定的合同、协议、借据、欠单等债权文书，在履行过程中，债权人申请公证机关赋予强制执行效力的，公证机关必须征求债务人的意见；如债务人同意公证并愿意接受强制执行的，公证机关可以依法赋予该债权文书强制执行效力。

四、债务人不履行或不完全履行公证机关赋予强制执行效力的债权文书的，债权人可以向原公证机关申请执行证书。

五、公证机关签发执行证书应当注意审查以下内容：

（一）不履行或不完全履行的事实确实发生；

（二）债权人履行合同义务的事实和证据，债务人依照债权文书已经部分履行的事实；

（三）债务人对债权文书规定的履行义务有无疑义。

六、公证机关签发执行证书应当注明被执行人、执行标的和申请执行的期限。债务人已经履行的部分，在执行证书中予以扣除。因债务人不履行或不完全履行而发生的违约金、利息、滞纳金等，可以列入执行标的。

【注释】需要注意，《公证债权文书执行规定》明确了公证债权文书与执行证书的不同法律地位，权利义务主体及给付内容应当在作为执行依据的公证债权文书中的公证证词里列明，人民法院在执行实施中应当严格按照公证债权文书强制执行。

七、债权人凭原公证书及执行证书可以向有管辖权的人民法院申请执行。

八、人民法院接到申请执行书，应当依法按规定程序办理。必要时，可以向公证机关调阅公证卷宗，公证机关应当提供。案件执行完毕后，由人民法院在十五日内将公证卷宗附结案通知退回公证机关。

九、最高人民法院、司法部《关于执行〈民事诉讼法（试行）〉中涉及公证条款的几个问题的通知》和《关于已公证的债权文书依法强制执行问题的答复》自本联合通知发布之日起废止。

2.《最高人民法院、司法部、中国银监会关于充分发挥公证书的强制执行效力服务银行金融债权风险防控的通知》(司发通〔2017〕76 号,2017 年 7 月 13 日)

一、公证机构可以对银行业金融机构运营中所签署的符合《公证法》第 37 条规定的以下债权文书赋予强制执行效力:

(一)各类融资合同,包括各类授信合同,借款合同、委托贷款合同、信托贷款合同等各类贷款合同,票据承兑协议等各类票据融资合同,融资租赁合同,保理合同,开立信用证合同,信用卡融资合同(包括信用卡合约及各类分期付款合同)等;

(二)债务重组合同、还款合同、还款承诺等;

(三)各类担保合同、保函;

(四)符合本通知第二条规定条件的其他债权文书。

二、公证机构对银行业金融机构运营中所签署的合同赋予强制执行效力应当具备以下条件:

(一)债权文书具有给付货币、物品、有价证券的内容;

(二)债权债务关系明确,债权人和债务人对债权文书有关给付内容无疑义;

(三)债权文书中载明债务人不履行义务或不完全履行义务时,债务人愿意接受依法强制执行的承诺。该项承诺也可以通过承诺书或者补充协议等方式在债权文书的附件中载明。

三、银行业金融机构申办强制执行公证,应当协助公证机构完成对当事人身份证明、财产权利证明等与公证事项有关材料的收集、核实工作;根据公证机构的要求通过修改合同、签订补充协议或者由当事人签署承诺书等方式将债务人、担保人愿意接受强制执行的承诺、出具执行证书前的核实方式、公证费和实现债权的其他费用的承担等内容载入公证的债权文书中。

四、公证机构在办理赋予各类债权文书强制执行效力的公证业务中应当严格遵守法律、法规规定的程序,切实做好当事人身份、担保物权属、当事人内部授权程序、合同条款及当事人意思表示等审核工作,确认当事人的签约行为的合法效力,告知当事人申请赋予债权文书强制执行效力的法律后果,提高合同主体的履约意识,预防和降低金融机构的操作风险。

五、银行业金融机构申请公证机构出具执行证书应当在《中华人民共和国民事诉讼法》第二百三十九条①所规定的执行期间内提出申请,并应当向公证机构提交经公证的具有强制执行效力的债权文书、申请书、合同项下往来资金结算的明细表以及其他与债务履行相关的证据,并承诺所申请强制执行的债权金额或者相关计算公式准确无误。

六、公证机构受理银行业金融机构提出出具执行证书的申请后,应当按照法律法规规定的程序以及合同约定的核实方式进行核实,确保执行证书载明的债权债务明确无误,尽力减少执行争议的发生。

公证机构对符合条件的申请,应当在受理后十五个工作日内出具执行证书,需要补充材料、核实相关情况所需的时间不计算在期限内。

七、执行证书应当载明被执行人、执行标的、申请执行的期限。因债务人不履行或不完全履行而发生的违约金、利息、滞纳金等,以及按照债权文书的约定由债务人承担的公证费等实现债权的费用,有明确数额或计算方法的,可以根据银行业金融机构的申请依法列入执行标的。

八、人民法院支持公证机构对银行业金融机构的各类债权文书依法赋予强制执行效力,加大对公证债权文书的执行力度,银行业金融机构提交强制执行申请书、赋予债权文书强制执行效力公证书及执行证书申请执行公证债权文书符合法律规定条件的,人民法院应当受理,切实保障银行业金融机构快速实现金融债权,防范金融风险。

九、被执行人提出执行异议的银行业金融机构执行案件,人民法院经审查认为相关公证债权文书确有错误的,裁定不予执行。个别事项执行标的不明确,但不影响其他事项执行的,人民法院应对其他事项予以执行。

十、各省(区、市)司法行政部门要会同价格主管部门合理确定银行业金融债权文书强制执行公证的收费标准。公证机构和银行业金融机构协商一致的,可以在办理债权文书公证时收取部分费用,出具执行证书时收齐其余费用。

十一、银行业监督管理机构批准设立的其他金融机构,以及经国务院银行业监督管理机构公布的地方资产管理公司,参照本通知执行。

3.《最高人民法院关于执行案件立案、结案若干问题的意见》(法发〔2014〕26 号,2015 年 1 月 1 日)

第十条　下列案件,人民法院应当按照执行复议案件予以立案:

---

① 2021 年《民事诉讼法》第四次修正后调整为第 246 条。

……

(三)当事人不服人民法院针对本意见第九条第(六)项作出的不予执行公证债权文书、驳回不予执行公证债权文书申请、不予执行仲裁裁决、驳回不予执行仲裁裁决申请的裁定,向上一级人民法院申请复议的;

……

【注释】根据《民事诉讼法》第 244 条第 5 款、《民事诉讼法解释》第 478 条第 3 款的规定,人民法院裁定对仲裁裁决、公证债权文书不予执行的,当事人有重新达成书面仲裁协议申请仲裁或提起诉讼等救济途径,无须赋予当事人申请复议权。故此,本条规定当事人不服人民法院作出的不予执行公证债权文书、驳回不予执行公证债权文书申请、不予执行仲裁裁决、驳回不予执行仲裁裁决申请的裁定,可向上一级人民法院申请复议,似与上述规定精神不符。

第十九条 执行实施案件立案后,被执行人对仲裁裁决或公证债权文书提出不予执行申请,经人民法院审查,裁定不予执行的,以"不予执行"方式结案。

4.《最高人民法院关于防范和制裁虚假诉讼的指导意见》(法发〔2016〕13 号,2016 年 6 月 20 日)

8. 在执行公证债权文书和仲裁裁决书、调解书等法律文书过程中,对可能存在双方恶意串通、虚构事实的,要加大实质审查力度,注重审查相关法律文书是否损害国家利益、社会公共利益或者案外人的合法权益。如果存在上述情形,应当裁定不予执行。必要时,可向仲裁机构或者公证机关发出司法建议。

【司法答复】

1.《最高人民法院执行工作办公室关于不合法的"强制执行公证书"不能作为执行依据问题的函》(法经〔1996〕427 号,1996 年 12 月 10 日)

辽宁省高级人民法院:

近日,沈阳飞行船广告有限公司就沈阳市和平区法院执行沈阳市公证处(1996)沈证执字第 023 号"强制执行公证书"一案,向我院申诉称:沈阳市和平区法院据以执行的公证债权文书是在原合同未经公证,后又由沈阳国际投资公司单方申请,未经对方同意的情况下,由沈阳市公证处作出的。该公证文书于法相悖。而且,本公司也没有义务替海外电脑公司清偿债务。沈阳市和平区法院以错误的公证文书为依据扣划本公司款项的执行行为是错误的,应予纠正。

我们认为,本案涉及的这一份公证文书不属于民诉法第二百一十八条①中所称的"赋予强制执行效力的债权文书",也不符合《公证程序规则(试行)》第三十五条②的规定,不能作为执行依据。沈阳飞行船广告有限公司申诉有理,应予支持。现将其申诉材料转去,请你院依法妥善处理,并将处理结果函报我院。

2.《最高人民法院执行工作办公室关于中国银行海南省分行质押股权异议案的复函》(〔2000〕执监字第 126 号,2003 年 8 月 26 日)

海南省高级人民法院:

你院〔1998〕琼高法执字第 26-8 号《关于执行海口管道燃气股份有限公司 750 万股权的报告》收悉,经研究,答复如下:

依据最高人民法院和司法部于 1985 年 4 月 9 日作出的《关于已公证的债权文书依法强制执行问题的答复》③,公证机关能够证明有强制执行效力的,仅限于《中华人民共和国公证暂行条例》④第四条第(十)项规定的"追偿债款,物品的文书";即使此后的司法解释扩大了公证管辖的范围,仍不包括担保协议。海南省第二公证处于 1997 年 11 月 26 日对本案的《抵押协议》作出(97)琼二证字第 1527 号并注明具有强制执行的法律效力的公证书,不符合法律规定。

根据《中华人民共和国民事诉讼法(试行)》第 168 条⑤的规定,受申请的人民法院发现公证文书确有错误的,不予执行,并通知原公证机关。故你院

① 2021 年《民事诉讼法》第四次修正后调整为第 245 条。

② 《公证程序规则(试行)》(已废止)第 35 条规定:"赋予债权文书具有强制执行效力的公证,应当符合下列条件:(一)债权文书经过公证证明;(二)债权文书以给付一定货币、物品或有价证券为内容;(三)债权文书中载明债务人不履行义务时应受强制执行的意思表示。"

③ 已废止。

④ 已废止。

⑤ 《民事诉讼法(试行)》已废止。相关内容规定在 2021 年《民事诉讼法》第 245 条。

依据上述1527号公证书强制执行担保人海南赛格燃气有限公司显属不妥。

请你院接此函后,依法妥善处理,并将结果径复异议人中国银行海南省分行。

【注释】1997年11月25日,国泰证券有限公司海口营业部(以下简称国泰证券)与海南赛格国际信托投资公司(以下简称赛格信托)、海南赛格燃气有限公司(以下简称赛格燃气)就赛格信托欠国泰证券资金事宜签订《抵押协议》,国泰证券同意赛格信托以赛格燃气所持有的海口管道燃气股份有限公司(以下简称海口管道公司)之法人股股权750万股为抵押,作为部分还款担保。三方于11月26日将上述《抵押协议》予以公证,海南省第二公证处作出(97)琼二证字第1527号《公证书》,并赋予该公证书强制执行效力。

1998年4月1日,国泰证券就其与赛格信托、赛格燃气借款纠纷一案,依据已发生法律效力的(96)琼二证字第1337号《公证债权文书》(公证的是国泰证券与赛格信托的借款协议书)、(97)琼二证字第1527号《公证书》(公证的是三方《抵押协议》)、(98)琼二证字第618号《公证书》(强制执行公证书)向海南省高级人民法院(以下简称海南高院)申请执行。海南高院立案执行后,裁定冻结了赛格燃气持有的海口管道公司法人股750万股权。

中国银行海南省分行(以下简称中行海南分行)提出异议,主要理由是:(1)海南高院执行赛格燃气持有的海口管道公司750万法人股侵犯其质权。(2)国泰证券与赛格信托、赛格燃气签订的《抵押协议》是一份尚未生效的担保文书。该协议应自出质登记之日起生效,但赛格燃气提供的抵押物750万股法人股未办理出质登记。(3)海南高院对《抵押协议》的公证书立案执行是错误的。因为法院据以强制执行的公证文书只能是"公证债权文书",对于公证担保文书是不能直接强制执行的。①

根据《异议复议规定》第22条、《公证债权文书执行规定》第6条规定,公证债权文书赋予强制执行效力的范围同时包含主债务和担保债务的,人民法院应当依法予以执行;仅包含主债务的,对担保债务部分的执行申请不予受理;仅包含担保债务的,对主债务部分的执行申请不予受理。上述司法解释施行后,以司法解释规定为准。

---

① 参见刘涛:《海南省高级人民法院执行中国银行海南省分行股权执行异议案》,载最高人民法院执行工作办公室编:《强制执行指导与参考》2004年第2辑(总第10辑),法律出版社2004年版,第116—121页。

3.《最高人民法院关于赋予强制执行效力的公证债权文书申请执行期限如何起算问题的函》(〔2006〕执监字第 56-1 号,2006 年 12 月 14 日)

贵州省高级人民法院:

关于中国工商银行贵阳市万东支行申请执行贵州豪力房地产开发有限公司、贵州华新房地产开发有限公司借款担保合同纠纷一案,你院〔2006〕黔高执字第 1 号报告收悉。经研究,现就本案涉及的有关法律适用问题答复如下:

根据最高人民法院与司法部《关于公证机关赋予强制执行效力的债权文书执行有关问题的联合通知》(下称《联合通知》)的精神,原公证书和执行证书一起构成人民法院强制执行的依据。但该《联合通知》并未明确规定执行证书应当在什么期限内出具。虽然司法部《公证程序规则》第五十条①明确了执行证书应当在法律规定的执行期限内出具,但该《公证程序规则》自 2006 年 7 月 1 日起施行,对本案不具有溯及力。故在司法部《公证程序规则》施行前,债权人申请执行的期限可理解为从公证机关签发执行证书后起算。

【注释】《公证债权文书执行规定》第 3 条规定:"债权人申请执行公证债权文书,除应当提交作为执行依据的公证债权文书等申请执行所需的材料外,还应当提交证明履行情况等内容的执行证书。"明确了公证债权文书为执行依据,执行证书为证明履行情况的证据。第 9 条对公证债权文书的申请执行期间作出了规定:"申请执行公证债权文书的期间自公证债权文书确定的履行期间的最后一日起计算;分期履行的,自公证债权文书确定的每次履行期间的最后一日起计算。债权人向公证机构申请出具执行证书的,申请执行时效自债权人提出申请之日起中断。"《公证债权文书执行规定》施行后,以上述规定为准。

---

① 《公证程序规则》(2006 年)第 50 条规定:"公证事项有下列情形之一的,公证机构应当终止公证:(一)因当事人的原因致使该公证事项在六个月内不能办结的;(二)公证书出具前当事人撤回公证申请的;(三)因申请公证的自然人死亡、法人或者其他组织终止,不能继续办理公证或者继续办理公证已无意义的;(四)当事人阻挠、妨碍公证机构及承办公证员按规定的程序、期限办理公证的;(五)其他应当终止的情形。"

4.《最高人民法院关于赋予强制执行效力的公证债权文书在签发执行证书时当事人应否到场问题的请示的答复》(〔2006〕执他字第 1 号,2006 年 6 月 19 日)

陕西省高级人民法院:

你院〔2005〕陕执复字第 02 号报送的《关于西安国际投资有限公司依据公证债权文书申请执行陕西东隆投资有限公司、西部信用担保有限公司、宋胜广借款担保的六起案件的请示报告》收悉。经研究,答复如下:

对最高人民法院和司法部于 2000 年 9 月 21 日会签联合发布的《关于公证机关赋予强制执行效力的债权文书执行有关问题的联合通知》第五条相关内容应理解为:公证机关在作出赋予强制执行效力的公证债权文书时,已要求当事人到场接受询问或作出承诺,因此,公证机关在签发执行证书时,只要依照上述联合通知的规定进行审查即可,并未有要求债务人、担保人再次接受询问的明确规定。至于请示中所涉的案件,请陕西省高级人民法院依照法律和上述联合通知的精神予以处理。对担保人申诉中提出的一些问题,也请陕西省高级人民法院认真予以审查并依法妥善处理。

【注释】需要注意的是,2008 年 4 月 23 日中国公证协会印发的《办理具有强制执行效力债权文书公证及出具执行证书的指导意见》第 12 条规定,“公证机构出具执行证书,除需要按照《联合通知》第五条规定的内容进行审查外,还应当重点审查下列内容:(一)债权人提交的已按债权文书约定履行了义务的证明材料是否充分、属实;(二)向债务人(包括担保人)核实其对债权文书载明的履行义务有无疑义,以及债权人提出的债务人(包括担保人)不履行或者不适当履行债务的主张是否属实”。公证机构出具执行证书时,似应通知当事人到场为宜。

5.《最高人民法院关于公证机关赋予强制执行效力的包含担保协议的公证债权文书能否强制执行问题的复函》(〔2014〕执他字第 36 号,2014 年 9 月 18 日)

山东省高级人民法院:

你院《关于公证机关赋予强制执行效力的包含担保协议的公证债权文书能否强制执行的请示》(〔2014〕鲁执复议字第 47 号)收悉。经研究,答复如下:

原则同意你院执行复议审查意见。人民法院对公证债权文书的执行监督应从债权人的债权是否真实存在并合法,当事人是否自愿接受强制执行等方面进行审查。《中华人民共和国民事诉讼法》第二百三十八条①第二款规定，公证债权文书确有错误的，人民法院裁定不予执行，并将裁定书送达双方当事人和公证机关。现行法律、司法解释并未对公证债权文书所附担保协议的强制执行作出限制性规定，公证机构可以对附有担保协议债权文书的真实性与合法性予以证明，并赋予强制执行效力。

本案当事人泰安志高实业集团有限责任公司、淮南志高动漫文化科技发展有限责任公司、江东廷、岳洋、江焕溢等，在公证活动中，提交书面证明材料，认可本案所涉《股权收益权转让及回购合同》《支付协议》《股权质押合同》《抵押合同》《保证合同》等合同的约定，承诺在合同、协议不履行或不适当履行的情况下，放弃诉权，自愿直接接受人民法院强制执行。但当债权人申请强制执行后，本案担保人却主张原本由其申请的公证事项不合法，对公证机构出具执行证书提出抗辩，申请人民法院不予执行，作出前后相互矛盾的承诺与抗辩，有违诚实信用原则，不应予以支持。公证机构依法赋予强制执行效力的包含担保协议的公证债权文书，人民法院可以强制执行。

【注释】关于存在担保的借款合同可否由公证机构赋予强制执行效力，或者说公证机关赋予其强制执行效力后人民法院是否给予强制执行的问题，最高人民法院的态度有一个变化的过程。2000 年 9 月 1 日《公证债权文书执行联合通知》（司发通〔2000〕107 号）出台后，最高人民法院参与起草通知的法官专门撰文指出，设置担保的合同关系属于“不明确”的债权债务关系，此类合同不在可由公证机构赋予强制执行效力的债权文书范围内。2003 年最高人民法院执行工作办公室对海南省高级人民法院作出《关于中国银行海南省分行质押股权异议案的复函》（〔2000〕执监字第 126 号），明确公证机关能够证明有强制执行效力的追偿债款、物品的文书，不包括担保协议。公证机构对担保协议作出具有强制执行效力的公证书，不符合法律规定，不予执行。2008 年 4 月 23 日中国公证协会制定的《办理具有强制执行效力债权文书公证及出具执行证书的指导意见》，再次将涉及第三人担保的债权文书纳入强制执行公证范围。此后最高人民法院公布的公证债权文书执行个案对该问题的态度有所松动。特别是 2014 年 4 月 30 日最高人民法院发布的 5 个典型案例之一“魏卓夫申请执行张宝峰、张泽政、李玉明公证债权文书执行案”，既有第三人抵押，又有第三人保证。本批复进一步明确，公证机构可

① 2021 年《民事诉讼法》第四次修正后调整为第 245 条。

以对附有担保协议债权文书的真实性与合法性予以证明,并赋予强制执行效力。后《异议复议规定》(法释〔2015〕10号)第22条规定,“公证债权文书对主债务和担保债务同时赋予强制执行效力的,人民法院应予执行”,终于在司法解释层面予以肯定。

【参考文件】

1.《司法部办公厅关于被公证机关依法赋予强制执行效力的债权文书可诉性问题的函》(司办函〔2005〕153号,2005年6月22日)

最高人民法院办公厅:

最近,山西省司法厅公证管理部门向我部反映,山西省临汾市中级人民法院在审理一起民事案件过程中,一方面认可被公证机关依法赋予强制执行效力的债权文书的公证效力,受理了债权人的执行申请,并正式启动执行程序;另一方面又受理了债务人针对同一案件的民事诉讼,并在未作出不予执行公证机关赋予强制执行效力的债权文书裁定的情况下,直接判决该债权文书无效。针对这一问题,我们提出以下意见与建议:

一、根据法律和有关规定,赋予债权文书强制执行效力是公证机关的一项重要职能,债务人不履行或不完全履行公证机关赋予强制执行效力的债权文书的,债权人可以向原公证机关申请执行证书,凭原公证书及执行证书可以向有管辖权的人民法院申请强制执行。而临汾市中级人民法院的上述做法,不符合有关法律规定,也不符合最高人民法院、司法部《关于公证机关赋予强制执行效力的债权文书执行有关问题的联合通知》(司发通〔2000〕107号)的相关要求,建议你院予以研究,并采取适当措施予以纠正。

二、我部曾于2004年11月收到你院研究室《关于征求对〈最高人民法院关于被依法赋予强制执行效力的债权文书可诉性问题的批复(稿)〉的意见的函》(法研〔2004〕181号),研究后于2004年12月3日复函,同意批复稿第一方案,并建议进一步修改为:“根据《中华人民共和国民事诉讼法》第二百一十八条和第二百一十九条①的规定,债权人对公证机关依法赋予强制执行效力的债权文书,未在申请执行期限内向人民法院申请执行,无论其在申请执行期限内还是申请执行期限届满后向人民法院提起诉讼的,人民法院均不

① 2021年《民事诉讼法》第四次修正后调整为第245条、第246条。

予受理。”相关理由已在复函中述明。为了规范各地在司法实践中对这类问题的处理方式，建议你院能够尽快研究制定针对此类问题的批复意见。

2.《公证程序规则》（司法部令第 145 号，2021 年 1 月 1 日）

第三十九条　具有强制执行效力的债权文书的公证，应当符合下列条件：

（一）债权文书以给付为内容；

（二）债权债务关系明确，债权人和债务人对债权文书有关给付内容无疑义；

（三）债务履行方式、内容、时限明确；

（四）债权文书中载明当债务人不履行或者不适当履行义务时，债务人愿意接受强制执行的承诺；

（五）债权人和债务人愿意接受公证机构对债务履行情况进行核实；

（六）《公证法》规定的其他条件。

第五十五条　债务人不履行或者不适当履行经公证的具有强制执行效力的债权文书的，公证机构应当对履约情况进行核实后，依照有关规定出具执行证书。

债务人履约、公证机构核实、当事人就债权债务达成新的协议等涉及强制执行的情况，承办公证员应当制作工作记录附卷。

执行证书应当载明申请人、被申请执行人、申请执行标的和申请执行的期限。债务人已经履行的部分，应当在申请执行标的中予以扣除。因债务人不履行或者不适当履行而发生的违约金、滞纳金、利息等，可以应债权人的要求列入申请执行标的。

3.《中国公证协会办理具有强制执行效力债权文书公证及出具执行证书的指导意见》（2008 年 4 月 23 日中国公证协会第五届常务理事会第五次会议通过）

第一条　为了规范公证机构办理具有强制执行效力的债权文书公证及出具执行证书活动，根据《中华人民共和国民事诉讼法》、《中华人民共和国公证法》、《公证程序规则》和《最高人民法院、司法部关于公证机关赋予强制执行效力的债权文书执行有关问题的联合通知》（以下简称《联合通知》）的有关规定，制定本指导意见。

第二条 当事人申请办理具有强制执行效力的债权文书公证,应当由债权人和债务人共同向公证机构提出。涉及第三人担保的债权文书,担保人(包括保证人、抵押人、出质人、反担保人,下同)承诺愿意接受强制执行的,担保人应当向公证机构提出申请。

申请出具执行证书由债权人向公证机构提出。

第三条 公证机构办理具有强制执行效力的债权文书公证,债权文书应当以给付为内容,具体范围为《联合通知》第二条规定的债权文书。

第四条 符合《联合通知》第二条规定未经公证的债权文书,当事人就履行过程中出现的争议或者违约订立新的协议,并就新的协议共同向公证机构申请办理具有强制执行效力债权文书公证的,公证机构可以受理,但应当要求当事人提供原债权真实、合法的证明材料,并对证明材料采取适当的方式进行核实。

第五条 申请办理具有强制执行效力公证的债权文书应当对债权债务的标的、数额(包括违约金、利息、滞纳金)及计算方法、履行期限、地点和方式约定明确。

当事人互为给付、债权文书附条件或者附期限,以及债权债务的数额(包括违约金、利息、滞纳金)、期限不固定的情形不属于债权债务关系不明确。

第六条 当事人申请办理具有强制执行效力的债权文书公证,债权文书中应当载明当债务人(包括担保人)不履行或者不适当履行义务时,其愿意接受强制执行的承诺。

债务人(包括担保人)仅在债权文书的附件(包括补充条款、承诺书)中载明愿意接受强制执行承诺的,当事人应当在附件上签名(盖章)。该附件应当与债权文书一并装订在公证书中。

当事人在公证申请表、询问笔录等债权文书(包括附件)以外的其他文书上所作的愿意接受强制执行的承诺,不宜单独作为公证机构办理具有强制执行效力的债权文书公证的依据。

第七条 债务人(包括担保人)的委托代理人代理申办公证时,在债权文书中增设愿意接受强制执行承诺条款的,其授权委托书中应当包括授权增设愿意接受强制执行承诺的内容,或者包括授权申办具有强制执行效力债权文书公证的内容,或者包括授权代理签订合同的内容。

第八条 公证机构办理具有强制执行效力的债权文书公证,除需要按照《公证程序规则》规定的事项进行审查外,还应当重点审查下列事项:

（一）债务人（包括担保人）愿意接受强制执行的承诺是否明确，债务人（包括担保人）对作出愿意接受强制执行承诺的法律意义和后果是否清楚；

（二）债权债务关系是否明确，债权人和债务人（包括担保人）对债权文书的下列给付内容是否无疑义：

1. 债权债务的标的、数额（包括违约金、利息、滞纳金）及计算方法、履行期限、地点和方式；

2. 债务为分期履行的，对分期履行债务的强制执行的条件和范围的约定。

（三）对核实债务不履行或者不适当履行的方式所作的约定是否明确。

第九条　公证机构可以指导当事人就出具执行证书过程中双方当事人的举证责任和对债务人（包括担保人）不履行或者不适当履行债务的核实方式作出约定。债务人（包括担保人）可以约定采用"公证处信函核实"或者"公证处电话（传真）核实"等核实方式。该约定可以记载在债权文书或者其附件（包括补充条款、承诺书）中。

"公证处信函核实"方式是指公证机构在出具执行证书前，应当根据当事人约定的寄送方式和通讯地址向债务人（包括担保人）以信函方式核实债务人（包括担保人）不履行或者不适当履行债务的事实。

"公证处电话（传真）核实"方式是指公证机构在出具执行证书前，应当根据当事人约定的通讯号码向债务人（包括担保人）以电话（传真）方式核实债务人（包括担保人）不履行或者不适当履行债务的事实。

第十条　公证机构办理具有强制执行效力的债权文书公证，除需要按照《公证程序规则》规定向当事人进行告知外，还应当重点告知下列内容：

（一）申办具有强制执行效力债权文书公证的法律意义和后果；

（二）债权人申请出具执行证书的程序、期限和举证责任；

（三）债务人（包括担保人）对债权人申请出具执行证书提出异议的程序、期限和举证责任。

公证机构告知上述内容可以采用告知书、询问笔录等方式，书面告知应当由当事人签名。

第十一条　债权人向公证机构申请出具执行证书，应当提交下列材料：

（一）申请公证机构出具执行证书的申请书，申请书应当包括债权人保证所提交证明材料真实的承诺；

（二）经公证的具有强制执行效力的债权文书；

(三)委托代理人的,提交授权委托书;

(四)已履行了债权文书约定义务的证明材料。

债权人如有债务人(包括担保人)不履行或者不适当履行债务的证明材料,应当向公证机构提交。

第十二条 公证机构出具执行证书,除需要按照《联合通知》第五条规定的内容进行审查外,还应当重点审查下列内容:

(一)债权人提交的已按债权文书约定履行了义务的证明材料是否充分、属实;

(二)向债务人(包括担保人)核实其对债权文书载明的履行义务有无疑义,以及债权人提出的债务人(包括担保人)不履行或者不适当履行债务的主张是否属实。

第十三条 公证机构在出具执行证书前,对债务人(包括担保人)不履行或者不适当履行债务的事实进行核实时,当事人对核实方式有约定的,应当按照当事人约定的方式核实;当事人没有约定的,可以依据本指导意见第九条的规定自行决定核实方式。

公证机构按照当事人约定的方式进行核实时,无法与债务人(包括担保人)取得联系,或者债务人(包括担保人)未按约定方式回复,或者债务人(包括担保人)回复时提出异议但未能提出充分证明材料,不影响公证机构按照法定程序出具执行证书。

第十四条 有下列情形之一的,公证机构不予出具执行证书:

(一)债权人未能对其已经履行义务的主张提出充分的证明材料;

(二)债务人(包括担保人)对其已经履行义务的主张提出了充分的证明材料;

(三)公证机构无法在法律规定的执行期限内完成核实;

(四)人民法院已经受理了当事人就具有强制执行效力的债权文书提起的诉讼。

第十五条 公证机构在出具执行证书时,应当向债权人告知其向有管辖权的人民法院申请执行的期限。

第十六条 公证机构出具执行证书后,应当将核实债权文书履行状况的过程和结果制作成询问笔录、工作记录等书面材料归档保存。

第十七条 公证机构办理具有强制执行效力的债权文书公证及出具执行证书,应当注意下列问题:

（一）可以要求当事人在债权文书、询问笔录和告知书上捺指印；

（二）债权文书涉及股权、不动产的，以查阅登记机构档案的方式进行核实；

（三）信函核实宜采用国家邮政机构寄送的方式；

（四）电话（传真）核实宜以录像、录音的方式保全核实过程；

（五）对民间借贷、非金融机构的还款协议，以及《联合通知》第二条第（六）项规定的其他债权文书、第三条第二款规定的债权文书办理具有强制执行效力公证的，宜更加谨慎；

（六）当事人对债权文书中的修改、补充内容应当记载在债权文书中或者另行订立补充条款，不得以载入询问笔录代替。

第十八条　本指导意见由中国公证协会常务理事会负责解释。

【判旨撷要】

1. 重庆市国地资产管理有限公司与重庆德艺房地产开发有限公司、重庆恒通房地产开发有限公司借款纠纷执行复议案［（2011）执复字第 2 号］

要旨：人民法院在执行程序中，因被执行人提出不予执行抗辩的，应当对公证债权文书的内容是否确有错误进行审查，该审查应当包括公证债权文书的程序和实体问题。除非涉及明显违背当事人真实意愿以及损害社会公共利益或第三人利益的问题，人民法院在实质审查时，原则上限定于被赋予强制执行效力的公证债权文书本身，而不涉及公证债权文书形成的基础事实。

2. 中信信托有限责任公司与青岛舒斯贝尔房地产开发有限公司、青岛乾正置业有限公司资产收益权转让合同纠纷执行复议案［（2012）执复字第 1 号］

要旨：本案公证债权文书《支付协议》《抵押合同》具有金钱给付内容，权利义务关系明确，债权文书中亦载明一方当事人不履行义务或不完全履行义务时，愿意接受依法强制执行的承诺，且该《支付协议》与《抵押合同》系当事人各方的真实意思表示，内容不违反法律规定，也不损害公共利益及第三人利益，符合《公证债权文书执行联合通知》中关于公证机关作出具有强制执行效力的公证债权文书应当具备的条件要求。北京市方圆公证处依据中信信托的申请，在签发执行证书过程中依照法定程序对执行证书所涉及的债权债务进行了核实，确认申请复议人不完全履行协议的事实确实发生。该执行证书的内容符合《公证债权文书执行联合通知》中关于执行证书的规定要求,且申请复议人也未提出疑义,人民法院应予执行。

3. 莱芜市舜发典当有限公司与山东恒达食品有限公司、莱芜市裕华矿山设备有限公司抵押借款合同纠纷执行申诉案[(2015)执监字第1号]

要旨:本案合同名为最高额借款抵押合同,但合同内容中,既有最高额抵押的内容,又约定了典当、续当、绝当、典当综合费用等典当合同的内容。根据《典当管理办法》第42条的规定,典当行经营房地产抵押典当业务和机动车质押典当业务,应当和当户依法到有关部门先行办理抵押登记,再办理抵押典当手续。本案中,抵押物均未办理登记,不符合上述规定,故本案合同性质不明确。而合同性质对合同条款的效力、约定不明时的解释、发生争议时的法律适用等都会产生重要影响。根据《公证债权文书执行联合通知》第1条第2项规定,债权债务关系明确是公证机构赋予债权文书强制执行效力的必备条件。而本案债权债务关系并不明确,担保人的担保责任范围也不明确,且担保人对债权文书有关给付内容提出了疑义,此种情况下,公证处赋予本案债权文书强制执行效力不符合法律规定。

4. 金炳兴与江苏银盛建设有限公司借款合同纠纷执行申诉案[(2015)执申字第12号]

要旨:关于公证文书部分内容具有不予执行情形如何处理,现行立法和司法解释并未直接规定,需要按照相关法律精神与类比制度加以阐释解决。如果因公证文书部分内容具有不予执行情形而裁定整体不予执行,对债权人而言显失公平,也不利于维护公证文书效力的稳定性。因此,在公证文书所涉给付内容能够区分执行的情况下,如部分内容具有不予执行情形,则法院应仅对该部分裁定不予执行。《仲裁法解释》第19条与《民事诉讼法解释》第477条(2022年修正为第475条)确立了仲裁裁决部分内容具有撤销或不予执行情形的处理规则,体现了上述法律精神,公证文书的司法审查应当予以参照。

5. 四川信托有限公司与江西山上投资有限公司、上海正烨国际贸易集团有限公司、赫章县山上矿业有限公司、钟金红股权收益权转让合同纠纷执行申诉案[(2015)执申字第98号]

要旨:根据《民事诉讼法》第238条(2021年修正为第245条)第2款规

定,人民法院有权对公证机关赋予强制执行效力的债权文书效力进行审查,经过审查认为公证债权文书确有错误的,应裁定不予执行。公证债权文书被裁定不予执行后,原由债权文书所确认的债权债务关系重归于不稳定状态。根据《民事诉讼法解释》第 480 条(2022 年修正为第 478 条)第 3 款的规定,当事人、利害关系人可以依法提起民事诉讼解决存在的争议,明确权利义务关系。由于执行法院对具有强制执行效力的公证债权文书的审查系对其执行力进行具有裁判性质的判断,是对执行依据的司法监督,并非具体执行行为。因此,当事人对执行法院审查后裁定不予执行公证债权文书的,不能依据《民事诉讼法》第 225 条(2021 年修正为第 232 条)的规定提出异议或申请复议。总之,法院审查认为具有强制执行效力的公证债权文书确有错误,裁定不予执行的,当事人、利害关系人可以采取的救济方式是就债权争议向人民法院提起诉讼。

6. 青岛港信地产有限公司、豪第投资置业有限公司、青岛根德建材有限公司与华夏银行青岛经济技术开发区支行、阳光新天地投资集团有限公司委托贷款借款合同纠纷执行复议案[(2015)执复字第 26 号]

要旨:人民法院对公证债权文书的执行监督,应从债权人的债权是否真实存在并合法,当事人是否自愿接受强制执行等方面进行审查。现行法律、司法解释并未对公证债权文书所附担保协议的强制执行作出限制性规定。根据《异议复议规定》第 22 条的规定,公证债权文书对主债务和担保债务同时赋予强制执行效力的,人民法院应予执行。据此,公证机关可以对主合同和担保合同的真实性与合法性予以证明,并赋予其强制执行效力。

7. 中航信托股份有限公司与深圳市中技实业(集团)有限公司、成清波、天津隆侨商贸有限公司借款合同纠纷执行复议案[(2015)执复字第 44 号]

要旨:《公证债权文书执行联合通知》第 1 条、第 2 条规定的主要内容是赋予强制执行效力债权文书应当具备的具体条件,并对于可以赋予强制执行效力的合同类型进行了列举,但并未明确规定抵押合同不属于赋予强制执行效力的债权文书的范围。本案中,合同收益权转让合同、合同收益权远期购买合同、抵押合同、保证合同具有金钱给付内容,权利义务关系明确,各方当事人明确承诺接受强制执行,公证机构可对其进行公证并赋予强制执行效力。在办理公证书及执行证书过程中,公证机构可以采取信函核实的方式向债务人核实债务履行情况,并可以按照当事人具体约定进行。

8. 中国金谷国际信托有限责任公司与香山国际游艇俱乐部(厦门)有限公司、厦门达嘉集团有限公司、方东洛、陈玲霞债权债务纠纷执行复议案[(2016)最高法执复21号、(2019)最高法执复42号]

要旨:根据《公证债权文书执行联合通知》第4条、第5条的规定,公证机关在制作执行证书之前,应当核实审查债务履行情况以及债务人对于履行情况有无疑义等。根据《中国公证协会办理具有强制执行效力债权文书公证及出具执行证书的指导意见》第9条、第13条的规定,公证机关可以采取信函核实或当事人约定的方式向债务人核实债务履行情况,本案中,方圆公证处按照当事人在合同约定中的地址和电话联系各债务人,虽未能取得联系,也应当视为履行了核实义务,但是,根据《公证债权文书执行联合通知》第5条的规定,公证机关除了向合同相对方核实有无异议,还有审查合同履行情况的义务,因此,即便公证机关履行了核实义务,人民法院仍应结合案件事实审查执行证书的内容是否与事实相符。

《民事诉讼法解释》第480条(2022年修正为第478条)、《公证债权文书执行规定》第12条列举了公证债权文书确有错误不予执行的几种情形,其中并未包括补正执行证书的送达程序。易言之,补正执行证书送达程序问题并不影响公证债权文书的执行。

9. 中国民生银行股份有限公司长沙分行与长沙汇丰置业有限公司抵押借款合同纠纷执行申诉案[(2016)最高法执监142号]

要旨:《公证程序规则》第44条第1款规定,公证书自出具之日起生效。因此,当事人对公证书提出复查申请并不产生中断公证书效力的法律后果,汇丰公司认为麓山公证处在对其复查申请作出处理之前出具执行证书涉及程序违法的理由不成立。本案中,民生银行将其对汇丰公司可主张的债权中的8000万元转让给长沙合道建筑工程有限公司,并在申请执行证书时将8000万元予以核减,放弃的是对该8000万元的债权的申请强制执行的权利,该转让行为是民生银行自主处分其民事权利的行为,且该行为在本案中并不损害被执行人的利益,不能构成不予执行公证债权文书的理由。故公证债权文书中的剩余债权仍具有强制执行效力。

10. 北京权重华胜投资中心(有限合伙)与廊坊澳美基业房地产开发有限公司、天津亚泽置业发展有限公司、张亚娟公证债权文书执行监督案[(2016)最高法执监 147 号]

要旨:2008 年《公证债权文书争议是否受理批复》首次明确了人民法院对于公证债权文书裁定不予执行之后,当事人和利害关系人可以就公证债权文书所涉相关争议另行起诉。2014 年《涉公证民事案件规定》(法释〔2014〕6 号)第 3 条规定:“当事人、公证事项的利害关系人对公证书所公证的民事权利义务有争议的,可以依照公证法第四十条规定就该争议向人民法院提起民事诉讼。当事人、公证事项的利害关系人对具有强制执行效力的公证债权文书的民事权利义务有争议直接向人民法院提起民事诉讼的,人民法院依法不予受理。但是,公证债权文书被人民法院裁定不予执行的除外。”进一步明确了对公证债权文书审查结果的救济途径。《民事诉讼法解释》第 480 条(2022 年修正为第 478 条)第 3 款规定:“公证债权文书被裁定不予执行后,当事人、公证事项的利害关系人可以就债权争议提起诉讼。”明确规定对裁定不予执行公证债权文书有异议的当事人、公证事项的利害关系人可以直接向人民法院提起诉讼。可以看出,立法的本意是引导当事人通过诉讼途径来解决不予执行公证债权文书的争议。人民法院对具有强制执行效力的公证债权文书审查是对执行依据的司法审查行为,属于人民法院执行工作的司法监督行为,而非执行行为,因此,对因公证债权文书错误导致人民法院裁定不予执行的,不应依据《民事诉讼法》第 225 条(2021 年修正为第 232 条)的规定适用执行异议和复议的程序解决。

11. 中铁信托有限责任公司与福建省时代华奥动漫有限公司、福建省时代华奥建设发展有限公司等借款纠纷执行复议案[(2017)最高法执复 12 号、17 号]

要旨:根据《民事诉讼法解释》第 481 条(2022 年修正为第 479 条)的规定,当事人请求不予执行公证债权文书的,应向执行法院提出。《异议复议规定》第 4 条规定由原执行法院审查处理的异议,其所针对的是原执行法院的执行行为。而不予执行公证债权文书的请求与执行行为异议本质上是不同的,其所针对的是执行依据的执行力,审查的是公证债权文书本身是否确有错误,并不涉及人民法院的执行行为。《执行立结案意见》第 9 条第 6 项虽然规定被执行人对公证债权文书申请不予执行的,按照执行异议案件予以立案,但并不等于认可其与一般的执行行为异议性质相同。

12. 马福生与河南建开置业股份有限公司、姜玉霞、庞镇文债权转让、保证担保纠纷执行申诉案[(2018)最高法执监202号]

要旨:公证债权文书是经公证的以给付为内容并载明债务人愿意接受强制执行承诺的法律文书,其核心价值在于使当事人在自愿的基础上通过非诉的方式解决纠纷,促进交易效率,节省司法资源。本案中,虽然建开置业公司与马福生约定的利息远远超过法律、司法解释规定应予支持的利息上限,但考虑马福生通过债权转让取得对建开置业公司的债权,且建开置业公司与原债权人的债权经生效的民事调解书确认,这一基本事实客观存在,如果仅因双方约定的利息过高就裁定案涉公证债权文书整体不予执行,既不符合审判和执行的类案惯例,也不符合《公证债权文书执行规定》第11条的规定。故建开置业公司主张案涉公证债权文书应整体不予执行,本院不予支持。

13. 中国长城资产管理公司湖南省分公司与衡阳鸿源房地产开发有限责任公司、陈济泽、罗伟建、罗伟利公证债权文书执行申诉案[(2019)最高法执监240号]

要旨:《公证法》第25条规定,自然人、法人或者其他组织申请办理公证,可以向住所地、经常居住地、行为地或者事实发生地的公证机构提出。申请办理涉及不动产的公证,应当向不动产所在地的公证机构提出;申请办理涉及不动产的委托、声明、赠与、遗嘱的公证,可以适用前款规定。从该条文的立法本意来分析,应当是针对不动产本身办理公证时,对公证机构进行了限定,即不动产所在地的公证机构。《公证债权文书执行规定》第12条第1款规定:"有下列情形之一的,被执行人可以依照民事诉讼法第二百三十八条(2021年修正为第245条)第二款规定申请不予执行公证债权文书:……(五)其他严重违反法定公证程序的情形。"本案中,当事人申请办理的公证事项中虽然与不动产有关,但并不是针对不动产本身,而是针对双方签订的《债务重组协议》《抵押合同》等进行的公证。长城公司在其住所地的公证机构办理公证,符合上述《公证法》第25条第1款的规定,且在办理公证时,鸿源公司亦对此未提出异议。因此,望城公证处根据当事人的申请办理公证,并未违反法律规定。

第二百四十六条 【申请执行期间】申请执行的期间为二年。申请执行时效的中止、中断,适用法律有关诉讼时效中止、中断的规定。

前款规定的期间,从法律文书规定履行期间的最后一日起计算;法律文书规定分期履行的,从最后一期履行期限届满之日起计算;法律文书未规定履行期间的,从法律文书生效之日起计算。

规范体系	
相关立法	1.《民法典》第 188—189 条、第 192—198 条、第 200—204 条 2.《民事诉讼法》第 85—86 条
司法解释	1.《最高人民法院关于适用〈中华人民共和国民事诉讼法〉的解释》(法释〔2015〕5 号;经法释〔2022〕11 号第二次修正)第 440 条、第 481 条、第 517—518 条、第 545 条 2.《最高人民法院关于适用〈中华人民共和国民事诉讼法〉执行程序若干问题的解释》(法释〔2008〕13 号;经法释〔2020〕21 号修正)第 19—21 条 3.《最高人民法院关于执行和解若干问题的规定》(法释〔2018〕3 号;经法释〔2020〕21 号修正)第 10 条 4.《最高人民法院关于公证债权文书执行若干问题的规定》(法释〔2018〕18 号)第 9 条 5.《最高人民法院关于审理民事案件适用诉讼时效制度若干问题的规定》(法释〔2008〕11 号;经法释〔2020〕17 号修正)第 2 条、第 8 条、第 14—15 条 6.《最高人民法院关于内地与香港特别行政区法院相互认可和执行当事人协议管辖的民商事案件判决的安排》(法释〔2008〕9 号)第 8 条 7.《最高人民法院关于认可和执行台湾地区仲裁裁决的规定》(法释〔2015〕14 号)第 19 条
司法文件	《最高人民法院关于依法妥善办理涉新冠肺炎疫情执行案件若干问题的指导意见》(法发〔2020〕16 号)第 2 条

(续表)

规范体系	
司法答复	1.《最高人民法院执行工作办公室关于如何处理因当事人达成和解协议致使逾期申请执行问题的复函》(〔1999〕执他字第10号) 2.《最高人民法院执行工作办公室关于权利人逾期申请执行保证人不应予以执行立案的答复》(〔2000〕执他字第18号) 3.《最高人民法院关于当事人对人民法院生效法律文书所确定的给付事项超过申请执行期限后又重新就其中的部分给付内容达成新的协议的应否立案的批复》(〔2001〕民立他字第34号) 4.《最高人民法院执行工作办公室关于申请执行人在法定期限内向法院申请执行主债务人但未申请执行负有连带责任的担保人,在法定申请期限届满后,法院是否可以依申请人的申请强制执行连带责任人的请示的答复》(〔2004〕执他字第29号) 5.《最高人民法院关于生效法律文书未确定履行期限能否依当事人约定的履行期限受理执行的请示的复函》(〔2004〕执他字第23号) 6.《最高人民法院关于对超过执行期限的抵押权在另案中是否准予优先受偿问题的请示的复函》(〔2007〕执他字第10号)

【条文释义】

本条是关于申请执行期间的规定。2007年《民事诉讼法》第一次修正①、2021年《民事诉讼法》第四次修正②均对本条进行了修改。

---

① 《全国人民代表大会常务委员会关于修改〈中华人民共和国民事诉讼法〉的决定》(2007年10月28日第十届全国人民代表大会常务委员会第三十次会议通过)第15条规定:"十五、第二百一十九条改为第二百一十五条,修改为:'申请执行的期间为二年。申请执行时效的中止、中断,适用法律有关诉讼时效中止、中断的规定。前款规定的期间,从法律文书规定履行期间的最后一日起计算;法律文书规定分期履行的,从规定的每次履行期间的最后一日起计算;法律文书未规定履行期间的,从法律文书生效之日起计算。'"

② 《全国人民代表大会常务委员会关于修改〈中华人民共和国民事诉讼法〉的决定》(2021年12月24日第十三届全国人民代表大会常务委员会第三十二次会议通过)第16条规定:"……将第二百三十九条中的'从规定的每次履行期间的最后一日起计算'修改为'从最后一期履行期限届满之日起计算'。"

申请执行期间就是权利人有权请求人民法院依国家强制力强制义务人履行生效法律文书所确定的义务的期间。规定申请执行期间的目的是督促当事人行使权利,尽快实现法律文书确立的权利义务关系,保证法律文书的严肃性和有效性。生效法律文书所确定的当事人之间的权利义务关系只是法律上的设定,而非当事人的既得利益。如果权利人不及时主张权利,那么这种权利义务关系始终处于"虚置"状态,不利于经济关系的稳定。因此,在这个意义上,申请执行期间与诉讼时效制度有共同的功能,即促使双方当事人尽早实现权利义务关系,维护经济社会关系的平衡和稳定。

1991 年《民事诉讼法》第 219 条第 1 款规定:"申请执行的期限,双方或者一方当事人是公民的为一年,双方是法人或者其他组织的为六个月。"这一规定在司法实践中产生的问题主要是:(1)对公民、法人和其他组织适用不同的申请执行期限,不符合民事主体平等的原则。(2)申请执行期限过短,助长了一些债务人利用时效逃债的侥幸心理。(3)债权人担心超过申请执行期间法院不予保护,明知债务人无财产可供执行或者法律文书生效后双方已达成分期履行的协议,也不得不申请强制执行。为此,2007 年《民事诉讼法》第一次修正时,对本条作了较大的调整:一是将申请执行的期间延长为 2 年,不再区分自然人、法人或其他组织。二是将申请执行期限由不变期间修改为适用民法关于诉讼时效期间的规定,可以中止、中断。三是补充了未规定履行期间的法律文书的申请执行起算日。

根据本条规定,生效法律文书规定履行期间的,从该履行期间的最后一日起计算;法律文书规定分期履行的,从最后一期履行期限届满之日起计算;法律文书未规定履行期间的,从法律文书生效之日起计算。在申请执行期间的最后 6 个月内,因不可抗力或者其他障碍不能行使请求权的,申请执行时效中止。从中止时效的原因消除之日起,申请执行时效期间继续计算。申请执行时效因申请执行、当事人双方达成和解协议、当事人一方提出履行要求或者同意履行义务而中断。从中断时起,申请执行时效期间重新起算。由于法律对时效中断的次数没有限制性规定,根据时效制度的立法本意,申请执行时效期间重新起算后仍然可以依法中断,没有次数限制。

理解与适用本条规定,需要注意把握以下三点:

一、人民法院受理强制执行申请时,不对申请执行时效期间是否届满进行审查。申请执行时效期间是对私法上请求权消灭时效期间的规定,并不约束申请执行人启动执行程序这一公法上的强制执行申请权。鉴于此,《民事诉讼法解释》第483条第1款规定,申请执行人超过申请执行时效期间向人民法院申请强制执行的,人民法院应予受理。《执行工作规定》2020年修正时,在人民法院受理执行案件应当符合的条件中,将原来规定的"申请人在法定期限内提出申请"予以删除。

二、关于被执行人的时效抗辩权。对申请执行时效期间届满的法律后果,我国司法解释采抗辩权发生主义。《诉讼时效规定》第2条规定,当事人未提出诉讼时效抗辩,人民法院不应对诉讼时效问题进行释明。该条规定的原理同样适用于申请执行时效期间,只有在被执行人提出申请执行时效期间届满的抗辩时,执行法院才能对时效问题进行审查,申请执行人可以向执行法院举证证明存在时效中止、中断的事由。

三、人民法院对申请执行时效期间异议的审查处理。《异议复议规定》第7条第2款规定,被执行人以债权消灭、丧失强制执行效力等执行依据生效之后的实体事由提出排除执行异议的,人民法院应当参照《民事诉讼法》第232条规定进行审查。这是在我国现阶段尚未建立债务人异议之诉制度的情况下,通过执行行为异议、复议程序处理相关实体纠纷的权宜之计。[①]考虑被执行人对申请执行时效期间提出异议,目的在于排除执行依据的执行力,可参照此条处理。经审查,异议成立的,裁定不予执行;异议不成立的,裁定驳回异议;被执行人履行全部或者部分义务后,又以不知道申请执行时效期间届满为由请求执行回转的,不予支持。

【相关立法】

1.《中华人民共和国民法典》(2020年5月28日第十三届全国人民代表大会第三次会议通过,2021年1月1日)

第一百八十八条 向人民法院请求保护民事权利的诉讼时效期间为三年。法律另有规定的,依照其规定。

诉讼时效期间自权利人知道或者应当知道权利受到损害以及义务人之日起计算。法律另有规定的,依照其规定。但是,自权利受到损害之日起超过二十年的,人民法院不予保护,有特殊情况的,人民法院可以根据权利人的

① 参见赵晋山、葛洪涛、乔宇:《民事诉讼法执行程序司法解释若干问题的理解与适用》,载《人民司法·应用》2016年第16期。

申请决定延长。

第一百八十九条　当事人约定同一债务分期履行的,诉讼时效期间自最后一期履行期限届满之日起计算。

第一百九十二条　诉讼时效期间届满的,义务人可以提出不履行义务的抗辩。

诉讼时效期间届满后,义务人同意履行的,不得以诉讼时效期间届满为由抗辩;义务人已经自愿履行的,不得请求返还。

第一百九十三条　人民法院不得主动适用诉讼时效的规定。

第一百九十四条　在诉讼时效期间的最后六个月内,因下列障碍,不能行使请求权的,诉讼时效中止:

(一)不可抗力;

(二)无民事行为能力人或者限制民事行为能力人没有法定代理人,或者法定代理人死亡、丧失民事行为能力、丧失代理权;

(三)继承开始后未确定继承人或者遗产管理人;

(四)权利人被义务人或者其他人控制;

(五)其他导致权利人不能行使请求权的障碍。

自中止时效的原因消除之日起满六个月,诉讼时效期间届满。

第一百九十五条　有下列情形之一的,诉讼时效中断,从中断、有关程序终结时起,诉讼时效期间重新计算:

(一)权利人向义务人提出履行请求;

(二)义务人同意履行义务;

(三)权利人提起诉讼或者申请仲裁;

(四)与提起诉讼或者申请仲裁具有同等效力的其他情形。

第一百九十六条　下列请求权不适用诉讼时效的规定:

(一)请求停止侵害、排除妨碍、消除危险;

(二)不动产物权和登记的动产物权的权利人请求返还财产;

(三)请求支付抚养费、赡养费或者扶养费;

(四)依法不适用诉讼时效的其他请求权。

第一百九十七条　诉讼时效的期间、计算方法以及中止、中断的事由由法律规定,当事人约定无效。

当事人对诉讼时效利益的预先放弃无效。

第一百九十八条　法律对仲裁时效有规定的,依照其规定;没有规定的,适用诉讼时效的规定。

第二百条 民法所称的期间按照公历年、月、日、小时计算。

第二百零一条 按照年、月、日计算期间的,开始的当日不计入,自下一日开始计算。

按照小时计算期间的,自法律规定或者当事人约定的时间开始计算。

第二百零二条 按照年、月计算期间的,到期月的对应日为期间的最后一日;没有对应日的,月末日为期间的最后一日。

第二百零三条 期间的最后一日是法定休假日的,以法定休假日结束的次日为期间的最后一日。

期间的最后一日的截止时间为二十四时;有业务时间的,停止业务活动的时间为截止时间。

第二百零四条 期间的计算方法依照本法的规定,但是法律另有规定或者当事人另有约定的除外。

2.《中华人民共和国民事诉讼法》(2021 年 12 月 24 日第十三届全国人民代表大会常务委员会第三十二次会议第四次修正,2022 年 1 月 1 日)

第八十五条 期间包括法定期间和人民法院指定的期间。

期间以时、日、月、年计算。期间开始的时和日,不计算在期间内。

期间届满的最后一日是法定休假日的,以法定休假日后的第一日为期间届满的日期。

期间不包括在途时间,诉讼文书在期满前交邮的,不算过期。

第八十六条 当事人因不可抗拒的事由或者其他正当理由耽误期限的,在障碍消除后的十日内,可以申请顺延期限,是否准许,由人民法院决定。

【司法解释】

1.《最高人民法院关于适用〈中华人民共和国民事诉讼法〉的解释》(法释〔2015〕5 号,2015 年 2 月 4 日;经法释〔2022〕11 号第二次修正,2022 年 4 月 10 日)

第四百四十条 债权人向人民法院申请执行支付令的期间,适用民事诉讼法第二百四十六条的规定。

第四百八十一条 申请执行人超过申请执行时效期间向人民法院申请

强制执行的,人民法院应予受理。被执行人对申请执行时效期间提出异议,人民法院经审查异议成立的,裁定不予执行。

被执行人履行全部或者部分义务后,又以不知道申请执行时效期间届满为由请求执行回转的,人民法院不予支持。

【注释】《执行立结案意见》第 9 条第 5 项规定,被执行人以债权消灭、超过申请执行期间或者其他阻止执行的实体事由提出阻止执行的,人民法院应当按照执行异议案件予以立案。《异议复议规定》第 7 条第 2 款规定:"被执行人以债权消灭、丧失强制执行效力等执行依据生效之后的实体事由提出排除执行异议的,人民法院应当参照民事诉讼法第二百二十五条①规定进行审查。""丧失强制执行效力"包括"超过申请执行期间"的情形。《异议复议规定》施行后,适用该规定。

第五百一十七条　经过财产调查未发现可供执行的财产,在申请执行人签字确认或者执行法院组成合议庭审查核实并经院长批准后,可以裁定终结本次执行程序。

依照前款规定终结执行后,申请执行人发现被执行人有可供执行财产的,可以再次申请执行。再次申请不受申请执行时效期间的限制。

第五百一十八条　因撤销申请而终结执行后,当事人在民事诉讼法第二百四十六条规定的申请执行时效期间内再次申请执行的,人民法院应当受理。

【注释】(1)《执行立结案意见》第 6 条第 5 项规定,依照《民事诉讼法》第 264 条的规定而终结执行的案件,申请执行的条件具备时,申请执行人申请恢复执行的,人民法院应当按照恢复执行案件予以立案。因此,对于终结执行案件的恢复执行,不限于因撤销申请而终结执行的情形。

(2)因达成执行和解而撤销申请终结执行的,恢复执行时还需要符合《执行和解规定》第 11 条、第 16 条的规定。《执行和解规定》施行后,以该规定为准。

第五百四十五条　当事人申请承认和执行外国法院作出的发生法律效力的判决、裁定或者外国仲裁裁决的期间,适用民事诉讼法第二百四十六条的规定。

当事人仅申请承认而未同时申请执行的,申请执行的期间自人民法院对

① 2021 年《民事诉讼法》第四次修正后调整为第 232 条。

承认申请作出的裁定生效之日起重新计算。

2.《最高人民法院关于适用〈中华人民共和国民事诉讼法〉执行程序若干问题的解释》（法释〔2008〕13号，2009年1月1日；经法释〔2020〕21号修正，2021年1月1日）

第十九条 在申请执行时效期间的最后六个月内，因不可抗力或者其他障碍不能行使请求权的，申请执行时效中止。从中止时效的原因消除之日起，申请执行时效期间继续计算。

第二十条 申请执行时效因申请执行、当事人双方达成和解协议、当事人一方提出履行要求或者同意履行义务而中断。从中断时起，申请执行时效期间重新计算。

【注释】《执行和解规定》第10条规定："申请恢复执行原生效法律文书，适用民事诉讼法第二百三十九条①申请执行期间的规定。当事人不履行执行和解协议的，申请恢复执行期间自执行和解协议约定履行期间的最后一日起计算。"《执行和解规定》施行后，以该条为准。

第二十一条 生效法律文书规定债务人负有不作为义务的，申请执行时效期间从债务人违反不作为义务之日起计算。

3.《最高人民法院关于执行和解若干问题的规定》（法释〔2018〕3号，2018年3月1日；经法释〔2020〕21号修正，2021年1月1日）

第十条 申请恢复执行原生效法律文书，适用民事诉讼法第二百三十九条②申请执行期间的规定。

当事人不履行执行和解协议的，申请恢复执行期间自执行和解协议约定履行期间的最后一日起计算。

4.《最高人民法院关于公证债权文书执行若干问题的规定》（法释〔2018〕18号，2018年10月1日）

第九条 申请执行公证债权文书的期间自公证债权文书确定的履行期间的最后一日起计算；分期履行的，自公证债权文书确定的每次履行期间的

① 2021年《民事诉讼法》第四次修正后调整为246条。

② 2021年《民事诉讼法》第四次修正后调整为246条。

最后一日起计算。

债权人向公证机构申请出具执行证书的,申请执行时效自债权人提出申请之日起中断。

【注释】债权人申请出具执行证书,应当认定为属于《民法典》第 195 条第 4 项规定的“与提起诉讼或者申请仲裁具有同等效力的其他情形”。

5.《最高人民法院关于审理民事案件适用诉讼时效制度若干问题的规定》(法释〔2008〕11 号,2008 年 9 月 1 日;经法释〔2020〕17 号修正,2021 年 1 月 1 日)

第二条　当事人未提出诉讼时效抗辩,人民法院不应对诉讼时效问题进行释明。

第八条　具有下列情形之一的,应当认定为民法典第一百九十五条规定的“权利人向义务人提出履行请求”,产生诉讼时效中断的效力:

(一)当事人一方直接向对方当事人送交主张权利文书,对方当事人在文书上签名、盖章、按指印或者虽未签名、盖章、按指印但能够以其他方式证明该文书到达对方当事人的;

(二)当事人一方以发送信件或者数据电文方式主张权利,信件或者数据电文到达或者应当到达对方当事人的;

(三)当事人一方为金融机构,依照法律规定或者当事人约定从对方当事人账户中扣收欠款本息的;

(四)当事人一方下落不明,对方当事人在国家级或者下落不明的当事人一方住所地的省级有影响的媒体上刊登具有主张权利内容的公告的,但法律和司法解释另有特别规定的,适用其规定。

前款第(一)项情形中,对方当事人为法人或者其他组织的,签收人可以是其法定代表人、主要负责人、负责收发信件的部门或者被授权主体;对方当事人为自然人的,签收人可以是自然人本人、同住的具有完全行为能力的亲属或者被授权主体。

第十四条　义务人作出分期履行、部分履行、提供担保、请求延期履行、制定清偿债务计划等承诺或者行为的,应当认定为民法典第一百九十五条规定的“义务人同意履行义务”。

第十五条　对于连带债权人中的一人发生诉讼时效中断效力的事由,应当认定对其他连带债权人也发生诉讼时效中断的效力。

对于连带债务人中的一人发生诉讼时效中断效力的事由,应当认定对其他连带债务人也发生诉讼时效中断的效力。

6.《最高人民法院关于内地与香港特别行政区法院相互认可和执行当事人协议管辖的民商事案件判决的安排》(法释〔2008〕9 号,2008 年 8 月 1 日)

第八条 申请人申请认可和执行内地人民法院或者香港特别行政区法院判决的程序,依据执行地法律的规定。本安排另有规定的除外。

申请人申请认可和执行的期间为二年。

前款规定的期间,内地判决到香港特别行政区申请执行的,从判决规定履行期间的最后一日起计算,判决规定分期履行的,从规定的每次履行期间的最后一日起计算,判决未规定履行期间的,从判决生效之日起计算;香港特别行政区判决到内地申请执行的,从判决可强制执行之日起计算,该日为判决上注明的判决日期,判决对履行期间另有规定的,从规定的履行期间届满后开始计算。

7.《最高人民法院关于认可和执行台湾地区仲裁裁决的规定》(法释〔2015〕14 号,2015 年 7 月 1 日)

第十九条 申请人申请认可和执行台湾地区仲裁裁决的期间,适用民事诉讼法第二百三十九条①的规定。

申请人仅申请认可而未同时申请执行的,申请执行的期间自人民法院对认可申请作出的裁定生效之日起重新计算。

【司法文件】

《最高人民法院关于依法妥善办理涉新冠肺炎疫情执行案件若干问题的指导意见》(法发〔2020〕16 号,2020 年 5 月 13 日)

二、依法中止申请执行时效。在申请执行时效期间的最后六个月内,因疫情或者疫情防控措施不能行使请求权,债权人依据《最高人民法院关于适用〈中华人民共和国民事诉讼法〉执行程序若干问题的解释》第二十七条②规

① 2021 年《民事诉讼法》第四次修正后调整为 246 条。

② 2020 年修正后调整为第 19 条。

定主张申请执行时效中止的,人民法院应予支持。

【司法答复】

1.《最高人民法院执行工作办公室关于如何处理因当事人达成和解协议致使逾期申请执行问题的复函》(〔1999〕执他字第 10 号,1999 年 4 月 21 日)

广东省高级人民法院:

你院〔1997〕粤高法执请字第 36 号《关于深圳华达化工有限公司申请执行深圳东部实业有限公司一案申请执行期限如何认定问题的请示报告》收悉。经研究,答复如下:

《民事诉讼法》第二百一十九条①规定,申请执行的期限,双方或者一方当事人是公民的为 1 年,双方是法人或者其他组织的为 6 个月。申请执行人未在法定期限内申请执行,便丧失了请求法院强制执行保护其合法权益的权利。双方当事人于判决生效后达成还款协议,并不能引起法定申请执行期限的更改。本案的债权人超过法定期限申请执行,深圳市中级人民法院仍立案执行无法律依据。深圳华达化工有限公司的债权成为自然债,可自行向债务人索取,也可以深圳东部实业有限公司不履行还款协议为由向有管辖权的人民法院提起诉讼。

【注释】本复函所依据的《民事诉讼法》第 219 条已于 2007 年进行了修正,即不区分当事人为公民、法人或其他组织,申请执行的期间统一为 2 年,并适用法律有关诉讼时效中止、中断的规定,故立法精神已有调整。

2.《最高人民法院执行工作办公室关于权利人逾期申请执行保证人不应予以执行立案的答复》(〔2000〕执他字第 18 号,2000 年 12 月 21 日)

广东省高级人民法院:

你院粤高法〔2000〕27 号《关于是否受理深圳蛇口社会保险公司申请强制执行京光(广州)房地产实业有限公司一案的请示》收悉。经研究,答复如下:

同意你院审委会倾向性意见。鉴于深圳蛇口社会保险公司没有在法定申请执行期限内,向人民法院申请强制执行保证人京光(广州)房地产实业

① 2021 年《民事诉讼法》第四次修正后调整为第 246 条。

有限公司的财产,应视为对该项权利的放弃。深圳蛇口社会保险公司逾期申请京光(广州)房地产实业有限公司的财产,已丧失了法定立案条件,人民法院不应予以执行立案。

3.《最高人民法院关于当事人对人民法院生效法律文书所确定的给付事项超过申请执行期限后又重新就其中的部分给付内容达成新的协议的应否立案的批复》(〔2001〕民立他字第34号,2002年1月30日)

四川省高级人民法院:

你院报送的川高法〔2001〕144号《关于当事人对人民法院生效法律文书所确定的给付事项超过申请执行期限后又重新就其中的部分给付内容达成新的协议的应否立案的请示》收悉。经研究,同意你院审判委员会多数人意见。当事人就人民法院生效裁判文书所确定的给付事项超过执行期限后又重新达成协议的,应当视为当事人之间形成了新的民事法律关系,当事人就该新协议向人民法院提起诉讼的,只要符合《民事诉讼法》立案受理的有关规定的,人民法院应当受理。

4.《最高人民法院执行工作办公室关于申请执行人在法定期限内向法院申请执行主债务人但未申请执行负有连带责任的担保人,在法定申请期限届满后,法院是否可以依申请人的申请强制执行连带责任人的请示的答复》(〔2004〕执他字第29号,2005年6月15日)

广东省高级人民法院:

你院《关于申请执行人在法定期限内向法院申请执行主债务人但未申请执行负有连带责任的担保人,在法定申请期限届满后,法院是否可以依申请人的申请强制执行连带责任人的请示》收悉。经研究,答复如下:

同意你院审委会多数意见。生效法律文书确定保证人和主债务人承担连带责任的,连带责任保证人和主债务人即各自独立对债权人承担全部连带债务,债权人向连带责任保证人和主债务人申请强制执行的期限应当同时开始计算。债权人在法定申请强制执行期限内只对主债务人申请执行,而未申请执行保证人的,在申请执行期限届满后即丧失了对连带责任保证人申请强制执行的权利。

5.《最高人民法院关于生效法律文书未确定履行期限能否依当事人约定的履行期限受理执行的请示的复函》(〔2004〕执他字第 23 号,2005 年 6 月 29 日)

山西省高级人民法院:

你院《生效法律文书未确定履行期限能否依当事人约定的履行期限受理执行的请示》收悉,经研究,答复如下:

一、关于法律文书生效后,当事人在自动履行期间内达成和解协议,申请执行期限是否可以延长的问题,现行法律及司法解释没有明确规定。

二、从本案的实际情况看,当事人是在一审法院审判法官的主持下多次达成和解协议,这是造成债权人未能在法律文书生效后及时向人民法院申请强制执行的主要原因。为充分保护债权人的合法权益,本案可参照最高人民法院《关于适用〈中华人民共和国民事诉讼法〉若干问题的意见》第 267 条①规定的精神,作为个案的特殊情况妥善处理。

【注释】2007 年《民事诉讼法》第一次修正后,明确了申请执行时效可以中止、中断。因此,在 2007 年后应适用该规定。

6.《最高人民法院关于对超过执行期限的抵押权在另案中是否准予优先受偿问题的请示的复函》(〔2007〕执他字第 10 号,2007 年 12 月 12 日)

广东省高级人民法院:

你院《关于对超过执行期限的抵押权在另案中是否准予优先受偿问题的请示》收悉。经研究,答复如下:

同意你院审判委员会多数人意见。抵押权从属于主债权,与其担保的主债权同时存在,抵押权的成立、移转和消灭从属于主债权的发生、移转和消灭。现行法律并未赋予抵押权独立的强制执行申请权,其强制执行力从属于担保的主债权的强制执行力,受主债权强制执行申请期限的限制。《担保法司法解释》第十二条第二款②规定延长两年保护的期限是指抵押权的诉讼时

---

① 《民事诉讼法意见》(已废止)第 267 条规定:"申请恢复执行原法律文书,适用民事诉讼法第二百一十九条申请执行期限的规定。申请执行期限因达成执行中的和解协议而中止,其期限自和解协议所定履行期限的最后一日起连续计算。"

② 《担保法司法解释》(法释〔2000〕44 号,2021 年 1 月 1 日废止)第 12 条第 2 款规定:"担保物权所担保的债权的诉讼时效结束后,担保权人在诉讼时效结束后的二年内行使担保物权的,人民法院应当予以支持。"

效,并非强制执行申请期限,故该条款不适用对抵押权强制执行申请权的保护。主债权因超过强制执行申请期限而丧失强制执行力的保护及于抵押权,不能以参与另案执行的方式而重新赋予其强制执行力。因此,以丧失强制执行力保护的抵押权在另案中主张优先受偿的请求,应不予支持。

【注释】2012 年《民事诉讼法》第二次修正规定了实现担保物权的特别程序,赋予了抵押权独立的强制执行申请权。但对于申请实现担保物权有无时效,如有,从何时开始计算等问题,《民事诉讼法》并未作规定。《民法典》第 419 条规定:"抵押权人应当在主债权诉讼时效期间行使抵押权;未行使的,人民法院不予保护。"据此,实现担保物权的申请时效应参照诉讼时效,即实现担保物权应从主债权履行期限届满之日起开始计算,适用一般诉讼时效规定。

【判旨撷要】

1. 中国长城资产管理公司沈阳办事处与沈阳东北蓄电池有限公司等借款合同纠纷执行复议案[(2011)执复字第 12 号]

要旨:债务人认为申请执行超过法定期限的异议应当在合理期限内提出。本案执行立案后,债务人长期不提出超过申请执行期限的异议,足以使债权人形成其已经放弃期限抗辩的合理预期,且其提出异议时《民事诉讼法》已经修改,该法第 215 条(2021 年修正为第 246 条)将申请执行的期限改为 2 年。这种情况下,对申请执行期限问题的异议审查,应当参照法律修改后延长申请执行期限这一保护债权人利益的精神处理,被执行人以申请执行超过原法定期限为由提出异议的,不予支持。

2. 河南大鹏汇东石业有限公司与河南新地产置业有限公司建设用地使用权纠纷执行复议案[(2015)执复字第 39 号]

要旨:《民事诉讼法》第 239 条(2021 年修正为第 246 条)规定:"申请执行的期间为二年。申请执行时效的中止、中断,适用法律有关诉讼时效中止、中断的规定。前款规定的期间,从法律文书规定履行期间的最后一日起计算;法律文书规定分期履行的,从规定的每次履行期间的最后一日起计算;法律文书未规定履行期间的,从法律文书生效之日起计算。"据此,新地产公司于 2011 年 8 月 30 日将土地转让剩余价款支付完毕,逾期付款违约金的申请执行时效应从 2011 年 8 月 30 日起计算。根据河南省公安厅经济犯罪侦查总队出具的回函证明,大鹏公司控股股东郑硕涛于 2013 年 5 月 20 日到该总队提出控告,主张土地转让款权益,如果公安厅的回函情况及郑硕涛控股股东身份属实,大鹏公司主张逾期付款违约金应是在 2 年的申请执行时效期限内提出,该主张将导致申请执行时效的中断。

3. 沈阳市第二建筑工程公司与沈阳工艺美术商厦有限责任公司建设工程施工合同纠纷仲裁裁决执行申诉案[(2018)最高法执监 100 号]

要旨:《执行程序解释》第 28 条(2020 年修正为第 20 条)规定:"申请执行时效因申请执行、当事人双方达成和解协议、当事人一方提出履行要求或者同意履行义务而中断。从中断时起,申请执行时效期间重新计算。"本案中,沈阳二建公司作为仲裁案件的胜诉方,在原申请撤销仲裁裁决一案中,应诉抗辩债务人沈阳工美商厦公司提出的撤销仲裁裁决的主张,其目的当然是希望维持案涉仲裁裁决的效力,这既与"提出履行要求"无根本性区别,也符合一般常理。时效制度的目的在于促使权利人行使请求权,消除权利义务关系的不稳定状态;如果当事人通过实施这些行为,使权利义务关系重新明确,则时效就没有继续计算的必要。

4. 中国工商银行股份有限公司洛阳洛南支行与白洋锁金融借款合同纠纷仲裁裁决执行监督案[(2019)最高法执监 313 号]

要旨:本案仲裁裁决作出后,申诉人白洋锁向洛阳中院起诉,申请撤销仲裁裁决。该事实属于诉讼时效中断的法定情形。因此,本案关于申请执行时效的起算时间应为驳回白洋锁申请的民事裁定生效的时间,即 2016 年 4 月 6 日。依据河南高院查明的事实,工行洛南支行于 2018 年 3 月 5 日依照已发生法律效力的仲裁裁决书,向洛阳中院申请执行,因需要补充材料,洛阳中院未正式立案。2018 年 7 月 17 日申请执行人才将补齐的材料递交至河南高院。据此,可以认定工行洛南支行申请执行的时间为 2018 年 3 月 5 日。本案执行依据法律文书的生效时间为 2016 年 4 月 6 日,申请执行人申请执行的时间为 2018 年 3 月 5 日,未过 2 年申请执行的时效期间。

5. 冯某与程某离婚纠纷执行案[(2020)最高法执监 66 号]

要旨:从抚养费的性质来看,其属于具有财产利益内容的身份权请求权,且事关公序良俗和人的基本生存权利,事关未成年人和不能独立生活的子女等弱势群体的利益保护;在抚养法律关系存续期间,给付抚养费的请求权不应适用诉讼时效的规定,亦不应适用申请执行时效的规定。在执行司法解释没有规定或者其他相关规定不明确的情况下,应当适用基本法的原则性规定。《民法总则》第 196 条①明确规定:"下列请求权不适用诉讼时效的规定:……(三)请求支付抚养费、赡养费或者扶养费……"程某提出强制执行申请时,冯小某尚未成年,其与冯某的抚养法律关系尚在存续期间,且案件尚未执行完毕,执行中应当依照《民法总则》第 196 条规定进行审查认定。

① 《民法典》施行后,相关内容规定在第 196 条。

第二百四十七条　【执行通知】执行员接到申请执行书或者移交执行书，应当向被执行人发出执行通知，并可以立即采取强制执行措施。

规范体系	
司法解释	1.《最高人民法院关于适用〈中华人民共和国民事诉讼法〉的解释》（法释〔2015〕5号；经法释〔2022〕11号第二次修正）第480条 2.《最高人民法院关于适用〈中华人民共和国民事诉讼法〉执行程序若干问题的解释》（法释〔2008〕13号；经法释〔2020〕21号修正）第22条 3.《最高人民法院关于人民法院执行工作若干问题的规定（试行）》（法释〔1998〕15号；经法释〔2020〕21号修正）第22—24条
司法文件	1.《最高人民法院关于人民法院办理执行案件若干期限的规定》（法发〔2006〕35号）第2—4条 2.《最高人民法院关于执行款物管理工作的规定》（法发〔2017〕6号）第5条

【条文释义】

本条是关于执行通知的规定。2007年《民事诉讼法》第一次修正①、2012年《民事诉讼法》第二次修正②均对本条作出修改。

---

① 《全国人民代表大会常务委员会关于修改〈中华人民共和国民事诉讼法〉的决定》（2007年10月28日第十届全国人民代表大会常务委员会第三十次会议通过）第16条规定："十六、第二百二十条改为第二百一十六条，增加一款，作为第二款：'被执行人不履行法律文书确定的义务，并有可能隐匿、转移财产的，执行员可以立即采取强制执行措施。'"

② 《全国人民代表大会常务委员会关于修改〈中华人民共和国民事诉讼法〉的决定》（2012年8月31日第十一届全国人民代表大会常务委员会第二十八次会议通过）第55条规定："五十五、将第二百一十六条改为第二百四十条，修改为：'执行员接到申请执行书或者移交执行书，应当向被执行人发出执行通知，并可以立即采取强制执行措施。'"

1991年《民事诉讼法》第220条规定:"执行员接到申请执行书或者移交执行书,应当向被执行人发出执行通知,责令其在指定的期间履行,逾期不履行的,强制执行。"2007年《民事诉讼法》第一次修正时,立法部门经研究认为,向被执行人发出执行通知,可以使被执行人对人民法院采取的执行措施作必要的协助、配合等准备,是为了保证执行工作的顺利进行,也是文明执法的体现。但也要防止被执行人利用执行通知逃避债务履行,为此在本条中增加第2款:"被执行人不履行法律文书确定的义务,并有可能隐匿、转移财产的,执行员可以立即采取强制执行措施。"根据这一修改后的规定,执行员接到当事人的申请执行书或者审判庭移交的执行书后,一般是不能立刻采取执行措施的,而应先向被执行人发出执行通知,责令其在通知确定的期间履行法律文书确定的义务,被执行人逾期不履行,并有可能隐匿、转移财产的,执行员可以立即采取强制执行措施。

2007年《民事诉讼法》第一次修正后,司法实务部门反映,《民事诉讼法》将执行员可以立即采取强制执行措施的情形限定在被执行人隐匿、转移财产行为,仍然不利于执行工作的开展,不利于保证债权人的权利及时得到实现。在一些案件中,被执行人隐匿、转移财产的行为非常隐蔽,执行员往往难以查清,债权人也难以证实,法院不能立即采取强制措施,而错过执行时机。另外,有的意见认为,被执行人可能隐匿、转移财产的行为,需要执行员的审查与判断,而这也可能成为执行员怠于采取强制措施的推辞或者借口,不利于保障申请执行人的权益。

为加强执行工作力度,提高执行工作效率,更好地维护申请执行人的权益。2012年《民事诉讼法》第二次修正时将该条两款合并为一款,修改为"执行员接到申请执行书或者移交执行书,应当向被执行人发出执行通知,并可以立即采取强制执行措施",删去了关于执行通知中履行期间的规定,以及执行员立即采取强制措施的适用前提"有可能隐匿、转移财产"的规定。①

理解与适用本条规定,注意把握以下两点:

一、关于本条与《民事诉讼法》中相关条文的关系。《民事诉讼法》第248条至第251条规定的强制执行措施,均以"被执行人未按执行通知履行法律文书确定的义务"为前提,而本条规定执行员可以不经通知采取强制执行措

① 参见全国人民代表大会常务委员会法制工作委员会编:《中华人民共和国民事诉讼法释义(最新修正版)》,法律出版社2012年版,第561—563页。

施,其间存在一定的冲突。这一冲突是因本条经多次修改,而其他条文未作改动所造成的。从本条修改历程可见,1991 年《民事诉讼法》规定的是,被执行人未在执行通知指定的期间履行法定义务,是人民法院采取强制执行措施的前提,这与上述相关条文规定一致。2007 年和 2012 年两次修正,实质性地改变了本条中关于执行通知与强制执行措施的关系。因此,在目前情况下,为了《民事诉讼法》体系内部的协调,应当根据执行通知的制度目的与修改情况,对本法第 248 条至第 251 条作扩大解释,将采取相关执行措施的前提条件扩大为本条的"接到申请执行书或者移交执行书"。当然,由于财产申报制度本身须以执行通知为前提,未发出执行通知,无法实施该强制执行措施。①

二、关于发出执行通知与采取强制执行措施。根据本条规定,执行员在接到申请执行书或者移交执行书后,首先,应当向被执行人发出执行通知。根据《民事诉讼法解释》第 480 条和《执行工作规定》第 22 条的规定,执行通知主要包括如下内容:(1)责令被执行人履行法律文书确定的义务;(2)通知其承担法律规定的迟延履行利息和迟延履行金。在 2012 年《民事诉讼法》修正之前,确定一个履行期限是执行通知的重要内容,2012 年修正时将该内容予以删除。其次,可以立即采取强制执行措施。根据《执行程序解释》第 22 条规定,执行员依照本条规定立即采取强制执行措施的,可以同时或者自采取强制执行措施之日起 3 日内发送执行通知书。

【司法解释】

1.《最高人民法院关于适用〈中华人民共和国民事诉讼法〉的解释》(法释〔2015〕5 号,2015 年 2 月 4 日;经法释〔2022〕11 号第二次修正,2022 年 4 月10 日)

第四百八十条　人民法院应当在收到申请执行书或者移交执行书后十日内发出执行通知。

执行通知中除应责令被执行人履行法律文书确定的义务外,还应通知其承担民事诉讼法第二百六十条规定的迟延履行利息或者迟延履行金。

---

① 参见江必新主编:《执行规范理解与适用——最新民事诉讼法与民诉法解释保全、执行条文关联解读》,中国法制出版社 2015 年版,第 294—295 页。

【注释】为提高民事执行的效率，民事执行机关发出执行通知应有期限限制。《民事诉讼法意见》（法发〔1992〕22 号，已废止）第 279 条将这一期限规定为“收到申请执行书后的十日内”，《执行工作规定》（1998 年）则为“人民法院决定受理执行案件后三日内”，考虑法院应当在收到执行申请后 7 日内决定是否立案，两者实质相同，只是起算点有差异。本条修改时保留了原条文“十日”期限，但在起算点上补充规定了法院收到“移交执行书”的情况。

2.《最高人民法院关于适用〈中华人民共和国民事诉讼法〉执行程序若干问题的解释》（法释〔2008〕13 号，2009 年 1 月 1 日；经法释〔2020〕21 号修正，2021 年 1 月 1 日）

第二十二条 执行员依照民事诉讼法第二百四十条①规定立即采取强制执行措施的，可以同时或者自采取强制执行措施之日起三日内发送执行通知书。

【注释】《民事诉讼法解释》第 480 条规定了人民法院应当在收到申请执行书或者移交执行书后 10 日内发出执行通知，需注意的是，在同时或者自采取强制执行措施之日起 3 日内发送执行通知书，也需在收到申请执行书或者移交执行书后 10 日内。

3.《最高人民法院关于人民法院执行工作若干问题的规定（试行）》（法释〔1998〕15 号，1998 年 7 月 8 日；经法释〔2020〕21 号修正，2021 年 1 月 1 日）

四、执行前的准备

22. 人民法院应当在收到申请执行书或者移交执行书后十日内发出执行通知。

执行通知中除应责令被执行人履行法律文书确定的义务外，还应通知其承担民事诉讼法第二百五十三条②规定的迟延履行利息或者迟延履行金。

23. 执行通知书的送达，适用民事诉讼法关于送达的规定。

24. 被执行人未按执行通知书履行生效法律文书确定的义务的，应当及时采取执行措施。

人民法院采取执行措施，应当制作相应法律文书，送达被执行人。

---

① 2021 年《民事诉讼法》第四次修正后调整为第 247 条。

② 2021 年《民事诉讼法》第四次修正后调整为第 260 条。

【注释】本条仅规定法律文书应当送达被执行人,《查封扣押冻结规定》第 1 条规定了查封、扣押、冻结裁定书需要送达被执行人和申请执行人。《查封扣押冻结规定》施行后,以该条为准。

【司法文件】

1.《最高人民法院关于人民法院办理执行案件若干期限的规定》(法发〔2006〕35 号,2007 年 1 月 1 日)

第二条 人民法院应当在立案后 7 日内确定承办人。

第三条 承办人收到案件材料后,经审查认为情况紧急、需立即采取执行措施的,经批准后可立即采取相应的执行措施。

第四条 承办人应当在收到案件材料后 3 日内向被执行人发出执行通知书,通知被执行人按照有关规定申报财产,责令被执行人履行生效法律文书确定的义务。

被执行人在指定的履行期间内有转移、隐匿、变卖、毁损财产等情形的,人民法院在获悉后应当立即采取控制性执行措施。

【注释】需要注意的是,2012 年《民事诉讼法》第二次修正,未再要求指定履行期间。《民事诉讼法》修正后,以该规定为准。

2.《最高人民法院关于执行款物管理工作的规定》(法发〔2017〕6 号,2017 年 2 月 27 日)

第五条 执行人员应当在执行通知书或有关法律文书中告知人民法院执行款专户或案款专户的开户银行名称、账号、户名,以及交款时应当注明执行案件案号、被执行人姓名或名称、交款人姓名或名称、交款用途等信息。

三、执行措施

第二百四十八条　【被执行人报告财产情况】被执行人未按执行通知履行法律文书确定的义务，应当报告当前以及收到执行通知之日前一年的财产情况。被执行人拒绝报告或者虚假报告的，人民法院可以根据情节轻重对被执行人或者其法定代理人、有关单位的主要负责人或者直接责任人员予以罚款、拘留。

<table>
<tr><th colspan="2">规范体系</th></tr>
<tr><td>司法解释</td><td>1.《最高人民法院关于适用〈中华人民共和国民事诉讼法〉的解释》（法释〔2015〕5 号；经法释〔2022〕11 号第二次修正）第 482—483 条
2.《最高人民法院关于人民法院执行工作若干问题的规定（试行）》（法释〔1998〕15 号；经法释〔2020〕21 号修正）第 25 条
3.《最高人民法院关于民事执行中财产调查若干问题的规定》（法释〔2017〕8 号；经法释〔2020〕21 号修正）第 1—26 条
4.《最高人民法院关于刑事裁判涉财产部分执行的若干规定》（法释〔2014〕13 号）第 4 条、第 8 条
5.《最高人民法院关于人民法院办理财产保全案件若干问题的规定》（法释〔2016〕22 号；经法释〔2020〕21 号修正）第 14 条
6.《最高人民法院关于审理拒不执行判决、裁定刑事案件适用法律若干问题的解释》（法释〔2015〕16 号；经法释〔2020〕21 号修正）第 2 条
7.《最高人民法院关于公布失信被执行人名单信息的若干规定》（法释〔2017〕7 号）第 1 条</td></tr>
<tr><td>司法文件</td><td>1.《最高人民法院关于认真贯彻实施民事诉讼法及相关司法解释有关规定的通知》（法〔2017〕369 号）第 2 条
2.《最高人民法院关于人民法院办理执行案件若干期限的规定》（法发〔2006〕35 号）第 5—6 条
3.《最高人民法院关于依法制裁规避执行行为的若干意见》（法〔2011〕195 号）第 1—8 条、第 15 条</td></tr>
</table>

(续表)

规范体系	
司法文件	4.《最高人民法院关于严格规范终结本次执行程序的规定(试行)》(法〔2016〕373 号)第 2 条 5.《最高人民法院关于加强人民法院审判公开工作的若干意见》(法发〔2007〕20 号)第 17 条
司法答复	《最高人民法院关于工商行政管理局以收取查询费为由拒绝人民法院无偿查询企业登记档案人民法院是否应予民事制裁的复函》(法函〔2000〕43 号)

【条文释义】

本条是关于被执行人报告财产情况的规定。系 2007 年《民事诉讼法》第一次修正时增加的内容。①

强制执行能否取得实际效果,很大程度上取决于能否找到被执行人的财产,因此,解决"执行难"的关键问题之一,在于建立有效的查明被执行人财产的法律制度。从司法实践看,在查明被执行人财产方面存在的问题十分突出,大量的案件因为找不到被执行人的财产而无法执行。这种现象的存在,一方面是由于我国对于可以查明财产的公示、纳税等一系列的制度建设不够健全;另一方面与法律不够完善有关。

为了保证执行的效果,许多国家和地区都将查明被执行人的财产作为强制执行制度的一项重要内容,明确规定了被执行人申报财产状况的义务以及拒不履行申报义务或虚假申报的法律后果。例如,德国规定,债务人在进入执行程序后首先要在法院指定的日期报告财产并进行宣誓,宣誓要作成记

① 《全国人民代表大会常务委员会关于修改〈中华人民共和国民事诉讼法〉的决定》(2007 年 10 月 28 日第十届全国人民代表大会常务委员会第三十次会议通过)第 17 条规定:"十七、增加一条,作为第二百一十七条:'被执行人未按执行通知履行法律文书确定的义务,应当报告当前以及收到执行通知之日前一年的财产情况。被执行人拒绝报告或者虚假报告的,人民法院可以根据情节轻重对被执行人或者其法定代理人、有关单位的主要负责人或者直接责任人员予以罚款、拘留。'"

录，保证其已经按照要求凭自己的良心和良知作出了正确且完全的宣告。瑞士规定，债务人有义务披露其资产，包括在为实施充分扣押所必需的范围内披露未在其占有之下的资产及其对第三人享有的债权和权利，违者可处 5 年以下有期徒刑或罚款。我国台湾地区规定，执行法院发现债务人财产不足以抵偿债权或者不能发现债务人应交付的财产时，可以依职权或依申请，定期间责令债务人据实报告该期间届满前 1 年内的财产状况。债务人无正当理由不到场报告的，法院可对其进行拘留。

根据司法实践存在的问题并借鉴国外及有关地区的法律规定，2007 年《民事诉讼法》第一次修正时增加规定了被执行人的财产申报制度。主要内容有：(1)债务人不履行法律文书确定的债务，经债权人向法院申请强制执行后仍不按执行通知的要求履行的，即应当向法院如实报告其财产状况，也就是说，被申请执行人只要未按执行通知履行法律文书确定的义务的，就必须报告财产状况。(2)被执行人应当如实报告当前的以及收到执行通知之日前 1 年的财产情况，包括有多少动产、不动产、现金、存款、股权、无形财产、银行账户，不动产所在地，动产的存放地，所享有的对第三人的债权，1 年期间内所进行的财产变动情况，提交必要的与财产有关的文件或者权利凭证等。(3)拒绝报告或者虚假报告的法律责任是，人民法院可以根据情节轻重对被执行人或者其法定代理人、有关单位的主要负责人或者直接责任人员予以罚款、拘留。被执行人是自然人的，对其本人或者其法定代理人①实施处罚，被执行人是单位的，对其主要负责人或者直接责任人员予以处罚。②

理解与适用本条规定，需要注意把握以下三点：

一、关于报告程序。人民法院责令被执行人报告财产状况的，应当向其发出报告财产令。报告财产令中应当写明报告财产的范围、报告财产的期间、拒绝报告或者虚假报告的法律后果等内容。如果被执行人报告财产后，其财产状况发生变动，影响申请执行人债权实现的，应当自财产变动之日起 10 日内向人民法院补充报告。对于被执行人暂无财产可供执行的，可以要求被执行人定期报告。如果被执行人在报告财产期间履行全部债务的，人民

① 这里所谓的“法定代理人”，指的是被执行人为无民事行为能力人或者限制民事行为能力人的情形，此种情形下，其法定代理人是申报财产义务人。

② 参见全国人民代表大会常务委员会法制工作委员会编：《中华人民共和国民事诉讼法释义（最新修正版）》，法律出版社 2012 年版，第 566—568 页。

法院应当裁定终结报告程序。

二、关于报告范围。(1)就时间而言,不但需要报告当前所持有的财产状况,还需要报告收到执行通知之日前1年的财产情况,被执行人自收到执行通知之日前1年至当前财产发生变动的,应当对该变动情况进行报告。目的是防止当事人在判决后规避执行,提前转移财产,通过报告可以发现财产转移的线索,适时采取执行措施。(2)就数量而言,《民事诉讼法》中并未限制,原则上要求被执行人申报其全部财产。①

三、关于报告次数。财产申报不以一次为限。执行期间,在被执行人首次申报财产后可能有新增财产的,除首次申报的财产能够满足清偿债务外,可以要求被执行人再次申报。

【司法解释】

1.《最高人民法院关于适用〈中华人民共和国民事诉讼法〉的解释》(法释〔2015〕5号,2015年2月4日;经法释〔2022〕11号第二次修正,2022年4月10日)

第四百八十二条 对必须接受调查询问的被执行人、被执行人的法定代表人、负责人或者实际控制人,经依法传唤无正当理由拒不到场的,人民法院可以拘传其到场。

人民法院应当及时对被拘传人进行调查询问,调查询问的时间不得超过八小时;情况复杂,依法可能采取拘留措施的,调查询问的时间不得超过二十四小时。

人民法院在本辖区以外采取拘传措施时,可以将被拘传人拘传到当地人民法院,当地人民法院应予协助。

【注释】根据本条规定,拘传适用的主体范围为"被执行人、被执行人的法定代表人、负责人或者实际控制人"。其中,"被执行人"适用于被执行人为自然人的情形;"被执行人的法定代表人"适用于企业法人为被执行人的情形;"负责人"适用于其他组织为被执行人的情形;"实际控制人"则可以同时适用于企业法人或其他组织为被执行人的情形。

---

① 参见江必新主编:《执行规范理解与适用——最新民事诉讼法与民诉法解释保全、执行条文关联解读》,中国法制出版社2015年版,第302—304页。

拘传适用的条件有两个:一是案件需要调查询问被执行人。由于执行案件多数是对金钱债权的执行,对被执行人财产已被控制,且产权清晰的案件,一般无须调查询问被执行人,此时就不能适用拘传措施。只有为查明财产而存在调查的迫切需要,或者是对行为的执行等必须调查询问被执行人时,才能适用。二是被执行人经依法传唤无正当理由拒不到场。此与“拘传到庭”的条件不同,后者要求 2 次传唤无正当理由拒不到庭。这种区别是由执行程序与审判程序的不同性质决定的。对于审判程序来说,权利义务尚未明确,对当事人应尽量不采取强制性措施;而对执行程序来说,权利义务关系已经生效法律文书确认,其目的在于迅速实现已被明确的权利义务关系,“强行性”色彩更浓。

需要注意的是:(1)拘传的时间应该从控制被执行人时开始计算,而不能从拘传到指定地点或者开始调查时起算。(2)由于执行程序拘传被执行人的目的不同于审查程序中的“到庭参加庭审”,而是要求调查询问被执行人,因此不一定要拘传到法院,也可以拘传到执行现场等其他地方。有时执行法院在相邻辖区执行案件,如果距离允许,也可以拘传到本法院进行调查。

第四百八十三条　人民法院有权查询被执行人的身份信息与财产信息,掌握相关信息的单位和个人必须按照协助执行通知书办理。

2.《最高人民法院关于人民法院执行工作若干问题的规定(试行)》(法释〔1998〕15 号,1998 年 7 月 8 日;经法释〔2020〕21 号修正,2021 年 1 月 1 日)

四、执行前的准备

25. 人民法院执行非诉讼生效法律文书,必要时可向制作生效法律文书的机构调取卷宗材料。

【注释】(1)《仲裁执行规定》第 4 条规定,对仲裁裁决主文或者仲裁调解书中的文字、计算错误以及仲裁庭已经认定但在裁决主文中遗漏的事项,可以补正或者说明的,人民法院应当书面告知仲裁庭补正或者说明,或者向仲裁机构调阅仲裁案卷查明。《仲裁执行规定》施行后,向仲裁机构调阅仲裁案卷,适用该规定。

(2)《公证债权文书执行规定》第 15 条规定,人民法院审查不予执行公证债权文书案件,案情复杂、争议较大的,应当进行听证。必要时可以向公证机构调阅公证案卷,要求公证机构作出书面说明,或者通知公证员到庭说明情况。《公证债权文书执行规定》施行后,向公证机构调阅公证案卷,适用该规定。

3.《最高人民法院关于民事执行中财产调查若干问题的规定》(法释〔2017〕8号,2017年5月1日;经法释〔2020〕21号修正,2021年1月1日)

第一条 执行过程中,申请执行人应当提供被执行人的财产线索;被执行人应当如实报告财产;人民法院应当通过网络执行查控系统进行调查,根据案件需要应当通过其他方式进行调查的,同时采取其他调查方式。

【注释】本条突出强调了法院应当应用网络执行查控系统进行调查,并在执行案件中采取适当的财产调查措施以查明财产情况。关于“其他调查方式”,《规范近期执行工作通知》(法〔2018〕141号)第2条第5项列举了一般应当完成下列调查事项:(1)对申请执行人提供的财产线索,必须予以核实,并将核实情况记录入卷;(2)向被执行人发出报告财产令时,应及时传唤被执行人或其法定代表人、负责人、实际控制人到人民法院接受调查询问;(3)住房公积金、金融理财产品、收益类保险、股息红利等未实现网络查控的财产,应前往现场调查,并制作调查笔录附卷为凭;(4)被执行人是自然人的,向被执行人所在单位及居住地周边群众调查了解被执行人生活居住、劳动就业、收入、债权、股权等情况,并制作调查笔录附卷为凭;(5)被执行人是法人或其他组织的,对其住所地、经营场所进行现场调查,全面核查被执行人企业性质及设立、合并分立、投资经营、债权债务、变更终止等情况,并可依申请进行审计调查。

第二条 申请执行人提供被执行人财产线索,应当填写财产调查表。财产线索明确、具体的,人民法院应当在七日内调查核实;情况紧急的,应当在三日内调查核实。财产线索确实的,人民法院应当及时采取相应的执行措施。

申请执行人确因客观原因无法自行查明财产的,可以申请人民法院调查。

【注释】《执行案件期限规定》(法发〔2006〕35号)第6条第1款规定:“申请执行人提供了明确、具体的财产状况或财产线索的,承办人应当在申请执行人提供财产状况或财产线索后5日内进行查证、核实。情况紧急的,应当立即予以核查。”本规定施行后,以本条为准。

第三条 人民法院依申请执行人的申请或依职权责令被执行人报告财产情况的,应当向其发出报告财产令。金钱债权执行中,报告财产令应当与执行通知同时发出。

人民法院根据案件需要再次责令被执行人报告财产情况的,应当重新向其发出报告财产令。

【注释】报告财产是被执行人的一项法定义务,但报告程序如何启动,《民事诉讼法》未作明确规定。为更加有效地督促被执行人依法履行报告财产义务,使法院对拒绝报告或虚假报告的被执行人的处罚更具正当性,人民法院在启动报告财产这一程序时,有必要向被执行人发出正式的法律文书,明确告知被执行人负有报告财产的义务、报告财产的范围、报告财产的期限要求以及拒绝报告和虚假报告的法律后果等内容。报告程序的启动旨在命令被执行人依法履行报告义务,故司法解释将这种法律文书确定为"报告财产令"。

第四条　报告财产令应当载明下列事项:

(一)提交财产报告的期限;

(二)报告财产的范围、期间;

(三)补充报告财产的条件及期间;

(四)违反报告财产义务应承担的法律责任;

(五)人民法院认为有必要载明的其他事项。

报告财产令应附财产调查表,被执行人必须按照要求逐项填写。

第五条　被执行人应当在报告财产令载明的期限内向人民法院书面报告下列财产情况:

(一)收入、银行存款、现金、理财产品、有价证券;

(二)土地使用权、房屋等不动产;

(三)交通运输工具、机器设备、产品、原材料等动产;

(四)债权、股权、投资权益、基金份额、信托受益权、知识产权等财产性权利;

(五)其他应当报告的财产。

被执行人的财产已出租、已设立担保物权等权利负担,或者存在共有、权属争议等情形的,应当一并报告;被执行人的动产由第三人占有,被执行人的不动产、特定动产、其他财产权等登记在第三人名下的,也应当一并报告。

被执行人在报告财产令载明的期限内提交书面报告确有困难的,可以向人民法院书面申请延长期限;申请有正当理由的,人民法院可以适当延长。

第六条　被执行人自收到执行通知之日前一年至提交书面财产报告之日,其财产情况发生下列变动的,应当将变动情况一并报告:

(一)转让、出租财产的;

（二）在财产上设立担保物权等权利负担的；

（三）放弃债权或延长债权清偿期的；

（四）支出大额资金的；

（五）其他影响生效法律文书确定债权实现的财产变动。

第七条 被执行人报告财产后，其财产情况发生变动，影响申请执行人债权实现的，应当自财产变动之日起十日内向人民法院补充报告。

第八条 对被执行人报告的财产情况，人民法院应当及时调查核实，必要时可以组织当事人进行听证。

申请执行人申请查询被执行人报告的财产情况的，人民法院应当准许。申请执行人及其代理人对查询过程中知悉的信息应当保密。

【注释】被执行人对其财产情况作出报告后，执行法院是否应当将被执行人报告的财产情况告知申请执行人，司法解释起草过程中曾有不同意见。经过争论，基于对被执行人隐私权和申请执行人知情权的平衡，司法解释最终规定，对被执行人报告的财产情况，申请执行人有权向执行法院请求查询，同时要求申请执行人对查询的被执行人财产情况依法保密。

第九条 被执行人拒绝报告、虚假报告或者无正当理由逾期报告财产情况的，人民法院可以根据情节轻重对被执行人或者其法定代理人予以罚款、拘留；构成犯罪的，依法追究刑事责任。

人民法院对有前款规定行为之一的单位，可以对其主要负责人或者直接责任人员予以罚款、拘留；构成犯罪的，依法追究刑事责任。

【注释】《制裁规避执行意见》（法〔2011〕195 号）第 15 条规定："对规避执行行为加大民事强制措施的适用。被执行人既不履行义务又拒绝报告财产或者进行虚假报告、拒绝交出或者提供虚假财务会计凭证、协助执行义务人拒不协助执行或者妨碍执行、到期债务第三人提出异议后又擅自向被执行人清偿等，给申请执行人造成损失的，应当依法对相关责任人予以罚款、拘留。"本条在适用情形中增加了无正当理由逾期报告财产情况，并且不要求给申请执行人造成损失，同时增加构成犯罪的，依法追究刑事责任。本规定施行后，以本条为准。

第十条 被执行人拒绝报告、虚假报告或者无正当理由逾期报告财产情况的，人民法院应当依照相关规定将其纳入失信被执行人名单。

第十一条 有下列情形之一的，财产报告程序终结：

（一）被执行人履行完毕生效法律文书确定义务的；

（二）人民法院裁定终结执行的；

（三）人民法院裁定不予执行的；

（四）人民法院认为财产报告程序应当终结的其他情形。

发出报告财产令后，人民法院裁定终结本次执行程序的，被执行人仍应依照本规定第七条的规定履行补充报告义务。

第十二条　被执行人未按执行通知履行生效法律文书确定的义务，人民法院有权通过网络执行查控系统、现场调查等方式向被执行人、有关单位或个人调查被执行人的身份信息和财产信息，有关单位和个人应当依法协助办理。

人民法院对调查所需资料可以复制、打印、抄录、拍照或以其他方式进行提取、留存。

申请执行人申请查询人民法院调查的财产信息的，人民法院可以根据案件需要决定是否准许。申请执行人及其代理人对查询过程中知悉的信息应当保密。

【注释】《民事诉讼法解释》第 483 条规定，人民法院有权查询被执行人的身份信息与财产信息，掌握相关信息的单位和个人必须按照协助执行通知书办理。本条第 1 款未再强调“按照协助执行通知书办理”。本规定施行后，以本条为准。

第十三条　人民法院通过网络执行查控系统进行调查，与现场调查具有同等法律效力。

人民法院调查过程中作出的电子法律文书与纸质法律文书具有同等法律效力；协助执行单位反馈的电子查询结果与纸质反馈结果具有同等法律效力。

第十四条　被执行人隐匿财产、会计账簿等资料拒不交出的，人民法院可以依法采取搜查措施。

人民法院依法搜查时，对被执行人可能隐匿财产或者资料的处所、箱柜等，经责令被执行人开启而拒不配合的，可以强制开启。

第十五条　为查明被执行人的财产情况和履行义务的能力，可以传唤被执行人或被执行人的法定代表人、负责人、实际控制人、直接责任人员到人民法院接受调查询问。

对必须接受调查询问的被执行人、被执行人的法定代表人、负责人或者实际控制人，经依法传唤无正当理由拒不到场的，人民法院可以拘传其到场；上述人员下落不明的，人民法院可以依照相关规定通知有关单位协助查找。

【注释】本条沿袭了《民事诉讼法解释》第 482 条第 1 款之规定，并增加规定“上述人员下落不明的，人民法院可以依照相关规定通知有关单位协助查找”。本规定施行后，以本条为准。《民事诉讼法解释》第 482 条第 2 款、第 3 款继续适用。

第十六条 人民法院对已经办理查封登记手续的被执行人机动车、船舶、航空器等特定动产未能实际扣押的，可以依照相关规定通知有关单位协助查找。

第十七条 作为被执行人的法人或非法人组织不履行生效法律文书确定的义务，申请执行人认为其有拒绝报告、虚假报告财产情况，隐匿、转移财产等逃避债务情形或者其股东、出资人有出资不实、抽逃出资等情形的，可以书面申请人民法院委托审计机构对该被执行人进行审计。人民法院应当自收到书面申请之日起十日内决定是否准许。

第十八条 人民法院决定审计的，应当随机确定具备资格的审计机构，并责令被执行人提交会计凭证、会计账簿、财务会计报告等与审计事项有关的资料。

被执行人隐匿审计资料的，人民法院可以依法采取搜查措施。

第十九条 被执行人拒不提供、转移、隐匿、伪造、篡改、毁弃审计资料，阻挠审计人员查看业务现场或者有其他妨碍审计调查行为的，人民法院可以根据情节轻重对被执行人或其主要负责人、直接责任人员予以罚款、拘留；构成犯罪的，依法追究刑事责任。

第二十条 审计费用由提出审计申请的申请执行人预交。被执行人存在拒绝报告或虚假报告财产情况，隐匿、转移财产或者其他逃避债务情形的，审计费用由被执行人承担；未发现被执行人存在上述情形的，审计费用由申请执行人承担。

【注释】《制裁规避执行意见》(法〔2011〕195 号)第 4 条规定：“……审计费用由申请执行人垫付，被执行人确有转移隐匿处分财产等情形的，实际执行到位后由被执行人承担。”关于审计费用的承担，本条区分了不同情形。本规定施行后，以本条为准。

第二十一条 被执行人不履行生效法律文书确定的义务，申请执行人可以向人民法院书面申请发布悬赏公告查找可供执行的财产。申请书应当载明下列事项：

(一)悬赏金的数额或计算方法；

(二)有关人员提供人民法院尚未掌握的财产线索，使该申请执行人的

债权得以全部或部分实现时,自愿支付悬赏金的承诺;

(三)悬赏公告的发布方式;

(四)其他需要载明的事项。

人民法院应当自收到书面申请之日起十日内决定是否准许。

第二十二条　人民法院决定悬赏查找财产的,应当制作悬赏公告。悬赏公告应当载明悬赏金的数额或计算方法、领取条件等内容。

悬赏公告应当在全国法院执行悬赏公告平台、法院微博或微信等媒体平台发布,也可以在执行法院公告栏或被执行人住所地、经常居住地等处张贴。申请执行人申请在其他媒体平台发布,并自愿承担发布费用的,人民法院应当准许。

第二十三条　悬赏公告发布后,有关人员向人民法院提供财产线索的,人民法院应当对有关人员的身份信息和财产线索进行登记;两人以上提供相同财产线索的,应当按照提供线索的先后顺序登记。

人民法院对有关人员的身份信息和财产线索应当保密,但为发放悬赏金需要告知申请执行人的除外。

第二十四条　有关人员提供人民法院尚未掌握的财产线索,使申请发布悬赏公告的申请执行人的债权得以全部或部分实现的,人民法院应当按照悬赏公告发放悬赏金。

悬赏金从前款规定的申请执行人应得的执行款中予以扣减。特定物交付执行或者存在其他无法扣减情形的,悬赏金由该申请执行人另行支付。

有关人员为申请执行人的代理人、有义务向人民法院提供财产线索的人员或者存在其他不应发放悬赏金情形的,不予发放。

第二十五条　执行人员不得调查与执行案件无关的信息,对调查过程中知悉的国家秘密、商业秘密和个人隐私应当保密。

第二十六条　本规定自 2017 年 5 月 1 日起施行。

本规定施行后,本院以前公布的司法解释与本规定不一致的,以本规定为准。

4.《最高人民法院关于刑事裁判涉财产部分执行的若干规定》(法释〔2014〕13 号,2014 年 11 月 6 日)

第四条　人民法院刑事审判中可能判处被告人财产刑、责令退赔的,刑事审判部门应当依法对被告人的财产状况进行调查;发现可能隐匿、转移财产的，应当及时查封、扣押、冻结其相应财产。

【注释】本条重申了《刑事诉讼法》第 102 条、《适用财产刑规定》第 9 条之规定，并明确将保全适用的范围扩大适用至责令退赔的案件。为防止财产查控违反比例原则，本条明确查封、扣押、冻结被告人的“相应”财产，即查控的财产与被告人应当或可能履行义务的价值基本相当。《刑事财产部分执行规定》施行后，以本条为准。

第八条　人民法院可以向刑罚执行机关、社区矫正机构等有关单位调查被执行人的财产状况，并可以根据不同情形要求有关单位协助采取查封、扣押、冻结、划拨等执行措施。

5.《最高人民法院关于人民法院办理财产保全案件若干问题的规定》（法释〔2016〕22 号，2016 年 12 月 1 日；经法释〔2020〕21 号修正，2021 年 1 月 1 日）

第十四条　被保全财产系机动车、航空器等特殊动产的，除被保全人下落不明的以外，人民法院应当责令被保全人书面报告该动产的权属和占有、使用等情况，并予以核实。

6. 最高人民法院关于审理拒不执行判决、裁定刑事案件适用法律若干问题的解释》（法释〔2015〕16 号，2015 年 7 月 22 日；经法释〔2020〕21 号修正，2021 年 1 月 1 日）

第二条　负有执行义务的人有能力执行而实施下列行为之一的，应当认定为全国人民代表大会常务委员会关于刑法第三百一十三条①的解释中规定的“其他有能力执行而拒不执行，情节严重的情形”：

（一）具有拒绝报告或者虚假报告财产情况、违反人民法院限制高消费及有关消费令等拒不执行行为，经采取罚款或者拘留等强制措施后仍拒不执行的；

……

7.《最高人民法院关于公布失信被执行人名单信息的若干规定》（法释〔2017〕7 号，2017 年 5 月 1 日）

第一条　被执行人未履行生效法律文书确定的义务，并具有下列情形之

---

①　《刑法》第 313 条规定：“对人民法院的判决、裁定有能力执行而拒不执行，情节严重的，处三年以下有期徒刑、拘役或者罚金……”

一的,人民法院应当将其纳入失信被执行人名单,依法对其进行信用惩戒:

……

(四)违反财产报告制度的;

……

【司法文件】

1.《最高人民法院关于认真贯彻实施民事诉讼法及相关司法解释有关规定的通知》(法〔2017〕369 号,2017 年 12 月 29 日)

二、在执行程序中适用《民诉法解释》第四百八十四条采取拘传措施的,应当严格遵守法定的条件与程序。拘传措施对于查明被执行财产、调查案件事实具有重要意义,同时也会严重影响被拘传人的人身自由。执行法院在采取拘传措施前必须经过依法传唤,对于无正当理由拒不到场的被执行人、被执行人的法定代表人、负责人或者实际控制人,应进行说服教育,经说服教育后仍拒不到场的,才能采取拘传措施。

对于已经控制被执行人的财产且财产权属清晰、没有必要调查询问的被执行人、被执行人的法定代表人、负责人或者实际控制人,不宜采取拘传措施。采取拘传措施必须严格遵守法定的时间期限,不能以连续拘传的形式变相羁押被拘传人。

2.《最高人民法院关于人民法院办理执行案件若干期限的规定》(法发〔2006〕35 号,2007 年 1 月 1 日)

第五条　承办人应当在收到案件材料后 3 日内通知申请执行人提供被执行人财产状况或财产线索。

第六条　申请执行人提供了明确、具体的财产状况或财产线索的,承办人应当在申请执行人提供财产状况或财产线索后 5 日内进行查证、核实。情况紧急的,应当立即予以核查。

申请执行人无法提供被执行人财产状况或财产线索,或者提供财产状况或财产线索确有困难,需人民法院进行调查的,承办人应当在申请执行人提出调查申请后 10 日内启动调查程序。

根据案件具体情况,承办人一般应当在 1 个月内完成对被执行人收入、银行存款、有价证券、不动产、车辆、机器设备、知识产权、对外投资权益及收益、到期债权等资产状况的调查。

【注释】《财产调查规定》第2条规定,财产线索明确、具体的,人民法院应当在7日内调查核实;情况紧急的,应当在3日内调查核实。该条改变了本条的相关规定,《财产调查规定》施行后,以该条为准。

3.《最高人民法院关于依法制裁规避执行行为的若干意见》(法〔2011〕195号,2011年5月27日)

一、强化财产报告和财产调查,多渠道查明被执行人财产

1. 严格落实财产报告制度。对于被执行人未按执行通知履行法律文书确定义务的,执行法院应当要求被执行人限期如实报告财产,并告知拒绝报告或者虚假报告的法律后果。对于被执行人暂时无财产可供执行的,可以要求被执行人定期报告。

2. 强化申请执行人提供财产线索的责任。各地法院可以根据案件的实际情况,要求申请执行人提供被执行人的财产状况或者财产线索,并告知不能提供的风险。各地法院也可根据本地的实际情况,探索尝试以调查令、委托调查函等方式赋予代理律师法律规定范围内的财产调查权。

【注释】《财产调查规定》第1条明确列举了财产调查的三种方式:(1)申请执行人提供被执行人的财产线索;(2)被执行人如实报告财产;(3)人民法院通过网络执行查控系统进行调查,根据案件需要应当通过其他方式进行调查的,同时采取其他调查方式。本条强化了申请执行人提供财产线索的责任,并规定各地法院可根据实际情况,探索尝试以调查令、委托调查函等方式赋予代理律师规定范围内的财产调查权。

3. 加强人民法院依职权调查财产的力度。各地法院要充分发挥执行联动机制的作用,完善与金融、房地产管理、国土资源、车辆管理、工商管理等各有关单位的财产查控网络,细化协助配合措施,进一步拓宽财产调查渠道,简化财产调查手续,提高财产调查效率。

4. 适当运用审计方法调查被执行人财产。被执行人未履行法律文书确定的义务,且有转移隐匿处分财产、投资开设分支机构、入股其他企业或者抽逃注册资金等情形的,执行法院可以根据申请执行人的申请委托中介机构对被执行人进行审计。审计费用由申请执行人垫付,被执行人确有转移隐匿处分财产等情形的,实际执行到位后由被执行人承担。

【注释】需要注意的是,关于审计费用的承担,《财产调查规定》第20条

区分了不同情形，不再一律由被执行人承担，规定“审计费用由提出审计申请的申请执行人预交。被执行人存在拒绝报告或虚假报告财产情况，隐匿、转移财产或者其他逃避债务情形的，审计费用由被执行人承担；未发现被执行人存在上述情形的，审计费用由申请执行人承担”。《财产调查规定》施行后，以该条为准。

5. 建立财产举报机制。执行法院可以依据申请执行人的悬赏执行申请，向社会发布举报被执行人财产线索的悬赏公告。举报人提供的财产线索经查证属实并实际执行到位的，可按申请执行人承诺的标准或者比例奖励举报人。奖励资金由申请执行人承担。

二、强化财产保全措施，加大对保全财产和担保财产的执行力度

6. 加大对当事人的风险提示。各地法院在立案和审判阶段，要通过法律释明向当事人提示诉讼和执行风险，强化当事人的风险防范意识，引导债权人及时申请财产保全，有效防止债务人在执行程序开始前转移财产。

7. 加大财产保全力度。各地法院要加强立案、审判和执行环节在财产保全方面的协调配合，加大依法进行财产保全的力度，强化审判与执行在财产保全方面的衔接，降低债务人或者被执行人隐匿、转移财产的风险。

8. 对保全财产和担保财产及时采取执行措施。进入执行程序后，各地法院要加大对保全财产和担保财产的执行力度，对当事人、担保人或者第三人提出的异议要及时进行审查，审查期间应当依法对相应财产采取控制性措施，驳回异议后应当加大对相应财产的执行力度。

五、充分运用民事和刑事制裁手段，依法加强对规避执行行为的刑事处罚力度

15. 对规避执行行为加大民事强制措施的适用。被执行人既不履行义务又拒绝报告财产或者进行虚假报告、拒绝交出或者提供虚假财务会计凭证、协助执行义务人拒不协助执行或者妨碍执行、到期债务第三人提出异议后又擅自向被执行人清偿等，给申请执行人造成损失的，应当依法对相关责任人予以罚款、拘留。

4.《最高人民法院关于严格规范终结本次执行程序的规定（试行）》（法〔2016〕373 号，2016 年 12 月 1 日）

第二条　本规定第一条第一项中的“责令被执行人报告财产”，是指应当完成下列事项：

(一)向被执行人发出报告财产令;

(二)对被执行人报告的财产情况予以核查;

(三)对逾期报告、拒绝报告或者虚假报告的被执行人或者相关人员,依法采取罚款、拘留等强制措施,构成犯罪的,依法启动刑事责任追究程序。

人民法院应当将财产报告、核实及处罚的情况记录入卷。

【注释】(1)本条是针对终结本次执行程序设置的程序标准,《财产调查规定》第3—10条是针对财产调查设置的措施内容,且对报告财产程序中文书制作、发出、报告财产范围、法院核实程序、拒不申报的惩戒作了更为详细的规定,应注意结合适用。

(2)本条第1款第3项与《民事诉讼法》第248条、《财产调查规定》第9条相比,增加了逾期报告处罚情形,且本条中的"相关人员"应当结合《财产调查规定》第9条适用,包括被执行人法定代理人、有关单位的主要负责人或者直接责任人员。

5.《最高人民法院关于加强人民法院审判公开工作的若干意见》(法发〔2007〕20号,2007年6月4日)

17. 申请执行人向人民法院提供被执行人财产线索的,人民法院应当在收到有关线索后尽快决定是否调查,决定不予调查的,应当告知申请执行人具体理由。人民法院根据申请执行人提供的线索或依职权调查被执行人财产状况的,应当在调查结束后及时将调查结果告知申请执行人。被执行人向人民法院申报财产的,人民法院应当在收到申报后及时将被执行人申报的财产状况告知申请执行人。

【司法答复】

《最高人民法院关于工商行政管理局以收取查询费为由拒绝人民法院无偿查询企业登记档案人民法院是否应予民事制裁的复函》(法函〔2000〕43号,2000年6月29日)

甘肃省高级人民法院:

你院〔1999〕甘经他字第180号《关于工商行政管理局以收取查询费为由拒绝人民法院无偿查询企业登记档案,人民法院是否应予民事制裁的请示》收悉。经研究,答复如下:

你省在请示中反映，张掖地区中级人民法院在审理经济合同纠纷案件中，向张掖市工商行政管理局查明某一企业工商登记情况时，该局依内部规定，以法院未交查询费为由，拒绝履行协助义务，妨碍了人民法院依法调查取证。张掖地区中级人民法院依照《中华人民共和国民事诉讼法》的有关规定，作出了对张掖市工商行政管理局罚款两万元的决定。张掖市工商行政管理局不服，向省高级人民法院提出复议申请。你院就《关于工商行政管理局以收取查询费为由拒绝人民法院无偿查询企业登记档案，人民法院是否应予民事制裁的问题》向我院请示。我院就此问题征求了国务院法制办公室的意见，经国务院法制办公室与国家工商行政管理局协商，国家工商行政管理局以工商企字〔2000〕第 81 号《关于修改〈企业登记档案资料查询办法〉第十条的通知》，对工商企字〔1996〕第 398 号《企业登记档案资料查询办法》进行了修改。第十条第一款改为："查询、复制企业登记档案资料，查询人应当交纳查询费、复制费。公、检、法、纪检监察、国家安全机关查询档案资料不交费。"

我们认为，张掖地区中级人民法院依照《中华人民共和国民事诉讼法》的有关规定，作出对张掖市工商行政管理局罚款两万元的决定是正确的。但是鉴于国家工商行政管理局已经于 2000 年 4 月 29 日，修改了《企业登记档案资料查询办法》的有关规定，故建议你院撤销张掖地区中级人民法院作出的（1999）张中法执罚字第 01 号罚款决定书，并及时与甘肃省工商行政管理局做好协调工作。

【判旨撮要】

福建蓝海房地产开发有限公司与珠海横琴黄河永达投资管理公司委托贷款合同纠纷执行复议案［（2015）执复字第 24 号］

要旨：根据《民事诉讼法》第 241 条、第 242 条（2021 年修正为第 248 条、第 249 条）的规定，被执行人未按执行通知履行法律文书确定的义务，应当报告当前以及收到执行通知之日前 1 年的财产情况，人民法院有权根据不同情形扣押、冻结、划拨、变价被执行人的财产。法律及司法解释并未将执行法院采取强制执行措施的时间限制在执行通知书指定的期限届满以及被执行人报告财产情况之后。因此，执行法院在发出执行通知后裁定查封、冻结被执行人的相应财产，不违反法律及司法解释的规定。

第二百四十九条 【查询、扣押、冻结、划拨、变价金融资产】被执行人未按执行通知履行法律文书确定的义务,人民法院有权向有关单位查询被执行人的存款、债券、股票、基金份额等财产情况。人民法院有权根据不同情形扣押、冻结、划拨、变价被执行人的财产。人民法院查询、扣押、冻结、划拨、变价的财产不得超出被执行人应当履行义务的范围。

人民法院决定扣押、冻结、划拨、变价财产,应当作出裁定,并发出协助执行通知书,有关单位必须办理。

规范体系	
相关立法	1.《信托法》第17条第1款 2.《证券投资基金法》第100条第1款
司法解释	1.《最高人民法院关于适用〈中华人民共和国民事诉讼法〉的解释》(法释〔2015〕5号;经法释〔2022〕11号第二次修正)第483—485条 2.《最高人民法院关于人民法院执行工作若干问题的规定(试行)》(法释〔1998〕15号;经法释〔2020〕21号修正)第26—27条 3.《最高人民法院关于网络查询、冻结被执行人存款的规定》(法释〔2013〕20号)第1—10条 4.《最高人民法院关于人民法院办理财产保全案件若干问题的规定》(法释〔2016〕22号;经法释〔2020〕21号修正)第10—12条 5.《最高人民法院关于人民法院能否对信用证开证保证金采取冻结和扣划措施问题的规定》(法释〔1997〕4号;经法释〔2020〕21号修正)第1—3条 6.《最高人民法院关于审理期货纠纷案件若干问题的规定》(法释〔2003〕10号;经法释〔2020〕18号修正)第58—61条 7.《最高人民法院关于审理期货纠纷案件若干问题的规定(二)》(法释〔2011〕1号;经法释〔2020〕18号修正)第3—10条

（续表）

<table>
<tr><th colspan="3">规范体系</th></tr>
<tr><td>司法解释</td><td colspan="2">8.《最高人民法院关于对被执行人存在银行的凭证式国库券可否采取执行措施问题的批复》（法释〔1998〕2 号；经法释〔2020〕21 号修正）
9.《最高人民法院关于产业工会、基层工会是否具备社会团体法人资格和工会经费集中户可否冻结划拨问题的批复》（法复〔1997〕6 号；经法释〔2020〕21 号修正）第 1—3 条
10.《最高人民法院关于法院冻结财产的户名与账号不符银行能否自行解冻的请示的答复》（法经〔1997〕32 号；经法释〔2020〕21 号修正）</td></tr>
<tr><td>司法文件</td><td>存款资金</td><td>1.《最高人民法院、中国人民银行关于依法规范人民法院执行和金融机构协助执行的通知》（法发〔2000〕21 号）第 1—11 条
2.《最高人民法院、中国人民银行关于人民法院查询和人民银行协助查询被执行人人民币银行结算账户开户银行名称的联合通知》（法发〔2010〕27 号）第 1—10 条
3.《最高人民法院、中国银行业监督管理委员会关于人民法院与银行业金融机构开展网络执行查控和联合信用惩戒工作的意见》（法〔2014〕266 号）第 1—7 条、第 9—11 条
4.《人民法院、银行业金融机构网络执行查控工作规范》（法〔2015〕321 号）第 1—23 条
5.《最高人民法院、中国银行业监督管理委员会关于人民法院与银行业金融机构开展金融理财产品网络执行查控的意见》（法〔2017〕1 号）第 1—15 条
6.《最高人民法院、中国银行业监督管理委员会关于进一步推进网络执行查控工作的通知》（法〔2018〕64 号）第 1—12 条
7.《最高人民法院、最高人民检察院、公安部关于对冻结、扣划企业事业单位、机关团体在银行、非银行金融机构存款的执法活动加强监督的通知》（法〔1996〕83 号）第 1—2 条
8.《最高人民法院关于军队单位作为经济纠纷案件的当事人可否对其银行帐户上的存款采取诉讼保全和军队费用能否强行划拨偿还债务问题的批复》[法（经）复〔1990〕15 号]第 1—3 条</td></tr>
</table>

(续表)

规范体系		
司法文件	证券资产	1.《最高人民法院关于在执行工作中进一步强化善意文明执行理念的意见》(法发〔2019〕35号)第7条 2.《最高人民法院、最高人民检察院、公安部、中国证券监督管理委员会关于进一步规范人民法院冻结上市公司质押股票工作的意见》(法发〔2021〕9号)第1—13条 3.《最高人民法院、中国证券监督管理委员会关于试点法院通过网络查询、冻结被执行人证券有关事项的通知》(法〔2016〕72号)第1—7条 4.《最高人民法院关于部分人民法院冻结、扣划被风险处置证券公司客户证券交易结算资金有关问题的通知》(〔2010〕民二他字第21号)第1—2条 5.《最高人民法院、最高人民检察院、公安部、中国证券监督管理委员会关于查询、冻结、扣划证券和证券交易结算资金有关问题的通知》(法发〔2008〕4号)第1—18条 6.《最高人民法院关于冻结、扣划证券交易结算资金有关问题的通知》(法〔2004〕239号)第1—8条 7.《最高人民法院关于冻结、划拨证券或期货交易所证券登记结算机构、证券经营或期货经纪机构清算账户资金等问题的通知》(法发〔1997〕27号)第1—4条 8.《最高人民法院关于贯彻最高人民法院法发〔1997〕27号通知应注意的几个问题的紧急通知》(法明传〔1998〕213号)第1—4条 9.《最高人民法院关于严格执行对证券或者期货交易机构的账号资金采取诉讼保全或者执行措施规定的通知》(法〔2001〕98号) 10.《最高人民法院、中国证券监督管理委员会关于加强信用信息共享及司法协助机制建设的通知》(法〔2014〕312号)第1—4条

(续表)

规范体系		
司法文件	特殊资金	1.《最高人民法院关于严禁冻结或划拨国有企业下岗职工基本生活保障资金的通知》(法〔1999〕228 号) 2.《最高人民法院关于在审理和执行民事、经济纠纷案件时不得查封、冻结和扣划社会保险基金的通知》(法〔2000〕19 号) 3.《最高人民法院关于对粮棉油政策性收购资金形成的粮棉油不宜采取财产保全措施和执行措施的通知》(法〔2000〕164 号) 4.《最高人民法院关于执行旅行社质量保证金问题的通知》(法〔2001〕1 号) 5.《最高人民法院关于强制执行中不应将企业党组织的党费作为企业财产予以冻结或划拨的通知》(法〔2005〕209 号) 6.《最高人民法院关于对工业企业结构调整专项奖补资金不宜采取财产保全措施和执行措施的通知》(法〔2017〕220 号) 7.《最高人民法院、住房和城乡建设部、中国人民银行关于规范人民法院保全执行措施确保商品房预售资金用于项目建设的通知》(法〔2022〕12 号)第 1—5 条
司法答复	银行存款	1.《最高人民法院经济审判庭关于银行不根据法院通知私自提取人民法院冻结在银行的存款应如何处理问题的电话答复》(1988 年 3 月 8 日) 2.《最高人民法院关于银行擅自划拨法院已冻结的款项如何处理问题的函》[法(经)函〔1989〕10 号] 3.《最高人民法院关于能否扣划被执行单位投资开办的企业法人的资金偿还被执行单位债务问题的复函》[法(经)函〔1991〕94 号] 4.《最高人民法院经济审判庭关于大庆市中级人民法院、望奎县人民法院对大同市中级人民法院已经实施冻结的银行存款及扣押的财产擅自扣划启封问题的复函》(法经〔1992〕169 号) 5.《最高人民法院研究室关于对有义务协助执行单位拒不协助予以罚款后又拒不执行应如何处理问题的答复》(1993 年 9 月 27 日)

(续表)

<table>
<tr><th colspan="3">规范体系</th></tr>
<tr><td rowspan="2">司法答复</td><td>银行存款</td><td>6.《最高人民法院关于冻结单位银行存款六个月期限如何计算起止时间的复函》(法经〔1995〕16号)
7.《最高人民法院执行工作办公室关于山东省菏泽市中级人民法院执行江西省鹰潭市月湖城市信用社赔偿一案的函》(〔2001〕执协字第1号)
8.《最高人民法院关于银行贷款账户能否冻结的请示报告的批复》(〔2014〕执他字第8号)</td></tr>
<tr><td>专项资金</td><td>1.《最高人民法院关于河南省西华县艾岗粮管所申请执行河南省西平县人民政府、西平县城乡建设环境保护局一案如何执行问题的复函》(〔1993〕经他3号)
2.《最高人民法院执行工作办公室关于执行过程中不得冻结、扣划国防科研经费的函》(法经〔1995〕118号)
3.《最高人民法院关于对企业住房基金执行问题的复函》(经他〔1996〕17号)
4.《最高人民法院执行工作办公室关于企业职工建房集资款不属企业所得问题的函》(法经〔1997〕12号)
5.《最高人民法院关于粮棉油政策性收购资金是否可以采取财产保全措施问题的复函》(法函〔1997〕97号)
6.《最高人民法院执行工作办公室关于股民保证金不宜作为证券公司财产执行的函》(法经〔1997〕300号)
7.《最高人民法院执行工作办公室关于股民保证金属于股民所有问题的函》(法经〔1997〕297号)
8.《最高人民法院执行工作办公室关于能否强制执行甘肃金昌市东区管委会有关财产请示的复函》(〔2001〕执他字第10号)
9.《最高人民法院关于被执行人大宗商品交易资金结算账户内资金能否采取执行措施的答复》(〔2012〕执他字第7号)
10.《最高人民法院关于矿山地质灾害和地质环境治理恢复保证金能否作为执行的答复》(〔2018〕最高法执他11号)</td></tr>
</table>

（续表）

<table>
<tr><th colspan="3">规范体系</th></tr>
<tr><td>司法答复</td><td>扣划效力</td><td>1.《最高人民法院关于破产受理之前已被执行的债务人银行存款不应列入破产财产问题的复函》(〔1998〕经他字第 49 号)
2.《最高人民法院执行工作办公室关于被执行人拒不申报退税款,税务机关又不协助应如何处理的请示的答复》(〔2000〕执他字第 33 号)
3.《最高人民法院执行工作办公室关于依法向相关有限责任公司、其他法人企业送达冻结被执行人投资权益或股权的法律文书即为合法有效冻结的复函》(〔2001〕执协字第 16 号)
4.《最高人民法院执行工作办公室关于安徽省宿州市埇桥区人民法院与山东省青岛市平度市人民法院执行青岛平度市进出口公司协调一案的答复》(〔2005〕执协字第 36 号)
5.《最高人民法院关于协助执行义务人未按法院裁定划款,可裁定其承担责任的答复》(〔2006〕执监字第 115-1 号)</td></tr>
<tr><td>参考文件</td><td colspan="2">1.《中国人民银行、最高人民法院、最高人民检察院、公安部关于查询、冻结、扣划企业事业单位、机关、团体银行存款的通知》(银发〔1993〕356 号)第 1—8 条
2.《中国人民银行关于对金融机构在人民银行的存款采取强制措施有关问题的通知》(银发〔1996〕148 号)第 1—3 条
3.《中国人民银行关于对查询、冻结、扣划国库库款有关问题的复函》(银函〔1999〕48 号)第 1—2 条
4.《财政部条法司关于对党政机关、军队、武警部队在所属公司撤并中承担连带经济责任有关问题的意见的函》(财法函字〔2000〕8 号)第 1—4 条
5.《中国人民银行关于银行承兑汇票保证金冻结、扣划问题的复函》(银条法〔2000〕9 号)第 1—2 条
6.《金融机构协助查询、冻结、扣划工作管理规定》(银发〔2002〕1 号)第 1—24 条
7.《中国证券登记结算有限责任公司关于协助司法机关冻结流通证券有关问题的通知》(中国结算发字〔2005〕184 号)第 1—12 条</td></tr>
</table>

(续表)

规范体系	
参考文件	8.《中国证券监督管理委员会冻结、查封实施办法》(中国证监会令第166号)第1—28条 9.《期货交易所管理办法》(中国证监会令第179号)第68条第1款 10.《中国银保监会办公厅关于规范银行业金融机构协助有权机关办理保险公司资本保证金账户查询、冻结、扣划有关事宜的通知》(银保监办发〔2020〕91号)第1—6条

【条文释义】

本条是关于对存款、债券、股票、基金份额等财产执行和协助执行的规定。2012年《民事诉讼法》第二次修正时对本条进行了修改。①

司法实践中,有些被执行人故意隐瞒其在银行的存款,拒不提供其在银行存款的账号,使执行工作难以进行,因此,1991年《民事诉讼法》对存款的执行措施单列一条专门予以规定。经过20余年的发展,我国经济社会生活发生了重大变化,民事主体的交易活动日益频繁,交易方式日趋复杂,资本市场逐步开放并获得了较大发展。民事主体掌握的金融资产也从以单一的存款为主,逐步发展到债券、股票、基金份额等多种形式并存的局面。为保证执行工作的正常开展,《民事诉讼法》也要适应形势的发展,作出相应的修改。

2012年《民事诉讼法》第二次修正在本条原有规定的基础上,主要作了三处修改:(1)扩大了查询财产的范围。本条原只规定查询被执行人的"存款情况",修改后增加规定对"债券、股票、基金份额等财产情况"也可以查

---

① 《全国人民代表大会常务委员会关于修改〈中华人民共和国民事诉讼法〉的决定》(2012年8月31日第十一届全国人民代表大会常务委员会第二十八次会议通过)第56条规定:"五十六、将第二百一十八条改为第二百四十二条,修改为:'被执行人未按执行通知履行法律文书确定的义务,人民法院有权向有关单位查询被执行人的存款、债券、股票、基金份额等财产情况。人民法院有权根据不同情形扣押、冻结、划拨、变价被执行人的财产。人民法院查询、扣押、冻结、划拨、变价的财产不得超出被执行人应当履行义务的范围。人民法院决定扣押、冻结、划拨、变价财产,应当作出裁定,并发出协助执行通知书,有关单位必须办理。'"

询。(2)强化了执行措施。本条原规定的执行措施是“冻结、划拨被执行人的存款”，修改后将“冻结、划拨”扩展，人民法院有权根据不同情形扣押、变价被执行人的财产，同时相应规定“人民法院查询、扣押、冻结、划拨、变价的财产不得超出被执行人应当履行义务的范围”“人民法院决定扣押、冻结、划拨、变价财产，应当作出裁定”。(3)负有协助执行义务的单位，从“银行、信用合作社和其他有储蓄业务的单位”扩展到“有关单位”。本条原有规定主要是针对存款的执行，负有协助执行义务的单位也主要指银行、信用合作社和其他有储蓄业务的单位。但修改之后，本条执行措施针对的对象已经不局限于存款，还包括了债券、股票、基金份额等财产。这些金融资产往往由有关单位实际掌握、控制或者管理、运用，人民法院对这些金融资产采取执行措施，往往需要上述有关单位予以协助。基于以上考虑，本条将负有协助查询以及协助扣押、冻结、划拨、变价被执行人财产义务的单位修改为“有关单位”。司法实践中，法院需要根据执行的财产及将要采取的执行措施等情况，确定具体的负有协助执行义务的单位。

本条第 1 款是关于人民法院有权对存款、债券、股票、基金份额等金融资产采取强制执行措施的规定，包括以下两个方面内容：其一，采取的执行措施包括查询、扣押、冻结、划拨、变价。(1)查询即人民法院向银行等有关单位，调查询问被执行人的存款、债券、股票、基金份额等财产情况，是了解被执行人在银行等有关单位有无存款及存款数额，持有的债券、股票、基金份额等财产情况的方法，以便采取进一步的执行措施。(2)扣押是指人民法院对有关的金融资产凭证予以扣留，避免被执行人占有、处分，也是一种临时性的强制执行措施。(3)冻结是指人民法院对被执行人的存款、债券、股票、基金份额等财产，依照一定的法律程序，限制被执行人提取、赎回、转移、转让等，这往往需要银行等有关单位的协助。(4)划拨主要指人民法院将被执行人在银行等金融机构的存款等强制转汇至某一账户，以清偿权利人的债权的措施。(5)变价是指对被执行人的债券、股票、基金份额等金融资产采取拍卖、变卖或者法律规定的其他方式将其价值予以兑现，以达到清偿权利人债权之目的。其二，人民法院采取执行措施的财产不得超过被执行人应当履行义务的范围。

本条第 2 款是关于人民法院对金融资产采取执行措施的程序性规定，包括两个方面内容：其一，人民法院对存款、债券、股票、基金份额等财产的执行措施，必须严格依法进行。人民法院决定扣押、冻结、划拨、变价财产，应当作出裁定，并发出协助执行通知书。否则，有关单位有权予以拒绝。其二，明确规定有关单位的协助执行义务。根据相关法律的规定，有些单位对客户具有保密的义务。例如，《商业银行法》明确规定，对个人、单位存款，商业银行有权拒绝任何单位和或者个人查询、冻结、扣划，但法律另有规定的除外。本条规定的有关单位的协助执行义务，即属于《商业银行法》的除外规定。如果有关单位收到人民法院的裁定书和协助执行通知书，拒不履行协助执行义务，如银行为存款人通风报信甚至擅自转移存款，人民法院可以对有关单位按照妨害民事诉讼予以处理。①

理解与适用本条规定，需要注意把握以下三点：

一、关于对存款执行的限制。根据法律或司法解释规定，对某些存款不得执行或只有具备一定条件才能执行。主要包括：(1)证券登记结算机构清算交收账户资金。此类资金系证券登记结算机构按照业务规则收取并存放于清算交收资金类账户内，豁免冻结、扣划。(2)证券投资者保护基金。该项基金只能用于证券公司被撤销、关闭和破产或被证监会实施行政接管、托管经营等强制监管措施时，按照国家有关政策规定对债权人予以偿付，不能用于偿还证券公司日常债务。(3)证券交易保证金。该保证金是证券经营机构向证券交易所缴存的用以防范交易风险的资金，由证券交易所专项存储，不得冻结、划拨。(4)信用证开证保护金。该保证金属于有进出口经营权的企业向银行申请对国外(境外)方开立信用证而备付的具有担保支付性质的资金。执行中可以采取冻结措施，但不得扣划。(5)银行承兑汇票保证金。该保证金是被执行人向金融机构申请开具承兑汇票时，金融机构向被执行人收取的一定金额的资金。执行中可以采取冻结措施，但不得扣划。(6)金融机构存款准备金和备付金。二者是金融机构为保证客户提取存款和资金清算需要而向中国人民银行交存的资金。(7)封闭贷款。封闭贷款是商业银行根据国家政策向特定企业发放的具有特定用途的贷款，实行专款专用，并设单独的账户，确保贷款用于约定的生产经营，不被挪作他用，确保回收款项用于清偿贷款，不被用作其他用途。(8)旅游服务质量保证金。该项保证金设立的目的是方便旅游行政管理机关对旅行社进行行业管理，保证旅游消费者的合法权益及时得到保护，也是有特定用途的专用资金。(9)粮

① 参见全国人民代表大会常务委员会法制工作委员会编：《中华人民共和国民事诉讼法释义(最新修正版)》，法律出版社2012年版，第569—572页。

棉油政策性收购资金。用于粮棉油的政策性收购资金,也属于专项资金,具有专门用途,不宜冻结和扣划。(10)国有企业下岗职工基本生活保障资金。该资金是采取企业、社会、财政各自承担 1/3 的办法筹集的,由企业再就业服务中心设立专户管理,专项用于保障下岗职工基本生活,具有专项资金性质,不能与企业的其他财产等同对待。(11)社会保险基金。该基金是由社会保险经办机构代参保人员管理,并最终由参保人员享用的公共基金,不属于社会保险经办机构所有,人民法院不得查封、冻结或划拨。(12)工会经费集中户及上级工会经费。企业在银行独立开列的"工会经费集中户",与企业经营资金无关,专门用于工会经费的集中与分配,不能在此账户开支经费或挪用、转移资金。(13)企业党组织的党费。该费用是企业每个当月按月工资比例向党组织缴纳的用于党组织活动的经费。党费由党委组织部门代党委统一管理,单立账户,专款专用,不属于企业的责任财产。(14)国防科研试制费。该经费是国家财政分配给发展国防科研的专项经费,必须用于武器装备研制、国防科技应用、基础研究和技术基础研究,人民法院不得对此采取强制执行措施。

二、关于扣划裁定的效力。对于银行存款等各类可以直接扣划的财产,扣划本身即具有查封的效力。对于银行存款、各类资金以及其他不需要变价的财产,查封(冻结)并不是必经程序,可以直接扣划。实践中,有的金融机构对于人民法院协助扣划存款的要求,提出欲扣划冻结存款则须先解冻,待人民法院解除冻结后却又转移扣划存款,人民法院裁定让其承担赔偿责任,其又以人民法院已经解冻不应承担财产流失的责任作为异议理由。对此问题,最高人民法院曾在个案中有协调意见,扣划裁定本身即具有冻结的效力,不允许人民法院之外的其他组织或个人进行处分。① 2015 年《民事诉讼法解释》明确扣划裁定具有冻结的效力,以避免发生争议。

三、关于财产处分权的取得与判断。在查封财产存在两个以上协助义务人的情况下,如果不同的查封机关分别向不同协助义务机关送达协助查封的法律文书,则向依法具有登记公示职能的协助义务机关送达的查封,取得处分权。当然,如果法律或者相关规范性文件对特殊财产处分权取得的判断另

① 参见《最高人民法院执行工作办公室关于安徽省宿州市埇桥区人民法院与山东省青岛市平度市人民法院执行青岛平度市进出口公司协调一案的答复》(〔2005〕执协字第 36 号,2006 年 1 月 9 日)。

有规定的,从其规定。[①] 例如,《最高人民法院、最高人民检察院、公安部、中国证券监督管理委员会关于查询、冻结、扣划证券和证券交易结算资金有关问题的通知》第 9 条第 1 款规定:"在证券公司托管的证券的冻结、扣划,既可以在托管的证券公司办理,也可以在证券登记结算机构办理。不同的执法机关同一交易日分别在证券公司、证券登记结算机构对同一笔证券办理冻结、扣划手续的,证券公司协助办理的为在先冻结、扣划。"

【相关立法】

1.《中华人民共和国信托法》(2001 年 4 月 28 日第九届全国人民代表大会常务委员会第二十一次会议通过,2001 年 10 月 1 日)

第十七条第一款 除因下列情形之一外,对信托财产不得强制执行:

(一)设立信托前债权人已对该信托财产享有优先受偿的权利,并依法行使该权利的;

(二)受托人处理信托事务所产生债务,债权人要求清偿该债务的;

(三)信托财产本身应担负的税款;

(四)法律规定的其他情形。

【注释】根据该条规定,除上述四种情形外,人民法院不得对信托财产强制执行。但信托受益权作为一种财产权益是可以被执行的,执行法院可向受托人发出协助执行通知书,要求其在信托法律关系终止时将受益人应得的财产或收益协助法院执行。信托法律关系的终止应根据《信托法》的相关规定或合同双方当事人的约定,法院执行不得强行终止信托,不得侵犯信托法律关系中合同双方的合法权益。

2.《中华人民共和国证券投资基金法》(2015 年 4 月 24 日第十二届全国人民代表大会常务委员会第十四次会议修正,2015 年 4 月 24 日)

第一百条第一款 基金销售结算资金、基金份额独立于基金销售机构、基金销售支付机构或者基金份额登记机构的自有财产。基金销售机构、基金销售支付机构或者基金份额登记机构破产或者清算时,基金销售结算资金、

---

① 参见最高人民法院修改后民事诉讼法贯彻实施工作领导小组编著:《最高人民法院民事诉讼法司法解释理解与适用(下)》,人民法院出版社 2015 年版,第 1297 页。

基金份额不属于其破产财产或者清算财产。非因投资人本身的债务或者法律规定的其他情形,不得查封、冻结、扣划或者强制执行基金销售结算资金、基金份额。

【司法解释】

1.《最高人民法院关于适用〈中华人民共和国民事诉讼法〉的解释》(法释〔2015〕5号,2015年2月4日;经法释〔2022〕11号第二次修正,2022年4月10日)

第四百八十三条　人民法院有权查询被执行人的身份信息与财产信息,掌握相关信息的单位和个人必须按照协助执行通知书办理。

【注释】《财产调查规定》第12条第1款规定:"……人民法院有权通过网络执行查控系统、现场调查等方式向被执行人、有关单位或个人调查被执行人的身份信息和财产信息,有关单位和个人应当依法协助办理。"该条规定未再强调"按照协助执行通知书办理",亦未规定在调查程序中需要出具协助执行通知书。《财产调查规定》施行后,以该条为准。

第四百八十四条　对被执行的财产,人民法院非经查封、扣押、冻结不得处分。对银行存款等各类可以直接扣划的财产,人民法院的扣划裁定同时具有冻结的法律效力。

【注释】本条规定吸收了《最高人民法院关于协助执行义务人未按法院裁定划款,可裁定其承担责任的答复》(〔2006〕执监字第115-1号)、《最高人民法院执行工作办公室关于安徽省宿州市埇桥区人民法院与山东省青岛市平度市人民法院执行青岛平度市进出口公司协调一案的答复》(〔2005〕执协字第36号)内容。〔2006〕执监字第115-1号答复认为:"人民法院在执行程序中的扣划裁定具有控制财产的效力,可以对抗其他法院后续的执行措施,不因协助义务人的不予协助行为而失去其对拟扣划财产的约束力。"〔2005〕执协字第36号答复认为:"人民法院在执行程序中的扣划裁定具有控制财产的效力,可以对抗其他法院后续的执行措施,不因协助义务人的不予协助执行行为而失去其对拟扣划财产的执行力。"《民事诉讼法解释》施行后,适用本条规定。

第四百八十五条　人民法院冻结被执行人的银行存款的期限不得超过一年,查封、扣押动产的期限不得超过两年,查封不动产、冻结其他财产权的期限不得超过三年。

申请执行人申请延长期限的，人民法院应当在查封、扣押、冻结期限届满前办理续行查封、扣押、冻结手续，续行期限不得超过前款规定的期限。

人民法院也可以依职权办理续行查封、扣押、冻结手续。

2.《最高人民法院关于人民法院执行工作若干问题的规定（试行）》（法释〔1998〕15号，1998年7月8日；经法释〔2020〕21号修正，2021年1月1日）

五、金钱给付的执行

26. 金融机构擅自解冻被人民法院冻结的款项，致冻结款项被转移的，人民法院有权责令其限期追回已转移的款项。在限期内未能追回的，应当裁定该金融机构在转移的款项范围内以自己的财产向申请执行人承担责任。

27. 被执行人为金融机构的，对其交存在人民银行的存款准备金和备付金不得冻结和扣划，但对其在本机构、其他金融机构的存款，及其在人民银行的其他存款可以冻结、划拨，并可对被执行人的其他财产采取执行措施，但不得查封其营业场所。

3.《最高人民法院关于网络查询、冻结被执行人存款的规定》（法释〔2013〕20号，2013年9月2日）

第一条 人民法院与金融机构已建立网络执行查控机制的，可以通过网络实施查询、冻结被执行人存款等措施。

网络执行查控机制的建立和运行应当具备以下条件：

（一）已建立网络执行查控系统，具有通过网络执行查控系统发送、传输、反馈查控信息的功能；

（二）授权特定的人员办理网络执行查控业务；

（三）具有符合安全规范的电子印章系统；

（四）已采取足以保障查控系统和信息安全的措施。

第二条 人民法院实施网络执行查控措施，应当事前统一向相应金融机构报备有权通过网络采取执行查控措施的特定执行人员的相关公务证件。办理具体业务时，不再另行向相应金融机构提供执行人员的相关公务证件。

人民法院办理网络执行查控业务的特定执行人员发生变更的，应当及时向相应金融机构报备人员变更信息及相关公务证件。

第三条 人民法院通过网络查询被执行人存款时，应当向金融机构传输电子协助查询存款通知书。多案集中查询的，可以附汇总的案件查询清单。

对查询到的被执行人存款需要冻结或者续行冻结的，人民法院应当及时向金融机构传输电子冻结裁定书和协助冻结存款通知书。

对冻结的被执行人存款需要解除冻结的，人民法院应当及时向金融机构传输电子解除冻结裁定书和协助解除冻结存款通知书。

第四条　人民法院向金融机构传输的法律文书，应当加盖电子印章。

作为协助执行人的金融机构完成查询、冻结等事项后，应当及时通过网络向人民法院回复加盖电子印章的查询、冻结等结果。

人民法院出具的电子法律文书、金融机构出具的电子查询、冻结等结果，与纸质法律文书及反馈结果具有同等效力。

第五条　人民法院通过网络查询、冻结、续冻、解冻被执行人存款，与执行人员赴金融机构营业场所查询、冻结、续冻、解冻被执行人存款具有同等效力。

【注释】《财产调查规定》第13条将本条规定的电子文书适用延伸到其他类型财产的网络调查，规定："人民法院通过网络执行查控系统进行调查，与现场调查具有同等法律效力。人民法院调查过程中作出的电子法律文书与纸质法律文书具有同等法律效力；协助执行单位反馈的电子查询结果与纸质反馈结果具有同等法律效力。"

第六条　金融机构认为人民法院通过网络执行查控系统采取的查控措施违反相关法律、行政法规规定的，应当向人民法院书面提出异议。人民法院应当在15日内审查完毕并书面回复。

第七条　人民法院应当依据法律、行政法规规定及相应操作规范使用网络执行查控系统和查控信息，确保信息安全。

人民法院办理执行案件过程中，不得泄露通过网络执行查控系统取得的查控信息，也不得用于执行案件以外的目的。

人民法院办理执行案件过程中，不得对被执行人以外的非执行义务主体采取网络查控措施。

第八条　人民法院工作人员违反第七条规定的，应当按照《人民法院工作人员处分条例》给予纪律处分；情节严重构成犯罪的，应当依法追究刑事责任。

第九条　人民法院具备相应网络扣划技术条件，并与金融机构协商一致的，可以通过网络执行查控系统采取扣划被执行人存款措施。

第十条　人民法院与工商行政管理、证券监管、土地房产管理等协助执行单位已建立网络执行查控机制,通过网络执行查控系统对被执行人股权、股票、证券账户资金、房地产等其他财产采取查控措施的,参照本规定执行。

4.《最高人民法院关于人民法院办理财产保全案件若干问题的规定》(法释〔2016〕22 号,2016 年 12 月 1 日;经法释〔2020〕21 号修正,2021 年 1 月 1 日)

第十条 当事人、利害关系人申请财产保全,应当向人民法院提供明确的被保全财产信息。

当事人在诉讼中申请财产保全,确因客观原因不能提供明确的被保全财产信息,但提供了具体财产线索的,人民法院可以依法裁定采取财产保全措施。

第十一条 人民法院依照本规定第十条第二款规定作出保全裁定的,在该裁定执行过程中,申请保全人可以向已经建立网络执行查控系统的执行法院,书面申请通过该系统查询被保全人的财产。

申请保全人提出查询申请的,执行法院可以利用网络执行查控系统,对裁定保全的财产或者保全数额范围内的财产进行查询,并采取相应的查封、扣押、冻结措施。

人民法院利用网络执行查控系统未查询到可供保全财产的,应当书面告知申请保全人。

第十二条 人民法院对查询到的被保全人财产信息,应当依法保密。除依法保全的财产外,不得泄露被保全人其他财产信息,也不得在财产保全、强制执行以外使用相关信息。

【注释】《财产调查规定》第 25 条只笼统规定调查过程中知悉的国家秘密、商业秘密和个人隐私应当保密。本条进一步明确财产保全过程中保密的信息及不得使用的具体规定。

5.《最高人民法院关于人民法院能否对信用证开证保证金采取冻结和扣划措施问题的规定》(法释〔1997〕4 号,1997 年 9 月 16 日;经法释〔2020〕21 号修正,2021 年 1 月 1 日)

信用证开证保证金属于有进出口经营权的企业向银行申请对国外(境外)方开立信用证而备付的具有担保支付性质的资金。为了严肃执法和保护当事人的合法权益,现就有关冻结、扣划信用证开证保证金的问题规定如下：

一、人民法院在审理或执行案件时，依法可以对信用证开证保证金采取冻结措施，但不得扣划。如果当事人、开证银行认为人民法院冻结和扣划的某项资金属于信用证开证保证金的，应当依法提出异议并提供有关证据予以证明。人民法院审查后，可按以下原则处理：对于确系信用证开证保证金的，不得采取扣划措施；如果开证银行履行了对外支付义务，根据该银行的申请，人民法院应当立即解除对信用证开证保证金相应部分的冻结措施；如果申请开证人提供的开证保证金是外汇，当事人又举证证明信用证的受益人提供的单据与信用证条款相符时，人民法院应当立即解除冻结措施。

二、如果银行因信用证无效、过期，或者因单证不符而拒付信用证款项并且免除了对外支付义务，以及在正常付出了信用证款项并从信用证开证保证金中扣除相应款额后尚有剩余，即在信用证开证保证金账户存款已丧失保证金功能的情况下，人民法院可以依法采取扣划措施。

三、人民法院对于为逃避债务而提供虚假证据证明属信用证开证保证金的单位和个人，应当依照民事诉讼法的有关规定严肃处理。

6.《最高人民法院关于审理期货纠纷案件若干问题的规定》（法释〔2003〕10 号，2003 年 7 月 1 日；经法释〔2020〕18 号修正，2021 年 1 月 1 日）

第五十八条　人民法院保全与会员资格相应的会员资格费或者交易席位，应当依法裁定不得转让该会员资格，但不得停止该会员交易席位的使用。人民法院在执行过程中，有权依法采取强制措施转让该交易席位。

第五十九条　期货交易所、期货公司为债务人的，人民法院不得冻结、划拨期货公司在期货交易所或者客户在期货公司保证金账户中的资金。

有证据证明该保证金账户中有超出期货公司、客户权益资金的部分，期货交易所、期货公司在人民法院指定的合理期限内不能提出相反证据的，人民法院可以依法冻结、划拨该账户中属于期货交易所、期货公司的自有资金。

第六十条　期货公司为债务人的，人民法院不得冻结、划拨专用结算账户中未被期货合约占用的用于担保期货合约履行的最低限额的结算准备金；期货公司已经结清所有持仓并清偿客户资金的，人民法院可以对结算准备金依法予以冻结、划拨。

期货公司有其他财产的，人民法院应当依法先行冻结、查封、执行期货公司的其他财产。

第六十一条 客户、自营会员为债务人的，人民法院可以对其保证金、持仓依法采取保全和执行措施。

7.《最高人民法院关于审理期货纠纷案件若干问题的规定(二)》(法释〔2011〕1号，2011年1月17日；经法释〔2020〕18号修正，2021年1月1日)

第三条 期货交易所为债务人，债权人请求冻结、划拨以下账户中资金或者有价证券的，人民法院不予支持：

(一)期货交易所会员在期货交易所保证金账户中的资金；

(二)期货交易所会员向期货交易所提交的用于充抵保证金的有价证券。

第四条 期货公司为债务人，债权人请求冻结、划拨以下账户中资金或者有价证券的，人民法院不予支持：

(一)客户在期货公司保证金账户中的资金；

(二)客户向期货公司提交的用于充抵保证金的有价证券。

第五条 实行会员分级结算制度的期货交易所的结算会员为债务人，债权人请求冻结、划拨结算会员以下资金或者有价证券的，人民法院不予支持：

(一)非结算会员在结算会员保证金账户中的资金；

(二)非结算会员向结算会员提交的用于充抵保证金的有价证券。

第六条 有证据证明保证金账户中有超过上述第三条、第四条、第五条规定的资金或者有价证券部分权益的，期货交易所、期货公司或者期货交易所结算会员在人民法院指定的合理期限内不能提出相反证据的，人民法院可以依法冻结、划拨超出部分的资金或者有价证券。

有证据证明期货交易所、期货公司、期货交易所结算会员自有资金与保证金发生混同，期货交易所、期货公司或者期货交易所结算会员在人民法院指定的合理期限内不能提出相反证据的，人民法院可以依法冻结、划拨相关账户内的资金或者有价证券。

第七条 实行会员分级结算制度的期货交易所或者其结算会员为债务人，债权人请求冻结、划拨期货交易所向其结算会员依法收取的结算担保金的，人民法院不予支持。

有证据证明结算会员在结算担保金专用账户中有超过交易所要求的结算担保金数额部分的，结算会员在人民法院指定的合理期限内不能提出相反证据的，人民法院可以依法冻结、划拨超出部分的资金。

第八条　人民法院在办理案件过程中，依法需要通过期货交易所、期货公司查询、冻结、划拨资金或者有价证券的，期货交易所、期货公司应当予以协助。应当协助而拒不协助的，按照《中华人民共和国民事诉讼法》第一百一十四条①之规定办理。

第九条　本规定施行前已经受理的上述案件不再移送。

第十条　本规定施行前本院作出的有关司法解释与本规定不一致的，以本规定为准。

【注释】2003年《期货纠纷若干规定》(法释〔2003〕10号)第59条对会员结算制度下期货交易所、期货公司为债务人时，人民法院不得冻结、扣划的保证金范围进行了规定。2007年国务院修订的《期货交易管理条例》规定了会员分级结算制度、有价证券充抵保证金制度，期货市场相关主体之间的法律关系更加复杂，保证金的财产形态也从现金拓展到有价证券。为此，2011年《期货纠纷若干规定(二)》(法释〔2011〕1号)明确结算会员为债务人的，债权人请求冻结、扣划非结算会员在结算会员保证金账户中的资金，人民法院不予支持。同时在立法技术上将法释〔2003〕10号规定第59条拆分为3个条文，分别对期货交易所和会员、期货公司和客户、结算会员和非结算会员3种法律关系下的司法冻结和执行范围进行规定，为人民法院的司法执行提供了更明确的依据。

8.《最高人民法院关于对被执行人存在银行的凭证式国库券可否采取执行措施问题的批复》(法释〔1998〕2号，1998年2月12日；经法释〔2020〕21号修正，2021年1月1日)

北京市高级人民法院：

你院京高法〔1997〕194号《关于对被执行人在银行的凭证式记名国库券可否采取冻结、扣划强制措施的请示》收悉。经研究，答复如下：

被执行人存在银行的凭证式国库券是由被执行人交银行管理的到期偿还本息的有价证券，在性质上与银行的定期储蓄存款相似，属于被执行人的财产。依照《中华人民共和国民事诉讼法》第二百四十二条②规定的精神，人民法院有权冻结、划拨被执行人存在银行的凭证式国库券。有关银行应当按

① 2021年《民事诉讼法》第四次修正后调整为第117条。

② 2021年《民事诉讼法》第四次修正后调整为第249条。

照人民法院的协助执行通知书将本息划归申请执行人。

【注释】凭证式记名国库券是政府为减少印券成本,委托银行向客户出售的仅开具记名凭证的一种国库券。凭证式记名国库券特指财政部发行的记名国债,又可称凭证式国库券。凭证式国库券到期后,客户虽只能持记名凭证到原购买地兑付,不得交易、转让,但可随时变现。记名国库券在性质上与定期存款相似,属于被执行人的财产。

最高人民法院研究室在办理本批复的过程中,曾征求了财政部、中国人民银行和国务院法制局的意见。财政部国债司认为:"凭证式国库券在性质上与银行的定期储蓄存款相似,属于被执行人的财产,人民法院可以依据有关的法律对其采取强制措施。必要时可以根据凭证式国库券的特点,按照实际持有天数和相应的利率档次计算本息,予以执行。"国务院法制局办公室也同意对记名国库券可以采取执行措施,但同时提出:"当需要对被执行人在银行购买的凭证式记名国库券采取强制措施时,不宜只限于'到期后',因为这种国库券的变现性也很强,可以比照'个人存款'采取强制措施。"中国人民银行条法司明确指出,"不能转让的凭证式记名国库券是国库券的一种,属于有价证券,可以成为执行客体,人民法院可以对其采取强制措施。代财政发行凭证式记名国库券的金融机构应该协助人民法院办理冻结、扣划"。①

9.《最高人民法院关于产业工会、基层工会是否具备社会团体法人资格和工会经费集中户可否冻结划拨问题的批复》(法复〔1997〕6号,1997年5月16日;经法释〔2020〕21号修正,2021年1月1日)

各省、自治区、直辖市高级人民法院,解放军军事法院:

山东等省高级人民法院就审判工作中如何认定产业工会、基层工会的社会团体法人资格和对工会财产、经费查封、扣押、冻结、划拨的问题,向我院请示。经研究,批复如下:

一、根据《中华人民共和国工会法》(以下简称工会法)的规定,产业工会社会团体法人资格的取得是由工会法直接规定的,依法不需要办理法人登记。基层工会只要符合《中华人民共和国民法典》、工会法和《中国工会章

---

① 参见最高人民法院研究室编:《民事诉讼司法解释理解与适用》,法律出版社2009年版,第2312—2313页。

程》规定的条件,报上一级工会批准成立,即具有社会团体法人资格。人民法院在审理案件中,应当严格按照法律规定的社会团体法人条件,审查基层工会社会团体法人的法律地位。产业工会、具有社会团体法人资格的基层工会与建立工会的营利法人是各自独立的法人主体。企业或企业工会对外发生的经济纠纷,各自承担民事责任。上级工会对基层工会是否具备法律规定的社会团体法人的条件审查不严或不实,应当承担与其过错相应的民事责任。

二、确定产业工会或者基层工会兴办企业的法人资格,原则上以工商登记为准;其上级工会依据有关规定进行审批是必经程序,人民法院不应以此为由冻结、划拨上级工会的经费并替欠债企业清偿债务。产业工会或基层工会投资兴办的具备法人资格的企业,如果投资不足或者抽逃资金的,应当补足投资或者在注册资金不实的范围内承担责任;如果投资全部到位,又无抽逃资金的行为,当企业负债时,应当以企业所有的或者经营管理的财产承担有限责任。

三、根据工会法的规定,工会经费包括工会会员缴纳的会费,建立工会组织的企业事业单位、机关按每月全部职工工资总额的百分之二的比例向工会拨交的经费,以及工会所属的企业、事业单位上缴的收入和人民政府的补助等。工会经费要按比例逐月向地方各级总工会和全国总工会拨交。工会的经费一经拨交,所有权随之转移。在银行独立开列的"工会经费集中户",与企业经营资金无关,专门用于工会经费的集中与分配,不能在此账户开支费用或挪用、转移资金。因此,人民法院在审理案件中,不应将工会经费视为所在企业的财产,在企业欠债的情况下,不应冻结、划拨工会经费及"工会经费集中户"的款项。

10.《最高人民法院关于法院冻结财产的户名与账号不符银行能否自行解冻的请示的答复》(法经〔1997〕32 号,1997 年 1 月 20 日;经法释〔2020〕21 号修正,2021 年 1 月 1 日)

江西省高级人民法院:

你院赣高法研〔1996〕6 号请示收悉,经研究,答复如下:

人民法院根据当事人申请,对财产采取冻结措施,是我国民事诉讼法赋予人民法院的职权,任何组织或者个人不得加以妨碍。人民法院在完成对财产冻结手续后,银行如发现被冻结的户名与账号不符时,应主动向法院提出存在的问题，由法院更正，而不能自行解冻；如因自行解冻不当造成损失，应视其过错程度承担相应的法律责任。

【司法文件】

（一）存款资金

1.《最高人民法院、中国人民银行关于依法规范人民法院执行和金融机构协助执行的通知》（法发〔2000〕21号，2000年9月4日）

为依法保障当事人的合法权益，维护经济秩序，根据《中华人民共和国民事诉讼法》，现就规范人民法院执行和银行（含其分理处、营业所和储蓄所）以及其他办理存款业务的金融机构（以下统称金融机构）协助执行的有关问题通知如下：

一、人民法院查询被执行人在金融机构的存款时，执行人员应当出示本人工作证和执行公务证，并出具法院协助查询存款通知书。金融机构应当立即协助办理查询事宜，不需办理签字手续，对于查询的情况，由经办人签字确认。对协助执行手续完备拒不协助查询的，按照民事诉讼法第一百零二条①规定处理。

人民法院对查询到的被执行人在金融机构的存款，需要冻结的，执行人员应当出示本人工作证和执行公务证，并出具法院冻结裁定书和协助冻结存款通知书。金融机构应当立即协助执行。对协助执行手续完备拒不协助冻结的，按照民事诉讼法第一百零二条规定处理。

人民法院扣划被执行人在金融机构存款的，执行人员应当出示本人工作证和执行公务证，并出具法院扣划裁定书和协助扣划存款通知书，还应当附生效法律文书副本。金融机构应当立即协助执行。对协助执行手续完备拒不协助扣划的，按照民事诉讼法第一百零二条规定处理。

人民法院查询、冻结、扣划被执行人在金融机构的存款时，可以根据工作情况要求存款人开户的营业场所的上级机构责令该营业场所做好协助执行工作，但不得要求该上级机构协助执行。

【注释】《推进网络执行查控工作通知》（法〔2018〕64号）第6条规定：

① 2021年《民事诉讼法》第四次修正后调整为第114条。

“人民法院网络扣划被执行人银行存款时，应当提供相关《执行裁定书》《协助执行通知书》、执行人员工作证件及联系方式；现场扣划的，参照执行。”根据该通知，无论是网络扣划存款，还是现场扣划，都无须生效法律文书副本，仅需《执行裁定书》《协助执行通知书》即可。法〔2018〕64 号通知施行后，以该通知为准。

二、人民法院要求金融机构协助冻结、扣划被执行人的存款时，冻结、扣划裁定和协助执行通知书适用留置送达的规定。

三、对人民法院依法冻结、扣划被执行人在金融机构的存款，金融机构应当立即予以办理，在接到协助执行通知书后，不得再扣划应当协助执行的款项用以收贷收息；不得为被执行人隐匿、转移存款。违反此项规定的，按照民事诉讼法第一百零二条的有关规定处理。

四、金融机构在接到人民法院的协助执行通知书后，向当事人通风报信，致使当事人转移存款的，法院有权责令该金融机构限期追回，逾期未追回的，按照民事诉讼法第一百零二条的规定予以罚款、拘留；构成犯罪的，依法追究刑事责任，并建议有关部门给予行政处分。

五、对人民法院依法向金融机构查询或查阅的有关资料，包括被执行人开户、存款情况以及会计凭证、账簿、有关对账单等资料（含电脑储存资料），金融机构应当及时如实提供并加盖印章；人民法院根据需要可抄录、复制、照相，但应当依法保守秘密。

六、金融机构作为被执行人，执行法院到有关人民银行查询其在人民银行开户、存款情况的，有关人民银行应当协助查询。

七、人民法院在查询被执行人存款情况时，只提供单位账户名称而未提供账号的，开户银行应当根据银发〔1997〕94 号《关于贯彻落实中共中央政法委〈关于司法机关冻结、扣划银行存款问题的意见〉的通知》第二条的规定，积极协助查询并书面告知。

八、金融机构的分支机构作为被执行人的，执行法院应当向其发出限期履行通知书，期限为十五日；逾期未自动履行的，依法予以强制执行；对被执行人未能提供可供执行财产的，应当依法裁定逐级变更其上级机构为被执行人，直至其总行、总公司。每次变更前，均应当给予被变更主体十五日的自动履行期限；逾期未自动履行的，依法予以强制执行。

【注释】《变更追加规定》第 15 条规定：“作为被执行人的法人分支机构，不能清偿生效法律文书确定的债务，申请执行人申请变更、追加该法人为被执行人的，人民法院应予支持。法人直接管理的责任财产仍不能清偿债务的，人民法院可以直接执行该法人其他分支机构的财产。作为被执行人的法人，直接管理的责任财产不能清偿生效法律文书确定债务的，人民法院可以直接执行该法人分支机构的财产。"《变更追加规定》施行后，本条作为变更、追加银行等金融机构的上级机构及总行为被执行人的特殊性规定，在执行金融机构分支机构时，仍可参照适用。

九、人民法院依法可以对银行承兑汇票保证金采取冻结措施，但不得扣划。如果金融机构已对汇票承兑或者已对外付款，根据金融机构的申请，人民法院应当解除对银行承兑汇票保证金相应部分的冻结措施。银行承兑汇票保证金已丧失保证金功能时，人民法院可以依法采取扣划措施。

十、有关人民法院在执行由两个人民法院或者人民法院与仲裁、公证等有关机构就同一法律关系作出的两份或者多份生效法律文书的过程中，需要金融机构协助执行的，金融机构应当协助最先送达协助执行通知书的法院，予以查询、冻结，但不得扣划。有关人民法院应当就该两份或多份生效法律文书上报共同上级法院协调解决，金融机构应当按照共同上级法院的最终协调意见办理。

十一、财产保全和先予执行依照上述规定办理。

此前的规定与本通知有抵触的，以本通知为准。

2.《最高人民法院、中国人民银行关于人民法院查询和人民银行协助查询被执行人人民币银行结算账户开户银行名称的联合通知》（法发〔2010〕27号，2010年7月14日）

一、人民法院查询对象限于生效法律文书所确定的被执行人，包括法人、其他组织和自然人。

二、人民法院需要查询被执行人银行结算账户开户银行名称的，人民银行上海总部，被执行人注册地（身份证发证机关所在地）所在省（自治区、直辖市）人民银行各分行、营业管理部、省会（首府）城市中心支行及深圳市中心支行应当予以查询。

三、人民法院查询被执行人结算账户开户银行名称的，由被执行人注册地（身份证发证机关所在地）所在省（自治区、直辖市）高级人民法院（另含深圳市中级人民法院）统一集中批量办理。

四、高级人民法院（另含深圳市中级人民法院）审核汇总有关查询申请后，应当就协助查询被执行人名称（姓名、身份证号码）、注册地（身份证发证机关所在地）、执行法院、执行案号等事项填写《协助查询书》，加盖高级人民法院（另含深圳市中级人民法院）公章后于每周一上午（节假日顺延）安排专人向所在地人民银行上述机构送交《协助查询书》（并附协助查询书的电子版光盘）。

五、人民银行上述机构接到高级人民法院（另含深圳市中级人民法院）送达的《协助查询书》后，应当核查《协助查询书》的要素是否完备。经核查无误后，在 5 个工作日内通过人民币银行结算账户管理系统查询被执行人的银行结算账户开户行名称，根据查询结果如实填写《协助查询答复书》，并加盖人民银行公章或协助查询专用章。经核查《协助查询书》要素不完备的，人民银行上述机构不予查询，并及时通知相关人民法院。

六、被执行人的人民币银行结算账户开户银行名称由银行业金融机构向人民银行报备，人民银行只对银行业金融机构报备的被执行人的人民币银行结算账户开户银行名称进行汇总，不负责审查真实性和准确性。

七、人民法院应当依法使用人民银行上述机构提供的被执行人银行结算账户开户银行名称信息，为当事人保守秘密。人民银行上述机构以及工作人员在协助查询过程中应当保守查询密码，不得向查询当事人及其关联人泄漏与查询有关的信息。

八、人民银行上述机构因按本通知协助人民法院查询被执行人银行结算账户开户银行名称而被起诉的，人民法院应不予受理。

九、人民法院对人民银行上述机构及工作人员执行本通知规定，或依法执行公务的行为，不应采取强制措施。如发生争议，高级人民法院（另含深圳市中级人民法院）与人民银行上述机构应当协商解决；协商不成的，应及时报请最高人民法院和中国人民银行处理。

十、本通知自下发之日起正式实施，原下发的最高人民法院、中国人民银行《关于在全国清理执行积案期间人民法院查询法人被执行人人民币银行结算账户开户银行名称的通知》（法发〔2009〕5 号）同时废止。

3.《最高人民法院、中国银行业监督管理委员会关于人民法院与银行业金融机构开展网络执行查控和联合信用惩戒工作的意见》（法〔2014〕266 号，2014 年 10 月 24 日）

一、最高人民法院、中国银行业监督管理委员会鼓励和支持各级人民法院与银行业金融机构通过网络信息化方式,开展执行与协助执行、联合对失信被执行人进行信用惩戒等工作。

二、最高人民法院、中国银行业监督管理委员会鼓励和支持银行业金融机构与人民法院建立网络执行查控机制,通过网络查询被执行人存款和其他金融资产信息,办理其他协助事项。

银行业金融机构应当推进电子信息化建设,协助人民法院建立网络执行查控机制。

三、中国银行业监督管理委员会督促指导各银行业金融机构确定专门机构和人员负责网络执行查控工作,及时准确反馈办理结果;鼓励和支持开发批量自动查控功能,实现查询数据的准确和高效。

四、中国银行业监督管理委员会鼓励和支持人民法院与银行业金融机构在完备法律手续、保证资金安全的情况下,逐步通过网络实施查询、冻结、扣划等执行措施。

银行业金融机构尚未与人民法院建立网络执行查控机制,或者协助事项不能通过网络办理的,应当根据法律、司法解释和有关规定,协助人民法院现场办理。

五、中国银行业监督管理委员会鼓励和支持银行业金融机构与人民法院以全国法院执行案件信息系统为基础,建立全国网络执行查控机制。

全国网络执行查控机制建设主要采取两种模式。一是“总对总”联网,即最高人民法院通过中国银行业监督管理委员会金融专网通道与各银行业金融机构总行网络对接。各级人民法院通过最高人民法院网络执行查控系统实施查控。二是“点对点”联网,即高级人民法院通过当地银监局金融专网通道与各银行业金融机构省级分行网络对接。本地人民法院通过高级人民法院执行查控系统实施本地查控,外地法院通过最高人民法院网络中转接入当地高级人民法院执行查控系统实施查控。

各级人民法院与银行业金融机构及其分支机构已协议通过专线或其他网络建立网络查控机制的,可继续按原有模式建设和运行。本意见下发后,采用第二款以外模式建设的,应当经最高人民法院和中国银行业监督管理委员会同意。

六、人民法院与银行业金融机构建立了网络执行查控机制的,通过网络执行查控系统对被执行人存款或其他金融资产采取查控措施,按照《最高人民法院关于网络查询、冻结被执行人存款的规定》(法释〔2013〕20号)执行。

七、各级法院应当加强管理，确保依照法律、法规、司法解释以及金融监管规定，查询和使用被执行人银行账户等信息，确保有关人员严格遵守保密规定。

九、上级法院和银行业监管机构应当加强对网络执行查控机制和联合信用惩戒机制建设的监督指导，协调处理两个机制建设和运行中产生的分歧和争议。

建立了合作关系的人民法院、银行业金融机构应当安排专人协调处理两个机制运行中发生的争议。协调无果的，可通过上级法院、银行业监管机构协调解决。

建立了合作关系的人民法院、银行业金融机构应当制定应急预案，配备专门的技术人员处理两个机制运行中的突发事件，保障系统安全。

十、银行业金融机构依法协助人民法院办理网络执行查控措施，当事人或者利害关系人有异议的，银行业金融机构应当告知其根据民事诉讼法第二百二十五条①之规定向执行法院提出，但银行业金融机构未按照协助执行通知书办理的除外。

十一、人民法院与银行业金融机构关于协助执行的有关规范性文件与本意见不一致的，以本意见为准。

4.《人民法院、银行业金融机构网络执行查控工作规范》（法〔2015〕321号，2015 年 11 月 13 日）

为依法规范人民法院与银行业金融机构（以下简称金融机构）之间的网络执行查控工作，提高网络查询、冻结（包括续冻和解冻）、扣划、处置被执行人银行账户、银行卡、存款及其他金融资产等工作的效率，保护当事人、利害关系人的合法权益，根据《最高人民法院关于网络查询、冻结被执行人存款的规定》《最高人民法院、中国银行业监督管理委员会关于人民法院与银行业金融机构开展网络执行查控和联合信用惩戒工作的意见》（法〔2014〕266号）的规定，制定本规范。

1. 人民法院对被执行人的银行账户、银行卡、存款及其他金融资产采取查询、冻结、扣划等执行措施（以下简称查控措施），可以通过专线或金融网络等方式与金融机构进行网络连接，向金融机构发送采取查控措施的数据和

---

① 2021 年《民事诉讼法》第四次修正后调整为第 232 条。

电子法律文书，接收金融机构查询、冻结、扣划、处置等的结果数据和电子回执。

前款所述金融资产，指可以进行变价交易，并且交易价款及孳息可以存款的方式转入金融机构特定关联资金账户的各类财产。

2. 最高人民法院与金融机构总行建立“总对总”网络执行查控系统的，全国各级法院的查控数据和电子法律文书通过“总对总”网络执行查控系统实时向金融机构发送；金融机构完成协助查控事项后，查控结果数据及电子回执通过“总对总”网络执行查控系统实时向执行法院反馈。

各省（自治区、直辖市）高级人民法院与金融机构分行已经建立“点对点”网络执行查控系统的，金融机构总行应授权有关分行查询、冻结、扣划本行系统内全国账户及金融资产。

人民法院与金融机构的网络查控系统由最高人民法院和各省（自治区、直辖市）高级人民法院负责通过银行业监管机构金融专网通道分别与金融机构总行和省级分行建设，金融机构无需与各中、基层人民法院建立“点对点”网络执行查控系统。最高人民法院和银行业监管机构鼓励和支持各级人民法院与辖区内金融机构建立更加便捷、高效的纠纷处置协调机制。

金融机构与最高人民法院建成“总对总”网络执行查控系统后，由最高人民法院和金融机构共同下发通知，停止运行对应的“点对点”网络执行查控系统。金融机构已与最高人民法院建立“总对总”网络执行查控系统的，金融机构无需再与各中、基层人民法院建立“点对点”网络执行查控系统。

3. 各级人民法院应当将执行人员的公务证件在网络执行查控系统中进行登记备案和存储扫描件。

执行法院采取网络执行查控措施时，由网络执行查控系统通过技术手段确认执行人员的用户身份，并向金融机构发送该执行人员的姓名、联系电话及公务证件扫描件。

4. 各级人民法院应当将执行款专户在网络执行查控系统中进行登记备案。

新增或变更执行款专户时，应当按规定审批后，在系统中修改相关信息。

5. 执行人员对被执行人采取网络执行查控措施前，应当对案件当事人姓名或名称、身份证件号码、统一社会信用代码或组织机构代码等基本信息进行核对，确保信息全面、准确。

执行人员发现案件当事人基本信息数据存在错误、遗漏的，应当将修改项目、内容、原因等情况按规定审批后,在案件管理系统中进行修改。

财产已被采取查控措施的被执行人,除被执行人发生合并、分立、变更姓名或名称以外,执行人员不得修改或删除其基本信息,但可以增加其他基本信息。

人民法院应当在案件管理系统中实现本条第二款、第三款信息修改流程,并保留修改的记录。

6. 执行法院通过网络执行查控系统查询被执行人银行账户、银行卡、存款及其他金融资产信息的,应当向金融机构发送被执行人的基本信息数据(包括被执行人姓名或名称、证件类型、证件号码或统一社会信用代码、组织机构代码)。与金融机构联网的人民法院应当制作电子协助执行通知书,并附电子查询清单(包括案号、执行法院名称、被执行人基本信息),实时向金融机构发送。

执行法院要求金融机构协助查询被执行人账户交易流水明细、交易对手姓名或名称、账号、开户银行等账户交易信息的,应当列明具体查询时间、区间等信息。

7. 金融机构协助人民法院采取网络查询措施的,应当根据所提供的被执行人基本信息数据,在本单位生产数据库或实时备份库中查询,并通过网络执行查控系统实时反馈查询结果。

被执行人有开立账户记录的,金融机构应反馈开户时间、开户行名称、户名、账号、账户性质、账户状态(含已注销的账户)、余额、联系电话、被有权机关冻结的情况等信息;被执行人有存款以外的其他金融资产的,金融机构应反馈关联资金账户、资产管理人等信息。

被执行人未开立账户,金融机构应反馈查无开户信息。

8. 金融机构协助人民法院查询的被执行人银行账户、银行卡、存款及其他金融资产信息,可以作为执行线索、拒不履行生效法律文书的证据或者结案依据使用。

金融机构应在收到查控措施数据及电子法律文书后,根据办理结果数据生成加盖电子印章(可以是单位公章或网络查控专用章)的协助执行结果回执,通过网络执行查控系统向执行法院反馈。

金融机构反馈信息,仅以当时协助办理查控事项的金融机构本行系统的数据为限。

9. 执行法院通过网络执行查控系统对被执行人采取冻结、续行冻结、解除冻结、扣划等执行措施的,应当向金融机构发送加盖电子印章的执行裁定书、协助执行通知书和执行人员的公务证件电子扫描件。

执行法院通过网络执行查控系统对被执行人采取冻结、续行冻结、解除冻结、扣划等执行措施的,应当有明确的银行账户及金额。

10. 金融机构协助冻结被执行人存款的,应当根据人民法院要求冻结的金额冻结指定账户,并向人民法院反馈冻结账户对应的应冻结金额(要求冻结的金额)、实际冻结金额、冻结起止时间等信息。

当被执行人账户中的可用余额(本次冻结前尚未被冻结的金额)小于应冻结金额时,金融机构应对指定账户按照人民法院要求冻结的金额进行限额冻结。

有权机关要求金融机构对指定账户进行轮候冻结的,金融机构应按有权机关要求的金额对指定账户冻结的限制额度叠加,进行限额冻结,并反馈冻结账户对应的应冻结金额(要求冻结的金额)、实际冻结金额、冻结起止时间以及先前顺序冻结记录等信息。

有权机关要求金融机构对指定账户进行继续冻结(即续冻)的,金融机构应按有权机关的要求延长原冻结事项的截止时间,并反馈冻结账户对应的应冻结金额(要求冻结的金额)、实际冻结金额、冻结起止时间以及前后顺序冻结记录等信息。

11. 有权机关要求冻结被执行人存款以外的其他金融资产的,应当在协助执行通知书中载明具体数额。金融机构应按要求冻结金融资产所对应的被执行人的银行账户,一律通过限额冻结完成该协助冻结事项。

12. 有权机关、金融机构或第三人对被执行人银行账户中的存款及其他金融资产享有质押权、保证金等优先受偿权的,金融机构应当将所登记的优先受偿权信息在查询结果中载明。执行法院可以采取冻结措施,金融机构反馈查询结果中载明优先受偿权人的,人民法院应在办理后五个工作日内,将采取冻结措施的情况通知优先受偿权人。优先受偿权人可向执行法院主张权利,执行法院应当依法审查处理。审查处理期间,执行法院不得强制扣划。

存款或金融资产的优先受偿权消灭前,其价值不计算在实际冻结总金额内;优先受偿权消灭后,执行法院可以依法采取扣划、强制变价等执行措施。

被执行人与案外人开设联名账户等共有账户,案外人对账户中的存款及其他金融资产享有共有权的,参照前两款规定处理。

13. 执行法院通过网络执行查控系统对被执行人的存款采取扣划措施

的，应当将款项扣划至本院执行款专户；被执行人的存款为外币的，应当将款项扣划至本院外币执行款专户。

14. 执行法院通过网络执行查控系统对被执行人的存款采取扣划措施的，应当在协助执行通知书中载明扣划的账号、扣划金额、执行款专户信息（包括开户行名称、账号、户名）。金融机构应当按照协助执行通知书的要求，将被执行人的存款扣划至执行法院的执行款专户。

执行法院扣划被执行人已经被冻结的存款，无需先行解除原冻结措施。

15. 金融机构协助扣划被执行人存款的，反馈的回执中应当载明实际扣划金额、未扣划金额（执行法院对已冻结的存款部分扣划的，原冻结金额与本次实际扣划金额的差额）等内容。

16. 网络冻结、扣划等执行措施的电子法律文书等数据发送至网络查控系统的时间视为送达时间。

17. 金融机构接收查控数据及相关电子法律文书后，无法协助执行法院对被执行人的银行账户、银行卡、存款和其他，金融资产采取查控措施的，应当在反馈回执中载明原因。

18. 人民法院和金融机构通过网络执行查控系统实施查询、冻结、扣划银行存款的，不受地域限制。

19. 金融机构依法协助人民法院办理网络执行查控措施，当事人向其提出异议的，金融机构可告知其应向执行法院提出异议，并将执行法院名称、案号、执行人员姓名告知当事人。

20. 最高人民法院与中国银行业监督管理委员会制定网络执行查控系统的技术规范（包括数据格式、法律文书、查控结果回执样式等），作为本规范的附件。

各高级人民法院应当根据该技术规范，对本辖区法院的案件管理系统进行改造，开发与“总对总”或“点对点”网络查控系统进行对接的软件。

各金融机构应当根据该技术规范，对本行业务系统进行改造，开发与“总对总”或“点对点”网络查控系统进行对接的，具备自动接收、审核、处理查询、冻结、扣划及反馈查控结果等网络查控功能的软件。

21. 人民法院办理先予执行案件，适用本规范的规定。

人民法院在保全执行中，可以遵照本规范的规定，通过网络执行查控系统实施查控措施。

22. 最高人民法院与中国银行业监督管理委员会建立网络查控工作应

急处理机制,负责解决人民法院与金融机构间因网络查控发生的一切事宜。

23.《人民法院、银行业金融机构网络执行查控工作技术规范》作为本规范的附件,人民法院和各金融机构应当按照该技术规范研发网络查控系统。

5.《最高人民法院、中国银行业监督管理委员会关于人民法院与银行业金融机构开展金融理财产品网络执行查控的意见》(法〔2017〕1号,2017年1月4日)

一、本意见所称金融理财产品(以下简称理财产品)是指被执行人所持有的银行业金融机构(以下简称银行)及其他金融机构发行的具有财产价值和理财性质的产品。包括金融机构直销和代销的银行理财产品、信托产品、基金产品、保险产品、资产管理计划产品等。其中金融机构直销的理财产品是指金融机构自有研发、设计、发行并通过本机构渠道(含营业网点和电子渠道)销售的理财产品。

二、人民法院在执行被执行人持有的理财产品时,银行应当依法予以协助。

人民法院按照法〔2015〕321号文①规定的方式通过"总对总"网络查控专线向金融机构发送查控请求,接收金融机构查询、冻结的结果数据和电子回执。

三、人民法院查询的理财产品属于银行机构直销的理财产品的,银行应当协助反馈产品的名称、种类(保本或非保本;直销或代销)、编号/代码、数量/份额、发行人、到期日/开放日、产品对应的回款资金账户(被执行人名下或与他人共有专户)、产品状态(质押/冻结/其他担保/正常)、质押权人、联系电话等信息;

人民法院查询的理财产品属于银行代销的理财产品的,银行应当协助反馈产品的名称、种类(保本或非保本;直销或代销)、编号/代码、数量/份额、发行人/实际管理人、托管人、受益人、期限(成立日、赎回日)、托管账号(本行)、产品对应的回款资金账户(被执行人名下或与他人共有专户)、联系电话等信息;

被执行人未持有理财产品的,银行应当反馈查无理财产品信息。

银行反馈信息,仅以协助办理查控事项时的银行系统的数据为限。

---

① 即《人民法院、银行业金融机构网络执行查控工作规范》。

四、银行应当在收到查控请求及电子法律文书后,根据办理结果数据生成加盖电子印章(可以是单位公章或网络查控专用章)的协助执行结果回执,通过网络执行查控系统向执行法院反馈。

五、人民法院冻结银行直销的理财产品时,应当在执行裁定书中裁定冻结被执行人所持有的理财产品及产品所对应的回款资金账户。

六、人民法院裁定冻结银行直销的理财产品时,应当在协助执行通知书中载明所冻结理财产品的名称、编号/代码、数量/份额/金额、冻结期限、产品所对应的回款资金账户及数额等。

七、人民法院裁定冻结银行直销的理财产品时,银行应当协助同时冻结该理财产品及产品所对应的回款资金账户,该回款资金账户在人民法院冻结理财产品之前已经被其他机关冻结的,不影响人民法院对该理财产品的冻结。

理财产品冻结期间,除平仓、补仓或补充保证金外,发行人、管理人、托管人不得进行赎回、变现、交付、转让、转换或变更该理财产品对应的回款资金账户等操作。理财产品冻结期限届满前,人民法院可以续冻、解冻。

八、人民法院裁定冻结银行代销的理财产品时,应当向该理财产品的发行人发出协助执行通知书,要求发行人冻结被执行人持有的理财产品及所对应的资金回款账户。协助执行通知书中应当载明所冻结理财产品的名称、编号/代码、数量/份额、金额等。

人民法院裁定冻结银行代销的理财产品时,应当同时向该理财产品所对应的回款资金账户所在行发出协助执行通知书,银行应当协助冻结理财产品所对应的回款资金账户;冻结期间,不得为被执行人变更该理财产品所对应的回款资金账户。

九、银行、其他金融机构或第三人对人民法院冻结理财产品有异议的,可以依法向执行法院提出异议,执行法院应当依法审查处理。审查处理期间,执行法院不得强制扣划该理财产品。

被执行人与案外人开设联名账户等共有账户,案外人对人民法院执行理财产品有异议的,参照上述规定处理。

十、银行、其他金融机构接收查控数据及相关电子法律文书后,无法协助人民法院对被执行人的理财产品采取冻结措施的,应当在反馈回执中载明原因。

十一、人民法院和银行、其他金融机构通过网络执行查控系统实施查询、冻结理财产品的,不受地域限制。

十二、最高人民法院与中国银行业监督管理委员会制定理财产品网络执行查控系统的技术规范(包括数据格式、法律文书、查控结果回执样式等),作为本规范的附件。

十三、已与最高人民法院通过专线对接的二十一家商业银行,应当根据附件1的技术规范,对本行业务系统进行改造,并在2017年2月底之前完成金融理财产品的网络查控工作(包括系统研发、联调、测试及上线)。

十四、按照《关于开展〈人民法院、银行业金融机构网络执行查控工作规范〉实施工作的通知》(银监办便函〔2016〕204号)采用文件交换软件传输接口文件的金融机构,应当根据附件2的技术规范,对本行业务系统进行改造,并在2017年6月底之前完成金融理财产品的网络查控工作(包括系统研发、联调、测试及上线)。

十五、最高人民法院与中国银行业监督管理委员会建立理财产品网络查控工作应急处理机制,负责解决人民法院与金融机构间因网终查控发生的一切事宜。

6.《最高人民法院、中国银行业监督管理委员会关于进一步推进网络执行查控工作的通知》(法〔2018〕64号,2018年3月12日)

为全面落实中共中央办公厅、国务院办公厅《关于加快推进失信被执行人信用监督、警示和惩戒机制建设的意见》(中办发〔2016〕64号)、《最高人民法院、中国银行业监督管理委员会关于人民法院与银行业金融机构开展网络执行查控和联合信用惩戒工作的意见》(法〔2014〕266号)、《最高人民法院、中国银行业监督管理委员会关于联合下发〈人民法院、银行业金融机构网络执行查控工作规范〉的通知》(法〔2015〕321号),维护司法权威,防范金融风险,推动社会信用体系建设,最高人民法院、中国银行业监督管理委员会决定进一步推进人民法院和银行业金融机构的网络执行查控及联合信用惩戒作,现将有关事项通知如下:

一、21家银行(中国工商银行、中国农业银行、中国银行、中国建设银行、交通银行、中国光大银行、中国民生银行、华夏银行、招商银行、广发银行、浦发银行、中国农业发展银行、中信银行、平安银行、渤海银行、浙商银行、兴业银行、恒丰银行、中国邮政储蓄银行、中国进出口银行、北京银行)在2018年3月31日前上线银行存款网络冻结功能和网络扣划功能。

二、有金融理财产品业务的 19 家银行（中国工商银行、中国农业银行、中国银行、中国建设银行、交通银行、中国光大银行、中国民生银行、华夏银行、招商银行、广发银行、浦发银行、中信银行、平安银行、渤海银行、浙商银行、兴业银行、恒丰银行、中国邮政储蓄银行、北京银行）在 2018 年 3 月 31 日前上线金融理财产品网络冻结功能。

三、21 家银行以外的地方性银行业金融机构在 2018 年 4 月 30 日前上线银行存款网络冻结功能和网络扣划功能。

四、21 家银行以外的地方性银行业金融机构在 2018 年 3 月 28 日前完成与最高人民法院的金融理财产品查控功能测试（有无金融理财产品业务都需进行测试）；有金融理财产品业务的地方性银行业金融机构，在 2018 年 5 月 31 日前上线金融理财产品网络查询功能，在 2018 年 6 月 30 日前上线金融理财产品网络冻结功能。

五、银行业金融机构应当支持银行存款在网络冻结状态下的全额扣划和部分扣划。网络扣划功能上线后，网络冻结的款项，原则上应进行网络扣划。

六、人民法院网络扣划被执行人银行存款时，应当提供相关《执行裁定书》《协助执行通知书》、执行人员工作证件及联系方式；现场扣划的，参照执行。

【注释】《规范执行和金融机构协助执行通知》（法发〔2000〕21 号）第 1 条第 3 款规定："人民法院扣划被执行人在金融机构存款的，执行人员应当出示本人工作证和执行公务证，并出具法院扣划裁定书和协助扣划存款通知书，还应当附生效法律文书副本……"根据该通知，扣划银行存款需要"附生效法律文书副本"。本通知对此作了改变，无论是网络扣划存款，还是现场扣划，都无须生效法律文书副本，仅需《执行裁定书》《协助执行通知书》即可。《推进网络执行查控工作通知》（法〔2018〕64 号）施行后，以该通知为准。

七、人民法院网络扣划被执行人银行存款的，应先采取网络冻结措施；网络扣划款项应当划至人民法院执行款专户或案款专户；人民法院在网络冻结被执行人款项后，应当及时通知被执行人。

八、因人民法院网络扣划失败、资金滞留在银行内部账户的，由银行联系执行法院执行人员携带《执行裁定书》《协助执行通知书》、工作证件到现场办理扣划。

异地执行法院委托当地法院代为办理的，委托法院应当提供：《执行裁定书》《协助执行通知书》《委托执行函》《送达回证》(或《回执》)及执行人员工作证件扫描件,以上法律文书应加盖委托法院电子签章,或是将盖章后的法律文书转换成彩色扫描件;受托法院应当携带以上材料的彩色打印件和受托法院执行人员工作证;银行应当协助办理。

异地执行法院通过司法专邮邮寄《执行裁定书》《协助执行通知书》原件及执行人员工作证件复印件的,银行应当协助办理。

九、银行业金融机构应研究完善银行端,网络查控数据库,确保网络查控系统反馈的数据和线下柜台查询的数据保持一致;应提升银行端网络查控数据库性能,提高反馈速度和反馈率,解决查控数据积压问题;自收到全国法院网络执行查控系统发起的网络查控请求 24 小时之内,应予以有效反馈。

十、各省(市、区)高级人民法院,新疆维吾尔自治区高级人民法院生产建设兵团分院,各省(市、区)银监局,负责督促、落实本辖区地方性银行业金融机构,按时上线银行存款网络冻结功能和网络扣划功能、按时上线金融理财产品网络查询功能和网络冻结功能;负责跟踪、督促本辖区地方性银行业金融机构切实履行好协助执行的法定义务,提高网络查控反馈信息的准确性和反馈率;并向最高人民法院和中国银行业监督管理委员会报告进展情况。

十一、银行业金融机构要切实履行好协助执行的法定义务,严禁违法向被执行人透露案件相关信息、为被执行人逃避规避执行提供帮助。人民法院和银行业金融机构工作人员违反以上规定、造成不良影响的,将追究相关责任。

十二、人民法院与银行业金融机构关于协助执行的有关规范性文件与本通知不一致的,以本通知为准。

最高人民法院将与中国银行业监督管理委员会建立网络查控工作督促、通报、协商和检查机制,研究解决在执行过程中遇到相关问题。请各银监局将本文转发至银监分局和辖区内地方性银行业金融机构。

7.《最高人民法院、最高人民检察院、公安部关于对冻结、扣划企业事业单位、机关团体在银行、非银行金融机构存款的执法活动加强监督的通知》

(法〔1996〕83 号,1996 年 8 月 13 日)

一、最高人民法院、最高人民检察院、公安部发现地方各级人民法院、人民检察院、公安机关冻结、解冻、扣划有关单位在银行、非银行金融机构存款有错误时,上级人民法院、人民检察院、公安机关发现下级人民法院、人民检察院、公安机关冻结、解冻、扣划有关单位在银行、非银行金融机构存款有错误时，可以依照法定程序作出决定或者裁定，送达本系统地方各级或下级有关法院、检察院、公安机关限期纠正。有关法院、检察院、公安机关应当立即执行。

二、有关法院、检察院、公安机关认为上级机关的决定或者裁定有错误的，可在收到该决定或者裁定之日起 5 日以内向作出决定或裁定的人民法院、人民检察院、公安机关请求复议。最高人民法院、最高人民检察院、公安部或上级人民法院、人民检察院、公安机关经审查，认为请求复议的理由不能成立，依法有权直接向有关银行发出法律文书，纠正各自的下级机关所作的错误决定，并通知原作出决定的机关；有关银行、非银行金融机构接到此项法律文书后，应当立即办理，不得延误，不必征得原作出决定机关的同意。

8.《最高人民法院关于军队单位作为经济纠纷案件的当事人可否对其银行账户上的存款采取诉讼保全和军队费用能否强行划拨偿还债务问题的批复》［法（经）复〔1990〕15 号，1990 年 10 月 9 日］

河北省高级人民法院、江苏省高级人民法院：

〔87〕冀法请字第 5 号关于军队单位作为经济纠纷案件的当事人可否对其银行账户上的存款采取诉讼保全的请示和苏法经〔1987〕51 号关于军队费用能否强行划拨偿还债务的请示均已收悉。经研究，现答复如下：

一、最高人民法院和中国人民银行《关于查询、冻结和扣划企事业单位、机关、团体的银行存款的通知》，同样适用于军队系统的企事业单位。

二、按照中国人民银行、中国工商银行、中国农业银行、中国人民解放军总后勤部〔1985〕财字第 110 号通知印发的《军队单位在银行开设账户和存款的管理办法》中"军队工厂（矿）、农场、马场、军人服务部、省军区以上单位实行企业经营的招待所（含经总部、军区、军兵种批准实行企业经营的军以下单位招待所）和企业的上级财务主管部门等单位，开设'特种企业存款'有息存款"的规定，军队从事生产经营活动应当以此账户结算。因此，在经济纠纷诉讼中，人民法院根据对方当事人申请或者依职权有权对军队的"特种企业存款"账户的存款采取诉讼保全措施，并可依照《民事诉讼法（试行）》第一百七十九条①的规定，对该账户的存款采取执行措施。

---

① 《民事诉讼法（试行）》（已废止）第 179 条规定："执行企业事业单位、机关、团体的存款，由银行、信用合作社根据人民法院的协助执行通知书划拨或者转交。"

三、人民法院在审理经济纠纷案件过程中，如果发现军队机关或所属单位以不准用于从事经营性业务往来结算的账户从事经营性业务往来结算和经营性借贷或者担保等违反国家政策、法律的，人民法院有权依法对其账户动用的资金采取诉讼保全措施和执行措施。军队一方当事人的上级领导机关，应当协助人民法院共同查清其账户的情况，依法予以冻结或者扣划。

（二）证券资产

1.《最高人民法院关于在执行工作中进一步强化善意文明执行理念的意见》（法发〔2019〕35号，2019年12月16日）

7. 严格规范上市公司股票冻结。为维护资本市场稳定，依法保障债权人合法权益和债务人投资权益，人民法院在冻结债务人在上市公司的股票时，应当依照下列规定严格执行：

（1）严禁超标的冻结。冻结上市公司股票，应当以其价值足以清偿生效法律文书确定的债权额为限。股票价值应当以冻结前一交易日收盘价为基准，结合股票市场行情，一般在不超过20%的幅度内合理确定。股票冻结后，其价值发生重大变化的，经当事人申请，人民法院可以追加冻结或者解除部分冻结。

（2）可售性冻结。保全冻结上市公司股票后，被保全人申请将冻结措施变更为可售性冻结的，应当准许，但应当提前将被保全人在证券公司的资金账户在明确具体的数额范围内予以冻结。在执行过程中，被执行人申请通过二级市场交易方式自行变卖股票清偿债务的，人民法院可以按照前述规定办理，但应当要求其在10个交易日内变卖完毕。特殊情形下，可以适当延长。

（3）已质押股票的冻结。上市公司股票存在质押且质权人非本案保全申请人或申请执行人，目前，人民法院在采取冻结措施时，由于需要计入股票上存在的质押债权且该债权额往往难以准确计算，尤其是当股票存在多笔质押时还需指定对哪一笔质押股票进行冻结，为保障普通债权人合法权益，人民法院一般会对质押股票进行全部冻结，这既存在超标的冻结的风险，也会对质押债权人自行实现债权造成影响，不符合执行经济原则。

最高人民法院经与中国证券监督管理委员会沟通协调，由中国证券登记结算有限公司（以下简称中国结算公司）对现有冻结系统进行改造，确立了质押股票新型冻结方式，并在系统改造完成后正式实施。具体内容如下：

第一,债务人持有的上市公司股票存在质押且质权人非本案保全申请人或申请执行人,人民法院对质押股票冻结时,应当依照 7(1)规定的计算方法冻结相应数量的股票,无需将质押债权额计算在内。冻结质押股票时,人民法院应当提前冻结债务人在证券公司的资金账户,并明确具体的冻结数额,不得对资金账户进行整体冻结。

第二,股票冻结后,不影响质权人变价股票实现其债权。质权人解除任何一部分股票质押的,冻结效力在冻结股票数量范围内对解除质押部分的股票自动生效。质权人变价股票实现其债权后变价款有剩余的,冻结效力在本案债权额范围内对剩余变价款自动生效。

第三,在执行程序中,为实现本案债权,人民法院可以在质押债权和本案债权额范围内对相应数量的股票采取强制变价措施,并在优先实现质押债权后清偿本案债务。

第四,两个以上国家机关冻结同一质押股票的,按照在证券公司或中国结算公司办理股票冻结手续的先后确定冻结顺位,依次满足各国家机关的冻结需求。两个以上国家机关在同一交易日分别在证券公司、中国结算公司冻结同一质押股票的,在先在证券公司办理股票冻结手续的为在先冻结。

第五,人民法院与其他国家机关就冻结质押股票产生争议的,由最高人民法院主动与最高人民检察院、公安部等部门依法协调解决。争议协调解决期间,证券公司或中国结算公司控制产生争议的相关股票,不协助任何一方执行。争议协调解决完成,证券公司或中国结算公司按照争议机关协商的最终结论处理。

第六,系统改造完成前已经完成的冻结不适用前述规定。案件保全申请人或申请执行人为质权人的,冻结措施不适用前述规定。

2.《最高人民法院、最高人民检察院、公安部、中国证券监督管理委员会关于进一步规范人民法院冻结上市公司质押股票工作的意见》(法发〔2021〕9 号,2021 年 7 月 1 日)

第一条　人民法院要求证券登记结算机构或者证券公司协助冻结债务人持有的上市公司股票,该股票已设立质押且质权人非案件保全申请人或者申请执行人的,适用本意见。

人民法院对前款规定的股票进行轮候冻结的,不适用本意见。

第二条　人民法院冻结质押股票时,在协助执行通知书中应当明确案件债权额及执行费用,证券账户持有人名称(姓名)、账户号码,冻结股票的名称、证券代码,需要冻结的数量、冻结期限等信息。

前款规定的需要冻结的股票数量,以案件债权额及执行费用总额除以每股股票的价值计算。每股股票的价值以冻结前一交易日收盘价为基准,结合股票市场行情,一般在不超过20%的幅度内合理确定。

【注释】传统的上市公司股票冻结,按照登记结算公司的要求,一般需要注明被执行人全称或姓名,证券账户号、证券名称、证券代码、证券类别及冻结数量、冻结期限,联系人姓名、电话、地址等,持有不同类别股票的,需分别注明各自冻结的股数。另外,结算公司要求对于冻结已质押的股票,必须在协助执行通知书上注明存在的质押信息。形式上,本条规定只是在原基础上增加要求应当载明案件债权额及执行费用,但实质上对传统的上市公司股票冻结进行了重大的变更,变更的主要内容在于通过案件的债权额及执行费用明确了应当冻结的股票数额,而不能再对质押的股票进行全部的冻结,取而代之的方式是对质押的股票进行标记,这样既能实现对选定质押的股票或者全部质押的股票进行控制的目的,又能体现具体案件的情况以及需要冻结的数量。

第三条 证券登记结算机构或者证券公司受理人民法院的协助冻结要求后,应当在系统中对质押股票进行标记,标记的期限与冻结的期限一致。

其他人民法院或者其他国家机关要求对已被标记的质押股票进行冻结的,证券登记结算机构或者证券公司按轮候冻结依次办理。

【注释】本条通过明确对冻结数量的计算和质押股票的标记,区分了对质押股票的冻结和标记,冻结质押股票的数量只与案件债权金额和执行费总额相关,与是否质押无关。同时,对质押的股票进行标记控制,避免了质押股票解除质押后丧失控制的风险。如此规定的目的,一方面在于通过区分冻结和标记,在防止超标的查封时又能实现对质押股票的控制,另一方面在于上市公司进行披露时,能够更准确、全面地披露和描述质押股票的冻结情况以及涉及的案件情况,减少质押股票冻结对市场的影响。

第四条 需要冻结的股票存在多笔质押的,人民法院可以指定某一笔或者某几笔质押股票进行标记。未指定的,证券登记结算机构或者证券公司对该只质押股票全部进行标记。

第五条 上市公司依照相关规定披露股票被冻结的情况时,应当如实披露人民法院案件债权额及执行费用、已在系统中被标记股票的数量,以及人民法院需要冻结的股票数量、冻结期限等信息。

第六条　质押股票在系统中被标记后，质权人持有证明其质押债权存在、实现质押债权条件成就等材料，向人民法院申请以证券交易所集中竞价、大宗交易方式在质押债权范围内变价股票的，应当准许，但是法律、司法解释等另有规定的除外。人民法院将债务人在证券公司开立的资金账户在质押债权、案件债权额及执行费用总额范围内进行冻结后，应当及时书面通知证券登记结算机构或者证券公司在系统中将相应质押股票调整为可售状态。

质权人申请通过协议转让方式变价股票的，人民法院经审查认为不损害案件当事人利益、国家利益、社会公共利益且在能够控制相应价款的前提下，可以准许。

质权人依照前两款规定自行变价股票的，应当遵守证券交易、登记结算相关业务规则。

【注释】本条规定的是质押股票新型冻结方式下质权人的自行变价。

按照传统的冻结方式，质押股票被冻结后，质权人无权按照协议约定自行进行变价，只能通过向首封法院申请参与分配，由首封法院强制处置后分配或者在取得执行依据并申请执行后商请首封法院移送执行，再在执行中进行处置。这样的做法既不高效，也存在司法资源浪费的情形。因此，最高人民法院明确在质押股票新型冻结方式下，质权人仍可以申请自行变价，而无须通过首封法院或者执行法院进行司法处置，这样在不损害案件债权人利益的基础上，也使已冻结质押股票的变价方式回归到市场化运行规则上来，最大限度降低执行措施对质押股票市场的影响。

根据本条规定，具体操作将是由质权人向首先冻结并标记的法院提出申请，申请法院准许质权人自行变价，并同时对债务人的资金账户进行额度冻结，将质押股票调整为可售状态。在首封法院对质押债权存在、实现质押债权条件成就等材料进行审核后，由法院向登记结算公司或证券公司送达协助执行通知书，之后由质权人自行按照证券交易、登记计算相关业务规则进行自行变价，变价后再向首封法院申请对变价后取得的资金进行分配，以实现质权。在此过程中，质权人的自行变价应当按照无冻结时的变价进行操作，遵守交易所和登记结算公司的相关规定，法院只审核质权本身是否成立和成就，是否存在法律、司法解释的除外情形，以及在协议转让时是否存在损害案件当事人利益、国家利益和社会公共利益的情形，而在一般情况下，首封法院不应当另行设置条件阻碍质权人自行变价，损害质权人的权益。

第七条 质权人自行变价股票且变价款进入债务人资金账户或者人民法院指定的账户后,向人民法院申请发放变价款实现质押债权的,应予准许,但是法律、司法解释等另有规定的除外。

第八条 在执行程序中,人民法院可以对在系统中被标记的质押股票采取强制变价措施。

第九条 在系统中被标记的任意一部分质押股票解除质押的,协助冻结的证券登记结算机构或者证券公司应当将该部分股票调整为冻结状态,并及时通知人民法院。

冻结股票的数量达到人民法院要求冻结的数量后,证券登记结算机构或者证券公司应当及时通知人民法院。人民法院经审查认为冻结的股票足以实现案件债权及执行费用的,应当书面通知证券登记结算机构或者证券公司解除对其他股票的标记和冻结。

【注释】本条规定的是标记股票解除质押后的处理。(1)在冻结过程中,质押股票可能因为其他原因而被解除质押,因此在质押股票解除质押后,被标记过的质押股票将从标记状态调整为冻结状态,即变更成传统的冻结方式。本条规定不仅明确了标记股票解除质押后的处理,也对质押股票新型冻结方式与传统冻结方式进行了衔接。(2)本条第2款规定,在于减少和避免实践中的超标的查封问题,设置了证券登记结算机构或者证券公司的通知义务。

第十条 轮候冻结转为正式冻结的,或者对在本意见实施前已经办理的正式冻结进行续冻的,依当事人或者质权人申请,人民法院可以通知证券登记结算机构或者证券公司依照本意见办理。

第十一条 上市公司股票退市后,依照本意见办理的冻结按照相关司法冻结程序处理,冻结股票的数量为证券登记结算机构或者证券公司在系统中已标记的股票数量。

第十二条 其他国家机关在办理刑事案件过程中,就质押股票处置变价等事项与负责执行的人民法院产生争议的,可以协商解决。协商不成的,报各自的上级机关协商解决。

第十三条 本意见自2021年7月1日起实施。

3.《最高人民法院、中国证券监督管理委员会关于试点法院通过网络查询、冻结被执行人证券有关事项的通知》(法〔2016〕72号,2016年3月4日)

为协助人民法院提高执行效率、依法保护被执行人合法权益,最高人民法院、中国证券监督管理委员会(以下简称中国证监会)决定建立网络执行查控系统,开展人民法院通过网络查询、冻结被执行人证券的试点工作。现将有关事项通知如下:

一、建立网络查控工作机制

最高人民法院与中国证监会建立“总对总”的网络执行查控工作机制。最高人民法院和中国证监会负责协调解决建立网络执行查控系统及网络查控试点阶段有关的重大问题。建立和通过网络执行查控系统查询、冻结证券的具体工作由最高人民法院执行局和中国证券登记结算有限责任公司(以下简称中国结算)负责。

中国结算与最高人民法院之间建立网络查控专线联接。试点法院通过最高人民法院网络执行查控系统提出查询、冻结(含初次冻结、续冻、轮候冻结、解除冻结)被执行人证券的请求。中国结算按照人民法院的请求完成相应的协助执行事项,并将查询、冻结结果反馈最高人民法院。最高人民法院通过网络执行查控系统将查询、冻结结果反馈提出查询、冻结请求的试点法院。

二、坚持依法查控、依法保密原则

人民法院通过网络执行查控系统查询、冻结被执行人证券的,应当坚持“一案一查一冻一用原则”,即只查询、冻结执行案件中被执行人证券及相关信息,不得查询、冻结被执行人以外的非执行义务主体的证券及相关信息;查询、冻结所获被执行人证券相关信息只用于该案件的执行工作,不得用于该案件执行以外的其他任何用途。

人民法院应当将所获得的被执行人证券相关信息作为内部办案信息予以保护,做好信息处理、传输、接收、使用中的信息保护工作,切实防范相关信息被违规泄露、扩散。

被执行人持有证券的市值总额信息可以提供给申请执行人等与案件执行直接相关的人员,但被执行人持有证券的品种、数量、价格等敏感、明细信息的反馈结果不得提供给法院办案人员以外的其他任何人。

网络查控涉及的与被执行人证券信息有关的单位和个人,应当遵守证券市场有关信息披露、禁止内幕交易等法律法规和业务规则。

三、规范冻结执行顺序及执行争议的处理

人民法院通过网络执行查控系统提交的冻结请求,同一批次冻结请求以系统提交时的自然排序作为执行顺序,不同批次冻结请求之间以系统提交的时间先后作为执行顺序。

在同一交易日,对同一被执行人的证券,既有法定有权机关通过证券公司或者中国结算的业务柜台提交冻结或者扣划请求,又有人民法院通过网络执行查控系统提交冻结请求的,以人民法院通过网络执行查控系统提交的冻结请求排序作为当日最后到达的冻结请求。

人民法院通过网络执行查控系统提交的冻结被执行人证券的请求,与其他法定有权机关的书面冻结请求具有同等法律效力,适用《最高人民法院、最高人民检察院、公安部、中国证监会关于查询、冻结、扣划证券和证券交易结算资金有关问题的通知》(法发〔2008〕4号)关于冻结的有关规定。本通知有关人民法院通过网络查询、冻结被执行人证券的相关规定与法发〔2008〕4号文件规定不一致的,以本通知为准。

人民法院与其他法定有权机关就执行被执行人证券产生争议的,由最高人民法院与最高人民检察院、公安部等依法协调解决。争议协调解决期间,中国结算控制发生执行争议的相关证券,不协助任何一方执行。争议协调解决完成,中国结算按照最高人民法院与最高人民检察院、公安部等协商的最终结论处理。

人民法院在查询、冻结被执行人证券的具体执行工作中,应当符合中国结算依法制定的协助执行有关业务规则,维护证券登记结算系统的安全稳定运行、维护登记结算工作的正常秩序。

四、提交有效、规范的法律文书

人民法院通过网络执行查控系统查询、冻结被执行人证券的,应当分别提交盖章的协助查询通知书、协助冻结通知书和执行裁定书的电子版,并附两名执行人员公务证件复印件的扫描件。

五、规范查询、冻结的具体操作

人民法院应当在中国结算相关业务系统工作时间内通过网络执行查控系统提交协助查询、冻结请求。

人民法院应当按照网络执行查控系统规定的相关项目和格式,准确、完整地填写查询、冻结请求及相关信息,做到查询、冻结请求明确、具体、可执行。

中国结算接收到人民法院通过网络执行查控系统提交的协助查询、冻结请求后进行合规性核对。核对无误的,协助查询、冻结并通过网络执行查控系统将协助查询、冻结的结果反馈最高人民法院;核对后存在查询、冻结请求不明确、不具体、不可执行等情形的，予以退回并提示退回原因。人民法院可以在补充完善后重新发出查询、冻结请求，相关冻结请求按照再次提交的时间重新排序。

法律、行政法规以及最高人民法院、中国证监会规定不得被强制执行的证券或者资金，依法依规不予实施冻结，并在查询结果中予以标识。此类不予实施冻结的证券或者资金，由中国结算负责依据有关规定在网络执行查控系统中以清单方式具体列明，并根据有关规定的变动及时更新。

通过网络执行查控系统查询、冻结被执行人证券的具体范围、法律文书必备要素和格式、查控系统工作时间段等具体事项，由最高人民法院执行局与中国结算商定后另行规定。

六、网络查控系统技术安全保障及故障处理

网络执行查控系统与中国结算的证券登记结算业务技术系统之间应当实现有效隔离，确保各自技术系统的运行安全，切实防范各自技术系统的运行风险。

因技术故障导致网络执行查控系统无法正常运行的，发现故障一方应当立即通知另一方，故障一方应当及时排除故障。因技术系统故障或者不可抗力而未能及时办理查询、冻结请求的，最高人民法院执行局与中国结算均不承担任何法律责任。

七、试点工作相关安排

通过网络查询、冻结被执行人证券的试点区域包括北京、上海、浙江、福建、广东等省、市高级人民法院及其辖区各级人民法院。

试点期间，网络执行查控系统先上线开通查询被执行人证券信息的功能。经过一段时间的查询试点，待条件成熟后，再行上线开展通过网络冻结被执行人证券的试点工作。网络执行查控系统查询、冻结功能上线开通的具体时间由最高人民法院执行局与中国结算另行通知。

经过试点，待条件成熟后，将网络查控工作机制推广到其他地区。

4.《最高人民法院关于部分人民法院冻结、扣划被风险处置证券公司客户证券交易结算资金有关问题的通知》（〔2010〕民二他字第 21 号，2010 年 6 月 22 日）

近日，中国证券监督管理委员会致函我院称，因部分人民法院前期冻结、扣划的客户证券交易结算资金未能及时解冻或退回，导致相应客户证券交易结算资金缺口难以弥补,影响被处置证券公司行政清理工作,请求我院协调有关人民法院解冻或退回客户证券交易结算资金。经研究,现就有关问题通知如下:

一、关于涉及客户证券交易结算资金的冻结与扣划事项,应严格按照《中华人民共和国证券法》、《最高人民法院关于冻结、扣划证券交易结算资金有关问题的通知》(法〔2004〕239号)、《最高人民法院、最高人民检察院、公安部、中国证券监督管理委员会关于查询、冻结、扣划证券和证券交易结算资金有关问题的通知》(法发〔2008〕4号)、《最高人民法院关于依法审理和执行被风险处置证券公司相关案件的通知》(法发〔2009〕35号)的相关规定进行。人民法院在保全、执行措施中违反上述规定冻结、扣划客户证券交易结算资金的,应坚决予以纠正。

二、在证券公司行政处置过程中,按照国家有关政策弥补客户证券交易结算资金缺口是中国证券投资者保护基金有限责任公司(以下简称保护基金公司)的重要职责,被风险处置证券公司的客户证券交易结算资金专用存款账户、结算备付金账户内资金均属于证券交易结算资金,保护基金公司对被风险处置证券公司因违法冻结、扣划的客户证券交易结算资金予以垫付弥补后,取得相应的代位权,其就此主张权利的,人民法院应予支持。被冻结、扣划的客户证券交易结算资金已经解冻并转入管理人账户的,经保护基金公司申请,相关破产案件审理法院应当监督管理人退回保护基金公司专用账户;仍处于冻结状态的,由保护基金公司向相关保全法院申请解冻,保全法院应将解冻资金返还保护基金公司专用账户;已经扣划的,由保护基金公司向相关执行法院申请执行回转,执行法院应将退回资金划入保护基金公司专用账户。此外,被冻结、扣划客户证券交易结算资金对应缺口尚未弥补的,由相关行政清理组申请保全或者执行法院解冻或退回。

请各高级法院督促辖区内相关法院遵照执行。

5.《最高人民法院、最高人民检察院、公安部、中国证券监督管理委员会关于查询、冻结、扣划证券和证券交易结算资金有关问题的通知》(法发〔2008〕4号,2008年3月1日)

一、人民法院、人民检察院、公安机关在办理案件过程中,按照法定权限需要通过证券登记结算机构或者证券公司查询、冻结、扣划证券和证券交易结算资金的,证券登记结算机构或者证券公司应当依法予以协助。

二、人民法院要求证券登记结算机构或者证券公司协助查询、冻结、扣划证券和证券交易结算资金，人民检察院、公安机关要求证券登记结算机构或者证券公司协助查询、冻结证券和证券交易结算资金时，有关执法人员应当依法出具相关证件和有效法律文书。

执法人员证件齐全、手续完备的，证券登记结算机构或者证券公司应当签收有关法律文书并协助办理有关事项。

拒绝签收人民法院生效法律文书的，可以留置送达。

三、人民法院、人民检察院、公安机关可以依法向证券登记结算机构查询客户和证券公司的证券账户、证券交收账户和资金交收账户内已完成清算交收程序的余额、余额变动、开户资料等内容。

人民法院、人民检察院、公安机关可以依法向证券公司查询客户的证券账户和资金账户、证券交收账户和资金交收账户内的余额、余额变动、证券及资金流向、开户资料等内容。

查询自然人账户的，应当提供自然人姓名和身份证件号码；查询法人账户的，应当提供法人名称和营业执照或者法人注册登记证书号码。

证券登记结算机构或者证券公司应当出具书面查询结果并加盖业务专用章。查询机关对查询结果有疑问时，证券登记结算机构、证券公司在必要时应当进行书面解释并加盖业务专用章。

四、人民法院、人民检察院、公安机关按照法定权限冻结、扣划相关证券、资金时，应当明确冻结、扣划证券、资金所在的账户名称、账户号码、冻结期限，所冻结、扣划证券的名称、数量或者资金的数额。扣划时，还应当明确拟划入的账户名称、账号。

冻结证券和交易结算资金时，应当明确冻结的范围是否及于孳息。

本通知规定的以证券登记结算机构名义建立的各类专门清算交收账户不得整体冻结。

五、证券登记结算机构依法按照业务规则收取并存放于专门清算交收账户内的下列证券，不得冻结、扣划：

（一）证券登记结算机构设立的证券集中交收账户、专用清偿账户、专用处置账户内的证券。

（二）证券公司按照业务规则在证券登记结算机构开设的客户证券交收账户、自营证券交收账户和证券处置账户内的证券。

六、证券登记结算机构依法按照业务规则收取并存放于专门清算交收账

户内的下列资金,不得冻结、扣划:

(一)证券登记结算机构设立的资金集中交收账户、专用清偿账户内的资金。

(二)证券登记结算机构依法收取的证券结算风险基金和结算互保金。

(三)证券登记结算机构在银行开设的结算备付金专用存款账户和新股发行验资专户内的资金,以及证券登记结算机构为新股发行网下申购配售对象开立的网下申购资金账户内的资金。

(四)证券公司在证券登记结算机构开设的客户资金交收账户内的资金。

(五)证券公司在证券登记结算机构开设的自营资金交收账户内最低限额自营结算备付金及根据成交结果确定的应付资金。

【注释】根据本通知第4条、第5条、第6条的规定,执行中不得冻结、扣划的可归纳为"一个账户、两类证券、四样担保物、五类资金":

"一个账户"——以证券登记结算机构名义建立的各类专门清算交收账户。

"两类证券"——(1)证券登记结算机构设立的证券集中交收账户、专用清偿账户、专用处置账户内的证券;(2)证券公司在证券登记结算机构开设的客户证券交收账户、自营证券交收账户和证券处置账户内的证券。

"四样担保物"——证券登记结算机构依法按照业务规则要求证券公司等结算参与人、投资者或者发行人提供的回购质押券、价差担保物、行权担保物、履约担保物。

"五类资金"——(1)证券登记结算机构设立的资金集中交收账户、专用清偿账户内的资金;(2)证券登记结算机构依法收取的证券结算风险基金和结算互保金;(3)证券登记结算机构在银行开设的结算备付金专用存款账户和新股发行验资专户内的资金,以及证券登记结算机构为新股发行网下申购配售对象开立的网下申购资金账户内的资金;(4)证券公司在证券登记结算机构开设的客户资金交收账户内的资金;(5)证券公司在证券登记结算机构开设的自营资金交收账户内最低限额自营结算备付金及根据成交结果确定的应付资金。

七、证券登记结算机构依法按照业务规则要求证券公司等结算参与人、投资者或者发行人提供的回购质押券、价差担保物、行权担保物、履约担保物,在交收完成之前,不得冻结、扣划。

八、证券公司在银行开立的自营资金账户内的资金可以冻结、扣划。

九、在证券公司托管的证券的冻结、扣划，既可以在托管的证券公司办理，也可以在证券登记结算机构办理。不同的执法机关同一交易日分别在证券公司、证券登记结算机构对同一笔证券办理冻结、扣划手续的，证券公司协助办理的为在先冻结、扣划。

冻结、扣划未在证券公司或者其他托管机构托管的证券或者证券公司自营证券的，由证券登记结算机构协助办理。

十、证券登记结算机构受理冻结、扣划要求后，应当在受理日对应的交收日交收程序完成后根据交收结果协助冻结、扣划。

证券公司受理冻结、扣划要求后，应当立即停止证券交易，冻结时已经下单但尚未撮合成功的应当采取撤单措施。冻结后，根据成交结果确定的用于交收的应付证券和应付资金可以进行正常交收。在交收程序完成后，对于剩余部分可以扣划。同时，证券公司应当根据成交结果计算出同等数额的应收资金或者应收证券交由执法机关冻结或者扣划。

十一、已被人民法院、人民检察院、公安机关冻结的证券或证券交易结算资金，其他人民法院、人民检察院、公安机关或者同一机关因不同案件可以进行轮候冻结。冻结解除的，登记在先的轮候冻结自动生效。

轮候冻结生效后，协助冻结的证券登记结算机构或者证券公司应当书面通知做出该轮候冻结的机关。

十二、冻结证券的期限不得超过二年，冻结交易结算资金的期限不得超过六个月。

需要延长冻结期限的，应当在冻结期限届满前办理续行冻结手续，每次续行冻结的期限不得超过前款规定的期限。

十三、不同的人民法院、人民检察院、公安机关对同一笔证券或者交易结算资金要求冻结、扣划或者轮候冻结时，证券登记结算机构或者证券公司应当按照送达协助冻结、扣划通知书的先后顺序办理协助事项。

十四、要求冻结、扣划的人民法院、人民检察院、公安机关之间，因冻结、扣划事项发生争议的，要求冻结、扣划的机关应当自行协商解决。协商不成的，由其共同上级机关决定；没有共同上级机关的，由其各自的上级机关协商解决。

在争议解决之前，协助冻结的证券登记结算机构或者证券公司应当按照争议机关所送达法律文书载明的最大标的范围对争议标的进行控制。

十五、依法应当予以协助而拒绝协助，或者向当事人通风报信，或者与当事人通谋转移、隐匿财产的，对有关的证券登记结算机构或者证券公司和直接责任人应当依法进行制裁。

十六、以前规定与本通知规定内容不一致的，以本通知为准。

十七、本通知中所规定的证券登记结算机构，是指中国证券登记结算有限责任公司及其分公司。

十八、本通知自2008年3月1日起实施。

6.《最高人民法院关于冻结、扣划证券交易结算资金有关问题的通知》（法〔2004〕239号，2004年11月9日）

一、人民法院办理涉及证券交易结算资金的案件，应当根据资金的不同性质区别对待。证券交易结算资金，包括客户交易结算资金和证券公司从事自营证券业务的自有资金。证券公司将客户交易结算资金全额存放于客户交易结算资金专用存款账户和结算备付金账户，将自营证券业务的自有资金存放于自有资金专用存款账户，而上述账户均应报中国证券监督管理委员会备案。因此，对证券市场主体为被执行人的案件，要区别处理：

当证券公司为被执行人时，人民法院可以冻结、扣划该证券公司开设的自有资金存款账户中的资金，但不得冻结、扣划该证券公司开设的客户交易结算资金专用存款账户中的资金。

当客户为被执行人时，人民法院可以冻结、扣划该客户在证券公司营业部开设的资金账户中的资金，证券公司应当协助执行。但对于证券公司在存管银行开设的客户交易结算资金专用存款账户中属于所有客户共有的资金，人民法院不得冻结、扣划。

二、人民法院冻结、扣划证券结算备付金时，应当正确界定证券结算备付金与自营结算备付金。证券结算备付金是证券公司从客户交易结算资金、自营证券业务的自有资金中缴存于中国证券登记结算有限责任公司（以下简称登记结算公司）的结算备用资金，专用于证券交易成交后的清算，具有结算履约担保作用。登记结算公司对每个证券公司缴存的结算备付金分别设立客户结算备付金账户和自营结算备付金账户进行账务管理，并依照经中国证券监督管理委员会批准的规则确定结算备付金最低限额。因此，对证券公司缴存在登记结算公司的客户结算备付金，人民法院不得冻结、扣划。

当证券公司为被执行人时，人民法院可以向登记结算公司查询确认该证券公司缴存的自营结算备付金余额;对其最低限额以外的自营结算备付金,人民法院可以冻结、扣划,登记结算公司应当协助执行。

三、人民法院不得冻结、扣划新股发行验资专用账户中的资金。登记结算公司在结算银行开设的新股发行验资专用账户,专门用于证券市场的新股发行业务中的资金存放、调拨,并按照中国证券监督管理委员会批准的规则开立、使用、备案和管理,故人民法院不得冻结、扣划该专用账户中的资金。

四、人民法院在执行中应当正确处理清算交收程序与执行财产顺序的关系。当证券公司或者客户为被执行人时,人民法院可以冻结属于该被执行人的已完成清算交收后的证券或者资金,并以书面形式责令其在7日内提供可供执行的其他财产。被执行人提供了其他可供执行的财产的,人民法院应当先执行该财产;逾期不提供或者提供的财产不足清偿债务的,人民法院可以执行上述已经冻结的证券或者资金。

对被执行人的证券交易成交后进入清算交收期间的证券或者资金,以及被执行人为履行清算交收义务交付给登记结算公司但尚未清算的证券或者资金,人民法院不得冻结、扣划。

五、人民法院对被执行人证券账户内的流通证券采取执行措施时,应当查明该流通证券确属被执行人所有。

人民法院执行流通证券,可以指令被执行人所在的证券公司营业部在30个交易日内通过证券交易将该证券卖出,并将变卖所得价款直接划付到人民法院指定的账户。

六、人民法院在冻结、扣划证券交易结算资金的过程中,对于当事人或者协助执行人对相关资金是否属客户交易结算资金、结算备付金提出异议的,应当认真审查;必要时,可以提交中国证券监督管理委员会作出审查认定后,依法处理。

七、人民法院在证券交易、结算场所采取保全或者执行措施时,不得影响证券交易、结算业务的正常秩序。

八、本通知自发布之日起执行。发布前最高人民法院的其他规定与本通知的规定不一致的,以本通知为准。

【注释】1997—1998年,为规范涉及证券、期货市场的财产保全和司法执行措施,保护客户交易结算资金安全,最高人民法院先后发出《关于冻结、划拨证券或期货交易所、证券登记结算机构、证券经营或期货经纪机构清算账户资金等问题的通知》(法发〔1997〕27号,以下简称《27号通知》)、《关于贯彻最高人民法院法发〔1997〕27号通知应注意的几个问题的紧急通知》(法明传〔1998〕213号,以下简称《213号通知》)。

1999年7月1日《证券法》正式实施,对客户交易结算资金的存管作了明确规定。据此,证监会于2001年5月发布了《客户交易结算资金管理办法》,确立了新的客户交易结算资金存管制度,其主要内容有三点:一是全额存管,即证券公司必须将客户交易结算资金全额存入开户银行。二是分户管理,即证券公司必须在相关银行开设客户交易结算资金专用存款账户和自有资金专用存款账户,将客户交易结算资金和自有资金分户存放;证券公司在结算公司的清算备付金账户也必须在统计分账户中列明客户资金和自有资金。三是封闭运作,即客户交易结算资金专用存款账户和自有资金专用存款账户互相独立,各自封闭运作。一般情况下,客户交易结算资金只应在其客户交易结算资金专用存款账户和清算备付金账户之间划转;证券公司自有资金也只应在其自有资金专用存款账户和清算备付金账户之间划转。

在《证券法》和《客户交易资金管理办法》颁行之前形成的《27号通知》和《213号通知》,已经不能完全适应资本市场发展的实际需要,需要进一步补充和完善,最高人民法院于2004年11月9日发布了本通知。

7.《最高人民法院关于冻结、划拨证券或期货交易所证券登记结算机构、证券经营或期货经纪机构清算账户资金等问题的通知》(法发〔1997〕27号,1997年12月2日)

一、证券交易所、证券登记结算机构及其异地清算代理机构开设的清算账户上的资金,是证券经营机构缴存的自营及其所代理的投资者的证券交易清算资金。当证券经营机构为债务人,人民法院确需冻结、划拨其交易清算资金时,应冻结、划拨其自营账户中的资金;如证券经营机构未开设自营账户而进行自营业务的,依法可以冻结其在证券交易所、证券登记结算机构及其异地清算代理机构清算账户上的清算资金,但暂时不得划拨。如果证券经营机构在法院规定的合理期限内举证证明被冻结的上述清算账户中的资金是其他投资者的,应当对投资者的资金解除冻结。否则,人民法院可以划拨已冻结的资金。

证券经营机构清算账户上的资金是投资者为进行证券交易缴存的清算备付金。当投资者为债务人时,人民法院对证券经营机构清算账户中该投资者的相应部分资金依法可以冻结、划拨。

人民法院冻结、划拨期货交易所清算账户上期货经纪机构的清算资金及期货经纪机构清算账户上投资者的清算备付金(亦称保证金),适用上述规定。

二、证券经营机构的交易席位系该机构向证券交易所申购的用以参加交易的权利,是一种无形财产。人民法院对证券经营机构的交易席位进行财产保全或执行时,应依法裁定其不得自行转让该交易席位,但不能停止该交易席位的使用。人民法院认为需要转让该交易席位时,按交易所的有关规定应转让给有资格受让席位的法人。

人民法院对期货交易所、期货经纪机构的交易席位采取财产保全或执行措施,适用上述规定。

三、证券经营机构在证券交易所、证券登记结算机构的债券实物代保管处托管的债券,是其自营或代销的其他投资者的债券。当证券经营机构或投资者为债务人时,人民法院如需冻结、提取托管的债券,应当通过证券交易所查明该债务人托管的债券是否已作回购质押,对未作回购质押,而且确属债务人所有的托管债券可以依法冻结、提取。

四、交易保证金是证券经营机构向证券交易所缴存的用以防范交易风险的资金,该资金由证券交易所专项存储,人民法院不应冻结、划拨交易保证金。但在该资金失去保证金作用的情况下,人民法院可以依法予以冻结、划拨。

8.《最高人民法院关于贯彻最高人民法院法发〔1997〕27 号通知①应注意的几个问题的紧急通知》(法明传〔1998〕213 号,1998 年 7 月 22 日)

一、对证券经营机构、期货经纪机构为债务人的案件,在保全或执行其财产时,首先要指令该证券经营机构、期货经纪机构提供可供执行的不动产或其他财产。经查明该证券经营机构、期货经纪机构确有可供执行的不动产或其他财产的,人民法院应当先执行该财产。

二、如无上述可供执行的财产,需要执行证券经营机构或期货经纪机构清算资金时,必须严格按 27 号通知第一条的有关规定冻结、划拨其自营账户中的资金。

---

① 即《最高人民法院关于冻结、划拨证券或期货交易所证券登记结算机构、证券经营或期货经纪机构清算账户资金等问题的通知》(法发〔1997〕27 号,1997 年 12 月 2 日)。

三、对未开设自营账户而进行自营业务的证券经营机构、期货经纪机构，需采取冻结其在证券或期货交易所、证券登记结算机构或异地清算代理机构清算账户内的清算资金措施时，必须十分慎重。只能依法在债务人承担的债务数额范围内予以冻结。同时，依据27号通知第一条的有关规定，必须保障证券经营机构、期货经纪机构的举证权利，如有证据证明上述账户中的资金是其他投资者的，必须对其他投资者的资金及时解除冻结。

四、在执行27号通知时，如遇有影响金融和社会秩序安定的情况时，应当及时采取暂缓或中止执行措施。

9.《最高人民法院关于严格执行对证券或者期货交易机构的账号资金采取诉讼保全或者执行措施规定的通知》（法〔2001〕98号，2001年7月17日）

最近，国务院证券管理部门和一些地方政府有关部门向我院反映，已列入我院《关于清理整顿信托投资公司中有关问题的通知》公布名单中的信托投资公司和有关证券公司因债务纠纷，其下属一些证券营业部交易结算资金账户被部分法院冻结，投资者交易结算资金被扣划。关于对证券或者期货交易机构的账号、资金采取诉讼保全或者执行措施问题，我院曾下发了《关于冻结、划拨证券或期货交易所、证券登记结算机构、证券经营或期货经纪机构清算账户资金等问题的通知》（法发〔1997〕27号）和《关于贯彻最高人民法院法发〔1997〕27号通知应注意的几个问题的紧急通知》（法明传〔1998〕213号）。2001年5月28日，针对清理整顿信托投资公司中的有关问题，我院又下发了《最高人民法院关于发布延长部分停业整顿重组和撤销信托投资公司暂缓受理和中止执行期限名单的通知》。各级人民法院应当按照上述通知规定的精神，严格执行。对确属违反上述规定的，应当立即依法纠正。

10.《最高人民法院、中国证券监督管理委员会关于加强信用信息共享及司法协助机制建设的通知》（法〔2014〕312号，2014年12月9日）

一、最高人民法院与中国证券监督管理委员会加强信用信息共享机制建设，通过网络专线，实现全国法院执行案件信息管理系统与资本市场诚信数据库之间的信用信息共享。

二、通过网络专线，中国证券监督管理委员会可查询被执行人信息和失信被执行人名单信息，人民法院可查询中国证券监督管理委员会作出的行政处罚、市场禁入决定类诚信信息。

被执行人信息包括:被执行人的姓名或者名称、身份证号码或者组织机构代码、执行案号、立案时间、执行法院、执行标的、执行状态等;失信被执行人名单信息包括:被执行人的姓名或者名称、身份证号码或者组织机构代码、年龄和性别(自然人)、法定代表人或者负责人姓名(法人或者其他组织)、生效法律文书确定的义务、被执行人的履行情况、被执行人失信行为的具体情形、执行依据的制作单位和文号、执行案号、立案时间、执行法院等。

三、中国证券监督管理委员会系统各单位、各部门在证券期货监管工作中,可以根据查询的被执行人信息,依法对拒不履行生效法律文书确定义务的有关机构、个人,在行政许可等环节予以限制或者约束。

四、中国证券监督管理委员会协调中国证券登记结算有限责任公司为北京市、上海市、广东省、福建省、浙江省的试点人民法院提供对被执行人证券账户的网络查控协助。最高人民法院与中国证券监督管理委员会建立"总对总"网络查控专线。网络查控专线与中国证券登记结算有限责任公司直接相通。各试点人民法院借助网络查控专线通过中国证券登记结算有限责任公司直接依法实施查控措施。

网络查控用于对执行案件中被执行人证券账户的查询、冻结,不得对被执行人以外的非执行义务主体采取网络查询、冻结。

试点人民法院通过网络查控专线查询、冻结证券,应当确保信息技术安全,并处理好与相关制度规范之间的协调。试点人民法院通过网络查控专线冻结证券,与人民检察院、公安机关及其他人民法院等法定有权机关的书面冻结指令具有同等法律效力,适用《最高人民法院、最高人民检察院、公安部、中国证监会关于查询、冻结、扣划证券和证券交易结算资金有关问题的通知》(法发〔2008〕4 号)冻结的有关规定。产生争议的,由最高人民法院负责协调解决。

经过一段时间的试点后,双方及时总结经验,扩大试点成果的应用。

(三)特殊资金

1.《最高人民法院关于严禁冻结或划拨国有企业下岗职工基本生活保障资金的通知》(法〔1999〕228 号,1999 年 11 月 24 日)

据悉,最近一些地方人民法院在审理或执行经济纠纷案件中,冻结并划拨国有企业下岗职工基本生活保障资金,导致下岗职工基本生活无法保障,

影响了社会稳定。为杜绝此类事件发生,特通知如下:

国有企业下岗职工基本生活保障资金是采取企业、社会、财政各承担三分之一的办法筹集的,由企业再就业服务中心设立专户管理,专项用于保障下岗职工基本生活,具有专项资金的性质,不得挪作他用,不能与企业的其他财产等同对待。各地人民法院在审理和执行经济纠纷案件时,不得将该项存于企业再就业服务中心的专项资金作为企业财产处置,不得冻结或划拨该项资金用以抵偿企业债务。

各地人民法院应对已审结和执行完毕的经济纠纷案件做一下清理,凡发现违反上述规定的,应当及时依法予以纠正。

【注释】本通知的主旨在于对人民群众基本生存权的优先保护。国有企业下岗职工基本生活保障资金是采取企业、社会、财政各自承担1/3的办法筹集的,由企业再就业服务中心设立专户管理,专项用于保障下岗职工基本生活,具有专项资金性质,不能与企业的其他财产等同对待。人民法院在执行案件时,如果冻结、扣划此资金,将不利于社会稳定。因此,不得将该项存于企业再就业服务中心的专项资金作为企业财产处理,并且不得冻结和扣划该项资金。

2.《最高人民法院关于在审理和执行民事、经济纠纷案件时不得查封、冻结和扣划社会保险基金的通知》(法〔2000〕19号,2000年2月18日)

社会保险基金是由社会保险机构代参保人员管理,并最终由参保人员享用的公共基金,不属于社会保险机构所有。社会保险机构对该项基金设立专户管理,专款专用,专项用于保障企业退休职工、失业人员的基本生活需要,属专项资金,不得挪作他用。因此,各地人民法院在审理和执行民事、经济纠纷案件时,不得查封、冻结或扣划社会保险基金;不得用社会保险基金偿还社会保险机构及其原下属企业的债务。

3.《最高人民法院关于对粮棉油政策性收购资金形成的粮棉油不宜采取财产保全措施和执行措施的通知》(法〔2000〕164号,2000年11月16日)

根据国务院国发〔1998〕15号《关于进一步深化粮食流通体制改革的决定》和国发〔1998〕42号《关于深化棉花流通体制改革的决定》以及《粮食收购条例》等有关法规和规范性文件的规定,人民法院在保全和执行国有粮棉油购销企业从事粮棉油政策性收购以外业务所形成的案件时,除继续执行我院法函〔1997〕97号《关于对粮棉油政策性收购资金是否可以采取财产保全措施问题的复函》外，对中国农业发展银行提供的粮棉油收购资金及由该项资金形成的库存的粮棉油不宜采取财产保全措施和执行措施。

【注释】粮棉油作为农产品的基本原料和半成品，在其进入公民的日常生活前，一般经过种植、收购、运输、加工等环节。因此，从执行理论与实践来讲，用于粮棉油的政策性收购资金，也属于专项资金，具有专门用途，不宜冻结和扣划。本通知是对《最高人民法院关于对粮棉油政策性收购资金是否可以采取财产保全措施问题的复函》（法函〔1997〕97号）的进一步补充和完善，其对收购资金的法律保护范围从以前单纯的资金形式扩展到收购资金的物化形式，从以前诉讼前和诉讼中的保护扩展到执行阶段的法律保护。

4.《最高人民法院关于执行旅行社质量保证金问题的通知》（法〔2001〕1号，2001年1月8日）

人民法院在执行涉及旅行社的案件时，遇有下列情形而旅行社不承担或无力承担赔偿责任的，可以执行旅行社质量保证金：

（1）旅行社因自身过错未达到合同约定的服务质量标准而造成旅游者的经济权益损失；

（2）旅行社的服务未达到国家或行业规定的标准而造成旅游者的经济权益损失；

（3）旅行社破产后造成旅游者预交旅行费损失；

（4）人民法院判决、裁定及其他生效法律文书认定的旅行社损害旅游者合法权益的情形。

除上述情形之外，不得执行旅行社质量保证金。同时，执行涉及旅行社的经济赔偿案件时，不得从旅游行政管理部门行政经费账户上划转行政经费资金。

【注释】根据2013年《国家旅游局办公室关于将〈旅行社质量保证金存取办法〉修改为〈旅游服务质量保证金存取管理办法〉的通知》（旅办发〔2013〕170号）的规定，"旅行社质量保证金"已更名为"旅游服务质量保证金"，同时在使用范围上增加《旅游法》第31条"用于垫付旅游者人身安全遇有危险时紧急救助费用"的内容。故在执行中，除上述情形外，如执行先予垫付的对旅游者紧急救助的费用，也是可以执行的。

5.《最高人民法院关于强制执行中不应将企业党组织的党费作为企业财产予以冻结或划拨的通知》(法〔2005〕209 号,2005 年 11 月 22 日)

企业党组织的党费是企业每个党员按月工资比例向党组织交纳的用于党组织活动的经费。党费由党委组织部门代党委统一管理,单立账户,专款专用,不属于企业的责任财产。因此,在企业作为被执行人时,人民法院不得冻结或划拨该企业党组织的党费,不得用党费偿还该企业的债务。执行中,如果申请执行人提供证据证明企业的资金存入党费账户,并申请人民法院对该项资金予以执行的,人民法院可以对该项资金先行冻结;被执行人提供充分证据证明该项资金属于党费的,人民法院应当解除冻结。

6.《最高人民法院关于对工业企业结构调整专项奖补资金不宜采取财产保全措施和执行措施的通知》(法〔2017〕220 号,2017 年 7 月 19 日)

根据《国务院关于钢铁行业化解过剩产能实现脱困发展的意见》(国发〔2015〕6 号)、《国务院关于煤炭行业化解过剩产能实现脱困发展的意见》(国发〔2016〕7 号)、《财政部工业企业结构调整专项奖补资金管理办法》(财建〔2016〕253 号)的规定,工业企业结构调整专项奖补资金系中央财政为支持地方政府和中央企业推动钢铁、煤炭等行业化解过剩产能工作而设立的专项资金。该资金专项用于相关国有企业职工以及符合条件的非国有企业职工的分流安置工作,目的在于去除钢铁、煤炭等行业的过剩产能,推进供给侧结构性改革。因此,除为实现企业职工权利,审理、执行因企业职工分流安置工作形成的纠纷外,人民法院在审理、执行涉及有关国有和非国有钢铁、煤炭企业的其他纠纷时,不宜对工业企业结构调整专项奖补资金采取保全和执行措施。各高级人民法院收到本通知后,要立即组织辖区人民法院对正在审理、执行中的案件进行自查,发现相关工业企业结构调整专项奖补资金已被冻结,或者已经划拨但未发放的,除为实现企业职工权利,审理、执行因企业职工分流安置工作形成的纠纷外,应立即解除冻结措施,退还相关款项。各级人民法院应结合账户性质、资金来源、发放程序、审批手续等因素准确判断资金性质,同时保障各方当事人的权利,既要避免因普通经济纠纷冻结、扣划工业企业结构调整专项奖补资金,也要防止债务人恶意借奖补资金之名逃避债务。

7.《最高人民法院、住房和城乡建设部、中国人民银行关于规范人民法院保全执行措施确保商品房预售资金用于项目建设的通知》（法〔2022〕12号，2022 年 1 月 11 日）

一、商品房预售资金监管是商品房预售制度的重要内容，是保障房地产项目建设、维护购房者权益的重要举措。人民法院冻结预售资金监管账户的，应当及时通知当地住房和城乡建设主管部门。

人民法院对预售资金监管账户采取保全、执行措施时要强化善意文明执行理念，坚持比例原则，切实避免因人民法院保全、执行预售资金监管账户内的款项导致施工单位工程进度款无法拨付到位，商品房项目建设停止，影响项目竣工交付，损害广大购房人合法权益。

除当事人申请执行因建设该商品房项目而产生的工程建设进度款、材料款、设备款等债权案件之外，在商品房项目完成房屋所有权首次登记前，对于预售资金监管账户中监管额度内的款项，人民法院不得采取扣划措施。

二、商品房预售资金监管账户被人民法院冻结后，房地产开发企业、商品房建设工程款债权人、材料款债权人、租赁设备款债权人等请求以预售资金监管账户资金支付工程建设进度款、材料款、设备款等项目建设所需资金，或者购房人因购房合同解除申请退还购房款，经项目所在地住房和城乡建设主管部门审核同意的，商业银行应当及时支付，并将付款情况及时向人民法院报告。

住房和城乡建设主管部门应当依法妥善处理房地产开发企业等主体的资金使用申请，未尽监督审查义务违规批准用款申请，导致资金挪作他用，损害保全申请人或者执行申请人权利的，依法承担相应责任。

三、开设监管账户的商业银行接到人民法院冻结预售资金监管账户指令时，应当立即办理冻结手续。

商业银行对于不符合资金使用要求和审批手续的资金使用申请，不予办理支付、转账手续。商业银行违反法律规定或合同约定支付、转账的，依法承担相应责任。

四、房地产开发企业提供商业银行等金融机构出具的保函，请求释放预售资金监管账户相应额度资金的，住房和城乡建设主管部门可以予以准许。

预售资金监管账户被人民法院冻结，房地产开发企业直接向人民法院申请解除冻结并提供担保的，人民法院应当根据《中华人民共和国民事诉讼法》第一百零四条、《最高人民法院关于适用〈中华人民共和国民事诉讼法〉

的解释》第一百六十七条的规定审查处理。

五、人民法院工作人员在预售资金监管账户的保全、执行过程中，存在枉法裁判执行、违法查封随意解封、利用刑事手段插手民事经济纠纷等违法违纪问题的，要严肃予以查处。

住房和城乡建设主管部门、商业银行等相关单位工作人员在预售资金监管账户敢项监管、划拨过程中，滥用职权、玩忽职守、徇私舞弊的，依法追究法律责任。

【司法答复】

（一）银行存款

1.《最高人民法院经济审判庭关于银行不根据法院通知私自提取人民法院冻结在银行的存款应如何处理问题的电话答复》（1988年3月8日）

云南省高级人民法院：

你院云法字〔1987〕第35号请示收悉，经研究并征询有关部门意见，现答复如下：

景东县人民法院在审理个体户李世民诉云县航运公司一案时，依法冻结航运公司在营业所的存款后，营业所不经法院准许，仅根据航运代理人的证明，就让航运公司将款取走。如承取款时未超过六个月的冻结期限，或者虽已超过六个月，但法院又进行了续冻，则营业所的这一做法违反了《最高人民法院、中国人民银行关于查询、冻结和扣划企业事业单位、机关、团体的银行存款的联合通知》的有关规定，也违反民事诉讼法（试行）第七十七条第一款第三项①规定的精神，应由营业所负责将款追回；无法追回、航运公司又无其他财产可以执行，营业所应承担经济赔偿责任。

【注释】《云南省高级人民法院关于银行不根据法院通知私自提取人民法院冻结在银行的存款应如何处理的请示》（云法字〔1987〕第35号，1987年9月12日）的内容为：

---

① 《民事诉讼法（试行）》（已废止）第77条规定："诉讼参与人或者其他人有下列行为之一的，人民法院可以根据情节轻重，予以训诫、责令具结悔过或者予以罚款、拘留；构成犯罪的，依法追究刑事责任：……（三）隐藏、转移、变卖、毁损已被查封、扣押的财产；……"

最高人民法院经济庭：

根据思茅地区中级人民法院经济庭反映，景东县人民法院经济庭在审理景东县个体户李世民诉云县航运公司一案时，法院为了便于执行，冻结云县航运公司在禄丰县广通镇营业所的账户存款5000元。结案判决后，航运公司不服，上诉思茅中院。航运公司并在上诉期间由其诉讼代理人(云县法律顾问处律师)谭然出具证明，从营业所把冻结款取走，结果二审审结后无法执行。根据《最高人民法院、中国人民银行关于查询、冻结和扣划企业事业单位、机关、团体的银行存款的联合通知》中关于“已被冻结款项的解冻，应以人民法院的通知为凭，银行不得自行解冻”的规定，我们认为营业所的做法是不符合上述文件精神，他们私自提取人民法院的冻结款，应由他们负责追回。无法追回时应负连带赔偿责任。当否？请批复。

特此报告。

2.《最高人民法院关于银行擅自划拨法院已冻结的款项如何处理问题的函》[法(经)函〔1989〕10号，1989年3月26日]

江西省高级人民法院：

你院赣法经〔1989〕第03号关于对银行擅自划拨已冻结款项如何处理的请示收悉，经研究答复如下：

根据《民事诉讼法(试行)》第一百六十四条[①]和《最高人民法院、中国人民银行关于查询、冻结和扣划企业事业单位、机关、团体的银行存款的联合通知》的规定，银行有义务协助人民法院冻结企业事业单位、机关、团体的银行存款，已被冻结款项的解冻，应以人民法院的通知为凭，银行不得自行解冻，只有超过六个月冻结期限，法院未办理继续冻结手续的才视为自动撤销冻结。南宁市常乐贸易公司的银行存款于1985年6月27日被法院依法冻结。据你院来文所述，九江市中级人民法院的执行人员于1985年12月18日到工商银行南宁市支行民生路信用部要求划拨被冻结的款项时，该款已被民生路信用部扣划抵还其贷款。民生路信用部的行为，显属违反《民事诉讼法(试行)》和最高人民法院、中国人民银行联合通知的规定，应责成信用部将款追回并可依据

---

① 《民事诉讼法(试行)》(已废止)第164条规定：“有关单位和个人都有义务按照人民法院的通知，协助执行。无故推拖、拒绝或者妨碍执行的，依照本法第七十七条的规定处理。”

《民事诉讼法(试行)》第七十七条①的规定对直接人员追究责任。

3.《最高人民法院关于能否扣划被执行单位投资开办的企业法人的资金偿还被执行单位债务问题的复函》[法(经)函〔1991〕94号,1991年4月29日]

广东省高级人民法院:

你院1990年7月2日《关于执行深圳市儿童福利中心诉中国农村能源协会一案的情况报告》及8月27日转来的深圳市中级人民法院《关于能否扣划被执行人的投资款以偿还债务的请示报告》均收悉。经研究,答复如下:

在深圳市儿童福利中心诉中国农村能源协会一案中,被执行人应当是发生法律效力的民事判决中的义务承担人,即中国农村能源协会。强制执行的财产只能是被执行人所有或能够处分的财产。被执行人投资兴办的企业既经注册登记为企业法人,则其投资已成为该企业法人的注册资金,属于该企业法人经营管理的财产,作为投资人的被执行人已无权随意处分。即使可以用投资款偿还投资人的债务,也只能依法转让股权或以所得收益偿还,而不能直接扣划。因此,深圳中院以正大科技贸易总公司是中国农村能源协会投资兴办的为由,扣划正大科技贸易总公司的存款,冻结广东鸿大国际科技中心的账户,用以偿还中国农村能源协会的债务是不妥当的。

【注释】与此同理,亦不能执行被执行人投资开办的企业所持有的股票等其他财产以清偿被执行人的债务。关于这一问题,《最高人民法院关于被执行人以其全部资产作股本与外方成立合资企业的应当如何执行问题的复函》(法函〔1992〕114号,1992年9月7日),最高人民法院执行工作办公室对四川高院《关于攀枝花市国债服务部与重庆市涪陵财政国债服务部证券回购纠纷执行请示案的复函》(〔2003〕执他字第7号,2003年6月9日),《最高人民法院办公厅关于商品房预售款项目可否用于偿还公司股东个人债务

---

① 《民事诉讼法(试行)》(已废止)第77条规定:"诉讼参与人或者其他人有下列行为之一的,人民法院可以根据情节轻重,予以训诫、责令具结悔过或者予以罚款、拘留;构成犯罪的,依法追究刑事责任:(一)伪造、隐藏、毁灭证据;(二)指使、贿买他人作伪证;(三)隐藏、转移、变卖、毁损已被查封、扣押的财产;(四)以暴力、威胁或者其他方法阻碍司法工作人员执行职务,或者扰乱司法机关的工作秩序;(五)对司法工作人员、证人、鉴定人、勘验人、诉讼参加人、协助执行的人,进行侮辱、诽谤、诬陷、殴打或者以其他方法进行打击报复;(六)有义务协助执行的人,对人民法院的协助执行通知书,无故推拖、拒绝或者妨碍执行。"

有关问题意见的复函》(法办函〔2016〕712 号,2016 年 11 月 22 日)都非常明确,被执行人投资开办的公司所持股票、商品房预售资金等财产是其开办公司的合法财产,非被执行人的财产不能执行,故不得执行。

4.《最高人民法院经济审判庭关于大庆市中级人民法院、望奎县人民法院对大同市中级人民法院已经实施冻结的银行存款及扣押的财产擅自扣划启封问题的复函》(法经〔1992〕169 号,1992 年 11 月 4 日)

山西省高级人民法院、黑龙江省高级人民法院:

山西省高级人民法院〔1990〕晋法经字第 5 号请示报告和黑龙江省高级人民法院黑法经字〔1991〕158 号报告均已收悉。关于大庆市中级人民法院、望奎县人民法院对大同市中级人民法院已经实施冻结的银行存款及扣押的财产擅自扣划、启封的问题,经研究答复如下:

大同市中级人民法院在审理山西省石油公司大同分公司(下称"大同分公司")诉黑龙江省大庆市牧工商联合公司炼油厂(下称"炼油厂",系刘清波个人开办,未经当地工商行政管理局注册登记)购销合同纠纷案中,于 1989 年 10 月 10 日以(1989)法经裁字第 66 号裁定冻结了炼油厂 270 万元银行存款(该账户实际存款仅有 16.1 万元)。刘清波为了偿还欠款,以欺诈手段,与吉林省石油公司双辽支公司签订了一份购销 500 吨柴汽油的合同。10 月 28 日,吉林省石油公司双辽支公司将 70 万元货款汇入该账户中。对这笔货款,大庆市中级人民法院于 11 月 8 日先以便函通知被告开户行不准扣划,1990 年 1 月 5 日又以(1989)经裁字第 23 号先行给付裁定和(1990)执划字第 1 号扣划存款通知扣划退还给了吉林省石油公司双辽支公司。1990 年 3 月 19 日,刘清波被招聘为望奎县石油化工厂负责人。5 月 20 日,刘清波擅自以该厂的全部资产作为对大同分公司债务的担保。大同市中级人民法院于 1990 年 6 月 23 日依据刘清波提供的债务担保查封扣押了望奎县石油化工厂的两台油槽车。但这一被查封、扣押物,又被望奎县政府于 1990 年 10 月 30 日擅自解封,退还给了望奎县石油化工厂。望奎县人民法院参与了这项活动。大庆市中级人民法院扣划已经大同市中级人民法院冻结的当事人银行账户上的存款和望奎县人民法院参与当地县政府擅自解封已经大同市中级人民法院查封、扣押的财产尽管有一定原因,刘清波骗取吉林省石油公司双辽支公司的货款及擅自以望奎县石油化工厂的资产为自己债务担保,属于无效行为,不受法律保护,受骗人的合法权益应当依法保护。但在做法上应通过两地法院依法协调处理,由大同市中级人民法院给予解封,当地法院在未征得查封法院同意前自行解封,是违反法律规定的。鉴于本案债务大部分已基本了结,对尚留债务,大庆市中级人民法院和望奎县人民法院应当积极协助大同市中级人民法院执行,并应当注意今后不要再发生类似问题。

5.《最高人民法院研究室关于对有义务协助执行单位拒不协助予以罚款后又拒不执行应如何处理问题的答复》(1993 年 9 月 27 日)

湖南省高级人民法院:

你院湘高法研字〔1993〕第 1 号《关于对罚款决定书拒不执行应如何处理的请示报告》收悉。经研究,答复如下:

根据《中华人民共和国民事诉讼法》第一百零三条①第一款第(二)项和第二款的规定,人民法院依据生效判决、裁定,通知有关银行协助执行划拨被告在银行的存款,而银行拒不划拨的,人民法院可对该银行或者其主要负责人或者直接责任人员予以罚款,并可向同级政府的监察机关或者有关机关提出给予纪律处分的司法建议。被处罚人拒不履行罚款决定的,人民法院可以根据民事诉讼法第二百三十一条②的规定,予以强制执行。执行中,被处罚人如以暴力、威胁或者其他方法阻碍司法工作人员执行职务的,依照民事诉讼法第一百零二条③第一款第(五)项、第二款规定,人民法院可对被处罚人或对有上述行为的被处罚单位的主要负责人或者直接责任人员予以罚款、拘留,构成犯罪的,依照刑法第一百五十七条的规定追究刑事责任。

人民法院在具体执行过程中,应首先注意向有关单位和人员宣传民事诉讼法的有关规定,多做说服教育工作,坚持文明执法、严肃执法。

6.《最高人民法院关于冻结单位银行存款六个月期限如何计算起止时间的复函》(法经〔1995〕16 号,1995 年 1 月 16 日)

江西省高级人民法院:

你院《关于冻结单位银行存款六个月期限如何计算起止时间的请示》收悉,经研究,答复如下:

---

① 2021 年《民事诉讼法》第四次修正后调整为第 117 条。

② 2021 年《民事诉讼法》第四次修正后调整为第 259 条。

③ 2021 年《民事诉讼法》第四次修正后调整为第 114 条。

根据《中华人民共和国民事诉讼法》第七十五条①第二款的规定，期间开始的时和日，不计算在期间内。宜春地区中级人民法院1994年4月18日冻结某企业的银行存款，冻结期限6个月应从1994年4月19日起算，到同年10月18日当天银行停止营业时止。冻结的效力则应从1994年4月18日冻结手续办结之时开始。

7.《最高人民法院执行工作办公室关于山东省菏泽市中级人民法院执行江西省鹰潭市月湖城市信用社赔偿一案的函》(〔2001〕执协字第1号，2001年9月27日)

山东省高级人民法院、江西省高级人民法院：

山东省高级人民法院鲁高法函〔2001〕1号《关于菏泽市中级人民法院执行干警在江西省鹰潭市执行受阻的情况报告》和江西省高级人民法院赣高法明传〔2001〕160号《关于请求协调处理山东省菏泽市中级人民法院执行江西省鹰潭市月湖城市信用社赔偿一案的报告》及山东省高级人民法院〔2001〕鲁法执他字(一)第17号《关于山东省菏泽市中级人民法院再次赴江西鹰潭执行案件情况的报告》均收悉。经研究答复如下：

山东巨野国家粮食储备库与山东菏泽地区粮食转运站分别诉江西皓玉面粉有限公司购销小麦欠款纠纷一案，经菏泽中院审理并作出判决，共计判令江西皓玉面粉股份有限公司偿付两原告175.8万余元。两案进入执行程序后，菏泽市中院于2000年9月21日上午对皓玉公司在鹰潭市月湖城市信用社(以下简称月湖信用社)所开设账户上的150余万元存款采取冻结、划拨措施，送达相关法律文书时，该信用社主任拒绝签字办理。执行人员在做工作无效的情况下，依法留置送达了扣划上述款项的法律文书。当日下午，菏泽市中院执行人员再次到该信用社，遭到皓玉公司240余名职工围攻辱骂和殴打，并被非法限制人身自由达23个小时。执行干警在生命健康受到威胁，案件卷宗面临毁失的情况下，被迫写了解除冻结存款的便函。月湖信用社随即协助皓玉公司将冻结款项全部提走。菏泽市中院于2000年10月1日作出责令该信用社在其非法转移款项的范围内以自己的财产向申请执行人承担民事赔偿责任的裁定，并委托鹰潭市中院送达。

我们认为，月湖信用社作为有义务协助人民法院执行的单位，在菏泽中

① 2021年《民事诉讼法》第四次修正后调整为第85条。

院对冻结的150万元执行款发出扣划通知后，本应立即协助扣划，但该信用社拒不配合，导致在发生暴力抗拒事件后使该项执行款流失；菏泽中院执行人员在生命、卷宗安全受到严重威胁的情况下，被迫写下的解除冻结款项的便函，不是菏泽中院的真实意思表示，不具有法律效力。月湖信用社妨碍执行生效法律文书的行为情节严重，菏泽中院依据最高人民法院《关于人民法院执行工作若干问题的规定(试行)》第37条①之规定，裁定月湖信用社在流失财产的范围内对申请执行人承担赔偿责任，于法有据，应予支持。

接函后，请江西高院协助山东法院依法执行。执行中如有新的情况发生，请及时报告我院。

8.《最高人民法院关于银行贷款账户能否冻结的请示报告的批复》
(〔2014〕执他字第8号，2014年4月2日)

河南省高级人民法院：

你院〔2013〕豫法执复字第00042号《关于银行贷款账户能否冻结的请示报告》收悉，经研究，答复如下：

在银行作为协助执行人时，现行法律和司法解释只规定了可以对被执行人的银行存款账户进行冻结，冻结银行贷款账户缺乏依据。强制执行应当通过控制和处分被执行人财产的措施来实现。银行开立的以被执行人为户名的贷款账户，是银行记载其向被执行人发放贷款及收回贷款情况的账户、其中所记载的账户余额为银行对被执行人享有的债权，属于贷款银行的资产，并非被执行人的资产，而只是被执行人对银行的负债。因此，通过"冻结"银行贷款账户不能实现控制被执行人财产的目的。只要人民法院冻结到了被执行人的银行存款账户或控制其他可供执行的财产，即足以实现执行的目的，同时也足以防止被执行人以冻结或查封的资产向银行清偿债务。而所谓"冻结"被执行人银行贷款账户，实质是禁止银行自主地从法院查封、扣押、冻结的被执行人财产以外的财产中实现收回贷款的行为。这种禁止，超出执行的目的，将侵害银行的合法权益，如果确实存在银行在法律冻结被执行人存款账户之后，擅自扣收贷款的情况，则可以依法强制追回。因此，在执行以银行为协助执行人的案件时，不能冻结户名为被执行人的银行贷款账户。

【注释】《最高人民法院关于执行〈封闭贷款管理暂行办法〉和〈外经贸

① 2020年修正后调整为第30条。

企业封闭贷款管理暂行办法〉中应注意的几个问题的通知》(法发〔2000〕4号,已失效)规定:"一、人民法院审理民事经济纠纷案件,不得对债务人的封闭贷款结算专户采取财产保全措施或者先予执行。二、人民法院在执行案件时,不得执行被执行人的封闭贷款结算专户中的款项。三、如果有证据证明债务人为逃避债务将其他款项打入封闭贷款结算专户的,人民法院可以仅就所打入的款项采取执行措施。四、如果债权人从债务人的封闭贷款结算专户中扣取了老的贷款和欠息,或者扣收老的欠税及各种费用,债务人起诉的,人民法院应当受理,并按照《封闭贷款管理暂行办法》第十四条①的规定处理。债务人属于外经贸企业的,则按照《外经贸企业封闭贷款管理暂行办法》第二十一条②的规定处理。"

(二)专项资金

1.《最高人民法院关于河南省西华县艾岗粮管所申请执行河南省西平县人民政府、西平县城乡建设环境保护局一案如何执行问题的复函》(〔1993〕经他3号,1993年3月9日)

河南省高级人民法院:

你院关于如何执行西平县人民政府财产的请示报告收悉。经研究,答复如下:

根据国务院《关于加强预算外资金管理的通知》和财政部有关预算外资金管理的文件规定,地方财政的预算外资金属于地方财政部门按国家规定管理的各项附加收入,应主要用于社会公益,由地方财政部门统一管理,专项安排,专项使用。法院根据生效的判决依法执行时,不能划拨该项资金,应划拨

---

① 《封闭贷款管理暂行办法》(银发〔1999〕261号,已废止)第14条规定:"贷款在封闭运行期间,贷款人不得从专户中扣取老的贷款和欠息;企业不能用其支付拖欠的工资,不得用专户上的资金支付企业的其他债务支出;有关部门不能从专户中扣收老的欠税及各种费用;司法部门不应以企业其他债务纠纷为由,冻结封闭贷款账户和扣收专户资金(由最高人民法院另行发文)。"

② 《外经贸企业封闭贷款管理暂行办法》(银发〔1999〕285号,已废止)第21条规定:"贷款在封闭运行期间,贷款人不得从专户中扣取老的贷款和欠息;企业不能用其支付拖欠的工资,不得用专户上的资金支付企业的其他债务支出;有关部门不能从专户中扣收老的欠税及各种费用。"

县政府机关的预算外资金。至于本案西平县人民政府是否应当与西平县城乡建设环境保护局共同承担连带责任问题,也应慎重研究,请再酌。

2.《最高人民法院执行工作办公室关于执行过程中不得冻结、扣划国防科研经费的函》(法经〔1995〕118号,1995年4月18日)

辽宁省高级人民法院:

哈尔滨工程大学向我院反映,抚顺市中级人民法院在执行该院(1994)抚经初字第115号民事判决书(被执行人为哈尔滨工程大学)过程中,将该被执行人在中国工商银行哈尔滨市大直支行××××××××××-××账户上的国防科研经费冻结210万元,扣划110万元。

经查,哈尔滨工程大学是承担国家国防科技预研重点项目和国防科技重点实验室建设项目的单位。根据中国工商银行、国防科工委《关于办理国防科研试制费委托拨款工作有关问题的通知》的规定,该校在中国工商银行哈尔滨市大直支行××××××××××-××账户的存款,应属国防科工委拨付给其为完成上述项目的国家预算内拨款,不能挪作他用。请你院尽快核实,如抚顺市中级人民法院冻结和扣划的款项确属上述性质,应立即解除冻结,停止扣划,以确保国防科研重点项目工作的正常进行。

3.《最高人民法院关于对企业住房基金执行问题的复函》(经他〔1996〕17号,1996年7月9日)

浙江省高级人民法院:

你院〔1996〕浙高法执字第9号请示报告收悉。经研究,现答复如下:

《中华人民共和国民法通则》第48条规定:"全民所有制企业法人以国家授予它经营管理的财产承担民事责任……"临海市化肥厂将属其经管的房产出售给本厂职工,所得28万元款项仍属国营企业经营管理的财产。至于作为"住房基金",仅仅是临海市化肥厂对这笔财产的一种用途,并不能改变这笔财产是国家授予其经营管理的性质。因此,可以用于承担民事责任。

鉴于临海市化肥厂已将售房款用作"住房基金",直接涉及企业职工的切身利益,因此,执行此案时一定要慎重。在确无其他可供执行财产的情况下,应在切实做好有关方面工作的基础上予以执行。

4.《最高人民法院执行工作办公室关于企业职工建房集资款不属企业所得问题的函》(法经〔1997〕12 号,1997 年 1 月 27 日)

湖北省高级人民法院:

陕西建光机器厂给我院来函反映:你省荆沙市沙市区人民法院在执行荆沙市中级人民法院(1996)荆经字第 175 号生效判决时,将所有权不属于该厂的职工建房集资款 60 万元人民币予以冻结。为此,该厂向沙市区人民法院提出异议,沙市区人民法院则以此款是职工预购房款,属该厂所有为由,驳回其异议。

经审查,陕西建光机器厂为解决本厂职工住房困难,于 1995 年 12 月 15 日以集资修建职工住房方案为题下发了〔1995〕180 号文件,该文件明确了集资对象、条件及方式。经上报市房改办公室获批后,该厂按市房改办批复的要求,将上述职工个人集资款存入指定银行的专项账户。上列事实清楚,证据充分。国务院住房制度改革领导小组办公室还专就此事致函我办,明确指出:"此款其性质属于职工个人的,不应视为企业的其他资金。"请你院接到此函后,通知并监督荆沙市沙市区人民法院立即将此款解冻。

5.《最高人民法院关于粮棉油政策性收购资金是否可以采取财产保全措施问题的复函》(法函〔1997〕97 号,1997 年 8 月 14 日)

山东省高级人民法院:

你院鲁法经〔1997〕33 号《关于对粮棉油政策性收购资金专户是否可以采取财产保全措施问题的请示》收悉。经研究,答复如下:

同意你院请示的倾向性意见。粮棉油政策性收购资金是用于国家和地方专项储备的粮食、棉花、油料的收购、储备、调销资金和国家定购粮食、棉花收购资金。包括各级财政开支的直接用于粮棉油收购环节的价格补贴款、银行粮棉油政策性收购货款和粮棉油政策性收购企业的粮棉油调销回笼款。该资金只能用于粮棉油收购及相关费用支出。人民法院在审理涉及政策性粮棉油收购业务之外的经济纠纷案件中,不宜对粮棉油政策性收购企业在中国农业发展银行及其代理行或经人民银行当地分行批准的其他金融机构开立账上的这类资金采取财产保全措施,以保证这类资金专款专用,促进农业的发展。

6.《最高人民法院执行工作办公室关于股民保证金不宜作为证券公司财产执行的函》(法经〔1997〕300 号,1997 年 9 月 5 日)

江苏省高级人民法院:

据全国证券回购债务清欠办公室和江西证券公司反映,盐城市中级人民法院在执行该院(1995)盐法经初字第84号、85号民事判决书过程中,于今年7月31日扣划了被执行人江西省证券公司上海业务部在工商银行上海市分行营业部开设的深圳股票交易资金清算户上的资金1426万元,该账户上的资金全部为客户保证金,此资金的划拨,影响了股民进行股票交易和提出存款,影响到社会的安定团结。

我院认为,证券机构代理股民买卖股票的资金即股民保证金,其所有权属于股民。证券经营机构必须通过保证金账户保证股民经营的正常清算支付。证券经营机构在银行开立的证券经营资金结算账户,是股民保证金账户的存在形式,人民法院在执行以证券经营机构为被执行人的案件时,可以通过冻结证券商自营账户上的资金、股票、国库券以及其自有财产的办法解决,不宜冻结、扣划证券经营机构在其证券经营资金结算账户上的存款。

7.《最高人民法院执行工作办公室关于股民保证金属于股民所有问题的函》(法经〔1997〕297号,1997年9月10日)

北京市高级人民法院:

海南港澳国际信托投资有限公司向我院反映:北京市第一中级人民法院在执行该院(1996)一中经初字第1106号民事判决书时,分别于1997年8月20日和8月21日冻结了该公司在花旗银行上海分行和渣打银行深圳分行开设的B股股票交易账户项下的资金。该两账户是经有关机关批准而开立的B股股票交易账户,其项下的资金是境外股民存入该账户的股票交易保证金,其所有权属境外股民所有。由于北京一中院的冻结,致使股票交易受阻,股民权益受损,境外股民欲在"十五大"期间进京上访。为此,请求我院监督纠错。

我们认为,B股股票交易账户上的股民保证金,其所有权为股民所有,不属被执行人的财产。现将当事人反映材料转去,如情况属实,请你院立即通知北京市第一中级人民法院务必在本月15日前解除冻结,并报告结果。

8.《最高人民法院执行工作办公室关于能否强制执行甘肃金昌市东区管委会有关财产请示的复函》(〔2001〕执他字第10号,2001年4月19日)

甘肃省高级人民法院:

你院甘高法〔1999〕07号《关于能否强制执行金昌市东区管委会有关财产的请示》收悉。经研究,答复如下:

我们认为,预算内资金和预算外资金均属国家财政性资金,其用途国家有严格规定，不能用来承担连带经济责任。金昌市东区管委会属行政性单位，人民法院在执行涉及行政性单位承担连带责任的生效法律文书时，只能用该行政单位财政资金以外的自有资金清偿债务。为了保证行政单位正常的履行职能，不得对行政单位的办公用房、车辆等其他办公必需品采取执行措施。

【注释 1】金昌市东区丝路食品厂（以下简称食品厂）与江苏省盐城市燃料物资公司金昌办事处联营合同纠纷一案，甘肃省金昌市中级人民法院（以下简称金昌中院）在审理中查明，食品厂系金昌市东区工贸公司（以下简称工贸公司）下属具有营业执照的单位，但工贸公司并未交给食品厂任何财产；食品厂经营场所、资金均以自己的名义向他人租赁和借贷，并无自有资金。另外，工贸公司成立时，其投资开办单位东区管委会的投资亦未到位。1994 年 1 月，食品厂变更登记，取得企业法人营业执照，同时将主管单位变更为金昌市东区管委会，但东区管委会依然没有给食品厂落实投资，食品厂完全靠借贷负债经营，并不具备企业法人的条件。据此，金昌中院判决东区管委会对不具备法人资格的下属企业食品厂的债务承担连带清偿责任。

执行中查明，食品厂已于 1995 年因严重亏损而倒闭，所有资产被执行给另案申请人，现无执行能力。金昌中院将东区管委会不动产房屋变卖得款 20 万元。因东区管委会属行政单位，再无资金可供执行，申请人提出要执行东区管委会办公用车辆或行政办公经费。金昌中院认为，对国家机关可支配财产中究竟哪些部分人民法院能够采取强制执行措施缺少法律依据，难以把握，故对此案的问题报送甘肃省高级人民法院（以下简称甘肃高院）请示。甘肃高院认为，国家机关预算内资金是国家财政拨给其进行正常公务活动的必要经费。如果该被执行机关无预算外资金，人民法院对其预算内资金采取强制执行措施，必然影响该机关正常开展工作，实践中也存在较大困难，故将上述问题请示至最高人民法院。①

【注释 2】《财政部条法司关于对党政机关、军队、武警部队在所属公司撤并中承担连带经济责任有关问题的意见的函》（财法函字〔2000〕8 号）明确，预算外资金属于财政性资金，不能用来承担连带经济责任。因此，过去执行中所称可以执行预算外资金的规定即《国务院关于在清理整顿公司中被撤

---

① 参见张小林：《关于能否强制执行甘肃金昌市东区管委会有关财产请示案》，载最高人民法院执行工作办公室编：《强制执行指导与参考》2003 年第 4 辑（总第 8 辑），法律出版社 2004 年版，第 232—237 页。

并公司债权债务清理问题的通知》(国发〔1990〕68号),因《国务院关于加强预算外资金管理的决定》(国发〔1996〕29号)的颁布,而不再适用。且《最高人民法院关于审理军队、武警部队、政法机关移交、撤销企业和与党政机关脱钩企业相关纠纷案件若干问题的规定》(法释〔2001〕8号)进一步明确,人民法院在执行涉及单位承担民事责任的生效判决时,只能用开办单位财政资金以外的自有资金清偿债务。如果开办单位没有财政资金以外自有资金的,应当依法裁定终结执行。鉴于上述规定,预算内资金和预算外资金均属国家财政性资金,对其用途国家有严格规定,不能用来承担连带经济责任。人民法院在执行涉及行政性单位承担连带责任的生效法律文书时,只能用该行政单位财政资金以外的自有资金清偿债务。

9.《最高人民法院关于被执行人大宗商品交易资金结算账户内资金能否采取执行措施的答复》(〔2012〕执他字第7号)

辽宁省高级人民法院:

被执行人名下大宗商品交易资金结算账户,执行法院应当查明账户资金的性质,严格区分账户内被执行人自有资金与客户交易资金,并只能对被执行人自有资金予以执行。

10.《最高人民法院关于矿山地质灾害和地质环境治理恢复保证金能否作为执行的答复》(〔2018〕最高法执他11号,2018年9月30日)

贵州省高级人民法院:

你院〔2017〕黔执他3号《关于矿山地质灾害和地质环境治理恢复保证金能否作为执行标的的请示》收悉。经研究,答复如下:

原则同意你院审判委员会多数意见。设立矿山地质环境治理恢复保证金,是为了确保有充足资金用于治理恢复因矿产资源勘查开采活动造成的矿山地质环境破坏,以促进矿产资源的合理开发利用和经济社会、资源环境的协调发展。矿山地质环境治理恢复保证金虽为企业所有,但应当遵循政府监管、专款专用的原则,只有在符合法定条件时,才可以返还采矿权人。在返还之前,采矿权人对保证金的使用受到严格限制,缺乏自主处分权利。人民法院在执行以采矿权人为被执行人的案件中,可向有关单位发出协助执行通知书,先对保证金采取查控措施,待保证金符合返还条件时再予执行。

（三）扣划效力

1.《最高人民法院关于破产受理之前已被执行的债务人银行存款不应列入破产财产问题的复函》（〔1998〕经他字第 49 号，1998 年 8 月 19 日）

安徽省高级人民法院、吉林省高级人民法院：

关于吉林市中级人民法院与合肥市中级人民法院就合肥无线电二厂 89 万元案款争议一案，根据你们两院的报告及相关材料，经研究答复如下：

吉林市中级人民法院在执行吉林省高级人民法院（1996）吉经终字第 274 号民事判决书中，依法将被执行人合肥无线电工厂的银行存款 89 万元扣划给申请执行人吉林北方电子供销公司，银行根据法院协助执行通知书办理完电汇手续，将电汇凭证回单加盖转讫章交给执行法院后，按照《银行结算办法》第二十条规定，应视为该款权属已经转移，已不是被执行人的款项。在此情况下，合肥市中级人民法院再通知银行将此款追回列入破产财产并将此款作为破产费用扣划至法院，不符合《中华人民共和国破产法（试行）》第二十八条之规定。因此，请安徽省高级人民法院立即通知合肥市中级人民法院在接到本通知 10 天内将该 89 万元款汇给吉林市中级人民法院。由吉林市中级人民法院将该款划转给申请执行人吉林北方电子供销公司。

【注释】《移送破产意见》（法发〔2017〕2 号）第 17 条规定："执行法院收到受移送法院受理裁定时，已通过拍卖程序处置且成交裁定已送达买受人的拍卖财产，通过以物抵债偿还债务且抵债裁定已送达债权人的抵债财产，已完成转账、汇款、现金交付的执行款，因财产所有权已经发生变动，不属于被执行人的财产，不再移交。"关于是否属于被执行人财产，以物权变动为一般判断标准，即不动产以登记、动产以交付为标准，但法律、司法解释另有规定的除外。法发〔2017〕2 号意见施行后，以该条为准。

2.《最高人民法院执行工作办公室关于被执行人拒不申报退税款，税务机关又不协助应如何处理的请示的答复》（〔2000〕执他字第 33 号，2000 年 12 月 19 日）

天津市高级人民法院：

你院〔1999〕津高法执请字第 32 号《关于被执行人拒不申报退税款，税务机关又不协助应如何处理的请示报告》收悉。经研究，答复如下：

根据国家税务总局《出口货物退（免）税管理办法》的有关规定，企业出口退税款,须经出口企业申请,由国家税务机关审查批准后,通过银行办理退税款事项。如果作为被执行人的出口企业拒不办理申报手续及负有协助执行义务的机关拒不协助,可以依照民事诉讼法第 102、103 条①的有关规定分别追究责任。

3.《最高人民法院执行工作办公室关于依法向相关有限责任公司、其他法人企业送达冻结被执行人投资权益或股权的法律文书即为合法有效冻结的复函》(〔2001〕执协字第 16 号,2001 年 4 月 13 日)

上海市、安徽省、四川省、陕西省、新疆维吾尔自治区、天津市、北京市、福建省高级人民法院:

近日,联合证券有限责任公司(以下简称联合公司)向我院反映,有多家法院冻结了中国重型汽车集团公司(以下简称重汽公司)所持其公司的股权,冻结股权的数额已超出重汽公司所有的份额,影响了其正常的经营活动,请求本院协调处理。

经查,联合公司反映的情况属实。重汽公司只拥有联合公司 8000 万股股权,价值 9220.8 万元人民币,1998 年 12 月至 2000 年 7 月,上海二中院、安徽高院、四川眉山中院、陕西西安中院、新疆高院、天津一中院、北京二中院等 7 家法院在执行以重汽公司为债务人的生效判决过程中,却先后裁定冻结了联合公司的股权共 12334 万股,超出被执行人拥有的股权份额。按照《最高人民法院关于人民法院执行工作若干问题的规定(试行)》第 88 条②的规定,本案各债权人对执行标的物均无担保物权,应当按照执行法院采取执行措施的先后顺序受偿。在采取执行措施的时间顺序上,各家法院均无争议,依次为上海二中院、安徽高院、四川眉山中院、陕西西安中院、新疆高院、天津一中院、北京二中院。但天津一中院、北京二中院提出,上海二中院和四川眉山中院虽然在先向联合公司送达了冻结股权的相关法律文书,但没有在工商机关办理登记手续,应视其冻结措施无效,不能对抗在后既向联合公司送达了相关法律文书,又在工商机关办理了登记手续的法院所采取的冻结措施。

我们认为,根据《最高人民法院关于人民法院执行工作若干问题的规定

① 2021 年《民事诉讼法》第四次修正后调整为第 114 条、第 117 条。

② 2020 年修正后调整为第 55 条。

(试行)》第 53 条①的规定,人民法院冻结被执行人在有限责任公司、其他法人企业的投资权益或股权的,只要依法向相关有限责任公司、其他法人企业送达了冻结被执行人投资权益或股权的法律文书,即为合法有效。因此,本案中上海二中院、四川眉山中院实施的冻结重汽公司股权的措施是合法有效的。天津一中院、北京二中院关于既向联合公司送达冻结股权的法律文书,又到工商管理机关进行登记才发生冻结效力的主张,并无法律规定,故不能否定上海二中院、四川眉山中院冻结股权的效力。天津一中院、北京二中院冻结股权的措施,实际上是在重汽公司已无股权可供执行的情况下进行的,当属无效,应当解除。两院可依法执行被执行人的其他财产。

此外,厦门中院关于重汽公司不承担有关民事责任的判决已经发生法律效力,应当解除该院在审判过程中对重汽公司股权冻结的保全措施。接此函后,请天津、北京、福建省高级人民法院监督所辖相关法院立即解除对重汽公司的股权冻结措施,以保证本案执行工作的顺利进行。

【注释】中国重型汽车集团公司(以下简称重汽集团)作为联合证券有限责任公司(以下简称联合证券)的发起股东之一,原在联合证券持有 8000 万元股权,持股比例为 8%。自 1998 年 12 月以来,因债权债务纠纷,先后有 7 家法院要求冻结其在联合证券的股权:(1)1998 年 12 月 30 日上海市第二中级人民法院(以下简称上海二中院)冻结 3060 万元股权;(2)1999 年 4 月 13 日安徽省高级人民法院(以下简称安徽高院)冻结 990 万元股权;(3)1999 年 4 月 25 日四川省眉山市中级人民法院(以下简称眉山中院)冻结 2300 万元股权;(4)1999 年 4 月 29 日西安市中级人民法院(以下简称西安中院)冻结 990 万元股权;(5)1999 年 5 月 14 日新疆维吾尔自治区高级人民法院(以下简称新疆高院)冻结 1396 余万元股权;(6)1999 年 5 月 19 日天津市第一中级人民法院(以下简称天津一中院)冻结 2000 万元股权;(7)2000 年 7 月 7 日北京市第二中级人民法院(以下简称北京二中院)冻结 1597 万元股权。

对于上述冻结要求,联合证券按照向其送达协助执行文书的时间先后,分别接受并办理了上海二中院、安徽高院、眉山中院、西安中院、新疆高院前 5 家法院的冻结股权手续。由于上述 5 家法院已将重汽集团在联合证券的股权基本冻结完毕,当天津一中院、北京二中院向联合证券送达冻结股权的法律文书时,联合证券告知之前其他法院已将重汽集团股权冻结的事实,并

① 2020 年修正后调整为第 38 条。

说明根据冻结时间的顺序，一旦冻结在前的法院执行，重汽集团就再无股权可供上述法院执行。但天津一中院、北京二中院坚持留置了相关法律文书。

2000 年 6 月，上海二中院、安徽高院、眉山中院、西安中院、新疆高院 5 家冻结在先的法院相商，由上海二中院于 2000 年 7 月委托中资资产评估有限公司对重汽集团的股权进行资产评估，确定评估价值为每股 1.1526 元，重汽集团所持的 8000 万元股权评估总值为 9220.8 万元。以上评估得到上述 5 家法院的共同认可，上述法院于 2000 年 8 月通知联合证券并告知该公司重汽集团所持股权的评估价值，要求联合证券征求股东有无优先购买的意愿。经联合证券征求意见，上海宝钢集团公司作为股东，愿行使优先购买权，收购重汽集团所持的全部股权。上海二中院等 5 家查封在先的法院均裁定将各自所查封的股权变更为上海宝钢集团公司持有(其中新疆高院排在最后，不能全额受偿)，以转让股价款抵偿重汽集团所负债务。上述法院执行变更重汽集团股权的民事裁定书和协助执行通知书于 2000 年 8 月 18 日前均已送达联合证券和深圳市工商局。

根据有关规定，证券公司股权转让和变更必须经证监会审核批准后才能办理工商过户手续。在证监会审批期间，未能参与执行重汽集团股权的有关当事人就上海二中院等 5 家法院执行重汽集团股权一事向证监会提出异议。该异议承认应按查封的先后顺序执行，但提出上海二中院在查封时未向深圳市工商局送达法律文书，因此，其查封行为不生效或有缺陷，其执行行为也不能发生法律效力。证监会法律部研究认为，虽然上海二中院未将查封重汽集团股权的法律文书送达深圳市工商局，但上海二中院将法律文书送达联合证券即发生充分、完整的法律效力，不存在任何法律缺陷或瑕疵。因此，2000 年 12 月 8 日，证监会批复同意将重汽集团所持股权转让变更为上海宝钢集团公司持有。

根据证监会批复和上海二中院等 5 家法院的协助执行通知书，联合证券即向深圳市工商局申请办理工商过户手续。深圳市工商局在检索股权登记资料后发现，重汽集团所持联合证券的股权已被 7 家法院在该局办理了冻结手续，其中包括已在联合证券办理过冻结的安徽高院、西安中院、新疆高院以及未到联合证券办理冻结的厦门市中级人民法院、天津一中院、北京二中院。深圳市工商局认为，如协助上海二中院等 5 家法院办理重汽集团的股权过户手续，将会与北京二中院等在该局办理冻结的情况发生冲突，故决定不予办理股权的工商过户。由于在联合证券办理股权冻结的法院与到深圳市工商局办理股权冻结的法院各持己见，因此，上海市高级人民法院和四川省高级人民法院先后报请最高人民法院请求予以协调。①

4.《最高人民法院执行工作办公室关于安徽省宿州市埇桥区人民法院与山东省青岛市平度市人民法院执行青岛平度市进出口公司协调一案的答复》(〔2005〕执协字第 36 号,2006 年 1 月 9 日)

安徽省高级人民法院、山东省高级人民法院:

你院〔2005〕皖执他字第 016 号《关于单光彩与青岛平度市进出口公司辣椒种植回收合同纠纷一案请求协调的报告》收悉。经研究,答复如下:

人民法院在执行程序中的扣划裁定具有控制财产的效力,可以对抗其他法院后续的执行措施,不因协助义务人的不予协助执行行为而失去其对拟扣划财产的执行力。本案中,安徽省宿州市埇桥区人民法院执行程序合法,其(2005)宿埇执字第 236 号扣划裁定先于山东省平度市人民法院的保全裁定生效,因此,被执行人平度市进出口公司在中国银行平度市支行账户上的被冻结款项应由埇桥区人民法院先行执行。

【注释 1】安徽省宿州市埇桥区人民法院(以下简称埇桥区法院)在执行单光彩与青岛平度市进出口公司(以下简称平度公司)辣椒种植回收合同纠纷一案中,于 2005 年 3 月 23 日向平度公司送达了扣划该院在审理期间保全冻结的银行存款的裁定书。随后在中国银行平度支行扣划款项时,平度支行以种种借口拒不协助。8 月 23 日,埇桥区法院再度前往执行时,平度支行告知,该款项已被青岛市平度市人民法院(以下简称平度市法院)于 2005 年 4 月 11 日予以冻结。

经查明,2005 年 4 月 11 日,青岛华宝腊艺品有限公司、郎书华、姚文广分别向平度市法院申请要求平度公司给付款项的支付令,并请求对平度公司的银行存款进行诉讼保全。平度市法院于 4 月 13 日向平度支行送达了协助冻结存款通知书和民事裁定书,冻结了平度公司在该行账户上的存款 290776.96 元。8 月 1 日、8 月 3 日,上述三案先后进入执行程序。2005 年 10 月 9 日,平度市法院对该笔款项进行了续冻。

安徽省高级人民法院认为,扣划裁定的送达,标志着拟扣划的银行账户

① 参见张小林:《中国重型汽车集团公司所持联合证券有限责任公司股权冻结与执行案》,载最高人民法院执行工作办公室编:《强制执行指导与参考》2002 年第 4 辑(总第 4 辑),法律出版社 2002 年版,第 208—215 页。

上款项所有权的转移；扣划裁定从目的和法律效果上必然涵摄冻结的效果。山东省高级人民法院认为，扣划裁定是否转移被冻结款项的所有权抑或是否具有冻结的效力，法律并无明确规定，需要最高人民法院予以明确。埇桥区法院在原冻结裁定到期后未能及时续冻，丧失了执行该款项的权力，该款项应由现在进行有效冻结的平度市法院执行。两地法院经多次协调均未有结果，遂报请最高人民法院协调。①

【注释2】人民法院在执行程序中的扣划裁定具有控制财产的效力，可以对抗其他法院后续的执行措施，不因协助义务人的不予协助执行行为而失去其对拟扣划财产的执行力。为保障人民法院生效法律文书确定的权利义务的实现，法律赋予了人民法院对债务人在银行的存款可以扣划的权力。扣划作为一项法定的独立的执行措施，具有独立的司法价值和法律内涵。扣划既具有控制被执行财产、限制擅自转移被执行财产的效力，也含有命令协助义务人将财产权利转移给新的权利人之意。首先，对于扣划裁定的控制效力，具有两个方面的含义：一是扣划裁定一经送达，即具有控制财产、限制擅自转移财产的效力，该效力不因被执行人的异议或协助执行人的不予协助而改变或丧失；二是扣划裁定并不具有效力期限，更不会因期限届满而导致效力丧失，其原因是扣划裁定作为转移财产权利的最终手段，其生效后协助转移义务由协助义务人承担，故不能像冻结措施那样为防止人民法院或债权人怠于行使权力会对他人利益造成损害而设置一定的效力期限予以限制。其次，对于扣划裁定转移财产权利方面的效力，需要协助义务人履行法定的手续、完成特定的协助行为后方能实现，如前段所述，在协助义务人未完成协助义务之前，新的权利人并不能享有所有权，故扣划裁定实现财产权利转移的效力不能当然实现。

5.《最高人民法院关于协助执行义务人未按法院裁定划款，可裁定其承担责任的答复》（〔2006〕执监字第115-1号，2007年6月20日）

广东省高级人民法院：

关于广发证券股份有限公司（下称广发证券）执行异议一案，你院

① 参见黄年：《扣划裁定的效力认定——安徽省宿州市埇桥区人民法院与山东省青岛市平度市人民法院执行青岛平度市进出口公司协调一案评析》，载最高人民法院执行工作办公室编：《执行工作指导》2006年第1辑（总第17辑），人民法院出版社2006年版，第84—92页。

〔2006〕粤高法执督字第 259、271 号之一号报告已收悉。经研究,答复如下:

同意你院的审查意见。广州市越秀区人民法院(下称越秀区法院)的扣划裁定先于海南省洋浦经济开发区法院的冻结裁定送达协助义务人。人民法院在执行程序中的扣划裁定具有控制财产的效力,可以对抗其他法院后续的执行措施,不因协助义务人的不予协助行为而失去其对拟扣划财产的约束力。广发证券两营业部在未经在先法院同意的情况下,却协助在后的法院扣划同一笔款项,越秀区法院因此认定广发证券两营业部擅自解冻并无不当,在不能追回有关款项的情况下裁定其承担责任于法有据。

【注释】《民事诉讼法解释》第 484 条吸收了本答复精神,规定"对银行存款等各类可以直接扣划的财产,人民法院的扣划裁定同时具有冻结的法律效力"。《民事诉讼法解释》施行后,适用该规定。

【参考文件】

1.《中国人民银行、最高人民法院、最高人民检察院、公安部关于查询、冻结、扣划企业事业单位、机关、团体银行存款的通知》(银发〔1993〕356 号,1993 年 12 月 11 日)

一、关于查询单位存款、查阅有关资料的问题

人民法院因审理或执行案件,人民检察院、公安机关因查处经济违法犯罪案件,需要向银行查询企业事业单位、机关、团体与案件有关的银行存款或查阅有关的会计凭证、账簿等资料时,银行应积极配合。查询人必须出示本人工作证或执行公务证和出具县级(含)以上人民法院、人民检察院、公安局签发的"协助查询存款通知书",由银行行长或其他负责人(包括城市分理处、农村营业所和城乡信用社主任。下同)签字后并指定银行有关业务部门凭此提供情况和资料,并派专人接待。查询人对原件不得借走,需要的资料可以抄录、复制或照相,并经银行盖章。人民法院、人民检察院、公安机关对银行提供的情况和资料,应当依法保守秘密。

二、关于冻结单位存款的问题

人民法院因审理或执行案件,人民检察院、公安机关因查处经济犯罪案件,需要冻结企业事业单位、机关、团体与案件直接有关的一定数额的银行存款,必须出具县级(含)以上人民法院、人民检察院、公安局签发的"协助冻结存款通知书"及本人工作证或执行公务证,经银行行长(主任)签字后,银行

应当立即凭此并按照应冻结资金的性质,冻结当日单位银行账户上的同额存款(只能原账户冻结,不能转户)。如遇被冻结单位银行账户的存款不足冻结数额时,银行应在六个月的冻结期内冻结该单位银行账户可以冻结的存款,直至达到需要冻结的数额。

银行在受理冻结单位存款时,应审查"协助冻结存款通知书"填写的被冻结单位开户银行名称、户名和账号、大小写金额,发现不符的,应说明原因,退回"通知书"。

被冻结的款项在冻结期限内如需解冻,应以作出冻结决定的人民法院、人民检察院、公安机关签发的"解除冻结存款通知书"为凭,银行不得自行解冻。

冻结单位存款的期限不超过六个月。有特殊原因需要延长的,人民法院、人民检察院、公安机关应当在冻结期满前办理继续冻结手续。每次续冻期限最长不超过六个月。逾期不办理继续冻结手续的,视为自动撤销冻结。

人民法院、人民检察院、公安机关冻结单位银行存款发生失误,应及时予以纠正,并向被冻结银行存款的单位作出解释。

被冻结的款项,不属于赃款的,冻结期间应计付利息,在扣划时其利息应付给债权单位;属于赃款的,冻结期间不计付利息,如冻结有误,解除冻结时应补计冻结期间利息。

三、关于扣划单位存款的问题

人民法院审理或执行案件,人民检察院、公安机关对查处的经济犯罪案件作出免于起诉、不予起诉、撤销案件和结案处理的决定,在执行时,需要银行协助扣划企业事业单位、机关、团体的银行存款,必须出具县级(含)以上人民法院、人民检察院、公安局签发的"协助扣划存款通知书"(附人民法院发生法律效力的判决书、裁定书、调解书、支付令、制裁决定的副本或行政机关的行政处罚决定书副本,人民检察院的免予起诉决定书、不起诉决定书、撤销案件决定书的副本,公安机关的处理决定书、刑事案件立案报告表的副本)及本人工作证或执行公务证,银行应当凭此立即扣划单位有关存款。

银行受理扣划单位存款时,应审查"协助扣划存款通知书"填写的被执行单位的开户银行名称、户名和账号、大小写金额,如发现不符,或缺少应附的法律文书副本,以及法律文书副本有关内容与"通知书"的内容不符,应说明原因,退回"通知书"和所附的法律文书副本。

为使银行扣划单位存款得以顺利进行,人民法院、人民检察院、公安机关在需要银行协助扣划单位存款时,应向银行全面了解被执行单位的支付能力,银行应如实提供情况。人民法院、人民检察院、公安机关在充分掌握情况之后,实事求是地确定应予执行的期限,对于立即执行确有困难的,可以确定缓解或分期执行。在确定的执行期限内,被执行单位没有正当理由逾期不执行的,银行在接到"协助扣划存款通知"后,只要被执行单位银行账户有款可付,应当立即扣划,不得延误。当日无款或不足扣划的,银行应及时通知人民法院、人民检察院、公安机关,待单位账上有款时,尽快予以扣划。

扣划的款项,属于归还银行贷款的,应直接划给贷款银行,用于归还贷款;属于给付债权单位的款项,应直接划给债权单位;属于给付多个债权单位的款项,需要从多处扣划被转移的款项待结案归还或给付的,可暂扣划至办案单位在银行开立的机关团体一般存款科目赃款暂收户或代扣款户(不计付利息)。待追缴工作结束后,依法分割返还或给付;属于上缴国家的款项,应直接扣划上缴国库。

四、关于异地查询、冻结、扣划问题

作出查询、冻结、扣划决定的人民法院、人民检察院、公安机关与协助执行的银行不在同一辖区的,可以直接到协助执行的银行办理查询、冻结、扣划单位存款,不受辖区范围的限制。

五、关于冻结、扣划军队、武警部队存款的问题

军队、武警部队一类保密单位开设的"特种预算存款"、"特种其他存款"和连队账户的存款,原则上不采取冻结或扣划等项诉讼保全措施。但军队、武警部队的其余存款可以冻结和扣划。

六、关于冻结、扣划专业银行、其他银行和非银行金融机构在人民银行存款的问题

人民法院因审理经济纠纷案件或经济犯罪案件,人民检察院、公安机关因查处经济违法犯罪案件,需要执行专业银行、其他银行和非银行金融机构在人民银行的款项,应通知被执行的银行和非银行金融机构自动履行。

七、关于冻结、扣划单位存款遇有问题的处理原则

两家以上的人民法院、人民检察院、公安机关对同一存款冻结、扣划时,银行应根据最先收取的协助执行通知书办理冻结和扣划。在协助执行时,如对具体执行哪一个机关的冻结、扣划通知有争议,由争议的机关协商解决或者由其上级机关决定。

八、关于各单位的协调与配合

人民法院、人民检察院、公安机关、银行要依法行使职权和履行协助义

务、积极配合。遇有问题或人民法院、人民检察院、公安机关与协助执行的银行意见不一致时,不应拘留银行人员,而应提请双方的上级部门共同协商解决。银行人员违反有关法律规定,无故拒绝协助执行、擅自转移或解冻已冻结的存款,为当事人通风报信、协助其转移、隐匿财产的,应依法承担责任。

以上各项规定,请认真贯彻执行。

过去的规定与本文有抵触的,以本规定为准。

【注释】根据《中国人民银行关于对查询、冻结、扣划国库库款有关问题的复函》(银函〔1999〕48号)精神,根据《预算法》及《国家金库条例》的规定,国库负责办理国家预算资金的收入和支出,各级国库库款的支配权属于本级政府财政部门。除法律、行政法规另有规定外,未经本级政府财政部门同意,任何部门、单位和个人都无权动用国库库款或者以其他方式支配已入国库的库款。本通知中查询、冻结、扣划的存款范围不包括国库库款。

2.《中国人民银行关于对金融机构在人民银行的存款采取强制措施有关问题的通知》(银发〔1996〕148号,1996年4月19日)

一、根据《中华人民共和国中国人民银行法》第二十二条①和《中华人民共和国商业银行法》第三十二条②的规定,金融机构向中国人民银行交存存款准备金和备付金,是中央银行实施宏观调控及对金融机构实施监督管理的重要手段。存款准备金和备付金不同于客户在金融机构的存款。民事诉讼法规定的冻结、划拨被执行人的存款不包括金融机构依法向人民银行交存的存款准备金和备付金。因此,司法机关不能冻结、划拨金融机构向人民银行交存的存款准备金和备付金。

二、金融机构因涉及有关案件需要给付款项时,应当予以自动履行,维护金融机构的信誉和形象。金融机构如认为司法机关的处理决定不当,应及时

① 《中国人民银行法》(1995年)第22条规定:"中国人民银行为执行货币政策,可以运用下列货币政策工具:(一)要求金融机构按照规定的比例交存存款准备金;(二)确定中央银行基准利率;(三)为在中国人民银行开立账户的金融机构办理再贴现;(四)向商业银行提供贷款;(五)在公开市场上买卖国债和其他政府债券及外汇;(六)国务院确定的其他货币政策工具。中国人民银行为执行货币政策,运用前款所列货币政策工具时,可以规定具体的条件和程序。"

② 《商业银行法》(1995年)第32条规定:"商业银行应当按照中国人民银行的规定,向中国人民银行交存存款准备金,留足备付金。"

通过法律手段维护金融机构合法利益，保障金融机构信贷资产安全，但不得拖延履行司法机关的处理决定。

三、今后如发生司法机关要求人民银行分支机构协助冻结、划拨金融机构在人民银行存款的，人民银行分支机构应向司法机关的执法人员耐心地做好宣传、解释工作，并请司法机关的执法人员向其上级机关请示。

3.《中国人民银行关于对查询、冻结、扣划国库库款有关问题的复函》（银函〔1999〕48 号，1999 年 2 月 5 日）

中国人民银行成都分行：

原四川省分行《关于请求进一步明确司法机关不能随意查询、冻结、扣划国库库款的报告》（川人行国〔1998〕66 号）收悉。经研究，现批复如下：

一、根据《中华人民共和国预算法》及《中华人民共和国国家金库条例》的规定，国库负责办理国家预算资金的收入和支出，各级国库库款的支配权属于本级政府财政部门。除法律、行政法规另有规定外，未经本级政府财政部门同意，任何部门、单位和个人都无权动用国库库款或者以其他方式支配已入国库的库款。因此，中国人民银行、最高人民法院、最高人民检察院、公安部《关于查询、冻结、扣划企业事业单位、机关、团体银行存款的通知》（银发〔1993〕356 号）中查询、冻结、扣划的存款范围不包括国库库款。

二、对党政机关根据法律规定应对所办经济实体承担连带民事责任的，应由该党政机关以自有的资金和财产为限承担其连带民事责任，而不应由同级政府承担连带民事责任。

4.《财政部条法司关于对党政机关、军队、武警部队在所属公司撤并中承担连带经济责任有关问题的意见的函》（财法函字〔2000〕8 号，2000 年 3 月 31 日）

最高人民法院执行工作办公室：

你办关于党政机关、军队、武警部队所属公司清理、裁并后，对所办公司在经济纠纷中需以何种资金承担连带责任问题的来函收悉。经研究，我们提出以下看法和意见：

一、各级国库库款的支配权属于本级政府财政部门，必须按照法律规定的程序和用途使用，不能用来承担连带经济责任。

《预算法》第四十八条①规定:“各级国库库款的支配权属于本级政府财政部门,除法律、行政法规另有规定外,未经本级政府财政部门同意,任何部门、单位和人都无权动用国库库款或者以其他方式支配已入国库的库款。”《国家金库管理条例》第四条规定:“各级国库库款的支配权,按照国家财政体制的规定,分别属于同级财政机关。”按照上述法律、行政法规的规定,各级国库库款的支配权属于各级政府财政部门,其他任何单位和个人无权动用。各级政府的预算草案经过本级人大的批准后,具有法律约束力,各级政府财政部门必须按照经本级人大批准的预算动用国库库款,因此,在党政机关、军队、武警部队承担连带经济责任时,任何单位和个人不能查封各级政府的国库库款,将库款用来承担连带经济责任。

二、各级政府财政部门拨付给本级党政机关的预算资金,以及中央财政拨付给军队、武警部队的预算资金,是为了满足各级党政机关和军队、武警部队履行职能、维护机构正常运行所需的经费。上述资金均在各级人大批准的本级政府预算中安排,必须严格按照规定的用途使用。如果用来承担连带经济责任偿还债务,则改变了资金的用途,违反《预算法》等有关法律、法规的规定。因此,各级政府财政部门拨付给各级党政机关,以及中央财政拨付给军队、武警部队的预算资金,不能用来承担连带经济责任。

三、存入各级“财政专户”由各级政府部门负责管理的预算外资金,以及各级政府所属部门代政府收取应缴未缴的预算外资金,属于财政性资金,不能用来承担连带经济责任。

国务院《关于加强预算外资金管理的决定》(国发〔1996〕29号)规定:“预算外资金是国家财政性资金,不是部门和单位自有资金,必须纳入财政管理……部门和单位的预算外收入必须上缴同级财政专户,支出由同级财政按预算外资金收支计划和单位财政收支计划统筹安排,从财政专户中拨付,实行收支两条线管理。”各级政府财政部门管理的预算外资金或各级政府所属部门代政府收取应缴未缴的财政外预算资金,属于财政性资金,其所有权属于各级政府,并由各级政府财政部门具体负责结合预算内资金统筹安排使用,其他部门和单位无权支配。因此,不能用来承担任何机关、部门或单位的连带经济责任。

四、党政机关、军队、武警部队在经济纠纷中,只能以上述资金以外的其

---

① 《预算法》(2018年)第59条。

他资金和财产为限承担连带经济,但不影响各级党政机关、军队、武警部队正常的公务活动。

5.《中国人民银行关于银行承兑汇票保证金冻结、扣划问题的复函》(银条法〔2000〕9 号,2000 年 1 月 31 日)

上海浦东发展银行、中国人民银行营业管理部办公室:

上海浦东发展银行《关于经济案件在审理中人民法院可否对银行承兑汇票保证金采取冻结和扣划的请示》(沪发展银稽核字〔1999〕第 23 号)、中国人民银行营业管理部办公室《关于银行承兑汇票保证金能否冻结、扣划的请示》(银管办〔1999〕207 号)均收悉,现答复如下:

一、银行承兑汇票保证金是银行承兑汇票出票人向银行申请承兑而备付的资金,这类资金存放在承兑银行自己专门设立的保证金账户,是出票人提供的承担最后付款责任的担保。此保证金存入保证金账户后,其支付、划出均受到银行的限制,其性质与信用证开证保证金有类似之处,因此,我们认为,参照最高人民法院对信用证开证保证金的有关规定,银行承兑汇票保证金,人民法院可以依法冻结,但不应扣划。

二、若承兑银行已兑付了该银行承兑汇票且出票人未能履行最后付款责任,承兑银行有权以该银行承兑汇票的保证金优先受偿。若人民法院已冻结此保证金,承兑银行可以依据最高人民法院《关于人民法院执行工作若干问题的规定(试行)》第 93 条①的规定,向人民法院提出以被冻结保证金优先受偿的申请。

特此函复。

6.《金融机构协助查询、冻结、扣划工作管理规定》(银发〔2002〕1 号,2002 年 2 月 1 日)

第一条　为规范金融机构协助有权机关查询、冻结和扣划单位、个人在金融机构存款的行为,根据《中华人民共和国商业银行法》及其他有关法律、行政法规的规定,制定本规定。

第二条　本规定所称"协助查询、冻结、扣划"是指金融机构依法协助有

① 《执行工作规定》(1998 年)第 93 条(已删除)规定:"对人民法院查封、扣押或冻结的财产有优先权、担保物权的债权人,可以申请参加参与分配程序,主张优先受偿权。"

权机关查询、冻结、扣划单位或个人在金融机构存款的行为。

协助查询是指金融机构依照有关法律或行政法规的规定以及有权机关查询的要求,将单位或个人存款的金额、币种以及其他存款信息告知有权机关的行为。

协助冻结是指金融机构依照法律的规定以及有权机关冻结的要求,在一定时期内禁止单位或个人提取其存款账户内的全部或部分存款的行为。

协助扣划是指金融机构依照法律的规定以及有权机关扣划的要求,将单位或个人存款账户内的全部或部分存款资金划拨到指定账户上的行为。

第三条 本规定所称金融机构是指依法经营存款业务的金融机构(含外资金融机构),包括政策性银行、商业银行、城市和农村信用合作社、财务公司、邮政储蓄机构等。

金融机构协助查询、冻结和扣划存款,应当在存款人开户的营业分支机构具体办理。

第四条 本规定所称有权机关是指依照法律、行政法规的明确规定,有权查询、冻结、扣划单位或个人在金融机构存款的司法机关、行政机关、军事机关及行使行政职能的事业单位(详见附表)。

第五条 协助查询、冻结和扣划工作应当遵循依法合规、不损害客户合法权益的原则。

第六条 金融机构应当依法做好协助工作,建立健全有关规章制度,切实加强协助查询、冻结、扣划的管理工作。

第七条 金融机构应当在其营业机构确定专职部门或专职人员,负责接待要求协助查询、冻结和扣划的有权机关,及时处理协助事宜,并注意保守国家秘密。

第八条 办理协助查询业务时,经办人员应当核实执法人员的工作证件,以及有权机关县团级以上(含,下同)机构签发的协助查询存款通知书。

第九条 办理协助冻结业务时,金融机构经办人员应当核实以下证件和法律文书:

(一)有权机关执法人员的工作证件;

(二)有权机关县团级以上机构签发的协助冻结存款通知书,法律、行政法规规定应当由有权机关主要负责人签字的,应当由主要负责人签字;

(三)人民法院出具的冻结存款裁定书、其他有权机关出具的冻结存款决定书。

第十条　办理协助扣划业务时,金融机构经办人员应当核实以下证件和法律文书:

(一)有权机关执法人员的工作证件;

(二)有权机关县团级以上机构签发的协助扣划存款通知书,法律、行政法规规定应当由有权机关主要负责人签字的,应当由主要负责人签字;

(三)有关生效法律文书或行政机关的有关决定书。

第十一条　金融机构在协助冻结、扣划单位或个人存款时,应当审查以下内容:

(一)"协助冻结、扣划存款通知书"填写的需被冻结或扣划存款的单位或个人开户金融机构名称、户名和账号、大小写金额;

(二)协助冻结或扣划存款通知书上的义务人应与所依据的法律文书上的义务人相同;

(三)协助冻结或扣划存款通知书上的冻结或扣划金额应当是确定的。如发现缺少应附的法律文书,以及法律文书有关内容与"协助冻结、扣划存款通知书"的内容不符,应说明原因,退回"协助冻结、扣划存款通知书"或所附的法律文书。

有权机关对个人存款户不能提供账号的,金融机构应当要求有权机关提供该个人的居民身份证号码或其他足以确定该个人存款账户的情况。

第十二条　金融机构应当按照内控制度的规定建立和完善协助查询、冻结和扣划工作的登记制度。

金融机构在协助有权机关办理查询、冻结和扣划手续时,应对下列情况进行登记:有权机关名称,执法人员姓名和证件号码,金融机构经办人员姓名,被查询、冻结、扣划单位或个人的名称或姓名,协助查询、冻结、扣划的时间和金额,相关法律文书名称及文号,协助结果等。

登记表应当在协助办理查询、冻结、扣划手续时填写,并由有权机关执法人员和金融机构经办人签字。金融机构应当妥善保存登记表,并严格保守有关国家秘密。

金融机构协助查询、冻结、扣划存款,涉及内控制度中的核实、授权和审批工作时,应当严格按内控制度及时办理相关手续,不得拖延推诿。

第十三条　金融机构对有权机关办理查询、冻结和扣划手续完备的,应当认真协助办理。在接到协助冻结、扣划存款通知书后,不得再扣划应当协助执行的款项用于收贷收息,不得向被查询、冻结、扣划单位或个人通风报信,帮助隐匿或转移存款。金融机构在协助有权机关办理完毕查询存款手续后,有权机关要求予以保密的,金融机构应当保守秘密。金融机构在协助有权机关办理完毕冻结、扣划存款手续后,根据业务需要可以通知存款单位或个人。

第十四条 金融机构协助有权机关查询的资料应限于存款资料,包括被查询单位或个人开户、存款情况以及与存款有关的会计凭证、账簿、对账单等资料。对上述资料,金融机构应当如实提供,有权机关根据需要可以抄录、复制、照相,但不得带走原件。

金融机构协助复制存款资料等支付了成本费用的,可以按相关规定收取工本费。

第十五条 有权机关在查询单位存款情况时,只提供被查询单位名称而未提供账号的,金融机构应当根据账户管理档案积极协助查询,没有所查询的账户的,应如实告知有权机关。

第十六条 冻结单位或个人存款的期限最长为六个月,期满后可以续冻。有权机关应在冻结期满前办理续冻手续,逾期未办理续冻手续的,视为自动解除冻结措施。

第十七条 有权机关要求对已被冻结的存款再行冻结的,金融机构不予办理并应当说明情况。

第十八条 在冻结期限内,只有在原作出冻结决定的有权机关作出解冻决定并出具解除冻结存款通知书的情况下,金融机构才能对已经冻结的存款予以解冻。被冻结存款的单位或个人对冻结提出异议的,金融机构应告知其与作出冻结决定的有权机关联系,在存款冻结期限内金融机构不得自行解冻。

第十九条 有权机关在冻结、解冻工作中发生错误,其上级机关直接作出变更决定或裁定的,金融机构接到变更决定书或裁定书后,应当予以办理。

第二十条 金融机构协助扣划时,应当将扣划的存款直接划入有权机关指定的账户。有权机关要求提取现金的,金融机构不予协助。

第二十一条 查询、冻结、扣划存款通知书与解除冻结、扣划存款通知书均应由有权机关执法人员依法送达,金融机构不接受有权机关执法人员以外的人员代为送达的上述通知书。

第二十二条 两个以上有权机关对同一单位或个人的同一笔存款采取冻结或扣划措施时,金融机构应当协助最先送达协助冻结、扣划存款通知书的有权机关办理冻结、扣划手续。

两个以上有权机关对金融机构协助冻结、扣划的具体措施有争议的，金融机构应当按照有关争议机关协商后的意见办理。

第二十三条　本规定由中国人民银行负责解释。

第二十四条　本规定自 2002 年 2 月 1 日起施行。

7.《中国证券登记结算有限责任公司关于协助司法机关冻结流通证券有关问题的通知》（中国结算发字〔2005〕184 号，2006 年 3 月 1 日）

一、司法机关依法要求冻结确属被执行人所有的流通证券的，由托管该证券的证券公司协助办理。

司法机关要求登记结算公司直接冻结确属被执行人所有的流通证券的，登记结算公司书面向司法机关明确声明（见附件）拟冻结的证券可能已在托管该证券的证券公司被卖出、若与其他司法机关发生重复冻结则本次冻结无效等操作风险，司法机关签署认可该声明后登记结算公司协助办理。

流通证券的冻结结果以登记结算公司实施的冻结登记结果为准。

二、证券公司、登记结算公司同日（指“交易日”，下同）分别接到不同司法机关要求协助冻结同一被执行标的的，证券公司接到的冻结要求顺序在先。

证券公司同日接到不同司法机关要求协助冻结同一被执行标的的，或者登记结算公司同日接到不同司法机关要求协助冻结同一被执行标的的，先送达者顺序在先。

证券公司、登记结算公司对已经冻结生效的流通证券依法不得协助实施重复冻结。

司法机关要求对已经冻结的流通证券实施轮候冻结的，证券公司、登记结算公司均可依法协助办理。若两家以上司法机关对同一被执行标的要求轮候冻结的，参照本条前述确定冻结先后顺序的规定区分轮候冻结的先后顺序。

三、证券公司受理司法机关协助办理流通证券冻结的法律文书后，应当立即核查相应证券是否已经被冻结或卖出，对未被冻结且未卖出的相应证券应当于最近的交易时刻前立即进行交易冻结，即锁定相应证券以限制卖出。

证券公司办理该项交易冻结后，必须于办理当日日间将交易冻结数据按规定数据格式发送登记结算公司，进行冻结登记。登记结算公司于交收日日终，根据证券公司发送的交易冻结数据在相应证券账户中进行冻结登记。已进行冻结登记的流通证券，未依规解冻前不能被卖出。

四、登记结算公司受理司法机关协助办理流通证券冻结的法律文书后，于交收日日终对冻结登记数据进行核查，并视核查结果实施或不实施冻结。

若冻结登记数据核查结果表明该被执行标的尚未被其他司法机关冻结的，登记结算公司即在相应证券账户中实施冻结登记。登记结算公司实施冻结登记的数据，于下一个交易日前发送证券公司。

若冻结登记数据核查结果表明该被执行标的已经被其他司法机关冻结（含交收日及交收日之前由证券公司协助办理的冻结、交收日之前由登记结算公司协助办理的冻结）的，登记结算公司不实施重复冻结。

登记结算公司实施冻结的结果于交收日的次日后书面通知司法机关。

五、司法机关需要对本机关已经冻结的流通证券解除冻结时，由协助办理冻结的证券公司或者协助办理冻结的登记结算公司协助办理解冻。

证券公司协助办理流通证券的解冻手续时，应当于办理当日日间将申请解冻数据按规定数据格式发送登记结算公司，登记结算公司于当日日终在相应证券账户中解除冻结登记，相应证券可于次日起卖出。

登记结算公司协助办理流通证券的解冻手续时，于受理当日日终在相应证券账户中解除冻结登记，相应证券可于次日起卖出。

六、证券公司、登记结算公司之间必须建立协助司法机关办理流通证券冻结（含解冻）的数据交换机制，相互之间应当按照规定真实、准确、完整、及时地交换冻结、解冻数据。

因证券公司向登记结算公司发送数据有误或延误而造成登记结算公司实施重复冻结、冻结无效等情形的，由此引起的相应法律责任由该证券公司承担。

因登记结算公司向证券公司发送数据有误或延误而造成证券公司实施重复冻结、冻结无效等情形的，由此引起的相应法律责任由登记结算公司承担。

七、对已做回购质押的债券和已提交登记结算公司作为交收担保品的证券，根据最高人民法院《关于冻结、扣划证券或期货交易所、证券登记结算机构、证券经营或期货经纪机构清算账户资金等问题的通知》（法发〔1997〕27号）第三条、《关于冻结、扣划证券交易结算资金有关问题的通知》（法〔2004〕239号）第四条和证券市场有关业务规则的规定，不予冻结。

八、司法机关要求冻结已冻结的流通证券产生的孳息的，由执行冻结流通证券的义务主体负责协助。通过登记结算公司派发尚未发放到证券公司属于被执行人的孳息，由登记结算公司协助办理冻结；通过证券公司派发属于被执行人的孳息，由证券公司协助办理冻结。

九、对本通知实施之前证券公司已经办理并仍处于冻结状态的流通证券司法冻结的情况，请各有关证券公司以总部为单位，按照登记结算公司要求的时间将冻结数据报送登记结算公司，登记结算公司汇总后报送证监会。具体报送时间另行通知。

十、其他证券经营机构托管的流通证券的冻结，比照上述关于证券公司托管的流通证券冻结的规定办理。

十一、本通知适用于在登记结算公司登记的流通股票、债券、封闭式基金等流通证券的协助司法冻结业务。

十二、本通知自2006年3月1日起实施。

8.《中国证券监督管理委员会冻结、查封实施办法》(中国证监会令第166号,2020年3月20日)

第一条 为了保护投资者和当事人的合法权益，及时有效查处证券违法行为，规范冻结、查封工作，维护市场秩序，根据《中华人民共和国证券法》及相关法律法规，制定本办法。

第二条 中国证券监督管理委员会及其派出机构依法履行职责，有权冻结、查封涉案当事人的违法资金、证券等涉案财产或者重要证据。

第三条 冻结、查封违法资金、证券等涉案财产或者重要证据，必须依照本办法规定的程序提交申请，经法律部门审查，报中国证券监督管理委员会主要负责人或者其授权的其他负责人批准，制作决定书、通知书，由执法人员实施。

第四条 中国证券监督管理委员会案件调查部门、案件审理部门及派出机构在对证券违法案件进行调查、审理或者执行时，发现存在下列情形之一的，可以申请冻结、查封：

(一)已经转移、隐匿违法资金、证券等涉案财产的；

(二)可能转移、隐匿违法资金、证券等涉案财产的；

(三)已经隐匿、伪造、毁损重要证据的；

(四)可能隐匿、伪造、毁损重要证据的；

(五)其他需要及时冻结、查封的情形。

第五条 有下列情形之一的，视为可能转移或者隐匿违法资金、证券等涉案财产：

（一）涉案当事人本人开立的资金账户、证券账户和银行账户或由其实际控制的资金账户、证券账户和银行账户，以及与其有关联的资金账户、证券账户和银行账户中存放的违法资金、证券，部分已经被转移或者隐匿的；

（二）被举报的违法资金、证券等涉案财产已经或者将要被转移、隐匿并提供具体的转移或者隐匿线索的；

（三）通过与他人签订合同等形式，拟将违法资金、证券等涉案财产作为合同标的物或者以偿还贷款、支付合同价款等名义转移占有的；

（四）当事人因涉嫌严重违法而被立案调查，且其涉案场所、账户或者人员已经被执法部门调查的；

（五）其他有证据证明有转移或者隐匿违法资金、证券等涉案财产迹象的。

第六条 有下列特征之一的，视为重要证据：

（一）对案件调查有重大影响的；

（二）对案件定性有关键作用的；

（三）不可替代或者具有唯一性的；

（四）其他重要证据。

第七条 中国证券监督管理委员会案件调查部门、案件审理部门及派出机构需要实施冻结、查封时，应当提交申请，经部门或者派出机构主要负责人批准，交法律部门审查。业务监管部门在履行监管职责中发现需要采取冻结、查封措施的，应当及时通报案件调查部门实施冻结、查封。

第八条 冻结、查封申请书应当载明下列事项：

（一）被冻结、查封当事人姓名或者名称、地址等基本情况；

（二）申请冻结、查封的具体事项，包括涉案财产或者重要证据的名称、代码、数量、金额、地址等；

（三）主要违法事实与申请冻结、查封的理由；

（四）其他需要说明的事项。

第九条 负责审查的法律部门应当及时处理冻结、查封申请，出具审核意见，并制作冻结、查封决定书，报中国证券监督管理委员会主要负责人或者其授权的其他负责人批准。

第十条 冻结、查封决定书应当载明下列事项：

（一）被冻结、查封当事人姓名或者名称、地址等基本情况；

（二）冻结、查封的理由和依据；

（三）冻结、查封财产或者证据的名称、数量和期限；

（四）申请行政复议的途径；

（五）中国证券监督管理委员会公章和日期。

第十一条 申请书、决定书经批准后，由申请部门负责实施。实施冻结、查封的部门应当制作冻结通知书或者查封通知书，通知书应当载明下列事项：

（一）协助冻结、查封的单位名称；

（二）冻结、查封的法律依据；

（三）冻结、查封的财产或者证据所在机构的名称或者地址；

（四）冻结、查封的财产或者证据的名称、数额等；

（五）冻结、查封的起止时间；

（六）其他需要说明的事项；

（七）中国证券监督管理委员会公章和日期。

第十二条 实施冻结，应当依照有关规定，向协助执行部门出示冻结决定书，送达冻结通知书，并在实施冻结后及时向当事人送达冻结决定书。当事人应当将被冻结情况告知其控制的涉案财产的名义持有人。

第十三条 实施查封，应当依照有关规定向当事人送达查封决定书。需要有关部门协助的，还应当向协助执行部门送达查封通知书。

实施查封后，应当制作现场笔录和查封清单。查封清单一式两份，由当事人和实施部门分别保存。

第十四条 冻结或者查封应当由两名以上执法人员实施。

执法人员在实施冻结或者查封时应当出示有效证件。

第十五条 现场笔录应当载明下列事项：

（一）冻结、查封的时间、地点；

（二）实施冻结、查封的单位和个人；

（三）被冻结、查封的单位和个人；

（四）协助冻结、查封的单位和个人；

（五）冻结、查封的具体事项，包括涉案财产或者重要证据的名称、代码、数量、金额、地址等；

（六）当事人的陈述和申辩；

(七)其他应当载明的事项。

现场笔录和清单由当事人、见证人和执法人员签名或者盖章,当事人不在现场或者当事人、见证人拒绝签名或者盖章的,应当在笔录中予以注明。

第十六条 查封可以采取下列方式:

(一)查封动产的,应当在该动产上加贴封条或者采取其他足以公示查封的适当方式;

(二)查封已登记的不动产、特定动产及其他财产权的,应当张贴封条或者公告,并通知有关登记机关办理查封登记手续;

(三)查封未登记的不动产、特定动产及其他财产权的,应当张贴封条或者公告,并告知法定权属登记机关;

(四)查封重要证据的,应当加贴封条或者采取其他足以公示查封的适当方式;

(五)其他合法的方式。

第十七条 冻结、查封的期限为六个月。因特殊原因需要延长的,应当在冻结、查封期满前十日内办理继续冻结、查封手续。每次延长期限不得超过三个月,冻结、查封期限最长不超过二年。

逾期未办理继续冻结、查封手续的,视为自动解除冻结、查封。

第十八条 冻结证券,其金额应当以冻结实施日前一交易日收市后的市值计算。

冻结证券时,中国证券监督管理委员会及其派出机构可以明确被冻结的证券是否限制卖出。

限制证券卖出的,由证券公司或者证券登记结算机构协助执行冻结。冻结期间,证券持有人可以提出出售部分或者全部被冻结证券的请求,经申请部门审查认为确有必要的,可以解除卖出限制,并监督证券持有人依法出售,同时将所得资金转入相关资金账户予以冻结。

不限制证券卖出的,由证券公司等控制资金账户的单位协助执行冻结。冻结期间,证券持有人可以依法出售部分或者全部被冻结的证券,同时将所得资金转入相关资金账户予以冻结。

证券公司协助执行冻结的,应当于当日将冻结信息发送证券登记结算机构。

证券被冻结后,不得进行转托管或转指定,不得设定抵押、质押等权利,不得进行非交易过户,不得进行重复冻结。

第十九条　有下列情形之一的，经中国证券监督管理委员会主要负责人或者其授权的其他负责人批准，应当及时解除冻结、查封措施：

（一）已经完成调查、处罚的；

（二）经查证，确实与案件无关的；

（三）当事人提供相应担保的；

（四）其他应当及时解除冻结、查封的情形。

第二十条　冻结、查封财产的数额应当与违法行为的情节或者行政处罚决定的金额相适应。

第二十一条　案件调查结束后，当事人的违法行为涉嫌犯罪需要移送公安机关的，应当将冻结、查封的证据、材料一并移送。

第二十二条　当事人逾期不履行处罚决定的，中国证券监督管理委员会可以依法申请人民法院强制执行冻结、查封的涉案财产。

第二十三条　解除冻结、查封参照实施冻结、查封程序办理。

第二十四条　当事人对冻结、查封决定不服的，可以依法向中国证券监督管理委员会申请行政复议。

行政复议期间，冻结、查封措施不停止执行，但是有下列情形之一的，可以停止执行：

（一）实施部门认为需要停止执行并批准的；

（二）当事人申请停止执行并批准的；

（三）法律、法规规定应当停止执行的。

第二十五条　未按规定程序实施冻结、查封，给当事人的合法财产造成重大损失的，依法给予赔偿；对直接负责的主管人员和直接责任人员给予行政处分；构成犯罪的，依法追究刑事责任。

第二十六条　当事人和协助执行单位拒绝、阻碍中国证券监督管理委员会及其执法人员实施冻结、查封措施，由中国证券监督管理委员会责令改正，处以十万元以上一百万元以下的罚款，并由公安机关依法给予治安管理处罚；构成犯罪的，依法追究刑事责任。

第二十七条　本办法由中国证券监督管理委员会负责解释。

第二十八条　本办法自 2006 年 1 月 1 日起施行。

9.《期货交易所管理办法》（中国证监会第 179 号，2021 年 1 月 15 日）

第六十八条第一款　期货交易所向会员收取的保证金，只能用于担保期货合约的履行,不得查封、冻结、扣划或者强制执行……

10.《中国银保监会办公厅关于规范银行业金融机构协助有权机关办理保险公司资本保证金账户查询、冻结、扣划有关事宜的通知》(银保监办发〔2020〕91号,2020年10月10日)

为进一步规范银行业金融机构协助有权机关办理保险公司资本保证金账户查询、冻结、扣划有关事宜,维护保险市场的平稳、健康发展,根据《中华人民共和国保险法》、《中华人民共和国商业银行法》、《保险公司资本保证金管理办法》(保监发〔2015〕37号)、《银行业金融机构协助人民检察院 公安机关 国家安全机关查询冻结工作规定》(银监发〔2014〕53号)等相关法律、法规和有关规定,现就有关事项通知如下:

一、本通知所指银行业金融机构是指根据《保险公司资本保证金管理办法》的规定,符合相应条件的国有商业银行(含邮政储蓄银行)、股份制商业银行、城市商业银行。

资本保证金,是指根据《中华人民共和国保险法》《保险公司资本保证金管理办法》的规定,保险公司成立后按照其注册资本总额的20%提取的,除保险公司清算时用于清偿债务等特定用途外不得动用的资金。

二、银行业金融机构应当建立保险公司资本保证金账户管理制度,妥善处理相关账户接受有权机关查询、冻结、扣划等事项。

三、银行业金融机构应与存款人核实账户资金性质,在存放期限内,不得同意存款人变更存款的性质、将存款本金转出本存款银行以及其他对本存款的处置要求。对于保险公司资本保证金账户,应在系统中进行特殊标识,并在相关网络查控平台、电子化专线信息传输系统等相关平台、系统中作出整体限制冻结、扣划设置。

四、银行业金融机构接到有权机关对于保险公司资本保证金账户资金的查询、冻结、扣划指令时,应当按照法律法规规定,通过人工或系统等方式,向有权机关提示账户资金仅可用于清算时清偿债务等特定用途,以及账户允许查询但不得冻结、扣划等安排。

五、银行业金融机构遇到保险公司资本保证金账户因不当操作被有权机关冻结、扣划等重大异常情况时,应当及时向中国银保监会报告。

六、本通知自2020年10月10日起施行。银行业金融机构应当自施行之日起2个月内完成上述事项调整。

【指导案例】

指导案例 54 号：中国农业发展银行安徽省分行诉张大标、安徽长江融资担保集团有限公司执行异议之诉纠纷案（最高人民法院审判委员会讨论通过，2015 年 11 月 19 日发布）

关键词　民事　执行异议之诉　金钱质押　特定化　移交占有

裁判要点

当事人依约为出质的金钱开立保证金专门账户，且质权人取得对该专门账户的占有控制权，符合金钱特定化和移交占有的要求，即使该账户内资金余额发生浮动，也不影响该金钱质权的设立。

相关法条

《中华人民共和国物权法》第 212 条①

基本案情

原告中国农业发展银行安徽省分行（以下简称农发行安徽分行）诉称：其与第三人安徽长江融资担保集团有限公司（以下简称长江担保公司）按照签订的《信贷担保业务合作协议》，就信贷担保业务按约进行了合作。长江担保公司在农发行安徽分行处开设的担保保证金专户内的资金实际是长江担保公司向其提供的质押担保，请求判令其对该账户内的资金享有质权。

被告张大标辩称：农发行安徽分行与第三人长江担保公司之间的《贷款担保业务合作协议》没有质押的意思表示；案涉账户资金本身是浮动的，不符合金钱特定化要求，农发行安徽分行对案涉保证金账户内的资金不享有质权。

第三人长江担保公司认可农发行安徽分行对账户资金享有质权的意见。

法院经审理查明：2009 年 4 月 7 日，农发行安徽分行与长江担保公司签订一份《贷款担保业务合作协议》。其中第三条"担保方式及担保责任"约定：甲方（长江担保公司）向乙方（农发行安徽分行）提供的保证担保为连带责任保证；保证担保的范围包括主债权及利息、违约金和实现债权的费用等。第四条"担保保证金（担保存款）"约定：甲方在乙方开立担保保证金专户，担保保证金专户行为农发行安徽分行营业部，账号尾号为 9511；甲方需将具体

① 《民法典》施行后，相关内容规定在第 429 条。

担保业务约定的保证金在保证合同签订前存入担保保证金专户,甲方需缴存的保证金不低于贷款额度的10%;未经乙方同意,甲方不得动用担保保证金专户内的资金。第六条“贷款的催收、展期及担保责任的承担”约定:借款人逾期未能足额还款的,甲方在接到乙方书面通知后五日内按照第三条约定向乙方承担担保责任,并将相应款项划入乙方指定账户。第八条“违约责任”约定:甲方在乙方开立的担保专户的余额无论因何原因而小于约定的额度时,甲方应在接到乙方通知后三个工作日内补足,补足前乙方可以中止本协议项下业务。甲方违反本协议第六条的约定,没有按时履行保证责任的,乙方有权从甲方在其开立的担保基金专户或其他任一账户中扣划相应的款项。2009年10月30日、2010年10月30日,农发行安徽分行与长江担保公司还分别签订与上述合作协议内容相似的两份《信贷担保业务合作协议》。

上述协议签订后,农发行安徽分行与长江担保公司就贷款担保业务进行合作,长江担保公司在农发行安徽分行处开立担保保证金账户,账号尾号为9511。长江担保公司按照协议约定缴存规定比例的担保保证金,并据此为相应额度的贷款提供了连带保证责任担保。自2009年4月3日至2012年12月31日,该账户共发生了107笔业务,其中贷方业务为长江担保公司缴存的保证金;借方业务主要涉及两大类,一类是贷款归还后长江担保公司申请农发行安徽分行退还的保证金,部分退至债务人的账户;另一类是贷款逾期后农发行安徽分行从该账户内扣划的保证金。

2011年12月19日,安徽省合肥市中级人民法院在审理张大标诉安徽省六本食品有限责任公司、长江担保公司等民间借贷纠纷一案过程中,根据张大标的申请,对长江担保公司上述保证金账户内的资金1495.7852万元进行保全。该案判决生效后,合肥市中级人民法院将上述保证金账户内的资金1338.313257万元划至该院账户。农发行安徽分行作为案外人提出执行异议,2012年11月2日被合肥市中级人民法院裁定驳回异议。随后,农发行安徽分行因与被告张大标、第三人长江担保公司发生执行异议纠纷,提起本案诉讼。

裁判结果

安徽省合肥市中级人民法院于2013年3月28日作出(2012)合民一初字第00505号民事判决:驳回农发行安徽分行的诉讼请求。宣判后,农发行安徽分行提出上诉。安徽省高级人民法院于2013年11月19日作出(2013)皖民二终字第00261号民事判决:一、撤销安徽省合肥市中级人民法院(2012)合民一初字第00505号民事判决;二、农发行安徽分行对长江担保公司账户(账号尾号 9511)内的 13383132.57 元资金享有质权。

裁判理由

法院生效裁判认为:本案二审的争议焦点为农发行安徽分行对案涉账户内的资金是否享有质权。对此应当从农发行安徽分行与长江担保公司之间是否存在质押关系以及质权是否设立两个方面进行审查。

一、农发行安徽分行与长江担保公司是否存在质押关系

《中华人民共和国物权法》(以下简称《物权法》)第二百一十条①规定:“设立质权,当事人应当采取书面形式订立质权合同。质权合同一般包括下列条款:(一)被担保债权的种类和数额;(二)债务人履行债务的期限;(三)质押财产的名称、数量、质量、状况;(四)担保的范围;(五)质押财产交付的时间。”本案中,农发行安徽分行与长江担保公司之间虽没有单独订立带有“质押”字样的合同,但依据该协议第四条、第六条、第八条约定的条款内容,农发行安徽分行与长江担保公司之间协商一致,对以下事项达成合意:长江担保公司为担保业务所缴存的保证金设立担保保证金专户,长江担保公司按照贷款额度的一定比例缴存保证金;农发行安徽分行作为开户行对长江担保公司存入该账户的保证金取得控制权,未经同意,长江担保公司不能自由使用该账户内的资金;长江担保公司未履行保证责任,农发行安徽分行有权从该账户中扣划相应的款项。该合意明确约定了所担保债权的种类和数量、债务履行期限、质物数量和移交时间、担保范围、质权行使条件,具备《物权法》第二百一十条规定的质押合同的一般条款,故应认定农发行安徽分行与长江担保公司之间订立了书面质押合同。

二、案涉质权是否设立

《物权法》第二百一十二条规定:“质权自出质人交付质押财产时设立。”《最高人民法院关于适用〈中华人民共和国担保法〉若干问题的解释》第八十五条规定,债务人或者第三人将其金钱以特户、封金、保证金等形式特定化后,移交债权人占有作为债权的担保,债务人不履行债务时,债权人可以以该金钱优先受偿。依照上述法律和司法解释规定,金钱作为一种特殊的动产,可以用于质押。金钱质押作为特殊的动产质押,不同于不动产抵押和权利质押,还应当符合金钱特定化和移交债权人占有两个要件,以使金钱既不与出质人其他财产相混同,又能独立于质权人的财产。

① 《民法典》施行后,相关内容规定在第 427 条。

本案中,首先金钱以保证金形式特定化。长江担保公司于2009年4月3日在农发行安徽分行开户,且与《贷款担保业务合作协议》约定的账号一致,即双方当事人已经按照协议约定为出质金钱开立了担保保证金专户。保证金专户开立后,账户内转入的资金为长江担保公司根据每次担保贷款额度的一定比例向该账户缴存保证金;账户内转出的资金为农发行安徽分行对保证金的退还和扣划,该账户未作日常结算使用,故符合《最高人民法院关于适用〈中华人民共和国担保法〉若干问题的解释》第八十五条规定的金钱以特户等形式特定化的要求。其次,特定化金钱已移交债权人占有。占有是指对物进行控制和管理的事实状态。案涉保证金账户开立在农发行安徽分行,长江担保公司作为担保保证金专户内资金的所有权人,本应享有自由支取的权利,但《贷款担保业务合作协议》约定未经农发行安徽分行同意,长江担保公司不得动用担保保证金专户内的资金。同时,《贷款担保业务合作协议》约定在担保的贷款到期未获清偿时,农发行安徽分行有权直接扣划担保保证金专户内的资金,农发行安徽分行作为债权人取得了案涉保证金账户的控制权,实际控制和管理该账户,此种控制权移交符合出质金钱移交债权人占有的要求。据此,应当认定双方当事人已就案涉保证金账户内的资金设立质权。

关于账户资金浮动是否影响金钱特定化的问题。保证金以专门账户形式特定化并不等于固定化。案涉账户在使用过程中,随着担保业务的开展,保证金账户的资金余额是浮动的。担保公司开展新的贷款担保业务时,需要按照约定存入一定比例的保证金,必然导致账户资金的增加;在担保公司担保的贷款到期未获清偿时,扣划保证金账户内的资金,必然导致账户资金的减少。虽然账户内资金根据业务发生情况处于浮动状态,但均与保证金业务相对应,除缴存的保证金外,支出的款项均用于保证金的退还和扣划,未用于非保证金业务的日常结算。即农发行安徽分行可以控制该账户,长江担保公司对该账户内的资金使用受到限制,故该账户资金浮动仍符合金钱作为质权的特定化和移交占有的要求,不影响该金钱质权的设立。

【判旨撷要】

1. 兰州华邦投资有限公司等与兰州兰新通信设备集团有限公司、兰州瑞德实业集团有限公司财产损害赔偿纠纷执行复议案[(2011)执复字第7号]

要旨:债务人的部分履行行为能够产生阻止、变更执行行为的效力,但法院的冻结裁定一旦作出便对当事人具有强制执行效力,所要冻结的数额在依法变更之前并不能自动减少。虽然实践中执行法院一般通过扣减债务人自动履行部分数额的方式进行操作,但扣减的事实行为并不能导致冻结裁定中自动履行部分债权的强制执行效力消灭,鉴于债务人兰新集团、瑞德集团提出异议时冻结裁定尚未实施,甘肃高院应当根据债务人已经履行的数额相应变更冻结裁定中冻结、扣划的数额。

2. 利害关系人浙商银行股份有限公司不服江西省高级人民法院在执行九江银行股份有限公司南昌分行与诸暨瑞祥实业有限公司、浙江经发实业集团有限公司借款合同纠纷案中责令其追回转移款项申请复议案[(2015)执复字第 5 号]

要旨:浙商银行向经发公司转付收益时的查封法院是芜湖中院及庐阳区法院,而非南昌中院或江西高院,各法院对经发公司采取查封冻结措施均是因各自独立完全不同的案件引起,彼此均是独立的执行行为,相互之间既无上下级审级关系,亦无案件委托执行、协助执行或移送执行等法定事由,查封在前的法院的查封冻结措施效力不能由其后查封的法院加以承继。是否追究浙商银行的擅自支付责任,应当由当时查封法院予以审查判断决定,江西高院作出决定对浙商银行予以追责于法无据。另外,芜湖中院及庐阳区法院并未追究浙商银行的擅自支付责任,江西高院以其他法院采取了查封冻结措施为由,决定由其对浙商银行追究协助执行责任,缺乏法律依据。

3. 中国农业银行股份有限公司成都经济技术开发区支行与四川腾中重工机械有限公司金融借款合同纠纷执行复议案[(2015)执复字第 53 号]

要旨:根据《商业银行法》第 21 条、第 22 条的规定,眉山分行虽已领取了营业执照,但并不具备法人资格,属于乐山银行的分支机构,相关民事责任应由乐山银行承担。而且,乐山银行对眉山分行实行统一核算,统一调度资金,分级管理的财务制度,眉山分行与客户签订《银行承兑协议》后,案涉 13 个账户在乐山银行设立,由其统一管理,乐山银行对其分支机构涉及的执行问题,针对执行法院对该行保证金账户的冻结、扣划措施,以自己的名义向执行法院提出异议,并无不妥。乐山银行对于保证金账户主张排除冻结、扣划等执行措施的实体权利,既可以依照《民事诉讼法》第 227 条(2021 年修正为第 234 条)提出案外人异议,也可以依照《规范执行和金融机构协助执行通知》

的相关规定提出异议。通知第9条明确规定,银行承兑汇票保证金只能冻结,不能扣划,且金融机构已实际承兑的,应当对相应款项解除冻结。乐山银行选择依照通知第9条提出异议,执行法院审查时,依照该规定,对冻结的账户是否属于银行承兑汇票保证金账户,金融机构是否已对汇票承兑或对外付款进行审查,进而认定是否应当依照通知的规定解除冻结、扣划措施,并无不妥。

4. 利害关系人南通八建集团有限公司不服山东省高级人民法院在青岛海宜林投资控股有限公司与青岛国隆昌盛投资置业有限公司等借款合同纠纷中执行商品房预售资金监管账户中工程进度款申请复议案[(2016)最高法执复33号]

要旨:商品房预售资金,是开发商将正在建设中的商品房出售给购房者,购房者按照商品房买卖合同约定支付给开发商的购房款。由于开发商预售的商品房属于期房,对于购房者而言,具有比较大的风险。2013年3月26日,国务院以《国务院办公厅关于继续做好房地产市场调控工作的通知》(国办法〔2013〕17号)要求各地制定本地区商品房预售资金的监管办法,确保商品房预售资金能够用于工程施工建设,以保障购房者的利益不受损害。案涉工程进度款属于工程款,并用于建设项目的施工,如果不及时支付,将无法保证工程建设正常进行。因此,以商品房预售资金监管账户中的资金支付案涉工程进度款符合《城市房地产管理法》第45条第3款关于"商品房预售所得款项,必须用于有关的工程建设"的规定和上述国务院通知精神。

5. 中国工商银行股份有限公司乌鲁木齐钢城支行与中铁物资集团新疆有限公司、广州诚通金属公司合同纠纷执行复议案[(2017)最高法执复1号]

要旨:《规范执行和金融机构协助执行通知》(法发〔2000〕21号)第9条规定:"人民法院依法可以对银行承兑汇票保证金采取冻结措施,但不得扣划。如果金融机构已对汇票承兑或者对外付款,根据金融机构的申请,人民法院应当解除对银行承兑汇票保证金相应部分的冻结措施。银行承兑汇票保证金已丧失保证金功能时,人民法院可以采取扣划措施。"从上述规定可以看出,对银行承兑汇票保证金,人民法院可以采取冻结措施。如果金融机构已对汇票承兑或者对外付款,则自承兑行为或对外付款行为完成之时起,承兑汇票票据法律关系即告消灭。根据金融机构的申请,人民法院应当解除对银行承兑汇票保证金相应部分的冻结措施。具体到本案中,作为承兑汇票银行的中信银行乌鲁木齐营业部和中行苏州路支行均未向新疆高院提出申请,两银行在法院调查中回函证实该保证金均已承兑,中铁新疆公司已解付完毕。中铁新疆公司在复议申请中亦表明该公司已以其他资金解付了到期银行承兑汇票。因此,被冻结银行承兑汇票保证金已丧失保证金功能,依照上述规定,人民法院对涉案银行承兑汇票保证金冻结并采取扣划措施符合法律规定。

6. 利害关系人中国银行股份有限公司昆明市盘龙支行不服海口市中级人民法院在青岛九一丰国际贸易有限公司等与云南高深橡胶有限公司等合同纠纷执行案中责令其追回被转移款项提请申诉案[(2018)最高法执监 481 号]

要旨:《执行工作规定》第 33 条(2020 年修正为第 26 条)规定:“金融机构擅自解冻被人民法院冻结的款项,致冻结款项被转移的,人民法院有权责令其限期追回已转移的款项。在限期内未能追回的,应当裁定该金融机构在转移的款项范围内以自己的财产向申请执行人承担责任。”本案中,盘龙支行并未擅自解除对 4745 账户的冻结。依照《流动资金借款合同》约定应入 4745 账户的 8550 万元,在未进入 4745 账户前,不属于人民法院冻结 4745 账户的款项。因此,盘龙支行另立 6682 账户将上述 8550 万元予以发放,并不符合“金融机构擅自解冻被人民法院冻结的款项,致冻结款项被转移”的情形。

7. 王化作、彭永录、金秉承与久治县人民政府、久治县发展改革和经济商务局合同纠纷执行复议案[(2019)最高法执复 38 号]

要旨:关于能否执行政府部门财政性资金的问题,最高人民法院在〔2001〕执他字第 10 号《关于能否强制执行甘肃金昌市东区管委会有关财产请示的复函》中明确,预算内资金和预算外资金均属国家财政性资金,其用途国家有严格规定,不能用来承担连带经济责任。上述意见精神指导类案司法实践多年迄今没有改变。从青海高院查明情况及久治县发改和商务局提供的相关证据来看,冻结的久治县发改和商务局在青海省农村信用社联合社 82×××49 账户确属财政资金专用账户,该账户内的财政性资金只能按照相关文件规定的特定项目对相应的资金进行支付,而不能用于偿还经济纠纷产生的债务。但是,根据党政机关依法履行人民法院生效裁判相关文件精神,青海高院应当向被执行人久治县政府、久治县发改和商务局发出司法建议，要求限期筹备自有资金，或者申报、补报财政专项资金履行判决确定的义务，依法保护债权人的合法权益。

8. 五矿国际信托有限公司与成都森宇实业集团有限公司、万忠宇借款合同纠纷执行复议案[(2020)最高法执复60号]

要旨：根据最高人民法院与国家工商总局联合下发的《关于加强信息合作规范执行与协助执行的通知》第11条、第12条规定，人民法院在冻结股权时，应当向股权所在的市场主体送达冻结裁定，同时要求市场监督管理机关协助公示。本案法院在未向市场主体送达冻结股权裁定的情况下，直接要求市场监督管理机构协助公示冻结股权事项的做法，不能对案涉股权起到冻结效力。本案中，青海高院在未查阅成都农商行股东名册、确认森宇公司是否为其股东，且未向成都农商行送达冻结股权裁定的情况下，直接要求成都市工商局协助公示冻结股权事项的做法，不符合规定，亦不能对案涉股权起到冻结效力。

9. 兴铁一号产业投资基金、兴铁二号产业投资基金与成都亲华科技有限公司、邓亲华、邓翔、许婷婷合伙企业财产份额转让纠纷执行复议案[(2020)最高法执复71号]

要旨：意外伤害、残疾保障类人身保险产品虽然具有一定的人身保障功能，但其根本目的和功能是经济补偿，其本质上属于一项财产性权益，具有一定的储蓄性和有价性，除《民事诉讼法》第244条(2021年修正为第251条)及《查封扣押冻结规定》第5条(2020年修正为第3条)规定的被执行人及其所扶养家属的生活必需品等豁免财产外，人民法院有权对该项财产利益进行强制执行。人身保险的保单现金价值系投保人交纳的，为了支付后年度风险之用的费用，与保险事项发生后，保险公司应当支付的保险金不同，并不具有人身依附性的专属性，也不是被执行人及其所扶养家属所必需的生活物品和生活费用。执行法院对该保单的现金价值及利息等财产性权益予以冻结并强制扣划并无不当。

人民法院可以强制解除保险合同。根据《最高人民法院关于限制被执行人高消费及有关消费的若干规定》第3条第8项关于被执行人为自然人的，不得支付高额保费购买保险理财产品的规定精神，如被执行人拒不执行生效法律文书确定的义务，在其可以单方面行使保险合同解除权而未行使，致使债权人的债权得不到清偿，人民法院在此情形下可以强制被执行人予以行使，代替投保人行使解除强制所购的保险合同。由于江西高院执行裁定未明确强制要求保险公司解除保险合同，可以实现保单现金价值，投保人也可以继续与保险公司协商，由符合条件的第三人行使介入权。

10. 孟淑荣与唐山市南北房地产开发有限公司房屋买卖合同纠纷执行申诉案［（2020）最高法执监 90 号］

要旨：银行开立的以被执行人为户名的贷款账户，一般系银行记载其向被执行人发放贷款及收回情况的账户，最高人民法院〔2014〕执他字第 8 号函曾明确："在执行以银行为协助执行人的案件时，不能冻结户名为被执行人的银行贷款账户。"本案中的 5337 账户为南北公司的贷款保证金账户，与贷款账户性质不同，不能对抗执行。交通银行如认为享有对该账户资金的优先受偿权，可直接向执行法院请求对其予以优先分配。

第二百五十条 【扣留、提取被执行人收入】 被执行人未按执行通知履行法律文书确定的义务，人民法院有权扣留、提取被执行人应当履行义务部分的收入。但应当保留被执行人及其所扶养家属的生活必需费用。

人民法院扣留、提取收入时，应当作出裁定，并发出协助执行通知书，被执行人所在单位、银行、信用合作社和其他有储蓄业务的单位必须办理。

规范体系	
相关立法	《民事诉讼法》第117条
司法解释	1.《最高人民法院关于适用〈中华人民共和国民事诉讼法〉的解释》(法释〔2015〕5号;经法释〔2022〕11号第二次修正)第158条、第499条 2.《最高人民法院关于人民法院执行工作若干问题的规定(试行)》(法释〔1998〕15号;经法释〔2020〕21号修正)第28—30条、第45—53条 3.《最高人民法院关于人民法院民事执行中查封、扣押、冻结财产的规定》(法释〔2004〕15号;经法释〔2020〕21号修正)第3条 4.《最高人民法院关于适用〈中华人民共和国刑事诉讼法〉的解释》(法释〔2021〕1号)第526条 5.《最高人民法院关于刑事裁判涉财产部分执行的若干规定》(法释〔2014〕13号)第9条
司法文件	1.《最高人民法院关于认真贯彻实施民事诉讼法及相关司法解释有关规定的通知》(法〔2017〕369号)第3条 2.《最高人民法院关于依法妥善办理涉新冠肺炎疫情执行案件若干问题的指导意见》(法发〔2020〕16号)第5条

（续表）

规范体系		
司法答复	应得收入	1.《最高人民法院执行工作办公室关于人民法院能否提取投保人在保险公司所投的第三人责任险应得的保险赔偿款问题的复函》(〔2000〕执他字第 15 号) 2.《最高人民法院研究室关于执行程序中能否扣划离退休人员离休金退休金清偿其债务问题的答复》(法研〔2002〕13 号) 3.《最高人民法院关于能否要求社保机构协助冻结、扣划被执行人的养老金问题的复函》(〔2014〕执他字第 22 号) 4.《最高人民法院关于强制扣划被执行人住房公积金问题的复函》(〔2013〕执他字第 14 号) 5.《最高人民法院关于能否执行被执行人应得的南水北调工程征用补偿款问题的复函》(〔2013〕执协字第 26 号)
	到期债权	1.《最高人民法院关于被执行人已支付第三人款项后,可否执行第三人相应财产的函》(法经〔1998〕299 号) 2.《最高人民法院执行工作办公室关于第三人无权对已经仲裁确认的债权提出实质上异议的复函》(〔2000〕执他字第 19 号) 3.《最高人民法院关于法院判决的债权能否适用到期债权执行的复函》(〔2000〕执监字第 304 号) 4.《最高人民法院执行工作办公室关于对案外人未协助法院冻结债权应如何处理问题的复函》(〔2002〕执他字第 19 号) 5.《最高人民法院执行工作办公室关于第三人收到履行到期债务通知书后未在法定期限内提出异议并不发生承认债务存在的实体法效力问题的复函》(〔2005〕执他字第 19 号)

【条文释义】

本条是关于扣留、提取被执行人收入的规定。

被执行人未按执行通知履行法律文书确定的义务,人民法院有权扣留、提取其应当履行义务部分的收入。扣留、提取被执行人的收入主要是针对自然人采取的措施。收入主要指金钱收入,形式可以是工资、奖金、劳务报酬、稿酬、咨询费、存款利息、房屋租金等。扣留被执行人的收入,主要是指被执行人所在单位按照人民法院的协助执行通知书扣留被执行人的工资、奖金等收入。例如,人民法院通知某甲所在单位按照法律文书的规定,按月扣留某甲的工资作为其母的赡养费。提取被执行人的收入,主要指人民法院通过银行、信用合作社和其他有储蓄业务的单位或者被执行人所在单位将被执行人的收入支取出来,交给申请执行人。

扣留、提取被执行人的收入应当注意以下几点:(1)必须是被执行人未按执行通知履行法律文书确定的义务。(2)扣留、提取的收入应当与被执行人履行义务的款额相当。(3)扣留、提取收入时,应当保留被执行人及其所扶养家属的生活必需费用。民事执行贯彻全面保护当事人合法权益的原则,既要依法保护权利人的权利得以实现,又要防止因执行工作使被执行人及其家属无法生活。劳动收入是被执行人的生活来源,关系他和他所供养家属的切身利益,所以在扣留和提取时,必须为被执行人和其所供养家属维持生活的基本费用,而不能执行过多,给他们生活造成困难。(4)人民法院扣留、提取收入时,应当作出裁定,并发出协助执行通知书,被执行人所在单位、银行、信用合作社和其他有储蓄业务的单位必须办理。①

理解与适用本条规定,需要注意把握以下三点:

一、关于扣留和提取。扣留是执行机构在执行过程中依法委托被执行人所在单位或有关单位保存并不准被执行人领取其收入的一种执行措施。扣留与冻结相似,两者都是保全性措施,目的都是限制被执行人运用或处分有关款项。提取是在执行过程中,执行机构依法取出被执行人在其单位或有关单位的存款或劳动收入交给申请执行人的一种执行措施。提取与划拨相似,都是实现性措施。被执行人在其所在单位或有关单位有劳动收入尚未领取,不论是否一次性足以清偿债务,都可采取扣留、提取措施。如果被执行人的收入一次性足以清偿债务且已具备提取条件的,不必采取扣留措施,可以直接采取提取措施。

二、关于股息、红利的执行。严格说来,股息、红利也应当属于被执行人收入的一种。对被执行人从有关企业中应得的已到期的股息或红利等收益,

① 参见全国人民代表大会常务委员会法制工作委员会编:《中华人民共和国民事诉讼法释义(最新修正版)》,法律出版社2012年版,第572—573页。

人民法院有权裁定禁止被执行人提取和有关企业向被执行人支付,并要求有关企业直接向申请执行人支付。对被执行人预期从有关企业中应得的股息或红利等收益,人民法院可以采取冻结措施,禁止到期后被执行人提取和有关企业向被执行人支付。到期后人民法院可从有关企业中提取,并出具提取收据。①

三、关于与执行到期债权的区分。本条所称“收入”,系指公民基于劳务等非经营性原因所得和应得的财物,包括劳动收入和其他收入。劳动收入如被执行人的工资、奖金、稿酬等劳务报酬;其他收入如继承或受赠的财产、房租的租金、银行的存款利息,以及从事对外投资等获得的收入。与被执行人收入有关的单位,主要是被执行人所在单位和金融机构,以及其他向被执行人支付各种收入的单位。我国法律对于“收入”和“到期债权”的执行程序进行了区分。对于被执行人的“收入”,执行法院在向有关单位下达协助执行通知书后,即可径行予以扣留、提取。而对于被执行人的“到期债权”,执行法院应当向第三人发出履行到期债务通知,第三人对此提出有实体权利争议的异议,不得强制执行。由此,执行“收入”与“到期债权”属于两种不同的执行程序,同一执行标的不能同时适用。

【相关立法】

《中华人民共和国民事诉讼法》(2021 年 12 月 24 日第十三届全国人民代表大会常务委员会第三十二次会议第四次修正,2022 年 1 月 1 日)

第一百一十七条　有义务协助调查、执行的单位有下列行为之一的,人民法院除责令其履行协助义务外,并可以予以罚款:

……

(三)有关单位接到人民法院协助执行通知书后,拒不协助扣留被执行人的收入、办理有关财产权证照转移手续、转交有关票证、证照或者其他财产的;

……

① 参见江必新主编:《执行规范理解与适用——最新民事诉讼法与民诉法解释保全、执行条文关联解读》,中国法制出版社 2015 年版,第 334 页。

【司法解释】

1.《最高人民法院关于适用〈中华人民共和国民事诉讼法〉的解释》(法释〔2015〕5号,2015年2月4日;经法释〔2022〕11号第二次修正,2022年4月10日)

第一百五十八条　人民法院对债务人到期应得的收益,可以采取财产保全措施,限制其支取,通知有关单位协助执行。

第四百九十九条　人民法院执行被执行人对他人的到期债权,可以作出冻结债权的裁定,并通知该他人向申请执行人履行。

该他人对到期债权有异议,申请执行人请求对异议部分强制执行的,人民法院不予支持。利害关系人对到期债权有异议的,人民法院应当按照民事诉讼法第二百三十四条规定处理。

对生效法律文书确定的到期债权,该他人予以否认的,人民法院不予支持。

【注释】本条是关于执行到期债权的一般性规定。

(1)本条与《执行工作规定》第7部分"被执行人到期债权的执行"配套适用时需注意:①依据《执行工作规定》第45条规定,被执行人对本案以外的第三人享有到期债权的,人民法院可以依申请执行人或被执行人的申请,向第三人发出履行到期债务的通知。为了体现对债权执行的规范性,本条补充规定了冻结债权需要使用裁定形式。②本条仅规定了可以"通知该他人向申请执行人履行",关于通知的内容和形式未作规定,《执行工作规定》第45条第2款、第46条的规定继续适用。③对于未提异议部分的强制执行,本条未作规定,继续适用《执行工作规定》第49—53条的规定。

(2)本条第3款新增加了"对生效法律文书确定的到期债权,该他人予以否认的,人民法院不予支持"的规定。①本条规定吸收了最高人民法院第36号指导性案例的内容,即"对经法院判决(或调解书,以下通称判决)确定的债权,也可以由非判决法院按照意见第300条规定的程序执行。因该到期债权已经法院判决确定,故第三人(被执行人的债务人)不能提出债权不存在的异议(否认生效判决的定论)"。其理由在于,在有生效法律文书确定到期债权的情况下,相关的实体权利义务已经通过法定程序得到确定,直接执行并不会损害第三人的诉讼权利等程序保障权利。②本条规定改变了《制裁规避执行意见》(法〔2011〕195 号)第 12 条的内容,根据该意见,对于生效法律文书确定的到期债权,仅当被执行人怠于申请执行时,才可直接强制执行该到期债权。《民事诉讼法解释》施行后,应以本条为准。③第三人对生效法律文书确定的到期债权,以债权消灭、丧失强制执行效力等执行依据生效之后的实体事由提出排除执行异议的,应当适用《异议复议规定》第 7 条第 2 款规定,参照《民事诉讼法》第 232 条规定进行审查。

(3)关于未到期债权能否执行。《制裁规避执行意见》(法〔2011〕195 号)第 13 条"依法保全被执行人的未到期债权。对被执行人的未到期债权,执行法院可以依法冻结,待债权到期后参照到期债权予以执行。第三人仅以该债务未到期为由提出异议的,不影响对该债权的保全"系对未到期债权仍可依法冻结的规定,仍然有效。《最高人民法院关于认真贯彻实施民事诉讼法及相关司法解释有关规定的通知》(法〔2017〕369 号)第 3 条规定,"对于被执行人未到期的债权,在到期之前,只能冻结,不能责令次债务人履行",进一步明确了未到期债权可以先行冻结,该冻结对次债务人发生停止向原债权人给付的效力。

2.《最高人民法院关于人民法院执行工作若干问题的规定(试行)》(法释〔1998〕15 号,1998 年 7 月 8 日;经法释〔2020〕21 号修正,2021 年 1 月 1 日)

五、金钱给付的执行

28. 作为被执行人的自然人,其收入转为储蓄存款的,应当责令其交出存单。拒不交出的,人民法院应当作出提取其存款的裁定,向金融机构发出协助执行通知书,由金融机构提取被执行人的存款交人民法院或存入人民法院指定的账户。

29. 被执行人在有关单位的收入尚未支取的,人民法院应当作出裁定,向该单位发出协助执行通知书,由其协助扣留或提取。

30. 有关单位收到人民法院协助执行被执行人收入的通知后,擅自向被执行人或其他人支付的,人民法院有权责令其限期追回;逾期未追回的,应当裁定其在支付的数额内向申请执行人承担责任。

七、被执行人到期债权的执行

45. 被执行人不能清偿债务,但对本案以外的第三人享有到期债权的,人民法院可以依申请执行人或被执行人的申请,向第三人发出履行到期债务的通知(以下简称履行通知)。履行通知必须直接送达第三人。

履行通知应当包含下列内容:

(1)第三人直接向申请执行人履行其对被执行人所负的债务,不得向被执行人清偿;

(2)第三人应当在收到履行通知后的十五日内向申请执行人履行债务;

(3)第三人对履行到期债权有异议的,应当在收到履行通知后的十五日内向执行法院提出;

(4)第三人违背上述义务的法律后果。

46. 第三人对履行通知的异议一般应当以书面形式提出,口头提出的,执行人员应记入笔录,并由第三人签字或盖章。

【注释】《民事诉讼法解释》第499条第1款规定了冻结债权的裁定和履行通知,即"人民法院执行被执行人对他人的到期债权,可以作出冻结债权的裁定,并通知该他人向申请执行人履行"。第一,为了体现对债权执行的规范性,该条补充规定了冻结债权需要使用裁定形式。《民事诉讼法解释》施行后,以该条为准。第二,《民事诉讼法解释》第499条仅规定了可以"通知该他人向申请执行人履行",关于通知的内容和形式未作规定,本规定第45条第2款、第46条的规定继续适用。

47. 第三人在履行通知指定的期间内提出异议的,人民法院不得对第三人强制执行,对提出的异议不进行审查。

【注释】(1)第三人(次债务人)就履行到期债权通知提出的异议,并非当然产生阻却执行的效力。对次债务人到期债权执行涉及次债务人及债务人(被执行人)之间的实体法律关系,在未经审判程序等法定程序确定相关实体权利义务关系的情况下,执行程序对次债务人直接执行需要有严格的前提条件,其核心是次债务人认可到期债权,一旦次债务人否认到期债权,则应当通过诉讼等程序解决实体争议。因此,《民事诉讼法解释》第499条第2款明确规定,该他人(次债务人)对到期债权有异议,申请执行人请求对异议部分强制执行的,人民法院不予支持。本条也明确规定,第三人在履行通知指定的期间内提出异议的,法院不得对第三人强制执行,对提出的异议不进行审查。但是,为了提高执行效率,司法解释也明确有关不实质否认债权债务的异议事由不具有阻却执行的效果。如《执行工作规定》第48条规定,第三人提出自己无履行能力或其与申请执行人无直接法律关系,不属于本规定所指的异议。在这种情况下,次债务人并非否定到期债权,对其强制执行与实体法律关系并不冲突。

(2)对于第三人超出指定期间提出异议的,本条未作规定,可参照《最高人民法院执行工作办公室关于到期债权执行中第三人超过法定期限提出异议等问题如何处理的请示的答复》(〔2005〕执他字第19号)处理,即"并不发生承认债务存在的实体法效力。第三人在法院开始强制执行后仍有异议的,应当得到司法救济"。关于救济的方式,考虑目前我国尚无第三人异议之诉制度,应参照《民事诉讼法》第232条的规定进行审查。

48. 第三人提出自己无履行能力或其与申请执行人无直接法律关系,不属于本规定所指的异议。

第三人对债务部分承认、部分有异议的,可以对其承认的部分强制执行。

【注释】《民事诉讼法解释》第499条第2款、第3款规定了次债务人及利害关系人的救济,即"该他人对到期债权有异议,申请执行人请求对异议部分强制执行的,人民法院不予支持。利害关系人对到期债权有异议的,人民法院应当按照民事诉讼法第二百三十四条规定处理。对生效法律文书确定的到期债权,该他人予以否认的,人民法院不予支持"。上述第47条、第48条的规定亦涉及次债务人的异议,应注意结合适用。

49. 第三人在履行通知指定的期限内没有提出异议,而又不履行的,执行法院有权裁定对其强制执行。此裁定同时送达第三人和被执行人。

50. 被执行人收到人民法院履行通知后,放弃其对第三人的债权或延缓第三人履行期限的行为无效,人民法院仍可在第三人无异议又不履行的情况下予以强制执行。

51. 第三人收到人民法院要求其履行到期债务的通知后,擅自向被执行人履行,造成已向被执行人履行的财产不能追回的,除在已履行的财产范围内与被执行人承担连带清偿责任外,可以追究其妨害执行的责任。

52. 在对第三人作出强制执行裁定后,第三人确无财产可供执行的,不得就第三人对他人享有的到期债权强制执行。

53. 第三人按照人民法院履行通知向申请执行人履行了债务或已被强制执行后,人民法院应当出具有关证明。

3.《最高人民法院关于人民法院民事执行中查封、扣押、冻结财产的规定》(法释〔2004〕15 号,2005 年 1 月 1 日;经法释〔2020〕21 号修正,2021 年 1 月1 日)

第三条　人民法院对被执行人的下列财产不得查封、扣押、冻结:

……

(二)被执行人及其所扶养家属必需的生活费用。当地有最低生活保障标准的,必需的生活费用依照该标准确定;

……

4.《最高人民法院关于适用〈中华人民共和国刑事诉讼法〉的解释》(法释〔2021〕1 号,2021 年 3 月 1 日)

第五百二十六条　执行财产刑,应当参照被扶养人住所地政府公布的上年度当地居民最低生活费标准,保留被执行人及其所扶养人的生活必需费用。

5.《最高人民法院关于刑事裁判涉财产部分执行的若干规定》(法释〔2014〕13 号,2014 年 11 月 6 日)

第九条　判处没收财产的,应当执行刑事裁判生效时被执行人合法所有的财产。

执行没收财产或罚金刑,应当参照被扶养人住所地政府公布的上年度当地居民最低生活费标准,保留被执行人及其所扶养家属的生活必需费用。

【注释】(1)没收财产,一是应当执行被执行人个人所有的合法财产,不得没收属于被执行人家属所有或者应有的财产。被执行人在共有财产中的应有份额,应当依据有关民事法律的规定确定。二是应当执行刑事裁判生效时被执行人已有的财产,对被执行人的现有财产实行一次性没收,不得将被执行人服刑期间或是刑满释放后所取得的财产予以没收。关于合法财产的判断,只要刑事裁判没有认定为违法所得的财产,原则上都应当推定为合法财产。执行机构应当严格依照生效刑事裁判所认定的事实和判项内容予以执行。

(2)《查封扣押冻结规定》第 5 条规定:“对于超过被执行人及其所扶养家属生活所必需的房屋和生活用品,人民法院根据申请执行人的申请,在保障被执行人及其所扶养家属最低生活标准所必需的居住房屋和普通生活必需品后,可予以执行。”本条第 2 款规定认为应当按照“当地居民最低生活费标准掌握”,同时进一步明确,“应当参照被扶养人住所地政府公布的上年度当地居民最低生活费标准"掌握,以便于适用。

【司法文件】

1.《最高人民法院关于认真贯彻实施民事诉讼法及相关司法解释有关规定的通知》(法〔2017〕369 号,2017 年 12 月 29 日)

三、被执行人的债权作为其财产的重要组成部分,是其债务的一般担保,不能豁免执行。但是执行到期债权涉及次债务人的权利保护,法律关系较为复杂,在执行程序中适用《民诉法解释》第五百零一条时,应当严格遵守法定条件与程序,兼顾相关各方主体的权利保护。

在对到期债权的执行中,应当依法保护次债务人的利益,对于次债务人在法定期限内提出异议的,除到期债权系经生效法律文书确定的外,人民法院对提出的异议不予审查,即应停止对次债务人的执行,债权人可以另行提起代位权诉讼主张权利。对于其他利害关系人提出的异议符合民事诉讼法第二百二十七条①规定的,人民法院应当按照相应程序予以处理。

被执行人有银行存款或者其他能够执行的财产的,人民法院原则上应优先予以执行;对于被执行人未到期的债权,在到期之前,只能冻结,不能责令次债务人履行。

2.《最高人民法院关于依法妥善办理涉新冠肺炎疫情执行案件若干问题的指导意见》(法发〔2020〕16 号,2020 年 5 月 13 日)

五、依法执行疫情期间减免租金的政策规定。人民法院对被执行人的租金债权,可以强制执行。冻结被执行人的租金债权后,承租人在法定期限内提出异议的,依照有关司法解释的规定,人民法院不得对异议部分的租金强制执行。承租人对原租金债权的数额没有异议,但超过法定期限后依照疫情期间对承租国有经营性房屋的中小微企业、个体工商户减免租金的有关政策规定,主张减免租金提出异议,人民法院经审查属实的,应予支持;承租非国有经营性房屋的中小微企业、个体工商户以其与被执行人就疫情期间的租金减免已达成协议为由提出异议,请求对异议部分的租金不予强制执行,人民法院经审查认为租金减免协议真实有效的,应予支持。

---

① 2021 年《民事诉讼法》第四次修正后调整为第 234 条。

对受疫情影响较大的中小微企业、个体工商户欠缴租金的涉众型执行案件,人民法院要充分发挥多元化纠纷解决机制作用,根据双方当事人实际情况,制定合理工作方案,依法妥善处理此类案件产生的矛盾纠纷。

【司法答复】

(一)应得收入

1.《最高人民法院执行工作办公室关于人民法院能否提取投保人在保险公司所投的第三人责任险应得的保险赔偿款问题的复函》(〔2000〕执他字第15号,2000年7月13日)

江苏省高级人民法院:

你院〔1999〕苏法执他字第15号《关于人民法院能否提取投保人在保险公司所投的第三人责任险应得的保险赔偿款的请示》收悉。经研究,答复如下:

人民法院受理此类申请执行案件,如投保人不履行义务时,人民法院可以依据债权人(或受益人)的申请向保险公司发出协助执行通知书,由保险公司依照有关规定理赔,并给付申请执行人;申请执行人对保险公司理赔数额有异议的,可通过诉讼予以解决;如保险公司无正当理由拒绝理赔的,人民法院可依法予以强制执行。

【注释】1999年6月25日,江苏省高级人民法院向最高人民法院请示反映,"近来,我省一些基层法院受理了不少交通事故损害赔偿申请执行案件,因投保人肇事后逃逸躲藏,下落不明,法院在裁定提取投保人在保险公司应得的第三人责任险赔偿款时,保险公司以投保人未索取,无法确定理赔数额为由,拒绝协助提取,造成类似案件无法执行,第三人的合法权益无法实现"。

最高人民法院认为,鉴于江苏省高级人民法院请示反映的问题,是投保人交通肇事后逃逸躲藏,第三人(受益人)在交通事故审理后,请求法院予以执行,依据《保险法》(1995年)第24条、第50条之规定,保险公司依法应当向该第三人支付责任险赔偿款。保险公司以投保人未索赔,拒绝协助的做法,实质上是变相限制第三人(受益人)的合法权益,是违反法律规定的行为,故建议按《保险法》第50条规定办理,即保险责任申请执行受理法院,可裁定由保险公司直接向第三者赔偿保险金。

2.《最高人民法院研究室关于执行程序中能否扣划离退休人员离休金退休金清偿其债务问题的答复》(法研〔2002〕13 号,2002 年 1 月 30 日)

天津市高级人民法院:

你院津高法〔2001〕28 号《关于劳动保障部门应依法协助人民法院扣划被执行人工资收入的请示》收悉。经研究,答复如下:

为公平保护债权人和离退休债务人的合法权益,根据《民法通则》和《民事诉讼法》的有关规定,在离退休人员的其他可供执行的财产或者收入不足偿还其债务的情况下,人民法院可以要求其离退休金发放单位或者社会保障机构协助扣划其离休金或退休金,用以偿还该离退休人员的债务。上述单位或者机构应当予以协助。

人民法院在执行时应当为离退休人员留出必要的生活费用。生活费用标准可参照当地的有关标准确定。

【注释】在本答复中,最高人民法院对人民法院执行离退休人员的离休金、退休金作了特殊的保护性规定。首先将执行离退休人员的其他财产作为强制执行的第一选择,在其他财产不足以清偿债务时,才可以扣留、提取其离休金、退休金。同时,该答复增加了一个严格的限制条件,即人民法院必须为其留出必要的生活费用,从而保证了离退休人员的生活需要。另外,该答复又体现了对债权人权利的保护。离退休人员是具有民事权利能力和行为能力的人,不能因其是离退休人员就可以不履行债务。

3.《最高人民法院关于能否要求社保机构协助冻结、扣划被执行人的养老金问题的复函》(〔2014〕执他字第 22 号,2014 年 6 月 26 日)

浙江省高级人民法院:

你院浙高法〔2014〕29 号《关于请求商人力资源和社会保障部废止劳社厅函〔2002〕27 号复函①的报告》收悉。经研究,提出如下意见:

---

① 《劳动和社会保障部办公厅关于对扣发离退休人员基本养老金抵偿债务问题的复函》(劳社厅函〔2002〕27 号,2002 年 2 月 4 日)指出:"基本养老金是保障离退休人员的'养命钱',离退休人员能否按时足额领取养老金直接关系到离退休人员的合法权益和社会稳定。同时,基本养老金在发放给离退休人员之前,仍属于养老保险基金,任何单位不得查封、冻结和划扣。《最高人民法院关于在审理和执行民事、经济纠纷案件时不得查封、冻结和扣划社会保险基金的通知》(法〔2000〕19 号)对此也作出了相应规定。社会保险经办机构作为法定授权的社会保险基金收支、管理和运营机构,承担着将基本养老金按时足额发放给离退休人员的职能,社会保险经办机构不能直接扣发离退休人员基本养老金抵偿法院判决的债务。"

一、被执行人应得的养老金应当视为被执行人在第三人处的固定收入，属于其责任财产的范围，依照《中华人民共和国民事诉讼法》第二百四十三条①之规定，人民法院有权冻结、扣划。但是，在冻结、扣划前，应当预留被执行人及其所抚养家属必需的生活费用。

二、《中华人民共和国民事诉讼法》第二百四十二条②规定："人民法院决定扣押、冻结、划拨、变价财产，应当作出裁定，并发出协助执行通知书，有关单位必须办理。"本院《关于人民法院执行工作若干问题的规定（试行）》第36条③也规定："被执行人在有关单位的收入尚未支取的，人民法院应当作出裁定，向该单位发出协助执行通知书，由其协助扣留或提取。"依照前述规定，社会保障机构作为养老金发放机构，有义务协助人民法院冻结、扣划被执行人应得的养老金。

三、在执行被执行人的养老金时，应当注意向社会保障机构做好解释工作，讲清法律规定的精神，取得理解和支持。如其仍拒绝协助的，可以依法制裁。

【注释】就此问题，在2002年1月30日最高人民法院研究室给天津市高级人民法院《关于执行程序中能否扣划离退休人员离休金退休金清偿其债务问题的答复》（法研〔2002〕13号）中也曾明确可以执行。但就在答复作出后的第4天（2002年2月4日），原劳动和社会保障部办公厅就给重庆市劳动和社会保障局作出《关于对扣发离退休人员基本养老金抵偿债务问题的复函》（劳社厅函〔2002〕27号），认为：基本养老金在发放给离退休人员之前，仍属于养老保险基金，任何单位不得查封、冻结和划扣。社会保险经办机构不能直接扣发离退休人员基本养老金抵偿法院判决的债务。此后，地方法院在执行离休金、退休金中普遍遭遇社保部门不协助执行的情况，为此浙江省高级人民法院于2012年报请最高人民法院商人力资源和社会保障部废止劳社厅函〔2002〕27号复函，最高人民法院经研究后作出了本复函。

---

① 2021年《民事诉讼法》第四次修正后调整为第250条。

② 2021年《民事诉讼法》第四次修正后调整为第249条。

③ 2020年修正后调整为第29条。

4.《最高人民法院关于强制扣划被执行人住房公积金问题的复函》
(〔2013〕执他字第14号,2013年7月31日)
安徽省高级人民法院:

你院〔2012〕皖执他字第00050号《关于强制划拨被执行人住房公积金问题的请示报告》收悉。经研究,答复如下:

根据你院报告中所述事实情况,被执行人吴某某已经符合国务院《住房公积金管理条例》第二十四条①规定的提取职工住房公积金账户内的存储余额的条件,在保障被执行人依法享有的基本生活及居住条件的情况下,执行法院可以对被执行人住房公积金账户内的存储余额强制执行。

【注释】关于被执行人的住房公积金是否可以强制执行,最高人民法院的态度有一个变化的过程。2006年《最高人民法院关于职工住房公积金能否强制执行问题的请示的答复》(〔2006〕执他字第9号)明确的是:"住房公积金虽属职工个人所有,但使用范围上受严格的限制,因住房公积金问题复杂,涉及面广,政策性强,在法律、法规未作出进一步的明确规定之前,人民法院在执行职工住房公积金时应当认真调查研究,不宜轻易强制执行。"2012年最高人民法院对山东省高级人民法院请示的答复(〔2012〕执他字第5号)中态度有所缓和,认为:"住房公积金问题复杂,涉及民生,政策性强。在法律、法规未作进一步的明确规定之前,关于住房公积金的执行问题,执行法院应确保住房公积金对涉案当事人的基本住房保障功能,在充分调研研究的基础上,本着审慎的原则,依法妥善处理。"直至2013年,最高人民法院在本复函及此后对浙江省高级人民法院的答复中,态度已经非常鲜明:在被执行人符合《住房公积金管理条例》第24条规定事由,以及不影响被执行人基本生活、居住条件的情况下,可以对住房公积金强制执行。

① 《住房公积金管理条例》(2002年)第24条规定:"职工有下列情形之一的,可以提取职工住房公积金账户内的存储余额:(一)购买、建造、翻建、大修自住住房的;(二)离休、退休的;(三)完全丧失劳动能力,并与单位终止劳动关系的;(四)出境定居的;(五)偿还购房贷款本息的;(六)房租超出家庭工资收入的规定比例的。依照前款第(二)、(三)、(四)项规定,提取职工住房公积金的,应当同时注销职工住房公积金账户。职工死亡或者被宣告死亡的,职工的继承人、受遗赠人可以提取职工住房公积金账户内的存储余额;无继承人也无受遗赠人的,职工住房公积金账户内的存储余额纳入住房公积金的增值收益。"

5.《最高人民法院关于能否执行被执行人应得的南水北调工程征用补偿款问题的复函》(〔2013〕执协字第 26 号,2013 年 12 月 10 日)

河南省高级人民法院:

你院〔2013〕豫法执请字第 2 号《关于请求协调国务院南水北调工程建设委员会办公室执行征用补偿款的请示报告》收悉。经研究,现就有关问题答复如下:

一、如被执行人享有权益的财产未征用时即被人民法院查封。依照本院《关于人民法院民事执行中查封、扣押、冻结财产的规定》第二十四条①“查封、扣押、冻结的财产灭失或者毁损的,查封、扣押、冻结的效力及于该财产的替代物、赔偿款”的规定,被执行人应得的南水北调工程征用补偿款,应当为查封效力所及的范围,人民法院有权裁定冻结、扣划并要求相关资金管理部门协助执行。

二、如被执行人享有权益的财产尚未被人民法院查封时即已征用。依照本院《关于人民法院民事执行中查封、扣押、冻结财产的规定》第二条的规定:“人民法院可以查封、扣押、冻结被执行人占有的动产、登记在被执行人名下的不动产、特定动产及其他财产权。”同时,依照本院《关于人民法院执行工作若干问题的规定(试行)》第 36 条②的规定:“被执行人在有关单位的收入尚未支取的,人民法院应当作出裁定,向该单位发出协助执行通知书,由其协助扣留或提取。”被执行人应得的南水北调工程征用补偿款应当视为被执行人在第三人处的收入,人民法院亦有权裁定冻结、扣划并要求相关资金管理部门协助执行。

三、依照本院《关于人民法院民事执行中查封、扣押、冻结财产的规定》第五条③第八项的规定,除非法律和司法解释的明确禁止,被执行人的所有财产均可以作为其责任财产由人民法院查封、扣押、冻结。如相关资金管理部门对人民法院协助冻结、扣划的要求存有异议,有权依照《中华人民共和国民事诉讼法》第二百二十五条或者第二百二十七条④的规定提出。执行法院应当依法审查并作出裁定。未经法定程序,任何机构和个人均无权认定人

① 2020 年修正后调整为第 22 条。

② 2020 年修正后调整为第 29 条。

③ 2020 年修正后调整为第 3 条。

④ 2021 年《民事诉讼法》第四次修正后调整为第 232 条或者第 234 条。

民法院的执行错误。

四、在执行被执行人应得的南水北调工程征用补偿款时，应当注意和相关资金管理部门的沟通，讲清法律规定的精神，取得理解和支持。

以上意见，请你院遵照执行。

（二）到期债权

1.《最高人民法院关于被执行人已支付第三人款项后，可否执行第三人相应财产的函》（法经〔1998〕299 号，1998 年 7 月 23 日）

广东省高级人民法院：

你院〔1997〕粤高法执字第 46-2 号《关于汕头市中院执行惠阳市惠达公司欠款一案的情况报告》收悉。经研究，答复如下：

根据最高人民法院《关于适用〈中华人民共和国民事诉讼法〉若干问题的意见》第三百条①规定，强制执行到期债权必须以第三人对该债权债务关系没有异议，且又在通知规定的期限内不履行为前提条件。本案第三人惠阳市源兴实业有限公司已提出异议，故不应对其强制执行。汕头市中级人民法院在执行程序中裁定由第三人惠阳市源兴实业有限公司将其所得 1080 万元土地款直接退给申请执行人，并以此裁定为执行依据进一步裁定查封、拍卖第三人财产，不符合法律规定。但是，鉴于该案被执行人惠州市大亚湾惠达工贸公司确已支付给第三人 1080 万元，并约定在购置的 16040 平方米土地使用权中占有 53%的权益，第三人对此并无异议，且协助有关部门办理了有关手续，以及被执行人已名存实亡，对此权益无人主张的实际情况，执行法院可在执行中对相关的土地使用权依法妥处，以保护申请执行人的合法权益；对确属第三人的财产的查封应予解除。

【注释】本复函与《执行工作规定》第 49 条相关，根据该条规定，只有“第三人在履行通知指定的期限内没有提出异议，而又不履行”的情况下，执行法院才有权裁定对其强制执行。本复函明确了不能直接裁定查封、拍卖第三人的财产，应注意结合适用。

---

① 《民事诉讼法意见》（已废止）第 300 条规定：“被执行人不能清偿债务，但对第三人享有到期债权的，人民法院可依申请执行人的申请，通知该第三人向申请执行人履行债务。该第三人对债务没有异议但又在通知指定的期限内不履行的，人民法院可以强制执行。”

2.《最高人民法院执行工作办公室关于第三人无权对已经仲裁确认的债权提出实质上异议的复函》(〔2000〕执他字第19号,2001年6月19日)

内蒙古自治区高级人民法院:

你院〔2000〕内高法执请字第1号关于乌盟电业局物资供应公司、北京华油公司申请执行辽宁省营口华油实业公司、辽宁省营口市油品加工厂联营购销合同纠纷一案的请示报告收悉。经研究,答复如下:

根据执行法院乌兰察布盟中级人民法院补充提供的材料,该案所执行的辽宁营口市华油实业公司(以下简称营口华油)对第三人沈阳龙源石油化工有限公司(以下简称沈阳龙源)的到期债权是经营口仲裁委仲裁确认的,且营口华油已经向营口中院申请执行。乌盟中院在执行前已经与营口中院沟通,故乌盟中院可以直接执行该债权。同样因为该债权已经仲裁确认,第三人沈阳龙源无权对该债权的存在与否提出实质上的异议,因此是否对其事先通知,并不能影响执行结果。沈阳龙源与营口华油之间虽然签订了还款协议,但由于该协议没有明确的还款期限,故可以依法认定营口华油可以随时请求其履行,执行法院可以随时根据营口华油的申请恢复对仲裁调解书的执行。因此执行中已经扣划的款项不应退还给沈阳龙源,但应将执行结果告知营口中院,以便及时扣减营口华油对沈阳龙源的可执行债权的数额。至于有关案外人提出的执行异议,应由执行法院依法审查。

【注释1】内蒙古乌盟电业局物资供应公司(以下简称物资公司)、北京华油石油公司(以下简称北京华油)诉辽宁营口华油实业公司(以下简称营口华油)、辽宁营口华油油品加工厂(以下简称营口加工厂)联营合同纠纷一案,乌兰察布盟中级人民法院(以下简称乌盟中院)判决:(1)营口华油给付北京华油、物资公司2229482.72元;(2)营口加工厂给付414448.90元,并由营口华油承担连带责任。另有案件受理费、利息、差旅费等,与前两项相加,共计2905778.33元。

执行过程中,乌盟中院查明,营口华油对第三人沈阳龙源石油化工有限公司(以下简称沈阳龙源)享有到期债权可供执行,并从沈阳龙源处得知,沈阳龙源在辽河油田勘探局销售公司(以下简称销售公司)仍存放购油款达1815305元。为此,乌盟中院于1999年5月19日扣划了沈阳龙源存放于销售公司的购油款100万元,但直到5月21日才以特快专递向沈阳龙源送达履行通知书。

沈阳龙源于1999年5月21日收到债务履行通知后,当日提出执行异议，主要理由：(1)乌盟中院未送达履行通知就追加其为被执行人；(2)乌盟中院扣划的款项不属于沈阳龙源，而是沈阳龙源燃油经销处（以下简称经销处）的购油款；(3)其与营口华油的债务已有还款协议并在履行中。5 月 22 日，经销处也提出执行异议，称该案款属于经销处；经销处与沈阳龙源是两个独立的法人。沈阳龙源与经销处均认为，乌盟中院的执行行为违法，要求返还案款。①

【注释 2】需要注意：(1)本复函中关于“债权已经仲裁确认……第三人无权对该债权的存在与否提出实质上的异议”的观点，已经为《民事诉讼法解释》第 499 条第 3 款所吸收，该款规定：“对生效法律文书确定的到期债权，该他人予以否认的，人民法院不予支持。”《民事诉讼法解释》施行后，适用该规定。

(2)根据本复函意见，在被执行人已就其债权向其他法院申请执行的情况下，执行法院仍可按到期债权执行次债务人。但应将执行结果告知另一法院，以便及时扣减被执行人对次债务人的可执行债权数额。最高人民法院第 36 号指导案例裁判要点的意见为，被执行人在收到执行法院执行通知之前，收到另案执行法院要求其向申请执行人的债权人直接清偿已经法院生效法律文书确认的债务的通知，并清偿债务的，执行法院不能将该部分已清偿债务纳入执行范围。

3.《最高人民法院关于法院判决的债权能否适用到期债权执行的复函》
（〔2000〕执监字第 304 号，2000 年 9 月 22 日）

江苏省高级人民法院：

你院〔1998〕苏法执字第 9 号《关于执行第三人石狮市德辉开发建设有限公司（以下简称德辉公司）有关情况的报告》收悉，经研究，答复如下：

你院在执行江苏省针棉织品进出口（集团）公司（以下简称针棉公司）诉中国天衡国际贸易合作公司（以下简称天衡公司）第四被告融资合同纠纷一案生效判决的过程中，针棉公司以被执行人天衡公司对德辉公司享有到期债权，且经本院(1997)民终字第 38 号民事判决书确认为由向你院提出申请，请

① 参见刘文涛：《北京华油石油公司申请执行辽宁营口华油实业公司对第三人沈阳龙源石油化工有限公司到期债权案》，载最高人民法院执行工作办公室编：《强制执行指导与参考》2002 年第 1 辑（总第 1 辑），法律出版社 2002 年版，第 276—288 页。

求执行天衡公司的此笔到期债权。你院即依据本院《关于适用〈中华人民共和国民事诉讼法〉若干问题的意见》第300条(以下简称“第300条”)的规定,向德辉公司发出《执行通知书》,此后又作出(1998)苏执字第9号民事裁定书裁定德辉公司将应偿还给天衡公司的5359万元人民币直接支付给针棉公司,并查封了德辉公司部分土地及建筑物。对此,德辉公司向你院提出异议向本院申诉,请求本院监督处理。

本院认为,法院判决的债权不适用“第300条”的规定。“第300条”规定的到期债权是指未经法院判决的债权,如果把经法院判决的债权视为“第300条”规定的到期债权去执行,就会使当事人的申请执行权、执行和解权和法院的执行管辖权及执行实施权发生冲突。因此,你院依据“第300条”的规定执行德辉公司的财产属于适用法律错误,应当予以纠正。

本院(1997)民终字第38号民事判决书判决德辉公司应返还天衡公司垫资款及利息等。由于被执行人天衡公司怠于行使该判决书确定的其对德辉公司享有的债权,未向执行法院福建省高级人民法院申请执行,损害了债权人针棉公司的利益,故针棉公司可代位向福建省高级人民法院申请执行天衡公司对德辉公司享有的债权。代位申请执行的标的范围以针棉公司对天衡公司的债权为限,并不得超过天衡公司对德辉公司享有的债权数额。代位申请执行的期限与《中华人民共和国民事诉讼法》第219条①规定的申请执行期限一致。

鉴于针棉公司已在法定的期限内向江苏省高级人民法院提出了执行天衡公司对德辉公司的债权的请求,而且江苏省高级人民法院已采取了执行措施,故该案作为特殊情况可视为针棉公司已在法定期限内提出了代位申请执行的请求。请你院将本案有关对德辉公司财产的查封手续移送福建省高级人民法院,由该院依法执行本院(1997)民终字第38号民事判决书,以偿还天衡公司欠付针棉公司的债务。

【注释】江苏省针棉织品进出口(集团)公司(以下简称针棉公司)诉中国天衡国际贸易合作公司(以下简称天衡公司)、石狮市德辉开发建设有限公司(以下简称德辉公司)、中国华闻事业发展总公司(以下简称华闻公司)及人民日报社融资合同纠纷一案,最高人民法院(1996)经终字第340号民事

① 《民事诉讼法》(1991年)第219条规定:“申请执行的期限,双方或者一方当事人是公民的为一年,双方是法人或者其他组织的为六个月。……”

判决判令：天衡公司返还针棉公司融资款 5000 万元(人民币)及利息，华闻公司、人民日报社对天衡公司的上述债务承担赔偿责任。

执行中，天衡公司提出其对德辉公司享有到期债权，且经最高人民法院判决确认，要求执行法院执行该笔到期债权。随后，针棉公司向执行法院申请执行天衡公司对德辉公司的到期债权。江苏省高级人民法院(以下简称江苏高院)依据《民事诉讼法意见》第 300 条①的规定，向德辉公司发出执行通知书，后又裁定：德辉公司将应偿还给天衡公司的人民币 5359 万元垫资款及利息直接支付给针棉公司，并查封了德辉公司的部分土地及建筑物。

经查明：天衡公司与德辉公司建筑工程承包合同纠纷、垫资合同纠纷一案，业经福建省高级人民法院(以下简称福建高院)一审，最高人民法院二审作出(1997)民终字第 38 号民事判决书，判令德辉公司应返还天衡公司 5000 万元垫资款及利息。该判决发生法律效力后，天衡公司未在法定的申请执行期限内向福建高院申请执行。

德辉公司向最高人民法院申诉，请求纠正江苏高院的错误执行行为，理由是：(1)江苏高院执行最高人民法院(1996)经终字第 340 号民事判决书与该公司无关，该公司只与天衡公司有着债权债务关系，江苏高院仅依据当事人申请就裁定变更德辉公司为被执行人，属适用法律不当。(2)德辉公司与天衡公司之间的债务应由该案的一审法院福建高院执行，江苏高院无管辖权。②

4.《最高人民法院执行工作办公室关于对案外人未协助法院冻结债权应如何处理问题的复函》(〔2002〕执他字第 19 号，2003 年 6 月 14 日)

江苏省高级人民法院：

你院《关于案外人沛县城镇郝小楼村村委会未协助法院冻结债权应如何处理的请示报告》收悉。经研究，答复如下：

徐州市中级人民法院在诉讼中作出了查封冻结盐城金海岸建筑安装有

---

① 《民事诉讼法意见》(已废止)第 300 条规定："被执行人不能清偿债务，但对第三人享有到期债权的，人民法院可依申请执行人的申请，通知该第三人向申请执行人履行债务。该第三人对债务没有异议但又在通知指定的期限内不履行的，人民法院可以强制执行。"

② 参见刘涛：《石狮德辉开发建设有限公司对江苏省高级人民法院执行异议案》，载最高人民法院执行工作办公室编：《强制执行指导与参考》2002 年第 1 辑(总第 1 辑)，法律出版社 2002 年版，第 267—275 页。

限公司(下称建筑公司)财产的裁定,并向沛县城镇郝小楼村村委会(下称村委会)发出了冻结建筑公司对村委会的债权的协助执行通知书。当你院(2001)苏民终字第154号民事调解书确定建筑公司对村委会的债权时,徐州中院对该债权的冻结尚未逾期,仍然有效,因此村委会不得就该债权向建筑公司支付。如果村委会在收到上述调解书后,擅自向建筑公司支付,致使徐州中院的生效法律文书无法执行,则除可以根据《中华人民共和国民事诉讼法》第一百零二条①的规定,对村委会妨害民事诉讼的行为进行处罚外,也可以根据最高人民法院《关于人民法院执行工作若干问题的规定(试行)》第四十四条②的规定,责令村委会限期追回财产或承担相应的赔偿责任。

【注释1】徐州市中级人民法院(以下简称徐州中院)2000年受理了两起与盐城金海岸建筑安装有限公司(以下简称金海岸公司)有关的案件。一是金海岸公司与徐州一中百货商店货款纠纷案。徐州中院于2001年6月25日作出(2000)徐经初字第94号民事调解书,确认:"金海岸公司欠徐州一中百货商店货款103.8万元,违约金40万元,于2001年年底前还清。金海岸公司先以其在村委会的到期债权偿还。"审理过程中,徐州中院作出了查封、冻结金海岸公司财产的裁定,并于2001年6月1日向村委会发出协助执行通知书,要求村委会协助冻结金海岸公司在村委会的债权20万元,自即日起不得向金海岸公司支付,期限1年。二是金海岸公司与沛县城镇郝小楼村村委会(以下简称村委会)工程款纠纷案。该案经徐州中院一审,江苏省高级人民法院(以下简称江苏高院)二审于2001年11月23日作出(2001)苏民终字第154号民事调解书,确认:"村委会给付金海岸公司工程款16万元,签收调解书时支付1万元,2001年12月20日前支付15万元。"后在徐州中院尚未向村委会发出履行到期债务的通知时,村委会即自动履行了(2001)苏民终字第154号民事调解书确定的还款义务,将徐州中院冻结的财产交付给了金海岸公司。

2002年1月9日,徐州中院要求村委会向金海岸公司追回已支付款项。村委会到期未能追回。2002年1月15日,徐州中院依据《执行工作规定》第37条③的规定,作出(2001)徐执字第255号民事裁定书,裁定村委会以自己

① 2021年《民事诉讼法》第四次修正后调整为第114条。
② 2020年修正后调整为第32条。
③ 2020年修正后调整为第30条。

的财产，在向金海岸公司支付金钱数额的范围内，向徐州一中百货商店承担赔偿责任。裁定书下达后，村委会提出异议，认为其行为系履行（2001）苏民终字第 154 号民事调解书，不应承担责任。江苏高院在监督执行金海岸公司与徐州一中百货商店的货款纠纷案中，就村委会未协助法院执行冻结债权的行为如何适用法律请示最高人民法院。①

【注释 2】（1）本复函精神与《民事诉讼法解释》第 499 条第 1 款、《执行工作规定》第 51 条的内容基本相同。

（2）根据《制裁规避执行意见》（法〔2011〕195 号）第 13 条规定，对被执行人的未到期债权，执行法院可以依法冻结，待债权到期后参照到期债权予以执行。第三人仅以该债务未到期为由提出异议的，不影响对该债权的保全。

（3）根据《最高人民法院关于认真贯彻实施民事诉讼法及相关司法解释有关规定的通知》（法〔2017〕369 号）第 3 条规定，被执行人有银行存款或者其他能够执行的财产的，人民法院原则上应优先予以执行；对于被执行人未到期的债权，在到期之前，只能冻结，不能责令次债务人履行，进一步明确了未到期债权可以先行冻结，该冻结对次债务人发生停止向原债权人给付的效力。

5.《最高人民法院执行工作办公室关于第三人收到履行到期债务通知书后未在法定期限内提出异议并不发生承认债务存在的实体法效力问题的复函》（〔2005〕执他字第 19 号，2006 年 3 月 13 日）

辽宁省高级人民法院：

你院《关于开原市农村信用社、开原市农村信用合作社联合社申请执行辽宁华银实业开发总公司一案的疑请报告》收悉。经研究，答复如下：

一、本案执行法院在向第三人送达履行到期债务通知书的同时，②即裁定将第三人列为被执行人，并查封其财产，在程序上是错误的，应予纠正。

二、第三人在收到履行到期债务通知书后，未在法定期限内提出异议，并

① 参见王惠君：《关于案外人未协助法院冻结债权应如何处理的请示与答复》，载最高人民法院执行工作办公室编：《强制执行指导与参考》2003 年第 2 辑（总第 6 辑），法律出版社 2003 年版，第 281—287 页。

② 根据《民事诉讼法解释》第 499 条的规定，人民法院执行被执行人对他人的到期债权，可以作出冻结债权的裁定，并通知该他人向申请执行人履行。而旧版司法解释则规定是向第三人发送履行到期债权通知。

不发生承认债务存在的实体法效力。第三人在法院开始强制执行后仍有异议的，应当得到司法救济。

三、考虑到目前我国尚无第三人异议之诉的法律制度，为公平保护各方当事人的合法权益，根据本案中已经责令双方兑账及当事人提出审计要求的实际情况，可在执行程序中通过对被执行人与第三人双方的全部往来账目进行逐笔核对，或者委托有关单位进行审计并经三方共同认可，最终审核确认后，决定是否继续执行。鉴于该案各方反映强烈，审核确认宜由你院组织进行。

四、参照最高人民法院《关于人民法院执行工作若干问题的规定（试行）》第六十四条第二款①的规定，审核确认应以被执行人与第三人均认可的法律关系和一致记载的账目为准。经核对确认，如双方账目记载一致的部分说明不欠款，则应撤销对第三人的执行程序；如说明欠款，则可以在执行标的额范围内，予以执行。对第三人与被执行人之间的法律关系，可按第三人占有被执行人所投入的本金应予以返还的原则把握。

【注释1】开原市农村信用社（以下简称开原信用社）与辽宁华银实业开发总公司（以下简称华银公司）借款纠纷一案，铁岭市中级人民法院（以下简称铁岭中院）作出民事调解书，确定华银公司向开原信用社支付借款1300万元本金及利息。执行中，华银公司声明其对第三人本溪金鼎房地产实业集团公司（以下简称金鼎集团）享有债权，并出示了1999年4月21日华银公司与金鼎集团均盖章的欠款“认定书”，载明金鼎集团欠华银公司3007万元。

2001年9月22日，铁岭中院向金鼎集团的南方分公司送达履行到期债务的通知书。同日又下达裁定书，查封了南方分公司的房产及汽车一辆。裁定书中将南方分公司列为被执行人。南方分公司在规定的15天期限内没有提出书面异议，10月29日，铁岭中院冻结并划拨了南方分公司的银行存款21万元。

南方分公司承认有这笔债务，但提出让其与华银公司把账兑好的要求。理由是在“认定书”形成以后，该公司曾支付过500万元，情况发生了变化。随后，铁岭中院发函责令金鼎集团、华银公司双方兑账，但双方未形成一致意见。2004年8月17日，金鼎集团向执行法院提出要求对双方账目进行审计，

---

① 2020年修正后调整为第48条第2款，内容为：“第三人对债务部分承认、部分有异议的，可以对其承认的部分强制执行。”

根据审计结果确定执行是否正确。但申请执行人坚持以“认定书”为准,如审计只能针对“认定书”形成以后的账目进行。因金鼎集团申诉,辽宁省高级人民法院启动了监督程序,并请示至最高人民法院。①

【注释 2】本复函与《执行工作规定》第 47 条相关。该条规定:“第三人在履行通知指定的期间内提出异议的,人民法院不得对第三人强制执行,对提出的异议不进行审查。”对于第三人超出指定期间提出异议的,该条未作规定,可参照本复函意见处理,即“并不发生承认债务存在的实体法效力。第三人在法院开始强制执行后仍有异议的,应当得到司法救济”。

【判旨撮要】

1. 无锡市贤顺贸易有限公司与李志军买卖合同纠纷执行监督案
[(2016)最高法执监 25 号]

要旨:《民事诉讼法》第 243 条(2021 年修正为第 250 条)及《执行工作规定》第 36 条(2020 年修正为第 29 条)所规定负有“支取收入”义务的协助执行人具有特定含义,系指负有向被执行人给付工资、奖金、劳务报酬等义务的用人单位。在被执行人为工程承包方、第三人为工程发包方的情况下,如申请执行人主张对第三人予以强制执行,只能适用《执行工作规定》关于“被执行人到期债权的执行”相关制度,而非有关负有支取收入义务的协助执行人的规定。

《执行工作规定》第 61 条至第 69 条(2020 年修正为第 45 条至第 53 条)规定了“被执行人到期债权的执行”相关制度。对于被执行人到期债权的执行,必须符合三项要件:一是第三人对被执行人负有金钱债务。二是该债务已届履行期限。三是第三人对该债务并未提出异议。申请执行人在执行程序中根据到期债权执行制度对第三人申请执行,前提是第三人对债务并未提出异议,一旦提出异议,则不得对第三人强制执行,且对异议不进行审查,这是现行法律对限缩执行裁量权的制度要求。

① 参见黄金龙:《关于到期债权执行中第三人超过法定期限提出异议等问题如何处理的请示与答复》,载最高人民法院执行工作办公室编:《执行工作指导》2006 年第 3 辑(总第 19 辑),人民法院出版社 2006 年版,第 105—111 页。

2. 王东与吉林市为建劳务派遣有限公司、李为建借款合同纠纷执行申诉案［(2016)最高法执监286号］

要旨:《民事诉讼法》第243条(2021年修正为第250条)和《执行工作规定》第36条(2020年修正为第29条)所规定的“被执行人收入”主要指金钱收入,其形式主要是指工资、奖金、劳务报酬、稿费、咨询费等。本案中,为建公司与中铁建安公司所形成的债权债务关系,不能适用“对被执行人收入执行”的法律规定进行调整,应当适用“对被执行人到期债权执行”的法律规定。《民事诉讼法解释》第501条(2022年修正为第499条)第1款、第2款规定:“人民法院执行被执行人对他人的到期债权,可以作出冻结债权的裁定,并通知该他人向申请执行人履行。该他人对到期债权有异议,申请执行人请求对异议部分强制执行的,人民法院不予支持。利害关系人对到期债权有异议的,人民法院应当按照民事诉讼法第二百二十七条(2022年修正为第234条)规定处理。”上述条文中的“利害关系人”一般指次债务人的其他债权人,而不是次债务人。本案中,中铁建安公司对应上述条文中的“他人”即次债务人,而非“利害关系人”。根据《执行工作规定》中关于“对被执行人到期债权执行”的法律规定,当第三人(次债务人)提出异议,主张被执行人对其不享有债权时,人民法院不能进行审查,而应直接停止对被执行人到期债权的执行,但已经生效法律文书确定的到期债权除外。因此,第三人(次债务人)的此类异议依法不能进入异议、复议程序进行审查。

3. 利害关系人山西煤炭运销集团临汾有限公司不服临汾市中级人民法院在执行李佳容与王建华、山西菊花山煤业有限公司民间借贷纠纷一案中扣划其银行存款提请申诉案［(2016)最高法执监354号］

要旨:根据《民事诉讼法》及有关司法解释的规定,对收入的执行和对到期债权的执行是两种不同的程序。关于对收入的执行,依照《民事诉讼法》第243条(2021年修正为第250条)和《执行工作规定》第36条(2020年修正为第29条)的规定,执行法院应当向有关单位发出协助执行通知书,由其协助扣留或提取。上述规定中的“收入”,系指公民基于劳务等非经营性原因所得和应得的财物,主要包括个人的工资、奖金等;上述规定中的协助执行人,系指负有向被执行人给付工资、奖金、劳务报酬等义务的用人单位。关于对被执行人到期债权的执行,依据《执行工作规定》第61条、第63条(2020年修正为第45条、第47条)规定,应当向第三人发出履行到期债务通知,第三人对此提出有实体权利争议的异议，执行法院不得强制执行，也不对异议进行审查。本案中，执行法院扣划临汾煤炭公司的银行存款，是基于其与被执行人菊花山煤业公司签订的《煤矿资产转让协议》，临汾煤炭公司与菊花山煤业公司之间是基于合同形成的债权债务关系，明显不属于前述劳务报酬关系，不应按照对收入的执行程序执行，而应按照对被执行人到期债权的执行程序执行。

4. 第三人腾冲县永元房地产开发经营有限公司就大理聚天科技有限公司与昆明明丰房地产开发有限公司、云南合力国际投资管理有限公司金融不良资产追偿纠纷执行提请复议案［(2018)最高法执复 83 号］

要旨：尽管《执行工作规定》第 65 条(2020 年修正为第 49 条)规定“第三人在履行通知指定的期限内没有提出异议，而又不履行的，执行法院有权裁定对其强制执行”，但上述规定并不意味如果第三人未在期限内提出异议，即发生承认债务存在的实体法效力。因此，第三人收到履行到期债务通知书后，超过期限才提出不存在到期债务的异议，应当按照《民事诉讼法》第 225 条(2021 年修正为第 232 条)的规定，对该到期债务是否存在以及到期债权的具体数额进行实质审查。

5. 杜佐雄与武汉治历置业集团有限公司、湖北治历实业有限责任公司、朱宏彬、徐才礼企业借贷纠纷执行申诉案［(2018)最高法执监 46 号］

要旨：执行中，将被执行人对他人所享有的到期债权，作为一种可供执行财产予以执行，对于解决实践中大量的连环债务问题具有积极意义。最高人民法院指导案例 36 号中投信用担保有限公司与海通证券股份有限公司等证券权益纠纷执行复议案的案例要旨指出，被执行人在收到执行法院执行通知之前，收到另案执行法院要求其向申请执行人的债权人直接清偿已经法院生效法律文书确认的债务的通知，并清偿债务的，执行法院不能将该部分已清偿债务纳入执行范围。因此，该案例的处理意见，事实上肯定了实践中对经人民法院生效民事判决确定的债权，可由非该判决执行法院予以处置的做法，执行管辖权不构成阻却另案执行法院对第三人处到期债权采取执行措施的事由。

6. 武汉市宏大伟业物资有限公司与湖北盛隆建设集团有限公司、湖北盛隆建设集团有限公司恩施分公司买卖合同纠纷执行申诉案［（2018）最高法执监 70 号］

要旨：在执行过程中，人民法院可以依法强制执行被执行人对他人的到期债权，但是，如果该他人对其与被执行人之间的债权债务关系提出了异议，执行法院就不得继续执行该债权，而应由申请执行人通过代位诉讼来救济权利，除非该债权系生效法律文书确定的到期债权，其蕴含的基本法理就是：执行程序不能对被执行人与他人之间的债权债务这一实体法律关系作审查，相关纠纷应通过诉讼程序解决。本案中，第三人对其与被执行人之间的债权债务关系提出异议，执行法院依法不应对此作实体审查，亦不得对争议债权继续采取执行措施。《制裁规避执行意见》系人民法院内部工作指导意见，并非司法解释，在案件处理中本不能直接适用；该意见第 13 条强调的是第三人仅以债务未到期为由提出异议的，不影响对债权的保全，但在本案中，第三人主张的合同未履行完毕、工程未结算的理由，实际是对债权债务关系最终是否存在、债权数额多少等实体问题的异议，并非仅主张债权未到期。故申请执行人不能依据该条主张对争议债权继续采取执行措施。

7. 利害关系人黑龙江明水康盈医院有限公司就上海筑虞建筑工程有限公司与宿迁市建设工程（集团）有限公司建设工程分包合同纠纷执行申诉案［（2018）最高法执监 484 号］

要旨：到期债权法律关系中的次债务人未在指定期限内提出异议而又不履行的，执行法院有权裁定对其强制执行，此时该次债务人之法律地位已近似于被执行人，故应取得不劣于被执行人的程序救济权利。被执行人可以提出执行异议，主张其已履行生效法律文书所确定债务，人民法院应当对该项异议进行审查，进而认定债务是否确已履行。按此逻辑，对于已裁定准予强制执行之到期债权次债务人，理应可以提出异议而主张其已履行向债务人即被执行人所负到期债务。否则，如不保障到期债权次债务人此项程序救济权利，将导致该次债务人难循其他明确救济途径，且较大可能在实体上也难获公平结果。一旦如此，该次债务人因主观或客观原因而未行使到期债权异议权，其行为后果不免过于严苛。概括之，到期债权次债务人未按期提出异议而又不履行，人民法院得以对其裁定强制执行；而在对其强制执行进程中，该次债务人仍可提出债务已履行完毕的抗辩。

8. 北京募旗融信投资管理中心与潍坊美爵餐饮管理有限公司、山东天翔集团有限公司企业借贷纠纷执行申诉案[(2018)最高法执监 487 号]

要旨:《民事诉讼法》第 243 条(2021 年修正为第 250 条)和《执行工作规定》第 36 条(2020 年修正为第 29 条)的"收入",系指自然人基于劳务等非经营性原因所得和应得的财物,主要包括个人的工资、奖金等。故,上述规定中提取收入的执行措施仅适用于被执行人为自然人的情况。本案中,募旗融信中心主张潍坊美爵公司与山东天翔公司存在房屋租赁合同,潍坊美爵公司有按期支付租金之义务。山东天翔公司是公司法人并非自然人。因此,本案执行法院依据《民事诉讼法》第 243 条和《执行工作规定》第 36 条规定直接裁定提取被执行人山东天翔公司在潍坊美爵公司处的租金,属于法律适用错误。

9. 利害关系人红塔辽宁烟草有限责任公司就沈阳华鹏建筑工程有限公司与沈阳嘉盛房屋开发有限公司建设工程施工合同纠纷执行申诉案[(2018)最高法执监 664 号]

要旨:《民事诉讼法解释》第 501 条(2022 年修正为第 499 条)第 1 款规定:"人民法院执行被执行人对他人的到期债权,可以作出冻结债权的裁定,并通知该他人向申请执行人履行",据此,人民法院可以执行被执行人对第三人的到期债权。如果被执行人对第三人的债权尚未到期,为了避免被执行人接受第三人清偿之后转移财产、损害申请执行人合法权益,人民法院可以对该未到期债权采取冻结措施,限制第三人向被执行人支付该未到期债权,但同时也不得要求第三人向申请执行人支付该未到期债权,以保护第三人合法的期限利益。这与冻结被执行人对第三人的到期债权同其本质,且符合未到期债权的特点,不损害第三人权益,亦符合执行司法实践的一般做法。冻结被执行人对第三人的债权,涉及第三人的权利保护,法律关系较为复杂,故应允许第三人对冻结等执行措施依法提出异议。

红塔辽宁公司与嘉盛公司之间是租赁债权债务关系,而非劳动者与用人单位之间的劳务报酬关系,要求红塔辽宁公司不向嘉盛公司支付未到期租金,实质是对未到期债权进行冻结,故应参照适用关于冻结被执行人到期债权的相关法律规定,而不应参照适用《执行工作规定》第 36 条(2020 年修正为第 29 条)之规定。但是,就法律效果而言,要求第三人扣留未到期租金与冻结支付未到期租金并无不同,都产生冻结被执行人的租金债权,防止其收到后擅自转移的法律效果，而且未在冻结支付的效果之外加重第三人的义务负担。

【注释】关于未到期债权能否冻结，此前的司法解释并无明确规定。仅《制裁规避执行意见》第 13 条规定："依法保全被执行人的未到期债权。对被执行人的未到期债权，执行法院可以依法冻结。待债权到期后参照到期债权予以执行。第三人仅以该债务未到期为由提出异议的，不影响对该债权的保全。"本案规则认为，冻结到期债权和未到期债权本质相同，只要在债权到期前不要求第三人支付，就足以保护第三人的合法权益。

10. 利害关系人石家庄市财政局就田聚强与石家庄汇丰房地产开发有限公司、宋洪欣、河北佳林建筑工程有限责任公司民间借贷纠纷执行申诉案［(2019)最高法执监 252 号］

要旨：结合各方当事人在异议、复议阶段的陈述和土地一级开发的通常做法以及本案争议项目的特殊开发方式，前期费用和安置成本系被执行人在进行土地一级开发过程中已经先行支出的费用和款项，这些费用和款项并未直接向财政部门缴纳，但其最终承担主体是政府，被执行人系代替政府先行垫付，政府财政部门应该在符合法定条件的情况下，向被执行人支付其先行垫付的这部分款项。因此，被执行人可能对财政部门享有依法支付前期费用和安置成本的债权，法院执行该财产，实质是执行被执行人可能对第三人享有的债权。至于财政部门支付的条件是否成就，不影响法院执行前期费用和安置成本的性质。鉴于此，认为前期费用和安置成本系被执行人向财政部门缴纳的款项并仍归被执行人所有，系认定事实错误，依法应予纠正。

11. 利害关系人南通五建跃进建筑安装工程有限公司就南通四建集团有限公司与万通建设集团有限公司、耿裕龙等建设工程分包合同纠纷执行申诉案［(2019)最高法执监 328 号］

要旨：次债务人以履行冻结债权后生效的另案调解书为由提出异议，不能当然产生阻却执行的效力。本案协助执行通知在调解书生效前已经发生效力，根据协助执行通知要求，能达公司不得擅自支付到期债权。根据《查封扣押冻结规定》第 26 条(2020 年修正为第 24 条)第 1 款规定精神，冻结债权的法律文书具有固定债务人与次债务人之间债权债务关系的法律效力，在冻结债权的法律文书生效后，债务人与次债务人之间有关债权债务关系发生的变化对申请执行人而言不发生法律效力。对债务人及次债务人之间债权债务关系进行的变更、解除、债权转让或者其他有碍执行的行为均不能对抗申请执行人,申请执行人仍可以按法定程序向次债务人主张权利。换言之,次债务人不能以协助执行通知生效后权利义务关系发生变化为由提出不履行债务的异议。否则无异于认可在冻结债权的法律文书生效后仍可以对债权进行处分,这将导致实质性否定冻结的法律效力。在冻结法律文书生效后,次债务人如果要清偿债务,只能根据要求向执行法院支付。向其他主体支付的行为与冻结法律文书要求相违背。即便是在冻结的法律文书生效后另案生效法律文书改变了债权债务关系,也不能对抗申请冻结债权的申请执行人,次债务人不能以履行另案调解书为由对履行到期债权通知提出异议。

第二百五十一条 【查封、扣押、冻结、拍卖、变卖被执行人财产】被执行人未按执行通知履行法律文书确定的义务，人民法院有权查封、扣押、冻结、拍卖、变卖被执行人应当履行义务部分的财产。但应当保留被执行人及其所扶养家属的生活必需品。

采取前款措施，人民法院应当作出裁定。

规范体系		
司法解释	一般规定	1.《最高人民法院关于适用〈中华人民共和国民事诉讼法〉的解释》(法释〔2015〕5 号；经法释〔2022〕11 号第二次修正)第 168 条、第 485 条 2.《最高人民法院关于人民法院执行工作若干问题的规定(试行)》(法释〔1998〕15 号；经法释〔2020〕21 号修正)第 31—32 条、第 35—40 条 3.《最高人民法院关于人民法院民事执行中查封、扣押、冻结财产的规定》(法释〔2004〕15 号；经法释〔2020〕21 号修正)第 1—9 条、第 12—17 条、第 19—30 条 4.《最高人民法院关于人民法院办理财产保全案件若干问题的规定》(法释〔2016〕22 号；经法释〔2020〕21 号修正)第 15—24 条 5.《最高人民法院关于审理涉及农村土地承包经营纠纷调解仲裁案件适用法律若干问题的解释》(法释〔2014〕1 号；经法释〔2020〕17 号修正)第 7 条 6.《最高人民法院关于审理军队、武警部队、政法机关移交、撤销企业和与党政机关脱钩企业相关纠纷案件若干问题的规定》(法释〔2001〕8 号；经法释〔2020〕18 号修正)第 10 条 7.《最高人民法院关于人民法院办理执行异议和复议案件若干问题的规定》(法释〔2015〕10 号；经法释〔2020〕21 号修正)第 20 条 8.《最高人民法院关于首先查封法院与优先债权执行法院处分查封财产有关问题的批复》(法释〔2016〕6 号)第 1—4 条

（续表）

规范体系		
司法解释	类型财产	1.《最高人民法院关于人民法院强制执行股权若干问题的规定》（法释〔2021〕20 号）第 1—10 条、第 16—19 条 2.《最高人民法院关于冻结、拍卖上市公司国有股和社会法人股若干问题的规定》（法释〔2001〕28 号）第 1—8 条 3.《最高人民法院关于人民法院扣押铁路运输货物若干问题的规定》（法发〔1997〕8 号；经法释〔2020〕21 号修正）第 1—6 条 4.《最高人民法院关于扣押与拍卖船舶适用法律若干问题的规定》（法释〔2015〕6 号）第 1—25 条 5.《最高人民法院关于刑事裁判涉财产部分执行的若干规定》（法释〔2014〕13 号）第 4—5 条、第 8 条、第 10—11 条
司法文件	一般规定	1.《最高人民法院关于进一步完善执行权制约机制加强执行监督的意见》（法〔2021〕322 号）第 13—15 条 2.《最高人民法院关于在执行工作中进一步强化善意文明执行理念的意见》（法发〔2019〕35 号）第 3—6 条 3.《最高人民法院关于在执行工作中规范执行行为切实保护各方当事人财产权益的通知》（法〔2016〕401 号）第 2—3 条 4.《最高人民法院关于依法制裁规避执行行为的若干意见》（法〔2011〕195 号）第 12—14 条 5.《最高人民法院关于依法做好抗震救灾恢复重建期间民事审判和执行工作的通知》（法〔2008〕164 号）第 6 条 6.《最高人民法院关于处理涉及汶川地震相关案件适用法律问题的意见（一）》（法发〔2008〕21 号）第 9 条 7.《最高人民法院关于处理涉及汶川地震相关案件适用法律问题的意见（二）》（法发〔2009〕17 号）第 17 条 8.《最高人民法院关于依法妥善办理涉新冠肺炎疫情执行案件若干问题的指导意见》（法发〔2020〕16 号）第 3 条

(续表)

规范体系		
司法文件	具体财产	1.《最高人民法院、国土资源部、建设部关于依法规范人民法院执行和国土资源房地产管理部门协助执行若干问题的通知》(法发〔2004〕5号)第1—30条 2.《最高人民法院办公厅关于房地产管理部门协助人民法院执行造成转移登记错误,人民法院对当事人提起的行政诉讼的受理及赔偿责任问题的复函》(法办〔2006〕610号)第1—3条 3.《最高人民法院关于不得对中国人民银行及其分支机构的办公楼、运钞车、营业场所等进行查封的通知》(法〔1999〕28号) 4.《最高人民法院民事审判第三庭关于对注册商标专用权进行财产保全和执行等问题的复函》(〔2001〕民三函字第3号)
	协作机制	1.《最高人民法院、国家工商总局关于加强信息合作规范执行与协助执行的通知》(法〔2014〕251号)第1—19条 2.《最高人民法院、公安部关于建立快速查询信息共享及网络执行查控协作工作机制的意见》(法〔2016〕41号)第1—5条 3.《最高人民法院、国土资源部关于推进信息共享和网络执行查询机制建设的意见》(法〔2016〕357号)第1—4条
司法答复	一般规定	1.《最高人民法院关于转卖人民法院查封房屋行为无效问题的复函》(〔1997〕经他字第8号) 2.《最高人民法院执行工作办公室关于人民法院查封的财产被转卖是否保护善意取得人利益问题的复函》(〔1999〕执他字第21号) 3.《最高人民法院执行工作办公室关于同一法院在不同案件中是否可以对同一财产采取轮候查封、扣押、冻结保全措施问题的答复》(〔2005〕执他字第24号) 4.《最高人民法院关于民事执行中查封、扣押、冻结财产有关期限问题的答复》(法函〔2006〕76号) 5.《最高人民法院关于查封法院全部处分标的物后轮候查封的效力问题的批复》(法函〔2007〕100号)

（续表）

规范体系		
司法答复	一般规定	6.《最高人民法院执行局关于人民法院能否在执行程序中以被执行人擅自出租查封房产为由认定该租赁合同无效或解除该租赁合同的复函》（〔2009〕执他字第 7 号）
	动产、不动产	1.《最高人民法院执行工作办公室关于执行案件中车辆登记单位与实际出资购买人不一致应如何处理问题的复函》（〔2000〕执他字第 25 号） 2.《最高人民法院执行工作办公室关于被执行人为逃避义务伙同其亲属处分肇事车辆，能否在执行程序中裁定非法占有车款的被执行人亲属交出车款用以偿还被执行人债务的问题的答复》（〔2000〕执他字第 26 号） 3.《最高人民法院关于广东省高级人民法院、湖南省岳阳市中级人民法院就执行深圳市“洪湖大厦”发生争议案的复函》（〔2000〕执协字第 50 号） 4.《最高人民法院关于人民法院执行以划拨方式取得的土地使用权的请示的答复》（〔2005〕执他字第 15 号） 5.《最高人民法院执行局关于执行中应按房地一致原则处置房产的复函》（〔2010〕执他字第 8 号）
	股份与投资权益	1.《最高人民法院关于被执行人以其全部资产作股本与外方成立合资企业的应当如何执行问题的复函》（法函〔1992〕114 号） 2.《最高人民法院关于对中外合资企业股份执行问题的复函》（〔1998〕执他字第 1 号） 3.《最高人民法院关于阳江波士发时装厂对广州市中级人民法院执行异议案的复函》（〔1999〕执监字第 167-1 号） 4.《最高人民法院执行工作办公室关于执行股份有限公司发起人股份问题的复函》（〔2000〕执他字第 1 号） 5.《最高人民法院执行工作办公室关于如何执行投资权益的答复》（〔2000〕执他字第 20 号） 6.《最高人民法院执行工作办公室关于执行股权转让金涉及相关法律问题的请示的答复》（〔2001〕执他字第 8 号）

(续表)

规范体系		
司法答复	股份与投资权益	7.《最高人民法院执行工作办公室关于不能直接执行被执行人所开办公司的财产问题的复函》(〔2003〕执他字第7号) 8.《最高人民法院关于涉外股权质押未经登记在执行中质押权人是否享有优先受偿权问题的复函》(〔2003〕执他字第6号) 9.《最高人民法院执行工作办公室关于在被执行人仍有其他财产可供执行的情况下不宜执行其持有的上市公司国有股有关问题的答复》(〔2003〕执他字第8号) 10.《最高人民法院执行工作办公室关于上市公司发起人股份质押合同及红利抵债协议效力问题请示案的复函》(〔2002〕执他字第22号) 11.《最高人民法院执行工作办公室关于请求协调解决上市国有法人股股票变更问题的答复》(〔2005〕执他字第6号) 12.《最高人民法院关于法院执行行为效力是否受行政托管行为影响的函》(〔2006〕执他字第19号) 13.《最高人民法院关于股权冻结情况下能否办理增资扩股变更登记的答复》(〔2013〕执他字第12号)
	其他财产权	1.《最高人民法院关于深圳市华旅汽车运输公司出租车牌照持有人对深圳市中级人民法院执行异议案的复函》(〔2001〕执监字第232号) 2.《最高人民法院执行工作办公室关于人民法院在执行过程中裁定将被执行人的经营权归申请执行人所有是否合法的请示的答复》(〔2004〕执他字第26号) 3.《最高人民法院关于人民法院在执行中能否查封药品批准文号的复函》(〔2010〕执他字第2号)

【条文释义】

本条是关于人民法院有权查封、扣押、冻结、拍卖、变卖被执行人财产的规定。

查封、扣押、冻结是对被执行人财产进行司法控制的执行措施。其中,查封主要针对的是不动产和难以移动的动产,在不转移占有的情况下以一定的方式揭示其已为执行法院所控制,禁止任何单位、组织或者个人在未经执行法院准允的情况下予以处分。扣押主要针对的是可以移动的动产,将其从原存放地移走并由执行法院或者执行法院指定的保管人占有,从而限制被执行人或者其他人的处分。冻结主要针对的是诸如银行存款、股权、到期债权等有体物以外的其他财产权利,通过向银行、工商登记管理部门、证券登记结算部门、证券公司等第三人发送冻结裁定和协助执行通知书,禁止被执行人、第三人处分相应的财产权利及其收益。查封、扣押、冻结三种措施之间的区别,主要表现在禁止被执行人、第三人处分查封、扣押、冻结财产所采取的方式尤其是是否转移占有上有所不同。

拍卖和变卖是对被执行人的财产强制出卖,一般在查封、扣押的基础上进行。拍卖又称“竞买”,为公开竞争出价而确定价金的买卖方式,分为自愿和强制两种。这里所说的拍卖是指由专门机构主持的,把被执行人的财产公开出售,由不特定的众人出价争购,将货物卖给出价最高的买主。拍卖在一般情况下能够较为充分地实现财产的价值。没有拍卖条件的地方,或者不宜采用拍卖的财物,可以采取变卖的方式。变卖,一般是将财产交有关商业部门收购。从实践情况来看,采用变卖的方式,所得到的价款与变卖的财物的实际价值往往相差较大,同时,变卖价款过低,不足以偿还债务时,使债务人的权益也受到了损害。本条将拍卖放在变卖之前,意图在于要求人民法院处理被执行人的财物时,应当首先考虑拍卖的形式。当然,如果财物属于金银等国家限制自由买卖的物品,应当交有关单位按照国家规定的价格收购。

查封、扣押、冻结、拍卖、变卖被执行人的财产,应当注意以下几点:(1)必须是被执行人未按执行通知履行法律文书确定的义务。(2)查封、扣押、冻结、拍卖、变卖的财产以被执行人应当履行义务的责任范围为限。换言之,执行的财产在价值上应当与被执行人履行债务相当。(3)应当保留被执行人及其所扶养家属的生活必需品。(4)人民法院查封、扣押、冻结、拍卖、变卖被执行人财产,应当作出裁定。①

理解与适用本条规定,需要注意把握以下三点:

一、关于查封效力。查封法院取得处分查封财产的权力,是财产查封对

① 参见全国人民代表大会常务委员会法制工作委员会编:《中华人民共和国民事诉讼法释义(最新修正版)》,法律出版社 2012 年版,第 573—577 页。

执行机关法律效力的主要体现。《民事诉讼法解释》第 484 条规定,对被执行的财产,人民法院非经查封不得处分。这一规则在《拍卖变卖规定》第 1 条中也有所体现。其他法院对该财产再为查封的,属于轮候查封,轮候期间不生查封效力,轮候查封的法院一般无权对该财产进行处分。需要说明的是,《民事诉讼法解释》第 484 条对银行存款等可以直接扣划的财产,赋予了扣划裁定以冻结的法律效力。这一规定有利于解决实践中出现的存款先解冻后扣划的情况下,在先冻结与轮候冻结之间的冲突问题。

二、关于查封期限。2004 年《查封扣押冻结规定》原第 29 条规定了各类财产的查封期限,标志着查封期限制度全面确立。规定查封期限的一个重要目的是促使执行法院尽快处分财产,避免执行拖延,但查封期限制度在执行实践中也产生了一些新问题,过短的查封期限及执行法院的频繁续查封,浪费了大量司法资源。因此,《民事诉讼法解释》第 485 条延长了各类财产的查封期限,规定银行存款的冻结期限不得超过 1 年,动产的查封期限不得超过 2 年,不动产、其他财产权的查封期限不得超过 3 年。股权、专利权、商标权等财产权的冻结期限适用 3 年的规定。据此,其他司法解释及规范性文件中确定的查封、扣押、冻结期限不再适用。2020 年《查封扣押冻结规定》修正时,亦将原第 29 条予以删除。

三、关于续行查封。根据《民事诉讼法解释》第 485 条第 2 款、第 3 款的规定,查封期限届满前,人民法院可以依申请执行人申请,也可以依职权办理续行查封手续,续封期限不得超过上述期限。关于续行查封的次数,法律、司法解释未作限制性规定。①

【司法解释】

(一)一般规定

1.《最高人民法院关于适用〈中华人民共和国民事诉讼法〉的解释》(法释〔2015〕5 号,2015 年 2 月 4 日;经法释〔2022〕11 号第二次修正,2022 年 4 月10 日)

第一百六十八条 保全裁定未经人民法院依法撤销或者解除,进入执行

① 参见赵晋山、葛洪涛、乔宇:《民事诉讼法执行程序司法解释若干问题的理解与适用》,载《人民司法 · 应用》2016 年第 16 期。

程序后，自动转为执行中的查封、扣押、冻结措施，期限连续计算，执行法院无需重新制作裁定书，但查封、扣押、冻结期限届满的除外。

第四百八十五条　人民法院冻结被执行人的银行存款的期限不得超过一年，查封、扣押动产的期限不得超过两年，查封不动产、冻结其他财产权的期限不得超过三年。

申请执行人申请延长期限的，人民法院应当在查封、扣押、冻结期限届满前办理续行查封、扣押、冻结手续，续行期限不得超过前款规定的期限。

人民法院也可以依职权办理续行查封、扣押、冻结手续。

【注释】关于查封、扣押、冻结期限的规定，最早出现在 1980 年 11 月 22 日最高人民法院、最高人民检察院、中国人民银行等五部委联合发布的《关于查询、停止支付和没收个人在银行的存款以及存款人死亡后的存款过户或支付手续的联合通知》。该通知明确："停止支付的期限最长不超过六个月，逾期自动撤销。"有特殊情况的，可以延长。后最高人民法院、中国人民银行等四部委在《关于查询、冻结、扣划企业事业单位、机关、团体银行存款的通知》中再次重申"冻结单位存款的期限不得超过六个月"，有特殊原因的，应当在冻结期限届满前提前续冻。其后，最高人民法院在 2001 年 1 月实施的《最高人民法院关于人民法院对注册商标权进行财产保全的解释》中规定，对注册商标权的保全期限最长为 6 个月。《冻结拍卖国有股和社会法人股规定》第一次规定对上市公司国有股和社会法人股股权的冻结，最长不得超过 1 年。2004 年 3 月 1 日生效的《国土房产协助执行通知》规定，对不动产的查封期限最长为 2 年。2004 年《查封扣押冻结规定》第 29 条（2020 年修正后予以删除）则对所有财产均规定了查封期限，标志着查封期限制度在执行程序中正式建立。该条规定："人民法院冻结被执行人的银行存款及其他资金的期限不得超过六个月，查封、扣押动产的期限不得超过一年，查封不动产、冻结其他财产权的期限不得超过二年。法律、司法解释另有规定的除外。申请执行人申请延长期限的，人民法院应当在查封、扣押、冻结期限届满前办理续行查封、扣押、冻结手续，续行期限不得超过前款规定期限的二分之一。"

本条规定将查封、扣押、冻结的最长期限相应延长，银行存款从 6 个月延长为 1 年，动产从 1 年延长为 2 年，不动产从 2 年延长为 3 年。续封和首次查封期限相同。实践中需要注意：（1）并非所有案件的查封都是最长期限，而应当根据个案的实际需要设定查封期限。（2）轮候查封由于还不是正式查封，不产生查封的效力，所以不存在期限计算的问题。轮候查封从其转为正式查封之日起计算查封期限。(3)查封期限已过,查封的效力就自然灭失,无须查封法院再行办理解封手续。(4)提出续封申请首先是申请执行人的义务,但很多申请执行人并不具备专业知识,可能不知道法律对续封的要求,此时人民法院也可依职权续封。原因在于,执行程序并不实行纯粹的当事人主义,人民法院也应当及时关注查封财产的状况,一旦出现即将过期的情形,应当主动续封。

2.《最高人民法院关于人民法院执行工作若干问题的规定(试行)》(法释〔1998〕15号,1998年7月8日;经法释〔2020〕21号修正,2021年1月1日)

五、金钱给付的执行

31. 人民法院对被执行人所有的其他人享有抵押权、质押权或留置权的财产,可以采取查封、扣押措施。财产拍卖、变卖后所得价款,应当在抵押权人、质押权人或留置权人优先受偿后,其余额部分用于清偿申请执行人的债权。

【注释】本条规定有优先权的财产可以执行。根据《拍卖变卖规定》第28条第1款规定,"拍卖财产上原有的担保物权及其他优先受偿权,因拍卖而消灭,拍卖所得价款,应当优先清偿担保物权人及其他优先受偿权人的债权,但当事人另有约定的除外"。应注意结合适用。

32. 被执行人或其他人擅自处分已被查封、扣押、冻结财产的,人民法院有权责令责任人限期追回财产或承担相应的赔偿责任。

【注释】本条仅规定了擅自处分(转移)财产的责任人自行追回和不能追回应当赔偿的问题,而对擅自处分行为的相对人(第三人)是否应承担责任未作规定。《查封扣押冻结规定》第24条一方面明确了查封对第三人的对抗效力,另一方面规定未经公示不得对抗善意第三人。《查封扣押冻结规定》施行后,应注意结合适用。

35. 被执行人不履行生效法律文书确定的义务,人民法院有权裁定禁止被执行人转让其专利权、注册商标专用权、著作权(财产权部分)等知识产权。上述权利有登记主管部门的,应当同时向有关部门发出协助执行通知书,要求其不得办理财产权转移手续,必要时可以责令被执行人将产权或使用权证照交人民法院保存。

对前款财产权,可以采取拍卖、变卖等执行措施。

36. 对被执行人从有关企业中应得的已到期的股息或红利等收益,人民法院有权裁定禁止被执行人提取和有关企业向被执行人支付,并要求有关企业直接向申请执行人支付。

对被执行人预期从有关企业中应得的股息或红利等收益，人民法院可以采取冻结措施，禁止到期后被执行人提取和有关企业向被执行人支付。到期后人民法院可从有关企业中提取，并出具提取收据。

37. 对被执行人在其他股份有限公司中持有的股份凭证(股票)，人民法院可以扣押，并强制被执行人按照公司法的有关规定转让，也可以直接采取拍卖、变卖的方式进行处分，或直接将股票抵偿给债权人，用于清偿被执行人的债务。

38. 对被执行人在有限责任公司、其他法人企业中的投资权益或股权，人民法院可以采取冻结措施。

冻结投资权益或股权的，应当通知有关企业不得办理被冻结投资权益或股权的转移手续，不得向被执行人支付股息或红利。被冻结的投资权益或股权，被执行人不得自行转让。

39. 被执行人在其独资开办的法人企业中拥有的投资权益被冻结后，人民法院可以直接裁定予以转让，以转让所得清偿其对申请执行人的债务。

对被执行人在有限责任公司中被冻结的投资权益或股权，人民法院可以依据《中华人民共和国公司法》第七十一条、第七十二条、第七十三条①的规定，征得全体股东过半数同意后，予以拍卖、变卖或以其他方式转让。不同意转让的股东，应当购买该转让的投资权益或股权，不购买的，视为同意转让，不影响执行。

人民法院也可允许并监督被执行人自行转让其投资权益或股权，将转让所得收益用于清偿对申请执行人的债务。

---

① 《公司法》第 71 条规定："有限责任公司的股东之间可以相互转让其全部或者部分股权。股东向股东以外的人转让股权，应当经其他股东过半数同意。股东应就其股权转让事项书面通知其他股东征求同意，其他股东自接到书面通知之日起满三十日未答复的，视为同意转让。其他股东半数以上不同意转让的，不同意的股东应当购买该转让的股权；不购买的，视为同意转让。经股东同意转让的股权，在同等条件下，其他股东有优先购买权。两个以上股东主张行使优先购买权的，协商确定各自的购买比例；协商不成的，按照转让时各自的出资比例行使优先购买权。公司章程对股权转让另有规定的，从其规定。"

第 72 条规定："人民法院依照法律规定的强制执行程序转让股东的股权时，应当通知公司及全体股东，其他股东在同等条件下有优先购买权。其他股东自人民法院通知之日起满二十日不行使优先购买权的，视为放弃优先购买权。"

第 73 条规定："依照本法第七十一条、第七十二条转让股权后，公司应当注销原股东的出资证明书，向新股东签发出资证明书，并相应修改公司章程和股东名册中有关股东及其出资额的记载。对公司章程的该项修改不需再由股东会表决。"

40. 有关企业收到人民法院发出的协助冻结通知后，擅自向被执行人支付股息或红利，或擅自为被执行人办理已冻结股权的转移手续，造成已转移的财产无法追回的，应当在所支付的股息或红利或转移的股权价值范围内向申请执行人承担责任。

3.《最高人民法院关于人民法院民事执行中查封、扣押、冻结财产的规定》（法释〔2004〕15 号，2005 年 1 月 1 日；经法释〔2020〕21 号修正，2021 年 1 月1 日）

第一条 人民法院查封、扣押、冻结被执行人的动产、不动产及其他财产权，应当作出裁定，并送达被执行人和申请执行人。

采取查封、扣押、冻结措施需要有关单位或者个人协助的，人民法院应当制作协助执行通知书，连同裁定书副本一并送达协助执行人。查封、扣押、冻结裁定书和协助执行通知书送达时发生法律效力。

第二条 人民法院可以查封、扣押、冻结被执行人占有的动产、登记在被执行人名下的不动产、特定动产及其他财产权。

未登记的建筑物和土地使用权，依据土地使用权的审批文件和其他相关证据确定权属。

对于第三人占有的动产或者登记在第三人名下的不动产、特定动产及其他财产权，第三人书面确认该财产属于被执行人的，人民法院可以查封、扣押、冻结。

【注释】(1) 本条规定了查封时判断财产权属的标准，《异议复议规定》第 25 条按不动产、动产、银行存款及有价证券、股权、其他财产和权利做分类，从案外人异议审查的角度规定财产权属的判断标准，其权利推定基本精神与本条规定一致，所列内容也包含了本条第 1 款、第 2 款的内容，并予以细化，在查封程序中应注意结合适用。本条第 3 款规定第三人书面确认为被执行人所有的财产，也可实施查封，继续适用。

(2) 本条规范内容与本规定第 12 条、第 17 条相关。如果符合第 12 条规定的共有财产的情形、第 17 条规定的被执行人购买需要办理过户登记的第三人的财产的情形，法院可适用该 2 条规定进行查封。

(3) 本条规范内容与《民法典》第 229 条、第 230 条、第 231 条，《民法典物权编解释(一)》(法释〔2020〕24 号)第 7 条相关。《民法典》第 229 条规定："因人民法院、仲裁机构的法律文书或者人民政府的征收决定等，导致物权设立、变更、转让或者消灭的，自法律文书或者征收决定等生效时发生效力”；第 230 条规定：“因继承取得物权的，自继承开始时发生效力”；第 231 条规定：“因合法建造、拆除房屋等事实行为设立或者消灭物权的，自事实行为成就时发生效力”；《民法典物权编解释（一）》第 7 条对《民法典》第 229 条中发生物权变动效力的人民法院、仲裁机构的法律文书作出了解释。根据上述规定判断属于被执行人所有的不动产或动产，虽尚未办理过户登记或尚未实际交付的，执行法院仍可以查封。

第三条 人民法院对被执行人下列的财产不得查封、扣押、冻结：

（一）被执行人及其所扶养家属生活所必需的衣服、家具、炊具、餐具及其他家庭生活必需的物品；

（二）被执行人及其所扶养家属所必需的生活费用。当地有最低生活保障标准的，必需的生活费用依照该标准确定；

（三）被执行人及其所扶养家属完成义务教育所必需的物品；

（四）未公开的发明或者未发表的著作；

（五）被执行人及其所扶养家属用于身体缺陷所必需的辅助工具、医疗物品；

（六）被执行人所得的勋章及其他荣誉表彰的物品；

（七）根据《中华人民共和国缔结条约程序法》，以中华人民共和国、中华人民共和国政府或者中华人民共和国政府部门名义同外国、国际组织缔结的条约、协定和其他具有条约、协定性质的文件中规定免于查封、扣押、冻结的财产；

（八）法律或者司法解释规定的其他不得查封、扣押、冻结的财产。

第四条 对被执行人及其所扶养家属生活所必需的居住房屋，人民法院可以查封，但不得拍卖、变卖或者抵债。

第五条 对于超过被执行人及其所扶养家属生活所必需的房屋和生活用品，人民法院根据申请执行人的申请，在保障被执行人及其所扶养家属最低生活标准所必需的居住房屋和普通生活必需品后，可予以执行。

【注释】（1）《异议复议规定》第 20 条规定了能够保障被执行人及其所扶养家属基本生活所必需的居住房屋或居住权利的情形，在满足相应条件下，即视为能够保障基本生活所需，可以对被执行人的居住房屋予以拍卖、变卖、抵偿债务。故对认定房屋是否属于基本生活所需，应适用《异议复议规定》第 20 条规定的标准。

(2)对其他生活必需品的执行,应适用本条规定。

第六条 查封、扣押动产的,人民法院可以直接控制该项财产。人民法院将查封、扣押的动产交付其他人控制的,应当在该动产上加贴封条或者采取其他足以公示查封、扣押的适当方式。

第七条 查封不动产的,人民法院应当张贴封条或者公告,并可以提取保存有关财产权证照。

查封、扣押、冻结已登记的不动产、特定动产及其他财产权,应当通知有关登记机关办理登记手续。未办理登记手续的,不得对抗其他已经办理了登记手续的查封、扣押、冻结行为。

【注释】本条第2款与本规定第24条均是对查封公示对抗效力的规定,本条规定未登记不得对抗已登记查封,第24条规定未登记不得对抗善意第三人。

第八条 查封尚未进行权属登记的建筑物时,人民法院应当通知其管理人或者该建筑物的实际占有人,并在显著位置张贴公告。

第九条 扣押尚未进行权属登记的机动车辆时,人民法院应当在扣押清单上记载该机动车辆的发动机编号。该车辆在扣押期间权利人要求办理权属登记手续的,人民法院应当准许并及时办理相应的扣押登记手续。

第十二条 对被执行人与其他人共有的财产,人民法院可以查封、扣押、冻结,并及时通知共有人。

共有人协议分割共有财产,并经债权人认可的,人民法院可以认定有效。查封、扣押、冻结的效力及于协议分割后被执行人享有份额内的财产;对其他共有人享有份额内的财产的查封、扣押、冻结,人民法院应当裁定予以解除。

共有人提起析产诉讼或者申请执行人代位提起析产诉讼的,人民法院应当准许。诉讼期间中止对该财产的执行。

第十三条 对第三人为被执行人的利益占有的被执行人的财产,人民法院可以查封、扣押、冻结;该财产被指定给第三人继续保管的,第三人不得将其交付给被执行人。

对第三人为自己的利益依法占有的被执行人的财产,人民法院可以查封、扣押、冻结,第三人可以继续占有和使用该财产,但不得将其交付给被执行人。

第三人无偿借用被执行人的财产的,不受前款规定的限制。

第十四条 被执行人将其财产出卖给第三人,第三人已经支付部分价款并实际占有该财产,但根据合同约定被执行人保留所有权的,人民法院可以查封、扣押、冻结;第三人要求继续履行合同的,向人民法院交付全部余款后,裁定解除查封、扣押、冻结。

【注释】《买卖合同解释》第 25 条规定:"买卖合同当事人主张民法典第六百四十一条关于标的物所有权保留的规定适用于不动产的,人民法院不予支持。"因此,合同约定被执行人保留所有权的,仅适用于动产。

第十五条　被执行人将其所有的需要办理过户登记的财产出卖给第三人,第三人已经支付部分或者全部价款并实际占有该财产,但尚未办理产权过户登记手续的,人民法院可以查封、扣押、冻结;第三人已经支付全部价款并实际占有,但未办理过户登记手续的,如果第三人对此没有过错,人民法院不得查封、扣押、冻结。

【注释】(1)本条与《异议复议规定》第 28 条是关于无过错不动产买受人物权期待权排除执行的条件的规定。金钱债权执行中,对于登记在被执行人名下的不动产,买受人提出排除执行异议的,应当适用《异议复议规定》第 28 条;对于未登记的不动产和需要办理过户登记的动产,或者非金钱债权执行中,买受人提出排除执行异议的,应当适用本条。

(2)《民法典物权编解释(一)》(法释〔2020〕24 号)第 6 条规定了对船舶、机动车、航空器等特殊动产,买受人已经支付价款并占有财产,但未办理登记时,转让人的债权人不能主张善意第三人抗辩。实践中应注意结合适用。

第十六条　被执行人购买第三人的财产,已经支付部分价款并实际占有该财产,第三人依合同约定保留所有权的,人民法院可以查封、扣押、冻结。保留所有权已办理登记的,第三人的剩余价款从该财产变价款中优先支付;第三人主张取回该财产的,可以依据民事诉讼法第二百二十七条①规定提出异议。

第十七条　被执行人购买需要办理过户登记的第三人的财产,已经支付部分或者全部价款并实际占有该财产,虽未办理产权过户登记手续,但申请执行人已向第三人支付剩余价款或者第三人同意剩余价款从该财产变价款中优先支付的,人民法院可以查封、扣押、冻结。

【注释】《国土房产协助执行通知》第 15 条第 2 项、第 3 项规定了对被执

---

① 2021 年《民事诉讼法》第四次修正后调整为第 234 条。

行人购买的尚未办理权属登记的商品房实施预查封的情形，一是被执行人购买的已由房地产开发企业办理了房屋权属初始登记的房屋；二是被执行人购买的办理了商品房预售合同登记备案手续或者商品房预告登记的房屋。如果不符合本条规定的查封情形，可依据《国土房产协助执行通知》第15条第2项、第3项内容对被执行人购买的未办理所有权登记手续的房屋进行预查封。实践中应注意结合适用。

第十九条 查封、扣押、冻结被执行人的财产，以其价额足以清偿法律文书确定的债权额及执行费用为限，不得明显超标的额查封、扣押、冻结。

发现超标的额查封、扣押、冻结的，人民法院应当根据被执行人的申请或者依职权，及时解除对超标的额部分财产的查封、扣押、冻结，但该财产为不可分物且被执行人无其他可供执行的财产或者其他财产不足以清偿债务的除外。

【注释】《财产保全规定》第15条规定："人民法院应当依据财产保全裁定采取相应的查封、扣押、冻结措施。可供保全的土地、房屋等不动产的整体价值明显高于保全裁定载明金额的，人民法院应当对该不动产的相应价值部分采取查封、扣押、冻结措施，但该不动产在使用上不可分或者分割会严重减损其价值的除外。对银行账户内资金采取冻结措施的，人民法院应当明确具体的冻结数额。"该条系保全执行中禁止超标的额查封制度的具体规定，是执行比例原则在保全执行中的具体体现。

第二十条 查封、扣押的效力及于查封、扣押物的从物和天然孳息。

【注释】(1)本条规定"查封、扣押的效力及于查封、扣押物的从物和天然孳息"，一般不包括法定孳息。《冻结拍卖国有股和社会法人股规定》第7条第2款规定："股权冻结的效力及于股权产生的股息以及红利、红股等孳息，但股权持有人或者所有权人仍可享有因上市公司增发、配售新股而产生的权利。"该条系查封、扣押对上市公司国有股和社会法人股法定孳息效力的特殊规定。

(2)《民法典》第412条规定："债务人不履行到期债务或者发生当事人约定的实现抵押权的情形，致使抵押财产被人民法院依法扣押的，自扣押之日起，抵押权人有权收取该抵押财产的天然孳息或者法定孳息，但是抵押权人未通知应当清偿法定孳息义务人的除外。前款规定的孳息应当先充抵收取孳息的费用。"该条系抵押财产被扣押后孳息归属的特殊规定，应注意结合适用。

第二十一条 查封地上建筑物的效力及于该地上建筑物使用范围内的

土地使用权,查封土地使用权的效力及于地上建筑物,但土地使用权与地上建筑物的所有权分属被执行人与他人的除外。

地上建筑物和土地使用权的登记机关不是同一机关的,应当分别办理查封登记。

【注释】根据最高人民法院在(2016)最高法执监 204 号执行裁定书中所作阐释,本条第 2 款规定的目的,是要求执行法院完善执行措施,进行充分公示,未分别办理查封登记不影响查封效力。

第二十二条　查封、扣押、冻结的财产灭失或者毁损的,查封、扣押、冻结的效力及于该财产的替代物、赔偿款。人民法院应当及时作出查封、扣押、冻结该替代物、赔偿款的裁定。

第二十三条　查封、扣押、冻结协助执行通知书在送达登记机关时,登记机关已经受理被执行人转让不动产、特定动产及其他财产的过户登记申请,尚未完成登记的,应当协助人民法院执行。人民法院不得对登记机关已经完成登记的被执行人已转让的财产实施查封、扣押、冻结措施。

查封、扣押、冻结协助执行通知书在送达登记机关时,其他人民法院已向该登记机关送达了过户登记协助执行通知书的,应当优先办理过户登记。

【注释】《民法典》第 214 条规定:"不动产物权的设立、变更、转让和消灭,依照法律规定应当登记的,自记载于不动产登记簿时发生效力。"依此规定,物权变动时间不再以登记机关核准登记为准,而以记载于不动产登记簿为准。

第二十四条　被执行人就已经查封、扣押、冻结的财产所作的移转、设定权利负担或者其他有碍执行的行为,不得对抗申请执行人。

第三人未经人民法院准许占有查封、扣押、冻结的财产或者实施其他有碍执行的行为的,人民法院可以依据申请执行人的申请或者依职权解除其占有或者排除其妨害。

人民法院的查封、扣押、冻结没有公示的,其效力不得对抗善意第三人。

【注释】(1)在本规定之前,《国土房产协助执行通知》第 21 条、《最高人民法院关于人民法院查封的财产被转卖是否保护善意取得人利益问题的复函》《最高人民法院关于转卖人民法院查封房屋行为无效问题的复函》均采查封绝对效力的观点,《国土房产协助执行通知》第 21 条直接规定了对被执行人隐瞒真实情况对查封财产办理抵押、转让手续的,法院可确认处分行为无效,并可撤销登记。本条改变了上述规定,确立了查封的相对效力,不能在执行中宣布合同无效或解除合同。本规定施行后,应以本条为准。

(2)《执行工作规定》第32条规定:“被执行人或其他人擅自处分已被查封、扣押、冻结财产的,人民法院有权责令责任人限期追回财产或承担相应的赔偿责任。”该条仅规定了擅自处分(转移)财产的责任人自行追回和不能追回而应当赔偿的问题,而对擅自处分行为的相对人(第三人)是否应承担责任没有规定。本条一方面明确了查封对第三人的对抗效力,另一方面规定了未经公示不得对抗善意第三人。本规定施行后,应注意结合适用。

第二十五条 人民法院查封、扣押被执行人设定最高额抵押权的抵押物的,应当通知抵押权人。抵押权人受抵押担保的债权数额自收到人民法院通知时起不再增加。

人民法院虽然没有通知抵押权人,但有证据证明抵押权人知道或者应当知道查封、扣押事实的,受抵押担保的债权数额从其知道或者应当知道该事实时起不再增加。

【注释】根据《民法典》第423条规定,抵押财产被查封、扣押的,抵押权人的债权确定。该条规定的最高额抵押权所担保债权确定事由,系实体要件规定,而本条对最高额抵押债权数额的确定明确了具体的时间节点,即程序要件。实践中应注意结合适用,最高额抵押债权数额的确定应以查封抵押物且抵押权人收到人民法院通知或有证据证明抵押权人知道时为准。

第二十六条 对已被人民法院查封、扣押、冻结的财产,其他人民法院可以进行轮候查封、扣押、冻结。查封、扣押、冻结解除的,登记在先的轮候查封、扣押、冻结即自动生效。

其他人民法院对已登记的财产进行轮候查封、扣押、冻结的,应当通知有关登记机关协助进行轮候登记,实施查封、扣押、冻结的人民法院应当允许其他人民法院查阅有关文书和记录。

其他人民法院对没有登记的财产进行轮候查封、扣押、冻结的,应当制作笔录,并经实施查封、扣押、冻结的人民法院执行人员及被执行人签字,或者书面通知实施查封、扣押、冻结的人民法院。

【注释】本条与《国土房产协助执行通知》第19条、第20条,《轮候查封批复》,均为轮候查封的规定。与本条规定相比,《国土房产协助执行通知》规定了不动产登记部门“书面告知该土地使用权、房屋已被其他人民法院查封的事实及查封的有关情况”以及“查封法院对查封的土地使用权、房屋全部处理的,排列在后的轮候查封自动失效;查封法院对查封的土地使用权、房屋部分处理的,对剩余部分,排列在后的轮候查封自动转为查封”,实践中应结合适用。应当注意的是,《轮候查封批复》对全部财产处分后轮候查封的效力问题作了新的规定,明确了"人民法院对查封、扣押、冻结的全部财产进行处分后,该财产上的轮候查封自始未产生查封、扣押、冻结的效力"。关于轮候查封的效力,应以该批复为准。

第二十七条　查封、扣押、冻结期限届满,人民法院未办理延期手续的,查封、扣押、冻结的效力消灭。

查封、扣押、冻结的财产已经被执行拍卖、变卖或者抵债的,查封、扣押、冻结的效力消灭。

第二十八条　有下列情形之一的,人民法院应当作出解除查封、扣押、冻结裁定,并送达申请执行人、被执行人或者案外人:

(一)查封、扣押、冻结案外人财产的;

(二)申请执行人撤回执行申请或者放弃债权的;

(三)查封、扣押、冻结的财产流拍或者变卖不成,申请执行人和其他执行债权人又不同意接受抵债,且对该财产又无法采取其他执行措施的;

(四)债务已经清偿的;

(五)被执行人提供担保且申请执行人同意解除查封、扣押、冻结的;

(六)人民法院认为应当解除查封、扣押、冻结的其他情形。

解除以登记方式实施的查封、扣押、冻结的,应当向登记机关发出协助执行通知书。

【注释】(1)《民事诉讼法解释》第 490 条规定:"被执行人的财产无法拍卖或者变卖的,经申请执行人同意,且不损害其他债权人合法权益和社会公共利益的,人民法院可以将该项财产作价后交付申请执行人抵偿债务,或者交付申请执行人管理;申请执行人拒绝接收或者管理的,退回被执行人。"与本条第 1 款第 3 项相比,该条增加了"交付管理且申请执行人不予接受"的条件。《民事诉讼法解释》施行后,以该条规定为准。

(2)《执行和解规定》第 3 条规定,达成和解中止执行后申请执行人申请解除查封的,法院可以准许。二者适用情形及法律后果并不完全相同。如果仅申请执行人同意解除控制措施,应当适用《执行和解规定》,人民法院可以准许;如果被执行人提供担保且申请执行人同意解除查封的,应当适用本条第 1 款第 5 项,人民法院应当解除。

(3)《规范近期执行工作通知》(法〔2018〕141 号)第 3 条规定,因长期和解履行而以终结执行方式报结的,可以不解除强制执行措施。对该类案件的处理应当以该通知为准。

第二十九条 财产保全裁定和先予执行裁定的执行适用本规定。

第三十条 本规定自2005年1月1日起施行。施行前本院公布的司法解释与本规定不一致的,以本规定为准。

4.《最高人民法院关于人民法院办理财产保全案件若干问题的规定》(法释〔2016〕22号,2016年12月1日;经法释〔2020〕21号修正,2021年1月1日)

第十五条 人民法院应当依据财产保全裁定采取相应的查封、扣押、冻结措施。

可供保全的土地、房屋等不动产的整体价值明显高于保全裁定载明金额的,人民法院应当对该不动产的相应价值部分采取查封、扣押、冻结措施,但该不动产在使用上不可分或者分割会严重减损其价值的除外。

对银行账户内资金采取冻结措施的,人民法院应当明确具体的冻结数额。

第十六条 人民法院在财产保全中采取查封、扣押、冻结措施,需要有关单位协助办理登记手续的,有关单位应当在裁定书和协助执行通知书送达后立即办理。针对同一财产有多个裁定书和协助执行通知书的,应当按照送达的时间先后办理登记手续。

第十七条 利害关系人申请诉前财产保全,在人民法院采取保全措施后三十日内依法提起诉讼或者申请仲裁的,诉前财产保全措施自动转为诉讼或仲裁中的保全措施;进入执行程序后,保全措施自动转为执行中的查封、扣押、冻结措施。

依前款规定,自动转为诉讼、仲裁中的保全措施或者执行中的查封、扣押、冻结措施的,期限连续计算,人民法院无需重新制作裁定书。

第十八条 申请保全人申请续行财产保全的,应当在保全期限届满七日前向人民法院提出;逾期申请或者不申请的,自行承担不能续行保全的法律后果。

人民法院进行财产保全时,应当书面告知申请保全人明确的保全期限届满日以及前款有关申请续行保全的事项。

第十九条 再审审查期间,债务人申请保全生效法律文书确定给付的财产的,人民法院不予受理。

再审审理期间,原生效法律文书中止执行,当事人申请财产保全的,人民法院应当受理。

第二十条 财产保全期间,被保全人请求对被保全财产自行处分,人民法院经审查,认为不损害申请保全人和其他执行债权人合法权益的,可以准许,但应当监督被保全人按照合理价格在指定期限内处分,并控制相应价款。

被保全人请求对作为争议标的的被保全财产自行处分的,须经申请保全人同意。

人民法院准许被保全人自行处分被保全财产的,应当通知申请保全人;申请保全人不同意的,可以依照民事诉讼法第二百二十五条①规定提出异议。

第二十一条 保全法院在首先采取查封、扣押、冻结措施后超过一年未对被保全财产进行处分的,除被保全财产系争议标的外,在先轮候查封、扣押、冻结的执行法院可以商请保全法院将被保全财产移送执行。但司法解释另有特别规定的,适用其规定。

保全法院与在先轮候查封、扣押、冻结的执行法院就移送被保全财产发生争议的,可以逐级报请共同的上级法院指定该财产的执行法院。

共同的上级法院应当根据被保全财产的种类及所在地、各债权数额与被保全财产价值之间的关系等案件具体情况指定执行法院,并督促其在指定期限内处分被保全财产。

第二十二条 财产纠纷案件,被保全人或第三人提供充分有效担保请求解除保全,人民法院应当裁定准许。被保全人请求对作为争议标的的财产解除保全的,须经申请保全人同意。

第二十三条 人民法院采取财产保全措施后,有下列情形之一的,申请保全人应当及时申请解除保全:

(一)采取诉前财产保全措施后三十日内不依法提起诉讼或者申请仲裁的;

(二)仲裁机构不予受理仲裁申请、准许撤回仲裁申请或者按撤回仲裁申请处理的;

(三)仲裁申请或者请求被仲裁裁决驳回的;

(四)其他人民法院对起诉不予受理、准许撤诉或者按撤诉处理的;

(五)起诉或者诉讼请求被其他人民法院生效裁判驳回的;

(六)申请保全人应当申请解除保全的其他情形。

---

① 2021 年《民事诉讼法》第四次修正后调整为第 232 条。

人民法院收到解除保全申请后，应当在五日内裁定解除保全；对情况紧急的，必须在四十八小时内裁定解除保全。

申请保全人未及时申请人民法院解除保全，应当赔偿被保全人因财产保全所遭受的损失。

被保全人申请解除保全，人民法院经审查认为符合法律规定的，应当在本条第二款规定的期间内裁定解除保全。

第二十四条 财产保全裁定执行中，人民法院发现保全裁定的内容与被保全财产的实际情况不符的，应当予以撤销、变更或补正。

5.《最高人民法院关于审理涉及农村土地承包经营纠纷调解仲裁案件适用法律若干问题的解释》（法释〔2014〕1号，2014年1月24日；经法释〔2020〕17号修正，2021年1月1日）

第七条 农村土地承包经营纠纷仲裁中采取的财产保全措施，在申请保全的当事人依法提起诉讼后，自动转为诉讼中的财产保全措施，并适用《最高人民法院关于适用〈中华人民共和国民事诉讼法〉的解释》第四百八十七条①关于查封、扣押、冻结期限的规定。

6.《最高人民法院关于审理军队、武警部队、政法机关移交、撤销企业和与党政机关脱钩企业相关纠纷案件若干问题的规定》（法释〔2001〕8号，2001年3月23日；经法释〔2020〕18号修正，2021年1月1日）

三、财产保全和执行

第十条 人民法院在审理有关移交、撤销、脱钩的企业的案件时，认定开办单位应当承担民事责任的，不得对开办单位的国库款、军费、财政经费账户、办公用房、车辆等其他办公必需品采取查封、扣押、冻结、拍卖等保全和执行措施。

7.《最高人民法院关于人民法院办理执行异议和复议案件若干问题的规定》（法释〔2015〕10号，2015年5月5日；经法释〔2020〕21号修正，2021年1月1日）

第二十条 金钱债权执行中，符合下列情形之一，被执行人以执行标的系本人及所扶养家属维持生活必需的居住房屋为由提出异议的，人民法院不予支持：

---

① 2022年《民事诉讼法解释》第二次修正后调整为第485条。

（一）对被执行人有扶养义务的人名下有其他能够维持生活必需的居住房屋的；

（二）执行依据生效后，被执行人为逃避债务转让其名下其他房屋的；

（三）申请执行人按照当地廉租住房保障面积标准为被执行人及所扶养家属提供居住房屋，或者同意参照当地房屋租赁市场平均租金标准从该房屋的变价款中扣除五至八年租金的。

执行依据确定被执行人交付居住的房屋，自执行通知送达之日起，已经给予三个月的宽限期，被执行人以该房屋系本人及所扶养家属维持生活的必需品为由提出异议的，人民法院不予支持。

【注释 1】被执行人的唯一住房和生活必需住房，在执行程序中是两个并不完全相同的概念。在符合法律、司法解释规定的条件下，两者均可成为强制执行的标的，只是准许执行的标准和条件不同。（1）被执行人及其所扶养家属生活必需的住房，在符合本条规定的条件下，可以执行。（2）被执行人的唯一住房，除了在符合本条规定条件下可以强制执行以外，在其他情况下，如果能够保障被执行人及其所扶养家属维持生活必需的居住条件，也可以采取相应的方式予以执行。例如，被执行人唯一住房的面积较大或者价值较高，超过被执行人及其所扶养家属生活所必需，对于超过部分，可以根据《查封扣押冻结规定》第 7 条的规定，采取"以大换小、以好换差、以近换远"等方式，在保障被执行人及其所扶养家属基本居住条件的前提下，对被执行人的唯一住房进行置换，将超过生活必需部分的房屋变价款用于清偿债务。①

【注释 2】最高人民法院在吕玉刚与赵毅、夏华俊、赵海涛民间借贷纠纷执行申诉案［（2016）最高法执监 109 号］中明确，依据本条第 1 款第 1 项的规定执行被扶养人的住房，并不以扶养义务人名下的住房将来有可能发生的变化以及扶养义务人及其共同居住人是否同意作为限定条件。

8.《最高人民法院关于首先查封法院与优先债权执行法院处分查封财产有关问题的批复》（法释〔2016〕6 号，2016 年 4 月 14 日）

福建省高级人民法院：

你院《关于解决法院首封处分权与债权人行使优先受偿债权冲突问题

① 参见最高人民法院执行局编著：《最高人民法院关于人民法院办理执行异议和复议案件若干问题规定理解与适用》，人民法院出版社 2015 年版，第 263 页。

的请示》(闽高法〔2015〕261 号)收悉。经研究,批复如下:

一、执行过程中,应当由首先查封、扣押、冻结(以下简称查封)法院负责处分查封财产。但已进入其他法院执行程序的债权对查封财产有顺位在先的担保物权、优先权(该债权以下简称优先债权),自首先查封之日起已超过60 日,且首先查封法院就该查封财产尚未发布拍卖公告或者进入变卖程序的,优先债权执行法院可以要求将该查封财产移送执行。

二、优先债权执行法院要求首先查封法院将查封财产移送执行的,应当出具商请移送执行函,并附确认优先债权的生效法律文书及案件情况说明。

首先查封法院应当在收到优先债权执行法院商请移送执行函之日起 15 日内出具移送执行函,将查封财产移送优先债权执行法院执行,并告知当事人。

移送执行函应当载明将查封财产移送执行及首先查封债权的相关情况等内容。

三、财产移送执行后,优先债权执行法院在处分或继续查封该财产时,可以持首先查封法院移送执行函办理相关手续。

优先债权执行法院对移送的财产变价后,应当按照法律规定的清偿顺序分配,并将相关情况告知首先查封法院。

首先查封债权尚未经生效法律文书确认的,应当按照首先查封债权的清偿顺位,预留相应份额。

四、首先查封法院与优先债权执行法院就移送查封财产发生争议的,可以逐级报请双方共同的上级法院指定该财产的执行法院。

共同的上级法院根据首先查封债权所处的诉讼阶段、查封财产的种类及所在地、各债权数额与查封财产价值之间的关系等案件具体情况,认为由首先查封法院执行更为妥当的,也可以决定由首先查封法院继续执行,但应当督促其在指定期限内处分查封财产。

【注释】首先查封法院向优先债权执行法院移送财产处分的具体条件有四个:一是优先债权为生效法律文书所确认;二是优先债权在其他法院进入了执行程序;三是自首先查封之日起已经超过了 60 日;四是首先查封法院尚未就该查封财产发布拍卖公告或者进入变卖程序。只有同时符合上述四个条件,优先债权执行法院才能要求移送。

需要注意的是:(1)这里的"首先查封法院"并非指最早查封财产的法院,而是指优先债权执行法院准备处分该财产时处于第一顺位的查封法院。

由于我国不承认重复查封，轮候查封不具有查封的效力，只有处于第一顺位的查封才是严格意义上的查封，因此严格来说，首先查封法院的概念并不准确，准确的表述应该是处于第一顺位的查封法院，或者直接表述为“查封法院”。该批复采用“首先查封法院”概念，是遵照了实践中的习惯表达。

(2)执行程序中对于执行财产上的担保物权或者优先权采用涤除原则，为平衡相关担保物权人与优先权人的权益，同时规定担保物权与优先权保障的债权参与到执行程序，不以取得执行依据为前提。即不仅经生效法律文书确认的优先债权可以申请执行或者加入执行程序，未经生效法律文书确认的优先债权，也能够经通知或直接申请加入已经开始的执行程序。该批复第1条“已经进入其他法院执行程序的债权”，仅指已经生效法律文书确认的优先债权。对于未经生效法律文书确认的优先债权，可以合理推断为尚未产生通过公权力实现的意图，不会因首先查封法院迟延处分查封财产的行为而受损。

(3)这里的“60日”并非要给首先查封法院留出足够的处分财产时间，而是要给首先查封法院一个缓冲期，避免某些很快就能进入拍卖或者变卖程序的财产变更处分法院。这一期限体现了保障优先债权人的意图。此外还应该注意，这里没有区分首先查封是保全程序中的查封还是执行程序中的查封。①

(4)《财产保全规定》第21条是解决保全案件首先查封法院与在先轮候查封法院的执行争议，规定了超过1年未处分的，在先轮候查封法院可商请移送。本批复是针对首先查封法院与优先债权执行法院就处分查封财产发生的争议，规定了超过60日未处分的，优先债权执行法院可商请移送。

(二)类型财产

1.《最高人民法院关于人民法院强制执行股权若干问题的规定》(法释〔2021〕20号，2022年1月1日)

第一条　本规定所称股权，包括有限责任公司股权、股份有限公司股份，但是在依法设立的证券交易所上市交易以及在国务院批准的其他全国性证

① 参见刘贵祥、赵晋山、葛洪涛：《〈关于首先查封法院与优先债权执行法院处分查封财产有关问题的批复〉的理解与适用》，载《人民司法·应用》2016年第19期。

券交易场所交易的股份有限公司股份除外。

第二条 被执行人是公司股东的,人民法院可以强制执行其在公司持有的股权,不得直接执行公司的财产。

第三条 依照民事诉讼法第二百二十四条①的规定以被执行股权所在地确定管辖法院的,股权所在地是指股权所在公司的住所地。

第四条 人民法院可以冻结下列资料或者信息之一载明的属于被执行人的股权:

(一)股权所在公司的章程、股东名册等资料;

(二)公司登记机关的登记、备案信息;

(三)国家企业信用信息公示系统的公示信息。

案外人基于实体权利对被冻结股权提出排除执行异议的,人民法院应当依照民事诉讼法第二百二十七条②的规定进行审查。

第五条 人民法院冻结被执行人的股权,以其价额足以清偿生效法律文书确定的债权额及执行费用为限,不得明显超标的额冻结。股权价额无法确定的,可以根据申请执行人申请冻结的比例或者数量进行冻结。

被执行人认为冻结明显超标的额的,可以依照民事诉讼法第二百二十五条③的规定提出书面异议,并附证明股权等查封、扣押、冻结财产价额的证据材料。人民法院审查后裁定异议成立的,应当自裁定生效之日起七日内解除对明显超标的额部分的冻结。

第六条 人民法院冻结被执行人的股权,应当向公司登记机关送达裁定书和协助执行通知书,要求其在国家企业信用信息公示系统进行公示。股权冻结自在公示系统公示时发生法律效力。多个人民法院冻结同一股权的,以在公示系统先办理公示的为在先冻结。

依照前款规定冻结被执行人股权的,应当及时向被执行人、申请执行人送达裁定书,并将股权冻结情况书面通知股权所在公司。

第七条 被执行人就被冻结股权所作的转让、出质或者其他有碍执行的行为,不得对抗申请执行人。

第八条 人民法院冻结被执行人股权的,可以向股权所在公司送达协助

---

① 2021年《民事诉讼法》第四次修正后调整为第231条。

② 2021年《民事诉讼法》第四次修正后调整为第234条。

③ 2021年《民事诉讼法》第四次修正后调整为第232条。

执行通知书，要求其在实施增资、减资、合并、分立等对被冻结股权所占比例、股权价值产生重大影响的行为前向人民法院书面报告有关情况。人民法院收到报告后，应当及时通知申请执行人，但是涉及国家秘密、商业秘密的除外。

股权所在公司未向人民法院报告即实施前款规定行为的，依照民事诉讼法第一百一十四条①的规定处理。

股权所在公司或者公司董事、高级管理人员故意通过增资、减资、合并、分立、转让重大资产、对外提供担保等行为导致被冻结股权价值严重贬损，影响申请执行人债权实现的，申请执行人可以依法提起诉讼。

第九条　人民法院冻结被执行人基于股权享有的股息、红利等收益，应当向股权所在公司送达裁定书，并要求其在该收益到期时通知人民法院。人民法院对到期的股息、红利等收益，可以书面通知股权所在公司向申请执行人或者人民法院履行。

股息、红利等收益被冻结后，股权所在公司擅自向被执行人支付或者变相支付的，不影响人民法院要求股权所在公司支付该收益。

第十条　被执行人申请自行变价被冻结股权，经申请执行人及其他已知执行债权人同意或者变价款足以清偿执行债务的，人民法院可以准许，但是应当在能够控制变价款的情况下监督其在指定期限内完成，最长不超过三个月。

第十六条　生效法律文书确定被执行人交付股权，因股权所在公司在生效法律文书作出后增资或者减资导致被执行人实际持股比例降低或者升高的，人民法院应当按照下列情形分别处理：

（一）生效法律文书已经明确交付股权的出资额的，按照该出资额交付股权；

（二）生效法律文书仅明确交付一定比例的股权的，按照生效法律文书作出时该比例所对应出资额占当前公司注册资本总额的比例交付股权。

第十七条　在审理股东资格确认纠纷案件中，当事人提出要求公司签发出资证明书、记载于股东名册并办理公司登记机关登记的诉讼请求且其主张成立的，人民法院应当予以支持；当事人未提出前述诉讼请求的，可以根据案件具体情况向其释明。

---

① 2021 年《民事诉讼法》第四次修正后调整为第 117 条。

生效法律文书仅确认股权属于当事人所有，当事人可以持该生效法律文书自行向股权所在公司、公司登记机关申请办理股权变更手续；向人民法院申请强制执行的，不予受理。

第十八条 人民法院对被执行人在其他营利法人享有的投资权益强制执行的，参照适用本规定。

第十九条 本规定自2022年1月1日起施行。

施行前本院公布的司法解释与本规定不一致的，以本规定为准。

2.《最高人民法院关于冻结、拍卖上市公司国有股和社会法人股若干问题的规定》（法释〔2001〕28号，2001年9月30日）

第一条 人民法院在审理民事纠纷案件过程中，对股权采取冻结、评估、拍卖和办理股权过户等财产保全和执行措施，适用本规定。

第二条 本规定所指上市公司国有股，包括国家股和国有法人股。国家股指有权代表国家投资的机构或部门向股份有限公司出资或依据法定程序取得的股份；国有法人股指国有法人单位，包括国有资产比例超过50%的国有控股企业，以其依法占有的法人资产向股份有限公司出资形成或者依据法定程序取得的股份。

本规定所指社会法人股是指非国有法人资产投资于上市公司形成的股份。

第三条 人民法院对股权采取冻结、拍卖措施时，被保全人和被执行人应当是股权的持有人或者所有权人。被冻结、拍卖股权的上市公司非依据法定程序确定为案件当事人或者被执行人，人民法院不得对其采取保全或执行措施。

第四条 人民法院在审理案件过程中，股权持有人或者所有权人作为债务人，如有偿还能力的，人民法院一般不应对其股权采取冻结保全措施。

人民法院已对股权采取冻结保全措施的，股权持有人、所有权人或者第三人提供了有效担保，人民法院经审查符合法律规定的，可以解除对股权的冻结。

第五条 人民法院裁定冻结或者解除冻结股权，除应当将法律文书送达负有协助执行义务的单位以外，还应当在作出冻结或者解除冻结裁定后7日内，将法律文书送达股权持有人或者所有权人并书面通知上市公司。

人民法院裁定拍卖上市公司股权，应当于委托拍卖之前将法律文书送达股权持有人或者所有权人并书面通知上市公司。

被冻结或者拍卖股权的当事人是国有股份持有人的，人民法院在向该国有股份持有人送达冻结或者拍卖裁定时，应当告其于 5 日内报主管财政部门备案。

第六条　冻结股权的期限不超过一年。如申请人需要延长期限的，人民法院应当根据申请，在冻结期限届满前办理续冻手续，每次续冻期限不超过 6 个月。[①] 逾期不办理续冻手续的，视为自动撤销冻结。

第七条　人民法院采取保全措施，所冻结的股权价值不得超过股权持有人或者所有权人的债务总额。股权价值应当按照上市公司最近期报表每股资产净值计算。

股权冻结的效力及于股权产生的股息以及红利、红股等孳息，但股权持有人或者所有权人仍可享有因上市公司增发、配售新股而产生的权利。

第八条　人民法院采取强制执行措施时，如果股权持有人或者所有权人在限期内提供了方便执行的其他财产，应当首先执行其他财产。其他财产不足以清偿债务的，方可执行股权。

本规定所称可供方便执行的其他财产，是指存款、现金、成品和半成品、原材料、交通工具等。

……

3.《最高人民法院关于人民法院扣押铁路运输货物若干问题的规定》（法发〔1997〕8 号，1997 年 4 月 22 日；经法释〔2020〕21 号修正，2021 年 1 月 1 日）

一、人民法院依法可以裁定扣押铁路运输货物。铁路运输企业依法应当予以协助。

二、当事人申请人民法院扣押铁路运输货物，应当提供担保，申请人不提供担保的，驳回申请。申请人的申请应当写明：要求扣押货物的发货站、到货站，托运人、收货人的名称，货物的品名、数量、货票号码等。

三、人民法院扣押铁路运输货物，应当制作裁定书并附协助执行通知书。协助执行通知书中应当载明：扣押货物的发货站、到货站，托运人、收货人的名称，货物的品名、数量和货票号码。在货物发送前扣押的，人民法院应当将裁定书副本和协助执行通知书送达始发地的铁路运输企业由其协助执行；在

① 因《民事诉讼法解释》第 485 条对续冻期限有新的规定，应当从其规定。

货物发送后扣押的,应当将裁定书副本和协助执行通知书送达目的地或最近中转编组站的铁路运输企业由其协助执行。

人民法院一般不应在中途站、中转站扣押铁路运输货物。必要时,在不影响铁路正常运输秩序、不损害其他自然人、法人和非法人组织合法权益的情况下,可在最近中转编组站或有条件的车站扣押。

人民法院裁定扣押国际铁路联运货物,应当通知铁路运输企业、海关、边防、商检等有关部门协助执行。属于进口货物的,人民法院应当向我国进口国境、边境站、到货站或有关部门送达裁定书副本和协助执行通知书;属于出口货物的,在货物发送前应当向发货站或有关部门送达,在货物发送后未出我国国境、边境前,应当向我国出境站或有关部门送达。

四、经人民法院裁定扣押的铁路运输货物,该铁路运输企业与托运人之间签订的铁路运输合同中涉及被扣押货物部分合同终止履行的,铁路运输企业不承担责任。因扣押货物造成的损失,由有关责任人承担。

因申请人申请扣押错误所造成的损失,由申请人承担赔偿责任。

五、铁路运输企业及有关部门因协助执行扣押货物而产生的装卸、保管、检验、监护等费用,由有关责任人承担,但应先由申请人垫付。申请人不是责任人的,可以再向责任人追偿。

六、扣押后的进出口货物,因尚未办结海关手续,人民法院在对此类货物作出最终处理决定前,应当先责令有关当事人补交关税并办理海关其他手续。

4.《最高人民法院关于扣押与拍卖船舶适用法律若干问题的规定》(法释〔2015〕6号,2015年3月1日)

【注释】本规定是对特殊动产船舶在扣押与拍卖中适用法律的特别规定。《海事诉讼特别程序法解释》和《海事法院受案范围规定》明确了船舶执行的专属管辖与受案范围。《海事诉讼特别程序法解释》第15条规定:"除海事法院及其上级人民法院外,地方人民法院对当事人提出的船舶保全申请应不予受理;地方人民法院为执行生效法律文书需要扣押和拍卖船舶的,应当委托船籍港所在地或者船舶所在地的海事法院执行。"《海事法院受案范围规定》第106条规定,海事法院受理案件的范围包括地方人民法院为执行生效法律文书委托扣押、拍卖船舶案件。

第一条　海事请求人申请对船舶采取限制处分或者抵押等保全措施的，海事法院可以依照民事诉讼法的有关规定，裁定准许并通知船舶登记机关协助执行。

前款规定的保全措施不影响其他海事请求人申请扣押船舶。

第二条　海事法院应不同海事请求人的申请，可以对本院或其他海事法院已经扣押的船舶采取扣押措施。

先申请扣押船舶的海事请求人未申请拍卖船舶的，后申请扣押船舶的海事请求人可以依据海事诉讼特别程序法第二十九条①的规定，向准许其扣押申请的海事法院申请拍卖船舶。

第三条　船舶因光船承租人对海事请求负有责任而被扣押的，海事请求人依据海事诉讼特别程序法第二十九条的规定，申请拍卖船舶用于清偿光船承租人经营该船舶产生的相关债务的，海事法院应予准许。

第四条　海事请求人申请扣押船舶的，海事法院应当责令其提供担保。但因船员劳务合同、海上及通海水域人身损害赔偿纠纷申请扣押船舶，且事实清楚、权利义务关系明确的，可以不要求提供担保。

第五条　海事诉讼特别程序法第七十六条第二款②规定的海事请求人提供担保的具体数额，应当相当于船舶扣押期间可能产生的各项维持费用与支出、因扣押造成的船期损失和被请求人为使船舶解除扣押而提供担保所支出的费用。

船舶扣押后，海事请求人提供的担保不足以赔偿可能给被请求人造成损失的，海事法院应责令其追加担保。

第六条　案件终审后，海事请求人申请返还其所提供担保的，海事法院应将该申请告知被请求人，被请求人在三十日内未提起相关索赔诉讼的，海事法院可以准许海事请求人返还担保的申请。

被请求人同意返还，或生效法律文书认定被请求人负有责任，且赔偿或给付金额与海事请求人要求被请求人提供担保的数额基本相当的，海事法院可以直接准许海事请求人返还担保的申请。

---

①　《海事诉讼特别程序法》第 29 条规定："船舶扣押期间届满，被请求人不提供担保，而且船舶不宜继续扣押的，海事请求人可以在提起诉讼或者申请仲裁后，向扣押船舶的海事法院申请拍卖船舶。"

②　《海事诉讼特别程序法》第 76 条第 2 款规定："海事请求人提供担保的数额，应当相当于因其申请可能给被请求人造成的损失。具体数额由海事法院决定。"

第七条 船舶扣押期间由船舶所有人或光船承租人负责管理。

船舶所有人或光船承租人不履行船舶管理职责的,海事法院可委托第三人或者海事请求人代为管理,由此产生的费用由船舶所有人或光船承租人承担,或在拍卖船舶价款中优先拨付。

第八条 船舶扣押后,海事请求人依据海事诉讼特别程序法第十九条①的规定,向其他有管辖权的海事法院提起诉讼的,可以由扣押船舶的海事法院继续实施保全措施。

第九条 扣押船舶裁定执行前,海事请求人撤回扣押船舶申请的,海事法院应当裁定予以准许,并终结扣押船舶裁定的执行。

扣押船舶裁定作出后因客观原因无法执行的,海事法院应当裁定终结执行。

第十条 船舶拍卖未能成交,需要再次拍卖的,适用拍卖法第四十五条关于拍卖日七日前发布拍卖公告的规定。

第十一条 拍卖船舶由拍卖船舶委员会实施,海事法院不另行委托拍卖机构进行拍卖。

第十二条 海事法院拍卖船舶应当依据评估价确定保留价。保留价不得公开。

第一次拍卖时,保留价不得低于评估价的百分之八十;因流拍需要再行拍卖的,可以酌情降低保留价,但降低的数额不得超过前次保留价的百分之二十。

第十三条 对经过两次拍卖仍然流拍的船舶,可以进行变卖。变卖价格不得低于评估价的百分之五十。

第十四条 依照本规定第十三条变卖仍未成交的,经已受理登记债权三分之二以上份额的债权人同意,可以低于评估价的百分之五十进行变卖处理。仍未成交的,海事法院可以解除船舶扣押。

第十五条 船舶经海事法院拍卖、变卖后,对该船舶已采取的其他保全措施效力消灭。

---

① 《海事诉讼特别程序法》第19条规定:"海事请求保全执行后,有关海事纠纷未进入诉讼或者仲裁程序的,当事人就该海事请求,可以向采取海事请求保全的海事法院或者其他有管辖权的海事法院提起诉讼,但当事人之间订有诉讼管辖协议或者仲裁协议的除外。"

第十六条　海事诉讼特别程序法第一百一十一条①规定的申请债权登记期间的届满之日，为拍卖船舶公告最后一次发布之日起第六十日。

前款所指公告为第一次拍卖时的拍卖船舶公告。

第十七条　海事法院受理债权登记申请后，应当在船舶被拍卖、变卖成交后，依照海事诉讼特别程序法第一百一十四条②的规定作出是否准予的裁定。

第十八条　申请拍卖船舶的海事请求人未经债权登记，直接要求参与拍卖船舶价款分配的，海事法院应予准许。

第十九条　海事法院裁定终止拍卖船舶的，应当同时裁定终结债权登记受偿程序，当事人已经缴纳的债权登记申请费予以退还。

第二十条　当事人在债权登记前已经就有关债权提起诉讼的，不适用海事诉讼特别程序法第一百一十六条第二款③的规定，当事人对海事法院作出的判决、裁定可以依法提起上诉。

第二十一条　债权人依照海事诉讼特别程序法第一百一十六条第一款④的规定提起确权诉讼后，需要判定碰撞船舶过失程度比例的，当事人对海事法院作出的判决、裁定可以依法提起上诉。

第二十二条　海事法院拍卖、变卖船舶所得价款及其利息，先行拨付海事诉讼特别程序法第一百一十九条第二款⑤规定的费用后，依法按照下列顺序进行分配：

（一）具有船舶优先权的海事请求；

---

① 《海事诉讼特别程序法》第 111 条规定："海事法院裁定强制拍卖船舶的公告发布后，债权人应当在公告期间，就与被拍卖船舶有关的债权申请登记。公告期间届满不登记的，视为放弃在本次拍卖船舶价款中受偿的权利。"

② 《海事诉讼特别程序法》第 114 条规定："海事法院应当对债权人的申请进行审查，对提供债权证据的，裁定准予登记；对不提供债权证据的，裁定驳回申请。"

③ 《海事诉讼特别程序法》第 116 条第 2 款规定："海事法院对确权诉讼作出的判决、裁定具有法律效力，当事人不得提起上诉。"

④ 《海事诉讼特别程序法》第 116 条第 1 款规定："债权人提供其他海事请求证据的，应当在办理债权登记以后，在受理债权登记的海事法院提起确权诉讼。当事人之间有仲裁协议的，应当及时申请仲裁。"

⑤ 《海事诉讼特别程序法》第 119 条第 2 款规定："分配船舶价款时，应当由责任人承担的诉讼费用，为保存、拍卖船舶和分配船舶价款产生的费用，以及为债权人的共同利益支付的其他费用，应当从船舶价款中先行拨付。"

（二）由船舶留置权担保的海事请求；

（三）由船舶抵押权担保的海事请求；

（四）与被拍卖、变卖船舶有关的其他海事请求。

依据海事诉讼特别程序法第二十三条第二款①的规定申请扣押船舶的海事请求人申请拍卖船舶的，在前款规定海事请求清偿后，参与船舶价款的分配。

依照前款规定分配后的余款，按照民事诉讼法及相关司法解释的规定执行。

第二十三条 当事人依照民事诉讼法第十五章第七节的规定，申请拍卖船舶实现船舶担保物权的，由船舶所在地或船籍港所在地的海事法院管辖，按照海事诉讼特别程序法以及本规定关于船舶拍卖受偿程序的规定处理。

第二十四条 海事法院的上级人民法院扣押与拍卖船舶的，适用本规定。

执行程序中拍卖被扣押船舶清偿债务的，适用本规定。

第二十五条 本规定施行前已经实施的船舶扣押与拍卖，本规定施行后当事人申请复议的，不适用本规定。

本规定施行后，最高人民法院1994年7月6日制定的《关于海事法院拍卖被扣押船舶清偿债务的规定》（法发〔1994〕14号）同时废止。最高人民法院以前发布的司法解释和规范性文件与本规定不一致的，以本规定为准。

5.《最高人民法院关于刑事裁判涉财产部分执行的若干规定》（法释〔2014〕13号，2014年11月6日）

第四条 人民法院刑事审判中可能判处被告人财产刑、责令退赔的，刑事审判部门应当依法对被告人的财产状况进行调查；发现可能隐匿、转移财产的，应当及时查封、扣押、冻结其相应财产。

第五条 刑事审判或者执行中，对于侦查机关已经采取的查封、扣押、冻结，人民法院应当在期限届满前及时续行查封、扣押、冻结。人民法院续行查封、扣押、冻结的顺位与侦查机关查封、扣押、冻结的顺位相同。

---

① 《海事诉讼特别程序法》第23条第2款规定："海事法院可以扣押对海事请求负有责任的船舶所有人、光船承租人、定期租船人或者航次租船人在实施扣押时所有的其他船舶，但与船舶所有权或者占有有关的请求除外。"

对侦查机关查封、扣押、冻结的财产,人民法院执行中可以直接裁定处置,无需侦查机关出具解除手续,但裁定中应当指明侦查机关查封、扣押、冻结的事实。

第八条 人民法院可以向刑罚执行机关、社区矫正机构等有关单位调查被执行人的财产状况,并可以根据不同情形要求有关单位协助采取查封、扣押、冻结、划拨等执行措施。

第十条 对赃款赃物及其收益,人民法院应当一并追缴。

被执行人将赃款赃物投资或者置业,对因此形成的财产及其收益,人民法院应予追缴。

被执行人将赃款赃物与其他合法财产共同投资或者置业,对因此形成的财产中与赃款赃物对应的份额及其收益,人民法院应予追缴。

对于被害人的损失,应当按照刑事裁判认定的实际损失予以发还或者赔偿。

第十一条 被执行人将刑事裁判认定为赃款赃物的涉案财物用于清偿债务、转让或者设置其他权利负担,具有下列情形之一的,人民法院应予追缴:

(一)第三人明知是涉案财物而接受的;

(二)第三人无偿或者以明显低于市场的价格取得涉案财物的;

(三)第三人通过非法债务清偿或者违法犯罪活动取得涉案财物的;

(四)第三人通过其他恶意方式取得涉案财物的。

第三人善意取得涉案财物的,执行程序中不予追缴。作为原所有人的被害人对该涉案财物主张权利的,人民法院应当告知其通过诉讼程序处理。

【注释】《诈骗案件解释》(法释〔2011〕7 号)第 10 条将物权法善意取得的一般规定引入诈骗犯罪赃款赃物追缴程序中,《非法集资案件意见》(公通字〔2014〕16 号)第 5 条第 2 款也规定了不构成善意取得情形下应予追缴的情形。鉴于此,其他犯罪赃款赃物的追缴亦应适用善意取得制度。本条在《诈骗案件解释》基础上增加了"设置其他权利负担"的流转方式,且以本条第 1 款第 4 项情形作为兜底条款。

【司法文件】

（一）一般规定

1.《最高人民法院关于进一步完善执行权制约机制加强执行监督的意见》（法〔2021〕322 号，2021 年 12 月 6 日）

13. 依法及时查封财产。执行部门收到立案部门移送的案件材料后，必须在 5 个工作日内通过“总对总”“点对点”网络查控系统对被执行人财产发起查询，查询范围应覆盖系统已开通查询功能的全部财产类型。经线上查询反馈被执行人名下有财产可供执行的，应当立即采取控制措施，无法线上采取控制措施的，应当在收到反馈结果后 3 个工作日内采取控制措施。申请执行人或者案外人提供财产线索明确、具体，情况紧急的，应在 24 小时内启动调查核实，经查属实的，应当立即采取控制措施。有效解决消极、拖延执行、选择性执行顽疾。

14. 同步录入财产信息。人民法院必须将全部已查控财产统一纳入节点管控范围，对于通过网络查控系统线上控制到的财产，财产信息同步自动录入执行案件流程管理系统；对于线下查控到的财产，执行人员应当及时将财产信息手动录入执行案件流程管理系统。财产查控信息应及时向当事人推送，彻底消除查控财产情况不公开不透明、规避监管和“体外循环”现象。

15. 严禁超标的查封、乱查封。强制执行被执行人的财产，以其价值足以清偿生效法律文书确定的债权额为限，坚决杜绝明显超标的查封。冻结被执行人银行账户内存款的，应当明确具体冻结数额，不得影响冻结之外资金的流转和账户的使用。需要查封的不动产整体价值明显超出债权额的，应当对该不动产相应价值部分采取查封措施；相关部门以不动产登记在同一权利证书下为由提出不能办理分割查封的，人民法院在对不动产进行整体查封后，经被执行人申请，应当及时协调相关部门办理分割登记并解除对超标的部分的查封。有多种财产的，选择对当事人生产生活影响较小且方便执行的财产查封。

人民法院采取诉讼保全措施，案外人对保全裁定或者保全裁定实施过程中的执行行为不服，基于对标的物享有实体权利提出异议的，人民法院应当依照民事诉讼法第二百二十七条①规定处理,切实将案外人权利救济前移。

一方当事人以超标的查封为由提出执行异议,争议较大的,人民法院可以根据当事人申请进行评估,评估期间不停止查封。

2.《最高人民法院关于在执行工作中进一步强化善意文明执行理念的意见》(法发〔2019〕35 号,2019 年 12 月 16 日)

二、严禁超标的查封和乱查封

3. 合理选择执行财产。被执行人有多项财产可供执行的,人民法院应选择对被执行人生产生活影响较小且方便执行的财产执行。在不影响执行效率和效果的前提下,被执行人请求人民法院先执行某项财产的,应当准许;未准许的,应当有合理正当理由。

执行过程中,人民法院应当为被执行人及其扶养家属保留必需的生活费用。要严格按照中央有关产权保护的精神,严格区分企业法人财产与股东个人财产,严禁违法查封案外人财产,严禁对不得查封的财产采取执行措施,切实保护民营企业等企业法人、企业家和各类市场主体合法权益。要注意到,信托财产在信托存续期间独立于委托人、受托人各自的固有财产,并且受益人对信托财产享有的权利表现为信托受益权,信托财产并非受益人的责任财产。因此,当事人因其与委托人、受托人或者受益人之间的纠纷申请对存管银行或信托公司专门账户中的信托资金采取保全或执行措施的,除符合《中华人民共和国信托法》第十七条规定的情形外,人民法院不应准许。

4. 严禁超标的查封。强制执行被执行人的财产,以其价值足以清偿生效法律文书确定的债权额为限,坚决杜绝明显超标的查封。冻结被执行人银行账户内存款的,应当明确具体冻结数额,不得影响冻结之外资金的流转和账户的使用。需要查封的不动产整体价值明显超出债权额的,应当对该不动产相应价值部分采取查封措施;相关部门以不动产登记在同一权利证书下为由提出不能办理分割查封的,人民法院在对不动产进行整体查封后,经被执行人申请,应当及时协调相关部门办理分割登记并解除对超标的部分的查封。相关部门无正当理由拒不协助办理分割登记和查封的,依照民事诉讼法第一百一十四条②采取相应的处罚措施。

---

① 2021 年《民事诉讼法》第四次修正后调整为第 234 条。

② 2021 年《民事诉讼法》第四次修正后调整为第 117 条。

5. 灵活采取查封措施。对能“活封”的财产,尽量不进行“死封”,使查封财产能够物尽其用,避免社会资源浪费。查封被执行企业厂房、机器设备等生产资料的,被执行人继续使用对该财产价值无重大影响的,可以允许其使用。对资金周转困难、暂时无力偿还债务的房地产开发企业,人民法院应按照下列情形分别处理:

(1)查封在建工程后,原则上应当允许被执行人继续建设。

(2)查封在建工程后,对其采取强制变价措施虽能实现执行债权人债权,但会明显贬损财产价值、对被执行人显失公平的,应积极促成双方当事人达成暂缓执行的和解协议,待工程完工后再行变价;无法达成和解协议,但被执行人提供相应担保并承诺在合理期限内完成建设的,可以暂缓采取强制变价措施。

(3)查封在建商品房或现房后,在确保能够控制相应价款的前提下,可以监督被执行人在一定期限内按照合理价格自行销售房屋。人民法院在确定期限时,应当明确具体的时间节点,避免期限过长影响执行效率、损害执行债权人合法权益。

6. 充分发挥查封财产融资功能。人民法院查封财产后,被保全人或被执行人申请用查封财产融资的,按照下列情形分别处理:

(1)保全查封财产后,被保全人申请用查封财产融资替换查封财产的,在确保能够控制相应融资款的前提下,可以监督被保全人按照合理价格进行融资。

(2)执行过程中,被执行人申请用查封财产融资清偿债务,经执行债权人同意或者融资款足以清偿所有执行债务的,可以准许。

被保全人或被执行人利用查封财产融资,出借人要求先办理财产抵押或质押登记再放款的,人民法院应积极协调有关部门做好财产解封、抵押或质押登记等事宜,并严格控制融资款。

3.《最高人民法院关于在执行工作中规范执行行为切实保护各方当事人财产权益的通知》(法〔2016〕401号,2016年11月22日)

二、依法准确甄别被执行人财产。只能执行被执行人的财产,是法院强制执行的基本法律原则。各级人民法院在执行过程中,要依法准确甄别被执行人财产,加强对财产登记、权属证书、证明及有关信息的审查,加强与有关财产权属登记部门的沟通合作,推进信息化执行查询机制建设,准确、及时地甄别被执行人财产,避免对案外人等非被执行人的合法财产采取强制执行措施。同时,对确定属于执行人的财产,则应加大执行力度,及时执行到位,确保申请执行人的债权及时兑现。

在财产刑案件执行中,要依法严格区分违法所得和合法财产,对于经过审理不能确认为违法所得的,不得判决追缴或者责令退赔;严格区分个人财产和企业法人财产,处理股东、企业经营管理者等自然人犯罪不得任意牵连企业法人财产,处理企业犯罪不得任意牵连股东、企业经营管理者个人合法财产;严格区分涉案人员个人财产和家庭成员财产,处理涉案人员犯罪不得牵连其家庭成员合法财产。

在执行程序中直接变更、追加被执行人的,应严格限定于法律、司法解释明确规定的情形。各级人民法院应严格依照即将施行的《最高人民法院关于民事执行中变更、追加当事人若干问题的规定》,避免随意扩大变更、追加范围。

三、在采取查冻扣措施时注意把握执行政策。查封、扣押、冻结财产要严格遵守相应的适用条件与法定程序,坚决杜绝超范围、超标的查封、扣押、冻结财产,对银行账户内资金采取冻结措施的,应当明确具体冻结数额;对土地、房屋等不动产保全查封时,如果登记在一个权利证书下的不动产价值超过应保全的数额,则应加强与国土部门的沟通、协商,尽量仅对该不动产的相应价值部分采取保全措施,避免影响其他部分财产权益的正常行使。

在采取具体执行措施时,要注意把握执行政策,尽量寻求依法平等保护各方利益的平衡点:对能采取“活封”“活扣”措施的,尽量不“死封”“死扣”,使保全财产继续发挥其财产价值,防止减损当事人利益,如对厂房、机器设备等生产经营性财产进行保全时,指定被保全人保管的,应当允许其继续使用;对车辆进行查封,可考虑与交管部门建立协助执行机制,以在车辆行驶证上加注查封标记的方式进行,既可防止被查封车辆被擅自转让,也能让车辆继续使用,避免“死封”带来的价值贬损及高昂停车费用。对有多种财产并存的,尽量优先采取方便执行且对当事人生产经营影响较小的执行措施。在不损害债权人利益前提下,允许被执行人在法院监督下处置财产,尽可能保全财产市场价值。在条件允许的情况下可以为企业预留必要的流动资金和往来账户,最大限度降低对企业正常生产经营活动的不利影响。对符合法定情形的,应当在法定期限内及时解除保全措施,避免因拖延解保给被保全人带来财产损失。《最高人民法院关于人民法院办理财产保全案件若干问题的规定》即将正式施行,各级人民法院要在执行工作中认真贯彻落实。

4.《最高人民法院关于依法制裁规避执行行为的若干意见》(法〔2011〕195 号,2011 年 5 月 27 日)

四、完善对被执行人享有债权的保全和执行措施,运用代位权、撤销权诉讼制裁规避执行行为

12. 依法执行已经生效法律文书确认的被执行人的债权。对于被执行人已经生效法律文书确认的债权,执行法院可以书面通知被执行人在限期内向有管辖权的人民法院申请执行该生效法律文书。限期届满被执行人仍怠于申请执行的,执行法院可以依法强制执行该到期债权。

被执行人已经申请执行的,执行法院可以请求执行该债权的人民法院协助扣留相应的执行款物。

13. 依法保全被执行人的未到期债权。对被执行人的未到期债权,执行法院可以依法冻结,待债权到期后参照到期债权予以执行。第三人仅以该债务未到期为由提出异议的,不影响对该债权的保全。

14. 引导申请执行人依法诉讼。被执行人怠于行使债权对申请执行人造成损害的,执行法院可以告知申请执行人依照《中华人民共和国合同法》第七十三条①的规定,向有管辖权的人民法院提起代位权诉讼。

被执行人放弃债权、无偿转让财产或者以明显不合理的低价转让财产,对申请执行人造成损害的,执行法院可以告知申请执行人依照《中华人民共和国合同法》第七十四条②的规定向有管辖权的人民法院提起撤销权诉讼。

5.《最高人民法院关于依法做好抗震救灾恢复重建期间民事审判和执行工作的通知》(法〔2008〕164 号,2008 年 6 月 6 日)

六、人民法院在执行工作中,应当慎用强制执行措施。特别是对明确专用于抗震救灾的资金和物资,一律不得采取查封、扣押、冻结、划拨等财产保全措施和强制执行措施。

【注释】2010 年 4 月 19 日《最高人民法院关于依法做好抗震救灾和恢复重建期间审判工作切实维护灾区社会稳定的通知》(法〔2010〕178 号)第 10

---

① 《民法典》施行后,相关内容规定在第 535 条。

② 《民法典》施行后,相关内容规定在第 538 条、第 539 条、第 540 条。

条重申了这一规定,内容完全一致。

6.《最高人民法院关于处理涉及汶川地震相关案件适用法律问题的意见(一)》(法发〔2008〕21 号,2008 年 7 月 14 日)

九、在诉讼过程中,因地震造成已查封、扣押的财产损毁、灭失的,应当参照最高人民法院《关于人民法院民事执行中查封、扣押、冻结财产的规定》第二十四条①的规定处理;申请人提供其他财产线索申请查封、扣押的,可不再交纳申请费。

对于已评估过的财产,因地震造成损毁或价值贬损的,可以根据申请人的申请重新评估,评估费用按照《诉讼费用交纳办法》第十二条的规定确定。

7.《最高人民法院关于处理涉及汶川地震相关案件适用法律问题的意见(二)》(法发〔2009〕17 号,2009 年 3 月 23 日)

十七、因地震造成人民法院已查封或扣押的财产毁损、灭失或价值贬值,协助人民法院查封、扣押的协助执行人以及人民法院指定的查封、扣押财产的保管人(被执行人除外)没有过错的,不承担赔偿责任。人民法院应当努力通过促成执行和解妥善解决纠纷。

8.《最高人民法院关于依法妥善办理涉新冠肺炎疫情执行案件若干问题的指导意见》(法发〔2020〕16 号,2020 年 5 月 13 日)

三、准确把握查封措施的法律界限。坚决禁止超标的查封,严禁违法查封案外人财产,畅通财产查控的救济渠道,加大监督力度,切实防止违法执行或采取过度执行措施影响企业财产效用发挥和企业正常运营。做好审判程序与执行程序的衔接,人民法院审理涉疫情民事案件,要加大对财产保全申请的审查力度,对明显超出诉讼请求范围的超标的部分保全申请,依法不予支持。当事人通过恶意提高诉讼标的等方式超标的申请保全,给对方当事人造成损失的,对方当事人可以就所受损失依法提起诉讼。

对受疫情影响导致生产生活困难的被执行人,在不影响债权实现的前提下,人民法院应当选择适当的查封措施。被执行人有多项财产可供执行的,应当选择对其生产生活影响较小且方便执行的财产执行。对能“活封”的财

① 2020 年修正后调整为第 22 条。

产,不进行“死封”。查封厂房、机器设备等生产性资料,被执行人继续使用对该财产价值无重大影响的,应当允许其继续使用。被执行人申请利用查封财产融资清偿债务,经执行债权人同意或者融资款足以清偿所有执行债务的,可以监督其在指定期限内进行融资。查封被执行人在建工程的,原则上应当允许其继续建设。查封被执行人在建商品房或现房的,在确保能够控制相应价款的前提下,可以监督其在指定期限内按照合理价格自行销售房屋。冻结被执行人银行账户内存款的,应当明确具体数额,不得影响冻结之外资金的流转和账户的使用。

(二)具体财产

1.《最高人民法院、国土资源部、建设部关于依法规范人民法院执行和国土资源房地产管理部门协助执行若干问题的通知》(法发〔2004〕5号,2004年3月1日)

一、人民法院在办理案件时,需要国土资源、房地产管理部门协助执行的,国土资源、房地产管理部门应当按照人民法院的生效法律文书和协助执行通知书办理协助执行事项。

国土资源、房地产管理部门依法协助人民法院执行时,除复制有关材料所必需的工本费外,不得向人民法院收取其他费用。登记过户的费用按照国家有关规定收取。

二、人民法院对土地使用权、房屋实施查封或者进行实体处理前,应当向国土资源、房地产管理部门查询该土地、房屋的权属。

人民法院执行人员到国土资源、房地产管理部门查询土地、房屋权属情况时,应当出示本人工作证和执行公务证,并出具协助查询通知书。

人民法院执行人员到国土资源、房地产管理部门办理土地使用权或者房屋查封、预查封登记手续时,应当出示本人工作证和执行公务证,并出具查封、预查封裁定书和协助执行通知书。

三、对人民法院查封或者预查封的土地使用权、房屋,国土资源、房地产管理部门应当及时办理查封或者预查封登记。

国土资源、房地产管理部门在协助人民法院执行土地使用权、房屋时,不对生效法律文书和协助执行通知书进行实体审查。国土资源、房地产管理部门认为人民法院查封、预查封或者处理的土地、房屋权属错误的,可以向人民法院提出审查建议,但不应当停止办理协助执行事项。

四、人民法院在国土资源、房地产管理部门查询并复制或者抄录的书面材料,由土地、房屋权属的登记机构或者其所属的档案室(馆)加盖印章。无法查询或者查询无结果的,国土资源、房地产管理部门应当书面告知人民法院。

五、人民法院查封时,土地、房屋权属的确认以国土资源、房地产管理部门的登记或者出具的权属证明为准。权属证明与权属登记不一致的,以权属登记为准。

在执行人民法院确认土地、房屋权属的生效法律文书时,应当按照人民法院生效法律文书所确认的权利人办理土地、房屋权属变更、转移登记手续。

六、土地使用权和房屋所有权归属同一权利人的,人民法院应当同时查封;土地使用权和房屋所有权归属不一致的,查封被执行人名下的土地使用权或者房屋。

七、登记在案外人名下的土地使用权、房屋,登记名义人(案外人)书面认可该土地、房屋实际属于被执行人时,执行法院可以采取查封措施。

如果登记名义人否认该土地、房屋属于被执行人,而执行法院、申请执行人认为登记为虚假时,须经当事人另行提起诉讼或者通过其他程序,撤销该登记并登记在被执行人名下之后,才可以采取查封措施。

【注释】根据本条规定,对于登记名义人否认属于被执行人的,原则上需"撤销该登记并登记在被执行人名下之后,才可以采取查封措施"。但如果符合《查封扣押冻结规定》第 12 条规定的共有财产的情形、第 17 条规定的被执行人购买需要办理过户登记的第三人的财产的情形,应当适用上述规定,可以采取查封措施。

八、对被执行人因继承、判决或者强制执行取得,但尚未办理过户登记的土地使用权、房屋的查封,执行法院应当向国土资源、房地产管理部门提交被执行人取得财产所依据的继承证明、生效判决书或者执行裁定书及协助执行通知书,由国土资源、房地产管理部门办理过户登记手续后,办理查封登记。

九、对国土资源、房地产管理部门已经受理被执行人转让土地使用权、房屋的过户登记申请,尚未核准登记的,人民法院可以进行查封,已核准登记的,不得进行查封。

【注释】《民法典》第 214 条规定:"不动产物权的设立、变更、转让和消灭,依照法律规定应当登记的,自记载于不动产登记簿时发生效力。"据此,物权变动时间不以登记机关核准登记为准,而以记载于不动产登记簿为准,本条规定不再适用。

十、人民法院对可以分割处分的房屋应当在执行标的额的范围内分割查封,不可分割的房屋可以整体查封。

分割查封的,应当在协助执行通知书中明确查封房屋的具体部位。

十一、人民法院对土地使用权、房屋的查封期限不得超过二年。期限届满可以续封一次,续封时应当重新制作查封裁定书和协助执行通知书,续封的期限不得超过一年。确有特殊情况需要再续封的,应当经过所属高级人民法院批准,且每次再续封的期限不得超过一年。

查封期限届满,人民法院未办理继续查封手续的,查封的效力消灭。

【注释】因《民事诉讼法解释》第485条对查封、续封期间有了新的规定,本条关于再续封的审批规定不再适用,再续封可以不再经由所属高级人民法院批准。

十二、人民法院在案件执行完毕后,对未处理的土地使用权、房屋需要解除查封的,应当及时作出裁定解除查封,并将解除查封裁定书和协助执行通知书送达国土资源、房地产管理部门。

十三、被执行人全部缴纳土地使用权出让金但尚未办理土地使用权登记的,人民法院可以对该土地使用权进行预查封。

十四、被执行人部分缴纳土地使用权出让金但尚未办理土地使用权登记的,对可以分割的土地使用权,按已缴付的土地使用权出让金,由国土资源管理部门确认被执行人的土地使用权,人民法院可以对确认后的土地使用权裁定预查封。对不可以分割的土地使用权,可以全部进行预查封。

被执行人在规定的期限内仍未全部缴纳土地出让金的,在人民政府收回土地使用权的同时,应当将被执行人缴纳的按照有关规定应当退还的土地出让金交由人民法院处理,预查封自动解除。

十五、下列房屋虽未进行房屋所有权登记,人民法院也可以进行预查封:

(一)作为被执行人的房地产开发企业,已办理了商品房预售许可证且尚未出售的房屋;

(二)被执行人购买的已由房地产开发企业办理了房屋权属初始登记的房屋;

(三)被执行人购买的办理了商品房预售合同登记备案手续或者商品房预告登记的房屋。

【注释】(1)《查封扣押冻结规定》第2条第2款规定:"未登记的建筑物

和土地使用权,依据土地使用权的审批文件和其他相关证据确定权属。”该条适用范围更广,对于所有未登记的建筑物,均可依据土地使用权的审批文件和其他相关证据确定权属后进行查封,而不限于“已办理了商品房预售许可证且尚未出售的房屋”,采取的措施也是“查封”,而非“预查封”。《查封扣押冻结规定》施行后,以该规定第 2 条为准。当然,作为被执行人的房地产开发企业,已办理了商品房预售许可证的,亦可适用本条规定,依据预售许可证确定权属后采取预查封措施。

(2)《查封扣押冻结规定》第 17 条规定:“被执行人购买需要办理过户登记的第三人的财产,已经支付部分或者全部价款并实际占有该财产,虽未办理产权过户登记手续,但申请执行人已向第三人支付剩余价款或者第三人同意剩余价款从该财产变价款中优先支付的,人民法院可以查封、扣押、冻结。”如果不符合上述情形,可依据本条第 2 项、第 3 项内容对被执行人购买的未办理所有权登记手续的房屋进行预查封。

十六、国土资源、房地产管理部门应当依据人民法院的协助执行通知书和所附的裁定书办理预查封登记。土地、房屋权属在预查封期间登记在被执行人名下的,预查封登记自动转为查封登记,预查封转为正式查封后,查封期限从预查封之日起开始计算。

十七、预查封的期限为二年。期限届满可以续封一次,续封时应当重新制作预查封裁定书和协助执行通知书,预查封的续封期限为一年。确有特殊情况需要再续封的,应当经过所属高级人民法院批准,且每次再续封的期限不得超过一年。

【注释】因《民事诉讼法解释》第 485 条对查封、续封期间有了新的规定,预查封同样适用该期间。本条关于再续封的审批规定不再适用,预查封的再续封可以不再经由所属高级人民法院批准。

十八、预查封的效力等同于正式查封。预查封期限届满之日,人民法院未办理预查封续封手续的,预查封的效力消灭。

十九、两个以上人民法院对同一宗土地使用权、房屋进行查封的,国土资源、房地产管理部门为首先送达协助执行通知书的人民法院办理查封登记手续后,对后来办理查封登记的人民法院作轮候查封登记,并书面告知该土地使用权、房屋已被其他人民法院查封的事实及查封的有关情况。

二十、轮候查封登记的顺序按照人民法院送达协助执行通知书的时间先后进行排列。查封法院依法解除查封的,排列在先的轮候查封自动转为查封;查封法院对查封的土地使用权、房屋全部处理的,排列在后的轮候查封自动失效;查封法院对查封的土地使用权、房屋部分处理的,对剩余部分,排列在后的轮侯查封自动转为查封。

预查封的轮候登记参照第十九条和本条第一款的规定办理。

【注释】本通知第19条、第20条是关于轮候查封的规定。与《查封扣押冻结规定》第26条相比,本通知还规定了不动产登记部门"书面告知该土地使用权、房屋已被其他人民法院查封的事实及查封的有关情况"以及"查封法院对查封的土地使用权、房屋全部处理的,排列在后的轮候查封自动失效;查封法院对查封的土地使用权、房屋部分处理的,对剩余部分,排列在后的轮候查封自动转为查封"。实践中应注意结合适用。

《轮候查封批复》(法函〔2007〕100号)对全部财产处分后,查封及轮候查封的效力作出规定,明确了"人民法院对已查封、扣押、冻结的全部财产进行处分后,该财产上的轮候查封自始未产生查封、扣押、冻结的效力"以及"人民法院对已查封、扣押、冻结的财产进行拍卖、变卖或抵债的,原查封、扣押、冻结的效力消灭,人民法院无需先行解除该财产上的查封、扣押、冻结,可直接进行处分"。实践中应以该批复为准。关于全部财产处分后,查封及轮候查封的效力问题,应以该批复为准。

二十一、已被人民法院查封、预查封并在国土资源、房地产管理部门办理了查封、预查封登记手续的土地使用权、房屋,被执行人隐瞒真实情况,到国土资源、房地产管理部门办理抵押、转让等手续的,人民法院应当依法确认其行为无效,并可视情节轻重,依法追究有关人员的法律责任。国土资源、房地产管理部门应当按照人民法院的生效法律文书撤销不合法的抵押、转让等登记,并注销所颁发的证照。

【注释】本条所体现的查封的绝对效力,已被《查封扣押冻结规定》所改变。《查封扣押冻结规定》第24条第1款规定:"被执行人就已经查封、扣押、冻结的财产所作的移转、设定权利负担或者其他有碍执行的行为,不得对抗申请执行人。"据此确立了查封的相对效力,不能在执行程序中宣布合同无效或解除合同。

二十二、国土资源、房地产管理部门对被人民法院依法查封、预查封的土地使用权、房屋,在查封、预查封期间不得办理抵押、转让等权属变更、转移登记手续。

国土资源、房地产管理部门明知土地使用权、房屋已被人民法院查封、预查封,仍然办理抵押、转让等权属变更、转移登记手续的,对有关的国土资源、房地产管理部门和直接责任人可以依照民事诉讼法第一百零二条①的规定处理。

二十三、在变价处理土地使用权、房屋时,土地使用权、房屋所有权同时转移;土地使用权与房屋所有权归属不一致的,受让人继受原权利人的合法权利。

二十四、人民法院执行集体土地使用权时,经与国土资源管理部门取得一致意见后,可以裁定予以处理,但应当告知权利受让人到国土资源管理部门办理土地征用和国有土地使用权出让手续,缴纳土地使用权出让金及有关税费。

对处理农村房屋涉及集体土地的,人民法院应当与国土资源管理部门协商一致后再行处理。

【注释】实践中,如果将农村集体所有的土地变为国家所有或者将集体土地的农业用途改变为非农业用途,要征得土地管理部门的同意。如果不改变所有权主体性质和用途,则无须协商。

(1)依据《民法典》第 398 条规定,乡镇、村企业的建设用地使用权不得单独抵押。以乡镇、村企业的厂房等建筑物抵押的,其占用范围内的建设用地使用权一并抵押。因此,乡镇企业厂房抵押的,其占用范围内的土地使用权可以与厂房一并执行。

(2)依据《民法典》第 334 条规定,"土地承包经营权人依照法律规定,有权将土地承包经营权互换、转让。未经依法批准,不得将承包地用于非农建设"。法律允许土地承包经营权以转让的方式流转,意味着土地承包经营权可以执行,但执行中应注意不能改变土地的农业用途,保留维持债务人基本生存所需的土地承包经营权,依法保证本集体经济组织其他成员的优先承包权。

二十五、人民法院执行土地使用权时,不得改变原土地用途和出让年限。

二十六、经申请执行人和被执行人协商同意,可以不经拍卖、变卖,直接裁定将被执行人以出让方式取得的国有土地使用权及其地上房屋经评估作价后交由申请执行人抵偿债务,但应当依法向国土资源和房地产管理部门办理土地、房屋权属变更、转移登记手续。

---

① 2021 年《民事诉讼法》第四次修正后调整为第 114 条。

【**注释**】《执行和解规定》第6条规定:"当事人达成以物抵债执行和解协议的,人民法院不得依据该协议作出以物抵债裁定。"该规定施行后,应以此为准。

二十七、人民法院制作的土地使用权、房屋所有权转移裁定送达权利受让人时即发生法律效力,人民法院应当明确告知权利受让人及时到国土资源、房地产管理部门申请土地、房屋权属变更、转移登记。

国土资源、房地产管理部门依据生效法律文书进行权属登记时,当事人的土地、房屋权利应当追溯到相关法律文书生效之时。

二十八、人民法院进行财产保全和先予执行时适用本通知。

二十九、本通知下发前已经进行的查封,自本通知实施之日起计算期限。

三十、本通知自2004年3月1日起实施。

2.《最高人民法院办公厅关于房地产管理部门协助人民法院执行造成转移登记错误,人民法院对当事人提起的行政诉讼的受理及赔偿责任问题的复函》(法办〔2006〕610号,2006年12月15日)

建设部办公厅:

你部《关于房地产权属登记机关协助人民法院执行造成转移登记错误,人民法院对当事人提起的行政诉讼的受理及赔偿责任问题的函》(建住房函〔2006〕281号)收悉。经研究,函复如下:

一、根据最高人民法院《关于行政机关根据法院的协助执行通知书实施的行政行为是否属于人民法院行政诉讼受案范围的批复》(法释〔2004〕6号)的规定,行政机关根据人民法院的协助执行通知书实施的行为,是行政机关必须履行的法定协助义务,不属于人民法院行政诉讼受案范围。但如果当事人认为行政机关在协助时缩小或扩大了范围或违法采取措施造成其损害,提起行政诉讼的,人民法院应当受理。

二、根据最高人民法院、国土资源部、建设部《关于依法规范人民法院执行和国土资源房地产管理部门协助执行若干问题的通知》(法发〔2004〕5号)第三条规定,国土资源、房地产管理部门在协助人民法院执行土地使用权、房屋时,不对生效法律文书和协助执行通知书进行实体审查。国土资源、房地产管理部门认为人民法院查封、预查封或者处理的土地、房屋权属错误的,可以向人民法院提出审查建议,但不应当停止办理协助执行事项。

三、根据最高人民法院《关于人民法院民事执行中查封、扣押、冻结财产的规定》(法释〔2004〕15 号)第二十八条[①]规定,对已被人民法院查封的财产,其他人民法院可以进行轮候查封。查封解除的,登记在先的轮候查封即自动生效。在查封尚未解除之前,轮候查封的法院要求协助处置查封标的物的,房地产管理部门应当及时告知查封法院,以便人民法院之间及时协调,在协调期间,协助执行的义务机关暂停协助执行事项。轮候查封的法院违法要求协助义务机关处置查封标的物造成执行申请人损失的,应当进行执行回转,无法执行回转的,根据《最高人民法院关于审理人民法院国家赔偿确认案件若干问题的规定(试行)》(法释〔2004〕10 号)第十一条第(八)项[②]的规定,由错误发出协助执行通知的法院承担司法赔偿责任,协助执行义务机关不承担赔偿责任。

3.《最高人民法院关于不得对中国人民银行及其分支机构的办公楼、运钞车、营业场所等进行查封的通知》(法〔1999〕28 号,1999 年 3 月 4 日)

中国人民银行是依法行使国家金融行政管理职权的国家机关,根据《中国人民银行法》和《非法金融机构和非法金融活动取缔办法》的规定,对金融业实施监督管理,行使撤销、关闭金融机构,取缔非法金融机构等行政职权。因此,被撤销、关闭的金融机构或被取缔的非法金融机构自身所负的民事责任不应当由行使监督管理职权的中国人民银行承担,更不应以此为由查封中国人民银行及其分支机构的办公楼、运钞车和营业场所。各级人民法院在审理、执行当事人一方为被撤销、关闭的金融机构或被取缔的非法金融机构的经济纠纷案件中,如发现上述问题,应当及时依法予以纠正。

对确应由中国人民银行及其分支机构承担民事责任的案件,人民法院亦不宜采取查封其办公楼、运钞车、营业场所的措施。中国人民银行及其分支机构应当自觉履行已生效的法律文书,逾期不履行的,人民法院在查明事实的基础上,可以依法执行其其他财产。

---

① 2020 年修正后调整为第 26 条。

② 该规定第 11 条第 8 项规定:“被申请确认的案件在原审判、执行过程中,具有下列情形之一的,应当确认违法:……(八)违反法律规定,重复查封、扣押、冻结确认申请人财产,给申请人造成损害的;……”

4.《最高人民法院民事审判第三庭关于对注册商标专用权进行财产保全和执行等问题的复函》(〔2001〕民三函字第3号,2002年1月9日)

国家工商行政管理总局商标局:

你局商标〔2001〕66号来函收悉。经研究,对该函中所提出的问题答复如下:

一、关于不同法院在同一天对同一注册商标进行保全的协助执行问题

根据《民事诉讼法》和我院有关司法解释的规定,你局在同一天内接到两份以上对同一注册商标进行保全的协助执行通知书时,应当按照收到文书的先后顺序,协助执行在先收到的协助执行通知书;同时收到文书无法确认先后顺序时,可以告知有关法院按照《最高人民法院关于人民法院执行工作若干问题的规定(试行)》第125条①关于"两个或两个以上人民法院在执行相关案件中发生争议的,应当协商解决。协商不成的,逐级报请上级法院,直至报请共同的上级法院协调处理"的规定进行协商以及报请协调处理。在有关法院协商以及报请协调处理期间,你局可以暂不办理协助执行事宜。

二、关于你局在依据法院的生效判决办理权利人变更手续过程中,另一法院要求协助保全注册商标的协助执行问题

《最高人民法院关于人民法院执行工作若干问题的规定(试行)》第88条②第一款规定,各债权人对执行标的物均无担保物权的,按照执行法院采取执行措施的先后顺序受偿。根据这一规定,对于某一法院依据已经发生法律效力的裁判文书要求你局协助办理注册商标专用权权利人变更等手续后,另一法院对同一注册商标以保全原商标专用权人财产的名义再行保全,又无权利质押情形的,同意你局来函中提出的处理意见,即协助执行在先采取执行措施法院的裁判文书,并将协助执行的情况告知在后采取保全措施的法院。

三、关于法院已经保全注册商标后,另一法院宣告其注册人进入破产程序并要求你局再行协助保全该注册商标的问题

根据《中华人民共和国企业破产法(试行)》第十一条的规定,人民法院受理破产案件后,对债务人财产的其他民事执行程序必须中止。人民法院应当按照这一规定办理相关案件。在具体处理问题上,你局可以告知审理破产案件的法院有关注册商标已被保全的情况,由该法院通知在先采取保全措施

① 2020年修正后调整为第67条。

② 2020年修正后调整为第55条。

的法院自行解除保全措施。你局收到有关解除财产保全措施的通知后，应立即协助执行审理破产案件法院的裁定。你局也可以告知在先采取保全措施的法院有关商标注册人进入破产程序的情况，由其自行决定解除保全措施。

四、关于法院裁决将注册商标作为标的执行时应否适用《商标法实施细则》第二十一条规定的问题

根据《商标法实施细则》第二十一条的规定，转让注册商标专用权的，商标注册人对其在同一种类或者类似商品上注册的相同或者近似的商标，必须一并办理。法院在执行注册商标专用权的过程中，应当根据上述规定的原则，对注册商标及相同或者类似商品上相同和近似的商标一并进行评估、拍卖、变卖等，并在采取执行措施时，裁定将相同或近似注册商标一并予以执行。商标局在接到法院有关转让注册商标的裁定时，如发现无上述内容，可以告知执行法院，由执行法院补充裁定后再协助执行。

来函中所涉及的具体案件，可按照上述意见处理。

【注释】本复函引用的《商标法实施细则》已废止，但2014年施行的《商标法实施条例》第31条、第32条也有同样的规定，即注册商标转让或转移时，注册商标专用权人在同一种或者类似商品上注册的相同或者近似的商标应一并转让或转移。因此，在执行商标专用权时，本复函的精神仍应遵循。

（三）协作机制

1.《最高人民法院、国家工商总局关于加强信息合作规范执行与协助执行的通知》（法〔2014〕251号，2014年10月10日）

按照中央改革工商登记制度的决策部署，根据全国人大常委会、国务院对注册资本登记制度改革涉及的法律、行政法规的修改决定，以及国务院印发的《注册资本登记制度改革方案》《企业信息公示暂行条例》，最高人民法院、国家工商行政管理总局就加强信息合作、规范人民法院执行与工商行政管理机关协助执行等事项通知如下：

一、进一步加强信息合作

1. 各级人民法院与工商行政管理机关通过网络专线、电子政务平台等媒介，将双方业务信息系统对接，建立网络执行查控系统，实现网络化执行与协助执行。

2. 人民法院与工商行政管理机关要积极创造条件，逐步实现人民法院通过企业信用信息公示系统自行公示相关信息。

3. 已建立网络执行查控系统的地区,可以通过该系统办理协助事项。

有关网络执行查控系统要求、电子文书要求、法律效力等规定,按照《最高人民法院关于网络查询、冻结被执行人存款的规定》(法释〔2013〕20号)执行。通过网络冻结、强制转让股权、其他投资权益(原按照法释〔2013〕20号第九、十条等规定执行)的程序,按照本通知要求执行,但协助请求、结果反馈的方式由现场转变为通过网络操作。

4. 未建成网络执行查控系统的地区,工商行政管理机关有条件的,可以设立专门的司法协助窗口或者指定专门的机构或者人员办理协助执行事务。

5. 各级人民法院与工商行政管理机关通过网络专线、电子政务平台等媒介,建立被执行人、失信被执行人名单、刑事犯罪人员等信息交换机制。工商行政管理机关将其作为加强市场信用监管的信息来源。

二、进一步规范人民法院执行与工商行政管理机关协助执行

6. 人民法院办理案件需要工商行政管理机关协助执行的,工商行政管理机关应当按照人民法院的生效法律文书和协助执行通知书办理协助执行事项。

人民法院要求协助执行的事项,应当属于工商行政管理机关的法定职权范围。

7. 工商行政管理机关协助人民法院办理以下事项:

(1)查询有关主体的设立、变更、注销登记,对外投资,以及受处罚等情况及原始资料(企业信用信息公示系统已经公示的信息除外);

(2)对冻结、解除冻结被执行人股权、其他投资权益进行公示;

(3)因人民法院强制转让被执行人股权,办理有限责任公司股东变更登记;

(4)法律、行政法规规定的其他事项。

8. 工商行政管理机关在企业信用信息公示系统中设置"司法协助"栏目,公开登载人民法院要求协助执行的事项。

人民法院要求工商行政管理机关协助公示时,应当制作协助公示执行信息需求书,随协助执行通知书等法律文书一并送达工商行政管理机关。工商行政管理机关按照协助公示执行信息需求书,发布公示信息。

公示信息应当记载执行法院,执行裁定书及执行通知书文号,被执行人姓名(名称),被冻结或转让的股权、其他投资权益所在市场主体的姓名(名

称),股权、其他投资权益数额,受让人,协助执行的时间等内容。

9. 人民法院对股权、其他投资权益进行冻结或者实体处分前,应当查询权属。

人民法院应先通过企业信用信息公示系统查询有关信息。需要进一步获取有关信息的,可以要求工商行政管理机关予以协助。

执行人员到工商行政管理机关查询时,应当出示工作证或者执行公务证,并出具协助查询通知书。协助查询通知书应当载明被查询主体的姓名(名称)、查询内容,并记载执行依据、人民法院经办人员的姓名和电话等内容。

10. 人民法院对从工商行政管理机关业务系统、企业信用信息公示系统以及公司章程中查明属于被执行人名下的股权、其他投资权益,可以冻结。

11. 人民法院冻结股权、其他投资权益时,应当向被执行人及其股权、其他投资权益所在市场主体送达冻结裁定,并要求工商行政管理机关协助公示。

人民法院要求协助公示冻结股权、其他投资权益时,执行人员应当出示工作证或者执行公务证,向被冻结股权、其他投资权益所在市场主体登记的工商行政管理机关送达执行裁定书、协助公示通知书和协助公示执行信息需求书。

协助公示通知书应当载明被执行人姓名(名称),执行依据,被冻结的股权、其他投资权益所在市场主体的姓名(名称),股权、其他投资权益数额,冻结期限,人民法院经办人员的姓名和电话等内容。

工商行政管理机关应当在收到通知后三个工作日内通过企业信用信息公示系统公示。

12. 股权、其他投资权益被冻结的,未经人民法院许可,不得转让,不得设定质押或者其他权利负担。

有限责任公司股东的股权被冻结期间,工商行政管理机关不予办理该股东的变更登记、该股东向公司其他股东转让股权被冻结部分的公司章程备案,以及被冻结部分股权的出质登记。

13. 工商行政管理机关在多家法院要求冻结同一股权、其他投资权益的情况下,应当将所有冻结要求全部公示。

首先送达协助公示通知书的执行法院的冻结为生效冻结。送达在后的冻结为轮候冻结。有效的冻结解除的,轮候的冻结中,送达在先的自动生效。

14. 冻结股权、其他投资权益的期限不得超过两年。申请人申请续行冻结的,人民法院应当在本次冻结期限届满三日前按照本通知第11条办理。续冻期限不得超过一年。续行冻结没有次数限制。

有效的冻结期满,人民法院未办理续行冻结的,冻结的效力消灭。按照前款办理了续行冻结的,冻结效力延续,优先于轮候冻结。

15. 人民法院对被执行人股权、其他投资权益等解除冻结的,应当通知当事人,同时通知工商行政管理机关公示。

人民法院通知和工商行政管理机关公示的程序,按照本通知第11条办理。

16. 人民法院强制转让被执行人的股权、其他投资权益,完成变价等程序后,应当向受让人、被执行人或者其股权、其他投资权益所在市场主体送达转让裁定,要求工商行政管理机关协助公示并办理有限责任公司股东变更登记。

人民法院要求办理有限责任公司股东变更登记的,执行人员应当出示工作证或者执行公务证,送达生效法律文书副本或者执行裁定书、协助执行通知书、协助公示执行信息需求书、合法受让人的身份或资格证明,到被执行人股权所在有限责任公司登记的工商行政管理机关办理。

法律、行政法规对股东资格、持股比例等有特殊规定的,人民法院要求工商行政管理机关办理有限责任公司股东变更登记前,应当进行审查,并确认该公司股东变更符合公司法第二十四条、第五十八条的规定。

工商行政管理机关收到人民法院上述文书后,应当在三个工作日内直接在业务系统中办理,不需要该有限责任公司另行申请,并及时公示股东变更登记信息。公示后,该股东权利以公示信息确定。

17. 人民法院可以对有关材料查询、摘抄、复制,但不得带走原件。

工商行政管理机关对人民法院复制的书面材料应当核对并加盖印章。人民法院要求提供电子版,工商行政管理机关有条件的,应当提供。

对于工商行政管理机关无法协助的事项,人民法院要求出具书面说明的,工商行政管理机关应当出具。

18. 工商行政管理机关对按人民法院要求协助执行产生的后果,不承担责任。

当事人、案外人对工商行政管理机关协助执行的行为不服,提出异议或者行政复议的,工商行政管理机关不予受理;向人民法院起诉的,人民法院不予受理。

当事人、案外人认为人民法院协助执行要求存在错误的,应当按照民事诉讼法第二百二十五条①之规定,向人民法院提出执行异议,人民法院应当受理。

当事人认为工商行政管理机关在协助执行时扩大了范围或者违法采取措施造成其损害,提起行政诉讼的,人民法院应当受理。

19. 人民法院冻结股权、其他投资权益的通知在 2014 年 2 月 28 日之前送达工商行政管理机关、冻结到期日在 2014 年 3 月 1 日以后的,工商行政管理机关应当在 2014 年 11 月 30 日前将冻结信息公示。公示后续行冻结的,按照本通知第 11 条办理。

冻结到期日在 2014 年 3 月 1 日以后、2014 年 11 月 30 日前,人民法院送达了续行冻结通知书的,续行冻结有效。工商行政管理机关还应当在 2014 年 11 月 30 日前公示续行冻结信息。

人民法院对股权、其他投资权益的冻结未设定期限的,工商行政管理机关应当在 2014 年 11 月 30 日前将冻结信息公示。从公示之日起满两年,人民法院未续行冻结的,冻结的效力消灭。

各高级人民法院与各省级工商行政管理局可以根据本通知,结合本地实际,制定贯彻实施办法。对执行本通知的情况和工作中遇到的问题,要及时报告最高人民法院、国家工商行政管理总局。

2.《最高人民法院、公安部关于建立快速查询信息共享及网络执行查控协作工作机制的意见》(法〔2016〕41 号,2016 年 1 月 31 日)

一、总体规划

最高人民法院与公安部通过“ZF801”工程专线分别建设信息共享平台,按照安全、有序、高效的原则建立快速查询信息共享及网络执行查控协作工作机制。以相关信息电子化传输替代书面纸质材料传输,实现网络核查被执行人身份信息和车辆财产信息、联合发布对被执行人员和被执行车辆的预警指令、协作限制人员出境、共享被执行人和失信被执行人信息。

最高人民法院执行局与公安部科技信息化局分别负责协调本系统推进本工作机制的顺利进行。

---

① 2021 年《民事诉讼法》第四次修正后调整为第 232 条。

二、快速查询信息共享协作工作内容

(一)最高人民法院提供信息

1. 执行案件信息。包括:当事人姓名或名称、公民身份号码或组织机构代码、案号、立案时间、执行法院、执行状态、申请执行标的额;

2. 失信被执行人信息。包括:当事人姓名或名称、公民身份号码或组织机构代码、案号、立案时间、执行法院、执行状态、申请执行标的额,被执行人失信行为的具体情形;

3. 司法审判信息。包括:司法判决文书电子版。

(二)公安部提供信息

1. 被告、被执行人身份信息。包括:姓名、曾用名、出生日期、户籍地、住址、公民身份号码、照片;

2. 诉讼保全被告的出入境证件信息。包括:姓名、性别、出生日期、所有证件种类名称、证件号码、照片;

3. 被执行人出入境证件及出入境信息。包括:姓名、性别、出生日期、所有证件种类名称、证件号码、照片、出入境时间、前往国家(地区)名称、登记联系电话;

4. 诉讼保全被告、被执行人车辆登记信息。包括:车辆车牌号、车辆品牌、型号、类型、车辆识别码、注册登记机关及注册日期、抵押权人、查封扣押机关名称、查封扣押文书名称。

5. 被执行人旅店住宿信息。包括:入住时间、退房时间、住宿旅馆名称、住宿旅馆地址、登记联系电话。

三、网络执行查控协作工作内容

(一)协助限制出境

1. 最高人民法院向公安部提供被决定限制出境的当事人(自然人)信息,提供执行法院信息、案件承办人姓名及联系电话、控制期限及边控要求;

2. 公安机关各边检总站、边防总队负责对本省法院系统边控对象进行布控,各地边检机关与当地法院建立相关的查控联络机制,及时有效处理相关问题。

(二)协助查找车辆

最高人民法院向公安部提供加盖电子签章的查封车辆裁定书、协助执行通知书,提供执行法院信息、案件承办人姓名及联系电话。公安机关交管部门将上述车辆信息纳入车辆管理信息系统,限制其转让过户或新增抵押登记，在办理车辆年检、转移登记、执勤执法的过程中发现上述车辆的，应及时通知人民法院。

（三）协助查找被执行人

最高人民法院向公安部提供被决定司法拘留的当事人（自然人）信息，并推送对应的加盖电子签章的拘留决定书及协助执行通知书，提供执行法院信息、案件承办人姓名及联系电话；公安机关及派出机构在日常执法过程中发现上述人员时，应及时通知人民法院。

人民法院应当及时将解除查控措施的当事人信息推送至公安部。

（四）最高人民法院建立全国执行指挥系统，统一指挥、协调，负责督导各省之间的查控执行工作。

四、协作机制工作内容

（一）最高人民法院与公安部建立快速查询信息共享及网络执行查控协作工作机制，适时相互通报情况、协调工作、总结交流经验。

（二）最高人民法院与公安部决定本协作机制相关信息的技术规范细节，对本协作共享内容扩展或修改由双方确定的联系部门共同商定。

（三）人民法院在本协作机制框架下出具的电子法律文书与纸质法律文书具有同等效力。

（四）人民法院通过网络实施本协作机制的行为，与执行人员赴现场处置具有同等效力。

（五）双方应于系统发生异常的 24 小时内通知对方，共同排查、协商解决。

五、工作要求

（一）最高人民法院、公安部建立健全内部管理机制，严格按照相关制度规定查询和使用共享的信息。

（二）协作过程中双方应建立完备系统日志，完整记录用户的访问、操作及客户端信息，确保系统的安全和正常使用；建立必要的技术隔离措施，保护敏感核心信息的数据安全，杜绝超权限操作。

（三）各省、自治区、直辖市高级人民法院及公安厅（局）、新疆生产建设兵团分院及公安局可根据本意见制定实施细则。

3.《最高人民法院、国土资源部关于推进信息共享和网络执行查询机制建设的意见》（法〔2016〕357 号，2016 年 10 月 26 日）

为加强网络执行查询不动产联动机制建设，提高人民法院执行工作效率,切实保障当事人的合法权益,维护司法权威,推动社会信用体系建设,根据《中华人民共和国民事诉讼法》《不动产登记暂行条例》的有关规定和《关于建立和完善执行联动机制若干问题的意见》(法发〔2010〕15号)的要求,最高人民法院、国土资源部就推进信息共享和网络执行查询机制建设提出如下意见:

一、明确目标,全面建设网络执行查询机制

各级人民法院与国土资源主管部门联合推进信息共享和网络执行查询机制建设,是贯彻落实中央改革任务的重要内容,是推进网络查询不动产登记信息的积极探索,对于提高人民法院执行效率,切实解决执行难,以及推动不动产登记信息管理基础平台建设,扩大登记信息应用服务范围具有重要意义。各级人民法院会同国土资源主管部门,结合不动产登记信息管理基础平台建设推进情况,在已有工作基础上逐步建立和完善网络执行查询工作机制。

已建立"点对点"网络执行查询机制的地区,要严格按照最高人民法院、国土资源部联合制定的《人民法院网络查询不动产登记信息技术规范(试行)》要求改造系统,尽快完成与最高人民法院网络执行查控系统的对接,建立"点对总"网络执行查控机制,最高人民法院统一汇总全国各级人民法院的查询申请,通过专线提交至相应地区的不动产登记机构进行查询。

尚未建立"点对点"网络执行查询机制的地区,人民法院要抓紧与同级国土资源主管部门建立网络对接,并按照《人民法院网络查询不动产登记信息技术规范(试行)》要求研发查控软件,开展信息共享,同步推进"点对总"网络执行查询机制建设,优先在已经实施不动产统一登记制度的地区开展试点,逐步推广。

最高人民法院与国土资源部稳步推进"总对总"网络执行查询机制建设。

二、突出重点,着力提高规范化水平

各级人民法院与国土资源主管部门通过专线或其他方式建立网络查询通道,依法查询被执行人的不动产登记信息。

人民法院发送的协助查询通知书应当载明执行法院、执行案号、承办人及联系方式、被执行人、具体查询事项等内容;国土资源主管部门对人民法院的查询申请进行统一查询和反馈,反馈的结果主要包括不动产权利人和不动产坐落、面积、位置等基本情况,以及抵押、查封、地役权等信息。提供的查询结果要符合不动产统一登记相关政策、技术要求。

各级人民法院要严格按照“谁承办、谁提起、谁负责”的原则，由案件的承办人对其承办案件的被执行人提起查询请求和查看反馈信息。国土资源主管部门要进一步强化管理，健全配套制度、规范工作流程、细化工作要求，依法规范做好协助查询工作。

对网络查询结果各级人民法院可以到相应不动产登记机构进行现场核实。网络查询反馈结果与实际信息或权属不一致的，以实际信息为准。不动产登记机构对按人民法院要求协助执行产生的后果，不承担责任。

三、落实责任，确保信息安全

各级人民法院和国土资源主管部门要高度重视不动产登记信息安全保密工作，严格执行不动产登记资料查询制度，通过建立严格的规章制度和采取必要措施，确保不动产登记信息安全。

各级人民法院应当依法使用查询结果，不得将查询信息用于办案之外的用途，不动产登记机构应当依法协助完成查询工作，不得隐瞒、修改和泄露信息。

四、统筹协调，深化拓展部门合作

建立不动产统一登记制度为人民法院实施网络查询不动产奠定了基础。各地应以构建网络查询机制为契机，进一步加快不动产登记制度建设，有序推进不动产登记信息管理基础平台建设和更新维护，同步推进部门间常态化的信息共享机制，构建和完善信息动态更新机制。已经实施不动产统一登记、实现不动产权证书发新停旧的地区，不动产登记机构要按照职能分工，依法开展涉及各类不动产的协助查询工作，全面履行职责。尚未实施不动产统一登记、发新停旧的地区，要进一步加快工作进度，为规范开展协助查询工作创造条件，已经与各级人民法院建立信息合作机制的，要继续做好过渡时期信息共享工作。

各高级人民法院与各省级国土资源主管部门可以根据本意见，结合本地实际，制定贯彻实施办法。对执行本意见的情况和工作中遇到的问题，要及时报告最高人民法院、国土资源部。

【司法答复】

(一)一般规定

1.《最高人民法院关于转卖人民法院查封房屋行为无效问题的复函》
(〔1997〕经他字第8号,1997年4月7日)
北京市高级人民法院:

你院京高法〔1996〕385号《关于查封房屋因未告知房管部门被出卖应如何执行的请示》收悉,经研究,答复如下:

北京市第二中级人民法院在审理广州市海珠区南华西物资公司诉北京亚运特需供应公司购销合同纠纷一案中,依法作出的(1994)中法调字第23号民事裁定书虽未抄告房管部门,但已送达当事人,根据《中华人民共和国民事诉讼法》第一百四十一条①规定,诉前保全的裁定是不准上诉的裁定,依该裁定书保全查封被告的房产,属合法有效。北京亚运特需供应公司在此后擅自将其已被查封的房产转卖给北京沃克曼贸易开发有限责任公司的行为是违法的,所订立的房屋买卖合同系无效合同。北京市高级人民法院(1995)高经终字第11号民事判决书确定该案保全查封的房产为执行的标的物是正确的。北京亚运特需供应公司在其未能履行生效判决书所确定的还债义务时,以拍卖或变卖本案保全查封的房产的价款偿还债务,于法有据。至于北京沃克曼开发有限责任公司是否为善意第三人及其利益的保护等问题,可通过诉讼另案解决。

【注释】《查封扣押冻结规定》第24条规定:"被执行人就已经查封、扣押、冻结的财产所作的移转、设定权利负担或者其他有碍执行的行为,不得对抗申请执行人。第三人未经人民法院准许占有查封、扣押、冻结的财产或者实施其他有碍执行的行为的,人民法院可以依据申请执行人的申请或者依职权解除其占有或者排除其妨害。人民法院的查封、扣押、冻结没有公示的,其效力不得对抗善意第三人。"关于在执行程序中被执行人擅自处分法院的查封物的效力问题,《最高人民法院执行局关于人民法院能否在执行程序中以被执行人擅自出租查封房产为由认定该租赁合同无效或解除该租赁合同的

① 2021年《民事诉讼法》第四次修正后调整为第157条。

答复》(〔2009〕执他字第 7 号)认为,被执行人擅自处分查封物,与第三人签订的租赁合同,并不当然无效,只是不得对抗申请执行人。第三人依据租赁合同占有查封物的,人民法院可以解除其占有,但不应当在裁定中直接宣布租赁合同无效或解除租赁合同,而仅应指出租赁合同不能对抗申请执行人。上述规定改变了本复函的规定,确立了查封的相对效力,并规定"人民法院的查封、扣押、冻结没有公示的,其效力不得对抗善意第三人"。实践中应以上述规定为准。

2.《最高人民法院执行工作办公室关于人民法院查封的财产被转卖是否保护善意取得人利益问题的复函》(〔1999〕执他字第 21 号,1999 年 11 月 17 日)

河北省高级人民法院:

你院《关于被执行人转卖法院查封财产第三人善意取得是否应予保护的请示》收悉。经研究,答复如下:

人民法院依法查封的财产被转卖的,对买受人原则上不适用善意取得制度。但鉴于所请示的案件中,有关法院在执行本案时,对液化气铁路罐车的查封手续不够完备,因此在处理时对申请执行人和买受人的利益均应给予照顾,具体可对罐车或其变价款在申请执行人和买受人之间进行公平合理分配。

【注释 1】河北省石家庄市井陉矿区法院于 1996 年 10 月审结了解放军 6410 工厂诉辽宁省抚顺市油气运销公司(以下简称油气运销公司)购销太脱拉汽车欠款纠纷一案。依调解书被告油气运销公司应付给原告 6410 工厂货款 173.8 万元。在执行中,井陉矿区法院于 1996 年 11 月 13 日裁定查封了被执行人 6 台液化气铁路罐车。此后被执行人给付了 82 万元,并表示如到期不能付清余款,可用查封的罐车折价偿还;但却自 11 月 26 日开始,将查封的罐车转卖给他人。其中转让给中国南方航空动力机械公司(以下简称南方公司)4 台,每台 24 万元,共计 96 万元。南方公司付款后取得了这 4 台车的实际占有,并办理了有关的车辆过户手续,办理了新的《液化气罐车使用证》等,并将罐车投入运营。

此后,井陉矿区法院在铁路上查到被转移的车辆,再次将该 4 台罐车扣押到债权人 6410 工厂的铁路专用线。在准备拍卖时南方公司提出异议,河北省高级人民法院通知井陉矿区法院暂缓执行,并请示至最高人民法院。

【注释2】法院查封财产被转卖的情况与一般民事交易中善意取得制度有一定的差别。执行制度保护权利的重点在于债权人利益。在债权人与善意第三人的利益之间进行权衡中,应考虑债权人动用国家公权力实现自己的权利,其花费的成本比较大。而保护善意占有人的利益在于维护社会交易安全,在执行程序中保护债权人的利益应当高于对一般交易安全的维护。因此,有必要赋予法院查封比一般民事行为更大的限制处分效力,有必要使法院查封的财产绝对受保护。最高人民法院在以往案件中均认定查封财产被他人非法转卖的,无论第三人是善意还是恶意,均应追回。因此,第三人善意与否,不应影响查封财产转卖无效的后果。

《查封扣押冻结规定》第24条与《最高人民法院执行局关于人民法院能否在执行程序中以被执行人擅自出租查封房产为由认定该租赁合同无效或解除该租赁合同的答复》(〔2009〕执他字第7号)改变了本复函的规定,确立了查封的相对效力,并规定"人民法院的查封、扣押、冻结没有公示的,其效力不得对抗善意第三人",实践中应以上述规定为准。

3.《最高人民法院执行工作办公室关于同一法院在不同案件中是否可以对同一财产采取轮候查封、扣押、冻结保全措施问题的答复》(〔2005〕执他字第24号,2006年1月10日)

江苏省高级人民法院:

你院关于同一法院在不同案件中是否可以对同一财产采取轮候查封、扣押、冻结保全措施的请示收悉。经研究,答复如下:

设立轮候查封、扣押、冻结制度,目的是为了解决多个债权对同一执行标的物受偿的先后顺序问题。因此,根据最高人民法院《关于人民法院民事执行中查封、扣押、冻结财产的规定》第二十八条①规定的精神,只要不是同一债权,不论是不是同一个债权人,受理案件的法院是不是同一个法院,都应当允许对已被查封、扣押、冻结的财产进行轮候查封、扣押、冻结;同一法院在不同案件中也可以对同一财产采取轮候查封、扣押、冻结保全措施。

【注释】本答复与《查封扣押冻结规定》第26条、《国土房产协助执行通知》(法发〔2004〕5号)第19条、第20条,均为对轮候查封制度的规定。与其他两项文件相比,本答复进一步明确了只要不是同一债权,同一法院在不同

① 2020年修正后调整为第26条。

案件中也可采取轮候查封。

4.《最高人民法院关于民事执行中查封、扣押、冻结财产有关期限问题的答复》(法函〔2006〕76 号,2006 年 7 月 11 日)

上海市高级人民法院:

你院《关于民事执行续行查封、扣押、冻结财产问题的请示》(沪高法〔2006〕12 号)收悉。经研究,答复如下:

同意你院倾向性意见,即《最高人民法院关于人民法院民事执行中查封、扣押、冻结财产的规定》施行前采取的查封、扣押、冻结措施,除了当时法律、司法解释及有关通知对期限问题有专门规定的以外,没有期限限制。但人民法院应当对有关案件尽快处理。

【注释】本答复与《查封扣押冻结规定》及《国土房产协助执行通知》(法发〔2004〕5 号)并不矛盾,关键是对答复中"除了当时法律、司法解释及有关通知对期限问题有专门规定的以外"这一除外条款如何进行理解。首先,对该除外条款中的"当时",正确的理解应该是指《查封扣押冻结规定》施行前的整个时间段,而不是指查封实施的当时。其次,在这个时间段内,如果法律、司法解释及有关通知对期限问题有专门规定,则按照其规定处理,而不属于答复中所说的没有期限限制。法发〔2004〕5 号通知就是在《查封扣押冻结规定》施行前所发的通知。综合各项规定来看,本答复只是表示《查封扣押冻结规定》下发前的一部分财产,具体是指动产、债权、非上市公司国有股和社会法人股的股权、其他财产权的查封,没有期限限制。

5.《最高人民法院关于查封法院全部处分标的物后轮候查封的效力问题的批复》(法函〔2007〕100 号,2007 年 9 月 11 日)

北京市高级人民法院:

你院《关于查封法院全部处分标的物后,轮候查封的效力问题的请示》(京高法〔2007〕208 号)收悉。经研究,答复如下:

根据《最高人民法院关于人民法院民事执行中查封、扣押、冻结财产的规定》(法释〔2004〕15 号)第二十八条[①]第一款的规定,轮候查封、扣押、冻结自在先的查封、扣押、冻结解除时自动生效,故人民法院对已查封、扣押、冻结

① 2020 年修正后调整为第 26 条。

的全部财产进行处分后,该财产上的轮候查封自始未产生查封、扣押、冻结的效力。同时,根据上述司法解释第三十条①的规定,人民法院对已查封、扣押、冻结的财产进行拍卖、变卖或抵债的,原查封、扣押、冻结的效力消灭,人民法院无需先行解除该财产上的查封、扣押、冻结,可直接进行处分,有关单位应当协助办理有关财产权证照转移手续。

【注释】(1)本批复与《查封扣押冻结规定》第26条、《国土房产协助执行通知》(法发〔2004〕5号)第19条、第20条,均为对轮候查封制度的规定。与其他两项文件相比,本批复对全部财产处分后,轮候查封的效力问题作出了新的规定,明确了"人民法院对已查封、扣押、冻结的全部财产进行处分后,该财产上的轮候查封自始未产生查封、扣押、冻结的效力"。关于全部财产处分后,轮候查封的效力问题,应以本批复为准。

(2)《查封扣押冻结规定》第27条第2款规定:"查封、扣押、冻结的财产已经被执行拍卖、变卖或者抵债的,查封、扣押、冻结的效力消灭。"本批复对全部财产处分后,查封是否需要解除作出了规定,明确了"人民法院对已查封、扣押、冻结的财产进行拍卖、变卖或抵债的,原查封、扣押、冻结的效力消灭,人民法院无需先行解除该财产上的查封、扣押、冻结,可直接进行处分"。

(3)根据本批复关于"轮候查封、扣押、冻结自在先的查封、扣押、冻结解除时自动生效,故人民法院对已查封、扣押、冻结的全部财产进行处分后,该财产上的轮候查封自始未产生查封、扣押、冻结的效力"的规定,轮候查封的查封期限应自轮候查封生效之日起计算,登记机关可依首先查封法院的处置裁定及协助执行通知书为买受人办理过户手续,并非必须解除轮候查封;标的物被首先查封法院处分后,轮候查封的效力当然不能及于变价款。

6.《最高人民法院执行局关于人民法院能否在执行程序中以被执行人擅自出租查封房产为由认定该租赁合同无效或解除该租赁合同的复函》

(〔2009〕执他字第7号,2009年12月22日)

山东省高级人民法院:

你院《关于被执行人擅自出租已查封的财产执行程序中人民法院排除执行妨害能否认定该合同无效或解除租赁合同的请示》收悉。经研究,答复如下:

---

① 2020年修正后调整为第27条。

在执行程序中被执行人擅自处分法院的查封物，包括本案中以出租的形式妨害查封效果的行为，执行法院有权以裁定形式直接予以处理。根据最高人民法院《关于人民法院民事执行中查封、扣押、冻结财产的规定》第 26 条①，被执行人擅自处分查封物，与第三人签订的租赁合同，并不当然无效，只是不得对抗申请执行人。第三人依据租赁合同占有查封物的，人民法院可以解除其占有，但不应当在裁定中直接宣布租赁合同无效或解除租赁合同，而仅应指出租赁合同不能对抗申请执行人。

【注释】在《查封扣押冻结规定》施行之前，《国土房产协助执行通知》（法发〔2004〕5 号）第 21 条、《最高人民法院执行工作办公室关于人民法院查封的财产被转卖是否保护善意取得人利益问题的复函》（〔1999〕执他字第 21 号）、《最高人民法院关于转卖人民法院查封房屋行为无效问题的复函》（〔1997〕经他字第 8 号）均采查封绝对效力的观点，《国土房产协助执行通知》第 21 条直接规定了对被执行人隐瞒真实情况对查封财产办理抵押、转让手续的，法院可确认处分行为无效，并可撤销登记。《查封扣押冻结规定》第 24 条以及本复函内容改变了上述规定，确立了查封的相对效力，明确规定不能在执行中宣布合同无效或解除合同。实践中应以该规定及本复函意见为准。

（二）动产、不动产

1.《最高人民法院执行工作办公室关于执行案件中车辆登记单位与实际出资购买人不一致应如何处理问题的复函》（〔2000〕执他字第 25 号，2000 年 11 月 21 日）

上海市高级人民法院：

你院沪高法〔1999〕321 号《关于执行案件车辆登记单位与实际出资购买人不一致应如何处理的请示》收悉。经研究，答复如下：

本案被执行人即登记名义人上海福久快餐有限公司对其名下的三辆机动车并不主张所有权；其与第三人上海人工半岛建设发展有限公司签订的协议书与承诺书意思表示真实，并无转移财产之嫌；且第三人出具的购买该三辆车的财务凭证、银行账册明细表、缴纳养路费和税费的凭证，证明第三人为

① 2020 年修正后调整为第 24 条。

实际出资人，独自对该三辆机动车享有占有、使用、收益和处分权。因此，对本案的三辆机动车不应确定登记名义人为车主，而应当依据公平、等价有偿原则，确定归第三人所有。故请你院监督执行法院对该三辆机动车予以解封。

【注释】上海市南市区法院在审理黄培培与福久快餐公司无效承包合同纠纷一案中，依法查封被告福久快餐公司名下桑塔纳轿车两辆、三星旅行车一辆。案件进入执行程序后，被执行人福久快餐公司称其已资不抵债，无力偿还申请执行人的债务并称上述被法院查封的车辆不是其出资购买的。法院经向有关部门了解，查明：被执行人福久快餐公司名下的三辆车均系他人借用该公司购车额度购买的，其中两辆系半岛公司购买，另一辆也系他人购买，但目前下落不明。因福久快餐公司的财产不足以清偿债务，申请执行人黄培培申请法院处理已找到的两辆汽车。而案外人半岛公司则提出异议，认为这两辆车系该公司购买所得，只是因当时公司无购车指标，所以委托中介人与福久快餐公司协议借其额度购车上牌，且购车前后均与汽车销售公司直接联系，并未与福久快餐公司的任何人有过接触，购车所需款项、每年缴纳的各种税费也均由该公司自行支付，并提供了福久快餐公司与半岛公司签订的协议书、汽车销售公司与半岛公司的承诺书、半岛公司支付购车款的财务凭证、银行账册明细表、购车发票及每年缴纳养路费等凭证。案外人半岛公司对该两辆汽车主张所有权的异议是否成立，上海高院请示至最高人民法院。①

2.《最高人民法院执行工作办公室关于被执行人为逃避义务伙同其亲属处分肇事车辆，能否在执行程序中裁定非法占有车款的被执行人亲属交出车款用以偿还被执行人债务的问题的答复》（〔2000〕执他字第 26 号，2001 年 2 月 22 日）

青海省高级人民法院：

你院〔2000〕青法执字第 12 号请示报告收悉。经研究，现答复如下：

关于（1998）青刑终字第 68 号刑事附带民事判决书执行一案，如确实查

① 参见王飞鸿：《关于执行案件中车辆登记单位与实际出资购买人不一致应如何处理问题的请示与答复》，载最高人民法院执行工作办公室编：《强制执行指导与参考》2002 年第 3 辑（总第 7 辑），法律出版社 2003 年版，第 203—210 页。

明被执行人为逃避对受害人的赔偿义务,伙同其亲属处分肇事车辆,并虚构与其亲属间的债权债务关系,将卖车款分给其亲属非法占有,可以在执行程序中裁定非法占有车款的被执行人亲属交出车款,用以偿还被执行人的债务。如不符合上述条件,且被执行人无其他财产可供执行,可以中止执行。

3.《最高人民法院关于广东省高级人民法院、湖南省岳阳市中级人民法院就执行深圳市“洪湖大厦”发生争议案的复函》(〔2000〕执协字第 50 号,2002 年 10 月 8 日)

广东省高级人民法院、湖南省高级人民法院:

广东省高级人民法院〔1996〕粤法经一上字第 259 号《关于深圳市罗湖区国土局擅自解除人民法院对深圳洪湖大厦的保全措施后,如何协调处理外省法院重复查封问题的请示》和湖南省高级人民法院湘高法执〔2001〕02 号《关于请求监督协调湖南省岳阳市中院与广东省高院在执行深圳市洪湖大厦房屋问题上发生争议的报告》均收悉。经研究,答复如下:

一、广东省高级人民法院反映的深圳市罗湖区国土局对该院保全查封的洪湖大厦第 4 层、第 7 层、第 13 层房屋,以该查封已超过《深圳经济特区房地产登记条例》(以下简称《条例》)规定的 6 个月期限为由,径行予以解封,导致该房产部分被其他法院执行,部分被洪湖公司销售过户给第三人。对此,同意广东省高级人民法院的意见,即依据我院《关于适用〈中华人民共和国民事诉讼法〉若干问题的意见》第 109 条的规定,人民法院财产保全裁定书的效力,应维持到案件生效判决执行时止。罗湖区国土局依据本市地方法规,将广东省高级人民法院裁定保全查封的财产解封是错误的。地方法规只能在其辖区内发生效力,且不得对抗国家法律、法规和司法解释。罗湖区国土局适用《条例》的规定,对抗法律规定,并扩大了该《条例》的适用范围,应对其行为后果承担民事责任。

二、湖南省岳阳市中级人民法院在审理湖南德银房地产开发有限公司诉深圳市洪湖实业有限公司房屋租赁纠纷一案时,于 1998 年 7 月 10 日以(1998)岳民初字第 2 号民事裁定书依法查封了洪湖大厦第七层房屋。岳阳市中级人民法院的查封行为,是在该楼层无查封的状态下进行的,且协助执行人深圳市罗湖区国土局受理了该院的查封并为其办理了查封登记手续,符合我院《关于人民法院执行工作若干问题的规定(试行)》第41条①的规定,应认定该查封行为合法有效;且在无争议的情况下,于2000年2月2日将执行款项划拨给了债权人,应当予以维持。至于本案在广东、湖南两高院报请本院协调期间,岳阳市中级人民法院于2001年2月14日下达(1999)岳中执字第64-1号民事裁定书,确属不妥,但此裁定主要是用于前期执行财产的受让人办理财产过户手续,此执行行为结果与本院协调工作结果并无冲突;无需执行回转,故可予以维持。

三、广东省高级人民法院报告反映,深圳市人大常委会法制委员会于2001年4月10日以深人法函〔2001〕第11号《关于洪湖大厦有关查封问题请示的答复》中仍依据《条例》认为,“未依法办理续封手续的标的物、予以径为注销查封的行为合法有效”。对此,请广东省高级人民法院向广东省人大常委会作专题报告,以期依法有效地解决这一问题。同时,请广东省高级人民法院做好相关当事人的工作。

4.《最高人民法院关于人民法院执行以划拨方式取得的土地使用权的请示的答复》(〔2005〕执他字第15号,2006年1月10日)

安徽省高级人民法院:

你院〔2004〕皖执监字第175号《关于中国农业银行砀山县支行申请执行安徽省国营砀山葡萄酒罐头工业公司、安徽省砀山果园场借款合同纠纷一案的请示》收悉。经研究,答复如下:

经审查,原则同意你院审判委员会倾向性意见。宿州市中级人民法院(2003)宿中法执字第130-1号民事裁定书所处置的财产虽然涉及国有划拨土地使用权,但事先已经双方当事人同意,事后砀山县土地主管部门又予以认可,符合《中华人民共和国城市房地产管理法》和《中华人民共和国城镇国有土地使用权出让和转让暂行条例》的相关规定及国家土地局〔1997〕国土函字第96号《对最高人民法院法经〔1997〕18号函的复函》精神。因此,宿州

---

① 《执行工作规定》(1998年)第41条(2020年修正时予以删除)规定:“对动产的查封,应当采取加贴封条的方式。不便加贴封条的,应当张贴公告。对有产权证照的动产或不动产的查封,应当向有关管理机关发出协助执行通知书,要求其不得办理查封财产的转移过户手续,同时可以责令被执行人将有关财产权证照交人民法院保管。必要时也可以采取加贴封条或张贴公告的方法查封。既未向有关管理机关发出协助执行通知书,也未采取加贴封条或张贴公告的办法查封的,不得对抗其他人民法院的查封。”

市中级人民法院上述民事裁定并无不当。但是在具体工作中应严格程序,注意及时同相关部门沟通协商。

【注释 1】中国农业银行安徽省砀山县支行(以下简称砀山农行)与安徽省国营砀山葡萄酒罐头公司(已破产,以下简称罐头公司)、安徽省砀山果园场(以下简称果园场)借款纠纷一案,宿州市中级人民法院(以下简称宿州中院)于 2003 年 8 月 18 日作出(2003)宿中民二初字第 56 号民事判决:罐头公司偿还砀山农行本金 4000000 元及利息 1440214 元,果园场对该借款承担连带清偿责任。案件进入执行程序后,砀山农行要求对诉讼期间查封的罐头公司位于砀山县振兴路的部分房地产进行执行。宿州中院委托宿州市价格认证中心对该查封的财产进行了评估,当事人双方对评估没有异议,并同意以评估价格抵偿债务。

2003 年 11 月 14 日,宿州中院作出(2003)宿中法执字第 130-1 号民事裁定书,将上述房地产作价 5583273 元交付给申请执行人砀山农行,并于同月 20 日将裁定书送达双方当事人,同月 25 日向砀山县土地部门发出协助执行通知书及与土地部门会商处理函,土地部门签署同意依法协助执行。2003 年 12 月 5 日,砀山农行委托拍卖行对该房地产及土地使用权拍卖成交,砀山县土地部门暂收取了该土地出让金 50000 元。2004 年 5 月 6 日,砀山县土地部门向砀山农行发出办理土地使用权出让过户手续的通知。

后安徽省高级人民法院就宿州中院(2003)宿中法执字第 130-1 号民事裁定将罐头公司以划拨方式取得的国有土地使用权作价交付给砀山农行抵偿债务是否合法问题,请示至最高人民法院。①

【注释 2】最高人民法院作出本答复,主要基于如下考虑:我国城市市区土地实行国家所有,对于土地使用权的取得一般有两种方式,一是交付一定的土地出让金即通过有偿方式取得土地使用权,二是通过划拨方式取得土地使用权。前者允许转让,而后者由于不属于当事人的自有财产,法律明确规定不能自行转让。但是,对划拨方式取得的土地使用权,经政府土地管理部门同意,当事人交付土地出让金,履行了相关的手续后,该土地使用权是可以转让的。

本案中,宿州中院裁定以被执行人的房地产抵债,是在双方当事人同意以

---

① 参见裴莹硕:《关于人民法院执行以划拨方式取得的土地使用权的请示与答复》,载最高人民法院执行工作办公室编:《执行工作指导》2006 年第 1 辑(总第 17 辑),人民法院出版社 2006 年版,第 74—76 页。

评估价格抵偿债务的前提下作出的，且砀山县土地管理部门同意依法协助执行，预收了该土地出让金，并发出办理土地使用权出让过户手续的通知。因此，该项土地使用权的转让，符合1997年8月18日《国家土地管理局关于人民法院裁定转移土地使用权问题对最高人民法院法经〔1997〕18号函的复函》（〔1997〕国土函字第96号）第4条①规定的精神，也符合《城市房地产管理法》第39条②、《城镇国有土地使用权出让和转让暂行条例》第45条③的规定。

按照上述房地产法律和相关规定，对于划拨方式取得土地使用权的，转让房地产时应报有批准权的人民政府审批，准予转让的，应当由受让方办理土地使用权出让手续，并依法交纳土地使用权出让金。因此，宿州中院应当事先与土地部门取得一致意见，砀山农行交纳土地出让金后，才能裁定抵偿债务，而宿州中院先作出裁定，后才与土地部门协商，程序上颠倒了，但从当地土地部门同意协助执行，收取出让金，要求办理过户手续等一系列行为看，土地部门最终是予以认可的。

5.《最高人民法院执行局关于执行中应按房地一致原则处置房产的复函》（〔2010〕执他字第8号，2010年6月29日）

辽宁省高级人民法院：

你院〔2009〕辽一执复字第3号《关于房屋与占用范围内的土地使用权

---

① 《国家土地管理局关于人民法院裁定转移土地使用权问题对最高人民法院法经〔1997〕18号函的复函》第4条规定："对通过划拨方式取得的土地使用权，由于不属于当事人的自有财产，不能作为当事人财产进行裁定。但在裁定转移地上建筑物、附着物涉及有关土地使用权时，在与当地土地管理部门取得一致意见后，可裁定随地上物同时转移。……"

② 《城市房地产管理法》（1994年）第39条规定："以划拨方式取得土地使用权的，转让房地产时，应当按照国务院规定，报有批准权的人民政府审批。有批准权的人民政府准予转让的，应当由受让方办理土地使用权出让手续，并依照国家有关规定缴纳土地使用权出让金。……"

③ 《城镇国有土地使用权出让和转让暂行条例》第45条规定："符合下列条件的，经市、县人民政府土地管理部门和房产管理部门批准，其划拨土地使用权和地上建筑物、其他附着物所有权可以转让、出租、抵押：（一）土地使用者为公司、企业、其他经济组织和个人；（二）领有国有土地使用证；（三）具有地上建筑物、其他附着物合法的产权证明；（四）依照本条例第二章的规定签订土地使用权出让合同，向当地市、县人民政府补交土地使用权出让金或者以转让、出租、抵押所获收益抵交土地使用权出让金。……"

欠缺一并处分条件的应否单独处分房屋问题的请示》收悉。经研究,现答复如下:

原则同意你院审判委员会多数意见。根据房随地走、地随房走的原则及《物权法》第一百四十六条①、第一百四十七条②和我院《关于人民法院民事执行中查封、扣押、冻结财产的规定》第二十三条③第一款的规定,人民法院在执行中需要处理房地产时亦应遵循上述原则和规定。本案中,兴城市市政管理处办公楼系 1983 年建造,由于当时管理不规范等原因致使权利人与房管部门没有办理相应手续,造成土地权属不明。你院可责成执行法院与当地房地产管理部门协调处理,协调处理不成时,应按房地一致原则处置房产。

【注释】兴城市四家建筑公司(以下简称建筑公司)与兴城市市政管理处(以下简称市政管理处)拖欠工程款纠纷一案,辽宁省高级人民法院判令被告市政管理处支付建筑公司工程款 81 万余元及利息。因市政管理处未履行确定的义务,建筑公司向葫芦岛市中级人民法院(以下简称葫芦岛中院)申请强制执行。执行中,葫芦岛中院查封了登记在市政管理处名下位于兴城市兴海路三段 24 号的办公楼,并委托评估公司进行评估。

由于该办公楼修建于 1983 年,始终没有办理所占用土地的使用权手续,故仅就办公楼本身价格进行了评估(总价为 777216 元),没有评估该楼占用范围内的土地使用权的价格。后葫芦岛中院裁定拍卖被执行人上述办公楼。市政管理处对此提出执行异议。理由是:评估的对象没有包括该楼房所涉及的土地使用权,我国现行法律实行的是土地使用权与建筑物所有权一体化,土地使用权与建筑物所有权应当归属同一主体。④

---

① 《物权法》(已废止)第 146 条规定:"建设用地使用权转让、互换、出资或者赠与的,附着于该土地上的建筑物、构筑物及其附属设施一并处分。"《民法典》施行后,相关内容规定在第 356 条。

② 《物权法》(已废止)第 147 条规定:"建筑物、构筑物及其附属设施转让、互换、出资或者赠与的,该建筑物、构筑物及其附属设施占用范围内的建设用地使用权一并处分。"《民法典》施行后,相关内容规定在第 357 条。

③ 2020 年修正后调整为第 21 条。

④ 参见李海军:《关于房屋与占用范围内的土地使用权欠缺一并处分条件时如何执行的问题》,载最高人民法院执行局编:《执行工作指导》2010 年第 4 辑(总第 36 辑),人民法院出版社 2011 年版,第 130—134 页。

（三）股份与投资权益

1.《最高人民法院关于被执行人以其全部资产作股本与外方成立合资企业的应当如何执行问题的复函》（法函〔1992〕114号，1992年9月7日）

湖南省高级人民法院：

你院湘高法经〔1992〕1号请示报告收悉。经研究，答复如下：

鉴于被执行人于1990年12月31日与浙江省绍兴县轻工业公司、美国桦品企业有限公司合资成立浙江钻石制衣厂有限公司，业经注册登记，该公司领取了中华人民共和国企业法人营业执照，具有法人资格，故不宜直接执行该公司的财产。为有利于改革开放，可将被执行人绍兴县第二衬衫厂在合资企业中享有的部分股权（相当于应当偿还的债务），在征得合资对方同意后予以转让，转让时合资对方享有优先受让权；合资对方不同意转让股权的，可分期分批执行被执行人从合资企业分得的红利及其他收益。必要时可以裁定采取保全措施，限制被执行人支取到期应得的部分或全部收益，同时通知（附裁定书副本）有关单位协助执行。

2.《最高人民法院关于对中外合资企业股份执行问题的复函》（〔1998〕执他字第1号，1998年8月26日）

宁夏回族自治区高级人民法院：

你院〔1998〕宁法执字第05号《关于中外合资企业外商股份能否执行即如何办理转股手续的请示报告》收悉，经研究答复如下：

根据我院《关于人民法院执行工作若干问题的规定（试行）》第五十五条①规定，中外合资企业的外商股份可以作为执行标的，依法转让。你院将被执行人香港太嘉勋发有限公司在天津温泉大酒店有限公司中的30%股份执行转让给申请执行人中国包装进出口宁夏公司，并无不当，应依据有关规定办结相关手续，其中需要天津市对外经济贸易委员会协助执行的事宜，你院应主动联系，请其按你院协助执行通知书依法处理。

---

① 《执行工作规定》（1998年）第55条（2020年修正时予以删除）："对被执行人在中外合资、合作经营企业中的投资权益或股权，在征得合资或合作他方的同意和对外经济贸易主管机关的批准后，可以对冻结的投资权益或股权予以转让。如果被执行人除在中外合资、合作企业中的股权以外别无其他财产可供执行，其他股东又不同意转让的，可以直接强制转让被执行人的股权，但应当保护合资他方的优先购买权。"

3.《最高人民法院关于阳江波士发时装厂对广州市中级人民法院执行异议案的复函》(〔1999〕执监字第 167-1 号,2002 年 3 月 6 日)

广东省高级人民法院:

你院〔1996〕粤高法执监字第 66-2 号《关于阳江波士发时装厂来信反映广州中院违反执行程序低价处理其股权权益问题的审查情况报告》收悉,经研究,答复如下:

阳光波士发时装厂(以下简称波士发)与中国农村发展信托投资公司广东办事处证券交易营业部(以下简称中农信)证券承销兑付纠纷一案,广东省高级人民法院经二审于 1996 年 8 月 29 日作出判决,由债务人波士发在判决生效后 10 日内向中农信交付债券本金 1000 万元及利息。波士发逾期未履行义务,中农信申请执行。

在执行过程中,广州市中级人民法院将被执行人波士发在其与第三人广东省信托房地产开发公司广州开发区公司(以下简称广信托)合作开发广州芳村花地湾项目中投入的 1200 万元定金按照投资权益裁定作价 1392 万元以物抵债给中农信。波士发对此裁定不服,以如下理由向本院提出申诉:(一)涉案财产未经拍卖就裁定以物抵债,违反法定程序,应予纠正;(二)执行法院委托的评估是在未通知被执行人,没有得到被执行人地产资料的情况下所作的评估,该评估与其他评估机构的评估价相差 10 倍左右,显失公平;(三)涉案房地产为被执行人与第三人共有,在未经审判确定双方权益的情况下,执行法院在执行中裁定确定被执行人与第三人的具体权益,于法不符。

本院经审查认为:在被执行人波士发没有财产可供执行时,执行法院可以执行其投资权益。但是,波士发与广信托之间就涉案房地产的开发合作仅有合作开发协议,没有成立开发该项目的公司或者其他形式的合作开发房地产的企业,尚无投资权益依附的民事主体,且波士发在履约之初交付定金后,双方是否继续履行合作协议,是否形成投资权益,该定金应如何处理,以及该合作协议的效力如何,出现的民事责任是违约责任还是过错责任等问题,应当通过诉讼等途径解决。广州市中级人民法院在执行程序中认定波士发支付的 1200 万元定金为投资权益,并裁定予以抵债 1392 万元,不符合法律规定,应予纠正。请你院督促执行法院纠正执行错误,撤销(1996)穗中法经执字第 367 号裁定。

【注释】通常所说的投资权益总是依附于一个民事主体,该民事主体并不限于法人企业,对依法成立的合伙企业享有的投资权益,仍为通常所说的投资权益。鉴于主体法定,投资权益的评估也应根据这一民事主体现有的资产状况(包括资产与负债、资产结构等)、发展前景、管理水平、短期效益与长期效益等综合因素确定。本案中波士发与广信托并没有另行成立合作开发项目的公司或者合伙企业,其以内部合同形式进行的合作开发所产生的相关权利,仅可能成为合同权利而不是投资权益。

4.《最高人民法院执行工作办公室关于执行股份有限公司发起人股份问题的复函》(〔2000〕执他字第1号,2000年1月10日)

福建省高级人民法院:

你院报我办的〔1998〕闽经初执字第19号请示收悉。经研究,答复如下:

同意你院的意见。《公司法》第一百四十七条①中关于发起人股份在3年内不得转让的规定②,是对公司创办者自主转让其股权的限制,其目的是为防止发起人借设立公司投机牟利,损害其他股东的利益。人民法院强制执行不存在这一问题。被执行人持有发起人股份的有关公司和部门应当协助人民法院办理转让股份的变更登记手续。为保护债权人的利益,该股份转让的时间应从人民法院向有关单位送达转让股份的裁定书和协助执行通知书之日起算。该股份受让人应当继受发起人的地位,承担发起人的责任。

【注释】2018年《公司法》第141条第1款规定:“发起人持有的本公司股份,自公司成立之日起一年内不得转让。公司公开发行股份前已发行的股份,自公司股票在证券交易所上市交易之日起一年内不得转让。”因《公司法》将发起人股份不得转让的期间从3年修改为1年,本复函内容亦应相应调整,但其精神不变,人民法院强制执行仍不受此限制。

---

① 《公司法》(1993年)第147条规定:“发起人持有的本公司股份,自公司成立之日起三年内不得转让。公司董事、监事、经理应当向公司申报所持有的本公司的股份,并在任职期间内不得转让。”

② 后《公司法》几经修正,对该条内容作了修改,现已调整为第141条:“发起人持有的本公司股份,自公司成立之日起一年内不得转让。公司公开发行股份前已发行的股份,自公司股票在证券交易所上市交易之日起一年内不得转让。公司董事、监事、高级管理人员应当向公司申报所持有的本公司的股份及其变动情况,在任职期间每年转让的股份不得超过其所持有本公司股份总数的百分之二十五;所持本公司股份自公司股票上市交易之日起一年内不得转让。上述人员离职后半年内,不得转让其所持有的本公司股份。公司章程可以对公司董事、监事、高级管理人员转让其所持有的本公司股份作出其他限制性规定。”

5.《最高人民法院执行工作办公室关于如何执行投资权益的答复》(〔2000〕执他字第 20 号,2001 年 12 月 11 日)

北京市高级人民法院:

你院京高法〔2000〕291 号函《关于如何执行投资权益的请示》收悉。经研究,现答复如下:

基本同意你院第一种意见。即使是对被执行人在其独资开办的法人企业的投资权益的执行,也不能无视该法人企业作为市场主体的独立性,将其财产径行作为被执行人的财产予以执行。在该投资权益有可分配的收益时,可用以清偿申请人的债权,否则,只能对该投资权益进行变价,以变价款清偿申请人的债权。此外,在经当事人双方同意或者在拍卖、变卖不成,债权人愿意接受该投资权益冲抵债务的情况下,可以以该投资权益抵债。至于如何防范在对被执行人的投资权益执行的过程中,被执行人利用其对投资开办的法人企业的控制转移财产,导致该投资权益价值贬损的问题,现实情况较为复杂,可根据具体情况采取相应的防范措施。

6.《最高人民法院执行工作办公室关于执行股权转让金涉及相关法律问题的请示的答复》(〔2001〕执他字第 8 号,2001 年 12 月 27 日)

辽宁省高级人民法院:

你院《关于执行股权转让金涉及相关法律问题的请示报告》收悉。经研究,答复如下:

执行机构在执行程序中,不可以裁定公司不具备法人资格。本案龙博大厦有限公司经过注册登记并领取了企业法人营业执照,是具有法人资格的合资公司。对被执行人在该公司的股权的执行,应按照执行股权的程序执行。鉴于该公司的另一股东金氏物业公司已明确表示不购买被执行人的股权,可将被执行人的股权对外转让,将转让金执行给本案申请执行人。

7.《最高人民法院执行工作办公室关于不能直接执行被执行人所开办公司的财产问题的复函》(〔2003〕执他字第 7 号,2003 年 6 月 9 日)

四川省高级人民法院:

你院〔2001〕川执督字第 100 号《关于攀枝花市国债服务部申请执行重庆市涪陵财政国债服务部证券回购纠纷案件的请示报告》收悉。经研究,答复如下:

同意你院第一种意见。

根据《公司法》第四条第二款①规定:“公司享有由股东投资形成的全部法人财产权,依法享有民事权利,承担民事责任。”因此,具有独立法人资格的重庆市涪陵国有资产经营公司(以下简称经营公司)对其持有的“长丰通信”国家股股票享有全部的财产权。被执行人重庆涪陵区财政局虽然投资开办了经营公司,并占有其100%的股权,但其无权直接支配经营公司的资产,其权力只能通过处分其股权或者收取投资权益来实现。因此,执行法院只能执行涪陵区财政局在经营公司的股权或投资权益,而不能直接执行经营公司所有的股票。

【注释】攀枝花市国债服务部(以下简称攀枝花服务部)诉重庆市涪陵财政国债服务部(以下简称涪陵服务部)证券回购纠纷一案,生效判决判令涪陵服务部应向攀枝花服务部支付款项776余万元及利息。攀枝花市中级人民法院(以下简称攀枝花中院)在执行中查明,涪陵服务部是由重庆市涪陵区财政局申报开办的具有法人资格的企业,注册资金为1000万元,实际到位30万元。故裁定追加涪陵区财政局为被执行人,在970万元注册资金不实范围内承担连带清偿责任。同时认定,涪陵区财政局系涪陵区政府的工作机构,无独立承担民事责任的主体资格,其民事责任依法由区政府承担。因此,裁定涪陵区政府对涪陵区财政局承担的连带清偿责任承担给付义务。

2001年9月7日,攀枝花中院认定涪陵区财政局在重庆市涪陵国有资产经营公司(以下简称涪陵国资公司)占有股权,立即冻结了涪陵国资公司持有的“长丰通信”国有股1140万股,并于9月27日以1254万元的价值拍卖给了深圳市渝洋电脑系统有限公司。涪陵国资公司认为攀枝花中院错误执行其财产,提出异议被攀枝花中院驳回,即向四川省高级人民法院(以下简称四川高院)申请执行救济。四川高院在监督该案时请示至最高人民法院。

经查,“长丰通信”股票于1999年1月15日在深交所上市至今,第一大股东为涪陵国资公司,持有国家股8481.76万股,占国家股总数的30.74%。“长丰通信”股票上市资料显示,涪陵区财政局不持有“长丰通信”国家股,即“长丰通信”国家股不属涪陵区财政局的资产。另查明,涪陵区财政局在涪

---

① 《公司法》(2018年)第3条。

陵国资公司占有 100% 的股权，即涪陵国资公司为财政投资的国有独资企业。①

必须注意的是，《执行工作规定》第 37 条规定："对被执行人在其他股份有限公司中持有的股份凭证(股票)，人民法院可以扣押，并强制被执行人按照公司法的有关规定转让，也可以直接采取拍卖、变卖的方式进行处分，或直接将股票抵偿给债权人，用于清偿被执行人的债务。"该条规定指的是"被执行人在其他股份有限公司持有的"股份，而非"被执行人投资开办的公司所持有的"股份，因此本案不适用该规定。

8.《最高人民法院关于涉外股权质押未经登记在执行中质押权人是否享有优先受偿权问题的复函》(〔2003〕执他字第 6 号，2003 年 10 月 9 日)

江苏省高级人民法院：

你院〔2002〕苏执监字第 114 号报告收悉，经研究，答复如下：

同意你院审判委员会第一种意见。(香港)越信隆财务有限公司(以下简称越信隆)与香港千帆投资有限公司(以下简称香港千帆)于 1995 年 7 月 13 日签订的《抵押契约》所涉及的质押物，是香港千帆在南京千帆房地产开发有限公司(以下简称南京千帆)持有的 65%股权。虽然我国法律对涉外动产物权的法律适用没有明确的规定，但根据《民法通则》第 142 条第 3 款②规定的精神，本案可参照世界各国目前普遍采用的物之所在地法原则。因南京千帆系在中华人民共和国注册成立的有限责任公司，故该公司股权的质押是否有效，应根据中华人民共和国的法律法规来认定。上述《抵押契约》订立时，《中华人民共和国担保法》已经全国人大常委会通过并颁布，且于 1995 年 10 月 1 日实施。《担保法》实施后，越信隆应当按照该法第 78 条第 3 款③的规定，将香港千帆在南京千帆持有的 65%股权在内地办理股份出质记载手续，但越信隆未办理股份出质登记。因此，其抵押权不具有对抗第三人的

---

① 参见刘立新：《攀枝花市国债服务部与重庆市涪陵财政国债服务部证券回购纠纷执行请示案》，载最高人民法院执行工作办公室编：《强制执行指导与参考》2003 年第 4 辑(总第 8 辑)，法律出版社 2004 年版，第 203—207 页。

② 《民法通则》(已废止)第 142 条第 3 款规定："中华人民共和国法律和中华人民共和国缔结或者参加的国际条约没有规定的，可以适用国际惯例。"

③ 《担保法》(已废止)第 78 条第 3 款规定："以有限责任公司的股份出质的，适用公司法股份转让的有关规定。质押合同自股份出质记载于股东名册之日起生效。"

效力。鉴于香港千帆所持南京千帆65%股权已经南京有关行政主管部门批准转让,非经法定程序不得撤销。

9.《最高人民法院执行工作办公室关于在被执行人仍有其他财产可供执行的情况下不宜执行其持有的上市公司国有股有关问题的答复》(〔2003〕执他字第8号,2003年11月4日)

甘肃省高级人民法院:

你院甘高法〔2002〕224号请示报告收悉。经研究现答复如下:

甘肃皇台酿造(集团)有限责任公司(下称皇台集团)将股权划转到北京皇台商贸公司(下称皇台商贸),系经甘肃省政府和财政部批准以划转的方式进行的,受让方皇台商贸不需向皇台集团支付对价。该划转行为是政府为实现企业跨地区发展战略需要的一种行为,不宜认定是当事人规避法律,逃避债务的行为,应当予以维持。皇台集团曾提出以成品酒等财产偿还债务,债权人拒绝接受,但执行法院应当执行该财产,以变价款清偿债务。根据《最高人民法院关于冻结、拍卖上市公司国有股和社会法人股若干问题的规定》第8条的规定,在皇台集团仍有其他财产可供执行的情况下,为维护广大股民的投资利益,维护证券市场的稳定,不宜执行股权。

请你院接此函后即解除对皇台集团所持有的皇台酒业股权的查封措施,通过对皇台集团其他财产的处理来实现债权人的债权。

10.《最高人民法院执行工作办公室关于上市公司发起人股份质押合同及红利抵债协议效力问题请示案的复函》(〔2002〕执他字第22号,2004年4月15日)

江苏省高级人民法院:

你院《关于上市公司发起人以其持有的法人股在法定不得转让期内设质担保在可转让时清偿期届满的债权其质押合同效力如何确认等两个问题的请示报告》收悉。经研究,答复如下:

一、关于本案发起人股份质押合同效力的问题,基本同意你院的第二种意见。《公司法》第147条①规定对发起人股份转让的期间限制,应当理解为是对股权实际转让的时间的限制,而不是对达成股权转让协议的时间的限

① 参见“股份与投资权益”部分文件4的注释内容。

制。本案质押的股份不得转让期截止到 2002 年 3 月 3 日,而质押权行使期至 2005 年 9 月 25 日才可开始,在质押权人有权行使质押权时,该质押的股份已经没有转让期间的限制,因此不应以该股份在设定质押时依法尚不得转让为由确认质押合同无效。

二、关于本案中三方当事人达成的以股份所产生的红利抵债的协议(简称三方抵债协议),我们认为:首先,该协议性质上属于三方当事人之间的连环债务的协议抵销关系。在协议抵销的情况下,抵销的条件、标的物、范围,均由当事人自主约定。《合同法》第 100 条①关于双方当事人协议抵销的规定,并不排除本案中三方当事人协议抵销的做法。其次,该协议属于预定抵销合同。根据这种合同,当事人之间将来发生可以抵销的债务时,无须另行作出抵销的意思表示,而当然发生抵销债务的效果。这种协议并不违反法律的强制性规定,应予以认可。本案中吴江工艺织造厂(以下简称织造厂)在中国服装股份有限公司(以下简称服装公司)中的预期红利收益处于不确定状态,符合这种预定抵销合同的特点。

三、关于股份质押协议与三方抵债协议的关系问题,因本案股份质押权的行使附有期限,故质押的效力只能及于质押权行使期到来(即 2005 年 9 月 25 日)之后该股份产生的红利,质押权人中国银行吴江支行(以下简称吴江支行)不能对此前的红利行使质押权。因此,对于织造厂于 2001 年 6 月 9 日从服装公司分得的该期红利,吴江支行不能以股份质押合同有效而对抗服装公司依据三方抵债协议所为的抵销。

四、织造厂在服装公司的红利一旦产生,按照三方抵债协议的约定,服装公司给付织造厂的红利即时自动抵销面料厂对服装公司的债务,不需要实际支付。因此,在宜兴市人民法院向服装公司送达协助执行通知时,被执行人织造厂在服装公司的红利债权已经消灭,不再有可供执行的债权。宜兴市人民法院从服装公司划拨红利的执行是错误的,应予纠正。

【注释】宜兴市人民法院在审理江苏华亚集团公司清算组(以下简称华亚集团)破产还债一案中,认定吴江工艺织造厂(以下简称织造厂)第一门市部欠华亚集团下属分支机构货款 252 万余元,并于 2001 年 3 月 5 日裁定织造厂向华亚集团清算组清偿债务 252 万余元。因织造厂未履行,宜兴市人民法院于同年 3 月 8 日作出(2000)宜经破执字第 27-2 号民事裁定,冻结织造

① 《民法典》施行后,相关内容规定在第 569 条。

厂在中国服装股份有限公司(以下简称服装公司)的全部股份及收益。法院在办理冻结手续时发现,织造厂已将其持有的股份全部质押给了中国银行吴江支行(以下简称吴江中行)。

关于织造厂在服装公司的股份及质押的基本情况如下:(1)服装公司系由中国服装集团公司、织造厂等为主要发起人,于1999年1月向社会公开募集设立的股份公司,中国服装集团持有1亿多股份,占51.01%;织造厂持有3030万股,占14.19%。(2)2000年10月23日,织造厂与吴江中行签订"债务重组协议",确认以前织造厂所欠吴江中行债务7470万元、外汇838万余美元,经重组约定还款期限为2005年9月25日;同时签订质押合同,约定织造厂以其持有的服装公司3030.52万法人股为该债务提供担保。同年11月3日,该质押在深圳证券交易所办理了质押登记手续。(3)2001年6月9日上午,服装公司召开股东大会,通过了每10股派发现金红利1元人民币的决议。随后,宜兴市人民法院作出(2000)宜经破执字第27-3号民事裁定,冻结织造厂在服装公司应分得的全部红利,并于当日上午向服装公司留置送达该裁定和协助执行通知书。服装公司当即提出该红利系向服装公司抵偿欠款,随后又于同年6月24日提出书面异议:2000年1月8日,服装公司、织造厂与吴江吴伊时装面料有限公司(以下简称面料公司)三方签订了"债务履行协议"确认,织造厂对面料公司负有债务,面料公司对服装公司负有债务。债务数额以北京兴华会计师事务所对服装公司进行审计后发出的企业询证函记载的数额为准。约定该连环债务的履行方式为:织造厂作为服装公司的股东,如果在服装公司产生红利未超过债务的部分,就用以抵偿面料公司所欠服装公司的债务,面料公司相应冲减织造厂所欠的债务。经上述询证函确认,截至2000年12月底,织造厂对面料公司负有债务近593万元,面料公司对服装公司负有债务522万余元。

此后,宜兴市人民法院终结了华亚集团的破产程序。2002年1月,宜兴市新建镇人民政府以其为华亚集团公司的主管部门,华亚集团破产程序终结后尚有剩余应收债权为由,申请宜兴市人民法院对织造厂在服装公司的红利进行强制执行。同年5月21日,宜兴市人民法院作出(2000)宜经破执字第27-5号民事裁定,以服装公司拒不协助执行,擅自处置织造厂应分得的全部红利为由,冻结服装公司银行账户,并于7月5日划拨252万余元到宜兴市人民法院。

服装公司在申诉中提出,"债务履行协议"是服装公司与织造厂、面料公司三方当事人的真实意思表示，不违反法律法规的强制性规定，具有债权转让合同的性质，合法有效。根据协议，织造厂应得的红利与其所欠服装公司的债务相抵。由于债务冲抵无须通过资金的划转，而货币的转让又是以占有为公示方法的，故债权转让在服装公司股东大会决定派发红利之时即履行完毕，宜兴市人民法院向服装公司送达协助执行通知书时，织造厂在服装公司处已无财产可供执行。吴江中行也致函江苏高院，提出依据《担保法司法解释》（已废止）第104条，股份质押的效力及于股份的法定孳息，故宜兴市人民法院的执行侵害了其质押权，要求恢复到执行前的状态。①

11.《最高人民法院执行工作办公室关于请求协调解决上市国有法人股股票变更问题的答复》（〔2005〕执他字第6号，2005年6月15日）

天津市高级人民法院：

你院〔2004〕执他字第7号《关于请求协调解决上市国有法人股股票变更问题的请示》收悉。经研究，答复如下：

关于上市公司国有法人股股权转让和性质界定的有关事宜，2004年2月1日财政部《企业国有产权转让管理暂行办法》、2001年11月2日财政部《关于上市公司国有股被人民法院冻结拍卖有关问题的通知》和2000年5月19日财政部《关于股份有限公司国有股权管理工作有关问题的通知》等规范性文件有明确规定。按照上述文件的规定，对企业国有产权的转让必须经过有关机关的行政审批。因此，在没有明文规定的情况下，对企业国有产权的变动，人民法院的执行程序不能替代前述规范性文件要求的行政审批程序。你院请示的问题应按有关规定的要求办理。

【注释】根据《冻结拍卖国有股和社会法人股规定》第5条第3款、第15条、第17条，以及《财政部关于上市公司国有股被人民法院冻结拍卖有关问题的通知》第9条等规定，本复函中的"审批"是指：(1)上市公司国有股持有人在接到人民法院冻结或者拍卖裁定后，报主管财政部门备案；(2)评估机构将国有股评估结果报财政部门备案；(3)由主管财政部门对竞买人是否具备依法受让国有股权的条件进行审查；(4)拍卖成交后，买受人向原国有股

① 参见黄金龙：《关于上市公司发起人股份质押合同及红利抵债协议效力两个问题的请示案》，载最高人民法院执行工作办公室编：《强制执行指导与参考》2005年第2辑（总第14辑），法律出版社2006年版，第57—64页。

东授权代表单位主管财政机关提出股权性质界定申请。

12.《最高人民法院关于法院执行行为效力是否受行政托管行为影响的函》(〔2006〕执他字第19号,2007年2月6日)

四川省高级人民法院:

你院〔2006〕川执请字第8号有关适用法律问题的请示收悉,经研究答复如下:

行政托管是国家证券监督管理部门对于严重违法违规经营,危害证券市场稳定,损害投资者和债权人合法权益的证券公司所采取的一种行政处理措施,是一种行政管理行为。国家证券监督管理部门对托管人、被托管人、托管事项等相关问题所作出的《托管公告》是行政管理行为的一部分。行政托管决定及《托管公告》发布,都属于行政管理的范畴。人民法院依法实施的执行行为,不论该执行行为是在《托管公告》发布之前或之后实施的,均不受其影响。

我院关于"三暂缓"通知中明文规定,通知自发布之日起施行,故该通知不适用其施行之前已执行完毕的案件。

13.《最高人民法院关于股权冻结情况下能否办理增资扩股变更登记的答复》(〔2013〕执他字第12号,2013年11月14日)

山东省高级人民法院:

你院〔2013〕鲁执监字第82号《关于济南迅华传媒广告有限公司与威海海澄水务有限公司股权确认纠纷一案中涉及法律问题的请示》收悉。经研究,答复如下:

原则上同意你院审判委员会意见。在人民法院对股权予以冻结的情况下,公司登记机关不得为公司或其他股东办理增资扩股变更登记。本案在按判决执行股权时,应向利害关系人释明,作为案外人的其他股东可以提出执行异议,对异议裁定不服,可以提起异议之诉,要注意从程序上对案外人给予必要的救济。

【注释】需注意的是,《国家工商行政管理总局关于未被冻结股权的股东能否增加出资额、公司增加注册资本的答复意见》(工商法字〔2011〕188号,2011年9月19日)认为,"冻结某股东在公司的股权,并不构成对公司和其他股东增资扩股等权利的限制。公司登记法律法规、民事执行相关法律法规对部分冻结股权的公司,其他股东增加出资额、公司增加注册资本没有禁止性规定。因此,在法无禁止规定的前提下,公司登记机关应当依申请受理并核准未被冻结股权的股东增加出资额、公司增加注册资本的变更登记”。与此答复意见截然相反。

(四)其他财产权

1.《最高人民法院关于深圳市华旅汽车运输公司出租车牌照持有人对深圳市中级人民法院执行异议案的复函》(〔2001〕执监字第 232 号,2001 年 10 月 30 日)

广东省高级人民法院:

你院〔2001〕粤高法执监字第 188 号《关于深圳中院执行华旅汽车运输公司一案的复查报告》收悉。经研究,同意你院的复查意见,现具体答复如下:

一、《最高人民法院关于适用〈中华人民共和国民事诉讼法〉若干问题的意见》第 108、109 条①规定,诉讼中的财产保全裁定的效力一般应维持到生效的法律文书执行时止;在财产保全期内,任何单位均不得擅自解除保全措施。《最高人民法院关于人民法院执行工作若干问题的规定(试行)》第 44 条②规定:“被执行人或其他人擅自处分已被查封、扣押、冻结财产的,人民法院有权责令责任人限期追回财产或承担相应的赔偿责任。”本案被执行人深圳市华旅汽车运输公司在诉讼保全期间内将人民法院已经查封的 142 块出租车营运牌照作为合同标的物以每块 28 万元至 45 万元不等的价格融资租赁给他人的行为无效。执行法院有权责令被执行人深圳市华旅汽车运输公司限期追回查封标的物(出租车营运牌照)或直接执行该标的物。

……

鉴于本案的执行涉及群体利益,故请你院接函后即督促深圳市中级法院

---

① 《民事诉讼法意见》(已废止)第 108 条规定:“人民法院裁定采取财产保全措施后,除作出保全裁定的人民法院自行解除和其上级人民法院决定解除外,在财产保全期限内,任何单位都不得解除保全措施。”第 109 条规定:“诉讼中的财产保全裁定的效力一般应维持到生效的法律文书执行时止。在诉讼过程中,需要解除保全措施的,人民法院应及时作出裁定,解除保全措施。”

② 2020 年修正后调整为第 32 条。

制定详细工作方案，积极、稳妥地做好申诉人息诉工作，以维护社会稳定。

2.《最高人民法院执行工作办公室关于人民法院在执行过程中裁定将被执行人的经营权归申请执行人所有是否合法的请示的答复》（〔2004〕执他字第26号，2004年3月24日）

福建省高级人民法院：

你院闽高法执〔2004〕213号《关于人民法院在执行过程中裁定将被执行人的经营权归申请执行人所有是否合法的请示》收悉。经研究，答复如下：

我们认为，经营权不属于物权的范围，执行经营权既涉及到主体资格的问题，也涉及到原经营权人是否同意的问题。因此，在目前法律没有明确规定的情况下，人民法院不能依职权执行经营权。

3.《最高人民法院关于人民法院在执行中能否查封药品批准文号的复函》（〔2010〕执他字第2号，2010年6月10日）

安徽省高级人民法院：

你院〔2009〕皖执复字第0022号《关于人民法院在执行中能否查封被执行人拥有的药品批准文号的请示报告》收悉，经研究，答复如下：

药品批准文号系国家药品监督管理部门准许企业生产的合法标志，该批准文号受行政许可法的调整，本身不具有财产价值。因此，人民法院在执行中对药品批准文号不应进行查封。

【注释】2001年《药品管理法》第31条规定："生产新药或者已有国家标准的药品的，须经国务院药品监督管理部门批准，并发给药品批准文号；但是，生产没有实施批准文号管理的中药材和中药饮片除外。实施批准文号管理的中药材、中药饮片品种目录由国务院药品监督管理部门会同国务院中医药管理部门制定。药品生产企业在取得药品批准文号后，方可生产该药品。"从该条及相关规定看，颁发药品批准文号是一种行政许可行为，其与药品生产许可证、经营许可证、合格证、专利技术所有权等共同使用，构成了药品生产企业的无形资产，但该无形资产不同于无形财产，药品批准文号本身无财产价值，且文号依法禁止转让，故无法在流通领域变现，自然也不能查封。

【指导案例】

指导案例 122 号：河南神泉之源实业发展有限公司与赵五军、汝州博易观光医疗主题园区开发有限公司等执行监督案（最高人民法院审判委员会讨论通过，2019 年 12 月 24 日发布）

关键词　执行　执行监督　合并执行　受偿顺序

裁判要点

执行法院将同一被执行人的几个案件合并执行的，应当按照申请执行人的各个债权的受偿顺序进行清偿，避免侵害顺位在先的其他债权人的利益。

相关法条

《中华人民共和国民事诉讼法》第 204 条①

基本案情

河南省平顶山市中级人民法院（以下简称平顶山中院）在执行陈冬利、郭红宾、春少峰、贾建强申请执行汝州博易观光医疗主题园区开发有限公司（以下简称博易公司）、闫秋萍、孙全英民间借贷纠纷四案中，原申请执行人陈冬利、郭红宾、春少峰、贾建强分别将其依据生效法律文书拥有的对博易公司、闫秋萍、孙全英的债权转让给了河南神泉之源实业发展有限公司（以下简称神泉之源公司）。依据神泉之源公司的申请，平顶山中院于 2017 年 4 月 4 日作出（2016）豫 04 执 57-4 号执行裁定，变更神泉之源公司为上述四案的申请执行人，债权总额为 129605303.59 元（包括本金、利息及其他费用），并将四案合并执行。

案涉国有土地使用权证号为汝国用（2013）第 0069 号，证载该宗土地总面积为 258455.39 平方米。平顶山中院评估、拍卖土地为该宗土地的一部分，即公司园区内东西道路中心线以南的土地，面积为 160720.03 平方米，委托评估、拍卖的土地面积未分割，未办理单独的土地使用证。

涉案土地及地上建筑物被多家法院查封，本案所涉当事人轮候顺序为：1. 陈冬利一案。2. 郭红宾一案。3. 郭志娟、蔡灵环、金爱丽、张天琪、杨大棉、赵五军等案。4. 贾建强一案。5. 春少峰一案。

平顶山中院于 2017 年 4 月 4 日作出（2016）豫 04 执 57-5 号执行裁定：

① 2021 年《民事诉讼法》第四次修正后调整为第 234 条。

“将扣除温泉酒店及1号住宅楼后的流拍财产,以保留价153073614.00元以物抵债给神泉之源公司。对于博易公司所欠施工单位的工程款,在施工单位决算后,由神泉之源公司及其股东陈冬利、郭红宾、春少峰、贾建强予以退还。”

赵五军提出异议,请求法院实现查封在前的债权人债权以后,严格按照查封顺位对申请人的债权予以保护、清偿。

裁判结果

河南省平顶山市中级人民法院于2017年5月2日作出(2017)豫04执异27号执行裁定,裁定驳回赵五军的异议。赵五军向河南省高级人民法院申请复议。河南省高级人民法院作出(2017)豫执复158号等执行裁定,裁定撤销河南省平顶山市中级人民法院(2017)豫04执异27号等执行裁定及(2016)豫04执57-5号执行裁定。河南神泉之源实业发展有限公司向最高人民法院申诉。2019年3月19日,最高人民法院作出(2018)最高法执监848、847、845号裁定,驳回河南神泉之源实业发展有限公司的申诉请求。

裁判理由

最高人民法院认为,赵五军以以物抵债裁定损害查封顺位在先的其他债权人利益提出异议的问题是本案的争议焦点问题。平顶山中院在陈冬利、郭红宾、春少峰、贾建强将债权转让给神泉之源公司后将四案合并执行,但该四案查封土地、房产的顺位情况不一,也并非全部首封案涉土地或房产。贾建强虽申请执行法院对案涉土地B29地块运营商总部办公楼采取了查封措施,但该建筑占用范围内的土地使用权此前已被查封。根据《最高人民法院关于人民法院民事执行中查封、扣押、冻结财产的规定》第二十三条①第一款有关查封土地使用权的效力及于地上建筑物的规定精神,贾建强对该建筑物及该建筑物占用范围内的土地使用权均系轮候查封。执行法院虽将春少峰、贾建强的案件与陈冬利、郭红宾的案件合并执行,但仍应按照春少峰、贾建强、陈冬利、郭红宾依据相应债权申请查封的顺序确定受偿顺序。平顶山中院裁定将全部涉案财产抵债给神泉之源公司,实质上是将查封顺位在后的原贾建强、春少峰债权受偿顺序提前,影响了在先轮候的债权人的合法权益。

---

① 2020年修正后调整为第21条。

【判旨撷要】

（一）查封行为与效力

1. 交通银行济南分行与济南大观园股份有限公司、济南人民商场股份有限公司借款担保合同纠纷执行复议案［（2010）执复字第 4 号］

要旨：限制被执行人对外出租查封标的物，是查封裁定当然具有的法律效力。即使协助执行通知书中没有明确限制被执行人对外租赁查封物，亦不妨碍在法律上存在该种限制效力。租赁查封物的合同在不影响申请执行人权益的情况下可以是有效的，但不得对抗申请执行人，申请执行人有权随时主张解除承租人对查封物的占有。

2. 赤峰德宝房地产开发有限责任公司与赤峰信安畜牧养殖有限责任公司土地使用权转让合同纠纷执行复议案［（2010）执复字第 6 号］

要旨：根据《城镇国有土地使用权出让和转让暂行条例》第 23 条的规定，土地使用权转让时，其地上建筑物、其他附着物所有权随之转让。故本案土地上的无证房屋和地上附着物必须依法与土地使用权一并转让。但是，鉴于《土地转让合同》第 3 条特别注明被执行人“在该宗土地上的有证房屋一并转让”，并约定了总价款，由此可以判断该宗地上的无证房屋和其他地上附着物具有独立的价值。根据公平原则，应当在执行中对原权利人予以合理补偿。补偿的具体方式可由双方协商解决，若协商不成，则由执行法院依照当地政府有关部门对无证房屋和地上附着物补偿的标准作出裁定。

3. 中国长城资产管理公司兰州办事处与宁夏中卫石林建材集团有限责任公司、宁夏中卫市弘骞化工有限责任公司借款合同纠纷执行复议案［（2010）执复字第 13 号］

要旨：根据《执行工作规定》第 40 条（2020 年修正为第 31 条）的规定，执行法院对其他人享有抵押权的被执行人财产，可以采取查封和处分措施。该条规定是平衡执行债权人和担保物权人利益的制度设计，并没有区分抵押所担保的债权是否到期，故无论抵押担保的债权是否到期，法院均可以采取执行措施，但应当确保抵押权人优先受偿的权利。至于优先受偿权的具体范围和数额,抵押权人可以依法提请执行法院审查确定,抵押权人亦可依法参与执行程序对有关财产的处分。法院对抵押物强制执行并不必然导致抵押权人与被执行人之间的借款合同终止,是否终止及相关问题应由双方另行处理。

4. 中国农业银行股份有限公司与浙江长金实业有限公司、广夏(银川)贺兰山葡萄酿酒有限公司等债务转移合同纠纷执行复议案[(2012)执复字第18号]

要旨:综合考虑农业银行的诉讼请求、判决书中关于事实的认定与判决主文的表述,可以认定贺兰山公司承担的是抵押责任,其责任财产的范围应限于抵押财产。宁夏高院执行裁定关于查封财产范围的表述不准确,应对贺兰山公司财产中除抵押财产外的查封部分予以撤销,据此冻结的贺兰山公司的银行账户应同时解除。根据《物权法》第179条①第1款规定,当事人行使抵押权的条件是债务人不履行到期债务或者发生当事人约定的情形,本案中长金公司未履行到期债务,其偿还债务的责任与贺兰山公司的抵押责任已经生效判决确认,执行程序中根据抵押制度的规定,执行贺兰山公司的抵押财产于法有据。

5. 重庆建工住宅建设有限公司与重庆中建工程公司欠款纠纷执行复议案[(2012)执复字第19号]

要旨:轮候查封制度的作用在于,确保轮候查封债权人能够取得在先查封债权人从查封物中所得利益的剩余部分。轮候查封的效力应当及于查封标的物的替代物,即对于标的物变价款中多于在先查封债权人应得数额的部分,有正式查封的效力,轮候查封债权人有权对该部分主张权利。本案中,在先查封申请人受偿的数额超过了其应得的债权数额。对于该超出的部分款项,在先查封申请人无权擅自处分或与被执行人自行协商进行处置,而应退还给执行法院,由执行法院支付给轮候查封申请人。拒不退还的,执行法院及监督执行的上级法院有权采取执行措施强制其退还。

① 《民法典》施行后,相关内容规定在第394条。

6. 兰州新区汇银小额贷款有限责任公司与兰州通用机器制造有限公司企业借贷纠纷执行复议案[(2014)执复字第 25 号]

要旨:本案中,甘肃高院对兰通公司名下土地使用权实施的是轮候查封,根据《查封扣押冻结规定》第 28 条(2020 年修正为第 26 条)第 1 款的规定,轮候查封在性质上不属于正式查封,并不产生正式查封的效力。轮候查封产生的仅是一种预期效力,类似于效力待定的行为。甘肃高院对兰通公司名下土地使用权实施的轮候查封属于诉讼保全措施,在性质和效力上属于临时性措施,主要目的是防止兰通公司转移财产,在客观上并未对保全的标的进行处置。即便本案将来进入执行程序,且甘肃高院在本案中对兰通公司名下土地使用权实施的轮候查封转变为正式查封,进而发生正式查封的法律效力,所查封的 2 宗土地使用权变现所得价款究竟还有多少可用于实现本案债权,尚取决于在先查封案件的执行情况。鉴于此,甘肃高院冻结兰通公司名下 3 个银行账户存款合计 1.819058 万元的措施,不构成重复保全。

7. 中国农业银行股份有限公司吉林市东升支行与吉林市碧碧溪外国语实验学校借款担保合同纠纷执行申诉案[(2015)执申字第 55 号]

要旨:基于社会公共利益考量,教育用地与教育设施确实具有不同于普通财产的特殊性。该种特殊性表现在教育设施具有特定用途。如果强制执行学校正在使用中的教育设施,不仅影响正常的教育教学秩序,处置不当还有可能造成学生失学,损害公众受教育权。因此,虽然我国法律、行政法规中对于教育设施能否豁免执行的问题并无明确规定,但为保障社会公益事业发展,保障公众受教育权等基本权益,对教育用地与教育设施的执行不能改变其原有公益性用途,不能影响其实际使用。因法律法规并不禁止教育用地与教育设施的转让,在存在转让可能性的情况下,应允许在不影响使用的前提下进行查封。

8. 利害关系人北京九城口岸软件科技有限公司就中国核工业二三建设有限公司与北京京达房地产开发有限公司、北京恒富广场开发有限公司金融借款合同纠纷执行异议案[(2019)最高法执监 193 号]

要旨:执行法院对案涉房产的查封应以该院向房管登记部门送达协助执行通知书等查封法律文书时发生法律效力。本案中,执行法院变更查封案号的做法不能发生将案涉房产的查封效力向前溯及的法律效果,不能以此方式将前案的首封效力延续至本案的查封。执行法院以系列案整体处理为由,通过变更案号的方式让本案查封产生溯及力的做法欠缺法律依据,应予纠正。

【注释】与此相关,最高人民法院在(2020)最高法执监8号执行裁定书中认为,根据《查封扣押冻结规定》第1条第1款规定,查封被执行人财产需要由执行法院作出相应的执行裁定并送达给被执行人和申请执行人。一般情况下,执行案件亦不得以案涉财产在另案执行中被查封为由,认为可以不遵守前述法定程序与步骤,直接从另案承继被执行人财产的查封权,否则,将从根本上危害查封秩序,损害当事人的合法权益。

9. 利害关系人杭州银行股份有限公司就浙江宝业建设集团有限公司与上海金巢实业有限公司建设工程施工合同纠纷执行申诉案[(2019)最高法执监470号]

要旨:《物权法》第146条、第147条①规定,建设用地使用权转让的,附着于该土地上的建筑物、构筑物等一并处分,建筑物、构筑物等转让的,所占用范围内的建设用地使用权一并处分。因此,即便房地分属不同权利人,在处置程序中,也应遵循一并处分的原则,以使受让人取得完整的土地使用权。本案中,执行法院基于"房地一体"原则对涉案在建工程及占用范围内的土地使用权进行整体拍卖,符合法律规定。但根据《物权法》第200条②规定,"房地一体"应当理解为针对处置环节,而不能将建筑物与土地使用权理解为同一财产。因此,虽然对房地产一并处分,但应当对权利人分别进行保护。根据《合同法》第286条③规定精神,建设工程的价款就该工程折价或者拍卖的价款优先受偿。建设工程的价款是施工人投入或者物化到建设工程中的价值体现,法律保护建设工程价款优先受偿权的主要目的是优先保护建设工程劳动者的工资及其他劳动报酬,维护劳动者的合法权益,而劳动者投入到建设工程中的价值及材料成本并未转化到该工程占用范围内的土地使用权中。因此,复议法院和执行法院以涉案房地产应一并处置为由,认定债权人享有的工程款优先受偿权及于涉案土地使用权缺乏法律依据,在对涉案房地产进行整体拍卖后,拍卖款应当由建设工程款优先受偿权人以及土地使用权

① 《民法典》施行后,相关内容规定在第356条、第357条。

② 《民法典》施行后,相关内容规定在第417条。

③ 《民法典》施行后,相关内容规定在第807条。

抵押权人分别优先受偿。

10. 齐商银行股份有限公司张店支行与山东三联城市建设有限责任公司、山东三联集团有限责任公司借款合同纠纷执行申诉案［(2020)最高法执监 520 号］

要旨：关于冻结非上市股份有限公司股权是否必须以向市场监管部门送达协助执行公示通知等作为生效要件的问题。首先，以登记机关协助登记或公示作为人民法院对财产权的查封冻结生效要件的，应以存在该种财产权的登记义务机关为前提。具体到对公司股权的冻结，还应根据被执行主体所持股的公司的性质按照相关法律规定来判断。根据《查封扣押冻结规定》第 9 条(2020 年修正为第 7 条)第 2 款规定，查封、扣押、冻结已登记的不动产、特定动产及其他财产权，应当通知有关登记机关办理登记手续。未办理登记手续的，不得对抗其他已经办理了登记手续的查封、扣押、冻结行为。这里的有关登记机关应指需要登记的不动产、特定动产及其他财产权的机关，如果登记机关并非相关财产权的登记义务机关，则不以此项作为生效条件。根据《公司法》第 138 条的规定，股东转让其股份，应当在依法设立的证券交易场所进行或者按照国务院规定的其他方式进行。依照该规定，对于非上市股份有限公司的股权登记机关由国务院另行规定，目前并无明确规定市场监管部门为登记公示的机关及部门。而依照《公司法》《公司登记管理条例》规定，公司的登记事项包括有限责任公司股东或股份有限公司发起人的姓名或者名称。就非上市股份有限公司而言，除发起人外，其他股东不在工商行政管理机关的登记范围内。即股份有限公司非发起人股东名称及其股权变动亦不属于工商行政管理机关的法定登记事项。因此，对于非上市股份有限公司的股权采取查封、冻结等执行行为的效力不应以是否向相关市场监管部门登记公示为必要条件。

关于向相关部门送达协助执行通知后如何判断执行顺位的问题。首先，执行顺位应以生效冻结的时间为基础进行判断。退一步讲，如果本案需要向市场管理部门进行登记，一般情况下，按照《最高人民法院、国家工商总局关于加强信息合作规范执行与协助执行的通知》第 11 条第 1 款、第 13 条的规定，人民法院冻结股权、其他投资权益时，应当向被执行人及其股权、其他投资权益所在市场主体送达冻结裁定，并要求工商行政管理机关协助公示。工商行政管理机关在多家法院要求冻结同一股权、其他投资权益的情况下，应当将所有冻结要求全部公示。首先送达协助公示通知书的执行法院的冻结为生效冻结。送达在后的冻结为轮候冻结。按照此通知上述规定确定查封冻结顺位,应指以工商登记为查封、冻结生效要件的情形。对不在工商管理机关法定登记范围的非上市股份公司股权的冻结,在判断执行顺位的先后时,则应考虑多个法院向被执行所持股的市场主体送达通知使查封生效的顺序,而不应仅以向协助执行主体送达公示时间为准,同时还要结合多个法院之间是否明知首封、轮候查封情形以及续封情况等综合判断。

(二)超标的查封的判断

1. 天津土钍投资咨询发展有限公司与云南圣灵房地产开发有限公司、昆明圣灵房地产开发有限公司股权转让纠纷执行复议案[(2015)执复字第 4 号]

要旨:人民法院对债务人的财产采取查封措施,其目的是保障债权人债权的实现,确保实际变价处分时债权能够得以足额受偿。当然,为避免损害债务人的合法权益,《查封扣押冻结规定》第 21 条(2020 年修正为第 19 条)也对查封财产的价额作出了限制,即以足以清偿法律文书确定的债权额及执行费用为限,不得明显超标的额查封。本案系诉讼财产保全,保全的标的物是不动产,而非存款等具有明确价额的财产。因案涉房产未经评估,故无法精确计算其价值,执行法院仅能根据已成交房产的价格情况,结合周边同类房产的实际成交价格,并考虑市场需求量及价格波动等因素,综合估算查封房产的价值。因此,对于司法解释规定的"明显超标的额"的限制,应当从宽掌握。

2. 姚辉与海南创新书店有限公司民间借贷纠纷执行复议案[(2015)执复字第 47 号]

要旨:判断执行实施案件是否存在超标的查封情形,应当先行查明案件执行标的数额,再根据委托评估价格认定是否存在超标的查封情形。本案执行异议程序中,对于案涉执行标的数额,双方当事人存在争议。该项事实对于判定是否超标的查封关系重大,海南高院对此未经审查即认定本案不存在超标的查封,已构成认定事实不清。被执行人所提交的评估报告,因系单方委托或已超出有效期,确已不适合作为判定是否超标的查封的依据。但是,本案于 2015 年 7 月立案执行,申请执行人已提出评估申请,现被执行人主张超标的查封,海南高院应当立即对案涉房产进行委托评估,根据委托评估价格认定是否存在超标的查封情形。目前,案涉房产尚未委托评估,海南高院即认定本案不存在超标的查封，亦构成认定事实不清。

3. 马福生与河南建开置业股份有限公司、姜玉霞、庞镇文债权转让、保证担保纠纷执行申诉案［（2018）最高法执监 202 号］

要旨：《查封扣押冻结规定》第 21 条（2020 年修正为第 19 条）第 1 款规定，查封、扣押、冻结被执行人的财产，以其价额足以清偿法律文书确定的债权额及执行费用为限，不得明显超标的额查封、扣押、冻结。是否属于明显超标的查封，须在明确案件执行标的数额的基础上，通过对查封财产评估或参照市场价估价，并兼顾司法拍卖变现过程中的降价情况，以及被查封财产上是否存在担保物权及其他优先权等各种因素进行综合判断。本案中，申请执行人虽然承诺按照法律规定的利息标准执行，但执行法院和复议法院在异议及复议审查过程中均未重新计算或核实本案执行标的的具体数额，导致对执行法院是否超标的查封被执行人的财产缺少最基本的比对标准，属于基本事实认定不清。另外，执行法院和复议法院在异议及复议审查程序中，既未通过合适的方式计算或评估被查封财产的价值，也未对查封财产上所涉担保债权的数额逐项进行核对及核减，便径直认定本案不存在明显超标的查封的情形，亦构成认定基本事实不清。

4. 平安信托有限责任公司与杨振华、曹忻军、陈洪顺、王守言合同纠纷诉前财产保全执行复议案［（2019）最高法执复 61、62 号］

要旨：评价查封、冻结行为是否构成超标的查封、冻结，应当以该行为作出时，被查封、冻结的标的物的价值来判断，而不宜以该标的物在事后某个时间点的价值来判断。结合司法实践中的一般做法以及《善意文明执行理念意见》的相关规定，对于冻结的上市公司股票的价值，一般应当以冻结前一交易日收盘价为基准，结合股票市场行情合理认定。另外，因为被执行人持有的案涉股票约 48%已质押给案外人，根据法律规定，质权人对该质押股票享有优先受偿权，故在判断本案冻结是否构成超标的冻结时，应将该优先受偿的债权金额从股票价值中予以扣除。

5. 勾伟东与朝阳通航房地产开发有限公司等侵害企业出资人权益纠纷执行复议案［（2020）最高法执复 37 号］

要旨：根据《查封扣押冻结规定》第 21 条（2020 年修正为第 19 条），《财产保全规定》第 15 条第 1 款、第 2 款规定，人民法院在办理保全执行案件中，应当依照财产保全裁定载明的金额采取相应的查封、扣押、冻结措施，若经审查，发现存在明显超标的保全情形的，则应对超出部分予以解除查封、扣押、冻结。本案中，被执行人主张执行法院超标的保全，提供了其单方委托评估的案涉评估报告作为依据。但是，该评估报告不是由人民法院依据法定程序委托的司法评估报告，在保全申请人提出异议的情况下，不宜仅依据该报告的结论认定是否构成超标的保全。另外，案涉评估报告仅评估了房地产等财产，并未对保全的股权价值予以评估，鉴于在司法实践中，股权价值的不确定性较大，直接将保全的股权价值认定为约 1.4 亿元，并以此作为本案保全价值占比中较大的部分，进而解除对相应房地产的保全，有可能导致保全的真实价值在较大程度上低于保全金额，损害保全申请人的合法利益。

6. 浙江环宇建设集团有限公司与唐山市南北房地产开发有限公司建设工程施工合同纠纷执行申诉案［（2020）最高法执监 92 号］

要旨：判断是否构成超标的查封，系对查封行为的评判，就法律逻辑而言，应以财产被查封时的客观价值作为判断基准，而不应以财产在未来被处置时的可能价格作为判断基准。进言之，查封财产的目的当然是要尽可能确保财产的处置变价能够清偿债权，但是在查封财产时，该财产的未来处置变价情况是不确定的，其固然存在拍卖不顺、成交价下浮的可能，但也存在拍卖顺利、成交价上浮的可能，故在确定查封财产价值时，当然可以适当考虑市场行情和价格变化趋势，在不“明显”超过查封财产现时客观价值的幅度内，合理确定查封标的范围，但不宜只看到查封财产的未来处置价下浮这一种可能性，以“第一次拍卖起拍价可以为评估价或者市场价的百分之七十、第二次拍卖起拍价可以为第一次起拍价的百分之八十”为由，将查封财产价值直接扣减 56%之后，再与申请执行债权来比较是否构成超标的查封，这种做法对被执行人无疑是不公平的。故《善意文明执行理念意见》（法发〔2019〕35 号）第 7 条有关冻结上市公司股票的规定也明确，对于上市公司股票这一市场价格波动较大的财产，确定冻结范围也“应当以冻结前一交易日收盘价为基准，结合股票市场行情，一般在不超过 20%的幅度内合理确定”。

【注释 1】需要注意的是，最高人民法院（2017）最高法执复 55 号执行裁定曾主张，以异议审查阶段的时点作为评估价值时点更为合理。主要理由是财产查封与异议审查之间存在一定的时间间隔，在价格可能波动的情况下，异议审查时的评估价格距离执行程序更近,更接近最终执行的变价金额。本案中对此作出了修正,认为“判断是否构成超标的查封,系对查封行为的评判,就法律逻辑而言,应以财产被查封时的客观价值作为判断基准,不应以财产在未来被处置时的可能价格作为判断基准”。实际上,查封时点的财产价值与异议审查时点的财产价值的区别主要是市场价值波动导致,不得超标的查封本身就是对法院查封行为的要求,理应以法院实施该行为时的情况进行判断,而不能苛求法院可以充分预测到财产被查封后的市场波动。

【注释 2】关于变现成本问题,根据《网拍规定》第 10 条、第 26 条第 1 款之规定,人民法院在通过网络司法拍卖处置财产的定价规则是第一次拍卖起拍价可以为评估价或者市场价的 70%,第二次拍卖起拍价可以为第一次起拍价的 80%,故查封财产变现后可能仅为总价值的 56%。最高人民法院(2015)执复字第 12 号执行裁定就按照 56%的比例计算了查封财产价值,认定不构成超标的查封。但在本案中,最高人民法院明确否定了复议法院根据《网拍规定》直接计算查封财产价值 56%的做法,主要理由是查封财产未来的变价情况是不确定的,虽然存在拍卖不顺、成交价下浮的可能,但也存在拍卖顺利、成交价上浮的可能,如果直接将查封财产价值扣减至 56%后,再来认定是否构成超标的查封,对被执行人明显不公。

第二百五十二条　【查封、扣押财产的程序】人民法院查封、扣押财产时,被执行人是公民的,应当通知被执行人或者他的成年家属到场;被执行人是法人或者其他组织的,应当通知其法定代表人或者主要负责人到场。拒不到场的,不影响执行。被执行人是公民的,其工作单位或者财产所在地的基层组织应当派人参加。

对被查封、扣押的财产,执行员必须造具清单,由在场人签名或者盖章后,交被执行人一份。被执行人是公民的,也可以交他的成年家属一份。

规范体系	
司法解释	《最高人民法院关于人民法院民事执行中查封、扣押、冻结财产的规定》(法释〔2004〕15 号;经法释〔2020〕21 号修正)第 18 条
司法答复	《最高人民法院关于查封应对财产取得实际有效控制的处理意见》(〔2003〕执协字第 23 号)

【条文释义】

本条是关于查封、扣押财产程序的规定。

查封、扣押被执行人的财产,直接涉及被执行人的财产及其相关利益,人民法院采取这一执行措施,一方面要保证生效法律文书的履行,另一方面也要注意保证被执行人合法的财产权益不受侵害。为了保护双方当事人的合法权益,本条第 1 款规定,人民法院在采取这一措施时,被执行人是公民的,应当通知被执行人或者他的成年家属到场;被执行人是法人或者其他组织的,应当通知其法定代表人或者主要负责人到场。被执行人拒不到场的,不影响执行的进行。为了表明执法的合法性、公正性,本款还规定,被执行人是公民的,其工作单位或者财产所在地的基层组织应当派人参加。

本条第 2 款规定了对被查封、扣押的财产要造具清单的要求,这是为了确认查封、扣押财产的具体内容,保证执行的财物清楚、明确,避免执行机构与被执行人就查封、扣押财产的内容发生争议,以备将来有据可查。清单要写明执行财物的种类、数量、质量等,由在场人签名或者盖章后,交被执行人或者其成年家属、法定代表人或者单位主要负责人一份,另一份由人民法院附卷保存。①

【司法解释】

《最高人民法院关于人民法院民事执行中查封、扣押、冻结财产的规定》(法释〔2004〕15 号,2005 年 1 月 1 日;经法释〔2020〕21 号修正,2021 年 1 月 1 日)

第十八条　查封、扣押、冻结被执行人的财产时,执行人员应当制作笔录,载明下列内容:

(一)执行措施开始及完成的时间;

(二)财产的所在地、种类、数量;

(三)财产的保管人;

(四)其他应当记明的事项。

执行人员及保管人应当在笔录上签名,有民事诉讼法第二百四十五条②规定的人员到场的,到场人员也应当在笔录上签名。

【司法答复】

《最高人民法院关于查封应对财产取得实际有效控制的处理意见》(〔2003〕执协字第 23 号,2004 年 7 月 5 日)

北京市高级人民法院、辽宁省高级人民法院:

北京市高级人民法院《关于再次请求协调我市第一中级人民法院受理的北京北美物产集团诉本溪满族自治县天民集团公司、辽宁省财务开发总公司加工承揽合同纠纷执行一案的报告》和辽宁省高级人民法院《关于最高人

① 参见全国人民代表大会常务委员会法制工作委员会编:《中华人民共和国民事诉讼法释义(最新修正版)》,法律出版社 2012 年版,第 577—578 页。

② 2021 年《民事诉讼法》第四次修正后调整为第 252 条。

民法院访〔2003〕第104号的答复》及相关卷宗收悉。经研究,现答复如下:

经审核查明:沈阳市中级人民法院于1997年7月31日在执行辽宁省财务开发总公司(以下简称财务公司)与辽宁本溪满族自治县天民集团公司(以下简称天民公司)、本溪满族自治县绢纺厂(以下简称绢纺厂)借款合同强制执行公证债权文书一案时,强制执行证书中明确载明:“天民公司和绢纺厂履行债务的期限是1997年8月10日前”。而沈阳市中级人民法院采取强制执行措施时,债务人履行债务的期限尚未届满。1997年7月31日,沈阳市中级人民法院向上述二被执行人下发了执行通知书和查封裁定书,查封存放在辽宁省纺织工业供销公司储运库(以下简称供销公司)的落绵102吨、绢纱72吨,但并未向财产保管单位供销公司送达查封裁定书和协助执行通知书。

1997年8月1日,北京市第一中级人民法院在审理北京北美物产集团诉天民公司、第三人财务公司、第三人辽宁中泰实业发展公司加工承揽合同纠纷一案时,作出查封上述争议财产的诉讼保全裁定。同时,分别向被执行人、协助执行人送达了保全裁定书和协助执行通知书,并制作了查封笔录,张贴了查封封条。1997年8月6日,沈阳市中级人民法院裁定将上述争议财产抵债给申请人财务公司时,明知该财产已被北京市第一中级人民法院查封,仍继续采取强制执行措施。

我们认为,沈阳市中级人民法院在债务人履行期限届满前即对债务人采取强制执行的做法缺乏事实和法律依据。虽然沈阳市中级人民法院作出查封争议财产裁定的时间在先,但因没有向争议财产保管人供销公司送达有关查封裁定书和协助执行通知书等法律文书,对争议财产并未取得实际有效的控制,故沈阳市中级人民法院的查封不能对抗北京市第一中级人民法院合法有效的查封,依法应予以纠正。

鉴于沈阳市中级人民法院在执行公证债权文书一案中存在的错误做法,请辽宁省高级人民法院在监督沈阳市中级人民法院纠错的同时,应积极协助北京市高级人民法院做好下一步的执行工作。

【注释】虽然查封财产在先,但因没有向争议财产保管人送达有关查封裁定书和协助执行通知书等法律文书,对争议财产并未取得实际有效的控制,故不能对抗在后的合法有效查封。根据《民事诉讼法》及其司法解释的相关规定,人民法院查封、扣押财产时被执行人是法人或其他组织的,应当通知其法定代表人或者主要负责人到场;对被查封、扣押的财产,执行人员必须造具清单,由在场人签名或盖章后,交被执行人一份。在先查封法院如仅将查封、扣押财产裁定书送达被执行人,而没有向财产保管人送达相应文书,对查封物也没有采取造具清单、指定保管人等实际有效的控制措施,则其不能对抗其他法院在后对同一查封物的合法有效查封。

第二百五十三条 【被查封财产的保管】 被查封的财产，执行员可以指定被执行人负责保管。因被执行人的过错造成的损失，由被执行人承担。

规范体系	
相关立法	《民事诉讼法》第114条
司法解释	1.《最高人民法院关于适用〈中华人民共和国民事诉讼法〉的解释》(法释〔2015〕5号；经法释〔2022〕11号第二次修正)第154—155条 2.《最高人民法院关于人民法院民事执行中查封、扣押、冻结财产的规定》(法释〔2004〕15号；经法释〔2020〕21号修正)第10—11条 3.《最高人民法院关于人民法院办理财产保全案件若干问题的规定》(法释〔2016〕22号；经法释〔2020〕21号修正)第13条
司法答复	《最高人民法院赔偿委员会关于人民法院委托的查封财产保管人擅自动用处分其保管的财产国家不承担赔偿责任的批复》(〔1997〕赔他字第8号)

【条文释义】

本条是关于被查封财产的保管的规定。

人民法院查封财产的目的，在于防止被执行人转移或者处分该项财产，在被执行人拒不履行义务的情况下，对财产进行处分以清偿债务，但在财产被查封后，并不能排除其丢失、被盗、变质等不测现象的出现，为此，应当有人负责保管被查封的财产。对于被查封的财产，既可以由执行法院负责保管，也可以指定被执行人保管。如果被执行人拒绝保管的，人民法院可以另行指定他人保管，但损失及保管费用应由被执行人承担。同时，查封、扣押、冻结担保物权人占有的担保财产，一般应当指定该担保物权人作为保管人；该财产由人民法院保管的，质权、留置权不因转移占有而消灭。

如果由被执行人保管和继续使用被查封财产，不会对债权人的合法权益产生不能受偿或者使被查封财产明显减值的危险的，执行员可以指定被执行人保管被查封财产，因被执行人的过错造成的损失，由他自己承担。被执行人的过错，主要指其主观上没有毁损、灭失被查封财产的故意，由于保管不善致使被查封财产损失的情况，此时，被执行人仍然应当以其他财产承担清偿责任。如果因被执行人的故意造成被查封财产毁损、灭失的，除应当以其他财产清偿债务外，还应当承担相应的法律责任。①

理解与适用本条规定，需要注意把握以下三点：

一、关于保管人的确定。被查封的财产可以由人民法院负责保管；不宜由人民法院保管的，人民法院可以指定被执行人负责保管；不宜由被执行人保管的，可以委托第三人或者申请执行人保管。一般而言，被执行人是该财产的主人，且查封的地点又处于其住所地，所以人民法院指定被执行人保管最为妥当。但是，由于保管问题直接涉及申请执行人的利益，在责令被执行人自行负责保管被查封的财产时，一般应先征求申请执行人的意见，若其主张代为保管或委托他人保管，执行法院应予许可，但要办理好有关财产的交接手续。

二、关于保管人的责任。保管人因故意或过失使被查封的财产毁损、减值或者灭失的，应承担两种责任：一是民事责任。保管人负责赔偿由此造成的损失，其中保管人是申请执行人的，赔偿款应与其债权部分抵销。因被执行人保管或使用的过错造成的损失，由被执行人承担。被执行人或其他人擅自处分已被查封财产的，法院有权责令责任人限期追回财产或承担相应的赔偿责任。二是妨碍执行的责任。保管人如有隐匿、转移、变卖、毁损已被清点并责令其保管的查封物的行为，执行法院可以根据情节轻重予以罚款、拘留，构成犯罪的，依法追究刑事责任。

三、关于查封物的使用。为确保被查封的财产的价值不受贬损，维持查封行为的效果，保管人员不得任意使用和处分其负责保管的财产。财产由被执行人负责保管的，如果继续使用被查封的财产对其实际价值无重大影响，可以允许被执行人继续使用。因被执行人保管或使用的过错造成的损失，由

---

① 参见全国人民代表大会常务委员会法制工作委员会编：《中华人民共和国民事诉讼法释义（最新修正版）》，法律出版社 2012 年版，第 578 页。

被执行人承担。① 较为特殊的情形是,根据《财产保全规定》规定,人民法院对厂房、机器设备等生产经营性财产进行保全时,指定被保全人保管的,应当允许其继续使用。

【相关立法】

《中华人民共和国民事诉讼法》(2021年12月24日第十三届全国人民代表大会常务委员会第三十二次会议第四次修正,2022年1月1日)

第一百一十四条 诉讼参与人或者其他人有下列行为之一的,人民法院可以根据情节轻重予以罚款、拘留;构成犯罪的,依法追究刑事责任:

……

(三)隐藏、转移、变卖、毁损已被查封、扣押的财产,或者已被清点并责令其保管的财产,转移已被冻结的财产的;

……

人民法院对有前款规定的行为之一的单位,可以对其主要负责人或者直接责任人员予以罚款、拘留;构成犯罪的,依法追究刑事责任。

【司法解释】

1.《最高人民法院关于适用〈中华人民共和国民事诉讼法〉的解释》(法释〔2015〕5号,2015年2月4日;经法释〔2022〕11号第二次修正,2022年4月10日)

第一百五十四条 人民法院在财产保全中采取查封、扣押、冻结财产措施时,应当妥善保管被查封、扣押、冻结的财产。不宜由人民法院保管的,人民法院可以指定被保全人负责保管;不宜由被保全人保管的,可以委托他人或者申请保全人保管。

查封、扣押、冻结担保物权人占有的担保财产,一般由担保物权人保管;由人民法院保管的,质权、留置权不因采取保全措施而消灭。

第一百五十五条 由人民法院指定被保全人保管的财产,如果继续使用

---

① 参见江必新主编:《执行规范理解与适用——最新民事诉讼法与民诉法解释保全、执行条文关联解读》,中国法制出版社2015年版,第347页。

对该财产的价值无重大影响,可以允许被保全人继续使用;由人民法院保管或者委托他人、申请保全人保管的财产,人民法院和其他保管人不得使用。

【注释】《财产保全规定》第 13 条规定,人民法院对厂房、机器设备等生产经营性财产进行保全时,指定被保全人保管的,"应当"允许其继续使用。故对特殊经营性财产进行保全查封时,应适用该规定。

2.《最高人民法院关于人民法院民事执行中查封、扣押、冻结财产的规定》(法释〔2004〕15 号,2005 年 1 月 1 日;经法释〔2020〕21 号修正,2021 年 1 月 1 日)

第十条　查封、扣押的财产不宜由人民法院保管的,人民法院可以指定被执行人负责保管;不宜由被执行人保管的,可以委托第三人或者申请执行人保管。

由人民法院指定被执行人保管的财产,如果继续使用对该财产的价值无重大影响,可以允许被执行人继续使用;由人民法院保管或者委托第三人、申请执行人保管的,保管人不得使用。

【注释】本条对查封物的使用区分了两种情形:(1)由人民法院保管或者委托第三人、申请执行人保管的,保管人不得使用;(2)人民法院指定由被执行人保管的,如果继续使用对该财产的价值无重大影响,可以允许被执行人继续使用。查封物为厂房、机器设备等生产经营性财产的,参照适用《财产保全规定》第 13 条规定。

第十一条　查封、扣押、冻结担保物权人占有的担保财产,一般应当指定该担保物权人作为保管人;该财产由人民法院保管的,质权、留置权不因转移占有而消灭。

3.《最高人民法院关于人民法院办理财产保全案件若干问题的规定》(法释〔2016〕22 号,2016 年 12 月 1 日;经法释〔2020〕21 号修正,2021 年 1 月 1 日)

第十三条　被保全人有多项财产可供保全的,在能够实现保全目的的情况下,人民法院应当选择对其生产经营活动影响较小的财产进行保全。

人民法院对厂房、机器设备等生产经营性财产进行保全时,指定被保全人保管的,应当允许其继续使用。

【注释】本条第 2 款为保管人使用查封物的特别规定,实践中应注意适用。最高人民法院在邢继承与山西郡宇房地产开发有限公司财产保全执行复议案[(2016)最高法执复43号]中认为,从财产保全的本质而言,其目的是限制被申请人处分财产,其意义在于防止当事人恶意转移、隐匿、毁灭财产等行为出现,并非禁止被保全人对其财产的使用。相反,还应在遵守法律规定的前提下,尽可能保全财产的市场价值,使其物尽其用。从平等保护双方当事人的司法原则出发,保全行为应当顾及被申请人的合法权益,所采取的措施和手段应当必要、适当,要尽量减少财产保全对企业正常经营造成的影响,不能逾越实现执行目的之必要限度。

【司法答复】

《最高人民法院赔偿委员会关于人民法院委托的查封财产保管人擅自动用处分其保管的财产国家不承担赔偿责任的批复》(〔1997〕赔他字第8号,1998年3月11日)

西藏自治区高级人民法院:

你院〔1997〕藏高法赔字第01号《关于拉萨市中级人民法院诉前保全措施不当引起的国家赔偿一案应如何处理的请示》收悉。经研究,答复如下:

党兴、唐国君申请诉前财产保全并提供相应价值的担保,拉萨市中级人民法院根据法律规定采取诉前财产保全措施并责令金敬土保管被查封的财产,均符合法律规定。该院得知金敬土擅自处理被查封的财产后,未采取措施予以制止是不对的,但财产无法执行的原因不是人民法院实施了违法行为,而是金敬土违法动用、变卖了人民法院已经查封的财产。依照《国家赔偿法》的有关规定,本案不属于国家赔偿范围。

【指导案例】

指导案例121号:株洲海川实业有限责任公司与中国银行股份有限公司长沙市蔡锷支行、湖南省德奕鸿金属材料有限公司财产保全执行复议案(最高人民法院审判委员会讨论通过,2019年12月24日发布)

关键词 执行 执行复议 协助执行义务 保管费用承担

裁判要点

财产保全执行案件的保全标的物系非金钱动产且被他人保管,该保管人依人民法院通知应当协助执行。当保管合同或者租赁合同到期后未续签，且被保全人不支付保管、租赁费用的，协助执行人无继续无偿保管的义务。保全标的物价值足以支付保管费用的，人民法院可以维持查封直至案件作出生效法律文书，执行保全标的物所得价款应当优先支付保管人的保管费用；保全标的物价值不足以支付保管费用，申请保全人支付保管费用的，可以继续采取查封措施，不支付保管费用的，可以处置保全标的物并继续保全变价款。

相关法条

《中华人民共和国民事诉讼法》第 225 条①

基本案情

湖南省高级人民法院(以下简称湖南高院)在审理中国银行股份有限公司长沙市蔡锷支行(以下简称中行蔡锷支行)与湖南省德奕鸿金属材料有限公司(以下简称德奕鸿公司)等金融借款合同纠纷案中，依中行蔡锷支行申请，作出民事诉讼财产保全裁定，冻结德奕鸿公司银行存款 4800 万元，或查封、扣押其等值的其他财产。德奕鸿公司因生产经营租用株洲海川实业有限责任公司(以下简称海川公司)厂房，租期至 2015 年 3 月 1 日；将该公司所有并质押给中行蔡锷支行的铅精矿存放于此。2015 年 6 月 4 日，湖南高院作出协助执行通知书及公告称，人民法院查封德奕鸿公司所有的堆放于海川公司仓库的铅精矿期间，未经准许，任何单位和个人不得对上述被查封资产进行转移、隐匿、损毁、变卖、抵押、赠送等，否则，将依法追究其法律责任。2015 年 3 月 1 日，德奕鸿公司与海川公司租赁合同期满后，德奕鸿公司既未续约，也没有向海川公司交还租用厂房，更没有交纳房租、水电费。海川公司遂以租赁合同纠纷为由，将德奕鸿公司诉至湖南省株洲市石峰区人民法院。后湖南省株洲市石峰区人民法院作出判决，判令案涉租赁合同解除，德奕鸿公司于该判决生效之日起十五日内向海川公司返还租赁厂房，将囤放于租赁厂房内的货物搬走；德奕鸿公司于该判决生效之日起十五日内支付欠缴租金及利息。海川公司根据判决，就德奕鸿公司清场问题申请强制执行。同时，海川公司作为利害关系人对湖南高院作出的协助执行通知书及公告提出执行异议，并要求保全申请人中行蔡锷支行将上述铅精矿搬离仓库，并赔偿其租金损失。

① 2021 年《民事诉讼法》第四次修正后调整为第 232 条。

裁判结果

湖南省高级人民法院于2016年11月23日作出(2016)湘执异15号执行裁定:驳回株洲海川实业有限责任公司的异议。株洲海川实业有限责任公司不服,向最高人民法院申请复议。最高人民法院于2017年9月2日作出(2017)最高法执复2号执行裁定:一、撤销湖南省高级人民法院(2016)湘执异15号执行裁定。二、湖南省高级人民法院应查明案涉查封财产状况,依法确定查封财产保管人并明确其权利义务。

裁判理由

最高人民法院认为,湖南高院在中行蔡锷支行与德奕鸿公司等借款合同纠纷诉讼财产保全裁定执行案中,依据该院相关民事裁定中"冻结德奕鸿公司银行存款4800万元,或查封、扣押其等值的其他财产"的内容,对德奕鸿公司所有的存放于海川公司仓库的铅精矿采取查封措施,并无不当。但在执行实施中,虽然不能否定海川公司对保全执行法院负有协助义务,但被保全人与场地业主之间的租赁合同已经到期未续租,且有生效法律文书责令被保全人将存放货物搬出;此种情况下,要求海川公司完全无条件负担事实上的协助义务,并不合理。协助执行人海川公司的异议,实质上是主张在场地租赁到期的情况下,人民法院查封的财产继续占用场地,导致其产生相当于租金的损失难以得到补偿。湖南高院在发现该情况后,不应回避实际保管人的租金损失或保管费用的问题,应进一步完善查封物的保管手续,明确相关权利义务关系。如果查封的质押物确有较高的足以弥补租金损失的价值,则维持查封直至生效判决作出后,在执行程序中以处置查封物所得价款,优先补偿保管人的租金损失。但海川公司委托质量监督检验机构所做检验报告显示,案涉铅精矿系无价值的废渣,湖南高院在执行中,亦应对此事实予以核实。如情况属实,则应采取适当方式处理查封物,不宜要求协助执行人继续无偿保管无价值财产。保全标的物价值不足以支付保管费用,申请保全人支付保管费用的,可以继续采取查封措施,不支付保管费用的,可以处置保全标的物并继续保全变价款。执行法院仅以对德奕鸿公司财产采取保全措施合法,海川公司与德奕鸿公司之间的租赁合同纠纷是另一法律关系为由,驳回海川公司的异议不当,应予纠正。

第二百五十四条　【拍卖、变卖被查封、扣押的财产】财产被查封、扣押后，执行员应当责令被执行人在指定期间履行法律文书确定的义务。被执行人逾期不履行的，人民法院应当拍卖被查封、扣押的财产；不适于拍卖或者当事人双方同意不进行拍卖的，人民法院可以委托有关单位变卖或者自行变卖。国家禁止自由买卖的物品，交有关单位按照国家规定的价格收购。

规范体系	
相关立法	1.《公司法》第 72—73 条 2.《拍卖法》第 6—9 条、第 18 条、第 27—28 条、第 33 条、第 37 条、第 59 条、第 61 条、第 65 条
司法解释	1.《最高人民法院关于适用〈中华人民共和国民事诉讼法〉的解释》(法释〔2015〕5 号;经法释〔2022〕11 号第二次修正)第 486—491 条 2.《最高人民法院关于人民法院执行工作若干问题的规定(试行)》(法释〔1998〕15 号;经法释〔2020〕21 号修正)第 33—34 条 3.《最高人民法院关于人民法院确定财产处置参考价若干问题的规定》(法释〔2018〕15 号)第 1—35 条 4.《最高人民法院关于人民法院民事执行中拍卖、变卖财产的规定》(法释〔2004〕16 号;经法释〔2020〕21 号修正)第 1—33 条 5.《最高人民法院关于人民法院网络司法拍卖若干问题的规定》(法释〔2016〕18 号)第 1—38 条 6.《最高人民法院关于人民法院委托评估、拍卖工作的若干规定》(法释〔2011〕21 号)第 1—10 条 7.《最高人民法院关于人民法院委托评估、拍卖和变卖工作的若干规定》(法释〔2009〕16 号)第 1—16 条 8.《最高人民法院关于人民法院办理执行异议和复议案件若干问题的规定》(法释〔2015〕10 号;经法释〔2020〕21 号修正)第 21 条 9.《最高人民法院关于人民法院司法拍卖房产竞买人资格若干问题的规定》(法释〔2021〕18 号)第 1—9 条

(续表)

规范体系	
司法解释	10.《最高人民法院关于人民法院强制执行股权若干问题的规定》(法释〔2021〕20 号)第 1 条、第 10—15 条、第 18—19 条 11.《最高人民法院关于冻结、拍卖上市公司国有股和社会法人股若干问题的规定》(法释〔2001〕28 号)第 8—17 条 12.《最高人民法院关于刑事裁判涉财产部分执行的若干规定》(法释〔2014〕13 号)第 12 条 13.《最高人民法院关于适用〈中华人民共和国民法典〉物权编的解释(一)》(法释〔2020〕24 号)第 7 条 14.《最高人民法院关于审理民事、行政诉讼中司法赔偿案件适用法律若干问题的解释》(法释〔2016〕20 号)第 5 条 15.《最高人民法院关于能否将国有土地使用权折价抵偿给抵押权人问题的批复》(法释〔1998〕25 号)
司法文件	1.《最高人民法院关于认真学习贯彻适用〈最高人民法院关于人民法院网络司法拍卖若干问题的规定〉的通知》((法〔2016〕431 号)第 2 条 2.《最高人民法院关于认真做好网络司法拍卖与网络司法变卖衔接工作的通知》(法明传〔2017〕455 号)第 1—9 条 3.《最高人民法院关于在执行工作中规范执行行为切实保护各方当事人财产权益的通知》(法〔2016〕401 号)第 4 条 4.《最高人民法院关于建立和管理司法网络询价平台名单库的办法》(法发〔2020〕18 号)第 1—11 条 5.《最高人民法院关于建立和管理网络服务提供者名单库的办法》(法发〔2016〕23 号)第 1—13 条 6.《最高人民法院关于加强和规范人民法院网络司法拍卖工作的意见》(法〔2015〕384 号)第 1—6 条 7.《最高人民法院关于实施〈最高人民法院关于人民法院委托评估、拍卖工作的若干规定〉有关问题的通知》(法〔2012〕30 号)第 1—9 条 8.《最高人民法院关于严禁在对外委托鉴定、评估、审计、拍卖等活动中收取中介机构佣金的通知》(法〔2009〕368 号)第 1—3 条

（续表）

规范体系		
司法文件	9.《最高人民法院对外委托鉴定、评估、拍卖等工作管理规定》(法办发〔2007〕5 号)第 2—5 条、第 12 条 10.《最高人民法院关于在执行工作中进一步强化善意文明执行理念的意见》(法发〔2019〕35 号)第 8—12 条 11.《最高人民法院关于进一步完善执行权制约机制加强执行监督的意见》(法〔2021〕322 号)第 16—18 条 12.《最高人民法院关于加强人民法院审判公开工作的若干意见》(法发〔2007〕20 号)第 18 条 13.《最高人民法院关于人民法院办理执行案件若干期限的规定》(法发〔2006〕35 号)第 7—8 条、第 12 条 14.《最高人民法院关于在民事审判和执行工作中依法保护金融债权防止国有资产流失问题的通知》(法〔2005〕32 号)第 4—5 条 15.《最高人民法院关于依法妥善办理涉新冠肺炎疫情执行案件若干问题的指导意见》(法发〔2020〕16 号)第 4 条	
司法答复	一般规定	1.《最高人民法院关于深圳市华旅汽车运输公司出租车牌照持有人对深圳市中级人民法院执行异议案的复函》(〔2001〕执监字第 232 号) 2.《最高人民法院执行工作办公室关于人民法院在强制执行程序中处分被执行人国有资产适用法律问题的复函》(〔2001〕执他字第 13 号) 3.《最高人民法院执行工作办公室关于如何对被执行人在另一家公司所拥有的股份进行变现执行的请示的答复》(〔2002〕执他字第 12 号) 4.《最高人民法院执行工作办公室关于河北省安平县法院与江苏省张家港市法院执行争议案的处理意见》(〔2002〕执协字第 3 号) 5.《最高人民法院执行工作办公室关于如何适用〈关于冻结、拍卖上市公司国有股和社会法人股若干问题的规定〉第八条第三款的问题的复函》(〔2005〕执他字第 10 号)

(续表)

规范体系		
司法答复	一般规定	6.《最高人民法院执行工作办公室关于再审判决作出后如何处理原执行裁定的答复函》(〔2005〕执他字第25号) 7.《最高人民法院关于土地使用权与房产所有权应当一并处置的复函》(〔2014〕执他字第7号)
	拍卖效力	1.《最高人民法院执行工作办公室关于竞买人逾期支付价款是否应当重新拍卖的复函》(〔2006〕执监字第94-1号) 2.《最高人民法院关于无权通过民事诉讼程序判定强制拍卖无效问题的处理意见函》(〔2006〕执协字第15-1号) 3.《最高人民法院关于中国工商银行大连市不良资产处置中心执行大连海悦房地产有限公司一案拍卖财产竞买人主张拍卖有效申诉案的请示的答复》(〔2006〕执他字第2号) 4.《最高人民法院关于执行程序中资产评估公司资质问题的答复》(〔2013〕执他字第9号) 5.《最高人民法院关于司法拍卖程序中竞买人资格审查问题的答复》(〔2014〕执他字第4号) 6.《最高人民法院关于竞买人迟延交付部分保证金是否影响拍卖效力的答复》(〔2019〕最高法执他5号)
	所有权转移	1.《最高人民法院关于以物抵债财产所有权已经转移不再作为破产财产处理的复函》(法函〔1996〕89号) 2.《最高人民法院执行工作办公室关于已执行完毕的财产不应列入破产财产问题的复函》(〔2001〕执协字第8号) 3.《最高人民法院执行工作办公室关于法院已判决确权的财产不应列入破产财产的复函》(〔2005〕执协字第19-1号) 4.《最高人民法院执行工作办公室关于诸城兴贸玉米开发有限公司申请执行国营青岛味精厂案中有关财产评估、变卖等问题的复函》(〔2002〕执他字第14号) 5.《最高人民法院关于拍卖、变卖财产规定第二十九条第二款规定不动产所有权发生转移是否包括“变卖方式的情形”的答复》(〔2007〕执他字第19号)

（续表）

规范体系	
参考文件	1.《财政部关于上市公司国有股被人民法院冻结拍卖有关问题的通知》(财企〔2001〕656 号)第 2—10 条 2.《国家税务总局关于人民法院强制执行被执行人财产有关税收问题的复函》(国税函〔2005〕869 号)第 1—4 条 3.《涉执房地产处置司法评估指导意见(试行)》(中房学〔2021〕37 号)第 1—36 条

【条文释义】

本条是关于拍卖、变卖被查封、扣押的财产的规定。2012 年《民事诉讼法》第二次修正时对本条进行了修改。①

2007 年《民事诉讼法》第 223 条规定："财产被查封、扣押后，执行员应当责令被执行人在指定期间履行法律文书确定的义务。被执行人逾期不履行的，人民法院可以按照规定交有关单位拍卖或者变卖被查封、扣押的财产。国家禁止自由买卖的物品，交有关单位按照国家规定的价格收购。"对比可见，修改的主要内容是规定了拍卖优先的原则。依照原条文"拍卖或者变卖"的规定，财产被查封、扣押后，被执行人逾期不履行义务的，人民法院既可以拍卖，也可以变卖。依照修改后的条文，人民法院首先应当拍卖被查封、扣押的财产，只是对于不适于拍卖或者当事人双方同意不进行拍卖的财产，人民法院才可以进行变卖处理。这样修改，有利于充分发挥被查封、扣押财产的价值，最大化实现权利人的权利。

依照本条规定，可以把握以下几个层次：(1)拍卖、变卖的前提是财产被

① 《全国人民代表大会常务委员会关于修改〈中华人民共和国民事诉讼法〉的决定》(2012 年 8 月 31 日第十一届全国人民代表大会常务委员会第二十八次会议通过)第 57 条规定："五十七、将第二百二十三条改为第二百四十七条，修改为：'财产被查封、扣押后，执行员应当责令被执行人在指定期间履行法律文书确定的义务。被执行人逾期不履行的，人民法院应当拍卖被查封、扣押的财产；不适于拍卖或者当事人双方同意不进行拍卖的，人民法院可以委托有关单位变卖或者自行变卖。国家禁止自由买卖的物品，交有关单位按照国家规定的价格收购。'"

查封、扣押。(2)财产被查封、扣押后,执行员应当责令被执行人在指定期间履行法律文书确定的义务。(3)被执行人逾期不履行的,人民法院应当拍卖被查封、扣押的财产。人民法院可以自己组织拍卖,也可以委托拍卖。(4)实践中有的财产不适于拍卖,如保质期较短,需及时处理的财产。有的当事人希望尽快变现财产,实现债权。因此,对于不适于拍卖或者双方当事人同意不进行拍卖的财产,人民法院可以委托有关单位变卖或者自行变卖。(5)国家禁止自由买卖的物品,交有关单位按照国家规定的价格收购。"国家禁止自由买卖的物品",主要是指金银(不包含金银制品)等物品。①

理解与适用本条规定,需要注意把握以下三点:

一、关于法院自行拍卖与委托拍卖。《拍卖变卖规定》第 3 条规定,人民法院拍卖被执行人财产,应当委托具有相应资质的拍卖机构进行,并对拍卖机构的拍卖进行监督,但法律、司法解释另有规定的除外。2012 年《民事诉讼法》第二次修正时,将原条文中"可以按照规定交有关单位拍卖"修改为"人民法院应当拍卖被查封、扣押的财产",变委托拍卖单轨制为自行拍卖与委托拍卖双轨制。与《民事诉讼法》修改相适应,《民事诉讼法解释》第 486 条进一步明确规定,执行法院可以自行组织拍卖,也可以委托拍卖机构拍卖。交拍卖机构拍卖的,执行法院应当对拍卖活动进行监督。法院自行拍卖符合司法拍卖的公法属性,符合执行程序的基本规律;有利于减少拍卖佣金,降低拍卖成本,最大限度实现债权,减轻被执行人负担;有利于保证司法拍卖的公开性、公平性,实现强制拍卖的目的。特别是在信息网络技术条件下,法院通过网络平台进行拍卖,应当成为司法拍卖的基本方式。

二、关于以物抵债。需加以区分的是:(1)执行标的无法拍卖或变卖情况下以物抵债的适用条件。《民事诉讼法解释》第 490 条规定了"不损害其他债权人合法权益和社会公共利益"的限制性条件。这里的"其他债权人"并非泛指被执行人的所有债权人,其范围应限定为对拍卖标的有执行利益的债权人,《拍卖变卖规定》中将其规定为"执行债权人"。根据《拍卖变卖规定》第 16 条第 2 款的规定,有两个以上执行债权人申请以拍卖财产抵债的,由法定受偿顺位在先的债权人优先承受;受偿顺位相同的,以抽签方式决定承受人。承受人应受清偿的债权额低于抵债财产价额的,应当责令其在指定

① 参见全国人民代表大会常务委员会法制工作委员会编:《中华人民共和国民事诉讼法释义(最新修正版)》,法律出版社 2012 年版,第 580 页。

的期间内补交差额。(2)关于当事人合意以物抵债。《民事诉讼法解释》第489条规定了“不损害其他债权人合法权益和社会公共利益”的限制性条件。该“其他债权人”同样不是泛指被执行人的所有债权人,而是限于对执行标的有执行利益的债权人。除执行债权人外,由于合意的以物抵债未经拍卖、变卖程序,执行标的的承租人、按份共有人等优先购买权人也可以理解为合意以物抵债的其他债权人。

三、关于标的物所有权转移。2004年《拍卖变卖规定》原第29条区分动产与不动产、有登记的特定动产或其他财产权,分别规定了拍卖成交和以物抵债程序中所有权(财产权)不同的转移时点。其中,动产所有权自该动产交付时起转移;不动产、有登记的特定动产所有权,以及其他财产权,自拍卖成交或者以物抵债裁定送达买受人或承受人时起转移。但2007年《物权法》第28条(《民法典》第229条)规定,因人民法院、仲裁委员会的法律文书或者人民政府的征收决定等,导致物权设立、变更、转让或者消灭的,自法律文书或者人民政府的征收决定等生效时发生效力。该条规定没有区分具体的财产形式。人民法院在执行程序中作出的拍卖成交裁定和以物抵债裁定,应属于《物权法》第28条(《民法典》第229条)中规定的人民法院法律文书,可以产生物权变动的效力。鉴于此,《民事诉讼法解释》第491条对拍卖和以物抵债程序中标的物所有权转移时点作了修改,不再区分动产、不动产等具体的财产形式,而是统一规定为:拍卖成交或者依法定程序裁定以物抵债的,标的物所有权自拍卖成交裁定或者抵债裁定送达买受人或者接受抵债物的债权人时转移。① 2020年《拍卖变卖规定》修正时,亦相应作了调整。

【相关立法】

1.《中华人民共和国公司法》(2018年10月26日第十三届全国人民代表大会常务委员会第六次会议第四次修正,2018年10月26日)

第七十二条　人民法院依照法律规定的强制执行程序转让股东的股权时,应当通知公司及全体股东,其他股东在同等条件下有优先购买权。其他股东自人民法院通知之日起满二十日不行使优先购买权的,视为放弃优先购

① 参见赵晋山、葛洪涛、乔宇:《民事诉讼法执行程序司法解释若干问题的理解与适用》,载《人民司法·应用》2016年第16期。

买权。

第七十三条 依照本法第七十一条、第七十二条转让股权后，公司应当注销原股东的出资证明书，向新股东签发出资证明书，并相应修改公司章程和股东名册中有关股东及其出资额的记载。对公司章程的该项修改不需再由股东会表决。

2.《中华人民共和国拍卖法》（2015年4月24日第十二届全国人民代表大会常务委员会第十四次会议第二次修正，2015年4月24日）

第六条 拍卖标的应当是委托人所有或者依法可以处分的物品或者财产权利。

第七条 法律、行政法规禁止买卖的物品或者财产权利，不得作为拍卖标的。

第八条 依照法律或者按照国务院规定需经审批才能转让的物品或者财产权利，在拍卖前，应当依法办理审批手续。

委托拍卖的文物，在拍卖前，应当经拍卖人住所地的文物行政管理部门依法鉴定、许可。

第九条 国家行政机关依法没收的物品，充抵税款、罚款的物品和其他物品，按照国务院规定应当委托拍卖的，由财产所在地的省、自治区、直辖市的人民政府和设区的市的人民政府指定的拍卖人进行拍卖。

拍卖由人民法院依法没收的物品，充抵罚金、罚款的物品以及无法返还的追回物品，适用前款规定。

第十八条 拍卖人有权要求委托人说明拍卖标的的来源和瑕疵。

拍卖人应当向竞买人说明拍卖标的的瑕疵。

第二十七条 委托人应当向拍卖人说明拍卖标的的来源和瑕疵。

第二十八条 委托人有权确定拍卖标的的保留价并要求拍卖人保密。

拍卖国有资产，依照法律或者按照国务院规定需要评估的，应当经依法设立的评估机构评估，并根据评估结果确定拍卖标的的保留价。

第三十三条 法律、行政法规对拍卖标的的买卖条件有规定的，竞买人应当具备规定的条件。

第三十七条 竞买人之间、竞买人与拍卖人之间不得恶意串通，损害他人利益。

第五十九条 国家机关违反本法第九条的规定，将应当委托财产所在地的省、自治区、直辖市的人民政府或者设区的市的人民政府指定的拍卖人拍卖的物品擅自处理的，对负有直接责任的主管人员和其他直接责任人员依法给予行政处分，给国家造成损失的，还应当承担赔偿责任。

第六十一条　拍卖人、委托人违反本法第十八条第二款、第二十七条的规定，未说明拍卖标的的瑕疵，给买受人造成损害的，买受人有权向拍卖人要求赔偿；属于委托人责任的，拍卖人有权向委托人追偿。

拍卖人、委托人在拍卖前声明不能保证拍卖标的的真伪或者品质的，不承担瑕疵担保责任。

因拍卖标的存在瑕疵未声明的，请求赔偿的诉讼时效期间为一年，自当事人知道或者应当知道权利受到损害之日起计算。

因拍卖标的存在缺陷造成人身、财产损害请求赔偿的诉讼时效期间，适用《中华人民共和国产品质量法》和其他法律的有关规定。

第六十五条　违反本法第三十七条的规定，竞买人之间、竞买人与拍卖人之间恶意串通，给他人造成损害的，拍卖无效，应当依法承担赔偿责任。由工商行政管理部门对参与恶意串通的竞买人处最高应价百分之十以上百分之三十以下的罚款；对参与恶意串通的拍卖人处最高应价百分之十以上百分之五十以下的罚款。

【司法解释】

1.《最高人民法院关于适用〈中华人民共和国民事诉讼法〉的解释》（法释〔2015〕5号，2015年2月4日；经法释〔2022〕11号第二次修正，2022年4月10日）

第四百八十六条　依照民事诉讼法第二百五十四条规定，人民法院在执行中需要拍卖被执行人财产的，可以由人民法院自行组织拍卖，也可以交由具备相应资质的拍卖机构拍卖。

交拍卖机构拍卖的，人民法院应当对拍卖活动进行监督。

【注释】我国的司法拍卖制度是一个逐渐完善的过程。1982年《民事诉讼法（试行）》只是规定要将查封财产“交有关单位收购、变卖”。1991年《民事诉讼法》规定了“人民法院可以按照规定交有关单位拍卖或者变卖被查封、扣押的财产”，同时规定了拍卖与变卖两种财产变价方式。1998年《执行工作规定》首次确立了拍卖优先原则，规定人民法院变价查封财产，应当委托拍卖机构进行拍卖,不宜拍卖的才能采用变卖方式变价。2004 年《拍卖变卖规定》在坚持拍卖优先原则的基础上,将司法拍卖制度进一步完善。

需要注意的是,我国在建立完善司法拍卖制度的过程中,一直坚持委托拍卖机构实施具体拍卖行为的原则,这与其他国家的做法迥然不同。《民事诉讼法》第二次修正时对此予以改变,规定"人民法院应当拍卖被查封、扣押的财产",不再强调司法拍卖中的委托实施问题。该条文的修改,实现了司法拍卖向其本身性质的回归。①

本条是《民事诉讼法》第 254 条内容的具体化,明确规定了人民法院可以自行组织拍卖,也可以交由具备相应资质的拍卖机构拍卖。明确法院可以自行拍卖的理由在于:(1)通过人民法院自行组织拍卖,可以有效减少拍卖成本,减轻被执行人的负担。(2)一般来说,司法机关的权威性能够更好地保证司法拍卖的公开公平性,达到公开竞价、最大化实现拍卖财产价值的目的。(3)这是司法拍卖性质的应有之义,也符合各国司法拍卖的惯常做法。

第四百八十七条 拍卖评估需要对现场进行检查、勘验的,人民法院应当责令被执行人、协助义务人予以配合。被执行人、协助义务人不予配合的,人民法院可以强制进行。

【注释】所谓评估,是指人民法院委托具备相应资质的专业机构对于待拍卖财产进行价格估算。评估价格对于确定拍卖底价乃至整个司法拍卖程序都具有重要参考意义。

我国《民事诉讼法》没有规定评估制度。1998 年《执行工作规定》确立了拍卖前应当评估的原则,该规定第 47 条明确:"人民法院对拍卖、变卖被执行人的财产,应当委托依法成立的资产评估机构进行价格评估。"2004 年《拍卖变卖规定》第 4 条第 1 款、第 2 款规定了评估的范围及例外情形:"对拟拍卖的财产,人民法院应当委托具有相应资质的评估机构进行价格评估。对于财产价值较低或者价格依照通常方法容易确定的,可以不进行评估。""当事人双方及其他执行债权人申请不进行评估的,人民法院应当准许。"此后,《2009 委托评估拍卖变卖规定》《2011 委托评估拍卖规定》等司法解释及规范性文件进一步完善了司法拍卖程序中的评估制度。

实践中,应当根据待评估财产的价值、复杂程度等因素,综合判断是否有

① 参见最高人民法院修改后民事诉讼法贯彻实施工作领导小组编著:《最高人民法院民事诉讼法司法解释理解与适用(下)》,人民法院出版社 2015 年版,第 1304—1305 页。

必要采取强制检查、勘验措施。由于该措施严重影响相关主体的权利，可能引发冲突，因此在采取该措施前，应当进行说服教育工作；应该经过院长的批准；应当制订预案。《民事诉讼法》第255条规定了搜查制度，并规定搜查令由院长签发。由于强制检查、勘验制度的主要内容是强制开启，因此实践中应考虑参照适用搜查制度的规定，由院长签发命令后进行。当然，这种情况下持搜查令只能进行相应的财产强制检查、勘验工作，而不能搜查财产。

第四百八十八条　人民法院在执行中需要变卖被执行人财产的，可以交有关单位变卖，也可以由人民法院直接变卖。

对变卖的财产，人民法院或者其工作人员不得买受。

第四百八十九条　经申请执行人和被执行人同意，且不损害其他债权人合法权益和社会公共利益的，人民法院可以不经拍卖、变卖，直接将被执行人的财产作价交申请执行人抵偿债务。对剩余债务，被执行人应当继续清偿。

第四百九十条　被执行人的财产无法拍卖或者变卖的，经申请执行人同意，且不损害其他债权人合法权益和社会公共利益的，人民法院可以将该项财产作价后交付申请执行人抵偿债务，或者交付申请执行人管理；申请执行人拒绝接收或者管理的，退回被执行人。

【注释】依照本条规定，接受抵债的主体应为申请执行人或者其他执行债权人，而非案外人。(2019)最高法执监298号执行裁定明确："根据《拍卖变卖规定》第19条、第27条、第28条及《民事诉讼法解释》第492条(2022年修正为第490条)的规定，对于无法拍卖或变卖的被执行人财产，人民法院可以依据申请执行人或其他执行债权人的申请裁定将该财产作价抵偿债务，接受抵债的主体应为申请执行人或者其他执行债权人，而非案外人。本案中，钟山分公司和恒邦公司非本案的申请执行人，也非其他执行债权人，六盘水中院直接裁定将案涉土地使用权过户给两公司，于法无据，亦应予以纠正。"

第四百九十一条　拍卖成交或者依法定程序裁定以物抵债的，标的物所有权自拍卖成交裁定或者抵债裁定送达买受人或者接受抵债物的债权人时转移。

【注释】实践中应当注意：(1)在拍卖成交裁定或者以物抵债裁定作出前，应严格审查是否存在竞买主体不合格、拍卖标的错误、拍卖标的上存在其他物权等影响权利转移的事项，慎重作出执行裁定，以免侵害他人合法权益，导致司法赔偿。(2)在拍卖成交裁定或者以物抵债裁定作出后，应严格维护拍卖成交裁定、以物抵债裁定的效力,保护竞买人、接受抵债物债权人的合法利益。对于其他受损害者,应通过交付拍卖金、另诉或者司法赔偿的途径解决;不能轻易撤销拍卖裁定,否则会破坏司法拍卖结果的稳定性,最终损害整个司法拍卖制度的公信力与司法权威。

2.《最高人民法院关于人民法院执行工作若干问题的规定(试行)》(法释〔1998〕15号,1998年7月8日;经法释〔2020〕21号修正,2021年1月1日)

五、金钱给付的执行

33. 被执行人申请对人民法院查封的财产自行变卖的,人民法院可以准许,但应当监督其按照合理价格在指定的期限内进行,并控制变卖的价款。

34. 拍卖、变卖被执行人的财产成交后,必须即时钱物两清。

委托拍卖、组织变卖被执行人财产所发生的实际费用,从所得价款中优先扣除。所得价款超出执行标的数额和执行费用的部分,应当退还被执行人。

3.《最高人民法院关于人民法院确定财产处置参考价若干问题的规定》(法释〔2018〕15号,2018年9月1日)

第一条　人民法院查封、扣押、冻结财产后,对需要拍卖、变卖的财产,应当在三十日内启动确定财产处置参考价程序。

【注释】《拍卖变卖规定》第1条规定:“在执行程序中,被执行人的财产被查封、扣押、冻结后,人民法院应当及时进行拍卖、变卖或者采取其他执行措施。”本条对“及时”进行了明确,是指应当在查封、扣押、冻结财产后30日内启动确定财产处置参考价程序。

第二条　人民法院确定财产处置参考价,可以采取当事人议价、定向询价、网络询价、委托评估等方式。

【注释】《拍卖变卖规定》第4条、第32条分别对拍卖财产和变卖财产的评估作出规定。本条规定了多种确定财产处置参考价的方式,包括“当事人议价、定向询价、网络询价、委托评估等”,不再限于评估一种。《处置参考价规定》施行后,以本条为准。

第三条　人民法院确定参考价前,应当查明财产的权属、权利负担、占有使用、欠缴税费、质量瑕疵等事项。

人民法院查明前款规定事项需要当事人、有关单位或者个人提供相关资料的,可以通知其提交;拒不提交的,可以强制提取;对妨碍强制提取的,参照民事诉讼法第一百一十一条、第一百一十四条①的规定处理。

查明本条第一款规定事项需要审计、鉴定的,人民法院可以先行审计、鉴定。

第四条　采取当事人议价方式确定参考价的,除一方当事人拒绝议价或者下落不明外,人民法院应当以适当的方式通知或者组织当事人进行协商,当事人应当在指定期限内提交议价结果。

双方当事人提交的议价结果一致,且不损害他人合法权益的,议价结果为参考价。

【注释】本条规定的是当事人议价方式的适用条件和程序。如果一方当事人拒绝议价或者下落不明的,就不能采用当事人议价的方式。

第五条　当事人议价不能或者不成,且财产有计税基准价、政府定价或者政府指导价的,人民法院应当向确定参考价时财产所在地的有关机构进行定向询价。

双方当事人一致要求直接进行定向询价,且财产有计税基准价、政府定价或者政府指导价的,人民法院应当准许。

【注释】本条规定的是定向询价的适用条件和程序。如果财产没有计税基准价、政府定价或者政府指导价的,就不能采用定向询价的方式。

第六条　采取定向询价方式确定参考价的,人民法院应当向有关机构出具询价函,询价函应当载明询价要求、完成期限等内容。

接受定向询价的机构在指定期限内出具的询价结果为参考价。

第七条　定向询价不能或者不成,财产无需由专业人员现场勘验或者鉴定,且具备网络询价条件的,人民法院应当通过司法网络询价平台进行网络询价。

双方当事人一致要求或者同意直接进行网络询价,财产无需由专业人员现场勘验或者鉴定,且具备网络询价条件的,人民法院应当准许。

【注释】本条规定的是网络询价的适用条件和程序。如果需要由专业人员现场勘验或者鉴定,或者是尚不具备网络询价条件(网络询价平台尚无数据可以询价)的,就不能采用网络询价方式。

第八条　最高人民法院建立全国性司法网络询价平台名单库。

---

① 2021 年《民事诉讼法》第四次修正后调整为第 114 条、第 117 条。

司法网络询价平台应当同时符合下列条件：

（一）具备能够依法开展互联网信息服务工作的资质；

（二）能够合法获取并整合全国各地区同种类财产一定时期的既往成交价、政府定价、政府指导价或者市场公开交易价等不少于三类价格数据，并保证数据真实、准确；

（三）能够根据数据化财产特征，运用一定的运算规则对市场既往交易价格、交易趋势予以分析；

（四）程序运行规范、系统安全高效、服务质优价廉；

（五）能够全程记载数据的分析过程，将形成的电子数据完整保存不少于十年，但法律、行政法规、司法解释另有规定的除外。

第九条 最高人民法院组成专门的评审委员会，负责司法网络询价平台的选定、评审和除名。每年引入权威第三方对已纳入和新申请纳入名单库的司法网络询价平台予以评审并公布结果。

司法网络询价平台具有下列情形之一的，应当将其从名单库中除名：

（一）无正当理由拒绝进行网络询价；

（二）无正当理由一年内累计五次未按期完成网络询价；

（三）存在恶意串通、弄虚作假、泄露保密信息等行为；

（四）经权威第三方评审认定不符合提供网络询价服务条件；

（五）存在其他违反询价规则以及法律、行政法规、司法解释规定的情形。

司法网络询价平台被除名后，五年内不得被纳入名单库。

第十条 采取网络询价方式确定参考价的，人民法院应当同时向名单库中的全部司法网络询价平台发出网络询价委托书。网络询价委托书应当载明财产名称、物理特征、规格数量、目的要求、完成期限以及其他需要明确的内容等。

第十一条 司法网络询价平台应当在收到人民法院网络询价委托书之日起三日内出具网络询价报告。网络询价报告应当载明财产的基本情况、参照样本、计算方法、询价结果及有效期等内容。

司法网络询价平台不能在期限内完成询价的，应当在期限届满前申请延长期限。全部司法网络询价平台均未能在期限内出具询价结果的，人民法院应当根据各司法网络询价平台的延期申请延期三日；部分司法网络询价平台在期限内出具网络询价结果的，人民法院对其他司法网络询价平台的延期申请不予准许。

全部司法网络询价平台均未在期限内出具或者补正网络询价报告，且未按照规定申请延长期限的，人民法院应当委托评估机构进行评估。

人民法院未在网络询价结果有效期内发布一拍拍卖公告或者直接进入变卖程序的，应当通知司法网络询价平台在三日内重新出具网络询价报告。

第十二条　人民法院应当对网络询价报告进行审查。网络询价报告均存在财产基本信息错误、超出财产范围或者遗漏财产等情形的，应当通知司法网络询价平台在三日内予以补正；部分网络询价报告不存在上述情形的，无需通知其他司法网络询价平台补正。

第十三条　全部司法网络询价平台均在期限内出具询价结果或者补正结果的，人民法院应当以全部司法网络询价平台出具结果的平均值为参考价；部分司法网络询价平台在期限内出具询价结果或者补正结果的，人民法院应当以该部分司法网络询价平台出具结果的平均值为参考价。

当事人、利害关系人依据本规定第二十二条的规定对全部网络询价报告均提出异议，且所提异议被驳回或者司法网络询价平台已作出补正的，人民法院应当以异议被驳回或者已作出补正的各司法网络询价平台出具结果的平均值为参考价；对部分网络询价报告提出异议的，人民法院应当以网络询价报告未被提出异议的各司法网络询价平台出具结果的平均值为参考价。

第十四条　法律、行政法规规定必须委托评估、双方当事人要求委托评估或者网络询价不能或不成的，人民法院应当委托评估机构进行评估。

【注释】本规定第4条、第5条、第7条、第14条分别对“当事人议价”“定向询价”“网络询价”“委托评估”四种确定财产参考价方式的顺序和适用条件进行了明确。这四种方式既相互关联先后有序，又相互独立可以直接选用。适用中需要注意：

(1)法定优先原则。只要是法律、行政法规规定必须进行委托评估的，就只能采取委托评估的方式，不得采取其他方式。

(2)意思自治原则。双方当事人协商确定采取哪种方式就采取哪种方式，但如果处置的财产不能通过该种方式确定参考价的除外。

(3)客观实际原则。如果一方当事人拒绝议价或者下落不明的，就不能采用当事人议价的方式；如果财产没有计税基准价、政府定价或者政府指导价的，就不能采用定向询价的方式；如果需要由专业人员现场勘验或者鉴定，或者是尚不具备网络询价条件(网络询价平台尚无数据可以询价)的，就不能采用网络询价方式。

(4)依法有序原则。如果不存在前面所说的特殊情况，就要按照本规定依次按照顺序逐一采取。首先要采取当事人议价方式；当事人议价不成或不能的，采取定向询价方式；定向询价不成或者不能的，采取网络询价方式；网络询价不能或不成的，采取委托评估方式。

第十五条 最高人民法院根据全国性评估行业协会推荐的评估机构名单建立人民法院司法评估机构名单库。按评估专业领域和评估机构的执业范围建立名单分库，在分库下根据行政区划设省、市两级名单子库。

评估机构无正当理由拒绝进行司法评估或者存在弄虚作假等情形的，最高人民法院可以商全国性评估行业协会将其从名单库中除名；除名后五年内不得被纳入名单库。

【注释】(1)关于评估机构资质的确定。《2009 委托评估拍卖变卖规定》第 4—6 条规定了法院编制评估机构名录及实施管理的程序。《2011 委托评估拍卖规定》第 2 条规定："取得政府管理部门行政许可并达到一定资质等级的评估、拍卖机构，可以自愿报名参加人民法院委托的评估、拍卖活动。人民法院不再编制委托评估、拍卖机构名册。"本条第 1 款规定，最高人民法院建立人民法院司法评估机构名单库并实施管理。之所以这样确定，一是考虑最高人民法院、全国性行业协会与评估机构没有利益关系，且不受地方影响，避免廉政风险的问题；二是考虑由最高人民法院通过系统对名单库中评估机构的司法评估工作进行管理，承办人可以对评估机构的相关工作进行评价，每年系统会对评估机构进行综合评定，对符合除名条件的，商请全国性行业协会不得再将其推荐进名单库，从而加强对委托评估工作的监管。《处置参考价规定》施行后，以本条为准。

(2)关于对评估机构的监督。《2011 委托评估拍卖规定》第 8 条规定，法院对评估失实以及无正当理由未能完成评估，并影响评估、拍卖结果，侵害当事人合法利益的，人民法院将不再委托其从事委托评估、拍卖工作。本条第 2 款对此作了进一步具体规定。《处置参考价规定》施行后，以本条为准。

第十六条 采取委托评估方式确定参考价的，人民法院应当通知双方当事人在指定期限内从名单分库中协商确定三家评估机构以及顺序；双方当事人在指定期限内协商不成或者一方当事人下落不明的，采取摇号方式在名单分库或者财产所在地的名单子库中随机确定三家评估机构以及顺序。双方当事人一致要求在同一名单子库中随机确定的，人民法院应当准许。

【注释】在评估机构选定程序上,2004 年《拍卖变卖规定》第 5 条规定,先由当事人协商,协商不成的从评估机构名册中随机选取,同时规定双方申请以招标方式选定机构的,法院应当准许。《2009 委托评估拍卖变卖规定》第 7 条规定,由人民法院确定评估、拍卖机构的,从评估、拍卖机构名册内公开随机选取。第 9 条规定,人民法院选择评估、拍卖机构,应当提前通知各方当事人到场;当事人不到场的,人民法院可将选择机构的情况,以书面形式送达当事人。《2011 委托评估拍卖规定》第 2 条规定,人民法院不再编制委托评估、拍卖机构名册;第 3 条规定,人民法院采取随机方式确定评估、拍卖机构。本条规定了新的评估机构选定程序。《处置参考价规定》施行后,以本条为准。

第十七条 人民法院应当向顺序在先的评估机构出具评估委托书,评估委托书应当载明财产名称、物理特征、规格数量、目的要求、完成期限以及其他需要明确的内容等,同时应当将查明的财产情况及相关材料一并移交给评估机构。

评估机构应当出具评估报告,评估报告应当载明评估财产的基本情况、评估方法、评估标准、评估结果及有效期等内容。

第十八条 评估需要进行现场勘验的,人民法院应当通知当事人到场;当事人不到场的,不影响勘验的进行,但应当有见证人见证。现场勘验需要当事人、协助义务人配合的,人民法院依法责令其配合;不予配合的,可以依法强制进行。

第十九条 评估机构应当在三十日内出具评估报告。人民法院决定暂缓或者裁定中止执行的期间,应当从前述期限中扣除。

评估机构不能在期限内出具评估报告的,应当在期限届满五日前书面向人民法院申请延长期限。人民法院决定延长期限的,延期次数不超过两次,每次不超过十五日。

评估机构未在期限内出具评估报告、补正说明,且未按照规定申请延长期限的,人民法院应当通知该评估机构三日内将人民法院委托评估时移交的材料退回,另行委托下一顺序的评估机构重新进行评估。

人民法院未在评估结果有效期内发布一拍拍卖公告或者直接进入变卖程序的,应当通知原评估机构在十五日内重新出具评估报告。

第二十条 人民法院应当对评估报告进行审查。具有下列情形之一的,应当责令评估机构在三日内予以书面说明或者补正:

(一)财产基本信息错误;

（二）超出财产范围或者遗漏财产；

（三）选定的评估机构与评估报告上签章的评估机构不符；

（四）评估人员执业资格证明与评估报告上署名的人员不符；

（五）具有其他应当书面说明或者补正的情形。

第二十一条 人民法院收到定向询价、网络询价、委托评估、说明补正等报告后，应当在三日内发送给当事人及利害关系人。

当事人、利害关系人已提供有效送达地址的，人民法院应当将报告以直接送达、留置送达、委托送达、邮寄送达或者电子送达的方式送达；当事人、利害关系人下落不明或者无法获取其有效送达地址，人民法院无法按照前述规定送达的，应当在中国执行信息公开网上予以公示，公示满十五日即视为收到。

【注释】2004 年《拍卖变卖规定》第 6 条规定："人民法院收到评估机构作出的评估报告后，应当在五日内将评估报告发送当事人及其他利害关系人。当事人或者其他利害关系人对评估报告有异议的，可以在收到评估报告后十日内以书面形式向人民法院提出。"这里虽然规定了要发送评估报告，收到评估报告后可以提出异议，但是，以什么方式发送，以什么标准判断为收到，都没有明确的规定。执行实践中，有相当多的被执行人为了逃避执行，跟法院"玩失踪"，打电话不接、住址又没人，造成法院无法送达，只能公告，时间长，严重影响财产处置效率。为此，本条确定了两种发送方式，并且限定了条件、明确了标准。一是送达。只要是当事人、利害关系人已提供有效送达地址的，人民法院就应当以直接送达、留置送达、委托送达、邮寄送达或者电子送达的方式送达。二是公示。当事人、利害关系人下落不明或者无法获取其有效送达地址，人民法院无法采取直接送达、留置送达、委托送达、邮寄送达或者电子送达的方式送达的，应当在中国执行信息公开网上予以公示，公示满 15 日即视为收到。两种方式从两个方面解决目前各类报告送达难的问题，既规范了人民法院的发送行为，又解决了被执行人难寻导致公告送达期过长的问题。

第二十二条 当事人、利害关系人认为网络询价报告或者评估报告具有下列情形之一的，可以在收到报告后五日内提出书面异议：

（一）财产基本信息错误；

（二）超出财产范围或者遗漏财产；

（三）评估机构或者评估人员不具备相应评估资质；

(四)评估程序严重违法。

对当事人、利害关系人依据前款规定提出的书面异议,人民法院应当参照民事诉讼法第二百二十五条①的规定处理。

第二十三条　当事人、利害关系人收到评估报告后五日内对评估报告的参照标准、计算方法或者评估结果等提出书面异议的,人民法院应当在三日内交评估机构予以书面说明。评估机构在五日内未作说明或者当事人、利害关系人对作出的说明仍有异议的,人民法院应当交由相关行业协会在指定期限内组织专业技术评审,并根据专业技术评审出具的结论认定评估结果或者责令原评估机构予以补正。

当事人、利害关系人提出前款异议,同时涉及本规定第二十二条第一款第一、二项情形的,按照前款规定处理;同时涉及本规定第二十二条第一款第三、四项情形的,按照本规定第二十二条第二款先对第三、四项情形审查,异议成立的,应当通知评估机构三日内将人民法院委托评估时移交的材料退回,另行委托下一顺序的评估机构重新进行评估;异议不成立的,按照前款规定处理。

第二十四条　当事人、利害关系人未在本规定第二十二条、第二十三条规定的期限内提出异议或者对网络询价平台、评估机构、行业协会按照本规定第二十二条、第二十三条所作的补正说明、专业技术评审结论提出异议的,人民法院不予受理。

当事人、利害关系人对议价或者定向询价提出异议的,人民法院不予受理。

第二十五条　当事人、利害关系人有证据证明具有下列情形之一,且在发布一拍拍卖公告或者直接进入变卖程序之前提出异议的,人民法院应当按照执行监督程序进行审查处理:

(一)议价中存在欺诈、胁迫情形;

(二)恶意串通损害第三人利益;

(三)有关机构出具虚假定向询价结果;

(四)依照本规定第二十二条、第二十三条作出的处理结果确有错误。

第二十六条　当事人、利害关系人对评估报告未提出异议、所提异议被驳回或者评估机构已作出补正的,人民法院应当以评估结果或者补正结果为

---

① 2021 年《民事诉讼法》第四次修正后调整为第 232 条。

参考价;当事人、利害关系人对评估报告提出的异议成立的,人民法院应当以评估机构作出的补正结果或者重新作出的评估结果为参考价。专业技术评审对评估报告未作出否定结论的,人民法院应当以该评估结果为参考价。

第二十七条 司法网络询价平台、评估机构应当确定网络询价或者委托评估结果的有效期,有效期最长不得超过一年。

当事人议价的,可以自行协商确定议价结果的有效期,但不得超过前款规定的期限;定向询价结果的有效期,参照前款规定确定。

人民法院在议价、询价、评估结果有效期内发布一拍拍卖公告或者直接进入变卖程序,拍卖、变卖时未超过有效期六个月的,无需重新确定参考价,但法律、行政法规、司法解释另有规定的除外。

第二十八条 具有下列情形之一的,人民法院应当决定暂缓网络询价或者委托评估:

(一)案件暂缓执行或者中止执行;

(二)评估材料与事实严重不符,可能影响评估结果,需要重新调查核实;

(三)人民法院认为应当暂缓的其他情形。

第二十九条 具有下列情形之一的,人民法院应当撤回网络询价或者委托评估:

(一)申请执行人撤回执行申请;

(二)生效法律文书确定的义务已全部执行完毕;

(三)据以执行的生效法律文书被撤销或者被裁定不予执行;

(四)人民法院认为应当撤回的其他情形。

人民法院决定网络询价或者委托评估后,双方当事人议价确定参考价或者协商不再对财产进行变价处理的,人民法院可以撤回网络询价或者委托评估。

第三十条 人民法院应当在参考价确定后十日内启动财产变价程序。拍卖的,参照参考价确定起拍价;直接变卖的,参照参考价确定变卖价。

【注释】(1)关于拍卖起拍价与保留价、评估价的关系。2004年《拍卖变卖规定》第8条规定,拍卖保留价参照评估价确定;未做评估的,参照市价确定,并应当征询有关当事人意见。第一次拍卖时,保留价不得低于评估价或者市价的80%。该规范对起拍价未作规定。《2009委托评估拍卖变卖规定》第13条规定,第一次拍卖保留价即为评估价,不作降价拍卖。传统拍卖中保留价与评估价的关系,应以《2009 委托评估拍卖变卖规定》为准。网络司法拍卖中,保留价、起拍价、评估价的关系,应适用《网拍规定》第 10 条,该条明确“网络司法拍卖应当确定保留价,拍卖保留价即为起拍价”,起拍价“参照评估价确定;未作评估的,参照市价确定,并征询当事人意见。起拍价不得低于评估价或者市价的百分之七十”。该规定意味着网络司法拍卖中,保留价、起拍价都可在评估价基础上降价,但不得低于 70%。本条规定的参照方法,应当根据传统拍卖或网络拍卖的情形,分别适用《2009 委托评估拍卖变卖规定》第 13 条和《网拍规定》第 10 条的规定。

(2)关于变卖价的确定。本条对《拍卖变卖规定》第 32 条第 1 款规定进行了修正,规定“直接变卖的,参照参考价确定变卖价”,《处置参考价规定》施行后,以本条为准。

第三十一条 人民法院委托司法网络询价平台进行网络询价的,网络询价费用应当按次计付给出具网络询价结果与财产处置成交价最接近的司法网络询价平台;多家司法网络询价平台出具的网络询价结果相同或者与财产处置成交价差距相同的,网络询价费用平均分配。

人民法院依照本规定第十一条第三款规定委托评估机构进行评估或者依照本规定第二十九条规定撤回网络询价的,对司法网络询价平台不计付费用。

第三十二条 人民法院委托评估机构进行评估,财产处置未成交的,按照评估机构合理的实际支出计付费用;财产处置成交价高于评估价的,以评估价为基准计付费用;财产处置成交价低于评估价的,以财产处置成交价为基准计付费用。

人民法院依照本规定第二十九条规定撤回委托评估的,按照评估机构合理的实际支出计付费用;人民法院依照本规定通知原评估机构重新出具评估报告的,按照前款规定的百分之三十计付费用。

人民法院依照本规定另行委托评估机构重新进行评估的,对原评估机构不计付费用。

第三十三条 网络询价费及委托评估费由申请执行人先行垫付,由被执行人负担。

申请执行人通过签订保险合同的方式垫付网络询价费或者委托评估费的,保险人应当向人民法院出具担保书。担保书应当载明因申请执行人未垫付网络询价费或者委托评估费由保险人支付等内容,并附相关证据材料。

【**注释**】本规定第31条、第32条、第33条明确规定了网络询价和委托评估的费用的计付标准和费用的负担。

(1)当事人议价和定向询价两种方式均无须费用。当事人议价不借助第三方,无须任何费用,除法定采取委托评估方式外,任何财产都可以通过议价的方式确定处置参考价,只要不损害他人合法权益即可。因此,具有便捷高效、争议少、零费用的特点。由于只有财产有计税基准价、政府定价或者政府指导价时,才可以采取定向询价的方式,所以,尽管定向询价的权威性和可信度高,但鉴于其局限性,不适用于所有的财产。

(2)网络询价按次计付费用。无论有多少家司法网络询价平台进行询价,这一份费用只支付给出具的网络询价结果与财产处置成交价最接近的一家或者几家网络询价平台。未按期出具网络询价报告或进行补充说明,人民法院因此委托评估的,网络询价不计付费用。

(3)委托评估的费用采取就低不就高的原则。财产处置成交价高于评估价的,以评估价为基准计算评估费用;财产处置成交价低于评估价的,以成交价为基准计算评估费用;财产处置未成交的,按照合理的实际支出计算评估费用;重新评估的,按照原评估费用的30%计算评估费用;因评估机构未按期出具评估报告,又不申请延期,评估机构或者评估人员不具备相应评估资质,评估程序严重违法等,人民法院另行委托评估的,原评估机构不计付费用。本规定明确规定,网络询价费及委托评估费由申请执行人先行垫付,由被执行人负担。并且确定了申请执行人可以通过投保的方式解决费用的垫付问题。通过引入保险机制,解决因无人支付评估费用影响委托评估效率,甚至造成无法委托评估的问题。

第三十四条 最高人民法院建设全国法院询价评估系统。询价评估系统与定向询价机构、司法网络询价平台、全国性评估行业协会的系统对接,实现数据共享。

询价评估系统应当具有记载当事人议价、定向询价、网络询价、委托评估、摇号过程等功能,并形成固化数据,长期保存、随案备查。

第三十五条 本规定自2018年9月1日起施行。

最高人民法院此前公布的司法解释及规范性文件与本规定不一致的,以本规定为准。

4.《最高人民法院关于人民法院民事执行中拍卖、变卖财产的规定》(法释〔2004〕16号,2005年1月1日;经法释〔2020〕21号修正,2021年1月1日)

第一条　在执行程序中,被执行人的财产被查封、扣押、冻结后,人民法院应当及时进行拍卖、变卖或者采取其他执行措施。

第二条　人民法院对查封、扣押、冻结的财产进行变价处理时,应当首先采取拍卖的方式,但法律、司法解释另有规定的除外。

【注释】法律、司法解释另有规定的情形主要有:(1)《民事诉讼法》第254条规定,"国家禁止自由买卖的物品,交有关单位按照国家规定的价格收购"。(2)《民事诉讼法解释》第489条规定:"经申请执行人和被执行人同意,且不损害其他债权人合法权益和社会公共利益的,人民法院可以不经拍卖、变卖,直接将被执行人的财产作价交申请执行人抵偿债务。对剩余债务,被执行人应当继续清偿。"(3)《拍卖变卖规定》第31条规定:"对查封、扣押、冻结的财产,当事人双方及有关权利人同意变卖的,可以变卖。金银及其制品、当地市场有公开交易价格的动产、易腐烂变质的物品、季节性商品、保管困难或者保管费用过高的物品,人民法院可以决定变卖。"(4)《最高人民法院关于冻结、扣划证券交易结算资金有关问题的通知》(法〔2004〕239号)第5条第2款规定:"人民法院执行流通证券,可以指令被执行人所在的证券公司营业部在30个交易日内通过证券交易将该证券卖出,并将变卖所得价款直接划付到人民法院指定的账户。"

第三条　人民法院拍卖被执行人财产,应当委托具有相应资质的拍卖机构进行,并对拍卖机构的拍卖进行监督,但法律、司法解释另有规定的除外。

第四条　对拟拍卖的财产,人民法院可以委托具有相应资质的评估机构进行价格评估。对于财产价值较低或者价格依照通常方法容易确定的,可以不进行评估。

当事人双方及其他执行债权人申请不进行评估的,人民法院应当准许。

对被执行人的股权进行评估时,人民法院可以责令有关企业提供会计报表等资料;有关企业拒不提供的,可以强制提取。

第五条　拍卖应当确定保留价。

拍卖财产经过评估的,评估价即为第一次拍卖的保留价;未作评估的,保留价由人民法院参照市价确定,并应当征询有关当事人的意见。

如果出现流拍,再行拍卖时,可以酌情降低保留价,但每次降低的数额不得超过前次保留价的百分之二十。

第六条 保留价确定后,依据本次拍卖保留价计算,拍卖所得价款在清偿优先债权和强制执行费用后无剩余可能的,应当在实施拍卖前将有关情况通知申请执行人。申请执行人于收到通知后五日内申请继续拍卖的,人民法院应当准许,但应当重新确定保留价;重新确定的保留价应当大于该优先债权及强制执行费用的总额。

依照前款规定流拍的,拍卖费用由申请执行人负担。

【注释】本条是关于无益拍卖的规定,《网拍规定》施行后,本条适用于网络司法拍卖。

第七条 执行人员应当对拍卖财产的权属状况、占有使用情况等进行必要的调查,制作拍卖财产现状的调查笔录或者收集其他有关资料。

第八条 拍卖应当先期公告。

拍卖动产的,应当在拍卖七日前公告;拍卖不动产或者其他财产权的,应当在拍卖十五日前公告。

第九条 拍卖公告的范围及媒体由当事人双方协商确定;协商不成的,由人民法院确定。拍卖财产具有专业属性的,应当同时在专业性报纸上进行公告。

当事人申请在其他新闻媒体上公告或者要求扩大公告范围的,应当准许,但该部分的公告费用由其自行承担。

第十条 拍卖不动产、其他财产权或者价值较高的动产的,竞买人应当于拍卖前向人民法院预交保证金。申请执行人参加竞买的,可以不预交保证金。保证金的数额由人民法院确定,但不得低于评估价或者市价的百分之五。

应当预交保证金而未交纳的,不得参加竞买。拍卖成交后,买受人预交的保证金充抵价款,其他竞买人预交的保证金应当在三日内退还;拍卖未成交的,保证金应当于三日内退还竞买人。

第十一条 人民法院应当在拍卖五日前以书面或者其他能够确认收悉的适当方式,通知当事人和已知的担保物权人、优先购买权人或者其他优先权人于拍卖日到场。

优先购买权人经通知未到场的,视为放弃优先购买权。

第十二条 法律、行政法规对买受人的资格或者条件有特殊规定的,竞买人应当具备规定的资格或者条件。

申请执行人、被执行人可以参加竞买。

第十三条 拍卖过程中,有最高应价时,优先购买权人可以表示以该最高价买受,如无更高应价,则拍归优先购买权人;如有更高应价,而优先购买权人不作表示的,则拍归该应价最高的竞买人。

顺序相同的多个优先购买权人同时表示买受的,以抽签方式决定买受人。

第十四条　拍卖多项财产时,其中部分财产卖得的价款足以清偿债务和支付被执行人应当负担的费用的,对剩余的财产应当停止拍卖,但被执行人同意全部拍卖的除外。

第十五条　拍卖的多项财产在使用上不可分,或者分别拍卖可能严重减损其价值的,应当合并拍卖。

【注释】《网拍规定》施行后,本条规定亦适用于网络司法拍卖。

第十六条　拍卖时无人竞买或者竞买人的最高应价低于保留价,到场的申请执行人或者其他执行债权人申请或者同意以该次拍卖所定的保留价接受拍卖财产的,应当将该财产交其抵债。

有两个以上执行债权人申请以拍卖财产抵债的,由法定受偿顺位在先的债权人优先承受;受偿顺位相同的,以抽签方式决定承受人。承受人应受清偿的债权额低于抵债财产的价额的,人民法院应当责令其在指定的期间内补交差额。

【注释】《网拍规定》第 26 条未规定第一次流拍后的抵债问题,网络拍卖第一次流拍后,可适用本规定进行抵债。

第十七条　在拍卖开始前,有下列情形之一的,人民法院应当撤回拍卖委托:

(一)据以执行的生效法律文书被撤销的;

(二)申请执行人及其他执行债权人撤回执行申请的;

(三)被执行人全部履行了法律文书确定的金钱债务的;

(四)当事人达成了执行和解协议,不需要拍卖财产的;

(五)案外人对拍卖财产提出确有理由的异议的;

(六)拍卖机构与竞买人恶意串通的;

(七)其他应当撤回拍卖委托的情形。

【注释】本条规定的是拍卖开始前撤回拍卖委托的情形,《网拍规定》施行后,本条亦适用于网络司法拍卖,在拍卖开始前可以撤回。

第十八条　人民法院委托拍卖后,遇有依法应当暂缓执行或者中止执行的情形的,应当决定暂缓执行或者裁定中止执行,并及时通知拍卖机构和当事人。拍卖机构收到通知后,应当立即停止拍卖,并通知竞买人。

暂缓执行期限届满或者中止执行的事由消失后,需要继续拍卖的,人民法院应当在十五日内通知拍卖机构恢复拍卖。

第十九条 被执行人在拍卖日之前向人民法院提交足额金钱清偿债务,要求停止拍卖的,人民法院应当准许,但被执行人应当负担因拍卖支出的必要费用。

【注释】本条规定的是关于被执行人提交足额金钱清偿债务要求停止拍卖的规定,《网拍规定》施行后,本条亦适用于网络司法拍卖。

第二十条 拍卖成交或者以流拍的财产抵债的,人民法院应当作出裁定,并于价款或者需要补交的差价全额交付后十日内,送达买受人或者承受人。

【注释】《网拍规定》第22条规定:"网络司法拍卖成交的,由网络司法拍卖平台以买受人的真实身份自动生成确认书并公示。拍卖财产所有权自拍卖成交裁定送达买受人时转移。"该条规定了成交确认书的生成和公示程序,关于裁定书的送达期限,继续适用本条规定。

第二十一条 拍卖成交后,买受人应当在拍卖公告确定的期限或者人民法院指定的期限内将价款交付到人民法院或者汇入人民法院指定的账户。

第二十二条 拍卖成交或者以流拍的财产抵债后,买受人逾期未支付价款或者承受人逾期未补交差价而使拍卖、抵债的目的难以实现的,人民法院可以裁定重新拍卖。重新拍卖时,原买受人不得参加竞买。

重新拍卖的价款低于原拍卖价款造成的差价、费用损失及原拍卖中的佣金,由原买受人承担。人民法院可以直接从其预交的保证金中扣除。扣除后保证金有剩余的,应当退还原买受人;保证金数额不足的,可以责令原买受人补交;拒不补交的,强制执行。

【注释】本条关于逾期付款是否重新拍卖的规定,亦适用于网络司法拍卖。《网拍规定》第24条规定:"拍卖成交后买受人悔拍的,交纳的保证金不予退还,依次用于支付拍卖产生的费用损失、弥补重新拍卖价款低于原拍卖价款的差价、冲抵本案被执行人的债务以及与拍卖财产相关的被执行人的债务。悔拍后重新拍卖的,原买受人不得参加竞买。"结合本条,适用中需要注意:(1)网络司法拍卖中关于悔拍的认定与启动重新拍卖,应适用本条规定。(2)对悔拍后保证金的处理,本条规定"扣除后保证金有剩余的,应当退还原买受人",《网拍规定》第24条第1款作有新的规定。(3)本条"保证金数额不足的,可以责令原买受人补交;拒不补交的,强制执行"的规定,继续适用于网络司法拍卖。

第二十三条　拍卖时无人竞买或者竞买人的最高应价低于保留价,到场的申请执行人或者其他执行债权人不申请以该次拍卖所定的保留价抵债的,应当在六十日内再行拍卖。

【注释】与本条规定应在60日内再行拍卖不同,《网拍规定》第26条第1款规定,网络司法拍卖流拍后,应当在30日内在同一网络司法拍卖平台再次拍卖。进行网络司法拍卖的,以该条为准;进行传统拍卖的,适用本条规定。

第二十四条　对于第二次拍卖仍流拍的动产,人民法院可以依照本规定第十六条的规定将其作价交申请执行人或者其他执行债权人抵债。申请执行人或者其他执行债权人拒绝接受或者依法不能交付其抵债的,人民法院应当解除查封、扣押,并将该动产退还被执行人。

【注释】《民事诉讼法解释》第490条规定:"被执行人的财产无法拍卖或者变卖的,经申请执行人同意,且不损害其他债权人合法权益和社会公共利益的,人民法院可以将该项财产作价后交付申请执行人抵偿债务,或者交付申请执行人管理;申请执行人拒绝接收或者管理的,退回被执行人。"第二次拍卖仍流拍的动产,属于财产无法拍卖的情形,《民事诉讼法解释》第490条增加了"交付申请执行人管理"的情形,规定"申请执行人拒绝接收或者管理的,退回被执行人"。应注意结合适用。

第二十五条　对于第二次拍卖仍流拍的不动产或者其他财产权,人民法院可以依照本规定第十六条的规定将其作价交申请执行人或者其他执行债权人抵债。申请执行人或者其他执行债权人拒绝接受或者依法不能交付其抵债的,应当在六十日内进行第三次拍卖。

第三次拍卖流拍且申请执行人或者其他执行债权人拒绝接受或者依法不能接受该不动产或者其他财产权抵债的,人民法院应当于第三次拍卖终结之日起七日内发出变卖公告。自公告之日起六十日内没有买受人愿意以第三次拍卖的保留价买受该财产,且申请执行人、其他执行债权人仍不表示接受该财产抵债的,应当解除查封、冻结,将该财产退还被执行人,但对该财产可以采取其他执行措施的除外。

【注释】(1)第三次拍卖仍流拍又变卖不成的不动产和其他财产权,属于财产无法拍卖或者变卖的情形,按照《民事诉讼法解释》第490条规定,可以"交付申请执行人管理","申请执行人拒绝接收或者管理的,退回被执行人”。“交付申请执行人管理”属于本条规定中“对该财产可以采取其他执行措施”的情形,应注意结合适用。

(2)关于是否进行第三次拍卖,《网拍规定》第26条未区分动产和不动产,均规定再次拍卖流拍的可以变卖,未再规定第三次拍卖程序。进行网络司法拍卖的,以该条为准;进行传统拍卖的,适用本条规定。

第二十六条 不动产、动产或者其他财产权拍卖成交或者抵债后,该不动产、动产的所有权、其他财产权自拍卖成交或者抵债裁定送达买受人或者承受人时起转移。

【注释】2007年《物权法》第28条(《民法典》第229条)确立了基于公权力产生的物权变动,并未区分动产和不动产,统一规定“自法律文书或者人民政府的征收决定等生效时”发生物权变动的效力。《民事诉讼法解释》第491条明确:“拍卖成交或者依法定程序裁定以物抵债的,标的物所有权自拍卖成交裁定或者抵债裁定送达买受人或者接受抵债物的债权人时转移。”《民法典物权编解释(一)》(法释〔2020〕24号)第7条亦明确:“人民法院、仲裁机构在分割共有不动产或者动产等案件中作出并依法生效的改变原有物权关系的判决书、裁决书、调解书,以及人民法院在执行程序中作出的拍卖成交裁定书、变卖成交裁定书、以物抵债裁定书,应当认定为民法典第二百二十九条所称导致物权设立、变更、转让或者消灭的人民法院、仲裁机构的法律文书。”《网拍规定》第22条进一步明确,“拍卖财产所有权自拍卖成交裁定送达买受人时转移”。上述法律、司法解释施行后,依照其规定。

第二十七条 人民法院裁定拍卖成交或者以流拍的财产抵债后,除有依法不能移交的情形外,应当于裁定送达后十五日内,将拍卖的财产移交买受人或者承受人。被执行人或者第三人占有拍卖财产应当移交而拒不移交的,强制执行。

【注释】《执行工作规定》第34条规定,“拍卖、变卖被执行人的财产成交后,必须即时钱物两清”。本条对处置财产的交付,作出了更明确规定。《拍卖变卖规定》施行后,以本条为准。《网拍规定》施行后,本条继续适用于网络司法拍卖。

第二十八条 拍卖财产上原有的担保物权及其他优先受偿权,因拍卖而消灭,拍卖所得价款,应当优先清偿担保物权人及其他优先受偿权人的债权,但当事人另有约定的除外。

拍卖财产上原有的租赁权及其他用益物权,不因拍卖而消灭,但该权利继续存在于拍卖财产上,对在先的担保物权或者其他优先受偿权的实现有影响的,人民法院应当依法将其除去后进行拍卖。

【注释】《执行工作规定》第 31 条规定:“人民法院对被执行人所有的其他人享有抵押权、质押权或留置权的财产,可以采取查封、扣押措施。财产拍卖、变卖后所得价款,应当在抵押权人、质押权人或留置权人优先受偿后,其余额部分用于清偿申请执行人的债权。”该条规定了有优先权的财产可以执行,本条规定了原有的优先受偿权因拍卖而消灭。应注意结合适用。

第二十九条　拍卖成交的,拍卖机构可以按照下列比例向买受人收取佣金:

拍卖成交价 200 万元以下的,收取佣金的比例不得超过 5%;超过 200 万元至 1000 万元的部分,不得超过 3%;超过 1000 万元至 5000 万元的部分,不得超过 2%;超过 5000 万元至 1 亿元的部分,不得超过 1%;超过 1 亿元的部分,不得超过 0.5%。

采取公开招标方式确定拍卖机构的,按照中标方案确定的数额收取佣金。

拍卖未成交或者非因拍卖机构的原因撤回拍卖委托的,拍卖机构为本次拍卖已经支出的合理费用,应当由被执行人负担。

第三十条　在执行程序中拍卖上市公司国有股和社会法人股的,适用最高人民法院《关于冻结、拍卖上市公司国有股和社会法人股若干问题的规定》。

第三十一条　对查封、扣押、冻结的财产,当事人双方及有关权利人同意变卖的,可以变卖。

金银及其制品、当地市场有公开交易价格的动产、易腐烂变质的物品、季节性商品、保管困难或者保管费用过高的物品,人民法院可以决定变卖。

第三十二条　当事人双方及有关权利人对变卖财产的价格有约定的,按照其约定价格变卖;无约定价格但有市价的,变卖价格不得低于市价;无市价但价值较大、价格不易确定的,应当委托评估机构进行评估,并按照评估价格进行变卖。

按照评估价格变卖不成的,可以降低价格变卖,但最低的变卖价不得低于评估价的二分之一。

变卖的财产无人应买的,适用本规定第十六条的规定将该财产交申请执行人或者其他执行债权人抵债;申请执行人或者其他执行债权人拒绝接受或者依法不能交付其抵债的,人民法院应当解除查封、扣押,并将该财产退还被执行人。

【注释】(1)《民事诉讼法解释》第 490 条规定,财产无法拍卖或者变卖的,可交由申请执行人抵偿债务或交付管理,申请执行人不接受的,退回被执行人。该条增加了不能变卖后除抵偿债务,还可以交由申请执行人强制管理,故本条第 3 款无法变卖时应以《民事诉讼法解释》第 490 条为准。

(2)《网络拍卖变卖衔接通知》(法明传〔2017〕455 号)第 9 条规定,"关于未经拍卖直接变卖财产如何处置的问题。未经拍卖直接变卖的财产,按照《最高人民法院关于人民法院民事执行中拍卖、变卖财产的规定》进行变卖",不适用该通知。

第三十三条 本规定自 2005 年 1 月 1 日起施行。施行前本院公布的司法解释与本规定不一致的,以本规定为准。

5.《最高人民法院关于人民法院网络司法拍卖若干问题的规定》(法释〔2016〕18 号,2017 年 1 月 1 日)

第一条 本规定所称的网络司法拍卖,是指人民法院依法通过互联网拍卖平台,以网络电子竞价方式公开处置财产的行为。

【注释】2012 年修正的《民事诉讼法》第 247 条①规定,被执行人未在人民法院指定的期限内履行生效法律文书所确定义务的,人民法院应当拍卖被查封、扣押的财产。这一规定将 2007 年修正的《民事诉讼法》第 223 条中的可以委托有关机构拍卖或变卖,改为人民法院应当拍卖和可以委托有关单位变卖或自行变卖。人民法院拍卖究竟是由法院自己进行还是委托有关机构进行更为有利,司法实践中既有不同认识,也有不同做法。法院自行拍卖有成本低的特点,委托拍卖机构拍卖有专业化的优势。过去,法院自行拍卖容易产生违法违纪问题,而且负担较重。由于网络司法拍卖具有公开性、公平性、广泛性、持续性和便捷性,法院自行拍卖变得日益阳光化,主要弊端得以消除。在这一背景下,为更加突显司法为民、司法便民,全面落实《民事诉讼法》第 247 条的规定,规范人民法院自行拍卖的行为,在总结司法实践经验的基础上,明确规定网络司法拍卖的主体是人民法院,网络司法拍卖通过互联网以电子竞价的形式开展。

---

① 2021 年《民事诉讼法》第四次修正后调整为第 254 条。

第二条　人民法院以拍卖方式处置财产的，应当采取网络司法拍卖方式，但法律、行政法规和司法解释规定必须通过其他途径处置，或者不宜采用网络拍卖方式处置的除外。

【**注释**】本条确立了网络拍卖优先的原则。《学习贯彻网拍规定通知》（法〔2016〕431号）规定，“《网拍规定》施行后，地方各级人民法院在开展司法拍卖工作过程中应严格坚持网络司法拍卖优先原则。对法律、行政法规和司法解释规定必须通过其他途径处置或不宜采取网络拍卖方式处置的，报经执行法院院领导审批后可采用委托拍卖方式或其他方式对涉案财产进行变价”。

民事执行程序中的变价方式主要有拍卖和变卖两种。变价作为一种执行措施，其目的主要在于将查封、扣押、冻结的财产变换为价款，以卖得的价款清偿债务。变价所得的价款越高，就越有利于实现债权，同时也越有利于兼顾债务人的合法权益。因此，选择何种方式对查封、扣押、冻结的财产进行变价，是民事执行程序中的一个重要问题。由于互联网天生具有去中介的特性，使得法院可以通过互联网平台直接拍卖处置财产，既降低了拍卖成本，又减少了中间环节，还极大提高了拍卖成交率，与传统的现场拍卖方式相比优势十分明显，能充分实现执行财产中所蕴含的金钱价值，既有利于债权的实现，也有利于保护债务人的合法利益。

第三条　网络司法拍卖应当在互联网拍卖平台上向社会全程公开，接受社会监督。

第四条　最高人民法院建立全国性网络服务提供者名单库。网络服务提供者申请纳入名单库的，其提供的网络司法拍卖平台应当符合下列条件：

（一）具备全面展示司法拍卖信息的界面；

（二）具备本规定要求的信息公示、网上报名、竞价、结算等功能；

（三）具有信息共享、功能齐全、技术拓展等功能的独立系统；

（四）程序运作规范、系统安全高效、服务优质价廉；

（五）在全国具有较高的知名度和广泛的社会参与度。

最高人民法院组成专门的评审委员会，负责网络服务提供者的选定、评审和除名。最高人民法院每年引入第三方评估机构对已纳入和新申请纳入名单库的网络服务提供者予以评审并公布结果。

【**注释**】由于各地法院对于《民事诉讼法》第254条规定“人民法院应当拍卖被查封、扣押的财产”的理解不尽相同，实践中探索出了各种各样的网络司法拍卖模式,如浙江的淘宝网拍卖模式、重庆的联交所加拍卖公司合作拍卖模式、上海的现场拍卖加“公拍网”拍卖模式、广西的“高标准拍卖场所+现场网络同步拍卖”模式以及委托拍卖公司的拍卖方式,形成当前各地法院司法拍卖工作中传统拍卖方式和网络拍卖方式并存、网络拍卖方式模式不一、拍卖主体多样、拍卖规则混杂等一系列突出问题,急需确立全国统一的网络司法拍卖规范。同时,鉴于网络司法拍卖具有覆盖地域不受限制,应用范围越广泛成本越低廉,拍卖规则越统一透明监督管理越便捷高效等特征,本规定明确建立全国有实力有影响的网络平台名单库供当事人选择,最高人民法院不仅成立专门的评审委员会负责该项工作,而且每年引入第三方评估机构对已纳入和新申请纳入名单库的网络平台予以评审并公布结果,以便保证司法拍卖工作稳定、有序、规范开展。同时,考虑当事人,特别是债权人,对于财产变现的积极性最高,遂将平台的选择权赋予了当事人,由申请执行人向执行法院申请执行时在网络平台名单库中选择,对某一具体执行标的实施司法拍卖;若申请执行人没有选择或者多个申请执行人的选择不一致,则由执行法院确定。这样规定可以更好地尊重当事人在网络司法拍卖平台选择上的自主权,也可以充分发挥市场竞争的激励作用,督促网络服务提供者通过提高服务水平赢得市场,而不是通过公关活动牟取拍卖资格,可有效减少司法人员权力寻租的机会。

第五条 网络服务提供者由申请执行人从名单库中选择;未选择或者多个申请执行人的选择不一致的,由人民法院指定。

第六条 实施网络司法拍卖的,人民法院应当履行下列职责:

(一)制作、发布拍卖公告;

(二)查明拍卖财产现状、权利负担等内容,并予以说明;

(三)确定拍卖保留价、保证金的数额、税费负担等;

(四)确定保证金、拍卖款项等支付方式;

(五)通知当事人和优先购买权人;

(六)制作拍卖成交裁定;

(七)办理财产交付和出具财产权证照转移协助执行通知书;

(八)开设网络司法拍卖专用账户;

(九)其他依法由人民法院履行的职责。

第七条 实施网络司法拍卖的,人民法院可以将下列拍卖辅助工作委托社会机构或者组织承担:

(一)制作拍卖财产的文字说明及视频或者照片等资料;

(二)展示拍卖财产,接受咨询,引领查看,封存样品等;

(三)拍卖财产的鉴定、检验、评估、审计、仓储、保管、运输等;

(四)其他可以委托的拍卖辅助工作。

社会机构或者组织承担网络司法拍卖辅助工作所支出的必要费用由被执行人承担。

【注释】《处置参考价规定》对调查事项作了更加细致的规定,并明确在确定参考价前应当完成相关事项。该规定施行后,以该规定为准。

第八条　实施网络司法拍卖的,下列事项应当由网络服务提供者承担:

(一)提供符合法律、行政法规和司法解释规定的网络司法拍卖平台,并保障安全正常运行;

(二)提供安全便捷配套的电子支付对接系统;

(三)全面、及时展示人民法院及其委托的社会机构或者组织提供的拍卖信息;

(四)保证拍卖全程的信息数据真实、准确、完整和安全;

(五)其他应当由网络服务提供者承担的工作。

网络服务提供者不得在拍卖程序中设置阻碍适格竞买人报名、参拍、竞价以及监视竞买人信息等后台操控功能。

网络服务提供者提供的服务无正当理由不得中断。

第九条　网络司法拍卖服务提供者从事与网络司法拍卖相关的行为,应当接受人民法院的管理、监督和指导。

第十条　网络司法拍卖应当确定保留价,拍卖保留价即为起拍价。

起拍价由人民法院参照评估价确定;未作评估的,参照市价确定,并征询当事人意见。起拍价不得低于评估价或者市价的百分之七十。

第十一条　网络司法拍卖不限制竞买人数量。一人参与竞拍,出价不低于起拍价的,拍卖成交。

【注释】实践中对一人竞拍,历来存在无效说与有效说两种认识。无效说认为,一个竞买人不能展开竞价,也无所谓最高应价者,只有两个或两个以上竞买人参与时,拍卖才可进行。本规定采纳了有效说,主要理由是:竞买人之间的竞争从拍卖公告发出即开始,只要遵循公开、公平原则,严格按照拍卖规定程序完成了拍卖公告发布、拍卖标的展示、拍卖的实施等,就达到了公开竞价的要求。竞价体现为竞买人参与拍卖的整个过程,不仅限于现场竞价阶段,将拍卖理解为现场竞价属于狭义理解,是对拍卖的误读。特别是互联网具有开放性、信息公开性、覆盖广、参与度高等特点和优势,就网络司法拍卖而言,竞价在虚拟的网络平台上进行,存在海量潜在竞买人,竞买人之间相互不见面,只需在终端上使用代码和密码即可进行竞价,竞价结束前随时都可以参与拍卖,不存在现场拍卖中围标、串标和职业控场的可能。同时,如一人竞拍的价格高于起拍价却认定无效,一方面有损司法拍卖的公信力,另一方面流拍后第二次拍卖的起拍价降低,反而不利于财产变现和当事人的债权实现。

第十二条 网络司法拍卖应当先期公告,拍卖公告除通过法定途径发布外,还应同时在网络司法拍卖平台发布。拍卖动产的,应当在拍卖十五日前公告;拍卖不动产或者其他财产权的,应当在拍卖三十日前公告。

拍卖公告应当包括拍卖财产、价格、保证金、竞买人条件、拍卖财产已知瑕疵、相关权利义务、法律责任、拍卖时间、网络平台和拍卖法院等信息。

【注释】(1)关于公告期限。《拍卖变卖规定》第8条规定:"拍卖应当先期公告。拍卖动产的,应当在拍卖七日前公告;拍卖不动产或者其他财产权的,应当在拍卖十五日前公告。"本条的公告期调整为:动产为15天,不动产和其他财产权为30天。《网拍规定》施行后,进行网络拍卖的,以本条为准;进行传统拍卖的,适用《拍卖变卖规定》第8条。

(2)关于公告的发布途径。《拍卖变卖规定》第9条规定:"拍卖公告的范围及媒体由当事人双方协商确定;协商不成的,由人民法院确定。拍卖财产具有专业属性的,应当同时在专业性报纸上进行公告。当事人申请在其他新闻媒体上公告或者要求扩大公告范围的,应当准许,但该部分的公告费用由其自行承担。"《网拍规定》施行后,进行网络拍卖的,以本条为准;进行传统拍卖的,适用《拍卖变卖规定》第9条。

本条第1款规定"法定途径"发布,主要考虑股权等特殊财产的拍卖,对此类财产拍卖前,人民法院除通过网络司法拍卖平台发布拍卖公告外,还应通过报纸等"法定途径"发布。如拍卖标的并非股权等特殊财产,则人民法院除通过网络司法拍卖平台发布拍卖公告外,无须同时另行通过报纸等"法定途径"发布。

第十三条 实施网络司法拍卖的,人民法院应当在拍卖公告发布当日通过网络司法拍卖平台公示下列信息:

(一)拍卖公告;

（二）执行所依据的法律文书，但法律规定不得公开的除外；

（三）评估报告副本，或者未经评估的定价依据；

（四）拍卖时间、起拍价以及竞价规则；

（五）拍卖财产权属、占有使用、附随义务等现状的文字说明、视频或者照片等；

（六）优先购买权主体以及权利性质；

（七）通知或者无法通知当事人、已知优先购买权人的情况；

（八）拍卖保证金、拍卖款项支付方式和账户；

（九）拍卖财产产权转移可能产生的税费及承担方式；

（十）执行法院名称，联系、监督方式等；

（十一）其他应当公示的信息。

第十四条　实施网络司法拍卖的，人民法院应当在拍卖公告发布当日通过网络司法拍卖平台对下列事项予以特别提示：

（一）竞买人应当具备完全民事行为能力，法律、行政法规和司法解释对买受人资格或者条件有特殊规定的，竞买人应当具备规定的资格或者条件；

（二）委托他人代为竞买的，应当在竞价程序开始前经人民法院确认，并通知网络服务提供者；

（三）拍卖财产已知瑕疵和权利负担；

（四）拍卖财产以实物现状为准，竞买人可以申请实地看样；

（五）竞买人决定参与竞买的，视为对拍卖财产完全了解，并接受拍卖财产一切已知和未知瑕疵；

（六）载明买受人真实身份的拍卖成交确认书在网络司法拍卖平台上公示；

（七）买受人悔拍后保证金不予退还。

第十五条　被执行人应当提供拍卖财产品质的有关资料和说明。

人民法院已按本规定第十三条、第十四条的要求予以公示和特别提示，且在拍卖公告中声明不能保证拍卖财产真伪或者品质的，不承担瑕疵担保责任。

第十六条　网络司法拍卖的事项应当在拍卖公告发布三日前以书面或者其他能够确认收悉的合理方式，通知当事人、已知优先购买权人。权利人书面明确放弃权利的，可以不通知。无法通知的，应当在网络司法拍卖平台公示并说明无法通知的理由，公示满五日视为已经通知。

优先购买权人经通知未参与竞买的,视为放弃优先购买权。

【注释】《拍卖变卖规定》第11条规定:"人民法院应当在拍卖五日前以书面或者其他能够确认收悉的适当方式,通知当事人和已知的担保物权人、优先购买权人或者其他优先权人于拍卖日到场。优先购买权人经通知未到场的,视为放弃优先购买权。"相较该条,本条作了如下变化:一是改变了通知的时间,由"拍卖前五日"改为"拍卖公告发布三日前";二是仅规定了"通知当事人、已知优先购买权人",未再规定通知"其他优先权人";三是进一步明确了"无法通知的,应当在网络司法拍卖平台公示并说明无法通知的理由,公示满五日视为已经通知"。

第十七条 保证金数额由人民法院在起拍价的百分之五至百分之二十范围内确定。

竞买人应当在参加拍卖前以实名交纳保证金,未交纳的,不得参加竞买。申请执行人参加竞买的,可以不交保证金;但债权数额小于保证金数额的按差额部分交纳。

交纳保证金,竞买人可以向人民法院指定的账户交纳,也可以由网络服务提供者在其提供的支付系统中对竞买人的相应款项予以冻结。

第十八条 竞买人在拍卖竞价程序结束前交纳保证金经人民法院或者网络服务提供者确认后,取得竞买资格。网络服务提供者应当向取得资格的竞买人赋予竞买代码、参拍密码;竞买人以该代码参与竞买。

网络司法拍卖竞价程序结束前,人民法院及网络服务提供者对竞买人以及其他能够确认竞买人真实身份的信息、密码等,应当予以保密。

第十九条 优先购买权人经人民法院确认后,取得优先竞买资格以及优先竞买代码、参拍密码,并以优先竞买代码参与竞买;未经确认的,不得以优先购买权人身份参与竞买。

顺序不同的优先购买权人申请参与竞买的,人民法院应当确认其顺序,赋予不同顺序的优先竞买代码。

【注释】《拍卖变卖规定》第11条规定:"人民法院应当在拍卖五日前以书面或者其他能够确认收悉的适当方式,通知当事人和已知的担保物权人、优先购买权人或者其他优先权人于拍卖日到场。优先购买权人经通知未到场的,视为放弃优先购买权。"网络司法拍卖中优先权人资格需经法院确认,《网拍规定》施行后,应注意结合适用。

第二十条 网络司法拍卖从起拍价开始以递增出价方式竞价,增价幅度由人民法院确定。竞买人以低于起拍价出价的无效。

网络司法拍卖的竞价时间应当不少于二十四小时。竞价程序结束前五分钟内无人出价的,最后出价即为成交价;有出价的,竞价时间自该出价时点顺延五分钟。竞买人的出价时间以进入网络司法拍卖平台服务系统的时间为准。

竞买代码及其出价信息应当在网络竞买页面实时显示,并储存、显示竞价全程。

第二十一条　优先购买权人参与竞买的,可以与其他竞买人以相同的价格出价,没有更高出价的,拍卖财产由优先购买权人竞得。

顺序不同的优先购买权人以相同价格出价的,拍卖财产由顺序在先的优先购买权人竞得。

顺序相同的优先购买权人以相同价格出价的,拍卖财产由出价在先的优先购买权人竞得。

第二十二条　网络司法拍卖成交的,由网络司法拍卖平台以买受人的真实身份自动生成确认书并公示。

拍卖财产所有权自拍卖成交裁定送达买受人时转移。

第二十三条　拍卖成交后,买受人交纳的保证金可以充抵价款;其他竞买人交纳的保证金应当在竞价程序结束后二十四小时内退还或者解冻。拍卖未成交的,竞买人交纳的保证金应当在竞价程序结束后二十四小时内退还或者解冻。

【注释】与《拍卖变卖规定》第 10 条第 2 款规定拍卖未成交,保证金应当于 3 日内退还竞买人不同,本条规定保证金退还或解冻的期限为竞价结束后 24 小时内。《网拍规定》施行后,进行网络司法拍卖的,以本条为准;进行传统拍卖的,适用《拍卖变卖规定》第 10 条。

第二十四条　拍卖成交后买受人悔拍的,交纳的保证金不予退还,依次用于支付拍卖产生的费用损失、弥补重新拍卖价款低于原拍卖价款的差价、冲抵本案被执行人的债务以及与拍卖财产相关的被执行人的债务。

悔拍后重新拍卖的,原买受人不得参加竞买。

【注释】《网络拍卖变卖衔接通知》(法明传〔2017〕455 号)第 8 条规定:“关于变卖成交后买受人不交纳尾款如何处理的问题。经过竞价变卖成交后,买受人反悔不交纳尾款的,从所交纳变卖价款中扣留变卖公告中所确定的保证金不予退还,扣留的保证金参照《网拍规定》第二十四条处理,买受人反悔不交纳尾款导致人民法院重新变卖的,原买受人不得再次参与竞买。”应注意结合使用。

第二十五条 拍卖成交后,买受人应当在拍卖公告确定的期限内将剩余价款交付人民法院指定账户。拍卖成交后二十四小时内,网络服务提供者应当将冻结的买受人交纳的保证金划入人民法院指定账户。

第二十六条 网络司法拍卖竞价期间无人出价的,本次拍卖流拍。流拍后应当在三十日内在同一网络司法拍卖平台再次拍卖,拍卖动产的应当在拍卖七日前公告;拍卖不动产或者其他财产权的应当在拍卖十五日前公告。再次拍卖的起拍价降价幅度不得超过前次起拍价的百分之二十。

再次拍卖流拍的,可以依法在同一网络司法拍卖平台变卖。

【注释】需要注意:(1)本规定未明确第一次流拍后的抵债问题,网络司法拍卖第一次流拍后,可适用《拍卖变卖规定》第16条第1款进行抵债。(2)关于再次拍卖的启动期限,本规定明确网络拍卖流拍后应在30日内再次拍卖,不再是《拍卖变卖规定》第23条规定的60日内。(3)与《拍卖变卖规定》第24条、第25条区分动产、不动产和其他财产权,分别规定经过二次、三次拍卖后才可进行变卖不同,本条未区分动产和不动产,均规定再次拍卖流拍的,可以变卖。(4)关于流拍后与变卖的衔接,《拍卖变卖规定》第25条第2款规定,“第三次拍卖流拍且申请执行人或者其他执行债权人拒绝接受或者依法不能接受该不动产或者其他财产权抵债的,人民法院应当于第三次拍卖终结之日起七日内发出变卖公告”。根据《网络拍卖变卖衔接通知》(法明传〔2017〕455号)第2条规定,“网拍二拍流拍后,人民法院应当于10日内询问申请执行人或其他执行债权人是否接受以物抵债。不接受以物抵债的,人民法院应当于网拍二拍流拍之日起15日内发布网络司法变卖公告”。进行网络司法拍卖的,以该通知为准;进行传统拍卖的,适用《拍卖变卖规定》第25条第2款。

第二十七条 起拍价及其降价幅度、竞价增价幅度、保证金数额和优先购买权人竞买资格及其顺序等事项,应当由人民法院依法组成合议庭评议确定。

第二十八条 网络司法拍卖竞价程序中,有依法应当暂缓、中止执行等情形的,人民法院应当决定暂缓或者裁定中止拍卖;人民法院可以自行或者通知网络服务提供者停止拍卖。

网络服务提供者发现系统故障、安全隐患等紧急情况的,可以先行暂缓拍卖,并立即报告人民法院。

暂缓或者中止拍卖的,应当及时在网络司法拍卖平台公告原因或者理由。

暂缓拍卖期限届满或者中止拍卖的事由消失后,需要继续拍卖的,应当在五日内恢复拍卖。

【注释】与《拍卖变卖规定》第 18 条第 1 款规定相比,本条规定一是细化了网络司法拍卖中暂缓、终止拍卖的情形;二是明确在竞价程序中均可暂缓、中止拍卖;三是规定暂缓拍卖期限届满或者中止拍卖的事由消失后,需要继续拍卖的,应当在 5 日内恢复拍卖,不再是传统拍卖中“15 日内通知拍卖机构恢复拍卖”。《网拍规定》施行后,进行网络司法拍卖的,以本条为准;进行传统拍卖的,适用《拍卖变卖规定》第 18 条。

第二十九条　网络服务提供者对拍卖形成的电子数据,应当完整保存不少于十年,但法律、行政法规另有规定的除外。

第三十条　因网络司法拍卖本身形成的税费,应当依照相关法律、行政法规的规定,由相应主体承担;没有规定或者规定不明的,人民法院可以根据法律原则和案件实际情况确定税费承担的相关主体、数额。

第三十一条　当事人、利害关系人提出异议请求撤销网络司法拍卖,符合下列情形之一的,人民法院应当支持:

(一)由于拍卖财产的文字说明、视频或者照片展示以及瑕疵说明严重失实,致使买受人产生重大误解,购买目的无法实现的,但拍卖时的技术水平不能发现或者已经就相关瑕疵以及责任承担予以公示说明的除外;

(二)由于系统故障、病毒入侵、黑客攻击、数据错误等原因致使拍卖结果错误,严重损害当事人或者其他竞买人利益的;

(三)竞买人之间,竞买人与网络司法拍卖服务提供者之间恶意串通,损害当事人或者其他竞买人利益的;

(四)买受人不具备法律、行政法规和司法解释规定的竞买资格的;

(五)违法限制竞买人参加竞买或者对享有同等权利的竞买人规定不同竞买条件的;

(六)其他严重违反网络司法拍卖程序且损害当事人或者竞买人利益的情形。

【注释】《异议复议规定》第 21 条规定了当事人、利害关系人提出异议准予撤销拍卖、变卖的情形,其情形本条均予涵盖,并在第 1 项中增加了拍卖标的严重失实,致使买受人产生重大误解,购买目的无法实现的的情形,系对《异议复议规定》第 21 条第 4 项“未按照法律、司法解释的规定对拍卖标的物进行公告的”情形的细化;本条在第 2 项中新增由于系统故障、病毒入侵、黑客攻击、数据错误等原因致使拍卖结果错误,严重损害当事人或者其他竞买人利益的情形。《网拍规定》施行后,进行网络司法拍卖的,以本条为准;进行传统拍卖的,适用《异议复议规定》第 21 条。

第三十二条　网络司法拍卖被人民法院撤销,当事人、利害关系人、案外人认为人民法院的拍卖行为违法致使其合法权益遭受损害的,可以依法申请国家赔偿;认为其他主体的行为违法致使其合法权益遭受损害的,可以另行提起诉讼。

【注释】司法拍卖是执行程序中的一项强制措施,网络司法拍卖时,需要各方主体参与,网络服务提供者的行为在一定意义上是协助人民法院的拍卖行为,应当在协助的范围内履行职责。但基于各种原因,拍卖被撤销后,可能造成不同主体的损失。本条对此作出了指引性规定,相关权利主体根据不同的情形,既可以依法申请国家赔偿,也可以另行提起诉讼,以充分行使权利,获取救济。

第三十三条　当事人、利害关系人、案外人认为网络司法拍卖服务提供者的行为违法致使其合法权益遭受损害的,可以另行提起诉讼;理由成立的,人民法院应当支持,但具有法定免责事由的除外。

第三十四条　实施网络司法拍卖的,下列机构和人员不得竞买并不得委托他人代为竞买与其行为相关的拍卖财产:

(一)负责执行的人民法院;

(二)网络服务提供者;

(三)承担拍卖辅助工作的社会机构或者组织;

(四)第(一)至(三)项规定主体的工作人员及其近亲属。

第三十五条　网络服务提供者有下列情形之一的,应当将其从名单库中除名:

(一)存在违反本规定第八条第二款规定操控拍卖程序、修改拍卖信息等行为的;

(二)存在恶意串通、弄虚作假、泄漏保密信息等行为的;

(三)因违反法律、行政法规和司法解释等规定受到处罚,不适于继续从事网络司法拍卖的;

(四)存在违反本规定第三十四条规定行为的;

(五)其他应当除名的情形。

网络服务提供者有前款规定情形之一,人民法院可以依照《中华人民共和国民事诉讼法》的相关规定予以处理。

第三十六条　当事人、利害关系人认为网络司法拍卖行为违法侵害其合法权益的,可以提出执行异议。异议、复议期间,人民法院可以决定暂缓或者裁定中止拍卖。

案外人对网络司法拍卖的标的提出异议的,人民法院应当依据《中华人民共和国民事诉讼法》第二百二十七条①及相关司法解释的规定处理,并决定暂缓或者裁定中止拍卖。

【注释】(1)《执行程序解释》第9条第1款规定:"执行异议审查和复议期间,不停止执行。"本条第1款规定对当事人、利害关系人提出的关于司法拍卖的执行异议,可以暂缓或者中止拍卖。《网拍规定》施行后,以本条为准。

(2)《执行程序解释》第15条第1款规定:"案外人异议审查期间,人民法院不得对执行标的进行处分。"第16条第1款规定:"案外人执行异议之诉审理期间,人民法院不得对执行标的进行处分……"本条第2款规定,对案外人异议,人民法院应当在审查和诉讼期间暂缓、中止拍卖。应注意结合适用。

第三十七条　人民法院通过互联网平台以变卖方式处置财产的,参照本规定执行。

执行程序中委托拍卖机构通过互联网平台实施网络拍卖的,参照本规定执行。

本规定对网络司法拍卖行为没有规定的,适用其他有关司法拍卖的规定。

第三十八条　本规定自2017年1月1日起施行。施行前最高人民法院公布的司法解释和规范性文件与本规定不一致的,以本规定为准。

6.《最高人民法院关于人民法院委托评估、拍卖工作的若干规定》(法释〔2011〕21号,2012年1月1日)

第一条　人民法院司法辅助部门负责统一管理和协调司法委托评估、拍卖工作。

① 2021年《民事诉讼法》第四次修正后调整为第234条。

【注释】《学习贯彻网拍规定通知》(法〔2016〕431号)第2条第5项规定,“网络司法拍卖工作由执行局负责实施,委托拍卖工作由司法技术辅助工作部门负责。网络司法拍卖中辅助工作的组织管理既可由执行局负责,也可以由司法技术辅助工作部门负责,具体由哪个部门组织管理,由各高级人民法院根据实际予以规范”。通知下发后,应以通知为准。

第二条 取得政府管理部门行政许可并达到一定资质等级的评估、拍卖机构,可以自愿报名参加人民法院委托的评估、拍卖活动。

人民法院不再编制委托评估、拍卖机构名册。

【注释】本条规定的仅仅是对传统拍卖机构的管理。对评估机构的管理,以《处置参考价规定》第15条规定为准。对网络拍卖机构的管理,以《网拍规定》第4条为准。

第三条 人民法院采用随机方式确定评估、拍卖机构。高级人民法院或者中级人民法院可以根据本地实际情况统一实施对外委托。

【注释】本条规定的是对传统拍卖机构的选定。对评估机构的选定程序,以《处置参考价规定》第16条规定为准;对网络拍卖机构的选定程序,以《网拍规定》第5条为准。

第四条 人民法院委托的拍卖活动应在有关管理部门确定的统一交易场所或网络平台上进行,另有规定的除外。

第五条 受委托的拍卖机构应通过管理部门的信息平台发布拍卖信息,公示评估、拍卖结果。

第六条 涉国有资产的司法委托拍卖由省级以上国有产权交易机构实施,拍卖机构负责拍卖环节相关工作,并依照相关监管部门制定的实施细则进行。

第七条 《中华人民共和国证券法》规定应当在证券交易所上市交易或转让的证券资产的司法委托拍卖,通过证券交易所实施,拍卖机构负责拍卖环节相关工作;其他证券类资产的司法委托拍卖由拍卖机构实施,并依照相关监管部门制定的实施细则进行。

第八条 人民法院对其委托的评估、拍卖活动实行监督。出现下列情形之一,影响评估、拍卖结果,侵害当事人合法利益的,人民法院将不再委托其从事委托评估、拍卖工作。涉及违反法律法规的,依据有关规定处理:

(1)评估结果明显失实;

(2)拍卖过程中弄虚作假、存在瑕疵;

(3)随机选定后无正当理由不能按时完成评估拍卖工作;

(4)其他有关情形。

【注释】对评估机构的监督,以《处置参考价规定》第 15 条规定为准。对拍卖机构(网络司法拍卖服务提供者)的监督,进行网络拍卖的,适用《网拍规定》;进行传统拍卖的,适用本条规定。

第九条　各高级人民法院可参照本规定,结合各地实际情况,制定实施细则,报最高人民法院备案。

第十条　本规定自 2012 年 1 月 1 日起施行。此前的司法解释和有关规定,与本规定相抵触的,以本规定为准。

7.《最高人民法院关于人民法院委托评估、拍卖和变卖工作的若干规定》(法释〔2009〕16 号,2009 年 11 月 20 日起施行)

第一条　人民法院司法技术管理部门负责本院的委托评估、拍卖和流拍财产的变卖工作,依法对委托评估、拍卖机构的评估、拍卖活动进行监督。

第二条　根据工作需要,下级人民法院可将评估、拍卖和变卖工作报请上级人民法院办理。

第三条　人民法院需要对异地的财产进行评估或拍卖时,可以委托财产所在地人民法院办理。

第四条　人民法院按照公开、公平、择优的原则编制人民法院委托评估、拍卖机构名册。

人民法院编制委托评估、拍卖机构名册,应当先期公告,明确入册机构的条件和评审程序等事项。

第五条　人民法院在编制委托评估、拍卖机构名册时,由司法技术管理部门、审判部门、执行部门组成评审委员会,必要时可邀请评估、拍卖行业的专家参加评审。

第六条　评审委员会对申请加入人民法院委托评估、拍卖名册的机构,应当从资质等级、职业信誉、经营业绩、执业人员情况等方面进行审查、打分,按分数高低经过初审、公示、复审后确定进入名册的机构,并对名册进行动态管理。

第七条　人民法院选择评估、拍卖机构,应当在人民法院委托评估、拍卖机构名册内采取公开随机的方式选定。

第八条　人民法院选择评估、拍卖机构,应当通知审判、执行人员到场,视情况可邀请社会有关人员到场监督。

第九条 人民法院选择评估、拍卖机构，应当提前通知各方当事人到场；当事人不到场的，人民法院可将选择机构的情况，以书面形式送达当事人。

第十条 评估、拍卖机构选定后，人民法院应当向选定的机构出具委托书，委托书中应当载明本次委托的要求和工作完成的期限等事项。

第十一条 评估、拍卖机构接受人民法院的委托后，在规定期限内无正当理由不能完成委托事项的，人民法院应当解除委托，重新选择机构，并对其暂停备选资格或从委托评估、拍卖机构名册内除名。

第十二条 评估机构在工作中需要对现场进行勘验的，人民法院应当提前通知审判、执行人员和当事人到场。当事人不到场的，不影响勘验的进行，但应当有见证人见证。评估机构勘验现场，应当制作现场勘验笔录。

勘验现场人员、当事人或见证人应当在勘验笔录上签字或盖章确认。

第十三条 拍卖财产经过评估的，评估价即为第一次拍卖的保留价；未作评估的，保留价由人民法院参照市价确定，并应当征询有关当事人的意见。

第十四条 审判、执行部门未经司法技术管理部门同意擅自委托评估、拍卖，或对流拍财产进行变卖的，按照有关纪律规定追究责任。

第十五条 人民法院司法技术管理部门，在组织评审委员会审查评估、拍卖入册机构，或选择评估、拍卖机构，或对流拍财产进行变卖时，应当通知本院纪检监察部门。纪检监察部门可视情况派员参加。

第十六条 施行前本院公布的司法解释与本规定不一致的，以本规定为准。

【注释】本规定大部分内容被《2011委托评估拍卖规定》（法释〔2011〕21号）、《网拍规定》（法释〔2016〕18号）、《处置参考价规定》（法释〔2018〕15号）所修正，适用时需注意结合上述规定。

8.《最高人民法院关于人民法院办理执行异议和复议案件若干问题的规定》（法释〔2015〕10号，2015年5月5日；经法释〔2020〕21号修正，2021年1月1日）

第二十一条 当事人、利害关系人提出异议请求撤销拍卖，符合下列情形之一的，人民法院应予支持：

（一）竞买人之间、竞买人与拍卖机构之间恶意串通，损害当事人或者其他竞买人利益的；

（二）买受人不具备法律规定的竞买资格的；

（三）违法限制竞买人参加竞买或者对不同的竞买人规定不同竞买条件的；

（四）未按照法律、司法解释的规定对拍卖标的物进行公告的；

（五）其他严重违反拍卖程序且损害当事人或者竞买人利益的情形。

当事人、利害关系人请求撤销变卖的，参照前款规定处理。

【注释】本条第1款第2项规定的"买受人不具备法律规定的竞买资格"，一般是指买受人不符合法律法规对特殊财产的竞买资格要求。这种资格限制，体现的是国家基于政治经济安全需要所进行的管控，属于公共秩序的一部分。对于部分保证金迟延缴纳的情况，不宜扩大解释为竞买人不具备竞买资格。

本条第1款第3项规定的"违法限制竞买人参加竞买或者对不同的竞买人规定不同竞买条件"，是指人民法院或者拍卖机构通过设定不同的竞买条件而限制参加拍卖的竞买人范围，进而限制不特定主体成为竞买人，限制竞价，导致竞价不充分而损害债权人和债务人的利益。在保证金的缴纳上设置不同条件，一般指有的法院对不同竞买人规定不同的缴纳比例，或者规定不同的缴纳期限。还有一种情形是否属于对不同竞买人规定不同竞买条件，则需要具体情况具体分析。执行法院虽然没有明确事先设定不同缴纳期限，但事实上给予了部分竞买人缴纳期限宽限。认定这种情况是否属于对不同竞买人规定不同竞买条件，不能一概而论，应当结合案件具体情况分析，着重考虑延期缴纳是否严重损害当事人、竞买人利益，是否明显影响公平竞价、充分竞价，同时结合案件其他因素综合考虑。如果延缓缴纳期限非常短，没有事先串通，没有明显影响竞买公平性，反而增加了竞买人数，一般不宜认定对不同竞买人规定不同竞买条件，反之，如果事先故意给一般竞买人确定了很短的缴纳期限，导致多数有竞买意愿的竞买人无力在短期内筹集资金缴纳数额较大的保证金，但又实施认可了缴纳保证金的竞买人资格，且晚缴纳期限较长，则可能导致实质上的不平等竞争，没有实现充分竞价，影响了司法拍卖的公信力，此时，宜依法撤销拍卖。

9.《最高人民法院关于人民法院司法拍卖房产竞买人资格若干问题的规定》（法释〔2021〕18号，2022年1月1日）

第一条　人民法院组织的司法拍卖房产活动，受房产所在地限购政策约束的竞买人申请参与竞拍的，人民法院不予准许。

第二条 人民法院组织司法拍卖房产活动时，发布的拍卖公告载明竞买人必须具备购房资格及其相应法律后果等内容，竞买人申请参与竞拍的，应当承诺具备购房资格及自愿承担法律后果。

第三条 人民法院在司法拍卖房产成交后、向买受人出具成交裁定书前，应当审核买受人提交的自其申请参与竞拍到成交裁定书出具时具备购房资格的证明材料；经审核买受人不符合持续具备购房资格条件，买受人请求出具拍卖成交裁定书的，人民法院不予准许。

第四条 买受人虚构购房资格参与司法拍卖房产活动且拍卖成交，当事人、利害关系人以违背公序良俗为由主张该拍卖行为无效的，人民法院应予支持。

依据前款规定，买受人虚构购房资格导致拍卖行为无效的，应当依法承担赔偿责任。

第五条 司法拍卖房产出现流拍等无法正常处置情形，不具备购房资格的申请执行人等当事人请求以该房抵债的，人民法院不予支持。

第六条 人民法院组织的司法拍卖房产活动，竞买人虚构购房资格或者当事人之间恶意串通，侵害他人合法权益或者逃避履行法律文书确定的义务的，人民法院应当根据情节轻重予以罚款、拘留；构成犯罪的，依法追究刑事责任。

第七条 除前六条规定的情形外，人民法院组织司法拍卖房产活动的其他事宜，适用《最高人民法院关于人民法院网络司法拍卖若干问题的规定》《最高人民法院关于人民法院民事执行中拍卖、变卖财产的规定》以及《最高人民法院关于适用〈中华人民共和国民事诉讼法〉的解释》的有关规定。

第八条 人民法院组织司法变卖房产活动的，参照适用本规定。

第九条 本规定自 2022 年 1 月 1 日起施行。

施行前最高人民法院公布的司法解释与本规定不一致的，以本规定为准。

10.《最高人民法院关于人民法院强制执行股权若干问题的规定》（法释〔2021〕20 号，2022 年 1 月 1 日）

第一条 本规定所称股权，包括有限责任公司股权、股份有限公司股份，但是在依法设立的证券交易所上市交易以及在国务院批准的其他全国性证券交易场所交易的股份有限公司股份除外。

第十条 被执行人申请自行变价被冻结股权,经申请执行人及其他已知执行债权人同意或者变价款足以清偿执行债务的,人民法院可以准许,但是应当在能够控制变价款的情况下监督其在指定期限内完成,最长不超过三个月。

第十一条 拍卖被执行人的股权,人民法院应当依照《最高人民法院关于人民法院确定财产处置参考价若干问题的规定》规定的程序确定股权处置参考价,并参照参考价确定起拍价。

确定参考价需要相关材料的,人民法院可以向公司登记机关、税务机关等部门调取,也可以责令被执行人、股权所在公司以及控制相关材料的其他主体提供;拒不提供的,可以强制提取,并可以依照民事诉讼法第一百一十一条、第一百一十四条①的规定处理。

为确定股权处置参考价,经当事人书面申请,人民法院可以委托审计机构对股权所在公司进行审计。

第十二条 委托评估被执行人的股权,评估机构因缺少评估所需完整材料无法进行评估或者认为影响评估结果,被执行人未能提供且人民法院无法调取补充材料的,人民法院应当通知评估机构根据现有材料进行评估,并告知当事人因缺乏材料可能产生的不利后果。

评估机构根据现有材料无法出具评估报告的,经申请执行人书面申请,人民法院可以根据具体情况以适当高于执行费用的金额确定起拍价,但是股权所在公司经营严重异常,股权明显没有价值的除外。

依照前款规定确定的起拍价拍卖的,竞买人应当预交的保证金数额由人民法院根据实际情况酌定。

第十三条 人民法院拍卖被执行人的股权,应当采取网络司法拍卖方式。

依据处置参考价并结合具体情况计算,拍卖被冻结股权所得价款可能明显高于债权额及执行费用的,人民法院应当对相应部分的股权进行拍卖。对相应部分的股权拍卖严重减损被冻结股权价值的,经被执行人书面申请,也可以对超出部分的被冻结股权一并拍卖。

第十四条 被执行人、利害关系人以具有下列情形之一为由请求不得强

① 2021年《民事诉讼法》第四次修正后调整为第114条、第117条。

制拍卖股权的,人民法院不予支持:

(一)被执行人未依法履行或者未依法全面履行出资义务;

(二)被执行人认缴的出资未届履行期限;

(三)法律、行政法规、部门规章等对该股权自行转让有限制;

(四)公司章程、股东协议等对该股权自行转让有限制。

人民法院对具有前款第一、二项情形的股权进行拍卖时,应当在拍卖公告中载明被执行人认缴出资额、实缴出资额、出资期限等信息。股权处置后,相关主体依照有关规定履行出资义务。

第十五条 股权变更应当由相关部门批准的,人民法院应当在拍卖公告中载明法律、行政法规或者国务院决定规定的竞买人应当具备的资格或者条件。必要时,人民法院可以就竞买资格或者条件征询相关部门意见。

拍卖成交后,人民法院应当通知买受人持成交确认书向相关部门申请办理股权变更批准手续。买受人取得批准手续的,人民法院作出拍卖成交裁定书;买受人未在合理期限内取得批准手续的,应当重新对股权进行拍卖。重新拍卖的,原买受人不得参加竞买。

买受人明知不符合竞买资格或者条件依然参加竞买,且在成交后未能在合理期限内取得相关部门股权变更批准手续的,交纳的保证金不予退还。保证金不足以支付拍卖产生的费用损失、弥补重新拍卖价款低于原拍卖价款差价的,人民法院可以裁定原买受人补交;拒不补交的,强制执行。

第十八条 人民法院对被执行人在其他营利法人享有的投资权益强制执行的,参照适用本规定。

第十九条 本规定自2022年1月1日起施行。

施行前本院公布的司法解释与本规定不一致的,以本规定为准。

11.《最高人民法院关于冻结、拍卖上市公司国有股和社会法人股若干问题的规定》(法释〔2001〕28号,2001年9月30日)

第八条 人民法院采取强制执行措施时,如果股权持有人或者所有权人在限期内提供了方便执行的其他财产,应当首先执行其他财产。其他财产不足以清偿债务的,方可执行股权。

本规定所称可供方便执行的其他财产,是指存款、现金、成品和半成品、原材料、交通工具等。

人民法院执行股权,必须进行拍卖。

股权的持有人或者所有权人以股权向债权人质押的,人民法院执行时也应当通过拍卖方式进行,不得直接将股权执行给债权人。

第九条　拍卖股权之前,人民法院应当委托具有证券从业资格的资产评估机构对股权价值进行评估。资产评估机构由债权人和债务人协商选定。不能达成一致意见的,由人民法院召集债权人和债务人提出候选评估机构,以抽签方式决定。

第十条　人民法院委托资产评估机构评估时,应当要求资产评估机构严格依照国家规定的标准、程序和方法对股权价值进行评估,并说明其应当对所作出的评估报告依法承担相应责任。

人民法院还应当要求上市公司向接受人民法院委托的资产评估机构如实提供有关情况和资料;要求资产评估机构对上市公司提供的情况和资料保守秘密。

第十一条　人民法院收到资产评估机构作出的评估报告后,须将评估报告分别送达债权人和债务人以及上市公司。债权人和债务人以及上市公司对评估报告有异议的,应当在收到评估报告后 7 日内书面提出。人民法院应当将异议书交资产评估机构,要求该机构在 10 日之内作出说明或者补正。

第十二条　对股权拍卖,人民法院应当委托依法成立的拍卖机构进行。拍卖机构的选定,参照本规定第九条规定的方法进行。

第十三条　股权拍卖保留价,应当按照评估值确定。

第一次拍卖最高应价未达到保留价时,应当继续进行拍卖,每次拍卖的保留价应当不低于前次保留价的 90%。经三次拍卖仍不能成交时,人民法院应当将所拍卖的股权按第三次拍卖的保留价折价抵偿给债权人。

人民法院可以在每次拍卖未成交后主持调解,将所拍卖的股权参照该次拍卖保留价折价抵偿给债权人。

第十四条　拍卖股权,人民法院应当委托拍卖机构于拍卖日前 10 天,在《中国证券报》、《证券时报》或者《上海证券报》上进行公告。

第十五条　国有股权竞买人应当具备依法受让国有股权的条件。

第十六条　股权拍卖过程中,竞买人已经持有的该上市公司股份数额和其竞买的股份数额累计不得超过该上市公司已经发行股份数额的 30%。如竞买人累计持有该上市公司股份数额已达到 30% 仍参与竞买的,须依照《中华人民共和国证券法》的相关规定办理,在此期间应当中止拍卖程序。

第十七条　拍卖成交后,人民法院应当向证券交易市场和证券登记结算公司出具协助执行通知书，由买受人持拍卖机构出具的成交证明和财政主管部门对股权性质的界定等有关文件，向证券交易市场和证券登记结算公司办理股权变更登记。

12.《最高人民法院关于刑事裁判涉财产部分执行的若干规定》（法释〔2014〕13号，2014年11月6日）

第十二条 被执行财产需要变价的，人民法院执行机构应当依法采取拍卖、变卖等变价措施。

涉案财物最后一次拍卖未能成交，需要上缴国库的，人民法院应当通知有关财政机关以该次拍卖保留价予以接收；有关财政机关要求继续变价的，可以进行无保留价拍卖。需要退赔被害人的，以该次拍卖保留价以物退赔；被害人不同意以物退赔的，可以进行无保留价拍卖。

【注释】本条作出了不同于民事执行的特殊规定：一是原则上遵循《拍卖变卖规定》进行评估、拍卖。二是在拍卖未能成交的情况下，因执行财物的变价款直接涉及债权人的利益，应当充分尊重权利人的意愿，由权利人自行决定是否以最后一次拍卖保留价接收执行财物。三是在权利人不同意接收的情况下，为尽快变现，发挥物的效用，同时避免增加财物的保管成本，可不拘于民事执行拍卖程序的一般规定，实行无底价拍卖，直至最终拍卖成交为止。

13.《最高人民法院关于适用〈中华人民共和国民法典〉物权编的解释（一）》（法释〔2020〕24号，2021年1月1日）

第七条 人民法院、仲裁机构在分割共有不动产或者动产等案件中作出并依法生效的改变原有物权关系的判决书、裁决书、调解书，以及人民法院在执行程序中作出的拍卖成交裁定书、变卖成交裁定书、以物抵债裁定书，应当认定为民法典第二百二十九条所称导致物权设立、变更、转让或者消灭的人民法院、仲裁机构的法律文书。

14.《最高人民法院关于审理民事、行政诉讼中司法赔偿案件适用法律若干问题的解释》（法释〔2016〕20号，2016年10月1日）

第五条 对判决、裁定及其他生效法律文书执行错误，包括以下情形：

……

（十）对执行财产应当拍卖而未依法拍卖的，或者应当由资产评估机构评估而未依法评估，违法变卖或者以物抵债的；

……

15.《最高人民法院关于能否将国有土地使用权折价抵偿给抵押权人问题的批复》（法释〔1998〕25 号，1998 年 9 月 9 日）

四川省高级人民法院：

你院川高法〔1998〕19 号《关于能否将国有土地使用权以国土部门认定的价格抵偿给抵押权人的请示》收悉。经研究，答复如下：

在依法以国有土地使用权作抵押的担保纠纷案件中，债务履行期届满抵押权人未受清偿的，可以通过拍卖的方式将土地使用权变现。如果无法变现，债务人又没有其他可供清偿的财产时，应当对国有土地使用权依法评估。人民法院可以参考政府土地管理部门确认的地价评估结果将土地使用权折价，经抵押权人同意，将折价后的土地使用权抵偿给抵押权人，土地使用权由抵押权人享有。

【注释】《拍卖变卖规定》和《网拍规定》相关条文对抵债作有新的规定。上述司法解释施行后，以该规定为准。

【司法文件】

1.《最高人民法院关于认真学习贯彻适用〈最高人民法院关于人民法院网络司法拍卖若干问题的规定〉的通知》（法〔2016〕431 号，2016 年 12 月 12 日）

二、《网拍规定》适用中应当注意的问题

（一）地方各级人民法院在开展网络司法拍卖过程中，要严格执行法律法规及司法解释的规定，建立健全各项规章制度，加强对网络司法拍卖流程节点和对工作人员的监管，确保网络司法拍卖依法有序进行。

（二）《网拍规定》施行后，地方各级人民法院在开展司法拍卖工作过程中应严格坚持网络司法拍卖优先原则。对法律、行政法规和司法解释规定必须通过其他途径处置或不宜采取网络拍卖方式处置的，报经执行法院院领导审批后可采用委托拍卖方式或其他方式对涉案财产进行变价。

（三）《网拍规定》确立了由最高人民法院建立全国司法拍卖网络服务提供者名单库制度。经评审，最高人民法院将淘宝网、京东网、人民法院诉讼资产网、公拍网和中国拍卖行业协会网纳入首批公布的网络服务提供者名单库。地方各级人民法院在工作中应严格遵守《网拍规定》的要求，将申请执行人选择网拍平台程序前置于执行案件立案阶段，切实保障申请执行人从全国网络服务提供者名单库中自主选择平台进行网络司法拍卖的权利。

（四）为避免地方各级人民法院与名单库中的平台分别对接带来的工作负担与操作不便，最高人民法院在人民法院执行案件流程信息管理系统中嵌入专门的网络司法拍卖工作子平台，直接与名单库中的网络司法拍卖平台对接进行数据交互。地方各级人民法院在工作中应严格按照《网拍规定》及子平台操作规范的要求，在流程信息管理系统中创建网络司法拍卖、发布拍卖公告及拍卖财产信息、查看或改变拍卖状态、获取竞价信息与拍卖结果等。

（五）网络司法拍卖工作由执行局负责实施，委托拍卖工作由司法技术辅助工作部门负责。网络司法拍卖中辅助工作的组织管理既可由执行局负责，也可以由司法技术辅助工作部门负责，具体由哪个部门组织管理，由各高级人民法院根据实际予以规范。

（六）地方各级人民法院应严格按照《网拍规定》确定的拍卖程序开展网络司法拍卖。《网拍规定》施行前，就同一不动产或其他财产权利通过网络平台第二次拍卖流拍、已发布第三次拍卖公告，且第三次拍卖将于 2017 年 1 月 1 日后举行的，该次拍卖按拍卖公告进行。

（七）个案中，执行法院根据《网拍规定》委托相关社会机构或者组织承担网络司法拍卖辅助工作的，所支出的必要费用由本案被执行人承担。具体收费标准在最高人民法院通过司法解释或规范性文件予以明确前，地方各级人民法院可根据实际情况酌情确定。

2.《最高人民法院关于认真做好网络司法拍卖与网络司法变卖衔接工作的通知》（法明传〔2017〕455 号，2017 年 7 月 18 日）

变卖是执行程序财产处置程序的重要组成部分，《最高人民法院关于人民法院网络司法拍卖若干问题的规定》（以下简称《网拍规定》）明确规定通过互联网平台进行变卖的，参照《网拍规定》执行。司法解释实施以来，网络司法拍卖二拍流拍后进行网络司法变卖的，各地法院操作不统一，为规范人民法院网络司法变卖行为，做好网络司法拍卖与网络司法变卖的衔接工作，现通知如下：

一、关于网络司法变卖平台选择的问题。网络司法拍卖二拍流拍后，人民法院采取网络司法变卖方式处置财产的,应当在最高人民法院确定的网络服务提供者名单库中的平台上实施。原则上沿用网拍程序适用的平台,但申请执行人在网拍二拍流拍后 10 日内书面要求更换到名单库中的其他平台上实施的,执行法院应当准许。

二、关于发布网络司法变卖公告期限的问题。网拍二拍流拍后,人民法院应当于 10 日内询问申请执行人或其他执行债权人是否接受以物抵债。不接受以物抵债的,人民法院应当于网拍二拍流拍之日起 15 日内发布网络司法变卖公告。

三、关于网络司法变卖公告期、变卖期的问题。网络司法变卖期为 60 天,人民法院应当在公告中确定变卖期的开始时间。变卖动产的,应当在变卖期开始 7 日前公告;变卖不动产或者其他财产权的,应当在变卖期开始 15 日前公告。变卖公告应当包括但不限于变卖财产、变卖价、变卖期、变卖期开始时间、变卖流程、保证金数额、加价幅度等内容,应当特别提示变卖成交后不交纳尾款的,保证金不予退还。

四、关于变卖价确定的问题。网络司法变卖的变卖价为网络司法拍卖二拍流拍价。各级人民法院应当认真领会《网拍规定》关于确定一拍、二拍起拍价的精神,在评估价(或市场价)基础上按《网拍规定》进行降价拍卖。

五、关于竞买人资格确定的问题。竞买人交齐变卖价全款后,取得竞买资格。竞买人可以向法院指定的账户交纳,也可以在变卖平台上在线报名并交纳。竞买人向法院指定账户交纳的,人民法院应当及时通过操作系统录入并推送给确定的变卖平台。

六、关于网络司法拍卖变卖流程问题。变卖期开始后,取得竞买资格的竞买人即可以出价。自第一次出价开始进入 24 小时竞价程序,其他取得竞买资格的竞买人可在竞价程序内以递增出价方式参与竞买。竞价程序参照《网拍规定》第二十条规定进行,加价幅度参照我院法明传〔2017〕第 253 号通知要求进行设置。竞价程序内无其他人出价的,变卖财产由第一次出价的竞买人竞得;竞价程序内有其他人出价的,变卖财产由竞价程序结束时最高出价者竞得。变卖成交的,竞价程序结束时变卖期结束。

七、关于网络司法变卖结束后相关事宜处理的问题。变卖成交的,由平台以买受人的真实身份自动生成确认书并公示;变卖期内无人出价的,变卖期结束时变卖程序结束,相关财产按相关司法解释和规范性文件依法处置。

八、关于变卖成交后买受人不交纳尾款如何处理的问题。经过竞价变卖成交后,买受人反悔不交纳尾款的,从所交纳变卖价款中扣留变卖公告中所确定的保证金不予退还,扣留的保证金参照《网拍规定》第二十四条处理,买受人反悔不交纳尾款导致人民法院重新变卖的,原买受人不得再次参与竞买。

九、关于未经拍卖直接变卖财产如何处置的问题。未经拍卖直接变卖的财产,按照《最高人民法院关于人民法院民事执行中拍卖、变卖财产的规定》进行变卖。

各高级人民法院应当及时指导辖区内法院认真学习本通知精神,按通知要求开展好网络司法变卖工作。我院已根据上述规则要求各网络服务提供者进行程序改造,同时一并开发内网变卖操作系统,系统具体上线时间及操作手册将另行下发。请各高级人民法院工作中注意收集辖区内法院在实施过程中遇到的问题、提出的意见及建议,及时报告我院。

3.《最高人民法院关于在执行工作中规范执行行为切实保护各方当事人财产权益的通知》(法〔2016〕401号,2016年11月22日)

四、提高财产处置变现效率。对被依法查封的财产进行变价处置时,要依法优先采取拍卖等有利于公开公平公正实现财产价值的变现方式。要严格规范评估、拍卖、变卖和以物抵债等变价环节,防止对拟处置财产低估贱卖,侵害被执行人合法权益。对于司法强制拍卖要求一次性付清价款,门槛较高,可能不利于扩大竞买范围的问题,可借鉴部分地方法院的成熟经验,在司法拍卖中开展与银行业金融机构的按揭合作,降低竞买门槛,通过更广范围的竞价更好地让拍品变现。2017年1月1日起,全面推行优先用网络司法拍卖方式处置财产,以降低处置成本、提高成交率、溢价率,保护双方当事人的合法权益。各级人民法院要认真贯彻落实《最高人民法院关于人民法院网络司法拍卖若干问题的规定》最大限度提高司法财产处置的公开性、透明度,坚决杜绝任何形式的暗箱操作,有效去除拍卖环节的权力寻租空间,斩断利益链条。

4.《最高人民法院关于建立和管理司法网络询价平台名单库的办法》(法发〔2020〕18号,2020年6月1日)

为落实《最高人民法院关于人民法院确定财产处置参考价若干问题的规定》(以下简称《确定参考价规定》),科学建立和管理全国性司法网络询价平台名单库,确保人民法院司法网络询价工作依法有序进行,制定本办法。

第一条　最高人民法院建立全国性司法网络询价平台名单库,可以根据询价财产类型设置分库。

第二条　最高人民法院设立司法网络询价平台名单库评审委员会(以下简称评审委员会),负责网络询价平台的评审、选定和除名工作。评审委员会由全国人大代表、全国政协委员,最高人民法院特约监督员、特邀咨询员,互联网大数据专家,评估行业专家和最高人民法院有关部门人员组成。

第三条　能够提供符合《确定参考价规定》和本办法规定的网络询价平台,并有意开展司法网络询价业务的网络服务提供者,可以向评审委员会提出入库申请。

申请入库的,应当提交入库申请书及符合要求的相关证明材料。

第四条　申请入库的网络服务提供者提供的网络询价平台应当同时符合下列条件:

(一)具备依法开展并提供互联网信息服务的资质;

(二)具有依法获取的全国各地区同种类财产一定时期的既往成交价、政府定价、政府指导价或者市场公开交易价等不少于三类价格的数据,且至少其中一类数据为网络服务提供者自己所有;

(三)各类价格数据应具有持续更新性,且更新周期不超过三个月;

(四)具备运用一定的运算规则对市场既往交易价格、交易趋势予以分析并出具处置参考价的能力;

(五)具备保障司法网络询价工作安全、便捷、有序进行的运行规范、安全高效的信息系统以及硬件设备、资金人员等,且服务质优价廉;

(六)信息系统应具备开放性、先进性和可持续发展性,能与人民法院有关系统实现信息互通、共享,并顺应工作需求及时提供扩展服务;

(七)已为司法机关、行政机关或涉公共事务领域提供一年以上的网络询价服务;

(八)在技术支撑、数据管理、安全保障、社会影响等方面处于同类平台中的领先地位;

(九)无违法违规记录。

第五条　网络服务提供者应当对其提供的网络询价平台的安全性负责。

第六条　评审委员会有权审查司法网络询价平台进行网络询价所依据的所有基础数据、数据来源、数据更新、计算方法等情况,确保网络询价平台依法、合规、科学、高效地进行司法网络询价工作。

第七条 评审委员会委托权威第三方,对申请入库的网络询价平台进行评审,评审委员会根据评审结果择优确定入库名单并公示;每年对已入库的司法网络询价平台开展司法网络询价的情况进行评估,评审委员会根据评估结果提出限期整改要求和择劣确定除名名单并公示。

第八条 提供司法网络询价平台的网络服务提供者或者司法网络询价平台发生影响司法网络询价业务正常运行的重大经营变化的,提供司法网络询价平台的网络服务提供者应当及时向评审委员会报告。

网络服务提供者不再为司法网络询价提供服务的,应当提前三个月书面向评审委员会申请从名单库中退出,不得自行中断服务。未按照要求向评审委员会提出退出申请,即自行中断服务的,应当将其从名单库中除名,且不再接受其入库申请。

第九条 司法网络询价平台存在违反《确定参考价规定》第九条规定情形的,评审委员会经评审后将其从名单库中除名并公示。

第十条 司法网络询价平台被除名或被准许退出名单库的,应当做好善后工作,包括确保尚未完成的网络询价和尚未作出的补正顺利进行完毕等。

第十一条 本办法自 2020 年 6 月 1 日起施行。

5.《最高人民法院关于建立和管理网络服务提供者名单库的办法》(法发〔2016〕23 号,2016 年 9 月 20 日)

第一条 最高人民法院设立网络服务提供者名单库评审委员会,负责网络服务提供者的选定、评审和除名工作。评审委员会由互联网专家、全国人大代表、全国政协委员、特约监督员和最高人民法院审判、执行、行装、技术等部门人员组成。

第二条 能够提供符合《网拍规定》和本办法要求的网络司法拍卖平台并有意开展网络司法拍卖业务的网络服务提供者,可以向评审委员会提出申请。申请入库的,应当提交入库申请书及符合要求的相关证明材料。

第三条 申请入库的网络服务提供者应当具备保障全国法院网络司法拍卖安全、便捷、有序进行的信息系统、硬件设备、资金及人员等,且服务质优价廉。

第四条 申请入库的网络服务提供者应当同时符合以下基本要求:

(一)网络服务提供者提供的网络司法拍卖平台应当在全国范围内具有

较高知名度和较大影响力；

（二）在同类平台中取得行业公认的领先地位；

（三）已开展涉公共事务领域网络拍卖业务一年以上；

（四）无违法违规记录。

第五条　申请入库的网络服务提供者应当对其提供的网络司法拍卖平台的安全性负责，具备法律法规规定的资质和安全管理体系等。

第六条　网络司法拍卖平台应当具备系统开放性、技术先进性和持续发展性，能与人民法院执行案件管理系统实现信息联通共享，能顺应网络司法拍卖发展需求及时提升扩展服务。

第七条　为保障网络司法拍卖有序进行，网络司法拍卖平台应当符合下列要求：

（一）为司法拍卖设置首页入口和专用频道以提高用户辨识度和使用便捷性，并通过该频道向社会公众真实、准确、完整展示网络司法拍卖的各类信息；

（二）具备实时在线核验报名竞买人身份信息功能，确保竞买人可自主完成报名和随机生成竞买代码、密码；

（三）使用具备合法经营牌照和符合安全标准的网络支付系统，可自动处理保证金的交纳、冻结和结算；

（四）具备通过互联网进行电子竞价的功能；

（五）为不同层级人民法院设置系统操作功能及管理权限，并具备自动化统计功能，确保人民法院随时发布、管理、统计和监督司法拍卖活动；

（六）对拍卖形成的全部数据进行加密保护，确保安全，并具备自动归档留存功能，可下载制作副本；

（七）具备大数据实时计算分析、精准投放与推介能力，确保拍卖信息及时推送潜在竞买人，扩大参与竞买人数量；

（八）具备包括PC端和移动端的多终端登录系统与操作功能，方便竞买人多渠道参与竞买；

（九）为网络司法拍卖交易各方提供及时全面的咨询、答疑和提醒等服务；

（十）后台未设置监控竞买人信息和操控、干预竞价程序的功能等；

（十一）其他人民法院认为应当符合的要求。

第八条　评审委员会有权审查网络司法拍卖平台的相关程序，确保后台未设置监控竞买人信息、操控和干预竞价程序的功能。

第九条 评审委员会采用委托第三方评估机构评估方式定期对新申请入库的网络服务提供者进行评审，择优入库并公示，免收服务费用的可优先入库；每年对已入库的网络服务提供者开展的网络司法拍卖情况进行评估并公布结果。

第十条 网络服务提供者发生影响网络司法拍卖业务正常运行的重大经营变化的，应当及时向评审委员会报告。

网络服务提供者不再为网络司法拍卖提供网络平台的，应当提前三个月书面向评审委员会申请从名单库中退出，不得自行中断服务。

第十一条 网络服务提供者存在违反《网拍规定》第三十五条规定情形的，评审委员会经评审后将其从名单库中除名并公示。

第十二条 网络服务提供者被除名或被准许退出名单库的，应当做好交接和善后工作，包括保障尚未完成的拍卖顺利进行完毕、将存储的全部拍卖信息数据移交评审委员会保存、妥善处理好保证金的划转和解冻事宜等。

第十三条 本办法自2016年9月20日起施行。

6.《最高人民法院关于加强和规范人民法院网络司法拍卖工作的意见》
(法〔2015〕384号，2016年1月1日)

一、各级人民法院要高度重视网络司法拍卖工作。

网络司法拍卖工作是人民法院依照法律规定，在互联网平台上公开拍卖诉讼资产的司法行为，是执行工作的重要组成部分。加强和规范人民法院网络司法拍卖工作，是公开司法、司法为民的本质要求，是保障当事人合法权益、实现诉讼资产价值最大化的有效途径，是全面深化人民法院改革的重要内容，是提高人民法院司法公信力的重要举措，要切实抓紧抓好。

二、进一步明确职责，实行归口管理。

网络司法拍卖工作坚持执行与拍卖相分离的原则，最高人民法院司法行政装备管理局司法辅助工作办公室负责指导全国法院网络司法拍卖工作。地方各级人民法院司法技术辅助工作部门负责网络司法拍卖工作。

三、坚持公开透明，接受各方面监督。

各级人民法院必须在人民法院诉讼资产网以及各地法院选择的网络交易平台上发布拍卖公告、随机选择机构结果和成交结果等信息，公开司法拍卖信息。

四、严格依法办事，方便人民群众和审判工作。

人民法院开展司法拍卖应全面推行网上拍卖方式，各高级人民法院结合当地实际，选择具有信息发布、网上报名、网上竞价、网上结算等功能且运作规范、安全可靠、服务优质的网络平台开展网络司法拍卖。选定的网络平台必须链接人民法院诉讼资产网，实现信息与资源共享。对不宜在网上拍卖或不具备条件的，可以采取现场拍卖方式。

五、完善、规范委托拍卖和法院自主拍卖行为。

人民法院开展网络司法拍卖原则上应将拍卖事务委托给符合要求的专业拍卖机构进行，选择拍卖机构一律采取公开随机方式。有条件的法院或不适宜委托拍卖的诉讼资产，可由法院在网络平台上自主拍卖。各高级人民法院应根据相关规定，降低司法拍卖佣金和拍卖成本。采取委托拍卖方式的，司法拍卖成本由买受人以拍卖佣金方式承担。人民法院自主拍卖诉讼资产的，成本由法院承担。

六、加强监督监察，确保司法廉洁。

人民法院在开展网络司法拍卖过程中，要严格执行法律法规及司法解释，健全各项规章制度，加强对网络平台流程环节的监管，强化对法院工作人员、拍卖机构的监管，严防串标等违规行为，确保网络拍卖资产、资金、信息的安全。

本意见自2016年1月1日起执行。各高级人民法院根据本意见，结合当地实际，制定实施细则，并报最高人民法院备案。

7.《最高人民法院关于实施〈最高人民法院关于人民法院委托评估、拍卖工作的若干规定〉有关问题的通知》（法〔2012〕30号，2012年2月6日）

一、各省、自治区、直辖市高级人民法院可以根据司法委托评估、拍卖财产的价值和拍卖标的的实际情况，确定参加司法委托评估、拍卖活动机构的资质等级范围。未开展资质等级评定的评估行业，人民法院可以会同当地行业主管部门或评估行业协会，确定参加人民法院评估活动机构的资质条件。

二、拍卖机构的资质等级，指由中国拍卖行业协会根据《拍卖企业的等级评估与等级划分》评定的拍卖机构资质等级。

评估机构的资质等级，指由国家有关评估行业主管部门或评估行业协会评定的评估机构资质等级。

三、符合资质等级标准的评估、拍卖机构，每年年末向所在地区的高级或中级人民法院提出申请，作为下一年度人民法院委托评估、拍卖入选机构，履行相应的责任和义务。

四、各级人民法院对外委托拍卖案件，均须在“人民法院诉讼资产网”上发布拍卖公告，公示评估、拍卖相关信息和结果，法律法规另有规定不需向社会公开的除外。

五、司法委托拍卖标的为国有及国有控股企业的资产及其权益，人民法院委托拍卖机构后，通过省级以上国有产权交易机构的国有产权交易平台依照相关法律法规和司法解释进行拍卖，法律法规另有规定的除外。

六、司法委托拍卖标的为在证券交易所或国务院批准的其他证券交易场所交易、转让的证券，包括股票、国债、公司债券、封闭式基金等证券类资产，人民法院通过证券公司委托证券交易所或国务院批准的其他证券交易场所，由其设立的司法拍卖机构依照相关法律法规、司法解释和交易规则进行拍卖。

七、通过产权交易机构等交易场所或网络平台进行司法委托拍卖所产生的费用在拍卖佣金中扣除。

八、对从事司法委托评估、拍卖活动的机构及责任人未尽责任义务、违规违法操作、存在严重瑕疵，影响评估、拍卖结果的，人民法院可以根据其情节暂停或取消其司法评估、拍卖资格，对违反法律法规的依法处理。

九、最高人民法院负责对各地人民法院实施《规定》的情况进行监督指导。

8.《最高人民法院关于严禁在对外委托鉴定、评估、审计、拍卖等活动中收取中介机构佣金的通知》（法〔2009〕368号，2009年10月28日）

一、各级人民法院要严格对外委托的工作程序和制度，人民法院对外委托鉴定、评估、审计、拍卖等工作必须由法院司法技术辅助工作机构按有关规定统一办理。审判、执行等业务部门不得擅自进行对外委托工作，严禁法院任何部门以任何理由向中介机构收取佣金，并应当尽可能降低当事人的诉讼成本。

二、各级人民法院要对近年来受理的委托鉴定、评估、审计、拍卖案件有重点地进行清理和评查。对执行评估拍卖以及涉及的财产账目进行核查；对是否依法委托、是否收取中介机构佣金等问题进行全面检查，对执行或拍卖程序有瑕疵的，要依法及时纠正。

三、上级法院要切实加强对下级法院监督指导的力度，特别是要发挥纪检监察部门在对外委托鉴定、评估、审计、拍卖等工作中的监督职能，对发现的涉及违纪违法问题，要依照有关规定严肃查处。

9.《最高人民法院对外委托鉴定、评估、拍卖等工作管理规定》（法办发〔2007〕5 号，2007 年 9 月 1 日）

第二条　对外委托鉴定、评估、拍卖等工作是指人民法院审判和执行工作中委托专门机构或专家进行鉴定、检验、评估、审计、拍卖、变卖和指定破产清算管理人等工作，并进行监督协调的司法活动。

第三条　最高人民法院司法辅助工作部门负责统一办理审判、执行工作中需要对外委托鉴定、检验、评估、审计、拍卖、变卖和指定破产清算管理人等工作。

第四条　涉及到举证时效、证据的质证与采信、评估基准日、拍卖保留价的确定，拍卖撤回、暂缓与中止等影响当事人相关权利义务的事项由审判、执行部门决定。

第五条　对外委托鉴定、评估、拍卖等工作按照公开、公平、择优的原则，实行对外委托名册制度，最高人民法院司法辅助工作部门负责《最高人民法院司法技术专业机构、专家名册》（以下简称《名册》）的编制和对入册专业机构、专家的工作情况进行监督和协调。

第十二条　选择鉴定、检验、评估、审计专业机构，指定破产清算管理人实行协商选择与随机选择相结合的方式。选择拍卖专业机构实行随机选择的方式。

凡需要由人民法院依职权指定的案件由最高人民法院司法辅助工作部门按照随机的方式，选择对外委托的专业机构，然后进行指定。

10.《最高人民法院关于在执行工作中进一步强化善意文明执行理念的意见》（法发〔2019〕35 号，2019 年 12 月 16 日）

三、依法适当采取财产变价措施

8. 合理确定财产处置参考价。执行过程中，人民法院应当按照《最高人民法院关于人民法院确定财产处置参考价若干问题的规定》合理确定财产处置参考价。要在不损害第三人合法权益的情况下，积极促成双方当事人就参考价达成一致意见，以进一步提高确定参考价效率，避免后续产生争议。

财产有计税基准价、政府定价或政府指导价,当事人议价不能、不成或者双方当事人一致要求定向询价的,人民法院应当积极协调有关机构办理询价事宜。定向询价结果严重偏离市场价格的,可以进行适当修正。实践证明,网络询价不仅效率高,而且绝大多数询价结果基本能够反映市场真实价格,对于财产无需由专业人员现场勘验或鉴定的,人民法院应积极引导当事人通过网络询价确定参考价,并对询价报告进行审查。

经委托评估确定参考价,被执行人认为评估价严重背离市场价格并提起异议的,为提高工作效率,人民法院可以以评估价为基准,先促成双方当事人就参考价达成一致意见。无法快速达成一致意见的,依法提交评估机构予以书面说明。评估机构逾期未做说明或者被执行人仍有异议的,应及时提交相关行业协会组织专业技术评审。在确定财产处置参考价过程中,人民法院应当依法履行监督职责,发现当事人、竞拍人与相关机构、人员恶意串通压低参考价的,应当及时查处和纠正。

9. 适当增加财产变卖程序适用情形。要在坚持网络司法拍卖优先原则的基础上,综合考虑变价财产实际情况、是否损害执行债权人、第三人或社会公共利益等因素,适当采取直接变卖或强制变卖等措施。

(1)被执行人申请自行变卖查封财产清偿债务的,在确保能够控制相应价款的前提下,可以监督其在一定期限内按照合理价格变卖。变卖期限由人民法院根据财产实际情况、市场行情等因素确定,但最长不得超过60日。

(2)被执行人申请对查封财产不经拍卖直接变卖的,经执行债权人同意或者变卖款足以清偿所有执行债务的,人民法院可以不经拍卖直接变卖。

(3)被执行人认为网络询价或评估价过低,申请以不低于网络询价或评估价自行变卖查封财产清偿债务的,人民法院经审查认为不存在被执行人与他人恶意串通低价处置财产情形的,可以监督其在一定期限内进行变卖。

(4)财产经拍卖后流拍且执行债权人不接受抵债,第三人申请以流拍价购买的,可以准许。

(5)网络司法拍卖第二次流拍后,被执行人提出以流拍价融资的,人民法院应结合拍卖财产基本情况、流拍价与市场价差异程度以及融资期限等因素,酌情予以考虑。准许融资的,暂不启动以物抵债或强制变卖程序。

被执行人依照9(3)规定申请自行变卖,经人民法院准许后,又依照《最高人民法院关于人民法院确定财产处置参考价若干问题的规定》第二十二、二十三条规定向人民法院提起异议的,不予受理;被执行人就网络询价或评估价提起异议后，又依照 9(3)规定申请自行变卖的，不应准许。

10. 充分吸引更多主体参与竞买。拍卖过程中，人民法院应当全面真实披露拍卖财产的现状、占有使用情况、附随义务、已知瑕疵和权利负担、竞买资格等事项，严禁故意隐瞒拍品瑕疵诱导竞买人竞拍，严禁故意夸大拍品瑕疵误导竞买人竞拍。拍卖财产为不动产且被执行人或他人无权占用的，人民法院应当依法负责腾退，不得在公示信息中载明“不负责腾退交付”等信息。要充分发挥网拍平台、拍卖辅助机构的专业优势，做好拍品视频宣介、向专业市场主体定向推送拍卖信息、实地看样等相关工作，以吸引更多市场主体参与竞拍。

11. 最大限度实现财产真实价值。同一类型的执行财产数量较多，被执行人认为分批次变价或者整体变价能够最大限度实现其价值的，人民法院可以准许。尤其是对体量较大的整栋整层楼盘、连片商铺或别墅等不动产，已经分割登记或事后可以分割登记的，被执行人认为分批次变价能够实现不动产最大价值的，一般应当准许。多项财产分别变价时，其中部分财产变价款足以清偿债务的，应当停止变价剩余财产，但被执行人同意全部变价的除外。

12. 准确把握不动产收益权质权变价方式。生效法律文书确定申请执行人对被执行人的公路、桥梁、隧道等不动产收益权享有质权，申请执行人自行扣划收益权收费账户内资金实现其质押债权，其他债权人以申请执行人仅对收费权享有质权而对收费账户内资金不享有质权为由，向人民法院提起异议的，不予支持。在执行过程中，人民法院可以扣划收益权收费账户内资金实现申请执行人质押债权，收费账户内资金足以清偿债务的，不应对被执行人的收益权进行强制变价。

11.《最高人民法院关于进一步完善执行权制约机制加强执行监督的意见》（法〔2021〕322 号，2021 年 12 月 6 日）

16. 合理确定财产处置参考价。财产处置参考价应当通过全国法院询价评估系统确定。人民法院查封、扣押、冻结财产后，对需要拍卖、变卖的财产，应当在 30 日内启动确定财产处置参考价程序，参考价确定后 10 日内启动财产变价程序。

双方当事人议价一致的，优先采取议价方式确定财产处置参考价，当事人议价不成的，可以网络询价或者定向询价。无法采取上述方式确定参考价的，应当委托评估机构进行评估。

17. 探索建立被执行人自行处置机制。对不动产等标的额较大或者情况复杂的财产,被执行人认为委托评估确定的参考价过低、申请自行处置的,在可控制其拍卖款的情况下,人民法院可以允许其通过网络平台自行公开拍卖;有确定的交易对象的,在征得申请执行人同意或者能够满足执行债权额度的情况下,人民法院可以允许其直接交易。自行处置期限由人民法院根据财产实际情况、市场行情等因素确定,但最长不得超过90日。

18. 坚持网络拍卖优先原则。人民法院以拍卖方式处置财产的,应当采取网络司法拍卖方式,但法律、行政法规和司法解释规定必须通过其他途径处置,或者不宜采用网络司法拍卖方式处置的除外。

各级人民法院不得在最高人民法院司法拍卖网络服务提供者名单库中进一步限定网络司法拍卖平台,不得干预、替代申请执行人进行选择。

拍卖财产为不动产且被执行人或者他人无权占用的,人民法院应当依法负责腾退,不得在公示信息中载明"不负责腾退交付"等信息。

严格贯彻落实《最高人民法院关于加强对司法拍卖辅助工作管理的通知》,由高级人民法院制定拍卖辅助机构管理办法,建立名单库并规范委托拍卖辅助机构开展拍卖辅助工作。

12.《最高人民法院关于加强人民法院审判公开工作的若干意见》(法发〔2007〕20号,2007年6月4日)

18. 人民法院应当公告选择评估、拍卖等中介机构的条件和程序,公开进行选定,并及时公告选定的中介机构名单。人民法院应当向当事人、利害关系人公开评估、拍卖、变卖的过程和结果;不能及时拍卖、变卖的,应当向当事人、利害关系人说明原因。

13.《最高人民法院关于人民法院办理执行案件若干期限的规定》(法发〔2006〕35号,2007年1月1日)

第七条 执行中采取评估、拍卖措施的,承办人应当在10日内完成评估、拍卖机构的遴选。

第八条 执行中涉及不动产、特定动产及其他财产需办理过户登记手续的,承办人应当在5日内向有关登记机关送达协助执行通知书。

第十二条 执行措施的实施及执行法律文书的制作需报经审批的,相关负责人应当在7日内完成审批程序。

14.《最高人民法院关于在民事审判和执行工作中依法保护金融债权防止国有资产流失问题的通知》(法〔2005〕32 号,2005 年 3 月 16 日)

四、在审理和执行上述案件时,需要对金融不良债权和相关财产进行评估、审计的,要严格依照法律规定委托有相应资质并信誉良好的中介机构进行,要对评估、审计程序和结果进行严格审查。对被执行人的财产进行变价时,要尽可能采取由拍卖机构公开拍卖的方式,最大限度回收金融债权。

五、人民法院在民事审判和执行工作中,如发现金融机构工作人员在处置金融不良债权过程中与受让人、中介机构等恶意串通,故意违规处置金融不良债权,有经济犯罪嫌疑线索的,要及时将犯罪嫌疑线索移送检察机关查处。

15.《最高人民法院关于依法妥善办理涉新冠肺炎疫情执行案件若干问题的指导意见》(法发〔2020〕16 号,2020 年 5 月 13 日)

四、有效防止执行财产被低价处置。充分发挥网络司法拍卖公开透明、成本低、效率高、受疫情影响小的优势,加快财产变价流程,降低变价成本,为执行债权人及时回笼资金、减轻资金周转压力、恢复生产经营活动提供有力保障。在疫情期间进行网络司法拍卖,也要适当考虑疫情影响和财产实际情况,把握好拍卖时机,有效实现财产变现价值最大化。被执行人有充分证据证明疫情期间进行拍卖将严重贬损其财产价值,申请暂缓或中止拍卖的,人民法院可以准许。拍卖过程中,应当及时全面客观披露财产现状,充分发挥网拍平台、拍卖辅助机构作用,做好拍卖财产在线推介,吸引更多市场主体参与竞买。对财产价值较大、竞拍参与度可能较低的财产,可以确定适当宽松的拍卖价款支付期限。

对于一些专业化程度高、市场受众面较窄的财产,在不影响债权实现的前提下,可以允许被执行人通过其自身专业优势和渠道,灵活采取自行变卖、融资等方式偿还债务。被执行人认为网络询价或评估价过低,申请以不低于网络询价或评估价自行变卖查封财产清偿债务,人民法院经审查认为不损害执行债权人权益的,可以监督其在指定期限内变卖。网络司法拍卖第二次流拍后,被执行人提出以流拍价融资的,人民法院可以结合拍卖财产基本情况、流拍价与市场价差异程度等因素,酌情予以考虑;准许融资的,暂不启动以物抵债或者强制变卖程序。

【司法答复】

（一）一般规定

1.《最高人民法院关于深圳市华旅汽车运输公司出租车牌照持有人对深圳市中级人民法院执行异议案的复函》（〔2001〕执监字第 232 号，2001 年 10 月 30 日）

广东省高级人民法院：

你院〔2001〕粤高法执监字第 188 号《关于深圳中院执行华旅汽车运输公司一案的复查报告》收悉。经研究，同意你院的复查意见，现具体答复如下：

……

三、《最高人民法院关于人民法院执行工作若干问题的规定（试行）》第 47 条①规定："人民法院对拍卖、变卖被执行人的财产应当委托依法成立的资产评估机构进行价格评估。"据此规定，评估程序应当是人民法院拍卖、变卖被执行人财产的必经程序。本案执行法院曾于 1999 年 12 月委托深圳市国颂资产评估有限公司对华旅公司所有的 100 个出租车营运牌照（产权证编号为：03151—03250）的权益进行评估，评估公司于同年 12 月 16 日出具《关于法院委托评估的资产评估结果报告书》。评估报告书确认：每个出租车营运牌照权益价值的评估值为 45.49 万元；建议拍卖保留价为 40.941 万元/个。评估公司出具的《评估过程说明》第 5 条第 6 项注明：本次评估报告在市场价格无较大波动情况下的有效期为半年，若超过此期限或市场价格发生较大波动时，需重新评估。后因双方当事人磋商执行和解，此次拍卖没有进行。2001 年 5 月 10 日，深圳市中级法院在没有进行重新评估的情况下，合议庭决定该批出租车营运牌照的拍卖保留价为 70 万元/个，委托广东机电深圳拍卖行进行拍卖。我们认为，在第一次评估报告已经过期并自动失效的情况下，深圳市中级法院未经重新评估，执行合议庭合议确定拍卖保留价并委托拍卖的行为违反法定程序。鉴于该批出租车营运牌照的拍定价格大幅度高于原评估价格且已经公开拍卖完毕，可予以维持。但为维护程序公正和保证拍卖物的价格真实，应由深圳市中级法院另行指定评估机构按拍卖时的市场行情

① 2020 年修正时予以删除。

再行评估一次,如重新评估的价格未超过原拍卖价,则维持拍卖结果;如超过原拍卖价,则重新拍卖。

鉴于本案的执行涉及群体利益,故请你院接函后即督促深圳市中级法院制定详细工作方案,积极、稳妥地做好申诉人息诉工作,以维护社会稳定。

2.《最高人民法院执行工作办公室关于人民法院在强制执行程序中处分被执行人国有资产适用法律问题的复函》(〔2001〕执他字第 13 号,2001 年 12 月 27 日)

陕西省高级人民法院:

你院〔2000〕陕执请字第 09 号《关于人民法院在强制执行程序中处分被执行人国有资产适用问题的请示报告》收悉。经研究,答复如下:

国务院发布的《国有资产评估管理办法》(国务院 91 号令)关于国有资产评估中申请立项及审核确认的规定,确定了对国有资产占用单位在自主交易中进行评估的程序,其委托评估的主体是国有资产的占有企业,在特殊情况下可由国有资产管理部门委托评估。该《办法》对人民法院在执行程序中委托评估作为被执行人的国有企业的资产,并无相应的规定。人民法院在执行中委托评估也无须参照适用该《办法》,而应根据《最高人民法院关于人民法院执行工作若干问题的规定(试行)》第 47 条①的规定办理,即由人民法院自行委托依法成立的资产评估机构进行;对评估机构的评估结论,应由执行法院独立审核确认并据以确定拍卖、变卖的底价。因此,只要执行法院委托了依法成立的评估机构进行评估,并据以判断认为该评估结论不存在重大错误,该评估程序和结果就是合法有效的。故石泉县人民法院在执行中委托评估的执行行为合法,应予以维持。

【注释】陕西省石泉县人民法院在执行该院审理的以陕西省石泉县物资总公司为债务人的 9 个案件中,于 1998 年 10 月查封了石泉县物资总公司临街门面房 16 间及部分土地。1998 年 12 月,石泉县人民法院委托石泉县房地产价格评估事务所就其中 10 间进行了评估,每间平均价为 7 万元。2000 年 4 月,石泉县人民法院举行了公开价变卖大会,最后以每间 8.6 万元为底价变卖了该 10 间房产。其中的 8 间变卖给了石泉县物资总公司内部职工,另 2

① 《执行工作规定》(1998 年)第 47 条(2020 年修正时予以删除)规定:"人民法院对拍卖、变卖被执行人的财产,应当委托依法成立的资产评估机构进行价格评估。"

间变卖给了石泉县烟草公司。依照石泉县人民法院向石泉县房地产管理局发出的协助执行通知书,石泉县房地产管理局为买受人办理了房产过户手续,买受人取得了新的房产所有权证书。

此后,石泉县物资总公司部分职工对法院变卖房产提出执行异议,并到县委县人大上访。石泉县人大常委会对此案提出监督意见,认为石泉县人民法院处分房产的评估程序存在问题。陕西省安康市中级人民法院对此案进行了审查,认为石泉县人民法院执行错误,要求其恢复原状,重新执行。石泉县人民法院坚持认为其执行行为没有违反法律规定,并直接向陕西省高级人民法院请示,陕西省高级人民法院审查后倾向于石泉县法院的意见。陕西省高级人民法院审判委员会认为,此案涉及的主要是对行政法规的适用问题。如何正确理解与适用国务院《国有资产管理办法》对全国具有指导意义,遂向最高人民法院请示。①

3.《最高人民法院执行工作办公室关于如何对被执行人在另一家公司所拥有的股份进行变现执行的请示的答复》(〔2002〕执他字第12号,2002年9月20日)

江西省高级人民法院:

你院赣高法报〔2002〕27号《关于如何对被执行人在另一家公司所拥有的股份进行变现执行的请示》收悉。经研究,答复如下:

据你院的请示,你院在执行江西省赣州市第一城市信用社申请执行海南省海口市双海经济发展公司和香港琼运实业有限公司一案中,已于1998年9月裁定将香港琼运实业有限公司在南京金港房地产开发有限公司的股权转让给江西省赣州市第一城市信用社。就本案股权的执行而言,你院已执行终结。如果你院(1998)赣高法执字第02-10号裁定存在可撤销的事由,则可予以撤销后再行强制转让该股权。在维持原执行裁定的前提下,你院拟再对该股权"进行强制转让",并要"对金港大厦剩余的全部房产进行评估、拍卖",此一则将对同一标的重复执行,二则将执行股东所在的公司的财产,显系错误,不得实施。本案强制转让股权后,申请执行人在金港公司享有的股

① 参见黄金龙、王惠君:《人民法院在强制执行程序中是否适用国务院〈国有资产管理办法〉请示案》,载最高人民法院执行工作办公室编:《强制执行指导与参考》2002年第2辑(总第2辑),法律出版社2002年版,第477—481页。

东权益因其他股东的阻碍不能实现，是股东之间的纠纷，你院应告知申请执行人可通过诉讼另行解决。

4.《最高人民法院执行工作办公室关于河北省安平县法院与江苏省张家港市法院执行争议案的处理意见》（〔2002〕执协字第 3 号，2002 年 11 月 11 日）

河北省高级人民法院、江苏省高级人民法院：

河北省高级人民法院〔2001〕冀高法执字第 10 号《关于安平县法院与江苏张家港市法院执行同一房产发生争议的情况报告》和江苏省高级人民法院〔2001〕苏执他字第 132 号《关于江苏省张家港市法院执行一房产与河北省安平县法院发生争议的情况报告》均收悉。经过研究，答复如下：

一、河北省安平县法院在审理安平县供销合作社联合社（以下简称安平县供销社）与海南省黄金岛联合实业开发公司、第三人张家港黄金岛公司返回投资款纠纷案件时，于 1999 年 12 月 16 日以（1999）安经初字第 53 号民事调解书，将张家港保税区黄金岛经济开发公司（以下简称张家港黄金岛公司）投资开发的、位于张家港保税区的锦帆国际贸易大厦（以下简称锦帆大厦）的第 4、5、6 层房屋，确权给予安平县供销社。而张家港市法院在执行张家港市东莱建筑工程有限责任公司（以下简称东莱公司）诉张家港黄金岛公司工程纠纷一案的生效判决时，于 2001 年 4 月 5 日以（2000）张民执字第 1190 号民事裁定书，将锦帆大厦按整体评估价以 4474745 元抵偿给申请执行人东莱公司抵偿全部债款。本院在协调中查明，张家港市法院在明知锦帆大厦第 4、5、6 层房屋已确权给安平县供销社的情况下，依然裁定将整幢锦帆大厦以物抵债给东莱公司，侵犯了安平县供销社的合法权益，依法应予纠正。

二、据被执行人张家港黄金岛公司向我院反映，该公司对锦帆大厦投资 1958 万元，而张家港市法院执行案件的标的只有 400 余万元，却在审理阶段即将锦帆大厦整体保全查封，严重超标的；执行中又未经拍卖、变卖程序将锦帆大厦以 447 万元抵债，既未将评估价格通知被执行人，也未征求被执行人的意见，直接裁定以物抵债。经查，此反映的情况属实。张家港市法院的上述执行行为违反了我院《关于适用〈中华人民共和国民事诉讼法〉若干问题的意见》第 301 条①和《关于人民法院执行工作若干问题的规定（试行）》第

① 《民事诉讼法意见》（已废止）第 301 条规定："经申请执行人和被执行人同意，可以不经拍卖、变卖，直接将被执行人的财产作价交申请执行人抵偿债务，对剩余债务，被执行人应当继续清偿。"

39 条、第 46 条①的规定，依法应予纠正。

三、请江苏高院接此函后立即指令苏州市中级人民法院裁定撤销张家港市法院（2000）张民执字第 1190 号民事裁定书，由苏州市中级人民法院重新委托法定评估机构对锦帆大厦（扣除安平县法院已确权的第 4、5、6 层）进行评估并依法予以拍卖。鉴于张家港市法院以物抵债裁定生效后，锦帆大厦被东莱公司委托东莱镇政府以 200 万元的价格转让给了张家港华润玻璃有限公司，华润玻璃有限公司又对锦帆大厦进行了整体装修，故对华润玻璃有限公司受让后添附的部分费用，苏州市中级人民法院在处理拍卖款时可以从中给予华润玻璃有限公司适当补偿。

请江苏高院指导、监督苏州市中级人民法院尽快落实我院的意见，并将结果及时报告我院。

5.《最高人民法院执行工作办公室关于如何适用〈关于冻结、拍卖上市公司国有股和社会法人股若干问题的规定〉第八条第三款的问题的复函》

（〔2005〕执他字第 10 号，2005 年 8 月 23 日）

陕西省高级人民法院：

你院就如何适用最高人民法院《关于冻结、拍卖上市公司国有股和社会法人股若干问题的规定》第八条第三款的问题向我院请示。经研究，答复如下：

最高人民法院《关于冻结、拍卖上市公司国有股和社会法人股若干问题的规定》第八条第三款明确规定，人民法院执行股权，必须进行拍卖。你院应严格按照该规定执行。

【注释 1】中国建设银行西安市莲湖路支行申请执行陕西明威经济技术发展有限公司、西安万鼎实业集团有限公司（以下简称万鼎实业集团）借款担保合同纠纷一案，陕西省高级人民法院（以下简称陕西高院）依法冻结了被执行人万鼎实业集团持有的长安信息产业集团股份有限公司（以下简称

① 《执行工作规定》（1998 年）第 39 条（2020 年修正时予以删除）规定："查封、扣押财产的价值应当与被执行人履行债务的价值相当。"

第 46 条（2020 年修正时予以删除）规定："人民法院对查封、扣押的被执行人财产进行变价时，应当委托拍卖机构进行拍卖。财产无法委托拍卖、不适于拍卖或当事人双方同意不需要拍卖的，人民法院可以交由有关单位变卖或自行组织变卖。"

长安信息集团)1000 万股社会法人股,后委托资产评估机构对上述股权进行了评估,股权价值 1570 万元。陕西高院按照有关规定,将评估报告分送申请执行人、被执行人及股权所属公司,三方对评估结果均无异议。陕西高院决定拍卖上述股权,并将拍卖裁定书送达万鼎实业集团,同时书面通知长安信息集团。

长安信息集团与万鼎实业集团提出,如果拍卖该股权,有可能对上市公司的股权结构、经营和股价造成影响,而股权结构的变化可能导致公司股东大会和董事会的权力格局和人事格局产生变化,从而影响长安信息集团和持股人的声誉,造成其在社会上的负面影响。如果不进行拍卖,长安信息集团或者第三人愿以评估价 1570 万元代被执行人万鼎实业集团偿还该债务,既满足了申请执行人的偿债请求,又不影响被执行人的利益,且社会效果也比较好。因此,长安信息集团和万鼎实业集团请求不进入拍卖程序。同时,申请执行人也向陕西高院表示,考虑上述方式快捷、方便、降低成本,同意不进行拍卖。

陕西高院就此向最高人民法院请示:本案在双方当事人达成一致意见后,对上市公司国有股和社会法人股,是否可以不进行拍卖而变卖给长安信息集团。①

【注释 2】《冻结拍卖国有股和社会法人股规定》第 8 条第 3 款、第 4 款明确规定,人民法院执行股权,必须进行拍卖。即使是质押的股权,人民法院执行时也应当通过拍卖方式进行,不得直接将股权执行给债权人。从该规定内容看,对上市公司国有股和社会法人股变价,人民法院只能拍卖,不能未经拍卖而直接变卖。该规定是针对股权变价的特殊情况作出的。一方面,相对于动产、不动产而言,股权的价值比较难评估,不同的评估机构对同一股权所作的评估结果往往相差较大。如果不经拍卖程序而直接对股权进行变卖,则变卖价格的公正性、合理性令人质疑,而拍卖最有利于体现财产的真正价值,使执行标的物卖得最高价格。另一方面,如果允许不经拍卖而直接变卖,会给双方当事人串通故意压低股权价格提供可乘之机,从而造成国有资产流失。

---

① 参见王惠君:《关于陕西省高级法院就〈最高人民法院关于冻结、拍卖上市公司国有股和社会法人股若干问题的规定〉第八条第三款如何适用问题的请示案》,载最高人民法院执行工作办公室编:《执行工作指导》2006 年第 1 辑(总第 17 辑),人民法院出版社 2006 年版,第 68—69 页。

如果还有其他债权人,还可能会损害其利益。

关于拍卖和变卖的顺序问题,《执行工作规定》第 33 条规定,被执行人申请对人民法院查封的财产自行变卖的,人民法院可以准许。《拍卖变卖规定》第 31 条第 1 款规定,对查封、扣押、冻结的财产,当事人双方及有关权利人同意变卖的,可以变卖。从上述规定看,拍卖是原则,但在符合一定条件的情况下也可以直接变卖。由于本案的执行标的物是上市公司的社会法人股,而《冻结拍卖国有股和社会法人股规定》是专门针对冻结、拍卖上市公司国有股和社会法人股所作的规定,根据特别法优于普通法的原则,相关案件应当优先适用该条规定。《拍卖变卖规定》第 30 条也明确规定,在执行程序中拍卖上市公司国有股和社会法人股的,适用《冻结拍卖国有股和社会法人股规定》。

6.《最高人民法院执行工作办公室关于再审判决作出后如何处理原执行裁定的答复函》(〔2005〕执他字第 25 号,2006 年 3 月 13 日)

辽宁省高级人民法院:

你院《关于本溪钢铁(集团)有限责任公司申请执行无锡梁溪冷轧薄板有限公司一案的疑难请示报告》收悉。经研究,答复如下:

一、关于再审判决生效后,本溪市中级人民法院已给付裁定的抵债标的额在没有超出再审判决所确认标的额的情况下,是否需要依据再审判决重新进行评估的问题。

本院认为,执行裁定发生法律效力后,并不因据以执行的法律文书的撤销而撤销。如果新的执行依据改变了原执行内容,需要执行回转的,则人民法院作出执行回转的裁定;如已执行的标的额没有超出新的执行依据所确定的标的额,则人民法院应继续执行。本案中,本溪市中级人民法院已给付裁定的抵债标的额没有超出再审判决所确认标的额,因此,是否需要重新评估,关键看执行程序是否合法。如果执行程序合法,则维持原执行裁定的效力,继续执行,否则应予纠正,重新评估。

二、关于被执行人无锡梁溪冷轧薄板有限公司(以下简称梁溪公司)的投资权益未经当事人同意直接抵债是否合法的问题。

本院认为,本案不存在以物抵债的问题。韩国联合钢铁工业株式会社(以下简称韩方)只是作为合资他方,收购了被执行人梁溪公司的股权,其并不是债权人。本溪市中级人民法院处理梁溪公司在无锡长江薄板有限公司、无锡太平洋镀锌板有限公司各占有的 25%股份时,考虑到韩方在两公司分别占有75%的股份，根据最高人民法院《关于人民法院执行工作若干问题的规定（试行）》第五十四条第二款以及第五十五条第二款①的规定，同意韩方以评估价格收购上述股权，由于当时的法律和司法解释，均未明确在拍卖过程中保护优先购买权，因此本溪市中级人民法院未经拍卖，在韩方同意收购梁溪公司股权的情况下，直接以评估价格将上述股权转给韩方并不违法。

此外，请你院对中国航天科工集团公司、被执行人梁溪公司反映的评估报告中存在的问题，尤其是对评估程序、评估方法及评估价格过低的问题认真进行核查，如反映属实，可考虑重新拍卖，同时依据最高人民法院《关于人民法院民事执行中拍卖、变卖财产的规定》第十四条、第十六条②的规定保护韩方作为合资他方的优先购买权。

【注释】本溪钢铁（集团）有限责任公司（以下简称本钢集团）诉无锡梁溪冷轧薄板有限公司（以下简称梁溪公司）欠款纠纷一案，本溪市中级人民法院于1997年10月31日作出（1997）本经初字第221号民事调解书，确认：梁溪公司欠本钢集团货款103565052.22元，于1999年12月31日前全部还清。本案进入执行程序前，梁溪公司还款1074.8万余元。

2000年4月3日本钢集团申请执行。本溪中院在执行过程中查明，梁溪公司以其资产与韩国联合钢铁工业株式会社（以下简称韩方）组成新的合资企业——无锡长江薄板有限公司、无锡太平洋镀锌板有限公司。梁溪公司在上述两公司中分别占有25%的股份，韩方分别占有75%的股份。2002年11

① 《执行工作规定》（1998年）第54条第2款（2020年修正后调整为第39条第2款）规定："对被执行人在有限责任公司中被冻结的投资权益或股权，人民法院可以依据《中华人民共和国公司法》第三十五条、第三十六条的规定，征得全体股东过半数同意后，予以拍卖、变卖或以其他方式转让。不同意转让的股东，应当购买该转让的投资权益或股权，不购买的，视为同意转让，不影响执行。"

第55条第2款（2020年修正时予以删除）规定："如果被执行人除在中外合资、合作企业中的股权以外别无其他财产可供执行，其他股东又不同意转让的，可以直接强制转让被执行人的股权，但应当保护合资他方的优先购买权。"

② 2020年《拍卖变卖规定》修正时，分别调整为第11条规定："人民法院应当在拍卖五日前以书面或者其他能够确认收悉的适当方式，通知当事人和已知的担保物权人、优先购买权人或者其他优先权人于拍卖日到场。优先购买权人经通知未到场的，视为放弃优先购买权。"第13条规定："拍卖过程中，有最高应价时，优先购买权人可以表示以该最高价买受，如无更高应价，则拍归优先购买权人；如有更高应价，而优先购买权人不作表示的，则拍归该应价最高的竞买人。顺序相同的多个优先购买权人同时表示买受的，以抽签方式决定买受人。"

月27日,本溪中院在无锡市工商管理局冻结了梁溪公司在两合资企业中各占有的25%股权。2003年1月,本溪中院经抽签选取了评估机构,对被执行人在合资企业中各占有的25%股权进行了评估。2003年12月4日,韩方同意按评估价格5700万元收购梁溪公司在两合资企业的25%股权,并将收购款汇入本溪中院账户。本溪中院于2003年12月9日下达了股权处置的执行裁定书,将梁溪公司在两合资企业的股权裁定给韩方。同年12月17日,该院向申请执行人和被执行人送达了裁定书,并向协助机关无锡市惠山区外贸局下达变更股权的协助执行通知书。2005年1月11日,本溪中院作出(2004)本民再初字第8号民事判决书,梁溪公司不服提出上诉,辽宁省高级人民法院于2005年9月12日作出再审民事判决:撤销本溪市中级人民法院(2004)本民再初字第8号民事判决书;梁溪公司给付本钢集团货款6100余万元及相应的利息。

2005年9月22日,本溪中院再次下达协助执行通知书,继续办理收购股权的变更手续。被执行人梁溪公司与案外人中国航天科工集团公司提出异议,认为:(1)执行裁定中所采纳的评估报告和对股权的处理存在错误;(2)根据(2005)辽审民再终字第8号民事判决书,本溪(2000)执字第194号裁定书的执行依据已被撤销,本溪中院应重新作出执行裁定,继续执行本溪(2000)执字第194号裁定书,程序违法;(3)股权变价应当先行拍卖,而本溪中院直接将股权转卖韩方,严重违法;(4)评估报告超过一年已失效,本溪中院采用该报告损害了被执行人的权利。

辽宁省高级人民法院遂向最高人民法院请示:(1)该院再审判决生效后,本溪市中级人民法院已给付裁定的抵债标的额在没有超出再审判决所确认标的额的情况下,是否需要依据再审判决重新进行评估。(2)被执行人梁溪公司的投资权益未经当事人同意直接抵债是否合法。①

7.《最高人民法院关于土地使用权与房产所有权应当一并处置的复函》
(〔2014〕执他字第7号,2014年10月23日)

山东省高级人民法院:

你院《关于申请复议人长城资产管理公司济南办事处、杜广伟申请复议

① 参见刘涛:《关于再审判决作出后如何处理原执行裁定的请示案》,载江必新、贺荣主编:《最高人民法院执行案例精选》,中国法制出版社2014年版,第827—831页。

一案的请示》收悉。经研究,答复如下:

根据《中华人民共和国物权法》第一百四十七条[①]、《中华人民共和国城市房地产管理法》第三十二条的相关规定,在执行被执行人所有的不动产时,应当遵循“房随地走、地随房走”的原则,土地使用权与房产所有权应当一并处置。本案中,青岛市中级人民法院(以下简称青岛中院)在未查明案涉房屋占用范围内土地使用权的情况下,裁定将该房屋单独拍卖,不符合上述法律规定,故相关拍卖成交裁定依法应予撤销。

综上,经我院审判委员会讨论,原则同意你院审判委员会第二种处理意见。拍卖撤销后,青岛中院应当在进一步查明案涉房屋土地使用权的情况下,重新拍卖。重新拍卖时应注意保护原买受人的合法权益,其作为实际占有人在同等条件下享有优先购买权。

（二）拍卖效力

1.《最高人民法院执行工作办公室关于竞买人逾期支付价款是否应当重新拍卖的复函》(〔2006〕执监字第 94-1 号)

福建省高级人民法院:

关于福州市直房地产开发有限公司、福州金源房地产有限公司与福建龙宇房地产有限公司楼盘权益转让合同纠纷执行一案,你院〔2001〕号闽法执申字第 36-15、36-16 号报告均已收悉。经研究,答复如下:

一、同意你院关于福建国际青年广场开发有限公司(以下简称青广公司)异议不成立的意见。在你院及福州市中级人民法院执行以青广公司为被执行人和执行担保人的多个案件的情况下,你院对青广公司所有的国际青年交流中心综合楼及其土地使用权采取相关执行措施,有利于案件的协调统一解决。但是,你院在没有作出提级执行裁定或未明确多个债权人参与分配情况下组织拍卖,程序上存在瑕疵,应注意完善有关手续。

二、不同意你院关于重新拍卖的意见。最高人民法院《关于人民法院民

① 《民法典》施行后,相关内容规定在第 357 条。

事执行中拍卖、变卖财产的规定》第二十五条①规定，是为了促使买受人尽快支付价款、确保债权尽快实现。本案中，买受人福建关兴房地产开发有限公司（以下简称关兴公司）虽然逾期支付拍卖价款，但已于2006年5月18日全部付清，不应仅因其延迟付款而认定拍卖目的难以实现，故拍卖效力应予维持。

三、因买受人关兴公司未按照约定支付价款，根据《中华人民共和国拍卖法》第三十九条之规定，应当承担相应的违约责任。

【注释1】福州市直房地产开发有限公司、福州金源房地产有限公司申请执行福建龙宇房地产有限公司（以下简称龙宇公司）楼盘权益转让合同纠纷一案，福州市中级人民法院在执行中查封了被执行人龙宇公司在某房地产项目上的权益，并决定拍卖用以抵债。2005年12月31日，上述标的物由福建关兴房地产开发有限公司（以下简称关兴公司）以人民币6200万元竞得。

根据《竞买注意事项》和《拍卖成交确认书》，竞买人应在2006年2月28日前付清成交款。同时，作为买受条件之一，关兴公司与有关方面签订《拆迁补偿协议》，约定于拍卖成交的次日支付拆迁补偿履约保证金500万元。但关兴公司直到2006年5月18日才实际付清成交款，支付拆迁补偿履约保证金也拖至6月5日才付讫。执行法院认为，关兴公司违反了其所签署的《竞买注意事项》和《拍卖成交确认书》，未在约定的时间内付清拍卖价款，应当裁定重新拍卖，并将关兴公司已支付的6200万元拍卖款予以退还。

关兴公司提出申诉称：根据《拍卖成交确认书》，该公司应于2006年2月28日前支付全部拍卖款，但由于资金困难，只按期支付了3170万元，但余款3340万元（含拍卖佣金310万元）已于5月18日全部支付，且6月2日也支付了500万元拆迁补偿履约保证金。该公司逾期支付部分拍卖款属实，但并未致使拍卖目的难以实现，拍卖结果应受保护。②

---

① 2020年修正后调整为第22条规定："拍卖成交或者以流拍的财产抵债后，买受人逾期未支付价款或者承受人逾期未补交差价而使拍卖、抵债的目的难以实现的，人民法院可以裁定重新拍卖。重新拍卖时，原买受人不得参加竞买。重新拍卖的价款低于原拍卖价款造成的差价、费用损失及原拍卖中的佣金，由原买受人承担。人民法院可以直接从其预交的保证金中扣除。扣除后保证金有剩余的，应当退还原买受人；保证金数额不足的，可以责令原买受人补交；拒不补交的，强制执行。"

② 参见于泓：《竞买人逾期支付价款是否应重新拍卖》，载最高人民法院执行工作办公室编：《执行工作指导》2007年第2辑（总第22辑），人民法院出版社2007年版，第49—50页。

【注释 2】执行中对竞买人逾期付款认定有效须十分慎重,主要理由:一是逾期付款认定有效,侵害其他竞买参与人利益,有违公平;二是逾期付款认定有效,容易带来执行权"寻租"风险。该案处理意见中引用了《拍卖法》第39 条,但《拍卖法》是调整商业拍卖的,与司法拍卖不能完全参照适用。司法拍卖程序中,买受人逾期付款的,法院原则上应当重新拍卖。唯有执行当事人均认同逾期付款拍卖有效的情况下,法院才可认定本次拍卖有效,但此时应裁定让买受人承担相应的逾期付款违约责任。

2.《最高人民法院关于无权通过民事诉讼程序判定强制拍卖无效问题的处理意见函》(〔2006〕执协字第 15-1 号,2008 年 4 月 17 日)

河北省高级人民法院、辽宁省高级人民法院:

邯郸市峰峰矿区人民法院(下称矿区法院)与营口市中级人民法院(下称营口中院)、营口市鲅鱼圈区人民法院(下称鲅鱼圈法院)围绕中国煤炭物资沈阳公司(下称煤炭公司)相关房产的执行和审判所产生的争议协调一案,我院已经审查完毕,现提出如下处理意见:

一、矿区法院查封与营口中院轮候查封的位于营口市经济技术开发区三家子街的房产,虽然房产证号不同,但均指向同一幢房产,矿区法院查封在先,且查封面积大于营口中院的轮候查封面积,营口中院的轮候查封依法不能生效。在矿区法院依法于 2005 年 7 月 18 日作出拍卖成交裁定后,依据我院《关于人民法院民事执行中拍卖、变卖财产的规定》第二十九条①之规定,上述涉案房产的所有权就依法转移给竞买人徐万龙所有,营口中院不得将已经移转给徐万龙的房产作为煤炭公司的财产予以执行,不得阻拦矿区法院将拍卖成交的房产交付给竞买人徐万龙。

二、人民法院的强制拍卖属于公法意义上的拍卖,如果竞买人或者相关利害关系人对强制拍卖的效力存在异议,可以依法向执行法院或者执行法院

---

① 《拍卖变卖规定》(2004 年)第 29 条规定:"动产拍卖成交或者抵债后,其所有权自该动产交付时起转移给买受人或者承受人。不动产、有登记的特定动产或者其他财产权拍卖成交或者抵债后,该不动产、特定动产的所有权、其他财产权自拍卖成交或者抵债裁定送达买受人或者承受人时起转移。"

2020 年修正为第 26 条规定:"不动产、动产或者其他财产权拍卖成交或者抵债后,该不动产、动产的所有权、其他财产权自拍卖成交或者抵债裁定送达买受人或者承受人时起转移。"

的上级法院提出,其他任何机构和个人均无权认定。鲅鱼圈法院无权通过民事诉讼程序判定峰峰矿区法院的强制拍卖无效。

以上意见,请遵照执行。

【注释】河北省邯郸市峰峰矿区人民法院(以下简称峰峰矿区法院)在审理中国煤炭物资沈阳公司(以下简称煤炭公司)与东北内蒙古工业联合物资供应公司沈阳分公司买卖煤炭欠款纠纷一案中,于2003年3月12日保全查封了煤炭公司位于营口市经济技术开发区三家子街的房产(以下简称涉案房产)。判决生效后,峰峰矿区法院在执行中,委托华夏拍卖公司于2005年7月11日拍卖了上述涉案房产,徐万龙以287万元的价格竞得。7月18日,峰峰矿区法院裁定涉案房产归买受人徐万龙所有。

2005年7月25日,辽宁省营口市中级人民法院(以下简称营口中院)受理了营口乾坤实业发展有限公司(以下简称乾坤公司)与煤炭公司租赁合同纠纷一案。应乾坤公司申请,营口中院于7月22日保全(轮候)查封了煤炭公司的上述涉案财产。8月16日,营口中院作出调解书,确认:(1)煤炭公司自愿将其所有的上述涉案房产归乾坤公司所有,并将土地使用权一并转让给乾坤公司;(2)煤炭公司在2005年9月30日前协助乾坤公司办理上述房屋和土地使用权的过户手续,否则赔偿30万元人民币;(3)如果由于煤炭公司的其他原因导致部分房屋产权及应摊份额的土地使用权不能过户,煤炭公司依据房屋及土地总价230万元平均计算单价后返还给乾坤公司。后乾坤公司向营口中院申请执行调解书。

2005年10月25日,乾坤公司以华夏拍卖公司为被告、煤炭公司为第三人,向辽宁省营口市鲅鱼圈区人民法院(以下简称鲅鱼圈区法院)起诉,以拍卖侵犯了其所有权为由,要求确认拍卖无效。2006年4月16日,鲅鱼圈区法院作出判决,确认华夏拍卖公司与徐万龙关于上述涉案房产的拍卖无效。

河北、辽宁两地法院就煤炭公司相关房产的执行和审判所产生的争议,申请最高人民法院予以协调。①

【注释2】需要注意:(1)本意见函关于排除民事诉讼对司法拍卖的管辖权问题,《民事诉讼法》及司法解释未作出新的规定,故本意见函仍然适用。

---

① 参见范向阳:《河北峰峰矿区法院与辽宁营口中院执行中煤沈阳公司争议协调案》,载最高人民法院执行工作办公室编:《执行工作指导》2008年第2辑(总第26辑),人民法院出版社2008年版,第66—73页。

(2)关于该类案件的救济问题,《异议复议规定》第 7 条明确,当事人、利害关系人对拍卖行为有异议,人民法院依照《民事诉讼法》第 232 条审查,即属于执行异议审查范围。(3)关于审查标准,《异议复议规定》第 21 条、《网拍规定》第 31 条分别明确了传统拍卖、网络司法拍卖中法院应予支持撤销拍卖的情形。

3.《最高人民法院关于中国工商银行大连市不良资产处置中心执行大连海悦房地产有限公司一案拍卖财产竞买人主张拍卖有效申诉案的请示的答复》(〔2006〕执他字第 2 号,2006 年 6 月 26 日)

辽宁省高级人民法院:

你院〔2005〕辽执一监字第 116 号《中国工商银行大连市不良资产处置中心执行大连海悦房地产有限公司一案拍卖财产竞买人主张拍卖有效申诉案的请示报告》收悉。经研究,答复如下:

原则同意你院审判委员会多数人的意见。本案执行标的物委托拍卖后,拍卖标的物买受人虽然受某些客观因素影响而未在执行法院指定的期限内交付款项,但在拍卖行将买受人迟延付款的有关情况报告执行法院后,执行法院既没有明确表态,也没有采取其他执行措施,可视为是执行法院对买受人迟延付款的默认。同时,考虑到本案执行标的物两次拍卖流拍以及拍卖标的物买受人已筹措到竞买款等实际情况,根据《最高人民法院关于人民法院民事执行中拍卖、变卖财产的规定》第二十五条①规定的精神,为尽快实现债权人的合法权益,对本次拍卖的法律效力应予以维持。

4.《最高人民法院关于执行程序中资产评估公司资质问题的答复》(〔2013〕执他字第 9 号,2013 年 8 月 8 日)

辽宁省高级人民法院:

你院《关于执行程序中资产评估公司资质问题的请示》收悉。经研究,

① 2020 年修正后调整为第 22 条规定:"拍卖成交或者以流拍的财产抵债后,买受人逾期未支付价款或者承受人逾期未补交差价而使拍卖、抵债的目的难以实现的,人民法院可以裁定重新拍卖。重新拍卖时,原买受人不得参加竞买。重新拍卖的价款低于原拍卖价款造成的差价、费用损失及原拍卖中的佣金,由原买受人承担。人民法院可以直接从其预交的保证金中扣除。扣除后保证金有剩余的,应当退还原买受人;保证金数额不足的,可以责令原买受人补交;拒不补交的,强制执行。"

答复如下：

资产评估机构及评估人员能否从事房地产估价业务在评估行业争议由来已久。《国务院对确需保留的行政审批项目设定行政许可的决定》（以下简称《决定》）对房地产评估机构资质的核准部门作了规定，但对在《决定》生效之前已经取得房地产评估资质的资产评估机构及评估人员，在法律、法规未作出进一步明确规定前，应尊重行政权力的行使，不宜否定其从事房地产评估的资质。请你院在核查具体事实基础上，按照上述精神，妥善处理好相关案件。

5.《最高人民法院关于司法拍卖程序中竞买人资格审查问题的答复》（〔2014〕执他字第 4 号，2014 年 4 月 9 日）

安徽省高级人民法院：

你院〔2013〕皖执他字第 00146 号《关于司法拍卖程序中竞买人资格审查问题的请示报告》收悉。经研究，答复如下：

设立中公司虽然不具有法人资格，但是可以从事设立公司所必需的民事行为。发起人为设立中公司购买财产，并以设立中公司名义参与司法拍卖的，不应仅以竞买人是设立中公司为由否定司法拍卖的效力。

【注释】设立中公司应具有一定的法律人格，可将其视为准民商事法律主体，享有有限的法律人格，可从事在法律上和经济上以公司设立和开业准备为目的所必需的行为。《公司法规定（三）》（法释〔2011〕3 号）第 3 条第 1 款明确规定，发起人以设立中公司名义对外签订合同，公司成立后合同相对人请求公司承担合同责任的，人民法院应予支持。故发起人为设立公司而采取的行为，法律后果归属于设立中公司。

6.《最高人民法院关于竞买人迟延交付部分保证金是否影响拍卖效力的答复》（〔2019〕最高法执他 5 号，2020 年 3 月 31 日）

湖北省高级人民法院：

你院〔2017〕鄂执复 112 号《关于胡某某申请执行复议一案的请示报告》收悉。经研究，提出以下意见：

关于竞买人迟延交付部分保证金后又悔拍的，拍卖的效力如何确定的问题。执行程序中竞买人迟延交付部分保证金的，并不能当然否定竞拍资格及拍卖效力。你院应当围绕竞买人迟延缴纳部分竞买保证金是否损害当事人、其他竞买人合法权益,是否明显影响公平竞价及充分竞价等因素综合判断本案第一次拍卖效力。

……

【注释 1】执行法院在执行某民间借贷纠纷案中通过产权交易所拍卖被执行人持有的股权。拍卖公告载明竞买保证金为 200 万元,有意竞买者应在 5 月 3 日 16 时(到账为准)前将保证金缴纳至指定账户,并于当日 17 时(法定工作时间)前到产权交易所办理竞买登记手续,取得竞买资格,逾期不予办理。5 月 3 日,竞买人甲向该院指定账户汇入两笔资金,第一笔 50 万元到账时间为该日 15 时 46 分 53 秒,第二笔 150 万元到账时间为该日 16 时 13 分 1 秒。因甲汇入 150 万元的到账时间超过拍卖公告规定的保证金到账时间,产权交易所不予办理报名登记手续。甲指出拍卖公告中没有强调要全额缴纳保证金并要求办理登记手续。产权交易所请示执行法院后于 4 日为甲办理了报名登记手续。同日,甲竞得股权并在拍卖成交确认书上签字。后因甲未在竞买协议约定期限内支付竞拍款,产权交易所向甲送达催款函,要求其在期限内交清余款,否则追究其法律责任。甲仍未履行,执行法院遂重新拍卖案涉股权,乙竞买成功。执行法院通知甲,其缴纳的保证金不予返还。甲以其因迟延交付部分保证金而不具备竞买资格等理由提出执行异议,请求撤销第一次拍卖。

当地法院就竞买人迟延交付部分保证金又悔拍,该拍卖应否撤销的问题请示最高人民法院。①

【注释 2】甲以缴纳保证金时间超过拍卖公告规定的截止时间为由,主张其不具备竞买资格并据此请求撤销拍卖的主张,于法无据,不应支持。理由:

一是《异议复议规定》第 21 条规定了撤销拍卖的法定情形,其中买受人不具备法律规定的竞买资格,当事人、利害关系人提出异议请求撤销拍卖的,人民法院应予支持。该条基本精神是,只有在拍卖活动严重违反有关程序规定并损害了当事人或者相关利害关系人利益的情形下才可撤销。竞买人资格问题,一般涉及法律法规对于特殊资产的竞买人有一定的资格限制的拍卖活动,如拍卖商业银行股权时,拍卖股权的数额超过了规定比例则应审查竞

① 参见向国慧、王宝道:《竞买人迟延交付部分保证金后又悔拍的,拍卖效力如何认定的问题》,载最高人民法院执行局编:《执行工作指导》2020 年第 2 期(总第 74 期),第 46—47 页。

买人是否经过国务院银行业监督管理机构批准，否则该竞买人就不具备竞买资格。一般情况下，只要是具备完全民事行为能力，能够独立承担民事责任的民事主体都可以成为竞买人参与竞买。

二是竞买保证金作为竞买人参与竞买并遵守各种竞买规则而向拍卖人提供的担保，是拍卖人为保证拍卖合同的全面履行而施行的保护措施，目的是防止竞买人恶意竞买或者竞买成功后违约。本案中虽然甲缴纳第二笔保证金的时间稍晚于拍卖公告规定时间，但第二笔保证金的缴纳是第一笔保证金的连续，充分反映其参与竞买的意思表示，第二笔保证金的缴纳迟延也并不影响保证金的担保作用，不能认定部分保证金迟延缴纳即丧失竞买资格。

三是从司法拍卖的严肃性考虑，竞买人在迟延缴纳竞拍保证金后坚持要求执行法院准予其参与竞买，在竞拍成功后又以其迟延缴纳竞拍保证金、不具备竞拍资格为由请求撤销拍卖，违背诚信原则，冲击司法拍卖，损害司法公信力。

（三）所有权转移

1.《最高人民法院关于以物抵债财产所有权已经转移不再作为破产财产处理的复函》（法函〔1996〕89号，1996年5月26日）

山西省高级人民法院、广东省高级人民法院：

山西省高级人民法院晋高法执字〔1994〕第65号和广东省高级人民法院粤高法经一行字〔1995〕第66号报告均已收悉。经研究，答复如下：

1994年4月20日山西省太原市中级人民法院对山西省物资贸易中心诉深圳市罗湖对外经济发展公司购销合同纠纷案作出判决，双方当事人均未上诉。同年7月21日太原市中级人民法院开始执行。10月7日，该院裁定将深圳市罗湖对外经济发展公司坐落在深圳市莲塘第一工业小区135栋总建筑面积为6326平方米的六层厂房以物抵债给山西省物资贸易中心。11月4日双方当事人在太原市、深圳市中级人民法院的监督下，对该厂房进行了交接。因该厂房所在地莲塘工业区属深圳市土地未清理区域，所以深圳市规划国土局暂不办理房地产证。同年12月8日深圳市人民政府给山西省物资贸易中心发了产权代用证。本院认为，虽然深圳市中级人民法院于1994年11月3日受理了罗湖对外经济发展公司申请破产案，但是考虑到上述实际情况，应认定山西省太原市中级人民法院已执行完毕，以物抵债的厂房所有权已经转移。深圳市中级人民法院不应再将该厂房作为破产财产处理。如果该房产的价值超过山西省物资贸易中心所享有的债权,超过部分可作为破产财产。

2.《最高人民法院执行工作办公室关于已执行完毕的财产不应列入破产财产问题的复函》(〔2001〕执协字第 8 号,2001 年 6 月 18 日)

湖南省高级人民法院、北京市高级人民法院:

湖南省高级人民法院〔2000〕湘执请字第 10 号《关于请求最高法院协调处理湖南省长沙市中级人民法院强制执行中国机电设备总公司相关财产是否应列为破产财产的请示》和〔2001〕湘高法执请字第 1 号有关该案的《紧急报告》及北京市高级人民法院京高法〔2001〕74 号报告均收悉。

经研究,我们认为,鉴于中国机电设备总公司(以下简称机电总公司)对长沙市中级人民法院依法查封的位于北京市宣武区马连道北路 1 号的机电大厦院内的房产不同意拍卖,而对长沙市中级人民法院提出的将该房产按评估价以物抵债的意见并未反对,故应视为同意以物抵债;由于北京市政府有关部门规定在京房地产不能直接过户给外地单位,因此,本案债权人长沙市商业银行商由长沙市政府驻京联络处接收该案标的物即机电大厦院内的部分房产,应予准许;长沙市中级人民法院据此于 2000 年 7 月 12 日裁定将上述房产过户给长沙市政府驻京联络处,其实质是依法将该标的物变卖给长沙市政府驻京联络处,并无不当,该案至此已执行完毕。而北京市第一中级人民法院 2000 年 8 月 2 日受理破产案件时将上述房产列入破产财产错误,应予纠正。

关于北京市高级人民法院在报告中反映机电总公司将上述房产抵押给中国银行总行的问题,因其未依法到有关房地产管理部门办理抵押登记,故不得对抗人民法院的执行。至于中国汽车贸易总公司对上述房产主张产权的问题,因该房产的产权证在机电总公司名下,根据国务院《企业国有资产产权登记管理办法》有关国有资产管理部门审定的企业国有资产产权登记表、登记证是确认企业产权归属的法律凭证的规定,上述房产只能认定归机电总公司所有。如果中国汽车贸易总公司坚持主张产权,应另行通过诉讼解决。对机电总公司不服原判的问题,应告其可按照审判监督程序提出申诉,但其申诉不影响本案的执行。

【注释】《移送破产意见》(法发〔2017〕2 号)第 17 条规定:“执行法院收

到受移送法院受理裁定时,已通过拍卖程序处置且成交裁定已送达买受人的拍卖财产,通过以物抵债偿还债务且抵债裁定已送达债权人的抵债财产,已完成转账、汇款、现金交付的执行款,因财产所有权已经发生变动,不属于被执行人的财产,不再移交。”关于是否属于被执行人财产,以物权变动为一般判断标准,即不动产以登记、动产以交付为标准,但法律、司法解释另有规定的除外。通过司法拍卖、以物抵债清偿债务的,标的物所有权自拍卖成交裁定、抵债裁定送达买受人或者接受抵债物的债权人时转移。法发〔2017〕2 号意见施行后,以该条为准。

3.《最高人民法院执行工作办公室关于法院已判决确权的财产不应列入破产财产的复函》(〔2005〕执协字第 19-1 号)

江苏省高级人民法院、天津市高级人民法院:

江苏省高级人民法院报送的〔2005〕苏执他字第 5 号《关于请求协调江阴市人民法院执行案件与天津市高级人民法院破产案件产生争议的报告》和天津市高级人民法院津高法〔2005〕117 号《关于天津金铭发展有限公司破产还债一案的紧急报告》及补充报告和有关材料均已收悉。经本院审查研究,提出处理意见如下:

经查明,1993 年 2 月 8 日,天津市河北区百货公司(以下简称百货公司)与珠海金铭发展公司(以下简称珠海金铭公司)签订《合作协议书》,约定合作项目为中山商厦(现名金铭广场),珠海金铭公司向百货公司交付前期费用补偿后,可独立进行 7—30 层商品房的工程管理及销售,并约定所得利润在交付有关费用后归珠海金铭公司所有。同年 6 月,该项目正式开工建设。截至 1996 年底,该项目在建工程经委托评估价值为 2.7 亿元人民币。

1995 年 6 月 16 日,珠海金铭公司与江阴第二纺织厂等债权人分别签订《还款协议》,约定珠海金铭公司应于同年 12 月底偿还欠款,逾期不付则用其在天津开发的中山商厦商品房按每平方米 4000 元的价格抵偿债务。该还款协议经江阴市公证处公证。因珠海金铭公司未按协议履行,江阴第二纺织厂等债权人纷纷向江阴市人民法院起诉。1997 年 12 月 12 日、12 月 18 日,江阴市人民法院分别作出(1996)澄郊民初字第 141、142、191 号民事判决书,确认上述还款协议合法有效;珠海金铭公司应当还款,逾期则以中山公寓 A 栋 13 层、14 层、B 栋 13 层、14 层共计 12 套商品房按每平方米 4000 元的价格抵债,产权归债权人所有;珠海金铭公司应当在中山公寓竣工后 6 个月交房等。

1996 年 12 月 3 日、1997 年 1 月 13 日，百货公司分别与天津金铭发展有限公司（以下简称天津金铭公司）、珠海金铭公司签订了基本内容相同的两份《项目转让合同书》，约定百货公司退出该项目，将该项目全部转让给对方独立开发经营，并占有全部股份。天津市河北区政府以北政复〔1997〕5 号批复同意百货公司与珠海金铭公司所签订的《项目转让合同书》。

2004 年 5 月 27 日，天津市高级人民法院受理天津金铭公司破产案，同年 8 月 11 日裁定宣告破产。经债权人会议表决同意，清算组委托拍卖机构于 2005 年 1 月将金铭广场项目公开拍卖，上海金龙科技投资有限公司以 1.98 亿元人民币竞买成功。

上诉事实，均有两高级人民法院送的证据材料为证。

经本院协调，江阴市人民法院已将 2004 年 9 月 9 日查封的金铭广场 30 套商品房解封，天津市高级人民法院同意预留部分拍卖价款，待本院作出最终处理意见后依法处理。

本院认为，珠海金铭公司作为金铭广场的前期开发商，在天津金铭公司未参与金铭广场项目开发之前，依照合同约定有权处分其独立开发销售的部分房产。在金铭广场项目破产之前，珠海金铭公司自愿以其独立开发销售的部分房产抵偿所欠债务，是其真实意思表示，并不违反法律规定，也不损害第三方的利益，且天津金铭公司此后对以房抵债的事实也予以认可。该以房抵债协议经公证机关公证，并经江阴市人民法院判决确认合法有效，12 套商品房的产权应自判决生效之日起即视为转移给江阴第二纺织厂等债权人，不属于破产财产。天津市高级人民法院在明知金铭广场部分房产尚有争议的情况下，将金铭广场项目整体拍卖的做法不妥。鉴于金铭广场已经在破产程序中被整体拍卖，故江阴第二纺织厂等债权人可依据判决确定的 12 套房屋，按照拍卖价格在拍卖预留款中折价受偿。不足清偿债权的部分可向破产清算组申报债权。

4.《最高人民法院执行工作办公室关于诸城兴贸玉米开发有限公司申请执行国营青岛味精厂案中有关财产评估、变卖等问题的复函》（〔2002〕执他字第 14 号，2003 年 8 月 5 日）

山东省高级人民法院：

你院鲁高法函〔2002〕41 号《关于案件执行中涉及有关财产评估、变卖等问题的请示报告》收悉。经研究，答复如下：

根据你院报告,诸城兴贸玉米开发有限公司申请执行国营青岛味精厂一案中,执行的财产属于无法拍卖的特品。如此情况属实,则可以变卖。评估报告未送达给有关当事人,并不影响依据评估报告确定变卖的价格。被执行人提出评估价格过低的问题,如查证属实,应当对变卖价款进行适当调整,但仍应维持执行法院变卖财产裁定的效力。执行法院撤销此变卖财产裁定的裁定,应予撤销。

鉴于在四方区法院作出变卖裁定后,青岛市中级人民法院受理了以被执行人为债务人的破产案件,如果变卖裁定中所涉及的财产的所有权尚未转移给买受人,则应当交由破产程序处理。对于不动产和有登记的特定动产,应当以变卖裁定生效日期为财产所有权转移日期;对于动产,应当以实际交付给买受人的日期为财产权转移日期。

5.《最高人民法院关于拍卖、变卖财产规定第二十九条第二款规定不动产所有权发生转移是否包括“变卖方式的情形”的答复》(〔2007〕执他字第19号,2008年10月6日)

云南省高级人民法院:

你院《关于拍卖、变卖财产规定第二十九条第二款规定不动产所有权发生转移是否包括“变卖方式的情形”的请示报告》收悉。经研究,答复如下:

人民法院在执行过程中依法裁定变卖土地使用权的,对该土地使用权转移时间的确定,适用最高人民法院《关于人民法院民事执行中拍卖、变卖财产的规定》第二十九条①第二款和最高人民法院、国土资源部、建设部《关于依法规范人民法院执行和国土资源房地产管理部门协助执行若干问题的通知》(法发〔2004〕5号)第二十七条的规定。你院请示的陕西弘丰农业生产资料有限公司是否已根据陕西省高级人民法院(2002)陕高法执一民字第025-2号民事裁定书取得争议土地使用权的问题,应当按照上述规定精神,

① 《拍卖变卖规定》(2004年)第29条规定:“动产拍卖成交或者抵债后,其所有权自该动产交付时起转移给买受人或者承受人。不动产、有登记的特定动产或者其他财产权拍卖成交或者抵债后,该不动产、特定动产的所有权、其他财产权自拍卖成交或者抵债裁定送达买受人或者承受人时起转移。”

2020年修正为第26条规定:“不动产、动产或者其他财产权拍卖成交或者抵债后,该不动产、动产的所有权、其他财产权自拍卖成交或者抵债裁定送达买受人或者承受人时起转移。”

依法予以确定并妥善处理。

【注释】变卖是法定的标的物变价方式之一，只要符合法定条件，变卖产生的法律后果与拍卖相同。根据本答复精神，执行程序中变卖不动产引起的不动产物权转移时间，与法律和司法解释规定的司法拍卖、以物抵债的不动产物权变动时间一致，即在人民法院制作的土地使用权、房屋所有权转移裁定送达权利受让人时物权发生转移。

【参考文件】

1.《财政部关于上市公司国有股被人民法院冻结拍卖有关问题的通知》（财企〔2001〕656号，2001年11月2日）

二、国有股东授权代表单位所持国有股被人民法院司法冻结的，应当在接到人民法院冻结其所持国有股通知之日起5个工作日内，将该国有股被冻结的情况报财政部备案，并通知上市公司。国有股东授权代表单位属地方管理的，同时抄报省级财政机关。

国有股东授权代表单位对冻结裁定持有异议的，应当及时向作出冻结裁定的人民法院申请复议；人民法院依法作出解除冻结裁定后，国有股东授权代表单位应当在收到有关法律文书之日起5个工作日内，将该国有股解冻情况报财政部备案，并通知上市公司。国有股东授权代表单位属地方管理的，同时抄报省级财政机关。

三、国有股东授权代表单位所持国有股被冻结后，应当在规定的期限内提供方便执行的其他财产，其他财产包括银行存款、现金、成品和半成品、原材料和交通工具等，其他财产不足以清偿债务的，由人民法院执行股权拍卖。

四、拍卖人受托拍卖国有股，应当于拍卖日前10天在国务院证券监督管理部门指定披露上市公司信息的报刊上刊登上市公司国有股拍卖公告。

拍卖公告包括但不限于以下内容：拍卖人、拍卖时间、地点、上市公司名称、代码、所属行业、主营业务、近3年业绩、前10名股东持股情况、原持股单位、被拍卖的国有股数量、占总股本的比例、竞买人应具备的资格、参与竞买应具备的手续。

五、国有股拍卖必须确定保留价。当事人应当委托具有证券从业资格的评估机构对拟拍卖的国有股进行评估，并按评估结果确定保留价。

评估结果确定后，评估机构应当在股权拍卖前将评估结果报财政部备案。国有股东授权代表单位属地方管理的,同时抄报省级财政机关。

六、对国有股拍卖的保留价,有关当事人或知情人应当严格保密。第一次拍卖竞买人的最高应价未达到保留价时,应当继续拍卖,每次拍卖的保留价应当不低于前次保留价的90%。第三次拍卖最高应价仍未达到保留价时,该应价不发生效力,拍卖机构应当中止国有股的拍卖。

七、竞买人应当具备法律、行政法规规定的受让国有股的条件。

八、拍卖成交后,国有股东授权代表单位应当在接到人民法院关于其所持国有股拍卖结果通知之日起5个工作日内,将该国有股被拍卖情况报财政部备案,并通知上市公司。国有股东授权代表单位属地方管理的,同时抄报省级财政机关。

九、国有股拍卖后,买受人持拍卖机构出具的成交证明以及买受人的工商营业执照、公司章程等证明买受人身份性质的法律文件,按照《最高人民法院关于冻结、拍卖上市公司国有股和社会法人股若干问题的规定》,向原国有股东授权代表单位主管财政机关提出股权性质界定申请,并经界定后向证券登记结算公司办理股权过户手续。

十、国有股东授权代表单位应当切实维护国有股权益,若发现有关当事人或知情人泄露拍卖保留价,或有关当事人与竞买人、债权人恶意串通等违法行为,应当及时请求人民法院中止拍卖,并依法追究有关责任人的责任。

若因国有股东授权代表单位过失,使国有股权益遭受损失的,主管财政机关给予通报批评,并依法追究相关责任。

2.《国家税务总局关于人民法院强制执行被执行人财产有关税收问题的复函》(国税函〔2005〕869号,2005年9月12日)

最高人民法院:

你院《关于人民法院依法强制执行拍卖、变卖被执行人财产后,税务部门能否直接向人民法院征收营业税的征求意见稿》(〔2005〕执他字第12号)收悉。经研究,函复如下:

一、人民法院的强制执行活动属司法活动,不具有经营性质,不属于应税行为,税务部门不能向人民法院的强制执行活动征税。

二、无论拍卖、变卖财产的行为是纳税人的自主行为,还是人民法院实施的强制执行活动,对拍卖、变卖财产的全部收入,纳税人均应依法申报缴纳税款。

三、税收具有优先权。《中华人民共和国税收征收管理法》第四十五条规定，税务机关征收税款，税收优先于无担保债权，法律另有规定的除外；纳税人欠缴的税款发生在纳税人以其财产设定抵押、质押或者纳税人的财产被留置之前的，税收应当先于抵押权、质权、留置权执行。

四、鉴于人民法院实际控制纳税人因强制执行活动而被拍卖、变卖财产的收入，根据《中华人民共和国税收征收管理法》第五条的规定，人民法院应当协助税务机关依法优先从该收入中征收税款。

3.《涉执房地产处置司法评估指导意见（试行）》（中房学〔2021〕37号，2021年9月1日）①

第一条　为了规范涉执房地产处置司法评估行为，保障评估质量，维护当事人和利害关系人的合法权益，根据《中华人民共和国城市房地产管理法》《中华人民共和国资产评估法》《最高人民法院关于人民法院确定财产处置参考价若干问题的规定》《人民法院委托评估工作规范》等法律法规，以及《房地产估价规范》等标准规范，结合涉执房地产处置司法评估实际，制定本意见。

第二条　本意见适用于为人民法院确定财产处置参考价服务的房地产估价活动。

第三条　房地产估价机构及其注册房地产估价师开展涉执房地产处置司法评估业务，应当遵守法律法规和房地产估价标准规范，遵循独立、客观、公正的原则。

房地产估价机构及其注册房地产估价师与委托人或者其他相关当事人及评估对象有利害关系的，应当回避。

第四条　房地产估价机构应当按照《人民法院委托评估工作规范》的规定，及时接收人民法院的评估委托书，并查看评估委托书的下列内容是否完整：

（一）人民法院名称、联系人及电话；

（二）房地产估价机构名称；

（三）评估目的要求；

（四）评估对象基本情况，包括名称、坐落、四至、面积、用途、权属等，并

① 中国房地产估价师与房地产经纪人学会2021年8月18日制定。

附财产清单等；

（五）评估完成期限；

（六）评估材料的特别说明，包括对委托评估必须提供的材料而未能调取到或者实际不存在的，以及无法扫描而需要邮寄或者直接交付等情形的说明；

（七）其他需要明确的内容。

第五条 房地产估价机构接收评估委托书后，认为有下列情形之一的，应当自接收评估委托书之日起三个工作日内以书面形式向人民法院提出不承接委托评估的申请：

（一）本机构与当事人或者其他相关当事人及评估对象有利害关系的；

（二）本机构已办理注销登记或者被市场监管部门吊销营业执照的；

（三）本机构依法不能进行评估的其他情形。

房地产估价机构未在第一款规定期限内向人民法院提出不承接委托评估书面申请的，或者人民法院书面通知不承接委托评估的理由不成立的，视为接受委托。

第六条 房地产估价机构接受委托或者人民法院书面通知不承接委托评估的理由不成立的，应当及时接收或者签收人民法院发送的委托评估材料，并根据《人民法院委托评估工作规范》附件中列明的房地产评估需要提供的材料清单，对委托评估材料进行清点。

第七条 委托评估材料不全而无法进行评估或者对评估结果有较大影响的，房地产估价机构应当及时以书面形式向人民法院提出补充材料申请，由人民法院通知当事人补充。

评估所必需的材料无法补充，或者补充后仍然难以满足评估需要，人民法院书面通知根据现有材料进行评估的，房地产估价机构可以根据现有材料进行评估，但应当在评估报告“估价假设和限制条件”的“依据不足假设”中说明因缺少评估所必需的材料可能影响评估结果的风险，并将向人民法院提出的补充材料书面申请及人民法院出具根据现有材料进行评估的书面通知作为评估报告的附件。

第八条 涉执房地产处置司法评估的评估目的，宜表述为“为人民法院确定财产处置参考价提供参考依据”。

第九条 房地产估价机构应当根据评估委托书和委托评估材料等情况，明确界定评估对象的财产范围，不得超出委托评估财产范围或者遗漏财产。

评估对象的财产范围不明确的,应当提请人民法院书面予以明确。

评估对象的财产范围包含家具家电、机器设备、债权债务、特许经营权等非房地产(不动产)类财产的,或者不包含属于房地产(不动产)的房屋配套设施设备、装饰装修物、相关场地等财产的,应当在评估报告中具体列举说明。

第十条　人民法院明确价值时点的,价值时点一般以人民法院明确的时点为准。人民法院明确的价值时点与实地查勘完成之日不一致的,应当在评估报告"估价假设和限制条件"的"一般假设"中假定价值时点之日的评估对象状况与实地查勘完成之日的状况相同。

人民法院未明确价值时点的,一般以评估对象实地查勘完成之日作为价值时点。

第十一条　涉执房地产处置司法评估的价值类型宜为市场价格,难以评估市场价格的,一般评估市场价值。

根据评估委托书等人民法院的书面要求,评估符合评估目的要求的其他特定价格或者价值的,应当在评估报告中明确其定义或者内涵。

第十二条　涉执房地产处置司法评估应当关注评估对象交易税费负担方式及其对评估对象市场价格的影响。

人民法院书面明确评估对象交易税费负担方式的,根据人民法院书面意见进行评估,并在评估报告中说明具体的交易税费负担方式。人民法院未书面明确评估对象交易税费负担方式的,应当恰当选择下列情形之一,明确评估对象市场价格对应的交易税费负担或者处理方式,并在评估报告中予以说明:

(一)按照法律法规规定,转让人和买受人各自负担;

(二)全部由买受人负担;

(三)全部从财产处置价款中扣除;

(四)按照以往同类涉执房地产处置惯例负担;

(五)按照当地同类财产交易习惯负担;

(六)其他交易税费负担方式。

前款第(四)(五)(六)种负担方式,还应当在评估报告中说明具体负担情况。

第十三条　涉执房地产处置司法评估结果不应当考虑评估对象被查封以及原有的担保物权和其他优先受偿权的影响,并在评估报告"估价假设和限制条件”的“背离事实假设”中予以说明。

第十四条 涉执房地产处置司法评估应当关注评估对象是否存在租赁权、用益物权及占有使用情况。人民法院未明确存在租赁权、用益物权及占有使用情况，房地产估价机构经过尽职调查后也未发现、掌握相关情况的，可以假定评估对象不存在租赁权、用益物权及占有使用情况，并在评估报告“估价假设和限制条件”的“一般假设”中予以说明。

评估对象存在租赁权、用益物权及占用使用情况的，应当结合委托评估材料和实地查勘等情况，对人民法院查明的租赁权、用益物权及占有使用情况进行核查验证。人民法院书面说明依法将租赁权、用益物权及占有使用情况除去后拍卖或者变卖的，应当不考虑原有的租赁权、用益物权及占有使用情况对评估结果的影响，并在评估报告“估价假设和限制条件”的“背离事实假设”中予以说明；人民法院未书面说明除去原有的租赁权、用益物权及占有使用情况后拍卖或者变卖的，评估结果应当考虑原有的租赁权、用益物权及占有使用情况的影响，并在评估报告中予以说明。

第十五条 涉执房地产处置司法评估应当关注评估对象是否存在欠缴税金及相关费用，包括税收、物业费、供暖费、水电气费等及其滞纳金。人民法院未明确存在欠缴税金及相关费用的，可以假定评估对象不存在欠缴税金及相关费用，并在评估报告“估价假设和限制条件”的“一般假设”中予以说明。

人民法院查明评估对象有欠缴税金及相关费用，且书面明确该欠缴税金及相关费用从财产处置价款中扣除的，评估结果无需考虑欠缴税金及相关费用的影响；人民法院书面明确该欠缴税金及相关费用不从财产处置价款中扣除、由买受人额外负担的，评估结果应当扣除欠缴税金及相关费用，并在评估报告中予以说明。

第十六条 涉执房地产处置司法评估应当关注评估费、拍卖费、诉讼费、律师费等财产处置费用及其对评估结果的影响。

人民法院书面明确前款财产处置费用从财产处置价款中扣除的，评估结果不应当扣除上述费用，否则评估结果应当扣除预估的上述费用，并在评估报告中予以说明。

第十七条 涉执房地产处置司法评估应当关注并恰当考虑评估对象被迫转让及处置后被执行人不自愿配合交付因素对评估结果的不利影响，并在评估报告中予以说明。

第十八条 涉执房地产处置司法评估应当进行实地查勘。房地产估价机构应当及时要求人民法院组织对评估对象进行实地查勘,并要求人民法院通知当事人到场。当事人不到场的,不影响实地查勘的进行,但应当有见证人见证。

房地产估价机构应当安排两名及以上人员共同对评估对象进行实地查勘,其中至少有一名注册房地产估价师。人民法院要求由两名及以上注册房地产估价师进行实地查勘的,从其规定。

实地查勘时应当核对查勘对象与评估委托书载明的财产名称、坐落和财产范围等是否一致;不一致的,应当要求人民法院核实、明确。实地查勘记录应当由实地查勘的人员和在场当事人或者见证人签名或者盖章。在场当事人或者见证人拒绝签名或者盖章的,应当由其他第三人签名或者盖章,并在评估报告中予以说明。

当事人不到场或者不予配合,无法进入评估对象内部查勘的,经书面征询人民法院意见,可以对评估对象内部布局、室内装饰装修物等情况进行合理假定,并在评估报告"估价假设和限制条件"的"依据不足假设"中予以说明。

第十九条 评估对象状况存在不相一致情形的,应当按照下列方式进行处理,并在评估报告"估价假设和限制条件"的"不相一致假设"中予以说明:

(一)实际用途与登记用途不一致的,一般应当按照登记用途进行评估;人民法院书面要求按照实际用途进行评估的,应当关注由登记用途改变为实际用途所需补缴的土地使用权出让金、相关税费等成本费用,考虑其对评估结果的影响,并提示按照实际用途持续使用可能存在的相应风险;

(二)房屋登记用途与土地登记用途不一致的,应当按照最高最佳利用分析得出的最佳用途进行评估;

(三)实际面积与登记面积不一致的,应当根据人民法院书面明确的面积评估。人民法院不予书面明确的,对实际面积小于登记面积的,按照实际面积评估;对实际面积超出登记面积的部分,按照本意见第二十六条的规定评估。

第二十条 评估对象由多宗房地产组合而成,或者为大宗房地产但可分割为若干小宗独立处置的,应当向人民法院征询评估对象是整体处置还是分别或者分割处置,并考虑不同处置方式对评估结果的影响,不应当低估整体处置方式的减价影响。

第二十一条 评估对象为某宗房地产的部分或者局部的，应当关注评估对象的独立使用和交易的受限情况，充分考虑评估对象所在整宗房地产的其他部分对评估对象价值的影响，不应当低估相关减价影响。

第二十二条 评估对象为在建工程且可以独立续建的，采用假设开发法评估时，应当选择被迫转让开发前提，充分考虑转让税费、重复投入的成本费用、开发期限延长等因素；采用成本法评估时，应当充分考虑被迫转让、各类折旧等因素所导致的价值减损。

评估中还应当关注评估对象是否存在已预售情况，已预售部分一般不列入评估对象的财产范围；人民法院书面明确需列入评估对象财产范围的，应当充分考虑已预售部分对评估结果的影响。

第二十三条 评估对象为在建工程中的部分房地产、且不能独立续建的，按照下列方式处理：

（一）人民法院要求评估该部分的现状价值的，应当根据在建工程整体的形象进度，采用假设开发法和成本法评估；采用假设开发法评估时，应当选择被迫转让开发前提，充分考虑转让税费、重复投入的成本费用、开发期限延长等因素的影响；采用成本法评估时，应当充分考虑被迫转让、各类折旧等因素所导致的价值减损；

（二）人民法院要求评估该部分的期房预售价值的，应当参照类似预售房屋的价格进行评估；同时应当充分考虑查封、所在项目开发建设手续完备程度、所在在建工程整体形象进度、以及是否取得预售许可、能否按期竣工交付等因素所导致的价值减损。

第二十四条 评估对象为未竣工交付的预购商品房的，宜参照类似预售商品房的价格进行评估，也可以参照类似存量房的价格进行评估，并考虑查封、可能延期交付等风险因素所导致的评估对象价值减损；买受人按照商品房预售合同约定未付清全部房价款，人民法院书面明确未付房价款由买受人承担的，评估结果应当扣除商品房预售合同约定的未付房价款。

第二十五条 评估对象为共有产权住房、经济适用住房、安置住房等保障性住房的，评估时应当关注并恰当考虑该类房地产的交易限制、交易主体限制、交易费用增加、转移登记限制等对评估结果的影响。

第二十六条 人民法院书面明确为违法占地、违法建设、超过批准期限的临时建筑等违法房地产的，不应当列入评估对象财产范围。

未经登记或者缺乏合法建造证明，未依法认定为违法房地产的，应当根

据评估对象的具体情况,恰当选择下列方式之一进行评估:

(一)评估对象依法可以登记但未办理登记的,经书面征询人民法院同意,可以按照已登记房地产进行评估;评估结果应当为扣除办理登记需要发生的相关费用后的余额,并在评估报告中进行相应说明;

(二)评估对象补充完善相关手续后可以办理登记的,经书面征询人民法院同意,可以按照已登记房地产进行评估;评估结果应当为扣除补充完善相关手续、办理登记需要发生的相关费用后的余额,并在评估报告中进行相应说明。

(三)评估对象依法不予办理登记的,应当充分考虑无法办理登记对评估结果的影响,并在评估报告中进行相应说明。

第二十七条　评估对象的土地为集体土地的,应当根据人民法院查明的集体土地使用权的类型、取得方式、使用期限等权益状况,结合国家和地方集体土地流转等相关规定合理评估,并在评估报告"估价假设和限制条件"的"一般假设"中对买受人具备相关资格等情况作出假定。

第二十八条　评估对象包含房地产和其他财产的,评估报告中应当分别列示房地产和其他财产的评估结果。

评估对象包含两宗及以上房地产,或者大宗房地产分割为小宗处置的,评估报告中应当分别列示各宗房地产的评估结果。

第二十九条　评估报告使用期限或者评估结果有效期自评估报告出具之日起计算,最长不得超过一年。

第三十条　评估报告应当作出下列评估报告和评估结果使用的特别提示:

(一)应当按照法律规定和评估报告载明的用途、使用人、使用期限等使用范围使用评估报告。否则,房地产估价机构和注册房地产估价师依法不承担责任;

(二)评估结果仅为人民法院确定财产处置参考价服务,不是评估对象处置可实现的成交价格,也不应当被视为对评估对象处置成交价格的保证;

(三)财产拍卖或者变卖之日与价值时点不一致,可能导致评估结果对应的评估对象状况、房地产市场状况、欠缴税费状况等与财产拍卖或者变卖时的相应状况不一致,发生明显变化的,评估结果应当进行相应调整后才可使用;

(四)在评估报告使用期限或者评估结果有效期内,评估报告或者评估

结果未使用之前,如果评估对象状况或者房地产市场状况发生明显变化的,评估结果应当进行相应调整后才可使用;

(五)当事人、利害关系人收到评估报告后五日内可对评估报告的参照标准、计算方法或者评估结果等向人民法院提出书面异议;当事人、利害关系人对评估机构作出的说明仍有异议的,可以提请人民法院委托评估行业组织进行专业技术评审。

第三十一条 涉执房地产处置司法评估的评估报告名称,宜为"涉执房地产处置司法评估报告"。

评估报告应当载明评估对象的名称、坐落、范围、规模、用途、区位状况、实物状况、权益状况、价值类型、价值时点、评估依据(包括评估标准)、评估方法、评估结果及有效期等。

第三十二条 房地产估价机构应当在评估委托书载明的评估完成期限内出具评估报告,并将评估报告和预计需要收取的评估费交纳通知书一并提交人民法院。

第三十三条 当事人、利害关系人对评估报告的参照标准、计算方法或者评估结果等提出书面异议,人民法院要求房地产估价机构予以书面说明的,房地产估价机构应当根据书面异议的具体内容,有针对性地及时作出书面说明,并自收到人民法院通知之日起五日内提交人民法院。

第三十四条 本意见对涉执房地产处置司法评估未作规定的事项,按照《最高人民法院关于人民法院确定财产处置参考价若干问题的规定》《人民法院委托评估工作规范》以及《房地产估价规范》等相关规定执行。

第三十五条 本意见由中国房地产估价师与房地产经纪人学会负责解释。

第三十六条 本意见自2021年9月1日起施行。

【指导案例】

1. 指导案例35号:广东龙正投资发展有限公司与广东景茂拍卖行有限公司委托拍卖执行复议案(最高人民法院审判委员会讨论通过,2014年12月18日发布)

关键词 民事诉讼 执行复议 委托拍卖 恶意串通 拍卖无效

裁判要点

拍卖行与买受人有关联关系,拍卖行为存在以下情形,损害与标的物相关权利人合法权益的,人民法院可以视为拍卖行与买受人恶意串通,依法裁定该拍卖无效:(1)拍卖过程中没有其他无关联关系的竞买人参与竞买,或者虽有其他竞买人参与竞买,但未进行充分竞价的;(2)拍卖标的物的评估价明显低于实际价格,仍以该评估价成交的。

相关法条

《中华人民共和国民法通则》第五十八条①

《中华人民共和国拍卖法》第六十五条

基本案情

广州白云荔发实业公司(以下简称荔发公司)与广州广丰房产建设有限公司(以下简称广丰公司)、广州银丰房地产有限公司(以下简称银丰公司)、广州金汇房产建设有限公司(以下简称金汇公司)非法借贷纠纷一案,广东省高级人民法院(以下简称广东高院)于 1997 年 5 月 20 日作出(1996)粤法经一初字第 4 号民事判决,判令广丰公司、银丰公司共同清偿荔发公司借款 160647776.07 元及利息,金汇公司承担连带赔偿责任。

广东高院在执行前述判决过程中,于 1998 年 2 月 11 日裁定查封了广丰公司名下的广丰大厦未售出部分,面积 18851.86m²。次日,委托广东景茂拍卖行有限公司(以下简称景茂拍卖行)进行拍卖。同年 6 月,该院委托的广东粤财房地产评估所出具评估报告,结论为:广丰大厦该部分物业在 1998 年 6 月 12 日的拍卖价格为 102493594 元。后该案因故暂停处置。

2001 年初,广东高院重新启动处置程序,于同年 4 月 4 日委托景茂拍卖行对广丰大厦整栋进行拍卖。同年 11 月初,广东高院在报纸上刊登拟拍卖整栋广丰大厦的公告,要求涉及广丰大厦的所有权利人或购房业主,于 2001 年 11 月 30 日前向景茂拍卖行申报权利和登记,待广东高院处理。根据公告要求,向景茂拍卖行申报的权利有申请交付广丰大厦预售房屋、回迁房屋和申请返还购房款、工程款、银行借款等,金额高达 15 亿多元,其中,购房人缴纳的购房款逾 2 亿元。

2003 年 8 月 26 日,广东高院委托广东财兴资产评估有限公司(即原广东粤财房地产评估所)对广丰大厦整栋进行评估。同年 9 月 10 日,该所出具

---

① 《民法典》施行后,关于恶意串通行为无效的规定在第 154 条。

评估报告,结论为:整栋广丰大厦(用地面积 3009m^2,建筑面积 34840m^2)市值为 3445 万元,建议拍卖保留价为市值的 70%即 2412 万元。同年 10 月 17 日,景茂拍卖行以 2412 万元将广丰大厦整栋拍卖给广东龙正投资发展有限公司(以下简称龙正公司)。广东高院于同年 10 月 28 日作出(1997)粤高法执字第 7 号民事裁定,确认将广丰大厦整栋以 2412 万元转给龙正公司所有。2004 年 1 月 5 日,该院向广州市国土房管部门发出协助执行通知书,要求将广丰大厦整栋产权过户给买受人龙正公司,并声明原广丰大厦的所有权利人,包括购房人、受让人、抵押权人、被拆迁人或拆迁户等的权益,由该院依法处理。龙正公司取得广丰大厦后,在原主体框架结构基础上继续投入资金进行续建,续建完成后更名为“时代国际大厦”。

2011 年 6 月 2 日,广东高院根据有关部门的意见对该案复查后,作出(1997)粤高法执字第 7-1 号执行裁定,认定景茂拍卖行和买受人龙正公司的股东系亲属,存在关联关系。广丰大厦两次评估价格差额巨大,第一次评估了广丰大厦约一半面积的房产,第二次评估了该大厦整栋房产,但第二次评估价格仅为第一次评估价格的 35%,即使考虑市场变化因素,其价格变化也明显不正常。根据景茂拍卖行报告,拍卖时有三个竞买人参加竞买,另外两个竞买人均未举牌竞价,龙正公司因而一次举牌即以起拍价 2412 万元竞买成功。但经该院协调有关司法机关无法找到该二人,后书面通知景茂拍卖行提供该二人的竞买资料,景茂拍卖行未能按要求提供;景茂拍卖行也未按照《拍卖监督管理暂行办法》第四条“拍卖企业举办拍卖活动,应当于拍卖日前七天内到拍卖活动所在地工商行政管理局备案,……拍卖企业应当在拍卖活动结束后 7 天内,将竞买人名单、身份证明复印件送拍卖活动所在地工商行政管理局备案”的规定,向工商管理部门备案。现有证据不能证实另外两个竞买人参加了竞买。综上,可以认定拍卖人景茂拍卖行和竞买人龙正公司在拍卖广丰大厦中存在恶意串通行为,导致广丰大厦拍卖不能公平竞价、损害了购房人和其他债权人的利益。根据《中华人民共和国民法通则》(以下简称《民法通则》)第五十八条、《中华人民共和国拍卖法》(以下简称《拍卖法》)第六十五条的规定,裁定拍卖无效,撤销该院 2003 年 10 月 28 日作出的(1997)粤高法执字第 7 号民事裁定。对此,买受人龙正公司和景茂拍卖行分别向广东高院提出异议。

龙正公司和景茂拍卖行异议被驳回后,又向最高人民法院申请复议。主要复议理由为:对广丰大厦前后两次评估的价值相差巨大的原因存在合理性,评估结果与拍卖行和买受人无关;拍卖保留价也是根据当时实际情况决定的,拍卖成交价是当时市场客观因素造成的;景茂拍卖行不能提供另外两名竞买人的资料,不违反《拍卖法》第五十四条第二款关于“拍卖资料保管期限自委托拍卖合同终止之日起计算,不得少于五年”的规定;拍卖广丰大厦的拍卖过程公开、合法,拍卖前曾四次在报纸上刊出拍卖公告,法律没有禁止拍卖行股东亲属的公司参与竞买。故不存在拍卖行与买受人恶意串通、损害购房人和其他债权人利益的事实。广东高院推定竞买人与拍卖行存在恶意串通行为是错误的。

裁判结果

广东高院于2011年10月9日作出(2011)粤高法执异字第1号执行裁定:维持(1997)粤高法执字第7-1号执行裁定意见,驳回异议。裁定送达后,龙正公司和景茂拍卖行向最高人民法院申请复议。最高人民法院于2012年6月15日作出(2012)执复字第6号执行裁定:驳回龙正公司和景茂拍卖行的复议请求。

裁判理由

最高人民法院认为:受人民法院委托进行的拍卖属于司法强制拍卖,其与公民、法人和其他组织自行委托拍卖机构进行的拍卖不同,人民法院有权对拍卖程序及拍卖结果的合法性进行审查。因此,即使拍卖已经成交,人民法院发现其所委托的拍卖行为违法,仍可以根据《民法通则》第五十八条、《拍卖法》第六十五条等法律规定,对在拍卖过程中恶意串通,导致拍卖不能公平竞价、损害他人合法权益的,裁定该拍卖无效。

买受人在拍卖过程中与拍卖机构是否存在恶意串通,应从拍卖过程、拍卖结果等方面综合考察。如果买受人与拍卖机构存在关联关系,拍卖过程没有进行充分竞价,而买受人和拍卖机构明知标的物评估价和成交价明显过低,仍以该低价成交,损害标的物相关权利人合法权益的,可以认定双方存在恶意串通。

本案中,在景茂拍卖行与买受人之间因股东的亲属关系而存在关联关系的情况下,除非能够证明拍卖过程中有其他无关联关系的竞买人参与竞买,且进行了充分的竞价,否则可以推定景茂拍卖行与买受人之间存在串通。该竞价充分的举证责任应由景茂拍卖行和与其有关联关系的买受人承担。2003年拍卖结束后,景茂拍卖行给广东高院的拍卖报告中指出,还有另外两个自然人参加竞买,现场没有举牌竞价,拍卖中仅一次叫价即以保留价成交,并无竞价。而买受人龙正公司和景茂拍卖行不能提供其他两个竞买人的情况。经审核,其复议中提供的向工商管理部门备案的材料中,并无另外两个竞买人参加竞买的资料。拍卖资料经过了保存期,不是其不能提供竞买人情况的理由。据此,不能认定有其他竞买人参加了竞买,可以认定景茂拍卖行与买受人龙正公司之间存在串通行为。

鉴于本案拍卖系直接以评估机构确定的市场价的70%之保留价成交的,故评估价是否合理对于拍卖结果是否公正合理有直接关系。之前对一半房产的评估价已达一亿多元,但是本次对全部房产的评估价格却只有原来一半房产评估价格的35%。拍卖行明知价格过低,却通过亲属来购买房产,未经多轮竞价,严重侵犯了他人的利益。拍卖整个楼的价格与评估部分房产时的价格相差悬殊,拍卖行和买受人的解释不能让人信服,可以认定两者间存在恶意串通。同时,与广丰大厦相关的权利有申请交付广丰大厦预售房屋、回迁房屋和申请返还购房款、工程款、银行借款等,总额达15亿多元,仅购房人登记所交购房款即超过2亿元。而本案拍卖价款仅为2412万元,对于没有优先受偿权的本案申请执行人毫无利益可言,明显属于无益拍卖。鉴于景茂拍卖行负责接受与广丰大厦相关的权利的申报工作,且买受人与其存在关联关系,可认定景茂拍卖行与买受人对上述问题也应属明知。因此,对于此案拍卖导致与广丰大厦相关的权利人的权益受侵害,景茂拍卖行与买受人龙正公司之间构成恶意串通。

综上,广东高院认定拍卖人景茂拍卖行和买受人龙正公司在拍卖广丰大厦中存在恶意串通行为,导致广丰大厦拍卖不能公平竞价、损害了购房人和其他债权人的利益,是正确的。故(1997)粤高法执字第7-1号及(2011)粤高法执异字第1号执行裁定并无不当,景茂拍卖行与龙正公司申请复议的理由不能成立。

2. 指导案例125号:陈载果与刘荣坤、广东省汕头渔业用品进出口公司等申请撤销拍卖执行监督案(最高人民法院审判委员会讨论通过,2019年12月24日发布)

关键词 执行 执行监督 司法拍卖 网络司法拍卖 强制执行措施

裁判要点

网络司法拍卖是人民法院通过互联网拍卖平台进行的司法拍卖,属于强制执行措施。人民法院对网络司法拍卖中产生的争议,应当适用民事诉讼法及相关司法解释的规定处理。

相关法条

《中华人民共和国民事诉讼法》第 204 条①

基本案情

广东省汕头市中级人民法院(以下简称汕头中院)在执行申请执行人刘荣坤与被执行人广东省汕头渔业用品进出口公司等借款合同纠纷一案中,于 2016 年 4 月 25 日通过淘宝网司法拍卖网络平台拍卖被执行人所有的位于汕头市升平区永泰路 145 号 13-1 地号地块的土地使用权,申诉人陈载果先后出价 5 次,最后一次于 2016 年 4 月 26 日 10 时 17 分 26 秒出价 5282360.00 元确认成交,成交后陈载果未缴交尚欠拍卖款。

2016 年 8 月 3 日,陈载果向汕头中院提出执行异议,认为拍卖过程一些环节未适用拍卖法等相关法律规定,请求撤销拍卖,退还保证金 23 万元。

裁判结果

广东省汕头市中级人民法院于 2016 年 9 月 18 日作出(2016)粤 05 执异 38 号执行裁定,驳回陈载果的异议。陈载果不服,向广东省高级人民法院申请复议。广东省高级人民法院于 2016 年 12 月 12 日作出(2016)粤执复字 243 号执行裁定,驳回陈载果的复议申请,维持汕头市中级人民法院(2016)粤 05 执异 38 号执行裁定。申诉人陈载果不服,向最高人民法院申诉。最高人民法院于 2017 年 9 月 2 日作出(2017)最高法执监 250 号,驳回申诉人陈载果的申诉请求。

裁判理由

最高人民法院认为:

一、关于对网络司法拍卖的法律调整问题

根据《中华人民共和国拍卖法》规定,拍卖法适用于中华人民共和国境内拍卖企业进行的拍卖活动,调整的是拍卖人、委托人、竞买人、买受人等平等主体之间的权利义务关系。拍卖人接受委托人委托对拍卖标的进行拍卖,是拍卖人和委托人之间"合意"的结果,该委托拍卖系合同关系,属于私法范畴。人民法院司法拍卖是人民法院依法行使强制执行权,就查封、扣押、冻结的财产强制进行拍卖变价进而清偿债务的强制执行行为,其本质上属于司法行为,具有公法性质。该强制执行权并非来自于当事人的授权,无须征得当

---

① 2021 年《民事诉讼法》第四次修正后调整为第 234 条。

事人的同意,也不以当事人的意志为转移,而是基于法律赋予的人民法院的强制执行权,即来源于民事诉讼法及相关司法解释的规定。即便是在传统的司法拍卖中,人民法院委托拍卖企业进行拍卖活动,该拍卖企业与人民法院之间也不是平等关系,该拍卖企业的拍卖活动只能在人民法院的授权范围内进行。因此,人民法院在司法拍卖中应适用民事诉讼法及相关司法解释对人民法院强制执行的规定。网络司法拍卖是人民法院司法拍卖的一种优选方式,亦应适用民事诉讼法及相关司法解释对人民法院强制执行的规定。

二、关于本项网络司法拍卖行为是否存在违法违规情形问题

在网络司法拍卖中,竞价过程、竞买号、竞价时间、是否成交等均在交易平台展示,该展示具有一定的公示效力,对竞买人具有拘束力。该项内容从申诉人提供的竞买记录也可得到证实。且在本项网络司法拍卖时,民事诉讼法及相关司法解释均没有规定网络司法拍卖成交后必须签订成交确认书。因此,申诉人称未签订成交确认书、不能确定权利义务关系的主张不能得到支持。

关于申诉人提出的竞买号牌 A7822 与 J8809 蓄谋潜入竞买场合恶意串通,该标的物从底价 230 万抬至 530 万,事后经过查证号牌 A7822 竞买人是该标的物委托拍卖人刘荣坤等问题。网络司法拍卖是人民法院依法通过互联网拍卖平台,以网络电子竞价方式公开处置财产,本质上属于人民法院"自主拍卖",不存在委托拍卖人的问题。《最高人民法院关于人民法院民事执行中拍卖、变卖财产的规定》第十五条①第二款明确规定申请执行人、被执行人可以参加竞买,作为申请执行人刘荣坤只要满足网络司法拍卖的资格条件即可以参加竞买。在网络司法拍卖中,即竞买人是否加价竞买、是否放弃竞买、何时加价竞买、何时放弃竞买完全取决于竞买人对拍卖标的物的价值认识。从申诉人提供的竞买记录看,申诉人在 2016 年 4 月 26 日 9 时 40 分 53 秒出价 2377360 元后,在竞买人叫价达到 5182360 元时,分别在 2016 年 4 月 26 日 10 时 01 分 16 秒、10 时 05 分 10 秒、10 时 08 分 29 秒、10 时 17 分 26 秒加价竞买,足以认定申诉人对于自身的加价竞买行为有清醒的判断。以竞买号牌 A7822 与 J8809 连续多次加价竞买就认定该两位竞买人系蓄谋潜入竞买场合恶意串通理据不足,不予支持。

---

① 2020 年修正后调整为第 12 条。

【判旨撷要】

（一）评估

1. 许继文与内蒙古三江房地产开发有限公司抵押借款合同纠纷执行复议案［（2014）执复字第16号］

要旨：资产评估是由评估机构为了特定目的，遵循适用的评估原则，按照法定程序，综合运用相关专业技能，对特定资产的价值进行估算的过程，具有较强的专业技术性。执行程序中拍卖的目的是尽快实现申请执行人的债权，对拍卖财产进行评估，只是辅助执行法院确定拍卖保留价的手段，评估价格并不是最终的交易价格，最终成交价格仍需经由市场检验。被执行人如认为评估价过低，亦可在拍卖前履行生效法律文书确定的义务或者参与竞买。因此，评估结果出具后，没有法定理由，不应启动重新评估。依据《拍卖变卖规定》第6条（2020年修正已删除）的规定，只有当事人或者其他利害关系人有证据证明评估机构、评估人员不具备相应的评估资质或者评估程序严重违法的，才符合申请重新评估的条件。

2. 中国信达资产管理公司重庆市分公司与重庆康信置业有限公司、重庆金岛置业有限公司、重庆中侨置业有限公司信用证垫款纠纷执行复议案［（2016）最高法执复20号］

要旨：评估报告仅是启动拍卖时确定保留价的参考，第二次拍卖是根据前次拍卖的竞价情况决定保留价，并不受评估报告有效期的影响。涉案股权第二次拍卖在第一次保留价的基础上下浮10%作为保留价，其真实价值也已在第二次拍卖中得到了市场检验，最终以高于第二次保留价10万元的价格成交，也表明了评估价格并不低于涉案股权经拍卖检验的市场价格。

3. 林啟明与莆田市中宏房地产开发有限公司、福建省中通恒基投资有限公司、北京中通恒基投资集团有限公司、王志勇、陈继阳、王子龙借款纠纷执行申诉案［（2017）最高法执监231号］

要旨：对拍卖标的物进行评估是辅助人民法院确定拍卖保留价的手段，具有较强的专业技术性，需由法院委托专门的具有相应资质的评估机构进行评估。根据《拍卖变卖规定》第6条（2020年修正已删除）的规定，人民法院对于评估报告异议,重点针对评估机构、评估人员是否具备相应的评估资质以及评估程序是否严重违法进行审查。关于评估机构超出法院规定期限作出《估价报告》,若无正当理由,法院可以解除委托重新选择,并采取惩戒措施。但若超期作出评估报告,对评估程序及评估结果并无重大影响,不足以认定评估程序严重违法,法院并不准许重新评估。

4. 中国华融资产管理股份有限公司甘肃省分公司与甘肃华屹置业有限公司、福建海峡两岸农产品物流城发展有限公司、洪洁婷等合同纠纷执行复议案[(2018)最高法执复87号]

要旨:2004年施行的《拍卖变卖规定》第5条(2020年修正已删除)确曾规定:“评估机构由当事人协商一致后经人民法院审查确定;协商不成的,从负责执行的人民法院或者被执行人财产所在地的人民法院确定的评估机构名册中,采取随机的方式确定……”但于2011年施行的《2011委托评估拍卖规定》第3条规定:“人民法院采用随机方式确定评估、拍卖机构”,据此,人民法院确定评估机构这一环节的关键在于须采用随机方式,而当事人协商已并非确定评估机构的前置环节,本案评估行为系发生在2017年,应当依照《2011委托评估拍卖规定》第3条来确定评估机构,故甘肃高院通过人民法院诉讼资产网采用网络摇号方式随机选定评估机构并无不当。

5. 中外运国际贸易有限公司与北京安捷联科技发展有限公司、北京晓松房地产开发有限公司进出口代理合同纠纷执行申诉案[(2018)最高法执监660号]

要旨:依据《2009委托评估拍卖变卖规定》第9条的规定,人民法院选择评估、拍卖机构,应当提前通知各方当事人到场;当事人不到场的,人民法院可将选择机构的情况,以书面形式送达当事人。执行法院未提前通知双方当事人到场,程序上确实存在不完备的情形,依法应予纠正,但该程序上的不完备,并不必然产生影响法院随机选择评估机构效果的效力,除非当事人提出充足证据证明未通知当事人到场产生了影响评估结果公正的后果,否则一般不宜以此为由重新进行评估。

【注释】关于评估问题,最高人民法院出台过多个司法解释予以规范。《2009委托评估拍卖变卖规定》为解决评估、拍卖环节的寻租问题,特别强调要确保过程的公开公正,为此设置了相当多的程序性要求。近年来,随着信息化的发展，网络评估、拍卖逐步成为司法实践的常态，此前很多的程序性要求已经丧失实际价值。因此，最高人民法院对于实践中违反上述程序性要求的执行行为，往往秉持如下态度：一方面，由于执行行为确实与现行有效的司法解释要求不符，因此承认其存在程序瑕疵。另一方面，如果仅因程序瑕疵就一概重新评估或者拍卖，无疑将损害司法效率，并导致最终结果上的不公正。因此，除非程序瑕疵将导致实质不公的结果，否则一般不支持重新评估或者拍卖的请求。

最高人民法院在(2015)执申字第 36 号执行裁定中认为，即使人民法院未通知被执行人到场选择评估机构或者告知其评估机构选择情况，亦仅是程序上的瑕疵，并未严重损害被执行人的诉讼权利，不构成严重违法，不能因该程序瑕疵而允许重新评估。

6. 利害关系人柏延齐就张忠显与齐齐哈尔市华虹建筑工程有限责任公司欠款纠纷执行申诉案［(2018)最高法执监 511 号］

要旨：委托评估是人民法院确定财产处置参考价的重要方式之一。为客观反映财产价值，评估报告有效期一般不超过 1 年，即使评估报告未明确有效期，人民法院也应当根据具体情况判断在评估报告作出较长时间之后仍依据评估报告确定财产处置参考价是否公平合理问题。如果拟处置财产价值出现了较大波动或者评估报告超过有效期较长时间，一般宜重新委托评估。

7. 西安润基投资控股有限公司与吉林粮食集团房地产开发有限公司企业借贷纠纷执行复议案［(2019)最高法执复 4 号］

要旨：《处置参考价规定》第 23 条规定，当事人、利害关系人收到评估报告后 5 日内对评估报告的参照标准、计算方法或者评估结果等提出书面异议的，人民法院应当在 3 日内交评估机构予以书面说明。评估机构在 5 日内未作说明或者当事人、利害关系人对作出的说明仍有异议的，人民法院应当交由相关行业协会在指定期限内组织专业技术评审，并根据专业技术评审出具的结论认定评估结果或者责令原评估机构予以补正。但是，本案中，在《处置参考价规定》施行前，陕西高院已经按当时的有关规定完成了对评估机构的选定、委托评估等行为，评估机构亦按照当时的有关规定完成了评估行为，出具了评估报告，因此，当事人认为评估报告存在问题、对评估结果提出异议的，亦应按照当时的有关规定进行审查，而不应适用评估完成之后的财产处置规定。

(二)拍卖

1. 买受人四川美乐集团实业有限公司不服四川省高级人民法院裁定拍卖无效申请监督案[(2011)执监字第106号]

要旨:司法拍卖是执行程序中的一项强制变价措施,属于公法意义上的拍卖,委托人是人民法院,拍卖机构受人民法院委托,协助完成拍卖活动。本案中,四川高院确定拍卖成交款的付款期限为拍卖成交后20日内,不经该院允许,拍卖机构无权予以变更。拍卖人与竞买人在《竞买协议》中约定的付款期限对委托人四川高院没有约束力。司法拍卖的目的是通过公开竞价程序,实现执行标的物的变现价值最大化,从而既保证债权人最大限度地实现债权,又保证债务人的合法利益能够得到维护。因此,只要评估程序和拍卖程序不违反法律规定,执行标的物的信息披露充分,进行公开竞价且竞价充分,拍卖的效力就应当予以维持。至于拍卖机构与竞买人之间约定付款期限无效的法律后果,根据《拍卖变卖规定》第24条(2020年修正为第21条)的规定,人民法院应当责令买受人限期付款。如果买受人不按法院指定的期限付款,法院依法可以根据《拍卖变卖规定》第25条(2020年修正为第22条)规定裁定重新拍卖,但不得以付款期限的约定无效为由认定已完成的拍卖无效。

2. 利害关系人青岛利群投资有限公司、青岛利群集团担保投资有限公司就齐商银行股份有限公司与淄博晟欣房地产开发有限公司借款合同纠纷执行申诉案[(2013)执监字第67号]

要旨:本案中,利害关系人的租赁权先于申请执行人抵押权设立,故有权要求买受人继续履行租赁合同,但该权利不应与对租赁物的优先购买权同时行使,否则过分保护了承租人的权益,亦对申请执行人和被执行人的权益造成影响。因此,执行法院应当在拍卖前告知利群公司对优先购买权和继续履行租赁合同的权利择一行使。

3. 青海省创业(集团)有限公司、深圳市通利来实业有限公司不服青海省高级人民法院执行广州正浩实业公司诉同德投资控股有限公司欠款纠纷执行申诉案[(2016)最高法执监266号]

要旨:司法拍卖具有公法性质,人民法院在整个司法拍卖程序中处于监督和主导地位，即使拍卖已成交，拍卖程序终结，当发现拍卖活动违法时，人民法院仍有权对拍卖裁定予以撤销或变更，维护当事人合法权益。根据《最高人民法院关于人民法院发现本院作出的诉前保全裁定和在执行程序中作出的裁定确有错误以及人民检察院对人民法院作出的诉前保全裁定提出抗诉人民法院应当如何处理的批复》的规定，人民法院发现执行程序中作出的裁定确有错误的，可以依法启动监督程序予以纠正。

4. 孙俊岗、山东省临朐县华龙园林工程有限公司与山东省胶州市李哥庄镇人民政府、胶州市大沽河农科园有限公司建设工程合同纠纷执行申诉案［（2016）最高法执监 277 号］

要旨：司法拍卖不同于普通民事拍卖，受委托拍卖机构的拍卖行为性质上属于司法授权行为，其只能在法院授权范围内实施司法拍卖活动，并受执行法院监督。因此，对于司法拍卖而言，即使签订了拍卖成交确认书，只要执行法院没有送达拍卖成交裁定，强制拍卖程序就没有结束，竞买人就不能办理过户手续，也就不会发生财产权利转移的效力。

5. 利害关系人万雨尘就南昌市第四建筑工程有限公司与江西赣鄱置业有限公司、刘健、刘红艳民间借贷纠纷执行复议案［（2017）最高法执复 33 号］

要旨：土地用途性质规划的改变并非导致强制拍卖无效的法定情形，即便发生地块用途性质改变，亦属交易风险的归属问题，并不影响强制拍卖的效力。人民法院的司法拍卖公告，对拍卖物的性质及现状进行客观描述，是竞买人参与竞买活动，判断拍卖物价值的最直接依据。竞买人应当在信任人民法院的拍卖公告的基础上作出理性判断。利害关系人根据其他信息作出涉案土地被变更规划为绿化用地的判断，认为该土地没有商业开发前景，据此在拍卖过程中自行放弃竞拍，是对自身竞拍权利的处分，并非由于拍卖限制其公平竞价所造成，由此更不能得出涉案拍卖违法的结论。

6. 案外人于坤、林静芝就艾志礼与唐山嘉润房地产开发有限公司民间借贷纠纷执行申诉案［（2017）最高法执监 446 号］

要旨：竞拍保证金的作用在于防止竞买人无故不参加竞拍活动或竞拍成功后不履行付款义务，并优先用于弥补竞拍人违约行为给委托人和拍卖人所造成的损失。本案中，在竞买人已实际违约的情况下，管辖法院未顾及竞拍人的行为可能给委托人造成损失，即先行将竞拍保证金扣划并支付给申请执行人，程序上存在瑕疵。

7. 利害关系人李军就华仁建设集团有限公司与天津致远投资集团有限公司企业出售合同纠纷执行复议案［（2018）最高法执复10号］

要旨：公司资产与公司股权不同，股权的权利人是股东，而公司资产的财产权利人是公司而非股东。公司营业执照、公司章程、公司财务报表等资料是公司的资产。本案中，云南高院拍卖的标的是兴棱矿业公司股权，而非兴棱矿业公司资产。李军作为股权的成功竞买人，要求云南高院交付兴棱矿业公司全部资产及经营资料，缺乏法律依据，不予支持。

8. 利害关系人福建省霞浦县大元小额贷款有限责任公司、叶开福等就兴业银行股份有限公司霞浦支行与宁德市华茂食品有限公司金融借款合同纠纷执行申诉案［（2018）最高法执监197号］

要旨：根据《拍卖变卖规定》第25条（2020年修正为第22条）第1款规定，拍卖成交后，买受人逾期未支付价款而使拍卖目的难以实现的，人民法院可以裁定重新拍卖。本案中，买受人迟延付款行为客观存在，但由于买受人确已在一定时间内付清款项，尚不足以判断该逾期付款行为导致拍卖目的难以实现；申诉人亦没有提供充分的证据证实该逾期付款行为导致拍卖目的难以实现。故执行法院未因此裁量撤销拍卖，并无不当。利害关系人认为买受人迟延付款关涉其合法权益，执行法院应当要求买受人承担责任的，可以依法另行向执行法院提出异议。

9. 利害关系人邓富乾不服贵州省高级人民法院拍卖成交裁定申请复议案［（2018）最高法执复23号］

要旨：关于土地使用权人转让土地使用权时，土地承租人是否享有优先购买权的问题，目前的法律法规及司法解释并无明文规定，正常的土地使用权承租人亦并不必然享有优先购买权。而本案中邓富乾承租案涉土地还存在多重法律限制。首先，案涉土地使用权已经通过人民政府征收并登记在被执行人名下，邓富乾并非与该公司形成租赁关系。邓富乾与泥桥村委会签订的租赁合同，是在土地使用权人欠付泥桥村部分征地补偿费的情况下，泥桥村委会以弥补损失为目的所为。该种租赁关系只应在上述目的范围内才具有有限的可容忍性,并不能与土地使用权人的出租一样具有完全的合法地位。其次,案涉土地使用权均已抵押给相关债权人银行。根据《物权法》(已废止)第190条的规定,抵押权设立后抵押财产出租的,该租赁关系不得对抗已登记的抵押权。因此,即使是被执行人贵州星光公司在抵押后出租土地使用权,人民法院在执行中也并不保护该种租赁关系。最后,涉案土地使用权早已由遵义中院查封,并在土地管理部门办理了查封手续。邓富乾承租案涉土地系在人民法院查封之后,其对查封的情况是否实际知悉并不影响土地使用权查封的效力。根据《查封扣押冻结规定》第26条(2020年修正为第23条)规定,泥桥村委会与邓富乾未经法院准许签订租赁合同,人民法院在处置查封的土地使用权时有权除去其租赁占有。综上,邓富乾与泥桥村委会签订的租赁合同只能在人民法院对查封财产采取处置措施之前,在泥桥村委会与邓富乾之间具有临时意义,而不能在人民法院对土地使用权人的执行程序中得到法律保护。

10. 利害关系人梁大胜就济南农村商业银行股份有限公司与济南广偌恒通商贸有限公司、葛新峰、葛新栋金融借款合同纠纷执行申诉案[(2018)最高法执监394号]

要旨:一般法理认为,优先购买权可以分为物权性质的优先购买权和债权性质的优先购买权两种。共有人的优先购买权是典型的物权性质的优先购买权,而房屋承租人的优先购买权则是典型的债权性质的优先购买权。正是因为房屋承租人享有的是债权性质的优先购买权,当房屋所有人与第三人签订房屋买卖合同、侵害其优先购买权时,其并不能主张该买卖合同无效,但可以主张相应的损害赔偿。《最高人民法院关于审理城镇房屋租赁合同纠纷案件具体应用法律若干问题的解释》第21条(2020年修正已删除)即规定:"出租人出卖租赁房屋未在合理期限内通知承租人或者存在其他侵害承租人优先购买权情形,承租人请求出租人承担赔偿责任的,人民法院应予支持。但请求确认出租人与第三人签订的房屋买卖合同无效的,人民法院不予支持。"参照该条规定精神,在执行程序中,房屋承租人仅以没有接到司法拍卖通知导致其优先购买权受侵害为由,主张拍卖程序无效或要求撤销拍卖的,人民法院亦不应予以支持。

11. 利害关系人北京联创种业有限公司就王军与河南华泰特种电缆集团有限公司、葛生斗、陈梦醒、河南鸽瑞复合材料有限公司民间借贷纠纷执行申诉案[(2019)最高法执监51号]

要旨:即使将司法拍卖比照普通民事交易理解,破产程序中解除合同的权利也应当是有限度的。按照《企业破产法》第18条的规定,管理人有权决定解除的合同,是破产申请受理前成立而债务人和对方当事人均未履行完毕的合同。但对于拍卖成交确认书已经签署、买受人已经履行完毕全部义务的合同,法律并未规定管理人具有单方解除合同的决定权。此种情况下,执行程序中处理破产管理人对执行拍卖的异议,不仅需要考虑破产债权人的利益,也需要考虑平衡保护买受人的利益。虽然司法拍卖成交的标的物所有权自拍卖成交裁定送达买受人时转移,本案拍卖成交裁定的送达在裁定受理破产清算案之前没有完成,但本案买受人已在规定的期限内履行了自己的全部义务,出卖方在拍卖法律关系项下已经没有实质权利,而只有完成成交裁定送达及办理过户手续的义务,移转所有权的拍卖成交裁定的送达,应当是依法必须完成的手续,未在法院裁定受理破产清算前送达,并非买受人的过错,其不应承担不利后果。

从破产程序与执行程序的协调及破产债权人权益维护角度考虑,破产清算程序最根本的问题是保护多数债权人按比例平等受偿的利益。在执行程序中已经将被执行人财产拍卖的,将拍卖所得款项作为破产财产同样可以保护破产债权人的利益。破产程序中处置财产的基本方式也是拍卖,破产拍卖与执行拍卖本质上是一致的,个别执行阶段的拍卖已经实质完成的,在进入破产程序后,也可以视为提前进行的破产拍卖,由执行拍卖程序完成最后的成交裁定送达行为,使执行拍卖的结果得以维持,而将所得款项作为破产财产,是兼顾执行程序与破产程序的有效方式,可以避免因重新启动破产拍卖而增加破产费用,从而影响债权人的受偿数额。

12. 利害关系人杭州银行股份有限公司上海虹口支行就浙江宝业建设集团有限公司与上海金巢实业有限公司建设工程施工合同纠纷执行申诉案[(2019)最高法执监470号]

要旨:《物权法》第146条、第147条①规定,建设用地使用权转让的,附着于该土地上的建筑物、构筑物等一并处分,建筑物、构筑物等转让的,所占

---

① 《民法典》施行后,相关内容规定在第356条、第357条。

用范围内的建设用地使用权一并处分。因此,即便房地分属不同权利人,在处置程序中,也应遵循一并处分的原则,以使受让人取得完整的土地使用权。本案中,上海二中院基于"房地一体"原则对涉案在建工程及占用范围内的土地使用权进行整体拍卖,符合法律规定。但根据《物权法》第 200 条①规定,"房地一体"应当理解为针对处置环节,而不能将建筑物与土地使用权理解为同一财产。因此,虽然对房地产一并处分,但应当对权利人分别进行保护。根据《合同法》第 286 条②规定精神,建设工程的价款就该工程折价或者拍卖的价款优先受偿。建设工程的价款是施工人投入或者物化到建设工程中的价值体现,法律保护建设工程价款优先受偿权的主要目的是优先保护建设工程劳动者的工资及其他劳动报酬,维护劳动者的合法权益,而劳动者投入到建设工程中的价值及材料成本并未转化到该工程占用范围内的土地使用权中。因此,上海高院和上海二中院以涉案房地产应一并处置为由,认定宝业公司享有的工程款优先受偿权及于涉案土地使用权缺乏法律依据,在对涉案房地产进行整体拍卖后,拍卖款应当由建设工程款优先受偿权人以及土地使用权抵押权人分别优先受偿。

13. 盛京银行股份有限公司沈阳市泰山支行与沈阳天菱机械有限责任公司金融借款合同纠纷执行申诉案[(2019)最高法执监 95 号]

要旨:依照相关法律规定,对于因买受人未补交差价导致重新拍卖的,重新拍卖的价款低于原拍卖价款造成的差价、费用损失及原拍卖中的佣金,由原买受人承担。人民法院可以直接从其预交的保证金中扣除。保证金数额不足的,可以责令原买受人补交;拒不补交的,强制执行。本案中,申诉人主张的因重新拍卖使其多承担的债务利息、土地出让金的滞纳金以及黎明公司占有拆改房产造成的损失,均不属于法律规定的从保证金中扣除的费用,申诉人如认为有损失的,可以依法通过其他途径解决。

14. 穆怀焕与秦皇岛白云泉矿业有限公司、迁安市振昌商贸有限公司、滦县硕鑫铁选厂民间借贷纠纷执行申诉案[(2019)最高法执监 179 号]

要旨:矿产资源依法专属于国家所有,其本身不能成为民事交易以及司

① 《民法典》施行后,相关内容规定在第 417 条。

② 《民法典》施行后,相关内容规定在第 807 条。

法拍卖的标的物。但是,国家一般不会直接对矿产资源从事开发利用活动,通常是通过授予单位或个人以采矿权的方式,由该单位或个人进行具体开采作业。这种采矿权依法可以流转、抵押等,也可以成为司法拍卖的标的物。因此,司法拍卖的标的物只能是采矿权,而不可能是矿产资源本身。根据《国土资源部关于完善矿产资源开采审批登记管理有关事项的通知》(国土资规〔2017〕16 号)第 7 条规定,采矿权申请人原则上应当为营利法人。由此可知,第一,采矿权申请人或受让人并非必须为营利法人,相关政策并未完全排除其他类主体作为采矿权申请人或受让人;第二,人民法院将采矿权拍卖或裁定给他人的,受让人应当向登记机关申请变更登记。而能否成功取得变更登记,则要看该受让人是否具备取得条件。故采矿权受让人的相关资质问题,将主要决定该受让人能否成功在国土资源主管部门取得变更登记,而非决定其是否有资格参加司法拍卖的竞买。

15. 包宗检、方琳与广西联壮科技股份有限公司股权转让纠纷执行复议案[(2019)最高法执复 37 号]

要旨:《拍卖变卖规定》第 28 条(2020 年修正为第 25 条)第 2 款规定,人民法院处置财产,变卖不成且申请执行人、其他执行债权人仍不表示接受该财产抵债的,应当解除查封、冻结,将该财产退还被执行人,但对该财产可以采取其他执行措施的除外。该规定中的其他执行措施,包括执行法院可以根据市场的具体情况,在不存在过分拖延程序,损害被执行人合法权益的前提下,及时重新启动评估、拍卖程序。因此,在案涉股权经两次网络司法拍卖均流拍、经变卖仍未成交,且申请执行人拒绝接受抵债的情形下,根据市场价格变化,重新启动评估、拍卖程序,以实现案涉股权的公平变价,并未违反相关司法解释的禁止性规定。

16. 买受人廊坊市恒鼎置业房地产开发有限公司就贾永泽与廊坊市展诚房地产开发有限公司民间借贷纠纷执行申诉案[(2019)最高法执监 443 号]

要旨:司法拍卖的主要目的是通过拍卖,公平确定拍卖物价值,以便及时有效实现债权,以及不使债务人因拍卖物变价价值低于实际价值而遭受利益损害。本案中,关于支付方式,买受人不将拍卖款全部转入河北省产权交易中心,而是直接向申请执行人支付拍卖款余款,其支付方式仅发生了从统一向法院或拍卖机构先行支付到直接向申请执行人支付的变化,对拍卖物价值公平变现以及债权及时受偿并无影响，且已经申请执行人和执行法院同意，并不违反有关司法拍卖的强制性规定。

拍卖期限经由拍卖公告确定后，买受人应按照公告确定的期限支付拍卖款，在无法定理由的情况下，即使是人民法院也不应随意以指定方式变更付款期限。其根本原因在于支付拍卖款的期限对于申请执行人债权实现影响重大，直接关系司法拍卖目的之实现，同时，支付拍卖款的期限是参与竞买的一个竞争条件，如果允许竞得人延期支付拍卖款，将在事实上形成对其他竞买人的不公平竞争。本案中，买受人未按拍卖公告确定期限支付完毕拍卖款，已构成迟延支付。但其随后陆续以汇款、转账等方式向申请执行人付清了拍卖款，申请执行人的债权得到清偿，且申请执行人对于该延期并未提出异议，可以认为拍卖款的支付并未损害申请执行人权益；而债务人亦未举证证明存在因延期付款导致拍卖物变现价值过低或其他损害其合法权益的情形，因此，可以认为案涉拍卖的主要目的已经实现，不能以《拍卖变卖规定》第 25 条（2020 年修正为第 22 条）第 1 款的规定重新拍卖。如果其他竞买人认为买受人迟延支付拍卖款在实质上损害了其合法权益，其可以通过法定途径向买受人主张损害赔偿。

17. 利害关系人王玉群就国泰世华商业银行股份有限公司青岛分行与青岛金瑞联海洋生物科技有限公司等金融借款合同纠纷执行复议案［（2019）最高法执监 303 号］

要旨：根据《合同法》（已废止）第 212 条、《物权法》（已废止）第 190 条、《异议复议规定》第 31 条规定，不动产承租人基于租赁关系享有的主要权利包括对其承租的不动产的占有、使用、收益权利及同等条件下的优先购买权。其中，订立抵押合同前已取得出租财产的承租人、人民法院查封前已签订合法有效的书面租赁合同且占有使用其承租的不动产的承租人有权基于租赁关系继续占有、使用该出租标的。本案中，即使王玉群系案涉房产的承租人，其基于在先的租赁关系，也仅能主张阻却对案涉房产的交付及同等条件下的优先购买权，而不能主张阻却人民法院对案涉房产的评估、拍卖行为。若王玉群确系案涉房产的承租人，且其认为执行法院在执行过程中，存在损害其作为承租人所享有的权利的情况，如因要求其腾退案涉房产而影响其占有使用的权利、同等条件的优先购买权等，可依据《民事诉讼法》第 227 条（2021 年修正为第 234 条）向执行法院提出案外人异议。

18. 兴业银行股份有限公司霞浦支行与宁德市华茂食品有限公司、鲍宗福、郑晓斌金融借款合同纠纷执行申诉案[(2020)最高法执监180号]

要旨:《网拍规定》第31条第1项规定,由于拍卖财产的文字说明、视频或者照片展示以及瑕疵说明严重失实,致使买受人产生重大误解,购买目的无法实现,当事人、利害关系人提出异议请求撤销网络司法拍卖的,人民法院应当支持,但拍卖时的技术水平不能发现或者已经就相关瑕疵以及责任承担予以公示说明的除外。上述规定针对的是对拍卖财产自身特征的说明存在错误导致买受人产生重大误解,购买目的无法实现的情形。本案宁德中院在《竞买公告》和《竞买须知》中所载明的竞买时间不一致,并非是关于拍卖财产自身特征的说明存在错误,不适用《网拍规定》第31条第1项的规定。《网拍规定》第31条第6项规定,具有"其他严重违反网络司法拍卖程序且损害当事人或者竞买人利益的情形"的,人民法院应当支持当事人、利害关系人提出的撤销网络司法拍卖的异议请求。宁德中院在《竞买公告》和《竞买须知》中载明的竞买时间不一致,但淘宝网拍卖平台的搜索界面以及拍卖首页公示的开拍时间、结束时间、开拍提醒、倒计时及拍卖订阅提醒的设置均与法院挂网拍卖的真实时间相一致,也与《竞买须知》确定的拍卖时间一致。竞买人通过淘宝网的上述公开内容可以轻易知晓本次拍卖的正确拍卖时间。若竞买人对竞拍时间存在疑惑,淘宝拍卖平台设置有在线客服并公示有法院咨询电话,亦可提供咨询服务。而且宁德中院实际挂网拍卖的时间为2017年7月28日10时至2017年7月29日10时,比《竞买公告》中载明的错误时间推后一天,实际上也难以对竞买人及其他有意参与竞买者的竞买决策产生不利影响。因此,宁德中院在拍卖中的上述错误,不能认定为《网拍规定》第31条第6项规定的严重违反拍卖程序且损害当事人或者竞买人利益的情形。

(三)变卖

广西贵港市电缆厂与海南省水利水电物资供销公司购销合同纠纷执行申诉案[(2010)执监字第46号]

要旨:《城市房地产管理法》第44条调整的对象是普通民事主体之间的自主交易行为,而本案涉案土地是人民法院在强制执行程序中对涉案财产的变卖行为,属于公法行为,不需要经过有关政府和土地管理部门的批准。关于处置国有资产要经过国有资产管理部门审批的规定，是国有资产管理人处置国有资产的内部审批程序，亦不能约束人民法院的强制执行行为。人民法院通过司法变卖程序以协议方式转让划拨土地使用权，当事人以未履行转让前置审批程序为由主张转让无效的，不应支持。

【注释】需注意的是，最高人民法院在本案处理意见中认为，人民法院在处置土地使用权以划拨方式取得的房地产时，不受《城市房地产管理法》第 40 条规定的约束，不需要经过有关政府和土地管理部门的批准。此与《国家土地管理局关于人民法院裁定转移土地使用权问题对最高人民法院经〔1997〕18 号函的复函》(〔1997〕国土函字第 96 号)、《最高人民法院关于人民法院执行以划拨方式取得的土地使用权的请示的答复》(〔2005〕执他字第 15 号)的精神并不一致。

(四)以物抵债

1. 浙江省绍兴市春晖实业投资有限公司不服浙江省绍兴市中级人民法院裁定以物抵债提请申诉案[(2009)执监字第 189-1 号]

要旨：在有其他债权人对执行标的主张权利时，执行法院不经拍卖直接依据申请执行人和被执行人的协议裁定以物抵债，很可能导致其他债权人的利益受损。尤其是在被执行人财务状况恶化，可能破产但尚未进入破产程序的情况下，直接进行以物抵债将会面临更大的风险，而执行法院对这种情况潜在的风险可能难以准确把握。因此，执行法院在裁定以物抵债时应当考虑其他执行债权人的利益，特别是在有其他债权人主张权利的情况下，为平衡多方利益，还是应优先通过拍卖的方式，对被执行人财产进行变价处理，并遵循拍卖程序的相关规定，避免损害其他执行债权人利益。当然，在案件只有申请执行人和被执行人双方的情况下，执行法院经双方同意，不经拍卖、变卖，采用以物抵债的方式作出处理，并不存在法律上的障碍；但在有其他执行债权人存在的前提下采用以物抵债的方式办理案件，不仅要经双方当事人同意，还要兼顾其他执行债权人利益，如申请执行人、被执行人及其他执行债权人对采取以物抵债的方式均无异议，执行法院可以不经拍卖、变卖，直接将被执行人的财产作价交申请执行人抵偿债务，对剩余债务，被执行人应当继续清偿。

2. 甘肃三洲实业集团有限公司与中国银行股份有限公司甘肃省分行借款合同纠纷执行复议案［(2010)执复字第 12 号］

要旨:甘肃高院在评估报告有效期满近一年时作出以物抵债裁定,此时评估报告及相应的拍卖保留价已不能准确反映抵债标的物价值,故仍以第三次拍卖保留价抵债不当。抵债裁定与第三次拍卖时间相隔一年多,不符合《拍卖变卖规定》中关于经申请执行人同意而以物抵债规定的精神;在商厦整体评估价远超执行标的额,且可分段评估、分层处置情况下,不应整体拍卖。鉴于被执行人当时对整体评估和拍卖无异议,故整体拍卖并无不当。但整体拍卖流拍后应以大厦整体抵债,才符合经申请执行人同意以物抵债规定的精神。以其中部分楼层抵债,已与原拍卖标的物不同,如被执行人不同意,则应单独评估作价。执行法院将商厦中 2—3 层以整体楼层平均价进行抵债,确属有失公平。如仍处分商厦 2—3 层,应重新评估后依法定程序进行。

3. 中国轻骑集团有限公司与中国长城资产管理公司济南办事处借款担保合同纠纷执行复议案［(2011)执复字第 1 号］

要旨:《城市房地产管理法》第 39 条及《城镇国有土地使用权出让和转让暂行条例》第 44 条、第 45 条关于国有划拨土地使用权的转让需经有批准权的人民政府审批的规定,是对企业自主转让划拨土地使用权的限制,并未限制人民法院依法强制执行。且本案划拨土地使用权是依法为本案债权设定抵押的,该抵押担保已经判决确认合法有效,并明确债权人对该土地使用权折价或拍卖、变卖的价款享有优先受偿权。《最高人民法院关于能否将国有土地使用权折价抵偿给抵押权人问题的批复》中亦明确,在依法以国有土地使用权作抵押的担保纠纷案件中,可以通过拍卖的方式将土地使用权变现。

4. 北京金汇联合投资有限公司与河南佳鑫房地产有限公司借款纠纷执行申诉案［(2011)执监字第 77 号］

要旨:《拍卖变卖规定》第 29 条第 2 款(2020 年修正将原第 1 款、第 2 款合并为第 26 条)规定:“不动产、有登记的特定动产或者其他财产权拍卖成交或者抵债后,该不动产、特定动产的所有权、其他财产权自拍卖成交或者抵债裁定送达买受人或者承受人时起转移。”据此,以物抵债裁定书送达申请执行人时,涉案房产的所有权已依法转移,法院的执行行为已经完毕。申请执行人将债权转让给第三人,其间未经法院的司法审查。第三人仅依据相关的买卖合同申请执行法院撤销原裁定并重新出具协助执行通知书,于法无据。

【注释】当事人之间的债权转让行为未经法院审查,若由法院通过执行裁定直接裁定过户交易标的物,相当于执行法院未经审判即确认和执行了一系列房产买卖合同,不仅涉嫌公权力的滥用,还可能导致当事人借此逃避税收征管等问题。

5. 中国工商银行股份有限公司成都青华路支行与成都市春熙大厦房屋开发公司金融借款合同纠纷执行监督案[(2016)最高法执监172号]

要旨:"经申请执行人和被执行人同意"是法院不经拍卖、变卖程序直接裁定以物抵债的法定要件。只要没有足够的证据证明申请执行人和被执行人在以物抵债裁定作出前,以口头或书面的方式表示同意,就不产生以物抵债的法律效力。以当事人双方在以物抵债裁定后作出的行为不能推定其事前均同意以物抵债的事实。

6. 山西海姿焦化有限公司与山西汇基有色金属有限公司担保追偿权纠纷执行申诉案[(2016)最高法执监191号]

要旨:拍卖过程是对标的物市场价值的检验,一般而言,标的物流拍表示此次拍卖所定的保留价原则上高于标的物的市场价值。因此,如果执行债权人愿意以该价格接受拍卖财产折抵相应数额的债权,既有利于债权的实现,也不会损害被执行人的利益,且最大限度地节省了后期拍卖费用和时间成本。因此司法解释设立了流拍后裁定以物抵债的制度。执行实践中,评估后的标的物市场价值发生较大变化的可能性确实存在。如果标的物的市场价值变化发生于拍卖之前,则该标的物的市场价值可以经过拍卖的充分竞价程序得到检验;如果标的物的市场价值变化发生于流拍之后,不存在通过竞价程序校验标的物市场价值的可能性,再以最后一次拍卖时所定的保留价裁定以物抵债则会显失公平,此时就属于《拍卖变卖规定》中所谓依法不能交付执行债权人抵债的情形。

7. 施维与许惠成抵押还款纠纷执行申诉案[(2017)最高法执监324号]

要旨:本案生效法律文书已对抵债房产过户所需的税费承担规则予以明确。无论之前申请执行人与被执行人对费用作何约定,一旦申请执行人同意以物抵债，且未对该生效裁定提出异议，即可视为申请执行人已经认可并接受该裁定确立的税费承担规则。目前，法律对司法拍卖或流拍后抵债财产过户时产生的税费问题没有明确规定。实践中，人民法院参照民事交易中自主买卖的相关规定确定司法拍卖或抵债双方的税费承担标准较为常见且相对合理。申请执行人接受以物抵债，其法律地位即相当于买受人一方。本案中，法院按照生效法律文书确定的税费承担规则，结合税务机关审核出具的《房地产转让税费征免证明》，最终确定由被执行人承担转让方的税费（包括营业税、城建税、教育费附加、堤围防护费、个人所得税、一部分印花税），由接受抵债的申请执行人承担买受方的税费（契税、另一部分印花税及不动产登记中心登记费、交易服务费）的做法并不违反法律规定。

8. 中国农业银行股份有限公司金安区支行与安徽江淮汽车座椅有限公司、安徽宏大汽车工程塑料有限公司金融借款合同纠纷执行申诉案［（2020）最高法执监253号］

要旨：《拍卖变卖规定》第28条（2020年修正为第25条）第2款的出发点，是在依法及时实现债权与避免执行程序过于冗长而损害被执行人权益之间取得平衡。就避免执行程序过于冗长而损害被执行人权益而言，该款规定主要是从价格和期限两个方面进行了明确：第一，债权人接受以物抵债或者变卖财产的，价格不能低于第三次拍卖的保留价；第二，不能让被执行人的财产一直处于被查封控制状态，如果以物抵债及变卖均不能处置的，应及时退还给被执行人。具体而言，在第三次流拍且债权人拒绝以物抵债的情况下，因为执行法院应当自第三次拍卖终结之日起7日内发出变卖公告，而变卖的最长期限为自公告之日起60日，故在第三次拍卖流拍的情况下，拍卖财产一般最长应在67日内退还给被执行人。

（五）强制管理

宁夏路星物资有限公司与宁夏齐天园公墓有限公司借款纠纷执行复议案［（2015）执复字第42号］

要旨：强制管理属于辅助性的执行措施，其适用的前提是被执行人的财产依法不得拍卖或变卖，或者依照其性质不宜拍卖、变卖。根据强制管理这一执行措施的功能定位，其适用对象主要应限于不动产和船舶、航空器等特定动产,企业经营权等其他财产权原则上不能适用。并且,为使当事人之间的法律关系简单、明晰,方便执行法院监督,也避免在管理过程中产生新的债权债务关系,强制管理一般采取将被执行人不动产和特定动产出租,以收取的租金来清偿债务的方式。人民法院决定采取强制管理措施时,应规定合理的管理期间,期间过长乃至无固定期限均有损被执行人的利益。强制管理过程中,管理人仅是法院履行监管职能的辅助人,执行法院负有监督责任。依照《民事诉讼法意见》(已废止)第 302 条以及《民事诉讼法解释》第 492 条(2022 年修正为第 490 条)的规定,执行法院采取强制管理措施,并非必须以申请执行人提出申请为前提条件,在征得申请执行人同意后,执行法院即可以依职权启动程序。强制管理属于强制执行措施的一种,具有公法性质,执行法院在强制管理程序中应当起到控制与监督的作用,当发现采取强制管理措施已无效果时,执行法院有权依职权终结强制管理。

(六)价款分配

1. 中国农业银行昆明市官渡区支行与云南策裕集团有限公司、昆明策裕经贸有限责任公司、昆明富亨房地产开发经营公司抵押贷款合同纠纷执行申诉案[(2011)执监字第 82 号]

要旨:在执行程序中,抵押权的实现并不以生效法律文书的确认为前提,只要抵押权人对抵押建筑物享有优先受偿权,则优先受偿的范围及于建筑物占有范围内的土地使用权。消防、电梯、配电室等相关配套设施属于房屋的组成部分,无法与房屋其他部分分离。本案金碧商城相关配套设施的所有权已一并转移,官渡支行对金碧商城房产的抵押权应包括相关配套设施在内。

2. 利害关系人河北双维集团有限公司就刘忠利与崔满昌、河北天轩房地产开发有限公司民间借贷纠纷执行申诉案[(2019)最高法执监 359 号]

要旨:建设工程价款优先受偿权是法律赋予建设工程承包人的一项法定优先权,承包人可自行行使,亦可向人民法院或仲裁机构主张权利,在向人民法院主张权利时既可以通过诉讼程序予以主张,亦可在执行程序中提出,人民法院均应予以保护。当承包人在执行程序中提出享有建设工程优先受偿权的主张时,执行法院应予充分关注并先行审查,在拍卖、抵债或者分配程序中依法保护其合法权益。如果其尚未取得建设工程优先受偿权的执行依据,通过审查建设工程施工合同等证据仍无法确定优先受偿权范围的,可以告知承包人尽快通过诉讼程序取得优先受偿权的执行依据。虽然承包人关于优先受偿权的主张并不能阻止执行程序的继续推进,但执行法院在处置该执行标的前,应对承包人的建设工程价款予以预留。

3. 珠海市弘明建材经营有限公司与中山市吉雅房地产开发有限公司、茂名市建筑集团有限公司、张其买卖合同纠纷执行申诉案[(2020)最高法执监41号]

要旨:在债权债务纠纷案件中,依据补充赔偿责任的法律规定,补充赔偿责任人承担责任的基础和前提是主债务人“不能清偿”到期债务。对“不能清偿”如何判断,关系执行中对主债务人与补充赔偿责任人的执行顺位问题。如果主债务人在执行中尚未达到“不能清偿”,则不应对补充赔偿责任人予以执行。参照《担保法司法解释》(已废止)第131条的规定:“本解释所称‘不能清偿’指对债务人的存款、现金、有价证券、成品、半成品、原材料、交通工具等可以执行的动产和其他方便执行的财产执行完毕后,债务仍未能得到清偿的状态。”“不能清偿”不同于“未清偿”,如果对主债务人启动了强制执行程序,对能够执行的财产已经执行完毕,而债务仍未全部得到清偿,才能认为达到了“不能清偿”的状态。此时,补充赔偿责任人的具体执行数额才可确定,执行法院方可启动对承担补充赔偿责任人的执行,以确保债权人的债权能够实现。具体到本案,执行法院通过强制执行查控到主债务人的财产有车辆、房产及执行到位尚未分配的款项。执行中应当首先对该查控到的财产进行变现处置,予以分配。如果分配后不足以清偿债务,才可以确定补充赔偿责任人茂名建筑公司应当承担的财产数额予以执行。

第二百五十五条　【搜查被执行人财产】被执行人不履行法律文书确定的义务，并隐匿财产的，人民法院有权发出搜查令，对被执行人及其住所或者财产隐匿地进行搜查。

采取前款措施，由院长签发搜查令。

规范体系	
司法解释	1.《最高人民法院关于适用〈中华人民共和国民事诉讼法〉的解释》(法释〔2015〕5 号；经法释〔2022〕11 号第二次修正)第 494—498 条 2.《最高人民法院关于民事执行中财产调查若干问题的规定》(法释〔2017〕8 号；经法释〔2020〕21 号修正)第 14 条、第 18 条

【条文释义】

本条是关于搜查被执行人财产的规定。

在司法实践中，某些被执行人明明有财产，却将财产隐藏起来，谎称无钱还债，拒不向人民法院报告自己真实的财产状况，使执行工作难以进行。针对这一情况，《民事诉讼法》规定了对被执行人及其住所或者其他场所的搜查措施，以防止被执行人隐匿、转移财产，保障债权人的合法权益。

根据本条的规定，搜查分为对被执行人的搜查和对被执行人的住所或者财产隐匿地的搜查。对被执行人搜查，是指对被执行人的人身搜查，这是为了防止某些被执行人将财物藏在身上，抗拒人民法院执行。对住所搜查，主要是指对被执行人的户籍所在地和经常居住地搜查，也可以是对被执行人现时所住的地方进行搜查。对财产隐匿地搜查，是指根据线索对隐匿财产的地点进行搜查。如果被执行人是法人或者其他组织的，应当对其经营或者活动的场所及可能隐匿财产的地方进行搜查。

由于搜查是一种严厉的执行措施，涉及当事人的人身自由、名誉、居住等权利，处理不好会侵犯被执行人和其他公民的人身权、财产权和住宅不受侵犯的权利。为了防止不良社会后果的产生，人民法院采取该项措施必须特别慎重,必须由院长签发搜查令方可进行,未经批准不得采取搜查措施。执行员进行搜查时,应当向被执行人及其家属或者有关场所的负责人出示搜查令。搜查令是执行搜查的法律凭证,搜查令应当写明搜查的原因、被搜查人的姓名、职业、住址等。搜查完毕后,执行员应当将执行情况制作笔录,由在场的有关人员签名或者盖章。①

理解与适用本条规定,需要注意把握以下两点:

一、关于搜查的范围。根据本条规定,人民法院搜查的范围包括被执行人人身、被执行人住所以及财产隐匿地。实施搜查必须在规定的范围内进行,对其他人员及其住所均严禁搜查。同时,要明确被执行人的住所及其财产隐匿地的空间、地域范围。对被执行人的住所进行搜查时,也可搜查与被执行人共同生活的其他人员的房间。已分家析产的其他家庭成员虽与被执行人同住一幢住宅,但不能视为被执行人的住所而对其搜查;若藏有被执行人的财产,只能按财产隐匿地进行搜查。由于可作为被执行人财产隐匿地的处所多、范围广,且大多涉及公民、组织的住宅、财产权和其他合法权益,因此,对财产隐匿地的范围更应从严掌握,应从实际出发,根据已掌握的情况和证据,具体确定财产隐匿地的搜查范围。特别是对非被执行人住所的财产隐匿地进行搜查,必须在有一定证据证明的基础上进行。而且,并非所有的财产隐匿地都是可以搜查的,如被执行人将被执行财产隐匿在军事机关、行政机关等办公场所的,只能通过协助执行的方法,要求有关机关将隐匿财产交出。

二、区别情况依法处置搜查取得的财物。搜取的财物是法律文书指定交付的特定物的,应当依法定程序交付给申请执行人。若执行特定物搜查无着落,但已搜取其他财产的,可以先予扣押,然后采取以下两种方法处理:一是被执行人交付特定物后返还该已被扣押的其他财产;二是被执行人不能交付或拒不交付特定物的,裁定执行该其他财产,将特定物交付的执行转化为金钱给付的执行,然后通过变价程序,实现申请执行人权利。在执行金钱给付案件中,搜查取得的财产是现金的,将现金交付申请执行人即可;搜取存折的,通过提取措施交付给申请执行人;搜取的财产是动产的,先予扣押,然后通过变价程序,换取价款清偿债务。搜取的财产为法律禁止自由流通的物

---

① 参见全国人民代表大会常务委员会法制工作委员会编:《中华人民共和国民事诉讼法释义(最新修正版)》,法律出版社2012年版,第584—585页。

品，交有关单位收购，其价款可清偿债务。违禁物品一般不是民事执行对象，但在搜查时发现的，应予查封保管，然后交有关部门处理，并将处理情况告知被执行人。①

【司法解释】

1.《最高人民法院关于适用〈中华人民共和国民事诉讼法〉的解释》（法释〔2015〕5 号，2015 年 2 月 4 日；经法释〔2022〕11 号第二次修正，2022 年 4 月10 日）

第四百九十四条　在执行中，被执行人隐匿财产、会计账簿等资料的，人民法院除可依照民事诉讼法第一百一十四条第一款第六项规定对其处理外，还应责令被执行人交出隐匿的财产、会计账簿等资料。被执行人拒不交出的，人民法院可以采取搜查措施。

第四百九十五条　搜查人员应当按规定着装并出示搜查令和工作证件。

第四百九十六条　人民法院搜查时禁止无关人员进入搜查现场；搜查对象是公民的，应当通知被执行人或者他的成年家属以及基层组织派员到场；搜查对象是法人或者其他组织的，应当通知法定代表人或者主要负责人到场。拒不到场的，不影响搜查。

搜查妇女身体，应当由女执行人员进行。

第四百九十七条　搜查中发现应当依法采取查封、扣押措施的财产，依照民事诉讼法第二百五十二条第二款和第二百五十四条规定办理。

【注释】本条所称依照《民事诉讼法》第 252 条第 2 款和第 254 条规定办理，即：(1)对被查封、扣押、冻结的财产，执行员必须造具清单，由在场人签名或者盖章后，交被执行人一份。被执行人是公民的，也可以交他的成年家属一份。(2)财产被查封、扣押后，执行员责令被执行人在指定期间履行法律文书确定的义务。被执行人逾期不履行的，人民法院应当拍卖被查封、扣押的财产；不适于拍卖或者当事人双方同意不进行拍卖的，人民法院可以委托有关单位变卖或者自行变卖。国家禁止自由买卖的物品，交有关单位按照国家规定的价格收购。

---

① 参见江必新主编：《执行规范理解与适用——最新民事诉讼法与民诉法解释保全、执行条文关联解读》，中国法制出版社 2015 年版，第 377 页。

第四百九十八条 搜查应当制作搜查笔录,由搜查人员、被搜查人及其他在场人签名、捺印或者盖章。拒绝签名、捺印或者盖章的,应当记入搜查笔录。

2.《最高人民法院关于民事执行中财产调查若干问题的规定》(法释〔2017〕8号,2017年5月1日;经法释〔2020〕21号修正,2021年1月1日)

第十四条 被执行人隐匿财产、会计账簿等资料拒不交出的,人民法院可以依法采取搜查措施。

人民法院依法搜查时,对被执行人可能隐匿财产或者资料的处所、箱柜等,经责令被执行人开启而拒不配合的,可以强制开启。

第十八条 人民法院决定审计的,应当随机确定具备资格的审计机构,并责令被执行人提交会计凭证、会计账簿、财务会计报告等与审计事项有关的资料。

被执行人隐匿审计资料的,人民法院可以依法采取搜查措施。

第二百五十六条　【强制被执行人交付财物或票证】法律文书指定交付的财物或者票证，由执行员传唤双方当事人当面交付，或者由执行员转交，并由被交付人签收。

有关单位持有该项财物或者票证的，应当根据人民法院的协助执行通知书转交，并由被交付人签收。

有关公民持有该项财物或者票证的，人民法院通知其交出。拒不交出的，强制执行。

规范体系	
司法解释	1.《最高人民法院关于适用〈中华人民共和国民事诉讼法〉的解释》（法释〔2015〕5 号；经法释〔2022〕11 号第二次修正）第 492—493 条 2.《最高人民法院关于人民法院执行工作若干问题的规定（试行）》（法释〔1998〕15 号；经法释〔2020〕21 号修正）第 41—43 条 3.《最高人民法院关于人民法院办理仲裁裁决执行案件若干问题的规定》（法释〔2018〕5 号）第 6 条
司法文件	1.《最高人民法院关于执行款物管理工作的规定》（法发〔2017〕6 号）第 18 条、第 23 条 2.《最高人民法院关于人民法院立案、审判与执行工作协调运行的意见》（法发〔2018〕9 号）第 14 条
司法答复	1.《最高人民法院执行工作办公室关于判决交付可替代的种类物如何执行问题的复函》（〔2000〕执他字第 31 号） 2.《最高人民法院执行局关于如何处理建设工程款债权与请求交付房产的债权冲突问题的复函》（〔2008〕执他字第 8 号）

【条文释义】

本条是关于强制被执行人交付财物或票证的规定。

交付执行是以转移物的占有为目的。本条规定的交付执行是指将由债务人或第三人占有的法律文书所指定的财物或票证转移为债权人占有或支配,执行的标的应当是特定的财物或票证。财物主要指动产,票证指具有财产内容的各项证明文书、执照和支付凭证等,如房产证、土地证、山林权属证、车辆证照、专利证书、商标证书及汇票、支票、本票等有关的票据,金钱以及种类物的交付不属于本条规定的执行标的。

本条规定了两种交付特定标的物的具体办法和程序:一是由执行程序中的当事人当面交付。执行员指定交付的日期和地点,传唤双方当事人同时到达某一地点,被执行人将财物或者票证直接交给债权人,执行员制作执行笔录,由双方当事人签字。二是由执行员转交,即执行员将被执行人交来的法律文书指定的财物或者票证,转交给债权人并由债权人签收。

对第三方占有法律文书所指定的财物或者票证的情况,本条也作了具体规定:如果被执行的财物或者票证由有关单位持有,人民法院应当发出协助执行通知书,由有关单位转交给应交付的人,并由被交付人签收。如果有关公民持有该项财物或者票证,人民法院应当通知其交出,拒不交出的,强制执行。①

理解与适用本条规定,需要注意把握以下两点:

一、关于特定物灭失的处理。1998 年《执行工作规定》第 57 条规定,生效法律文书确定被执行人交付特定标的物的,应当执行原物,原物确已变质、损坏或灭失的,应当裁定折价赔偿或按标的物的价值强制执行被执行人的其他财产。该做法在理论上被称为“本旨执行转化为赔偿执行”。但上述规定在实践中存在一系列问题:一是折价赔偿涉及实体法判断,在执行程序中直接裁定折价赔偿,有违审执分离原则。二是执行中直接裁定折价赔偿,缺乏明确具体的标准,不易操作。鉴于此,《民事诉讼法解释》第 492 条作了相应修改,规定在特定物确已毁损或者灭失时,只有经双方当事人同意,在执行程

① 参见全国人民代表大会常务委员会法制工作委员会编:《中华人民共和国民事诉讼法释义(最新修正版)》,法律出版社 2012 年版,第 585—586 页。

序中才可以折价赔偿。否则,法院应当终结执行程序,由申请执行人对折价赔偿问题另行起诉,贯彻了当事人处分原则和审执分离原则。2020 年《执行工作规定》修正后的第 41 条对此进行了完善。

二、关于他人持有特定物的执行。《民事诉讼法》第 256 条关于法律文书指定交付财物或票证的执行,既包括被执行人向申请执行人交付,也包括第三人向申请执行人交付。《民事诉讼法解释》第 493 条对他人持有法律文书指定交付的财物或票证的执行制度予以完善,除了重申《民事诉讼法》的规定以外,还规定在他人持有期间财物或者票证损毁、灭失的,参照上述交付特定物的情形下原物毁损、灭失的规定处理。但对生效法律文书指定交付的特定物,实践中可能存在已为案外第三人合法持有的情形,对此应注意保护该第三人的合法权益,允许其根据《民事诉讼法》第 234 条规定进行救济。①

【司法解释】

1.《最高人民法院关于适用〈中华人民共和国民事诉讼法〉的解释》(法释〔2015〕5 号,2015 年 2 月 4 日;经法释〔2022〕11 号第二次修正,2022 年 4 月10 日)

第四百九十二条　执行标的物为特定物的,应当执行原物。原物确已毁损或者灭失的,经双方当事人同意,可以折价赔偿。

双方当事人对折价赔偿不能协商一致的,人民法院应当终结执行程序。申请执行人可以另行起诉。

【注释】1992 年《民事诉讼法意见》(已废止)第 284 条规定:"执行的标的物为特定物的,应执行原物。原物确已不存在的,可折价赔偿。"本条对此作了两处修改:一是在折价赔偿之前增加了"经双方当事人同意"的限制;二是增加规定当事人无法就折价赔偿协商一致时的另诉途径。

这两处修改解决的实际上是同一个问题,即在对特定物执行的过程中,原物不存在时能否折价赔偿。1992 年《民事诉讼法意见》(已废止)第 284 条规定可以折价赔偿,1998 年《执行工作规定》第 57 条进一步明确规定:"生效

① 参见赵晋山、葛洪涛、乔宇:《民事诉讼法执行程序司法解释若干问题的理解与适用》,载《人民司法·应用》2016 年第 16 期。

法律文书确定被执行人交付特定标的物的,应当执行原物。原物被隐匿或非法转移的,人民法院有权责令其交出。原物确已变质、损坏或灭失的,应当裁定折价赔偿或按标的物的价值强制执行被执行人的其他财产。”本条改变了上述司法解释确立的原则,规定除非当事人就折价赔偿问题达成一致,否则应该终结执行,当事人另诉解决赔偿问题。作此修改的原因在于:(1)折价赔偿涉及实体法的判断,在执行程序中直接认定,违反“审执分离”的原则。(2)折价赔偿制度在实践中面临困惑,标准不一,不易操作。(3)规定当事人协商一致可以直接折价赔偿,能够兼顾“审执分离”原则与快速处理纠纷原则的平衡,切实维护当事人权益。

实践中应当注意:(1)慎重确认“原物确已毁损或者灭失”,以切实维护生效法律文书的权威与债权人的权利。(2)可以引导当事人达成折价赔偿协议,但不能侵犯当事人的意思自治权。(3)当事人无法就折价赔偿问题达成一致的,应告知权利人另行起诉的权利。

第四百九十三条 他人持有法律文书指定交付的财物或者票证,人民法院依照民事诉讼法第二百五十六条第二款、第三款规定发出协助执行通知后,拒不转交的,可以强制执行,并可依照民事诉讼法第一百一十七条、第一百一十八条规定处理。

他人持有期间财物或者票证毁损、灭失的,参照本解释第四百九十二条规定处理。

他人主张合法持有财物或者票证的,可以根据民事诉讼法第二百三十四条规定提出执行异议。

2.《最高人民法院关于人民法院执行工作若干问题的规定(试行)》(法释〔1998〕15号,1998年7月8日;经法释〔2020〕21号修正,2021年1月1日)

六、交付财产和完成行为的执行

41. 生效法律文书确定被执行人交付特定标的物的,应当执行原物。原物被隐匿或非法转移的,人民法院有权责令其交出。原物确已毁损或灭失的,经双方当事人同意,可以折价赔偿。

双方当事人对折价赔偿不能协商一致的,人民法院应当终结执行程序。申请执行人可以另行起诉。

【注释】1998年《执行工作规定》第57条规定:“生效法律文书确定被执

行人交付特定标的物的，应当执行原物。原物被隐匿或非法转移的，人民法院有权责令其交出。原物确已变质、损坏或灭失的，应当裁定折价赔偿或按标的物的价值强制执行被执行人的其他财产。"《民事诉讼法解释》第 492 条改变了这一原则，规定除非当事人就折价赔偿问题达成一致，否则应该终结执行，当事人另诉解决赔偿问题。2020 年《执行工作规定》修正时，该条随之作出了相应修改。

42. 有关组织或者个人持有法律文书指定交付的财物或票证，在接到人民法院协助执行通知书或通知书后，协同被执行人转移财物或票证的，人民法院有权责令其限期追回；逾期未追回的，应当裁定其承担赔偿责任。

43. 被执行人的财产经拍卖、变卖或裁定以物抵债后，需从现占有人处交付给买受人或申请执行人的，适用民事诉讼法第二百四十九条、第二百五十条①和本规定第 41 条、第 42 条的规定。

3.《最高人民法院关于人民法院办理仲裁裁决执行案件若干问题的规定》（法释〔2018〕5 号，2018 年 3 月 1 日）

第六条　仲裁裁决或者仲裁调解书确定交付的特定物确已毁损或者灭失的，依照《最高人民法院关于适用〈中华人民共和国民事诉讼法〉的解释》第四百九十四条②的规定处理。

【司法文件】

1.《最高人民法院关于执行款物管理工作的规定》（法发〔2017〕6 号，2017 年 2 月 27 日）

第十八条　被执行人将执行依据确定交付、返还的物品（包括票据、证照等）直接交付给申请执行人的，被执行人应当向人民法院出具物品接收证明；没有物品接收证明的，执行人员应当将履行情况记入笔录，经双方当事人签字后附卷。

被执行人将物品交由人民法院转交给申请执行人或由人民法院主持双方当事人进行交接的，执行人员应当将交付情况记入笔录，经双方当事人签

① 2021 年《民事诉讼法》第四次修正后调整为第 256 条、第 257 条。

② 2022 年《民事诉讼法解释》第二次修正后调整为第 492 条。

字后附卷。

第二十三条 人民法院解除对物品的查封、扣押措施的,除指定由被执行人保管的外,应当自解除查封、扣押措施之日起十日内将物品发还给所有人或交付人。

物品在人民法院查封、扣押期间,因自然损耗、折旧所造成的损失,由物品所有人或交付人自行负担,但法律另有规定的除外。

2.《最高人民法院关于人民法院立案、审判与执行工作协调运行的意见》(法发〔2018〕9号,2018年5月28日)

14. 执行标的物为特定物的,应当执行原物。原物已经毁损或者灭失的,经双方当事人同意,可以折价赔偿。双方对折价赔偿不能协商一致的,按照下列方法处理:

(1)原物毁损或者灭失发生在最后一次法庭辩论结束前的,执行机构应当告知当事人可通过审判监督程序救济;

(2)原物毁损或者灭失发生在最后一次法庭辩论结束后的,执行机构应当终结执行程序并告知申请执行人可另行起诉。

无法确定原物在最后一次法庭辩论结束前还是结束后毁损或者灭失的,按照前款第二项规定处理。

【司法答复】

1.《最高人民法院执行工作办公室关于判决交付可替代的种类物如何执行问题的复函》(〔2000〕执他字第31号,2000年12月25日)

山东省高级人民法院:

你院鲁高法函〔1999〕78号《关于判决交付的特定标的物灭失后如何折价问题的请示》收悉。经研究,答复如下:

山东省聊城市中级人民法院(1993)聊中法民终字第166号民事判决,系判决交付可替代的种类物的执行案件而不是判决交付特定物的执行案件。如被执行人有该种类物,执行法院直接执行即可;如被执行人无该种类物,应发出履行通知书要求被执行人依判决购买该种类物偿还债务;被执行人拒不购买交付的,执行法院可以该种类物的现时市场价格及运费确定其债务数额,命被执行人预行交付;拒不交付的,可裁定强制执行被执行人的其他财产。

鉴于本案的特殊情况,可就执行标的问题征求申请执行人意见,或按上述关于执行可替代物的有关原则办理;或直接裁定转入金钱代偿执行。对本案的迟延履行金,应当按照《最高人民法院关于适用〈中华人民共和国民事诉讼法〉若干问题的意见》第 295 条①的规定办理。

【注释 1】1987 年春,王长城向茌平县茌平镇西村民委员会(以下简称村委会)借用直径 6.5mm 钢筋 5 捆,共 7.5 吨,用以建房,事后未偿还。1992 年 11 月 27 日,村委会诉至法院。1993 年 6 月 11 日,聊城中院作出民事判决,判令:限王长城于判决生效后 30 日内偿还村委会直径 6.5mm 的钢筋 7.5 吨。因王长城未自动履行该判决,村委会向法院申请执行。法院在执行中发现,近些年钢筋价格上下浮动很大。同规格的钢筋在 1988 年为 1700 元/吨,二审判决时为 3700 元/吨,截至 1999 年 7 月,每吨为 2000 余元。②

【注释 2】本复函就判决交付的特定物灭失后如何执行确立了如下规则:判决交付可替代的种类物,执行法院可直接执行被执行人名下的该种类物;如被执行人无该种类物,可要求被执行人购买该种类物偿还债务;被执行人拒不购买交付的,执行法院可以该种类物的现时市场价格及运费确定其债务数额,予以执行。

2.《最高人民法院执行局关于如何处理建设工程款债权与请求交付房产的债权冲突问题的复函》(〔2008〕执他字第 8 号,2008 年 11 月 5 日)

青海省高级人民法院:

你院《关于青海量具刃具有限责任公司申请执行青海华峰房地产有限公司土地使用权转让合同纠纷及浙江东阳三建执行异议一案法律适用问题的请示》收悉。经研究,答复如下:

浙江省东阳市第三建筑公司(以下简称东阳三建)请求青海华峰房地产

① 《民事诉讼法意见》(已废止)第 295 条规定:"被执行人未按判决、裁定和其他法律文书指定的期间履行非金钱给付义务的,无论是否已给申请执行人造成损失,都应当支付迟延履行金。已经造成损失的,双倍补偿申请执行人已经受到的损失;没有造成损失的,迟延履行金可以由人民法院根据具体案件情况决定。"

② 参见李亮:《判决交付的特定物灭失后如何折价问题请示案》,载最高人民法院执行工作办公室编:《强制执行指导与参考》2002 年第 3 辑(总第 3 辑),法律出版社 2003 年版,第 249—254 页。

有限公司(以下简称华峰公司)支付建筑工程款的权利以及青海量具刃具有限责任公司(以下简称量具公司)请求华峰公司交付房产的权利均为债权。依据《物权法》第九条、第三十条①之规定,争议房产仍然属于华峰公司所有,应当作为华峰公司的责任财产由有关债权人按照法定的顺序受偿。依据《合同法》第二百八十六条②以及本院《关于建设工程价款优先受偿权问题的批复》第一条之规定,应当对相应的争议房产进行变价,变价款由东阳三建优先受偿。东阳三建受偿后,剩余价款及未变价处理的房产应当交付量具公司。如无法按照执行依据确定的数量和质量执行实物,对量具公司非金钱债权的差额部分,应当依照本院《关于人民法院执行工作若干问题的规定(试行)》第五十七条③之规定,折价后执行华峰公司的其他财产。

【注释1】青海量具刃具有限责任公司(以下简称量具公司)与青海华峰房地产有限公司(以下简称华峰公司)土地使用权转让合同纠纷一案,最高人民法院判决:华峰公司给付量具公司高层住宅楼10800平方米,土地使用权转让费787.906万元,并在交付之日起90日内办理产权登记手续。该案一审期间,青海省高级人民法院(以下简称青海高院)裁定保全了华峰公司位于西宁市昆仑路39号王府花园的高层住宅楼4、6、7号楼的79套住宅(总面积10800平方米)。

2007年11月26日,量具公司向青海高院申请执行。执行过程中,案外人浙江省东阳第三建筑公司(以下简称东阳三建)以青海高院执行的标的物涉及该公司优先受偿权为由提出异议,要求解除保全措施。青海高院查明,2005年12月31日,东阳三建与华峰公司就建设王府花园所拖欠的工程款事宜达成协议,华峰公司以已建成的4、6、7号楼84套住宅(含青海高院保全的79套)共计11438.44平方米折抵工程款2287.688万元。鉴于本案双方抵债事实存在,青海高院就物之交付请求权的执行与建设工程款优先权的竞合如何处理,请示至最高人民法院。④

【注释2】必须注意的是,本案中交付房产的债权是指《优先受偿权批复》

① 《民法典》施行后,相关内容规定在第209条、第231条。

② 《民法典》施行后,相关内容规定在第807条。

③ 2020年修正后调整为第41条。

④ 参见范向阳:《不动产执行程序中交付房地产请求权与工程款优先权竞合的处理》,载最高人民法院执行局编:《执行工作指导》2009年第4辑(总第32辑),人民法院出版社2010年版,第108—112页。

(法释〔2002〕16号,2021年1月1日废止)第2条规定的消费者交付房产请求权之外的交付房产债权,如联建合同当事人要求交付联建房屋。如已交付购买商品房的全部或大部分款项的消费者请求交付房产的,建设工程价款优先权不能对抗买受人。此外,案例中对交付房产的债权的差额部分,答复意见是应依照《执行工作规定》第57条的规定折价后执行债务人的其他财产。但《民事诉讼法解释》出台后,《执行工作规定》第57条有关裁定折价赔偿或者按标的物价值强制执行被执行人的其他财产的内容已不再适用。根据《民事诉讼法解释》第492条的规定,折价赔偿须经双方当事人同意。双方不能就折价赔偿达成一致意见的,应终结执行程序,申请执行人可另行起诉。

【判旨撷要】

1. 吉林省图们江花园商贸有限公司与延吉市中富房地产开发有限公司合作开发合同纠纷执行复议案①

要旨:本案生效判决书中仅判令交付联合开发工程的地上物,并未涉及地上物的相关批准书许可证的权利人变更问题,故上述证照的变更不属于执行依据确定的范围。房地产开发企业取得相关证照,须依法向行政主管部门申请,经行政主管部门审查具备法定条件后颁发。颁发上述证照属于行政许可行为。变更相关证照权利人是判决交付地上物的附属义务的主张没有法律依据。本案地上物交付后,申请人认为其具备法定条件的应当自行向行政主管部门申请颁发相关证照,亦可依据本案生效判决执行结果,向行政主管部门申请撤销前述相关许可证照,并向符合法定条件的企业颁发相关许可证照。执行中直接裁定变更上述证照权利人,超越职权范畴,缺乏法律依据。

2. 泉州威利房地产开发有限公司与安徽好迪家居有限公司、韩健民间借贷纠纷执行申诉案[(2019)最高法执监416号]

要旨:根据《执行工作规定》第58条(2020年修正为第42条)规定,协助

① 参见黄金龙、马岚:《判决确定交付地上建筑物执行中能否裁定变更建设用地及工程批准许可证照权利人》,载最高人民法院执行局编:《执行工作指导》2009年第4辑(总第32辑),人民法院出版社2010年版,第82—86页。

执行义务产生的前提是“接到人民法院协助执行通知书或通知书”。本案中，被执行人将其持有临泉农商行股权转让给他人时，执行法院虽已在工商行政管理部门办理了冻结，但不能等同于该院向协助执行义务主体临泉农商行发出了协助执行通知书，认定临泉农商行的协助执行义务已产生不符合司法解释规定的要求。故执行法院作出《责令追回财物（票证）通知书》，以临泉农商行违反协助义务为由，责令其追回被执行人转移的股权，依据不充分。

第二百五十七条　【强制被执行人迁出房屋或者退出土地】强制迁出房屋或者强制退出土地,由院长签发公告,责令被执行人在指定期间履行。被执行人逾期不履行的,由执行员强制执行。

强制执行时,被执行人是公民的,应当通知被执行人或者他的成年家属到场;被执行人是法人或者其他组织的,应当通知其法定代表人或者主要负责人到场。拒不到场的,不影响执行。被执行人是公民的,其工作单位或者房屋、土地所在地的基层组织应当派人参加。执行员应当将强制执行情况记入笔录,由在场人签名或者盖章。

强制迁出房屋被搬出的财物,由人民法院派人运至指定处所,交给被执行人。被执行人是公民的,也可以交给他的成年家属。因拒绝接收而造成的损失,由被执行人承担。

规范体系	
司法解释	1.《最高人民法院关于人民法院执行工作若干问题的规定(试行)》(法释〔1998〕15 号;经法释〔2020〕21 号修正)第 43 条 2.《最高人民法院关于办理申请人民法院强制执行国有土地上房屋征收补偿决定案件若干问题的规定》(法释〔2012〕4 号)第 1—11 条
司法答复	《最高人民法院执行局关于人民法院执行程序中能否对案外人财产进行处理的请示的答复》(〔2010〕执他字第 1 号)

【条文释义】

本条是关于强制被执行人迁出房屋或者退出土地的规定。

本条的规定主要针对房屋、土地等不动产的强制执行。生效法律文书确定房屋占有人迁出房屋、土地占有人退出土地的,房屋占有人、土地占有人必须履行,如不履行将给对方当事人的合法权益或者社会公共利益造成损害。为此,《民事诉讼法》规定了强制迁出房屋、强制退出土地的执行措施。

由于这类措施对于被执行人的生活影响较大,法律规定了严格的程序,人民法院采取这两种执行措施,应当由法院院长签发公告,责令被执行人在指定的期限履行,逾期仍不履行的,依照本条规定的程序强制执行:(1)通知到场。被执行人是公民的,应当通知本人或其成年家属到场;被执行人是法人或者其他组织的,应当通知其法定代表人或者主要负责人到场。(2)相关单位派员参加。被执行人是公民的,其工作单位或者房屋、土地所在地的基层组织应当派人参加。(3)制作笔录。执行员应当将强制执行情况记入笔录,由在场人签名或者盖章。搬迁的财物要详细记录,避免被执行人的合法权益受到损害,或者因此可能产生的纠纷。(4)被搬出财物的交付。强制迁出房屋被搬出的财物,由人民法院派人运至指定处所,交给被执行人。被执行人是公民的,也可交给其成年家属。因拒绝接收而造成的损失,由被执行人承担。

在采取执行措施时,如果被执行人拒绝执行或者人为对执行工作设置障碍,造成财产损失,应当由其自己承担。①

理解与适用本条规定,需要注意把握以下两点:

一、强制迁出房屋或者退出土地的执行结束后,被执行人可能再次非法占有该房屋或土地。对这一行为,域外的强制执行法一般均赋予申请人再次申请执行的权利,执行机关受理申请后,再次实施强制执行,以维持执行的效果。《民事诉讼法》对此未作规定,但根据《民事诉讼法解释》第 519 条,在执行终结 6 个月内,被执行人或者其他人对已执行的标的有妨害行为的,人民法院可以依申请排除妨害,并可以依照《民事诉讼法》第 114 条规定进行处罚。因妨害行为给执行债权人或者其他人造成损失的,受害人可以另行起诉。

二、执行设定抵押的房屋时,强制被执行人迁出房屋的条件与程序。《最高人民法院关于人民法院执行设定抵押的房屋的规定》(法释〔2005〕14 号)规定,人民法院对已经依法设定抵押的被执行人及其所扶养家属居住的房屋,在裁定拍卖、变卖或者抵债后,应当给予被执行人 6 个月的宽限期。在此期限内,被执行人应当主动腾空房屋,人民法院不得强制被执行人及其所扶养家属迁出该房屋。上述宽限期届满后,被执行人仍未迁出的,人民法院可以作出强制迁出裁定,并按照《民事诉讼法》第 257 条的规定执行。强制

① 参见全国人民代表大会常务委员会法制工作委员会编:《中华人民共和国民事诉讼法释义(最新修正版)》,法律出版社 2012 年版,第 587 页。

迁出时,被执行人无法自行解决居住问题的,经人民法院审查属实,可以由申请执行人为被执行人及其所扶养家属提供临时住房。被执行人属于低保对象且无法自行解决居住问题的,人民法院不应强制迁出。该规定虽于 2021 年 1 月 1 日废止,但上述执行方法在《异议复议规定》第 20 条已有替代规定,并将宽限期变更为 3 个月,实务中应当遵循相关精神。

【司法解释】

1.《最高人民法院关于人民法院执行工作若干问题的规定(试行)》(法释〔1998〕15 号,1998 年 7 月 8 日;经法释〔2020〕21 号修正,2021 年 1 月 1 日)

六、交付财产和完成行为的执行

43. 被执行人的财产经拍卖、变卖或裁定以物抵债后,需从现占有人处交付给买受人或申请执行人的,适用民事诉讼法第二百四十九条、第二百五十条①和本规定第 41 条、第 42 条的规定。

2.《最高人民法院关于办理申请人民法院强制执行国有土地上房屋征收补偿决定案件若干问题的规定》(法释〔2012〕4 号,2012 年 4 月 10 日)

第一条　申请人民法院强制执行征收补偿决定案件,由房屋所在地基层人民法院管辖,高级人民法院可以根据本地实际情况决定管辖法院。

第二条　申请机关向人民法院申请强制执行,除提供《条例》第二十八条②规定的强制执行申请书及附具材料外,还应当提供下列材料:

(一)征收补偿决定及相关证据和所依据的规范性文件;

(二)征收补偿决定送达凭证、催告情况及房屋被征收人、直接利害关系人的意见;

(三)社会稳定风险评估材料;

(四)申请强制执行的房屋状况;

(五)被执行人的姓名或者名称、住址及与强制执行相关的财产状况等

---

①　2021 年《民事诉讼法》第四次修正后调整为第 256 条、第 257 条。

②　《国有土地上房屋征收与补偿条例》第 28 条规定:"被征收人在法定期限内不申请行政复议或者不提起行政诉讼,在补偿决定规定的期限内又不搬迁的,由作出房屋征收决定的市、县级人民政府依法申请人民法院强制执行。强制执行申请书应当附具补偿金额和专户存储账号、产权调换房屋和周转用房的地点和面积等材料。"

具体情况；

（六）法律、行政法规规定应当提交的其他材料。

强制执行申请书应当由申请机关负责人签名，加盖申请机关印章，并注明日期。

强制执行的申请应当自被执行人的法定起诉期限届满之日起三个月内提出；逾期申请的，除有正当理由外，人民法院不予受理。

第三条 人民法院认为强制执行的申请符合形式要件且材料齐全的，应当在接到申请后五日内立案受理，并通知申请机关；不符合形式要件或者材料不全的应当限期补正，并在最终补正的材料提供后五日内立案受理；不符合形式要件或者逾期无正当理由不补正材料的，裁定不予受理。

申请机关对不予受理的裁定有异议的，可以自收到裁定之日起十五日内向上一级人民法院申请复议，上一级人民法院应当自收到复议申请之日起十五日内作出裁定。

第四条 人民法院应当自立案之日起三十日内作出是否准予执行的裁定；有特殊情况需要延长审查期限的，由高级人民法院批准。

第五条 人民法院在审查期间，可以根据需要调取相关证据、询问当事人、组织听证或者进行现场调查。

第六条 征收补偿决定存在下列情形之一的，人民法院应当裁定不准予执行：

（一）明显缺乏事实根据；

（二）明显缺乏法律、法规依据；

（三）明显不符合公平补偿原则，严重损害被执行人合法权益，或者使被执行人基本生活、生产经营条件没有保障；

（四）明显违反行政目的，严重损害公共利益；

（五）严重违反法定程序或者正当程序；

（六）超越职权；

（七）法律、法规、规章等规定的其他不宜强制执行的情形。

人民法院裁定不准予执行的，应当说明理由，并在五日内将裁定送达申请机关。

第七条 申请机关对不准予执行的裁定有异议的，可以自收到裁定之日起十五日内向上一级人民法院申请复议，上一级人民法院应当自收到复议申请之日起三十日内作出裁定。

第八条 人民法院裁定准予执行的,应当在五日内将裁定送达申请机关和被执行人,并可以根据实际情况建议申请机关依法采取必要措施,保障征收与补偿活动顺利实施。

第九条 人民法院裁定准予执行的,一般由作出征收补偿决定的市、县级人民政府组织实施,也可以由人民法院执行。

第十条 《条例》施行前已依法取得房屋拆迁许可证的项目,人民法院裁定准予执行房屋拆迁裁决的,参照本规定第九条精神办理。

第十一条 最高人民法院以前所作的司法解释与本规定不一致的,按本规定执行。

【司法答复】

《最高人民法院执行局关于人民法院执行程序中能否对案外人财产进行处理的请示的答复》(〔2010〕执他字第1号,2010年3月8日)

吉林省高级人民法院:

你院《关于法院执行程序中能否对案外人财产进行处理的请示》收悉。经研究,答复如下:

执行程序中案外人无合法依据占有被执行的标的物不动产的,执行法院依法可以强制迁出;案外人拒不迁出,对标的物上的财产,执行法院可以指定他人保管并通知领取;案外人不领取或下落不明的,为避免保管费过高或财产价值减损,执行法院可以处分该财产,处分所得价款,扣除搬迁、保管及拍卖变卖等相关费用后,保存于执行法院账户,通知该案外人领取。

【注释】长春市朝阳区人民法院(以下简称长春朝阳法院)在执行A银行与B公司借款合同纠纷一案中,发现被执行人B公司的涉案土地及房产(已设定抵押,抵押权人即为A银行)由案外人C公司实际占有。长春朝阳法院将涉案房产评估、拍卖成交后,通知C公司退出涉案房产,否则强制迁出。C公司提出书面异议,主张B公司已将厂房卖给了D公司,D公司又转卖给了C公司,但未提供相应证据,异议被驳回。后D公司提出执行异议,也被长春朝阳法院驳回。

C公司未在指定时间内自行将其财产迁出B公司土地,长春朝阳法院审判委员会讨论决定强制迁出。在通知C公司法定代表人到场接收迁出财产被拒绝的情况下,长春朝阳法院于2004年7月3日清点并迁出了C公司在

B公司土地上的机器设备与物品,交由A银行保管。其后,长春朝阳法院多次通知C公司接收迁出财产,还曾在当地报纸刊登公告,限期C公司接收迁出财产并承担相关费用,逾期将评估、拍卖并提存价款,但C公司始终未接收迁出财产。

鉴于涉案迁出财产已保管达5年之久,一些物品已失去使用价值。申请执行人已为此支付了大量保管费用,多次要求法院尽快处置案外人财产。由于法律及司法解释没有处理案外人财产的相关规定,吉林省高级人民法院就人民法院在执行程序中能否及如何处理案外人财产问题向最高人民法院提出书面请示。①

① 参见黄金龙、葛洪涛:《人民法院在执行程序中如何处理案外人拒不接收强制迁出财产的请示与答复》,载最高人民法院执行局编:《执行工作指导》2010年第1辑(总第33辑),人民法院出版社2010年版,第78—85页。

第二百五十八条 【办理财产权证照移转手续】 在执行中，需要办理有关财产权证照转移手续的，人民法院可以向有关单位发出协助执行通知书，有关单位必须办理。

规范体系	
相关立法	《民事诉讼法》第 117 条
司法解释	《最高人民法院关于适用〈中华人民共和国民事诉讼法〉的解释》(法释〔2015〕5 号;经法释〔2022〕11 号第二次修正)第 500 条
司法文件	1.《最高人民法院关于转发住房和城乡建设部〈关于无证房产依据协助执行文书办理产权登记有关问题的函〉的通知》(法〔2012〕151 号)第 1—3 条 2.《最高人民法院办公厅关于房地产管理部门协助人民法院执行造成转移登记错误,人民法院对当事人提起的行政诉讼的受理及赔偿责任问题的复函》(法办〔2006〕610 号)第 1—3 条 3.《最高人民法院、国土资源部、建设部关于依法规范人民法院执行和国土资源房地产管理部门协助执行若干问题的通知》(法发〔2004〕5 号)第 1 条、第 27 条
司法答复	1.《最高人民法院关于财产所有权已转移后重复查封财产问题的复函》(〔1997〕经他字第 23 号) 2.《最高人民法院执行工作办公室关于撤销协助执行通知书的有关法律适用问题的请示的答复》 3.《最高人民法院关于行政机关不履行人民法院协助执行义务行为是否属于行政诉讼受案范围的答复》(〔2012〕行他字第 17 号) 4.《最高人民法院行政审判庭关于行政机关撤销或者变更已经作出的协助执行行为是否属于行政诉讼受案范围请示问题的答复》(〔2014〕行他字第 6 号)

(续表)

规范体系	
参考文件	1.《国家土地管理局关于人民法院裁定移转土地使用权问题对最高人民法院法经〔1997〕18 号函的复函》(〔1997〕国土函字第 96 号) 2.《国家工商行政管理总局对〈关于工商行政管理机关对人民法院的协助执行通知书是否负有审核责任的请示〉的批复》(工商法字〔2010〕116 号)

【条文释义】

本条是关于办理财产权证照转移手续的规定。

人民法院判决确认某一权利(如土地使用权、房屋所有权)的归属后,常常需要有关单位办理权利转移手续。但在实践中,某些单位却不协助办理。为了防止这种现象出现,使执行工作顺利进行,本条对有关协助办理证照转移的单位规定了法定义务,有关单位必须按照协助执行通知给予办理,不得推诿、拒绝。对不予协助办理证照转移手续的,人民法院可以根据《民事诉讼法》第 10 章"对妨害民事诉讼的强制措施"的有关规定,除责令其履行协助执行义务外,还可以对主要负责人或者直接责任人员予以罚款,并责令改正;对仍不履行协助义务的,可以予以拘留,并可以向监察或者有关机关提出予以纪律处分的司法建议。①

财产权证照是表示具有财产内容的各种证明文书和执照。对于需要办理权利证照转移手续的财产,国家分别规定有不同的具体办理手续,并分别归不同的主管单位负责办理。在民事执行中需要办理有关财产权证照转移手续的,原则上应当按照规定由国家有关主管单位照章办理。易言之,按照规定需要出具什么手续,就应当出具要求的手续,没有例外。因而在执行时,人民法院应当责令原财产权证照持有人交出证照,交由国家有关主管单位办理转移手续。国外强制执行法为此规定了在原权利人拒不交出权利证书情况下的搜查措施,目的就是要保证财产权证明的顺利转移,保护权利人的合

① 参见全国人民代表大会常务委员会法制工作委员会编:《中华人民共和国民事诉讼法释义(最新修正版)》,法律出版社 2012 年版,第 588 页。

法权利。但是,强制执行中的财产权转移是一种强制转移,具有自身的特殊性:一是在强制拍卖或者变卖被查封、扣押的财产的情况下,无须征得财产所有者的同意,具有强制性。二是在有关财产权依执行程序由国家作强制转移的情况下,也不应再由国家有关部门依一般商品买卖征收国家规费。针对上述特殊性,各国法律都规定了与这种特殊性相适应的特殊处理原则。

本条规定,有关单位必须依照人民法院就此发出的协助执行通知协助执行。这种协助执行的含义是:一是在财产权证照转移具备正常手续的情况下,有关单位必须根据人民法院协助执行通知的要求,迅速、及时地给予办理。二是在因强制拍卖、变卖财产而又无法具备财产权证照转移所需要正常手续的情况下,经人民法院出具证明,有关单位同样必须根据人民法院的协助执行通知书给予办理。三是协助人民法院办理有关财产权证照转移手续,不得收费,并免除在正常情况下所应征收的国家规费。

理解与适用本条规定,需要注意把握以下两点:

一、需要办理权利证照转移手续的财产范围。(1)不动产。通常包括土地、建筑物以及附着于土地上的树木、农作物等。作为民事执行对象的不动产,主要是房产,包括私有房产和集体所有的以及国家所有归他人经营的房产。作为不动产主要形式的土地,原则上不存在办理所有权证照转移手续的问题,但草原、森林、山岭、荒地、滩涂的所有权争议,在经人民法院判决后,有可能需要办理权利转移手续。(2)特定动产。对于一般的动产,财产权利的转移只需交付该项动产给申请执行人或者拍卖、变卖中的买受人即可,无须另行履行法律手续。但对于特定的动产,主要是作为交通工具的车辆和作为运输工具的船舶,则要求所有权的取得必须履行一定的法律手续,而不单纯以占有为条件。(3)知识产权。如专利权、商标权,虽然法律允许转让专利权、商标权,但这种转让不同于动产的转让,其需经国家主管部门给予登记后才有效,因此,强制执行这类知识产权时,也就需要办理专利权、商标权权利证照转移的手续。

二、注意把握司法权与行政权之间的界限。执行法院不仅应该维护司法权威,也应防止不当侵犯行政权。一是在不动产初始登记的问题上,要尊重行政机关的审查判断权。对此,最高人民法院 2012 年 6 月 15 日专门下发《关于转发住房和城乡建设部〈关于无证房产依据协助执行文书办理产权登记有关问题的函〉的通知》予以规范。二是在探矿权、采矿权等行政许可色彩浓厚的财产权转移问题上,要注意严格依照生效法律文书来确定执行内容,同时注意与相关行政管理部门的沟通协调。

【相关立法】

《中华人民共和国民事诉讼法》(2021 年 12 月 24 日第十三届全国人民代表大会常务委员会第三十二次会议第四次修正,2022 年 1 月 1 日)

第一百一十七条 有义务协助调查、执行的单位有下列行为之一的,人民法院除责令其履行协助义务外,并可以予以罚款:

……

(三)有关单位接到人民法院协助执行通知书后,拒不协助扣留被执行人的收入、办理有关财产权证照转移手续、转交有关票证、证照或者其他财产的;

……

人民法院对有前款规定的行为之一的单位,可以对其主要负责人或者直接责任人员予以罚款;对仍不履行协助义务的,可以予以拘留;并可以向监察机关或者有关机关提出予以纪律处分的司法建议。

【司法解释】

《最高人民法院关于适用〈中华人民共和国民事诉讼法〉的解释》(法释〔2015〕5 号,2015 年 2 月 4 日;经法释〔2022〕11 号第二次修正,2022 年 4 月 10 日)

第五百条 人民法院在执行中需要办理房产证、土地证、林权证、专利证书、商标证书、车船执照等有关财产权证照转移手续的,可以依照民事诉讼法第二百五十八条规定办理。

【注释】本条将《民事诉讼法》第 258 条规定的“有关财产权证照”予以具体化,以便于实践操作。需要注意的是:(1)虽然本条内容仅涉及财产权证照的转移,但是根据条文的立法目的及关于物权变动的相关规定,本条应扩大解释为包括物权变更登记的协助。(2)本条对于财产权证照的解释,采取的是列举加兜底的方法,以适应财产权类型的发展变化。①

---

① 参见最高人民法院修改后民事诉讼法贯彻实施工作领导小组编著:《最高人民法院民事诉讼法司法解释理解与适用(下)》,人民法院出版社 2015 年版,第 1330—1331 页。

【司法文件】

1.《最高人民法院关于转发住房和城乡建设部〈关于无证房产依据协助执行文书办理产权登记有关问题的函〉的通知》(法〔2012〕151 号,2012 年 6 月 15 日)

一、各级人民法院在执行程序中,既要依法履行强制执行职责,又要尊重房屋登记机构依法享有的行政权力;既要保证执行工作的顺利开展,也要防止“违法建筑”等不符合法律、行政法规规定的房屋通过协助执行行为合法化。

二、执行程序中处置未办理初始登记的房屋时,具备初始登记条件的,执行法院处置后可以依法向房屋登记机构发出《协助执行通知书》;暂时不具备初始登记条件的,执行法院处置后可以向房屋登记机构发出《协助执行通知书》,并载明待房屋买受人或承受人完善相关手续具备初始登记条件后,由房屋登记机构按照《协助执行通知书》予以登记;不具备初始登记条件的,原则上进行“现状处置”,即处置前披露房屋不具备初始登记条件的现状,买受人或承受人按照房屋的权利现状取得房屋,后续的产权登记事项由买受人或承受人自行负责。

三、执行法院向房屋登记机构发出《协助执行通知书》,房屋登记机构认为不具备初始登记条件并作出书面说明的,执行法院应在 30 日内依照法律和有关规定,参照行政规章,对其说明理由进行审查。理由成立的,撤销或变更《协助执行通知书》并书面通知房屋登记机构;理由不成立的,书面通知房屋登记机构限期按《协助执行通知书》办理。

【注释】《住房和城乡建设部关于无证房产依据协助执行文书办理产权登记有关问题的函》(建法函〔2012〕102 号,2012 年 5 月 30 日)的内容为:

浙江省住房和城乡建设厅:

《关于无证房产可否依据协助执行文书直接办理产权登记的请示》(浙建房〔2011〕72 号)收悉。经商最高人民法院,函复如下:

一、对已办理初始登记的房屋,房屋登记机构应当按照人民法院生效法律文书和协助执行通知书的要求予以办理。

二、对未办理初始登记的房屋,在完善相关手续后具备初始登记条件的,房屋登记机构应当按照人民法院生效法律文书和协助执行通知书予以登记;

不具备初始登记条件的，房屋登记机构应当向人民法院书面说明情况，在人民法院按照法律和有关规定作出处理前，房屋登记机构暂停办理登记。

三、房屋登记机构依据人民法院协助执行通知书予以登记的，应当在房屋登记簿上记载基于人民法院生效的法律文书予以登记的事实。

2.《最高人民法院办公厅关于房地产管理部门协助人民法院执行造成转移登记错误，人民法院对当事人提起的行政诉讼的受理及赔偿责任问题的复函》（法办〔2006〕610号，2006年12月15日）

建设部办公厅：

你部《关于房地产权属登记机关协助人民法院执行造成转移登记错误，人民法院对当事人提起的行政诉讼的受理及赔偿责任问题的函》（建住房函〔2006〕281号）收悉。经研究，函复如下：

一、根据最高人民法院《关于行政机关根据法院的协助执行通知书实施的行政行为是否属于人民法院行政诉讼受案范围的批复》①（法释〔2004〕6号）的规定，行政机关根据人民法院的协助执行通知书实施的行为，是行政机关必须履行的法定协助义务，不属于人民法院行政诉讼受案范围。但如果当事人认为行政机关在协助时缩小或扩大了范围或违法采取措施造成其损害，提起行政诉讼的，人民法院应当受理。

二、根据最高人民法院、国土资源部、建设部《关于依法规范人民法院执行和国土资源房地产管理部门协助执行若干问题的通知》（法发〔2004〕5号）第三条规定，国土资源、房地产管理部门在协助人民法院执行土地使用权、房屋时，不对生效法律文书和协助执行通知书进行实体审查。国土资源、房地产管理部门认为人民法院查封、预查封或者处理的土地、房屋权属错误的，可以向人民法院提出审查建议，但不应当停止办理协助执行事项。

三、根据最高人民法院《关于人民法院民事执行中查封、扣押、冻结财产的规定》（法释〔2004〕15号）第二十八条②规定，对已被人民法院查封的财产，其他人民法院可以进行轮候查封。查封解除的，登记在先的轮候查封即自动生效。在查封尚未解除之前，轮候查封的法院要求协助处置查封标的物的，房地产管理部门应当及时告知查封法院，以便人民法院之间及时协调，在

---

① 此批复现已废止。

② 2020年修正后调整为第26条。

协调期间,协助执行的义务机关暂停协助执行事项。轮候查封的法院违法要求协助义务机关处置查封标的物造成执行申请人损失的,应当进行执行回转,无法执行回转的,根据《最高人民法院关于审理人民法院国家赔偿确认案件若干问题的规定(试行)》(法释〔2004〕10 号)第十一条第(八)项的规定,由错误发出协助执行通知的法院承担司法赔偿责任,协助执行义务机关不承担赔偿责任。

3.《最高人民法院、国土资源部、建设部关于依法规范人民法院执行和国土资源房地产管理部门协助执行若干问题的通知》(法发〔2004〕5 号,2004 年 3 月 1 日)

一、人民法院在办理案件时,需要国土资源、房地产管理部门协助执行的,国土资源、房地产管理部门应当按照人民法院的生效法律文书和协助执行通知书办理协助执行事项。

国土资源、房地产管理部门依法协助人民法院执行时,除复制有关材料所必需的工本费外,不得向人民法院收取其他费用。登记过户的费用按照国家有关规定收取。

二十七、人民法院制作的土地使用权、房屋所有权转移裁定送达权利受让人时即发生法律效力,人民法院应当明确告知权利受让人及时到国土资源、房地产管理部门申请土地、房屋权属变更、转移登记。

国土资源、房地产管理部门依据生效法律文书进行权属登记时,当事人的土地、房屋权利应当追溯到相关法律文书生效之时。

【司法答复】

1.《最高人民法院关于财产所有权已转移后重复查封财产问题的复函》(〔1997〕经他字第 23 号,1997 年 8 月 21 日)

新疆维吾尔自治区高级人民法院、河北省高级人民法院:

关于你们分别请示的石河子地区中级人民法院与承德市中级人民法院为执行承德市针织二厂(以下简称二针厂)财产争议问题,经研究,现答复如下:

根据《中华人民共和国民事诉讼法》第二百三十条①规定的精神,讼争的房地产权利是否转移应以人民法院的生效判决、裁定为依据,需要办理有关财产权证照转移手续的,人民法院可以向有关单位发出协助执行通知书,有关单位必须办理。讼争房地产权利转移的具体时间应以人民法院的判决、裁定生效时间为准。石河子地区中级人民法院在执行中将二针厂厂房、设备所有权转移给石河子八一棉纺织厂的裁定于 1995 年 8 月 7 日送达给当事人时即生效,由此,该财产的所有权已转移给石河子八一棉纺织厂。承德市中级人民法院将上述财产重复查封,并作为二针厂的破产财产分配是错误的。

关于石河子地区中级人民法院执行的二针厂厂房、设备的作价问题,鉴于该院对上述财产依据 1994 年 2 月二针厂分立时所作的评估报告,已按财产的重置完全价作价,充分保护了二针厂的财产权益,因此没有必要进行重新评估。

至于国有资产的产权变动登记问题,因这种登记只涉及国有企业净资产部分,国有企业以企业法人财产清偿债务,不涉及该企业的国有资产产权变动问题,因此,石河子地区中级人民法院在执行中裁定二针厂以法人财产清偿债务,不涉及国有资产的产权变动登记问题。

请河北省高级人民法院责成承德市中级人民法院纠正错误,解除对有关财产的重复查封,并协助石河子地区中级人民法院将其已转移给石河子八一棉纺织厂的财产交付给该厂。

【注释】《移送破产意见》(法发〔2017〕2 号)第 17 条规定:“执行法院收到受移送法院受理裁定时,已通过拍卖程序处置且成交裁定已送达买受人的拍卖财产,通过以物抵债偿还债务且抵债裁定已送达债权人的抵债财产,已完成转账、汇款、现金交付的执行款,因财产所有权已经发生变动,不属于被执行人的财产,不再移交。”关于是否属于被执行人财产,以物权变动为一般判断标准,即不动产以登记、动产以交付为标准,但法律、司法解释另有规定的除外。通过司法拍卖、以物抵债清偿债务的,标的物所有权自拍卖成交裁定、抵债裁定送达买受人或者接受抵债物的债权人时转移。法发〔2017〕2 号意见施行后,以该条为准。

---

① 2021 年《民事诉讼法》第四次修正后调整为第 258 条。

2.《最高人民法院执行工作办公室关于撤销协助执行通知书的有关法律适用问题的请示的答复》

湖北省高级人民法院：

你院鄂高法〔2005〕400 号《关于撤销协助执行通知书的有关法律适用问题的请示》收悉。经研究，答复如下：

根据民事诉讼法的有关规定，协助执行通知书是为执行民事裁定书而出具的具体法律手续，应当与民事裁定书同时使用。当协助执行通知书与民事裁定书的内容不一致时，应以裁定书为准。人民法院在执行中如果发现协助执行通知书有错误，应当按照《最高人民法院关于人民法院执行工作若干问题的规定（试行）》第 130 条①规定的精神，及时作出纠正，纠正文书应送达协助执行单位及相关当事人。

3.《最高人民法院关于行政机关不履行人民法院协助执行义务行为是否属于行政诉讼受案范围的答复》（〔2012〕行他字第 17 号，2013 年 7 月 29 日）

辽宁省高级人民法院：

你院《关于宫起斌诉大连市道路客运管理处、大连市金州区交通局、大连市金州区公路运输管理所不履行法定职责及行政赔偿一案的请示报告》收悉，经研究，答复如下：

行政机关根据人民法院的协助执行通知书实施的行为，是行政机关必须履行的法定协助义务，公民、法人或者其他组织对该行为不服提起诉讼的，不属于人民法院行政诉讼受案范围。

行政机关拒不履行协助义务的，人民法院应当依法采取执行措施督促其履行；当事人请求人民法院判决行政机关限期履行协助执行义务的，人民法院不予受理。但当事人认为行政机关不履行协助执行义务造成其损害，请求确认不履行协助执行义务行为违法并予以行政赔偿的，人民法院应当受理。

【注释】对行政机关不履行协助法院执行义务的行为，不可提起行政诉

---

① 2020 年修正后调整为第 72 条，内容为："上级法院发现下级法院在执行中作出的裁定、决定、通知或具体执行行为不当或有错误的，应当及时指令下级法院纠正，并可以通知有关法院暂缓执行。下级法院收到上级法院的指令后必须立即纠正。如果认为上级法院的指令有错误，可以在收到该指令后五日内请求上级法院复议。上级法院认为请求复议的理由不成立，而下级法院仍不纠正的，上级法院可直接作出裁定或决定予以纠正，送达有关法院及当事人，并可直接向有关单位发出协助执行通知书。"

讼的原因在于：一是《民事诉讼法》明确规定“人民法院可以对其主要负责人或者直接责任人员采取罚款、拘留等民事强制措施”，以督促其履行；二是行政机关履行协助法院执行义务是基于人民法院的协助执行通知而为。如允许对其不协助行为提起行政诉讼，则势必要在行政诉讼中对法院的执行行为进行审查，这将与现行的执行异议复议的救济机制产生冲突。

可作对照理解的是，已经废止的《最高人民法院关于行政机关根据法院的协助执行通知书实施的行政行为是否属于人民法院行政诉讼受案范围的批复》（法释〔2004〕6号）认为：“行政机关根据人民法院的协助执行通知书实施的行为，是行政机关必须履行的法定协助义务，不属于人民法院行政诉讼受案范围。但如果当事人认为行政机关在协助执行时扩大了范围或违法采取措施造成其损害，提起行政诉讼的，人民法院应当受理。”该批复因被《行政诉讼法解释》代替，故《最高人民法院关于废止部分司法解释（第十三批）的决定》予以废止。

4.《最高人民法院行政审判庭关于行政机关撤销或者变更已经作出的协助执行行为是否属于行政诉讼受案范围请示问题的答复》（〔2014〕行他字第6号，2014年10月31日）

辽宁省高级人民法院：

你院〔2013〕辽行终字第41号请示收悉，经研究答复如下：

行政机关认为根据人民法院生效裁判或者协助执行通知书作出相应行政行为可能损害国家利益、公共利益或他人合法权益，可以向相关人民法院提出建议；行政机关擅自撤销已经作出的行政行为，相对人不服提起行政诉讼的，人民法院应当依法受理。

【参考文件】

1.《国家土地管理局关于人民法院裁定移转土地使用权问题对最高人民法院法经〔1997〕18号函的复函》（〔1997〕国土函字第96号，1997年8月18日）

最高人民法院：

你院法经〔1997〕18号函收悉。经研究，现复函如下：

一、以出让、转让方式取得的国有土地使用权属当事人自有财产，人民法院对土地使用权(包括以土地为载体的各种权利、义务)转移的裁定,应作为土地权属转移的合法依据,土地管理部门应根据法院的裁定,及时进行变更土地登记。但人民法院在裁定中应明确告知当事人三十日内到人民政府土地管理部门申请办理变更土地登记。并将裁定或判决内容以有效法律文书形式及时通知土地管理部门。

二、土地管理部门在对裁定的土地办理变更登记手续时,其权利取得的时间,应以人民法院裁定的权利取得时间为依据。对不申请办理变更登记或逾期申请的,其土地权利不受法律保护,涉及的土地按违法用地处理。

三、为维护人民法院判决裁定和土地登记的严肃性,凡当事人在规定时间内申请办理变更登记手续的,土地管理部门应以法院裁定或判决时间先后为序确认土地权利。

四、对通过划拨方式取得的土地使用权,由于不属于当事人的自有财产,不能作为当事人财产进行裁定。但在裁定转移地上建筑物、附着物涉及有关土地使用权时,在与当地土地管理部门取得一致意见后,可裁定随地上物同时转移。

凡属于裁定中改变土地用途及使用条件的,需征得土地管理部门同意,补交出让金的,应在裁定中明确,经办理出让手续,方可取得土地使用权。

五、对尚未确定土地权属的土地,应先依据《土地管理法》第十三条①规定处理后,人民法院再行裁定。

---

① 《土地管理法》(1986 年)第 13 条规定:"土地所有权和使用权争议,由当事人协商解决;协商不成的,由人民政府处理。全民所有制单位之间、集体所有制单位之间、全民所有制单位和集体所有制单位之间的土地所有权和使用权争议,由县级以上人民政府处理。个人之间、个人与全民所有制单位和集体所有制单位之间的土地使用权争议,由乡级人民政府或者县级人民政府处理。当事人对有关人民政府的处理决定不服的,可以在接到处理决定通知之日起三十日内,向人民法院起诉。在土地所有权和使用权争议解决以前,任何一方不得改变土地现状,不得破坏土地上的附着物。"

2004 年《土地管理法》修正时,对此条内容进行了修改,并调整为第 16 条规定:"土地所有权和使用权争议,由当事人协商解决;协商不成的,由人民政府处理。单位之间的争议,由县级以上人民政府处理;个人之间、个人与单位之间的争议,由乡级人民政府或者县级以上人民政府处理。当事人对有关人民政府的处理决定不服的,可以自接到处理决定通知之日起三十日内,向人民法院起诉。在土地所有权和使用权争议解决前,任何一方不得改变土地利用现状。"

2019 年《土地管理法》修正后调整为第 14 条。

2.《国家工商行政管理总局对〈关于工商行政管理机关对人民法院的协助执行通知书是否负有审核责任的请示〉的批复》(工商法字〔2010〕116号,2010年6月9日)

北京市工商行政管理局:

你局《关于工商行政管理机关对人民法院的协助执行通知书是否负有审核责任的请示》(京工商文〔2010〕11号)收悉。经研究,现答复如下:

一、行政机关根据人民法院的协助执行通知书实施的行为,是行政机关必须履行的法定协助义务。

二、工商行政管理机关在协助人民法院执行时,不对生效法律文书和协助执行通知书进行实体审查,不负有审核责任。工商行政管理机关认为协助执行事项存在错误的,可以向人民法院提出书面建议,并要求其记录在案,但不应当停止办理协助执行事项。

三、根据《最高人民法院关于行政机关根据法院的协助执行通知书实施的行政行为是否属于人民法院行政诉讼受案范围的批复》(法释〔2004〕6号)①的规定,行政机关根据人民法院的协助执行通知书实施的行为,不属于人民法院行政诉讼受案范围。

【判旨撷要】

1. 桂林华润天和药业有限公司与珠海宝辉生物科技有限公司、广西荔浦明胶药业有限公司企业借贷纠纷执行申诉案[(2014)执监字第259号]

要旨:在被执行人未能主动配合履行股权转让和减资手续的情况下,执行法院有权下发裁定强制执行,执行的方式可以是发出协助执行通知书请相关登记机关直接办理登记,也可以由权利人依据裁定书自行向有关机关申请办理。

2. 邱友康与岱山县人民政府土地确权纠纷执行申诉案[(2016)最高法执监103号]

要旨:岱山县政府是否履行了全部义务,应当以作为执行依据的生效判决书所确定的执行内容为判断标准。生效判决书对岱山县政府确定的义务,

① 此批复现已废止。

是舟山市政府行政复议决定所明确的“责令被申请人岱山县政府在收到本行政复议决定书之日起一个月内对申请人邱友康、李梅菊的土地登记申请依法进行确权,并核发土地使用权证书”。2006 年 11 月 1 日,舟山中院向岱山县政府发出《责令颁发土地使用权通知书》,岱山县政府于 2006 年 11 月 13 日向邱友康颁发了土地使用权证书。该证书明确了土地的位置、地号、地类(用途)、使用权类型、使用面积、独用面积、有效日期,并附宗地图表示该土地的权属界线、面积和利用状况等地籍要素。生效判决书所确定的执行义务已经全部履行完毕。申诉人邱友康认为岱山县政府所颁发的土地使用权证存在面积不够、用途不对、手续不完整等问题,针对的是岱山县政府履行行政职责的具体内容和颁发使用权证书这一新的行政行为的合法性,并非执行依据所确定的执行内容,不属于执行程序所能解决的问题。

3. 承德市住房和城乡建设局就曹运儒与傅法学、秦皇岛安盛房地产开发有限公司等借款合同纠纷执行申诉案[(2019)最高法执监 90 号]

要旨:在承德住建局曾向秦皇岛中院和承德中院两个法院说明协助执行中遇到的冲突问题,秦皇岛中院未进行回复的情况下,按照承德中院的书面释明和要求进行了协助执行,如认为其存在过错,属于擅自协助执行的依据不足。在秦皇岛中院和承德中院于执行中的执行事项具有冲突的情况下,应将执行争议交由上级人民法院进行协调解决为宜。

第二百五十九条 【强制执行法律文书指定的行为】对判决、裁定和其他法律文书指定的行为,被执行人未按执行通知履行的,人民法院可以强制执行或者委托有关单位或者其他人完成,费用由被执行人承担。

规范体系	
司法解释	1.《最高人民法院关于适用〈中华人民共和国民事诉讼法〉的解释》(法释〔2015〕5号;经法释〔2022〕11号第二次修正)第501—503条 2.《最高人民法院关于人民法院执行工作若干问题的规定(试行)》(法释〔1998〕15号;经法释〔2020〕21号修正)第44条 3.《最高人民法院关于适用〈中华人民共和国民法典〉婚姻家庭编的解释(一)》(法释〔2020〕22号)第68条
司法答复	1.《最高人民法院民事审判庭关于季素梅、张勇诉泰兴县人民医院(第三人马兆霞、生炳林)确认血亲关系一案执行问题的电话答复》(1989年3月21日) 2.《最高人民法院执行工作办公室关于人身可否强制执行问题的复函》(〔1999〕执他字第18号) 3.《最高人民法院执行工作办公室关于四川石油管理局勘察设计研究院与成都广视房地产开发公司拆迁安置合同纠纷一案执行情况的批复》(〔1999〕执监字第231-2号)

【条文释义】

本条是关于强制执行法律文书指定的行为的规定。

人民法院作出的生效法律文书,有的属于要求当事人从事某种行为。行为的执行,是指要求被执行人履行作为或者不作为的义务。作为执行标的的行为,可以分为作为和不作为两种。作为也称为积极的行为,即被执行人以积极的方式作出某种行为,如修缮房屋、拆除违章建筑等。不作为也称为消极的行为,是指被执行人不得作出某种行为,如停止侵害。

本条对行为的执行规定了本人实施和可替代实施两种。可替代行为,是指可以由他人代替行为人本人实施的行为。如果被执行人不按人民法院通知履行义务,人民法院可以强制执行,或者委托有关单位或者其他人完成。一般来说,可替代行为都是积极的作为,不作为一般不具有可替代性。可替代性行为原则上应当由被执行人自己履行;被执行人拒绝履行的,执行机构可以委托有关单位或者个人代为完成该行为,代为履行的费用由被执行人承担;如果被执行人不自动给付,法院可以强制执行。①

理解与适用本条规定,需要注意把握以下两点:

一、关于可替代履行行为的执行。所谓可替代履行的行为,是指在行为性质上并非专属于被执行人,而是可以由他人代为完成的行为。例如,履行建设工程的修复义务。《执行工作规定》第 44 条第 2 款规定,对于可以替代履行的行为,可以委托有关单位或他人完成,因完成行为发生的费用由被执行人承担。《民事诉讼法解释》第 501 条、第 502 条对可替代履行行为的执行进一步明确了以下内容:(1)代履行人的选定。代履行人由执行法院选定。选定代履行人一般没有主体资格限制,但法律、行政法规对特定行为义务的履行主体有资格限制的,应当从有资格的人中选定。除执行法院直接指定外,还可以通过招标的方式确定代履行人。对于申请执行人能否成为代履行主体的问题,法律、司法解释长期未予明确。《民事诉讼法解释》第 501 条第 2 款不仅明确规定申请执行人可以在符合条件的人中向执行法院推荐代履行人,也可以申请自己代为履行,是否准许,由执行法院决定。执行法院不仅具有确定代履行人的权力,同时也负有监督职责。如果代履行人不能完成生效法律文书确定的行为义务,执行法院有权更换。(2)代履行费用的确定和承担。《民事诉讼法》第 259 条和《执行工作规定》第 44 条均规定,代履行费用由被执行人承担。《民事诉讼法解释》第 502 条赋予执行法院根据案件具体情况确定代履行费用数额的权力,执行法院可以根据实际产生的费用为标准确定具体数额。如果实际费用无法确定的,也可以根据相关事实和证据裁量确定。代履行的费用可由被执行人在指定期限内预先支付,被执行人未预付的,执行法院有权强制执行。

---

① 参见全国人民代表大会常务委员会法制工作委员会编:《中华人民共和国民事诉讼法释义(最新修正版)》,法律出版社 2012 年版,第 588—589 页。

二、关于不可替代履行行为的执行。所谓不可替代履行的行为，是指依行为性质只能由被执行人本人履行，其他人不能替代的行为。关于不可替代履行的行为，《民事诉讼法意见》（已废止）第283条和《执行工作规定》第44条第3款规定，执行法院只能采取间接强制的方式执行，即对被执行人依法采取罚款、拘留措施。《民事诉讼法解释》第503条重申了上述规定，并增加规定，被执行人在人民法院确定的履行期间内仍不履行的，可以再次按照妨害执行的行为处理。① 由于间接执行涉及对被执行人自由和精神的强制，具有更强的严厉性，因此当一个行为能够适用替代执行的方法时，一般不采用间接执行措施。

【司法解释】

1.《最高人民法院关于适用〈中华人民共和国民事诉讼法〉的解释》（法释〔2015〕5号，2015年2月4日；经法释〔2022〕11号第二次修正，2022年4月10日）

第五百零一条　被执行人不履行生效法律文书确定的行为义务，该义务可由他人完成的，人民法院可以选定代履行人；法律、行政法规对履行该行为义务有资格限制的，应当从有资格的人中选定。必要时，可以通过招标的方式确定代履行人。

申请执行人可以在符合条件的人中推荐代履行人，也可以申请自己代为履行，是否准许，由人民法院决定。

第五百零二条　代履行费用的数额由人民法院根据案件具体情况确定，并由被执行人在指定期限内预先支付。被执行人未预付的，人民法院可以对该费用强制执行。

代履行结束后，被执行人可以查阅、复制费用清单以及主要凭证。

第五百零三条　被执行人不履行法律文书指定的行为，且该项行为只能由被执行人完成的，人民法院可以依照民事诉讼法第一百一十四条第一款第六项规定处理。

被执行人在人民法院确定的履行期间内仍不履行的，人民法院可以依照

---

① 参见赵晋山、葛洪涛、乔宇：《民事诉讼法执行程序司法解释若干问题的理解与适用》，载《人民司法·应用》2016年第16期。

民事诉讼法第一百一十四条第一款第六项规定再次处理。

【注释】一般认为,本条规定的主要是不能替代履行的行为,如知名演员履行演出合同的行为。对于这种不能替代履行的行为,在各国执行程序中都是一个难题。一般的处理办法是采用间接强制的方式,比如,对被执行人采取罚款、拘留措施,意在通过对被执行人心理的强制来达到迫使其履行的目的。我国《民事诉讼法》没有明确规定间接执行措施,但是在第114条第1款第6项规定,可以对拒不履行已经发生法律效力的判决、裁定者处以罚款与拘留。通过援引适用该条文,同样可以达到间接执行措施的效果。

执行中要严格掌握第2款的适用条件。要综合考虑被执行人不履行行为的主观恶性、行为履行的可能性等因素,谨慎判断是否再次采取处罚措施。避免滥用该制度连续处罚被执行人,侵犯被执行人的人身权利。

2.《最高人民法院关于人民法院执行工作若干问题的规定(试行)》(法释〔1998〕15号,1998年7月8日;经法释〔2020〕21号修正,2021年1月1日)

六、交付财产和完成行为的执行

44. 被执行人拒不履行生效法律文书中指定的行为的,人民法院可以强制其履行。

对于可以替代履行的行为,可以委托有关单位或他人完成,因完成上述行为发生的费用由被执行人承担。

对于只能由被执行人完成的行为,经教育,被执行人仍拒不履行的,人民法院应当按照妨害执行行为的有关规定处理。

【注释】需要特别指出,道歉是一种兼具可替代履行和不可替代履行两种行为性质的特殊行为,通过在报纸刊物登载道歉内容的,是可替代履行行为;当面道歉,是不可替代履行行为。

3.《最高人民法院关于适用〈中华人民共和国民法典〉婚姻家庭编的解释(一)》(法释〔2020〕22号,2021年1月1日)

第六十八条　对于拒不协助另一方行使探望权的有关个人或者组织,可以由人民法院依法采取拘留、罚款等强制措施,但是不能对子女的人身、探望行为进行强制执行。

【司法答复】

1.《最高人民法院民事审判庭关于季素梅、张勇诉泰兴县人民医院(第三人马兆霞、生炳林)确认血亲关系一案执行问题的电话答复》(1989 年 3 月 21 日)

江苏省高级人民法院:

你院关于季素梅、张勇诉泰兴县人民医院确认血亲关系一案执行问题的请示报告收悉。经研究,同意你院审判委员会意见。即根据医院发生的错换手牌的事实以及血液足印鉴定结论,可以认定季素梅现抚养的孩子是马兆霞的,而马兆霞现抚养之子不是马兆霞的,所以马兆霞应当将她抚养的孩子交出来。如果马兆霞不交出孩子,对其拒不交出孩子的行为,则可以按照民事诉讼法第七十七条①的规定采取强制措施。如果有刑法一百五十七条②规定的行为,也可适用一百五十七条的规定。但要充分做好当地党政等有关部门的工作,取得他们的支持,以防矛盾激化。

2.《最高人民法院执行工作办公室关于人身可否强制执行问题的复函》(〔1999〕执他字第 18 号,1999 年 10 月 15 日)

湖北省高级人民法院:

你院鄂高法〔1998〕107 号《关于刘满枝诉王义松、赖烟煌、陈月娥等解除非法收养关系一案执行中有关问题的请示》报告收悉。经研究,答复如下:

武汉市青山区人民法院(1996)青民初字第 101 号民事判决书已经发生法律效力,依法应予执行。但必须注意执行方法,不得强制执行王某的人身。可通过当地妇联、村委会等组织在做好养父母的说服教育工作的基础上,让生母刘满枝将孩子领回。对非法干预执行的人员,可酌情对其采取强制措施。请福建高院予以协助执行。

【注释 1】刘满枝请求法院解除其子王某与王义松、张先兰、赖烟煌、赖丽玲、陈月娥非法收养关系一案,武汉市青山区人民法院(以下简称青山区法院)作出(1996)青民初字第 101 号民事判决书,判令:上述五被告人与王某

---

① 2021 年《民事诉讼法》第四次修正后调整为第 114 条。

② 该条内容规定在《刑法》(2020 年)第 277 条、第 313 条。

的收养关系无效,五被告人均有义务将被收养人王某送还原告刘满枝抚养;刘满枝给付赖烟煌、陈月娥抚养王某期间的生活费等 3600 元人民币;王义松、张先兰、赖丽玲各赔偿刘满枝 1000 元人民币损失费。

执行中,各方当事人就王某的抚养问题达成和解协议:(1)王某暂由赖烟煌、陈月娥抚养;(2)赖烟煌、陈月娥需满足刘满枝探望其子的权利,并承担探望期间的一切费用,同时,还应保证刘满枝的人身安全及与其子同吃住的要求,探望期间、探望时间由刘满枝决定;(3)待王某有识别能力后如愿随生母回武汉生活,应尊重其选择。此后,刘满枝反悔,请求法院恢复对原生效判决的执行。青山区法院仅就判决的财产部分执行完毕,但在王某交还问题上,由于王某不愿随其生母回武汉生活,法院拟将其强制带回交给其生母,但考虑缺乏法律依据,故逐级请示至最高人民法院。①

【注释 2】人身作为执行标的时不能强制执行,但当其成为妨害司法行为的载体时,人身是可以被采取强制措施的。比如,对债务人实施拘留、限制出境等限制其人身自由的行为,其目的是对债务人造成一定的心理压力,迫使其履行生效法律文书确定的义务,而不是用限制人身自由的方法来抵偿其所负的债务。限制自由只是种手段,迫使其偿还债务才是目的。对此,《民事诉讼法解释》第 503 条和《执行工作规定》第 44 条规定,对只能由被执行人完成的行为,经教育,被执行人仍拒不履行的,人民法院应当按照妨害执行行为的有关规定处理。法律、司法解释虽然赋予了人民法院在执行案件时可以对被执行人的人身采取强制措施,但还应防止另一种倾向,就是"以拘代执""以罚代执"等简单、粗暴的执行方法,在限制人身自由时一定要严格依据事实和法律程序进行。

3.《最高人民法院执行工作办公室关于四川石油管理局勘察设计研究院与成都广视房地产开发公司拆迁安置合同纠纷一案执行情况的批复》

(〔1999〕执监字第 231-2 号,2002 年 1 月 20 日)

四川省高级人民法院:

你院〔1998〕川协字第 5-1 号和第 38-1 号《关于四川石油管理局勘察设

---

① 参见董志强:《人身可否强制执行问题请示案》,载最高人民法院执行工作办公室编:《强制执行指导与参考》2002 年第 3 辑(总第 3 辑),法律出版社 2003 年版,第 232—240 页。

计研究院与成都广视房地产开发公司拆迁安置合同纠纷一案执行情况的报告》收悉。经研究答复如下：

你院在执行本院(1997)民终字第47号民事判决书过程中，于1999年9月裁定四川石油管理局勘察设计研究院(以下简称石油研究院)申请执行成都广视房地产开发公司(以下简称广视公司)一案中止执行。根据全国人大代表的反映，我办以〔1999〕执监字第231-1号函，要求你院恢复执行。你院报告认为，申请执行人石油研究院提不出可供执行的财产线索，你院依职权也找不到被执行人广视公司有可供执行的财产，故该案尚无恢复执行的条件。

我办认为，本院(1997)民终字第47号民事判决书，判决广视公司“将尚未拆迁安置的9户及其他未拆除的房屋予以拆迁安置和拆除”。该拆迁安置和拆除行为，属可替代行为的执行，你院应委托有关单位完成该行为，费用由被执行人承担。为了确保被执行人支付替代完成行为的费用，你院应对广视公司的注册资金是否属实予以调查，若注册资金不实，应追加投资者注册资金不实的责任；同时，你院还应对本案执行中先前执行的拆迁安置款流失情况予以核查，追回流失款项，并对有关责任人员追究相应责任。

鉴于此案系全国人大代表多次反映的案件，请你院充分认识到本案执行的重要性。在接到本函后立即恢复执行，加大执行力度，并在三个月内执行结案。

【注释】四川石油管理局勘察设计研究院(以下简称石油研究院)与成都广视房地产开发公司(以下简称广视公司)拆迁安置合同纠纷一案，最高人民法院作出(1997)经终字第47号民事判决：(1)石油研究院在本判决生效后次日将拆迁安置工程尾款人民币123.56万元、垫付款人民币33.99万元及利息支付给广视公司；(2)广视公司在判决生效后3个月内将尚未拆迁安置的9户及其他未拆除的房屋予以拆迁安置和拆除。执行中，石油研究院在执行通知书指定的期限内，将判决确定的款项计188.55万元交付给广视公司，广视公司在取得全部款项后，未按判决履行拆迁安置9户住户和拆除其他未拆除房屋的义务。

经查明，广视公司是成都市广播电视局投资300万元开办的集体企业，只有4名员工，承接的石油研究院拆迁工程是其成立后唯一的工程。石油研究院给付的欠款已用于还债，该公司已无资金、无固定资产，尚且欠税50余万元。四川省高级人民法院认为，申请执行人石油研究院提不出可供执行的财产线索，法院依职权也找不到广视公司有可供执行的财产，故该案尚无恢复执行的条件，裁定该案中止执行。石油研究院不服，向最高人民法院提出异议。①

【判旨撷要】

1. 浙江省慈溪市慈吉教育集团与浙江东航建设集团有限公司建设工程承包合同纠纷执行申诉案［（2010）执监字第 183 号］

要旨：东航公司在执行中未能提出符合原设计要求的修复方案，不能达到判决要求的修复标准，且该修复行为在性质上并非只能由东航公司完成。故本案替代履行的条件成就，根据《民事诉讼法》第 228 条（2021 年修正为第 259 条）、《执行工作规定》第 60 条（2020 年修正为第 44 条）第 2 款，可以由有关单位或其他人代替东航公司完成修复行为，费用由东航公司承担。上述规定并未将申请执行人排除在替代履行的主体之外，本案由申请执行人自行修复不违背公平合理的原则，有利于案件执行，应予准许。

2. 申峻山、曹志杰与林锡聪等 11 人股权转让纠纷执行复议案［（2012）执复字第 13 号］

要旨：本案生效判决不仅确认协议有效，而且依据《合同法》第 107 条②判决双方继续履行。该项内容属于违约责任，当事人不自动履行时，应当通过强制执行程序予以落实。只要根据判决认定的事实和理由以及其所确认的协议，能够明确应当继续履行的具体内容，即应认定该继续履行的判决给付内容明确，有强制执行效力。本案双方当事人应当继续履行的内容虽然在生效判决主文中未具体表述，但根据判决认定的事实和理由，以及由生效判决确认应继续履行的股权转让协议，可以查明尚未履行的内容为：申请执行人付清股权转让的剩余价款，被执行人配合完成股权转让的有关手续。该履行的步骤清楚、明确，青海高院据此向双方当事人发出通知，责令双方履行各

---

① 参见黄文艺：《四川石油管理局勘察设计研究院与成都广视房地产开发公司拆迁安置合同纠纷执行案》，载最高人民法院执行工作办公室编：《强制执行指导与参考》2003 年第 1 辑（总第 5 辑），法律出版社 2003 年版，第 237—247 页。

② 《民法典》施行后，相关内容规定在第 577 条。

自的义务,并未扩大被执行人应履行义务的范围,或超出判决内容,亦未涉及对当事人责任的重新审查判断,只是将概括表现的内容具体化,并不违反审执分立的原则。

3. 安庆市通途工贸股份有限公司与安庆市土地收购储备中心、安庆市国土资源局、安庆经济技术开发区管理委员会土地行政收储执行申诉案[(2019)最高法执监167号]

要旨:本案执行过程中,储备中心、安庆市自然资源和规划局在安庆中院向其发出执行通知书后,已提交了履行方案。且根据生效法律文书关于"至于如何采取补救措施、是否继续履行土地出让行为等,则属行政机关对行政事项的自由裁量权,应由被诉行政机关酌定"的认定,储备中心、安庆市自然资源和规划局提交履行方案并向行政相对人通途公司作出履行意见后,即应认定已按生效判决的要求采取了相应的补救措施。至于该补救措施是否得当,申诉人可通过其他途径予以救济。

第二百六十条　【强制被执行人加倍支付利息或者支付迟延履行金】被执行人未按判决、裁定和其他法律文书指定的期间履行给付金钱义务的,应当加倍支付迟延履行期间的债务利息。被执行人未按判决、裁定和其他法律文书指定的期间履行其他义务的,应当支付迟延履行金。

<table>
<tr><th colspan="2">规范体系</th></tr>
<tr><td>司法解释</td><td>1.《最高人民法院关于适用〈中华人民共和国民事诉讼法〉的解释》(法释〔2015〕5 号;经法释〔2022〕11 号第二次修正)第 504—505 条
2.《最高人民法院关于人民法院执行工作若干问题的规定(试行)》(法释〔1998〕15 号;经法释〔2020〕21 号修正)第 22 条
3.《最高人民法院关于执行程序中计算迟延履行期间的债务利息适用法律若干问题的解释》(法释〔2014〕8 号)第 1—7 条
4.《最高人民法院关于在执行工作中如何计算迟延履行期间的债务利息等问题的批复》(法释〔2009〕6 号)
5.《最高人民法院关于人民法院民事调解工作若干问题的规定》(法释〔2004〕12 号;经法释〔2020〕20 号修正)第 15 条
6.《最高人民法院关于对企业借贷合同借款方逾期不归还借款的应如何处理问题的批复》(法复〔1996〕15 号)</td></tr>
<tr><td>司法文件</td><td>1.《最高人民法院关于在民事判决书中增加向当事人告知民事诉讼法第二百二十九条规定内容的通知》(法〔2007〕19 号)第 1—3 条
2.《人民法院民事诉讼风险提示书》(法发〔2003〕25 号)第 17 条
3.《最高人民法院关于审理涉及金融不良债权转让案件工作座谈会纪要》(法发〔2009〕19 号)第 9 条、第 12 条
4.《最高人民法院关于依法妥善办理涉新冠肺炎疫情执行案件若干问题的指导意见》(法发〔2020〕16 号)第 8 条</td></tr>
</table>

(续表)

规范体系	
司法答复	1.《最高人民法院关于暂缓执行期间如何计算迟延履行期间的债务利息的请示的答复》(〔2005〕执监字第59-1号) 2.《最高人民法院执行局关于恒丰银行与达隆公司借款合同纠纷执行一案中有关法律问题的请示的答复》(〔2011〕执他字第2号) 3.《最高人民法院关于非金融机构受让金融不良债权后能否向非国有企业债务人主张全额债权的请示的复函》(〔2013〕执他字第4号)

【条文释义】

本条是关于强制被执行人加倍支付利息或者支付迟延履行金的规定。

法律文书一旦生效,当事人就应当履行法律文书确定的义务,对不履行法定义务的,应当进行制裁,以保护对方当事人的合法权益,维护法律的尊严。在实践中,某些被执行人认为,能晚一天还债自己就能多利用一天资金,多享一分利益,甚至抱着侥幸心理,认为能拖一天就拖一天,或许能把债拖没了。由于他们迟迟不履行判决,给债权人造成了很大的损失。为此,《民事诉讼法》规定了逾期不履行义务加倍支付债务利息和迟延履行金。

本条对被执行人未按判决、裁定和其他法律文书指定的期间履行金钱给付义务或者其他义务的,规定了加倍支付迟延履行期间的债务利息或者支付迟延履行金。债务利息是指被执行人没有按期履行债务而应当向债权人支付的除债务本金之外的一定费用。迟延履行金是指被执行人因迟延履行生效法律文书确定的其他义务,而应当向权利人支付的除原债务外的款项,具有弥补权利人损失和对义务人进行惩罚的双重功能。

本条对于金钱债务的利息明确规定为加倍支付。例如,判决确定被执行人应当在某日前清偿一定金额的债务,如果被执行人超过期限没有还债,就要强制其加倍支付从确定日期至执行完毕期间的债务利息。如果被执行人未按判决、裁定和其他法律文书指定的期间履行其他义务的,如未按法律文书规定交出有关的财物或者票证,未按法律文书迁出房屋或者退出土地,未按法律文书履行一定的行为,人民法院应当责令被执行人支付迟延履行金。至于应支付的迟延履行金的数额是多少,人民法院可以根据案件的不同情况加以确定。①

理解与适用本条规定,需要注意把握以下三点:

一、计付迟延履行利息的法定原则。《民事诉讼法》第 260 条明确规定,被执行人迟延履行的,"应当"支付迟延履行利息。依文义解释,无论申请执行人是否提出申请,法院都应当依职权计算迟延履行利息。根据《执行工作规定》第 22 条的规定,法院在执行前的准备过程中应向被执行人发出执行通知书,责令被执行人承担迟延履行利息或者迟延履行金。这也说明计付迟延履行利息是法院必须采取的一项执行措施,并不以当事人申请为启动要件。

二、迟延履行期间的债务利息的界定。根据《民事诉讼法》第 260 条规定,加倍计算之后的"迟延履行期间的债务利息"是一个整体概念,包括迟延履行期间的一般债务利息和加倍部分债务利息两部分。其中,一般债务利息是指在生效法律文书中,根据实体法规定(如《民法典》)所确定的利息。应当说明的是,并不是所有的金钱给付案件都有一般债务利息,侵权损害赔偿等案件通常就没有支付一般债务利息的内容。加倍部分债务利息又称迟延履行利息,是指在执行程序中,被执行人因迟延履行,根据《民事诉讼法》第 260 条规定应多支付的利息。

迟延履行利息与一般债务利息的主要区别在于:(1)法律依据不同。计付迟延履行利息是民事强制执行措施之一,也是诉讼法赋予申请执行人的实体权利,其法律依据是《民事诉讼法》第 260 条的规定;而一般债务利息受《民法典》《公司法》以及金融法规等实体法约束。(2)性质不同。迟延履行利息兼具补偿性和惩罚性,其目的是督促被执行人及时履行生效法律文书确定的义务,计算方法法定,具有强制性;一般债务利息尊重当事人的约定,体现意思自治原则。(3)起算时间不同。迟延履行利息是从生效法律文书指定的履行期间届满时开始计算;一般债务利息通常从当事人约定的时间开始计算。(4)相关规定适用的范围不同。有关迟延履行利息的规定,是规范所有进入执行程序的案件;而有关一般债务利息的规定(如民间借贷的有关司法解释),则适用于审判程序中的民商事案件。②

---

① 参见全国人民代表大会常务委员会法制工作委员会编:《中华人民共和国民事诉讼法释义(最新修正版)》,法律出版社 2012 年版,第 589—590 页。

② 参见刘贵祥、王宝道:《〈关于执行程序中计算迟延履行期间的债务利息适用法律若干问题的解释〉的理解与适用》,载《人民司法·应用》2014 年第 17 期。

三、关于计算执行还款本息的顺序。基本原则是:当事人有约定的按约定,无约定的按法定。根据最高人民法院现行司法解释规定,2014年8月1日前的清偿顺序为:金钱债务(本金加利息)与迟延履行利息(罚息)并还;2014年8月1日以后,被执行人的财产不足以清偿全部债务的,应适用“先本后息”的清偿顺序原则计算执行付款,即在执行案款不足以清偿全部债务时,应当先支付生效法律文书确定的金钱债务,再支付迟延履行期间的债务利息。但若当事人双方达成调解协议约定先还利息再还本金的,在后续履行过程中,当事人支付部分执行付款时,应按照约定先扣除利息部分,再扣除本金部分,尚未清偿的本金可以继续计算逾期利息。

其中,此处的“金钱债务”概念与“全部债务”呼应,需按照一般文义进行解释,即包括所有支付货币欠款的义务,因此无论是借款本金,还是因借款产生的利息,都属于金钱债务的范畴,亦即此处的“金钱债务”包含一般债务利息。而生效法律文书中确定应当收取的案件受理费、申请保全费、申请执行费、评估费、鉴定费、公告费、仲裁费等因诉讼或仲裁所支出的费用,则属于费用的范畴,不包括金钱债务范围内,在计算迟延履行利息时要对这些案件受理费等诉讼或者仲裁费用先行扣除。

【司法解释】

1.《最高人民法院关于适用〈中华人民共和国民事诉讼法〉的解释》(法释〔2015〕5号,2015年2月4日;经法释〔2022〕11号第二次修正,2022年4月10日)

第五百零四条 被执行人迟延履行的,迟延履行期间的利息或者迟延履行金自判决、裁定和其他法律文书指定的履行期间届满之日起计算。

【注释】《迟延履行利息解释》(法释〔2014〕8号)第2条对本条作了具体细化的规定,应结合适用。

第五百零五条 被执行人未按判决、裁定和其他法律文书指定的期间履行非金钱给付义务的,无论是否已给申请执行人造成损失,都应当支付迟延履行金。已经造成损失的,双倍补偿申请执行人已经受到的损失;没有造成损失的,迟延履行金可以由人民法院根据具体案件情况决定。

2.《最高人民法院关于人民法院执行工作若干问题的规定(试行)》(法释〔1998〕15 号,1998 年 7 月 8 日;经法释〔2020〕21 号修正,2021 年 1 月 1 日)

22. 人民法院应当在收到申请执行书或者移交执行书后十日内发出执行通知。

执行通知中除应责令被执行人履行法律文书确定的义务外,还应通知其承担民事诉讼法第二百五十三条①规定的迟延履行利息或者迟延履行金。

3.《最高人民法院关于执行程序中计算迟延履行期间的债务利息适用法律若干问题的解释》(法释〔2014〕8 号,2014 年 8 月 1 日)

第一条　根据民事诉讼法第二百五十三条②规定加倍计算之后的迟延履行期间的债务利息,包括迟延履行期间的一般债务利息和加倍部分债务利息。

迟延履行期间的一般债务利息,根据生效法律文书确定的方法计算;生效法律文书未确定给付该利息的,不予计算。

加倍部分债务利息的计算方法为:加倍部分债务利息=债务人尚未清偿的生效法律文书确定的除一般债务利息之外的金钱债务×日万分之一点七五×迟延履行期间。

【注释】本解释将一般债务利息从生效法律文书确定的金钱债务中分离出来,与加倍部分的债务利息共同构成"迟延履行期间的债务利息",强调迟延履行期间的债务利息包括迟延履行期间的一般债务利息和加倍部分债务利息两部分,且两部分分别进行计算。

需要注意的是,本条规定与《迟延履行利息批复》(法释〔2009〕6 号)确定的计算方法不同。根据本解释第 7 条之规定,在 2014 年 8 月 1 日之后产生的迟延履行利息计算以本条为准;而在 2014 年 7 月 31 日之前产生的迟延履行利息应按照法释〔2009〕6 号批复确定的方法计算,清偿的迟延履行期间的债务利息=清偿的法律文书确定的金钱债务×同期贷款基准利率×2×迟延履行期间。

第二条　加倍部分债务利息自生效法律文书确定的履行期间届满之日起计算;生效法律文书确定分期履行的,自每次履行期间届满之日起计算;生

① 2021 年《民事诉讼法》第四次修正后调整为第 260 条。

② 2021 年《民事诉讼法》第四次修正后调整为第 260 条。

效法律文书未确定履行期间的,自法律文书生效之日起计算。

第三条 加倍部分债务利息计算至被执行人履行完毕之日;被执行人分次履行的,相应部分的加倍部分债务利息计算至每次履行完毕之日。

人民法院划拨、提取被执行人的存款、收入、股息、红利等财产的,相应部分的加倍部分债务利息计算至划拨、提取之日;人民法院对被执行人财产拍卖、变卖或者以物抵债的,计算至成交裁定或者抵债裁定生效之日;人民法院对被执行人财产通过其他方式变价的,计算至财产变价完成之日。

非因被执行人的申请,对生效法律文书审查而中止或者暂缓执行的期间及再审中止执行的期间,不计算加倍部分债务利息。

第四条 被执行人的财产不足以清偿全部债务的,应当先清偿生效法律文书确定的金钱债务,再清偿加倍部分债务利息,但当事人对清偿顺序另有约定的除外。

【注释】本解释确定的法律文书确定的金钱债务与迟延履行利息清偿顺序,不适用一般民法债权的清偿抵充顺序。首先,迟延履行利息属于罚息,是对不按期履行判决确定义务的惩罚方式,与普通债务主债务之利息有本质属性上的区别。其次,债的清偿抵充顺序的确立,在价值取向上更侧重于对债权人的利益保护,主要是对债权人经济损失的弥补;而迟延履行利息制度的设置目的在于给予申请执行人适当的经济补偿,对被执行人施以适当的经济惩罚,督促当事人尽快履行判决义务,维护法院判决的权威性。因此,本解释中确立的约定优先以及本金优先受偿的原则与《民法典》中债的清偿抵充顺序并不存在矛盾和冲突。

在执行款不足以清偿全部债务时,就生效法律文书确定的金钱债务与迟延履行利息的清偿顺序而言,应当先清偿生效法律文书确定的金钱债务,如果有剩余,再支付迟延履行利息。如果执行款尚不足以支付生效法律文书确定的全部金钱债务,则应当按照一般民法债权抵充顺序原则进行支付。①

本条规定与《迟延履行利息批复》(法释〔2009〕6号)相比较,一是均明确约定优先,即当事人对清偿顺序有约定的,按照约定。二是未约定的,在执行款不足以偿付全部债务情形下,依据本解释第7条之规定,在2014年7月31日之前的清偿顺序以法释〔2009〕6号批复第2条为准,即根据并还原则按

① 参见最高人民法院执行局编著:《最高人民法院关于执行程序中计算迟延履行期间的债务利息司法解释理解与适用》,人民法院出版社2014年版,第57—62页。

比例清偿法律文书确定的金钱债务与迟延履行期间的债务利息;2014 年 8 月 1 日之后的清偿顺序以本条规定为准

第五条　生效法律文书确定给付外币的,执行时以该种外币按日万分之一点七五计算加倍部分债务利息,但申请执行人主张以人民币计算的,人民法院应予准许。

以人民币计算加倍部分债务利息的,应当先将生效法律文书确定的外币折算或者套算为人民币后再进行计算。

外币折算或者套算为人民币的,按照加倍部分债务利息起算之日的中国外汇交易中心或者中国人民银行授权机构公布的人民币对该外币的中间价折合成人民币计算;中国外汇交易中心或者中国人民银行授权机构未公布汇率中间价的外币,按照该日境内银行人民币对该外币的中间价折算成人民币,或者该外币在境内银行、国际外汇市场对美元汇率,与人民币对美元汇率中间价进行套算。

第六条　执行回转程序中,原申请执行人迟延履行金钱给付义务的,应当按照本解释的规定承担加倍部分债务利息。

第七条　本解释施行时尚未执行完毕部分的金钱债务,本解释施行前的迟延履行期间债务利息按照之前的规定计算;施行后的迟延履行期间债务利息按照本解释计算。

本解释施行前本院发布的司法解释与本解释不一致的,以本解释为准。

4.《最高人民法院关于在执行工作中如何计算迟延履行期间的债务利息等问题的批复》(法释〔2009〕6 号,2009 年 5 月 18 日)

四川省高级人民法院:

你院《关于执行工作几个适用法律问题的请示》(川高法〔2007〕390 号)收悉。经研究,批复如下:

一、人民法院根据《中华人民共和国民事诉讼法》第二百二十九条①计算“迟延履行期间的债务利息”时,应当按照中国人民银行规定的同期贷款基准利率计算。

二、执行款不足以偿付全部债务的,应当根据并还原则按比例清偿法律文书确定的金钱债务与迟延履行期间的债务利息,但当事人在执行和解中对

① 2021 年《民事诉讼法》第四次修正后调整为第 260 条。

清偿顺序另有约定的除外。

此复。

附:具体计算方法

(1)执行款=清偿的法律文书确定的金钱债务+清偿的迟延履行期间的债务利息。

(2)清偿的迟延履行期间的债务利息=清偿的法律文书确定的金钱债务×同期贷款基准利率×2×迟延履行期间。

【注释】根据《迟延履行利息解释》(法释〔2014〕8号)第7条规定,2014年8月1日之后产生的迟延履行利息,以该解释的方法计算及确定清偿顺序;2014年7月31日之前产生的迟延履行利息,仍按照本批复的方法计算及确定清偿顺序。

5.《最高人民法院关于人民法院民事调解工作若干问题的规定》(法释〔2004〕12号,2004年11月1日;经法释〔2020〕20号修正,2021年1月1日)

第十五条 调解书确定的担保条款条件或者承担民事责任的条件成就时,当事人申请执行的,人民法院应当依法执行。

不履行调解协议的当事人按照前款规定承担了调解书确定的民事责任后,对方当事人又要求其承担民事诉讼法第二百五十三条①规定的迟延履行责任的,人民法院不予支持。

【注释】需要注意的是,民事调解书中约定的民事责任属于违约责任,而非民事调解书约定的给付内容本身。本条系对民事调解书中约定的不履行民事责任与《民事诉讼法》第260条规定的迟延履行责任竞合问题作出的特别规定,该规定仅适用于对民事调解书的执行,不适用于对判决的执行。因此,被执行人已经履行了民事调解书确定的民事责任后,就不再承担《民事诉讼法》第260条规定的迟延履行责任。

6.《最高人民法院关于对企业借贷合同借款方逾期不归还借款的应如何处理问题的批复》(法复〔1996〕15号,1996年9月23日)

四川省高级人民法院:

你院川高法〔1995〕223号《关于企业拆借合同期限届满后借款方不归还

① 2021年《民事诉讼法》第四次修正后调整为第260条。

本金是否计算逾期利息及如何判决的请示》收悉。经研究,答复如下:

企业借贷合同违反有关金融法规,属无效合同。对于合同期限届满后,借款方逾期不归还本金,当事人起诉到人民法院的,人民法院除应按照最高人民法院法(经)发〔1990〕27 号《关于审理联营合同纠纷案件若干问题的解答》第四条第二项①的有关规定判决外,对自双方当事人约定的还款期满之日起,至法院判决确定借款人返还本金期满期间内的利息,应当收缴,该利息按借贷双方原约定的利率计算,如果双方当事人对借款利息未约定,按同期银行贷款利率计算。借款人未按判决确定的期限归还本金的,应当依照《中华人民共和国民事诉讼法》第二百二十九条②的规定加倍支付迟延履行期间的利息。

【司法文件】

1.《最高人民法院关于在民事判决书中增加向当事人告知民事诉讼法第二百二十九条③规定内容的通知》(法〔2007〕19 号,2007 年 2 月 7 日)

根据《中共中央关于构建社会主义和谐社会若干重大问题的决定》有关“落实当事人权利义务告知制度”的要求,为使胜诉的当事人及时获得诉讼成果,促使败诉的当事人及时履行义务,经研究决定,在具有金钱给付内容的民事判决书中增加向当事人告知民事诉讼法第二百二十九条规定的内容。现将在民事判决书中具体表述方式通知如下:

一、一审判决中具有金钱给付义务的,应当在所有判项之后另起一行写明:如果未按本判决指定的期间履行给付金钱义务,应当依照《中华人民共和国民事诉讼法》第二百二十九条之规定,加倍支付迟延履行期间的债务利息。

---

① 《最高人民法院关于审理联营合同纠纷案件若干问题的解答》[法(经)发〔1990〕27 号,1990 年 11 月 12 日]第 4 条第 2 项的内容为:“四、关于联营合同中的保底条款问题……(二)企业法人、事业法人作为联营一方向联营体投资,但不参加共同经营,也不承担联营的风险责任,不论盈亏均按期收回本息,或者按期收取固定利润的,是明为联营,实为借贷,违反了有关金融法规,应当确认合同无效。除本金可以返还外,对出资方已经取得或者约定取得的利息应予收缴,对另一方则应处以相当于银行利息的罚款。”

② 2021 年《民事诉讼法》第四次修正后调整为第 260 条。

③ 2021 年《民事诉讼法》第四次修正后调整为第 260 条。

二、二审判决作出改判的案件，无论一审判决是否写入了上述告知内容，均应在所有判项之后另起一行写明第一条的告知内容。

三、如一审判决已经写明上述告知内容，二审维持原判的判决，可不再重复告知。

2.《人民法院民事诉讼风险提示书》(法发〔2003〕25 号，2003 年 12 月 24 日)

十七、不履行生效法律文书确定义务

被执行人未按生效法律文书指定期间履行给付金钱义务的，将要支付迟延履行期间的双倍债务利息。

被执行人未按生效法律文书指定期间履行其他义务的，将要支付迟延履行金。

3.《最高人民法院关于审理涉及金融不良债权转让案件工作座谈会纪要》(法发〔2009〕19 号，2009 年 3 月 30 日)

九、关于受让人收取利息的问题

会议认为，受让人向国有企业债务人主张利息的计算基数应以原借款合同本金为准；受让人向国有企业债务人主张不良债权受让日之后发生的利息的，人民法院不予支持。但不良债权转让合同被认定无效的，出让人在向受让人返还受让款本金的同时，应当按照中国人民银行规定的同期定期存款利率支付利息。

十二、关于《纪要》的适用范围

会议认为，在《纪要》中，国有银行包括国有独资商业银行、国有控股商业银行以及国有政策性银行；金融资产管理公司包括华融、长城、东方和信达等金融资产管理公司和资产管理公司通过组建或参股等方式成立的资产处置联合体。国有企业债务人包括国有独资和国有控股的企业法人。受让人是指非金融资产管理公司法人、自然人。不良债权转让包括金融资产管理公司政策性和商业性不良债权的转让。政策性不良债权是指 1999 年至 2000 年上述四家金融资产管理公司在国家统一安排下通过再贷款或者财政担保的商业票据形式支付收购成本从中国银行、中国农业银行、中国建设银行、中国工商银行以及国家开发银行收购的不良债权；商业性不良债权是指 2004 年至 2005 年上述四家金融资产管理公司在政府主管部门主导下从交通银行、中国银行、中国建设银行和中国工商银行收购的不良债权。

《纪要》的内容和精神仅适用于在《纪要》发布之后尚在一审或者二审阶段的涉及最初转让方为国有银行、金融资产管理公司通过债权转让方式处置不良资产形成的相关案件。人民法院依照审判监督程序决定再审的案件,不适用《纪要》。

……

【注释】关于《海南座谈会纪要》的适用范围问题,(2016)最高法执监433号执行裁定认为,《海南座谈会纪要》第9条中"关于受让人收取利息的问题"规定,即"受让人向国有企业债务人主张不良债权受让日之后发生的利息的,人民法院不予支持"。第12条"关于《纪要》的适用范围"规定,即"不良债权转让包括金融资产管理公司政策性和商业性不良债权的转让。政策性不良债权是指1999年至2000年上述四家金融资产管理公司在国家统一安排下通过再贷款或者财产担保的商业票据形式支付收购成本从中国银行、中国农业银行、中国建设银行、中国工商银行以及国家开发银行收购的不良债权;商业性不良债权是指2004年至2005年上述四家金融资产管理公司在政府主管部门主导下从交通银行、中国银行、中国建设银行和中国工商银行收购的不良债权"。可见,《海南座谈会纪要》是对特定范围内的金融不良债权转让案件确立了特殊的处置规则,对金融不良债权的转让时间及转让主体均有明确限定,应当严格按照其适用范围的规定适用。如果将《海南座谈会纪要》适用范围以外的一般金融不良债权转让案件一律参照适用《海南座谈会纪要》精神,既没有明确的法律及司法文件依据,也与依法平等保护各类民事主体财产权益的司法精神相悖。同时,鉴于一般金融不良债权转让中,最初的债务受让人往往是国有资产管理公司,如一律适用《海南座谈会纪要》止付利息,不仅不利于防止国有资产流失,而且损害合法受让人的利益。

4.《最高人民法院关于依法妥善办理涉新冠肺炎疫情执行案件若干问题的指导意见》(法发〔2020〕16号,2020年5月13日)

八、合理减免被执行人加倍部分债务利息。被执行人以疫情或者疫情防控措施直接导致其无法及时履行义务为由,申请减免《中华人民共和国民事诉讼法》第二百五十三条①规定的相应期间的加倍部分债务利息,人民法院

① 2021年《民事诉讼法》第四次修正后调整为第260条。

经审查属实的,应予支持;被执行人申请减免生效法律文书确定的一般债务利息的,不予支持,但申请执行人同意的除外。

【司法答复】

1.《最高人民法院关于暂缓执行期间如何计算迟延履行期间的债务利息的请示的答复》(〔2005〕执监字第59-1号,2006年12月1日)

山东省高级人民法院:

根据你院《关于执行华和国际租赁有限公司与中国建设银行费县支行融资租赁合同担保纠纷一案的情况汇报》,现就有关的法律适用问题提出如下意见:

关于暂缓执行期间是否计算双倍贷款利息的问题,按照《民事诉讼法》第二百三十二条①的规定,被执行人未按判决履行的,即应当加倍支付迟延履行期间的债务利息。暂缓执行并未改变被执行人未按判决履行的状态,而且此案暂缓执行是因为被执行人申诉,为被执行人的利益而采取的。在申诉复查期间暂缓执行已经保护了被执行人的利益,申诉被驳回的,被执行人应当承担未按判决履行的不利后果。

【注释1】华和国际租赁有限公司(以下简称华和公司)与中国建设银行费县支行(以下简称费县支行)融资租赁合同担保纠纷一案,最高人民法院二审判决华和公司向费县支行承担担保责任,支付人民币约计2亿元。山东省高级人民法院(以下简称山东高院)立案执行后,因华和公司申诉,2002年9月16日,最高人民法院发函要求山东高院暂缓执行原判决。2003年10月10日,最高人民法院通知驳回申诉,该案恢复执行。

执行中,双方当事人就在上述暂缓执行期间,是否应当按照法律和司法解释的规定,按照银行贷款利息双倍计算迟延履行利息发生争议。山东高院认为,关于上级法院调卷审查并决定暂缓执行期间,如何计算迟延履行金问题,法律没有明确规定。该期间不是被执行人不履行判决书所确定的义务,而是因为最高人民法院认为原判决可能存在问题,需要审查再审,暂缓原判决的执行。法律规定加倍支付迟延履行利息的目的,是惩罚藐视司法权威、拖延履行判决义务的行为,使其在经济上受到惩罚。本案不是被执行人对法

① 2021年《民事诉讼法》第四次修正后调整为第260条。

院判决执行的拖延，而是因被执行人意志以外的原因（法院暂缓执行）而不能履行，显然不符合《民事诉讼法》第 253 条①规定的情形。本着公平原则，最高人民法院审查再审期间按银行最高贷款利率单倍计息比较适宜。费县支行向最高人民法院申诉。②

【注释 2】《民事诉讼法》第 253 条规定，被执行人未按判决、裁定和其他法律文书指定的期间履行给付义务的，应当加倍支付迟延履行期间的债务利息。依此，加倍支付迟延利息的条件是未按判决履行义务。暂缓执行并未改变被执行人未按判决履行的状态，且在执行中对这一争议问题的处理，应在平衡双方利益前提下，尽量作有利于债权人的解释。申诉期间暂缓执行不能解释为被执行人意志以外的原因，而应解释为经过被执行人的努力才取得的效果，故与被执行人意志有关。且该暂缓执行完全系因被执行人申诉，系为被执行人利益而采取。在申诉复查期间已保护了被执行人利益，申诉被驳回的，被执行人应承担未按判决履行的不利后果，即承担申诉复查期间的双倍迟延履行利息。

2.《最高人民法院执行局关于恒丰银行与达隆公司借款合同纠纷执行一案中有关法律问题的请示的答复》（〔2011〕执他字第 2 号，2011 年 5 月 27 日）

山东省高级人民法院：

你院〔2010〕鲁执复字第 41 号《关于恒丰银行与达隆公司借款合同纠纷执行一案中有关法律问题的请示》收悉。经研究，现提出以下处理意见：

烟台市中级人民法院（以下简称烟台中院）的终结执行裁定因未送达被执行人，并未发生法律效力。烟台中院继续执行于法有据。但达隆公司总经理被关押期间，达隆公司公章、营业执照被查封扣押期间和另案错误执行期间的利息损失均非恒丰银行的过错造成，达隆公司依法应当承担迟延履行期间的给债权人造成的利息损失，对此问题，达隆公司可另行主张权利。

另，烟台中院扣划的 2850 万元款项中包括烟台经济技术开发区人民法院（以下简称烟台开发区法院）裁定保全的款项，因烟台开发区法院的案件

---

① 2021 年《民事诉讼法》第四次修正后调整为第 260 条。

② 参见黄金龙：《暂缓执行期间如何计算迟延履行期间的债务利息》，载最高人民法院执行工作办公室编：《执行工作指导》2007 年第 1 辑（总第 21 辑），人民法院出版社 2007 年版，第 107—110 页。

尚未作出判决,直接予以扣划错误,应当立即返还其保全的账户中。

3.《最高人民法院关于非金融机构受让金融不良债权后能否向非国有企业债务人主张全额债权的请示的复函》(〔2013〕执他字第4号,2013年11月26日)

湖北省高级人民法院:

你院《关于非金融机构受让金融不良债权后能否向非国有企业债务人主张全额债权的请示》(鄂高法〔2012〕323号)收悉。经研究并经我院审判委员会讨论决定,答复如下:

一、非金融机构受让经生效法律文书确定的金融不良债权能否在执行程序中向非国有企业债务人主张受让日后利息的问题,应参照我院2009年3月30日《关于审理涉及金融不良债权转让案件工作座谈会纪要》(法发〔2009〕19号,以下简称《海南座谈会纪要》)的精神处理。

二、根据前述《海南座谈会纪要》第十二条的规定,《海南座谈会纪要》不具有溯及力。《海南座谈会纪要》发布前,非金融资产管理公司的机构或个人受让经生效法律文书确定的金融不良债权,或受让的金融不良债权经生效法律文书确定的,发布日之前的利息按相关法律规定计算;发布日之后不再计付利息。《海南座谈会纪要》发布后,非金融资产管理公司的机构或个人受让经生效法律文书确定的金融不良债权的,受让日之前的利息按相关法律规定计算,受让日之后不再计付利息。

根据上述规定,本案中的利息(包括《中华人民共和国民事诉讼法》第二百五十三条①规定的迟延履行利息)应按法律规定计算至《海南座谈会纪要》发布之日。

【注释】中国银行武汉市花桥支行(以下简称中行花桥支行)与武汉金恒源仓储有限公司(以下简称金恒源公司)借款合同纠纷一案,武汉市中级人民法院(以下简称武汉中院)判决金恒源公司偿还中行花桥支行借款本息共2300万元。后中行花桥支行将该判决确定的金融不良债权转让给中国信达资产管理公司武汉办事处。2005年,中国信达资产管理公司武汉办事处向武汉中院申请执行,并于2006年将该债权转让给高士通香港投资有限公司(以下简称高士通公司)。2007年,高士通公司又将该债权转让给武汉一通

① 2021年《民事诉讼法》第四次修正后调整为第260条。

网络系统工程有限公司(以下简称一通公司)。2008 年,武汉中院裁定将本案申请执行人变更为一通公司。

截止到 2012 年 1 月,金恒源公司共支付执行款 3800 万元,武汉中院通知一通公司领取款项,一通公司认为该款不能全部满足其债权及迟延履行利息,未予领取。2012 年 3 月,武汉中院作出执行终结通知书。一通公司提出执行异议,主要理由是:武汉中院根据《海南座谈会纪要》(法发〔2009〕19 号)第 9 条规定,认为其无权收取金融公司债权转让后的利息是错误的。本案被执行人并非国有企业,应依照《民事诉讼法》第 253 条、《迟延履行利息批复》的规定执行本金和利息。

武汉中院认为,法发〔2009〕19 号纪要第 9 条的受让人是除金融资产管理公司外的法人、自然人。其宗旨是金融不良债权的受让人不是金融机构或资产管理公司的,自受让之日之后发生的利息,不应计算。因此,一通公司所受让的债权利息应截止到 2006 年中国信达资产管理公司武汉办事处将该债权转让给高士通公司之日。现金恒源公司支付的执行款已超过以此为标准计算的本息综合,故裁定驳回一通公司的异议。一通公司向湖北省高级人民法院申请复议。鉴于本案所涉问题属法律适用问题,湖北省高级人民法院请示至最高人民法院。①

【判旨撷要】

1. 湖南嘉福房地产开发有限公司与湖南湘天投资控股集团有限公司、湖南江浙置业有限公司国有土地使用权转让合同纠纷执行复议案[(2012)执复字第 4 号]

要旨:《民事诉讼法》第 253 条(2021 年修正为第 260 条)规定应当加倍支付迟延履行期间的债务利息的条件是,“被执行人未按判决、裁定和其他法律文书指定的期间履行给付金钱义务”,而对于未按判决履行义务这一前提并未区分具体情形,故可以理解为,只要符合该条件,即应支付迟延履行利息。本案判决确定嘉福公司负有在先履行的义务,且明确要求其自判决生效

① 参见葛洪涛:《非金融机构受让金融不良债权后能否向非国有企业债务人主张利息的请示与答复》,载最高人民法院执行局编:《执行工作指导》2014 年第 2 辑(总第 50 辑),人民法院出版社 2014 年版,第 79—88 页。

后10日内向江浙公司支付款项,嘉福公司应受该期限的约束,超过该期限未支付的,江浙公司有权要求其支付迟延履行利息。江浙公司在生效判决作出后将涉案土地使用权设定抵押,为判决作出时并无权利负担的土地使用权过户制造了不确定性,嘉福公司有理由关注自己支付款项后能否顺利取得无负担的土地使用权。但目前在生效裁判执行中适用不安抗辩权制度,尚缺乏法律依据。况且,嘉福公司在此种情况下仍可以采取提存或者向法院支付的方式先行履行,然后请执行法院解决抵押权问题;江浙公司在判决确定的收到款项后10日内清偿贷款并解除抵押权即符合判决的要求,不能得出江浙公司在嘉福公司履行义务后将丧失履行判决能力的确切结论。故即使按照不安抗辩权的观点,嘉福公司的主张也并不必然成立。

2. 中国农业银行股份有限公司重庆巴南支行与重庆市毛氏实业(集团)有限公司借款合同纠纷执行复议案[(2013)执复字第2号]

要旨:《民事诉讼法》第253条(2021年修正为第260条)并未涉及计算迟延履行期间的债务利息的具体利率标准。《民事诉讼法意见》(已废止)第294条、《迟延履行利息批复》只是针对生效法律文书没有确定债务利息的利率标准并计算到实际支付之日的情形而作出的规定,对生效法律文书确定了利率标准并且要求按照该利率将利息计算到实际支付之日的情形,并未作出明确规定。对此,合理的解决方法应当是将《民事诉讼法》第253条及上述司法解释的规定和生效法律文书判定的内容结合起来进行判断,既体现《民事诉讼法》关于"加倍支付迟延履行期间的债务利息"的文义解释和立法目的,又符合执行只能以生效判决为依据的基本原则,合理平衡双方当事人的利益。

人民法院原则上应当按该判决确定的利率和期限计算利息。但是,考虑司法解释规定据以双倍计算迟延履行利息的利率是人民银行同期贷款基准利率,按照判决确定(合同约定)的利率双倍计算利息缺乏法律依据,而判决确定的约定利率本身高于同期贷款基准利率,即已涵盖了一倍的同期贷款基准利率,因此,在生效法律文书确定利息按照当事人约定利率计算到支付之日的情况下,应按照生效法律文书中确定的利率将法律文书确定的全部债务的迟延履行利息计算至实际给付之日止,再增加按照与迟延履行期间相对应的银行同期贷款基准利率计算一倍的利息。

3. 福建佳盛投资发展有限公司与福州商贸大厦筹备处借款合同纠纷执行复议案[(2013)执复字第 7 号]

要旨:责令被执行人支付迟延履行债务利息,是执行机关依法督促被执行人履行义务,并追究其迟延履行责任的制裁行为。《迟延履行利息批复》规定,人民法院计算被执行人迟延履行债务利息时,应当按照中国人民银行规定的同期贷款基准利率计算。因此,执行法院应根据债务迟延履行期间,依同期同档原则确定利率标准,计算本案债权迟延履行期间的债务利息。

《海南座谈会纪要》(以下简称《纪要》)第 9 条规定,债权受让人向国有企业债务人主张不良债权受让日之后发生的利息的,人民法院不予支持。本案债权转让行为发生在《纪要》发布之前,判决系《纪要》发布前作出。为确保审判与执行程序的有效衔接与协调统一,人民法院应参照《纪要》办理涉及金融不良债权转让的执行案件。根据《纪要》平衡当事人权利、减轻债务人责任的司法原则,《纪要》发布后,已转让金融不良债权产生的原判债务利息与迟延履行债务利息,人民法院不予保护。因此,执行法院将案涉利息计付期间截止到债权转让之日欠当。申请执行人在《纪要》发布前受让不良金融债权,原判债务利息与迟延履行期间利息的计算应截止到《纪要》发布日,其后均不再计付。

4. 刘祥冠与成月祥、朱成法出资合同纠纷执行申诉案[(2014)执申字第 1 号]

要旨:本案一审判决作出后,当事人提出上诉,案件进入二审程序。经二审审理后,维持了一审判决,至此一审判决才发生法律效力。执行法院从一审判决作出后尚未生效时开始计算迟延履行利息错误,应予纠正。迟延履行利息应从二审判决生效之日起,结合一审判决确定的 10 天履行期间计算,故应在二审判决生效之日后 10 日开始计算迟延履行利息。迟延履行利息应计算至执行依据确定的债务全部履行完毕之日。根据《民事诉讼法》第 253 条(2021 年修正为第 260 条)计算的迟延履行利息,不能再作为后续迟延履行利息的计算基础。《迟延履行利息批复》2009 年 5 月 18 日实施,该批复不具有溯及力,不能适用于批复生效前已经履行完毕债务迟延履行利息的计算。

5. 青海银行股份有限公司与青海东湖宾馆旅业有限责任公司借款担保合同纠纷执行复议案[(2014)执复字第 19 号]

要旨:依据民事诉讼法的规定,被执行人需要加倍支付迟延履行期间的债务利息的前提是未按判决指定的期间履行金钱债务。金钱给付判决的被执行人负有以其全部财产清偿债务的法定责任,东湖公司有责任根据自身履行能力主动偿付相应的款项,即使在无力偿清全部债务,或者对履行数额有争议的情况下,东湖公司也有义务先行偿付部分债务。东湖公司提出以物抵债的相关方案,并不等于实际履行义务。青海高院虽裁定终结本次执行程序,但终结本次执行程序并非债务消灭意义上的终结执行,其法律上的效果实际相当于中止执行。该执行程序的暂时中止并未改变被执行人未依法律文书履行义务的状态。故确定被执行人不承担终结本次执行程序期间的迟延履行利息,缺乏法律依据。

6. 重庆钢铁(集团)有限责任公司与雷州市八达电子公司代办运输合同纠纷执行申诉案[(2015)执监字第200号]

要旨:在执行程序中,对于生效法律文书确定的金钱债务和迟延履行债务利息的清偿顺序,2009年之前法律和司法解释无明确规定,2009年之后先后有两个司法解释作出明确规定:一是2009年5月18日起施行的《迟延履行利息批复》,该批复第2条规定,执行款不足以偿付全部债务的,应当根据并还原则按比例清偿法律文书确定的金钱债务与迟延履行期间的债务利息,但当事人在执行和解中对清偿顺序另有约定的除外;二是2014年8月1日起施行的《迟延履行利息解释》,该解释第4条规定,被执行人的财产不足以清偿全部债务的,应当先清偿生效法律文书确定的金钱债务,再清偿加倍部分债务利息,但当事人对清偿顺序另有约定的除外。本案在1997年进入执行程序后,对于生效法律文书确定的金钱债务和迟延履行债务利息清偿顺序,当时法律和司法解释无明确规定,湛江中院一审和广东高院二审判决未在判项中明确,八达公司和重钢公司亦无约定,在此情况下,湛江中院按"先本后息"的清偿顺序计算重钢公司偿付的金钱债务和迟延履行债务利息,不能认为其错误。

【注释】在王建民与安远县三百山镇人民政府建设工程合同纠纷执行申诉案中,最高人民法院(2015)执申字第48号执行裁定书认为:关于赣州中院分段计算本息并还的问题,《迟延履行利息批复》规定,执行款不足以偿付全部债务的,应当根据并还原则按比例清偿法律文书确定的金钱债务与迟延履行期间的债务利息,但当事人在执行和解中对清偿顺序另有约定的除外。《迟延履行利息解释》第4条规定,被执行人的财产不足以清偿全部债务的,应当先清偿生效法律文书确定的金钱债务,再清偿加倍部分债务利息,但当事人对清偿顺序另有约定的除外。以上法律规定表明,对债务本息的清偿顺序,当事人约定优先,没有规定"先息后本"的计算方法。本案中,双方当事人对于债务本息清偿顺序并没有明确约定,赣州中院按照《迟延履行利息批复》计算迟延履行利息,并无不当。

7. 安徽伟宏钢结构集团股份有限公司与合肥华芝园商贸有限公司工程款纠纷执行申诉案[(2016)最高法执监26号]

要旨:逾期付款违约金在本案仲裁调解书确定的履行期限届满前尚未发生,且发生与否并不确定,只有当被执行人未按仲裁调解书确定的履行期限履行义务时,该款项才实际发生,其目的是促使当事人履行生效法律文书确定的金钱债务。该违约金自生效法律文书确定的履行期限届满之次日起算,延伸至实际付清法律文书确定的金钱债务之日止,与迟延履行期间债务利息的计算期间重叠,目的相同,执行程序中不能作为基数计算迟延履行期间债务利息。

8. 王幸荣、徐慧军、徐慧清与大兴安岭西林吉林业局木材生产合同纠纷执行申诉案[(2016)最高法执监212号]

要旨:《民事调解规定》第19条(2020年修正为第15条)规定:"调解书确定的担保条款条件或者承担民事责任的条件成就时,当事人申请执行的,人民法院应当依法执行。不履行调解协议的当事人按照前款规定承担了调解书确定的民事责任后,对方当事人又要求其承担民事诉讼法第二百二十九条(第253条,2021年修正为第260条)规定的迟延履行责任的,人民法院不予支持。"本案中,黑河中院已经强制执行了该调解书第1项所确定的生产费及迟延履行期间债务利息等共计128万元,王幸荣等人关于继续执行西林吉林业局未如期履行应承担的违约金及该违约金对应的迟延履行期间的债务利息的要求能否得到支持,应当适用上述规定进行判断。

9. 广州正中投资有限公司与广州市泰和房地产开发有限公司、广州永耀房地产有限公司、陆耀祥、陆永基、胡淑芳公证债权文书执行申诉案[(2016)最高法执监431号]

要旨:《海南座谈会纪要》(以下简称《纪要》)是对特定范围内的金融不

良债权转让案件确立了特殊的处置规则，对金融不良债权的转让时间及转让主体均有明确限定，应当严格按照其适用范围的规定适用。如果将《纪要》适用范围以外的一般金融不良债权转让案件一律参照适用《纪要》精神，既没有明确的法律及司法文件依据，也与依法平等保护各类民事主体财产权益的司法精神相悖。同时，鉴于一般金融不良债权转让中，最初的债权受让人往往是国有资产管理公司，如一律适用《纪要》止付利息，不仅不利于防止国有资产流失，而且损害合法受让人的利益。本案中，债权最初的转让时间与转让主体，均与《纪要》第 12 条的规定不符，故不应适用《纪要》关于自受让日后停止计付利息的规定。最高人民法院〔2013〕执他字第 4 号答复，是对湖北省高级人民法院就在执行程序中能否参照适用《纪要》规定计算债务利息问题进行请示的个案答复。该答复意见所涉案件中的金融不良债权属于《纪要》第 12 条规定的特定范围内的债权。因此，该答复意见所涉案件基本事实与本案不符，对本案不具有指导意义。

10. 山西御花园时代广场有限公司与李海水等人侵害企业出资人权益纠纷执行复议案［（2016）最高法执复 46 号］

要旨：《民事诉讼法》第 253 条（2021 年修正为第 260 条）的立法目的，在于要求被执行人在生效法律文书指定的履行期间内积极、主动地履行法律义务，否则应当承担迟延履行的不利后果。计付迟延履行利息作为执行措施之一，具有一定的惩罚性，但与罚款措施不同，在适用罚款措施时需要考虑被罚款人是否具有违法的故意，而计付迟延履行利息不要求被执行人是否有不履行义务的主观故意，不论其是否具有履行能力，只要被执行人客观上没有履行义务，则都应当加倍承担迟延履行期间产生的债务利息。被执行人主张的其主观上积极履行、但客观上并未实际履行的行为，不能成为免除其承担迟延履行期间债务利息的免责事由。

11. 时利和房地产开发（武汉）建筑有限公司与武汉市国土资源和规划局国有土地使用权批租合同纠纷执行复议案［（2017）最高法执复 16 号］

要旨：《民事诉讼法》第 253 条（2021 年修正为第 260 条）规定于执行措施一章中，其主要目的是通过制裁不按照生效法律文书指定期间履行的行为，达到促使债务人及时履行义务的目的，同时也进一步补偿债权人因迟延履行造成的损失。通常情况下，生效判决确定的债权未得到实现，执行程序被启动的，可以推定是因为被执行人迟延履行义务的结果，执行部门因而主动依法起算迟延履行利息。但是，在个案中查明债务人有积极履行债务的具体行动，而债权人对债务未履行负有一定责任的情况下，如果对此具体情况完全不予以考量，一律无条件要求被执行人加倍支付迟延履行期间的债务利息，则将对积极诚信履行债务的人施以制裁，此与设置迟延履行利息以达到促使债务人普遍积极履行义务的立法目的不符。因此，不能将请求加倍支付迟延履行期间债务利息作为申请执行人无条件的权利，应当允许执行法院在特定案件中根据被执行人的申请，根据双方在履行债务过程中的表现及过错等相关因素酌情减轻或免除加倍支付迟延利息。

12. 巴彦淖尔市第二建筑安装有限责任公司与石嘴山市第二十一中学建筑工程施工合同纠纷执行申诉案［（2017）最高法执监 61 号］

要旨：申请执行人以被执行人未履行和解协议为由，要求恢复执行原生效法律文书并支付迟延履行期间债务利息的，应以被执行人不履行或者不完全履行和解协议为前提，如果和解协议已经履行完毕，或未履行完毕是因申请执行人的原因造成的，则不应恢复执行，更谈不上计算迟延履行期间债务利息的问题。如果和解协议未履行完毕，是因被执行人的原因造成的，应当恢复原生效法律文书的执行，并从原生效法律文书指定的履行期间届满之日起计算迟延履行期间的债务利息。此外，和解协议未履行完毕，如果申请执行人与被执行人均有过错，迟延履行期间债务利息的起算应根据各自的过错情况进行判断。

13. 上银科技股份有限公司与天津罗升企业有限公司买卖合同纠纷执行复议案［（2017）最高法执复 47 号］

要旨：被执行人主张被保全或冻结的货币类财产不应当计算迟延履行期间加倍部分债务利息。《迟延履行利息解释》第 3 条第 2 款规定，“人民法院划拨、提取被执行人的存款、收入、股息、红利等财产的，相应部分的加倍部分债务利息计算至划拨、提取之日”。根据该规定，货币类财产在保全或冻结后至划拨前，应当计算迟延履行期间的加倍部分债务利息。

14. 抚顺苏宁云商销售有限公司与抚顺时代广场房地产开发有限公司、张建化、抚顺中兴时代广场商业有限公司房屋买卖合同纠纷执行申诉案[(2018)最高法执监6号]

要旨:本案生效判决争议判项表述为,按照中国人民银行同期同类存款利率计息。对于执行依据判项的理解,执行法院应当综合考量判决习惯用法、判项字面本义、执行依据说理部分论述和一般常理等因素进行确定,对于判项争议较大无法确定的,可以通过内部程序向作出执行依据的法院审判部门请求释明。本案中,第一,对人民法院判决中"中国人民银行同期同类存款利率计息"中"同期同类"这一用语,应按照银行业常用的"同期同档"理解。第二,生效判决判项中并未明确该存款利率是定期还是活期,由于活期存款利率并不区分档位,故判项中指的应是定期。第三,生效判决说理部分有关论述,的确表达了降低违约金的意图,但是,若降为按照活期存款利息计算,则违约金极大减少,违背违约金惩罚性质的价值意义。

15. 广州正中投资有限公司、广州市金宇投资有限公司与广州市泰和房地产开发有限公司、广州永耀房地产有限公司、陆永基、胡淑芳、陆耀祥借款合同纠纷执行申诉案[(2019)最高法执监122、134、135、158号]

要旨:《迟延履行利息批复》对于如何计算生效法律文书确定了利率标准并且要求按照该利率将利息计算到实际支付之日的情形,并未作明确规定,实践中各地法院掌握标准亦不尽一致。执行过程中坚持的总体处理原则,是既体现《民事诉讼法》关于"加倍支付迟延履行期间的债务利息"的立法目的和文义解释,又符合以生效判决为执行依据的基本原则,合理平衡各方当事人的利益。人民法院原则上应当按生效判决确定的利率和期限计算利息。但是,考虑《迟延履行利息解释》生效前,《迟延履行利息批复》规定以人民银行同期贷款基准利率双倍计算迟延履行期间债务利息,如果同时再按照生效判决计算利息,将会导致债务利息畸高。这一原则在《迟延履行利息解释》中亦有体现,即在仅以生效判决确定的利息以外的金钱债务为基数计算一般债务利息的同时,采近十年银行贷款基准利息的平均值,以一倍利率的标准、日万分之一点七五计算加倍迟延履行利息,体现了对于债权人因被执行人逾期履行债务的利息损失合理的补偿区间。执行法院依照上述法律和司法解释的规定,分不同阶段对本案的计息基数、利息、一般债务利息、加倍部分债务利息、迟延履行期间债务利息进行了分段计算,较好平衡了双方当事人的合法权益,并无不当。

【注释】2014 年《迟延履行利息解释》明确区分了加倍部分债务利息和一般债务利息,并规定加倍部分债务利息按照日万分之一点七五计算,因此即便同时计算加倍部分债务利息和一般债务利息,通常也不会存在利息畸高的问题。但根据《迟延履行利息解释》第 7 条,该解释施行前的迟延履行期间债务利息按照之前的规定计算,因此目前实践中依然存在部分案件需要根据 2009 年《迟延履行利息批复》计算迟延履行利息。

针对同时根据 2009 年《迟延履行利息批复》计付迟延履行利息和生效法律文书计付一般利息,可能存在利息畸高,导致债务人负担过重问题,最高人民法院在本案中认为,法院可以根据案件情况对部分利息不予支持。而在此前的判例中,最高人民法院也曾表达过类似倾向。在最高人民法院(2013)执复字第 2 号裁定中,最高人民法院就否定了债权人要求按照约定利息双倍计付迟延履行利息的请求,考虑司法解释规定据以双倍计算迟延履行利息的利率是人民银行同期贷款基准利率,按照判决确定(合同约定)的利率双倍计算利息缺乏法律依据,而判决确定的约定利率本身高于同期贷款基准利率,即已涵盖了一倍的同期贷款基准利率,因此,在生效法律文书确定利息按照当事人约定利率计算到支付之日的情况下,应按照生效法律文书中确定的利率将法律文书确定的全部债务的迟延履行利息计算至实际给付之日止,再增加按照与迟延履行期间相对应的银行同期贷款基准利率计算一倍的利息。

16. 邹城市东旭煤炭储运有限责任公司与兖州煤业股份有限公司东滩煤矿拖欠堆存费纠纷执行申诉案[(2019)最高法执监 239 号]

要旨:非因被执行人的申请,对生效法律文书审查而中止或者暂缓执行的期间及再审中止执行的期间,不计算加倍部分债务利息。本案中,根据查明的事实,法院裁定受理对申请执行人强制清算,虽然冻结了其对被执行人的债权,但并不影响被执行人向申请执行人清算组履行义务,因此,不存在法定的不计算加倍部分债务利息的情形。因申请执行人清算组未对债权进行清算、恢复执行后应剔除加倍部分的利息,以及因被执行人未主动清偿、中止执行期间按照银行同期贷款利息计算,缺乏法律依据。被执行人提出的在申请执行人因被强制清算而中止执行期间,不应计算迟延履行债务利息,以及假设需要计算,只能按照同期银行活期存款利率计算的请求,于法无据,应予驳回。

17. 张家口通泰控股集团有限公司与张家口远大建设集团有限公司合伙协议纠纷执行申诉案[(2020)最高法执监169号]

要旨:就法理而言,因占用他人资金而须返还的内容,除该资金本身外,还应返还的就是该资金在占用期间所产生的利息,其在类型上属于附加利息(返还自己所受领的他人给付时,应该附加返还的利息)。该种利息,有的法律文书中直接称之为"利息",有的法律文书则称之为"利息损失"。不管其具体称谓为何,均不能改变其为利息的本质属性。对此,不能望文生义,见在文字上加有"损失"二字,即不作具体深入分析,直接否定其利息性质。依照《迟延履行利息解释》第1条的规定,迟延履行期间的一般债务利息,根据生效法律文书确定的方法计算;计算迟延履行期间加倍部分债务利息时,应以生效法律文书确定的除一般债务利息外的金钱债务为基数进行计算,即一般债务利息不再加倍计算迟延履行利息。故本案中,对性质上属于一般债务利息的"投资收益损失",不应再计算迟延履行期间的加倍债务利息。

第二百六十一条　【继续履行义务及随时申请执行】人民法院采取本法第二百四十九条、第二百五十条、第二百五十一条规定的执行措施后，被执行人仍不能偿还债务的，应当继续履行义务。债权人发现被执行人有其他财产的，可以随时请求人民法院执行。

规范体系	
司法解释	1.《最高人民法院关于适用〈中华人民共和国民事诉讼法〉的解释》(法释〔2015〕5 号;经法释〔2022〕11 号第二次修正)第 515 条、第 517 条 2.《最高人民法院关于适用〈中华人民共和国刑事诉讼法〉的解释》(法释〔2021〕1 号)第 523 条
司法文件	1.《最高人民法院关于执行案件立案、结案若干问题的意见》(法发〔2014〕26 号)第 6 条、第 16 条、第 22 条 2.《最高人民法院关于严格规范终结本次执行程序的规定(试行)》(法〔2016〕373 号)第 1—19 条 3.《最高人民法院关于在执行工作中规范执行行为切实保护各方当事人财产权益的通知》(法〔2016〕401 号)第 6 条 4.《最高人民法院关于进一步规范近期执行工作相关问题的通知》(法〔2018〕141 号)第 2 条 5.《最高人民法院关于进一步完善执行权制约机制加强执行监督的意见》(法〔2021〕322 号)第 24 条
司法答复	《最高人民法院执行工作办公室关于已执行完毕的案件被执行人又恢复到执行前的状况应如何处理问题的复函》(〔2000〕执他字第 34 号)

【条文释义】

本条是关于继续履行义务及随时申请执行的规定。

在执行过程中，执行法院已经实施了法律所规定的关于查询、冻结、划拨存款,扣留、提取被执行人收入,以及查封、扣押、冻结、拍卖、变卖被执行人财产的措施后,被执行人仍无法偿还债务的,债务并不因此而消灭,债务人还应当继续履行义务;债权人发现被执行人有其他财产的,可以随时请求人民法院执行。当事人之间因申请强制执行所产生的法律关系并没有终结。也就是说,作为被执行人的公民和非法人组织的偿债责任是无限的,被执行人的义务不因采取了执行措施而终结,被执行人什么时候有钱,就应当什么时候履行义务,一直到义务履行完毕为止。如果申请执行人发现被执行人在人民法院采取执行措施后还有其他可供执行的财产,或者发现被执行人经过一段恢复期后,又获得了新的财产,可以随时请求人民法院执行。①

有的金钱债权执行案件,经过人民法院穷尽财产调查措施及相应的强制执行措施后,没有发现被执行人有可供执行的财产,或者仅发现部分财产并执行完毕后,申请执行人的全部或部分债权不能得到实现。为此,《民事诉讼法解释》第517条创设了终结本次执行程序制度。根据该司法解释,裁定终结本次执行程序,需同时满足两个条件:一是经过财产调查程序,未发现可供执行的财产。财产调查一般应对被执行人的存款、动产、不动产、股权等财产和财产权利进行专门调查。二是经申请执行人签字确认或者执行法院组成合议庭审查核实并经院长批准。经申请执行人签字确认,系对当事人处分权的尊重。如果申请执行人不予确认的,执行法院可以组成合议庭审查后报主管院长批准,裁定终结本次执行程序。

裁定终结本次执行程序后,申请执行人发现被执行人有可供执行财产的,可以再次申请执行。再次申请执行不受申请执行时效期间的限制。执行法院裁定终结本次执行程序,与裁定终结执行不同,后者原则上不允许恢复执行或申请执行人再次申请执行,但《民事诉讼法解释》第518条规定了终结执行后当事人再次申请执行的例外情形,即因撤销申请而终结执行后,当事人在《民事诉讼法》第246条规定的申请执行时效期间内再次申请执行的,人民法院应当受理。

---

① 参见全国人民代表大会常务委员会法制工作委员会编:《中华人民共和国民事诉讼法释义(最新修正版)》,法律出版社2012年版,第590—591页。

【司法解释】

1.《最高人民法院关于适用〈中华人民共和国民事诉讼法〉的解释》（法释〔2015〕5 号，2015 年 2 月 4 日；经法释〔2022〕11 号第二次修正，2022 年4 月10 日）

第五百一十五条　债权人根据民事诉讼法第二百六十一条规定请求人民法院继续执行的，不受民事诉讼法第二百四十六条规定申请执行时效期间的限制。

第五百一十七条　经过财产调查未发现可供执行的财产，在申请执行人签字确认或者执行法院组成合议庭审查核实并经院长批准后，可以裁定终结本次执行程序。

依照前款规定终结执行后，申请执行人发现被执行人有可供执行财产的，可以再次申请执行。再次申请不受申请执行时效期间的限制。

【注释】本条为终结本次执行程序的一般性规定，具体规范内容参见 2016 年 12 月 1 日起施行的《终本规定》（法〔2016〕373 号）。经过财产调查未发现可供执行的财产，申请执行人签字确认的，也要符合该规定的实质要件和程序要件。

2.《最高人民法院关于适用〈中华人民共和国刑事诉讼法〉的解释》（法释〔2021〕1 号，2021 年 3 月 1 日）

第五百二十三条　罚金在判决规定的期限内一次或者分期缴纳。期满无故不缴纳或者未足额缴纳的，人民法院应当强制缴纳。经强制缴纳仍不能全部缴纳的，在任何时候，包括主刑执行完毕后，发现被执行人有可供执行的财产的，应当追缴。

行政机关对被告人就同一事实已经处以罚款的，人民法院判处罚金时应当折抵，扣除行政处罚已执行的部分。

【司法文件】

1.《最高人民法院关于执行案件立案、结案若干问题的意见》（法发〔2014〕26 号，2015 年 1 月 1 日）

第六条　下列案件，人民法院应当按照恢复执行案件予以立案：

（一）申请执行人因受欺诈、胁迫与被执行人达成和解协议，申请恢复执行原生效法律文书的；

（二）一方当事人不履行或不完全履行执行和解协议，对方当事人申请恢复执行原生效法律文书的；

（三）执行实施案件以裁定终结本次执行程序方式报结后，如发现被执行人有财产可供执行，申请执行人申请或者人民法院依职权恢复执行的；

（四）执行实施案件因委托执行结案后，确因委托不当被已立案的受托法院退回委托的；

（五）依照民事诉讼法第二百五十七条①的规定而终结执行的案件，申请执行的条件具备时，申请执行人申请恢复执行的。

【注释】（1）本条第1项立案事由，应结合《执行和解规定》第16条规定理解和把握。申请执行人以因受欺诈、胁迫与被执行人达成和解协议申请恢复执行原生效法律文书的，应依照《执行和解规定》第16条规定，先向执行法院提起诉讼确认执行和解协议无效或撤销。

（2）本条第2项立案事由，应结合《执行和解规定》第9条规定理解和把握。如申请执行人申请恢复执行的对象是执行和解协议而非原生效法律文书，应告知申请执行人依照《执行和解规定》第9条规定就履行执行和解协议向执行法院提起诉讼。

（3）本条第3项立案事由，与《终本规定》第9条主要精神相同。该条规定："终结本次执行程序后，申请执行人发现被执行人有可供执行财产的可以向执行法院申请恢复执行。申请恢复执行不受申请执行时效期间的限制。执行法院核查属实的，应当恢复执行。终结本次执行程序后的五年内，执行法院应当每六个月通过网络执行查控系统查询一次被执行人的财产，并将查询结果告知申请执行人。符合恢复执行条件的，执行法院应当及时恢复执行。"

（4）本条第4项立案事由，与《委托执行规定》第9条主要精神相同。该条第2款规定："委托执行案件退回后，受托法院已立案的，应当作销案处理。委托法院在案件退回原因消除之后可以再行委托。确因委托不当被退回的，委托法院应当决定撤销委托并恢复案件执行，报所在的高级人民法院备案。"

---

① 2021年《民事诉讼法》第四次修正后调整为第264条。

第十六条　有下列情形之一的，可以以“终结本次执行程序”方式结案：

（一）被执行人确无财产可供执行，申请执行人书面同意人民法院终结本次执行程序的；

（二）因被执行人无财产而中止执行满两年，经查证被执行人确无财产可供执行的；

（三）申请执行人明确表示提供不出被执行人的财产或财产线索，并在人民法院穷尽财产调查措施之后，对人民法院认定被执行人无财产可供执行书面表示认可的；

（四）被执行人的财产无法拍卖变卖，或者动产经两次拍卖、不动产或其他财产权经三次拍卖仍然流拍，申请执行人拒绝接受或者依法不能交付其抵债，经人民法院穷尽财产调查措施，被执行人确无其他财产可供执行的；

（五）经人民法院穷尽财产调查措施，被执行人确无财产可供执行或虽有财产但不宜强制执行，当事人达成分期履行和解协议，且未履行完毕的；

（六）被执行人确无财产可供执行，申请执行人属于特困群体，执行法院已经给予其适当救助的。

人民法院应当依法组成合议庭，就案件是否终结本次执行程序进行合议。

终结本次执行程序应当制作裁定书，送达申请执行人。裁定应当载明案件的执行情况、申请执行人债权已受偿和未受偿的情况、终结本次执行程序的理由，以及发现被执行人有可供执行财产，可以申请恢复执行等内容。

依据本条第一款第（二）（四）（五）（六）项规定的情形裁定终结本次执行程序前，应当告知申请执行人可以在指定的期限内提出异议。申请执行人提出异议的，应当另行组成合议庭组织当事人就被执行人是否有财产可供执行进行听证；申请执行人提供被执行人财产线索的，人民法院应当就其提供的线索重新调查核实，发现被执行人有财产可供执行的，应当继续执行；经听证认定被执行人确无财产可供执行，申请执行人亦不能提供被执行人有可供执行财产的，可以裁定终结本次执行程序。

本条第一款第（三）（四）（五）项中规定的“人民法院穷尽财产调查措施”，是指至少完成下列调查事项：

（一）被执行人是法人或其他组织的，应当向银行业金融机构查询银行存款，向有关房地产管理部门查询房地产登记，向法人登记机关查询股权，向

有关车管部门查询车辆等情况;

(二)被执行人是自然人的,应当向被执行人所在单位及居住地周边群众调查了解被执行人的财产状况或财产线索,包括被执行人的经济收入来源、被执行人到期债权等。如果根据财产线索判断被执行人有较高收入,应当按照对法人或其他组织的调查途径进行调查;

(三)通过最高人民法院的全国法院网络执行查控系统和执行法院所属高级人民法院的"点对点"网络执行查控系统能够完成的调查事项;

(四)法律、司法解释规定必须完成的调查事项。

人民法院裁定终结本次执行程序后,发现被执行人有财产的,可以依申请执行人的申请或依职权恢复执行。申请执行人申请恢复执行的,不受申请执行期限的限制。

第二十二条 恢复执行案件的结案方式包括:

(一)执行完毕;

(二)终结本次执行程序;

(三)终结执行。

2.《最高人民法院关于严格规范终结本次执行程序的规定(试行)》(法〔2016〕373号,2016年12月1日)

第一条 人民法院终结本次执行程序,应当同时符合下列条件:

(一)已向被执行人发出执行通知、责令被执行人报告财产;

(二)已向被执行人发出限制消费令,并将符合条件的被执行人纳入失信被执行人名单;

(三)已穷尽财产调查措施,未发现被执行人有可供执行的财产或者发现的财产不能处置;

(四)自执行案件立案之日起已超过三个月;

(五)被执行人下落不明的,已依法予以查找;被执行人或者其他人妨害执行的,已依法采取罚款、拘留等强制措施,构成犯罪的,已依法启动刑事责任追究程序。

【注释】本条规定了终结本次执行程序的实体要件,是对《民事诉讼法解释》第517条中"经过财产调查未发现可供执行的财产"的具体细化。

(1)与《执行立结案意见》(法发〔2014〕26号)第16条相比,本条对终结本次执行程序的标准作出了新的规定，应以此为准。

（2）《规范近期执行工作通知》（法〔2018〕141 号）第 2 条第 2 款规定，"在严格按照《终本规定》的程序标准和实质标准完成必要的执行措施后，人民法院终结本次执行程序，可不受《终本规定》第一条第四项三个月期限的限制。同时，要严格杜绝随立随结、违规报结等滥用终结本次程序的行为"。该通知施行后，应以该条为准。

第二条　本规定第一条第一项中的"责令被执行人报告财产"，是指应当完成下列事项：

（一）向被执行人发出报告财产令；

（二）对被执行人报告的财产情况予以核查；

（三）对逾期报告、拒绝报告或者虚假报告的被执行人或者相关人员，依法采取罚款、拘留等强制措施，构成犯罪的，依法启动刑事责任追究程序。

人民法院应当将财产报告、核实及处罚的情况记录入卷。

【注释】（1）本条是针对终结本次执行程序设置的程序标准，《财产调查规定》第 3—10 条是针对财产调查设置的措施内容，且对报告财产程序中文书制作、发出报告财产范围、法院核实程序、拒不申报的惩戒作了更为详细的规定，应注意结合适用。

（2）本条第 1 款第 3 项与《民事诉讼法》第 248 条、《财产调查规定》第 9 条相比，增加了逾期报告处罚情形，且本条中的"相关人员"应当结合《财产调查规定》第 9 条适用，包括被执行人法定代理人、有关单位的主要负责人或者直接责任人员。

第三条　本规定第一条第三项中的"已穷尽财产调查措施"，是指应当完成下列调查事项：

（一）对申请执行人或者其他人提供的财产线索进行核查；

（二）通过网络执行查控系统对被执行人的存款、车辆及其他交通运输工具、不动产、有价证券等财产情况进行查询；

（三）无法通过网络执行查控系统查询本款第二项规定的财产情况的，在被执行人住所地或者可能隐匿、转移财产所在地进行必要调查；

（四）被执行人隐匿财产、会计账簿等资料且拒不交出的，依法采取搜查措施；

（五）经申请执行人申请，根据案件实际情况，依法采取审计调查、公告悬赏等调查措施；

（六）法律、司法解释规定的其他财产调查措施。

人民法院应当将财产调查情况记录入卷。

第四条 本规定第一条第三项中的“发现的财产不能处置”，包括下列情形：

（一）被执行人的财产经法定程序拍卖、变卖未成交，申请执行人不接受抵债或者依法不能交付其抵债，又不能对该财产采取强制管理等其他执行措施的；

（二）人民法院在登记机关查封的被执行人车辆、船舶等财产，未能实际扣押的。

第五条 终结本次执行程序前，人民法院应当将案件执行情况、采取的财产调查措施、被执行人的财产情况、终结本次执行程序的依据及法律后果等信息告知申请执行人，并听取其对终结本次执行程序的意见。

人民法院应当将申请执行人的意见记录入卷。

【注释】（1）根据《民事诉讼法解释》第517条的规定，申请执行人是否同意和认可终结本次执行程序，非人民法院能否作出终结本次执行程序决定的前提。结合该条规定，根据申请执行人是否认可，可以将终结本次执行程序分为无须合议的和需要合议并报请院长批准的两种程序。申请执行人认可的，直接裁定终结本次执行程序；申请执行人不认可的，经合议并报院长批准后作出终结本次执行程序。

（2）本条改变了《执行立结案意见》（法发〔2014〕26号）第16条的规定，本规定施行后，以本条为准。

第六条 终结本次执行程序应当制作裁定书，载明下列内容：

（一）申请执行的债权情况；

（二）执行经过及采取的执行措施、强制措施；

（三）查明的被执行人财产情况；

（四）实现的债权情况；

（五）申请执行人享有要求被执行人继续履行债务及依法向人民法院申请恢复执行的权利，被执行人负有继续向申请执行人履行债务的义务。

终结本次执行程序裁定书送达申请执行人后，执行案件可以作结案处理。人民法院进行相关统计时，应当对以终结本次执行程序方式结案的案件与其他方式结案的案件予以区分。

终结本次执行程序裁定书应当依法在互联网上公开。

【注释】本条第1款规定的是终结本次执行程序裁定书的法定载明内容,比《执行立结案意见》(法发〔2014〕26号)第16条第3款规定更为详细具体。本规定施行后,以本条为准。

第七条 当事人、利害关系人认为终结本次执行程序违反法律规定的,可以提出执行异议。人民法院应当依照民事诉讼法第二百二十五条①的规定进行审查。

第八条 终结本次执行程序后,被执行人应当继续履行生效法律文书确定的义务。被执行人自动履行完毕的,当事人应当及时告知执行法院。

第九条 终结本次执行程序后,申请执行人发现被执行人有可供执行财产的,可以向执行法院申请恢复执行。申请恢复执行不受申请执行时效期间的限制。执行法院核查属实的,应当恢复执行。

终结本次执行程序后的五年内,执行法院应当每六个月通过网络执行查控系统查询一次被执行人的财产,并将查询结果告知申请执行人。符合恢复执行条件的,执行法院应当及时恢复执行。

【注释】本条沿袭《民事诉讼法解释》第517条第2款、《执行立结案意见》(法发〔2014〕26号)第16条第6款,规定了终结本次执行程序后恢复执行及申请期限,同时明确了法院对终结本次执行程序案件的管理。本规定施行后,以本条为准。

第十条 终结本次执行程序后,发现被执行人有可供执行财产,不立即采取执行措施可能导致财产被转移、隐匿、出卖或者毁损的,执行法院可以依申请执行人申请或依职权立即采取查封、扣押、冻结等控制性措施。

第十一条 案件符合终结本次执行程序条件,又符合移送破产审查相关规定的,执行法院应当在作出终结本次执行程序裁定的同时,将执行案件相关材料移送被执行人住所地人民法院进行破产审查。

【注释】本条规定与《民事诉讼法解释》关于移送破产后应中止执行的规定并不冲突。因为中止执行是针对一般情况而言,对于不符合终结本次执行程序条件的案件,移送破产审查后当然应该中止执行。而当一个案件符合移

① 2021年《民事诉讼法》第四次修正后调整为第232条。

送破产审查的条件，同时又符合终结本次执行程序的条件，终结本次执行程序的同时移送破产审查，与上述规定并不矛盾。①

第十二条 终结本次执行程序裁定书送达申请执行人以后，执行法院应当在七日内将相关案件信息录入最高人民法院建立的终结本次执行程序案件信息库，并通过该信息库统一向社会公布。

第十三条 终结本次执行程序案件信息库记载的信息应当包括下列内容：

（一）作为被执行人的法人或者其他组织的名称、住所地、组织机构代码及其法定代表人或者负责人的姓名，作为被执行人的自然人的姓名、性别、年龄、身份证件号码和住址；

（二）生效法律文书的制作单位和文号，执行案号、立案时间、执行法院；

（三）生效法律文书确定的义务和被执行人的履行情况；

（四）人民法院认为应当记载的其他事项。

第十四条 当事人、利害关系人认为公布的终结本次执行程序案件信息错误的，可以向执行法院申请更正。执行法院审查属实的，应当在三日内予以更正。

第十五条 终结本次执行程序后，人民法院已对被执行人依法采取的执行措施和强制措施继续有效。

第十六条 终结本次执行程序后，申请执行人申请延长查封、扣押、冻结期限的，人民法院应当依法办理续行查封、扣押、冻结手续。

终结本次执行程序后，当事人、利害关系人申请变更、追加执行当事人，符合法定情形的，人民法院应予支持。变更、追加被执行人后，申请执行人申请恢复执行的，人民法院应予支持。

第十七条 终结本次执行程序后，被执行人或者其他人妨害执行的，人民法院可以依法予以罚款、拘留；构成犯罪的，依法追究刑事责任。

第十八条 有下列情形之一的，人民法院应当在三日内将案件信息从终结本次执行程序案件信息库中屏蔽：

（一）生效法律文书确定的义务执行完毕的；

（二）依法裁定终结执行的；

---

① 参见刘贵祥、朱燕：《〈最高人民法院关于严格规范终结本次执行程序的规定（试行）〉的理解与适用》，载《人民司法·应用》2017年第16期。

（三）依法应予屏蔽的其他情形。

第十九条　本规定自 2016 年 12 月 1 日起施行。

3.《最高人民法院关于在执行工作中规范执行行为切实保护各方当事人财产权益的通知》（法〔2016〕401 号，2016 年 11 月 22 日）

六、严格规范适用终结本次执行程序。各级人民法院应严格落实即将正式施行的《最高人民法院关于终结本次执行程序若干问题的意见（试行）》，规范终结本次执行程序的适用，坚决避免为片面追求结案率而滥用终本程序，将具备执行条件的案件"一终了事"，导致执行案件涉及的财产长期滞留在执行程序中，不能得到有效的处置和利用，同时，对已有的终结本次执行程序案件进行梳理，对于符合恢复执行条件的案件要及时恢复执行，对于进入终结本次执行程序的被执行人依法采取限制消费措施。

4.《最高人民法院关于进一步规范近期执行工作相关问题的通知》（法〔2018〕141 号，2018 年 5 月 28 日）

二、关于终结本次执行程序相关问题

（一）原终结本次执行程序中已发出限制消费令的恢复执行案件，人民法院再次终结本次执行程序的，可无须再根据《终本规定》第一条第二项发出限制消费令。

（二）在严格按照《终本规定》的程序标准和实质标准完成必要的执行措施后，人民法院终结本次执行程序，可不受《终本规定》第一条第四项三个月期限的限制。同时，要严格杜绝随立随结、违规报结等滥用终结本次程序的行为。立案后不满三个月即终结本次执行程序的案件，将作为日常考核和本次巡查、评估工作中重点抽查的案件。

（三）执行法院通过总对总网络执行查控系统查询被执行人财产的，必须完成对所有已开通查询功能的财产项目的查询，仅查询部分财产项目的，不符合完成网络调查事项的要求。拟终结本次执行程序时距完成前次总对总网络查控已超过三个月的，还应在终结本次程序之前再次通过总对总网络执行查控系统查询被执行人的财产。

（四）根据《终本规定》第五条征求申请执行人意见时，可以采取面谈、电话、邮件、传真、短信、微信等方式，必须将征求意见情况记录入卷为凭；有下列情形之一的，可不再征求申请执行人意见：

1. 执行内容仅为追缴诉讼费或罚款的；

2. 行政非诉执行案件；

3. 刑事财产刑执行案件；

4. 申请执行人申请终结本次执行程序的。

(五)人民法院终结本次执行程序前，应严格执行《最高人民法院关于民事执行中财产调查若干问题的规定》，积极采取现场调查等方式，查明被执行人财产状况和履行义务能力，一般应当完成下列调查事项：

1. 对申请执行人提供的财产线索，必须予以核实，并将核实情况记录入卷；

2. 向被执行人发出报告财产令时，应及时传唤被执行人或其法定代表人、负责人、实际控制人到人民法院接受调查询问；

3. 住房公积金、金融理财产品、收益类保险、股息红利等未实现网络查控的财产，应前往现场调查，并制作调查笔录附卷为凭；

4. 被执行人是自然人的，向被执行人所在单位及居住地周边群众调查了解被执行人生活居住、劳动就业、收入、债权、股权等情况，并制作调查笔录附卷为凭；

5. 被执行人是法人或其他组织的，对其住所地、经营场所进行现场调查；全面核查被执行人企业性质及设立、合并分立、投资经营、债权债务、变更终止等情况，并可依申请进行审计调查。

(六)本辖区中级、基层人民法院机构发生调整的，对此前已裁定终结本次执行程序的案件，高级人民法院应及时指定相关法院负责后续管理。

5.《最高人民法院关于进一步完善执行权制约机制加强执行监督的意见》(法〔2021〕322 号，2021 年 12 月 6 日)

24. 严格把握规范终结本次执行程序的程序标准和实质标准。严禁对有财产可供执行的案件以终结本次执行方式结案，严禁因追求结案率而弄虚作假、虚假终本，损害申请执行人的合法权益。

依法穷尽必要的合理的财产调查措施。必须使用“总对总”“点对点”网络查控系统全面核查财产情况；当事人提供财产线索的，应当及时核查，有财产的立即采取控制措施；有初步线索和证据证明被执行人存在规避执行、逃避执行嫌疑的，人民法院应当根据申请执行人申请采取委托专项审计、搜查等措施，符合条件的，应当采取罚款、司法拘留或者追究拒执罪等措施。

执行中已查控到财产的，人民法院应当依法及时推进变价处置程序，不得滥用《最高人民法院关于严格规范终结本次执行程序的规定（试行）》第四条关于“发现的财产不能处置”的规定，不得以申请执行人未申请拍卖为由不进行处置而终结本次执行程序；不得对轮候查封但享有优先权的财产未经法定程序商请首封法院移送处置权而终结本次执行程序。

人民法院终结本次执行程序应当制作执行裁定书并送达当事人。申请执行人对终结本次执行程序有异议的，人民法院应及时受理。严禁诱导胁迫申请执行人同意终结本次执行程序或者撤回执行申请。

【司法答复】

《最高人民法院执行工作办公室关于已执行完毕的案件被执行人又恢复到执行前的状况应如何处理问题的复函》（〔2000〕执他字第 34 号，2001 年 1 月 2 日）

天津市高级人民法院：

你院〔1999〕津高法执请字第 31 号《关于已执行完毕的案件，被执行人又恢复执行前状况，应如何处理的请示》收悉。经研究，答复如下：

被执行人或者其他人对人民法院已执行的标的又恢复到执行前的状况，虽属新发生的侵权事实，但是与已经生效法律文书认定的侵权事实并无区别，如果申请执行人另行起诉，人民法院将会作出与已经生效法律文书完全相同的裁判。这样，不仅增加了申请执行人的讼累，同时也增加了人民法院的审判负担。因此，被执行人或者其他人在人民法院执行完毕后对已执行的标的又恢复到执行前状况的，应当认定为对已执行标的的妨害行为，依照《最高人民法院关于适用〈中华人民共和国民事诉讼法〉若干问题的意见》第 303 条①的规定对其作出拘留、罚款，直至追究刑事责任的处理。对申请执行人要求排除妨害的，人民法院应当继续按照原生效法律文书执行。至于被执行人或者其他人实施同样妨害行为的次数，只能作为认定妨害行为情节轻重

---

① 《民事诉讼法意见》（已废止）第 303 条规定：“在人民法院执行完毕后，被执行人或者其他人对已执行的标的有妨害行为的，人民法院应当采取措施，排除妨害，并可以依照民事诉讼法第一百零二条的规定处理。因妨害行为给申请执行人或者其他人造成损失的，受害人可以另行起诉。”

的依据,并不涉及诉讼时效问题,不能据以要求申请执行人另行起诉;如果妨害行为给申请执行人或者其他人造成新的损失,受害人可以另行起诉。

【注释】在起草《民事诉讼法解释》时,最高人民法院认为,如果被执行人或者其他人对已执行标的的妨害行为发生在执行终结很长时间之后,由于时间的流逝,该行为与原执行程序的联系不再密切。在常人观念中,妨害行为也成了新的侵权行为,也就失去了再次直接排除的合理性和必要性。为此,《民事诉讼法解释》第519条增加了6个月的时间限制。

【判旨撷要】

1. 青海银行股份有限公司与青海东湖宾馆旅业有限责任公司借款担保合同纠纷执行复议案[(2014)执复字第19号]

要旨:执行标的流拍后即使申请执行人不接受以物抵债,执行法院依据《拍卖变卖规定》第28条(2020年修正为第25条)第2款规定,将案涉标的物解封后退还给被执行人,并不意味着被执行人可以不再履行生效法律文书确定的义务,亦不意味着该标的物因此具有了不可执行性。该标的物作为债务人的责任财产,仍可用于清偿债务。只要申请执行人的债权未得到全部受偿,人民法院可依法对被执行人的包括已解封、退还财产在内的可执行财产采取执行措施。

2. 潍坊农村商业银行股份有限公司与潍坊银行股份有限公司票据追索纠纷执行复议案[(2016)最高法执复19号]

要旨:案件是否执行完毕,应根据债权人依据生效法律文书享有的债权是否得以足额清偿来认定。判决确定的执行内容未履行完毕的,应认定为尚未执行完毕,被执行人仍应继续履行。执行案件结案后发现与事实不符的,债权人可以申请法院恢复执行,被执行人如认为其合法权益受侵害,可以通过诉讼程序寻求救济。

3. 广州华联供水材料有限公司与广东省华侨建设工程有限公司第七分公司、广东省华侨建设工程有限公司拖欠货款纠纷执行申诉案[(2018)最高法执监99号]

要旨:《民事诉讼法》第256条(2021年修正为第263条)规定,有下列情形之一的，人民法院应当裁定中止执行：……（5）人民法院认为应当中止执行的其他情形。中止的情形消失后，恢复执行。在最高人民法院对因无财产可供执行案件适用的专门程序作出具体规定前，执行法院对于无财产可供执行案件依照《民事诉讼法》前述规定裁定中止执行是较为普遍的做法。在中止执行的情况下，如申请人发现被执行人有可供执行财产或提供了财产线索的，属于中止的情形消失，可以向执行法院申请恢复执行。2016 年 12 月 1 日起施行的《终本规定》进一步规范了无财产可供执行案件应采取的执行措施及适用的专门程序，即执行法院穷尽执行措施后仍无财产可供执行的案件可以适用终结本次执行程序。同时，该规定第 9 条第 1 款也明确规定："终结本次执行程序后，申请执行人发现被执行人有可供执行财产的，可以向执行法院申请恢复执行。申请恢复执行不受申请执行时效期间的限制。执行法院核查属实的，应当恢复执行。"由此可知，虽然根据不同时期法律及规范性文件的规定，对于因被执行人暂无财产可供执行案件可适用中止执行或终结本次执行程序，但只要申请执行人发现被执行人有可供执行财产的，就可以向执行法院申请恢复执行。

第二百六十二条 【对被执行人的限制措施】被执行人不履行法律文书确定的义务的,人民法院可以对其采取或者通知有关单位协助采取限制出境,在征信系统记录、通过媒体公布不履行义务信息以及法律规定的其他措施。

规范体系	
相关立法	《出境入境管理法》第12条、第28条、第65条
司法解释	1.《最高人民法院关于适用〈中华人民共和国民事诉讼法〉的解释》(法释〔2015〕5号;经法释〔2022〕11号第二次修正)第187—188条、第516条 2.《最高人民法院关于适用〈中华人民共和国民事诉讼法〉执行程序若干问题的解释》(法释〔2008〕13号;经法释〔2020〕21号修正)第23—26条 3.《最高人民法院关于限制被执行人高消费及有关消费的若干规定》(法释〔2015〕17号)第1—11条 4.《最高人民法院关于公布失信被执行人名单信息的若干规定》(法释〔2017〕7号)第1—13条 5.《最高人民法院关于人民法院办理执行异议和复议案件若干问题的规定》(法释〔2015〕10号;经法释〔2020〕21号修正)第9条 6.《最高人民法院关于审理拒不执行判决、裁定刑事案件适用法律若干问题的解释》(法释〔2015〕16号;经法释〔2020〕21号修正)第1—8条
司法文件	1.《最高人民法院关于进一步规范近期执行工作相关问题的通知》(法〔2018〕141号)第1—2条 2.《最高人民法院关于在执行工作中进一步强化善意文明执行理念的意见》(法发〔2019〕35号)第14—21条

（续表）

规范体系	
司法文件	3.《最高人民法院关于进一步完善执行权制约机制加强执行监督的意见》(法〔2021〕322 号)第 23 条 4.《最高人民法院关于依法制裁规避执行行为的若干意见》(法〔2011〕195 号)第 15—24 条 5.《最高人民法院关于认真贯彻执行〈关于公布失信被执行人名单信息的若干规定〉的通知》(法〔2013〕178 号)第 2 条 6.《最高人民法院关于进一步做好边境地区涉外民商事案件审判工作的指导意见》(法发〔2010〕57 号)第 7 条 7.《最高人民法院关于全国法院被执行人信息查询平台信息异议处理的若干规定》(法〔2009〕129 号)第 1—9 条 8.《最高人民法院关于推进司法公开三大平台建设的若干意见》(法发〔2013〕13 号)第 19 条 9.《最高人民法院、中国银行业监督管理委员会关于人民法院与银行业金融机构开展网络执行查控和联合信用惩戒工作的意见》(法〔2014〕266 号)第 8 条 10.《中央纪律检查委员会、中央组织部、中央宣传部、中央社会治安综合治理委员会办公室、最高人民法院、最高人民检察院、国家发展和改革委员会、公安部、监察部、民政部、司法部、国土资源部、住房和城乡建设部、中国人民银行、国家税务总局、国家工商行政管理总局、国务院法制办公室、中国银监会、中国证监会关于建立和完善执行联动机制若干问题的意见》(法发〔2010〕15 号)第 13—14 条 11.《最高人民法院、国家发展和改革委员会、工业和信息化部、住房和城乡建设部、交通运输部、水利部、商务部、国家铁路局、中国民用航空局关于在招标投标活动中对失信被执行人实施联合惩戒的通知》(法〔2016〕285 号)第 1—5 条 12.《最高人民法院关于充分发挥审判职能作用为企业家创新创业营造良好法治环境的通知》(法〔2018〕1 号)第 6 条 13.《最高人民法院关于依法妥善办理涉新冠肺炎疫情执行案件若干问题的指导意见》(法发〔2020〕16 号)第 7 条

(续表)

规范体系	
司法答复	《最高人民法院关于限制出境是否属于国家赔偿范围的复函》(〔2013〕赔他字第1号)
参考文件	1.《中共中央办公厅、国务院办公厅关于加快推进失信被执行人信用监督、警示和惩戒机制建设的意见》(中办发〔2016〕64号)第2—4条 2.《国务院关于建立完善守信联合激励和失信联合惩戒制度加快推进社会诚信建设的指导意见》(国发〔2016〕33号)第3—4条 3.《中央文明办、最高人民法院、公安部、国务院国资委、国家工商总局、中国银监会、中国民用航空局、中国铁路总公司"构建诚信惩戒失信"合作备忘录》(文明办〔2014〕4号)第1—6条 4.《国家发展和改革委员会、最高人民法院、国土资源部关于对失信被执行人实施限制不动产交易惩戒措施的通知》(发改财金〔2018〕370号)第1—4条

【条文释义】

本条是关于对被执行人的限制措施的规定,系2007年《民事诉讼法》第一次修正时增加的内容。①

司法实践中,某些债务人明明有履行义务的能力,却谎称无钱,企图躲过一阵子,赖掉债务后舒服一辈子。社会各界呼吁在《民事诉讼法》中规定对拒不执行法律文书确定义务的"老赖"的限制措施,以加大执行力度,增强对被执行人的威慑力量,否则不利于健康、规范的社会主义市场经济秩序的建立,也不利于诚实、守信的良好社会环境的营造。为此,2007年《民事诉讼法》第一次修正时增加本条规定,目的是建立国家执行联动机制,逐步从法

① 《全国人民代表大会常务委员会关于修改〈中华人民共和国民事诉讼法〉的决定》(2007年10月28日第十届全国人民代表大会常务委员会第三十次会议通过)第18条规定:"十八、增加一条,作为第二百三十一条:'被执行人不履行法律文书确定的义务的,人民法院可以对其采取或者通知有关单位协助采取限制出境,在征信系统记录、通过媒体公布不履行义务信息以及法律规定的其他措施。'"

律、经济、生活、舆论等方面对被执行人进行制约,使其在融资、投资、经营、置产、出境、注册新公司、高消费等方面,都受到严格的审查和限制,促使其自动履行义务,最大限度地实现债权。

根据本条规定,对被执行人的限制措施主要有以下几种:

(1)限制出境。对被执行人限制出境的,应当由申请执行人向执行法院提出书面申请;必要时,执行法院可以依职权决定。被执行人为单位的,可以对其法定代表人、主要负责人或者影响债务履行的直接责任人员限制出境。被执行人为无民事行为能力人或者限制民事行为能力人的,可以对其法定代理人限制出境。在限制出境期间,被执行人履行法律文书确定的全部债务的,执行法院应当及时解除限制出境措施;被执行人提供充分、有效的担保或者申请执行人同意的,可以解除限制出境措施。

(2)在征信系统记录。将被执行人的案件信息纳入社会信用信息公开,根本而言是国家公权力对被执行人私权的一种限制,体现了司法权力的公共性,是对社会公众知情权的尊重。目前我国的征信系统有人民银行征信局的信贷征信系统、人民法院记录拒不履行生效法律文书的被执行人的征信系统等,将来这些征信系统记录可联网、供查询,以提醒相关利害关系主体注意,谨慎与其进行交易,防止合法权益受到损害。

(3)通过媒体公布不履行义务信息。执行法院可以依职权或者依申请执行人的申请,将被执行人不履行法律文书确定义务的信息,通过报纸、广播、电视、互联网等媒体公布。媒体公布的有关费用由被执行人负担;申请执行人申请在媒体公布的,应当垫付有关费用。将拒不履行义务的被执行人名单通过新闻媒体进行公布,使其为公众知晓,造成一定的社会影响和压力,从而促使其自动履行义务。

(4)法律规定的其他措施。只有法律明文规定的,才能作为对拒不履行义务的被执行人的限制性措施,其他规范性文件不能规定这类限制性措施。①

① 参见全国人民代表大会常务委员会法制工作委员会编:《中华人民共和国民事诉讼法释义(最新修正版)》,法律出版社 2012 年版,第 593—594 页。

【相关立法】

《中华人民共和国出境入境管理法》(第十一届全国人民代表大会常务委员会第二十七次会议通过,2013年7月1日)

第十二条 中国公民有下列情形之一的,不准出境:

(一)未持有效出境入境证件或者拒绝、逃避接受边防检查的;

(二)被判处刑罚尚未执行完毕或者属于刑事案件被告人、犯罪嫌疑人的;

(三)有未了结的民事案件,人民法院决定不准出境的;

(四)因妨害国(边)境管理受到刑事处罚或者因非法出境、非法居留、非法就业被其他国家或者地区遣返,未满不准出境规定年限的;

(五)可能危害国家安全和利益,国务院有关主管部门决定不准出境的;

(六)法律、行政法规规定不准出境的其他情形。

第二十八条 外国人有下列情形之一的,不准出境:

(一)被判处刑罚尚未执行完毕或者属于刑事案件被告人、犯罪嫌疑人的,但是按照中国与外国签订的有关协议,移管被判刑人的除外;

(二)有未了结的民事案件,人民法院决定不准出境的;

(三)拖欠劳动者的劳动报酬,经国务院有关部门或者省、自治区、直辖市人民政府决定不准出境的;

(四)法律、行政法规规定不准出境的其他情形。

第六十五条 对依法决定不准出境或者不准入境的人员,决定机关应当按照规定及时通知出入境边防检查机关;不准出境、入境情形消失的,决定机关应当及时撤销不准出境、入境决定,并通知出入境边防检查机关。

【司法解释】

1.《最高人民法院关于适用〈中华人民共和国民事诉讼法〉的解释》(法释〔2015〕5号,2015年2月4日;经法释〔2022〕11号第二次修正,2022年4月10日)

第一百八十七条 民事诉讼法第一百一十四条第一款第五项规定的以暴力、威胁或者其他方法阻碍司法工作人员执行职务的行为,包括:

（一）在人民法院哄闹、滞留，不听从司法工作人员劝阻的；

（二）故意毁损、抢夺人民法院法律文书、查封标志的；

（三）哄闹、冲击执行公务现场，围困、扣押执行或者协助执行公务人员的；

（四）毁损、抢夺、扣留案件材料、执行公务车辆、其他执行公务器械、执行公务人员服装和执行公务证件的；

（五）以暴力、威胁或者其他方法阻碍司法工作人员查询、查封、扣押、冻结、划拨、拍卖、变卖财产的；

（六）以暴力、威胁或者其他方法阻碍司法工作人员执行职务的其他行为。

第一百八十八条　民事诉讼法第一百一十四条第一款第六项规定的拒不履行人民法院已经发生法律效力的判决、裁定的行为，包括：

（一）在法律文书发生法律效力后隐藏、转移、变卖、毁损财产或者无偿转让财产、以明显不合理的价格交易财产、放弃到期债权、无偿为他人提供担保等，致使人民法院无法执行的；

（二）隐藏、转移、毁损或者未经人民法院允许处分已向人民法院提供担保的财产的；

（三）违反人民法院限制高消费令进行消费的；

（四）有履行能力而拒不按照人民法院执行通知履行生效法律文书确定的义务的；

（五）有义务协助执行的个人接到人民法院协助执行通知书后，拒不协助执行的。

第五百一十六条　被执行人不履行法律文书确定的义务的，人民法院除对被执行人予以处罚外，还可以根据情节将其纳入失信被执行人名单，将被执行人不履行或者不完全履行义务的信息向其所在单位、征信机构以及其他相关机构通报。

2.《最高人民法院关于适用〈中华人民共和国民事诉讼法〉执行程序若干问题的解释》（法释〔2008〕13 号，2009 年 1 月 1 日；经法释〔2020〕21 号修正，2021 年 1 月 1 日）

第二十三条　依照民事诉讼法第二百五十五条①规定对被执行人限制

① 2021 年《民事诉讼法》第四次修正后调整为第 262 条。

出境的，应当由申请执行人向执行法院提出书面申请；必要时，执行法院可以依职权决定。

第二十四条 被执行人为单位的，可以对其法定代表人、主要负责人或者影响债务履行的直接责任人员限制出境。

被执行人为无民事行为能力人或者限制民事行为能力人的，可以对其法定代理人限制出境。

第二十五条 在限制出境期间，被执行人履行法律文书确定的全部债务的，执行法院应当及时解除限制出境措施；被执行人提供充分、有效的担保或者申请执行人同意的，可以解除限制出境措施。

第二十六条 依照民事诉讼法第二百五十五条的规定，执行法院可以依职权或者依申请执行人的申请，将被执行人不履行法律文书确定义务的信息，通过报纸、广播、电视、互联网等媒体公布。

媒体公布的有关费用，由被执行人负担；申请执行人申请在媒体公布的，应当垫付有关费用。

3.《最高人民法院关于限制被执行人高消费及有关消费的若干规定》(法释〔2015〕17号，2015年7月22日)

【注释】本规定于2015年修正时，对名称及全文进行了修改，主要涉及以下几方面内容：(1)将限制消费措施的范围拓宽至限制高消费及非生活或者经营必需的有关消费；(2)明确对失信被执行人应当采取限制消费措施；(3)在对被执行人采取限制消费措施时，取消“以其财产支付费用”的限制条件；(4)增加对被执行人乘坐高铁等动车组列车的限制；(5)增加对单位被执行人法定代表人、主要负责人、影响债务履行的直接责任人员、实际控制人等四类责任人员的限制。限制消费作为对被执行人采取的一项惩戒措施，应当严格依照司法解释规定的程序实施，并依法保障被执行人及单位被执行人相关责任人员申请准许消费的权利。①

第一条 被执行人未按执行通知书指定的期间履行生效法律文书确定的给付义务的，人民法院可以采取限制消费措施，限制其高消费及非生活或者经营必需的有关消费。

① 参见刘贵祥、林莹：《〈最高人民法院关于修改《最高人民法院关于限制被执行人高消费的若干规定》的决定〉的理解与适用》，载《人民司法·应用》2016年第1期。

纳入失信被执行人名单的被执行人，人民法院应当对其采取限制消费措施。

【注释】本条第 2 款为 2015 年修正后增加的条款。需要注意的是，违反限制消费令并不是纳入失信被执行人名单的唯一前提条件，只是可以纳入的 6 种失信情形之一，纳入失信被执行人名单更不是采取限制消费措施的必要前提条件，只要被执行人未按执行通知书指定的期间履行生效法律文书确定的给付义务，人民法院就可以对其采取限制消费措施。但是，对于纳入失信被执行人名单的被执行人，执行法院应当同时对其采取限制消费措施。因为《限制高消费规定》与《失信名单规定》出台于不同时期，二者存在部分重叠的地方，但并不矛盾，而是互相补充、互相配合、互相推进的关系。①

第二条　人民法院决定采取限制消费措施时，应当考虑被执行人是否有消极履行、规避执行或者抗拒执行的行为以及被执行人的履行能力等因素。

【注释】根据《终本规定》（法〔2016〕373 号）第 1 条第 2 项规定，限制消费措施是终结本次执行程序的必要条件之一，必须采取限制消费措施，才能终结本次执行程序。

第三条　被执行人为自然人的，被采取限制消费措施后，不得有以下高消费及非生活和工作必需的消费行为：

（一）乘坐交通工具时，选择飞机、列车软卧、轮船二等以上舱位；

（二）在星级以上宾馆、酒店、夜总会、高尔夫球场等场所进行高消费；

（三）购买不动产或者新建、扩建、高档装修房屋；

（四）租赁高档写字楼、宾馆、公寓等场所办公；

（五）购买非经营必需车辆；

（六）旅游、度假；

（七）子女就读高收费私立学校；

（八）支付高额保费购买保险理财产品；

（九）乘坐 G 字头动车组列车全部座位、其他动车组列车一等以上座位等其他非生活和工作必需的消费行为。

被执行人为单位的，被采取限制消费措施后，被执行人及其法定代表人、主要负责人、影响债务履行的直接责任人员、实际控制人不得实施前款规定

---

① 参见刘贵祥、林莹：《〈最高人民法院关于修改《最高人民法院关于限制被执行人高消费的若干规定》的决定〉的理解与适用》，载《人民司法·应用》2016 年第 1 期。

的行为。因私消费以个人财产实施前款规定行为的，可以向执行法院提出申请。执行法院审查属实的，应予准许。

【注释】为防止被执行人规避限制消费规定，2015 年修改决定将《限制高消费规定》第 3 条第 1 款中自然人被执行人被限制消费后“不得有以下以其财产支付费用的行为”修改为“不得有以下高消费及非生活和工作必需的消费行为”。取消“以其财产支付费用”的限制条件，以被执行人的名义作为限制消费措施的唯一连结点，扩大该款规定的内涵，被执行人既不得以其财产进行消费，也不得以其名义实施高消费行为。

第四条 限制消费措施一般由申请执行人提出书面申请，经人民法院审查决定；必要时人民法院可以依职权决定。

第五条 人民法院决定采取限制消费措施的，应当向被执行人发出限制消费令。限制消费令由人民法院院长签发。限制消费令应当载明限制消费的期间、项目、法律后果等内容。

第六条 人民法院决定采取限制消费措施的，可以根据案件需要和被执行人的情况向有义务协助调查、执行的单位送达协助执行通知书，也可以在相关媒体上进行公告。

第七条 限制消费令的公告费用由被执行人负担；申请执行人申请在媒体公告的，应当垫付公告费用。

第八条 被限制消费的被执行人因生活或者经营必需而进行本规定禁止的消费活动的，应当向人民法院提出申请，获批准后方可进行。

第九条 在限制消费期间，被执行人提供确实有效的担保或者经申请执行人同意的，人民法院可以解除限制消费令；被执行人履行完毕生效法律文书确定的义务的，人民法院应当在本规定第六条通知或者公告的范围内及时以通知或者公告解除限制消费令。

第十条 人民法院应当设置举报电话或者邮箱，接受申请执行人和社会公众对被限制消费的被执行人违反本规定第三条的举报，并进行审查认定。

第十一条 被执行人违反限制消费令进行消费的行为属于拒不履行人民法院已经发生法律效力的判决、裁定的行为，经查证属实的，依照《中华人民共和国民事诉讼法》第一百一十一条①的规定，予以拘留、罚款；情节严重，构成犯罪的，追究其刑事责任。

---

① 2021 年《民事诉讼法》第四次修正后调整为第 114 条。

有关单位在收到人民法院协助执行通知书后，仍允许被执行人进行高消费及非生活或者经营必需的有关消费的，人民法院可以依照《中华人民共和国民事诉讼法》第一百一十四条①的规定，追究其法律责任。

【注释】根据《失信名单规定》（法释〔2017〕7号）第1条第5项规定，被执行人违反限制消费令的，人民法院应当将其纳入失信被执行人名单，依法对其进行信用惩戒。违反限制消费令，是将被执行人纳入失信被执行人名单进行信用惩戒的情形之一，《失信名单规定》施行后，应注意结合适用。

4.《最高人民法院关于公布失信被执行人名单信息的若干规定》（法释〔2017〕7号，2017年5月1日）

第一条　被执行人未履行生效法律文书确定的义务，并具有下列情形之一的，人民法院应当将其纳入失信被执行人名单，依法对其进行信用惩戒：

（一）有履行能力而拒不履行生效法律文书确定义务的；

（二）以伪造证据、暴力、威胁等方法妨碍、抗拒执行的；

（三）以虚假诉讼、虚假仲裁或者以隐匿、转移财产等方法规避执行的；

（四）违反财产报告制度的；

（五）违反限制消费令的；

（六）无正当理由拒不履行执行和解协议的。

第二条　被执行人具有本规定第一条第二项至第六项规定情形的，纳入失信被执行人名单的期限为二年。被执行人以暴力、威胁方法妨碍、抗拒执行情节严重或具有多项失信行为的，可以延长一至三年。

失信被执行人积极履行生效法律文书确定义务或主动纠正失信行为的，人民法院可以决定提前删除失信信息。

【注释】根据《规范近期执行工作通知》（法〔2018〕141号）规定，对于有失信期限的失信被执行人名单信息，失信被执行人履行完毕的，应当根据本条第2款的规定删除失信信息，具体操作按最高人民法院法明传〔2018〕33号通知要求进行，即有失信期限的，应当在失信系统中对失信被执行人名单信息进行“缩短期限”操作，将失信到期日缩短至系统默认日（操作的次日）。

第三条　具有下列情形之一的，人民法院不得依据本规定第一条第一项的规定将被执行人纳入失信被执行人名单：

---

① 2021年《民事诉讼法》第四次修正后调整为第117条。

(一)提供了充分有效担保的;

(二)已被采取查封、扣押、冻结等措施的财产足以清偿生效法律文书确定债务的;

(三)被执行人履行顺序在后,对其依法不应强制执行的;

(四)其他不属于有履行能力而拒不履行生效法律文书确定义务的情形。

【注释】根据《规范近期执行工作通知》(法〔2018〕141号)规定,具有本条规定情形之一的,不得依据本规定第1条第1项“有履行能力而拒不履行生效法律文书确定义务”的规定将被执行人纳入失信名单。已经纳入的,应当撤销,纳入后才具有本条第1项、第2项情形之一的,应当屏蔽(删除)。

第四条 被执行人为未成年人的,人民法院不得将其纳入失信被执行人名单。

第五条 人民法院向被执行人发出的执行通知中,应当载明有关纳入失信被执行人名单的风险提示等内容。

申请执行人认为被执行人具有本规定第一条规定情形之一的,可以向人民法院申请将其纳入失信被执行人名单。人民法院应当自收到申请之日起十五日内审查并作出决定。人民法院认为被执行人具有本规定第一条规定情形之一的,也可以依职权决定将其纳入失信被执行人名单。

人民法院决定将被执行人纳入失信被执行人名单的,应当制作决定书,决定书应当写明纳入失信被执行人名单的理由,有纳入期限的,应当写明纳入期限。决定书由院长签发,自作出之日起生效。决定书应当按照民事诉讼法规定的法律文书送达方式送达当事人。

第六条 记载和公布的失信被执行人名单信息应当包括:

(一)作为被执行人的法人或者其他组织的名称、统一社会信用代码(或组织机构代码)、法定代表人或者负责人姓名;

(二)作为被执行人的自然人的姓名、性别、年龄、身份证号码;

(三)生效法律文书确定的义务和被执行人的履行情况;

(四)被执行人失信行为的具体情形;

(五)执行依据的制作单位和文号、执行案号、立案时间、执行法院;

(六)人民法院认为应当记载和公布的不涉及国家秘密、商业秘密、个人隐私的其他事项。

第七条 各级人民法院应当将失信被执行人名单信息录入最高人民法

院失信被执行人名单库,并通过该名单库统一向社会公布。

各级人民法院可以根据各地实际情况,将失信被执行人名单通过报纸、广播、电视、网络、法院公告栏等其他方式予以公布,并可以采取新闻发布会或者其他方式对本院及辖区法院实施失信被执行人名单制度的情况定期向社会公布。

第八条　人民法院应当将失信被执行人名单信息,向政府相关部门、金融监管机构、金融机构、承担行政职能的事业单位及行业协会等通报,供相关单位依照法律、法规和有关规定,在政府采购、招标投标、行政审批、政府扶持、融资信贷、市场准入、资质认定等方面,对失信被执行人予以信用惩戒。

人民法院应当将失信被执行人名单信息向征信机构通报,并由征信机构在其征信系统中记录。

国家工作人员、人大代表、政协委员等被纳入失信被执行人名单的,人民法院应当将失信情况通报其所在单位和相关部门。

国家机关、事业单位、国有企业等被纳入失信被执行人名单的,人民法院应当将失信情况通报其上级单位、主管部门或者履行出资人职责的机构。

第九条　不应纳入失信被执行人名单的公民、法人或其他组织被纳入失信被执行人名单的,人民法院应当在三个工作日内撤销失信信息。

记载和公布的失信信息不准确的,人民法院应当在三个工作日内更正失信信息。

第十条　具有下列情形之一的,人民法院应当在三个工作日内删除失信信息:

(一)被执行人已履行生效法律文书确定的义务或人民法院已执行完毕的;

(二)当事人达成执行和解协议且已履行完毕的;

(三)申请执行人书面申请删除失信信息,人民法院审查同意的;

(四)终结本次执行程序后,通过网络执行查控系统查询被执行人财产两次以上,未发现有可供执行财产,且申请执行人或者其他人未提供有效财产线索的;

(五)因审判监督或破产程序,人民法院依法裁定对失信被执行人中止执行的;

(六)人民法院依法裁定不予执行的;

(七)人民法院依法裁定终结执行的。

有纳入期限的,不适用前款规定。纳入期限届满后三个工作日内,人民法院应当删除失信信息。

依照本条第一款规定删除失信信息后,被执行人具有本规定第一条规定情形之一的,人民法院可以重新将其纳入失信被执行人名单。

依照本条第一款第三项规定删除失信信息后六个月内,申请执行人申请将该被执行人纳入失信被执行人名单的,人民法院不予支持。

【注释】(1)本条规范内容中的删除失信信息的情形,仅适用于有履行能力而拒不履行生效法律文书确定义务而被纳入失信被执行人名单的情形。根据本条第2款规定,因其他情形被纳入失信被执行人名单,即有纳入期限的情形,不受本条第1款限制。

(2)《终本规定》(法〔2016〕373号)第1条明确将符合条件的被执行人纳入失信被执行人名单为终结本次执行程序的条件。结合本条规范,如果因有履行能力而拒不履行而被纳入失信被执行人名单,在终结本次执行程序后,通过网络执行查控系统查询被执行人财产2次以上,未发现有可供执行财产,且申请执行人或者其他人未提供有效财产线索的,应当删除失信信息;因为其他情形被纳入失信名单的,则不受此限。

(3)本条规范中的"删除",在最高人民法院失信被执行人名单库上的操作方式是屏蔽。要注意删除(屏蔽)与撤销相区别。

第十一条 被纳入失信被执行人名单的公民、法人或其他组织认为有下列情形之一的,可以向执行法院申请纠正:

(一)不应将其纳入失信被执行人名单的;

(二)记载和公布的失信信息不准确的;

(三)失信信息应予删除的。

第十二条 公民、法人或其他组织对被纳入失信被执行人名单申请纠正的,执行法院应当自收到书面纠正申请之日起十五日内审查,理由成立的,应当在三个工作日内纠正;理由不成立的,决定驳回。公民、法人或其他组织对驳回决定不服的,可以自决定书送达之日起十日内向上一级人民法院申请复议。上一级人民法院应当自收到复议申请之日起十五日内作出决定。

复议期间,不停止原决定的执行。

第十三条 人民法院工作人员违反本规定公布、撤销、更正、删除失信信息的,参照有关规定追究责任。

5.《最高人民法院关于人民法院办理执行异议和复议案件若干问题的规定》(法释〔2015〕10 号,2015 年 5 月 5 日;经法释〔2020〕21 号修正,2021 年 1 月 1 日)

第九条　被限制出境的人认为对其限制出境错误的,可以自收到限制出境决定之日起十日内向上一级人民法院申请复议。上一级人民法院应当自收到复议申请之日起十五日内作出决定。复议期间,不停止原决定的执行。

6.《最高人民法院关于审理拒不执行判决、裁定刑事案件适用法律若干问题的解释》(法释〔2015〕16 号,2015 年 7 月 22 日;经法释〔2020〕21 号修正,2021 年 1 月 1 日)

第一条　被执行人、协助执行义务人、担保人等负有执行义务的人对人民法院的判决、裁定有能力执行而拒不执行,情节严重的,应当依照刑法第三百一十三条的规定,以拒不执行判决、裁定罪处罚。

第二条　负有执行义务的人有能力执行而实施下列行为之一的,应当认定为全国人民代表大会常务委员会关于刑法第三百一十三条的解释中规定的"其他有能力执行而拒不执行,情节严重的情形":

(一)具有拒绝报告或者虚假报告财产情况、违反人民法院限制高消费及有关消费令等拒不执行行为,经采取罚款或者拘留等强制措施后仍拒不执行的;

(二)伪造、毁灭有关被执行人履行能力的重要证据,以暴力、威胁、贿买方法阻止他人作证或者指使、贿买、胁迫他人作伪证,妨碍人民法院查明被执行人财产情况,致使判决、裁定无法执行的;

(三)拒不交付法律文书指定交付的财物、票证或者拒不迁出房屋、退出土地,致使判决、裁定无法执行的;

(四)与他人串通,通过虚假诉讼、虚假仲裁、虚假和解等方式妨害执行,致使判决、裁定无法执行的;

(五)以暴力、威胁方法阻碍执行人员进入执行现场或者聚众哄闹、冲击执行现场,致使执行工作无法进行的;

(六)对执行人员进行侮辱、围攻、扣押、殴打,致使执行工作无法进行的;

(七)毁损、抢夺执行案件材料、执行公务车辆和其他执行器械、执行人员服装以及执行公务证件,致使执行工作无法进行的;

（八）拒不执行法院判决、裁定，致使债权人遭受重大损失的。

第三条 申请执行人有证据证明同时具有下列情形，人民法院认为符合刑事诉讼法第二百一十条第三项规定的，以自诉案件立案审理：

（一）负有执行义务的人拒不执行判决、裁定，侵犯了申请执行人的人身、财产权利，应当依法追究刑事责任的；

（二）申请执行人曾经提出控告，而公安机关或者人民检察院对负有执行义务的人不予追究刑事责任的。

第四条 本解释第三条规定的自诉案件，依照刑事诉讼法第二百一十二条的规定，自诉人在宣告判决前，可以同被告人自行和解或者撤回自诉。

第五条 拒不执行判决、裁定刑事案件，一般由执行法院所在地人民法院管辖。

第六条 拒不执行判决、裁定的被告人在一审宣告判决前，履行全部或部分执行义务的，可以酌情从宽处罚。

第七条 拒不执行支付赡养费、扶养费、抚育费、抚恤金、医疗费用、劳动报酬等判决、裁定的，可以酌情从重处罚。

第八条 本解释自发布之日起施行。此前发布的司法解释和规范性文件与本解释不一致的，以本解释为准。

【司法文件】

1.《最高人民法院关于进一步规范近期执行工作相关问题的通知》（法〔2018〕141 号，2018 年 5 月 28 日）

一、关于失信被执行人名单相关问题

（一）执行法院应当严格依照《最高人民法院关于公布失信被执行人名单信息的若干规定》（法释〔2017〕7 号，以下简称《失信规定》）第一条的规定审查被执行人是否符合纳入名单的法定情形，严禁将不符合条件的被执行人纳入失信名单。

（二）具有《失信规定》第三条规定情形之一的，不得依据《失信规定》第一条第一项的规定将被执行人纳入失信名单。已经纳入的，应当撤销，纳入后才具有《失信规定》第三条第（一）、（二）项情形之一的，应当屏蔽。

（三）对于有失信期限的失信被执行人名单信息，失信被执行人履行完毕的，应当依照《失信规定》第二条第二款的规定提前删除失信信息，具体操作按我院“法明传〔2018〕33号”通知要求进行。

（四）案件已经以终结本次执行程序方式报结，执行法院按照我院“法明传〔2017〕699号”通知要求，已将案件标注为实结，尚有失信被执行人名单信息处于发布状态的，应当屏蔽；如果纳入失信被执行人名单错误的，应当撤销。

二、关于终结本次执行程序相关问题

（一）原终结本次执行程序中已发出限制消费令的恢复执行案件，人民法院再次终结本次执行程序的，可无须再根据《终本规定》第一条第二项发出限制消费令。

……

2.《最高人民法院关于在执行工作中进一步强化善意文明执行理念的意见》（法发〔2019〕35号，2019年12月16日）

五、严格规范纳入失信名单和限制消费措施

14. 严格适用条件和程序。采取纳入失信名单或限制消费措施，必须严格依照民事诉讼法、《最高人民法院关于公布失信被执行人名单信息的若干规定》（以下简称失信名单规定）、《最高人民法院关于限制被执行人高消费及有关消费的若干规定》等规定的条件和程序进行。对于不符合法定条件的被执行人，坚决不得采取纳入失信名单或限制消费惩戒措施。对于符合法定条件的被执行人，决定采取惩戒措施的，应当制作决定书或限制消费令，并依法由院长审核后签发。

需要特别指出的是，根据司法解释规定，虽然纳入失信名单决定书由院长签发后即生效，但应当依照民事诉讼法规定的送达方式送达当事人，坚决杜绝只签发、不送达等不符合法定程序的现象发生。

15. 适当设置一定的宽限期。各地法院可以根据案件具体情况，对于决定纳入失信名单或者采取限制消费措施的被执行人，可以给予其一至三个月的宽限期。在宽限期内，暂不发布其失信或者限制消费信息；期限届满，被执行人仍未履行生效法律文书确定义务的，再发布其信息并采取相应惩戒措施。

16. 不采取惩戒措施的几类情形。被执行人虽然存在有履行能力而拒不履行生效法律文书确定义务、无正当理由拒不履行和解协议的情形，但人民法院已经控制其足以清偿债务的财产或者申请执行人申请暂不采取惩戒措施的，不得对被执行人采取纳入失信名单或限制消费措施。单位是失信被执行人的，人民法院不得将其法定代表人、主要负责人、影响债务履行的直接责任人员、实际控制人等纳入失信名单。全日制在校生因"校园贷"纠纷成为被执行人的，一般不得对其采取纳入失信名单或限制消费措施。

17. 解除限制消费措施的几类情形。人民法院在对被执行人采取限制消费措施后，被执行人及其有关人员申请解除或暂时解除的，按照下列情形分别处理：

（1）单位被执行人被限制消费后，其法定代表人、主要负责人、影响债务履行的直接责任人员、实际控制人以因私消费为由提出以个人财产从事消费行为，经审查属实的，应予准许。

（2）单位被执行人被限制消费后，其法定代表人、主要负责人确因经营管理需要发生变更，原法定代表人、主要负责人申请解除对其本人的限制消费措施的，应举证证明其并非单位的实际控制人、影响债务履行的直接责任人员。人民法院经审查属实的，应予准许，并对变更后的法定代表人、主要负责人依法采取限制消费措施。

（3）被限制消费的个人因本人或近亲属重大疾病就医，近亲属丧葬，以及本人执行或配合执行公务，参加外事活动或重要考试等紧急情况亟需赴外地，向人民法院申请暂时解除乘坐飞机、高铁限制措施，经严格审查并经本院院长批准，可以给予其最长不超过一个月的暂时解除期间。

上述人员在向人民法院提出申请时，应当提交充分有效的证据并按要求作出书面承诺；提供虚假证据或者违反承诺从事消费行为的，人民法院应当及时恢复对其采取的限制消费措施，同时依照民事诉讼法第一百一十一条①从重处理，并对其再次申请不予批准。

18. 畅通惩戒措施救济渠道。自然人、法人或其他组织对被纳入失信名单申请纠正的，人民法院应当依照失信名单规定第十二条规定的程序和时限及时审查并作出处理决定。对被采取限制消费措施申请纠正的，参照失信名单规定第十二条规定办理。

人民法院发现纳入失信名单、采取限制消费措施可能存在错误的，应当及时进行自查并作出相应处理；上级法院发现下级法院纳入失信名单、采取限制消费措施存在错误的，应当责令其及时纠正，也可以依法直接纠正。

---

① 2021年《民事诉讼法》第四次修正后调整为第114条。

19. 及时删除失信信息。失信名单信息依法应当删除(屏蔽)的,应当及时采取删除(屏蔽)措施。超过三个工作日采取删除(屏蔽)措施,或者虽未超过三个工作日但能够立即采取措施却未采取造成严重后果的,依法追究相关人员责任。

被执行人因存在多种失信情形,被同时纳入有固定期限的失信名单和无固定期限的失信名单的,其主动履行完毕生效法律文书确定义务后,一般应当将有固定期限的名单信息和无固定期限的名单信息同时删除(屏蔽)。

20. 准确理解限制被执行人子女就读高收费学校。限制被执行人子女就读高收费学校,是指限制其子女就读超出正常收费标准的学校,虽然是私立学校,但如果其收费未超出正常标准,也不属于限制范围。人民法院在采取此项措施时,应当依法严格审查,不得影响被执行人子女正常接受教育的权利;在新闻媒体对人民法院采取此项措施存在误报误读时,应当及时予以回应和澄清。人民法院经依法审查,决定限制被执行人子女就读高收费学校的,应当做好与被执行人子女、学校的沟通工作,尽量避免给被执行人子女带来不利影响。

21. 探索建立惩戒分级分类机制和守信激励机制。各地法院可以结合工作实际,积极探索根据案件具体情况对被执行人分级分类采取失信惩戒、限制消费措施,让失信惩戒、限制消费措施更具有精准性,更符合比例原则。

各地法院在依法开展失信惩戒的同时,可以结合工作实际,探索开展出具自动履行生效法律文书证明、将自动履行信息向征信机构推送、对诚信债务人依法酌情降低诉讼保全担保金额等守信激励措施,营造鼓励自动履行、支持诚实守信的良好氛围。

3.《最高人民法院关于进一步完善执行权制约机制加强执行监督的意见》(法〔2021〕322 号,2021 年 12 月 6 日)

23. 严格规范失信惩戒及限制消费措施。严格区分和把握采取纳入失信名单及限制消费措施的适用条件,符合失信情形的,纳入失信名单同时限制消费,仅符合限制消费情形的,不得纳入失信名单。

被执行人履行完毕的,人民法院必须在 3 个工作日内解除限制消费令,因情况紧急当事人申请立即解除的,人民法院应当立即解除限制消费令;在限制消费期间,被执行人提供有效担保或者经申请执行人同意的,人民法院应当在 3 个工作日内解除限制消费令。被执行人的法定代表人发生变更的,应当依当事人申请及时解除对原法定代表人的限制消费令。

纳入失信名单必须严格遵守法律规定并制作决定书送达当事人。当事人对将其纳入失信名单提出纠正申请的,人民法院应及时审查,及时纠正,不得拖延。案件执行完毕的,人民法院应当及时屏蔽失信信息并向征信部门推送,完善失信被执行人信用修复机制。

探索施行宽限期制度。人民法院可以根据案件具体情况,设置一定宽限期,在宽限期内暂不执行限制消费令和纳入失信名单,通过宽限期给被执行人以警示,促使其主动履行。

4.《最高人民法院关于依法制裁规避执行行为的若干意见》(法〔2011〕195号,2011年5月27日)

五、充分运用民事和刑事制裁手段,依法加强对规避执行行为的刑事处罚力度

15. 对规避执行行为加大民事强制措施的适用。被执行人既不履行义务又拒绝报告财产或者进行虚假报告、拒绝交出或者提供虚假财务会计凭证、协助执行义务人拒不协助执行或者妨碍执行、到期债务第三人提出异议后又擅自向被执行人清偿等,给申请执行人造成损失的,应当依法对相关责任人予以罚款、拘留。

16. 对构成犯罪的规避执行行为加大刑事制裁力度。被执行人隐匿财产、虚构债务或者以其他方法隐藏、转移、处分可供执行的财产,拒不交出或者隐匿、销毁、制作虚假财务会计凭证或资产负债表等相关资料,以虚假诉讼或者仲裁手段转移财产、虚构优先债权或者申请参与分配,中介机构提供虚假证明文件或者提供的文件有重大失实,被执行人、担保人、协助义务人有能力执行而拒不执行或者拒不协助执行等,损害申请执行人或其他债权人利益,依照刑法的规定构成犯罪的,应当依法追究行为人的刑事责任。

17. 加强与公安、检察机关的沟通协调。各地法院应当加强与公安、检察机关的协调配合,建立快捷、便利、高效的协作机制,细化拒不执行判决裁定罪和妨害公务罪的适用条件。

18. 充分调查取证。各地法院在执行案件过程中,在行为人存在拒不执行判决裁定或者妨害公务行为的情况下,应当注意收集证据。认为构成犯罪的,应当及时将案件及相关证据材料移送犯罪行为发生地的公安机关立案查处。

19. 抓紧依法审理。对检察机关提起公诉的拒不执行判决裁定或者妨害公务案件，人民法院应当抓紧审理，依法审判，快速结案，加大判后宣传力度，充分发挥刑罚手段的威慑力。

六、依法采取多种措施，有效防范规避执行行为

20. 依法变更追加被执行主体或者告知申请执行人另行起诉。有充分证据证明被执行人通过离婚析产、不依法清算、改制重组、关联交易、财产混同等方式恶意转移财产规避执行的，执行法院可以通过依法变更追加被执行人或者告知申请执行人通过诉讼程序追回被转移的财产。

21. 建立健全征信体系。各地法院应当逐步建立健全与相关部门资源共享的信用平台，有条件的地方可以建立个人和企业信用信息数据库，将被执行人不履行债务的相关信息录入信用平台或者信息数据库，充分运用其形成的威慑力制裁规避执行行为。

22. 加大宣传力度。各地法院应当充分运用新闻媒体曝光、公开执行等手段，将被执行人因规避执行被制裁或者处罚的典型案例在新闻媒体上予以公布，以维护法律权威，提升公众自觉履行义务的法律意识。

23. 充分运用限制高消费手段。各地法院应当充分运用限制高消费手段，逐步构建与有关单位的协作平台，明确有关单位的监督责任，细化协作方式，完善协助程序。

24. 加强与公安机关的协作查找被执行人。对于因逃避执行而长期下落不明或者变更经营场所的被执行人，各地法院应当积极与公安机关协调，加大查找被执行人的力度。

5.《最高人民法院关于认真贯彻执行〈关于公布失信被执行人名单信息的若干规定〉的通知》（法〔2013〕178 号，2013 年 8 月 2 日）

二、《若干规定》适用中应当注意的问题

（一）关于被执行人以虚假诉讼、虚假仲裁方法规避执行的认定。因被执行人的虚假诉讼、虚假仲裁行为，致使相应的法律文书被依法撤销，或者被依法裁定不予执行的，应认定为被执行人具有以虚假诉讼、虚假仲裁方法规避执行的情形，从而将其纳入失信被执行人名单；相应法律文书未经法定程序予以撤销或裁定不予执行的，不应将有关被执行人纳入失信被执行人名单。

（二）关于被执行人风险提示的形式。根据《若干规定》第二条第一款的

规定,人民法院应当向被执行人作出有可能被纳入失信被执行人名单的风险提示。对于2013年10月1日前已经立案、向被执行人送达了执行通知书且2013年10月1日之后仍未执行完毕的案件,对被执行人的风险提示将由我院在《人民法院报》上以公告形式统一作出;对于2013年10月1日之后立案进入执行程序的案件,各级法院应当按照《若干规定》第二条第一款的要求,在向被执行人发出的执行通知书中载明有关纳入失信被执行人名单的风险提示内容。

(三)关于被执行人对纳入失信被执行人名单提出纠正申请的处理。根据《若干规定》第三条,如果被执行人认为将其纳入失信被执行人名单错误的,可以向人民法院申请纠正。人民法院经审查认为理由成立的,应当作出决定予以纠正;人民法院经审查认为理由不成立的,也需要作出决定予以驳回。纠正及驳回的决定,均应制作决定书并送达申请人。

(四)失信被执行人身份信息的公布。《若干规定》第四条第(二)项明确要求在公布失信被执行人名单信息时,应当公布作为失信被执行人的自然人的身份证号码。身份证号码属于特征组合码,由十七位数字本体码和一位校验码组成。排列顺序从左至右依次为六位数字地址码,八位数字出生日期码,三位数字顺序码和一位校验码。为保证最高人民法院失信被执行人名单库数据的准确性,各地法院在将失信被执行人身份信息录入该名单库时,必须录入被执行人的全部身份证号码。在对失信被执行人的身份证号码进行公布时,应当区分两种情况:一是向相关单位定向通报时,应当通报失信被执行人的全部身份证号码,以确保信息使用单位能够有效利用失信被执行人名单信息;二是在向社会公布时,为避免身份证号码对外公布后被滥用,可以采取技术手段隐蔽身份证号码中表示出生月、日的号段后予以公布。

(五)关于失信被执行人名单信息的删除。被纳入失信被执行人名单的被执行人符合《若干规定》第七条列举情形之一的,各级人民法院应当及时将其相关信息从失信被执行人名单库中删除,并及时通报《若干规定》中第六条列明的机构或部门。对于已经通报给这些单位和部门的被执行人失信信息,由相关单位依照相关法律、法规的规定决定其保存期限。

(六)关于《若干规定》生效前,各级法院实施的相关制度与《若干规定》的衔接。《若干规定》将于2013年10月1日起正式施行。在此之前,部分地方法院根据当地实际情况采取了一些将被执行人不履行义务的信息通过媒体公布、在征信系统中记录等措施。这些已经采取的措施,其效力不因《若干规定》的生效而受到影响。但在《若干规定》正式施行后，各级人民法院应当严格按照《若干规定》设定的标准和程序将 2013 年 10 月 1 日后未履行完毕，且存在《若干规定》第一条所列情形之一的被执行人相关信息统一纳入最高人民法院失信被执行人名单库，统一按照《若干规定》确定的程序和方式对失信被执行人采取信用惩戒措施，各地法院此前就失信被执行人信用惩戒施行的相关标准或发布的规定与本《若干规定》不一致的应予以及时修改。

6.《最高人民法院关于进一步做好边境地区涉外民商事案件审判工作的指导意见》（法发〔2010〕57 号，2010 年 12 月 8 日）

七、人民法院在审理案件过程中，对外国人采取限制出境措施，应当从严掌握，必须同时具备以下条件：

（一）被采取限制出境措施的人只能是在我国有未了结民商事案件的当事人或当事人的法定代表人、负责人；

（二）当事人有逃避诉讼或者逃避履行法定义务的可能；

（三）不采取限制出境措施可能造成案件难以审理或者无法执行。

7.《最高人民法院关于全国法院被执行人信息查询平台信息异议处理的若干规定》（法〔2009〕129 号，2009 年 3 月 30 日）

第一条　全国法院被执行人信息查询平台是最高人民法院集中全国法院录入的执行案件信息数据后，通过最高人民法院网站统一向社会提供被执行人信息查询的网络平台。

第二条　全国法院被执行人信息查询平台提供的社会查询案件范围和信息内容，由最高人民法院确定。

第三条　全国法院被执行人信息查询平台的信息数据由执行法院通过全国法院执行案件信息管理系统录入。信息数据的准确性由执行案件承办人员负责。信息数据必须与案卷记载一致。

第四条　当事人对全国法院被执行人信息查询平台提供的信息内容有异议的，应及时向执行法院书面提出，并附相关证明材料。

信息异议包括没有录入有关信息的异议、信息内容不准确的异议、信息发布不及时的异议。

第五条　执行法院应在接到书面异议后 3 日内予以审查核对，异议成立的,应当在2日内对相关信息予以补录或更正。

执行法院必须在接到书面异议后7日内将处理结果答复异议人。

第六条 执行法院对信息异议逾期未作处理,或对处理结果不服的,异议人可以向上一级人民法院书面请求复核,并附相关证明材料。

第七条 复核法院应在接到复核申请后2日内将复核申请函转执行法院,执行法院必须在2日内书面报告复核情况。执行法院不同意复核申请的,复核报告需附相关案卷材料。必要时,复核法院可调卷复核。

复核请求成立的,复核法院应责成执行法院在2日内对相关信息予以补录或更正。

复核法院必须在接到复核申请后7日内将处理结果答复复核申请人。

第八条 本规定由最高人民法院负责解释。各高级人民法院应结合本辖区工作实际制定实施细则,并报最高人民法院备案。

第九条 本规定自2009年3月30日起施行。

8.《最高人民法院关于推进司法公开三大平台建设的若干意见》(法发〔2013〕13号,2013年11月21日)

19. 人民法院应当充分发挥执行信息公开平台对失信被执行人的信用惩戒功能,向公众公开以下信息,并方便公众根据被执行人的姓名或名称、身份证号或组织机构代码进行查询:(1)未结执行实施案件的被执行人信息;(2)失信被执行人名单信息;(3)限制出境被执行人名单信息;(4)限制招投标被执行人名单信息;(5)限制高消费被执行人名单信息等。

9.《最高人民法院、中国银行业监督管理委员会关于人民法院与银行业金融机构开展网络执行查控和联合信用惩戒工作的意见》(法〔2014〕266号,2014年10月24日)

八、最高人民法院、中国银行业监督管理委员会鼓励和支持银行业金融机构与人民法院建立联合信用惩戒机制。银行业金融机构与人民法院通过网络传输等方式,共享失信被执行人名单及其他执行案件信息;银行业金融机构依照法律、法规规定,在融资信贷等金融服务领域,对失信被执行人等采取限制贷款、限制办理信用卡等措施。

10.《中央纪律检查委员会、中央组织部、中央宣传部、中央社会治安综合治理委员会办公室、最高人民法院、最高人民检察院、国家发展和改革委员会、公安部、监察部、民政部、司法部、国土资源部、住房和城乡建设部、中国人民银行、国家税务总局、国家工商行政管理总局、国务院法制办公室、中国银监会、中国证监会关于建立和完善执行联动机制若干问题的意见》（法发〔2010〕15 号，2010 年 7 月 7 日）

第十三条　人民银行应当协助人民法院查询人民币银行结算账户管理系统中被执行人的账户信息；将人民法院提供的被执行人不履行法律文书确定义务的情况纳入企业和个人信用信息基础数据库。

第十四条　银行业监管部门应当监督银行业金融机构积极协助人民法院查询被执行人的开户、存款情况，依法及时办理存款的冻结、轮候冻结和扣划等事宜。对金融机构拒不履行生效法律文书、拒不协助人民法院执行的行为，依法追究有关人员的责任。制定金融机构对被执行人申请贷款进行必要限制的规定，要求金融机构发放贷款时应当查询企业和个人信用信息基础数据库，并将被执行人履行生效法律文书确定义务的情况作为审批贷款时的考量因素。对拒不履行生效法律文书义务的被执行人，涉及金融债权的，可以采取不开新户、不发放新贷款、不办理对外支付等制裁措施。

11.《最高人民法院、国家发展和改革委员会、工业和信息化部、住房和城乡建设部、交通运输部、水利部、商务部、国家铁路局、中国民用航空局关于在招标投标活动中对失信被执行人实施联合惩戒的通知》（法〔2016〕285 号，2016 年 8 月 30 日）

一、充分认识在招标投标活动中实施联合惩戒的重要性

诚实信用是招标投标活动的基本原则之一。在招标投标活动中对失信被执行人开展联合惩戒，有利于规范招标投标活动中当事人的行为，促进招标投标市场健康有序发展；有利于建立健全"一处失信，处处受限"的信用联合惩戒机制，推进社会信用体系建设；有利于维护司法权威，提升司法公信力，在全社会形成尊重司法，诚实守信的良好氛围。各有关单位要进一步提高认识，在招标投标活动中对失信被执行人实施联合惩戒，有效应用失信被执行人信息，推动招标投标活动规范、高效、透明。

二、联合惩戒对象

联合惩戒对象为被人民法院列为失信被执行人的下列人员：投标人、招

标代理机构、评标专家以及其他招标从业人员。

三、失信被执行人信息查询内容及方式

(一)查询内容

失信被执行人(法人或者其他组织)的名称、统一社会信用代码(或组织机构代码)、法定代表人或者负责人姓名;失信被执行人(自然人)的姓名、性别、年龄、身份证号码;生效法律文书确定的义务和被执行人的履行情况;失信被执行人失信行为的具体情形;执行依据的制作单位和文号、执行案号、立案时间、执行法院;人民法院认为应当记载和公布的不涉及国家秘密、商业秘密、个人隐私的其他事项。

(二)推送及查询方式

最高人民法院将失信被执行人信息推送到全国信用信息共享平台和“信用中国”网站,并负责及时更新。

招标人、招标代理机构、有关单位应当通过“信用中国”网站(www. creditchina. gov. cn)或各级信用信息共享平台查询相关主体是否为失信被执行人,并采取必要方式做好失信被执行人信息查询记录和证据留存。投标人可通过“信用中国”网站查询相关主体是否为失信被执行人。

国家公共资源交易平台、中国招标投标公共服务平台、各省级信用信息共享平台通过全国信用信息共享平台共享失信被执行人信息,各省级公共资源交易平台通过国家公共资源交易平台共享失信被执行人信息,逐步实现失信被执行人信息推送、接收、查询、应用的自动化。

四、联合惩戒措施

各相关部门应依据《中华人民共和国民事诉讼法》《中华人民共和国招标投标法》《中华人民共和国招标投标法实施条例》《最高人民法院关于公布失信被执行人名单信息的若干规定》等相关法律法规,依法对失信被执行人在招标投标活动中采取限制措施。

(一)限制失信被执行人的投标活动

依法必须进行招标的工程建设项目,招标人应当在资格预审公告、招标公告、投标邀请书及资格预审文件、招标文件中明确规定对失信被执行人的处理方法和评标标准,在评标阶段,招标人或者招标代理机构、评标专家委员会应当查询投标人是否为失信被执行人,对属于失信被执行人的投标活动依法予以限制。

两个以上的自然人、法人或者其他组织组成一个联合体,以一个投标人的身份共同参加投标活动的，应当对所有联合体成员进行失信被执行人信息查询。联合体中有一个或一个以上成员属于失信被执行人的，联合体视为失信被执行人。

（二）限制失信被执行人的招标代理活动

招标人委托招标代理机构开展招标事宜的，应当查询其失信被执行人信息，鼓励优先选择无失信记录的招标代理机构。

（三）限制失信被执行人的评标活动

依法建立的评标专家库管理单位在对评标专家聘用审核及日常管理时，应当查询有关失信被执行人信息，不得聘用失信被执行人为评标专家。对评标专家在聘用期间成为失信被执行人的，应及时清退。

（四）限制失信被执行人招标从业活动

招标人、招标代理机构在聘用招标从业人员前，应当明确规定对失信被执行人的处理办法，查询相关人员的失信被执行人信息，对属于失信被执行人的招标从业人员应按照规定进行处理。

以上限制自失信被执行人从最高人民法院失信被执行人信息库中删除之时起终止。

五、工作要求

（一）有关单位要根据本《通知》，共同推动在招标投标活动中对失信被执行人开展联合惩戒工作，指导、督促各地、各部门落实联合惩戒工作要求，确保联合惩戒工作规范有序进行。

（二）有关单位应在规范招标投标活动中，建立相关单位和个人违法失信行为信用记录，通过全国信用信息共享平台、国家公共资源交易平台和中国招标投标公共服务平台实现信用信息交换共享和动态更新，并按照有关规定及时在“信用中国”网站予以公开。

（三）有关单位应当妥善保管失信被执行人信息，不得用于招标投标以外的事项，不得泄露企业经营秘密和相关个人隐私。

12.《最高人民法院关于充分发挥审判职能作用为企业家创新创业营造良好法治环境的通知》（法〔2018〕1 号，2017 年 12 月 29 日）

六、努力实现企业家的胜诉权益。综合运用各种强制执行措施，加快企业债权实现。强化对失信被执行人的信用惩戒力度，推动完善让失信主体“一处失信、处处受限”的信用惩戒大格局。同时，营造鼓励创新、宽容失败的社会氛围。对已经履行生效裁判文书义务或者申请人滥用失信被执行人名单的,要及时恢复企业家信用。对经营失败无偿债能力但无故意规避执行情形的企业家,要及时从失信被执行人名单中删除。

13.《最高人民法院关于依法妥善办理涉新冠肺炎疫情执行案件若干问题的指导意见》(法发〔2020〕16 号,2020 年 5 月 13 日)

七、精准适用失信惩戒和限制消费措施。有效发挥失信惩戒和限制消费措施的惩戒作用,重点打击规避执行、抗拒执行等违法失信行为,进一步推动国家信用体系建设和营商环境改善。建立健全惩戒分级分类机制,准确把握失信惩戒和限制消费措施的适用条件,持续推动惩戒措施向精细化、精准化方向转变。疫情期间,对已纳入发展改革、工业和信息化部门确定的全国性或地方性疫情防控重点保障企业名单的企业,原则上不得采取失信惩戒和限制消费措施;已经采取并妨碍疫情防控工作的,要及时解除并向申请执行人说明有关情况。对未纳入重点保障企业名单的疫情防控企业采取失信惩戒和限制消费措施的,可以根据具体情况参照前述规定办理。对受疫情影响较大、暂时经营困难的企业尤其是中小微企业,人民法院在依法采取失信惩戒或者限制消费措施前,原则上要给予三个月的宽限期。

健全完善信用修复机制,失信名单信息依法应当删除或撤销的,应当及时采取删除或撤销措施。失信名单信息被依法删除或撤销,被执行人因求职、借贷等被有关单位要求提供信用修复证明的,经被执行人申请,人民法院可以就删除或撤销情况出具相关证明材料。受疫情影响较大的被执行企业尤其是中小微企业确因复工复产需要,申请暂时解除失信惩戒措施的,人民法院应当积极与申请执行人沟通,在征得其同意后及时予以解除。

【司法答复】

《最高人民法院关于限制出境是否属于国家赔偿范围的复函》(〔2013〕赔他字第 1 号,2013 年 6 月 4 日)

江苏省高级人民法院:

你院〔2012〕苏法委赔字第 1 号《关于限制出境是否属于国家赔偿范围的请示》收悉。经研究认为,根据《中华人民共和国国家赔偿法》第三十八条的规定,人民法院在民事诉讼过程中违法采取限制出境措施的,属于国家赔偿范围。对于因违法采取限制出境措施造成当事人财产权的直接损失,可以给予赔偿。你院应针对常州市中级人民法院作出的(2007)常民一初字第78-1号民事决定是否构成违法采取限制出境的措施予以认定,并依法作出决定。

【参考文件】

1.《中共中央办公厅、国务院办公厅关于加快推进失信被执行人信用监督、警示和惩戒机制建设的意见》(中办发〔2016〕64 号,2016 年 9 月 26 日)

二、加强联合惩戒

(一)从事特定行业或项目限制

1. 设立金融类公司限制。将失信被执行人相关信息作为设立银行业金融机构及其分支机构,以及参股、收购银行业金融机构审批的审慎性参考,作为设立证券公司、基金管理公司、期货公司审批,私募投资基金管理人登记的审慎性参考。限制失信被执行人设立融资性担保公司、保险公司。

2. 发行债券限制。对失信被执行人在银行间市场发行债券从严审核,限制失信被执行人公开发行公司债券。

3. 合格投资者额度限制。在合格境外机构投资者、合格境内机构投资者额度审批和管理中,将失信状况作为审慎性参考依据。

4. 股权激励限制。失信被执行人为境内国有控股上市公司的,协助中止其股权激励计划;对失信被执行人为境内国有控股上市公司股权激励对象的,协助终止其行权资格。

5. 股票发行或挂牌转让限制。将失信被执行人信息作为股票发行和在全国中小企业股份转让系统挂牌公开转让股票审核的参考。

6. 设立社会组织限制。将失信被执行人信息作为发起设立社会组织审批登记的参考,限制失信被执行人发起设立社会组织。

7. 参与政府投资项目或主要使用财政性资金项目限制。协助人民法院查询政府采购项目信息;依法限制失信被执行人作为供应商参加政府采购活动;依法限制失信被执行人参与政府投资项目或主要使用财政性资金项目。

(二)政府支持或补贴限制

1. 获取政府补贴限制。限制失信被执行人申请政府补贴资金和社会保障资金支持。

2. 获得政策支持限制。在审批投资、进出口、科技等政策支持的申请时,查询相关机构及其法定代表人、实际控制人、董事、监事、高级管理人员是否为失信被执行人,作为其享受该政策的审慎性参考。

(三)任职资格限制

1. 担任国企高管限制。失信被执行人为个人的,限制其担任国有独资公司、国有资本控股公司董事、监事、高级管理人员,以及国有资本参股公司国有股权方派出或推荐的董事、监事、高级管理人员;已担任相关职务的,按照有关程序依法免去其职务。

2. 担任事业单位法定代表人限制。失信被执行人为个人的,限制其登记为事业单位法定代表人。

3. 担任金融机构高管限制。限制失信被执行人担任银行业金融机构、证券公司、基金管理公司、期货公司、保险公司、融资性担保公司的董事、监事、高级管理人员。

4. 担任社会组织负责人限制。失信被执行人为个人的,限制其登记或备案为社会组织负责人。

5. 招录(聘)为公务人员限制。限制招录(聘)失信被执行人为公务员或事业单位工作人员,在职公务员或事业单位工作人员被确定为失信被执行人的,失信情况应作为其评先、评优、晋职晋级的参考。

6. 入党或党员的特别限制。将严格遵守法律、履行生效法律文书确定的义务情况,作为申请加入中国共产党、预备党员转为正式党员以及党员评先、评优、晋职晋级的重要参考。

7. 担任党代表、人大代表和政协委员限制。失信被执行人为个人的,不作为组织推荐的各级党代会代表、各级人大代表和政协委员候选人。

8. 入伍服役限制。失信被执行人为个人的,将其失信情况作为入伍服役和现役、预备役军官评先、评优、晋职晋级的重要参考。

(四)准入资格限制

1. 海关认证限制。限制失信被执行人成为海关认证企业;在失信被执行人办理通关业务时,实施严密监管,加强单证审核或布控查验。

2. 从事药品、食品等行业限制。对失信被执行人从事药品、食品安全行业从严审批;限制失信被执行人从事危险化学品生产经营储存、烟花爆竹生产经营、矿山生产和安全评价、认证、检测、检验等行业;限制失信被执行人担任上述行业单位主要负责人及董事、监事、高级管理人员,已担任相关职务的,按规定程序要求予以变更。

3. 房地产、建筑企业资质限制。将房地产、建筑企业不依法履行生效法律文书确定的义务情况，记入房地产和建筑市场信用档案，向社会披露有关信息，对其企业资质作出限制。

（五）荣誉和授信限制

1. 授予文明城市、文明村镇、文明单位、文明家庭、道德模范、慈善类奖项限制。将履行人民法院生效裁判情况作为评选文明村镇、文明单位、文明家庭的前置条件，作为文明城市测评的指标内容。有关机构及其法定代表人、实际控制人、董事、监事、高级管理人员为失信被执行人的，不得参加文明单位、慈善类奖项评选，列入失信被执行人后取得的文明单位荣誉称号、慈善类奖项予以撤销。失信被执行人为个人的，不得参加道德模范、慈善类奖项评选，列入失信被执行人后获得的道德模范荣誉称号、慈善类奖项予以撤销。

2. 律师和律师事务所荣誉限制。协助人民法院查询失信被执行人的律师身份信息、律师事务所登记信息；失信被执行人为律师、律师事务所的，在一定期限内限制其参与评先、评优。

3. 授信限制。银行业金融机构在融资授信时要查询拟授信对象及其法定代表人、主要负责人、实际控制人、董事、监事、高级管理人员是否为失信被执行人，对拟授信对象为失信被执行人的，要从严审核。

（六）特殊市场交易限制

1. 从事不动产交易、国有资产交易限制。协助人民法院查询不动产登记情况，限制失信被执行人及失信被执行人的法定代表人、主要负责人、实际控制人、影响债务履行的直接责任人员购买或取得房产、土地使用权等不动产；限制失信被执行人从事土地、矿产等不动产资源开发利用，参与国有企业资产、国家资产等国有产权交易。

2. 使用国有林地限制。限制失信被执行人申报使用国有林地项目；限制其申报重点林业建设项目。

3. 使用草原限制。限制失信被执行人申报草原征占用项目；限制其申报承担国家草原保护建设项目。

4. 其他国有自然资源利用限制。限制失信被执行人申报水流、海域、无居民海岛、山岭、荒地、滩涂等国有自然资源利用项目以及重点自然资源保护建设项目。

（七）限制高消费及有关消费

1. 乘坐火车、飞机限制。限制失信被执行人及失信被执行人的法定代表人、主要负责人、实际控制人、影响债务履行的直接责任人员乘坐列车软卧、G字头动车组列车全部座位、其他动车组列车一等以上座位、民航飞机等非生活和工作必需的消费行为。

2. 住宿宾馆饭店限制。限制失信被执行人及失信被执行人的法定代表人、主要负责人、实际控制人、影响债务履行的直接责任人员住宿星级以上宾馆饭店、国家一级以上酒店及其他高消费住宿场所;限制其在夜总会、高尔夫球场等高消费场所消费。

3. 高消费旅游限制。限制失信被执行人及失信被执行人的法定代表人、主要负责人、实际控制人、影响债务履行的直接责任人员参加旅行社组织的团队出境旅游,以及享受旅行社提供的与出境旅游相关的其他服务;对失信被执行人在获得旅游等级评定的度假区内或旅游企业内消费实行限额控制。

4. 子女就读高收费学校限制。限制失信被执行人及失信被执行人的法定代表人、主要负责人、实际控制人、影响债务履行的直接责任人员以其财产支付子女入学就读高收费私立学校。

5. 购买具有现金价值保险限制。限制失信被执行人及失信被执行人的法定代表人、主要负责人、实际控制人、影响债务履行的直接责任人员支付高额保费购买具有现金价值的保险产品。

6. 新建、扩建、高档装修房屋等限制。限制失信被执行人及失信被执行人的法定代表人、主要负责人、实际控制人、影响债务履行的直接责任人员新建、扩建、高档装修房屋,购买非经营必需车辆等非生活和工作必需的消费行为。

(八)协助查询、控制及出境限制

协助人民法院依法查询失信被执行人身份、出入境证件信息及车辆信息,协助查封、扣押失信被执行人名下的车辆,协助查找、控制下落不明的失信被执行人,限制失信被执行人出境。

(九)加强日常监管检查

将失信被执行人和以失信被执行人为法定代表人、主要负责人、实际控制人、董事、监事、高级管理人员的单位,作为重点监管对象,加大日常监管力度,提高随机抽查的比例和频次,并可依据相关法律法规对其采取行政监管措施。

(十)加大刑事惩戒力度

公安、检察机关和人民法院对拒不执行生效判决、裁定以及其他妨碍执行构成犯罪的行为,要及时依法侦查、提起公诉和审判。

(十一)鼓励其他方面限制

鼓励各级党政机关、人民团体、社会组织、企事业单位使用失信被执行人名单信息,结合各自主管领域、业务范围、经营活动,实施对失信被执行人的信用监督、警示和惩戒。

三、加强信息公开与共享

(一)失信信息公开

人民法院要及时准确更新失信被执行人名单信息,并通过全国法院失信被执行人名单信息公布与查询平台、有关网站、移动客户端、户外媒体等多种形式向社会公开,供公众免费查询;根据联合惩戒工作需要,人民法院可以向有关单位推送名单信息,供其结合自身工作依法使用名单信息。对依法不宜公开失信信息的被执行人,人民法院要通报其所在单位,由其所在单位依纪依法处理。

(二)纳入政府政务公开

各地区各部门要按照中共中央办公厅、国务院办公厅印发的《关于全面推进政务公开工作的意见》的有关要求,将失信被执行人信用监督、警示和惩戒信息列入政务公开事项,对失信被执行人信用监督、警示和惩戒要依据部门权力清单、责任清单和负面清单依法开展。

(三)信用信息共享

各地区各部门之间要进一步打破信息壁垒,实现信息共享,通过全国信用信息共享平台,加快推进失信被执行人信息与公安、民政、人力资源社会保障、国土资源、住房城乡建设、财政、金融、税务、工商、安全监管、证券、科技等部门信用信息资源共享,推进失信被执行人信息与有关人民团体、社会组织、企事业单位信用信息资源共享。

(四)共享体制机制建设

加快推进失信被执行人信用信息共享体制机制建设,建立健全政府与征信机构、信用评级机构、金融机构、社会组织之间的信用信息共享机制。建立社会信用档案制度,将失信被执行人信息作为重要信用评价指标纳入社会信用评价体系。

四、完善相关制度机制

(一)进一步提高执行查控工作能力

1. 加快推进网络执行查控系统建设。加大信息化手段在执行工作中的应用，整合完善现有法院信息化系统，实现网络化查找被执行人和控制财产的执行工作机制。要通过政务网、专网等实现人民法院执行查控网络与公安、民政、人力资源社会保障、国土资源、住房城乡建设、工商、交通运输、农业、人民银行、银行监管、证券监管、保险监管、外汇管理等政府部门，及各金融机构、银联、互联网企业等企事业单位之间的网络连接，建成覆盖全国地域及土地、房产、存款、金融理财产品、证券、股权、车辆等主要财产形式的网络化、自动化执行查控体系，实现全国四级法院互联互通、全面应用。

2. 拓展执行查控措施。人民法院要进一步拓展对被告和被执行人财产的查控手段和措施。研究制定被执行人财产报告制度、律师调查被执行人财产制度、公告悬赏制度、审计调查制度等财产查控制度。

3. 完善远程执行指挥系统。最高人民法院和各高级、中级人民法院以及有条件的基层人民法院要建立执行指挥中心和远程指挥系统，实现四级法院执行指挥系统联网运行。建立上下一体、内外联动、规范高效、反应快捷的执行指挥工作体制机制。建立四级法院统一的网络化执行办案平台、公开平台和案件流程节点管理平台。

（二）进一步完善失信被执行人名单制度

1. 完善名单纳入制度。各级人民法院要根据执行案件的办理权限，严格按照法定条件和程序决定是否将被执行人纳入失信名单。

2. 确保名单信息准确规范。人民法院要建立严格的操作规程和审核纠错机制，确保失信被执行人名单信息准确规范。

3. 风险提示与救济。在将被执行人纳入失信名单前，人民法院应当向被执行人发出风险提示通知。被执行人认为将其纳入失信名单错误的，可以自收到决定之日起10日内向作出决定的人民法院申请纠正，人民法院应当自收到申请之日起3日内审查，理由成立的，予以撤销；理由不成立的，予以驳回。被执行人对驳回不服的，可以向上一级人民法院申请复议。

4. 失信名单退出。失信被执行人全部履行了生效法律文书确定的义务，或与申请执行人达成执行和解协议并经申请执行人确认履行完毕，或案件依法终结执行等，人民法院要在3日内屏蔽或撤销其失信名单信息。屏蔽、撤销信息要及时向社会公开并通报给已推送单位。

5. 惩戒措施解除。失信名单被依法屏蔽、撤销的，各信用监督、警示和惩戒单位要及时解除对被执行人的惩戒措施。确需继续保留对被执行人信用监督、警示和惩戒的，必须严格按照法律法规的有关规定实施，并明确继续保留的期限。

6. 责任追究。进一步完善责任追究制度,对应当纳入而不纳入、违法纳入以及不按规定屏蔽、撤销失信名单等行为,要按照有关规定追究责任。

(三)进一步完善党政机关支持人民法院执行工作制度

1. 进一步加强协助执行工作。各地区各部门要按照建立和完善执行联动机制的有关要求,进一步抓好落实工作。各级执行联动机制工作领导小组要制定具体的工作机制、程序,明确各协助执行单位的具体职责。强化协助执行工作考核与问责,组织人事、政法等部门要建立协助执行定期联合通报机制,对协助执行不力的单位予以通报和追责。

2. 严格落实执行工作综治考核责任。将失信被执行人联合惩戒情况作为社会治安综合治理目标责任考核的重要内容。严格落实人民法院执行工作在社会治安综合治理目标责任考核中的有关要求。

3. 强化对党政机关干扰执行的责任追究。党政机关要自觉履行人民法院生效裁判,并将落实情况纳入党风廉政建设主体责任和监督责任范围。坚决落实中共中央办公厅、国务院办公厅印发的《领导干部干预司法活动、插手具体案件处理的记录、通报和责任追究规定》,以及《司法机关内部人员过问案件的记录和责任追究规定》,对有关部门及领导干部干预执行、阻扰执行、不配合执行工作的行为,依纪依法严肃处理。

2.《国务院关于建立完善守信联合激励和失信联合惩戒制度加快推进社会诚信建设的指导意见》(国发〔2016〕33号,2016年5月30日)

三、健全约束和惩戒失信行为机制

(九)对重点领域和严重失信行为实施联合惩戒。在有关部门和社会组织依法依规对本领域失信行为作出处理和评价基础上,通过信息共享,推动其他部门和社会组织依法依规对严重失信行为采取联合惩戒措施。重点包括:一是严重危害人民群众身体健康和生命安全的行为,包括食品药品、生态环境、工程质量、安全生产、消防安全、强制性产品认证等领域的严重失信行为。二是严重破坏市场公平竞争秩序和社会正常秩序的行为,包括贿赂、逃税骗税、恶意逃废债务、恶意拖欠货款或服务费、恶意欠薪、非法集资、合同欺诈、传销、无证照经营、制售假冒伪劣产品和故意侵犯知识产权、出借和借用资质投标、围标串标、虚假广告、侵害消费者或证券期货投资者合法权益、严重破坏网络空间传播秩序、聚众扰乱社会秩序等严重失信行为。三是拒不履行法定义务，严重影响司法机关、行政机关公信力的行为，包括当事人在司法机关、行政机关作出判决或决定后，有履行能力但拒不履行、逃避执行等严重失信行为。四是拒不履行国防义务，拒绝、逃避兵役，拒绝、拖延民用资源征用或者阻碍对被征用的民用资源进行改造，危害国防利益，破坏国防设施等行为。

（十）依法依规加强对失信行为的行政性约束和惩戒。对严重失信主体，各地区、各有关部门应将其列为重点监管对象，依法依规采取行政性约束和惩戒措施。从严审核行政许可审批项目，从严控制生产许可证发放，限制新增项目审批、核准，限制股票发行上市融资或发行债券，限制在全国股份转让系统挂牌、融资，限制发起设立或参股金融机构以及小额贷款公司、融资担保公司、创业投资公司、互联网融资平台等机构，限制从事互联网信息服务等。严格限制申请财政性资金项目，限制参与有关公共资源交易活动，限制参与基础设施和公用事业特许经营。对严重失信企业及其法定代表人、主要负责人和对失信行为负有直接责任的注册执业人员等实施市场和行业禁入措施。及时撤销严重失信企业及其法定代表人、负责人、高级管理人员和对失信行为负有直接责任的董事、股东等人员的荣誉称号，取消参加评先评优资格。

（十一）加强对失信行为的市场性约束和惩戒。对严重失信主体，有关部门和机构应以统一社会信用代码为索引，及时公开披露相关信息，便于市场识别失信行为，防范信用风险。督促有关企业和个人履行法定义务，对有履行能力但拒不履行的严重失信主体实施限制出境和限制购买不动产、乘坐飞机、乘坐高等级列车和席次、旅游度假、入住星级以上宾馆及其他高消费行为等措施。支持征信机构采集严重失信行为信息，纳入信用记录和信用报告。引导商业银行、证券期货经营机构、保险公司等金融机构按照风险定价原则，对严重失信主体提高贷款利率和财产保险费率，或者限制向其提供贷款、保荐、承销、保险等服务。

（十二）加强对失信行为的行业性约束和惩戒。建立健全行业自律公约和职业道德准则，推动行业信用建设。引导行业协会商会完善行业内部信用信息采集、共享机制，将严重失信行为记入会员信用档案。鼓励行业协会商会与有资质的第三方信用服务机构合作，开展会员企业信用等级评价。支持行业协会商会按照行业标准、行规、行约等，视情节轻重对失信会员实行警告、行业内通报批评、公开谴责、不予接纳、劝退等惩戒措施。

（十三）加强对失信行为的社会性约束和惩戒。充分发挥各类社会组织作用，引导社会力量广泛参与失信联合惩戒。建立完善失信举报制度，鼓励公众举报企业严重失信行为，对举报人信息严格保密。支持有关社会组织依法对污染环境、侵害消费者或公众投资者合法权益等群体性侵权行为提起公益诉讼。鼓励公正、独立、有条件的社会机构开展失信行为大数据舆情监测，编制发布地区、行业信用分析报告。

（十四）完善个人信用记录，推动联合惩戒措施落实到人。对企事业单位严重失信行为，在记入企事业单位信用记录的同时，记入其法定代表人、主要负责人和其他负有直接责任人员的个人信用记录。在对失信企事业单位进行联合惩戒的同时，依照法律法规和政策规定对相关责任人员采取相应的联合惩戒措施。通过建立完整的个人信用记录数据库及联合惩戒机制，使失信惩戒措施落实到人。

四、构建守信联合激励和失信联合惩戒协同机制

（十五）建立触发反馈机制。在社会信用体系建设部际联席会议制度下，建立守信联合激励和失信联合惩戒的发起与响应机制。各领域守信联合激励和失信联合惩戒的发起部门负责确定激励和惩戒对象，实施部门负责对有关主体采取相应的联合激励和联合惩戒措施。

（十六）实施部省协同和跨区域联动。鼓励各地区对本行政区域内确定的诚信典型和严重失信主体，发起部省协同和跨区域联合激励与惩戒。充分发挥社会信用体系建设部际联席会议制度的指导作用，建立健全跨地区、跨部门、跨领域的信用体系建设合作机制，加强信用信息共享和信用评价结果互认。

（十七）建立健全信用信息公示机制。推动政务信用信息公开，全面落实行政许可和行政处罚信息上网公开制度。除法律法规另有规定外，县级以上人民政府及其部门要将各类自然人、法人和其他组织的行政许可、行政处罚等信息在 7 个工作日内通过政府网站公开，并及时归集至“信用中国”网站，为社会提供“一站式”查询服务。涉及企业的相关信息按照企业信息公示暂行条例规定在企业信用信息公示系统公示。推动司法机关在“信用中国”网站公示司法判决、失信被执行人名单等信用信息。

（十八）建立健全信用信息归集共享和使用机制。依托国家电子政务外网，建立全国信用信息共享平台，发挥信用信息归集共享枢纽作用。加快建立健全各省（区、市）信用信息共享平台和各行业信用信息系统，推动青年志愿者信用信息系统等项目建设,归集整合本地区、本行业信用信息,与全国信用信息共享平台实现互联互通和信息共享。依托全国信用信息共享平台,根据有关部门签署的合作备忘录,建立守信联合激励和失信联合惩戒的信用信息管理系统,实现发起响应、信息推送、执行反馈、信用修复、异议处理等动态协同功能。各级人民政府及其部门应将全国信用信息共享平台信用信息查询使用嵌入审批、监管工作流程中,确保"应查必查"、"奖惩到位"。健全政府与征信机构、金融机构、行业协会商会等组织的信息共享机制,促进政务信用信息与社会信用信息互动融合,最大限度发挥守信联合激励和失信联合惩戒作用。

(十九)规范信用红黑名单制度。不断完善诚信典型"红名单"制度和严重失信主体"黑名单"制度,依法依规规范各领域红黑名单产生和发布行为,建立健全退出机制。在保证独立、公正、客观前提下,鼓励有关群众团体、金融机构、征信机构、评级机构、行业协会商会等将产生的"红名单"和"黑名单"信息提供给政府部门参考使用。

(二十)建立激励和惩戒措施清单制度。在有关领域合作备忘录基础上,梳理法律法规和政策规定明确的联合激励和惩戒事项,建立守信联合激励和失信联合惩戒措施清单,主要分为两类:一类是强制性措施,即依法必须联合执行的激励和惩戒措施;另一类是推荐性措施,即由参与各方推荐的,符合褒扬诚信、惩戒失信政策导向,各地区、各部门可根据实际情况实施的措施。社会信用体系建设部际联席会议应总结经验,不断完善两类措施清单,并推动相关法律法规建设。

(二十一)建立健全信用修复机制。联合惩戒措施的发起部门和实施部门应按照法律法规和政策规定明确各类失信行为的联合惩戒期限。在规定期限内纠正失信行为、消除不良影响的,不再作为联合惩戒对象。建立有利于自我纠错、主动自新的社会鼓励与关爱机制,支持有失信行为的个人通过社会公益服务等方式修复个人信用。

(二十二)建立健全信用主体权益保护机制。建立健全信用信息异议、投诉制度。有关部门和单位在执行失信联合惩戒措施时主动发现、经市场主体提出异议申请或投诉发现信息不实的,应及时告知信息提供单位核实,信息提供单位应尽快核实并反馈。联合惩戒措施在信息核实期间暂不执行。经核实有误的信息应及时更正或撤销。因错误采取联合惩戒措施损害有关主体合法权益的,有关部门和单位应积极采取措施恢复其信誉、消除不良影响。支持有关主体通过行政复议、行政诉讼等方式维护自身合法权益。

(二十三)建立跟踪问效机制。各地区、各有关部门要建立完善信用联合激励惩戒工作的各项制度,充分利用全国信用信息共享平台的相关信用信息管理系统,建立健全信用联合激励惩戒的跟踪、监测、统计、评估机制并建立相应的督查、考核制度。对信用信息归集、共享和激励惩戒措施落实不力的部门和单位,进行通报和督促整改,切实把各项联合激励和联合惩戒措施落到实处。

3.《中央文明办、最高人民法院、公安部、国务院国资委、国家工商总局、中国银监会、中国民用航空局、中国铁路总公司"构建诚信惩戒失信"合作备忘录》(文明办〔2014〕4 号,2014 年 3 月 20 日)

一、信用惩戒的对象

信用惩戒对象为最高人民法院失信被执行人名单库中所有失信被执行人,以及被人民法院发出限制高消费令的其他被执行人(以下统称失信被执行人)。失信被执行人为自然人时,即为被执行人本人;失信被执行人为单位时,还包括其法定代表人、主要负责人、影响债务履行的直接责任人。

二、信用惩戒的内容

根据最高人民法院《关于限制被执行人高消费的若干规定》和《关于公布失信被执行人名单信息的若干规定》,最高人民法院统一在"全国法院失信被执行人名单信息公布与查询平台"上对失信被执行人发出限制高消费令,与相关部门一道,对失信被执行人限制高消费,并采取其他信用惩戒措施。

三、信用惩戒的范围

一是禁止部分高消费行为,包括禁止乘坐飞机、列车软卧;

二是实施其他信用惩戒,包括限制在金融机构贷款或办理信用卡;

(以上两条的法律依据为最高人民法院司法解释)

三是失信被执行人为自然人的,不得担任企业的法定代表人、董事、监事、高级管理人员等。

(此条的法律依据为《中华人民共和国公司法》第 146 条和国务院《企业法人法定代表人登记管理规定》第 4 条)

四、信用惩戒的实施方式

最高人民法院通过光盘、专线等信息技术手段向公安部、国务院国资委、国家工商总局、中国银监会、中国民用航空局、中国铁路总公司推送失信被执行人名单。相关部门收到名单后，在其管理系统中记载限制高消费和实施其他信用惩戒措施等内容的名单信息，或者要求受监管各企业、部门、行业成员和分支机构实时监控，进行有效信用惩戒。在媒体广为发布，对失信被执行人形成强大的舆论压力，营造构建诚信、惩戒失信的浓厚氛围。

五、信用惩戒的动态管理

被执行人因履行义务等原因，其失信信息被依法从最高人民法院失信被执行人名单库中删除后，最高人民法院应在两个工作日内通知各单位解除限制。对新增加的失信被执行人名单，最高人民法院应及时向各单位推送。

六、其他事宜

各部门应积极落实本合作备忘录，确保2014年3月31日前实现失信被执行人名单的推送，并对其联合实施限制高消费等信用惩戒。

具体合作细节由各部门相关业务、技术部门依法另行协商。

4.《国家发展和改革委员会、最高人民法院、国土资源部关于对失信被执行人实施限制不动产交易惩戒措施的通知》(发改财金〔2018〕370号，2018年3月1日)

一、各级人民法院限制失信被执行人及失信被执行人的法定代表人、主要负责人、实际控制人、影响债务履行的直接责任人员参与房屋司法拍卖。

二、市、县国土资源部门限制失信被执行人及失信被执行人的法定代表人、主要负责人、实际控制人、影响债务履行的直接责任人员取得政府供应土地。

三、各地国土资源部门与人民法院要积极推进建立同级不动产登记信息和失信被执行人名单信息互通共享机制，有条件的地区，国土资源部门在为失信被执行人及失信被执行人的法定代表人、主要负责人、实际控制人、影响债务履行的直接责任人员办理转移、抵押、变更等涉及不动产产权变化的不动产登记时，应将相关信息通报给人民法院，便于人民法院依法采取执行措施。

四、建立健全全国信用信息共享平台与国家不动产登记信息平台信息互通共享机制。全国信用信息共享平台将最高人民法院提供的失信被执行人名单信息及时推送至国家不动产登记信息平台；国家不动产登记信息平台将失信被执行人名下的不动产登记信息及时反馈至全国信用信息共享平台。

【判旨撮要】

1. 江苏爱涛文化产业有限公司与江苏爱涛利园酒店管理有限公司、康年酒店管理有限公司房屋租赁合同纠纷执行申诉案［（2015）执申字第 97 号］

要旨：本案在执行依据已经载明吴廷元是康年公司法定代表人，且本案进入执行程序 2 年之久的情况下，康年公司均未履行执行依据确定的义务，也未在规定的期限内履行被执行人在执行中应履行之相关义务。在南京中院已对吴廷元采取限制出境措施的情况下，康年公司才向香港公司注册处报备变更董事事宜，故南京中院决定对吴廷元采取限制出境措施和江苏高院予以维持的执行裁定，均符合执行程序中设置限制出境制度的基本立法目的和精神，适用法律正确。吴廷元虽为香港特别行政区居民，但法律面前人人平等，民事诉讼程序亦不应对不同身份的人群适用不同的规则，此乃法治之基本精神。采取限制出境措施的目的是促使债务人及相关人员尽快履行法律文书确定的债务，并不由此而影响其正常生活。

2. 张连松与唐毅、深圳市富临国际货运代理有限公司民间借贷纠纷执行申诉案［（2016）执监字第 379 号］

要旨：审判中对被告解除限制出境作担保的，应当明确担保范围。执行过程中追加被执行人，必须严格遵循法定原则；凡法律及司法解释无明确规定的，不能扩大自由裁量而超出法定情形追加。本案所涉解除限制出境中的追加保证人问题，目前无任何法律及司法解释予以规定，因此，常州中院追加富临公司及江苏分公司为被执行人，缺乏相关法律依据。《执行工作规定》第 85 条（2020 年修正为第 54 条）系关于解除财产保全中保证责任的规定，不能扩大解释而适用于解除限制出境中的保证责任。

3. 青海春发商品混凝土有限公司与青海百力房地产开发有限公司、青海明瑞房地产开发有限公司、青海创新房地产（集团）有限公司买卖合同纠纷执行复议案［（2016）最高法执复 10 号］

要旨：根据 2013 年《失信名单规定》第 3 条的规定，被执行人认为将其纳入失信被执行人名单错误的，可以向人民法院申请纠正。人民法院经审查认为理由成立的，应当作出决定予以纠正。据此，百力公司认为青海高院将其纳入失信被执行人名单没有法律依据,提出异议,青海高院应当审查后作出决定,予以驳回或者予以纠正。但青海高院按照执行异议程序予以立案审查,适用程序不当。

4. 南京海外建筑工程有限公司与北京国勤旅行社有限公司、北京国勤酒店管理有限公司建设工程合同纠纷执行申诉案[(2019)最高法执监150号]

要旨:根据《最高人民法院关于限制被执行人高消费及有关消费的若干规定》第1条、第3条的规定,被执行人未按执行通知书指定的期间履行生效法律文书确定的给付义务的,人民法院可以采取限制消费措施,限制其高消费及非生活或者经营必需的有关消费。被执行人为单位的,被采取限制消费措施后,被执行人及其法定代表人、主要负责人、影响债务履行的直接责任人员、实际控制人不得实施前款规定的行为。虽然徐某在本案执行法院采取限制消费措施时不是国勤公司的法定代表人,但其作为发生争议时国勤公司的法定代表人,同时为董事成员及经理,根据上述事实,可以认定其对本案债务的履行负有直接责任,故执行法院对其采取限制消费措施并无不当。

5. 刘怀强与河北工程建设有限责任公司建设工程施工合同纠纷执行监督案[(2020)最高法执监7号]

要旨:人民法院作出执行行为,作为一种公权力应当遵循"法无授权即禁止"的原则。《民事诉讼法》第255条(2021年修正为第262条)规定的"法律规定的其他措施"不得做任意扩大解释,应理解为法律法规、司法解释明文规定可以采取的措施。《税收征收管理法》授予税务机关可以对违法企业实施停止向其出售发票的行政执法权,并非等同于赋予人民法院强制税务机关行使行政执法权的权力。若在执行过程中发现被执行人存在财务账目与真实情况不符,被执行人拒不报告财产状况的,还可以依法对被执行人进行财务审计,依法对被执行人采取拘留、罚款措施,涉嫌拒执罪的,还可以依法移送公安机关追究其刑事责任。以上措施,均是法律、司法解释规定的可以采取的执行措施,通过依法采取执行措施,敦促被执行人履行义务和推进案件的执行。因此,人民法院要求税务机关不得向被执行人提供税务发票以及不得为其办理跨区域涉税事项报告手续的协助执行通知书的执行行为,不符合法律规定。

6. 吉利大福木业(北京)有限公司与唐山铭友电子科技有限公司仲裁裁决执行申诉案[(2020)最高法执监 102 号]

要旨:在执行过程中,被执行人的法定代表人发生变化时,要判断原法定代表人是否为被执行人的主要负责人或者影响债务履行的直接责任人员。本案中,徐昕系被执行人的原法定代表人,在被执行人法定代表人已变更为王国梅且徐昕已将 62%股权进行转让的情况下,执行法院变更对王国梅限制消费,解除了对徐昕的限制消费措施并无不当。如申请执行人认为仍应对徐昕继续限制消费,应当提供充分证据证明徐昕系被执行人的主要负责人或影响债务履行的直接责任人员,或者证明徐昕与王国梅之间存在虚假的转让股权行为。

四、执行中止和终结

第二百六十三条　【执行中止】 有下列情形之一的，人民法院应当裁定中止执行：

（一）申请人表示可以延期执行的；

（二）案外人对执行标的提出确有理由的异议的；

（三）作为一方当事人的公民死亡，需要等待继承人继承权利或者承担义务的；

（四）作为一方当事人的法人或者其他组织终止，尚未确定权利义务承受人的；

（五）人民法院认为应当中止执行的其他情形。

中止的情形消失后，恢复执行。

规范体系	
相关立法	1.《民事诉讼法》第 213 条、第 234 条 2.《企业破产法》第 19 条、第 134 条第 1 款 3.《仲裁法》第 64 条
司法解释	1.《最高人民法院关于适用〈中华人民共和国民事诉讼法〉的解释》（法释〔2015〕5 号；经法释〔2022〕11 号第二次修正）第 297 条、第 314 条、第 394 条、第 404 条、第 407 条、第 463—464 条、第 511—514 条 2.《最高人民法院关于人民法院执行工作若干问题的规定（试行）》（法释〔1998〕15 号；经法释〔2020〕21 号修正）第 59—60 条 3.《最高人民法院关于执行和解若干问题的规定》（法释〔2018〕3 号；经法释〔2020〕21 号修正）第 2—3 条、第 19 条 4.《最高人民法院关于人民法院民事执行中拍卖、变卖财产的规定》（法释〔2004〕16 号；经法释〔2020〕21 号修正）第 18 条 5.《最高人民法院关于适用〈中华人民共和国仲裁法〉若干问题的解释》（法释〔2006〕7 号）第 25 条 6.《最高人民法院关于人民法院办理仲裁裁决执行案件若干问题的规定》（法释〔2018〕5 号）第 7 条

(续表)

规范体系	
司法解释	7.《最高人民法院关于审理劳动争议案件适用法律若干问题的解释(一)》(法释〔2020〕26 号)第 25 条 8.《最高人民法院关于内地与澳门特别行政区相互认可和执行仲裁裁决的安排》(法释〔2007〕17 号)第 9 条 9.《最高人民法院关于审理侵犯专利权纠纷案件应用法律若干问题的解释(二)》(法释〔2016〕1 号;经法释〔2020〕19 号修正)第 29 条 10.《最高人民法院关于审理企业破产案件若干问题的规定》(法释〔2002〕23 号)第 20 条 11.《最高人民法院关于适用〈中华人民共和国企业破产法〉若干问题的规定(二)》(法释〔2013〕22 号;经法释〔2020〕18 号修正)第 5 条、第 22 条 12.《最高人民法院关于适用〈中华人民共和国行政诉讼法〉的解释》(法释〔2018〕1 号)第 118 条 13.《最高人民法院关于人民法院办理财产保全案件若干问题的规定》(法释〔2016〕22 号;经法释〔2020〕21 号修正)第 19 条 14.《最高人民法院关于对破产案件的债务人未被执行的财产均应中止执行问题的批复》(法复〔1993〕9 号)
司法文件	1.《最高人民法院关于正确适用暂缓执行措施若干问题的规定》(法发〔2002〕16 号)第 1—14 条 2.《最高人民法院关于人民法院执行公开的若干规定》(法发〔2006〕35 号)第 13 条 3.《最高人民法院关于执行案件立案、结案若干问题的意见》(法发〔2014〕26 号)第 23 条 4.《最高人民法院关于执行案件移送破产审查若干问题的指导意见》(法发〔2017〕2 号)第 8 条 5.《最高人民法院关于依法审理和执行被风险处置证券公司相关案件的通知》(法发〔2009〕35 号)第 4 条

(续表)

规范体系	
司法文件	6.《最高人民法院关于正确审理企业破产案件为维护市场经济秩序提供司法保障若干问题的意见》(法发〔2009〕36号)第17—19条 7.《最高人民法院、最高人民检察院、公安部关于办理非法集资刑事案件适用法律若干问题的意见》(公通字〔2014〕16号)第7条 8.《最高人民法院关于处理涉及汶川地震相关案件适用法律问题的意见(一)》(法发〔2008〕21号)第10条
司法答复	1.《最高人民法院执行工作办公室关于山西省大同市矿区法院执行案与湖南省株洲市中院破产案冲突请求协调的答复函》(〔2006〕执协字第14-1号) 2.《最高人民法院关于被执行人破产后对原执行程序中追加的被执行人是否中止执行问题的答复》(〔2004〕执他字第24号) 3.《最高人民法院关于破产申请受理前已经划扣到执行法院账户尚未支付给申请执行人的款项是否属于债务人财产问题的复函》(〔2017〕最高法民他72号) 4.《最高人民法院关于新中地产有限公司诉广东发展银行江门分行借款担保纠纷执行请示案的复函》(〔2005〕执他字第26号)

【条文释义】

本条是关于执行中止的规定。

执行中止是执行程序开始后,由于出现某种法定原因暂时停止执行,等待法定原因解除后再继续执行。从暂时停止执行到继续执行这一段期间,称之为执行中止期间。

人民法院在受理执行案件后,一般情况下应当在法定期限内将案件执行完毕,只有在出现法律规定的以下情形,需要暂时停止执行程序时,才能裁定中止执行:

(1)申请人表示可以延期执行。申请人的这种表示是对自己民事实体权利和民事诉讼权利的一种处分,因此,申请人愿意延期执行的,在所延长期限届满前，执行程序应当中止。

（2）案外人对执行标的提出确有理由的异议。案外人对执行标的提出了确有理由的异议，对案外人的异议在审结以前，法律文书所确认的民事权利义务关系发生了争议，本案能否继续执行，取决于法院对案外人异议的审理结果。因此，案外人对执行提出确有理由的异议后，执行程序应当中止。需要说明的是：案外人对执行标的提出异议并非当然发生执行程序中止的法律后果，案外人的异议必须"确有理由"，是否"确有理由"由人民法院进行审查。

（3）作为一方当事人公民死亡，需要等待继承人继承权利或者承担义务。执行开始后，如果申请人死亡，需要等待他的继承人继承权利；如果被执行人死亡，需要等待他的继承人承担义务。在继承人继承权利或者承担义务之前，执行程序应当中止，等待继承人继承权利或者承担义务之后，执行工作继续进行。根据本法的规定，作为被执行人的公民死亡，其继承人仅在所继承的遗产范围内偿还债务，继续履行法律文书确定的义务。

（4）作为一方当事人的法人或者其他组织终止，尚未确定权利义务承受人。在执行过程中，作为一方当事人的法人或者其他组织终止，应当由承受其权利义务的法人或者其他组织作为当事人继续参与执行程序，履行义务。但在特殊情况下，承受权利义务的法人或者其他组织一时尚未确定，在确定之前执行程序应当中止。

（5）人民法院认为应当中止执行的其他情形。在执行过程中，人民法院认为出现除上述情况外的其他情形，需要中止执行的，可以作出中止执行的裁定。这一规定较为灵活，以适应执行工作中的复杂情况。

人民法院决定中止执行的案件，应当作出裁定并通知当事人。中止执行只是执行程序的暂时停止，不是执行程序的结束。引起中止执行的情况消除后，应当恢复执行。恢复执行可以由人民法院依职权主动进行，也可以由当事人申请，经人民法院同意后恢复。如果引起中止执行的原因永不消除，人民法院可以终结执行程序。①

理解与适用本条规定，需要注意把握以下两点：

① 参见全国人民代表大会常务委员会法制工作委员会编：《中华人民共和国民事诉讼法释义（最新修正版）》，法律出版社2012年版，第595—599页。

一、与暂缓执行、撤销执行的区别。(1)暂缓执行是指人民法院在执行程序中因法定事由,依申请或依职权决定在一定期限内暂时停止执行措施。基于执行不间断原则,执行程序开始后,除法定事由外,人民法院不得停止已经开始的执行程序,但因法定事由,人民法院可以决定对某一项或者某几项执行措施在规定的期限内暂缓实施。暂缓执行程序的启动,既可以依据当事人或者其他利害关系人申请,也可以由法院依职权。(2)中止执行不同于撤销执行。执行中止仅使执行程序暂不继续进行,已采取的执行措施仍然有效;而撤销执行不但要停止执行程序的进行,还要撤销已采取执行措施的效力,使其恢复到未采取执行措施前的状态。

二、关于中止执行后的恢复执行。从实践看,恢复执行的情形主要包括:(1)申请执行人表示不再延期执行,要求恢复执行;(2)案外人提出的异议经人民法院审查后确认为理由不成立;(3)申请执行人或者被执行人死亡后,继承人继承权利或者承担义务已确定;(4)作为一方当事人的法人或者其他组织终止后,权利义务承受人已确定;(5)人民法院按审判监督程序决定再审后作出新的判决、裁定中确定维持原判决、裁定;(6)人民法院受理以被执行人为债务人的破产申请后,经过审查认为该债务人不符合宣告破产条件,不予宣告破产,或破产案件审理终结,债务人未被宣告破产;(7)因被执行人确无财产可供执行而执行中止后发现其又有财产可供执行;(8)执行的标的物的权属有争议,经其他法院或仲裁机构审理后已确定其归属于被执行人;(9)当事人申请撤销仲裁,经人民法院审查后已驳回其撤销申请;(10)人民法院驳回被执行人提出的不予执行仲裁裁决请求。人民法院对执行中止的恢复执行,无须重新立案,或者另行制作恢复执行裁定或者撤销中止裁定,但恢复执行应当书面通知各方当事人。另外,中止执行的情形一旦消失即应当恢复执行,当事人申请恢复执行并无期限的限制。

【相关立法】

1.《中华人民共和国民事诉讼法》(2021 年 12 月 24 日第十三届全国人民代表大会常务委员会第三十二次会议第四次修正,2022 年 1 月 1 日)

第二百一十三条　按照审判监督程序决定再审的案件,裁定中止原判决、裁定、调解书的执行,但追索赡养费、扶养费、抚养费、抚恤金、医疗费用、劳动报酬等案件,可以不中止执行。

【注释】对追索赡养费、扶养费、抚养费、抚恤金、医疗费用、劳动报酬的当事人,如果一律中止执行,可能会给这些当事人带来生活困难,因此,对于追索赡养费、扶养费、医疗费用等影响当事人生计、涉及其生命健康的案件,不中止执行有时更有利于扶危济困。人民法院在适用时可以根据上述案件的具体实际,客观判断是否中止执行。

第二百三十四条 执行过程中,案外人对执行标的提出书面异议的,人民法院应当自收到书面异议之日起十五日内审查,理由成立的,裁定中止对该标的的执行;理由不成立的,裁定驳回。案外人、当事人对裁定不服,认为原判决、裁定错误的,依照审判监督程序办理;与原判决、裁定无关的,可以自裁定送达之日起十五日内向人民法院提起诉讼。

2.《中华人民共和国企业破产法》(2006年8月27日第十届全国人民代表大会常务委员会第二十三次会议通过,2007年6月1日)

第十九条 人民法院受理破产申请后,有关债务人财产的保全措施应当解除,执行程序应当中止。

第一百三十四条第一款 商业银行、证券公司、保险公司等金融机构有本法第二条规定情形的,国务院金融监督管理机构可以向人民法院提出对该金融机构进行重整或者破产清算的申请。国务院金融监督管理机构依法对出现重大经营风险的金融机构采取接管、托管等措施的,可以向人民法院申请中止以该金融机构为被告或者被执行人的民事诉讼程序或者执行程序。

3.《中华人民共和国仲裁法》(2017年9月1日第十二届全国人民代表大会常务委员会第二十九次会议第二次修正,2018年1月1日)

第六十四条 一方当事人申请执行裁决,另一方当事人申请撤销裁决的,人民法院应当裁定中止执行。

人民法院裁定撤销裁决的,应当裁定终结执行。撤销裁决的申请被裁定驳回的,人民法院应当裁定恢复执行。

【司法解释】

1.《最高人民法院关于适用〈中华人民共和国民事诉讼法〉的解释》（法释〔2015〕5 号，2015 年 2 月 4 日；经法释〔2022〕11 号第二次修正，2022 年 4 月10 日）

第二百九十七条　受理第三人撤销之诉案件后，原告提供相应担保，请求中止执行的，人民法院可以准许。

第三百一十四条　人民法院对执行标的裁定中止执行后，申请执行人在法律规定的期间内未提起执行异议之诉的，人民法院应当自起诉期限届满之日起七日内解除对该执行标的采取的执行措施。

第三百九十四条　人民法院对已经发生法律效力的判决、裁定、调解书依法决定再审，依照民事诉讼法第二百一十三条规定，需要中止执行的，应当在再审裁定中同时写明中止原判决、裁定、调解书的执行；情况紧急的，可以将中止执行裁定口头通知负责执行的人民法院，并在通知后十日内发出裁定书。

【注释】1985 年《最高人民法院关于审判监督程序中上级人民法院对下级人民法院已经发生法律效力的判决、裁定何时裁定中止执行和中止执行的裁定由谁署名问题的批复》[法（民）复〔1985〕41 号，2019 年 7 月 20 日废止]认为："（一）上级人民法院对下级人民法院已经发生法律效力的判决、裁定，须发现确有错误，并作出了提审或者指令再审决定的，才可裁定中止执行。所以，上级人民法院对下级人民法院已经发生法律效力的判决、裁定，在调卷审查的过程中，如尚未发现确有错误，且未作出提审或者指令再审决定的，不得裁定中止执行。（二）上级人民法院对下级人民法院已经发生法律效力的判决、裁定，发现确有错误，可作出提审或者指令下级人民法院再审的裁定。此裁定应包括中止执行的内容，由院长署名，并加盖人民法院印章。"

1992 年《民事诉讼法意见》（法发〔1992〕22 号，已废止）第 200 条吸收了法（民）复〔1985〕41 号批复的意见，规定："最高人民法院对地方各级人民法院已经发生法律效力的判决、裁定，上级人民法院对下级人民法院已经发生法律效力的判决、裁定，如果发现确有错误，应在提审或者指令下级人民法院再审的裁定中同时写明中止原判决、裁定的执行；情况紧急的，可以将中止执行的裁定口头通知负责执行的人民法院,但应在口头通知后十日内发出裁定书。”

本条沿用上述条文关于法院依职权再审而中止执行的内容,并根据2012年《民事诉讼法》第206条新增减的内容,将1992年《民事诉讼法意见》第206条关于因当事人申请再审而中止执行的内容并入,将其适用范围扩张至所有再审案件,同时对条文作了相应调整。法(民)复〔1985〕41号批复中“由院长署名,并加盖人民法院印章”的规定,来源于1982年《民事诉讼法(试行)》第159条,1991年《民事诉讼法》第183条、2007年《民事诉讼法》第185条予以沿袭,2012年《民事诉讼法》第206条删除了这一规定,再审裁定院长不再署名。

第四百零四条 再审审理期间,有下列情形之一的,可以裁定终结再审程序:

(一)再审申请人在再审期间撤回再审请求,人民法院准许的;

(二)再审申请人经传票传唤,无正当理由拒不到庭的,或者未经法庭许可中途退庭,按撤回再审请求处理的;

(三)人民检察院撤回抗诉的;

(四)有本解释第四百条第一项至第四项规定情形的。

因人民检察院提出抗诉裁定再审的案件,申请抗诉的当事人有前款规定的情形,且不损害国家利益、社会公共利益或者他人合法权益的,人民法院应当裁定终结再审程序。

再审程序终结后,人民法院裁定中止执行的原生效判决自动恢复执行。

第四百零七条 人民法院对调解书裁定再审后,按照下列情形分别处理:

(一)当事人提出的调解违反自愿原则的事由不成立,且调解书的内容不违反法律强制性规定的,裁定驳回再审申请;

(二)人民检察院抗诉或者再审检察建议所主张的损害国家利益、社会公共利益的理由不成立的,裁定终结再审程序。

前款规定情形,人民法院裁定中止执行的调解书需要继续执行的,自动恢复执行。

第四百六十三条 案外人对执行标的提出的异议,经审查,按照下列情形分别处理:

(一)案外人对执行标的不享有足以排除强制执行的权益的,裁定驳回其异议;

(二)案外人对执行标的享有足以排除强制执行的权益的,裁定中止执行。

驳回案外人执行异议裁定送达案外人之日起十五日内,人民法院不得对执行标的进行处分。

第四百六十四条　申请执行人与被执行人达成和解协议后请求中止执行或者撤回执行申请的,人民法院可以裁定中止执行或者终结执行。

第五百一十一条　在执行中,作为被执行人的企业法人符合企业破产法第二条第一款规定情形的,执行法院经申请执行人之一或者被执行人同意,应当裁定中止对该被执行人的执行,将执行案件相关材料移送被执行人住所地人民法院。

【注释】本条规定即是在执行程序与破产程序之间建立连接。执行法院对债务人企业财产情况具有信息优势,当债务人企业不能向申请执行人清偿时,如果执行法院审查认为债务人企业符合破产条件,就应当考虑依法提起破产程序。因现行破产程序启动需要当事人申请,所以在当事人未提出申请时,执行法院应当征求申请执行人或者被执行人意见。如果申请执行人之一或者被执行人同意进入破产程序,就相当于当事人对被执行企业提出了破产请求,此时从便利当事人诉讼的角度考虑,执行法院就应当将有关材料移送对破产案件有管辖权的法院(被执行人住所地法院),以便依法启动破产程序。同时,为了便于受移送的法院审查有关材料,在该法院裁定是否受理破产案件前,执行法院有必要按照《民事诉讼法》第263条第1款第5项的规定中止执行。

实践中应当注意的是:(1)本条规定并不排除执行法院向当事人释明由其直接提起破产申请。即执行法院发现被执行企业法人可能符合破产条件时,可先告知申请执行人或被执行人直接向被执行企业住所地人民法院申请破产。(2)执行法院在移送相关材料时应当依照《企业破产法》第3条的规定向被执行人住所地法院移送,在移送的同时就应当中止执行,要切实防止继续执行情形发生。(3)申请执行人或者被执行人的"同意",既可以是被执行人执行不能时当事人表示同意,也可以是在申请执行人申请执行之初即表示同意。总之,只要当事人表明了有启动破产程序的意愿,执行法院就应当移送相关材料。

第五百一十二条 被执行人住所地人民法院应当自收到执行案件相关材料之日起三十日内,将是否受理破产案件的裁定告知执行法院。不予受理的,应当将相关案件材料退回执行法院。

第五百一十三条 被执行人住所地人民法院裁定受理破产案件的,执行法院应当解除对被执行人财产的保全措施。被执行人住所地人民法院裁定宣告被执行人破产的,执行法院应当裁定终结对该被执行人的执行。

被执行人住所地人民法院不受理破产案件的,执行法院应当恢复执行。

【注释】被执行企业法人住所地法院裁定受理破产案件时,破产程序将启动。破产程序在性质上是概括的执行程序,其启动后破产企业所有权利人的权利都要在该程序中来实现,而不得在破产程序之外个别地进行。所以,破产程序实际上排斥个别的执行程序。据此,《企业破产法》第 19 条规定:"人民法院受理破产申请后,有关债务人财产的保全措施应当解除,执行程序应当中止。"该条明确规定在破产程序启动后,既要中止执行程序,又要将关于债务人财产的保全措施解除。在执行法院将相关材料移送被执行企业法人住所地法院时,执行法院已同时中止执行,只不过此时的中止执行并不是依照《企业破产法》第 19 条的规定而中止,而是依照《民事诉讼法》第 263 条第 1 款第 5 项"人民法院认为应当中止执行的其他情形"之规定而中止。在破产程序启动后,执行法院即应当依照《企业破产法》第 19 条的规定继续中止执行。虽然前后两个阶段中止执行的法律依据不同,但是其目的基本一致,都是为了保障破产程序顺利进行。

另外,破产案件受理后(破产程序启动后),执行法院虽中止执行程序,但因《企业破产法》第 12 条第 2 款规定"人民法院受理破产申请后至破产宣告前,经审查发现债务人不符合本法第二条规定情形的,可以裁定驳回申请。申请人对裁定不服的,可以自裁定送达之日起十日内向上一级人民法院提起上诉",所以,在破产案件受理后债务人企业仍有退出破产程序的可能,一旦退出破产程序,执行程序就有必要恢复。因此,在中止执行程序时,执行法院不必立即终结执行程序。然而,如果受理破产案件的法院已经裁定宣告被执行企业法人破产,那此时该企业就将确定地进入破产清算程序,所有权利人的权利都将在清算程序中实现,所以在这个阶段执行法院就可以终结执行程序以完毕执行。

第五百一十四条　当事人不同意移送破产或者被执行人住所地人民法院不受理破产案件的，执行法院就执行变价所得财产，在扣除执行费用及清偿优先受偿的债权后，对于普通债权，按照财产保全和执行中查封、扣押、冻结财产的先后顺序清偿。

2.《最高人民法院关于人民法院执行工作若干问题的规定（试行）》（法释〔1998〕15号，1998年7月8日；经法释〔2020〕21号修正，2021年1月1日）

十一、执行的中止、终结、结案和执行回转

59. 按照审判监督程序提审或再审的案件，执行机构根据上级法院或本院作出的中止执行裁定书中止执行。

60. 中止执行的情形消失后，执行法院可以根据当事人的申请或依职权恢复执行。

恢复执行应当书面通知当事人。

3.《最高人民法院关于执行和解若干问题的规定》（法释〔2018〕3号，2018年3月1日；经法释〔2020〕21号修正，2021年1月1日）

第二条　和解协议达成后，有下列情形之一的，人民法院可以裁定中止执行：

（一）各方当事人共同向人民法院提交书面和解协议的；

（二）一方当事人向人民法院提交书面和解协议，其他当事人予以认可的；

（三）当事人达成口头和解协议，执行人员将和解协议内容记入笔录，由各方当事人签名或者盖章的。

第三条　中止执行后，申请执行人申请解除查封、扣押、冻结的，人民法院可以准许。

第十九条　执行过程中，被执行人根据当事人自行达成但未提交人民法院的和解协议，或者一方当事人提交人民法院但其他当事人不予认可的和解协议，依照民事诉讼法第二百二十五条①规定提出异议的，人民法院按照下列情形，分别处理：

---

① 2021年《民事诉讼法》第四次修正后调整为第232条。

……

(二)和解协议约定的履行期限尚未届至或者履行条件尚未成就的,裁定中止执行,但符合民法典第五百七十八条规定情形的除外;

(三)被执行人一方正在按照和解协议约定履行义务的,裁定中止执行;

……

4.《最高人民法院关于人民法院民事执行中拍卖、变卖财产的规定》(法释〔2004〕16 号,2005 年 1 月 1 日;经法释〔2020〕21 号修正,2021 年 1 月 1 日)

第十八条 人民法院委托拍卖后,遇有依法应当暂缓执行或者中止执行的情形的,应当决定暂缓执行或者裁定中止执行,并及时通知拍卖机构和当事人。拍卖机构收到通知后,应当立即停止拍卖,并通知竞买人。

暂缓执行期限届满或者中止执行的事由消失后,需要继续拍卖的,人民法院应当在十五日内通知拍卖机构恢复拍卖。

5.《最高人民法院关于适用〈中华人民共和国仲裁法〉若干问题的解释》(法释〔2006〕7 号,2006 年 9 月 8 日)

第二十五条 人民法院受理当事人撤销仲裁裁决的申请后,另一方当事人申请执行同一仲裁裁决的,受理执行申请的人民法院应当在受理后裁定中止执行。

6.《最高人民法院关于人民法院办理仲裁裁决执行案件若干问题的规定》(法释〔2018〕5 号,2018 年 3 月 1 日)

第七条 被执行人申请撤销仲裁裁决并已由人民法院受理的,或者被执行人、案外人对仲裁裁决执行案件提出不予执行申请并提供适当担保的,执行法院应当裁定中止执行。中止执行期间,人民法院应当停止处分性措施,但申请执行人提供充分、有效的担保请求继续执行的除外;执行标的查封、扣押、冻结期限届满前,人民法院可以根据当事人申请或者依职权办理续行查封、扣押、冻结手续。

申请撤销仲裁裁决、不予执行仲裁裁决案件司法审查期间,当事人、案外人申请对已查封、扣押、冻结之外的财产采取保全措施的,负责审查的人民法院参照民事诉讼法第一百条①的规定处理。司法审查后仍需继续执行的，保全措施自动转为执行中的查封、扣押、冻结措施；采取保全措施的人民法院与执行法院不一致的，应当将保全手续移送执行法院，保全裁定视为执行法院作出的裁定。

7.《最高人民法院关于审理劳动争议案件适用法律若干问题的解释(一)》(法释〔2020〕26 号,2021 年 1 月 1 日)

第二十五条　劳动争议仲裁机构作出终局裁决，劳动者向人民法院申请执行，用人单位向劳动争议仲裁机构所在地的中级人民法院申请撤销的，人民法院应当裁定中止执行。

用人单位撤回撤销终局裁决申请或者其申请被驳回的，人民法院应当裁定恢复执行。仲裁裁决被撤销的，人民法院应当裁定终结执行。

用人单位向人民法院申请撤销仲裁裁决被驳回后，又在执行程序中以相同理由提出不予执行抗辩的，人民法院不予支持。

8.《最高人民法院关于内地与澳门特别行政区相互认可和执行仲裁裁决的安排》(法释〔2007〕17 号,2008 年 1 月 1 日)

第九条　一方当事人向一地法院申请执行仲裁裁决，另一方当事人向另一地法院申请撤销该仲裁裁决，被执行人申请中止执行且提供充分担保的，执行法院应当中止执行。

根据经认可的撤销仲裁裁决的判决、裁定，执行法院应当终结执行程序；撤销仲裁裁决申请被驳回的，执行法院应当恢复执行。

当事人申请中止执行的，应当向执行法院提供其他法院已经受理申请撤销仲裁裁决案件的法律文书。

9.《最高人民法院关于审理侵犯专利权纠纷案件应用法律若干问题的解释(二)》(法释〔2016〕1 号,2016 年 4 月 1 日;经法释〔2020〕19 号修正,2021 年 1 月 1 日)

第二十九条　宣告专利权无效的决定作出后，当事人根据该决定依法申

① 2021 年《民事诉讼法》第四次修正后调整为第 103 条。

请再审,请求撤销专利权无效宣告前人民法院作出但未执行的专利侵权的判决、调解书的,人民法院可以裁定中止再审审查,并中止原判决、调解书的执行。

专利权人向人民法院提供充分、有效的担保,请求继续执行前款所称判决、调解书的,人民法院应当继续执行;侵权人向人民法院提供充分、有效的反担保,请求中止执行的,人民法院应当准许。人民法院生效裁判未撤销宣告专利权无效的决定的,专利权人应当赔偿因继续执行给对方造成的损失;宣告专利权无效的决定被人民法院生效裁判撤销,专利权仍有效的,人民法院可以依据前款所称判决、调解书直接执行上述反担保财产。

10.《最高人民法院关于审理企业破产案件若干问题的规定》(法释〔2002〕23号,2002年9月1日)

第二十条 人民法院受理企业破产案件后,对债务人财产的其他民事执行程序应当中止。

以债务人为被告的其他债务纠纷案件,根据下列不同情况分别处理:

(一)已经审结但未执行完毕的,应当中止执行,由债权人凭生效的法律文书向受理破产案件的人民法院申报债权。

(二)尚未审结且无其他被告和无独立请求权的第三人的,应当中止诉讼,由债权人向受理破产案件的人民法院申报债权。在企业被宣告破产后,终结诉讼。

(三)尚未审结并有其他被告或者无独立请求权的第三人的,应当中止诉讼,由债权人向受理破产案件的人民法院申报债权。待破产程序终结后,恢复审理。

(四)债务人系从债务人的债务纠纷案件继续审理。

11.《最高人民法院关于适用〈中华人民共和国企业破产法〉若干问题的规定(二)》(法释〔2013〕22号,2013年9月16日;经法释〔2020〕18号修正,2021年1月1日)

第五条 破产申请受理后,有关债务人财产的执行程序未依照企业破产法第十九条的规定中止的,采取执行措施的相关单位应当依法予以纠正。依法执行回转的财产,人民法院应当认定为债务人财产。

第二十二条　破产申请受理前，债权人就债务人财产向人民法院提起本规定第二十一条第一款所列诉讼，人民法院已经作出生效民事判决书或者调解书但尚未执行完毕的，破产申请受理后，相关执行行为应当依据企业破产法第十九条的规定中止，债权人应当依法向管理人申报相关债权。

【注释】依据法理，在同一财产之上不能同时并存两种性质冲突的执行程序，故破产程序启动后，有关债务人财产的其他执行程序应当中止。新、旧破产法对此均作有规定，不同的是旧破产法规定应当中止的，是对债务人财产的其他民事执行程序，而新破产法则将所有有关债务人财产的执行程序全部中止，不仅包括民事执行，也包括行政执行和刑事执行。中止执行的具体情况如下：(1)对已提起但尚未执行完毕的执行程序应当中止；诉讼已经审结但尚未申请或移送执行的，不得再提起新的执行程序。债权人凭生效的法律文书向受理破产案件的人民法院申报债权。但对已执行的程序以及已部分执行完毕的财产，该规定无溯及力。执行标的物不需要过户登记的，执行程序于执行标的物实际交付给债权人时终结；执行标的物需要过户登记的，执行程序于执行法院发出执行裁判文书生效时终结。(2)应当中止的仅限于以财产为标的的执行程序，对债务人提起的非财产性执行程序可继续进行。(3)有物权担保的债权人即别除权人就担保物提起的执行程序，原则上不应受中止效力的约束，除非当事人申请的是重整程序。立法规定中止个别执行的目的是保障对全体债权人的公平清偿。中止别除权人就担保物提起的执行程序，并不能起到保障普通债权人公平受偿的作用，所以中止执行的效力一般不及于别除权人就担保物提起的执行程序。但当担保物控制在管理人手中时，物权担保人行使权利要和管理人进行必要的协调。①

12.《最高人民法院关于适用〈中华人民共和国行政诉讼法〉的解释》（法释〔2018〕1 号，2018 年 2 月 8 日）

第一百一十八条　按照审判监督程序决定再审的案件，裁定中止原判决、裁定、调解书的执行，但支付抚恤金、最低生活保障费或者社会保险待遇的案件，可以不中止执行。

---

① 参见最高人民法院民事审判第二庭编著：《最高人民法院关于企业破产法司法解释理解与适用》，人民法院出版社 2013 年版，第 152—155 页。

上级人民法院决定提审或者指令下级人民法院再审的，应当作出裁定，裁定应当写明中止原判决的执行；情况紧急的，可以将中止执行的裁定口头通知负责执行的人民法院或者作出生效判决、裁定的人民法院，但应当在口头通知后十日内发出裁定书。

13.《最高人民法院关于人民法院办理财产保全案件若干问题的规定》（法释〔2016〕22号，2016年12月1日；经法释〔2020〕21号修正，2021年1月1日）

第十九条 再审审查期间，债务人申请保全生效法律文书确定给付的财产的，人民法院不予受理。

再审审理期间，原生效法律文书中止执行，当事人申请财产保全的，人民法院应当受理。

14.《最高人民法院关于对破产案件的债务人未被执行的财产均应中止执行问题的批复》（法复〔1993〕9号，1993年9月17日）

四川省高级人民法院：

你院川高法执〔1993〕字第4号《关于执行案件已冻结的款能否再作为破产财产清偿的请示报告》收悉，经研究，答复如下：

根据《中华人民共和国企业破产法（试行）》关于“人民法院受理破产案件后，对债务人财产的其他民事执行程序均应中止”的规定，以破产案件的债务人为被执行人的执行案件，执行法院虽对该债务人的财产已决定采取或者已经采取了冻结、扣留、查封或扣押等措施的，仍属于未执行财产，均应当依法中止执行。

执行程序中止后，该执行案件的债权人，可凭生效的法律文书向受理破产案件的人民法院申报债权。如果受理破产案件的人民法院裁定宣告债务人（被执行人）破产，被中止执行的财产应当作为破产财产；如果破产案件审理终结，债务人不被宣告破产，被中止的执行程序可恢复进行。

【注释】(1)本批复内容已被《企业破产法》第19条，《企业破产法规定（二）》（法释〔2013〕22号）第5条、第7条、第8条，《移送破产意见》（法发〔2017〕2号）第8条、第16—18条所明确或吸收。

(2)2003年《最高人民法院关于如何理解〈最高人民法院关于破产法司法解释〉第六十八条的请示的答复》（〔2003〕民二他字第52号，已失效）明确:“人民法院针对被执行财产采取了相应执行措施,该财产已脱离债务人实际控制,视为已向权利人交付,该执行已完毕,该财产不应列入破产财产。”2017年《最高人民法院关于破产申请受理前已经划扣到执行法院账户尚未支付给申请执行人的款项是否属于债务人财产问题的复函》(〔2017〕最高法民他72号)废止了〔2003〕民二他字第52号答复,明确人民法院裁定受理破产申请时已经划扣到执行法院账户但尚未支付给申请人执行的款项,仍属于债务人财产,受理破产申请后,应当中止执行并移交。

【司法文件】

1.《最高人民法院关于正确适用暂缓执行措施若干问题的规定》(法发〔2002〕16号,2002年9月28日)

第一条　执行程序开始后,人民法院因法定事由,可以决定对某一项或者某几项执行措施在规定的期限内暂缓实施。

执行程序开始后,除法定事由外,人民法院不得决定暂缓执行。

【注释】本条是对暂缓执行制度的一般性规定,同时规定了除法定事由外,人民法院不得决定暂缓执行,体现了执行不间断原则。暂缓执行的法定事由,除了本规定第7条规定的依职权决定暂缓执行的两种情形,还包括执行担保中的暂缓执行和执行监督中的暂缓执行。(1)执行担保中的暂缓执行主要规定在《民事诉讼法》第238条,《执行担保规定》第8条、第10条、第11条,上述条文规定了执行担保中的暂缓执行的法定事由。(2)执行监督中的暂缓执行主要规定在《执行工作规定》第72条、第75条。《执行工作规定》第72条第1款规定:“上级法院发现下级法院在执行中作出的裁定、决定、通知或具体执行行为不当或有错误的,应当及时指令下级法院纠正,并可以通知有关法院暂缓执行。”第75条规定:“上级法院在监督、指导、协调下级法院执行案件中,发现据以执行的生效法律文书确有错误的,应当书面通知下级法院暂缓执行,并按照审判监督程序处理。”上述条文规定了执行监督中暂缓执行的法定事由。

需要注意的是,《最高人民法院关于如何处理人民检察院提出的暂缓执行建议问题的批复》(法释〔2000〕16号)规定:“根据《中华人民共和国民事诉讼法》的规定,人民检察院对人民法院生效民事判决提出暂缓执行的建议没有法律依据。"该批复内容与本条执行不间断原则的精神一致,《暂缓执行规定》施行后,批复仍然适用。

第二条 暂缓执行由执行法院或者其上级人民法院作出决定,由执行机构统一办理。

人民法院决定暂缓执行的,应当制作暂缓执行决定书,并及时送达当事人。

第三条 有下列情形之一的,经当事人或者其他利害关系人申请,人民法院可以决定暂缓执行:

(一)执行措施或者执行程序违反法律规定的;

(二)执行标的物存在权属争议的;

(三)被执行人对申请执行人享有抵销权的。

【注释】(1)本条第1项内容与《民事诉讼法》第232条、《执行程序解释》第9条相关。根据上述规定,当事人、利害关系人认为执行措施或者执行程序违反法律规定的,应提出执行异议。执行异议审查和复议期间,不停止执行。被执行人、利害关系人提供充分、有效的担保请求停止相应处分措施的,人民法院可以准许;申请执行人提供充分、有效的担保请求继续执行的,应当继续执行。《民事诉讼法》2007年修正和《执行程序解释》施行后,执行措施或者执行程序违反法律规定的情形,是否暂缓(停止)执行,应以上述规范为准。

(2)本条第2项内容与《民事诉讼法》第234条,《执行程序解释》第14条、第15条相关。根据上述规定,案外人对执行标的主张所有权或者有其他足以阻止执行标的转让、交付的实体权利的,可以依照《民事诉讼法》第234条的规定,向执行法院提出异议。案外人异议审查期间,人民法院不得对执行标的进行处分。案外人向人民法院提供充分、有效的担保请求解除对异议标的的查封、扣押、冻结的,人民法院可以准许;申请执行人提供充分、有效的担保请求继续执行的,应当继续执行。《民事诉讼法》2007年修正和《执行程序解释》施行后,执行标的物存在权属争议的,是否暂缓(停止)执行,以上述规范为准。

(3)本条第3项内容与《异议复议规定》第7条第2款、第3款,第19条和《执行程序解释》第9条相关。根据上述规定,当事人互负到期债务,被执行人请求抵销,人民法院应当参照《民事诉讼法》第232条规定进行审查。执行异议审查和复议期间,不停止执行。被执行人、利害关系人提供充分、有效的担保请求停止相应处分措施的,人民法院可以准许;申请执行人提供充分、有效的担保请求继续执行的,应当继续执行。综合上述规范,被执行人对申请执行人享有抵销权的情形,是否暂缓(停止)执行,应以上述规范为准。

第四条　人民法院根据本规定第三条决定暂缓执行的,应当同时责令申请暂缓执行的当事人或者其他利害关系人在指定的期限内提供相应的担保。

被执行人或者其他利害关系人提供担保申请暂缓执行,申请执行人提供担保要求继续执行的,执行法院可以继续执行。

第五条　当事人或者其他利害关系人提供财产担保的,应当出具评估机构对担保财产价值的评估证明。

评估机构出具虚假证明给当事人造成损失的,当事人可以对担保人、评估机构另行提起损害赔偿诉讼。

【注释】本规定第4条、第5条内容与《执行程序解释》第9条、第15条相关。《执行程序解释》第9条规定:"执行异议审查和复议期间,不停止执行。被执行人、利害关系人提供充分、有效的担保请求停止相应处分措施的,人民法院可以准许;申请执行人提供充分、有效的担保请求继续执行的,应当继续执行。"《执行程序解释》第15条第1款、第2款规定:"案外人异议审查期间,人民法院不得对执行标的进行处分。案外人向人民法院提供充分、有效的担保请求解除对异议标的的查封、扣押、冻结的,人民法院可以准许;申请执行人提供充分、有效的担保请求继续执行的,应当继续执行。"上述规范施行后,关于执行异议中提供担保与暂缓(停止)执行的问题,应以该规范为准。

第六条　人民法院在收到暂缓执行申请后,应当在十五日内作出决定,并在作出决定后五日内将决定书发送当事人或者其他利害关系人。

第七条　有下列情形之一的,人民法院可以依职权决定暂缓执行;

(一)上级人民法院已经受理执行争议案件并正在处理的;

(二)人民法院发现据以执行的生效法律文书确有错误,并正在按照审判监督程序进行审查的。

人民法院依照前款规定决定暂缓执行的,一般应由申请执行人或者被执行人提供相应的担保。

【注释】《民事诉讼法》第213条规定:"按照审判监督程序决定再审的案件,裁定中止原判决、裁定、调解书的执行,但追索赡养费、扶养费、抚养费、抚恤金、医疗费用、劳动报酬等案件,可以不中止执行。"《民事诉讼法解释》第

394 条规定:“人民法院对已经发生法律效力的判决、裁定、调解书依法决定再审,依照民事诉讼法第二百一十三条规定,需要中止执行的,应当在再审裁定中同时写明中止原判决、裁定、调解书的执行;情况紧急的,可以将中止执行裁定口头通知负责执行的人民法院,并在通知后十日内发出裁定书。”根据上述规定,决定再审的案件,以中止执行为原则,不中止执行为例外。正在按照审判监督程序进行审查,尚未决定再审的,可以适用本规定依职权决定暂缓执行。

第八条 依照本规定第七条第一款第(一)项决定暂缓执行的,由上级人民法院作出决定。依照本规定第七条第一款第(二)项决定暂缓执行的,审判机构应当向本院执行机构发出暂缓执行建议书,执行机构收到建议书后,应当办理暂缓相关执行措施的手续。

第九条 在执行过程中,执行人员发现据以执行的判决、裁定、调解书和支付令确有错误的,应当依照最高人民法院《关于适用〈中华人民共和国民事诉讼法〉若干问题的意见》第 258 条的规定处理。

在审查处理期间,执行机构可以报经院长决定对执行标的暂缓采取处分性措施,并通知当事人。①

第十条 暂缓执行的期间不得超过三个月。因特殊事由需要延长的,可以适当延长,延长的期限不得超过三个月。

暂缓执行的期限从执行法院作出暂缓执行决定之日起计算。暂缓执行的决定由上级人民法院作出的,从执行法院收到暂缓执行决定之日起计算。

【注释】(1)依据《案件审理期限规定》(法释〔2000〕29 号)第 9 条规定,当事人达成执行和解或者提供执行担保后,执行法院决定暂缓执行的期间,以及上级人民法院通知暂缓执行的期间不计入执行期限。依据《执行案件期限规定》(法发〔2006〕35 号)第 13 条规定,暂缓执行的期间不计入办案期限。应注意结合适用。

(2)《执行工作规定》第 77 条规定了执行监督中暂缓执行的期限,即“暂缓执行的期限一般不得超过三个月。有特殊情况需要延长的,应报经院长批准,并及时通知下级法院。暂缓执行的原因消除后,应当及时通知执行法院

① 因《民事诉讼法意见》已经废止,该条不再适用。

恢复执行。期满后上级法院未通知继续暂缓执行的，执行法院可以恢复执行”。执行监督中暂缓执行的期限，应适用该规定。

(3)《执行担保规定》第 10 条规定：“暂缓执行的期限应当与担保书约定一致，但最长不得超过一年。”执行担保中的暂缓执行期限，应适用该规定。

第十一条　人民法院对暂缓执行的案件，应当组成合议庭对是否暂缓执行进行审查，必要时应当听取当事人或者其他利害关系人的意见。

第十二条　上级人民法院发现执行法院对不符合暂缓执行条件的案件决定暂缓执行，或者对符合暂缓执行条件的案件未予暂缓执行的，应当作出决定予以纠正。执行法院收到该决定后，应当遵照执行。

第十三条　暂缓执行期限届满后，人民法院应当立即恢复执行。

暂缓执行期限届满前，据以决定暂缓执行的事由消灭的，如果该暂缓执行的决定是由执行法院作出的，执行法院应当立即作出恢复执行的决定；如果该暂缓执行的决定是由执行法院的上级人民法院作出的，执行法院应当将该暂缓执行事由消灭的情况及时报告上级人民法院，该上级人民法院应当在收到报告后十日内审查核实并作出恢复执行的决定。

第十四条　本规定自公布之日起施行。本规定施行后，其他司法解释与本规定不一致的，适用本规定。

2.《最高人民法院关于人民法院执行公开的若干规定》（法发〔2006〕35 号，2007 年 1 月 1 日）

第十三条　人民法院依职权对案件中止执行的，应当制作裁定书并送达当事人。裁定书应当说明中止执行的理由，并明确援引相应的法律依据。

对已经中止执行的案件，人民法院应当告知当事人中止执行案件的管理制度、申请恢复执行或者人民法院依职权恢复执行的条件和程序。

3.《最高人民法院关于执行案件立案、结案若干问题的意见》（法发〔2014〕26 号，2015 年 1 月 1 日）

第二十三条　下列案件不得作结案处理：

（一）人民法院裁定中止执行的；

（二）人民法院决定暂缓执行的；

（三）执行和解协议未全部履行完毕，且不符合本意见第十六条、第十七条规定终结本次执行程序、终结执行条件的。

【注释】关于本条第3项情形,《规范近期执行工作通知》(法〔2018〕141号)第3条规定,“当事人达成执行和解协议,需要长期履行的”,可以作为“和解长期履行”情形,以终结执行方式报结。通知施行后,以该规定为准。

4.《最高人民法院关于执行案件移送破产审查若干问题的指导意见》(法发〔2017〕2号,2017年1月20日)

8. 执行法院作出移送决定后,应当书面通知所有已知执行法院,执行法院均应中止对被执行人的执行程序。但是,对被执行人的季节性商品、鲜活、易腐烂变质以及其他不宜长期保存的物品,执行法院应当及时变价处置,处置的价款不作分配。受移送法院裁定受理破产案件的,执行法院应当在收到裁定书之日起七日内,将该价款移交受理破产案件的法院。

案件符合终结本次执行程序条件的,执行法院可以同时裁定终结本次执行程序。

【注释】本条与《企业破产法》第19条、《民事诉讼法解释》第511条相比:(1)改变中止执行时点。一是依据《企业破产法》第19条,中止执行时点为人民法院受理破产申请,本条规范将执转破程序中的中止执行时点前移至“执行法院作出移送决定”;二是对《民事诉讼法解释》第511条作了补充规定,第511条规定移送破产审查的执行案件应中止执行,本条规范则明确执行法院作出移送决定后,应当书面通知所有已知执行法院,所有已知执行法院均应中止执行。(2)新增例外规定。一是特殊类型标的物例外,对被执行人的季节性商品、鲜活、易腐烂变质以及其他不宜长期保存的物品,变价处置后款项移交;二是特殊类型案件例外。本意见施行后,适用本条规范。

5.《最高人民法院关于依法审理和执行被风险处置证券公司相关案件的通知》(法发〔2009〕35号,2009年5月26日)

四、破产程序作为司法权介入的特殊偿债程序,是在债务人财产不足以清偿债务的情况下,以法定的程序和方法,为所有债权人创造获得公平受偿的条件和机会,以使所有债权人共同享有利益、共同分担损失。鉴此,根据企业破产法第十九条的规定,人民法院受理证券公司的破产申请后,有关证券公司财产的保全措施应当解除,执行程序应当中止。具体如下:

1. 人民法院受理破产申请后，已对证券公司有关财产采取了保全措施，包括执行程序中的查封、冻结、扣押措施的人民法院应当解除相应措施。人民法院解除有关证券公司财产的保全措施时，应当及时通知破产案件管理人并将有关财产移交管理人接管，管理人可以向受理破产案件的人民法院申请保全。

2. 人民法院受理破产申请后，已经受理有关证券公司执行案件的人民法院，对证券公司财产尚未执行或者尚未执行完毕的程序应当中止执行。当事人在破产申请受理后向有关法院申请对证券公司财产强制执行的，有关法院对其申请不予受理，并告知其依法向破产案件管理人申报债权。破产申请受理后人民法院未中止执行的，对于已经执行了的证券公司财产，执行法院应当依法执行回转，并交由管理人作为破产财产统一分配。

3. 管理人接管证券公司财产、调查证券公司财产状况后，发现有关法院仍然对证券公司财产进行保全或者继续执行，向采取保全措施或执行措施的人民法院提出申请的，有关人民法院应当依法及时解除保全或中止执行。

4. 受理破产申请的人民法院在破产宣告前裁定驳回申请人的破产申请，并终结证券公司破产程序的，应当在作出终结破产程序的裁定前，告知管理人通知原对证券公司财产采取保全措施的人民法院恢复原有的保全措施，有轮候保全的，以原采取保全措施的时间确定轮候顺位。对恢复受理证券公司为被执行人的执行案件，适用申请执行时效中断的规定。

五、证券公司进入破产程序后，人民法院作出的刑事附带民事赔偿或者涉及追缴赃款赃物的判决应当中止执行，由相关权利人在破产程序中以申报债权等方式行使权利；刑事判决中罚金、没收财产等处罚，应当在破产程序债权人获得全额清偿后的剩余财产中执行。

6.《最高人民法院关于正确审理企业破产案件为维护市场经济秩序提供司法保障若干问题的意见》（法发〔2009〕36号，2009年6月12日）

七、正确认识破产程序与执行程序的功能定位，做好两个程序的有效衔接

17. 人民法院要充分认识破产程序和执行程序的不同功能定位，充分发挥企业破产法公平保护全体债权人的作用。破产程序是对债务人全部财产进行的概括执行，注重对所有债权的公平受偿，具有对一般债务清偿程序的

排他性。因此,人民法院受理破产申请后,对债务人财产所采取的所有保全措施和执行程序都应解除和中止,相关债务在破产清算程序中一并公平清偿。

18. 人民法院要注重做好破产程序和执行程序的衔接工作,确保破产财产妥善处置。涉及到人民法院内部破产程序和执行程序的操作的,应注意不同法院、不同审判部门、不同程序的协调与配合。涉及到债务人财产被其他国家行政机关采取保全措施或执行程序的,人民法院应积极与上述机关进行协调和沟通,取得有关机关的配合,依法解除有关保全措施,中止有关执行程序。

19. 人民法院受理破产申请后,在宣告债务人破产前裁定驳回申请人的破产申请,并终结破产程序的,应当在作出终结破产程序的裁定前,告知管理人通知原对债务人财产采取保全措施或执行程序的法院恢复原有的保全措施或执行程序,有轮候保全的,以原采取保全措施的时间确定轮候顺位。对恢复受理债务人为被执行人的执行案件,应当适用申请执行时效中断的有关规定。

7.《最高人民法院、最高人民检察院、公安部关于办理非法集资刑事案件适用法律若干问题的意见》(公通字〔2014〕16号,2014年3月25日)

七、关于涉及民事案件的处理问题

对于公安机关、人民检察院、人民法院正在侦查、起诉、审理的非法集资刑事案件,有关单位或者个人就同一事实向人民法院提起民事诉讼或者申请执行涉案财物的,人民法院应当不予受理,并将有关材料移送公安机关或者检察机关。

人民法院在审理民事案件或者执行过程中,发现有非法集资犯罪嫌疑的,应当裁定驳回起诉或者中止执行,并及时将有关材料移送公安机关或者检察机关。

公安机关、人民检察院、人民法院在侦查、起诉、审理非法集资刑事案件中,发现与人民法院正在审理的民事案件属同一事实,或者被申请执行的财物属于涉案财物的,应当及时通报相关人民法院。人民法院经审查认为确属涉嫌犯罪的,依照前款规定处理。

8.《最高人民法院关于处理涉及汶川地震相关案件适用法律问题的意见(一)》(法发〔2008〕21 号,2008 年 7 月 14 日)

十、申请执行人为非灾区企业或者公民,被执行人为灾区企业或者公民,财产无法确定或者确无财产可供执行的,应当中止执行;被执行人遭受灾害后有财产可供执行的,执行机关应尽力促成和解结案;申请执行人要求继续执行,但执行该财产将严重影响恢复重建工作顺利进行的,可以中止执行。中止执行的情形消失后,应当及时恢复执行。

灾区受灾企业或者公民申请强制执行,被执行人为非灾区企业或者公民的,人民法院应当加大执行力度,依法及时执行,以利于灾区企业和公民更好地恢复生产、重建家园。

【司法答复】

1.《最高人民法院执行工作办公室关于山西省大同市矿区法院执行案与湖南省株洲市中院破产案冲突请求协调的答复函》(〔2006〕执协字第 14-1 号,2006 年 8 月 28 日)

山西省高级人民法院:

你院〔2006〕晋执协字第 1-1 号《关于我省大同市矿区人民法院在湖南株洲执行受阻请求协调的报告》收悉。经研究,答复如下:

大同市矿区人民法院在执行大同煤矿集团有限责任公司(以下简称大同煤矿)与湖南省株洲市株洲光明玻璃集团有限公司(以下简称株洲光明公司)买卖合同纠纷一案中,于 2005 年 11 月 22 日冻结了被追加为被执行人的株洲市国有资产投资经营有限公司在建设银行株洲市城北支行的存款 2000 万元,但株洲市中级人民法院已于 2005 年 11 月 2 日受理了以株洲光明公司为申请人的破产还债案。根据《中华人民共和国民事诉讼法》及其相关司法解释的有关规定,大同市矿区人民法院应当中止对被执行人株洲光明公司的民事执行程序,同时告知债权人大同煤矿持生效法律文书向受理株洲光明公司破产案件的株洲市中级人民法院申报债权,参与破产企业的财产分配。如果债权人大同煤矿对株洲市中级人民法院宣告株洲光明公司破产有异议,可依法申诉。请你院接此函后,通知执行法院依法办理相关法律手续。

【注释】本批复已被《企业破产法》第19条,《企业破产法规定(二)》(法释〔2013〕22号)第5条、第7条,《移送破产意见》(法发〔2017〕2号)第8条、第16条所明确或吸收。

2.《最高人民法院关于被执行人破产后对原执行程序中追加的被执行人是否中止执行问题的答复》(〔2004〕执他字第24号,2004年9月27日)

山东省高级人民法院:

你院《关于被执行人破产后对原执行程序中追加的被执行人是否中止执行问题的请示》收悉。经研究,答复如下:

同意你院审判委员会第二种意见。根据《中华人民共和国企业破产法(试行)》第十一条和《最高人民法院关于审理企业破产案件若干问题的规定》第二十条等规定,只要债务人破产案件被人民法院受理后,对该债务人财产的执行即应一律中止执行。破产宣告后,所有未清偿完毕的债权人均应依法向破产清算组申报债权。故本案中基于被执行人的开办单位注册资金不实而追加为被执行人的山东新华医药集团的执行也应依法中止执行,其应清偿的债务由破产清算组一并依法处理。

3.《最高人民法院关于破产申请受理前已经划扣到执行法院账户尚未支付给申请执行人的款项是否属于债务人财产问题的复函》(〔2017〕最高法民他72号,2017年12月12日)

重庆市高级人民法院:

你院〔2017〕渝民他12号《关于破产申请受理前已经划扣到执行法院账户尚未支付给申请执行人的款项是否属于债务人财产及执行法院收到破产管理人中止执行告知函后应否中止执行问题的请示》收悉。经研究,答复如下:

人民法院裁定受理破产申请时已经扣划到执行法院账户但尚未支付给申请执行人的款项,仍属于债务人财产。人民法院裁定受理破产申请后,执行法院应当中止对该财产的执行。执行法院收到破产管理人发送的中止执行告知函后仍继续执行的,应当根据《最高人民法院关于适用〈中华人民共和国企业破产法〉若干问题的规定(二)》第五条①依法予以纠正,故同意你院审判委员会的倾向性意见。由于法律、司法解释和司法政策的变化,我院2004年12月22日作出的《关于如何理解〈最高人民法院关于破产法司法解释〉第六十八条的请示的答复》(〔2003〕民二他字第52号)②相应废止。

【注释】(1)《移送破产意见》(法发〔2017〕2号)第16条规定:"执行法院收到受移送法院受理裁定后,应当于七日内将已经扣划到账的银行存款、实际扣押的动产、有价证券等被执行人财产移交给受理破产案件的法院或管理人。"本复函进一步明确人民法院裁定受理破产申请时已经扣划到执行法院账户但尚未支付给申请人执行的款项,仍属于债务人财产,受理破产申请后,应当中止执行并移交。同理,已进入执行法院或第三方账户却未分配给申请执行人的执行价款,仍应属于未执行完毕的被执行人财产,也应中止执行并予移交,但如果该执行变价款是对债务人提供的担保物进行变价处置而来,因担保权人本就对担保物的价值享有优先受偿权,将该变价款优先分配给担保权人用于清偿债务,并不损害破产程序中的其他债权人的利益,不违反公平原则,故不应受中止执行的限制,这属于执行变价款应移交的例外情形。上述规定应结合适用。

---

① 《企业破产法规定(二)》(法释〔2013〕22号)第5条规定:"破产申请受理后,有关债务人财产的执行程序未依照企业破产法第十九条的规定中止的,采取执行措施的相关单位应当依法予以纠正,依法执行回转的财产,人民法院应当认定为债务人财产。"

② 《最高人民法院关于如何理解〈最高人民法院关于破产法司法解释〉第六十八条的请示的答复》(〔2003〕民二他字第52号,2004年12月22日)的内容为:

河北省高级人民法院:

你院〔2003〕冀民二请字第4号《关于如何理解〈最高人民法院关于破产法司法解释〉第六十八条的请示》收悉。经研究,答复如下:

人民法院受理破产案件前,针对债务人的财产,已经启动了执行程序,但该执行程序在人民法院受理破产案件后仅作出了执行裁定,尚未将财产交付给申请人的,不属于司法解释指的执行完毕的情形,该财产在债务人被宣告破产后应列入破产财产。但应注意以下情况:

一、正在进行的执行程序不仅作出了生效的执行裁定,而且就被执行财产的处理履行了必要的评估拍卖程序,相关人已支付了对价,此时虽未办理变更登记手续,且非该相关人的过错,应视为执行财产已向申请人交付,该执行已完毕,该财产不应列入破产财产;

二、人民法院针对被执行财产采取了相应执行措施,该财产已脱离债务人实际控制,视为已向权利人交付,该执行已完毕,该财产不应被列入破产财产。

(2)《最高人民法院关于人民法院受理破产案件后对以破产案件的债务人为被执行人的执行案件均应中止执行的批复》(法复〔1993〕9号,已废止)明确:"执行法院虽对该债务人的财产已决定采取或者已经采取了冻结、扣留、查封或扣押等财产保全措施或者执行措施的,仍属于未执行财产,均应当依法中止执行。"《最高人民法院关于如何理解〈最高人民法院关于破产法司法解释〉第六十八条的请示的答复》(〔2003〕民二他字第52号,已废止)认为:"人民法院针对被执行财产采取了相应执行措施,该财产已脱离债务人实际控制,视为已向权利人交付,该执行已完毕,该财产不应列入破产财产。"本复函废止了〔2003〕民二他字第52号答复,明确人民法院裁定受理破产申请时已经扣划到执行法院账户但尚未支付给申请人执行的款项,仍属于债务人财产,受理破产申请后,应当中止执行并移交。

4.《最高人民法院关于新中地产有限公司诉广东发展银行江门分行借款担保纠纷执行请示案的复函》(〔2005〕执他字第26号,2006年4月18日)

广东省高级人民法院:

你院〔2002〕粤高法执字第46-1号《关于新中地产有限公司诉广东发展银行江门分行借款担保纠纷执行案的请示报告》收悉。经研究,答复如下:

同意你院审判委员会少数人意见,该案应当恢复执行。根据本院判决,广东发展银行江门分行(以下简称江门分行)应当对香港回丰有限公司(以下简称回丰公司)不能偿还债务部分的二分之一向新中地产有限公司承担赔偿责任。在当事人就主债务纠纷即新中地产有限公司与回丰公司之间的融资纠纷由香港高等法院审理并作出判决后,在内地与香港之间就判决的承认与执行问题尚未达成一致意见的情况下,香港高等法院的判决不能在内地得到承认和执行。故即使回丰公司在内地拥有股权,但相对于香港高等法院的判决和执行而言,该股权不应属于担保法及其司法解释确定的"可以执行或者方便执行"的财产。因此,在新中地产有限公司提供证据证明回丰公司在香港无财产可供执行,且江门分行亦不能提供相反证据的情况下,从保护债权人利益的角度考虑,应当恢复对本院(2001)民四终字第14号民事判决的执行。

以上意见,请遵照执行。

【注释】1994年5月12日,新中地产有限公司(以下简称新中公司)与香港回丰有限公司(以下简称回丰公司,系香港注册公司)签订《贷款契约》,约定回丰公司向新中公司贷款 660 万美元,期限 2 年,广东发展银行江门分行(以下简称江门分行)为回丰公司贷款持续性地担保。后因回丰公司未能如期归还贷款,新中公司向广东省高级人民法院(以下简称广东高院)提起诉讼,回丰公司提出管辖权异议,被驳回。回丰公司不服上诉至最高人民法院。最高人民法院经审理后裁定:驳回新中公司的诉讼,新中公司与江门分行之间的担保纠纷由广东高院受理。2000 年 5 月 19 日,新中公司向香港高等法院起诉回丰公司。2000 年 7 月 3 日,香港高等法院作出 2000 年第 5812 号判决,判令回丰公司向新中公司支付 660 万美元(或支付时金额相当的港元)及其利息、1140652734 美元(或支付时金额相当的港元)。

2002 年,最高人民法院就新中公司诉江门分行借款担保纠纷一案作出(2002)民四终字第 14 号民事判决,判令:对香港高等法院 2000 年第 5812 号判决所确定的债务,由江门分行对回丰公司不能偿还债务部分的 1/2 向新中公司承担赔偿责任。在执行上述判项过程中,江门分行提出,回丰公司在广州市东照房地产有限公司(以下简称东照公司)拥有 93%的股权,新中公司应按照香港高等法院 2000 年第 5812 号判决先执行回丰公司,在回丰公司的财产不能全额清偿债务的情况下,才由该行承担 1/2 的赔偿责任。

广东高院经审查认为,依据相关判决,新中公司应该参照承认外国判决的有关规定,向股权所在地法院申请承认并执行香港高等法院的判决。在回丰公司仍有财产可供执行的情况下,本案的申请执行条件未成就,裁定中止执行本案。2003 年 11 月,新中公司向广州市中级人民法院(以下简称广州中院)申请承认香港高等法院 2000 年第 5812 号判决,并执行回丰公司在东照公司的投资权益。广州中院以无法律依据为由裁定不予受理。2005 年 3 月,新中公司向广东高院申请恢复执行。理由是:回丰公司在香港已无财产可供执行,在内地虽有财产(股权),但在两地没有司法协助的情况下,香港高等法院的判决不能在内地得到承认与执行,应视为回丰公司不能清偿相关债务,江门分行应在回丰公司不能清偿部分的 1/2 范围内承担赔偿责任。广东高院就此问题请示至最高人民法院。①

---

① 参见董志强:《关于广东省高级人民法院就新中地产有限公司诉广东发展银行江门分行借款担保纠纷执行案是否恢复执行的请示案》,载最高人民法院执行工作办公室编:《执行工作指导》2006 年第 1 辑(总第 17 辑),人民法院出版社 2006 年版,第 77—83 页。

【判旨撮要】

1. 蒙阴县恒晟电子有限公司与深圳宝安银友实业发展总公司、中信银行股份有限公司深圳分行合作协议纠纷执行申诉案[(2015)执监字第129号]

要旨:根据《企业破产法规定(二)》第21条的规定:"破产受理申请前,债权人就债务人财产提起下列诉讼,破产申请受理时案件尚未审结的,人民法院应当中止审理:……(二)主张债务人的出资人、发起人和负有监督股东履行出资义务的董事、高级管理人员,或者协助抽逃出资的其他股东、董事、高级管理人员、实际控制人等直接向其承担出资不实责任或抽逃出资责任的……"在执行程序中,对于债务人的出资人是否应当承担出资不实或者抽逃出资责任的审查,也应一并中止。据此,被执行人破产案件审理期间,执行程序中对中信深圳分行是否对银友公司出资不实、是否应被追加为被执行人的问题应当中止审查。同时,根据《企业破产法》第19条的规定,执行法院对被执行人及追加的被执行人采取的执行措施亦应一并中止。

2. 河北世达建设集团有限公司与沧州市康乐医疗器械有限责任公司建设工程合同纠纷执行申诉案[(2016)最高法执监349号]

要旨:《民事诉讼法解释》第466条、第467条(2022年修正为第464条、第465条)规定,当事人达成执行和解协议后,可以申请人民法院裁定中止执行。和解协议已经履行完毕的,人民法院不予恢复执行。本案中,当事人达成执行和解协议后,被执行人康乐公司迟延履行债务,未能在执行和解协议约定的期限内完成给付义务。一方面,案涉执行和解协议并未履行完毕,故不能产生阻却执行的法律效果;另一方面,当事人均没有申请执行法院裁定中止执行,而执行法院也没有依职权中止、终结案件执行,因此,本案始终处于执行过程中。

3. 代瑞安与刘淑英、卢付生、濮阳市麦谷豆香食业有限公司、吕彩霞、杜永军借款合同纠纷执行申诉案[(2017)最高法执监116号]

要旨:《民事诉讼法》第256条(2021年修正为第263条)第1款第2项规定,案外人对执行标的提出确有理由的异议的,人民法院应当裁定中止执行。该项所指的"案外人",是指根据《民事诉讼法》第227条(2021年修正为

第 234 条)规定,在执行过程中对执行标的提出书面异议的案外人。上述法律和相关司法解释非常明确,案外人异议是指案外人因其自身对执行标的享有足以排除强制执行的民事权益而提出异议。而本案中,公安机关在履行职责过程中向法院发函请求中止执行,并非其本身享有民事权益,此时,公安机关并非《民事诉讼法》第 256 条第 1 款第 2 项规定的案外人。

4. 安徽国信建设集团有限公司与安徽永禾置业有限公司建设工程合同纠纷执行申诉案[(2017)最高法执监 422 号]

要旨:《企业破产法》第 19 条规定,人民法院受理破产申请后,有关债务人财产的保全措施应当解除,执行程序应当中止。根据该规定精神,如果执行程序尚未终结,对被执行人财产的保全措施应当解除,执行程序应当中止,尚未清偿的不得进行清偿。从《移送破产意见》第 16 条、第 17 条规定精神看,对已完成向申请执行人转账、汇款、现金交付的执行款,因财产权利归属已经发生变动,不属于被执行人的财产。已经扣划到执行法院账户的银行存款等执行款,但未完成向申请执行人转账、汇款、现金交付的,财产权利归属未发生变动,仍属于被执行人的财产,执行法院收到受移送法院受理裁定后,不应再支付给申请执行人,应当将其移交给受理破产案件的法院或管理人。

5. 中国华融资产管理股份有限公司甘肃省分公司与甘肃华屹置业有限公司、福建海峡两岸农产品物流城发展有限公司、洪洁婷等合同纠纷执行复议案[(2018)最高法执复 87 号]

要旨:根据生效民事调解书,华屹公司是本案的主债务人,物流城公司是连带保证责任人,均负有履行判决之义务,执行程序均可依法对其强制执行。物流城公司进入破产重整程序后,对物流城公司的强制执行程序可以依法中止,但并不意味着对华屹公司的强制执行程序也应中止,华屹公司以物流城公司进入破产重整程序为由要求中止对华屹公司的强制执行程序,系混淆了两个不同的执行程序,依法不应予以支持。至于华屹公司主张华融甘肃分公司会重复受偿的问题,此可通过执行法院与破产受理法院的具体协调配合以避免,不能成为中止对华屹公司执行程序的理由。事实上,即使在物流城公司未进入破产重整程序,依法同时强制执行华屹公司和物流城公司的情况下,执行法院也应做好统筹,避免出现让债权人重复受偿的问题,而华屹公司亦不得以同时执行自己和物流城公司会导致债权人重复受偿为由，要求中止对自己的执行。

6. 王征与江西瑞弘房地产开发有限公司、胡剑、张倩民间借贷纠纷执行复议案[（2019）最高法执复 126 号]

要旨：依据《非法集资案件意见》第 7 条第 2 款、第 3 款的有关规定，人民法院在审理民事案件或者执行过程中，发现有非法集资犯罪嫌疑的，应当裁定驳回起诉或者中止执行，并及时将有关材料移送公安机关或者检察机关。公安机关、人民检察院、人民法院在侦查、起诉、审理非法集资刑事案件中，发现与人民法院正在审理的民事案件属同一事实，或者被申请执行的财物属于涉案财物的，应当及时通报相关人民法院。从相关规定看，执行程序的处理与审判阶段并不完全相同，审判阶段主要判断是否属于同一事实及法律关系，执行阶段则还需判断执行标的是否属于刑事案件涉案财物。

7. 西藏荣恩科技有限公司与钮瑞西商贸（上海）有限公司、李建民合同纠纷执行复议案[（2020）最高法执复 42 号]

要旨：为保证生效判决的及时履行，中止执行的事由应为法定事由，人民法院在执行过程中不应随意放宽中止执行事由的范围。本案主要涉及两个法律主体之间的合同纠纷关系，双方矛盾源于合作投资，而公安机关对一方涉嫌诈骗罪立案侦查的事由与本案并不存在法律上的直接联系。同时，由于对犯罪的侦查、起诉和审判都需要一定时间，最终结果目前尚不能确定，贸然中止执行将严重影响申请执行人的合法权益。因此，公安局的立案侦查决定并不构成本案中止执行的法定理由。

8. 北京市第二建筑工程有限责任公司与青海省年丰投资集团有限公司建设工程施工合同纠纷执行复议案[（2020）最高法执复 1 号]

要旨：对于刑民交叉案件，审判阶段主要判断是否属于同一事实或同一法律关系，执行阶段则需判断是否属于刑事案件涉案财物。本案复议申请人北京二建与年丰集团之间为建设工程施工合同纠纷，与年丰集团涉嫌非法吸收公众存款犯罪被公安机关立案侦查，虽不属于同一法律事实，但是被执行的年丰集团名下的影艺大厦为相关刑事案件涉案财物。根据《非法集资案件意见》第 7 条第 2 款、第 3 款规定，本案应当中止执行，待刑事判决作出后一并处理。

由于非法集资、非法吸收公众存款类犯罪涉及人数众多,又往往与民商事纠纷存在交叉,统一协调处理更有利于保护权利人的合法权益。况且在审理刑事案件过程中,还可能会出现享有其他优先受偿权的权利人,故中止对案涉大厦的执行符合立法本意。在年丰集团非法吸收公众存款刑事案件审理完毕后,北京二建可以根据《刑事财产部分执行规定》第 13 条的规定,主张对执行标的的优先受偿权。

第二百六十四条 【执行终结】有下列情形之一的,人民法院裁定终结执行:

(一)申请人撤销申请的;

(二)据以执行的法律文书被撤销的;

(三)作为被执行人的公民死亡,无遗产可供执行,又无义务承担人的;

(四)追索赡养费、扶养费、抚养费案件的权利人死亡的;

(五)作为被执行人的公民因生活困难无力偿还借款,无收入来源,又丧失劳动能力的;

(六)人民法院认为应当终结执行的其他情形。

规范体系	
相关立法	《仲裁法》第64条
司法解释	1.《最高人民法院关于适用〈中华人民共和国民事诉讼法〉的解释》(法释〔2015〕5号;经法释〔2022〕11号第二次修正)第464条、第492条、第513条、第518—519条 2.《最高人民法院关于人民法院执行工作若干问题的规定(试行)》(法释〔1998〕15号;经法释〔2020〕21号修正)第61条 3.《最高人民法院关于执行和解若干问题的规定》(法释〔2018〕3号;经法释〔2020〕21号修正)第14条 4.《最高人民法院关于适用〈中华人民共和国刑事诉讼法〉的解释》(法释〔2021〕1号)第529条 5.《最高人民法院关于审理劳动争议案件适用法律若干问题的解释(一)》(法释〔2020〕26号)第25条 6.《最高人民法院关于审理侵犯专利权纠纷案件应用法律若干问题的解释(二)》(法释〔2016〕1号;经法释〔2020〕19号修正)第30条 7.《最高人民法院关于对人民法院终结执行行为提出执行异议期限问题的批复》(法释〔2016〕3号)

(续表)

规范体系	
司法文件	1.《最高人民法院关于人民法院执行公开的若干规定》(法发〔2006〕35 号)第 14 条 2.《最高人民法院关于执行案件移送破产审查若干问题的指导意见》(法发〔2017〕2 号)第 20 条 3.《最高人民法院关于执行案件立案、结案若干问题的意见》(法发〔2014〕26 号)第 17 条、第 22 条 4.《最高人民法院关于进一步规范指定执行等执行案件立案、结案、统计和考核工作的通知》(法明传〔2018〕335 号)第 2—3 条
司法答复	1.《最高人民法院关于已转移的债权可否列入破产财产范围问题的复函》(〔1994〕经他字第 4 号) 2.《最高人民法院关于法〔2001〕12 号通知第二条如何适用的请示的答复》(〔2003〕民二他字第 33 号) 3.《最高人民法院关于经破产法院裁定认可的和解协议对债务人和全体债权人均有约束力的答复》[法(执)明传〔2007〕10 号] 4.《最高人民法院关于尚在执行程序中的判决是否可以因专利权被宣告无效而裁定终结执行的答复》(〔2009〕民三他字第 13 号)

【条文释义】

本条是关于执行终结的规定。2021 年《民事诉讼法》第四次修正时对本条进行了修改。①

① 《全国人民代表大会常务委员会关于修改〈中华人民共和国民事诉讼法〉的决定》(2021 年 12 月 24 日第十三届全国人民代表大会常务委员会第三十二次会议通过)第 16 条规定:"十六、……将第一百零六条、第一百五十一条、第二百零六条、第二百五十七条中的'抚育费'修改为'抚养费';……"

执行终结是指执行程序的彻底结束。根据其终结事由，分为正常情况下的执行终结和特殊情况下的执行终结。前者是指法院按照已经生效的法律文书的要求，采取相应措施全部执行完毕。后者是指执行开始后，由于出现了某种法定原因使执行工作永远无法进行或者无须进行，因而以裁定的方式结束执行程序。本条规定的 6 种情形即特殊情况下的执行终结。

(1)申请人撤销申请。执行程序一般是因当事人的申请而开始，如果当事人撤销申请，不再要求人民法院执行，这是对其民事实体权利和民事诉讼权利行使处分权，只要符合法律规定，不违背社会公共利益，人民法院应当准许，执行程序也因此而终结。

(2)据以执行的法律文书被撤销。人民法院的执行工作必须有合法的执行根据。执行根据是权利人据以申请执行的凭证，也是人民法院采取执行措施的凭证。如果由于某种特殊原因，作为执行根据的法律文书被撤销，继续执行将缺乏合法生效的法律依据，人民法院应当裁定终结执行。

(3)作为被执行人的公民死亡，无遗产可供执行，又无义务承担人。被执行人是执行程序中负有义务的一方当事人，如果在执行过程中死亡，依照本法规定，人民法院首先应当裁定中止执行，等待继承人承受义务。如果被执行人的遗产继承人没有放弃继承，人民法院可以裁定变更被执行人，由该继承人在遗产的范围内偿还债务；如果继承人放弃继承，人民法院可以直接执行被执行人的遗产；如果被执行人既无遗产，又无义务承担人，执行工作无法进行，人民法院应当裁定终结执行。

(4)追索赡养费、扶养费、抚养费案件的权利人死亡。享受赡养费、扶养费、抚养费的权利和人身权利紧密相连，只能由生效的法律文书确定的具有特殊身份的权利人享有，如父母、配偶或者未成年子女。以上权利不得继承或者转让，如果享有赡养费、扶养费、抚养费的权利人死亡，那么执行程序就无须进行，人民法院应当裁定终结执行。

(5)作为被执行人的公民因生活困难无力偿还借款，无收入来源，又丧失劳动能力。既要保护权利人的合法权益，又要适当照顾被执行人必要的生活需要，这是《民事诉讼法》执行程序编的一项重要原则。执行程序开始后，被执行人生活困难，借款无力偿还，既没有收入来源，又丧失了劳动能力，不仅现在，即便将来也无力履行法律文书确定的义务，在这类情况下，人民法院可以终结执行。

(6)人民法院认为应终结执行的其他情形。上述 5 项情形不可能将实际执行工作中发生的所有情形概括无遗,因此,法律作出第 6 项规定,人民法院认为其他情形使执行工作无法进行或者无须进行的,可以终结执行。这是对终结执行作出的弹性条款。①

【相关立法】

《中华人民共和国仲裁法》(2017 年 9 月 1 日第十二届全国人民代表大会常务委员会第二十九次会议第二次修正,2018 年 1 月 1 日)

第六十四条　一方当事人申请执行裁决,另一方当事人申请撤销裁决的,人民法院应当裁定中止执行。

人民法院裁定撤销裁决的,应当裁定终结执行。撤销裁决的申请被裁定驳回的,人民法院应当裁定恢复执行。

【司法解释】

1.《最高人民法院关于适用〈中华人民共和国民事诉讼法〉的解释》(法释〔2015〕5 号,2015 年 2 月 4 日;经法释〔2022〕11 号第二次修正,2022 年 4 月10 日)

第四百六十四条　申请执行人与被执行人达成和解协议后请求中止执行或者撤回执行申请的,人民法院可以裁定中止执行或者终结执行。

第四百九十二条　执行标的物为特定物的,应当执行原物。原物确已毁损或者灭失的,经双方当事人同意,可以折价赔偿。

双方当事人对折价赔偿不能协商一致的,人民法院应当终结执行程序。申请执行人可以另行起诉。

第五百一十三条　被执行人住所地人民法院裁定受理破产案件的,执行法院应当解除对被执行人财产的保全措施。被执行人住所地人民法院裁定

---

① 参见全国人民代表大会常务委员会法制工作委员会编:《中华人民共和国民事诉讼法释义(最新修正版)》,法律出版社 2012 年版,第 599—601 页。

宣告被执行人破产的,执行法院应当裁定终结对该被执行人的执行。

被执行人住所地人民法院不受理破产案件的,执行法院应当恢复执行。

第五百一十八条 因撤销申请而终结执行后,当事人在民事诉讼法第二百四十六条规定的申请执行时效期间内再次申请执行的,人民法院应当受理。

【注释】本条规定再次申请执行的期间,受《民事诉讼法》第246条的调整。《民事诉讼法》第246条明确,申请执行时效适用有关诉讼时效中止、中断的规定。《诉讼时效规定》第10条规定,当事人一方向人民法院提交起诉状或者口头起诉的,诉讼时效从提交起诉状或者口头起诉之日起中断。据此,在当事人撤销申请的情况下,由于申请执行时效已因提起执行申请而中断,故再次申请执行的时效期间不是自生效法律文书确定的履行期限届满之日起算,而要适用时效中断重新计算。

第五百一十九条 在执行终结六个月内,被执行人或者其他人对已执行的标的有妨害行为的,人民法院可以依申请排除妨害,并可以依照民事诉讼法第一百一十四条规定进行处罚。因妨害行为给执行债权人或者其他人造成损失的,受害人可以另行起诉。

【注释】《最高人民法院执行工作办公室关于已执行完毕的案件被执行人又恢复到执行前的状况应如何处理问题的复函》(〔2000〕执他字第34号)认为:"被执行人或者其他人对人民法院已执行的标的又恢复到执行前的状况,……对申请执行人要求排除妨害的,人民法院应当继续按照原生效法律文书执行。至于被执行人或者其他人实施同样妨害行为的次数,只能作为认定妨害行为情节轻重的依据,并不涉及诉讼时效问题,不能据以要求申请执行人另行起诉;如果妨害行为给申请执行人或者其他人造成新的损失,受害人可以另行起诉。"《民事诉讼法解释》施行后,以本条为准。

2.《最高人民法院关于人民法院执行工作若干问题的规定(试行)》(法释〔1998〕15号,1998年7月8日;经法释〔2020〕21号修正,2021年1月1日)

十一、执行的中止、终结、结案和执行回转

61. 在执行中,被执行人被人民法院裁定宣告破产的,执行法院应当依照民事诉讼法第二百五十七条①第六项的规定,裁定终结执行。

3.《最高人民法院关于执行和解若干问题的规定》(法释〔2018〕3 号,2018 年 3 月 1 日;经法释〔2020〕21 号修正,2021 年 1 月 1 日)

第十四条　申请执行人就履行执行和解协议提起诉讼,执行法院受理后,可以裁定终结原生效法律文书的执行。执行中的查封、扣押、冻结措施,自动转为诉讼中的保全措施。

4.《最高人民法院关于适用〈中华人民共和国刑事诉讼法〉的解释》(法释〔2021〕1 号,2021 年 3 月 1 日)

第五百二十九条　执行刑事裁判涉财产部分、附带民事裁判过程中,具有下列情形之一的,人民法院应当裁定终结执行:

(一)据以执行的判决、裁定被撤销的;

(二)被执行人死亡或者被执行死刑,且无财产可供执行的;

(三)被判处罚金的单位终止,且无财产可供执行的;

(四)依照刑法第五十三条规定免除罚金的;

(五)应当终结执行的其他情形。

裁定终结执行后,发现被执行人的财产有被隐匿、转移等情形的,应当追缴。

5.《最高人民法院关于审理劳动争议案件适用法律若干问题的解释(一)》(法释〔2020〕26 号,2021 年 1 月 1 日)

第二十五条　劳动争议仲裁机构作出终局裁决,劳动者向人民法院申请执行,用人单位向劳动争议仲裁机构所在地的中级人民法院申请撤销的,人民法院应当裁定中止执行。

用人单位撤回撤销终局裁决申请或者其申请被驳回的,人民法院应当裁定恢复执行。仲裁裁决被撤销的,人民法院应当裁定终结执行。

用人单位向人民法院申请撤销仲裁裁决被驳回后,又在执行程序中以相同理由提出不予执行抗辩的,人民法院不予支持。

---

① 2021 年《民事诉讼法》第四次修正后调整为第 264 条。

6.《最高人民法院关于审理侵犯专利权纠纷案件应用法律若干问题的解释(二)》(法释〔2016〕1号,2016年4月1日;经法释〔2020〕19号修正,2021年1月1日)

第三十条 在法定期限内对宣告专利权无效的决定不向人民法院起诉或者起诉后生效裁判未撤销该决定,当事人根据该决定依法申请再审,请求撤销宣告专利权无效前人民法院作出但未执行的专利侵权的判决、调解书的,人民法院应当再审。当事人根据该决定,依法申请终结执行宣告专利权无效前人民法院作出但未执行的专利侵权的判决、调解书的,人民法院应当裁定终结执行。

7.《最高人民法院关于对人民法院终结执行行为提出执行异议期限问题的批复》(法释〔2016〕3号,2016年2月15日)

湖北省高级人民法院:

你院《关于咸宁市广泰置业有限公司与咸宁市枫丹置业有限公司房地产开发经营合同纠纷案的请示》(鄂高法〔2015〕295号)收悉。经研究,批复如下:

当事人、利害关系人依照民事诉讼法第二百二十五条①规定对终结执行行为提出异议的,应当自收到终结执行法律文书之日起六十日内提出;未收到法律文书的,应当自知道或者应当知道人民法院终结执行之日起六十日内提出。批复发布前终结执行的,自批复发布之日起六十日内提出。超出该期限提出执行异议的,人民法院不予受理。

【注释】超过本批复规定的提出异议期限,并不代表当事人失去了对执行违法行为予以纠正的救济途径。如果人民法院终结执行行为确实存在错误需要以恢复执行程序进行救济的,尽管期限届满后所提执行行为异议法院不予受理,但当事人仍可以向执行法院或上一级人民法院进行申诉,通过执行监督程序处理。在审查判断是否启动执行监督程序时,只要确定如果该终结执行行为有错误,有可能需要恢复执行程序予以救济即可,至于是否恢复

① 2021年《民事诉讼法》第四次修正后调整为第232条。

执行程序,则应在启动执行监督程序后最终审查确定。①

需要注意的是,本批复规定的终结执行行为,包括执行完毕、终结执行、销案,不包括终结本次执行程序。对终结本次执行程序提出异议,应当适用《终本规定》(法〔2016〕373 号)第 7 条之规定,不受 60 日的限制。

【司法文件】

1.《最高人民法院关于人民法院执行公开的若干规定》(法发〔2006〕35 号,2007 年 1 月 1 日)

第十四条　人民法院依职权对据以执行的生效法律文书终结执行的,应当公开听证,但申请执行人没有异议的除外。

终结执行应当制作裁定书并送达双方当事人。裁定书应当充分说明终结执行的理由,并明确援引相应的法律依据。

2.《最高人民法院关于执行案件移送破产审查若干问题的指导意见》(法发〔2017〕2 号,2017 年 1 月 20 日)

20. 受移送法院裁定宣告被执行人破产或裁定终止和解程序、重整程序的,应当自裁定作出之日起五日内送交执行法院,执行法院应当裁定终结对被执行人的执行。

【注释】本条对《民事诉讼法解释》第 513 条、《执行立结案意见》(法发〔2014〕26 号)》第 17 条第 1 款第 8 项作了补充规定:一是明确受移送法院破产裁定等移交给执行法院的时间为裁定作出之日起 5 日内;二是裁定终结执行的情形不仅包括被执行人被法院裁定宣告破产,还包括裁定终止和解程序、重整程序。本意见实施后,适用本条规定。

3.《最高人民法院关于执行案件立案、结案若干问题的意见》(法发〔2014〕26 号,2015 年 1 月 1 日)

第十七条　有下列情形之一的,可以以"终结执行"方式结案:

① 参见刘贵祥、潘勇锋:《〈关于对人民法院终结执行行为提出执行异议期限问题的批复〉的理解与适用》,载《人民司法 · 应用》2016 年第 13 期。

(一)申请人撤销申请或者是当事人双方达成执行和解协议,申请执行人撤回执行申请的;

(二)据以执行的法律文书被撤销的;

(三)作为被执行人的公民死亡,无遗产可供执行,又无义务承担人的;

(四)追索赡养费、扶养费、抚育费案件的权利人死亡的;

(五)作为被执行人的公民因生活困难无力偿还借款,无收入来源,又丧失劳动能力的;

(六)作为被执行人的企业法人或其他组织被撤销、注销、吊销营业执照或者歇业、终止后既无财产可供执行,又无义务承受人,也没有能够依法追加变更执行主体的;

(七)依照刑法第五十三条规定免除罚金的;

(八)被执行人被人民法院裁定宣告破产的;

(九)行政执行标的灭失的;

(十)案件被上级人民法院裁定提级执行的;

(十一)案件被上级人民法院裁定指定由其他法院执行的;

(十二)按照《最高人民法院关于委托执行若干问题的规定》,办理了委托执行手续,且收到受托法院立案通知书的;

(十三)人民法院认为应当终结执行的其他情形。

前款除第(十)项、第(十一)项、第(十二)项规定的情形外,终结执行的,应当制作裁定书,送达当事人。

【注释】本条是对《民事诉讼法》第264条的细化规定。适用中需要注意:(1)《执行立案、结案、统计和考核通知》(法明传〔2018〕335号)下发后,首次执行案件因指定执行、提级执行、委托执行(全案)结案的,以"销案"方式结案,不再以"终结执行"方式结案。(2)《规范近期执行工作通知》(法〔2018〕141号)下发后,"当事人达成执行和解协议,需要长期履行的",可以作为"和解长期履行"情形,以终结执行方式报结。

第二十二条 恢复执行案件的结案方式包括:

(一)执行完毕;

(二)终结本次执行程序;

(三)终结执行。

4.《最高人民法院关于进一步规范指定执行等执行案件立案、结案、统计和考核工作的通知》（法明传〔2018〕335 号，2018 年 6 月 1 日）

二、执行案件依据民事诉讼法第二百五十七条①规定裁定终结执行或终结本次执行程序后，符合恢复执行原生效法律文书条件，执行法院依申请或依职权又恢复执行的，立“恢执”字案号，恢复执行案件统计作为内部管理项，不再纳入司法统计。

三、首次执行案件因指定执行、提级执行、委托执行（全案）结案的，以“销案”方式结案，不纳入司法统计；接受指定执行、提级执行、委托执行（全案）而立执行案件的，立“执”字案号，作为首次执行案件纳入司法统计，其中申请执行标的金额为前案未实际执行到位的金额。销案、不予执行、驳回申请结案的，其中申请执行标的金额和已实际执行到位金额不予计算。

【注释】依据《执行立结案意见》（法发〔2014〕26 号）第 17 条第 10—12 项，指定执行、提级执行、委托执行（全案）结案的，以“终结执行”方式结案。本条改变了上述规定，明确上述情形以“销案”方式结案。本通知下发后，以本条为准。

【司法答复】

1.《最高人民法院关于已转移的债权可否列入破产财产范围问题的复函》（〔1994〕经他字第 4 号，1994 年 5 月 20 日）

江苏省高级人民法院、山东省高级人民法院：

江苏省高级人民法院〔1993〕苏法执请字第 17 号文和山东省高级人民法院鲁高法函〔1993〕192 号文均已收悉。关于烟台自行车厂已转移的债权可否列入该厂破产财产范围的问题，现一并答复如下：

根据你两院提供的有关事实情况，经本院研究认为：在法律上债权与所有权不能混同。南通市自行车链罩厂与烟台自行车厂经南通市港闸区人民法院调解达成的协议所确定的财产转移，其实质应属债权转移，而不是所有权转移，即烟台自行车厂将其对中国轻工物质供销总公司的 334.8 万元债权中的 210 万元及其孳息转移给南通市自行车链罩厂。自该调解协议生效之

① 2021 年《民事诉讼法》第四次修正后调整为第 264 条。

日起,烟台自行车厂对该项债权已不再享有;中国轻工物资供销总公司自接到该项债权转移的通知并认可后,南通市港闸区人民法院的调解书对烟台自行车厂来说应当视为已执行完毕。因此,不应当将该项债权再列入烟台自行车厂破产财产范围;如已列入,应由审理破产案件的烟台市中级人民法院予以纠正。

2.《最高人民法院关于法〔2001〕12号通知第二条如何适用的请示的答复》(〔2003〕民二他字第33号,2003年9月8日)

北京市高级人民法院:

你院送来京高法〔2003〕198号《关于法〔2001〕12号通知第二条如何适用的请示》收悉。经研究,答复如下:

一、根据法〔2001〕12号通知第二条的规定,凡以中国人民银行批准进行重组和决定撤销、关闭的信托投资公司为被告的案件,已经审理终结的,应告知当事人持生效法律文书向实施撤销或者停业整顿的信托投资公司的清算组申报债权。当事人申请执行的,人民法院应不予受理。已经受理的执行案件作终结执行处理。

二、属于第九批撤销名单中的信托投资公司,同样适用法〔2001〕12号通知的规定。

【注释】《最高人民法院关于发布第五批实施停业整顿、重组、撤销信托投资公司名单和有关事项的通知》(法〔2001〕12号)第2条规定,"对本院已经发布的实施撤销或者停业整顿的信托投资公司为被告的民事纠纷案件,自中国人民银行公告(尚未公告的名单附后)后半年,开始受理和审理。对案件已经审理终结的,应告知当事人持生效法律文书向实施撤销或者停业整顿的信托投资公司的清算组申报债权"。

3.《最高人民法院关于经破产法院裁定认可的和解协议对债务人和全体债权人均有约束力的答复》[法(执)明传〔2007〕10号,2007年3月9日]

湖南省高级人民法院:

关于黑龙江省牡丹江市中级人民法院受理黑龙江圣方科技股份有限公司(简称圣方科技公司)破产案件后,你院继续执行中科软件集团有限公司(简称中科软件公司)诉圣方科技公司一案问题,我院曾向你院发出法(执)

明传〔2006〕48号明传,要求你院撤销执行裁定。后你院又报来《关于执行黑龙江圣方科技股份有限公司欠款纠纷一案的情况汇报》,认为应当继续执行,并请求我院进行协调。经研究,答复如下:

牡丹江中院破产案件终结,是因为债权人会议通过了和解协议并执行完毕,债务人圣方科技公司按照和解协议规定的条件清偿了债务,破产原因消除。经破产法院裁定认可的和解协议,对债务人和全体债权人均有约束力。中科软件公司参加了破产程序,依法应当受该和解协议的约束。破产和解是债务人破产再生程序,和解协议执行完毕后,其法人资格仍存续,但不再承担和解协议规定以外的债务的清偿责任。对此,当时法律虽无明文规定,但参照新《中华人民共和国企业破产法》,应作此理解。此种情况下圣方科技公司未被宣告破产,并保留主体资格,这一点不能成为你院恢复执行的理由。在牡丹江中院裁定终结破产程序后,你院应当裁定对圣方科技公司的执行终结。

关于中科软件公司权益的保护问题。首先,依和解协议中科软件公司应当受偿的款项,据反映现由长沙中院为执行以中科软件公司为债务人的案件,而予以冻结。如该款项解冻,则可通过破产清算组领取。其次,终结对圣方科技公司的执行,并不妨碍其按照你院判决第二项,对同案中另外二被告质押给中科软件公司的共1.8亿元股权行使优先受偿权。至于中科软件公司对牡丹江中院在破产程序中涉及其权益处理的异议,应当通过对破产裁定的申诉或其他适当途径解决,而不应由你院再启动执行程序解决。

【注释】中科软件集团有限公司(以下简称中科软件公司)诉黑龙江圣方科技股份有限公司(以下简称圣方科技公司)借款担保追偿纠纷一案,湖南省高级人民法院(以下简称湖南高院)于2006年1月18日作出民事判决,判令圣方科技公司偿还中科软件公司约1.8亿元本金及利息。3月29日,湖南高院向圣方科技公司送达判决时被告知,黑龙江省牡丹江市中级人民法院(以下简称牡丹江中院)已于2006年3月20日受理圣方科技公司破产一案,并裁定宣告进入破产程序。同日,牡丹江中院就受理圣方科技公司破产案事宜告知湖南高院,要求湖南高院中止诉讼。4月12日,湖南高院以公告形式送达了判决。

2006年4月27日,中科软件公司向牡丹江中院申报债权,总计约1.9亿元,包括:(1)湖南高院确定的债权约1.8亿元及利息;(2)湖南高院判决确定的替圣方科技公司偿还银行贷款600万元;(3)圣方科技公司另欠款300

万元;(4)因另案为圣方科技公司承担连带责任而被上海市第一中级人民法院扣划的498万元;(5)圣方科技公司占用资金的利息5138万元。牡丹江中院对上述第1项和第5项的债权,认为属于以合法形式掩盖非法目的,不予确认,对其余债权予以确认,总计为1398万元。2006年6月30日,债权人会议多数通过了圣方科技公司监管组提出的和解协议。同日牡丹江中院裁定对该和解协议予以认可。

2006年8月1日,中科软件公司申请湖南高院强制执行。湖南高院发出执行通知后,鉴于圣方科技公司进入破产程序而中止了执行。同年9月22日,牡丹江中院以圣方科技公司履行了破产和解协议,清偿了债务,破产原因消除,裁定终结破产程序。后湖南高院恢复了对中科软件公司诉圣方科技公司一案的执行。圣方科技公司就此向最高人民法院申诉。①

4.《最高人民法院关于尚在执行程序中的判决是否可以因专利权被宣告无效而裁定终结执行的答复》(〔2009〕民三他字第13号,2009年7月23日)

天津市高级人民法院:

你院津高法〔2009〕120号《关于专利权在判决后被宣告无效,正在执行的判决是否应终结执行的请示》收悉。经研究,答复如下:

当事人以发生法律效力的宣告专利权全部无效的决定为依据,申请终结执行专利权无效前人民法院作出但尚未执行或者尚未执行完毕的专利侵权的判决,人民法院经审查属实的,应当裁定终结执行。当事人认为原裁判有错误的,依照审判监督程序办理。

【指导案例】

指导案例116号:丹东益阳投资有限公司申请丹东市中级人民法院错误执行国家赔偿案(最高人民法院审判委员会讨论通过,2019年12月24日发布)

关键词　国家赔偿　错误执行　执行终结　无清偿能力

---

① 参见黄金龙:《中科软件集团有限公司诉圣方科技股份有限公司案——破产和解后以破产债务人为被执行人的案件能否继续执行》,载最高人民法院执行工作办公室编:《执行工作指导》2007年第2辑(总第22辑),人民法院出版社2007年版,第42—47页。

裁判要点

人民法院执行行为确有错误造成申请执行人损害，因被执行人无清偿能力且不可能再有清偿能力而终结本次执行的，不影响申请执行人依法申请国家赔偿。

相关法条

《中华人民共和国国家赔偿法》第30条

基本案情

1997年11月7日，交通银行丹东分行与丹东轮胎厂签订借款合同，约定后者从前者借款422万元，月利率7.92‰。2004年6月7日，该笔债权转让给中国信达资产管理公司沈阳办事处，后经转手由丹东益阳投资有限公司（以下简称益阳公司）购得。2007年5月10日，益阳公司提起诉讼，要求丹东轮胎厂还款。5月23日，丹东市中级人民法院（以下简称丹东中院）根据益阳公司财产保全申请，作出（2007）丹民三初字第32-1号民事裁定：冻结丹东轮胎厂银行存款1050万元或查封其相应价值的财产。次日，丹东中院向丹东市国土资源局发出协助执行通知书，要求协助事项为：查封丹东轮胎厂位于丹东市振兴区振七街134号土地六宗，并注明了各宗地的土地证号和面积。2007年6月29日，丹东中院作出（2007）丹民三初字第32号民事判决书，判决丹东轮胎厂于判决发生法律效力后10日内偿还益阳公司欠款422万元及利息6209022.76元（利息暂计至2006年12月20日）。判决生效后，丹东轮胎厂没有自动履行，益阳公司向丹东中院申请强制执行。

2007年11月19日，丹东市人民政府第51次市长办公会议议定，“关于丹东轮胎厂变现资产安置职工和偿还债务有关事宜”，“责成市国资委会同市国土资源局、市财政局等有关部门按照会议确定的原则对丹东轮胎厂所在地块土地挂牌工作形成切实可行的实施方案，确保该地块顺利出让”。11月21日，丹东市国土资源局在《丹东日报》刊登将丹东轮胎厂土地挂牌出让公告。12月28日，丹东市产权交易中心发布将丹东轮胎厂锅炉房、托儿所土地挂牌出让公告。2008年1月30日，丹东中院作出（2007）丹立执字第53-1号、53-2号民事裁定：解除对丹东轮胎厂位于丹东市振兴区振七街134号三宗土地的查封。随后，前述六宗土地被一并出让给太平湾电厂，出让款4680万元被丹东轮胎厂用于偿还职工内债、职工集资、普通债务等，但没有给付益阳公司。

2009年起，益阳公司多次向丹东中院递交国家赔偿申请。丹东中院于

2013年8月13日立案受理,但一直未作出决定。益阳公司遂于2015年7月16日向辽宁省高级人民法院(以下简称辽宁高院)赔偿委员会申请作出赔偿决定。在辽宁高院赔偿委员会审理过程中,丹东中院针对益阳公司申请执行案于2016年3月1日作出(2016)辽06执15号执行裁定,认为丹东轮胎厂现暂无其他财产可供执行,裁定:(2007)丹民三初字第32号民事判决终结本次执行程序。

裁判结果

辽宁省高级人民法院赔偿委员会于2016年4月27日作出(2015)辽法委赔字第29号决定,驳回丹东益阳投资有限公司的国家赔偿申请。丹东益阳投资有限公司不服,向最高人民法院赔偿委员会提出申诉。最高人民法院赔偿委员会于2018年3月22日作出(2017)最高法委赔监236号决定,本案由最高人民法院赔偿委员会直接审理。最高人民法院赔偿委员会于2018年6月29日作出(2018)最高法委赔提3号国家赔偿决定:一、撤销辽宁省高级人民法院赔偿委员会(2015)辽法委赔字第29号决定;二、辽宁省丹东市中级人民法院于本决定生效后5日内,支付丹东益阳投资有限公司国家赔偿款300万元;三、准许丹东益阳投资有限公司放弃其他国家赔偿请求。

裁判理由

最高人民法院赔偿委员会认为,本案基本事实清楚,证据确实、充分,申诉双方并无实质争议。双方争议焦点主要在于三个法律适用问题:第一,丹东中院的解封行为在性质上属于保全行为还是执行行为?第二,丹东中院的解封行为是否构成错误执行,相应的具体法律依据是什么?第三,丹东中院是否应当承担国家赔偿责任?

关于第一个焦点问题。益阳公司认为,丹东中院的解封行为不是该院的执行行为,而是该院在案件之外独立实施的一次违法保全行为。对此,丹东中院认为属于执行行为。最高人民法院赔偿委员会认为,丹东中院在审理益阳公司诉丹东轮胎厂债权转让合同纠纷一案过程中,依法采取了财产保全措施,查封了丹东轮胎厂的有关土地。在民事判决生效进入执行程序后,根据《最高人民法院关于人民法院民事执行中查封、扣押、冻结财产的规定》第四条①的规定,诉讼中的保全查封措施已经自动转为执行中的查封措施。因

① 2020年修正时予以删除。

此,丹东中院的解封行为属于执行行为。

关于第二个焦点问题。益阳公司称,丹东中院的解封行为未经益阳公司同意且最终造成益阳公司巨额债权落空,存在违法。丹东中院辩称,其解封行为是在市政府要求下进行的,且符合最高人民法院的有关政策精神。对此,最高人民法院赔偿委员会认为,丹东中院为配合政府部门出让涉案土地,可以解除对涉案土地的查封,但必须有效控制土地出让款,并依法定顺位分配该笔款项,以确保生效判决的执行。但丹东中院在实施解封行为后,并未有效控制土地出让款并依法予以分配,致使益阳公司的债权未受任何清偿,该行为不符合最高人民法院关于依法妥善审理金融不良资产案件的司法政策精神,侵害了益阳公司的合法权益,属于错误执行行为。

至于错误执行的具体法律依据,因丹东中院解封行为发生在 2008 年,故应适用当时有效的司法解释,即 2000 年发布的《最高人民法院关于民事、行政诉讼中司法赔偿若干问题的解释》。由于丹东中院的行为发生在民事判决生效后的执行阶段,属于擅自解封致使民事判决得不到执行的错误行为,故应当适用该解释第四条第七项规定的违反法律规定的其他执行错误情形。

关于第三个焦点问题。益阳公司认为,被执行人丹东轮胎厂并非暂无财产可供执行,而是已经彻底丧失清偿能力,执行程序不应长期保持"终本"状态,而应实质终结,故本案应予受理并作出由丹东中院赔偿益阳公司落空债权本金、利息及相关诉讼费用的决定。丹东中院辩称,案涉执行程序尚未终结,被执行人丹东轮胎厂尚有财产可供执行,益阳公司的申请不符合国家赔偿受案条件。对此,最高人民法院赔偿委员会认为,执行程序终结不是国家赔偿程序启动的绝对标准。一般来讲,执行程序只有终结以后,才能确定错误执行行为给当事人造成的损失数额,才能避免执行程序和赔偿程序之间的并存交叉,也才能对赔偿案件在穷尽其他救济措施后进行终局性的审查处理。但是,这种理解不应当绝对化和形式化,应当从实质意义上进行理解。在人民法院执行行为长期无任何进展、也不可能再有进展,被执行人实际上已经彻底丧失清偿能力,申请执行人等已因错误执行行为遭受无法挽回的损失的情况下,应当允许其提出国家赔偿申请。否则,有错误执行行为的法院只要不作出执行程序终结的结论,国家赔偿程序就不能启动,这样理解与国家赔偿法以及相关司法解释的目的是背道而驰的。本案中,丹东中院的执行行为已经长达十一年没有任何进展,其错误执行行为亦已被证实给益阳公司造成了无法通过其他渠道挽回的实际损失,故应依法承担国家赔偿责任。辽宁高院赔偿委员会以执行程序尚未终结为由决定驳回益阳公司的赔偿申请,属于适用法律错误,应予纠正。

至于具体损害情况和赔偿金额,经最高人民法院赔偿委员会组织申诉人和被申诉人进行协商,双方就丹东中院(2007)丹民三初字第32号民事判决的执行行为自愿达成如下协议:(一)丹东中院于本决定书生效后5日内,支付益阳公司国家赔偿款300万元;(二)益阳公司自愿放弃其他国家赔偿请求;(三)益阳公司自愿放弃对该民事判决的执行,由丹东中院裁定该民事案件执行终结。

综上,最高人民法院赔偿委员会认为,本案丹东中院错误执行的事实清楚,证据确实、充分;辽宁高院赔偿委员会决定驳回益阳公司的申请错误,应予纠正;益阳公司与丹东中院达成的赔偿协议,系双方真实意思表示,且不违反法律规定,应予确认。依照《中华人民共和国国家赔偿法》第三十条第一款、第二款和《最高人民法院关于国家赔偿监督程序若干问题的规定》第十一条第四项、第十八条、第二十一条第三项的规定,遂作出上述决定。

【判旨撷要】

1. 上海航天工业(集团)有限公司与长沙中意电器集团公司买卖合同货款纠纷执行申诉案[(2014)执申字第250号]

要旨:执行程序是对债务人财产进行的个别执行,目的在于实现特定债权人的债权,而破产程序是对债务人全部财产进行的概括执行,注重对所有债权的公平清偿,具有对一般债务清偿(包括执行程序)的排他性。破产程序的排他性,不仅体现在受理破产申请后,而且体现在破产程序终结后。破产程序终结后,债权人发现破产人有应当供分配的相关财产的,可以根据企业破产法规定,请求人民法院进行追加分配,而不是通过恢复已经终结的执行程序行使权利,否则,就有违通过破产程序公平保护全体债权人的精神。

2. 利害关系人中国长城资产管理公司西安办事处不服陕西省高级人民法院裁定终结执行申请复议案[(2016)最高法执复41号]

要旨:根据查明的事实,终结执行裁定生效后,中国工商银行陕西省分行与西安办事处签订债权转让协议,将本案未清偿的债权转让给西安办事处。西安办事处未进入执行程序,执行法院也未变更其为申请执行人,该公司不是本案当事人。但是,依照《终结执行异议期限批复》的规定,利害关系人也可以依照《民事诉讼法》第 225 条(2021 年修正为第 232 条)的规定对执行法院的终结执行行为提出异议。本案中,西安办事处认为终结执行行为对其实现受让债权造成影响,可以作为利害关系人提出执行异议。

3. 光大兴陇信托有限责任公司与白银有色金属公司破产清算组借款纠纷执行复议案[(2016)最高法执复 69 号]

要旨:破产程序终结后,原则上应当不再可能根据个别债权人的申请启动个别执行程序。破产程序启动前债务人对个别债权人未能受偿是否存在过错,并不能作为破产程序终结后启动执行程序的理由。但如果确实存在本案执行中所查封的资产未被纳入破产财产,也未被政府收回的事实,则该财产相当于破产终结后发现破产人有应当供分配的其他财产,债权人可以请求人民法院按照破产财产分配方案进行追加分配。因本案债权人申请追加分配的两年期间已经届满,债权人应无通过破产法上的程序获得救济的可能。此时能否再启动执行程序进行处理,目前尚无明确的规则,但实务中不应否定根据相关债权人的申请启动执行程序的合理性,至于债权人之间是否及如何进行分配问题,可在财产处分阶段考虑。

4. 中国工商银行泰安市分行与泰安特种车制造厂、泰安市经济协作总公司借款合同纠纷执行申诉案[(2017)最高法执监 130、131 号]

要旨:《执行立结案意见》第 6 条第 5 项规定,依照《民事诉讼法》第 257 条(2021 年修正为第 264 条)的规定而终结执行的案件,申请执行的条件具备时,申请执行人申请恢复执行的,人民法院应当按照恢复执行案件予以立案。从这一规定精神看,为保护当事人合法权益,即使案件已经根据民事诉讼法有关规定终结执行,但如果被执行人未完全履行执行依据所认定的法律义务,债权人未自愿放弃债权,债权人就可以依法请求人民法院按照恢复执行案件予以立案。如果债权人因为放弃债权而申请终结执行,则无恢复执行的实体权利基础,应当驳回恢复执行申请。同时,在债权人未明确表示放弃债权情形下,作出终结执行裁定后,恢复执行并不需要先行撤销终结执行裁定。

5. 鞍山市宏源物资贸易中心与黑龙江北辰房地产开发有限公司购销合同拖欠货款纠纷执行申诉案［（2018）最高法执监 242 号］

要旨：《民事诉讼法》第 257 条（2021 年修正为第 264 条）第 2 项并未将被撤销的法律文书限定为影响当事人实体权利义务的法律文书。因此，只要作为执行依据的法律文书被撤销，无论是撤销后发回重审还是对实体权利义务关系的实质性撤销，都将引起执行程序的终结。根据《最高人民法院关于原生效判决被再审撤销并发回重审后执行程序中查封的财产如何续封问题的答复》意见，在再审裁定撤销原判决发回重审后，执行查控措施的性质发生了变化，自动转化为财产保全措施，不再是执行程序中的执行措施，即原来的执行措施不能继续维持。该法律后果与《民事诉讼法》第 257 条第 2 项规定的终结执行法律后果相一致。再审审理程序中，撤销原判决发回重审裁定，是对原生效判决最终的实质性否定评价，原生效判决将丧失相应的法律效力。即便发回重审后作出的判决结果与原判决一致，但二者也是基于不同的事实认定或者审判程序而作出，二者的合法性基础截然不同。因此，在原判决被撤销、丧失法律效力的情况下，以该原判决为执行依据的执行程序应当终结执行。

6. 六盘水农村商业银行股份有限公司与六盘水宗鑫房地产开发有限公司、蒋先仲等金融借款合同纠纷执行申诉案［（2019）最高法执监 298 号］

要旨：根据《民事诉讼法解释》第 466 条（2022 年修正为第 464 条）规定，在执行过程中，如申请执行人与被执行人达成和解协议，申请执行人可以选择向人民法院申请中止执行或者撤回执行申请，人民法院将根据该项申请裁定中止执行或者终结执行。而中止执行和终结执行属不同性质的结案方式，二者的法律后果明显不同。在中止执行的情况下，执行程序仅为暂时停止，待导致中止执行的因素消失后，执行程序又可得以继续进行。而终结执行意味着执行程序的彻底结束，代表着原执行案件的消灭，即便此后申请执行人因符合法定条件得以再次申请执行，人民法院也再次立案执行，但此执行案件并非原执行程序的继续，而是属于新的执行案件。就本案而言，因申请执行人撤回执行申请，六盘水中院已裁定本案终结执行。此后，虽然六盘水中院又依债权人的申请立(2018)黔 02 执恢 19 号案件执行,但立“执恢”号案件系基于加强对执行案件立、结案管理工作的需要,并非代表原执行程序的恢复,亦非原执行程序的继续,该案属于新的执行案件。此情形下,六盘水中院未重新启动评估、拍卖程序,而是以原执行程序中的变卖保留价径行裁定将案涉土地使用权抵偿债务,适用法律错误,应予纠正。

第二百六十五条 【中止执行和终结执行的裁定效力】中止和终结执行的裁定,送达当事人后立即生效。

规范体系	
相关立法	《民事诉讼法》第157—158条
司法解释	1.《最高人民法院关于适用〈中华人民共和国民事诉讼法〉的解释》(法释〔2015〕5号;经法释〔2022〕11号第二次修正)第137条 2.《最高人民法院关于人民法院执行工作若干问题的规定(试行)》(法释〔1998〕15号;经法释〔2020〕21号修正)第62条、第64条
司法文件	1.《最高人民法院关于执行案件立案、结案若干问题的意见》(法发〔2014〕26号)第17条 2.《最高人民法院关于人民法院执行公开的若干规定》(法发〔2006〕35号)第13—14条
司法答复	《最高人民法院执行局关于恒丰银行与达隆公司借款合同纠纷执行一案中有关法律问题的请示的答复》(〔2011〕执他字第2号)

【条文释义】

本条是关于中止执行和终结执行的裁定效力问题的规定。

人民法院受理民事案件后,对诉讼程序问题所作的处理决定称为裁定,和判决一样,人民法院的裁定也是人民法院行使国家审判权的表现形式,具有严肃性和权威性。中止执行和终结执行是执行程序中重要的程序性事项,人民法院应当作出裁定。人民法院作出的中止执行或终结执行的裁定,送达当事人后立即生效,当事人不得对执行中止或者执行终结的裁定提起上诉。[①]

一、中止执行裁定。中止执行的裁定书应当写明中止执行的相关事实、理由和法律依据,并告知当事人在中止执行的情形消失后申请恢复执行的权利。中止执行裁定送达当事人后,具有以下法律效力:(1)人民法院应当停止与裁定相关的强制执行活动,正在实施的执行行为应立即停止,尚未实施的执行行为暂不实施,但中止执行裁定之外的执行行为不受影响。(2)已经依法实施完毕的执行行为仍然有效。(3)为防止被执行人恶意转移财产逃避债务,人民法院可以根据案件情况,对被执行人财产采取控制性措施。

二、终结执行裁定。终结执行的裁定书应当写明终结执行的相关事实、理由和法律依据。如果生效法律文书的部分内容符合终结执行的条件,人民法院可以对该部分内容裁定终结执行。如果对全案裁定终结执行,应写明终结执行该法律文书。终结执行裁定生效后,相关的执行程序即告结束。

【相关立法】

《中华人民共和国民事诉讼法》(2021年12月24日第十三届全国人民代表大会常务委员会第三十二次会议第四次修正,2022年1月1日)

第一百五十七条　裁定适用于下列范围:

(一)不予受理;

(二)对管辖权有异议的;

(三)驳回起诉;

(四)保全和先予执行;

(五)准许或者不准许撤诉;

(六)中止或者终结诉讼;

(七)补正判决书中的笔误;

(八)中止或者终结执行;

(九)撤销或者不予执行仲裁裁决;

(十)不予执行公证机关赋予强制执行效力的债权文书;

(十一)其他需要裁定解决的事项。

---

① 参见全国人民代表大会常务委员会法制工作委员会编:《中华人民共和国民事诉讼法释义(最新修正版)》,法律出版社2012年版,第605页。

对前款第一项至第三项裁定，可以上诉。

裁定书应当写明裁定结果和作出该裁定的理由。裁定书由审判人员、书记员署名，加盖人民法院印章。口头裁定的，记入笔录。

第一百五十八条 最高人民法院的判决、裁定，以及依法不准上诉或者超过上诉期没有上诉的判决、裁定，是发生法律效力的判决、裁定。

【司法解释】

1.《最高人民法院关于适用〈中华人民共和国民事诉讼法〉的解释》（法释〔2015〕5号，2015年2月4日；经法释〔2022〕11号第二次修正，2022年4月10日）

第一百三十七条 当事人在提起上诉、申请再审、申请执行时未书面变更送达地址的，其在第一审程序中确认的送达地址可以作为第二审程序、审判监督程序、执行程序的送达地址。

2.《最高人民法院关于人民法院执行工作若干问题的规定（试行）》（法释〔1998〕15号，1998年7月8日；经法释〔2020〕21号修正，2021年1月1日）

十一、执行的中止、终结、结案和执行回转

62. 中止执行和终结执行的裁定书应当写明中止或终结执行的理由和法律依据。

64. 执行结案的方式为：

（1）执行完毕；

（2）终结本次执行程序；

（3）终结执行；

（4）销案；

（5）不予执行；

（6）驳回申请。

【司法文件】

1.《最高人民法院关于执行案件立案、结案若干问题的意见》（法发〔2014〕26号，2015年1月1日）

第十七条 有下列情形之一的，可以以“终结执行”方式结案：

（一）申请人撤销申请或者是当事人双方达成执行和解协议，申请执行人撤回执行申请的；

（二）据以执行的法律文书被撤销的；

（三）作为被执行人的公民死亡，无遗产可供执行，又无义务承担人的；

（四）追索赡养费、扶养费、抚育费案件的权利人死亡的；

（五）作为被执行人的公民因生活困难无力偿还借款，无收入来源，又丧失劳动能力的；

（六）作为被执行人的企业法人或其他组织被撤销、注销、吊销营业执照或者歇业、终止后既无财产可供执行，又无义务承受人，也没有能够依法追加变更执行主体的；

（七）依照刑法第五十三条规定免除罚金的；

（八）被执行人被人民法院裁定宣告破产的；

（九）行政执行标的灭失的；

（十）案件被上级人民法院裁定提级执行的；

（十一）案件被上级人民法院裁定指定由其他法院执行的；

（十二）按照《最高人民法院关于委托执行若干问题的规定》，办理了委托执行手续，且收到受托法院立案通知书的；

（十三）人民法院认为应当终结执行的其他情形。

前款除第（十）项、第（十一）项、第（十二）项规定的情形外，终结执行的，应当制作裁定书，送达当事人。

【注释】本条是对《民事诉讼法》第 264 条的细化规定。适用中需要注意：（1）《执行立案、结案、统计和考核通知》（法明传〔2018〕335 号）下发后，首次执行案件因指定执行、提级执行、委托执行（全案）结案的，以“销案”方式结案，不再以“终结执行”方式结案。（2）《规范近期执行工作通知》（法〔2018〕141 号）下发后，“当事人达成执行和解协议，需要长期履行的”，可以作为“和解长期履行”情形，以终结执行方式报结。

2.《最高人民法院关于人民法院执行公开的若干规定》（法发〔2006〕35 号，2007 年 1 月 1 日）

第十三条　人民法院依职权对案件中止执行的，应当制作裁定书并送达当事人。裁定书应当说明中止执行的理由，并明确援引相应的法律依据。

对已经中止执行的案件，人民法院应当告知当事人中止执行案件的管理制度、申请恢复执行或者人民法院依职权恢复执行的条件和程序。

第十四条 人民法院依职权对据以执行的生效法律文书终结执行的，应当公开听证，但申请执行人没有异议的除外。

终结执行应当制作裁定书并送达双方当事人。裁定书应当充分说明终结执行的理由，并明确援引相应的法律依据。

【司法答复】

《最高人民法院执行局关于恒丰银行与达隆公司借款合同纠纷执行一案中有关法律问题的请示的答复》（〔2011〕执他字第2号，2011年5月27日）

山东省高级人民法院：

你院〔2010〕鲁执复字第41号《关于恒丰银行与达隆公司借款合同纠纷执行一案中有关法律问题的请示》收悉。经研究，现提出以下处理意见：

烟台市中级人民法院（以下简称烟台中院）的终结执行裁定因未送达被执行人，并未发生法律效力。烟台中院继续执行于法有据。但达隆公司总经理被关押期间，达隆公司公章、营业执照被查封扣押期间和另案错误执行期间的利息损失均非恒丰银行的过错造成，达隆公司依法应当承担迟延履行期间的给债权人造成的利息损失，对此问题，达隆公司可另行主张权利。

另，烟台中院扣划的2850万元款项中包括烟台经济技术开发区人民法院（以下简称烟台开发区法院）裁定保全的款项，因烟台开发区法院的案件尚未作出判决，直接予以扣划错误，应当立即返还其保全的账户中。

图书在版编目(CIP)数据

民事执行程序注释书/丁亮华编著. --2版. --北京:中国民主法制出版社,2022.3

(中华人民共和国法律注释书系列)

ISBN 978-7-5162-2775-6

Ⅰ.①民… Ⅱ.①丁… Ⅲ.①民事诉讼-执行(法律)-诉讼程序-法律解释-中国 Ⅳ.①D925.118.35

中国版本图书馆CIP数据核字(2022)第030463号

图书出品人:刘海涛
出版统筹:乔先彪
图书策划:曾 健 海 伦
责任编辑:陈 曦 谢瑾勋 孙振宇

书名/民事执行程序注释书(第二版)
作者/丁亮华 编著

出版·发行/中国民主法制出版社
地址/北京市丰台区右安门外玉林里7号(100069)
电话/(010)63055259(总编室) 63058068 63057714(营销中心)
传真/(010)63055259
http://www.npcpub.com
E-mail:mzfz@npcpub.com
经销/新华书店
开本/32开 850毫米×1168毫米
印张/35.5 **字数**/1192千字
版本/2022年4月第1版 2024年7月第2次印刷
印刷/北京天宇万达印刷有限公司

书号/ISBN 978-7-5162-2775-6
定价/119.00元